A-Z N ... ON TYNE

Key to Map Pages	2-3
Large Scale City Centres	4-7
Map Pages	8-165
Index to Streets, Towns, Villages and selected Places of Interest	166-286
Index to Hospitals, Health Centres and Hospices	287-288

REFERENCE

Motorway	A1(M)	Car Park Selected	
A Road	A1	Church or Chapel	†
Under Construction		City Wall	
Proposed		Cycleway	
B Road	B1288	Fire Station	■
Dual Carriageway		Hospital	H
Tunnel	A19	House Numbers Selected Roads	13 8
One-way Street Traffic flow on A Roads is also indicated by a heavy line on the driver's left.		Information Centre	i
Restricted Access		National Grid Reference	420
Pedestrianized Road		Park & Ride	Kingston Park
Track		Police Station	▲
Footpath		Post Office	★
Residential Walkway		Toilet	▽
		with facilities for the Disabled	▽
Railway	Level Crossing / Heritage Sta. / Station	Viewpoint	
Metro Line	Tunnel M	Educational Establishment	
Local Authority Boundary		Hospital or Hospice	
Posttown Boundary		Industrial Building	
Postcode Boundary within Posttowns		Leisure or Recreational Facility	
Built-up Area	MILL ST.	Place of Interest	
		Public Building	
Map Continuation	54 Large Scale City Centre 4	Shopping Centre or Market	
		Other Selected Buildings	

SCALE

Map Pages 8-165		Map Pages 4-7	
1:18,103 3½ inches (8.89 cm) to 1 mile	5.52cm to 1km	1:9,051 7 inches (17.78 cm) to 1 mile	11.05cm to 1km

0   ¼   ½ Mile   0   ⅛   ¼ Mile

0   250   500   750 Metres   0   100   200   300 Metres

Copyright of Geographers' A-Z Map Company Limited

Fairfield Road, Borough Green, Sevenoaks, Kent TN15 8PP
Telephone: 01732 781000 (Enquiries & Trade Sales)
          01732 783422 (Retail Sales)
www.a-zmaps.co.uk
Copyright © Geographers' A-Z Map Co. Ltd.

Ordnance Survey® This product includes mapping data licensed from Ordnance Survey® with the permission of the Controller of Her Majesty's Stationery Office.

© Crown Copyright 2006. All rights reserved. Licence number 100017302

Edition 7 2007

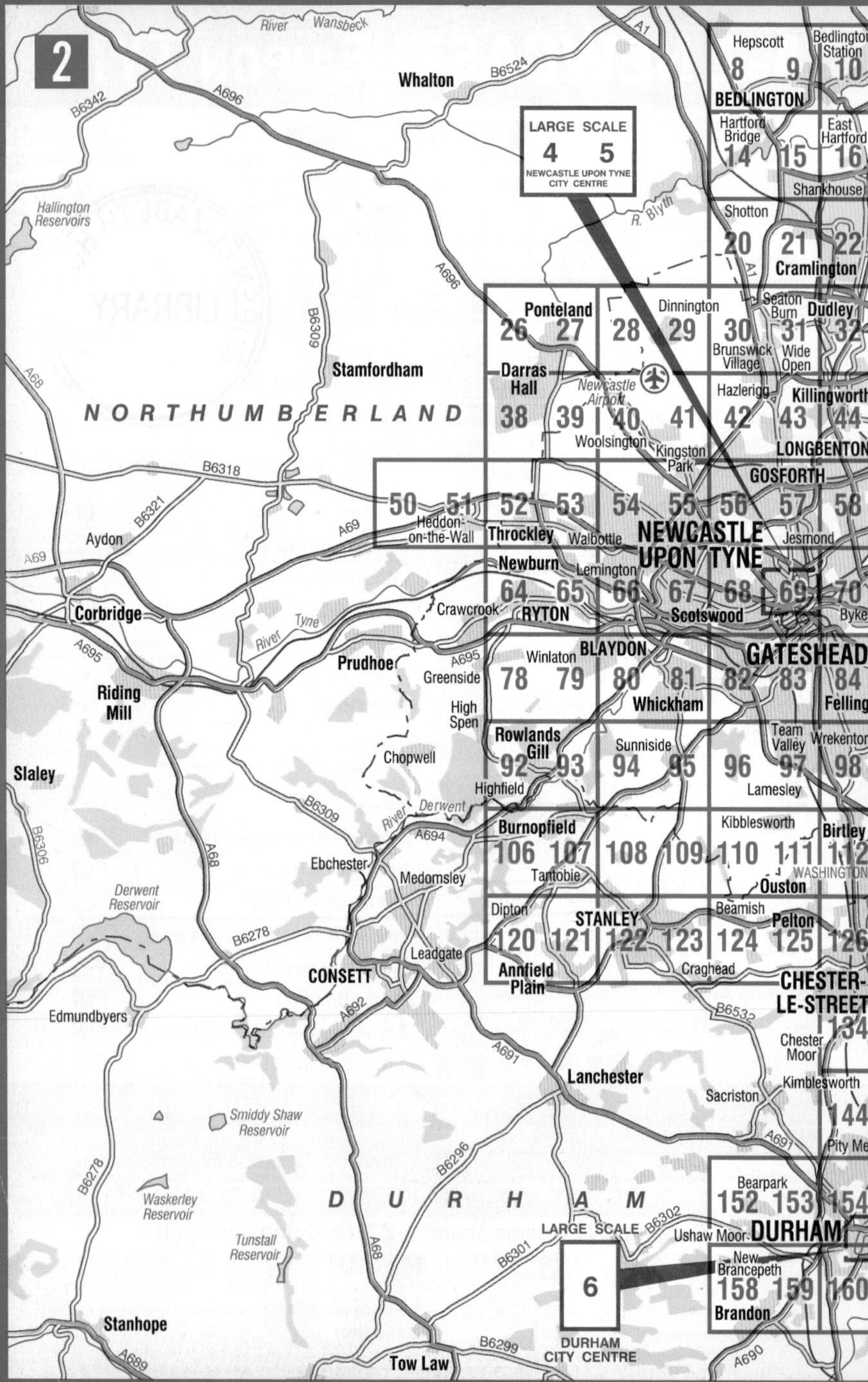

River Wansbeck
Whalton
A1
B6524
B6342
A696
LARGE SCALE
4 5
NEWCASTLE UPON TYNE CITY CENTRE
Hepscott
Bedlington Station
8 9 10
BEDLINGTON
Hartford Bridge
East Hartford
14 15 16
Shankhouse
Hallington Reservoirs
R. Blyth
Shotton
20 21 22
Cramlington
A1
A696
Ponteland
Dinnington
Seaton Burn
Dudley
26 27 28 29 30 31 32
Brunswick Village
Wide Open
B6309
Stamfordham
Darras Hall
Newcastle Airport
Hazlerigg
Killingworth
NORTHUMBERLAND
38 39 40 41 42 43 44
Woolsington
Kingston Park
LONGBENTON
A68
B6318
GOSFORTH
B6321
50 51 52 53 54 55 56 57 58
Heddon-on-the-Wall
Throckley
Walbottle
NEWCASTLE UPON TYNE
Jesmond
Aydon
A69
A69
Newburn
Lemington
64 65 66 67 68 69 70
Crawcrook
RYTON
Scotswood
Byker
Corbridge
River Tyne
A695
BLAYDON
GATESHEAD
Winlaton
Prudhoe
A695
Greenside
78 79 80 81 82 83 84
Riding Mill
Whickham
Felling
High Spen
Rowlands Gill
Sunniside
Team Valley
Wrekenton
Chopwell
92 93 94 95 96 97 98
Slaley
Highfield
Lamesley
B6309
River Derwent
Kibblesworth
Birtley
Burnopfield
A694
106 107 108 109 110 111 112
B6306
A68
Ebchester
Medomsley
WASHINGTON
Tantobie
Ouston
Derwent Reservoir
Dipton
Beamish
STANLEY
Pelton
120 121 122 123 124 125 126
B6278
Leadgate
Annfield Plain
Craghead
CONSETT
CHESTER-LE-STREET
Edmundbyers
A692
B6532
134
Chester Moor
A691
Lanchester
Kimblesworth
Sacriston
Smiddy Shaw Reservoir
144
A691
Pity Me
B6296
B6278
Bearpark
Waskerley Reservoir
DURHAM
152 153 154
LARGE SCALE
B6302
Ushaw Moor
DURHAM
Tunstall Reservoir
B6301
A68
New Brancepeth
6
158 159 160
Brandon
Stanhope
DURHAM CITY CENTRE
B6299
A689
Tow Law
A690

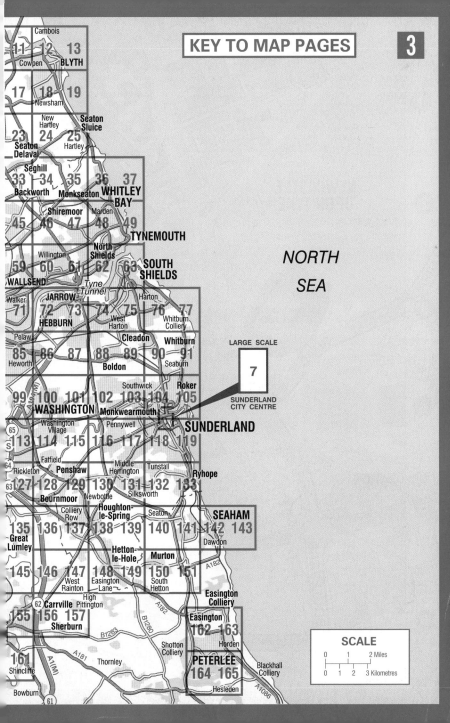

KEY TO MAP PAGES

3

Cambois
11 12 13
Cowpen BLYTH

17 18 19
Newsham

New Seaton
Hartley Sluice
23 24 25
Seaton Hartley
Delaval

Seghill
33 34 35 36 37
Backworth Monkseaton WHITLEY
BAY
Shiremoor Marden
45 46 47 48 49
TYNEMOUTH

North
Willington Shields
59 60 61 62 63 SOUTH
WALLSEND SHIELDS
Walker Tyne
Tunnel Harton
JARROW
71 72 73 74 75 76 77
HEBBURN West Whitburn
Harton Colliery
Pelaw Cleadon Whitburn
85 86 87 88 89 90 91
Heworth Boldon Seaburn

Southwick Roker
99 100 101 102 103 104 105
WASHINGTON Monkwearmouth
Washington Pennywell SUNDERLAND
Village
65 113 114 115 116 117 118 119
S
Fatfield Middle Tunstall
64 Rickleton Herrington Ryhope
63 127 128 129 130 131 132 133
Bournmoor Newbottle Silksworth
Colliery Houghton-
Row le-Spring Seaton SEAHAM
135 136 137 138 139 140 141 142 143
Great Dawdon
Lumley
Hetton-
le-Hole Murton
145 146 147 148 149 150 151
West Easington South A182
Rainton Lane Hetton
High Easington
62 Carville Pittington Colliery
155 156 157 Easington
Sherburn 162 163
B1283 Horden
161 Shotton PETERLEE
Shincliffe Colliery 164 165
Thornley Blackhall
Bowburn A181 Colliery
61 Hesleden A1086

NORTH

SEA

LARGE SCALE

7

SUNDERLAND
CITY CENTRE

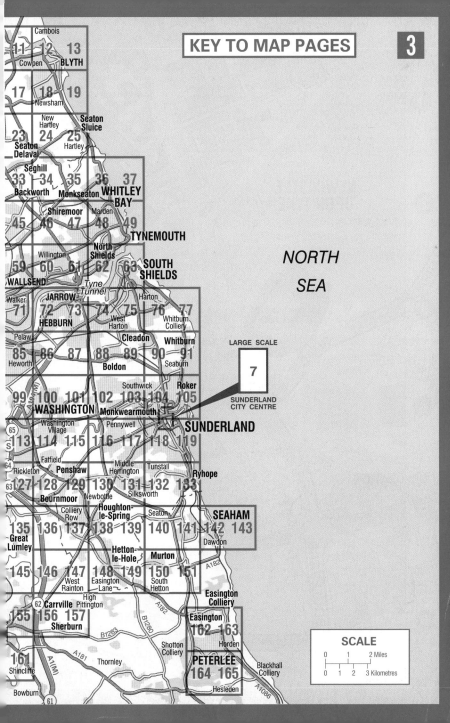

SCALE

0   1   2 Miles

0   1   2   3 Kilometres

NEWCASTLE UPON TYNE
Royal Victoria Infirmary
Medical School
Dental Hospital
Castle Leazes Halls of Residence
Leazes Park
Newcastle United FC (St. James' Park)
University of Newcastle upon Tyne
Hancock Mus.
Northern Stage Studio Thtre
The Civic Centre
Haymarket
Eldon Square Shop. Cen.
Monument
Grey's Mon.
Grainger Market
Theatre Royal
Chinatown
The Gate
Blackfriars
Newcastle Discovery
Newcastle Arts Cen.
Central
NEWCASTLE
The International Centre for Life
Life Science Cen.
Corporation St.
Westgate Road
Neville St.
St. James' Boulevard
Gallowgate
Percy St.
Newgate St.
Barrack Road
Westmorland Road
NE2
NE4
69

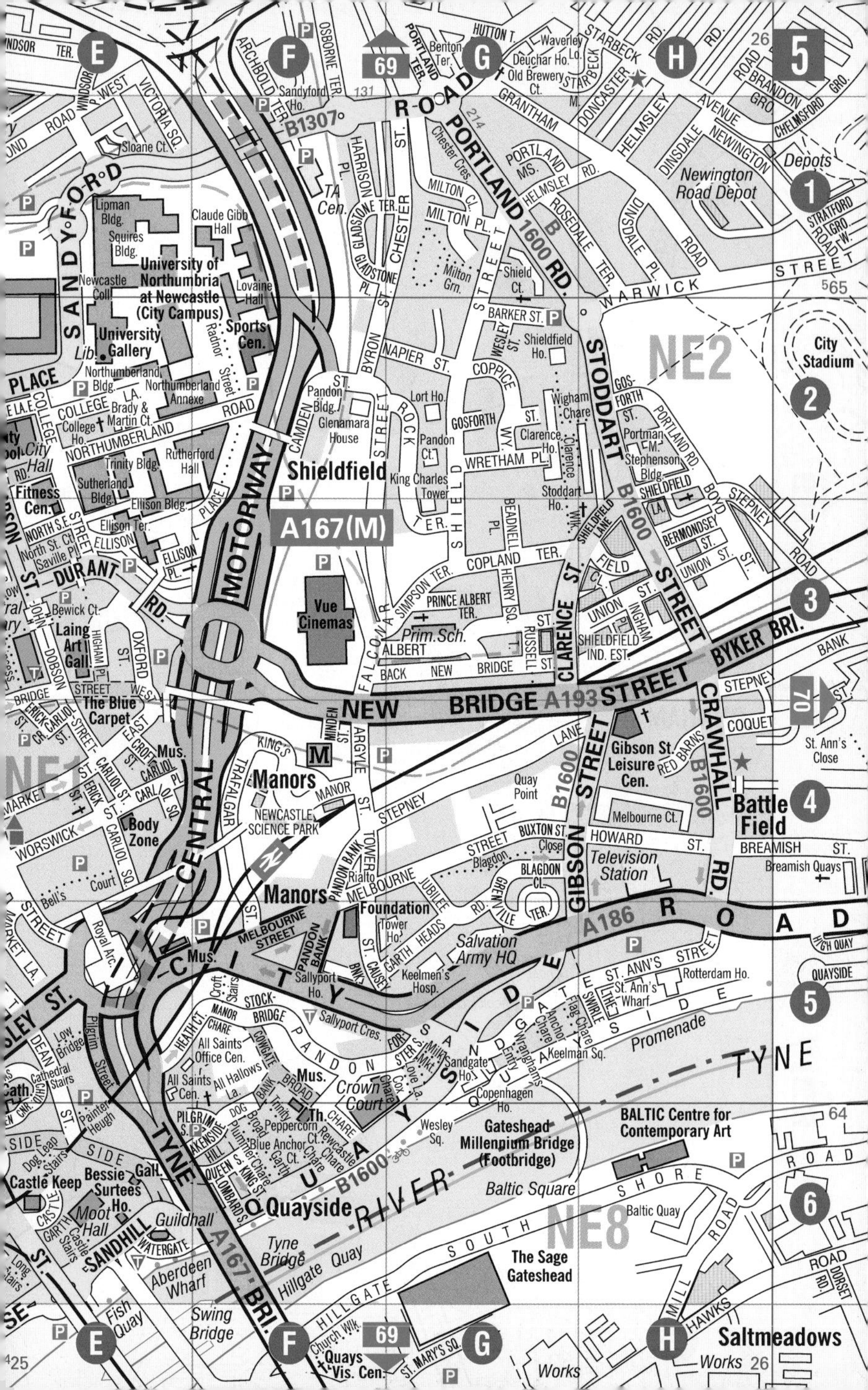

5
E
F
G
H
69
70
1
2
3
4
5
6
NE1
NE2
NE8
SANDYFORD ROAD
B1307
GRANTHAM ROAD
PORTLAND
Benton Ter.
Hutton T.
Waverley Lo.
Deuchar Ho.
Old Brewery Ct.
STARBECK RD.
DONCASTER RD.
HELMSLEY RD.
AVENUE
NEWINGTON
BRANDON GRO.
CHELMSFORD GRO.
Depots
Newington Road Depot
STRATFORD GRO. W.
WARWICK STREET
Sandyford Ho.
OSBORNE TER.
ARCHBOLD TER.
Sloane Ct.
VICTORIA SQ.
WINDSOR TER.
Chester Cres.
PORTLAND MS.
MILTON CL.
MILTON PL.
Milton Grn.
HARRISON PL.
TA Cen.
GLADSTONE TER.
CHESTER ST.
ROSEDALE TER.
DINSDALE PL.
PORTLAND 1600 RD.
Lipman Bldg.
Squires Bldg.
Claude Gibb Hall
University of Northumbria at Newcastle (City Campus)
Newcastle Coll.
Lovaine Hall
University Gallery
Lib.
Sports Cen.
Radnor Street
Northumberland Bldg.
Northumberland Annexe
COLLEGE LA.
Brady & Martin Ct.
College Ho.
NORTHUMBERLAND ROAD
City Hall
Trinity Bldg.
Rutherford Hall
Sutherland Bldg.
Ellison Bldg.
Ellison Ter.
Fitness Cen.
ELLISON PL.
DURANT RD.
Bewick Ct.
Laing Art Gall.
The Blue Carpet
MOTORWAY
A167(M)
Shieldfield
Pandon Bldg.
Glenamara House
CAMDEN ST.
BYRON ST.
NAPIER ST.
ROCK TER.
Lort Ho.
Pandon Ct.
King Charles Tower
SHIELD STREET
COPPICE WY.
GOSFORTH ST.
WRETHAM PL.
Shield Ct.
BARKER ST.
Shieldfield Ho.
WESLEY ST.
Wigham Chare
Clarence Ho.
Stoddart Ho.
STODDART STREET
City Stadium
GOSFORTH ST.
Portman M.
Stephenson Bldg.
SHIELDFIELD LA.
BERMONDSEY ST.
UNION ST.
STEPNEY ROAD
B1600
Vue Cinemas
SIMPSON TER.
PRINCE ALBERT TER.
COPLAND TER.
BEADNELL PL.
HENRY SQ.
Prim.Sch.
ALBERT
BACK NEW BRIDGE ST.
RUSSELL T.
CLARENCE ST.
SHIELDFIELD IND. EST.
BYKER BRI.
NEW BRIDGE A193 STREET
STEPNEY BANK
COQUET ST.
St. Ann's Close
CRAWHALL RD.
Gibson St. Leisure Cen.
RED BARNS
Battle Field
Melbourne Ct.
Quay Point
MINDEN ST.
ARGYLE ST.
KING'S
TRAFALGAR
Manors
NEWCASTLE SCIENCE PARK
MANOR
STEPNEY LANE
CENTRAL
Mus.
Body Zone
WORSWICK
MARKET
CARLIOL SQ.
Bell's Court
Royal Arc.
HOWARD ST.
BREAMISH ST.
Breamish Quays
BUXTON ST.
Blagdon Close
BLAGDON CL.
GRENVILLE TER.
Television Station
GIBSON STREET
Manors
PANDON BANK
Rialto
MELBOURNE STREET
JUBILEE RD.
Foundation
Tower Ho.
GARTH HEADS
Salvation Army HQ
A186
CITY ROAD
Sallyport Ho.
Keelmen's Hosp.
ST. ANN'S STREET
Rotterdam Ho.
QUAYSIDE
St. Ann's Wharf
Promenade
TYNE
Keelman Sq.
Sandgate Ho.
Milk Mkt.
Sallyport Cres.
STOCK-BRIDGE
PANDON
All Saints Office Cen.
All Hallows La.
All Saints Cen.
Crown Court
Copenhagen Ho.
Wesley Sq.
Gateshead Millennium Bridge (Footbridge)
BALTIC Centre for Contemporary Art
Baltic Square
Baltic Quay
SOUTH SHORE ROAD
RIVER
Quayside
B1600
Peppercorn Ct.
Blue Anchor Ct.
Castle Keep
Bessie Surtees Ho.
Moot Hall
Guildhall
SANDHILL
WATERGATE
Tyne Bridge
Hillgate Quay
Aberdeen Wharf
A167 TYNE BRI.
Fish Quay
Swing Bridge
The Sage Gateshead
HILLGATE
Church Wlk.
Quays Vis. Cen.
ST. MARY'S SQ.
MILL ROAD
HAWKS ROAD
DORSET RD.
Saltmeadows
Works
Pilgrim Street
Painter Heugh
Dog Leap Stairs
Cathedral Stairs
Low Bridge
DEAN ST.
Cath.
LOMBARD ST.
QUEEN ST.
KING ST.

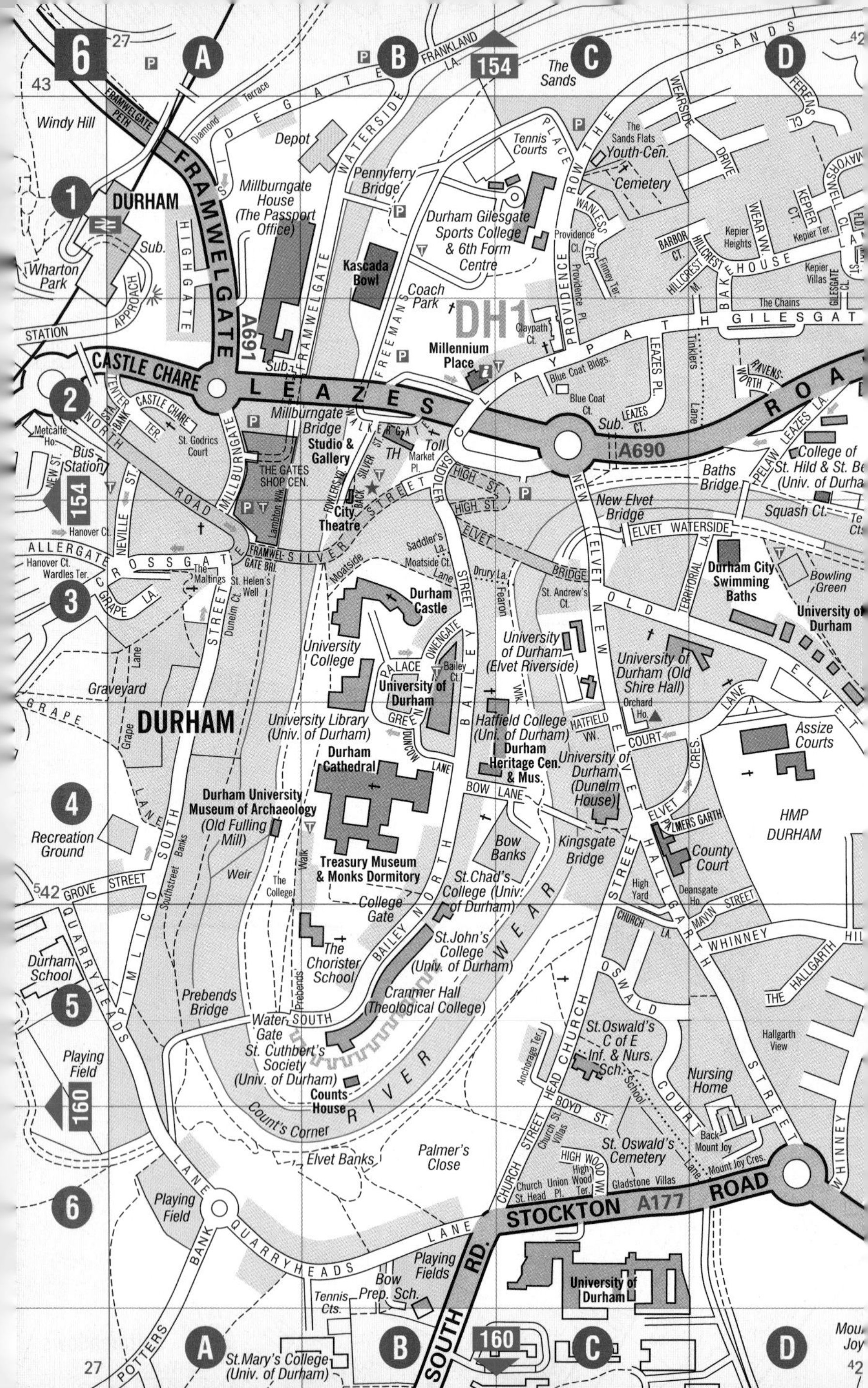
6
A
B
C
D
154
160
The Sands
Windy Hill
DURHAM
Wharton Park
Sub.
STATION APPROACH
HIGHGATE
FRAMWELGATE
FRAMWELGATE PETH
Diamond Terrace
FRANKLAND LA.
SANDS
Depot
WATERSIDE
Pennyferry Bridge
Millburngate House (The Passport Office)
Kascada Bowl
Coach Park
FREEMANS PLACE
Tennis Courts
Durham Gilesgate Sports College & 6th Form Centre
DH1
Claypath Ct.
Millennium Place
Blue Coat Bldgs.
Blue Coat Ct.
PROVIDENCE ROW
Providence Ct.
Providence Pl.
WANLESS TER.
Finney Ter.
The Sands Flats
Youth Cen.
Cemetery
WEARSIDE DRIVE
FERENS CL.
KEPIER CT.
MAYORSWELL CL.
BARBOR CT.
HILLCREST
HILLCREST M.
Kepier Heights
WEAR VW.
Kepier Ter.
BAKEHOUSE LA.
Kepier Villas
GILESGATE CL.
The Chains
GILESGATE
CLAYPATH
LEAZES PL.
Tinklers Lane
RAVENSWORTH T.
LEAZES LA.
LEAZES CT.
A690
ROAD
A691
CASTLE CHARE
LEAZES
Sub.
Millburngate Bridge
Studio & Gallery
WALKERGATE
Toll TH
Market Pl.
SADDLER STREET
HIGH ST.
THE GATES SHOP CEN.
Lambton Wlk.
MILLBURNGATE
St. Godrics Court
TENTER TER.
BANK
NORTH ROAD
Metcalfe Ho.
NEW ST.
Bus Station
Hanover Ct.
NEVILLE ST.
ALLERGATE
Wardles Ter.
CROSSGATE
GRAPE LA.
The Maltings
St. Helen's Well
FRAMWELGATE BRI.
SILVER STREET
FOWLERS YD.
BACK ST.
City Theatre
Moatside
Saddler's La.
Moatside Ct.
Lane
Drury La.
Fearon
ELVET BRIDGE
New Elvet Bridge
Baths Bridge
ELVET WATERSIDE
TERRITORIAL LA.
Durham City Swimming Baths
PELAW LEAZES LA.
College of St. Hild & St. Be (Univ. of Durha
Squash Ct.
Bowling Green
University of Durham
St. Andrew's Ct.
OLD ELVET
NEW ELVET
Durham Castle
OWENGATE
Bailey Ct.
University College
PALACE GREEN
University of Durham
University Library (Univ. of Durham)
DUNELM
Durham Cathedral
University of Durham (Elvet Riverside)
University of Durham (Old Shire Hall)
Orchard Ho.
Hatfield College (Uni. of Durham)
HATFIELD VW.
Durham Heritage Cen. & Mus.
University of Durham (Dunelm House)
COURT LANE
CRES.
Assize Courts
HMP DURHAM
BOW LANE
Bow Banks
Kingsgate Bridge
Lane
Graveyard
DURHAM
GRAPE LANE
Recreation Ground
Durham University Museum of Archaeology (Old Fulling Mill)
Weir
The College
Treasury Museum & Monks Dormitory
College Gate
St.Chad's College (Univ. of Durham)
NORTH BAILEY
SOUTH STREET
Southstreet Banks
Dunelm Ct.
GROVE STREET
QUARRYHEADS
PIMLICO
Durham School
Prebends Bridge
Prebends' Walk
The Chorister School
St.John's College (Univ. of Durham)
Cranmer Hall (Theological College)
RIVER WEAR
Water Gate
SOUTH BAILEY
St. Cuthbert's Society (Univ. of Durham)
Counts House
Count's Corner
Playing Field
Elvet Banks
Palmer's Close
ELVET HALLGARTH
PALMERS GARTH
County Court
High Yard
Deansgate Ho.
MAVIN STREET
CHURCH LA.
WHINNEY HILL
THE HALLGARTH
OSWALD COURT
St.Oswald's C of E Inf. & Nurs. Sch.
Anchorage Ter.
CHURCH STREET HEAD
BOYD ST.
Nursing Home
Back Mount Joy
School Lane
Hallgarth View
St. Oswald's Cemetery
Church St. Villas
HIGH WOOD VW.
High Wood Ter.
Gladstone Villas
Mount Joy Cres.
Church St. Head
Union Pl.
STOCKTON ROAD
A177
CHURCH STREET
SOUTH RD.
QUARRYHEADS LANE
BANK
POTTERS
Playing Fields
Bow Prep. Sch.
Tennis Cts.
University of Durham
St.Mary's College (Univ. of Durham)
Mount Joy
27
42
43
542

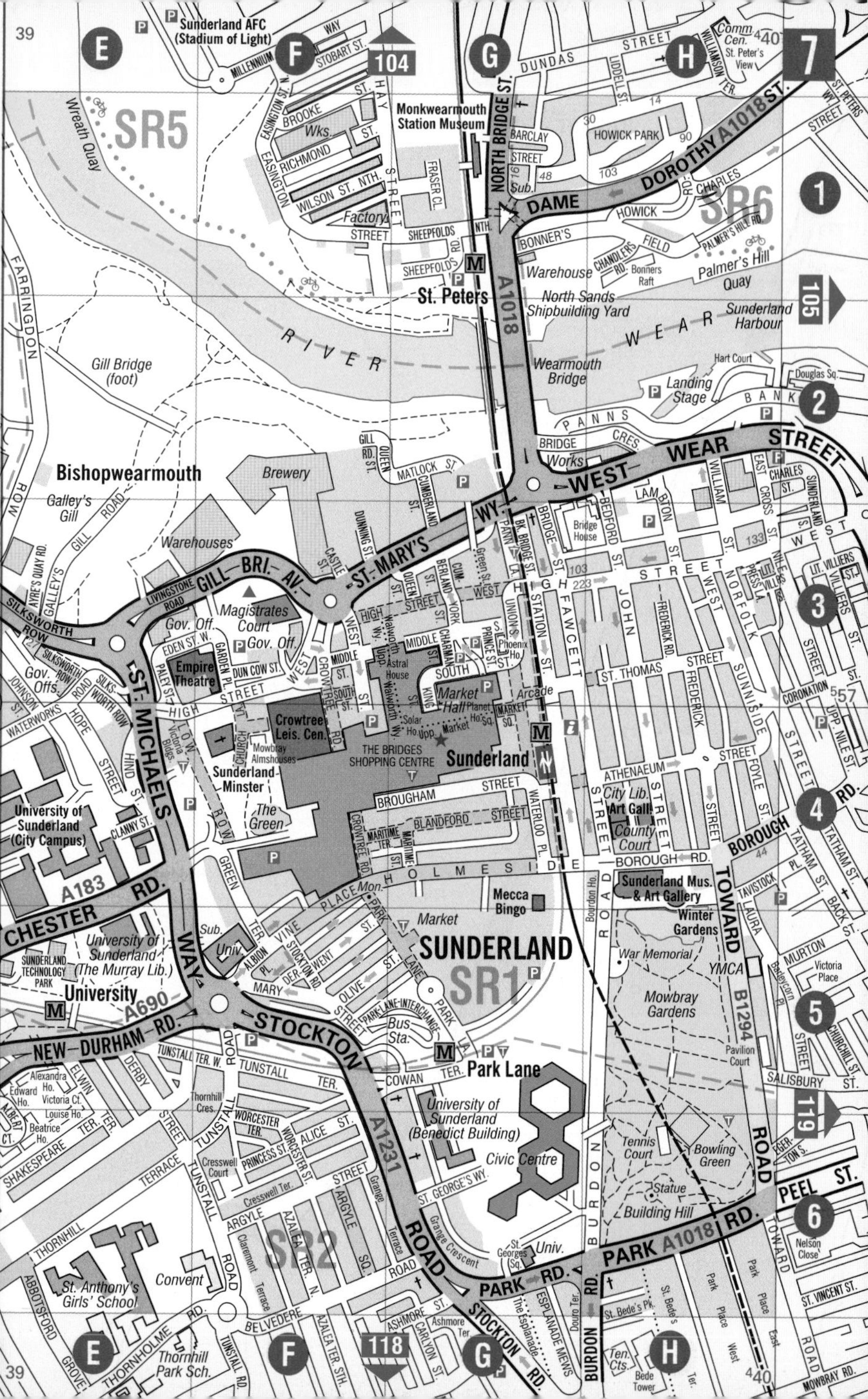

7
39
40
104
105
118
119
E
F
G
H
1
2
3
4
5
6
SR5
SR6
SR1
SR2
SUNDERLAND
Sunderland AFC
(Stadium of Light)
Monkwearmouth
Station Museum
St. Peters
Wreath Quay
North Sands
Shipbuilding Yard
Sunderland
Harbour
Palmer's Hill
Quay
RIVER
WEAR
Gill Bridge
(foot)
Wearmouth
Bridge
Landing
Stage
Bishopwearmouth
Galley's
Gill
Brewery
Warehouses
Magistrates
Court
Empire
Theatre
Crowtree
Leis. Cen.
THE BRIDGES
SHOPPING CENTRE
Sunderland
Sunderland
Minster
The
Green
University of
Sunderland
(City Campus)
University of
Sunderland
(The Murray Lib.)
SUNDERLAND
TECHNOLOGY
PARK
University
City Lib.
Art Gall.
County
Court
Sunderland Mus.
& Art Gallery
Winter
Gardens
War Memorial
YMCA
Mowbray
Gardens
Mecca
Bingo
Park Lane
University of
Sunderland
(Benedict Building)
Civic Centre
Tennis
Court
Bowling
Green
Statue
Building Hill
St. Anthony's
Girls' School
Convent
Thornhill
Park Sch.
WEST WEAR STREET
HIGH STREET WEST
ST. MICHAELS WAY
CHESTER RD.
A183
NEW DURHAM RD.
A690
STOCKTON ROAD
A1231
BURDON RD.
PARK RD.
A1018
TOWARD ROAD
B1294
DAME DOROTHY ST.
NORTH BRIDGE ST.
GILL BRI. AV.
ST. MARY'S WY.
SILKSWORTH ROW
FARRINGDON ROW
BOROUGH RD.
HOLMESIDE
FAWCETT ST.
JOHN ST.
SUNNISIDE
PEEL ST.
SALISBURY ST.

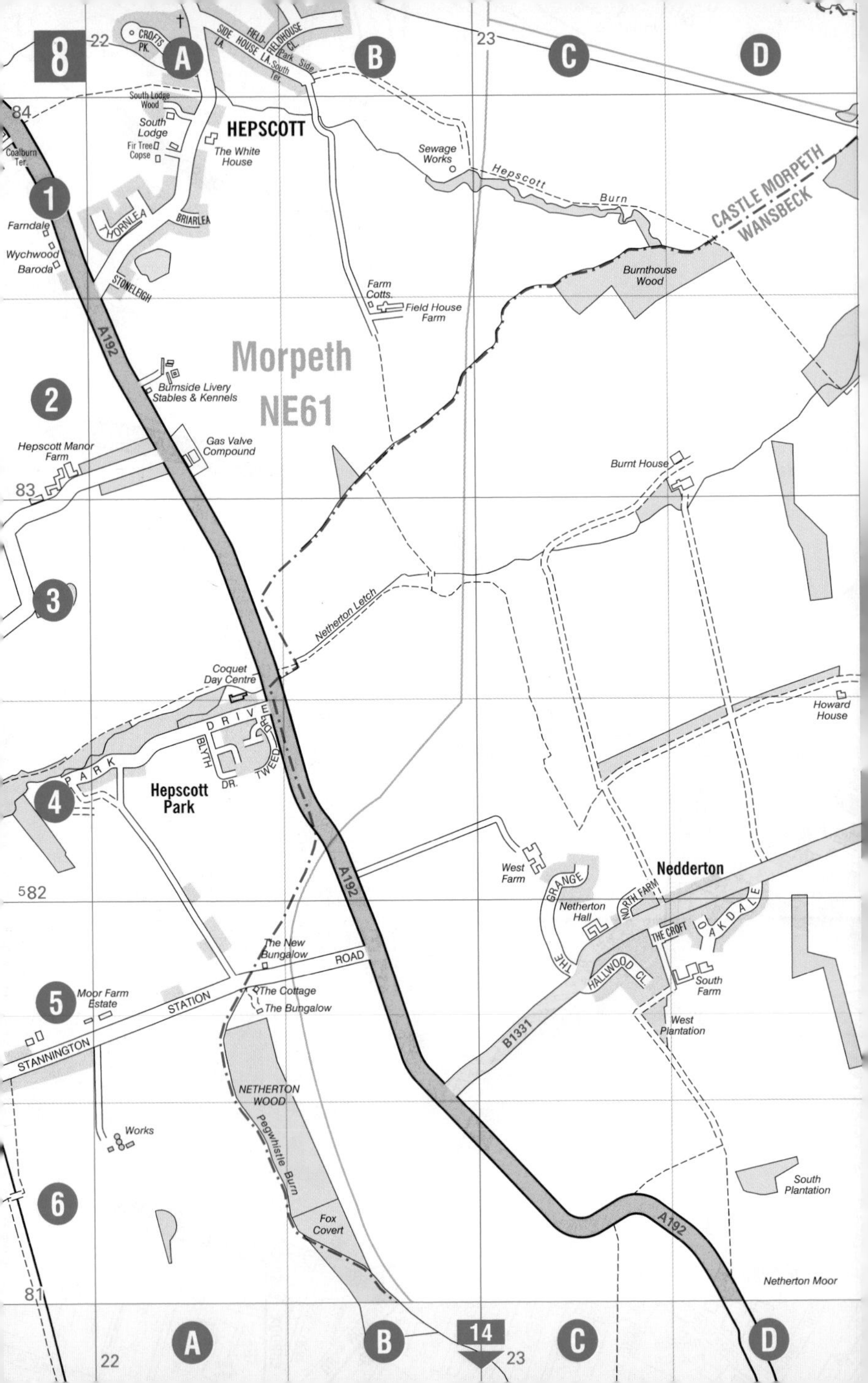

A
B
C
D
1
2
3
4
5
6
22
23
84
83
582
81
HEPSCOTT
Hepscott Park
Nedderton
Morpeth
NE61
CROFTS PK.
FIELD-SIDE HOUSE LA.
FIELDHOUSE CL.
Park Side
South Ter.
South Lodge Wood
South Lodge
Fir Tree Copse
Coalburn Ter.
The White House
HORNLEA
BRIARLEA
STONELEIGH
Farndale
Wychwood
Baroda
Sewage Works
Hepscott
Burn
CASTLE MORPETH
WANSBECK
Burnthouse Wood
Farm Cotts.
Field House Farm
A192
Burnside Livery Stables & Kennels
Hepscott Manor Farm
Gas Valve Compound
Burnt House
Netherton Letch
Coquet Day Centre
DRIVE
BLYTH DR.
TWEED DR.
PARK
Howard House
West Farm
THE GRANGE
Netherton Hall
NORTH FARM
THE CROFT
OAKDALE
HALLWOOD CL.
South Farm
West Plantation
B1331
The New Bungalow
ROAD
STATION
STANNINGTON
The Cottage
The Bungalow
Moor Farm Estate
NETHERTON WOOD
Pegwhistle Burn
Works
Fox Covert
South Plantation
Netherton Moor
14

Scotland Gate
Choppington
NE62
BEDLINGTON
Bedlington
NE22
BLUEHOUSE WOOD
Social & Welfare Centre
Flax Cotts.
Cricket Field
Willow Water
Willow Bridge
BARRINGTON ROAD
Station Terrace
Windmill Farm
Glebe Farm
Windmill Farm Cottages
CHOPPINGTON ROAD
A1068
Blue House Farm Cottages
Blue House Farm
NETHERTON LANE
B1331
Bedlington Meadowdale Middle School
Play. Field
Fitness Cen.
Lib.
Magistrates Court
Depot
FRONT ST. WEST
A193
FRONT ST. E.
St. Benet Biscop Catholic High School
Schools
Cemetery
Playing Field
Coun. Offs.
Mem. Comm. Cen.
William Allan Homes
RED HOUSE FARM ESTATE
Bedlington Lane Farm
Club House
HARTFORD ROAD
BEDLINGTONSHIRE GOLF COURSE
Broadway House Farm
Churchlands Farm
Ewart
15
10
E F G H
1 2 3 4 5 6
24 425 26
84 83 582 81

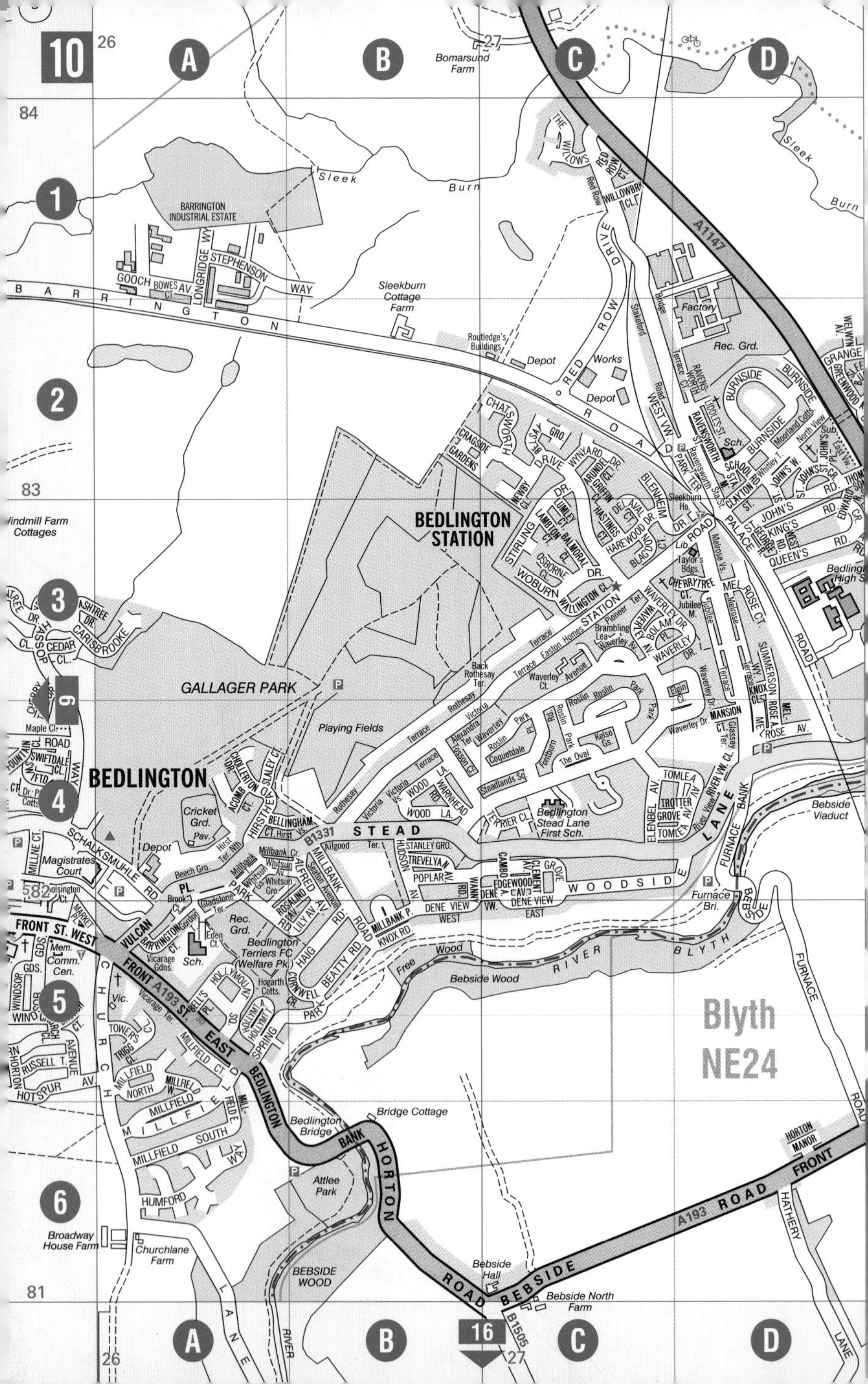

BARRINGTON INDUSTRIAL ESTATE
Bomarsund Farm
Sleek Burn
BARRINGTON ROAD
Sleekburn Cottage Farm
Routledge's Buildings
Depot
Works
Factory
Rec. Grd.
A1147
RED ROW DRIVE
BEDLINGTON STATION
GALLAGER PARK
Playing Fields
BEDLINGTON
Windmill Farm Cottages
Cricket Grd.
Magistrates Court
Rec. Grd.
Bedlington Terriers FC (Welfare Pk.)
STEAD LANE
B1331
Bedlington Stead Lane First Sch.
WOODSIDE
DENE VIEW WEST
DENE VIEW EAST
Bebside Viaduct
Furnace Bri.
RIVER BLYTH
Bebside Wood
Free Wood
FRONT ST. WEST
FRONT ST. EAST
A193
BEDLINGTON BANK
Bedlington Bridge
Bridge Cottage
HORTON ROAD
Attlee Park
BEBSIDE WOOD
Bebside Hall
Bebside North Farm
BEBSIDE FRONT ROAD
B1505
Blyth NE24
Broadway House Farm
Churchlane Farm
CHURCH LANE
MILLFIELD
HUMFORD
HORTON MANOR
HATHERY LANE
FURNACE ROAD
9
16

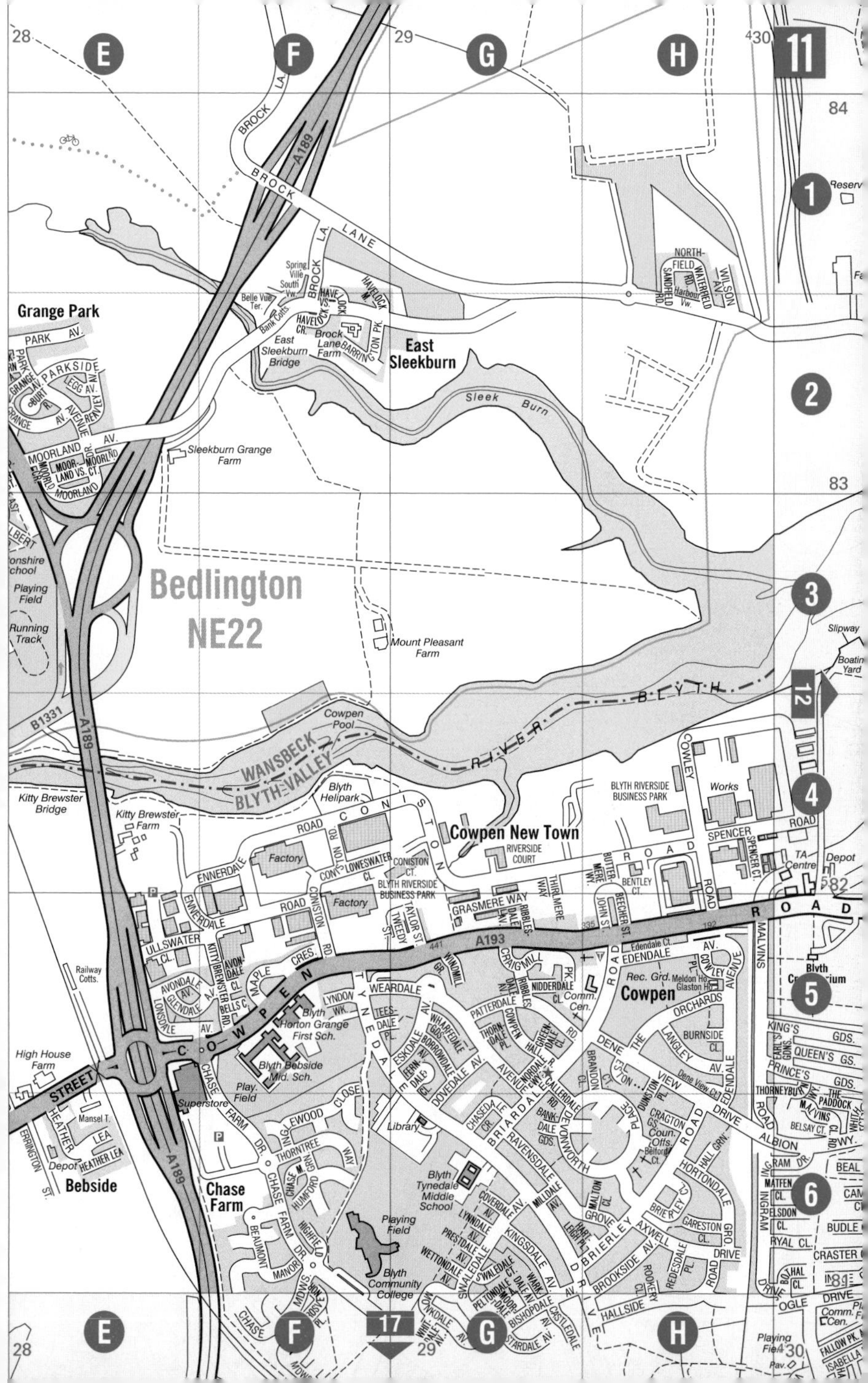

Grange Park
East Sleekburn
Bedlington NE22
Cowpen New Town
Cowpen
Bebside
Chase Farm
BROCK LANE
Sleek Burn
RIVER BLYTH
WANSBECK BLYTH VALLEY
Sleekburn Grange Farm
Mount Pleasant Farm
Kitty Brewster Bridge
Kitty Brewster Farm
High House Farm
Blyth Riverside Business Park
Blyth Helipark
Cowpen Pool
Blyth Horton Grange First Sch.
Blyth Bebside Mid. Sch.
Blyth Tynedale Middle School
Blyth Community College
Superstore
Library
A189
A193
B1331
COWPEN ROAD
CONISTON ROAD
ENNERDALE ROAD
SPENCER ROAD
TYNEDALE AVENUE
BRIERLEY DRIVE
DENE VIEW DRIVE
ALBION WY.
STREET

Cambois
Mawburn House
Cambois First Sch.
Reservoir
Factory
Cow Gut
Tidal Basin
Mooring Stages
BATTLESHIP WHARF
The Rockers
Green Skeer
North Blyth
North Beach
North Side Staithes
WANSBECK
BLYTH VALLEY
Slipway
Factory Point
Boating Yard
Blyth
NE24
BLYTH HARBOUR
RIVER BLYTH
BLYTH
Mecca Bingo
KEEL ROW
WIMBOURNE QUAY
Blyth Crematorium
BLYTH COMM. HOSPITAL
Blyth Sports Centre
St. Wilfrid's RC Middle School
Malvin's Close First School
ALBION RETAIL CENTRE
COWPEN
WATERLOO
RENWICK ROAD
BROADWAY CIRCLE
PLESSEY ROAD
RIDLEY AV.
CROFTON MILL INDUS. EST.
Blyth Spartans AFC
Blyth Princess Louise First Sch.
Foster Memorial Homes
18
11

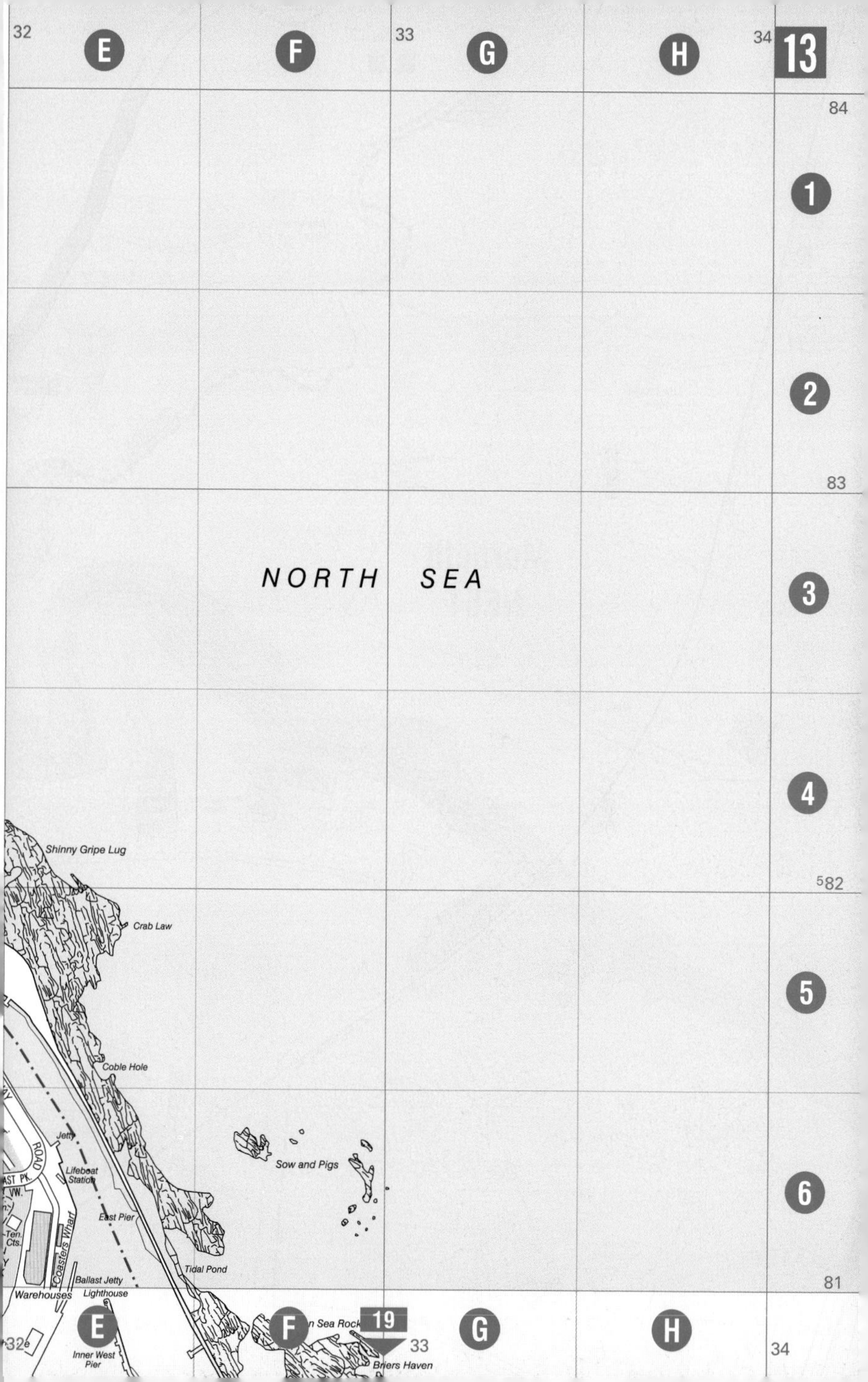

84

1

2

83

NORTH SEA

3

4

⁵82

Shinny Gripe Lug

Crab Law

5

Coble Hole

Jetty

Lifeboat
Station

Sow and Pigs

East Pier

6

Warehouses

Ballast Jetty
Lighthouse

Tidal Pond

81

Inner West
Pier

Briers Haven

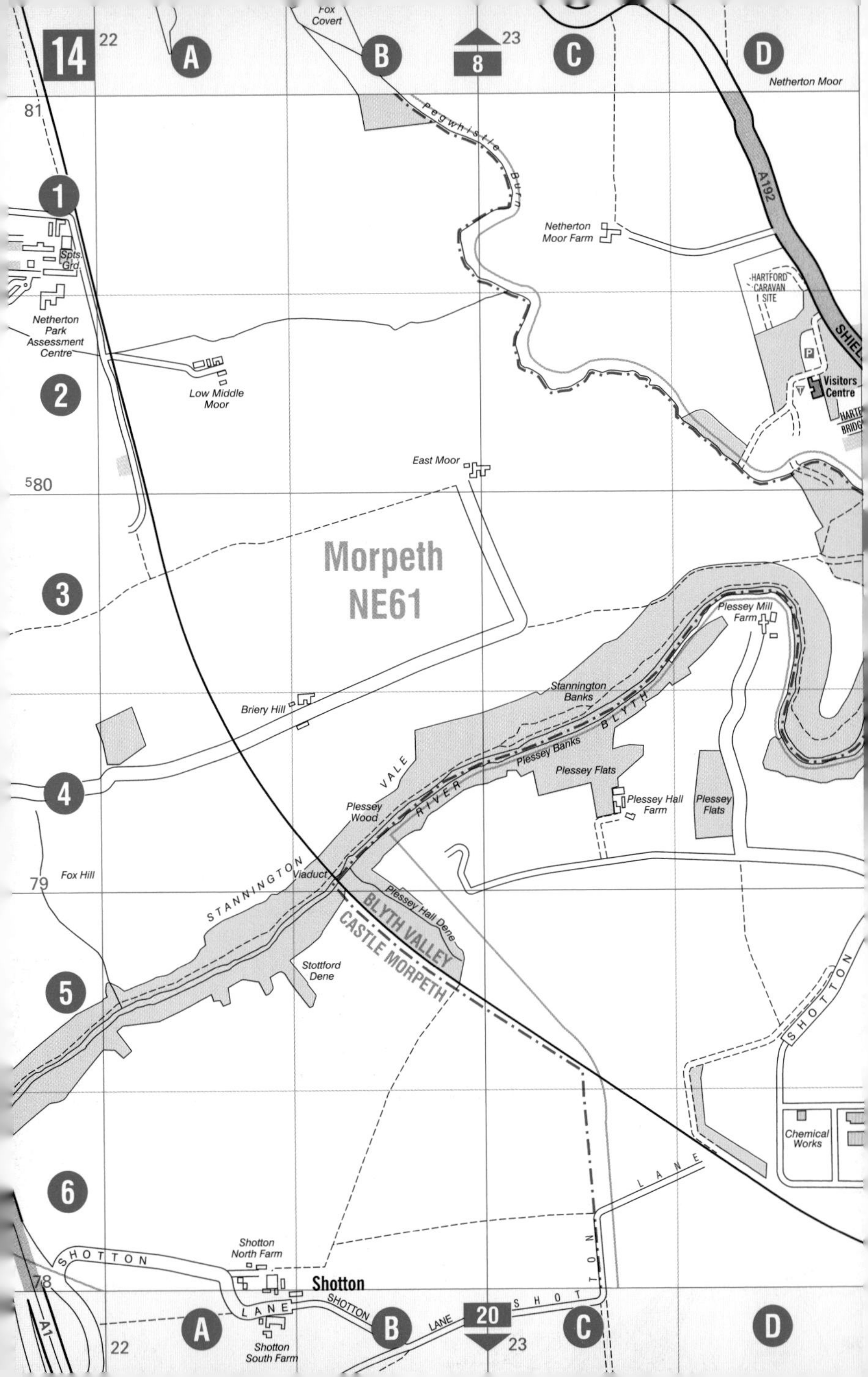
22
A
Fox
Covert
B
8
23
C
D
Netherton Moor
81
Pegwhistle Burn
A192
1
Spts.
Grd.
Netherton
Park
Assessment
Centre
Netherton
Moor Farm
HARTFORD
CARAVAN
SITE
SHIEL
P
Visitors
Centre
HARTF
BRIDG
2
Low Middle
Moor
East Moor
580
Morpeth
NE61
3
Plessey Mill
Farm
Stannington
Banks
Briery Hill
BLYTH
Plessey Banks
Plessey Flats
VALE
4
Plessey Hall
Farm
Plessey
Flats
RIVER
Plessey
Wood
Fox Hill
79
STANNINGTON
Viaduct
Plessey Hall Dene
BLYTH VALLEY
CASTLE MORPETH
Stottford
Dene
5
SHOTTON
Chemical
Works
6
LANE
Shotton
North Farm
SHOTTON
78
Shotton
A1
LANE
SHOTTON
LANE
SHOTTON
A
B
20
C
D
22
23
Shotton
South Farm

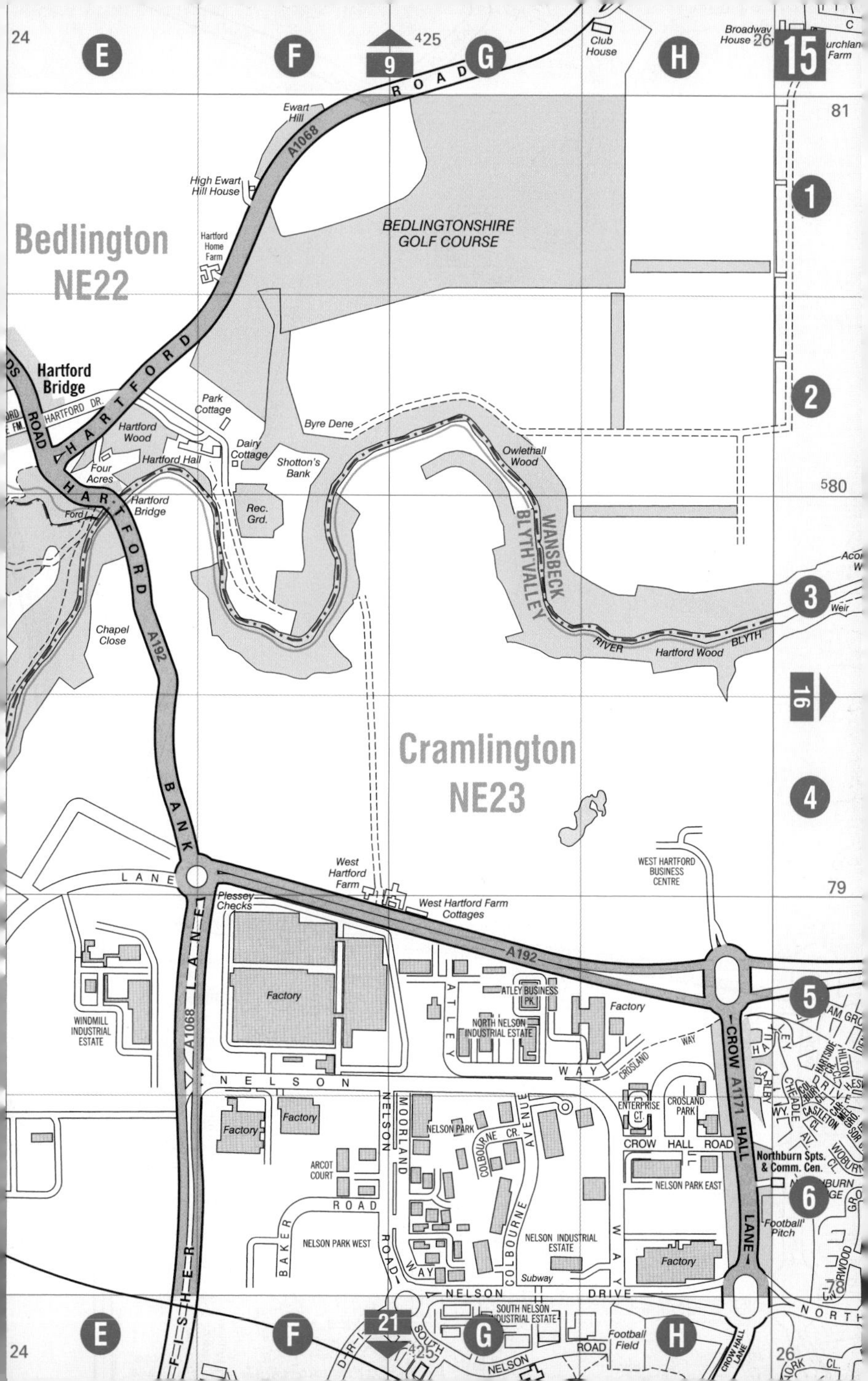
15
9
21
16
24
425
26
81
580
79
78
E
F
G
H
1
2
3
4
5
6
Bedlington
NE22
Cramlington
NE23
Hartford Bridge
BEDLINGTONSHIRE
GOLF COURSE
Club House
Broadway House
Ewart Hill
High Ewart Hill House
Hartford Home Farm
Park Cottage
Hartford Wood
Hartford Hall
Dairy Cottage
Shotton's Bank
Byre Dene
Owlethall Wood
Four Acres
Hartford Bridge
Ford
Rec. Grd.
WANSBECK
BLYTH VALLEY
RIVER
Hartford Wood
BLYTH
Weir
Chapel Close
HARTFORD ROAD
A1068
HARTFORD DR.
HARTFORD BANK
A192
West Hartford Farm
West Hartford Farm Cottages
WEST HARTFORD BUSINESS CENTRE
Plessey Checks
LANE
A192
Factory
ATLEY BUSINESS PK.
NORTH NELSON INDUSTRIAL ESTATE
ATLEY WAY
CROSLAND WAY
WINDMILL INDUSTRIAL ESTATE
FISHER LANE
A1068
NELSON
NELSON ROAD
MOORLAND WAY
NELSON PARK
COLBOURNE CR.
COLBOURNE AVENUE
ENTERPRISE CT.
CROSLAND PARK
CROW HALL ROAD
CROW HALL LANE
A1171
ARCOT COURT
ROAD
BAKER ROAD
NELSON PARK WEST
NELSON PARK EAST
NELSON INDUSTRIAL ESTATE
Subway
NELSON DRIVE
Northburn Spts. & Comm. Cen.
Football Pitch
SOUTH NELSON INDUSTRIAL ESTATE
SOUTH NELSON ROAD
Football Field
CROW HALL LANE
CARLBY WY.
CHEADLE AV.
HARTSIDE CR.
CASTLETON CL.
WOBURN

Bedlington
NE22
Cramlington
NE23
East Hartford
Shankhouse
Bebside North Farm
Bebside Wood
Humford Mill
Bedlington Country Park
Humford Hollow
Acornbank Wood
East Hartford Farm
Sewage Works
East Hartford School
Comm. Cen.
High Horton Farm
Horton Bridge
Recreation Ground
Pavilion
Hall
Vicarage
Shankhouse Bridge
Northburn Spts. & Comm. Cen.
Football Pitch
Cramlington Northburn First Sch.
Playing Fields
Brockwell Middle Sch.
THE BROCKWELL CENTRE
Burnside First Sch.
Playing Field
EASTFIELD LEA
Fanhouse
A193
B1505
A192
A189
A1061
A1171

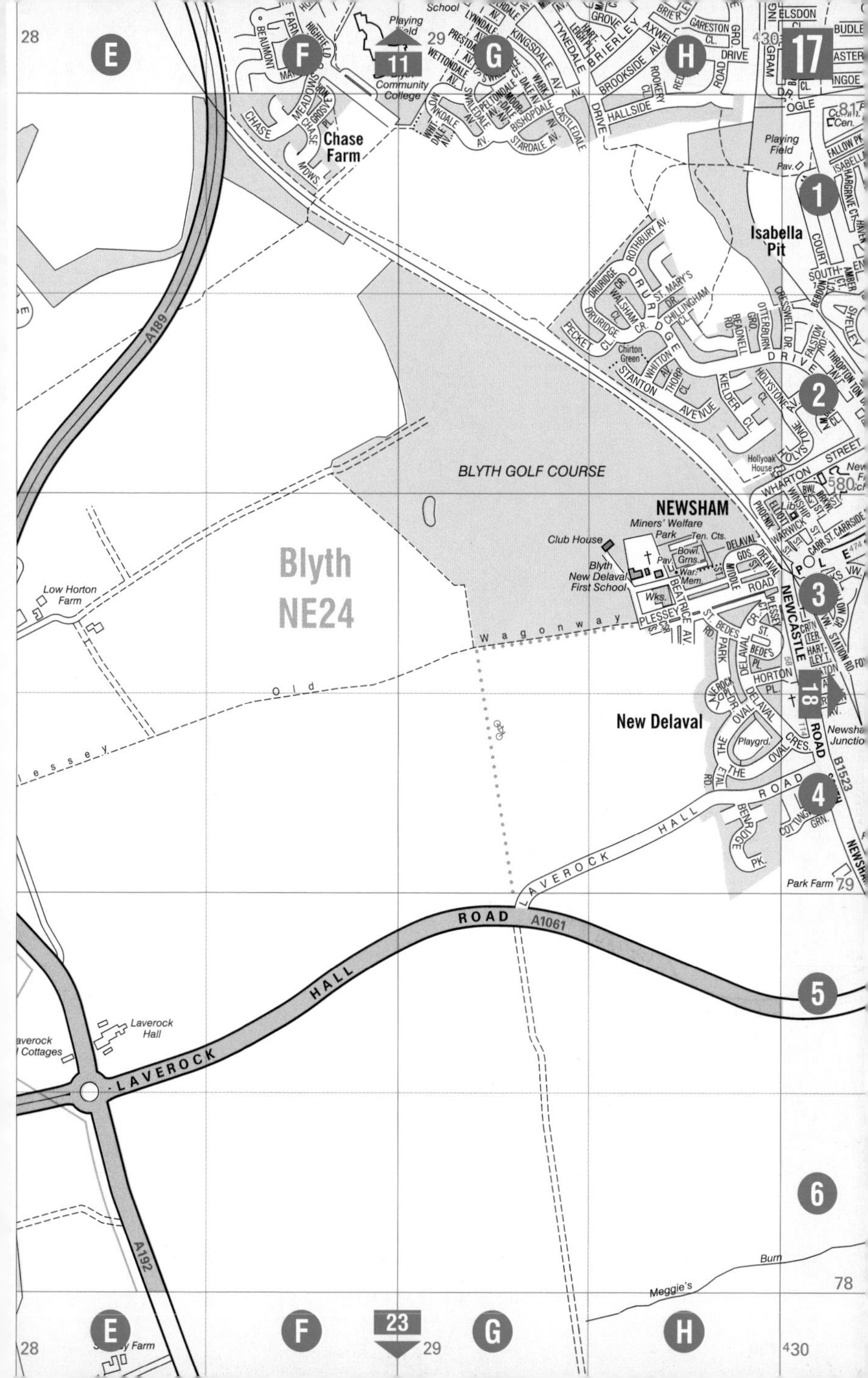
Chase Farm
Playing Field
Blyth Community College
Isabella Pit
BLYTH GOLF COURSE
NEWSHAM
Miners' Welfare Park
Club House
Blyth New Delaval First School
Blyth NE24
Low Horton Farm
New Delaval
Wagonway
Old Plessey
LAVEROCK HALL ROAD
A1061
A189
A192
Laverock Hall
Park Farm
Newsham Junction
Meggie's Burn
B1523
NEWCASTLE ROAD

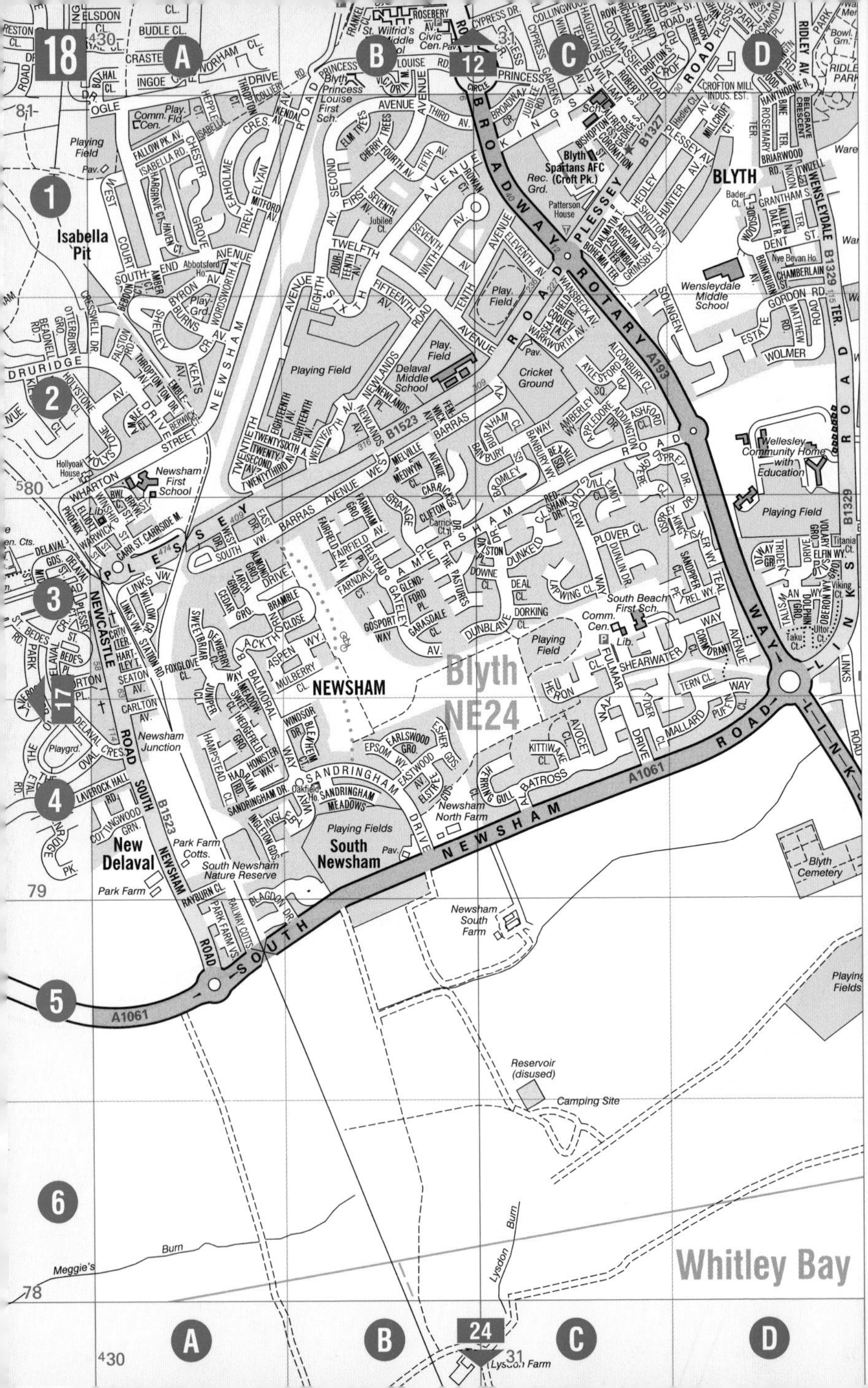

Isabella Pit
Playing Field
BLYTH
Blyth Spartans AFC (Croft Pk.)
Wensleydale Middle School
Wellesley Community Home with Education
Delaval Middle School
Cricket Ground
Newsham First School
South Beach First Sch.
Blyth NE24
NEWSHAM
New Delaval
South Newsham
Playing Fields
South Newsham Nature Reserve
Newsham Junction
Newsham North Farm
Newsham South Farm
Park Farm
Blyth Cemetery
Reservoir (disused)
Camping Site
Meggie's Burn
Lysdon Burn
Lysdon Farm
Whitley Bay
BROADWAY
ROTARY WAY
PLESSEY ROAD
NEWSHAM ROAD
SOUTH NEWSHAM ROAD
LINKS ROAD
WENSLEYDALE TER.
AMERSHAM ROAD
BARRAS AVENUE WEST
A193
A1061
B1523
B1329
B1327

12
17
24

81

1

2

580

3

*NORTH
SEA*

4

79

5

6

78

East Pier
Tidal Pond

Warehouses
Lighthouse
Ballast Jetty
Inner West
Pier
South Harbour
Middle
Jetty   Jetty
ehouses

Seaton Sea Rocks

Briers Haven

arehouse
Royal
Northumberland
Yacht Club

West Pier   East Pier

Warehouse

Lighthouse
Lighthouse

BEACHWAY
Bandstand
Beach
Gds.

Promenade

Fort
House

Gloucester
Lodge
Cottages
Gloucester
Lodge Farm

A193

NE26
ROAD

Mile Hill
P

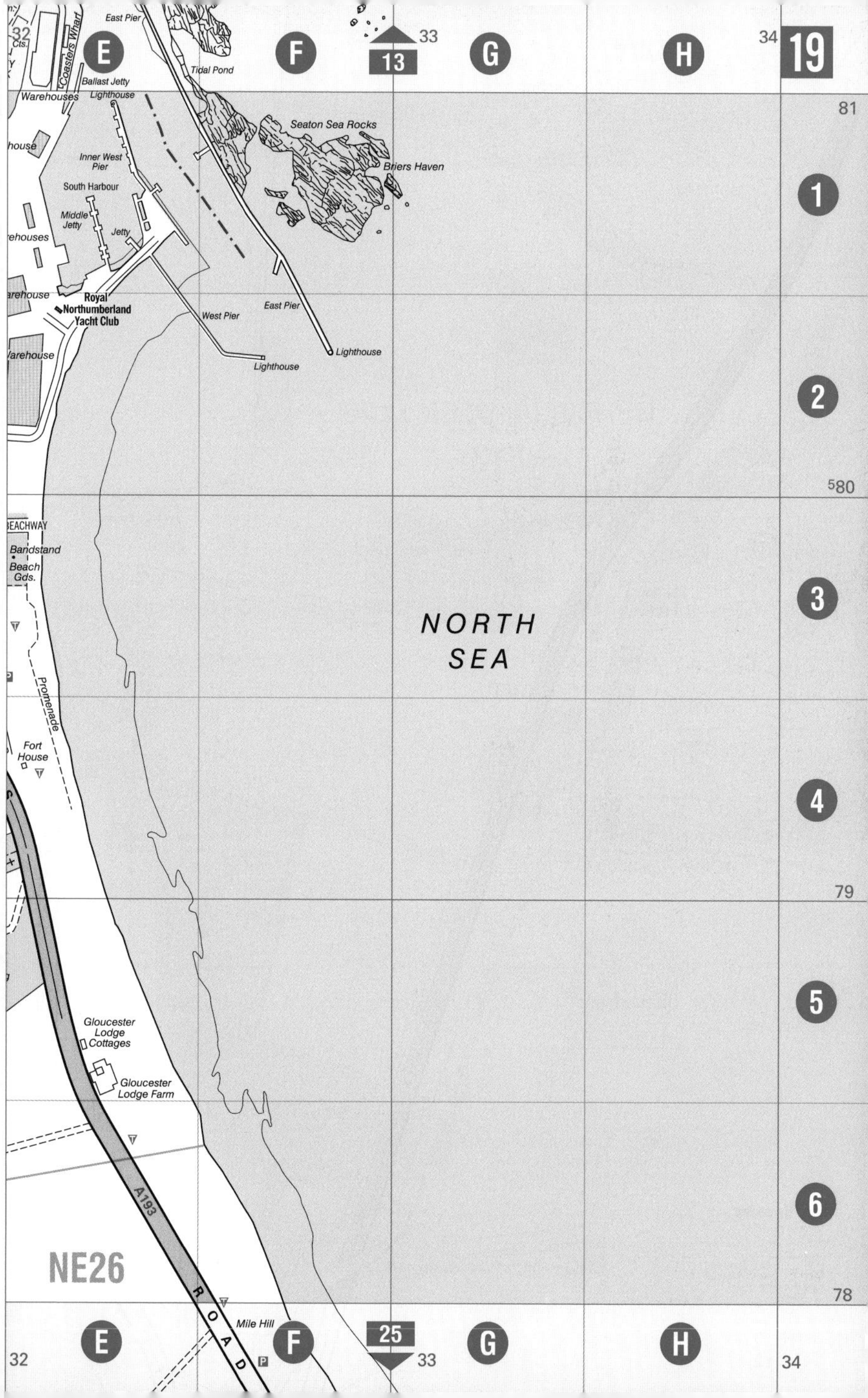

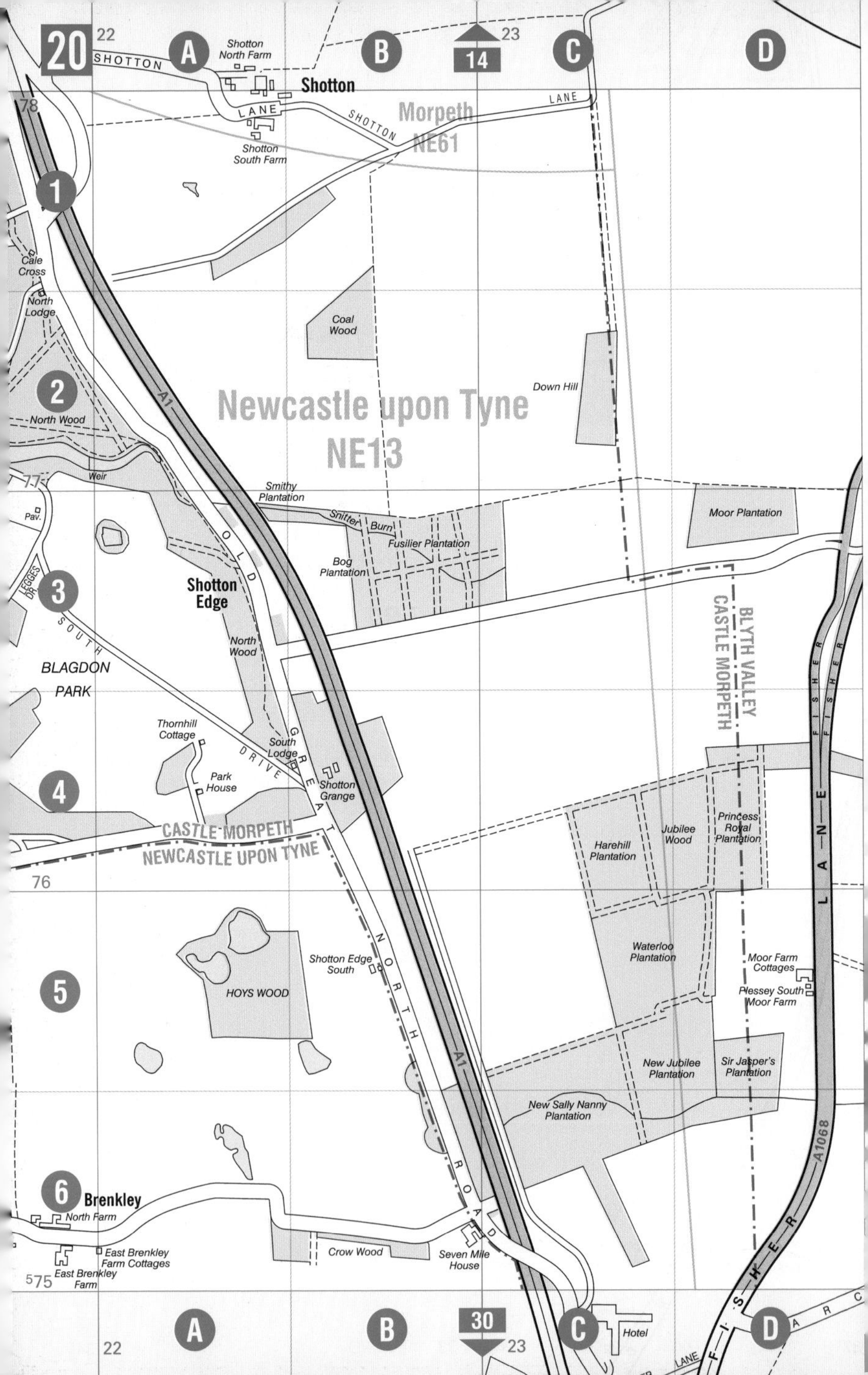

A
B
C
D
14
22
23
SHOTTON
Shotton North Farm
Shotton
LANE
SHOTTON
LANE
Morpeth NE61
Shotton South Farm
78
1
Cale Cross
North Lodge
2
North Wood
Coal Wood
Down Hill
Newcastle upon Tyne NE13
A1
77
Weir
Smithy Plantation
Snitter Burn
Fusilier Plantation
Moor Plantation
Bog Plantation
Pav.
LEGGES DR.
3
Shotton Edge
OLD
SOUTH
North Wood
BLAGDON PARK
BLYTH VALLEY
CASTLE MORPETH
FISHER
Thornhill Cottage
South Lodge
DRIVE
GREAT
Park House
Shotton Grange
4
CASTLE MORPETH
NEWCASTLE UPON TYNE
Harehill Plantation
Jubilee Wood
Princess Royal Plantation
76
LANE
NORTH
Waterloo Plantation
Moor Farm Cottages
Shotton Edge South
Plessey South Moor Farm
5
HOYS WOOD
A1
New Jubilee Plantation
Sir Jasper's Plantation
New Sally Nanny Plantation
A1068
ROAD
6
Brenkley
North Farm
FISHER
East Brenkley Farm Cottages
Crow Wood
Seven Mile House
East Brenkley Farm
575
30
Hotel
LANE
ARC

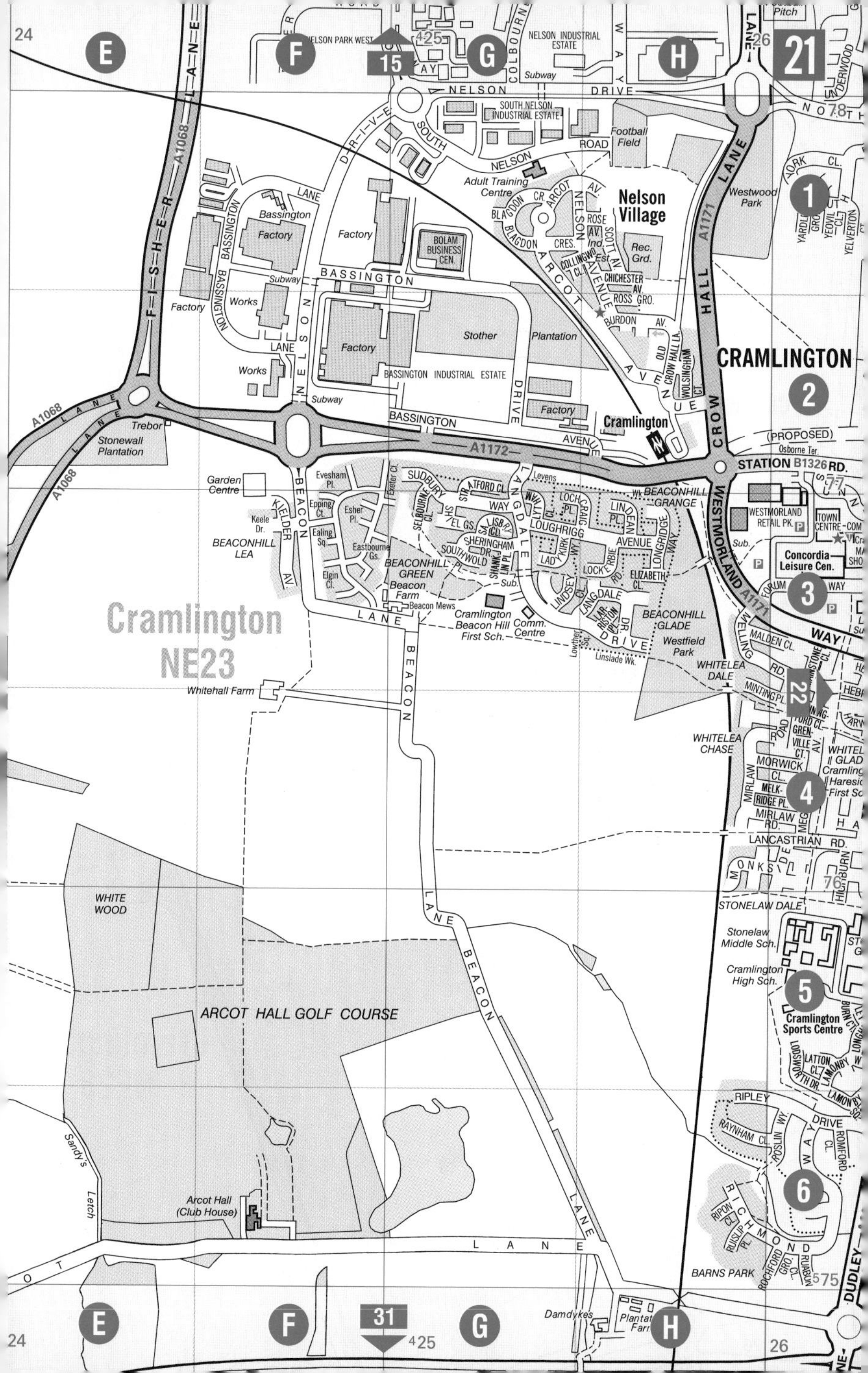
21
CRAMLINGTON
Nelson Village
Cramlington NE23
NELSON INDUSTRIAL ESTATE
SOUTH NELSON INDUSTRIAL ESTATE
BASSINGTON INDUSTRIAL ESTATE
BOLAM BUSINESS CEN.
Stother Plantation
Adult Training Centre
Football Field
Westwood Park
Rec. Grd.
Cramlington
Stonewall Plantation
Trebor
Garden Centre
BEACONHILL LEA
BEACONHILL GREEN
BEACONHILL GRANGE
BEACONHILL GLADE
Beacon Farm
Beacon Mews
Cramlington Beacon Hill First Sch.
Comm. Centre
Westfield Park
WESTMORLAND RETAIL PK.
Concordia Leisure Cen.
WHITELEA DALE
WHITELEA CHASE
Whitehall Farm
WHITE WOOD
ARCOT HALL GOLF COURSE
Arcot Hall (Club House)
STONELAW DALE
Stonelaw Middle Sch.
Cramlington High Sch.
Cramlington Sports Centre
BARNS PARK
Damdykes
FISHER LANE
A1068
A1172
A1171
CROW HALL LANE
STATION B1326 RD.
BEACON LANE
NELSON DRIVE
BASSINGTON AVENUE
ARCOT AVENUE
LANCASTRIAN RD.
RIPLEY DRIVE
RICHMOND
15
22
31

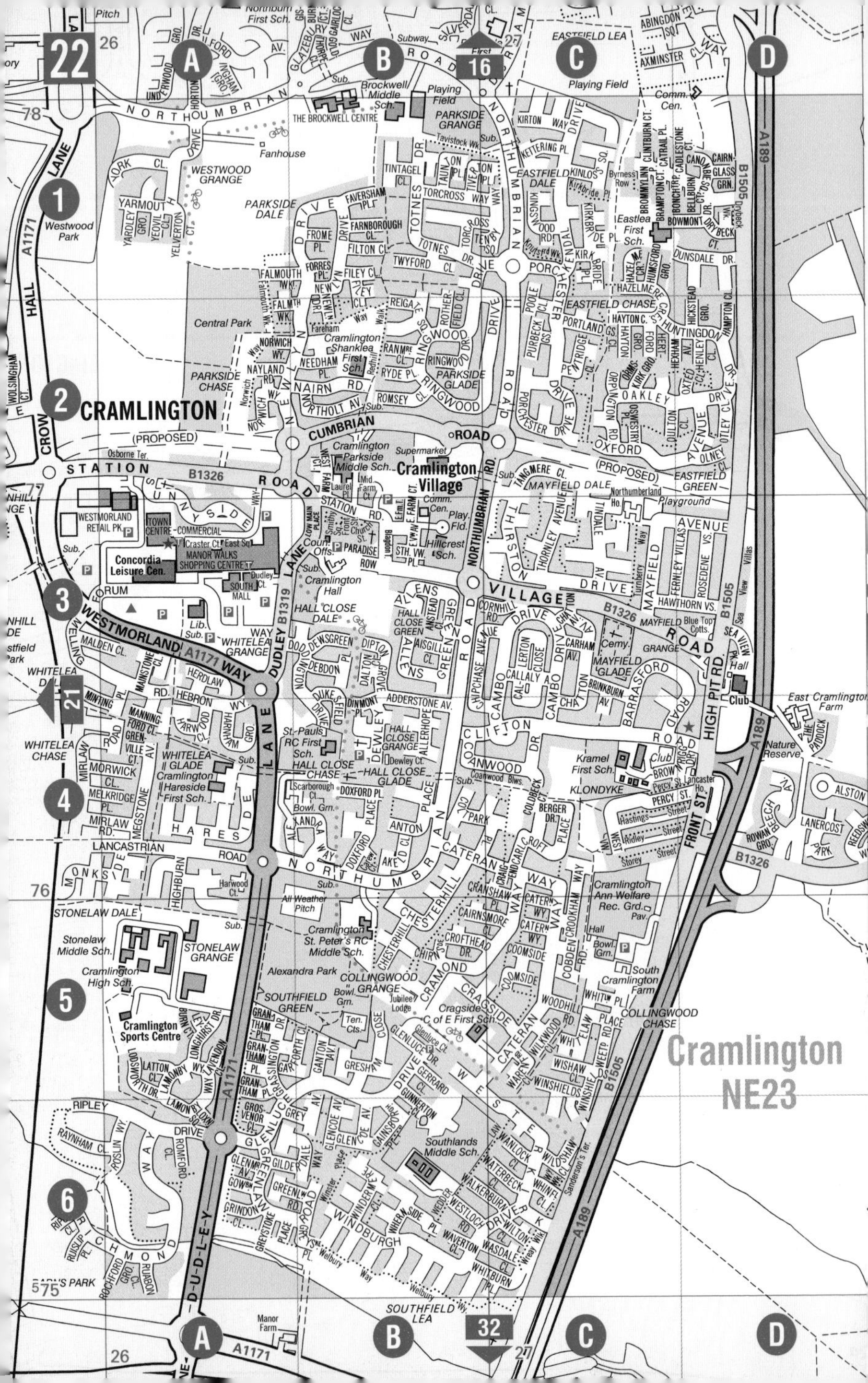
22
A
B
C
D
1
2
3
4
5
6
16
21
32
26
27
78
77
76
75
CRAMLINGTON
Cramlington
NE23
Cramlington Village
NORTHUMBRIAN ROAD
NORTHUMBRIAN DRIVE
CUMBRIAN ROAD
(PROPOSED)
STATION ROAD
B1326
WESTMORLAND WAY
A1171
DUDLEY LANE
B1319
HALL LANE
CROW LANE
A189
B1505
VILLAGE ROAD
FRONT ST.
HIGH PIT RD.
LANCASTRIAN ROAD
RICHMOND
RIPLEY DRIVE
WESTERN WAY
CATERAN WAY
CLIFTON ROAD
OAKLEY DRIVE
AVENUE ROAD
PORCHESTER DRIVE
EASTFIELD CHASE
EASTFIELD DALE
EASTFIELD LEA
EASTFIELD GREEN
MAYFIELD DALE
MAYFIELD GLADE
PARKSIDE GRANGE
PARKSIDE DALE
PARKSIDE CHASE
PARKSIDE GLADE
WESTWOOD GRANGE
Westwood Park
Central Park
Fanhouse
THE BROCKWELL CENTRE
Brockwell Middle Sch.
Playing Field
Comm. Cen.
Eastlea First Sch.
Cramlington Shanklea First Sch.
Cramlington Parkside Middle Sch.
Supermarket
Hillcrest Sch.
Play. Fld.
Court Offs.
Cramlington Hall
HALL CLOSE DALE
HALL CLOSE GREEN
HALL CLOSE GRANGE
HALL CLOSE CHASE
HALL CLOSE GLADE
St. Pauls RC First Sch.
WESTMORLAND RETAIL PK.
TOWN CENTRE COMMERCIAL
Concordia Leisure Cen.
MANOR WALKS SHOPPING CENTRE
SOUTH MALL
Lib.
WHITELEA GRANGE
WHITELEA GLADE
WHITELEA CHASE
Cramlington Hareside First Sch.
Kramel First Sch.
KLONDYKE
Cemy.
Northumberland Ho.
Playground
Blue Top Cotts.
Hall
Club
East Cramlington Farm
Nature Reserve
Stonelaw Middle Sch.
STONELAW DALE
STONELAW GRANGE
Cramlington High Sch.
Cramlington Sports Centre
All Weather Pitch
Cramlington St. Peter's RC Middle Sch.
Alexandra Park
COLLINGWOOD GRANGE
COLLINGWOOD CHASE
SOUTHFIELD GREEN
SOUTHFIELD LEA
Jubilee Lodge
Cragside C of E First Sch.
Cramlington Ann Welfare Rec. Grd.
South Cramlington Farm
Southlands Middle Sch.
Manor Farm

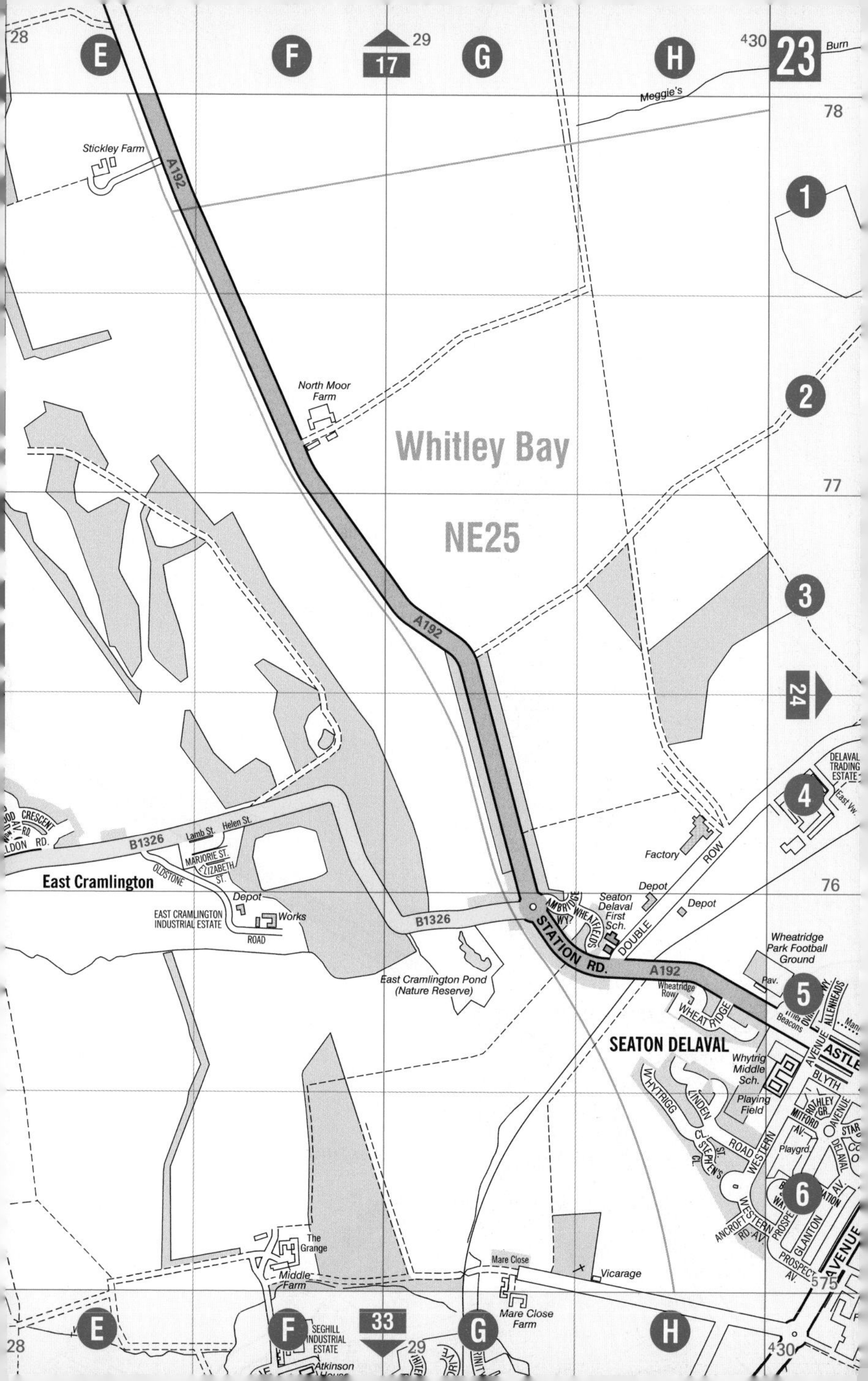

23
17
24
33
E
F
G
H
1
2
3
4
5
6
28
29
430
78
77
76
575
Burn
Meggie's
Stickley Farm
A192
North Moor Farm
Whitley Bay
NE25
B1326
Lamb St.
Helen St.
MARJORIE ST.
ELIZABETH ST.
OLDSTONE
East Cramlington
Depot
Works
EAST CRAMLINGTON INDUSTRIAL ESTATE
ROAD
CRESCENT
East Cramlington Pond (Nature Reserve)
STATION RD.
AMBRIDGE WY.
WHEATFIELDS
Seaton Delaval First Sch.
Depot
DOUBLE ROW
Factory
DELAVAL TRADING ESTATE
East Vw.
Wheatridge Park Football Ground
Pav.
Wheatridge Row
WHEAT RIDGE
SEATON DELAVAL
Whytrig Middle Sch.
Playing Field
WHYTRIGG
LINDEN
ST. STEPHEN'S CL.
WESTERN ROAD
WESTERN AV.
ANCROFT RD.
PROSPECT AV.
GLANTON
Playgrd.
MITFORD AV.
ROTHLEY GR.
DELAVAL
BLYTH
ASTLE
AVENUE
ALLENHEADS
The Grange
Middle Farm
Mare Close
Vicarage
Mare Close Farm
SEGHILL INDUSTRIAL ESTATE
Atkinson

Lysdon Farm
Lysdon Farm Cottages
Round Plantation
Seaton Red House Farm
Whitley Bay
New Hartley
New Hartley First Sch.
Avenue North Farm
Seaton
NE25
DELAVAL TRADING ESTATE
Depot
Wheatridge Park Football Ground
SEATON DELAVAL
Whytrig Middle Sch.
Playing Field
Avenue Head Farm
Seaton Terrace
Astley Community High Sch.
Astley Park
Tennis Courts
Factory
A190
A192
THE AVENUE
ASTLEY ROAD
BLYTH STREET
THE BRAMBLES
BRISTOL
Lysdon
Burn

18
23
34

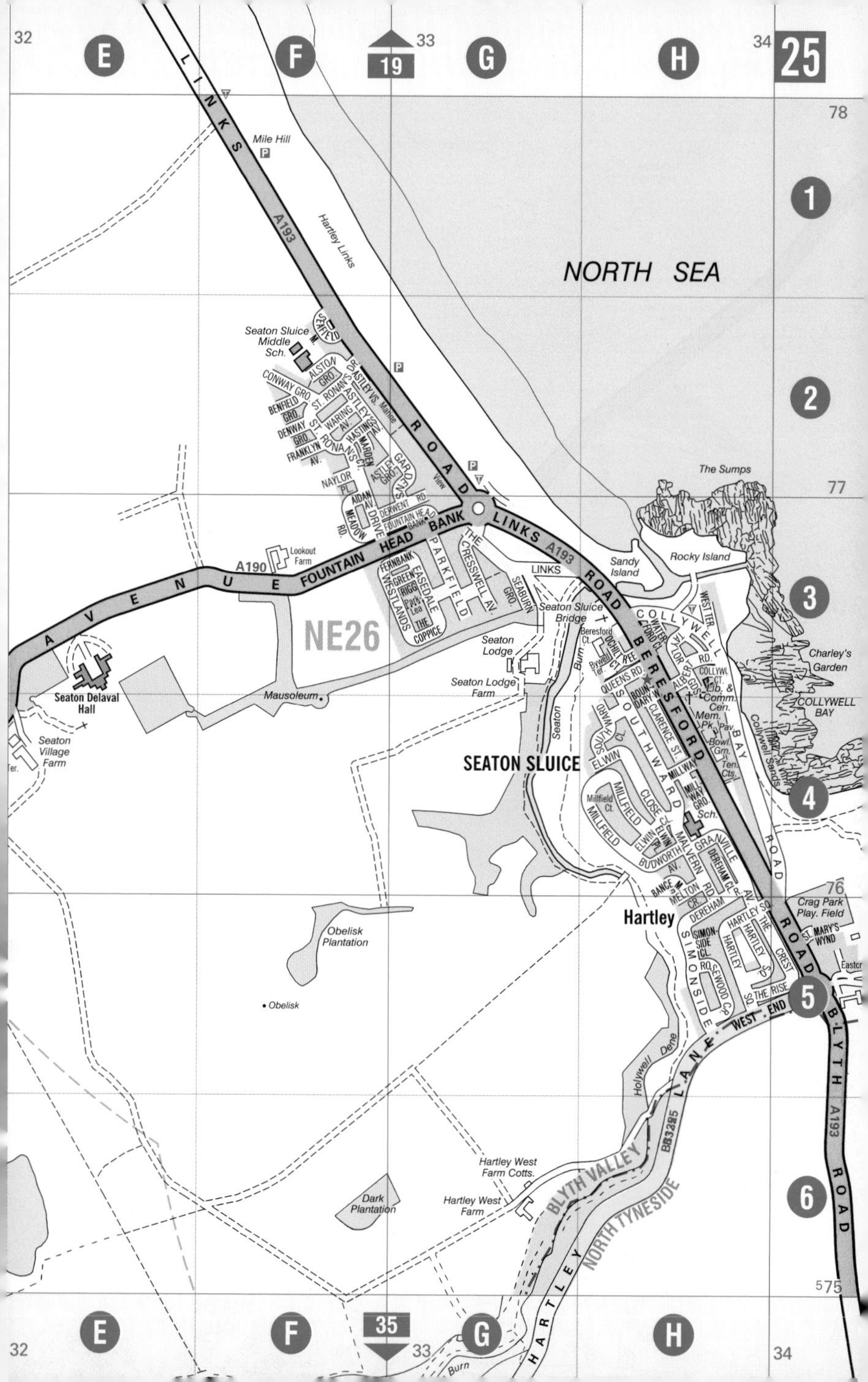

1

NORTH SEA

Mile Hill
P

Hartley Links

LINKS

A193

2

Seaton Sluice
Middle Sch.

CONWAY GRO.
BENFIELD GRO.
DENWAY GRO.
FRANKLYN AV.
ALSTON GRO.
ST. RONAN'S DR.
ASTLEY RD.
WARING AV.
HASTINGS DR.
RONA
MARDEN
CLOSE
NAYLOR PL.
ADRIAN AV.
WELDON RD.
DERWENT RD.
DRIVE
FOUNTAIN HEAD
BANK

ROAD

P

77

The Sumps

3

A190
Lookout
Farm

AVENUE

FOUNTAIN HEAD BANK

LINKS A193 ROAD

FERNBANK
WSGREEN
WESTLANDS
EASEDALE
HIGH
THE
COPPICE
PARKFIELD
THE CRESSWELL AV.
SEDWYN
GRO.

LINKS

Sandy
Island

Rocky Island

COLLYWELL
WESTER...
COLLYWELL

Charley's
Garden

NE26

Seaton
Lodge
Seaton Sluice
Bridge
Beresford
St. Ave.
QUEENS RD.
CARONE RD.

COLLYWELL
BAY

Seaton Delaval
Hall

Mausoleum

Seaton Lodge
Farm

Seaton
Burn

SOUTH WARD

BERESFORD

ROAD

COLLYWELL BAY

Conway Sands

Seaton
Village
Farm
Ter.

SEATON SLUICE

ELWIN
ELWIN
CLOSE
Millfield
Ct.
MILLFIELD
BUDWORTH
AV.
MILL VIEW
MILL WARD
Sch.

4

76

Hartley

MILLFIELD
RANGE
MAVERN
CR.
DEREHAM
GRANVILLE
AV.
BERWINE
SQ.
HARTLEY
SQ.
HARTLEY
CR.
DENWOOD
Cs.
THE RISE
GRA-
NVILLE
AV.
CRESI
ROAD

SIMONSIDE

SIMON-
SIDE
RD.

Crag Park
Play. Field
MARY'S
WYND
Easter

5

575

Obelisk
Plantation

WEST END
BLYTH VALLEY
NORTH TYNESIDE

BLYTH

ROAD
A193

• Obelisk

Holywell Dene

HARTLEY LANE
B B1325

6

Dark
Plantation

Hartley West
Farm Cotts.

Hartley West
Farm

Burn

A
B
C
D
14
415
575
East Coldcotes
Hiddleste
Coldcoats Burn
Middle Coldcoats
1
Eck
Smallburn
Smallb Lodg
West Coldcoats Bridge
A696
Smallburn
Burn
Shortridge
Woodside
Milbourne Lodge
2
Small
Hall
NORTH RD.
East Smallburn Bridge
74
NORTHUMBRIA POLICE HEADQUARTERS
South Coldcoates
West Smallburn Bridge
3
Coldcoats Moor
Burn
Keepers Cottage
West Farm
Small
LANE
4
A696
LADYWELL
SIMONSIDE VW.
ROTHLEY CL.
WAY
Collingwood Cotts.
Eastfield House
73
Woodside Farm
FORSTER'S PLANTATION
LIMESTONE
THE BEECHES
5
FOX COVERT LANE
West Houses
Long Plantation
Pont
RUNNYMEDE
River
ROAD
EASTERN
6
Coat Hill
RICHMOND WAY
Richmond Fields
PEMBROKE
REGENCY WY.
WESTERN WAY
72
RUNNYMEDE
DARRAS HALL
DARRAS
PEMBROKE DR.
DRIVE
COTE HILL DR.
TUDOR CT.
OAKLANDS
OAKLANDS CT.
LADYRIG
14
415

38

Newcastle upon Tyne
NE20
PONTELAND
Prestwick
PONTELAND GOLF COURSE
RIFLE RANGE
DANGER AREA
Berwickhill Bridge
Park House
Tudor Croft
North Court
Grange Lea
Eland Green
Eland Hall Farm North
Eland Hall Farm
Eland Hall
Eland Close
Prestwick Mill Farm
Richard Coates C of E Middle School
Ponteland Manor
Ponteland First Sch.
Factory
Depot
Clickemin Bridge
Clickemin
Ponteland Leisure Centre
Playing Fields
Ponteland Middle & High Schs.
Nursery
Nurseries
Prestwick Hall
Prestwick Hall Farm
West Farm
Garden Centre
Street Houses
Cemy.
BERWICK HILL ROAD
MAIN ROAD
BELL VS.
PONTELAND ROAD
CALLERTON LANE
ROTARY WAY
A696
B6323
B6545
28
39

575

74

PRESTWICK CARR

27

73

18

19

28 18

A B 19 C D

FOX COVER

Blackpool Drain

Blackpool Drain

CARR PLANTATION

Newcastle upon Tyne

Prestwick Mill I

NEWCASTLE UPON TYNE
CASTLE MORPETH

Moory Spot

Close House

Prestwick Whins

NE20

Hawthorn Cottage

Prestwick
West Farm
East Farm
The Martins

Prestwick Hall

Carr View

The Square

Prestwick Hall Farm

Garden Centre

Street Houses

Cemy

Prestwick Road End

P

P

B

P

40

19

C

D

575

1

2

74

3

30

4

73

5

6

72

Brenkley

East Brenkley Farm

Trinidad Plantation

Gardener's Houses Farm

Curlew Cottage

Carr Grange Farm

CARR ROAD

PRESTWICK

The Venture

Marsfen

Mason

NTH. MASON

LORDS

OAKFIELD GRANGE

BRIARDALE

EAST ACRES

WEST ACRES

BEECH

AVENUE

ELM AV.

POPLAR AV.

PINE

SYCAMORE AV.

NORTH VW.

South View

PRESTWICK

ROAD

FRONT ST

Quarry Cottages

MAIN

Cochrane

Bldgs ST.

FAIRVIEW

DINNINGTON

DUNSLEY GDS.

WAY

Church Side

CHURCH RD.

STH. VW.

WINDMILL

Youth Cen. Lib.

Dinnington First Sch.

Rec. Grd.

THE CREST

SHAFTOE CT.

TINDALE CT.

BRACKEN CL.

MILFORD

CASTLE

HORSLEY

EMERLAY DR.

HAVANNAH CR.

BIRKEY CR.

HAVANNAH

NE13

DINNINGTON ROAD

TELFORD RD.

Cycle Track

Mill Hill

Hartley

Burn

Toft Hill

Greencroft

SANDY

LANE

Hack Hall

Hartley

Burn

NEWCASTLE INTERNATIONAL AIRPORT

ROAD

COACH

LANE

Hawthorn Cottage

Woodlands

Works

North Farm
East Brenkley
Farm Cottages
Crow Wo
A
B
C
D
20
23
22
575
Hotel
FISHER LANE
A1068
FISHER LANE
ARCOT
A1
A19
FRONT STREET
B1318
Seaton Burn
Recreation
Ground
Playground
Bowling
Green
Pav.
Tennis
Court
Factory
BLEZARD
BUSINESS PARK
BRENKLEY WY.
THORNTREE AV.
SEATON BURN
CHAPEL PL.
Chapel Ct.
PEEL
GARDEN CL.
Chapel
ville
War
Mem.
BRIDGE ST.
BURNBRIDGE
Jubilee
Ter.
BURN BRIDGE
74
North - East
Mason Farm
Mason View
1
2
3
4
5
6
29
Hartley
Burn
Hartley
Burn
BIG WATERS NATURE RESERVE
NEWCASTLE UPON TYNE
NORTH TYNESIDE
Nursery
RAYLEIGH
RAYLEIGH DR.
DRIVE
CHANTRY
RAYLEIGH
SWINHOE
GDS.
HAVANT
GDS.
WLK.
HAYES
CRANWELL DR.
CRANWELL
EWESLEY GDS.
BOULMER GDS.
DRIVE
WOODHORN GS.
HALTON
Newcastle upon Tyne
NE13
73
Recreation
Ground
Aged
Miners'
Homes
AVENUE
DRYSDALE
CLARK CL.
DENE AV.
CRES.
DRYSDALE CT.
Chapel Vw.
Co-operative Ter.
Robert Allen Ct.
CHEVIOT
VIEW
WALTER ST.
EDWIN ST.
George St.
MASON ST.
WATERFORD
BIG PK.
WATERS CL.
WESTFIELD
BRUNSWICK GRO.
GREY ST.
Martin Wy.
AUGUSTA CT.
Sinclair Ct.
DARRELL ST.
Cragside
GREENSIDE AV.
Beaumont Ter.
Greenside Av.
SANDY LANE
STALKS
BLANCHLAND AV.
CORBRIDGE
OVINGHAM GDS.
NETHERTON
CANTERBURY
BRUNSWICK
INDUSTRIAL
ESTATE
BRUNSWICK PARK
IND. ESTATE
HARTLEY CT.
Sandison Ct.
Depots
WALLINGTON AV.
HAWTHORN AV.
BROOKSIDE
BEACON
PLACE
Beacon Ct.
ELVET CL.
AIDAN CL.
AUSTRAL PL.
SEATON PL.
HORNSEA CL.
Lib.
Comm.
Cen.
LONGHIRST
BRUNSWICK
VILLAGE
BEACON
MAYFIELD PL.
HIGHFIELD PL.
REMUS CL.
SANDFORD M.
ARUNDEL CL.
SIMONSIDE
PRIORY PL.
DRIVE
TORVER CL.
Hazlewood
Prim.
Sch.
WORC
Morley Hill
Farm
Morley Hill
Cottage
Recreation
Ground
NORHAM
THORN CL.
WILLOWS CL.
Subway
BIRCHWOOD
LIMEWOOD
ASHWOOD
Rydal Terrace
72
Hawthorn
Cottage
Woodlands
HAZLERIGG
WALK
ELLIOTT
ENID ST.
CHARLES ST.
ALEXANDER
MELNESS
Ash T.
Melock Ct.
Elm Vs.
ROAD
South Vw.
North Vw.
COACH
COACH LANE
42
Strawberry
Ter.
Three Mills
Picnic Site
HAVANNAH
NATURE RESERVE
Works
22
23
The
Cross-
ways
FERGUSON
HIGH RIDGE
CHELTON CL.
DOLPHIN VS.
NEWHAM
AVENUE
CASTLE
ST.
HIGH RIDGE
Ridge Ct.

31
21
43
32
Cramlington
NE23
DUDLEY
WIDE OPEN
Arcot Hall
(Club House)
BARNS PARK
Damdykes
Plantation Farm
A19
BLYTH VALLEY
NORTH TYNESIDE
DUDLEY BUS. CEN.
NORTHUMBERLAND BUSINESS PARK WEST
Works
Sandy's
Letch
Chemical Works
High Barnes
Football Pitch
Pav.
Depots
Depot
Seaton Burn College
Weetslade Cemetery
DUDLEY LANE
B1321
WESTERN TER
GREEN CRESCENT
WANSBECK RD.
ALDERWOOD PK.
STATION RD.
MARKET ST.
WEETSLADE
Willowdene
Rec. Grd.
Play. Fld.
B1319
CRAMLINGTON RD.
PATIENCE AV.
MEADOW DRIVE
Rook Wood
Community Centre
Seaton Burn
Green's Houses Farm
Seaton Burn Dairy Farm
Seaton Burn Hall
McCRACKEN DRIVE
MORPETH AV.
WARKWORTH
TAYLOR
Greenfields Primary School
East Wideopen
Parkside Ct.
Lockey Park
Sports Ground
NORTH ROAD
B1318
HARROW
Aged Miners' Homes
LIME ROAD
High Weetslade
GREAT
WEETSLADE INDUSTRIAL ESTATE
Depot
(Proposed)
MOT Testing
SANDY LA. IND. AREA
Warehouse
A1056
Matts Bank Plantation
Cemetery
PINEWOOD AV.
SANDY LA.
Woodlands Pk. Villas

A
B
C
D
1
2
3
4
5
6
22
31
44
BARNS PARK
SOUTHFIELD LEA
Manor Farm
Reservoir (Disused)
DUDLEY BUS. CEN.
NORTHUMBERLAND BUSINESS PARK WEST
Works
NORTHUMBERLAND BUSINESS PARK
Sandy's
Chemical Works
APEX BUSINESS VILLAGE
Seghill Hall
Lodge
Annitsford Pond Nature Reserve
Rec. Grd.
Annitsford
Jubilee Court
Capercaillie Lodge
Football Pitch
Depots
Pav.
Fordley Primary School
Lib.
Fordley
DUDLEY
Rec. Grd.
Play. Fld.
BLYTH VALLEY
NORTH TYNESIDE
Cramlington
NE23
Burradon Farm Cottages
Burradon House
Abattoir
Quarry Cottages
Aged Miners' Homes
Playing Field
Hard Games Pitches
Bowl. Grn.
Burradon Prim. Sch.
Means Court
Burradon
High Weetslade
Camperdown
Fryers Millennium Green
WEETSLADE INDUSTRIAL ESTATE
Depot
MORGAN BUS. CEN.
BARRINGTON BUS. PK.
CAMPERDOWN IND. EST.
SILVERBIRCH INDUSTRIAL
Subway
Willowdene
A19
A1171
A189
A190
B1319
B1321
B1505
ANNITSFORD
KILLINGWORTH
BROAD ROAD
DUDLEY LANE
CRAMLINGTON RD.
BURRADON RD.
FRONT STREET
WEETSLADE RD.
GREAT LIME ROAD
MILL
WYNDING
DUDLEY DRIVE
ANNITSFORD DRIVE
LOVE AVENUE
BOWMAN DR.
MARKET ST.
STATION RD.
MYLORD CRESCENT
STATION ROAD
ALLANVILLE
MOOR VIEW
NORTHGATE
26
27
72
73
74
575

33
E
F
G
H
23
29
428
The Grange
Middle Farm
Mare Close
Vicarage
Mares Close Farm
SEGHILL INDUSTRIAL ESTATE
Atkinson House Sch.
Weir
MEADOW
LANE
MURRAYFIELD
TWICKENHAM CT.
WHITEFORD PL.
THORNBURY AV.
DRIVE
TRINITY GRO.
KENTMERE CL.
DENESIDE
DENE GROVE
Seaton Burn
Playgd.
BURNLEA GS.
HATFIELD
TAYNTON GR.
IRVING PL.
BLAKETOWN
WINTON CL.
WOODKIRK CL.
HALL CL.
HILL AV.
A190
Pav.
Ten. Cts.
Bowl. Green
Youth Club
Scout Hut
Recreation Ground
Rose Park
CARRINGTON CL.
Cheviot View
Seghill First Sch.
Inst.
West Vw.
EAST VW.
FOREST WAY
STATION ROAD
Lyall Ho.
STATION COTTS.
Deneside
Pulverising Plant
Seaton Burn
FOX LEA WALK
Seghill Bri.
NORTH GS.
NORTHCOTT GS.
STREET
PIT
BARRAS AV.
Barras Mews
Laycock Gs.
MAIN ST.
NTH. ST.
STH. ST.
Stanley Gs.
THE CL.
THE CLOSE
CRESCENT
THE CRESCENT
HAZLITT PL.
BONNIVARD GNS.
BARROWBURN PLACE
BARROWBURN PL.
SEGHILL
FRONT
CHESTER GR.
Maddison Gdns.
The Quarry
High W. Fm.
HAZELMERE
DENE
REID'S LANE
ROAD
BIRCH
OAKFIELD WAY
BACKWORTH
B1322
LANE
A19
1
2
3
4
5
6
74
73
72
34
Newcastle upon Tyne
NE27
West Farm
WAY
A1056
BACKWORTH LANE
BACKWORTH
FISHER ROAD
East Farm
Dukes Cotts.
DUKE'S MDW.
ST. JOHN'S CT.
B1322
Backworth Park Prim. Sch.
Rec. Grd.
HARLEBURY
AVENUE
SQUARE
CASTLE
B1317
KILLINGWORTH LA.
KILLINGWORTH
Club Ho.
Tennis Courts
Bowl. Grn.
Football Ground
Sports Ground
Aged Miners Homes
High Farm
Poultry Farm
Seatonburn Wagonway
45
28
430
FOXLEY CL.

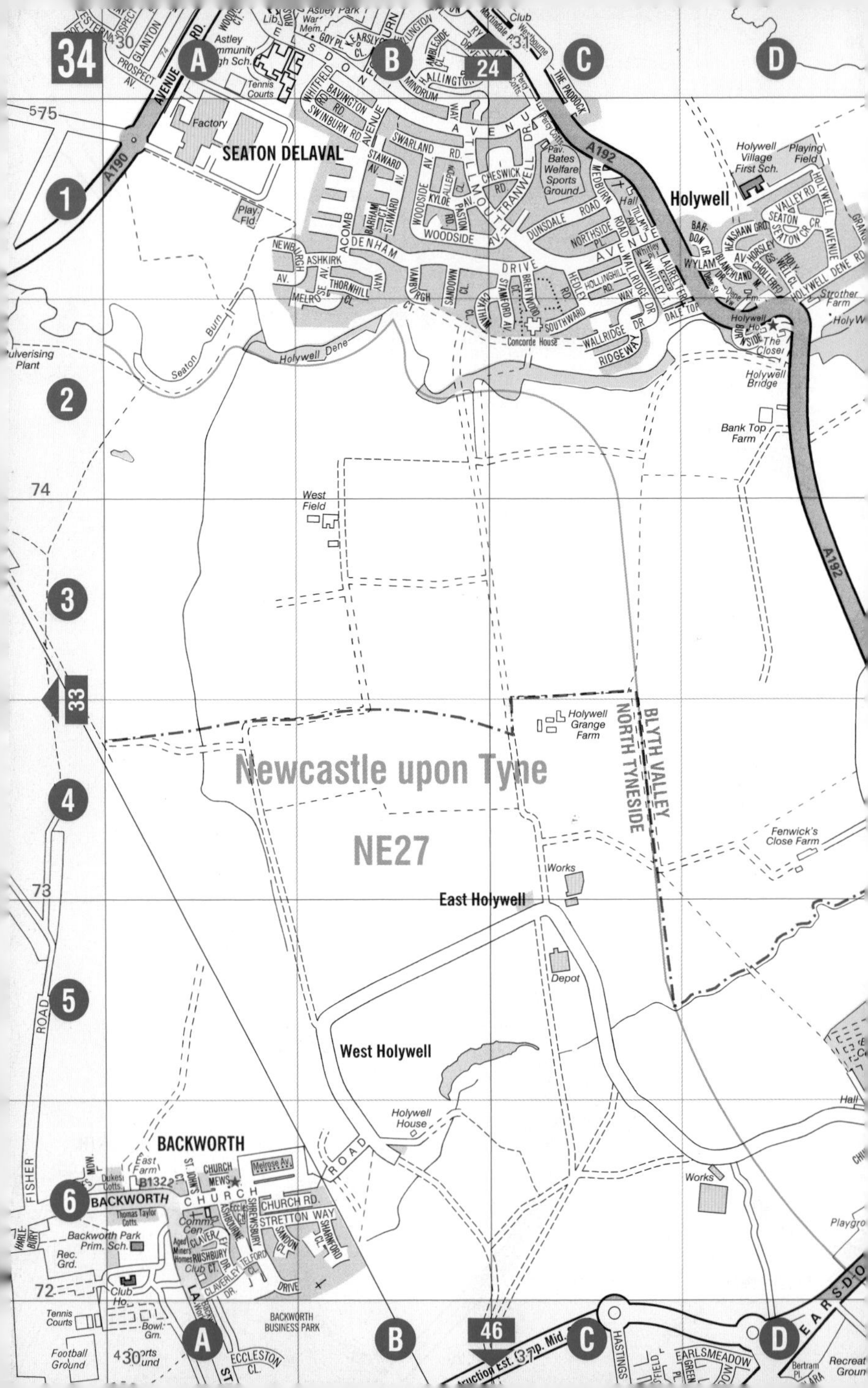
SEATON DELAVAL
Holywell
Newcastle upon Tyne
NE27
BLYTH VALLEY
NORTH TYNESIDE
East Holywell
West Holywell
BACKWORTH
A192
A190
Holywell Village First Sch.
Playing Field
Bates Welfare Sports Ground
Astley Community High Sch.
Factory
Holywell Dene
Seaton Burn
Pulverising Plant
West Field
Holywell Grange Farm
Bank Top Farm
Holywell Bridge
Fenwick's Close Farm
Strother Farm
Works
Depot
Holywell House
Concorde House
Backworth Park Prim. Sch.
Rec. Grd.
Tennis Courts
Football Ground
BACKWORTH BUSINESS PARK
24
33
46

Holywell Dene
Seaton Burn
Weir
Crow Hall Farm
HARTLEY LANE B1325
NE26
Whitley Bay
Brierdene Farm
WHITLEY BAY GOLF COURSE
Brierdene Burn
NE25
Nursery
East Farm
EARSDON
Eastfield House
Wellfield
South Wellfield
Recreation Ground
Wellfield Middle Sch.
South Wellfield First Sch.
EARSDON ROAD A192
A186 ROAD
A1148
MONKSEATON DRIVE
BEAUMONT DRIVE
RED HOUSE DRIVE
NORTH RIDGE
Southridge First Sch.
Valley Gardens Middle Sch.
Running Track
Tennis Courts
Superstore
West Monkseaton
Monkseaton
HARTLEY B1325

25
36
47

34
575
A
B
C
D
1
2
3
4
5
6
Curry's Point
St. Mary's Island
Nature Reserve
WHITLEY BAY HOLIDAY PARK
BLYTH ROAD A193
Whitley Bay Crematorium
Miniature Golf Course
THE LINKS A193
WHITLEY BAY GOLF COURSE
74
Brierdene Burn
Club House
Whitley Lodge First & Glebe Schools
GERRARD ROAD
GARSDALE ROAD
WESTLEY AVENUE
GORSEDENE ROAD
HASTINGS AV.
BRIER DENE CRES
ASTLEY DRIVE
CLAREMONT DRIVE
GRENADA DRIVE
KINGSTON DRIVE
LINKS AVENUE
ST. MARY'S AV.
LINKS ROAD
DRIVE
LONGRIDGE DRIVE
MONKRIDGE
CRAGSIDE
WOODBURN
CAROLYN WAY
ST. LUCIA CL.
NEVIS WAY
ROTHLEY WAY
35
NE26
NORTHERN PROMENADE
Whitley Links
Whitley Bay Leis. Pool
Coquet Pk. First Sch.
WHITLEY SANDS
Whitley Sands
A1148
MONKSEATON DRIVE
73
Southridge First Sch.
Whitley Bay High Sch.
Tens. Cts.
Running Track
Tennis Courts
Valley Gardens Middle Sch.
NE25
Churchill Playing Fields
Marlborough House
Running Track
Whitley Bay
HOLYWELL AVENUE
QUEENS ROAD
DAVISON AV.
AVENUE
MADEIRA TER.
HOBART AV.
BRIGHTON GRO.
BOURNEMOUTH GDNS.
EASTBOURNE GARDENS
ROAD
Panama Gdns.
War Mem.
WATT'S SLOPE
PROMENADE
CENTRAL
LOWER PROMENADE
PARK AVENUE
Spanish City Blgs.
Whitley Park
Thtre
Indoor Mkt.
Lib.
PARK AVENUE A193
OCEAN VIEW
ESPLANADE
NORTH PARADE
SOUTH PARADE
Kittiwake Ho.
Cin.
YORK RD
WHITLEY ROAD
VICTORIA TER.
Monkseaton
HILLCREST
THE DENE
ASHBROOKE
SEATON
MARINE AVENUE
PARK VIEW
ROXBURGH TER.
PARK VW. CT. SHOP. CEN.
NORHAM ROAD
GROSVENOR DR.
QUEEN'S
Monkseaton
FRONT ST.
ST. RONAN'S
MARDEN RD.
JESMOND TER.
The Crescent
Station
Whitley Bay
YMCA
ROAD
Sports
48
435
VALLEY
HERMISTON
IVANHOE
LANGDALE
HIGHBURY
PYKERLEY
BRANTWOOD AV.
EASTFIELD
34

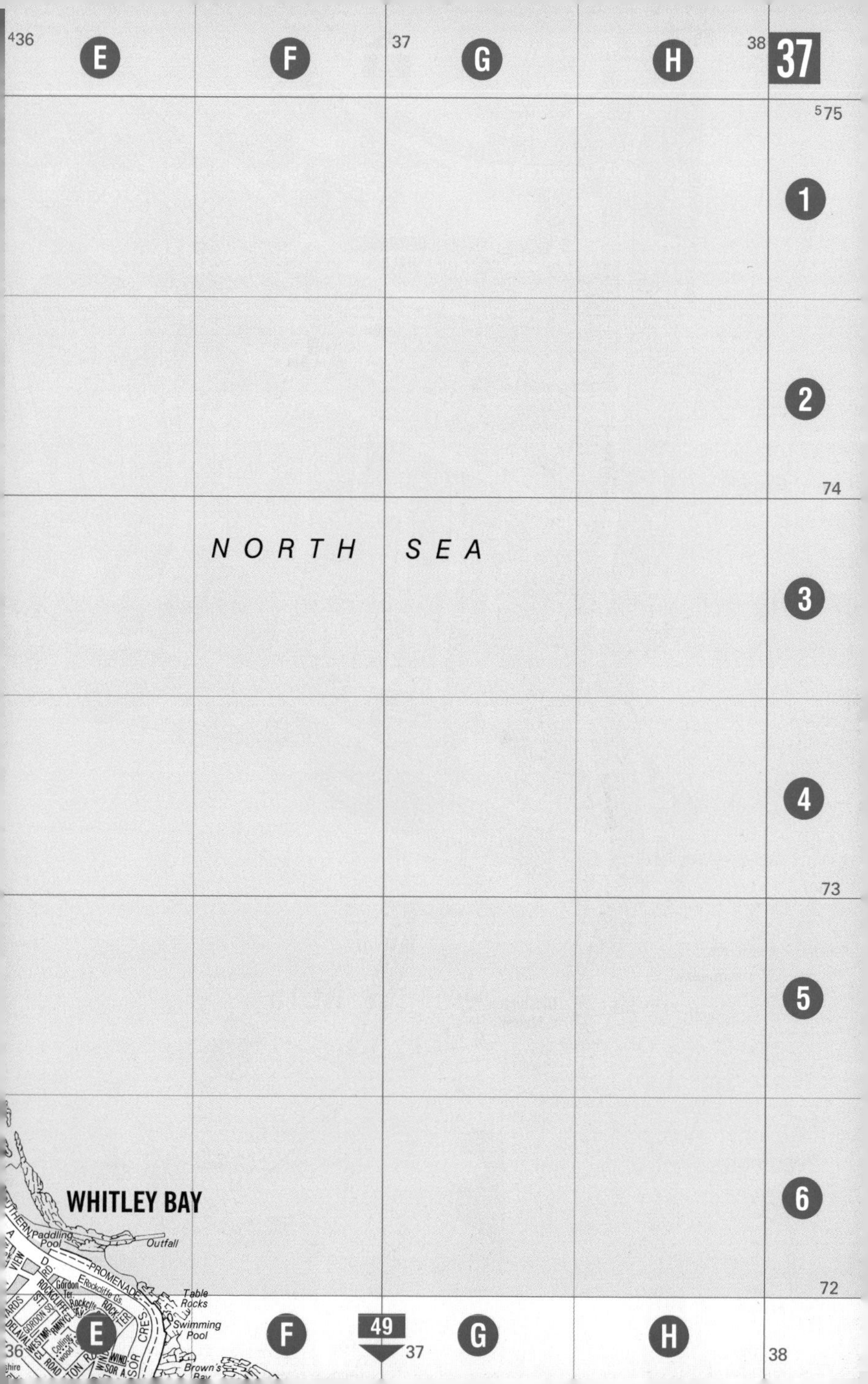

N O R T H   S E A

WHITLEY BAY

SOUTHERN Paddling Pool   Outfall

Gordon   Brookside Cl
Table
Rocks

Swimming
Pool

shire

Brown's
Bay

DARRAS HALL
Dissington March
NE15
RECREATION AREA
Darras Hall First Sch.
Darras Mews
Richmond Fields
Coat Hill
Birney Hill
Birney Hill Farm
Pennylea
Forge Cottage
Fell House
Resr. (Cov.)
Wood Hill
Woodhill Farm
The Bungalow
Heddon Laws Farm
Breckney Hill
CALLERTON COMMON
Callerton Grange
Throckley Marsh
Crescent Farm
THROCKLEY COMMON
B6323
PONTELAND RD.
STAMFORDHAM ROAD
RUNNYMEDE ROAD
WESTERN WAY
DARRAS ROAD
MIDDLE DRIVE
EDGEHILL
LONGMEADOWS
BROADWAY
MOOR LANE
OAKLANDS
WESTSYDE
ERRINGTON RISE
WOODSIDE
WHINFELL ROAD
EASTERN WAY
WILLOW
26
52

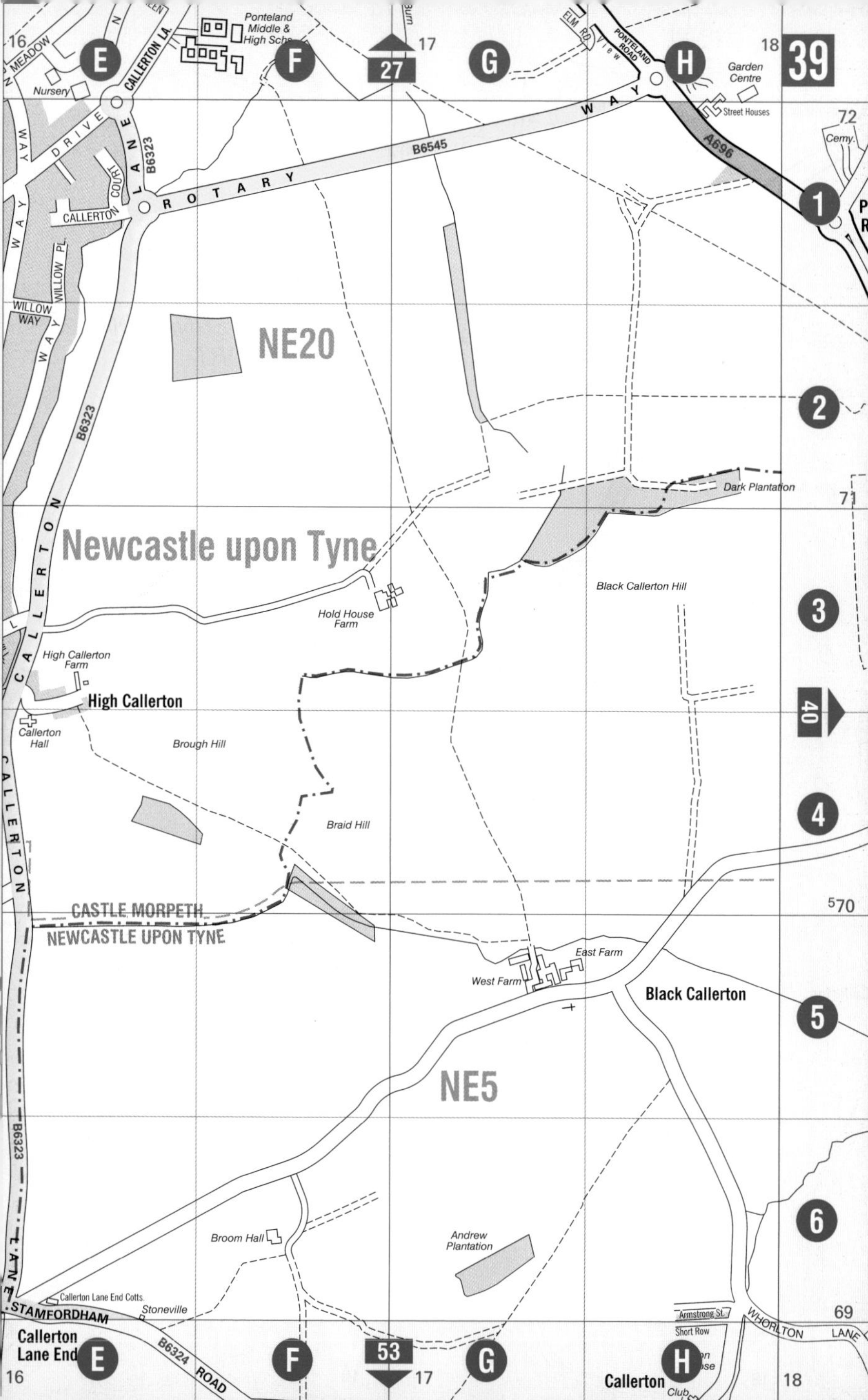

Ponteland Middle & High Schs
CALLERTON LA.
MEADOW
Nursery
DRIVE
WAY
COURT
LANE
B6323
CALLERTON
WILLOW PL.
WILLOW WAY
ROTARY WAY
B6545
PONTELAND ROAD
ELM
Garden Centre
Street Houses
A696
Cemy.
NE20
Dark Plantation
Newcastle upon Tyne
Hold House Farm
Black Callerton Hill
High Callerton Farm
High Callerton
Callerton Hall
Brough Hill
Braid Hill
CASTLE MORPETH
NEWCASTLE UPON TYNE
East Farm
West Farm
Black Callerton
NE5
Broom Hall
Andrew Plantation
Callerton Lane End Cotts.
Stoneville
STAMFORDHAM
B6324 ROAD
Callerton Lane End
Armstrong St.
Short Row
WHORLTON LANE
Callerton
Club
27
53
40
E
F
G
H
1
2
3
4
5
6
16
17
18
72
71
570
69

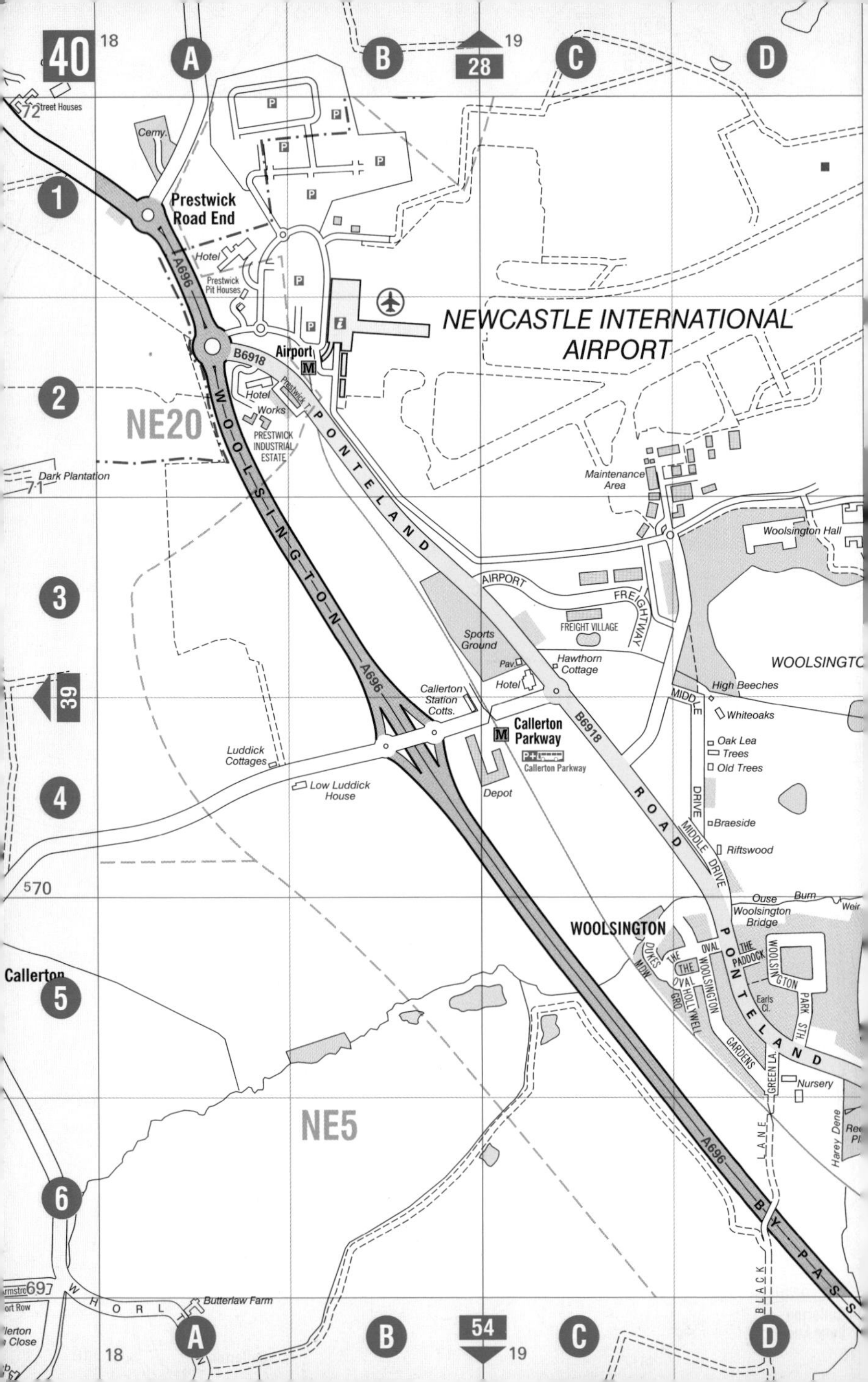

18
A
B
28
19
C
D
Street Houses
572
Cemy.
P
1
Prestwick
Road End
Hotel
A696
Prestwick
Pit Houses
NEWCASTLE INTERNATIONAL
AIRPORT
B6918
Airport
M
2
Prestwick
Hotel
Works
PRESTWICK
INDUSTRIAL
ESTATE
NE20
WOOLSINGTON
PONTELAND
Dark Plantation
71
Maintenance
Area
Woolsington Hall
3
AIRPORT
FREIGHTWAY
FREIGHT VILLAGE
Sports
Ground
Pav.
Hawthorn
Cottage
WOOLSINGTO
39
A696
Hotel
High Beeches
Callerton
Station
Cotts.
MIDDLE
Whiteoaks
M
Callerton
Parkway
B6918
Callerton Parkway
Oak Lea
Trees
Old Trees
Luddick
Cottages
4
Low Luddick
House
Depot
ROAD
DRIVE
MIDDLE DRIVE
Braeside
Riftswood
570
Ouse
Burn
Weir
Woolsington
Bridge
WOOLSINGTON
DUKES MDW
THE OVAL
THE OVAL
WOOLSINGTON
HOLLYWELL GRO.
THE PADDOCK
WOOLSINGTON PARK STH.
Earls Cl.
PONTELAND
Callerton
5
GARDENS
GREEN LA.
Nursery
NE5
Harey Dene
A696
LANE
6
BY-PASS
BLACK
697
Armstro
ort Row
llerton
Close
WHORLTON
Butterlaw Farm
A
B
54
19
C
D
18

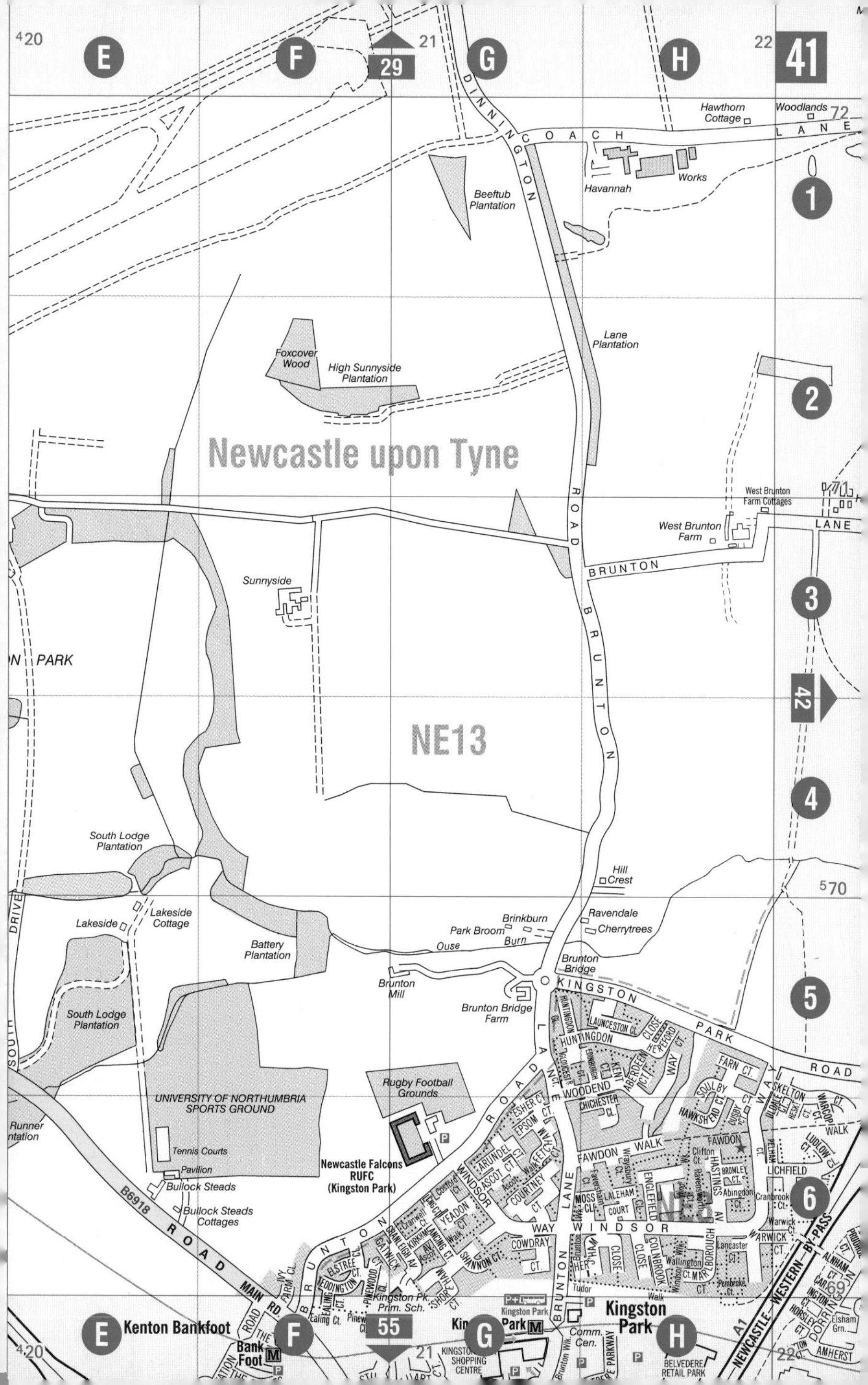

29
55
42
Newcastle upon Tyne
NE13
Hawthorn Cottage
Woodlands
COACH LANE
DINNINGTON ROAD
Havannah
Works
Beeftub Plantation
Lane Plantation
Foxcover Wood
High Sunnyside Plantation
West Brunton Farm Cottages
West Brunton Farm
BRUNTON LANE
Sunnyside
South Lodge Plantation
Hill Crest
Lakeside
Lakeside Cottage
Battery Plantation
Brinkburn
Park Broom
Ravendale
Cherrytrees
Ouse Burn
Brunton Bridge
Brunton Mill
Brunton Bridge Farm
KINGSTON PARK ROAD
Rugby Football Grounds
UNIVERSITY OF NORTHUMBRIA SPORTS GROUND
Tennis Courts
Pavilion
Bullock Steads
Bullock Steads Cottages
Newcastle Falcons RUFC (Kingston Park)
B6918 ROAD
MAIN RD.
BRUNTON LANE
WINDSOR WAY
FAWDON WALK
Kingston Pk. Prim. Sch.
Kingston Park
Kenton Bankfoot
Bank Foot
Comm. Cen.
KINGSTON SHOPPING CENTRE
BELVEDERE RETAIL PARK
A1 NEWCASTLE–WESTERN–BY-PASS

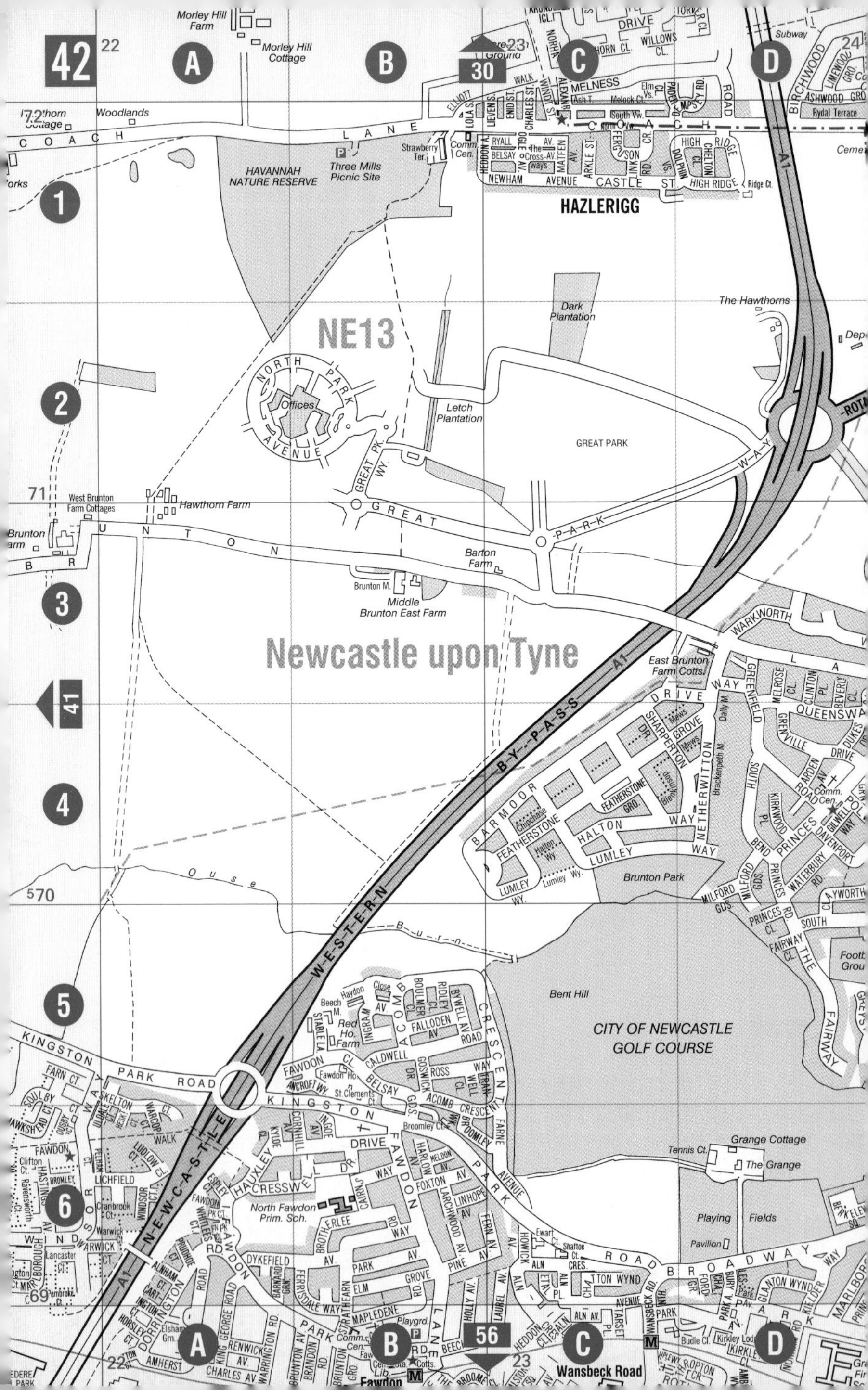

HAZLERIGG
NE13
Newcastle upon Tyne
HAVANNAH NATURE RESERVE
Three Mills Picnic Site
Dark Plantation
Letch Plantation
GREAT PARK
NORTH PARK AVENUE
Offices
Hawthorn Farm
West Brunton Farm Cottages
Barton Farm
Middle Brunton East Farm
East Brunton Farm Cotts.
Brunton Park
Bent Hill
CITY OF NEWCASTLE GOLF COURSE
Grange Cottage
The Grange
Playing Fields
Pavilion
North Fawdon Prim. Sch.
Red Ho. Farm
The Hawthorns
Morley Hill Farm
Morley Hill Cottage
Woodlands
COACH LANE
BRUNTON LANE
GREAT PARK WAY
WESTERN BY-PASS
KINGSTON PARK ROAD
NEWCASTLE
BROADWAY
Wansbeck Road
Fawdon

30
41
56

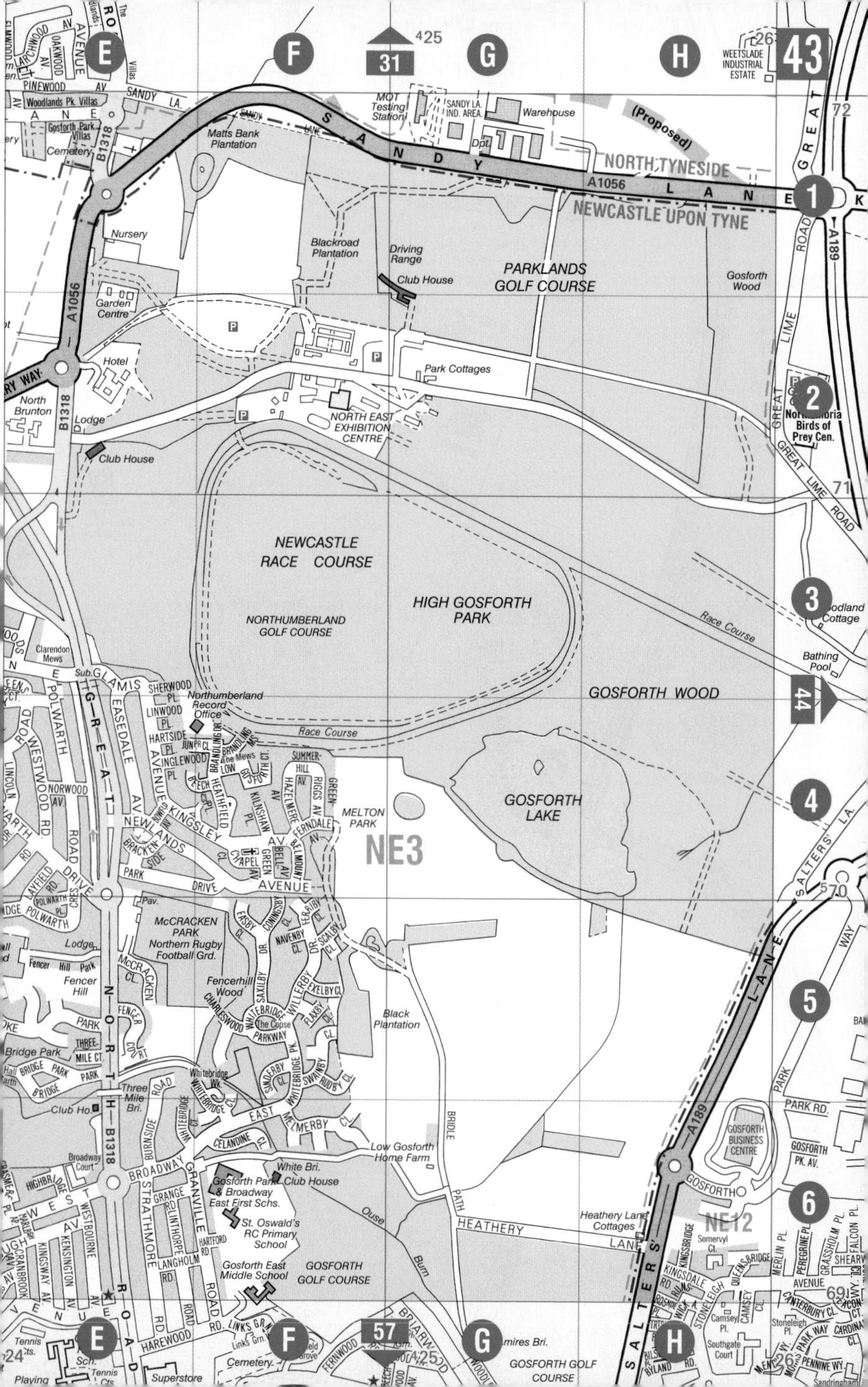

43
31
57
44
E
F
G
H
1
2
3
4
5
6
WEETSLADE INDUSTRIAL ESTATE
SANDY LANE
A1056
NORTH TYNESIDE
NEWCASTLE UPON TYNE
(Proposed)
MOT Testing Station
SANDY LA. IND. AREA.
Warehouse
Matts Bank Plantation
Gosforth Park Villas
Cemetery
Woodlands Pk. Villas
PINEWOOD AV.
B1318
Nursery
Garden Centre
Hotel
North Brunton
Lodge
Club House
Blackroad Plantation
Driving Range
PARKLANDS GOLF COURSE
Gosforth Wood
Park Cottages
NORTH EAST EXHIBITION CENTRE
Northumbria Birds of Prey Cen.
GREAT LIME ROAD
A189
NEWCASTLE RACE COURSE
HIGH GOSFORTH PARK
NORTHUMBERLAND GOLF COURSE
Race Course
GOSFORTH WOOD
Woodland Cottage
Bathing Pool
Northumberland Record Office
GOSFORTH LAKE
MELTON PARK
NE3
GREAT NORTH ROAD
McCRACKEN PARK Northern Rugby Football Grd.
Fencer Hill
Fencerhill Wood
The Copse
Black Plantation
Three Mile Bri.
Club Ho.
Broadway Court
BROADWAY
Low Gosforth Home Farm
White Bri. Club House
Gosforth Park & Broadway East First Schs.
St. Oswald's RC Primary School
Gosforth East Middle School
GOSFORTH GOLF COURSE
Ouse Burn
BRIDLE PATH
HEATHERY LANE
Heathery Lane Cottages
SALTERS' LANE
GOSFORTH BUSINESS CENTRE
NE12
PARK RD.
GOSFORTH PK. AV.
Somervyl Ct.
Camsey Pl.
Southgate Court
Stoneleigh Pl.
Cemetery
Superstore
Tennis Cts.
GOSFORTH GOLF COURSE

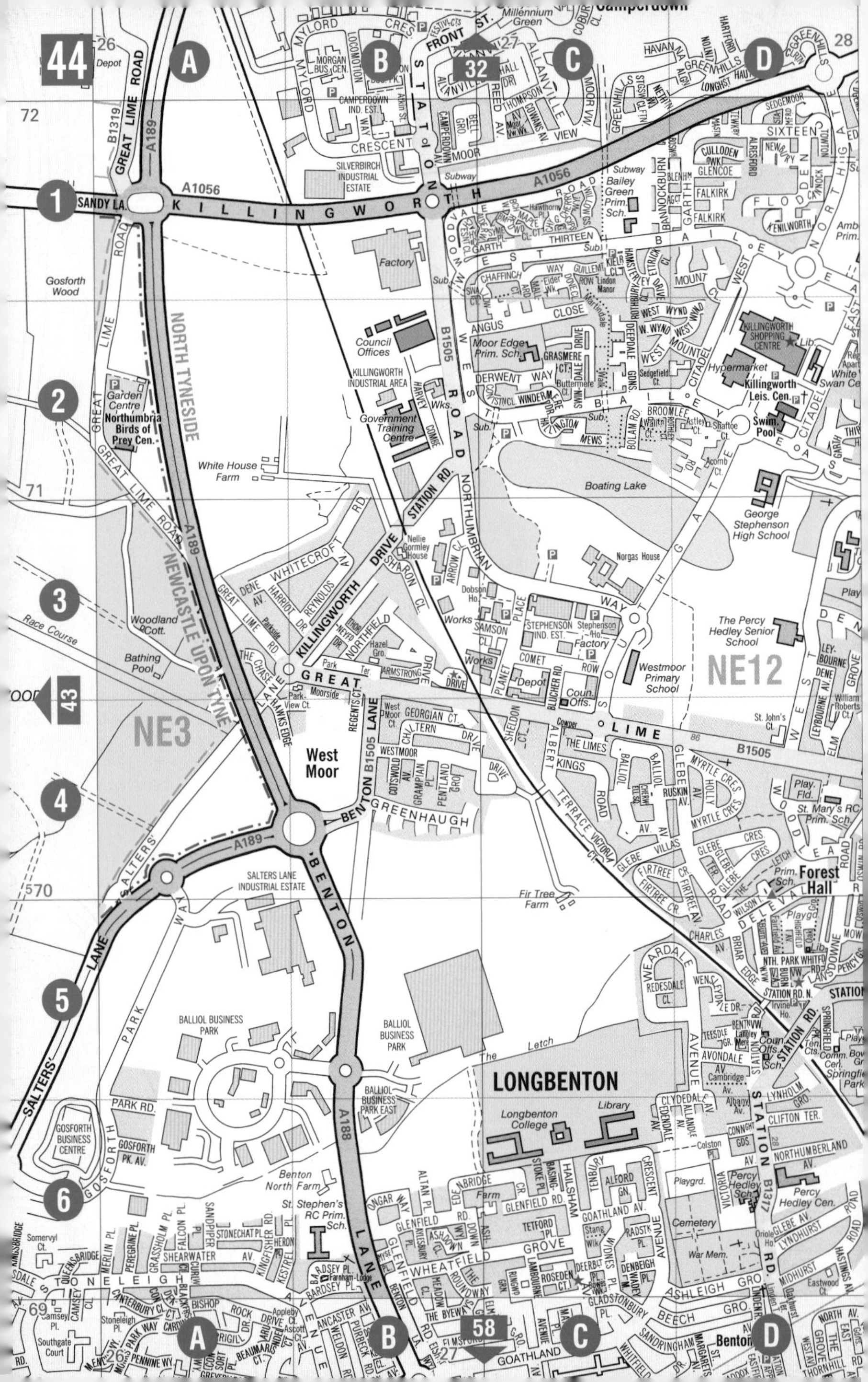

A
B
C
D
1
2
3
4
5
6
32
43
58
NE3
NE12
KILLINGWORTH
A1056
A189
A188
B1505
B1319
B1317
SANDY LA.
GREAT LIME ROAD
NORTH TYNESIDE
NEWCASTLE UPON TYNE
Gosforth Wood
Garden Centre
Northumbria Birds of Prey Cen.
White House Farm
Woodland Cott.
Race Course
Bathing Pool
West Moor
Council Offices
KILLINGWORTH INDUSTRIAL AREA
Government Training Centre
Factory
Boating Lake
Norgas House
George Stephenson High School
The Percy Hedley Senior School
Westmoor Primary School
STEPHENSON IND. EST.
KILLINGWORTH SHOPPING CENTRE
Hypermarket
Killingworth Leis. Cen.
Swim. Pool
Moor Edge Prim. Sch.
Bailey Green Prim. Sch.
SILVERBIRCH INDUSTRIAL ESTATE
CAMPERDOWN IND. EST.
MORGAN BUS CEN.
Millennium Green
SALTERS LANE INDUSTRIAL ESTATE
BALLIOL BUSINESS PARK
BALLIOL BUSINESS PARK EAST
GOSFORTH BUSINESS CENTRE
Benton North Farm
St. Stephen's RC Prim. Sch.
Fir Tree Farm
LONGBENTON
Longbenton College
Library
Cemetery
War Mem.
Percy Hedley Cen.
Forest Hall
St. Mary's RC Prim. Sch.
Benton
SALTERS' LANE
BENTON LANE
STATION RD.
WEST BAILEY
SOUTHGATE
GREAT LIME ROAD

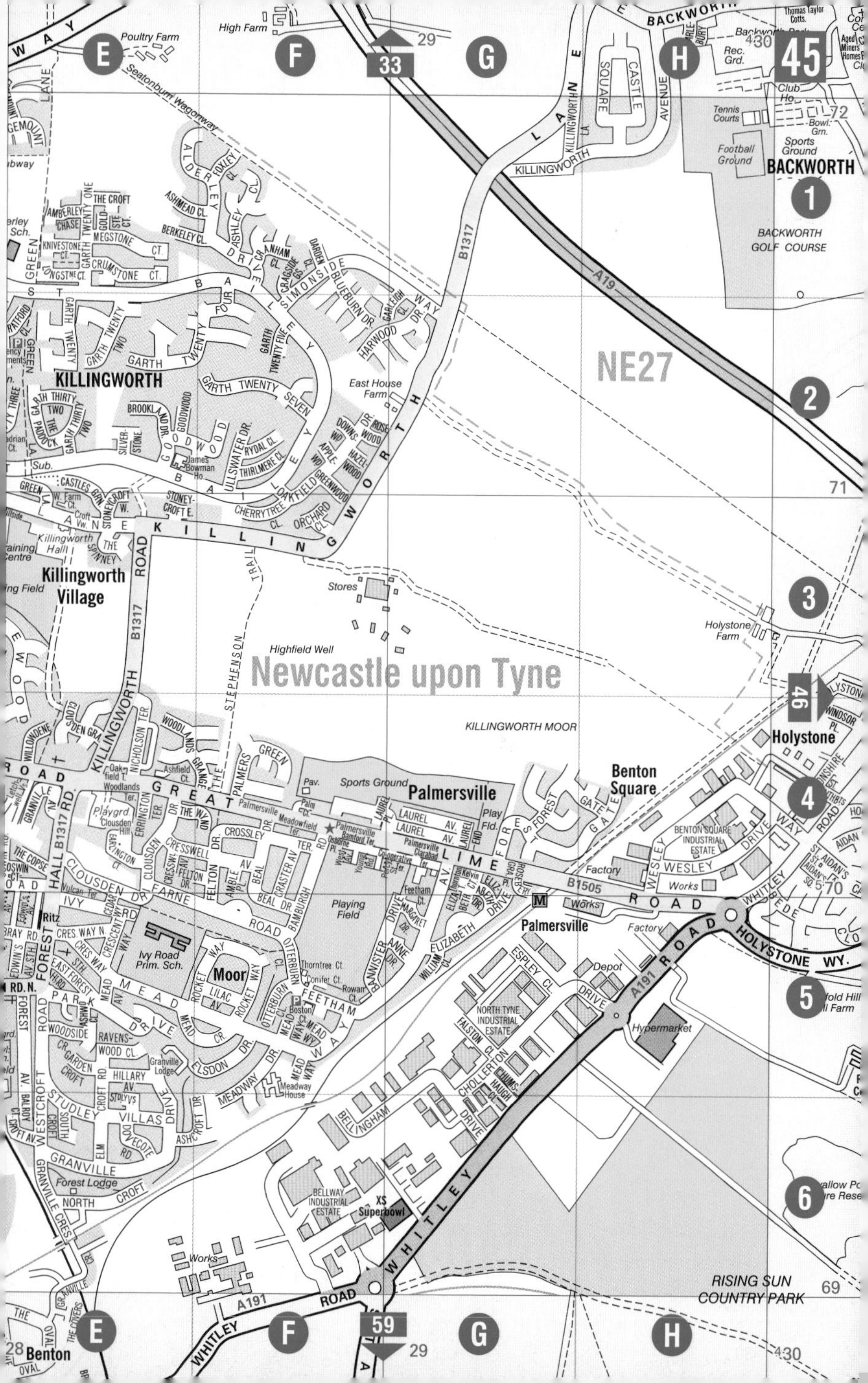

E
F
G
H
33
29
430
High Farm
Poultry Farm
Seatonburn Wagonway
BACKWORTH
Backworth Park
Rec. Grd.
Tennis Courts
Club Ho.
Bowl. Grn.
Sports Ground
Football Ground
72
1
BACKWORTH GOLF COURSE
CASTLE SQUARE
KILLINGWORTH LANE
KILLINGWORTH AVENUE
B1317
A19
NE27
2
East House Farm
71
KILLINGWORTH
KILLINGWORTH WAY
BAILEY
GARTH TWENTY
GARTH TWENTY SEVEN
GARTH TWENTY FIVE
GARTH THIRTY TWO
GOODWOOD
James Bowman Ho.
ULLSWATER DR.
RYDAL CL.
THIRLMERE CL.
CHERRYTREE
OAKFIELD
GREENWOOD
ORCHARD CL.
Killingworth Hall
Killingworth Village
B1317 KILLINGWORTH ROAD
STEPHENSON TRAIL
Stores
3
Holystone Farm
Highfield Well
Newcastle upon Tyne
KILLINGWORTH MOOR
46
Holystone
Benton Square
4
Palmersville
Sports Ground
GREAT LIME ROAD
B1505
BENTON SQUARE INDUSTRIAL ESTATE
WESLEY WAY
Factory
Works
70
HOLYSTONE WY.
Ivy Road Prim. Sch.
Moor
Playing Field
NORTH TYNE INDUSTRIAL ESTATE
A191 WHITLEY ROAD
Hypermarket
Depot
5
Meadway House
BELLWAY INDUSTRIAL ESTATE
XS Superbowl
Forest Lodge
6
RISING SUN COUNTRY PARK
69
59
29
430
Benton
A191
WHITLEY ROAD

A
B
C
D
1
2
3
4
5
6
34
45
60
BACKWORTH
BACKWORTH BUSINESS PARK
Football Ground
Sports Ground
BACKWORTH GOLF COURSE
SHIREMOOR BY-PASS (Under Construction Est. Comp. Mid. 2008)
STATION ROAD B1322
BACKWORTH LA.
Holystone Farm
Moor View
Moor Edge Farm
Earsdon Square
HARTSIDE CRESCENT
Northumberland Park
Shiremoor
Recreation Ground
Moorbridge Educ. Cen.
Shiremoor Prim. Sch.
NE27
A19
A191
A186
B1322
WEST ALLOTMENT
West Allotment
NEW YORK ROAD
BY-PASS NEW YORK
The Allotment
NHS Treatment Centre
BOUNDARY MILL STORES
Hypermarket
ALGERNON INDUSTRIAL ESTATE
Silverlink Park
Newcastle upon Tyne
Holystone Prim. Sch.
Holystone
Motel
Hotel
HOLYSTONE
NE12
Scaffold Hill Mill Farm
Scaffold Hill Farm
Rising Sun Countryside Centre
Swallow Pond Nature Reserve
RISING SUN COUNTRY PARK
Nursery
Wallsend
NE28
Hadrian Park Prim Sch.
SILVERLINK BUSINESS PARK
WENTON SQUARE INDUSTRIAL ESTATE
72
71
70
69
30
31
32

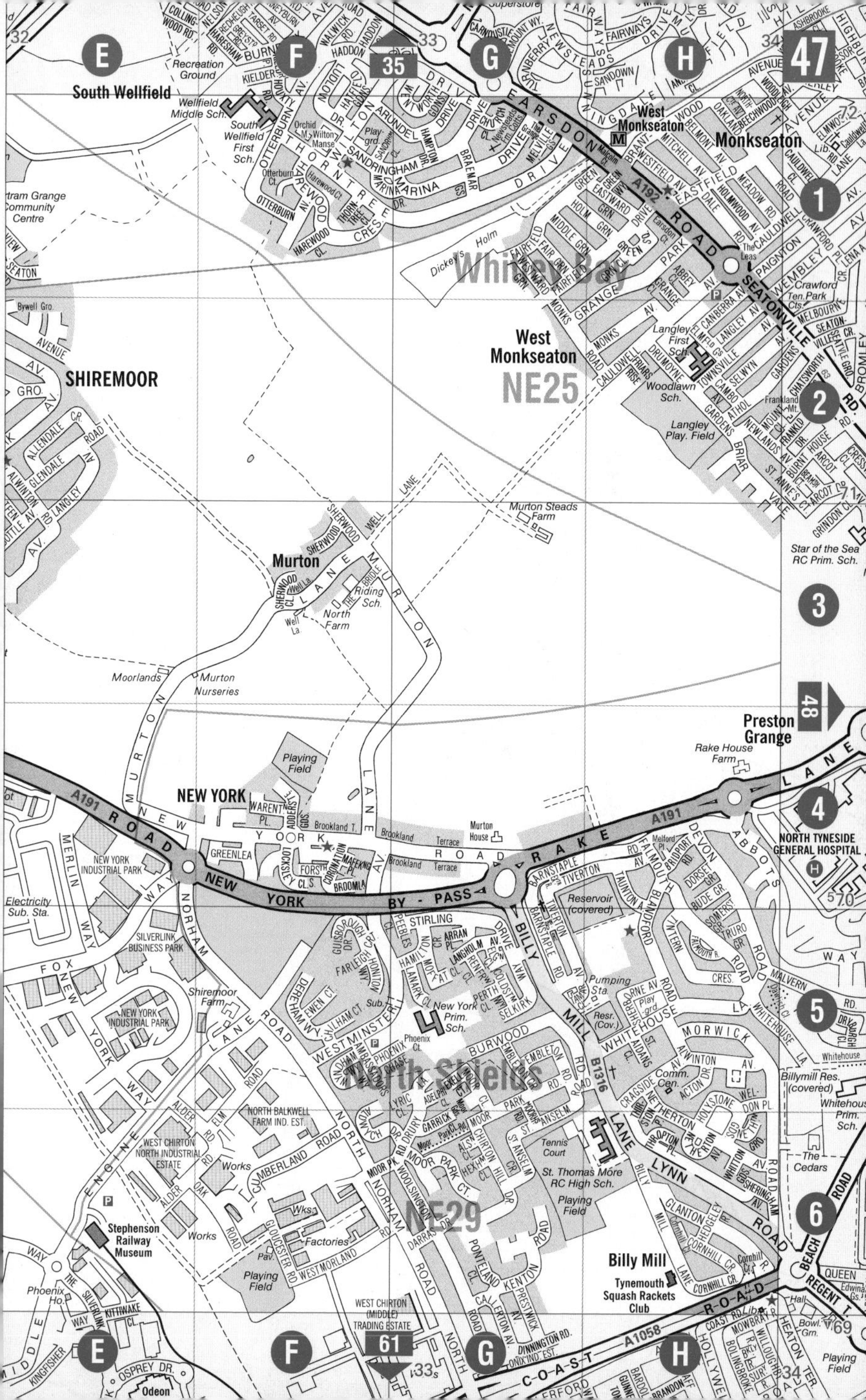

South Wellfield
Recreation Ground
Wellfield Middle Sch.
South Wellfield First Sch.
West Monkseaton
Monkseaton
Whitley Bay
West Monkseaton
NE25
SHIREMOOR
Murton
Murton Steads Farm
Star of the Sea RC Prim. Sch.
Riding Sch.
North Farm
Moorlands
Murton Nurseries
Preston Grange
Rake House Farm
Playing Field
NEW YORK
NORTH TYNESIDE GENERAL HOSPITAL
NEW YORK INDUSTRIAL PARK
Electricity Sub. Sta.
SILVERLINK BUSINESS PARK
Shiremoor Farm
Reservoir (covered)
Pumping Sta.
New York Prim. Sch.
North Shields
NORTH BALKWELL FARM IND. EST.
WEST CHIRTON NORTH INDUSTRIAL ESTATE
St. Thomas More RC High Sch.
Billymill Res. (covered)
Whitehouse Prim. Sch.
Stephenson Railway Museum
NE29
Billy Mill
Tynemouth Squash Rackets Club
WEST CHIRTON (MIDDLE) TRADING ESTATE
Playing Field
Odeon
A191
A192
A1058
B1316
35
48
61
E
F
G
H
1
2
3
4
5
6

A
B
C
D
36
47
62
1
2
3
4
5
6
Whitley Bay
Monkseaton
NE25
NE29
MARDEN
North Shields
Preston
Preston Grange
Rake House Farm
Superstore
Sports Cen.
Playing Field
Marden Bri. Mid. Sch.
Cricket Ground
Ice Rink
Football Ground
Marden Quarry Nature Reserve
Nursery
Whitley Bay FC (Hillheads)
FOXHUNTERS LIGHT IND. ESTATE
Depot
Star of the Sea RC Prim. Sch.
Monkseaton Comm. High Sch. & Language Coll.
Preston Gate
Margaret Cotts.
RC Prim. Sch.
The Oaks
Preston Grange Prim. Sch.
NORTH TYNESIDE GENERAL HOSPITAL
COLLINGWOOD CENTRE
Monkhouse Prim. Sch.
Marden High Sch.
Tennis Courts
Southlands School
John Spence High School
TYNEMOUTH GOLF COURSE
Tynemouth Pool
Playing Fields
Garden of Remembrance
Tynemouth Crematorium
Walton Ho.
Lodge
PRESTON CEMETERY
Billymill Res. (covered)
Whitehouse Prim. Sch.
The Cedars
Cricket Ground
Sports Ground
Football Ground
Prim. Sch.
Linskill Cen.
Tynemouth College
Adult Training
Playing Field
Appletree Gdns. First Sch.
Mid. Sch.
Spts. Fld.
Crawford Ten. Park Cts
Whitley Bay
YMCA
Eothen Rest Home
A191
A192
A193
A1058
B1304
HILLHEADS ROAD
SHIELDS ROAD
RAKE LANE
PRESTON ROAD
PRESTON NORTH ROAD
BEACH ROAD
MARDEN ROAD SOUTH
MARDEN RD.
PLESSEY ROAD
SEATONVILLE ROAD
GROSVENOR DRIVE
HAMPTON ROAD
FARRINGDON ROAD
SHAFTESBURY CRESCENT
HARTINGTON AVENUE
WALLINGTON AVENUE
NORTHLANDS
SOUTHLANDS
MALVERN ROAD
WHITEHOUSE LA.
PRESTON AVENUE
PRESTON PARK
TREVOR TERRACE
QUEEN ALEXANDRA ROAD
REGENT
COAST RD.
WALTON AVENUE
PORTLAND TERRACE
CHURCHILL AVENUE
ROKER AVENUE
HAIG ROAD
CAULDWELL LANE
PAIGNTON AVENUE
WEMBLEY AVENUE
FRONT STREET

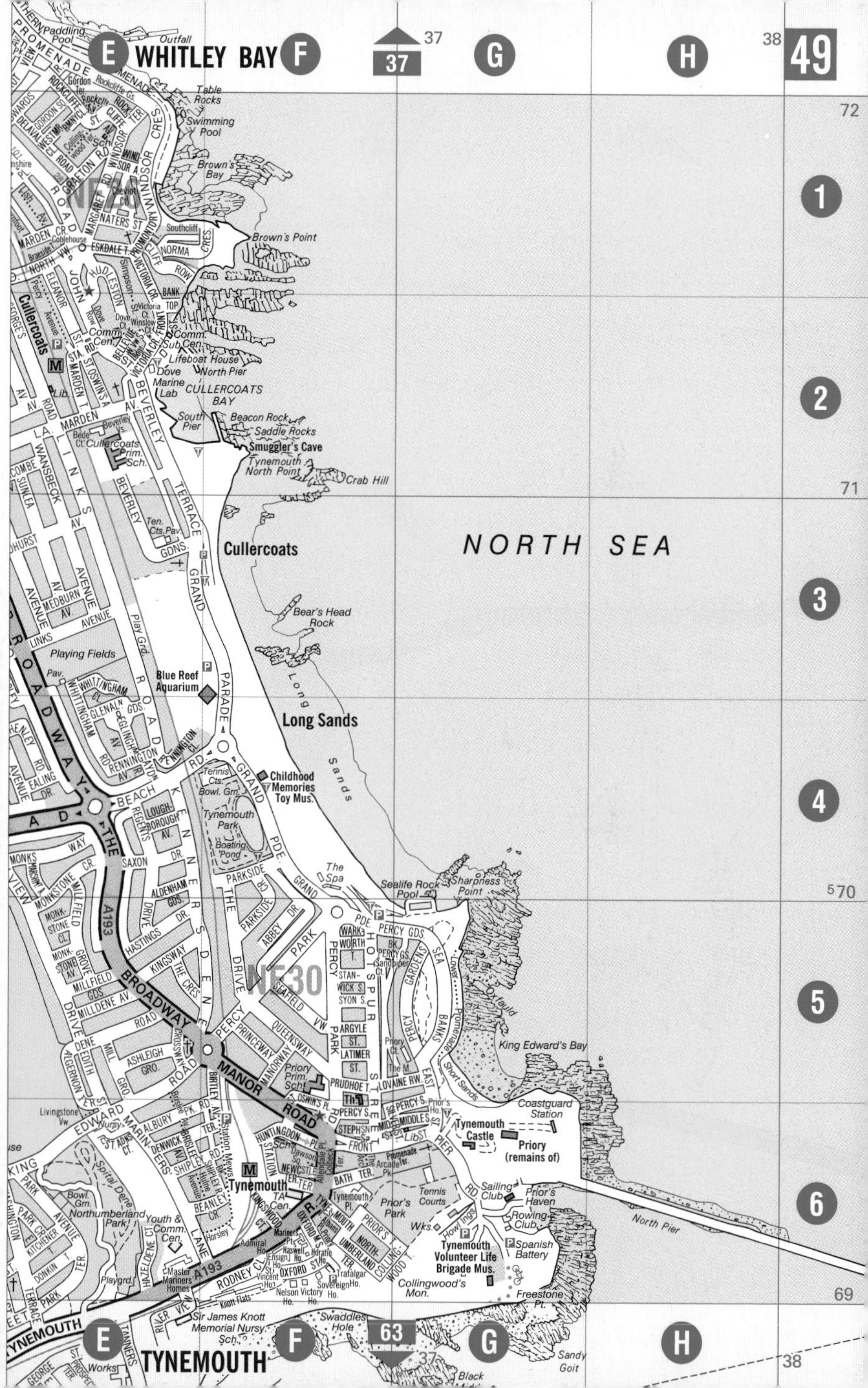

NORTH SEA

Cullercoats

CULLERCOATS BAY

Brown's Point

Brown's Bay

Table Rocks

Swimming Pool

Paddling Pool

Outfall

North Pier

Dove Marine Lab

South Pier

Beacon Rock

Saddle Rocks

Smuggler's Cave

Tynemouth North Point

Crab Hill

Bear's Head Rock

Long Sands

Playing Fields

Blue Reef Aquarium

Childhood Memories Toy Mus.

Tynemouth Park

Boating Pond

The Spa

Sealife Rock Pool

Sharpness Point

King Edward's Bay

Coastguard Station

Tynemouth Castle

Priory (remains of)

Sailing Club

Prior's Haven

Rowing Club

North Pier

Spanish Battery

Tynemouth Volunteer Life Brigade Mus.

Collingwood's Mon.

Freestone Pt.

Northumberland Park

Youth & Comm. Centre

Sir James Knott Memorial Nursy. Sch.

Swaddle's Hole

Sandy Goit

NE30

NE29

A193

BROADWAY

MANOR ROAD

GRAND PARADE

THE LINKS

Lifeboat House

Comm. Cen.

37

63

70

69

71

72

1 2 3 4 5 6

410
Loudside
A
B
BOTANY BAY PLANTATION
11
C
D
69
Hollinsbog Plantation
Turpinshill Plantation
1
Heddon Steads
Turpinshill
North Shop
TURPIN'S HILL
Whitchester
2
68
Hollins Hill
3
EPPIES HILL
B6318
Iron Sign
Tollgate Cottage
High Seat
MILITARY
HERDS HI
Rudchester Farm
Rudchester
B6318
4
Burn
Quarry House
Low Seat
March
567
CASTLE MORPETH
TYNEDALE
A69
Burn
5
Rudchester
Howdene
A69
Houghton Moor Cottages
B6528
Blakeley Plantation
Horsley Marsh
Burn
Blakeley Hill
Well House
6
Oakwood Lodge
B6528
Wylam NE41
March House
HOLEYN
Holeyn Hall Cottage
Holeyn Hall
WEST WOOD
66
HALL
Ox Close
Burn Cottage
A
B
C
Oakwood House
D
ROAD
410
11
High Close House

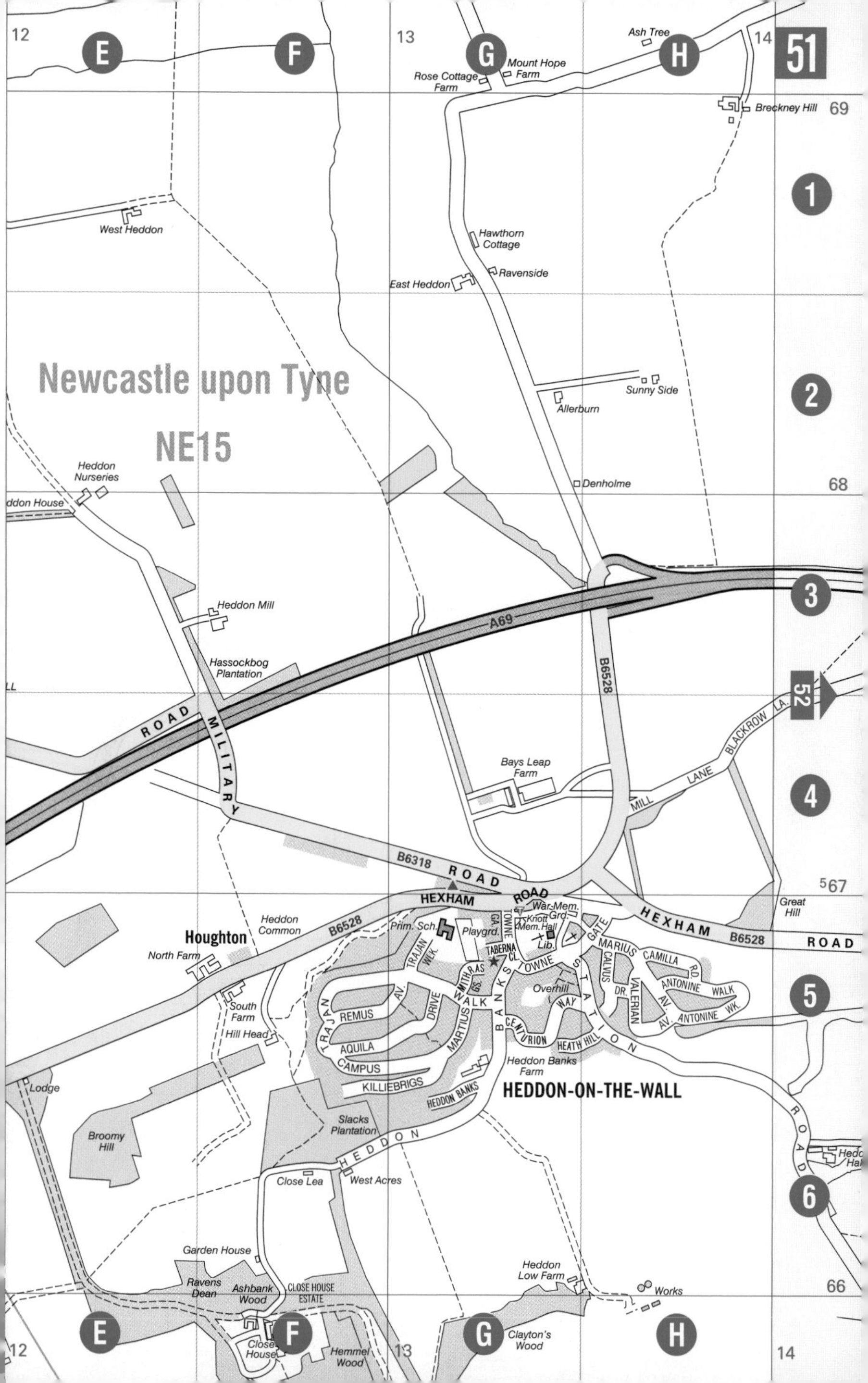

Newcastle upon Tyne
NE15
HEDDON-ON-THE-WALL
Houghton
West Heddon
East Heddon
Ash Tree
Mount Hope Farm
Rose Cottage Farm
Breckney Hill
Hawthorn Cottage
Ravenside
Sunny Side
Allerburn
Denholme
Heddon Nurseries
Heddon House
Heddon Mill
Hassockbog Plantation
A69
ROAD
MILITARY
B6528
B6318
HEXHAM ROAD
Bays Leap Farm
MILL LANE
BLACKROW LA.
52
Great Hill
Heddon Common
North Farm
South Farm
Hill Head
Prim. Sch.
Playgrd.
War Mem.
Knott Mem. Hall
Lib.
TABERNA CL.
TOWNE GA.
TOWNE
MITHRAS GS.
TRAJAN WLK.
TRAJAN
REMUS AV.
DRIVE
WALK
AQUILA
CAMPUS
MARTIUS
KILLIEBRIGS
BANKS
HEDDON BANKS
Overhill
WAY
CENTURION
HEATH HILL
STATION ROAD
GATE
MARIUS
CALVUS DR.
CAMILLA RD.
VALERIAN AV.
ANTONINE WALK
ANTONINE WK.
Heddon Banks Farm
Lodge
Broomy Hill
Slacks Plantation
HEDDON
Close Lea
West Acres
Garden House
Ravens Dean
Ashbank Wood
CLOSE HOUSE ESTATE
Close House
Hemmel Wood
Heddon Low Farm
Works
Clayton's Wood
E
F
G
H
1
2
3
4
5
6
12
13
14
69
68
67
66

A
B
C
D
1
2
3
4
5
6
38
51
64
Breckney Hill
Throckley Marsh
STAMFORDHAM RD.
THROCKLEY COMMON
Crescent Farm
West Woodside
FOX COVERT
Birks Cottage
Heddon Birks
BIRKS ROAD
B6323
PONTELAND ROAD
Holmside
Heddon View
Birds Hill
Burnside Farm
Pineglades
Dewley
Long Plantation
A69
Dewley Park
BLACKROW LANE
Black Row Farm
DROVE RD.
NEWCASTLE UPON TYNE
CASTLE MORPETH
Throckley North Farm
Works
Throckley Ind. Est.
High Dewley Burn
PONTELAND ROAD A6085
NE15
THROCKLEY
LILY ESTATE
Great Hill
HEXHAM ROAD
B6528
FRENCHMANS ROW
Aged Mineworkers' Homes
INGLETON DR.
AINDERBY RD.
Playing Field
Throckley Middle Sch.
Water Works
Bowl. Grn.
Rec. Grd.
Comm. Cen
SYCAMORE ST.
WESLEY WY.
Hadrian Ho.
Stephenson T.
OLLERTON DR.
SHERINGHAM GS.
HORNCLIFFE PL.
HILL HOUSE RD.
THE MOUNT
Tenter Garth
CLIPSTONE CL.
STUART GDNS.
GROVE
BROOMY
Ravensburn Wk.
Woodlands Ct.
WOODLANDS
Throckley First School
Superstore
Bank Top
VALESIDE
COQUET GROVE
WILSWAY
THE BRIARY
REETH WAY
WELLFIELD CL.
HALLOW
HOLEYN RD.
COLLIER CL.
Winshields Wk.
Broadshaw Wk.
Lydney Cl.
PARKWAY
LEAZES ROAD
THE LEAZES
STATION ROAD
Heddon Hall
South Farm
MT. PLEASANT CT.
Rec. Grd.
THE HEWLEY
THE CAUSEWAY
NEWBURN ROAD
Picnic Area
Five Acre Field
Hallow Hill
Reeth Burn
Ten Acre Field
Throckley Pond Nature Reserve
Seven Acre Field

39
65
54
Callerton Lane End
Stoneville
Broom Hall
Andrew Plantation
STAMFORDHAM ROAD
B6324
Lough House
Field House
Callerton
Callerton Burn Close
Club
Armstrong St.
Short Row
WHORLTON LA.
Whorlton House
Lough Bridge
Loughbridge House
Dewley Hill
Burn
Newcastle upon Tyne
NE5
Dewley Farm
Dewley Farm Cotts.
Fell House Farm
A69
Ford
Sub.
Dewley Burn
Playing Field
Walbottle Campus Technology College
Feversham School
Small Burn
North Walbottle
WALBOTTLE ROAD
CORONATION ROAD
NORTHUMBERLAND GDNS.
North Walbottle Wagonway
LADYBANK
CHADDERTON DR.
Chapel House Middle Sch.
Thomas Berwick School
Knop Law & Milecastle First Sch.
Walbottle Dene Bridge
Dene Head Farm
B6528
Walbottle Dene
Little Whinstone Dike
New Burn
NORTH WALBOTTLE RD.
NORTH ROAD
WESTWAY
MAYFIELD AVENUE
A6085
Depot
Sub.
Coquet Bldgs.
Walbottle Hall
Pumping Station
Blucher Village
Works
WALBOTTLE
New Winning
Newburn Hall Motor Mus.
CORPORATION YD.

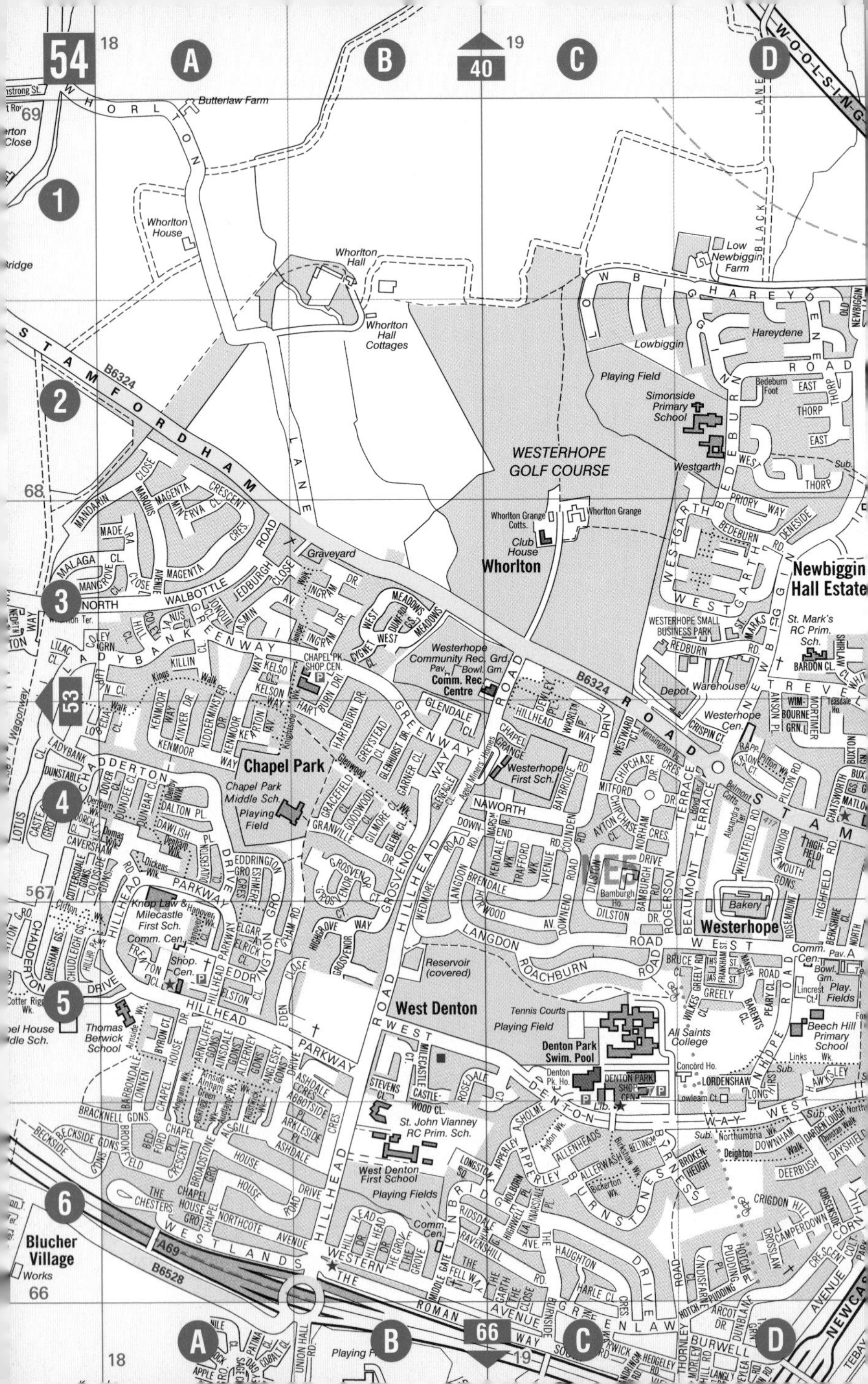
18
A
B
40
19
C
D
WOOLSINGTON
Butterlaw Farm
WHORLTON
69
1
Whorlton House
Bridge
Whorlton Hall
Whorlton Hall Cottages
Low Newbiggin Farm
BLACK LANE
LOW BIGGIN
HAREYDENE
Hareydene
Lowbiggin
ROAD
STAMFORDHAM
B6324
2
Playing Field
Simonside Primary School
Bedeburn Foot
EAST
THORP
WEST
Westgarth
Sub.
WESTERHOPE GOLF COURSE
LANE
68
MANDARIN
MARQUIS
MAGENTA
MINERVA CL.
CRESCENT
CLOSE
CRES.
MADEIRA
MALAGA CL.
MANGROVE CL.
AVENUE
ROAD
Graveyard
Whorlton Grange Cotts.
Whorlton Grange
Club House
Whorlton
PRIORY WAY
BEDEBURN RD.
DENESIDE
WESTGARTH
Newbiggin Hall Estate
3
NORTH
WALBOTTLE
JEDBURGH CLOSE
INGRAM DR.
WEST MEADOWS
MEADOWS
DUNFORD GS.
Whorlton Ter.
GREENWAY
LADYBANK
LILAC CL.
KILLIN
Kings Walk
KENMOOR
KIDDERMINSTER DR.
KINVER DR.
KEARTON AV.
KELSO CL.
KELSON WAY
CHAPEL PK. SHOP. CEN.
HARTBURN DR.
CYGNET CL.
Westerhope Community Rec. Grd.
Pav.
Bowl. Grn.
Comm. Rec. Centre
B6324
ROAD
HILLHEAD WAY
WHORLTON PL.
DEWLEY PL.
WESTWARD CT.
Kensington Vs.
WESTERHOPE SMALL BUSINESS PARK
REDBURN RD.
St. Mark's RC Prim. Sch.
BARDON CL.
Depot
Warehouse
TREVELYAN
53
LADYBANK
DUNSTABLE
CHADDERTON
GLENDALE CL.
GREYSTEAD CL.
Chapel Park
Chapel Park Middle Sch.
Playing Field
Glenwood
GRANGE
Aged Miners' Homes
Westerhope First Sch.
BAYBRIDGE RD.
CHIPCHASE CRES.
MITFORD
TERRACE
Westerhope Cen.
CRISPIN CT.
Belmont Cotts
STAMFORDHAM
WIM-BOURNE GRN.
MORTIMER
Teasdale Ho.
BUXTON
CHATSWORTH
4
DOVER CL.
DUNDEE CL.
DUNBAR CL.
DALTON PL.
DAWLISH
CAVERSHAM
Dumas Wk.
Denham Wk.
Dickens Wk.
DRIVE
EDDRINGTON GRO.
ESHMERE
GRANVILLE
GLEBE CL.
GROSVENOR
HILLHEAD
NAWORTH
DOWNEND
KENDALE WK.
TRAFFORD WK.
AVENUE
COUNDEN
AYTON CL.
NORHAM
BEAUMONT
WHEATFIELD RD.
Alexandra Ter.
BOURNEMOUTH GDNS.
HIGHFIELD
NE5
567
PARKWAY
Knop Law & Milecastle First Sch.
Comm. Cen.
Hanover Wk.
ELGAR
ELRICK CL.
WEDMORE
LANGDON
BRENDALE
HORWOOD
DILSTON
Bamburgh Ho.
BAMBURGH
ROGERSON
Bakery
Westerhope
ROSEMOUNT
BERKSHIRE CL.
CHADDERTON
CHESHAM GS.
CHUDLEIGH GS.
Shop. Cen.
LANGDON
ROACHBURN
ROAD
WEST
Reservoir (covered)
BRUCE CL.
GREELY RD
GREELY
Comm. Cen.
Pav.
Bowl. Grn.
Play. Fields
5
DRIVE
HILLHEAD
ELSTON
EDEN CLOSE
West Denton
Tennis Courts
Playing Field
Denton Park Swim. Pool
All Saints College
Beech Hill Primary School
Thomas Berwick School
PARKWAY
WEST
MILECASTLE CT.
STEVENS CL.
CASTLE-WOOD CL.
ROSEDALE
Denton Pk. Ho.
DENTON PARK SHOP. CEN.
Lib.
Concord Ho.
LORDENSHAW
Lowleam Ct.
LONGHIRST
HAWKSLEY
BARBONDALE
LONNEN
CHAPEL HOUSE
ARNCLIFFE GDNS.
AINSDALE GDNS.
ALDERNEY GDNS.
ANGLESEY GDNS.
ASHDALE
ABBOTSIDE PL.
ARKLESIDE PL.
BRACKNELL GDNS.
BECKSIDE GDNS.
BROOKFIELD
CHAPEL
CRESCENT
BROADSTONE GRO.
ALGILL
HOUSE
St. John Vianney RC Prim. Sch.
West Denton First School
Playing Fields
DENTON WAY
WEST
ASHOLME
APPERLEY
ALLENHEADS
ALLERWASH
BYRNESS
BROKENHEUGH
Northumbria Wk.
Deighton
DOWNHAM
DEERBUSH
6
Blucher Village
Works
66
THE CHESTERS
CHAPEL HOUSE GRO.
NORTHCOTE AVENUE
DRIVE
WESTLANDS
A69
B6528
HILL HEAD DR.
THE GROVE
Comm. Cen.
LINBRIDGE
RIDSDALE
RAVENSHILL
THE FELL WAY
WESTERN
THE
HOLBORN PL.
HIGHWELL
HAUGHTON
HARLE CL.
BURNSTONES
DRIVE
CRIGDON HILL
CAMPERDOWN
CROSSLAW
CORNHILL
AVENUE
LINDISFARNE CL.
PUDDING
ARCOT DR.
NEWCASTLE
ROMAN
AVENUE
GREENLAW
WAY
A
B
66
C
D
18
19
Playing F
UNION HALL RD.
BURWELL
HEDGELEY
THORNLEY

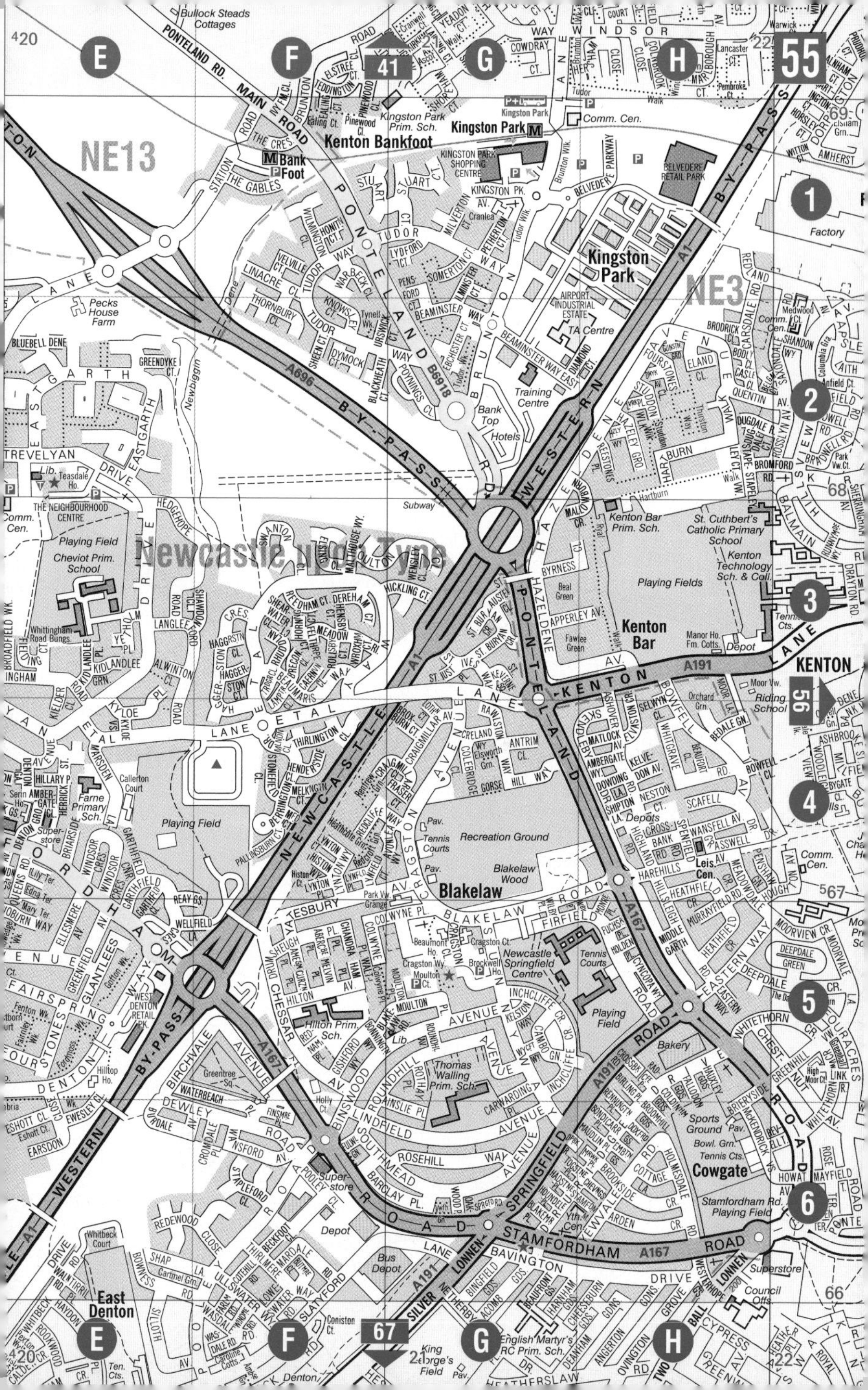

55
41
67
56
E
F
G
H
1
2
3
4
5
6
NE13
NE3
Kenton Bankfoot
Kingston Park
Kenton Bar
KENTON
Blakelaw
Cowgate
East Denton
Newcastle upon Tyne
Bullock Steads Cottages
Pecks House Farm
Kingston Park Prim. Sch.
Kingston Park Shopping Centre
Belvedere Retail Park
Airport Industrial Estate
TA Centre
Training Centre
Bank Top
Hotels
Factory
Comm. Cen.
Kenton Bar Prim. Sch.
St. Cuthbert's Catholic Primary School
Kenton Technology Sch. & Coll.
Playing Fields
Riding School
The Neighbourhood Centre
Cheviot Prim. School
Playing Field
Farne Primary Sch.
Superstore
West Denton Retail Pk.
Recreation Ground
Blakelaw Wood
Newcastle Springfield Centre
Hilton Prim. Sch.
Thomas Walling Prim. Sch.
Sports Ground
Stamfordham Rd. Playing Field
Bus Depot
Council Offs.
English Martyr's RC Prim. Sch.
King George's Field
A696 BY-PASS
A1 WESTERN BY-PASS
NEWCASTLE
A191
A167
B6918
PONTELAND ROAD
KENTON LANE
STAMFORDHAM ROAD
SPRINGFIELD ROAD
SILVER LONNEN
BLAKELAW ROAD
ETAL LANE

Fawdon
Kenton
Coxlodge
Gosforth
Cowgate
Newcastle upon Tyne
NE3
Newcastle United Golf Course
Nuns Moor
St. Nicholas Hospital
Wansbeck Road
Kenton Lane
Salters
Jedburgh
Grandstand
42
55
68

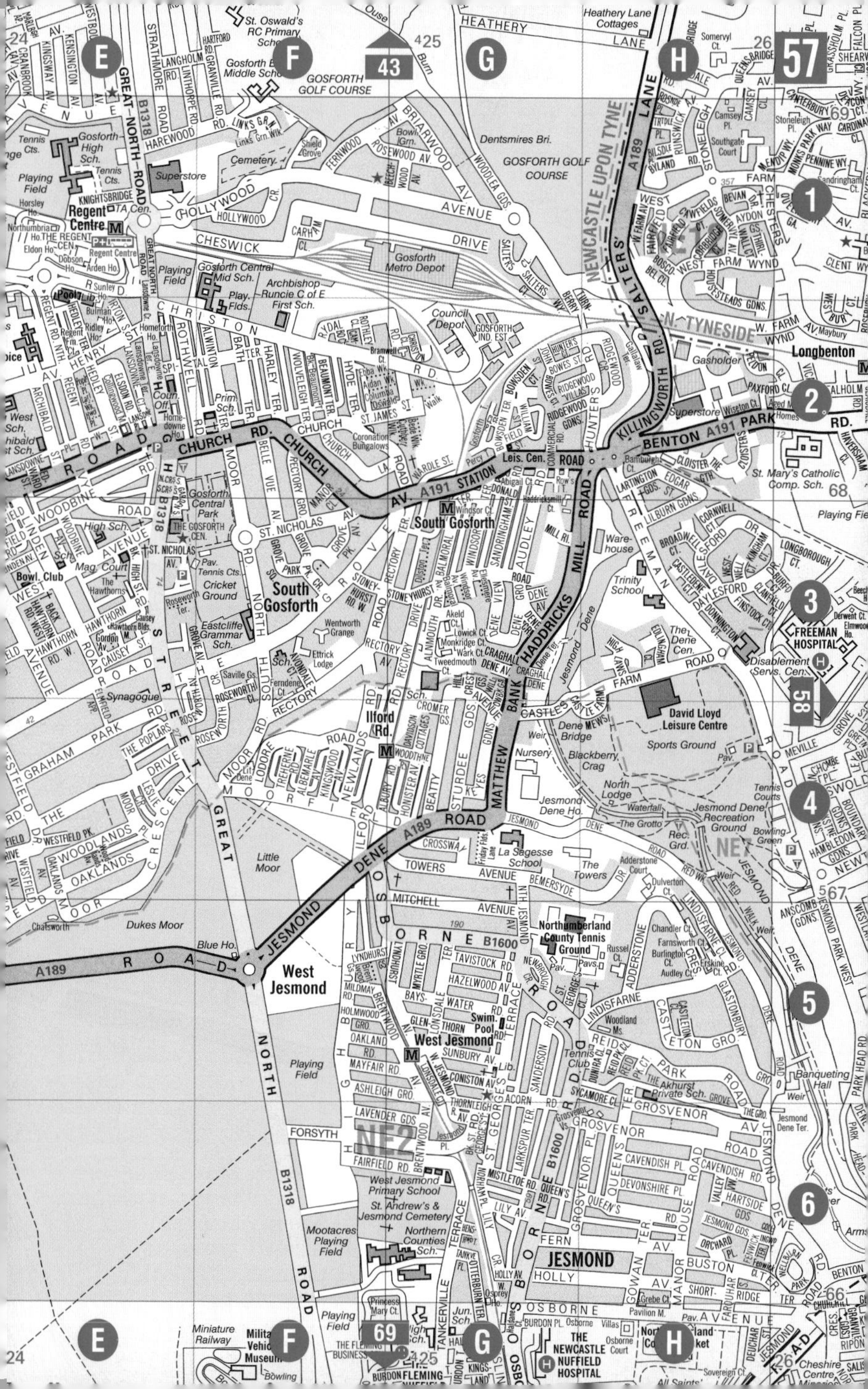
57
43
425
E
F
G
H
26
24
1
2
3
4
5
6
58
69
67
68
66
St. Oswald's RC Primary Sch.
Gosforth East Middle Sch.
GOSFORTH GOLF COURSE
Heathery Lane Cottages
HEATHERY
LANE
Ouse Burn
Somervyl Ct.
QUEENSBRIDGE
GREAT NORTH ROAD
B1318
Gosforth High Sch.
Tennis Cts.
Playing Field
Superstore
Cemetery
Links Grn. Wk.
Shield Grove
Dentsmires Bri.
GOSFORTH GOLF COURSE
NEWCASTLE UPON TYNE
SALTERS' LANE
A189
Camsey Pl.
Southgate Court
Stoneleigh Pl.
MONKS PARK WAY
PENNINE WY.
Sandringham Ct.
FARM
HOLLYWOOD AVENUE
HOLLYWOOD CR.
AVENUE
CHESWICK DRIVE
KNIGHTSBRIDGE
Regent Centre
TA Cen.
THE REGENT CEN.
Regent Centre
Eldon Ho.
Dobson Ho.
Arden Ho.
Sunley Ho.
Horsley Ho.
Northumbria Ho.
Gosforth Metro Depot
Playing Field
Gosforth Central Mid Sch.
Play. Flds.
Archbishop Runcie C of E First Sch.
Council Depot
GOSFORTH IND. EST.
SALTERS' CL.
WEST FARM WYND
HOUSESTEADS GDNS.
N. TYNESIDE
W. FARM AV.
Maybury
Longbenton
Gasholder
Superstore
Wiseton Ct.
PAXFORD CL.
Aged M. Homes
BENTON A191 PARK RD.
St. Mary's Catholic Comp. Sch.
Playing Field
CHRISTON RD.
REGENT RD. NTH.
Pool
Lib.
Regent Fm. Ct.
Ridley Ho.
Bulman Ho.
Homeforth Ho.
Coun. Off.
Prim. Sch.
Homedowne Ho.
ROTHWELL RD.
ALWINTON TER.
BATH TER.
HARLEY TER.
WOLVELEIGH TER.
BEAUMONT TER.
HYDE TER.
ST. JAMES ST.
CHURCH RD.
Coronation Bungalows
WARDLE ST.
STATION ROAD A191
Leis. Cen.
KILLINGWORTH RD.
HADDRICKS MILL ROAD
ROAD
CHURCH AV.
Gosforth Central Park
THE GOSFORTH CEN.
High Sch.
Mag. Court
Bowl. Club
The Hawthorns
ST. NICHOLAS AV.
Pav.
Tennis Cts.
Cricket Ground
South Gosforth
Windsor Ct.
South Gosforth
Eastcliffe Grammar Sch.
Wentworth Grange
Ettrick Lodge
Sch.
Ferndene Ct.
Ware-house
Trinity School
The Dene Cen.
FREEMAN HOSPITAL
Disablement Servs. Cen.
Derwent Ct.
Elmwood Ho.
FREEMAN RD.
LONGBOROUGH CT.
DAYLESFORD
DONNINGTON CT.
CASTLES FARM ROAD
David Lloyd Leisure Centre
Sports Ground
Pav.
Dene Mews
Weir
Dene Bridge
Nursery
Blackberry Crag
North Lodge
Waterfall
The Grotto
Jesmond Dene Recreation Ground
Rec. Grd.
Bowling Green
Tennis Courts
NE7
Jesmond Dene Ho.
La Sagesse School
The Towers
Adderstone Court
Dulverton Ct.
MATTHEW BANK
GREAT NORTH ROAD
Synagogue
GRAHAM PARK RD.
THE POPLARS
OAKLANDS
WOODLANDS
Chatsworth
Dukes Moor
Little Moor
Blue Ho.
A189 ROAD
JESMOND DENE A189 ROAD
West Jesmond
Ilford Rd.
MOORFIELD
TOWERS AVENUE
MITCHELL AVENUE
OSBORNE B1600
Northumberland County Tennis Ground
Pavs.
Swim. Pool
West Jesmond
Lib.
Tennis Club
Woodland Ms.
Playing Field
FORSYTH RD.
NE2
FAIRFIELD RD.
West Jesmond Primary School
St. Andrew's & Jesmond Cemetery
Mootacres Playing Field
Northern Counties Sch.
JESMOND
OSBORNE AVENUE
Pavilion M.
THE NEWCASTLE NUFFIELD HOSPITAL
Playing Field
Miniature Railway
Military Vehicle Museum
Bowling
Jun. Sch.
Osborne Court
Villas
Sovereign Ct.
All Saints'
Banqueting Hall
Jesmond Dene Ter.
The Akhurst Private Sch.
JESMOND DENE RD.
GROSVENOR RD.
CAVENDISH PL.
DEVONSHIRE PL.
HARTSIDE GDS.
JESMOND PARK WEST
BENTON
Cheshire Centre

A
B
C
D
44
57
70
1
2
3
4
5
6
26
27
68
67
66
NE12
NE7
NE6
NE2
LONGBENTON
Newcastle upon Tyne
Four Lane Ends
Longbenton
Benton
High Heaton
HEATON
FREEMAN HOSPITAL
Disablement Servs. Cen.
St. Mary's Catholic Comp. Sch.
Playing Field
Department of Social Security
Sutherland Park Playing Field
Benton Park Prim. Sch.
Balliol Primary School
Goathland Prim. Sch.
Univ. of Northumbria at Newcastle (Coach La. Campus)
Univ. of Northumbria at Newcastle (Coach Lane Campus)
Cochrane Park (Sports Ground)
Henderson Hall
Tennis Courts
Fitness First Health Club
Superstore
BYKER & HEATON CEMETERY
Heaton Manor School (Lower)
Playing Fields
Cragside Prim. Sch.
Football Grd.
Banqueting Hall
Jesmond Dene Ter.
Pets' Corner
Armstrong Bri.
Benton Bri.
King John Well
Peoples Theatre
Sports Ground
Ravensworth Prim. Sch.
Heaton Pool
Play. Field
Council Depot
TA Centre
Running Track
Bank Head
Playing Fields
Comm. Cen.
Play. Fld.
Gasholder
Aged Miners Homes
Superstore
Cheshire Centre
Cemetery
War Mem.
A188
A191
A1058
B1317
BENTON LANE
BENTON PARK ROAD
BENTON ROAD
FRONT STREET
COACH LANE
RED HALL DRIVE
CHILLINGHAM ROAD
STEPHENSON ROAD
BENTON BANK
CRAGSIDE
NEWTON RD.
JESMOND DENE RD.
WEST FARM AVENUE
WEST FARM WYND
CHESTERS AVENUE
GOATHLAND AV.
STATION RD.
SWARLAND AV.
THE DRIVE
FAIRWAY
MANOR RD.
MELVILLE GRO.
FREEMAN ROAD
COTSWOLD GDNS.
BENTON PARK RD.
ETHERSTONE AV.
AMBERLEY GARDENS
DEBDON GARDENS
SACKVILLE ROAD
BIDDLESTONE ROAD
ROKEBY TERRACE
CARTINGTON TER.
TOSSON TER.
TREWHITT RD.
SIMONSIDE TER.
WHITEFIELD TERRACE
ROTHBURY TER.
CHURCHILL GDNS.
SALISBURY GDS.
GROSVENOR RD.
CAVENDISH RD.
JESMOND PARK EAST
JESMOND PARK WEST
PARK HEAD RD.
SOUTHLANDS
WESTLANDS
HOLYSTONE CRES.
WELDON CRES.
WHITTON PL.
STONELEIGH AV.
HALLEYPIKE CL.
GREENLEE DR.
WESTMINSTER WAY
CHURCH WAY
ROUNDSTONE CL.
NUNWICK WAY
MERIDIAN WY.

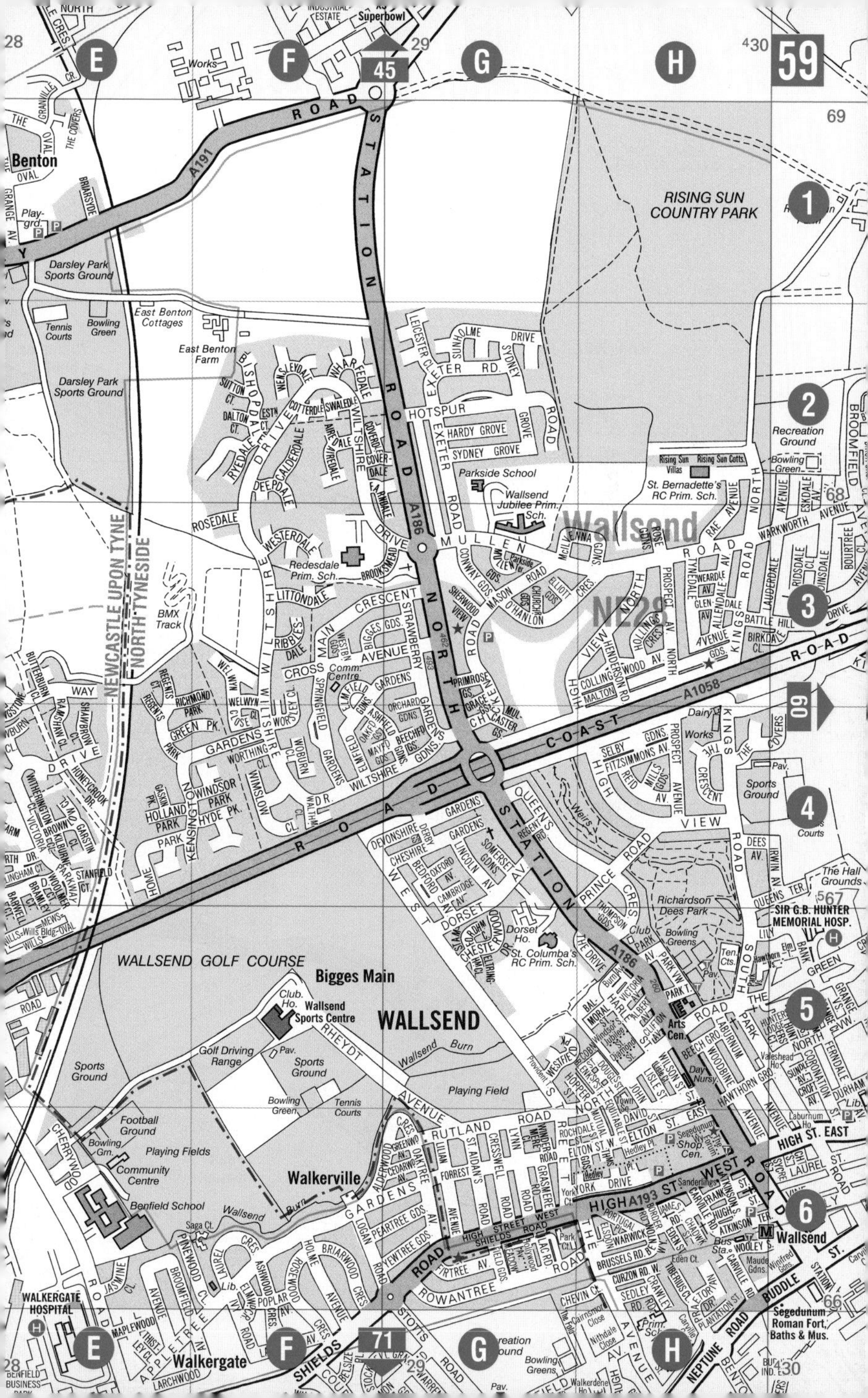

59
45
60
71
E
F
G
H
1
2
3
4
5
6
Benton
RISING SUN COUNTRY PARK
Darsley Park Sports Ground
East Benton Cottages
East Benton Farm
Wallsend
NE28
Parkside School
Wallsend Jubilee Prim. Sch.
Redesdale Prim. Sch.
St. Bernadette's RC Prim. Sch.
Recreation Ground
BMX Track
NEWCASTLE UPON TYNE
NORTH TYNESIDE
STATION ROAD
NORTH ROAD
COAST ROAD
A186
A191
A1058
A193
WALLSEND GOLF COURSE
Bigges Main
Wallsend Sports Centre
WALLSEND
Golf Driving Range
Sports Ground
Playing Field
Playing Fields
Football Ground
Community Centre
Benfield School
Walkerville
Walkergate
WALKERGATE HOSPITAL
Richardson Dees Park
SIR G.B. HUNTER MEMORIAL HOSP.
St. Columba's RC Prim. Sch.
Dorset Ho.
Arts Cen.
Segedunum Shop. Cen.
HIGH ST. EAST
HIGH STREET WEST
Segedunum Roman Fort, Baths & Mus.
NEPTUNE ROAD
BUDDLE ST.
SHIELDS ROAD
Superbowl

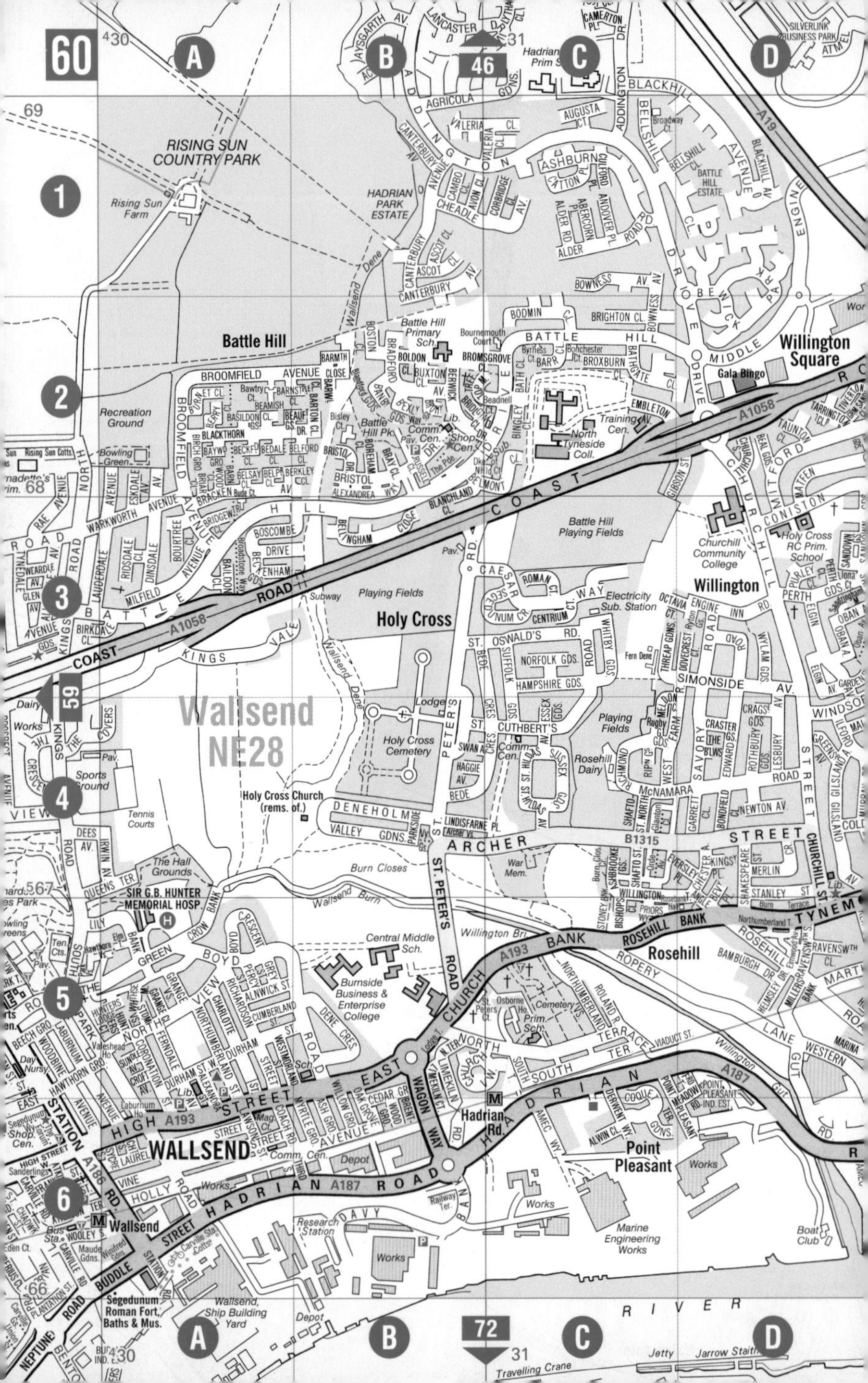
Rising Sun Country Park
Battle Hill
Willington Square
Holy Cross
Willington
Wallsend NE28
Rosehill
WALLSEND
Point Pleasant
Hadrian Park Estate
Battle Hill Estate
Holy Cross Cemetery
North Tyneside Coll.
Churchill Community College
Battle Hill Playing Fields
Sir G.B. Hunter Memorial Hosp.
Burnside Business & Enterprise College
Marine Engineering Works
Segedunum Roman Fort, Baths & Mus.
Wallsend, Ship Building Yard
RIVER
COAST ROAD
A1058
A193
A187
A19
B1315
46
59
72

Stephenson Railway Museum
Works
Factories
47
West Chirton (Middle) Trading Estate
Billy Mill
Tynemouth Squash Rackets Club
E
F
G
H
Phoenix Ho.
Playing Field
Odeon Cinema
Tyneside Retail Park
Bluehouse Bridges
Hotel
COAST ROAD
A1058
West Chirton Industrial Estate (South)
North Shields
NE29
Collingwood Prim. Sch.
Orion Business Park
Silverdale School
Warehouses
Tyne Tunnel Trading Estate
Bugatti Industrial Park
Factory
Norham Community Technology College
Playing Field
Play. Field
West Chirton
Warehouse
Tyne Tunnel Trade Park
Electricity Sub. Sta.
Prim. Sch.
A193
WALLSEND ROAD
A19
Playing Field
Comm. Cen.
Meadow Well
Denbigh Prim. Sch.
HOWDON
Percy Main
Football Grd.
Cricket Ground
Steam Railway
Refuse Tip
East Howdon
Percy Main Prim. Sch.
Stephenson Mem. Prim. Sch.
Howdon
Children's Nursery
Howdon Gas Works
East End Park
Howden Green Ind. Est.
WILLINGTON QUAY
A187
HOWDON ROAD
EAST HOWDON BY-PASS
Sewage Works
Settling Tanks
Oakwood Terrace
Toll Booths
Northumberland Dock
Jetty
HADRIAN ROAD
BEWICKE ST.
TYNE VIEW TER.
Riverside Business Park
Howdon Pans
Howdon Staithe
TYNE TUNNEL (Proposed)
The Tyne Pedestrian & Cycle Tunnel
TYNE
62
66
67
68
69
73
1
2
3
4
5
6
32
33
34

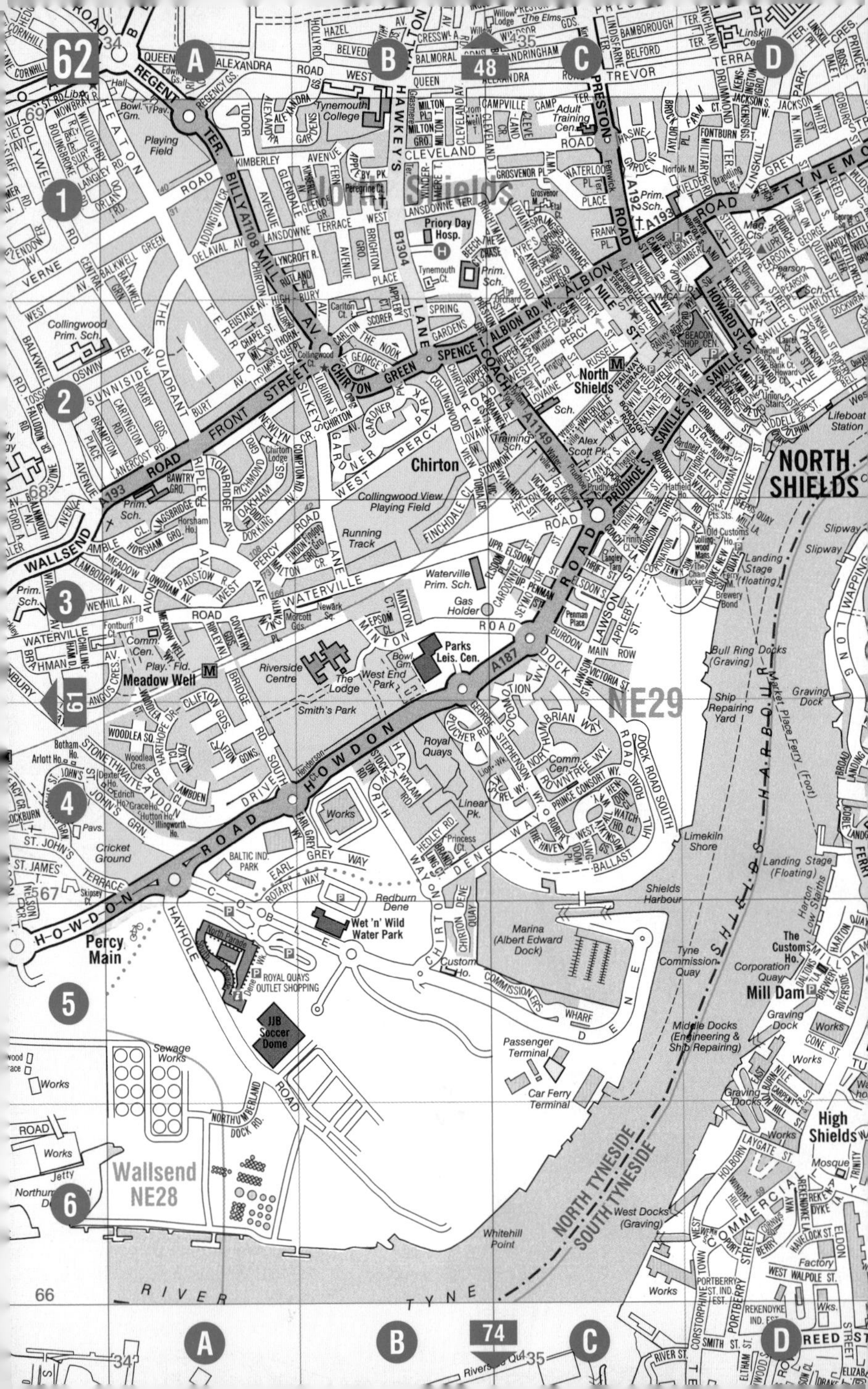

62
A
B
C
D
48
74
61
1
2
3
4
5
6
North Shields
NORTH SHIELDS
Chirton
Meadow Well
Percy Main
Wallsend NE28
NE29
High Shields
Mill Dam
NORTH TYNESIDE
SOUTH TYNESIDE
RIVER TYNE
SHIELDS HARBOUR
Tynemouth College
Priory Day Hosp.
Collingwood Prim. Sch.
Collingwood View Playing Field
Running Track
Waterville Prim. Sch.
Parks Leis. Cen.
Riverside Centre
West End Park
Smith's Park
Royal Quays
Linear Pk.
Works
BALTIC IND. PARK
Redburn Dene
Wet 'n' Wild Water Park
ROYAL QUAYS OUTLET SHOPPING
JJB Soccer Dome
Sewage Works
Marina (Albert Edward Dock)
Passenger Terminal
Car Ferry Terminal
Whitehill Point
Tyne Commission Quay
Limekiln Shore
Shields Harbour
Ship Repairing Yard
Bull Ring Docks (Graving)
Landing Stage (floating)
Lifeboat Station
The Customs Ho.
Corporation Quay
Middle Docks (Engineering & Ship Repairing)
West Docks (Graving)
Cricket Ground
Gas Holder
BEACON SHOP. CEN.
Alex Scott Pk.
FRONT STREET
HOWDON ROAD
ALBION RD. W.
SAVILLE ST. W.
PRESTON ROAD
CHIRTON GREEN
WATERVILLE ROAD
COMMISSIONERS WHARF
ROTARY WAY
EARL GREY WAY
DOCK ROAD SOUTH
HAYHOLE ROAD
NORTHUMBERLAND DOCK RD.
A193
A1108
A187
A1149
A192
B1304

TYNEMOUTH
Low Lights
NE30
Sir James Knott Mem. Nursy. Sch.
The Flats
Swaddles Hole
Black Middens
Sandy Goit
Prior's Stone
Freestone Pt.
Spanish Battery
Rowing Club
Collingwood's Mon.
Tynemouth Volunteer Brigade
North Pier
Clifford's Fort
Fish Quay
Fish Market
Trinity Bldgs.
Wave Trap
Mussel Scarp
The Stones
Jetty
The Gut
Peggy's Hole
The Narrows
South Groyne
Groyne Lighthouse
Newcastle to:
Amsterdam 15hrs.
Bergen 26hrs.
Gothenburg 25hrs. 30mins.
Haugesund 22hrs.
Kristiansand 17hrs. 15mins.
Stavanger 19hrs.
NORTH SEA
South Pier
Slipway
Water Activities Cen.
The Lawe
Arbeia Roman Fort & Mus.
HARBOUR DRIVE
B1344
Playground
North Marine Park
Pier Amus. Cen.
Ocean Beach Pleasure Park
Amusement Pk. Caravan Site
Bus and Coach Pk.
Watch Ho.
Theatre
Yachting Lake
South Marine Park
Herd Sand
Bents Park
Caravan Park
Amphitheatre
Bents Recreation Ground
Lifeguard Station
Gypsies Green Sports Ground
The Waters Edge
Trow Lea
SEA ROAD
OCEAN ROAD
A183
South Shields
SOUTH SHIELDS
NE33
Cemetery
Westoe Crown Prim. Sch.
Playing Field
Mowbray Jun. Sch. Rec. Grd.
South Shields Bowls Centre
WESTOE
South Tyneside College (South Shields Cen.)
Playing Flds.
Winterbottom Hall
MILE END ROAD
B1303
Ballast Hill
Cookson House
Bus Depot
St. Bede's RC Prim. Sch.
CROSSGATE
Laygate Primary Sch.
A194
B1298
A1018
B1301
HIGHFIELD RD.
HORSLEY HILL RD.
KINGSWAY
COAST RD.
Highfield Inf. Sch.
Fitness Cen.
49
75
36
37
38
66
67
68
69
E
F
G
H
1
2
3
4
5
6

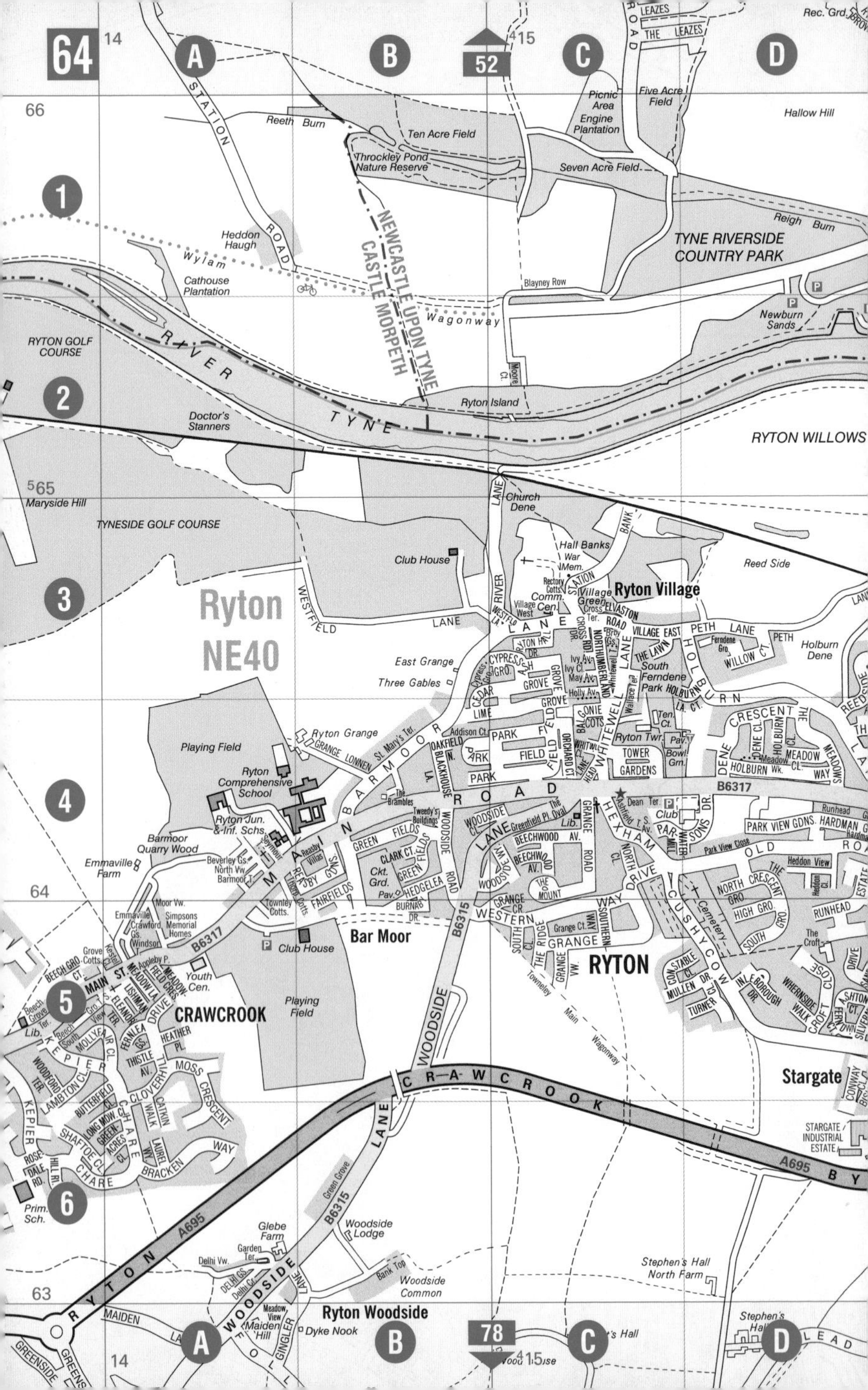

Ryton
NE40
Ryton Village
RYTON
CRAWCROOK
Ryton Woodside
Bar Moor
Stargate
TYNE RIVERSIDE COUNTRY PARK
RYTON GOLF COURSE
TYNESIDE GOLF COURSE
RYTON WILLOWS
RIVER TYNE
NEWCASTLE UPON TYNE
CASTLE MORPETH
Ten Acre Field
Throckley Pond Nature Reserve
Seven Acre Field
Five Acre Field
Picnic Area
Engine Plantation
Hallow Hill
Reigh Burn
Reeth Burn
Heddon Haugh
Cathouse Plantation
Wylam
Wagonway
Blayney Row
Newburn Sands
Ryton Island
Doctor's Stanners
Maryside Hill
Church Dene
Hall Banks
Club House
Reed Side
Holburn Dene
East Grange
Three Gables
Ryton Grange
Playing Field
Ryton Comprehensive School
Ryton Jun. & Inf. Schs.
Barmoor Quarry Wood
Emmaville Farm
Youth Cen.
Stephen's Hall North Farm
Woodside Common
Woodside Lodge
Glebe Farm
Dyke Nook
STARGATE INDUSTRIAL ESTATE
Townley Main Wagonway
B6317
B6315
A695
CRAWCROOK BY PASS
RYTON WOODSIDE
MAIN ROAD
HEXHAM ROAD
BARMOOR LANE
PETH LANE
STATION ROAD
WESTFIELD LANE
RIVER LANE
CUSHY COW LANE
WOODSIDE ROAD
WESTERN WAY
GRANGE ROAD

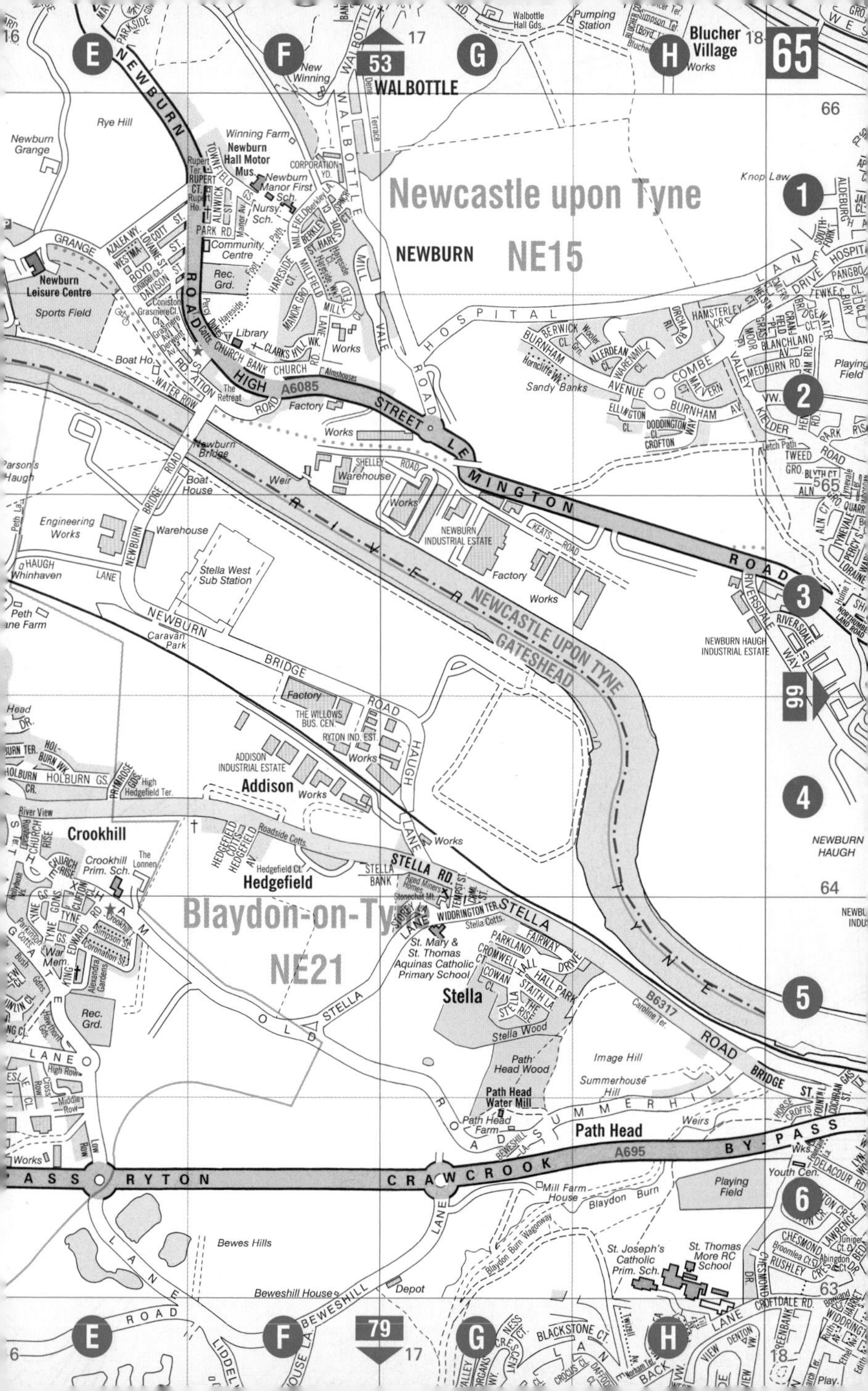
53
WALBOTTLE
Blucher Village
Newcastle upon Tyne
NEWBURN
NE15
Newburn Leisure Centre
Sports Field
Newburn Hall Motor Mus.
Newburn Manor First Sch.
Library
HIGH STREET
LEMINGTON ROAD
HOSPITAL LANE
NEWBURN INDUSTRIAL ESTATE
NEWCASTLE UPON TYNE
GATESHEAD
RIVER TYNE
Stella West Sub Station
NEWBURN HAUGH INDUSTRIAL ESTATE
NEWBURN HAUGH
66
Addison
ADDISON INDUSTRIAL ESTATE
Crookhill
Hedgefield
Blaydon-on-Tyne
NE21
Stella
St. Mary & St. Thomas Aquinas Catholic Primary School
Path Head
Path Head Water Mill
RYTON
CRAWCROOK BY-PASS
A695
B6317
Bewes Hills
St. Joseph's Catholic Prim. Sch.
St. Thomas More RC School
Playing Field
79
64
63
17
18

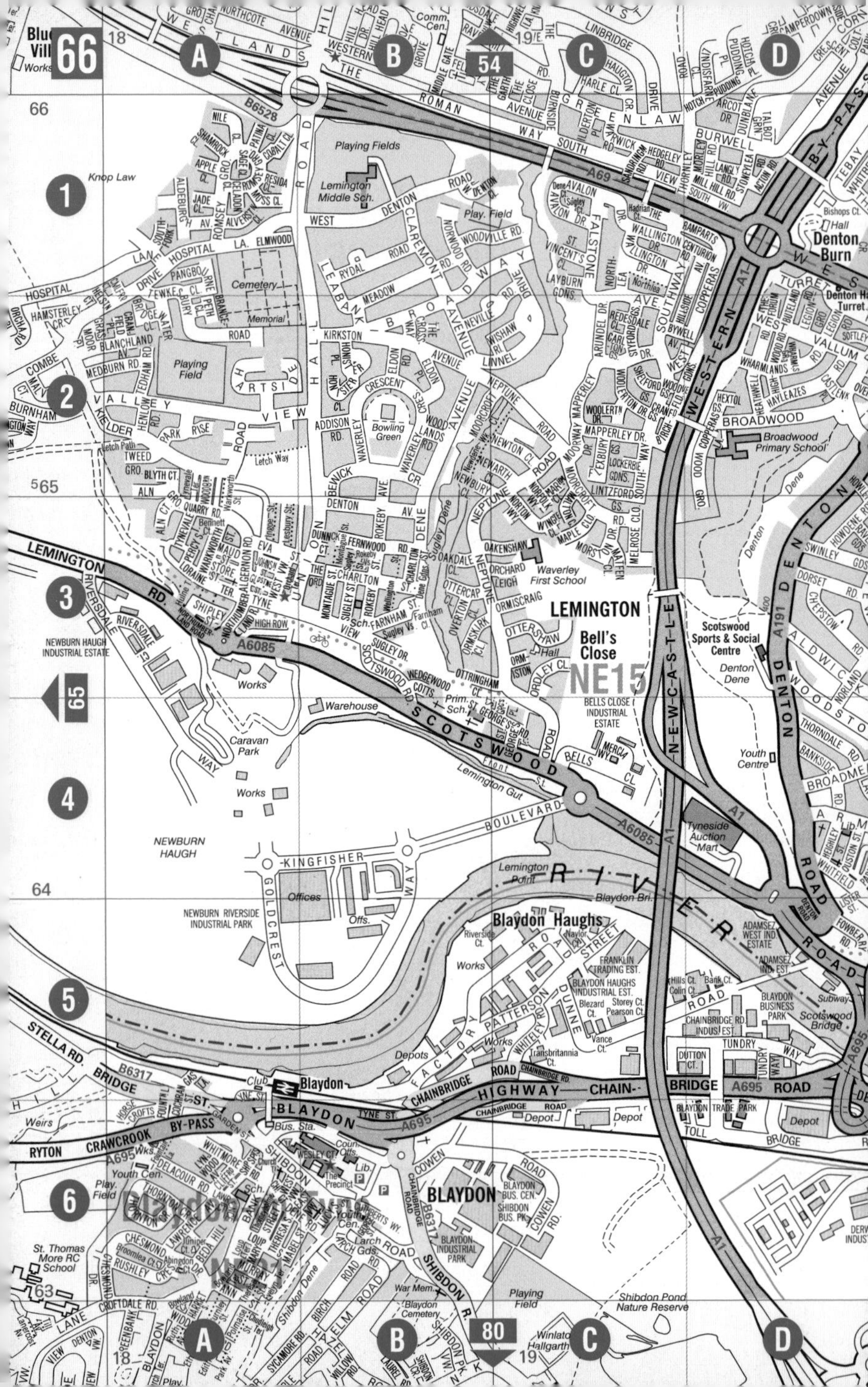
LEMINGTON
Bell's Close
NE15
Blaydon Haughs
BLAYDON
Denton Burn
NEWBURN HAUGH
NEWBURN HAUGH INDUSTRIAL ESTATE
NEWBURN RIVERSIDE INDUSTRIAL PARK
BELLS CLOSE INDUSTRIAL ESTATE
Lemington Middle Sch.
Waverley First School
Broadwood Primary School
Scotswood Sports & Social Centre
RIVER
SCOTSWOOD ROAD
WESTERN BY-PASS
A1
A6085
A695
A69
A191
B6528
B6317
HIGHWAY
BLAYDON
CHAINBRIDGE ROAD
Shibdon Pond Nature Reserve
54
65
80

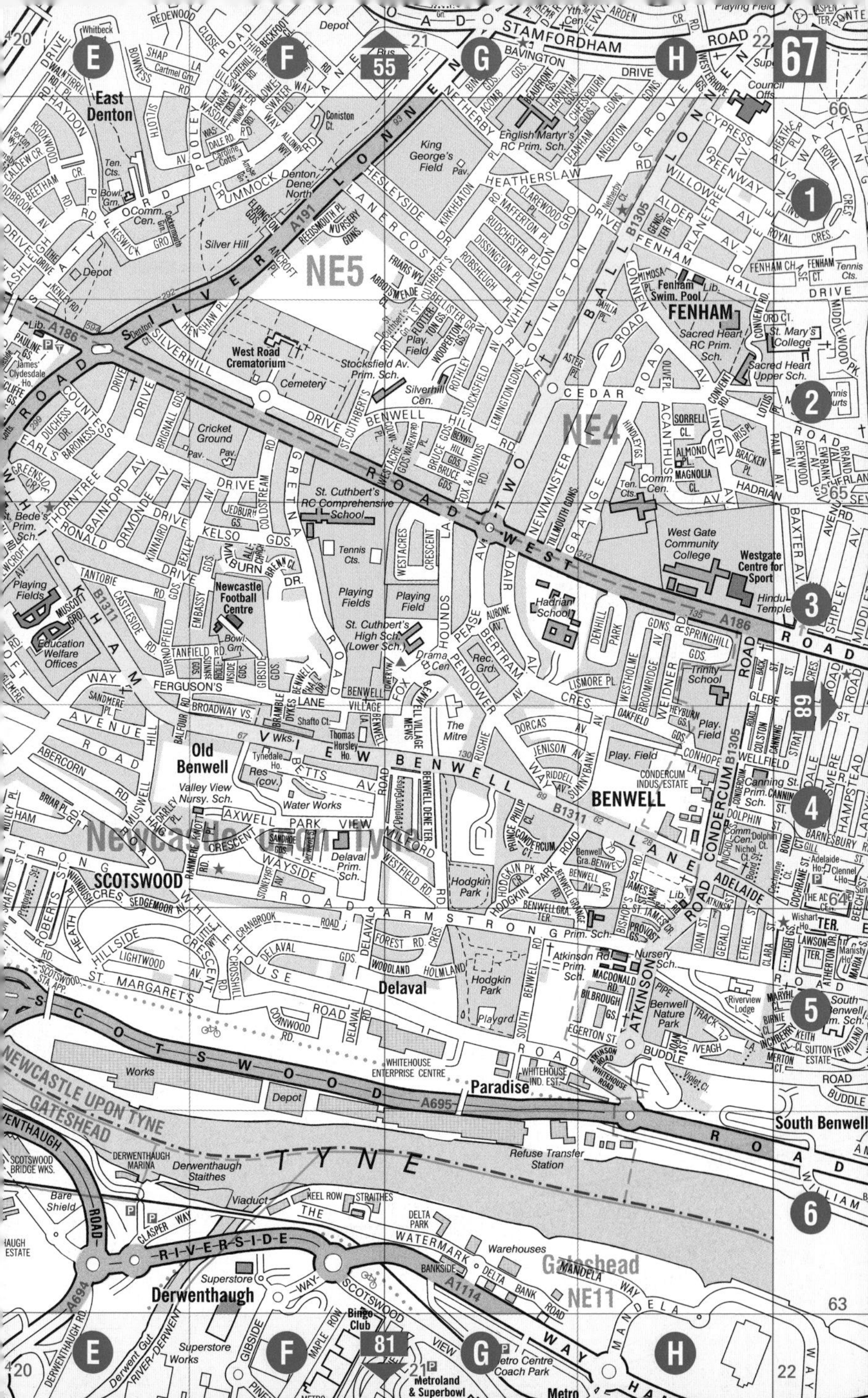

55
East Denton
Denton Dene North
Silver Hill
NE5
King George's Field
English Martyr's RC Prim. Sch.
West Road Crematorium
Cemetery
Stocksfield Av. Prim. Sch.
FENHAM
Fenham Swim. Pool
Sacred Heart RC Prim. Sch.
St. Mary's College
Sacred Heart Upper Sch.
NE4
Cricket Ground
St. Cuthbert's RC Comprehensive School
West Gate Community College
Westgate Centre for Sport
Hindu Temple
Newcastle Football Centre
Education Welfare Offices
Hadrian School
St. Cuthbert's High Sch. (Lower Sch.)
Trinity School
Old Benwell
Valley View Nursy. Sch.
Water Works
BENWELL
Condercum Indus. Estate
Canning St. Prim. Sch.
Newcastle upon Tyne
SCOTSWOOD
Delaval Prim. Sch.
Hodgkin Park
Atkinson Rd. Prim. Sch.
Benwell Nature Park
Riverview Lodge
Delaval
Paradise
Whitehouse Enterprise Centre
Works
Depot
South Benwell
Refuse Transfer Station
TYNE
NEWCASTLE UPON TYNE
GATESHEAD
Derwenthaugh Marina
Derwenthaugh Staithes
Scotswood Bridge Wks.
Bare Shield
Keel Row Straithes
Delta Park
Warehouses
Gateshead NE11
Superstore
Derwenthaugh
Bingo Club
Metro Centre Coach Park
Metroland & Superbowl
81
68

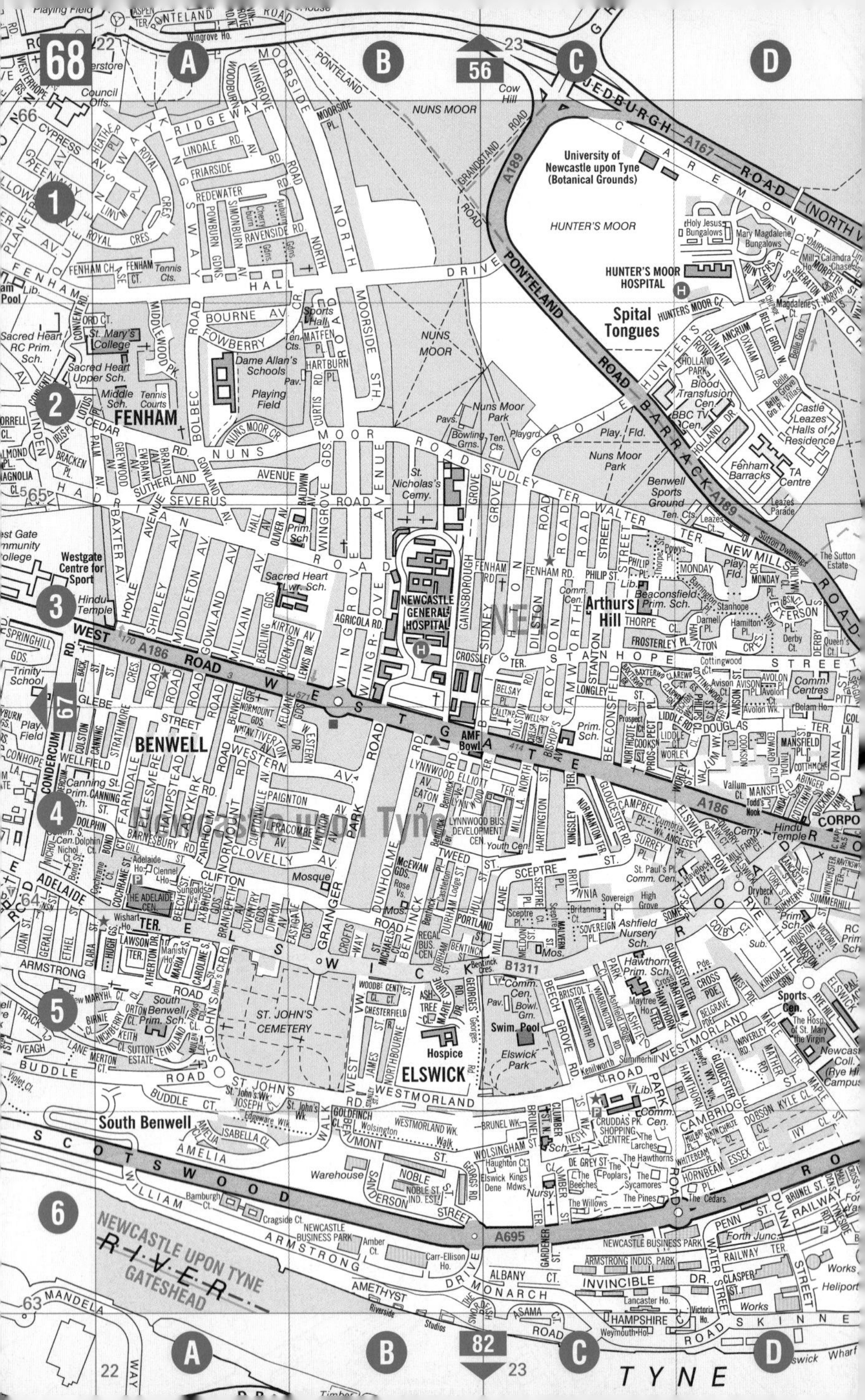
A
B
C
D
1
2
3
4
5
6
56
82
67
22
23
NUNS MOOR
University of Newcastle upon Tyne (Botanical Grounds)
HUNTER'S MOOR
HUNTER'S MOOR HOSPITAL
Spital Tongues
Holy Jesus Bungalows
Mary Magdalene Bungalows
CLAREMONT ROAD
JEDBURGH ROAD
A167
A189
PONTELAND ROAD
BARRACK ROAD
Cow Hill
GRANDSTAND ROAD
MOORSIDE NORTH
MOORSIDE STH.
KINGSWAY
RIDGEWAY
LINDALE RD.
FRIARSIDE
REDEWATER
SIMONBURN
POWBURN
RAVENSIDE RD.
HALL DRIVE
FENHAM HALL DRIVE
FENHAM CHASE
Tennis Cts.
Council Offs.
CYPRESS
ROYAL CRES.
FENHAM
BOURNE AV.
FOWBERRY
BOLBEC ROAD
MIDDLEWOOD PK.
St. Mary's College
Sacred Heart RC Prim. Sch.
Sacred Heart Upper Sch.
Middle Sch.
Tennis Courts
Dame Allan's Schools
Playing Field
Sports Hall
MATFEN PL.
HARTBURN
CURTIS RD.
NUNS MOOR CR.
NUNS MOOR ROAD
Nuns Moor Park
Bowling Grns.
Ten. Cts.
Playgrd.
GROVE
Play. Fld.
Holland Park
Blood Transfusion Cen.
BBC TV Cen.
HOLLAND DR.
Castle Leazes Halls of Residence
Fenham Barracks
TA Centre
Benwell Sports Ground
Leazes Parade
CEDAR
SUTHERLAND
AVENUE
SEVERUS
WINGROVE ROAD
WINGROVE AVENUE
St. Nicholas's Cemy.
STUDLEY TER.
WALTER TER.
NEW MILLS
Sutton Dwellings
The Sutton Estate
Westgate Centre for Sport
Hindu Temple
Prim. Sch.
Sacred Heart Lwr. Sch.
NEWCASTLE GENERAL HOSPITAL
AGRICOLA RD.
FENHAM RD.
GAINSBOROUGH
SIDNEY GROVE
DILSTON
CROYDON ROAD
TAMWORTH ROAD
STANTON STREET
PHILIP ST.
Comm. Cen.
Arthurs Hill
Beaconsfield Prim. Sch.
MONDAY
THORPE
FROSTERLEY PL.
STANHOPE STREET
JEFFERSON
Comm. Centres
WEST ROAD
A186
WESTGATE ROAD
HOYLE
SHIPLEY AV.
MIDDLETON AV.
GOWLAND AV.
MILVAIN AV.
BAXTER AV.
KIRTON AV.
Trinity School
GLEBE
BENWELL
CONDERCUM
WELLFIELD
FARNDALE
ELLESMERE
HAMPSTEAD
AYDKIRK
FAIRHOLM
NORMOUNT
WESTERN AV.
PAIGNTON
ILFRACOMBE
CLOVELLY AV.
Mosque
BARNESBURY RD.
PARK ROAD
GRAINGER
DUNHOLME
McEWAN GDS.
TWEED ST.
LYNNWOOD BUS. DEVELOPMENT CEN.
Youth Cen.
AMF Bowl
HARTINGTON
KINGSLEY
SCEPTRE
BRITANNIA
Sovereign Ct.
High Grove
St. Paul's Pl.
Comm. Cen.
ELSWICK ROW
Cemy.
Hindu Temple
MANSFIELD
DIANA
CORPORATION
ADELAIDE TER.
THE ADELAIDE CEN.
CLIFTON
ELSWICK ROAD
B1311
Ashfield Nursery Sch.
Hawthorn Prim. Sch.
ARMSTRONG ROAD
South Benwell Prim. Sch.
ST. JOHN'S CEMETERY
Hospice
ELSWICK
Swim. Pool
Elswick Park
Comm. Cen.
Pav.
Bowl. Grn.
WESTMORLAND RD.
Sports Cen.
The Hosp. of St. Mary the Virgin
Newcastle Coll. (Rye Hill Campus)
BUDDLE ROAD
SUTTON ESTATE
South Benwell
SCOTSWOOD ROAD
A695
Warehouse
NOBLE ST.
NOBLE ST. IND. EST.
CRUDDAS PK. SHOPPING CENTRE
Lib.
Comm. Cen.
The Larches
The Hawthorns
The Beeches
The Poplars
The Sycamores
The Pines
The Willows
The Cedars
CAMBRIDGE
HORNBEAM
NEWCASTLE BUSINESS PARK
ARMSTRONG INDUS. PARK
Forth Junc.
Works
Heliport
INVINCIBLE DR.
Lancaster Ho.
HAMPSHIRE CT.
Victoria Ho.
Weymouth Ho.
SKINNER BURN ROAD
Carr-Ellison Ho.
Amber Ct.
Cragside Ct.
Bamburgh Ct.
WILLIAM ARMSTRONG DRIVE
MONARCH ROAD
ALBANY CT.
AMETHYST
Riverside Studios
ASAMA CT.
NEWCASTLE UPON TYNE
GATESHEAD
RIVER
TYNE
MANDELA WAY

NEWCASTLE UPON TYNE
GATESHEAD
JESMOND
Town Moor
Brandling Village
Shieldfield
Sandyford
Quayside
Saltmeadows
Greenesfield
Battle Field
Gateshead
Newcastle Utd. FC (St. James' Park)
Royal Victoria Infirmary
University of Newcastle upon Tyne
University of Northumbria at Newcastle (City Campus)
The Civic Centre
Eldon Square Shopping Cen.
Monument
Central
NEWCASTLE
Tyne Bridge
High Level Bridge
Swing Bri.
Queen Elizabeth II Bridge
King Edward Bridge
Redheugh Bridge
Gateshead Millennium Bridge (footbridge)
Baltic Centre
The Sage Gateshead
Telewest Arena Newcastle
The International Cen. for Life
Life Science Cen.
Military Vehicle Museum
Exhibition Park
Leazes Park
City Stadium
Northumberland County Cricket Ground
The Newcastle Nuffield Hospital
Newcastle General Cemetery
All Saints' Cemetery

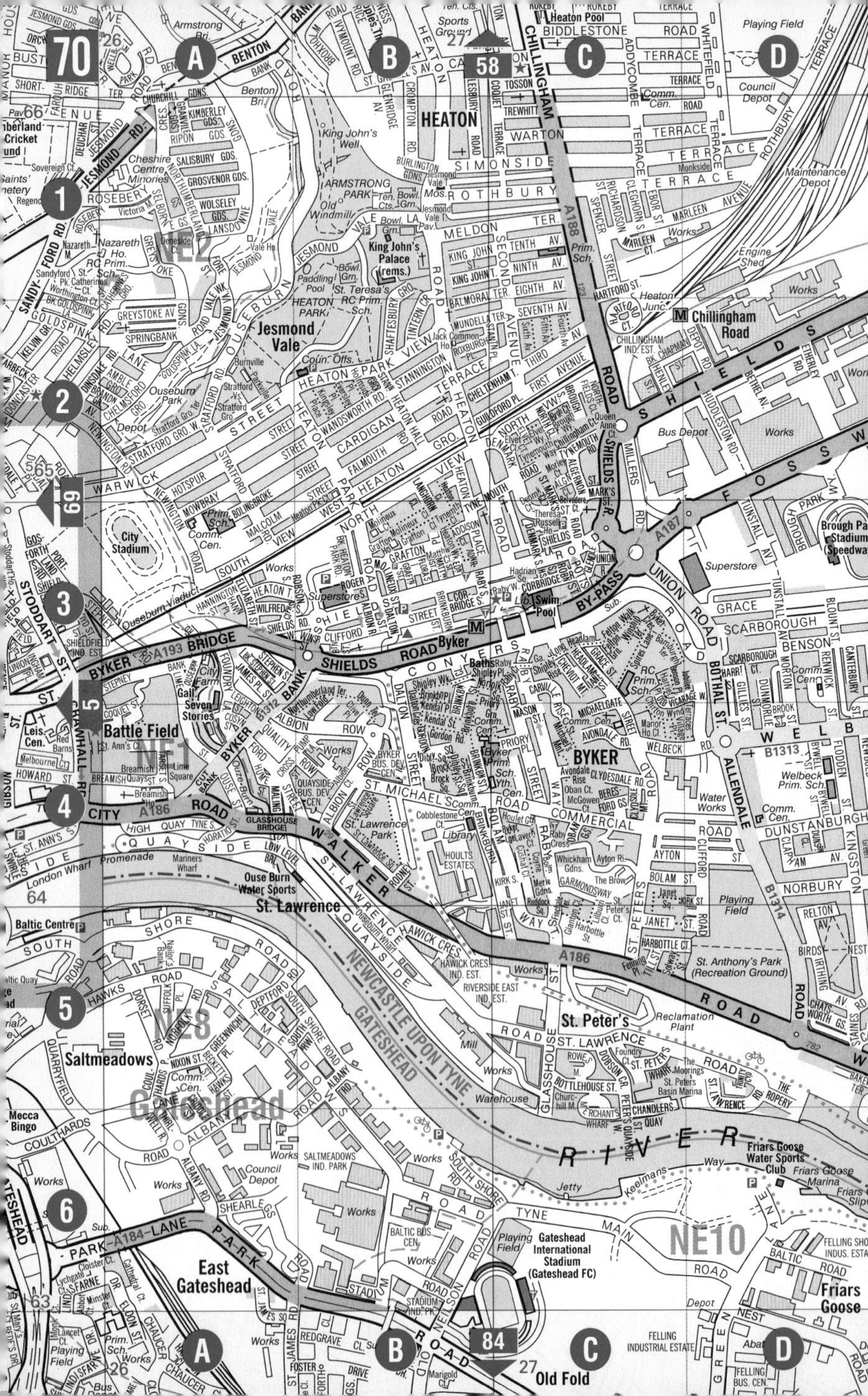
A
B
C
D
1
2
3
4
5
6
58
69
5
84
26
27
66
65
64
63
HEATON
Heaton Pool
BIDDLESTONE
ROAD
TERRACE
Playing Field
CHILLINGHAM
ADDYCOMBE
WHITEFIELD
Comm. Cen.
Council Depot
ROTHBURY
Sports Ground
BENTON
Armstrong Bri.
Benton Bri.
BANK
CHURCHILL GDS.
KIMBERLEY GDS.
RIPON GDS.
SALISBURY GDS.
GROSVENOR GDS.
WOLSELEY GDS.
LANSDOWNE
ROSEBERY
Cheshire Centre Minories
NORTHUMBERLAND
Sovereign Ct.
JESMOND RD.
SHORT-RIDGE
DEUCHAR
Nazareth Ho.
RC Prim. Sch.
NE2
GREYSTOKE AV.
SPRINGBANK
GOLDSPINK
HELMSLEY
KELVIN GR.
SANDYFORD RD.
DINSDALE RD.
CHELMSFORD
DONCASTER
Ouseburn Park
Depot
King John's Well
ARMSTRONG PARK
Old Windmill
Ten. Bowl. Cts.
Bowl. Grn.
Jesmond Vale
JESMOND VALE
OUSEBURN
King John's Palace (rems.)
Paddling Pool
St. Teresa's RC Prim. Sch.
HEATON PARK
Coun. Offs.
Burnville
SHAFTESBURY GRO.
HEATON PARK VIEW
STANNINGTON
TERRACE
TOSSON
TREWHITT
WARTON
SIMONSIDE
ROTHBURY
MELDON TER.
TENTH AV.
NINTH AV.
EIGHTH AV.
SEVENTH AV.
KING JOHN ST.
KING JOHN T.
BALMORAL TER.
MUNDELLA TER.
SECOND AVENUE
THIRD
FIRST AVENUE
CHELTENHAM T.
GUILDFORD PL.
A188
Prim. Sch.
MARLEEN AVENUE
MARLEEN CT.
Works
Engine Shed
Maintenance Depot
Monkside
Heaton Junc.
HARTFORD ST.
HARTFORD CT.
Chillingham Road
CHILLINGHAM IND. EST.
SHIELDS
HENLEY
HUDDLESTON RD.
BETHEL AV.
Bus Depot
FOSS WAY
ROAD
MILLERS
STRATFORD RD.
STRATFORD GRO. W.
STREET
WARWICK
HOTSPUR
MOWBRAY
CARDIGAN
FALMOUTH
WANDSWORTH RD.
HEATON HALL
HEATON GRO.
NEWINGTON
BOLINGBROKE
MALCOLM
SOUTH VIEW WEST
Prim. Sch.
Comm. Cen.
City Stadium
Ouseburn Viaduct
NORTH VIEW
HEATON VIEW
DENMARK
TYNEMOUTH
MOLINEUX
GRAFTON
ADDISON
HEATON PARK RD.
ROBSON
Superstore
HANNINGTON
HEATON T.
WILFRED
ELIZABETH
ALBION RD.
DALTON
CLIFFORD
STREET
BRINKBURN
CORBRIDGE
RABY
Lib.
Swim. Pool
BY-PASS
A187
Superstore
Brough Park Stadium (Speedway)
TUNSTALL AV.
BROUGH PARK
UNION ROAD
GRACE
SCARBOROUGH
BENSON
BLOUNT ST.
CANTERBURY
GOSFORTH
STODDART ST.
SHIELDFIELD IND. EST.
BYKER BRIDGE
A193
SHIELDS ROAD
Byker
CONYERS
Baths
STEPNEY
COQUET ST.
CITY
Leis. Cen.
Red Barns
Melbourne Ct.
HOWARD
Battle Field
St. Ann's Ct.
NE1
Lime Square
Breamish Quays
City Farm
Seven Stories
FOUNDRY LA.
BYKER
B1312
ALBION ROW
QUALITY
CROSS
PUMP
QUAYSIDE BUS. DEV. CEN.
BYKER BUS. DEV. CEN.
SHIPLEY
PRIORY PL.
MASON
CARVILLE RISE
HEADLAM
CHEVIOT MT.
RC Prim. Sch.
Manor Ho. Ct.
BYKER
MICHAELGATE
AVONDALE RD.
CLYDESDALE RD.
Avondale Rise
Oban Ct.
McGowen Ct.
BERESFORD GS.
WELBECK RD.
WELBECK
B1313
ALLENDALE
BOTHAL ST.
Welbeck Prim. Sch.
FLODDEN
Water Works
Comm. Cen.
DUNSTANBURGH
KINGSTON
BOLAM
ST. MICHAEL'S ROAD
COMMERCIAL ROAD
Cobblestone Ct.
Library
HOULTS ESTATES
St. Lawrence Park
Byker Prim. Sch.
Yth. Cen.
Whickham Gdns.
Ayton Ri.
The Brow
GARMONDSWAY
AYTON
CLIFFORD
NORBURY
Playing Field
RELTON AV.
BIRDS NEST
IRTHING AV.
B1314
CHATSWORTH GS.
St. Anthony's Park (Recreation Ground)
HARBOTTLE CT.
JANET
ST. PETER'S
A186
ROAD
CITY ROAD
HIGH QUAY
QUAYSIDE
GLASSHOUSE BRIDGE
WALKER
LOW LEVEL
ST. LAWRENCE
Promenade
Mariners Wharf
London Wharf
Ouse Burn Water Sports
St. Lawrence
HAWICK CRES.
HAWICK CRES. IND. EST.
RIVERSIDE EAST IND. EST.
Baltic Centre
SOUTH
SHORE ROAD
HAWKS ROAD
NE8
SALTMEADOWS
DEPTFORD RD.
SOUTH SHORE RD.
Saltmeadows
Gateshead
ALBANY RD.
Comm. Cen.
NEWCASTLE UPON TYNE
GATESHEAD
Mill
Works
Warehouse
St. Peter's
Reclamation Plant
ST. LAWRENCE
GLASSHOUSE
BOTTLEHOUSE ST.
CHANDLERS QUAY
St. Peters Basin Marina
THE ROPERY
RIVER
Friars Goose Water Sports Club
Friars Goose Marina
Keelmans Way
Jetty
Mecca Bingo
COULTHARDS
QUARRYFIELD
Council Depot
SALTMEADOWS IND. PARK
SHEARLEGS
SOUTH SHORE ROAD
TYNE MAIN
NE10
PARK LANE
A184
Sub.
GATESHEAD
BALTIC BUS. CEN.
Playing Field
Gateshead International Stadium (Gateshead FC)
FELLING SHORE INDUS. EST.
BALTIC ROAD
Friars Goose
East Gateshead
STADIUM
STADIUM IND. PK.
NEILSON ROAD
Depot
NEST
GREEN LANE
FELLING INDUSTRIAL ESTATE
FELLING BUS. CEN.
REDGRAVE CL.
FOSTER
DRIVE
ST. JAMES RD.
Old Fold
Marigold Ct.
Prim. Sch.
Playing Field
CHAUCER
ELDON ST.
Cathedral Ct.
Lychgate Ct.
Cloister Ct.
Minster Ct.

WALLSEND
Walkergate
WALKERGATE HOSPITAL
Newcastle upon Tyne
WALKER
Low Walker
Walker Riverside
WALKER PARK
St. Anthony's
HEBBURN RIVERSIDE PARK
NE6
FOSS WAY
WAVERDALE AVENUE
BATH STREET
STATION ROAD
NEPTUNE ROAD
TYNE
59
72
85
E
F
G
H
1
2
3
4
5
6

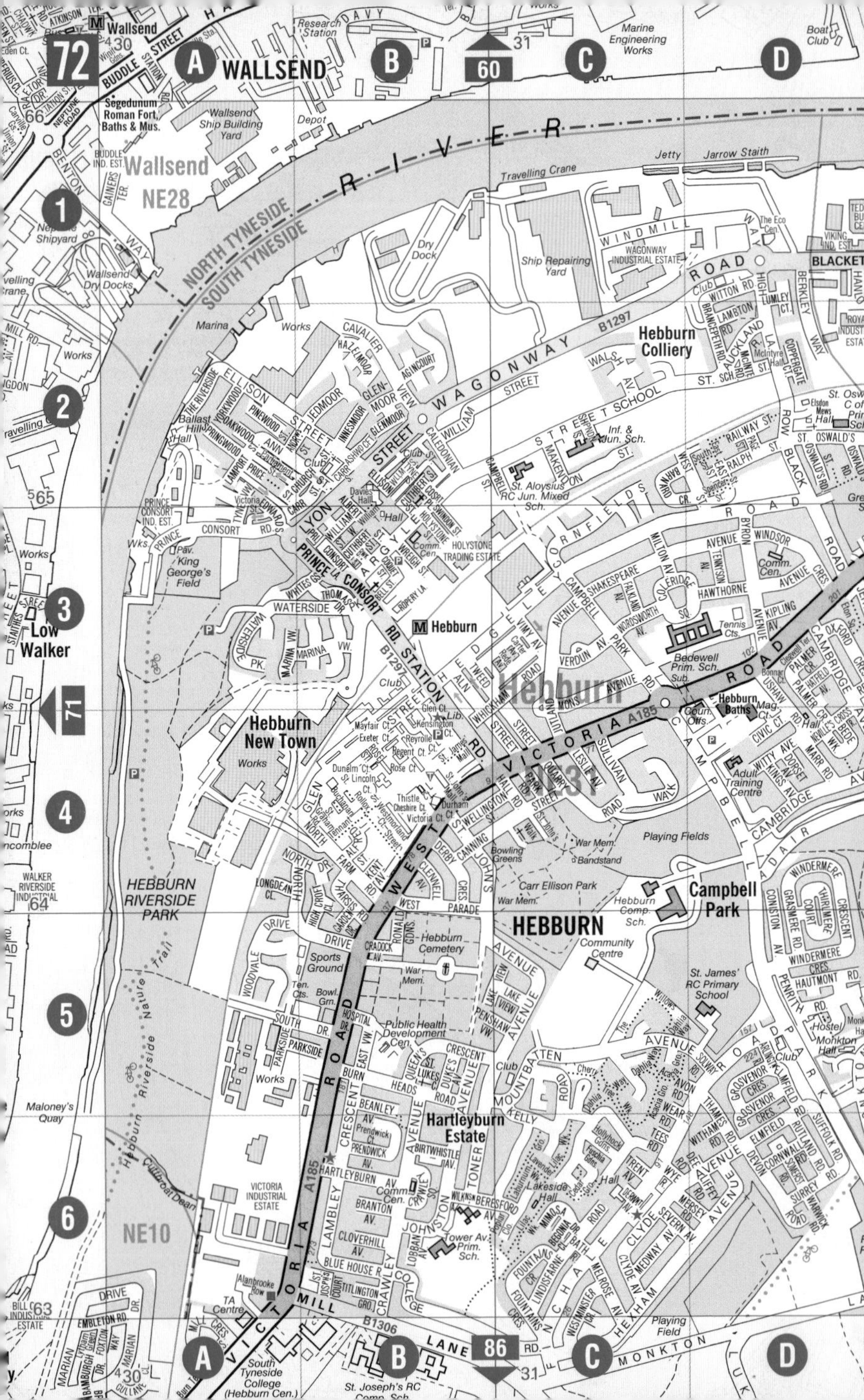

72
WALLSEND
Wallsend
NE28
RIVER
NORTH TYNESIDE
SOUTH TYNESIDE
Hebburn Colliery
Hebburn New Town
Hebburn
NE31
HEBBURN
HEBBURN RIVERSIDE PARK
Campbell Park
Hartleyburn Estate
Low Walker
NE10
60
71
86

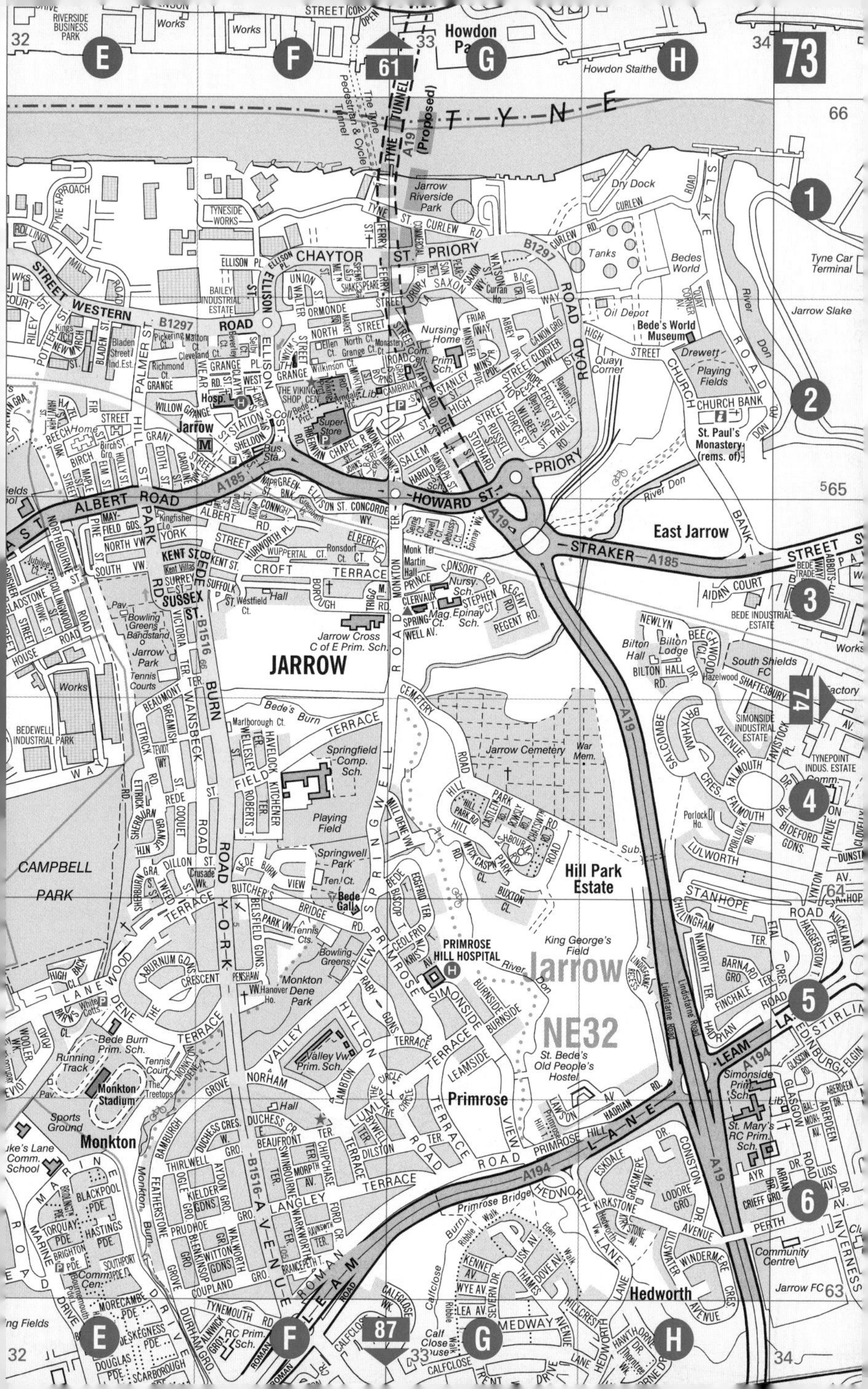
73
61
87
74
E
F
G
H
1
2
3
4
5
6
32
33
34
66
65
64
63
Riverside Business Park
Works
Howdon Park
Howdon Staithe
TYNE
The Tyne Pedestrian & Cycle Tunnel
TYNE TUNNEL
A19 (Proposed)
Jarrow Riverside Park
Dry Dock
Tyne Car Terminal
Jarrow Slake
River Don
Tanks
Bedes World
Oil Depot
Bede's World Museum
Drewett Playing Fields
Church Bank
St. Paul's Monastery (rems. of)
Quay Corner
Tyneside Works
Bailey Industrial Estate
Bladen Street Ind. Est.
Western Road
Chaytor St.
Priory Road
Ellison St.
Curlew Rd.
Slake Road
High Street
Nursing Home
Prim. Sch.
Hosp.
Jarrow
Bus Sta.
The Viking Shop Cen.
Super-Store
Lib.
Albert Road
Howard St.
A185
A19
B1297
B1516
Straker Street
East Jarrow
Bede Industrial Estate
South Shields FC
Simonside Industrial Estate
Tynepoint Indus. Estate
Factory
Works
JARROW
Jarrow Cross C of E Prim. Sch.
Nursy. Sch.
Mag. Ct.
Epinay Sch.
Monkton Terrace
Jarrow Park
Bowling Greens
Bandstand
Tennis Courts
Bedewell Industrial Park
Bede Burn Road
Jarrow Cemetery
War Mem.
Springfield Comp. Sch.
Playing Field
Springwell Park
Bede Gall.
Hill Park Estate
Campbell Park
King George's Field
Primrose Hill Hospital
Monkton Dene Park
Valley Vw. Prim. Sch.
NE32
Jarrow
St. Bede's Old People's Hostel
Primrose
Bede Burn Prim. Sch.
Running Track
Monkton Stadium
Sports Ground
Monkton
Luke's Lane Comm. School
Comm. Cen.
York Avenue
Primrose Hill Lane
Leam Lane
A194
Lindisfarne Road
Simonside Prim. Sch.
St. Mary's RC Prim. Sch.
Community Centre
Jarrow FC
Hedworth
Calf Close Walk
RC Prim. Sch.
Marine Drive
Roman Road

74
A
B
C
D
62
88
73
1
2
3
4
5
6
RIVER TYNE
Riverside Quay
Tyne Car Terminal
Jarrow Slake
Jarrow
NE32
River Don
St. Paul's Monastery (rems. of)
Playing Fields
East Jarrow
STRAKER STREET
SWINBURNE ST.
JARROW ROAD
A185
Timber Yard
Saw Mills
Depot
Dock Master's Office
Timber Yard
Tyne Dock
TYNE DOCK
TEMPLE TOWN
Works
PORTBERRY ST. IND. EST.
REKENDYKE IND. EST.
REED STREET
B1301
SMITH ST.
RIVER ST.
MITRE PLACE
THE CAPTAINS ROW
WESTERN APPROACH
St. Mary's C of E Prim. Sch.
SLAKE TER.
HUDSON STREET
Refuse Disposal Wks.
B1302
BOLDON LANE
Tyne Dock
MIDDLEFIELDS IND. EST.
HEDDON WAY
THROCKLEY WAY
ELSWICK WAY INDUSTRIAL ESTATE
ELSWICK WAY
PAULSWAY
BEDESWAY
PILGRIMSWAY
MONKSWAY
ABBOTS WAY
BEDE TRADE PK.
BEDE INDUSTRIAL ESTATE
BEDE TRADING ESTATE
Lindisfarne Ct.
Factory
Bede
South Shields FC
SHAFTESBURY AVENUE
SIMONSIDE IND. EST.
TYNEPOINT INDUS. ESTATE
SIMONSIDE EAST INDUSTRIAL PARK
Comm. Cen.
Warehouse
Bakery
NEWCASTLE ROAD
A194
COLMAN AV.
WENLOCK ROAD
Hadrian Lodge
Simonside (open late 2007)
Simonside Hall
HARTFORD ROAD
AVENUE
FALMOUTH CRES.
TAUNTON DRIVE
BIDEFORD GDNS.
DUNSTANBURGH CT.
LULWORTH AVENUE
STANHOPE ROAD
HAGGERSTON TER.
LEAM LANE
A194
JOHN REID ROAD
A1300
WINSKELL ROAD
Monkton Jun. Sch.
Monkton Infants Sch.
Youth Club
RICHARDSON AV.
COLCHESTER ST.
ROAD GREEN
NE34
BROCKLEY AV.
All Saints C of E Prim. Sch.
Biddick Hall Jun. Sch.
CHESTERTON ROAD
South Tyneside Crematorium
Queen Elizabeth Ct.
EDINBURGH RD.
Simonside Prim. Sch.
St. Mary's RC Prim. Sch.
GLASGOW RD.
INVERNESS ROAD
AUSTRALIA GROVE
BRISBANE AVENUE
PERTH GREEN
Community Centre
Jarrow FC
Brockley Whins
Brockley Whins Junction
Hedworth
Biddick Hall
Chuter Ede Education Centre
GALSWORTHY ROAD
CONISTON
A19
WINDERMERE CRES.

WESTOE
Chichester
DEANS
Cauldwell
HARTON
WEST HARTON
Harton Nook
Cleadon Park
Whiteleas
South Shields
South Tyneside College (South Shields Cen.)
The Planetarium
Playing Flds.
Highfield Inf. Sch.
TA Centre
Nursery
Robert Readhead Park
HARTON CEMETERY
War Mem.
Mortimer Comp.Sch.
Mortimer Prim. Sch.
Brinkburn Rec. Grd.
West Park
Tennis Courts
Bowling Greens
Bandstand
Sikh Temple
Stanhope Jun. & Inf. Sch.
Ashley Primary School
Margaret Sutton Sch.
Playing Fields
St. Wilfrid's RC Comprehensive Sch.
Brinkburn Comp. School
Running Track
Day Centre
SOUTH TYNESIDE DISTRICT HOSP.
Harton & Westoe Collieries' Welfare Ground
TEMPLE MEMORIAL PARK
Temple Park Leisure Cen.
All Weather Pitch
Ridgeway Primary Sch.
Temple Park Jun. Sch.
St. Oswald's RC Prim. Sch.
King George V School
Playing Field
Community Centre
Harton School
Aged Miners' Homes
St. Greg RC Prim.
The Cloisters
Laygate Primary Sch.
Bus Depot
Fitness Cen.
Sports Ground
Cleadon North Farm
Cleadon Grange
SR6
KING GEORGE ROAD
SUNDERLAND RD.
PRINCE EDWARD ROAD
JOHN REID ROAD
SHIELDS ROAD
DEAN ROAD
HIGHFIELD ROAD
HORSLEY HILL
WESTOE
SOUTHFIELD
GROSVENOR
READHEAD
HARTON HOUSE ROAD
MARSDEN
MOOR LANE
TEMPLE PARK ROAD
HARTON LANE
NEVINSON AVENUE
GALSWORTHY ROAD
WHITELEAS WAY
STANHOPE ROAD
WEST PARK ROAD
WESTOE VILLAGE
A1018
A1300
B1298
B1301
A194
63
76
89
E
F
G
H
1
2
3
4
5
6
36
37
38
63
64
65
66

76
A
B
C
D
1
2
3
4
5
6
38
39
66
65
64
63
75
90
South Shields
NE34
COAST ROAD
A183
TWO RIVERS
Frenchman's Lea
Man Haven
Natural Arch
Natural Arch
Velvet Beds
Marsden Lea
Marsden Sands
MARSDEN
Cliff
The Leas
Horsley Hill
Highfield Inf. Sch.
Cheviot Junior Sch.
Bamburgh Sch.
Playing Field
Harton Down Hill
Downhill Inf.& Nursy. Sch.
Woodhouse Court
St. Gregory's RC Prim. Sch.
Tabernacle
War Mem.
HIGHFIELD RD.
CHEVIOT ROAD
B1301
HORSLEY VALE
HARTON HOUSE RD. E.
MARSDEN ROAD
MARSDEN LANE
MARSDEN AVENUE
FULWELL AV.
Aged Miners' Homes
Bulmer Ho.
HARTON
Playing Fields
Harton School
Playing Field
Harton Junior School
Harton Inf. & Nursy. Sch.
PRINCE EDWARD ROAD
A1300
Harton Nook
Bowl. Grn.
MARSDEN
Marsden Craggs
Marsden Hall
LIZARD LANE CARAVAN & CAMPING SITE
WHITBURN GOLF COURSE
SOUTH SHIELDS GOLF COURSE
Club House
Cleadon Hill
Beacon Hill
Playing Field
Cleadon Park
Tennis Courts
Bowling Greens
Playing Field
Cleadon Park
Elderly Persons' Cen.
Community Centre
Works
Cleadon Lizards
West Plantation
Sunniside Farm
Sunniside Farm Cottage
Cleadon Hills Farm
CLEADON
SHIELDS ROAD
A1018
Westholme
Playing Field
Oakleigh Gardens School
Cleadon North Farm
Cleadon Grange
Playing Field
SUNNISIDE LANE
OCCUPATION RD.
THE RIDGEWAY
SUNDERLAND ROAD
QUARRY LANE
LIZARD LANE
REDWELL LANE
GROTTO ROAD

66

1

BAY

2

⁵65

Natural
Arch
Marsden
Rock
Smugglers'
Cave

N O R T H   S E A

3

A183

Hob & Joan
Orchard

th Lizard
ottages

North Lizard
Riding School

Reservoirs

Club House

Toll House

Marsden
Quarries

Souter Point
Lighthouse

Lizard Point

4

Lighthouse
View

64

Byer's
Hole

5

Potter's Hole

Sunderland

Lizards Farm

KITCHENER   RD.

A183

TWO RIVERS

MILL ROAD

LS RIVER

SR6

WHITE

SHEAR

ROCKS GROVE

W

R

Arthur Ter

South

Marsden
Primary Sch.

LILAC

LILAC AV CRESCENT

ROSE CR

MA

MA

Playing
Field

Arthur Ter

6

63

LANE

Lizard View

FAIRFIELD

WHEATALL

WW GILL

DR.

Martindale Rd

MARSDEN AVENUE

ROSE
AV

Play-
grd

m

Whitburn Colliery

WHEATALL   AVENUE

SOUT

HILLTOP

WHEATALL

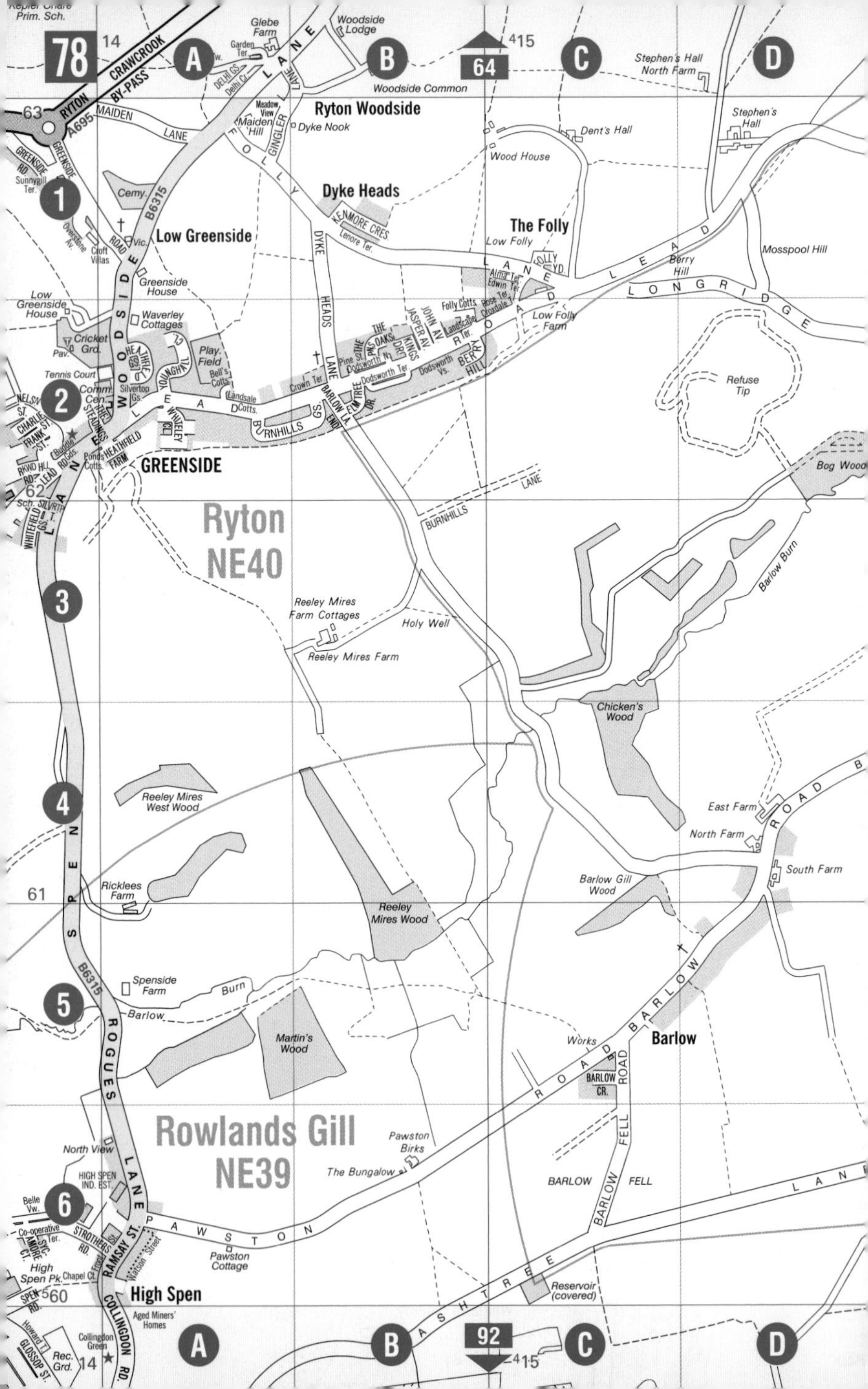
78
64
92
A
B
C
D
1
2
3
4
5
6
Ryton Woodside
Dyke Heads
The Folly
Low Greenside
GREENSIDE
Ryton
NE40
Rowlands Gill
NE39
High Spen
Barlow
Woodside Common
Dent's Hall
Wood House
Stephen's Hall North Farm
Stephen's Hall
Mosspool Hill
Berry Hill
Low Folly
Low Folly Farm
Refuse Tip
Bog Wood
Barlow Burn
Chicken's Wood
Holy Well
Reeley Mires Farm Cottages
Reeley Mires Farm
Reeley Mires West Wood
Reeley Mires Wood
Ricklees Farm
Spenside Farm
Martin's Wood
Barlow Gill Wood
East Farm
North Farm
South Farm
Works
Pawston Birks
The Bungalow
Pawston Cottage
Reservoir (covered)
BARLOW FELL
Aged Miners' Homes
Collingdon Green
Rec. Grd.
North View
HIGH SPEN IND. EST.
RYTON CRAWCROOK BY-PASS
A695
B6315
MAIDEN LANE
FOLLY LANE
DYKE HEADS LANE
LEAD LANE
LONGRIDGE
BURNHILLS LANE
SPEN LANE
ROGUES LANE
PAWSTON LANE
BARLOW ROAD
FELL ROAD
BARLOW LANE
ASHTREE LANE
WOODSIDE LANE
GINGLER LANE
Glebe Farm
Woodside Lodge
Dyke Nook
Cemy.
Cricket Grd.
Play. Field
Tennis Court
Greenside House
Low Greenside House
Waverley Cottages
Croft Villas
Kepier Chare Prim. Sch.

Blaydon-on-Tyne
NE21
Blaydon Burn
WINLATON
Winlaton Mill
Lockhaugh
THORNLEY WOOD
(COUNTRY PARK)
LIDDELL'S FELL
BROCKWELL
Little Brockwell
Selby's Grave
Knobby Ends
Barlow Letch
Norman's Riding Farm
Norman's Riding Wood
Riding Chase
Water Gate Sewage Works
Pinewoods
Stampley Moss Farm
Gas Testing Compound
Lillycrook Hill
Low Thornley Farm East
Low Thornley
High Thornley
Garesfield
Visitor Centre
The Slide
GOODSHIELDS HAUGH
Scar Bank
Thornley Burn
Lockhaugh Viaduct
Football Ground
Cricket Grd.
Play. Fld.
West Lane Prim. Sch.
Playing Field
Grave Yard
Snook Hill
Bewes Hills
Beweshill House
Depot
Liddell's Fell House
Herd's House Cottages
Greenwell House Farm
Greenhill House
Works
St. Thomas More RC School
BURN ROAD
BARLOW LANE
SCOTLAND LANE
MILL LANE
THORNLEY LANE
LOCKHAUGH ROAD
HOLLINHILL LANE
GARESFIELD
STARGATE LANE
BEWESHILL LANE
LIDDELLS FELL ROAD
HERD HOUSE LA.
BLACKSTONE CT.
NORTH STREET
TYNEBANK
BACK LANE
CROFTDALE RD.
HALF FIELDS RD.
PARKGATE LANE
CALIFORNIA
WEST LANE
COLDSTREAM
A694
65
93
80

66
BLAYDON
Shibdon Pond
Nature Reserve
Playing Field
Winlaton Hallgarth FC
Blaydon Swimming Pool
Axwell Park
Shibdon Park
Blaydon Cemetery
War Mem.
Cricket Grd.
Play. Fld.
Bleach Green
Rugby Football Club
Sports Ground
WINLATON
Reservoirs (covered)
AXWELL PARK
Axwell Park Hall
Home Farm
Waterfall
Playing Field
Tennis Cts.
Blaydon Rugby Club
Rugby Ground
Swalwell Visitor Cen.
Cricket Ground
Pavilion
WHICKHAM INDUSTRIAL ESTATE
New Derwent Bridge
Sands Footbridge
Parkhead Prim. School
Blaydon-on-Tyne
NE21
Dam Head
Football Pitch
Spa Well Turn
Hagg Hill
79
WHICKHAM
Haghill Wood
LANDS WOOD
Damhead Wood
Football Ground
Winlaton Mill
THORNLEY WOOD (COUNTRY PARK)
Thornley Burn
Newcastle-upon-Tyne
NE16
Wood House
Smile's Wood
Fellside Park
Playing F
Winlaton Scar
Scar Bank
Visitor Centre
Dam
GOODSHIELDS HAUGH
Goodshields Haugh Bank
Hollinside Farm
Old Hollinside (remains of)
Clockburn Wood
Clock Burn
Lockhaugh Viaduct
Reservoir (covered)
Clover Hill Prim. Sch
Whickham Parochial C of E Prim. S
CLAVERING CEN.
A694
A1
B6317
SPA WELL RD.
RIVER DERWENT
Mill Bank
94
18
19
60
61
62
63

Derwenthaugh
Gateshead
NETI
Metro Centre
Swalwell
Whickham
Watergate Estate
Metroland & Superbowl
Odeon Cinema
Dunston Hill Hospital
Whickham Thorns Outdoor Activity Centre
Garden House Cemetery
King George's Field
Buck's Hill
Marshall Lands Farm
Washingwell Wood
Washingwells
GATESHEAD WESTERN BY-PASS
WHICKHAM HIGHWAY
FRONT STREET
67
82
95

RIVER TYNE
NEWCASTLE UPON TYNE
GATESHEAD
DUNSTON
Dunston Hill
Lobley Hill
Festival Park
Dunston Coal Staithes
Tidal Basin
St. Omer's Haugh
Dunston Recreation Ground
Whickham Thorns Outdoor Activity Centre
Kingsmeadow School
Dunston Hill Hospital
Dunston Pool & Squash Club
Whickham Hill Plantation
The Mount
Washingwells
Green's Farm
Watergate Wood
Beggars Wood Recreation Area
Beggar Wood
Coxclose Wood
Washingwell Wood
Emmanuel College
Lobley Hill Prim. Sch.
Dunston Riverside Prim. Sch.
Dunston Federation Brewery FC
Dunston Enterprise Park
Metrocentre East Bus. Park
Brama Teams Industrial Park
Redheugh Park
Powerleague
Low Team Bri.
Derwent Tower
St. Philip Neri RC Prim. Sch.
Dunston Activity Cen.
Trade-market
Vance Bus. Pk.
Youth & Comm. Cen.
Elswick Wharf
Heliport
HANDY DRIVE A1114
ST. OMERS RD.
COLLIERY ROAD
RAILWAY ST.
CLOCKMILL ROAD
GATESHEAD WESTERN BY-PASS A1
ASKEW A184
DERWENTWATER ROAD
WHICKHAM HIGHWAY B6317
LOBLEY HILL ROAD A692
CONSETT RD.
WATERGATE BANK A692
SKINNERBURN ROAD
DUKE ST.
68
81
96

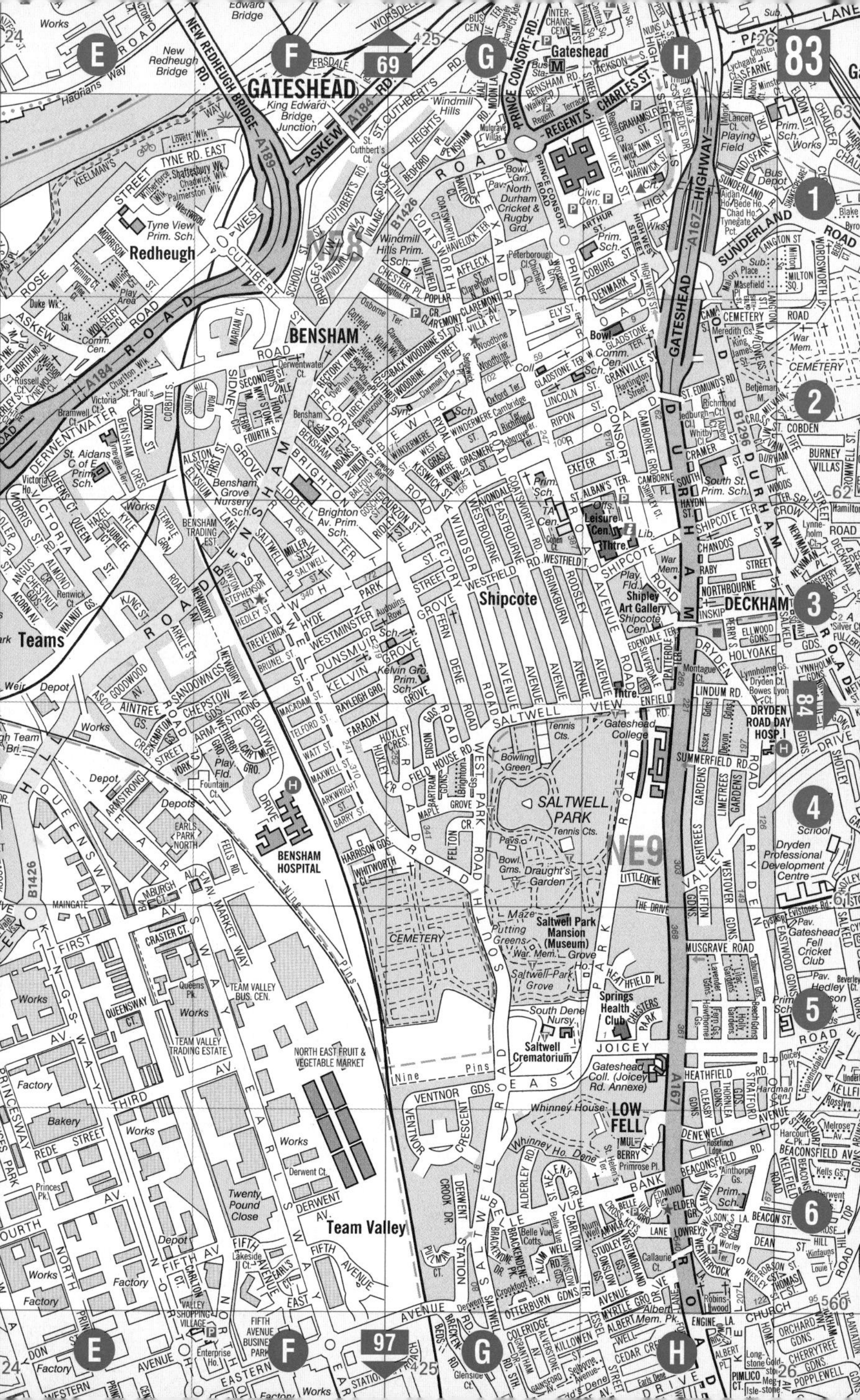
69
E
F
G
H
GATESHEAD
New Redheugh Bridge
NEW REDHEUGH BRIDGE RD.
King Edward Bridge Junction
ASKEW RD.
A184
A189
Windmill Hills
PRINCE CONSORT RD.
Gateshead
REGENT ST.
CHARLES ST.
HIGH WEST ST.
Civic Cen.
Redheugh
Tyne View Prim. Sch.
TYNE RD. EAST
Windmill Hills Prim. Sch.
North Durham Cricket & Rugby Grd.
B1426
NE8
GATESHEAD HIGHWAY
A167
SUNDERLAND ROAD
Bus Depot
1
BENSHAM
ALEXANDRA RD.
CLAREMONT PL.
ASKEW ROAD
CEMETERY
OLD DURHAM RD.
2
St. Aidans C of E Prim. Sch.
Bensham Grove Nursery Sch.
Brighton Av. Prim. Sch.
BENSHAM RD.
B1296
South St. Prim. Sch.
Leisure Cen.
Lib.
Thtre.
SHIPCOTE LA.
DURHAM RD.
BENSHAM TRADING EST.
Shipcote
Shipley Art Gallery
DECKHAM
3
Teams
SALTWELL RD.
WESTMINSTER ST.
DUNSMUIR GRO.
Kelvin Gro. Prim. Sch.
DRYDEN RD.
SALTWELL VIEW
Gateshead College
DRYDEN ROAD DAY HOSP.
84
SALTWELL PARK
Tennis Cts.
Bowling Green
BENSHAM HOSPITAL
NE9
Dryden Professional Development Centre
4
CEMETERY
Saltwell Park Mansion (Museum)
Saltwell Park Grove
Springs Health Club
Saltwell Crematorium
Gateshead Fell Cricket Club
5
KINGSWAY
QUEENSWAY
TEAM VALLEY TRADING ESTATE
NORTH EAST FRUIT & VEGETABLE MARKET
Nine Pins
JOICEY RD.
Gateshead Coll. (Joicey Rd. Annexe)
LOW FELL
Whinney House
Twenty Pound Close
Team Valley
DERWENT AV.
FIFTH AV.
VALLEY SHOPPING VILLAGE
FIFTH AVENUE BUSINESS PARK
6
EASTERN AVENUE
97
E
F
G
H
24
25
26

A
B
C
D
1
2
3
4
5
6
70
98
83
East Gateshead
Gateshead International Stadium (Gateshead FC)
Old Fold
Friars Goose
FELLING SHORE INDUS. ESTATE
FELLING INDUSTRIAL ESTATE
Abattoir
FELLING BUS. CEN.
Depot
Factory
BALTIC BUS. CEN.
Works
Superstore
Gateshead Stadium
Bede Community Park
Bede Prim Sch.
"The Hospital of King James"
A184
FELLING BY-PASS
ABBOTSFORD RD.
SUNDERLAND ROAD
B1426
Playgrd.
Library
War Mem.
CEMETERY
DECKHAM
Mount Pleasant
South St. Sch.
MULBERRY TRADING EST.
Comm. Cen.
Felling
FELLING
Playing Field
Nursing Home
NE8
CROW HALL
Comm. Cen.
Carr Hill Prim Sch.
Falla Pk. Prim. Sch.
Kensington Ct.
Sandringham Ct.
Windsor Ct.
Harlequin Lodge
Mallard Lodge
Crowhall Towers
Playing Fields
Chilcote
Bensham
DRYDEN ROAD DAY HOSP.
Playing Field
Dryden School
Dryden Professional Development Centre
Dryden Sch.
Quarry Plantation
NE9
Carr Hill Rec. Grd.
Carr Hill Res.
Carr Hill
Pav. Gateshead Fell Cricket Club
Pav. Hedley Lawson Park
Stands
Prim. Sch.
The Fells
Hodkin Park
Mem. Homes
High Fell
QUEEN ELIZABETH HOSPITAL
Tranwell Unit
Educ. Cen.
Furrowfield School
Windy Nook Nature Pk.
Windy Nook Prim. Sch.
Cycle Track
Windy Nook
Playing Fields
Sheriff Hill
Garden Cotts.
Glynwood Prim. Sch.
Elmwood
Res. (Covered)
Beacon Lough Plantation
Larkspur Prim. Sch.
Wireless Sta.
Springwell Estate
SHERIFF'S HIGHWAY B1296
OLD DURHAM ROAD
DURHAM ROAD
SUNDEW (Buses Only)
WHITEHOUSE
ALBION
RECTORY ROAD
COLDWELL LANE
VICTORIA AVENUE
SMITHBURN
WHITE HILL ROAD

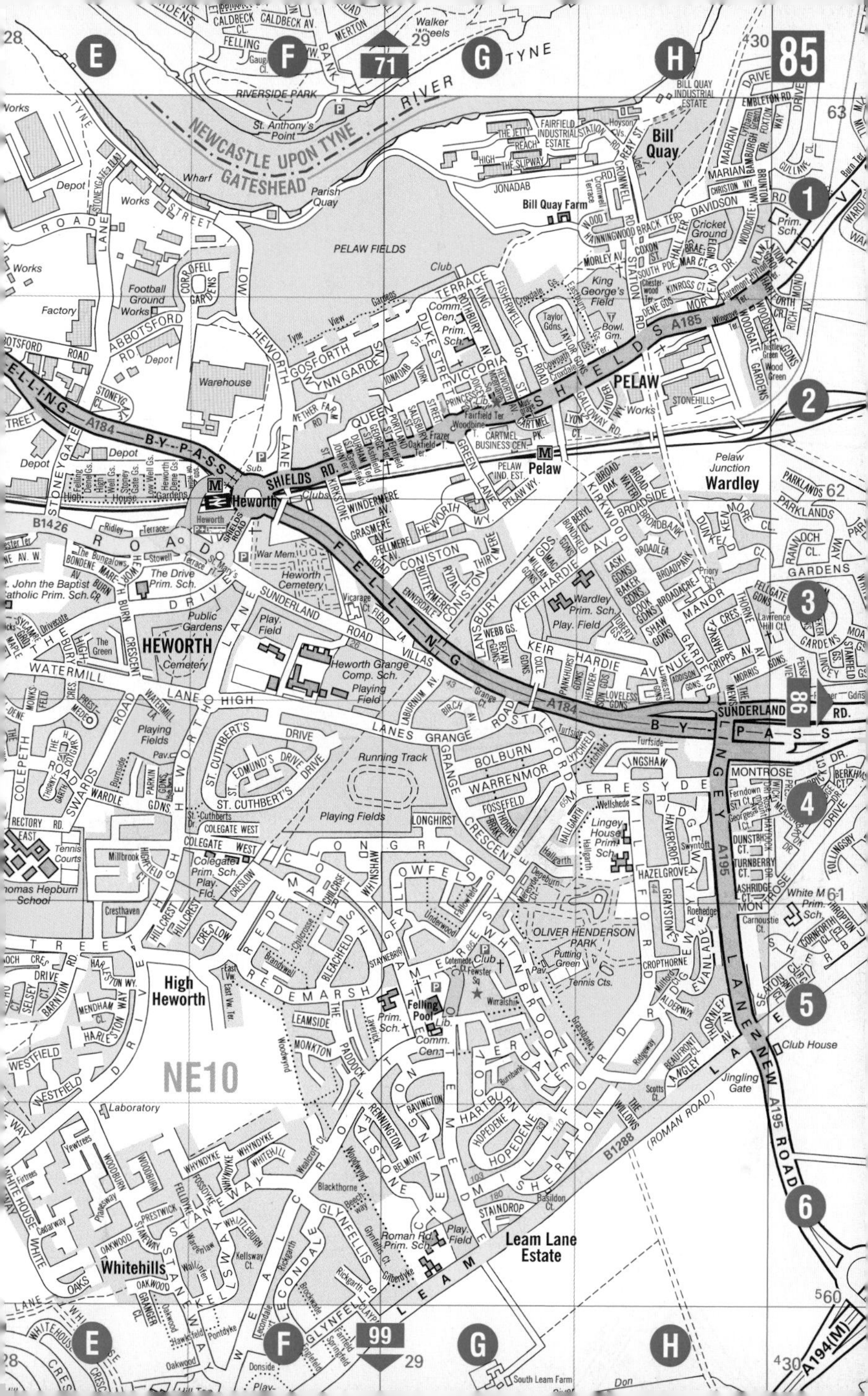
71
99
86
RIVER TYNE
NEWCASTLE UPON TYNE
GATESHEAD
Riverside Park
St. Anthony's Point
Bill Quay
Bill Quay Industrial Estate
Fairfield Industrial Estate
Bill Quay Farm
Pelaw Fields
Pelaw
Pelaw Junction
Wardley
Heworth
Heworth Cemetery
High Heworth
Felling Pool
Whitehills
Leam Lane Estate
Oliver Henderson Park
NE10
A184
A185
A195
A194(M)
B1426
B1288
Felling By-Pass
Shields Road
Sunderland Road
Heworth Lane
Lingey Lane
Leam Lane
Abbotsford Road
Stoneygate Lane
Football Ground
Running Track
Playing Fields
Heworth Grange Comp. Sch.
Wardley Prim. Sch.
Colegate Prim. Sch.
Roman Rd. Prim. Sch.
Cricket Ground
King George's Field
Jingling Gate
South Leam Farm
Thomas Hepburn School
St. John the Baptist Catholic Prim. Sch.
The Drive Prim. Sch.
Lingey House Prim. Sch.

Gateshead
NE10
Hebburn
NE31
Wardley
Follingsby
Pelaw Junction
A194(M)
A194(M) MOTORWAY
SUNDERLAND ROAD
A195
A184
FELLING BY-PASS
NEWCASTLE
LEAM LANE
A194
VICTORIA ROAD
A185
MILL LANE
B1306
MONKTON LANE
HEXHAM ROAD
COLLEGE
LUKE'S LANE
WARDLEY LANE
SHERBURN WAY
B1288
(ROMAN ROAD)
NEW ROAD
LINGEY LANE
MONTROSE DRIVE
South Tyneside College (Hebburn Cen.)
St. Joseph's RC Comp. Sch.
Playing Field
Playing Fields
TA Centre
Alanbrooke Row
Monkton Mill Farm
Monkton Business Pk.
Red Barns Farm
Depot
South Wardley Farm
Wardley Welfare Ground
Motel
Pool Bridge
POOL BRIDGE
Laverick Hall Farm
LAVERICK LANE
High House Farm
Follonsby Ter.
Works
White Mere Pool
White Mere Prim. Sch.
HEWORTH GOLF COURSE
Club House
Jingling Gate
FOLLINGSBY PARK
FOLLINGSBY LANE
WHITE ROSE WAY
SHOTTON WY.
Warehouse
South Follingsby Farm
SOUTH TYNESIDE
GATESHEAD
NORTHUMBERLAND WY.
Tower Av. Prim. Sch.
Cricket Ground
Prim. Sch.
Play. Fld.
SHIELDS
STONEHILLS
BILL QUAY INDUSTRIAL ESTATE
Monkton
Burn
A
B
C
D
1
2
3
4
5
6
72
85
100
430
431
62
63
61
560

87
73
101
88
E
F
G
H
1
2
3
4
5
6
Jarrow FC
Hedworth
Fellgate
Jarrow
NE32
Luke's Lane
Community Centre
RC Prim. Sch.
Calf Close House
St. Joseph's RC Prim. Sch.
Hedworthfield Comp. Sch.
Fellgate Prim. Sch.
Playing Field
Hagan Hall
Hedworthfield Primary School
Hedworth Lane Jun. & Inf. Sch.
Aged Miners Homes
West Fellgate Farm
Boldon Colliery
NE35
Boldon Business Pk.
Calfclose Burn
Pikes Hole Farm
Boldon Fellgate Farm
Lodge
Scot's House
East Boldon
NE36
West House Farm Cottage
West House Farm
Colin House
Hi-Tec Village
The Quadrus Centre
Hotel
Mount Pleasant Marsh Nature Reserve
Electricity Sub Station
Sunderland A19 By-Pass
A19
A184
A194
Road
Pastures
West Lane
Strother House
Elliscope Farm
Make-me-rich
Follonsby
River
Downhill La.
Fellgate Avenue
Durham Drive
Hedworth Lane
Abingdon Way
Calfclose Lane
Medway
Heathway
Fieldway
Linkway
Summerhill
Holland Park Dr.
Hawthorne Dr.
Marine Drive
Roman Road
Wark Crescent
Harbottle Cres.
Windermere Cr.
Ullswater Av.
Perth
Inverness
63
62
61
560
32
33
34

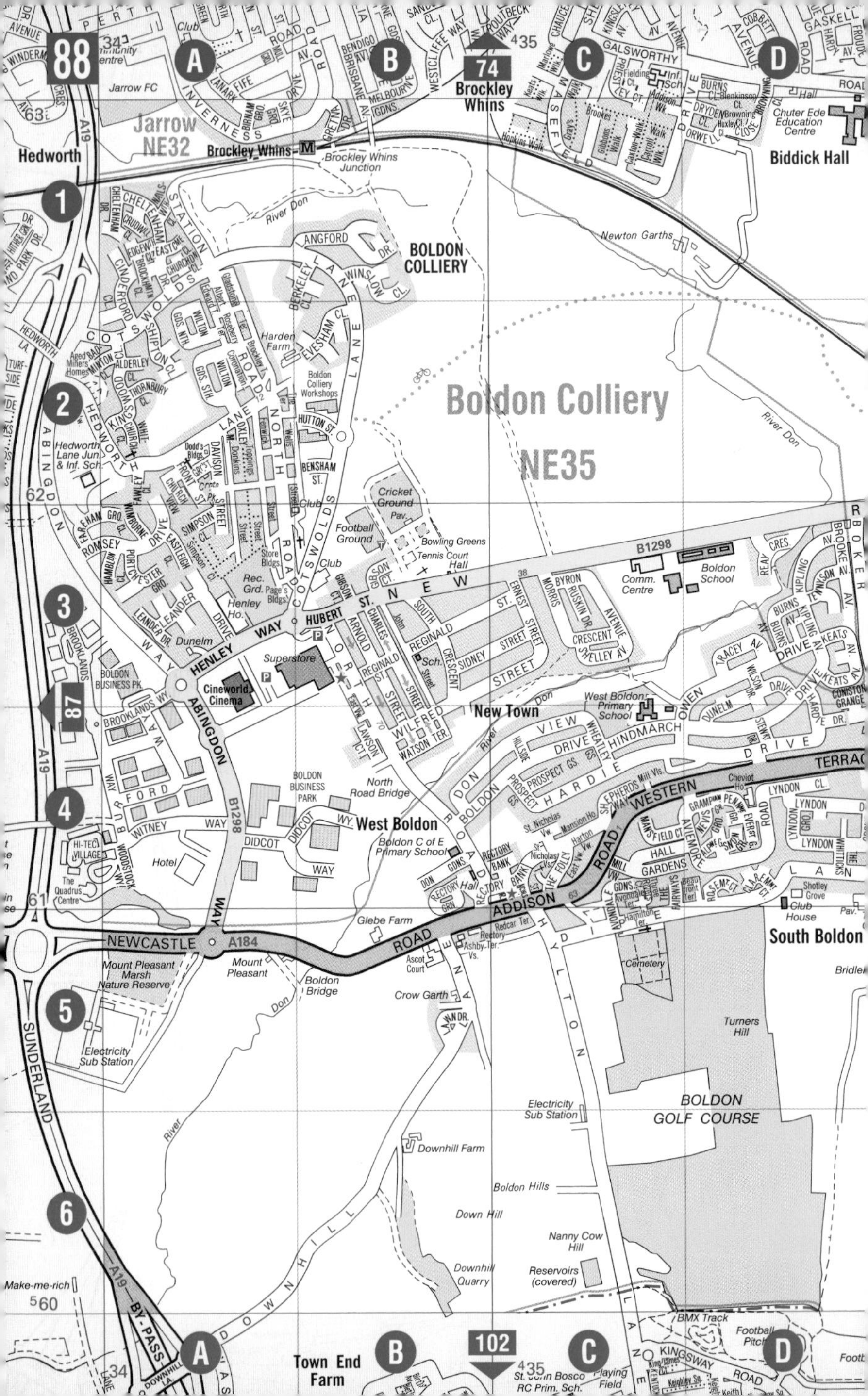

Jarrow FC
Jarrow
NE32
Hedworth
Brockley Whins
Brockley Whins Junction
Biddick Hall
Chuter Ede Education Centre
BOLDON COLLIERY
Boldon Colliery
NE35
River Don
Newton Garths
Harden Farm
Boldon Colliery Workshops
Aged Miners Homes
Hedworth Lane Jun. & Inf. Sch.
Cricket Ground
Pav.
Football Ground
Bowling Greens
Tennis Court
Hall
Club
Rec. Grd.
Henley Ho.
Dunelm
Superstore
Cineworld Cinema
BOLDON BUSINESS PK.
B1298
Comm. Centre
Boldon School
New Town
West Boldon Primary School
BOLDON BUSINESS PARK
North Road Bridge
West Boldon
Boldon C of E Primary School
HI-TEC VILLAGE
The Quadrus Centre
Hotel
Glebe Farm
NEWCASTLE
A184
ROAD
ADDISON
Mount Pleasant
Mount Pleasant Marsh Nature Reserve
Boldon Bridge
Ascot Court
Crow Garth
Electricity Sub Station
South Boldon
Cemetery
Turners Hill
BOLDON GOLF COURSE
Downhill Farm
Boldon Hills
Down Hill
Nanny Cow Hill
Downhill Quarry
Reservoirs (covered)
Make-me-rich
SUNDERLAND
A19
BY-PASS
DOWNHILL
BMX Track
Football Pitch
Town End Farm
St. John Bosco RC Prim. Sch.
Playing Field
KINGSWAY
ROAD
Shotley Grove
Club House
WESTERN
TERRACE
HINDMARCH
DRIVE
HARDIE

74
87
102

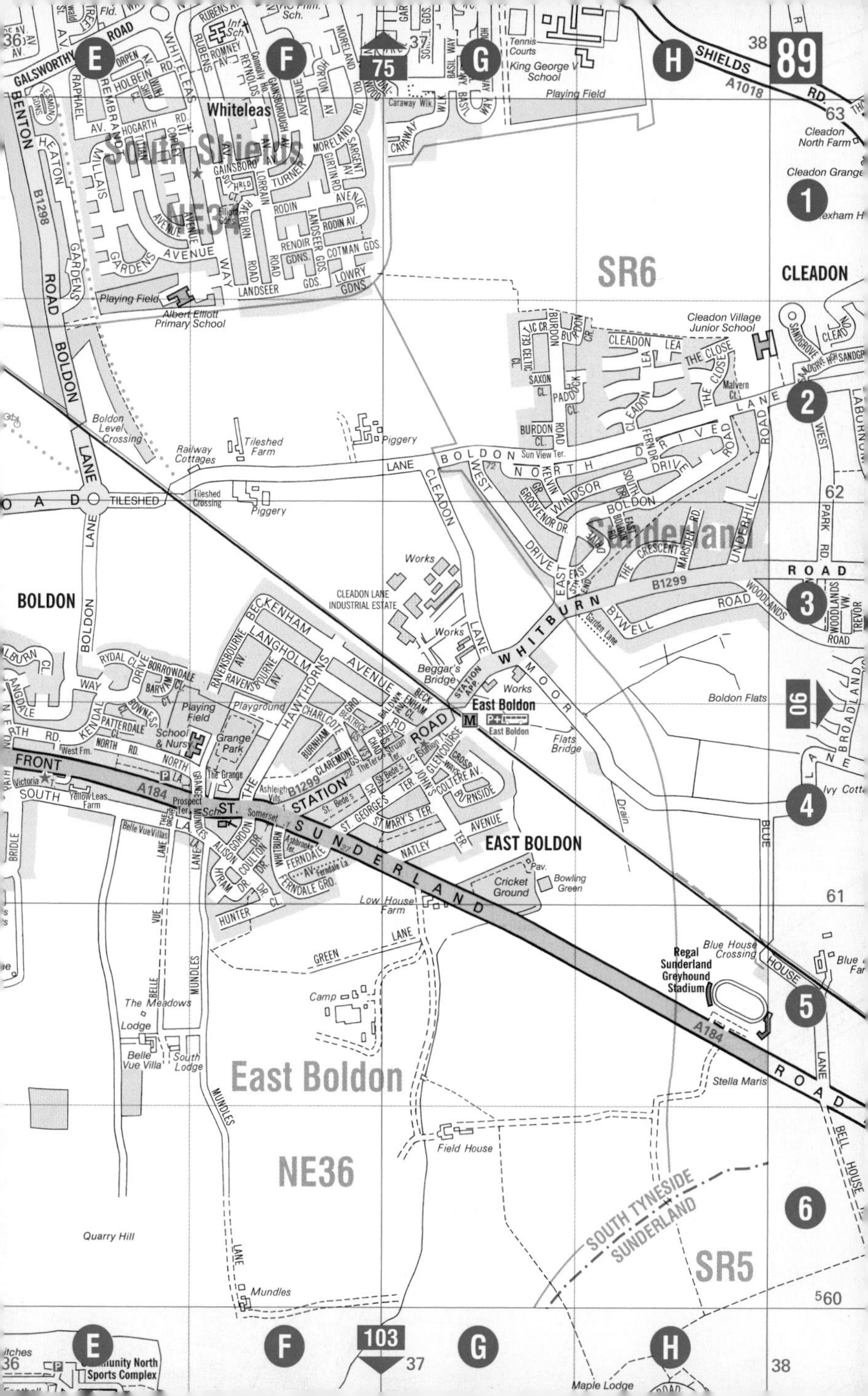

South Shields
NE34
Whiteleas
SR6
CLEADON
Cleadon North Farm
Cleadon Grange
Cleadon Village Junior School
King George V School
Playing Field
Albert Elliott Primary School
Boldon Level Crossing
Railway Cottages
Tileshed Farm
Piggery
Tileshed Crossing
BOLDON
CLEADON LANE INDUSTRIAL ESTATE
Works
Beggar's Bridge
East Boldon
Boldon Flats
Flats Bridge
Sunderland
EAST BOLDON
Cricket Ground
Bowling Green
Low House Farm
Regal Sunderland Greyhound Stadium
Blue House Crossing
Stella Maris
Camp
The Meadows
Lodge
Belle Vue Villa
South Lodge
East Boldon
NE36
Field House
Quarry Hill
Mundles
SOUTH TYNESIDE
SUNDERLAND
SR5
Maple Lodge
Community North Sports Complex
A184
B1299
B1298
A1018
SHIELDS RD.
BOLDON LANE
SUNDERLAND ROAD
WHITBURN ROAD
STATION ROAD
FRONT ST.

75
90
103

A
B
C
D
76
89
104
1
2
3
4
5
6
63
62
61
560
38
39
CLEADON
Sunderland
SR5
SOUTH TYNESIDE
SUNDERLAND
SHIELDS ROAD
SUNDERLAND ROAD
CLEADON LANE
WHITBURN B1299
MOOR LANE
B1299
A1018
A184
SUNDERLAND ROAD · NEWCASTLE ROAD
Westholme
Playing Field
Oakleigh Gardens School
Cleadon North Farm
Cleadon Grange
Hexham House
East Farm Cottages
East Farm
Undercliff
Tennis Courts
The Cottage
Peacock Lodge
West Hall Farm
Hill Water Farm
Cleadon Village Junior School
Cleadon Village C of E Inf. School
Bowling Green
Rec. Grd.
West Hall Cottage
West Hall
SEA VIEW PARK
Play. Fld.
Ivy Cottage
West Moor Farm
Wil-Mena
Moor Farm
The Cottage
Whitburn Moor
Blue House Crossing
Blue House Farm
Regal Sunderland Greyhound Stadium
Stella Maris
Dene Bridge
Reservoir
Pumping Station
Cut Throat Dene
Monkwearmouth School
Seaburn Dene Prim. Sch.
Nursery
Mere Knolls Cemetery
Nine Wells Gds.
Rifle Range
White House Farm
Golf Driving
Fulwell
DYKELANDS

77
105
E
F
G
H
1
2
3
4
5
6
Whitburn Colliery
Marsden Primary Sch.
Playing Field
DANGER AREA
Rifle Ranges
Wheatall Farm
Wellands Farm
Well House Farm
The Bungalow
Well House Farm Cotts.
Souter Point
WHITBURN ROCKS
Tidal Pond
Rackly Way Goit
WHITBURN
Cemetery
Whitburn School
Play. Field
Whitburn Village Prim. Sch.
Rec. Grd.
Glebe Farm
Whitburn Hall
The Lawns
The Close
Cricket Ground
South End House
Bowling Green
Cornthwaite Park
White Steel
Outfall
NORTH SEA
SR6
South Bents
The Bents
Pebble Beach
Whitburn Steel
WHITBURN SANDS
Playing Field
Play. Flds.
Sports Ground
Superstore
Seaburn Fun Pk.
Seaburn Cen.
Seaburn
WHITBURN BAY
Outfalls
TA Cen.
Seaburn Park
A183
B1299
B1291
MILL LANE
EAST STREET
ROAD
WHITBURN BENTS ROAD
WHITBURN ROAD
SEA LANE
NORTH LANE
FRONT STREET
MOOR LANE
SOUTH BENTS AVENUE
CLEVELAND VIEW
WEARDALE AV.
SEAFIELDS
LOWRY RD.

A
B
C
D
78
415
1
2
3
4
5
6
560
59
58
57
14
106
HIGH SPEN
Hooker Gate
Highfield
Lintzford
Low Friarside
PAWSTON
Pawston Cottage
Reservoir (covered)
Aged Miners' Homes
Collingdon Green
Rec. Grd.
COLLINGDON ROAD
B6315
ASHTREE LANE
SPEN LANE
SCHOOL LANE
HOOKERGATE LA.
HOOKERGATE
SPEN BANKS
Spen Burn
Playing Field
Hookergate School
Betty Plantation
Sherburn Green Wood
Comb Wood
Burnop Ter.
Wood Ter.
Chopwellgate Cottage
Burn Croft
Oaktree Farm
Low Spen Burn
WILLIAM MORRIS AV.
SMAILES LANE
St. Joseph's RC Primary School
Cemy.
Highfield Prim. Sch.
Football Ground
Smailes Lane Rec. Ground
Comm. Cen.
Pipe Bridge
Pipe Bridge Rec. Gd.
LINTZFORD LANE
Beda Hills
WOODSIDE WALK
WHINFIELD WAY
WHINFIELD INDUSTRIAL ESTATE
Strother Hills
CHOPWELL WOOD
Chopwell Villa
Victoria Garesfield
School Houses
Pallis Burn
Lintzford Wood
Craghead Wood
Galleyburn Wood
Pont Haugh
Ponthaugh Wood
DIPWOOD ROAD
A694
Friarside Wood
Strother Bog
Lintzford Grange
Lintzford Farm
Weir
The Ranch
Sliding Braes
Cockshot Wood
LINTZFORD ROAD

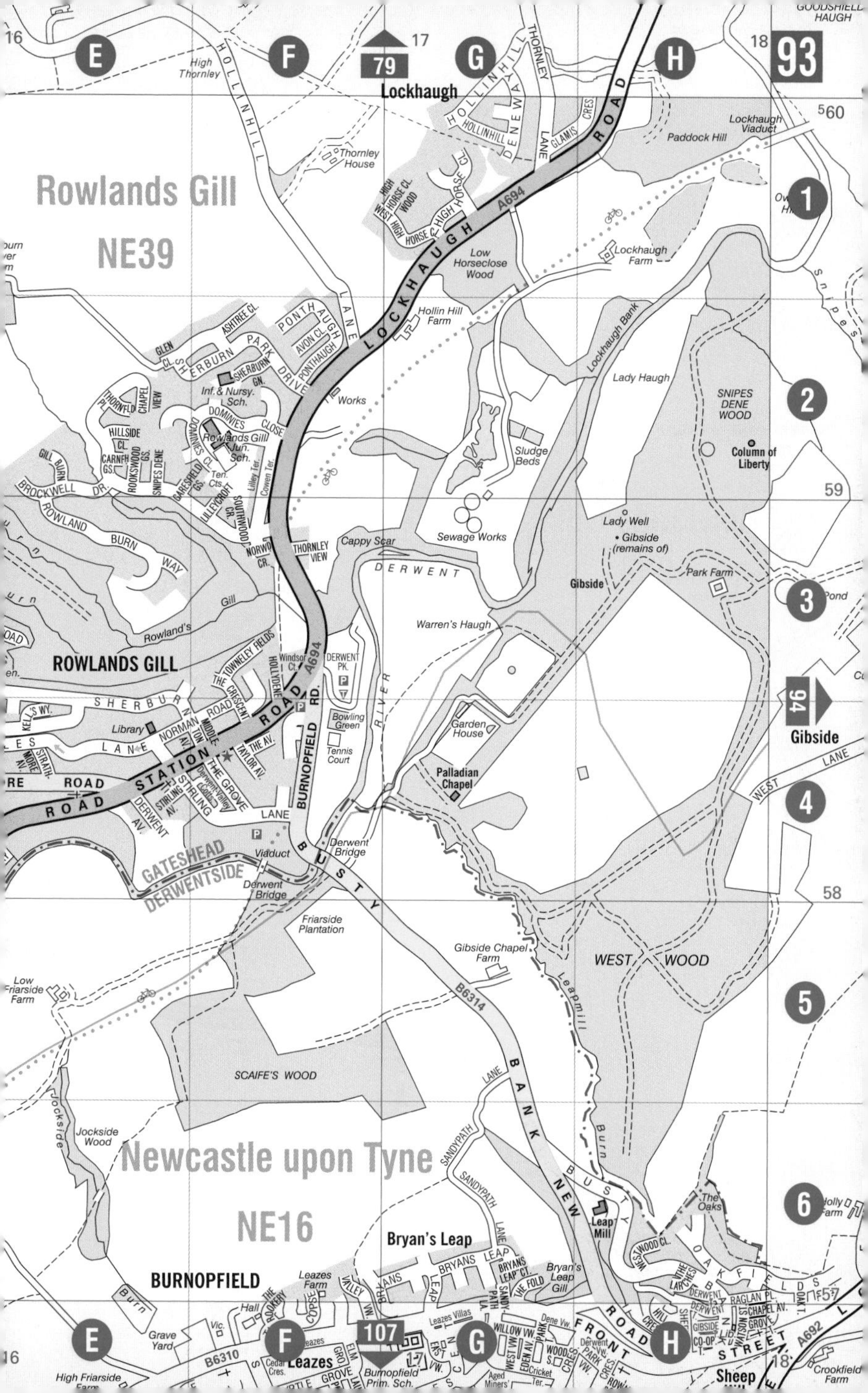

Rowlands Gill
NE39
ROWLANDS GILL
Newcastle upon Tyne
NE16
BURNOPFIELD
Lockhaugh
79
94
Gibside
107
High Thornley
Thornley House
Low Horseclose Wood
Lockhaugh Farm
Lockhaugh Viaduct
Paddock Hill
Hollin Hill Farm
Lady Haugh
SNIPES DENE WOOD
Column of Liberty
Sludge Beds
Sewage Works
Lady Well
Gibside (remains of)
Park Farm
Pond
Cappy Scar
DERWENT
RIVER
Warren's Haugh
Garden House
Palladian Chapel
Derwent Bridge
Viaduct
Friarside Plantation
Gibside Chapel Farm
WEST WOOD
Leapmill Burn
Low Friarside Farm
SCAIFE'S WOOD
Jockside Wood
Bryan's Leap
Leap Mill
The Oaks
Bryan's Leap Gill
Leazes Farm
Grave Yard
High Friarside Farm
Crookfield Farm
Holly Farm
Works
Bowling Green
Tennis Court
Library
Inf. & Nursy. Sch.
Rowlands Gill Jun. Sch.
Ten. Cts.
LOCKHAUGH ROAD
A694
STATION ROAD
BURNOPFIELD RD.
BUSTY BANK
B6314
NEW BUSTY BANK
FRONT STREET
A692
B6310
WEST LANE
GATESHEAD
DERWENTSIDE
Burnopfield Prim. Sch.
Sheep
E
F
G
H
1
2
3
4
5
6
16
17
18
560
59
58
57

94
A
B
C
D
1
2
3
4
5
6
80
93
108
18
19
560
59
58
57
GOODSHIELDS HAUGH
Goodshields Haugh Bank
Lockhaugh Viaduct
Old Hollinside (remains of)
Hollinside Farm
Clockburn Wood
CLOCKBURN LANE
WOODHOUSES LANE
LONNEN
The Crossings
Club House
Paddy's Bridge
HOLE
Long Hill
Limekiln Hill
Reservoir (covered)
Gladeley Hill
Clover Hill Prim. Sch.
HUNT LEA
LINLEY HILL
ROOKERY LA
REDHILL DR
WOODMANS WY.
WESTON AV.
SUNNIDALE
SILVERDALE WAY
GLENHURST DR.
DEEPDALE CL.
Wansford
Owlet Hill
Snipes Dene
Fosters Rush
Clock Burn
Hollinside Well
WHICKHAM GOLF COURSE
Hunter's Hill
Cuthbert's Hill
Riding Barns
SNIPES DENE WOOD
Column of Liberty
Rowlands Gill
NE39
Park Farm
Fish Pond
Fairview
Fellside
FELLSIDE ROAD
Bird Hill
Fellside Farm
East Byermoor
Gibside Hillhead
Cut Thorn Farm
Gibside
WEST LANE
HILLHEAD LANE
Byermoor Farm
WEST WOOD
Blackamoor Hill
Depot
High Marley Hill
SCHOOLHOUSE LANE
Ravensworth Cres.
Strathmore Cr.
Gibside Cr.
Bowes Cr.
A692
LOBLEY HILL
Sacred Heart RC Prim. Sch.
Byermoor
Byermoor House
BYERMOOR INDUSTRIAL ESTATE
Longfield House Farm
The Bungalow
ST. CUTHBE
Holly Farm
Sheep Hill
OAKFIELDS
GATESHEAD
DERWENTSIDE
RAGLAN PL.
CHAPEL AV.
GROVE
FRONT ST.
CO-OP
Crookbank Farm
Crookfield Farm
Wheatley's Gill

E
F
G
H
1
2
3
4
5
6
81
109
96
Marshall Lands Farm
Washingwell Wood
Black Burn
Little Dene Cottage
Fugarfield Wood
Fugar Bar Cottages
Ponticherry
Streetgate Farm
Street Gate
Penny Fine
BLACKBURN FELL
Lingeyfine Stables
West Acre Stables
Hillcrest Stables
Newcastle upon Tyne
NE16
Burdon Moor
SUNNISIDE
Grove Terrace
WHICKHAM FELL
Clover Hill Farm
Gellesfield Plantation
Gellesfield Hole
Dene Farm
High Park Farm
Tea Well
Black Burn
Vicarage
Bowling Green
Comm. Cen.
Football Ground
Aged Miners Homes
The Grange
Greenfield House
Redlands
Marley Hill Primary School
Marley Hill
Tanfield Railway
Engine Shed
Birkheads
Birkheads Cottage Garden and Nursery
SUNNISIDE ROAD
B6316
A692
A6076
GATESHEAD ROAD
CHURCH STREET
BURDON PLAIN
BIRKLAND LANE
PENNYFINE ROAD
KINGSWAY
BROADWAY
GRANGE LANE
BURNTHOUSE LANE
HOLE LANE

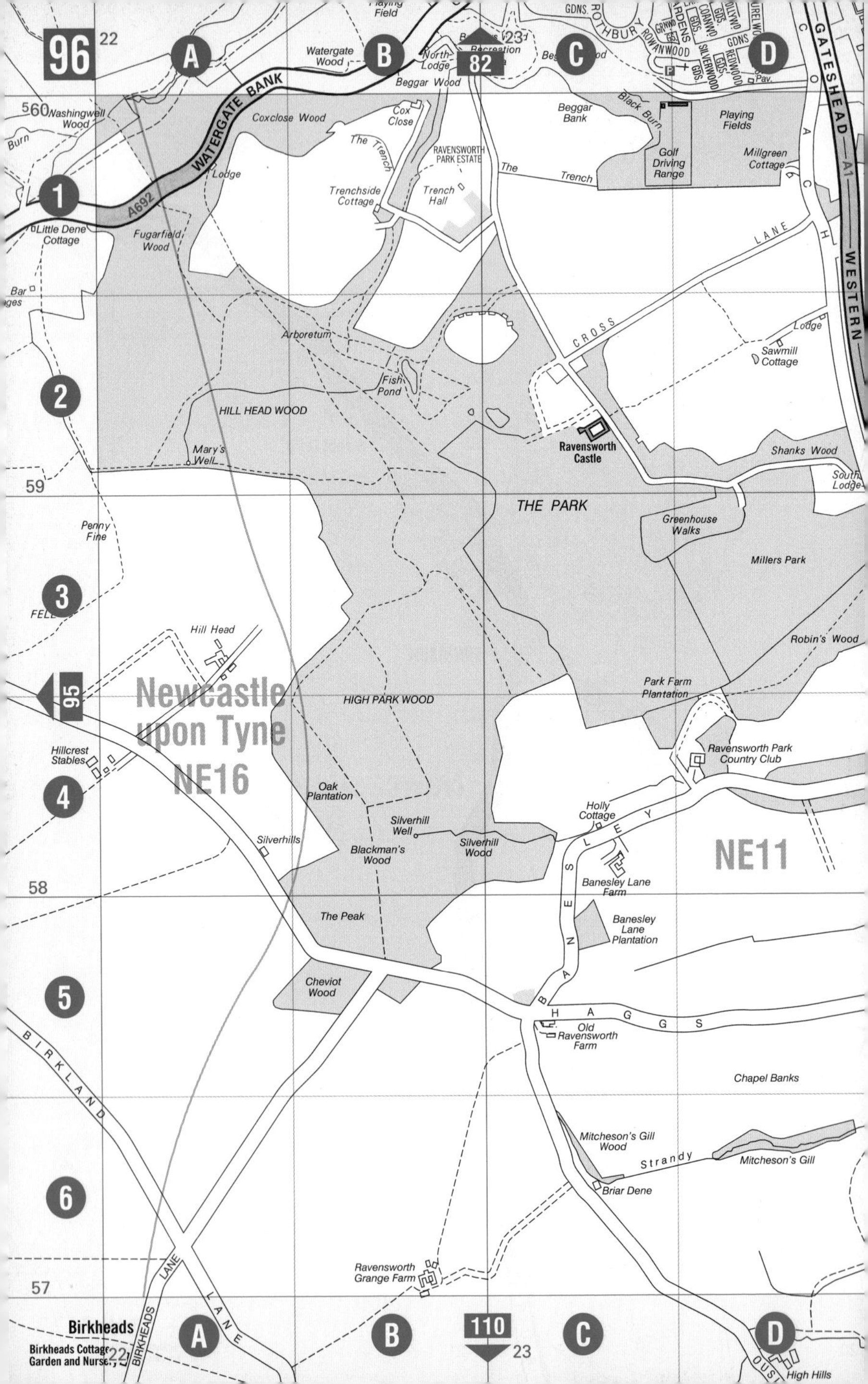

Watergate Wood
Beggar Wood
North Lodge
Recreation
82
GDNS
ROTHBURY
ROWANWOOD
SILVERWOOD
REDWOOD
Pav.
GATESHEAD — A1 — WESTERN
Washingwell Wood
Burn
WATERGATE BANK
A692
Coxclose Wood
Cox Close
The Trench
RAVENSWORTH PARK ESTATE
Trenchside Cottage
Trench Hall
Lodge
Little Dene Cottage
Fugarfield Wood
Beggar Bank
Black Burn
Golf Driving Range
Playing Fields
Millgreen Cottage
The Trench
LANE
CROSS
COACH
Lodge
Sawmill Cottage
Arboretum
Fish Pond
HILL HEAD WOOD
Mary's Well
Ravensworth Castle
Shanks Wood
South Lodge
THE PARK
Greenhouse Walks
Millers Park
Penny Fine
Robin's Wood
Hill Head
95
Newcastle upon Tyne NE16
HIGH PARK WOOD
Park Farm Plantation
Ravensworth Park Country Club
Hillcrest Stables
Oak Plantation
Holly Cottage
Silverhill Well
Silverhill Wood
Blackman's Wood
Silverhills
NE11
BANESLEY
Banesley Lane Farm
Banesley Lane Plantation
The Peak
Cheviot Wood
HAGGS
Old Ravensworth Farm
BIRKLAND
Chapel Banks
Mitcheson's Gill Wood
Strandy
Mitcheson's Gill
Briar Dene
Ravensworth Grange Farm
BIRKHEADS LANE
LANE
Birkheads
Birkheads Cottage Garden and Nursery
110
High Hills

83
111
96
Team Valley
Chowdene
Lady Park
Gateshead
Lamesley
Allerdene
Lyndhurst
GATESHEAD
WESTERN
BY-PASS
A1
A167
Springfield
Bolams Gill
Meadowgate
Lamesley Bridge
Willowbeds Farm
North Farm
Temple Meads
Saw Mill
Longacre Wood
Hagg Wood
Nursery
Beldy
Coltspool Bridge
The Bungalows
South Farm
TYNE MARSHALLING YARD
Moor Mill Farm
Lady Park Farm
Joseph Swan Sch.
Kingsway Interchange
Superstore
Printing Works
RETAIL WORLD
Driving Test Cen.
HMSO Printing Works
TEAM VALLEY TRADING ESTATE
Breckenbeds Park
Earlswood
Chow Dene
Oakfield Jun.Sch.
Oakfield Inf.Sch
Glenbrooke
Aller Dene
MOORMILL
E
F
G
H
1
2
3
4
5
6
24
425
26
57
58
59
60

98
84
97
112
A
B
C
D
1
2
3
4
5
6
Springwell Estate
Lyndhurst
Beacon Lough
Harlow Green
Wrekenton
Eighton Banks
Allerdene
Whitehouse Lane Playing Field
Mossheap Recreation Ground
Ravensworth Golf Course
Refuse Disposal Works
Angel of the North
Longacre Wood
Longacre Dene
Low Eighton
Eighton Lodge
Dunkirk
Birtley Crematorium
Birtley Cemetery
Bowes Manor Equestrian Centre
Northside Farm
NE9
Chester-le-Street
DH3
Western By-Pass
Birtley By-Pass
Durham Road
Long Bank
Springwell
Lamesley Road

Leam Lane Estate
Whitehills
NE10
Gateshead
GATESHEAD
SUNDERLAND
Hill Top School
Playing Field
Wallace Village
Low Mount Farm
Bowes Railway Centre
Usworth House
Springwell Quarries
SPRINGWELL
GEORGE WASHINGTON HOTEL GOLF COURSE
George Washington Hotel
USWORTH
DONWELL
Washington
A194(M)
MOTORWAY
Sorting Office
PARSONS INDUSTRIAL ESTATE
ARMSTRONG INDUSTRIAL ESTATE
ARMSTRONG
Havannah
Sheddonshill Well
Sheddon's Hill
Blackham's Hill
Mount Farm
Black Fell
WASHINGTON HIGHWAY
HAVANNAH ROAD
A1290
A182
BLUE HOUSE LA.
Albany Village Prim. Sch.
ALBANY VILLAGE CENTRE
BLACKFELL VILLAGE CEN.
Washington Prim. Sch.
Cemetery

85
100
113

Gateshead
NE10
NE9
GATESHEAD
SUNDERLAND
A194(M)
MOTORWAY
NORTHUMBERLAND
A195
GEORGE WASHINGTON HOTEL GOLF COURSE
NORTHERN PLAYING FIELDS
The Strang Riding Centre for the Disabled
East House Farm
East House Farm Cottages
Northumbria Centre
George Washington Hotel
Athletic Ground
Usworth School
Playing Field
Tennis Courts
STEPHENSON INDUSTRIAL ESTATE
Usworth Hall
TA Centre
St. Bede's RC Prim. Sch.
COACH ROAD ESTATE
USWORTH
George Washington Prim. Sch.
Rec. Grd.
SULGRAVE
Usworth Colliery Prim. Sch. & Nursery
SULGRAVE IND. EST.
CONCORD
Usworth Grange Prim. Sch.
The Oval
Washington Millennium Cen.
Usworth Rec. Park
Aged Miners Homes
BLUE HOUSE LANE
A1290
GLOVER
Washington 'F' Pit Museum
Washington Ikeda Hoover FC (Albany Park)
ALBANY PARK
ALBANY
Albany Village Prim. Sch.
Tennis Courts
Playing Fields
Washington Sch.
Playing Field
HERTBURN INDUSTRIAL ESTATE
GLOVER IND. EST.
BENTALL BUSINESS PARK
Warehouse
PEEL RETAIL PARK
THE PEEL CEN.
WASHINGTON
ALBANY VILLAGE CENTRE
SUNDERLAND
A1231
HIGHWAY

86
99
114

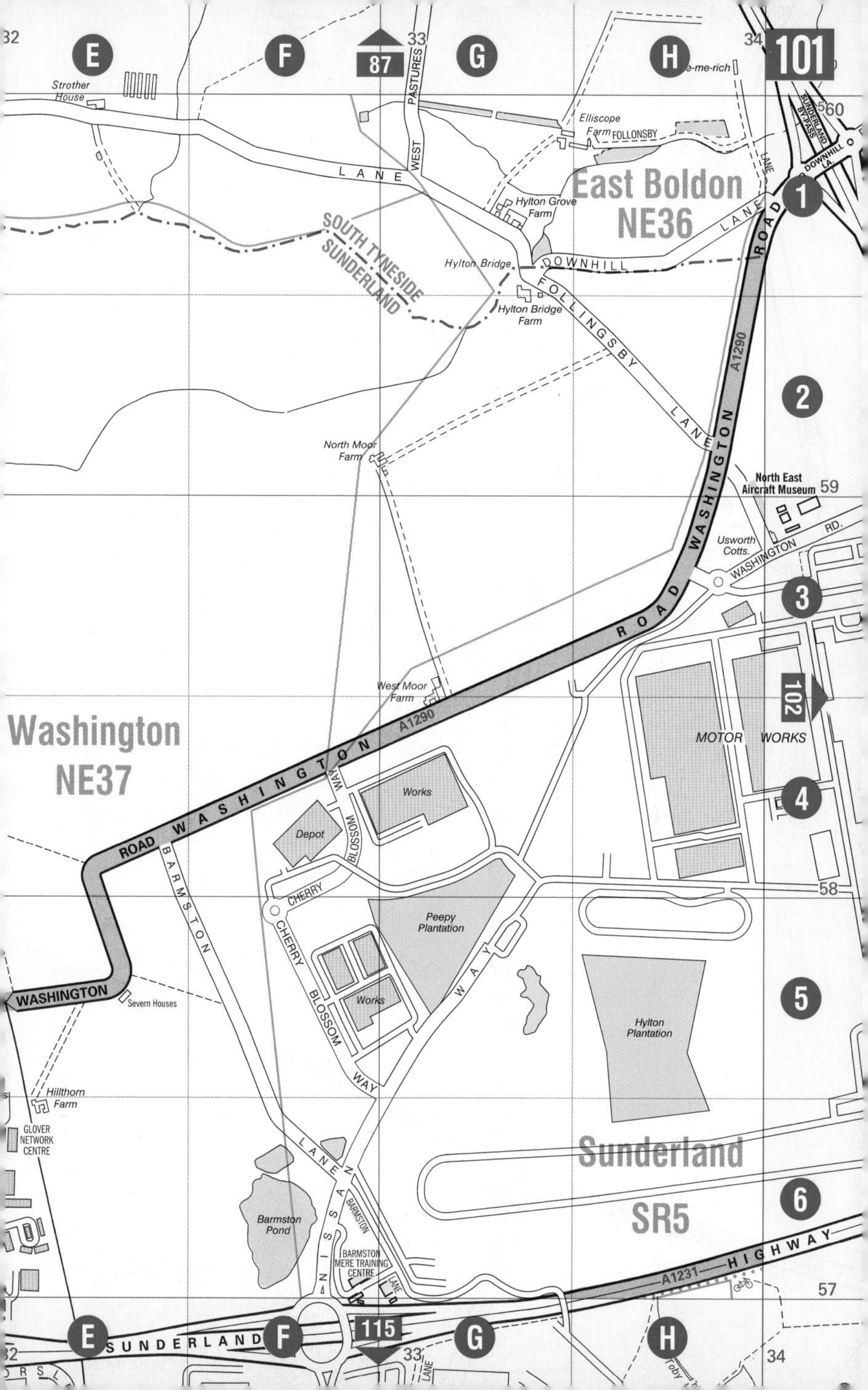

E
F
G
H
87
115
102
1
2
3
4
5
6
Strother House
Ellescope Farm
FOLLONSBY
LANE
WEST PASTURES
East Boldon NE36
Hylton Grove Farm
SOUTH TYNESIDE
SUNDERLAND
Hylton Bridge
DOWNHILL
Hylton Bridge Farm
FOLLINGSBY LANE
SUNDERLAND BY-PASS
DOWNHILL LA.
A1290
WASHINGTON ROAD
North Moor Farm
North East Aircraft Museum
Usworth Cotts.
WASHINGTON RD.
West Moor Farm
MOTOR WORKS
Washington NE37
Works
Depot
BLOSSOM WAY
CHERRY BLOSSOM WAY
Peepy Plantation
BARMSTON LANE
Severn Houses
Hylton Plantation
Hilthorn Farm
GLOVER NETWORK CENTRE
Sunderland SR5
Barmston Pond
NISSAN WAY
BARMSTON MERE TRAINING CENTRE
A1231
HIGHWAY
SUNDERLAND
Toby

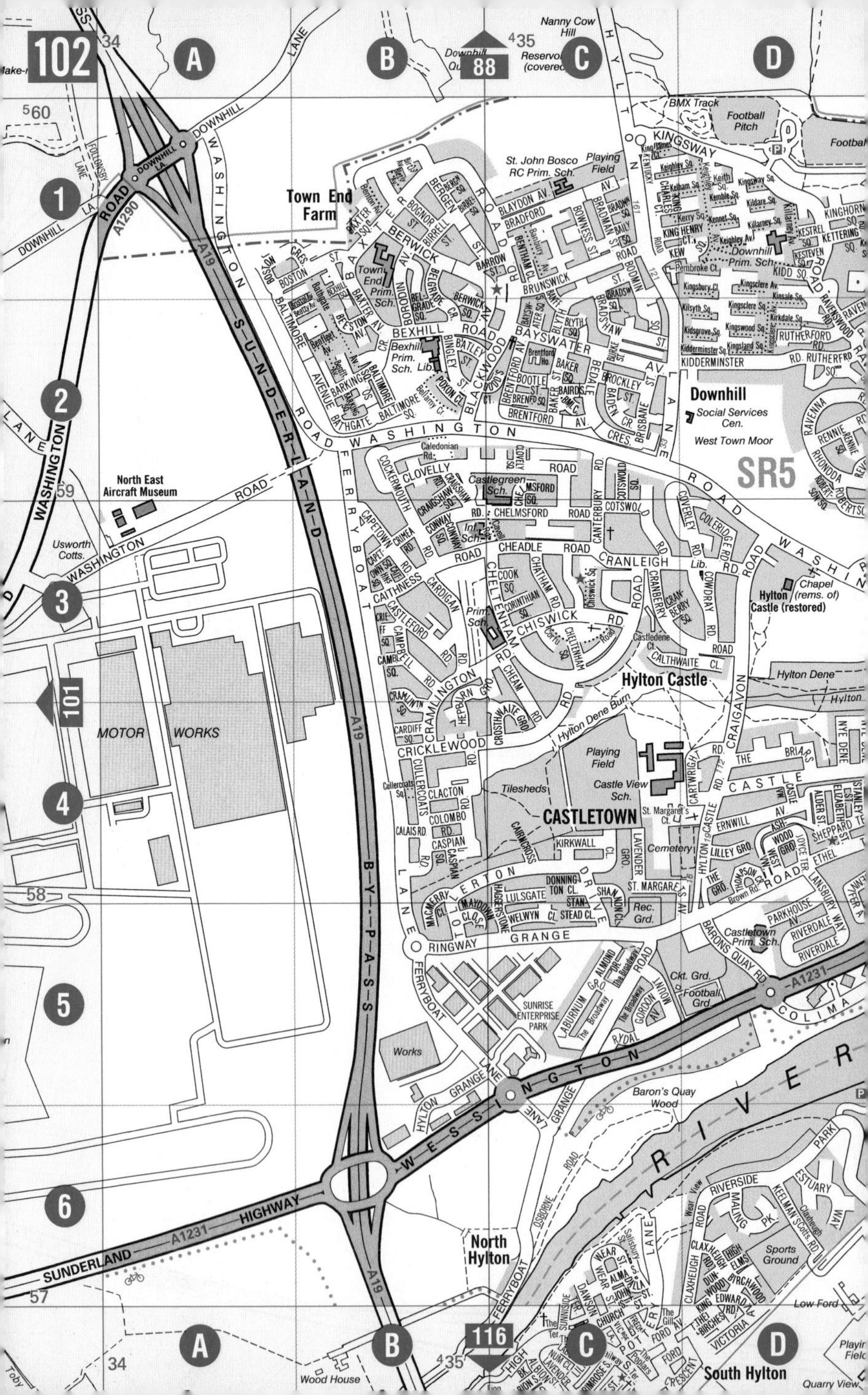
A
B
C
D
1
2
3
4
5
6
88
101
116
Nanny Cow Hill
Downhill Quarry
Reservoir (covered)
BMX Track
Football Pitch
KINGSWAY
Town End Farm
St. John Bosco RC Prim. Sch.
Playing Field
Downhill Prim. Sch.
Town End Prim. Sch.
Bexhill Prim. Sch.
Lib.
Downhill
Social Services Cen.
West Town Moor
SR5
North East Aircraft Museum
Usworth Cotts.
WASHINGTON ROAD
DOWNHILL LANE
FOLLONSBY LANE
A1290
A19
SUNDERLAND BY-PASS
Castlegreen Sch.
Inf. Sch.
Prim. Sch.
Hylton Castle
Hylton Castle (restored)
Chapel (rems. of)
Hylton Dene
Hylton Dene Burn
MOTOR WORKS
Playing Field
Castle View Sch.
Tilesheds
CASTLETOWN
Cemetery
Rec. Grd.
Castletown Prim. Sch.
Ckt. Grd.
Football Grd.
SUNRISE ENTERPRISE PARK
Works
WESSINGTON WAY
SUNDERLAND HIGHWAY
A1231
Baron's Quay Wood
RIVER
North Hylton
Sports Ground
Low Ford
South Hylton
Wood House
Quarry View
FERRYBOAT LANE
RINGWAY
GRANGE
CRAIGAVON RD.
CASTLE
THE BRIARS
RIVERSIDE RD.
ESTUARY WAY
KEELMAN SQ.
Claxheugh Rd.
VICTORIA AV.
34
57
58
59
560
435

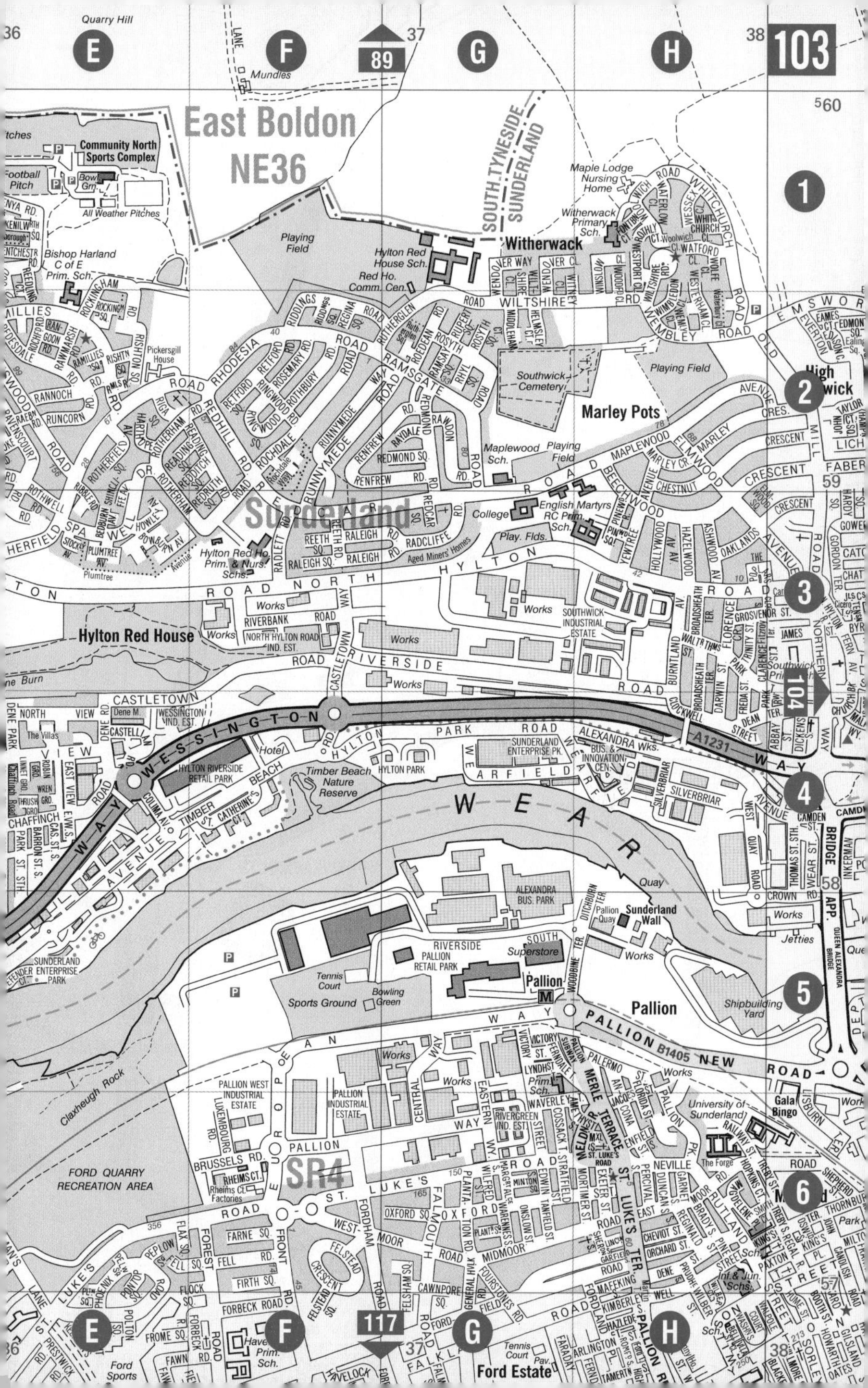
East Boldon
NE36
Witherwack
Marley Pots
Sunderland
Hylton Red House
Pallion
SR4
Ford Estate
FORD QUARRY
RECREATION AREA
WEAR

A
B
C
D
1
2
3
4
5
6
90
103
118
7
SR5
Carley Hill
White House Farm
Golf Driving Range
Namey Hill
Sports Grd.
Res. (cov.)
Carley Hill Prim. Sch.
Thornhill Park Sch.
High Southwick
Playground
Fulwell
Fulwell Inf. Sch.
Play. Fld.
Seaburn
Fulwell Windmill
Fire Station Cotts
Bowling Green
Lichfield House
Carley Hill Cricket Ground
Nurs. Home
Margaret Thompson Park
SOUTHWICK
Recreation Ground
MONKWEARMOUTH HOSPITAL
Newcastle Road Baths
Southwick Prim. Sch.
College
Grange Park Prim. Sch.
Comm. Cen.
Low Southwick
Southwick Goods Yd.
Quay
Shipbuilding Yard
Warehouses
Works
Jetties
Queen Alexandra Bridge
Shipbuilding Yard
MONKWEARMOUTH
Sunderland AFC (Stadium of Light)
Stadium of Light
Sunderland Bowl & Ballroom
SUNDERLAND RETAIL PK.
Travelling Cranes
Bus Depot
Scrap Yard
Gas Works
Deptford
Ayre's Quay
Wreath Quay
Station Mus.
St. Peters
Gala Bingo
University of Sunderland
The Forge
Glass Works
Millfield
SUNDERLAND
Bishopwearmouth
Gill Bri.
Brewery
Wearmouth Bridge
Superstore
THE BRIDGES SHOP. CEN.
University of Sunderland (City Campus)
Leis. Cen.
The Green
WESSINGTON WY.
QUEEN'S RD.
SOUTHWICK RD.
KIER HARDIE WAY
NEWCASTLE ROAD
PALLION NEW RD.
TRIMDON ST.
ROKER AVENUE
DYKELANDS RD.
STATION RD.
EMSWORTH ROAD
CARLEY HILL ROAD
THOMPSON ROAD
A1018
A1231
A1290
A1289
A183
B1291
B1405

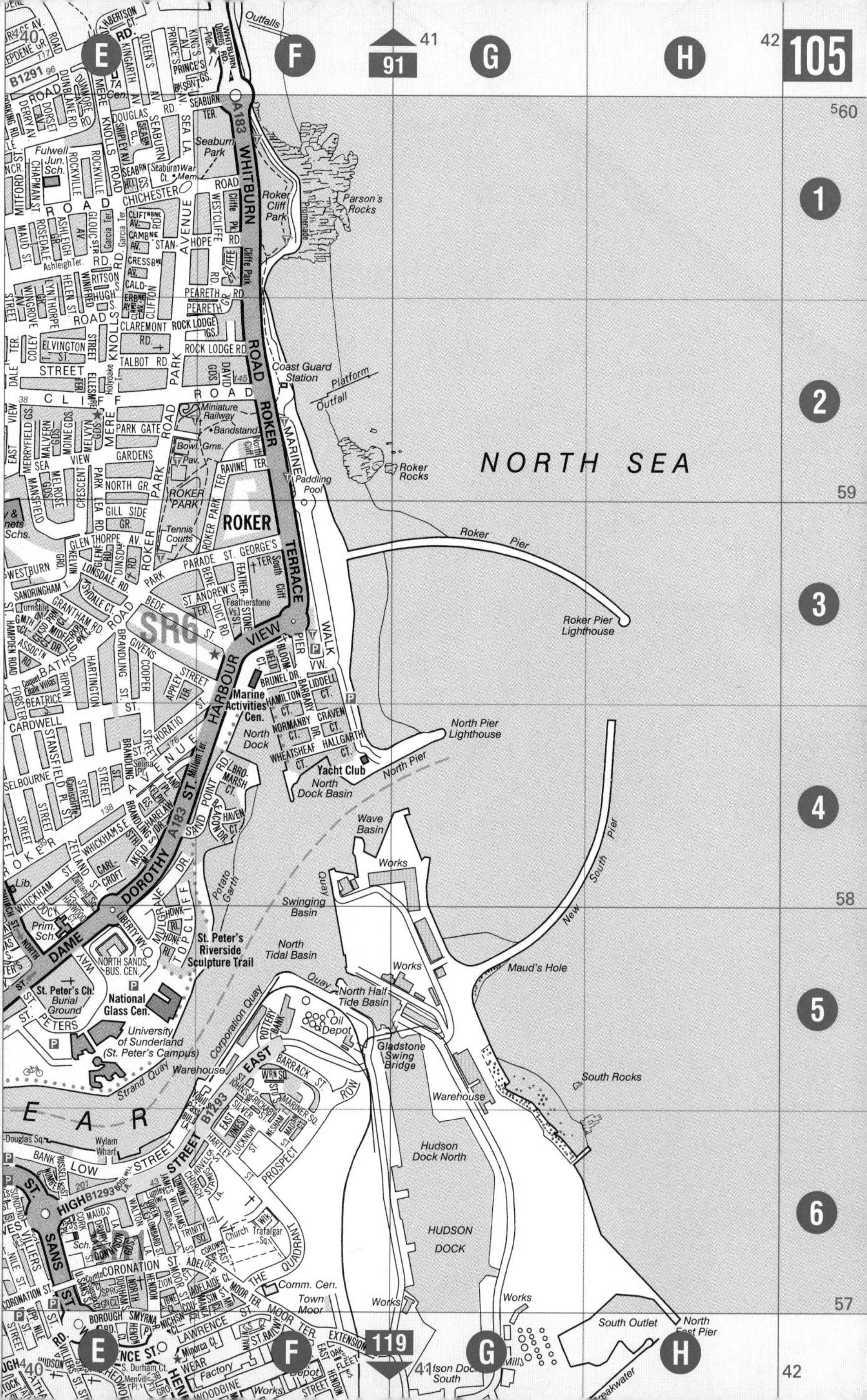

NORTH SEA

ROKER

SRC

Roker Pier

Roker Pier Lighthouse

North Pier Lighthouse

North Pier

South Pier

New South Pier

Maud's Hole

South Rocks

HUDSON DOCK

Hudson Dock North

South Outlet

North East Pier

Breakwater

St. Peter's Riverside Sculpture Trail

National Glass Cen.

University of Sunderland (St. Peter's Campus)

WEAR

Town Moor

Seaburn Park

Roker Cliff Park

Coast Guard Station

Parson's Rocks

Roker Rocks

Paddling Pool

Yacht Club

North Dock Basin

Wave Basin

Swinging Basin

North Tidal Basin

North Half Tide Basin

Gladstone Swing Bridge

Warehouse

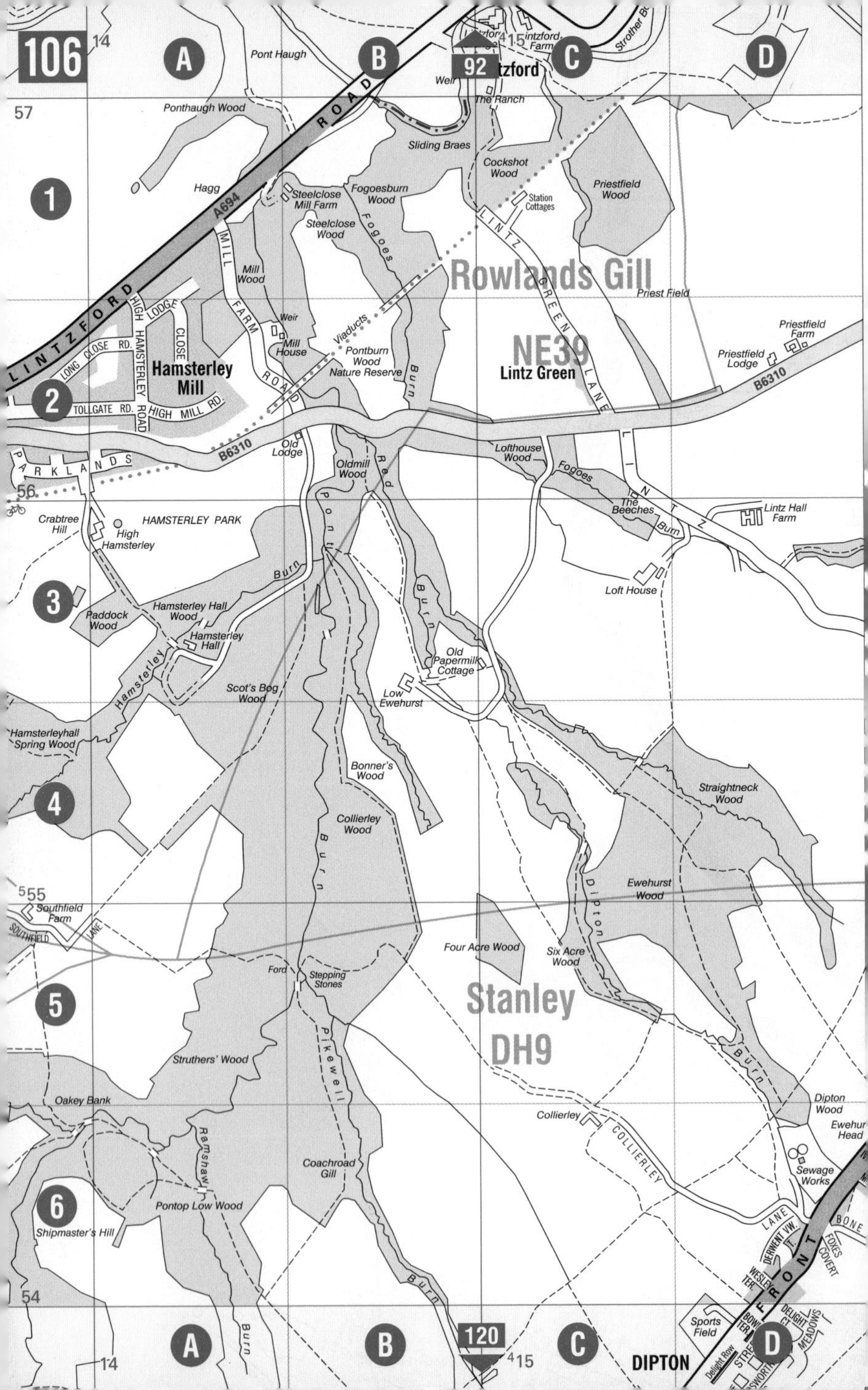

A
B
C
D
1
2
3
4
5
6
92
120
Pont Haugh
Ponthaugh Wood
Hagg
LINTZFORD ROAD
A694
Weir
The Ranch
Sliding Braes
Cockshot Wood
Priestfield Wood
Station Cottages
Steelclose Mill Farm
Fogoesburn Wood
Steelclose Wood
Fogoes
Rowlands Gill
Mill Wood
MILL FARM ROAD
HIGH HAMSTERLEY RD.
LODGE CLOSE
LONG CLOSE RD.
Hamsterley Mill
TOLLGATE RD.
HIGH MILL RD.
Mill House
Viaducts
Pontburn Wood Nature Reserve
Burn
NE39
Lintz Green
LINTZ GREEN LANE
Priest Field
Priestfield Farm
Priestfield Lodge
B6310
PARKLANDS
Old Lodge
Oldmill Wood
Red Burn
Lofthouse Wood
Fogoes Burn
The Beeches
Lintz Hall Farm
Crabtree Hill
High Hamsterley
HAMSTERLEY PARK
Loft House
Paddock Wood
Hamsterley Hall Wood
Hamsterley Hall
Old Papermill Cottage
Low Ewehurst
Scot's Bog Wood
Hamsterley
Hamsterleyhall Spring Wood
Bonner's Wood
Straightneck Wood
Collierley Wood
Pont Burn
Ewehurst Wood
Dipton Burn
Southfield Farm
SOUTHFIELD LANE
Four Acre Wood
Six Acre Wood
Ford
Stepping Stones
Stanley
DH9
Struthers' Wood
Pikewell Burn
Oakey Bank
Ramshaw Burn
Dipton Wood
Collierley
COLLIERLEY LANE
Ewehurst Head
Coachroad Gill
Sewage Works
Pontop Low Wood
Shipmaster's Hill
DERWENT VW.
WESLEY TER.
FRONT ST.
FOXES COVERT
BONE
Sports Field
DELIGHT CT.
MEADOWS
DIPTON
Delight Row
57
56
55
54
14
415

Bryan's Leap
93
High Friarside
Leazes
BURNOPFIELD
Lintz
Sheep Hill
Crookgate Bank
Black Hill
Hobson
HOBSON INDUSTRIAL ESTATE
HOBSON MUNICIPAL GOLF COURSE
Newcastle upon Tyne
NE16
Toft Gate
Lintzhall Dene
Pickering Nook
Club House
Townhead
Upper Lintz
108
Clough Dene
Mountsett
Wagonhill Farm
Mountsett Fell
Mountsett Cottage
Mountsett Crematorium
Hill Top
Flint Hill
TANTOBIE
White-le-Head
Recreation Ground
Sports Ground
Tanfield Leith Farm
Tanfield Moor
Ivy Cottage
Wester Leith
FRONT STREET
A692
B6310
B6314
B6173
B6311
B6168
121

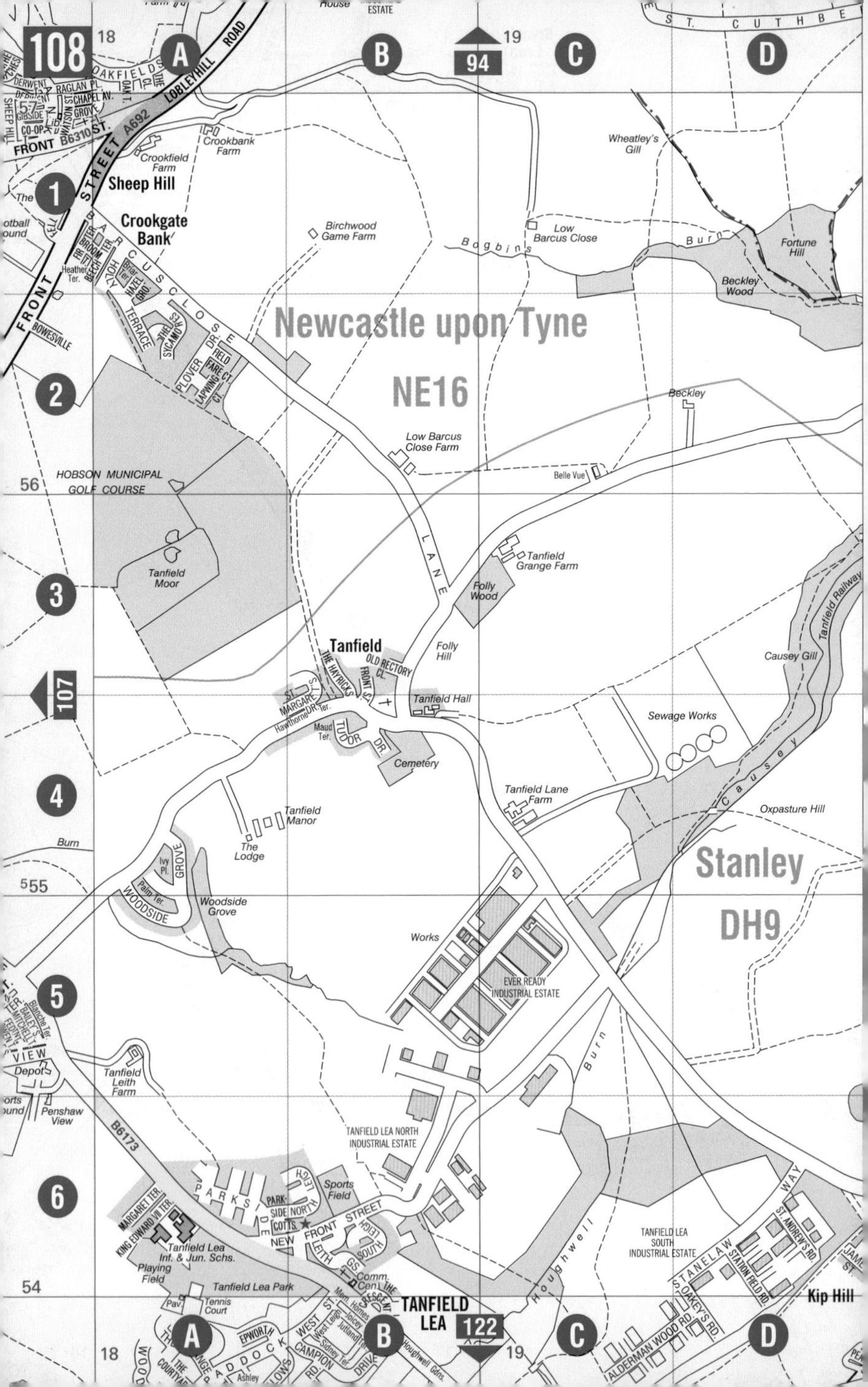

Newcastle upon Tyne
NE16
Stanley
DH9
Sheep Hill
Crookgate Bank
Tanfield
TANFIELD LEA
Kip Hill
Crookfield Farm
Crookbank Farm
Birchwood Game Farm
Low Barcus Close
Wheatley's Gill
Fortune Hill
Beckley Wood
Bogbins Burn
HOBSON MUNICIPAL GOLF COURSE
Tanfield Moor
Low Barcus Close Farm
Beckley
Belle Vue
Tanfield Grange Farm
Folly Wood
Folly Hill
Tanfield Hall
Causey Gill
Tanfield Railway
Sewage Works
Cemetery
Tanfield Lane Farm
Oxpasture Hill
Tanfield Manor
The Lodge
Woodside Grove
Works
EVER READY INDUSTRIAL ESTATE
TANFIELD LEA NORTH INDUSTRIAL ESTATE
TANFIELD LEA SOUTH INDUSTRIAL ESTATE
Tanfield Leith Farm
Penshaw View
Depot
Sports Field
Tanfield Lea Inf. & Jun. Schs.
Playing Field
Tanfield Lea Park
Tennis Court
Pav.
Comm. Cen.
Mem. Homes
LOBLEYHILL ROAD
FRONT STREET A692
FRONT B6310 ST.
ARCUS CLOSE
LANE
B6173
CAUSEY WAY
FRONT STREET
PARKSIDE
STANELAW WAY
ALDERMAN WOOD RD.
OAKEY'S RD.
STATION FIELD RD.
ST. ANDREW'S RD.
CAMPION DRIVE
WEST ST.
PADDOCK
EPWORTH
Houghwell Gdns.
Houghwell Burn

94
107
122

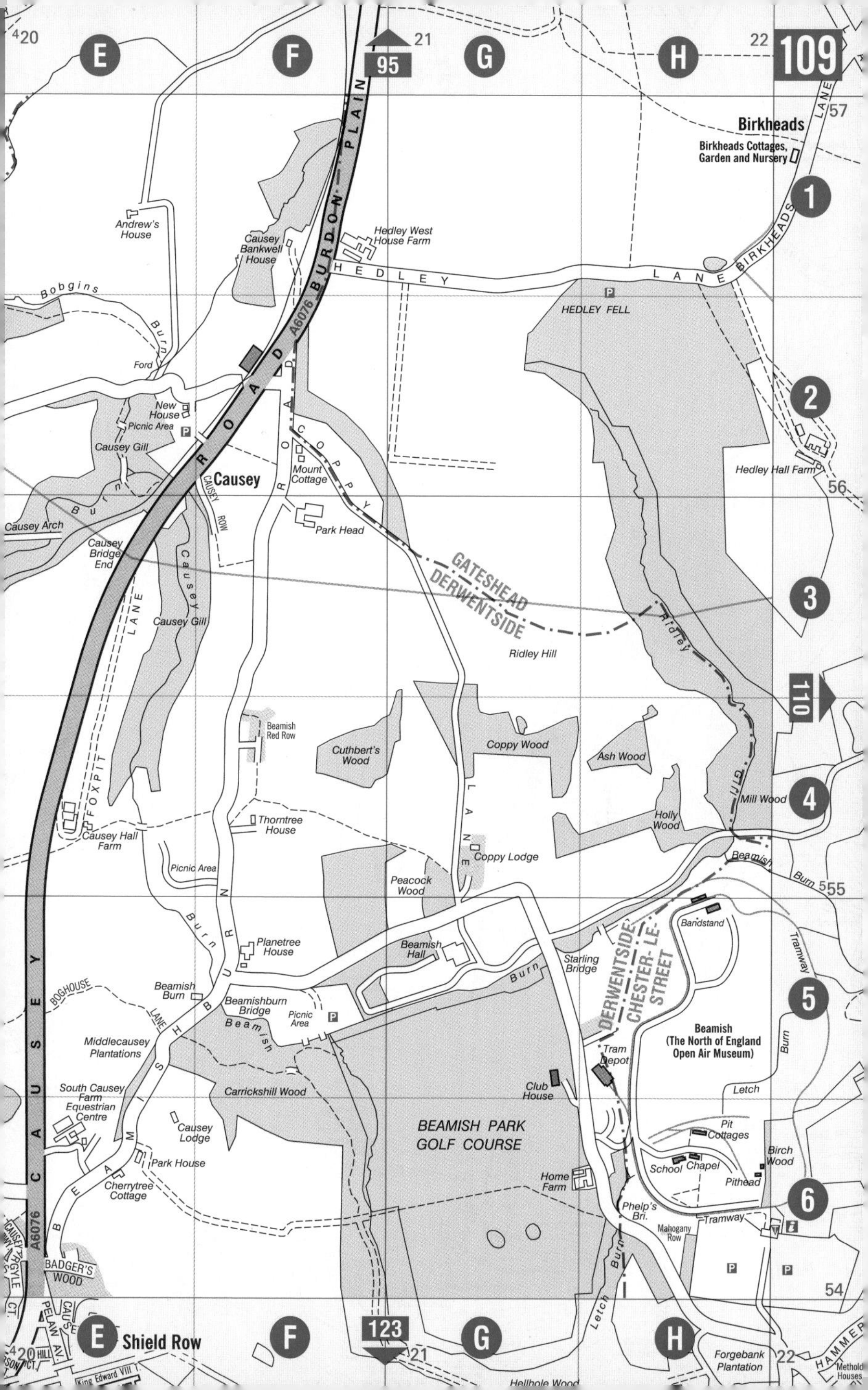
Birkheads
Birkheads Cottages, Garden and Nursery
Andrew's House
Causey Bankwell House
Hedley West House Farm
HEDLEY LANE
BIRKHEADS LANE
HEDLEY FELL
BURDON PLAIN
A6076
ROAD
Bobgins Burn
Ford
New House
Picnic Area
Causey Gill
Causey
Mount Cottage
COPPY ROAD
Hedley Hall Farm
Causey Arch
Causey Bridge End
CAUSEY ROW
Park Head
GATESHEAD
DERWENTSIDE
Causey Gill
FOXPIT LANE
Ridley Hill
Ridley Gill
Beamish Red Row
Cuthbert's Wood
Coppy Wood
Ash Wood
Mill Wood
Causey Hall Farm
Thorntree House
Holly Wood
Coppy Lodge
Picnic Area
Peacock Wood
Beamish Burn
Planetree House
Beamish Hall
Starling Bridge
DERWENTSIDE
CHESTER-LE-STREET
Bandstand
Tramway
BOGHOUSE LANE
Beamishburn Bridge
Picnic Area
Middlecausey Plantations
Tram Depot
Beamish (The North of England Open Air Museum)
South Causey Farm Equestrian Centre
Carrickshill Wood
Club House
Letch Burn
BEAMISH PARK GOLF COURSE
Causey Lodge
Pit Cottages
Park House
Home Farm
School
Chapel
Birch Wood
Cherrytree Cottage
Pithead
Phelp's Bri.
Tramway
Mahogany Row
CAUSEY
BEAMISH
BADGER'S WOOD
PELAW AV.
Shield Row
Forgebank Plantation
HAMMER
Metholds Houses
Hellhole Wood
King Edward VIII T.
E
F
G
H
95
110
123
420
21
22
57
56
55
54
1
2
3
4
5
6

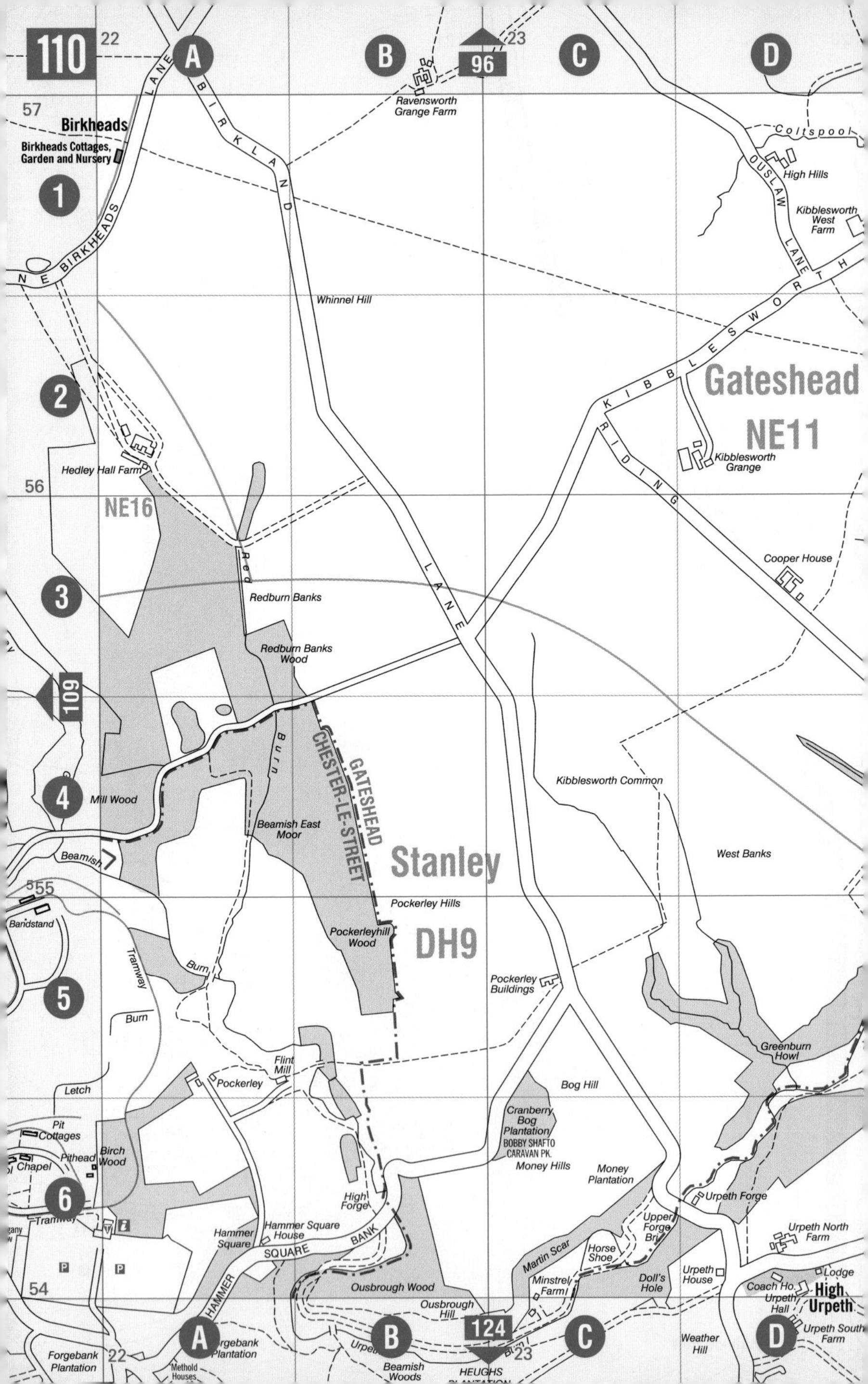

A
B
C
D
96
22
23
57
56
55
54
1
2
3
4
5
6
109
124
Birkheads
Birkheads Cottages, Garden and Nursery
NE BIRKHEADS LANE
BIRKLAND LANE
Ravensworth Grange Farm
Coltspool
High Hills
OUSLAW LANE
Kibblesworth West Farm
KIBBLESWORTH
Whinnel Hill
Gateshead
NE11
RIDING
Kibblesworth Grange
Hedley Hall Farm
NE16
Cooper House
Red
Redburn Banks
Redburn Banks Wood
Burn
CHESTER-LE-STREET
GATESHEAD
Kibblesworth Common
Mill Wood
Beamish East Moor
Beamish
Stanley
West Banks
Bandstand
Pockerley Hills
Pockerleyhill Wood
DH9
Tramway
Pockerley Buildings
Burn
Greenburn Howl
Flint Mill
Pockerley
Letch
Bog Hill
Pit Cottages
Cranberry Bog Plantation
BOBBY SHAFTO CARAVAN PK.
Money Hills
Money Plantation
Pithead
Birch Wood
Chapel
High Forge
Urpeth Forge
Tramway
Hammer Square
Hammer Square House
SQUARE BANK
Upper Forge Bri
Urpeth North Farm
Martin Scar
Horse Shoe
Urpeth House
Lodge
Minstrel Farm
Doll's Hole
Coach Ho.
High Urpeth
Urpeth Hall
HAMMER
Ousbrough Wood
Ousbrough Hill
Urpeth South Farm
Forgebank Plantation
Weather Hill
Forgebank Plantation
Method Houses
Beamish Woods
HEUGHS

KIBBLESWORTH
OUSTON
Urpeth
Chester-le-Street
DH2
Kibblesworth East Farm
Kibblesworth Prim. Sch.
Opencast Workings
Recreation Ground
Football Grd.
Sewage Works
BEWICK MAIN CARAVAN PARK
Urpeth Bridge
Beggardene Wood
Urpeth Cottage
Urpeth Wood
Cooper Wood
Team Valley
The Haughs
Low Urpeth
Riding Farm
Ouston Bank Farm
Sledge Hill
Wallace's Gill Wood
Broomy Banks Wood
Target Wood
The Broom
Walter's Wood
Ouston Junior School
Ouston Infants Sch.
St. Benet's RC Prim. Sch.
Ouston Spring
Football Ground
MIRE DUBS
SANDY FORDS
Perkinsville
MOORMILL LANE
GREENFORD LANE
LAMESLEY RD.
CLARTY LANE
OUSTON LA.
MILBANKE CLOSE
MILL LA.

97
112
125

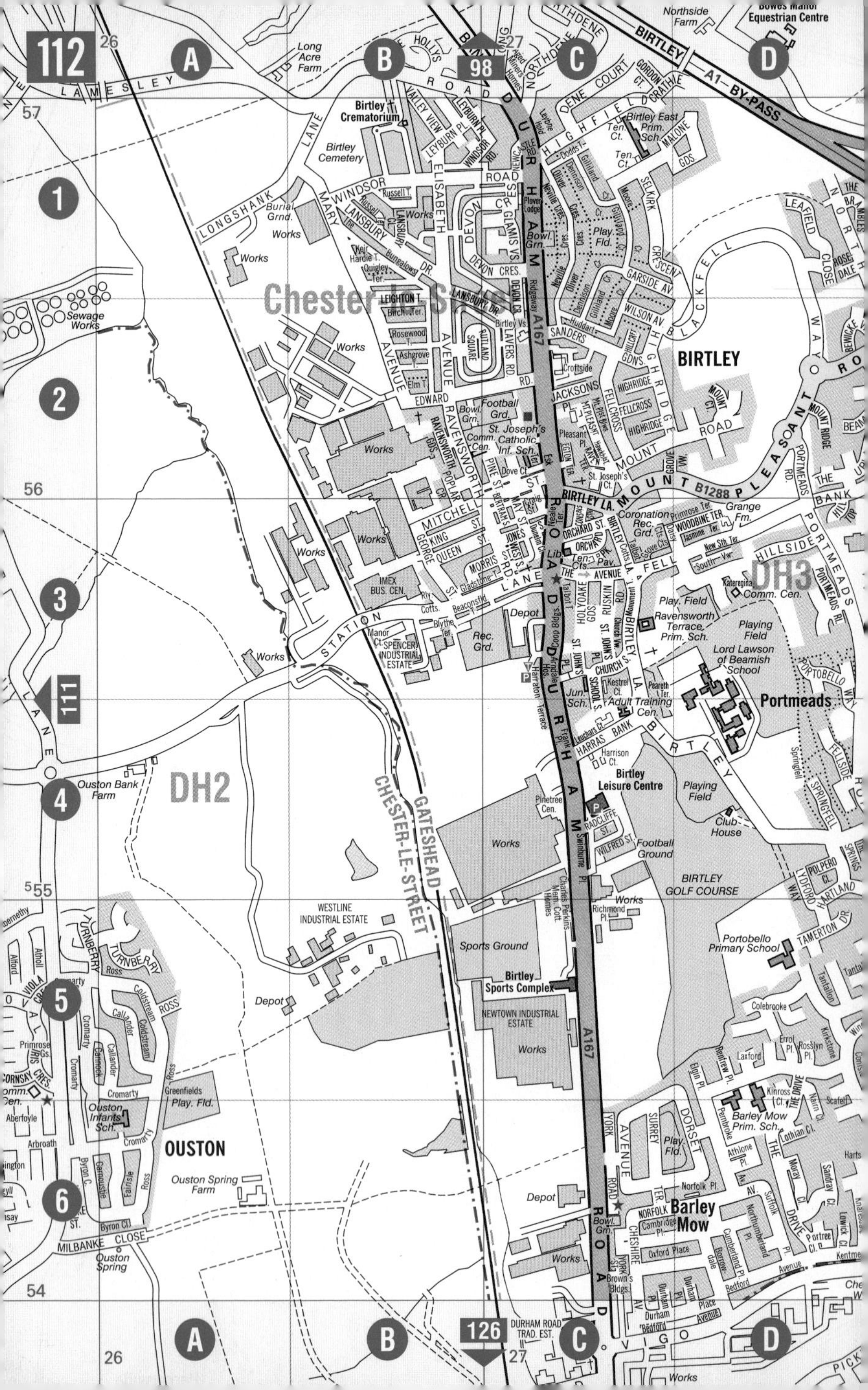
A
B
C
D
98
126
111
26
27
57
56
55
54
1
2
3
4
5
6
Long Acre Farm
Northside Farm
Bowes Manor Equestrian Centre
BIRTLEY
A1 - BY-PASS
LAMESLEY ROAD
Birtley Crematorium
Birtley Cemetery
Burial Grnd.
LONGSHANK LANE
Sewage Works
Works
Chester-le-Street
BIRTLEY
DH2
DH3
OUSTON
Barley Mow
Portmeads
Birtley Leisure Centre
Birtley Sports Complex
BIRTLEY GOLF COURSE
Sports Ground
WESTLINE INDUSTRIAL ESTATE
NEWTOWN INDUSTRIAL ESTATE
SPENCER INDUSTRIAL ESTATE
IMEX BUS. CEN.
DURHAM ROAD TRAD. EST.
STATION LANE
DURHAM ROAD
A167
B1288
MOUNT PLEASANT
BIRTLEY LANE
GATESHEAD
CHESTER-LE-STREET
Ouston Bank Farm
Ouston Spring Farm
Ouston Spring
Ouston Infants Sch.
Greenfields Play. Fld.
Portobello Primary School
Lord Lawson of Beamish School
Ravensworth Terrace Prim. Sch.
Barley Mow Prim. Sch.
Birtley East Prim. Sch.
St. Joseph's Catholic Inf. Sch.
Kateregina Comm. Cen.
Coronation Rec. Grd.
Football Ground
Playing Field
Club House
Rec. Grd.
Depot
Grange Fm.
MILBANKE CLOSE
YORK AVENUE
VIGO
HIGHFIELD
PORTMEADS RD.
EDWARD RD.
RAVENSWORTH AVENUE
MARY AVENUE
ELISABETH AVENUE
WINDSOR RD.
LANSBURY DR.
DEVON CRES.
RUTLAND SQUARE
MITCHELL ST.
KING ST.
QUEEN ST.
GEORGE ST.
MORRIS ST.
ORCHARD ST.
FELLCROSS
HIGHRIDGE
JACKSONS PL.
SANDERS
GARSIDE AV.
WILSON AV.
SELKIRK CRESCENT
BLACKFELL WAY
HILLSIDE
TURNBERRY
ROSS
Coldstream
Callander
Cromarty
Byron Cl.
Harrison Ct.
Pinetree Cen.
RADCLIFFE ST.
WILFRED ST.
HARRAS BANK
Richmond Pl.
Charles Perkins Mem. Cott. Homes
SURREY
DORSET
NORFOLK TER.
Oxford Place
Cambridge Pl.
Durham Place
Durham Avenue
Bedford
PICK

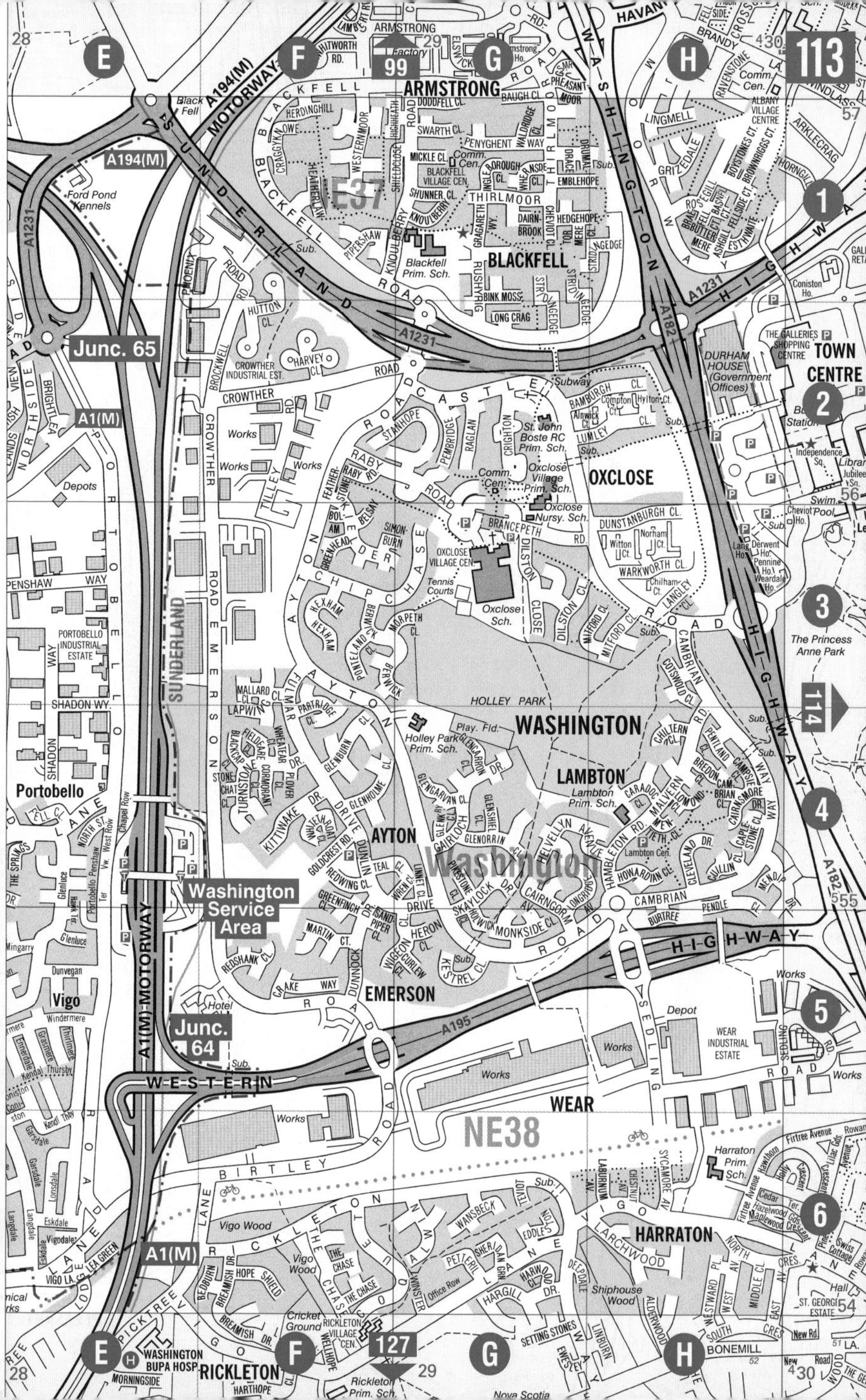

ARMSTRONG
BLACKFELL
OXCLOSE
WASHINGTON
LAMBTON
AYTON
EMERSON
WEAR
HARRATON
Portobello
Vigo
RICKLETON
NE37
NE38
Washington
Washington Service Area
Junc. 65
Junc. 64
A194(M) MOTORWAY
A1(M) MOTORWAY
A1231
A182
A195
TOWN CENTRE
The Princess Anne Park
Holley Park
Vigo Wood
Shiphouse Wood
WEAR INDUSTRIAL ESTATE
PORTOBELLO INDUSTRIAL ESTATE
CROWTHER INDUSTRIAL EST.
DURHAM HOUSE (Government Offices)
THE GALLERIES SHOPPING CENTRE
WASHINGTON BUPA HOSP

99
114
127

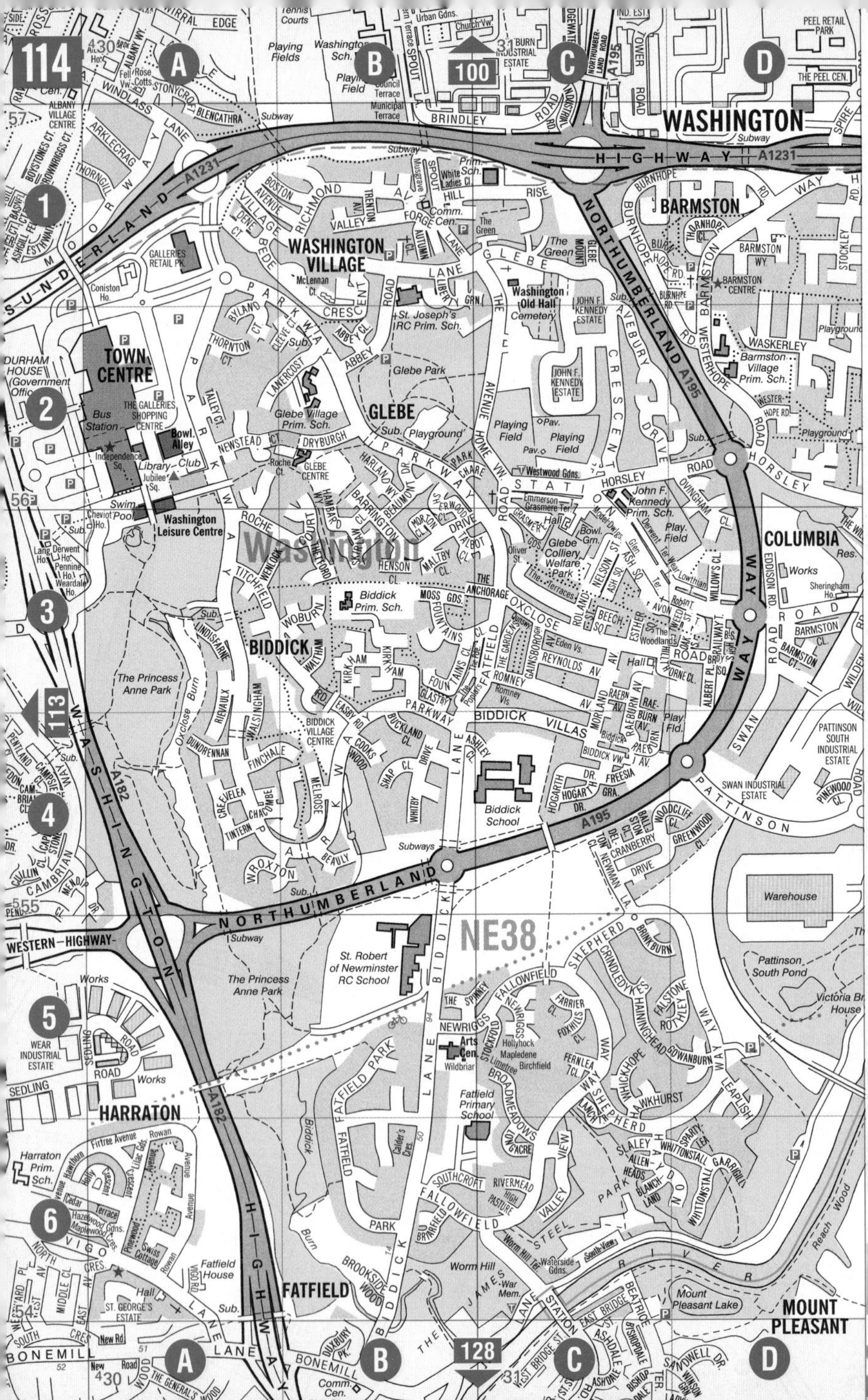

114
A
B
C
D
100
128
113
1
2
3
4
5
6
WASHINGTON
WASHINGTON VILLAGE
TOWN CENTRE
GLEBE
BIDDICK
BARMSTON
COLUMBIA
HARRATON
FATFIELD
MOUNT PLEASANT
NE38
Washington
SUNDERLAND HIGHWAY
A1231
NORTHUMBERLAND WAY
A195
WASHINGTON HIGHWAY
A182
WESTERN HIGHWAY
PARKWAY
Subway
Subways
Tennis Courts
Playing Fields
Washington Sch.
Playing Field
Council Terrace
Municipal Terrace
Urban Gdns.
Church Vw
BURN INDUSTRIAL ESTATE
PEEL RETAIL PARK
THE PEEL CEN.
BRINDLEY
ALBANY VILLAGE CENTRE
GALLERIES RETAIL PK.
Coniston Ho.
DURHAM HOUSE (Government Offices)
Bus Station
THE GALLERIES SHOPPING CENTRE
Bowl. Alley
Independence Sq.
Library
Jubilee Sq.
Club
Swim. Pool
Washington Leisure Centre
Cheviot Ho.
Derwent Ho.
Pennine Ho.
Weardale Ho.
McLennan Ct.
St. Joseph's RC Prim. Sch.
Washington Old Hall
Cemetery
JOHN F. KENNEDY ESTATE
Glebe Park
Glebe Village Prim. Sch.
GLEBE CENTRE
Playground
Playing Field
Westwood Gdns.
John F. Kennedy Prim. Sch.
Glebe Colliery Welfare Park
Play. Field
Biddick Prim. Sch.
THE ANCHORAGE
BIDDICK VILLAGE CENTRE
Biddick School
BIDDICK VILLAS
Barmston Village Prim. Sch.
BARMSTON CENTRE
Works
Res.
Sheringham Ho.
PATTINSON SOUTH INDUSTRIAL ESTATE
SWAN INDUSTRIAL ESTATE
PATTINSON
Warehouse
Pattinson South Pond
Victoria Bridge House
The Princess Anne Park
Oxclose Burn
St. Robert of Newminster RC School
Arts Cen.
Fatfield Primary School
WEAR INDUSTRIAL ESTATE
Harraton Prim. Sch.
Fatfield House
ST. GEORGE'S ESTATE
Worm Hill
War Mem.
Mount Pleasant Lake
RIVER WEAR
Reach Wood
BONEMILL LANE
Comm. Cen.

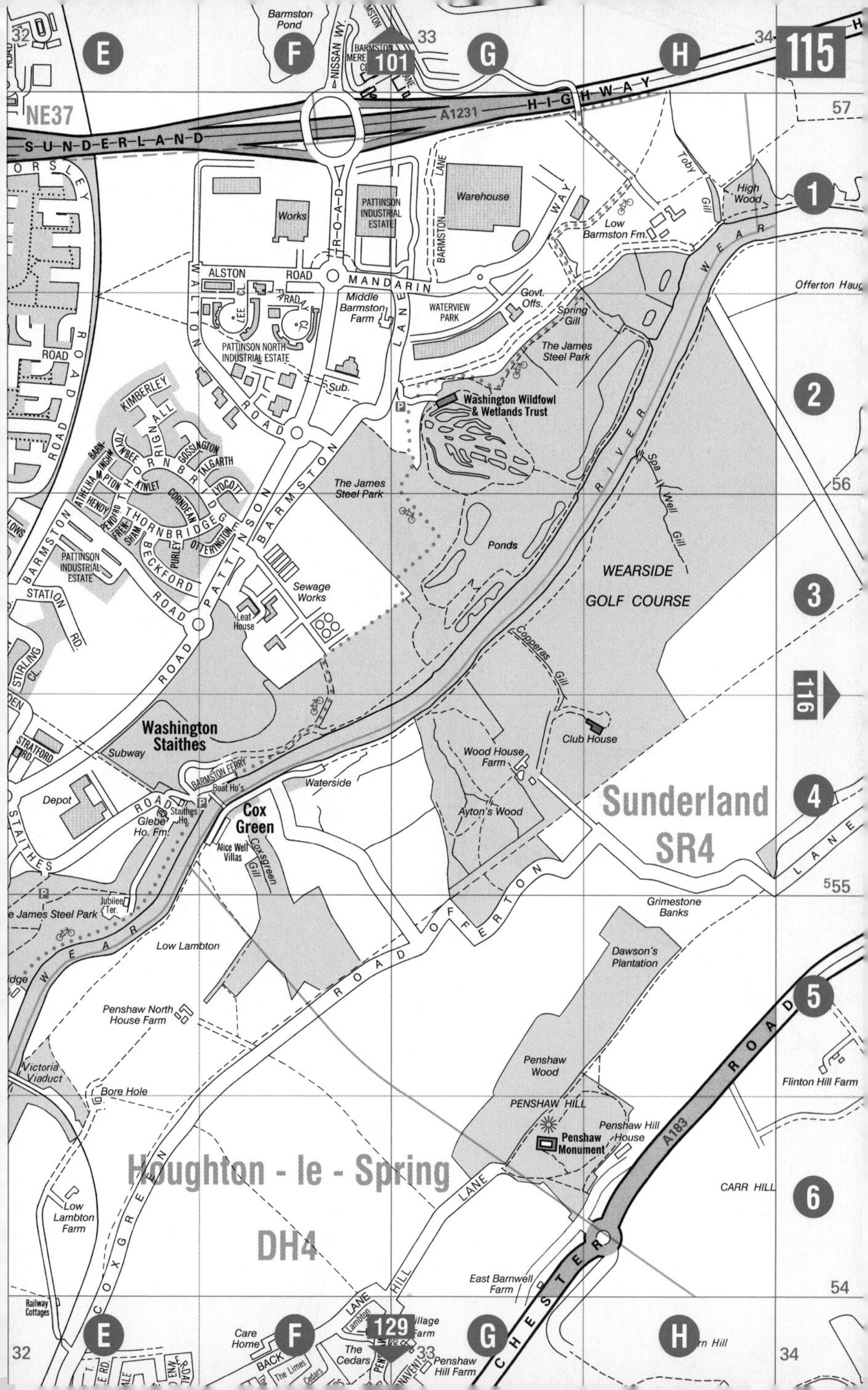

E
F
G
H
Barmston Pond
NISSAN WY.
BARMSTON MERE
101
33
34
NE37
SUNDERLAND HIGHWAY
A1231
57
Toby Gill
High Wood
1
ROAD
Works
PATTINSON INDUSTRIAL ESTATE
Warehouse
BARMSTON LANE
WAY
Low Barmston Fm.
WEAR
Offerton Haugh
ALSTON ROAD
MANDARIN
LEE CL.
FARADAY CL.
Middle Barmston Farm
LANE
WATERVIEW PARK
Govt. Offs.
Spring Gill
The James Steel Park
PATTINSON NORTH INDUSTRIAL ESTATE
Sub.
Washington Wildfowl & Wetlands Trust
2
KIMBERLEY
THORNBRIDGE
GOSSINGTON
TALGARTH
LYDCOTT
CORNDEAN
KINLET
HENDY
FRENSHAM
PURLEY
OTTERINGTON
BECKFORD
ROAD
WALTON ROAD
BARMSTON
PATTINSON
The James Steel Park
RIVER
Spa Well Gill
56
Ponds
PATTINSON INDUSTRIAL ESTATE
STATION RD.
Sewage Works
WEARSIDE GOLF COURSE
3
Leat House
STIRLING CL.
Copperas Gill
116
Washington Staithes
Club House
Subway
STRATFORD RD.
Wood House Farm
BARMSTON FERRY
Boat Ho's
Waterside
Sunderland SR4
4
Depot
Glebe Ho. Fm.
Staithes Ho.
Cox Green
Ayton's Wood
Alice Well Villas
Coxsgreen Gill
STAITHES
OFFERTON
LANE
55
Grimestone Banks
Jubilee Ter.
James Steel Park
Low Lambton
Dawson's Plantation
ROAD
Penshaw North House Farm
5
Victoria Viaduct
Penshaw Wood
ROAD
Flinton Hill Farm
Bore Hole
PENSHAW HILL
Penshaw Monument
Penshaw Hill House
A183
Houghton - le - Spring
CARR HILL
6
Low Lambton Farm
LANE
DH4
HILL
COXGREEN
East Barnwell Farm
CHESTER
54
Railway Cottages
Care Home
BACK
The Limes
The Cedars
Lambton
129
Penshaw Hill Farm
32

116
A
B
C
D
1
2
3
4
5
6
57
56
55
54
34
435
North Hylton 102
115
130
SR5
SR4
Sunderland
South Hylton
Pennywell
Offerton
Grindon
Hastings Hill
Wood House
Manor House Farm
Riverside Farm
Nab End
Offerton Haugh
High Wood
White Heugh
Whiteheugh
Garden House
Stoney Heugh
Wearside Golf Course
River Wear
Sunderland By-Pass
A19
A183
Chester Road
Offerton Lane
Offerton Grange Farm
Offerton Hall
Foxcover Road
Flinton Hill Farm
Carr Hill
Transformer Station
The Bottoms
Hasting Hill
Hasting Hill Farm
Foxcover Bank Plantation
Burn Hill
Lion Place
South Hylton Prim. Sch.
Nurs. Home
Cricket Ground
Playing Field
Quarry View Primary School
The Towers
Depot
St. Anne's RC Prim. Sch.
Pennywell Sch.
Pennywell Early Years Cen.
Pennywell Industrial Estate
Grindon Inf. Sch.
Low Ford
Hylton Bank
Sunderland Street
Ferry Boat La.
Church
Pottery Lane
Ford Av.
Ford Crescent
Victoria Av.
Hylton Road
Greenbank Dr.
Ruislip Rd.
Rosemount
Meadow Grove
Grindon La.
Portsmouth Road
Portsmouth Sq.
Pennycross
Pennygate
Pennymore Sq.
Penistone Rd.
Hylton Road
Parkhurst Rd.
Prestbury Road
Presthope Road
Pickering Road
Pickhurst Rd.
Merston Rd.
Portslade Road
Petersfield Rd.
Chester Road
The Broadway
Greenwood Road
Gardiner Sq.
Gatwick Road
Gartland Rd.
Sevenoaks Drive
Marlborough Rd.
Bramley Cl.
Mayfield Gro.
Brockenhurst Drive
Parkstone Cl.
Hillingdon Gro.
Woodhurst Gro.
Glover Rd.
Guernsey Rd.
North Farm
Northland Cl.
Greenshields
Trevelyan Cl.
Totnes Cl.

103
131
118
Ford Sports Ground
Havelock Prim. Sch.
Ford Estate
Playing Field
Tennis Court
Sunderland Royal Hospital
Burial Ground
Bishopwearmouth Cemetery
War Mem.
Sunderland Crematorium
High Barnes
Havelock Civic Building
Sports Field
King George's Field
Grindon Hall Christian Sch.
Nookside Cen.
Greenway Ho.
Broadway Ho.
Comm. Cen.
Broadway Jun. Sch.
Barnes Park
Barnes Burn
Springwell
Nursery
Children's Cen. (Speech Therapy)
City of Sunderland College (Bede Centre)
Barnes Jun. & Inf. Schs.
SR3
Humbledon Hill
Humbledon Hill Farm
Portland Sch.
Plains Farm
Plains Farm Prim. Sch.
St. Cuthbert's RC Prim. Sch.
Springwell Dene Sch.
Sunningdale Sch.
Youth Centre
Sandhill View School
Running Track
Thorney Close
Thorney Close Prim. Sch.
Action & Enterprise Cen.
Hastings Hill Prim. Sch.
Superstore
Low Newport Farm
Silksworth Sports Complex
Sports Ground
Puma Sunderland Tennis Cen.
Playing Fields
Ski Slope
Newport Hill
Community Centre
THE BROADWAY
CHESTER ROAD
DURHAM ROAD
A183
A690
B1405
PALLION RD.
KAYLL ROAD
ORMONDE STREET
BARNES VIEW
PREMIER ROAD
SILKSWORTH
HYLTON ROAD
FORD ROAD

A
B
C
D
1
2
3
4
5
6
104
7
117
132
38
39
57
56
55
54
Millfield
Superstore
University of Sunderland (City Campus)
University
Sunderland
THE BRIDGES SHOP. CEN.
Leis. Cen.
The Green
Market
Bingo
Mus. & Gallery
Mowbray Gdns.
Civic Cen.
Park La.
University of Sunderland
SUNDERLAND ROYAL HOSPITAL
The Precinct
SR4
Sunderland
SR2
SR3
Thornhill School
Ashbrooke
Barbara Priestman School
Playing Fields
St. Mary's RC Prim. Sch.
Richard Avenue Prim. Sch.
Children's Cen. (Speech Therapy)
College
Bowling Greens
Nursery
Barnes Jun. & Inf. Schs.
Convent
School
Ashbrooke Grounds
Sunderland High Sch.
Reg Vardy Arts Foundation Gallery
SUNDERLAND
Backhouse Park
St. Aidan's RC Sch.
Ashbrooke Cross
Sports Ground
SUNDERLAND INFIRMARY
Humbledon Hill Reservoirs
Portland Sch.
Plains Farm Prim. Sch.
Plains Farm
Elstob Farm Caravans
Elstob House
Tunstall Hills
Maiden Paps
Rock Cottage Farm
Playing Field
Community Centre
Stannington Centre
Hill View Inf. Sch.
Hill View Jun. Sch.
Tunstall Hills East
RYHOPE COLLIERY
Low Newport Farm
Puma Sunderland Tennis Centre
HIGH NEWPORT
Ski Slope
Newport Hill
CHESTER ROAD
DURHAM ROAD
STOCKTON ROAD
QUEEN ALEXANDRA ROAD
BARNES PARK ROAD
TUNSTALL ROAD
SILKSWORTH LANE
PREMIER ROAD
A183
A690
A1231
B1405

105
133
E
F
G
H
1
2
3
4
5
6
57
56
55
54
40
41
42
NORTH SEA
HENDON
Grangetown
HUDSON DOCK
Hudson Dock South
Hendon Dock
Warehouses
South Outlet
North East Pier
South West Breakwater
Spur Barrier
Sewage Works
Breakwater
Tanks
Oil Depot
Outfall
Salterfen Rocks
Ryhope Nook
Salterfen Dene
Sports Cen.
Valley Rd. Prim. Sch.
Warehouse
Jack Crawford Ho.
Gas Works
Sports Grd.
Works
Depot
Grangetown Prim. Sch.
Playing Field
Cemetery
Hypermarket
LEECHMERE INDUSTRIAL ESTATE
Ryhope Grange Junction
Superstore
Bus Depot
STANFIELD BUS. CEN.
Town Moor
COMMERCIAL ROAD
SOUTHERN RADIAL ROUTE
RYHOPE RD.
OCEAN RD.
WHITE HOUSE ROAD
W. LAWRENCE ST.
HENDON RD.
A1018
B1405
B1522
STREET
TERRACE
PARADE
WELLMERE RD.
R-O-A-D
Subway
SALTERFEN
University of Sunderland
Bowl. Gms.
Ten. Cts.
Lib.
Res.
Factory
Mill

120
106
A
B
C
D
1
2
3
4
5
6
14
415
54
53
552
51
Shipmaster's Hill
Ramshaw Burn
Burn
DIPTON
Sports Field
Playing Field
Adams Bldgs.
Collierley Prim. Sch.
Hall
Vicarage
Ninnian Ter.
Pontop Hall
Pontop Springpit Wood
FRONT ST.
A692
Delight Row
BOWES TER.
DELIGHT CT.
SOUTH MEADOWS
STREET
WORDSWORTH GS.
GEORGE
COLERIDGE GS.
Murray T.
East Vw.
CO-OPERATIVE T.
GARDENS
CATCHWELL RD.
Simpson's Hill
TENNYSON
DELIGHT BANK
LANE
Windsor Ter.
Swinburne Ter.
James St.
PIKESYDE
PONTOPSYDE
VILLAS
WOODLANDS TER.
FAIRHILLS
BEECH GROVE
PARK
Rec. Grd.
Pontop Vw.
Grave Yard
Fondley Set
FONDLYSET LA.
Stob House
Harelaw Watering Place
West Pike Well
Pontop Pike Park
Pontop
Pontop High Stables
Hedley Ter.
Douglas Ter.
Pontop Pike
TV & Wireless Transmission Station
Pontop Pike Farm
Pontop Fell
PONTOP PIKE
Cemetery
A693
Brooms Farm
East Castle
PONTOP LANE
Loud Farm
Annfield House
Loud Hill
ANNFIELD
Loud Reservoir (cov.)
BROOMS LANE
STONYHEAP LANE
Stony Heap
Consett DH8
Copwell House Farm
HANGINGSTONE LANE
Coronation House
Hanging Stone
Stonyheap Wood
Iveston Burn
Barley Banks
Sunnyside
Boxers' Hill
FOXES COVERT

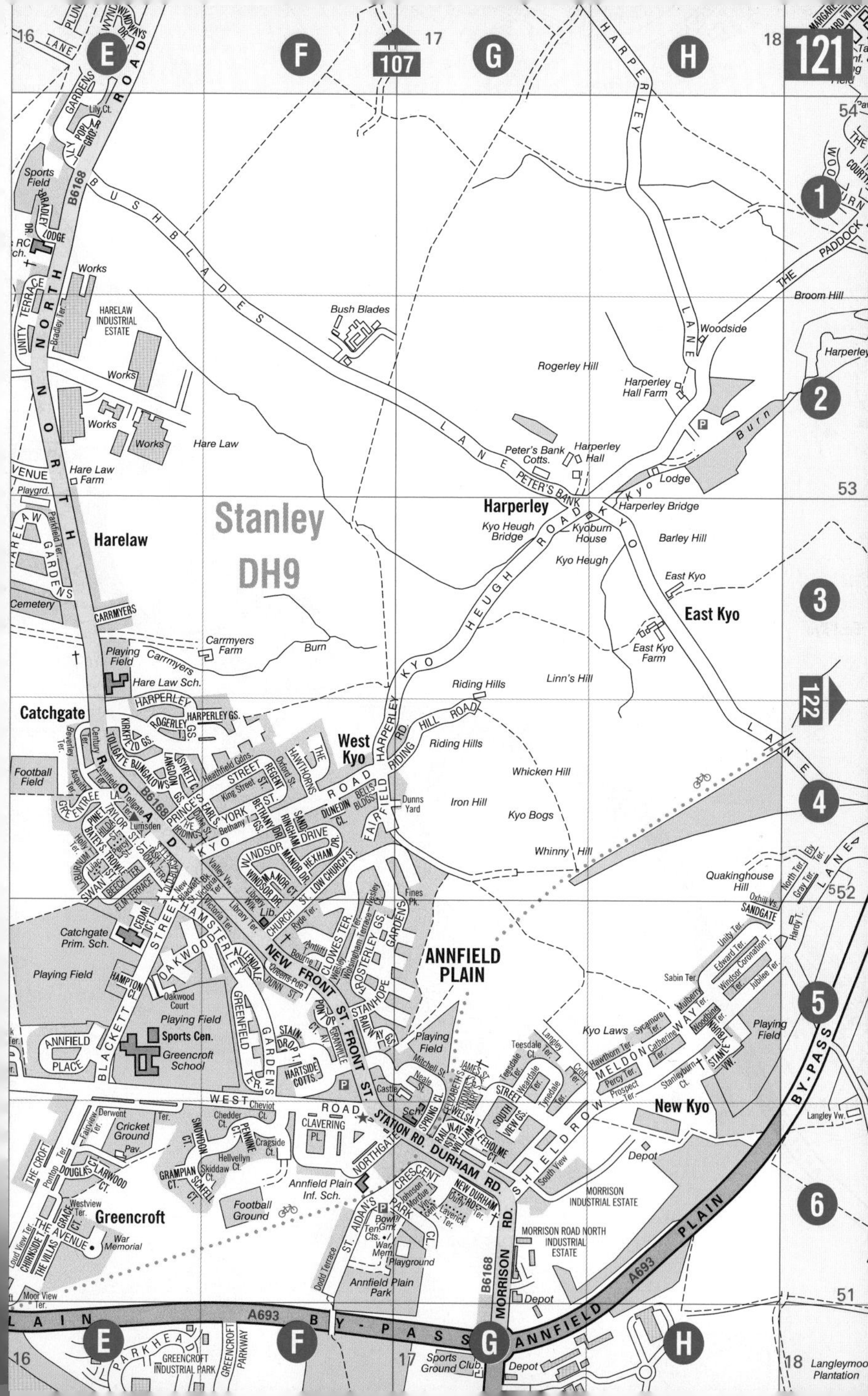
E
F
G
H
107
122
Stanley
DH9
Harelaw
Catchgate
West Kyo
Harperley
East Kyo
ANNFIELD PLAIN
New Kyo
Greencroft
HARELAW INDUSTRIAL ESTATE
Hare Law
Bush Blades
Rogerley Hill
Harperley Hall Farm
Peter's Bank Cotts.
Harperley Hall
Harperley Bridge
Kyo Heugh Bridge
Kyoburn House
Kyo Heugh
Barley Hill
East Kyo Farm
Carrmyers Farm
Riding Hills
Linn's Hill
Whicken Hill
Iron Hill
Kyo Bogs
Whinny Hill
Quakinghouse Hill
Broom Hill
Woodside
Kyo Laws
MORRISON INDUSTRIAL ESTATE
MORRISON ROAD NORTH INDUSTRIAL ESTATE
GREENCROFT INDUSTRIAL PARK
Annfield Plain Park
Catchgate Prim. Sch.
Greencroft School
Sports Cen.
Hare Law Sch.
Annfield Plain Inf. Sch.
Cricket Ground
Football Ground
Langleymoor Plantation
A693
B6168
ANNFIELD PLAIN BY-PASS
BUSH BLADES LANE
HARPERLEY LANE
KYO LANE
KYO HEUGH ROAD
NORTH ROAD
FRONT ST.
NEW FRONT ST.
DURHAM RD.
STATION RD.
MORRISON RD.
WEST ROAD
SHIELD ROW
MELDON WAY
THE PADDOCK
1
2
3
4
5
6
16
17
18
51
52
53
54

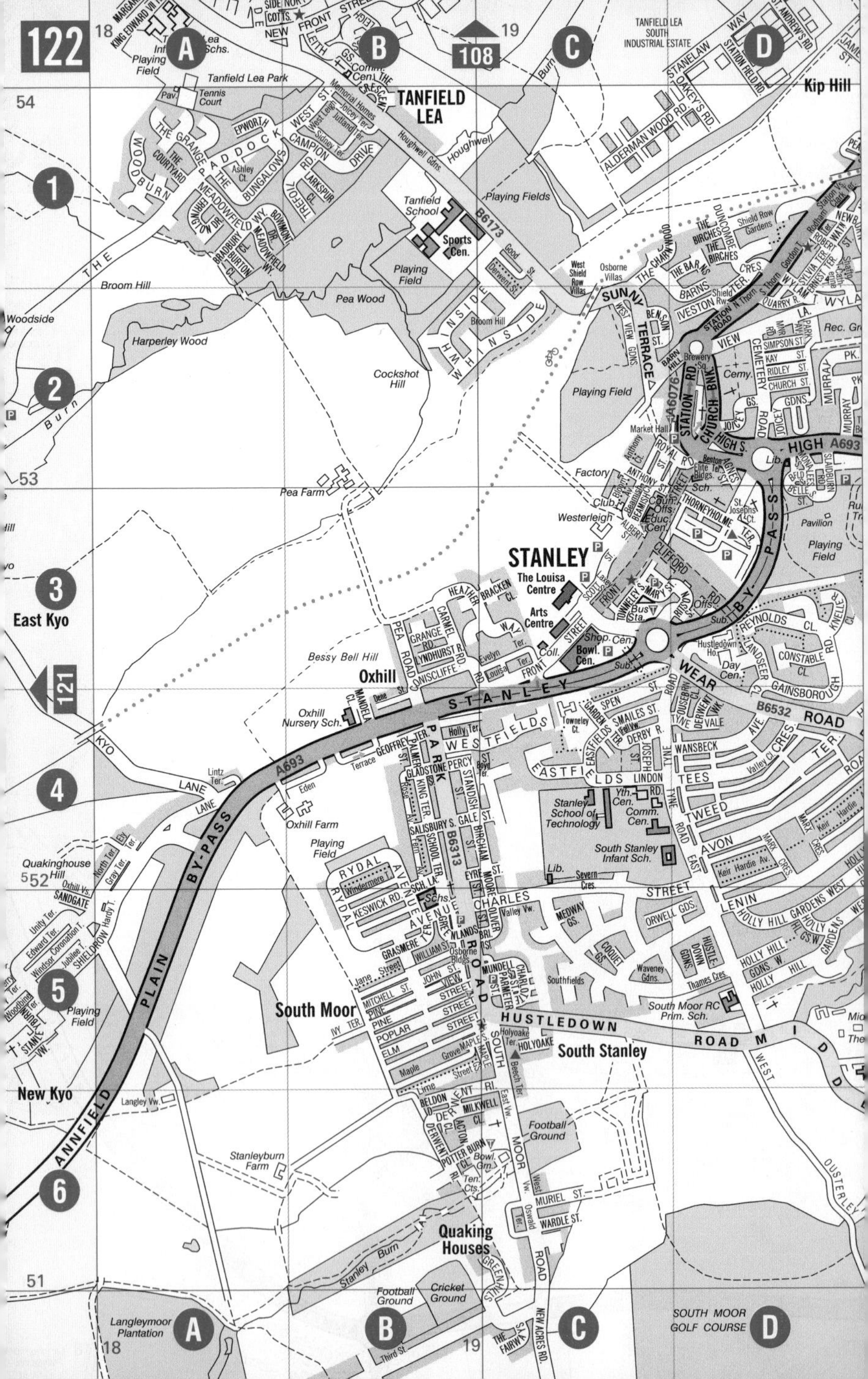

A
B
C
D
108
18
19
54
53
52
51
1
2
3
4
5
6
121
TANFIELD LEA
Tanfield Lea Park
Tanfield Lea South Industrial Estate
Kip Hill
Playing Field
Tennis Court
Tanfield School
Sports Cen.
Playing Fields
B6173
Broom Hill
Woodside
Harperley Wood
Pea Wood
Cockshot Hill
Pea Farm
East Kyo
Bessy Bell Hill
Oxhill
Oxhill Nursery Sch.
Oxhill Farm
STANLEY
The Louisa Centre
Arts Centre
Bus Sta.
Shop. Cen.
Bowl. Cen.
Westerleigh
Factory
Market Hall
STATION RD
CHURCH BNK.
A6076
HIGH ST.
A693
STANLEY BY-PASS
Lib.
Pavilion
Playing Field
Rec. Gr.
Cemy.
WEAR ROAD
B6532
Stanley School of Technology
South Stanley Infant Sch.
Yth. Cen.
Comm. Cen.
B6313
PARK ROAD
CHARLES STREET
HUSTLEDOWN ROAD
South Moor
South Stanley
South Moor RC Prim. Sch.
Quakinghouse Hill
New Kyo
ANNFIELD PLAIN BY-PASS
Stanleyburn Farm
Football Ground
Quaking Houses
Stanley Burn
Cricket Ground
Langleymoor Plantation
SOUTH MOOR GOLF COURSE
OUSTERLEY
SOUTH MOOR ROAD
NEW ACRES RD.
Southfields

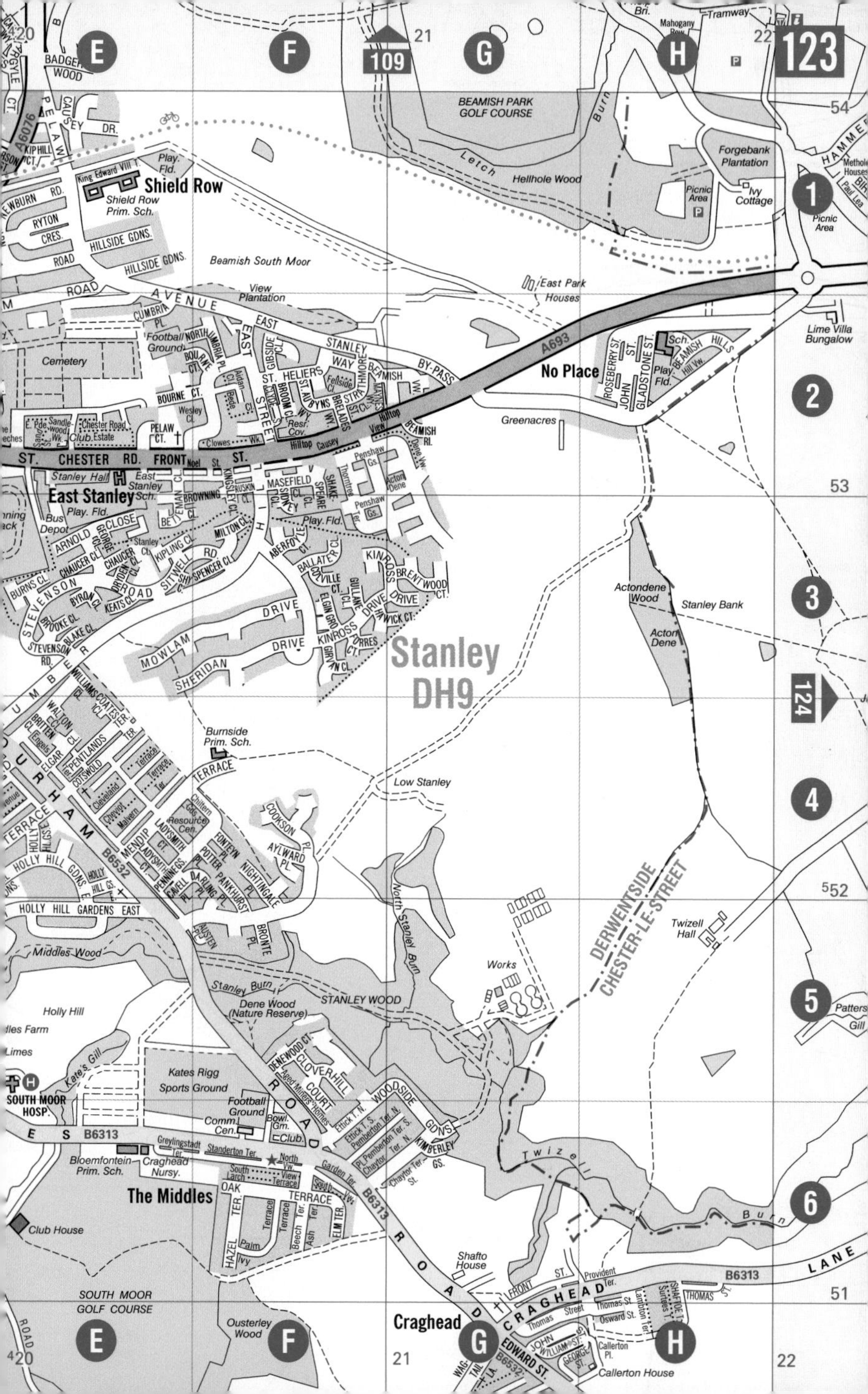

123
109
124
E
F
G
H
1
2
3
4
5
6
54
53
52
51
21
22
Beamish Park Golf Course
Letch
Hellhole Wood
Forgebank Plantation
Picnic Area
Ivy Cottage
Mahogany Row
Tramway
Burn
Badger Wood
Causey Dr.
Kiphill Ct.
Pelaw
A6076
Play. Fld.
King Edward VII T.
Shield Row
Shield Row Prim. Sch.
Newburn Rd.
Ryton Cres.
Hillside Gdns.
Road
Beamish South Moor
View Plantation
East Park Houses
Avenue
Cumbria Pl.
Football Ground
Northumbria Pl.
Bourne Ct.
Cemetery
East Street
Gibside Ct.
St. Heliers Way
St. Aubyns Wy.
Broom Cl.
Brelades Wy.
Strathmore
Stanley By-Pass
Beamish Vw.
A693
Sch.
Beamish Hills
Hill Vw.
Roseberry St.
John St.
Gladstone St.
No Place
Lime Villa Bungalow
Greenacres
Wesley Ct.
Pelaw Ct.
Chester Road Club Estate
Clowes Wk.
Hilltop Causey
Hilltop View
Beamish Ri.
Dene Vw.
St. Chester Rd. Front St.
Noel St.
Stanley Hall
East Stanley Sch.
East Stanley
Play. Fld.
Browning Cl.
Betjeman Cl.
Kingsley Ct.
Masefield Cl.
Sidney Cl.
Shakespeare Cl.
Penshaw Gs.
Acton Dene
Thorntree Ter.
Bus Depot
Arnold Cl.
Close
George Cl.
Chaucer Cl.
Kipling Cl.
Milton Cl.
Sitwell Rd.
Spencer Cl.
Aberfoyle Ct.
Ballater Cl.
Kinross Drive
Brentwood Ct.
Colville Ct.
Gullane Cl.
Elgin Gro.
Hawick Ct.
Forres Ct.
Girvan Cl.
Burns Cl.
Stevenson Road
Byron Cl.
Keats Cl.
Brooke Cl.
Blake Cl.
Stevenson Rd.
Drive
Mowlam Drive
Sheridan Drive
Stanley DH9
Actondene Wood
Acton Dene
Stanley Bank
Durham Road
B6532
Williams Ter.
Coates Cl.
Walton Cl.
Britten Cl.
Engels
Elgar
Pentlands Ter.
Cotswold Ter.
Cleveland
Cheviot
Malvern
Mendip
Burnside Prim. Sch.
Terrace
Chiltern Gds.
Resource Cen.
Cookson Pl.
Aylward Pl.
Low Stanley
Ladysmith Ct.
Fonteyn Pl.
Nightingale
Potter Pl.
Pankhurst
Darling Pl.
Cavell Pl.
Pennine Gs.
Bronte Pl.
Austen Pl.
Holly Hill Gdns.
Holly Hill Gardens East
Middles Wood
North Stanley Burn
Derwentside
Chester-le-Street
Twizell Hall
Works
Stanley Burn
Dene Wood (Nature Reserve)
Stanley Wood
Holly Hill
Limes
Kate's Gill
South Moor Hosp.
Kates Rigg Sports Ground
Football Ground
Comm. Cen.
Bowl. Gm.
Club
Denewood Ct.
Cloverhill Court
Aged Miners' Homes
Woodside Gdns.
Ettrick T. N.
Pemberton Ter. N.
Chaytor Ter. N.
Kimberley Gs.
Chaytor Ter. St.
B6313
Greylingstadt Ter.
Standerton Ter.
North Vw.
South Larch
View Terrace
Garden Ter.
Bloemfontein Prim. Sch.
Craghead Nursy.
The Middles
Oak Terrace
Elm Ter.
Hazel Ter.
Palm
Ivy
Beech Ter.
Ash Ter.
Club House
South Moor Golf Course
Osterley Wood
Shafto House
Twizell Burn
Patters Gill
Lane
Front St.
Provident Ter.
Craghead
Thomas Street
Thomas St.
Osward St.
Lambton Ter.
Surtees T.
Shafto T.
Thomas St.
John William St.
George St.
Edward St.
Callerton Pl.
Callerton House
Wagtail La.
B6532
Road

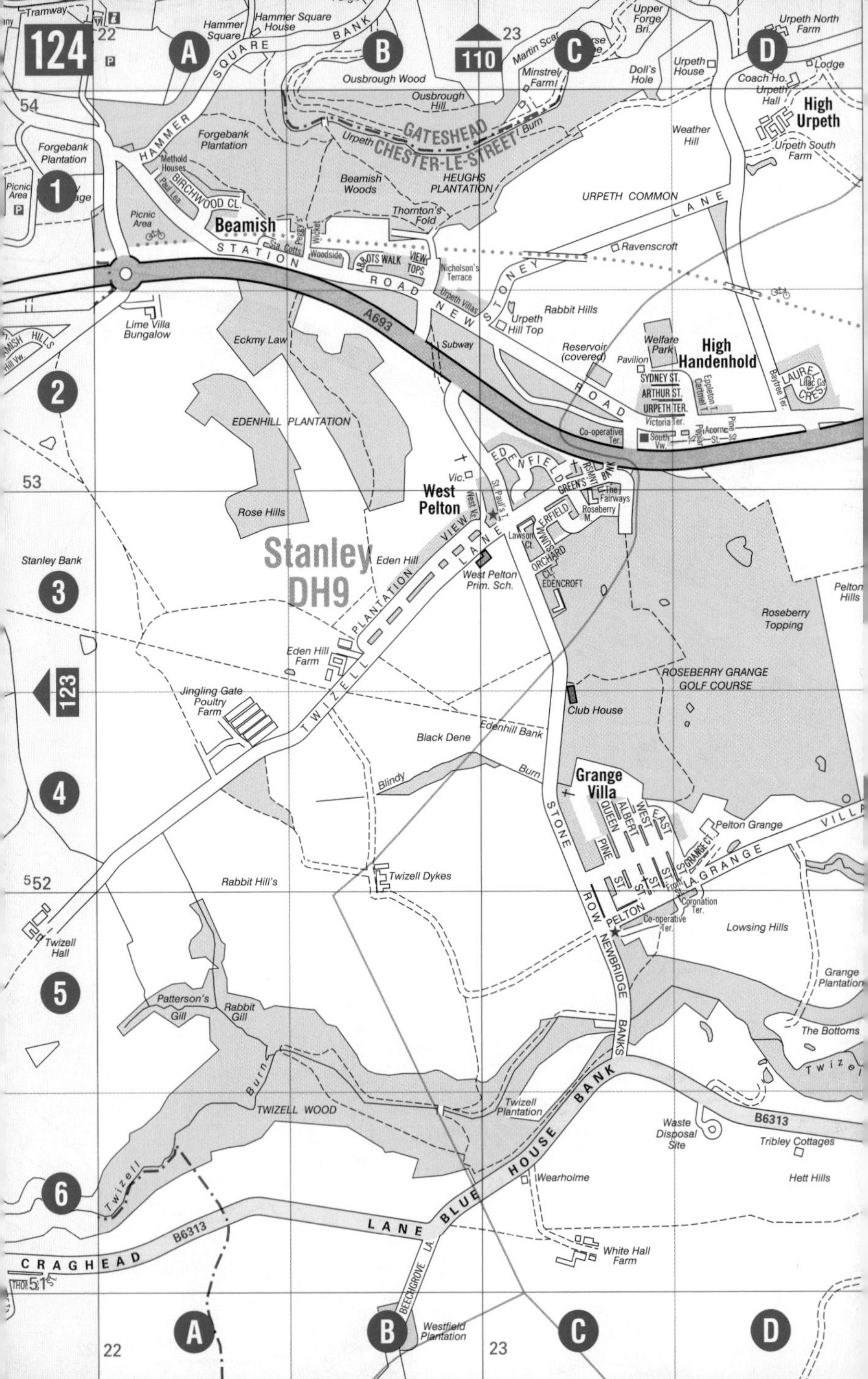

124
110
123
A
B
C
D
1
2
3
4
5
6
22
23
54
53
52
51
Tramway
Hammer Square
Hammer Square House
HAMMER SQUARE BANK
Ousbrough Wood
Ousbrough Hill
Martin Scar
Minstrel Farm
Upper Forge Bri.
Doll's Hole
Urpeth House
Urpeth North Farm
Coach Ho.
Lodge
Urpeth Hall
High Urpeth
Urpeth South Farm
Weather Hill
GATESHEAD
CHESTER-LE-STREET
Urpeth Burn
Forgebank Plantation
Methold Houses
BIRCHWOOD CL.
Paul Lea
Picnic Area
Beamish Woods
HEUGHS PLANTATION
URPETH COMMON
LANE
Thornton's Fold
Beamish
Peggy's Wicket
Sta. Cotts
Woodside
ABBOTS WALK
VIEW TOPS
STATION ROAD
Nicholson's Terrace
Urpeth Villas
Ravenscroft
NEW STONEY ROAD
Urpeth Hill Top
Rabbit Hills
A693
Subway
Lime Villa Bungalow
BEAMISH HILLS
Hill Vw.
Eckmy Law
Reservoir (covered)
Welfare Park
Pavilion
High Handenhold
SYDNEY ST.
ARTHUR ST.
URPETH TER.
Eppleton T.
Cartmel T.
Victoria Ter.
Baytree Ter.
LAUREL CRES.
Lilac Gs.
Co-operative Ter.
South Vw.
Poplar
Acorne St.
Pine St.
EDENHILL PLANTATION
EDENFIELD
ROSMINI
BANK
Vic.
West Pelton
West Vs.
St. Paul's T.
GREEN'S
The Fairways
Roseberry M.
SUMMERFIELD
Rose Hills
Stanley DH9
Stanley Bank
Eden Hill
PLANTATION VIEW
LANE
Lawson Cl.
ORCHARD CL.
EDENCROFT
West Pelton Prim. Sch.
Pelton Hills
Roseberry Topping
Eden Hill Farm
TWIZELL
ROSEBERRY GRANGE GOLF COURSE
Jingling Gate Poultry Farm
Club House
Black Dene
Edenhill Bank
Blindy Burn
Grange Villa
STONE ROW
QUEEN
ALBERT
WEST
EAST
PINE
ST.
Pelton Grange
GRANGE CT.
GRANGE VILLA
Front St.
Coronation Ter.
Twizell Dykes
Rabbit Hill's
PELTON
Co-operative Ter.
Lowsing Hills
Twizell Hall
NEWBRIDGE BANKS
Grange Plantation
Patterson's Gill
Rabbit Gill
The Bottoms
Burn
Twizell
TWIZELL WOOD
Twizell Plantation
BLUE HOUSE BANK
Waste Disposal Site
B6313
Tribley Cottages
Wearholme
Hett Hills
CRAGHEAD LANE
White Hall Farm
BEECHGROVE LA.
Westfield Plantation

Pelton
Perkinsville
Pelton Lane Ends
Newfield
Pelton Fell
Whitehill
Chester-le-Street
DH2
A693
B6313
Front Street
Station Lane
Ouston Lane
Pelton Fell Road
Hare Law
Sandy Fords
Mire Dubs
Recreation Ground
Playing Fld.
Cemetery
Roseberry Sports & Community College
Roseberry Prim. Sch.
Pelton Prim. Sch.
Newfield Farm
East Farm
Moss Close Farm
Pelton House Farm Estate
Memorial Park
War Mem.
Stella Gill Industrial Estate
Stellagill Wood
Pelton Fell Banks
Blindyburn Plantation
Grange Plantation
Hett Hills
Tribley
Whitehill Farm
Rutter's Plantation
Rabbit Banks
The Bottoms
Cong Burn
Refuse Tip
The Old Hall
The Hermitage School
Football Ground
St. Benet's RC Prim. Sch.

126
A
B
C
D
112
125
134
Junc. 63
Perkinsville
Ouston Spring
Ouston Villa Farm
DRUM ROAD
FIRST AV.
SECOND AV.
THIRD AV.
Works
LANGEL PARK
DRUM INDUSTRIAL ESTATE
Warehouse
DURHAM ROAD TRADING ESTATE
Pelaw Grange Stadium
DURHAM ROAD NORTH
A167
VIGO
Works
Playing Field
Park View Comm. Sch. (Lower Site)
Tennis Cts.
LEANDER AV
HAMPTON CT.
MERLIN DR.
LOMBARD DRIVE
A1(M)
A1(M)-MOTORWAY
NORTH LODGE
North Lodge
KINGSMERE
QUEENSMERE
WEAR LODGE
LOW FLATTS RD.
LYNDHURST AV.
LONGDEAN PARK
Pelaw House
Pelaw Cott.
BLIND LANE
A693
HIGH FLATTS
High Flatts Farm
PELTON
East Farm
Conway Pl.
Brecon Pl.
Gairloch Dr.
Arundel Wlk.
Denison Cl.
Drive
Brackenbeds
Pelton Prim. Sch.
DH2
South Pelaw
Railway Cotts.
BEECHWOODS
FIRTREES
AVENUE ROAD
PELAW
CONYERS
Chester-le-Street
Works
Playing Field
ELMWAY
HILDA PARK
Chester-le-Street C of E Jun. Sch.
Inf. Sch.
Aged Miners Homes
GLENROY GDS.
Rec. Grd.
GLENMORE AV.
PELAW BANK
Stella Gill
Stellagill Wood
Woodbine Cotts
Weir
Whitehill Bridge
Chester Burn
Furnace Bridge
Furnace Farm
Stellagill Bridge
PELTON FELL ROAD
B6313
Spa Bri.
Menceforth Cotts.
Depot
Fine Bank
NORTHLANDS
HIGHFIELD RISE
ARCADIA AV.
Greenridge
BROADWAY
TUDOR RD.
ATKINSON RD.
HADRIAN AV.
APPLEDORE GDS.
CASTLE VIEW
HILLSIDE
NEWCASTLE
Magistrates Court
Civic Centre
Comm. Cen.
VIADOR
Canada
PARK ROAD
B6290
CAMPERDOWN AV.
RICKLETON AV.
CHERRY BANKS
NORTH SHIELDS A167 RD.
PICKTREE LANE
B6313
Bus Depot
Playing Fields
Sewage Works
Miniature Railway
Burn Greens Rec. Grd.
PARK RD. NORTH
PARK ROAD
NORTH BURNS
SOUTH BURNS
Chester Bri.
FRONT STREET
ST. CUTHBERT'S WALK
COOPERATIVE ST.
Albert Sq.
Bland's Opening
LOW CHARE
Nursing Home
Comm. Cen.
Chester-le-Street Leisure Cen.
Park View Comm. Sch.
Ten. Cts.
Play. Field.
MID. CHARE
HIGH CHARE
Mus.
Cestria Prim. Sch.
ROMAN AVENUE
LINDISFARNE AV.
ST. CUTHBERT AV.
EARDULPH AV.
LINDOM AV.
HOLMLANDS PARK
Lib.
Wks.
MAINS PARK RD.
Cricket Gd.
Prim.
HAWTHORN
WEAR S.
Weardale
ROPERY
LANE
Chester-le-Street
STATION
WESLEY TER.
ELM S.
AVONDALE TER.
CLARENCE TER.
MURRAY RD.
STATION AV.
VIEW
LANE
Sanders' Mem. Homes
ELVET GRN.
CRAGSIDE
Whitehill Hall
LINGHOLME
Club
Refuse Tip
The Old Hall
Playing Field
ADAMSON
WYNYARD
GIBSIDE
BRINKBURN
Matfen Ct.
Club
Lindisfarne Nurs. Home
GAINFORD
AUCKLAND
WHITEHILL
GRATHWAITE
TWELFTH AV.
SEVENTH AV.
EIGHTH AV.
NINTH AV.
Sixth Av.
Fifth Av.
FOURTH AV.
THIRD AV.
THE AVENUE
CRESCENT
THE GDS.
BULLION LANE
CASTLE RIGGS
LUMLEY CL.
FIFE TER.
COOKSON
BEDE TER.
NORTH APPROACH
JACQUES TER.
Prim. Sch.
Play. Field
New Primary Sch.
Day Care Cen.
SECOND AV.
Ridley Av.
The Hermitage School
CHESTER-LE-STREET
Pentland Ct.
Gibbs Ct.
Racey Ct.
LYNN S.
CHESTER-LE-STREET
54
53
52
51
26
27
1
2
3
4
5
6

Washington
HARRATON
RICKLETON
NE38
DH3
Picktree
Vigo Wood
RICKLETON WAY
BEDBURN
BREAMISH DR.
HOPE
SHIELD
THE CHASE
VIGO LA.
LODGE LANE
VIGO LANE
Cricket Ground
Pav.
RICKLETON VILLAGE CEN.
WELLHOPE
WINSTER
Office Row
HARGILL DR.
SETTING STONES
RICKLETON
DEEPDALE
LINBURN WAY
Shiphouse Wood
ALDERWOOD
LARCHWOOD
WESTWARD PL.
SOUTH
WEST AV.
MIDDLE CL.
EAST AV.
ST. GEORGE'S ESTATE
New Rd
New Road
THE GENERAL'S WOOD
The General's Wood
WASHINGTON BUPA HOSP.
MORNINGSIDE
New Vigo Wood
HARTHOPE CL.
Rickleton Prim. Sch.
Nova Scotia
GRAYLANDS
LAMBTON COURT
FOREST DR.
DANBY
SWINHOPE
ROOKHOPE
GRASSLEES
CLOSE
Graylands
Rickleton Ho.
Harraton Lodge
WOODLANDS
BONEMILL LANE
BRAMHALL DRIVE
ASTBURY CL.
SHRIGLEY CL.
EATON CL.
POULTON CL.
DALAMERE CL.
SPORTS GROUND
Eastlands
The Poplars
ASH MEADOWS
SUNDERLAND
CHESTER-LE-STREET
North Belt
RICKLETON WOOD
Harraton Ter.
Fatfield Lodge
Three Acre Clump
Rickle Wood
Virginia Water
Virginia Wood
Castle Field Wood
Stables
Welsh's Bank
Greenhouse Bank Wood
HIGH WALK
DAIRY WK.
RIVER WEAR
The Bottoms
LAMBTON PARK
Greenhouse Bank
Pleasure Park
Lambton Castle (on site of Harraton Hall)
ROCK WALK
GASHOUSE
BLACK DRIVE
WEST WALK
The Raceground
PICKTREE LANE
Pickfree Fm. Cotts.
Pickfree Quay Wood
Crow Bank
128
Hedworth's Wood
Chester New Bridge
Lamb Bridge
River Drive Wood
Gill Well
Lodge
Swinburn's Leap
Kennel Field
Dunn's Plantation
Ayrie's Bank
Kennel Field Wood
Brewery Cottages
Lambton Bridge
CHESTER ROAD
Newbridge Bank
The Grange
Bank Top
Kennel Pond
Old Gardens Wood
Stud Farm
The Nursery
DEER PARK
Virgin's Well
Lumley Lodge
The Staples
The Haughs
White House
A183
Ford Cottage
A1(M)-MOTORWAY
A1(M)
Houghton Gate
LANE
A1052
Lumley Ford Gate
R. WEAR
Tennis Courts
The Boat Ho.
Pav.
Bandstand
CHESTER-LE-STREET GOLF COURSE
Bowling Greens
Pavilion
Sports Ground
Boat Ho.
B1284
ROPERY LANE
Lumley Bri.
Lumley Castle
Lamb
Waterfall
Club House
Subway
The Manor House
Lumley Ford Bri.
FORGE
113
135
E F G H
1 2 3 4 5 6
28 29 430
54 53 52 51

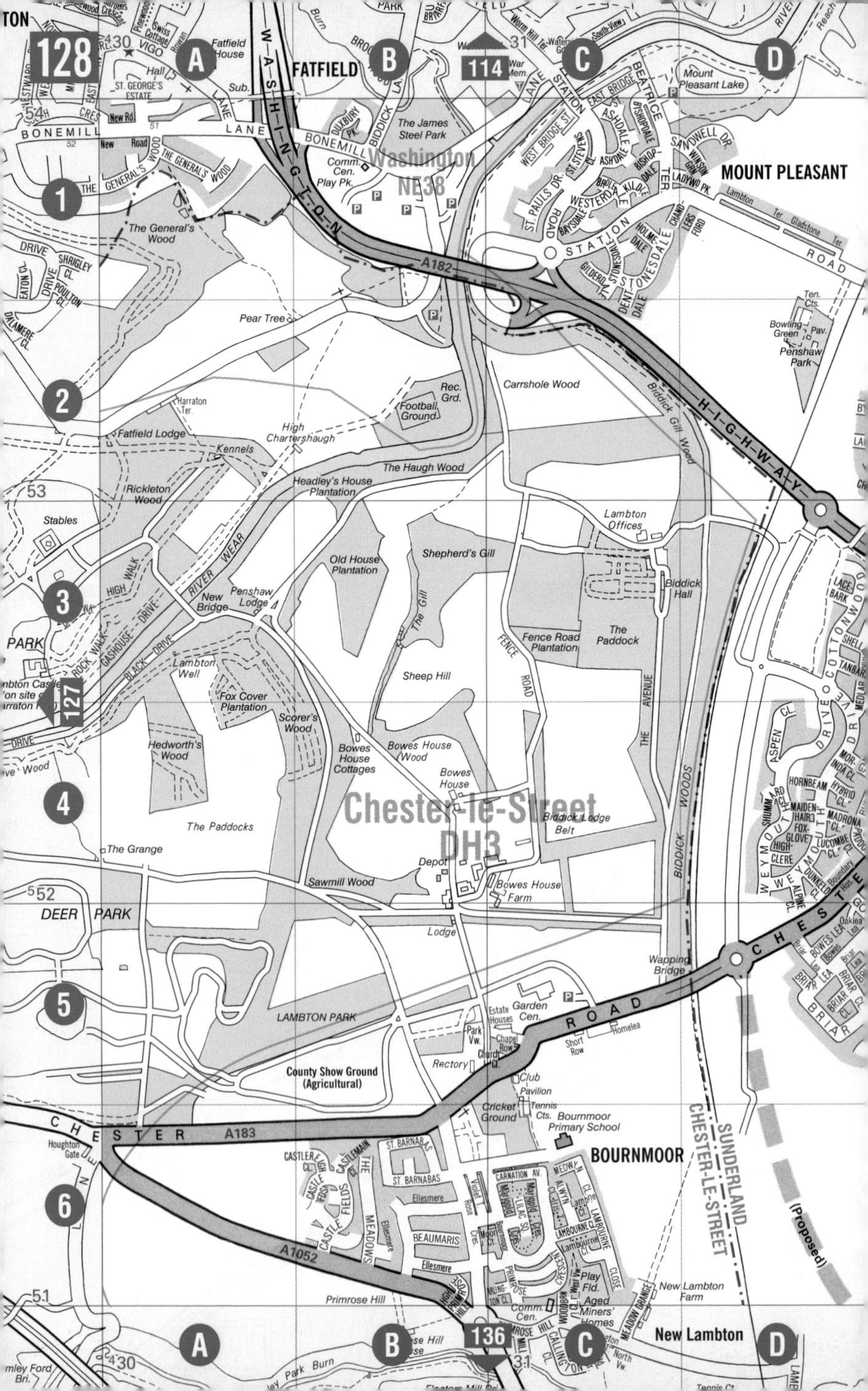

FATFIELD
Washington NE38
MOUNT PLEASANT
Fatfield House
VIGO
Swiss Cottage
ST. GEORGE'S ESTATE
BONEMILL LANE
New Road
THE GENERAL'S WOOD
The General's Wood
The James Steel Park
Comm. Cen.
Play Pk.
A182
WASHINGTON HIGHWAY
Mount Pleasant Lake
STATION ROAD
Lambton Ter.
Gladstone Ter.
Pear Tree
Penshaw Park
Bowling Green
Carrshole Wood
Rec. Grd.
Football Ground
Harraton Ter.
Fatfield Lodge
High Chartershaugh
Kennels
The Haugh Wood
Headley's House Plantation
Rickleton Wood
Stables
Biddick Gill Wood
Lambton Offices
Shepherd's Gill
Old House Plantation
RIVER WEAR
New Bridge
Penshaw Lodge
Biddick Hall
The Gill
Fence Road Plantation
The Paddock
Lambton Well
Fox Cover Plantation
Sheep Hill
FENCE ROAD
THE AVENUE
Hedworth's Wood
Scorer's Wood
Bowes House Cottages
Bowes House Wood
Bowes House
BIDDICK WOODS
Chester-le-Street DH3
The Paddocks
Biddick Lodge Belt
The Grange
Depot
Sawmill Wood
Bowes House Farm
DEER PARK
Lodge
Wapping Bridge
CHESTER ROAD
LAMBTON PARK
Estate Houses
Garden Cen.
Park Vw.
Chapel Row
Short Row
Homelea
Rectory
Church Cl.
County Show Ground (Agricultural)
Club Pavilion
Cricket Ground
Tennis Cts.
Bournmoor Primary School
A183
Houghton Gate
BOURNMOOR
SUNDERLAND
CHESTER-LE-STREET
(Proposed)
A1052
Primrose Hill
New Lambton Farm
Aged Miners' Homes
New Lambton

114
127
136

E
F
G
H
115
137
130
1
2
3
4
5
6
32
33
34
54
53
52
51
Low Lambton Farm
Railway Cottages
East Barnwell Farm
Care Home
The Cedars
Village Farm
Penshaw Hill Farm
Burn Hill
New Herrington Country Park
Herrington Burn
New Penshaw Prim. Sch.
Barnwell
Comm. Cen.
Playing Fields
Whitefield Pit
Our Lady Queen of Peace RC Prim. Sch.
Play. Fld.
Barnwell Prim. Sch.
Manor Ho.
PENSHAW
Houghton-le-Spring
DH4
A183
A182
B1286
CHESTER ROAD
PHILADELPHIA LANE
Works
Nursing Homes
Playing Field
NEW HERRINGTON IND. EST.
Bowling Greens
Miners' Welfare Grd.
Tennis Courts
NEW HERRINGTON
Rec. Grd.
Shiney Row Prim. Sch.
YMCA
Football Ground
City of Sunderland College (Shiney Row Cen.)
SHINEY ROW
PHILADELPHIA COMPLEX
Bus Depot
Philadelphia
Nursing Homes
Cricket Grd.
Bunker Hill
Playing Fields
Stotts Pastures
Success
Burnmoor Farm Ho.
Boundary Houses
BLIND LANE
COALEY LANE
HOUGHTON ROAD
Cellar Hill House
NEWBOTTLE
Newbottle Prim. Sch.
Comm. Cen.
Playing Field
Sludge Beds
Houghton-le-Spring Sewage Treatment Works
Sedgeletch Farm
Sunniside
Grasswell
SUNDERLAND

116
The Bottoms
Transformer Station
Foxcover Bank Plantation
SR4
Sunderland
Burn Hill
New Herrington Country Park
Middle Herrington
West Herrington
Herrington
The Park
Herrington Hill
DH4
129
NEW HERRINGTON
Herrington Hill House
Houghton - le - Spring
Stoneygate
Taylors Farm
Parkside Farm
Herrington Hills Farm
Pump. Sta.
Low Haining
Holmeland Farm
Reservoirs (covered)
Glen Croft
NEWBOTTLE
Cellar Hill House
Over the Hill Farm
Middle Haining
Haining
High Haining
138
Grasswell
SUNDERLAND BY-PASS
FOXCOVER ROAD
HERRINGTON ROAD
B1286
A19
A690
DURHAM ROAD
ST. AIDAN'S TERRACE
CRESCENT
FLETCHER
SUNDERLAND ROAD
HIGH LANE
Football Ground
Miners' Welfare Grd.
Bowling Greens
Tennis Courts
Rec. Grd.

117
139
132
E
F
G
H
1
2
3
4
5
6
36
37
38
SR3
DH5
Farringdon
East Herrington
Silksworth
NEW SILKSWORTH
Gilley Law
Moorside
Doxford Park
Old Burdon
THE MOORS
Mill Hill
Newport Hill
Hastings Hill Prim. Sch.
Farringdon Primary Sch.
Farringdon School
Jubilee Cen.
East Herrington Prim. Sch.
Community Centre
Cricket Ground
Gilleylaw Plant.
Foxhole Wood
Doxford Park
WILLIAM DOXFORD CENTRE
Benedict Biscop C of E Prim. Sch.
Esporta
Tennis Cts.
DOXFORD INTERNATIONAL BUSINESS PARK
Portland School
Blakeney Woods
Thristley House Farm
Mill Hill Prim. Sch.
Nursery
Playing Field
A690
A19
B1286
SUNDERLAND BY-PASS
SILKSWORTH ROAD
DOXFORD PARK WAY
CITY WAY
MOORSIDE RD.
WEYMOUTH RD.
CAMBERWELL WAY
SILKSWORTH LANE
SILKSWORTH WAY
ALLENDALE ROAD
BURDON LANE
HANGMANS LANE
MOOR LANE
FARM ROAD
HALL FARM ROAD
BISHOPS WAY
SILKSWORTH HALL DR.
VICARAGE CLOSE
ROAD CLOSE

HIGH NEWPORT
RYHOPE COLLIERY
TUNSTALL
RYHOPE GOLF COURSE
Venerable Bede Secondary School
New Silksworth Jun. & Inf. Schs.
St.Leonard's RC Prim. Sch.
NEW SILKSWORTH
SR3
Sunderland
Mill Hill Nursery Sch.
Mill Hill Prim. Sch.
Doxford Park
Burdon Hall
Burdon
Burn Hall Farm
Moory Nook
Howly Hill
East Farm
Poultry Farm
Council Offices
SUNDERLAND BY-PASS

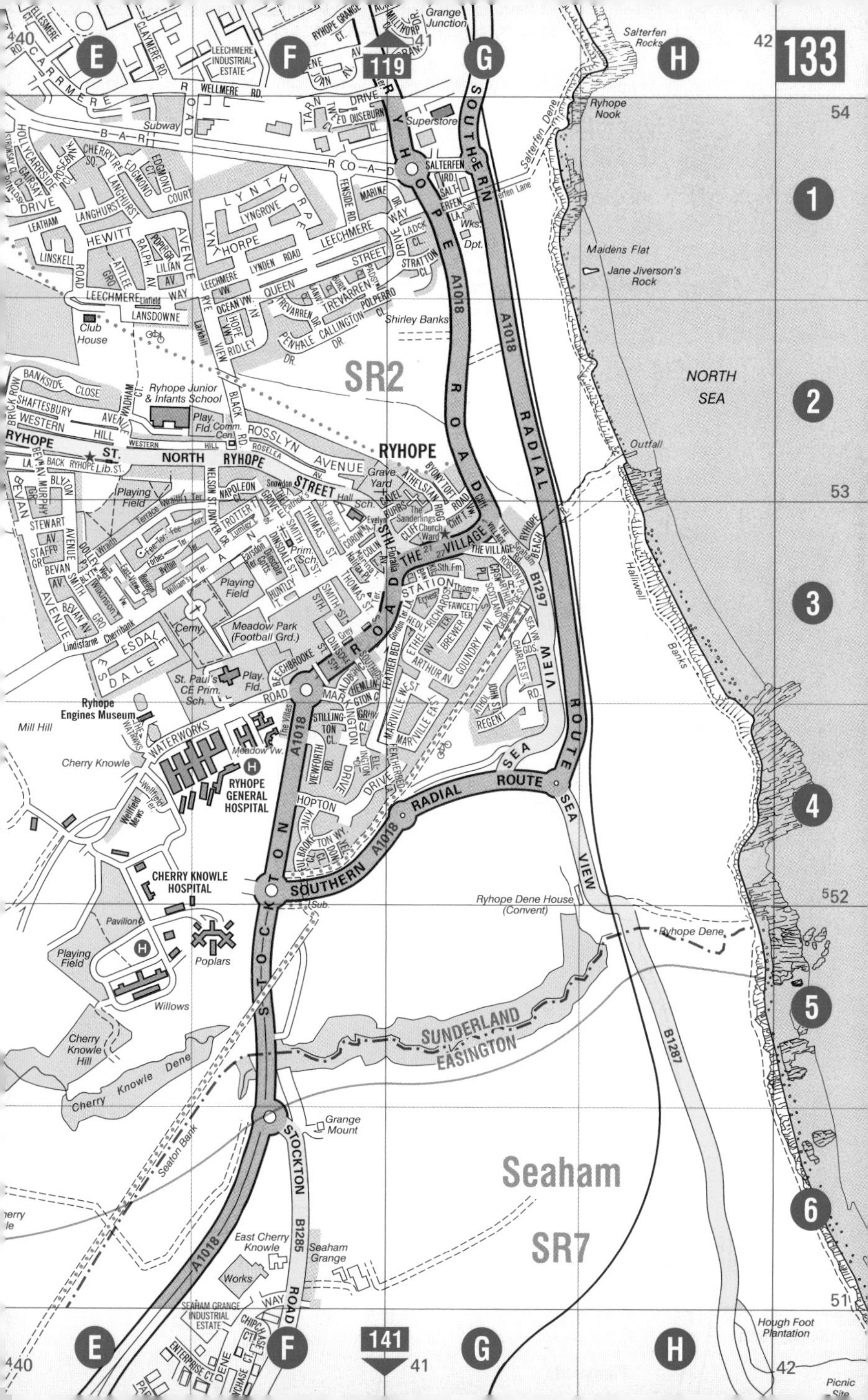

E
F
G
H
119
141
1
2
3
4
5
6
54
53
52
51
40
41
42
Salterfen Rocks
Ryhope Nook
Grange Junction
LEECHMERE INDUSTRIAL ESTATE
WELLMERE RD.
Subway
Superstore
SALTERFEN
Salterfen Dene
Salterfen Lane
Salt Wks.
Dpt.
Maidens Flat
Jane Jiverson's Rock
Shirley Banks
SR2
NORTH SEA
Club House
Ryhope Junior & Infants School
Play. Fld.
Comm. Cen.
RYHOPE
NORTH
RYHOPE
STREET
Grave Yard
Outfall
Playing Field
Meadow Park (Football Grd.)
Cemy.
St. Paul's CE Prim. Sch.
Ryhope Engines Museum
Mill Hill
Cherry Knowle
RYHOPE GENERAL HOSPITAL
CHERRY KNOWLE HOSPITAL
Pavilion
Playing Field
Poplars
Willows
Cherry Knowle Hill
Cherry Knowle Dene
Seaton Bank
A1018
B1297
B1287
B1285
RYHOPE ROAD
SOUTHERN RADIAL ROUTE
SEA VIEW
STOCKTON ROAD
Ryhope Dene House (Convent)
Ryhope Dene
SUNDERLAND
EASINGTON
Halliwell Banks
Grange Mount
Seaham
SR7
East Cherry Knowle
Seaham Grange
Works
SEAHAM GRANGE INDUSTRIAL ESTATE
Hough Foot Plantation
Picnic Site

CHESTER-LE-STREET
The Hermitage School
Playing Field
Whitehill Villa
Prim. Sch.
Play. Field
Newker Primary School
Day Care Cen.
West Ho.
CHESTER-LE-STREET COMM. HOSP.
Cricket Grd.
Prim. Sch.
ROPERY
Cemetery
Red Rose Primary Sch.
The Vineries
Garden House Fm.
Bowling Green
Primrose Lodge (Rehab. Unit)
The Hermitage Tennis Ct.
SOUTHBURN DENE
Weirs
Southburn Grange
Chester Dene
RIVER WEAR
Waldridge Cottage
Waldridge Wood
Moor Cottage
Chester Moor Farm
DH2
Playing Field
Chester Moor
Holm Hill
Chester-le-Street Town FC
Holmhill
Bog Wood
Long Wood
Ford
Dark Wood
West Hill
Reception Centre
Reservoir (covered)
Lodge
Blackdene Farm
Greenacres
Plawsworth Farm
The Mews
Plawsworth Hall Farm
Blackdene Bridge
Dene Cottage
Nettlesworth
Plawsworth
Southill Hall
WALDRIDGE RD.
DURHAM ROAD
PARK ROAD A167
A167
UNION LANE
WALDRIDGE LANE
BEANEY LANE
WHEATLEY WELL LANE
HOLM HILL LANE
DARLEY COURT
126
144
A B C D
1 2 3 4 5 6
26 27
51 50 49 48

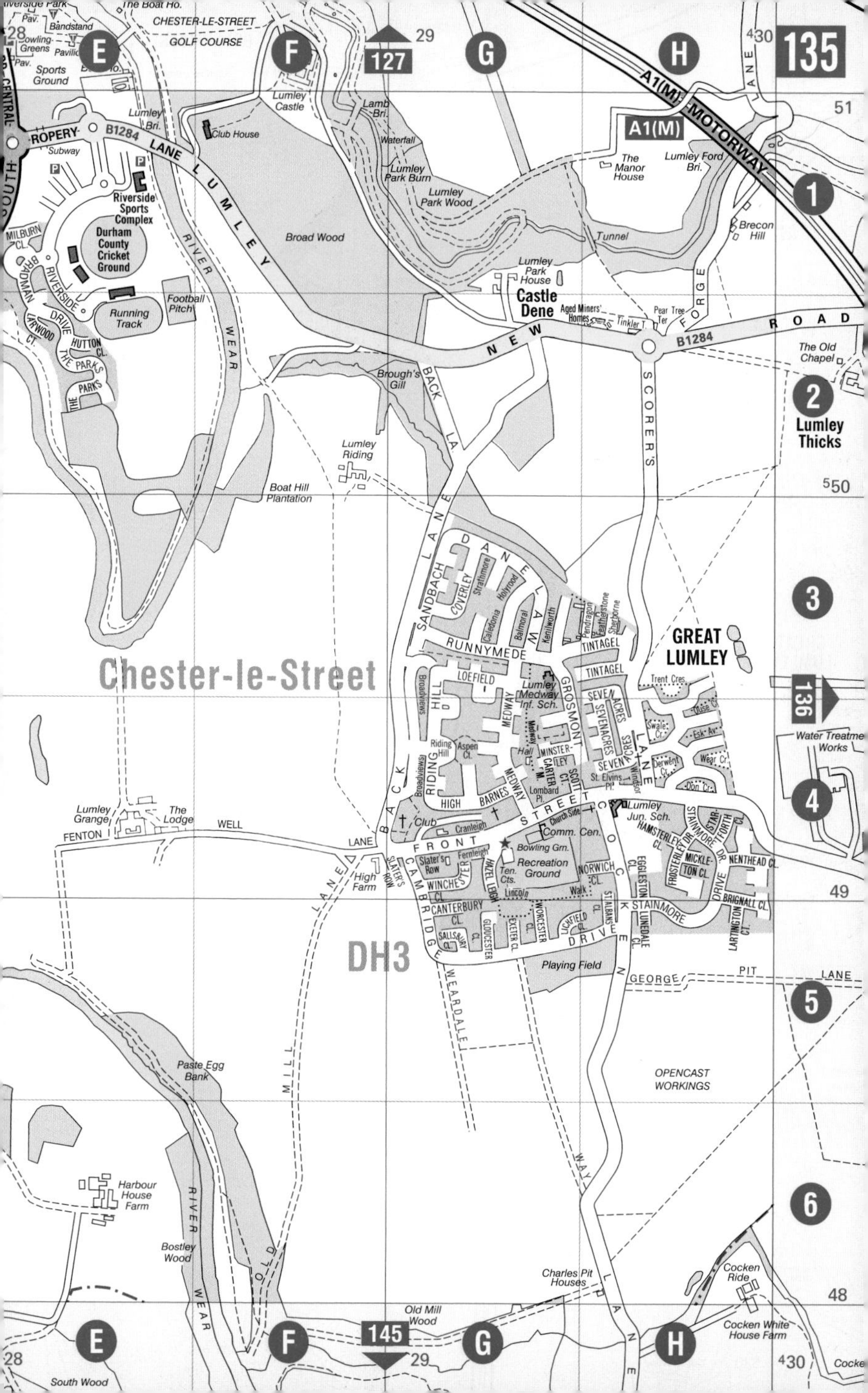
127
145
136
Chester-le-Street
DH3
GREAT LUMLEY
Castle Dene
Lumley Thicks
CHESTER-LE-STREET GOLF COURSE
The Boat Ho.
Bandstand
Bowling Greens
Pavilion
Sports Ground
Riverside Sports Complex
Durham County Cricket Ground
Running Track
Football Pitch
Lumley Castle
Club House
Lamb Bri.
Waterfall
Lumley Park Burn
Lumley Park Wood
Broad Wood
The Manor House
Lumley Ford Bri.
Brecon Hill
Tunnel
Lumley Park House
Aged Miners' Homes
Tinkler T.
Pear Tree Ter.
A1(M) MOTORWAY
A1(M)
B1284
NEW ROAD
LUMLEY LANE
ROPERY
SOUTH
Subway
Lumley Bri.
MILBURN CL.
BRADMAN
RIVERSIDE DRIVE
LARWOOD CT.
HUTTON CL.
THE PARKS
RIVER WEAR
Brough's Gill
BACK LA.
SCORER'S LANE
FORGE LANE
The Old Chapel
Lumley Riding
Boat Hill Plantation
SANDBACH
DANELAW
COVERLEY
Strathmore
Holyrood
Caledonia
Balmoral
Kenilworth
Pendragon
Featherstone
Sherborne
RUNNYMEDE
TINTAGEL
LOEFIELD
Broadviews
HILL
MEDWAY
Lumley Medway Inf. Sch.
GROSMONT
SEVEN ACRES
SEVENACRES
Trent Cres.
Swale Cr.
Ouse Cr.
Esk Av.
Derwent Cr.
Wear Cr.
Don Cr.
Water Treatment Works
Riding Hill
Aspen Ct.
RIDING HILL
MINSTERLEY
CARTER M.
Hall
SCOTT CT.
St. Elvins Pl.
Windsor
Lombard Pl.
HIGH BARNES
Club
Cranleigh
FRONT STREET
Church Side
Lumley Jun. Sch.
Comm. Cen.
Bowling Grn.
Recreation Ground
Ten. Cts.
COCKEN LANE
HAMSTERLEY CL.
STAINMORE DR.
STARFORTH CL.
FROSTERLEY DR.
MICKLETON CL.
NENTHEAD CL.
EGGLESTON CL.
DRIVE
BRIGNALL CL.
LARTINGTON CT.
LUNEDALE CL.
STAINMORE DRIVE
NORWICH CL.
ST. ALBANS
Lincoln Walk
Slater's Row
SLATER'S ROW
Fernleigh
HAZEL LEIGH
WINCHESTER CL.
CAMBRIDGE
CANTERBURY CL.
SALISBURY CL.
GLOUCESTER
EXETER CL.
WORCESTER CL.
LICHFIELD CL.
Playing Field
High Farm
Lumley Grange
The Lodge
FENTON WELL LANE
MILL LANE
WEARDALE WAY
GEORGE PIT LANE
OPENCAST WORKINGS
Paste Egg Bank
Harbour House Farm
Bostley Wood
OLD RIVER WEAR
Charles Pit Houses
Old Mill Wood
Cocken Ride
Cocken White House Farm
South Wood
E
F
G
H
1
2
3
4
5
6
28
29
430
51
550
49
48

A
B
C
D
128
BOURNMOOR
New Lambton
Primrose Hill
Primrose Hill House
Lumley Park Burn
Floaters Mill Bri.
Lumley Park Wood
Brecon Hill
A1(M)-MOTORWAY
A1(M)
LUMLEY NEW ROAD
B1284
A1052
Woodstone Village
Woodstone House
The Old Chapel
Lumley Thicks
Chester-le-Street
DH3
GREAT LUMLEY
135
Water Treatment Works
Pea Flatts Farm
PEA FLATTS LANE
Morton Grange Farm
Morton Cottage
The Rookery
Morton Ho.
Morton Wood
SUNDERLAND CHESTER-LE-STREET
NEWBOTTLE LANE
Black Boy Bridge
BLACK BOY
Morton Acres
GEORGE PIT LANE
Lumley Moor Farm
CHESTER-LE-STREET
DURHAM
Cocken Ride
Cocken White House Farm
146
RYE HILL
1
2
3
4
5
6

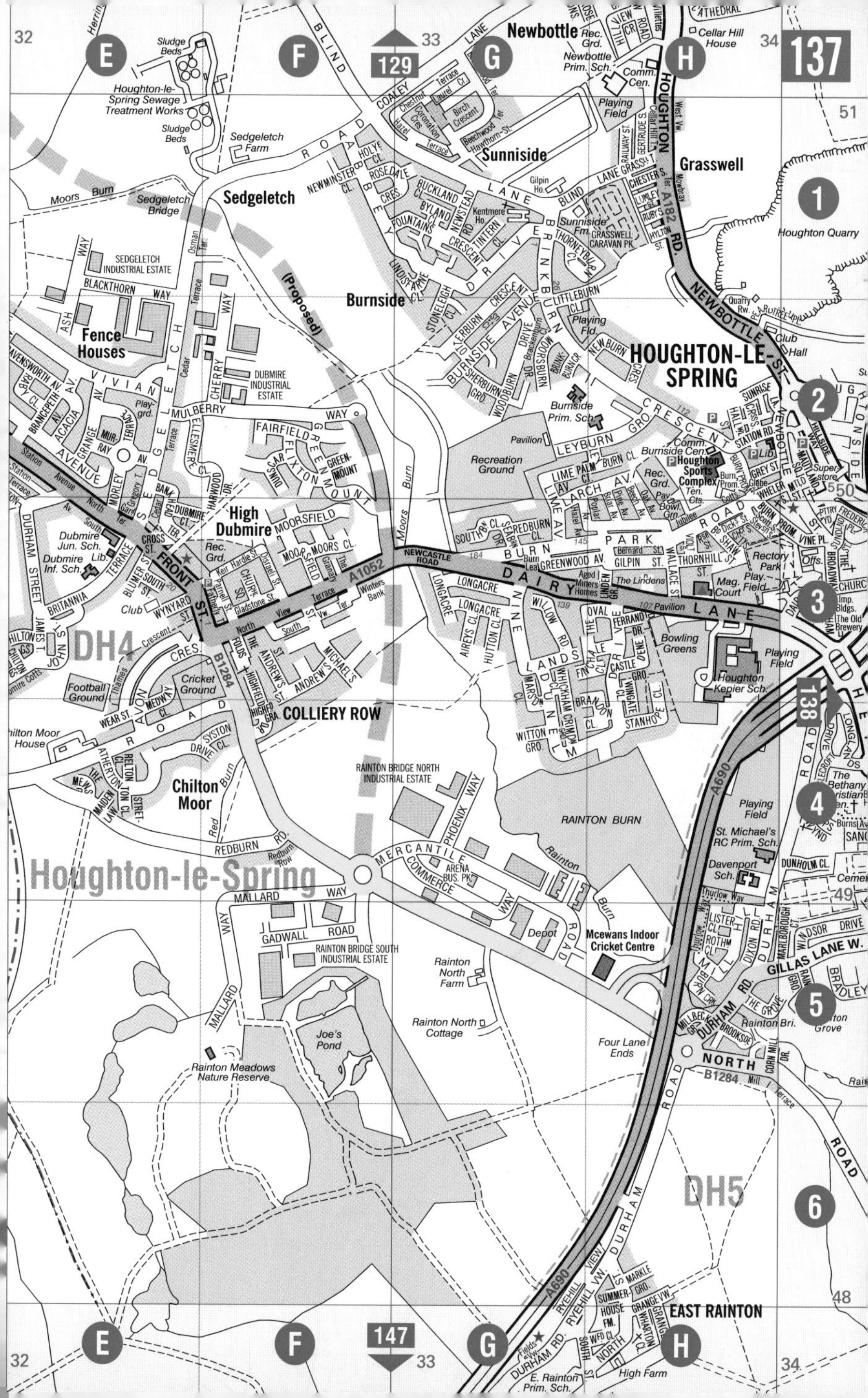
Newbottle
Sunniside
Grasswell
Houghton Quarry
Sedgeletch
Burnside
Fence Houses
HOUGHTON-LE-SPRING
High Dubmire
COLLIERY ROW
Chilton Moor
DH4
Houghton-le-Spring
RAINTON BURN
RAINTON BRIDGE NORTH INDUSTRIAL ESTATE
RAINTON BRIDGE SOUTH INDUSTRIAL ESTATE
SEDGELETCH INDUSTRIAL ESTATE
DUBMIRE INDUSTRIAL ESTATE
Houghton-le-Spring Sewage Treatment Works
Rainton Meadows Nature Reserve
Joe's Pond
Mcewans Indoor Cricket Centre
Houghton Kepier Sch.
Houghton Sports Complex
Recreation Ground
Four Lane Ends
Rainton North Farm
Rainton North Cottage
EAST RAINTON
DH5
DAIRY LANE
NEWBOTTLE ST.
HOUGHTON RD.
A182
A1052
A690
B1284
DURHAM ROAD
FRONT ST.
129
147
138
33
34
32
51
50
49
48

Newbottle
A
Over the Hill Farm
B
130
C
Middle Haining
Haining
D
Grasswell
1
DH4
Houghton Quarry
The Clouds
Houghton Hill
Field House Sand Hole
Houghton Hill Farm
Cemetery
Houghton-le-Spring
HOUGHTON-LE-SPRING
2
Houghton Burn
Council Depot
MARKET PLACE INDUSTRIAL ESTATE
Earsdon Grange
Field House Farm
New Town
White House Farm
3
Kirk Lee Playing Field
DH5
Club House
137
Bernard Gilpin Prim. Sch.
Gillas La. Prim. Sch.
HOUGHTON-LE-SPRING GOLF COURSE
Copt Hill
4
The Bethany Christian Cen.
St. Michael's RC Prim. Sch.
Davenport Sch.
Cemetery
Dene House Farm
Rescue Station Cotts.
Rough Dene
5
Rainton Grove
BROOMHILL ESTATE
Playing Field
Low Downs
Eppleton Primary School
High Downs
Hetton Houses Wood
Broom Hill
Cricket Ground
Hetton Downs
Eppleton
6
Hetton Park
Croudace's House
Cemetery
A
B
148
C
D
Tennis Courts

131
149
140
THE MOORS
Warden Law North Farm Cottage
Warden Law North Farm
HANGMANS LANE
Karting North East (Go-Kart Track)
High Moors
SALTER'S LANE
B1404
Warden Law
Old Burdon
Old Burdon Farm
The Stables
Sharpley Burn
SUNDERLAND
EASINGTON
The Cottage
LOW MOORS
High Sharpley
Seaham
SR7
Rough Dene Burn
Sharpley Plantations
GREEN LANE
South Sharpley
NORTH LANE
WINDMILL HILL
PIT LANE
Great Eppleton
CARRHOUSE LANE
HETTON LYONS COUNTRY PARK

A
B
C
D
38
39
132
West Farm
Burn Hall Farm
Ford
Burdon Dene
Subway
SR3
A19
SUNDERLAND
BY-PASS
51
1
Old Burdon South
Old Burdon Hamlet
The Stables
The Lodge
Old Burdon
Old Burdon Farm
Pacific Hall Farm
Sharpley Burn
SUNDERLAND
EASINGTON
2
Sharpley Hall Farm
B1404
550
THE MEADOWS
Cairnside
SEATON
HALL CL.
SEATON GRO.
CRES
HILLRISE
Nursery
Seaton
AVONCROFT CL.
Sharpley Burn
Seaton Burn
3
Lynwood
139
Seaton Plantation
Seaton Bank Top
The Maples
4
Seaton Moor House
Northside
49
Stotfold Farm
Haverley House
5
Slingley Hill West
Slingley Hill East
Slingley Hill South
6
Dalton Moor
48
Water Gate
150
Burnside

E
F
G
H
133
151
142
1
2
3
4
5
6
440
41
42
51
50
49
48
East Cherry Knowle
Seaham Grange
Works
SEAHAM GRANGE INDUSTRIAL ESTATE
ENTERPRISE CT.
PARTNERSHIP CT.
CHEVYCHASE CT.
CHIPCHASE CT.
DENE WAY
DENE WY.
HALL
B1285
STOCKTON ROAD
GLEBE DR.
Glebe Estate
South Grange Park
FIELD HOUSE FM.
A1018
A19
B1404
B1287
Hough Foot Plantation
Picnic Site
Cemetery
Hall Farm
Hall Fm. Cotts.
Mews Cotts.
Seaham Hall
Byrons Ct.
The Cottage
Hall Station Cottage
Playing Field
LORD BYRONS WALK
Seaham Dene
Ice House Dene
Electricity Transformer Station
East Shore Village
SEAHAM
Seaham
SR7
Northlea
Westlea
Deneside
Dalton-le-Dale
Lodge Field Plantation
Cricket Ground
New Seaham Prim. Sch.
Seaham School of Technology
Aged Miners Homes
Football Ground
Bowling Green
War Mem.
St. Cuthbert's RC Prim. Sch.
Westlea Primary School
KINGFISHER INDUSTRIAL ESTATE
Recreation Ground
Seaham Leisure Cen.
Dawdon Dene Park
Deneside Inf. & Jun. Schools
Comm. Cen.
Play. Fld.
STATION ROAD
DURHAM ROAD
NORTHLEA ROAD
GRAHAM WAY
THE AVENUE
MILTON ROAD
ENFIELD ROAD
NEW STRANGFORD ROAD
STRANGFORD RD.
Youth Cen.
Ten. Cts.
Pav.
Cricket Ground
Scawpie Dene
Seaton Burn
The Dene
Dawdon Dene
Ewe Hill
Ewe Hill Gutter
Dene Farm
Dalden Tower (remains of)
West Farm
Cragdale Vs.
Dalton Bridge
Burnside Cottages
St. Cuthbert's Ter.
East Farm
Pumping Station
Dalton Dene
Playing Field
Parkside Infant School
WALTON AV.
DALTON HEIGHTS
WEYMOUTH DRIVE
WINDERMERE
WATLING AVENUE
WINDSOR RD.
MELROSE CR.
ELLESMERE DR.
EVERTON DR.
EASTLEA RD.
PORTLAND
QUEENSBURY RD.
MALVERN
CRESCENT
OXFORD ST.
LAUREL AV.
Dalton Av.
Exeter Av.
Frank Av.
Grantham Av.
Hexham Av.
Ivy Av.
Jasper Avenue
Kingston
THE LAWNS
Lawnside

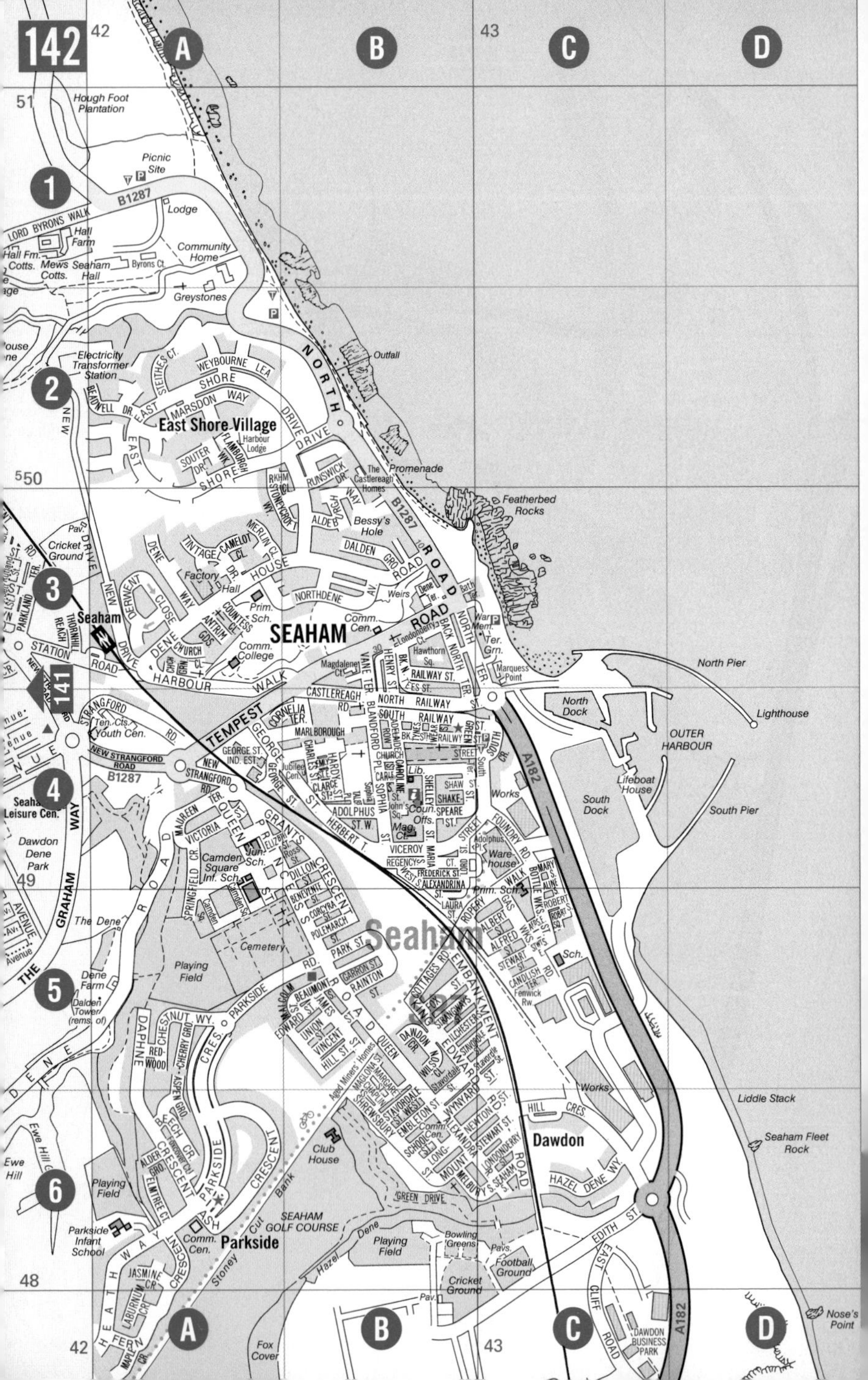
A
B
C
D
1
2
3
4
5
6
Hough Foot Plantation
Picnic Site
B1287
Lodge
LORD BYRONS WALK
Hall Farm
Hall Fm. Cotts.
Mews Cotts.
Seaham Hall
Byrons Ct.
Community Home
Greystones
Electricity Transformer Station
Outfall
NORTH DRIVE
NORTH ROAD
WEYBOURNE LEA
SHORE
MARSDON WAY
East Shore Village
Harbour Lodge
Promenade
The Castlereagh Homes
RUNSWICK DR.
STONEYCROFT WY.
Bessy's Hole
DALDEN GRO.
Featherbed Rocks
Cricket Ground
TINTAGEL DR.
CAMELOT CL.
MERLIN CL.
Factory
HOUSE ROAD
Hall
NORTHDENE AV.
Weirs
DERWENT CLOSE
DENE WAY
Prim. Sch.
Comm. Cen.
SEAHAM
Seaham
STATION ROAD
Comm. College
HARBOUR WALK
TEMPEST ROAD
War Mem.
Ter. Grn.
Marquess Point
North Pier
Hawthorn Sq.
RAILWAY ST.
NORTH RAILWAY ST.
SOUTH RAILWAY ST.
North Dock
Lighthouse
OUTER HARBOUR
141
STRANGFORD RD.
Youth Cen.
NEW STRANGFORD ROAD
GEORGE ST. IND. EST.
MARLBOROUGH
Lib.
Lifeboat House
South Dock
South Pier
A182
Works
Seaham Leisure Cen.
Dawdon Dene Park
GRAHAM WAY
MAUREEN TER.
VICTORIA
QUEEN ST.
PRINCESS ST.
GRANTS CRESCENT
ADOLPHUS ST. W.
Coun. Offs.
Mag. Ct.
VICEROY ST.
REGENCY
FREDERICK ST.
ALEXANDRINA ST.
Ware-house
FOUNDRY RD.
Camden Square Inf. Sch.
Jun. Sch.
Prim. Sch.
The Dene
Cemetery
PARK ST.
Seaham
Playing Field
Sch.
Dene Farm
Dalden Tower (rems. of)
PARKSIDE
RAINTON ST.
EMBANKMENT ROAD
Fenwick Rw.
CHESTNUT WY.
DAPHNE
REDWOOD
Liddle Stack
Works
HILL CRES.
Dawdon
Seaham Fleet Rock
Ewe Hill
Aged Miners' Homes
Club House
HAZEL DENE WY.
Playing Field
Parkside Infant School
Comm. Cen.
Parkside
SEAHAM GOLF COURSE
GREEN DRIVE
Bowling Greens
Playing Field
Pavs.
Football Ground
Cricket Ground
EDITH ST.
EAST CLIFF ROAD
Stoney Cut Bank
Hazel Dene
Fox Cover
DAWDON BUSINESS PARK
Nose's Point
42
43
51
550
49
48

51

1

2

⁵50

N O R T H   S E A

3

4

49

5

6

48

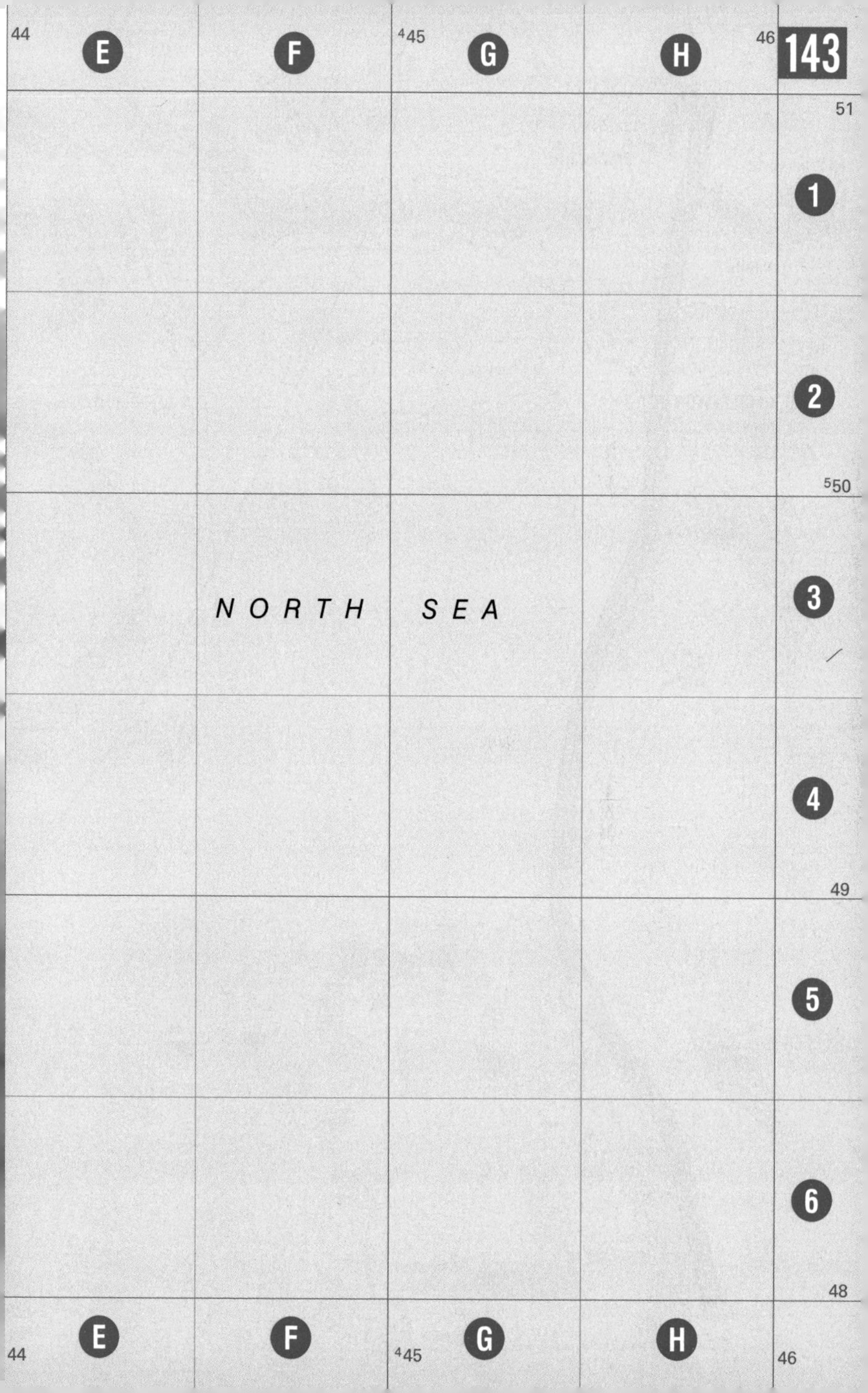

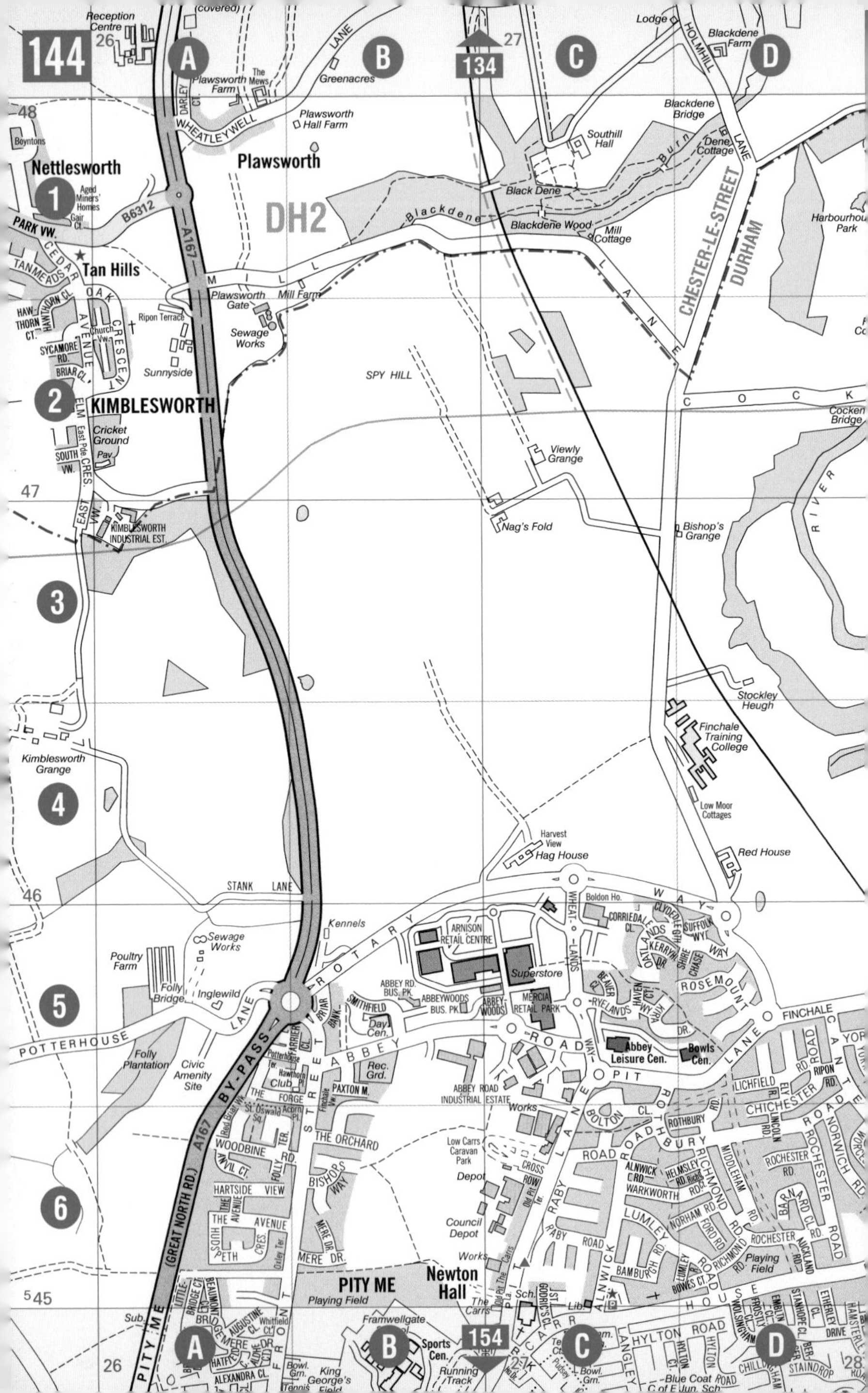

134
154
Nettlesworth
Plawsworth
DH2
Tan Hills
KIMBLESWORTH
Kimblesworth Grange
KIMBLESWORTH INDUSTRIAL EST.
SPY HILL
Viewly Grange
Nag's Fold
Bishop's Grange
Stockley Heugh
Finchale Training College
Low Moor Cottages
Red House
Harvest View
Hag House
Southill Hall
Black Dene
Blackdene Wood
Mill Cottage
Blackdene Bridge
Dene Cottage
Blackdene Farm
Lodge
Greenacres
Plawsworth Farm
Plawsworth Hall Farm
The Mews
Reception Centre
Harbourhouse Park
Cocken Bridge
CHESTER-LE-STREET
DURHAM
A167
B6312
STANK LANE
POTTERHOUSE LANE
ROTARY WAY
ABBEY ROAD
ARNISON RETAIL CENTRE
Superstore
MERCIA RETAIL PARK
Abbey Leisure Cen.
Bowls Cen.
ABBEY ROAD INDUSTRIAL ESTATE
Low Carrs Caravan Park
Council Depot
Sewage Works
Poultry Farm
Folly Bridge
Inglewild
Folly Plantation
Civic Amenity Site
Kennels
PITY ME
Newton Hall
Playing Field
Framwellgate
Sports Cen.
Running Track
King George's Field
Cricket Ground
Plawsworth Gate
Mill Farm
Ripon Terrace
Sunnyside
A167 BY-PASS (GREAT NORTH RD.)
PITY ME
WHEATLEYWELL
MILL LANE
COCKEN
FINCHALE
HOLMHILL LANE
RIVER

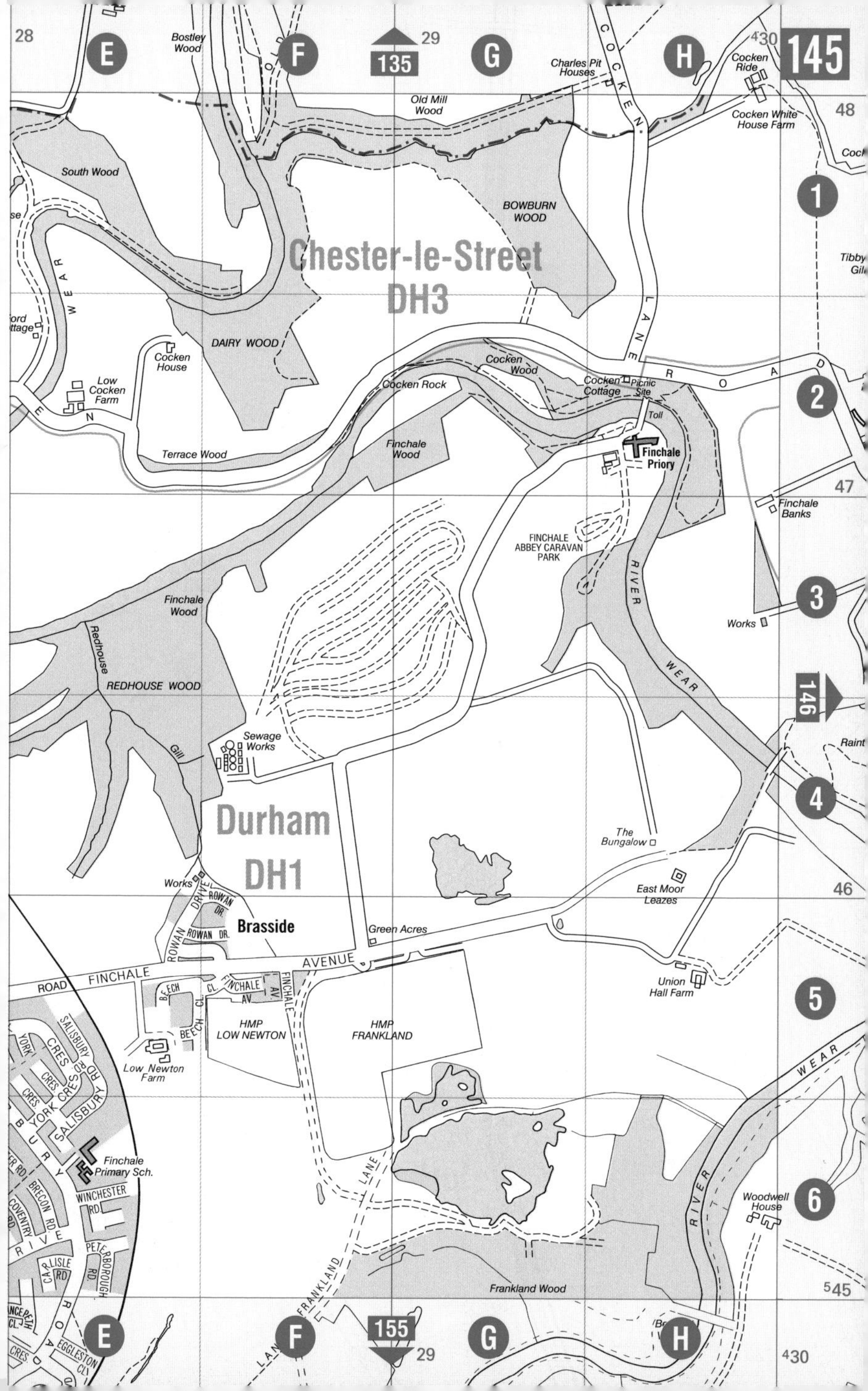

28
E
F
135
29
G
H
430
48
47
46
545
1
2
3
4
5
6
146
155
Bostley Wood
Charles Pit Houses
Cocken Ride
Cocken White House Farm
Old Mill Wood
South Wood
BOWBURN WOOD
Chester-le-Street
DH3
WEAR
COCKEN LANE
DAIRY WOOD
Cocken House
Low Cocken Farm
Cocken Wood
Cocken Rock
Cocken Cottage
Picnic Site
ROAD
Toll
Finchale Priory
Terrace Wood
Finchale Wood
Finchale Banks
FINCHALE ABBEY CARAVAN PARK
RIVER WEAR
Works
Redhouse Gill
REDHOUSE WOOD
Sewage Works
Durham
DH1
The Bungalow
East Moor Leazes
Brasside
ROWAN DRIVE
ROWAN DR.
Green Acres
FINCHALE AVENUE
ROAD FINCHALE
BEECH CL.
FINCHALE AV
HMP LOW NEWTON
HMP FRANKLAND
Union Hall Farm
Low Newton Farm
SALISBURY RD.
YORK CRES.
SALISBURY
Finchale Primary Sch.
WINCHESTER RD
BRECON RD.
COVENTRY
PETERBOROUGH RD.
CARLISLE RD
EGGLESTON CL.
FRANKLAND LANE
Woodwell House
Frankland Wood

430
A
B
C
D
136
31
48
Cocken White House Farm
Cocken Ride
1
DH3
Tibby's Gill
A1(M)
RYE HILL
MARK'S
PIT
LANE
MARK'S
Lane House Farm
Blue House Farm
West Rainton Stables Farm
2
COCKEN
Golf Driving Range
Opencast Workings
COCKEN LODGE FARM CARAVAN PARK
HOUSE
Carr Row
DH4
Whitehouse Farm
47
Jellico Ter.
Finchale Banks
ROAD
ADVENTURE
Broom House
Village Farm
LANE
3
Works
WEST RAINTON
Bowl. Grn.
Playing Field
Leamside
VIEW
CRESCENT
Playgrd.
STATION
LOW STATION RD.
FINCHALE
PROSPECT VW.
AVENUE
RAINTON
FAIR
THE
Play. Field
Sch.
Leamside House
SCHOOL
SCHOOL VIEW
CHAPEL VW.
WOODLAND VW.
WOODLAND
VIEW
145
Salters Cottage
Raintonpark Wood
A1(M)-MOTORWAY
ROAD
VW.
4
Woodside Farm
WOODSIDE
Wood Side
Rainton Gate
46
Mallygill Wood
Mally Gill
Mallygill Craig
A1(M)
PITTI
5
Moor House Farm
Homer Hill Farm
WEAR
Mallygill Turn
Winch Gill
Black Wood
Mally Gill
RIVER
Grange Wood
Durham
6
Woodwell House
A690
DH1
The Rift
RAMSIDE GOLF COURSE
545
Sewage Works
Low Grange
156
31

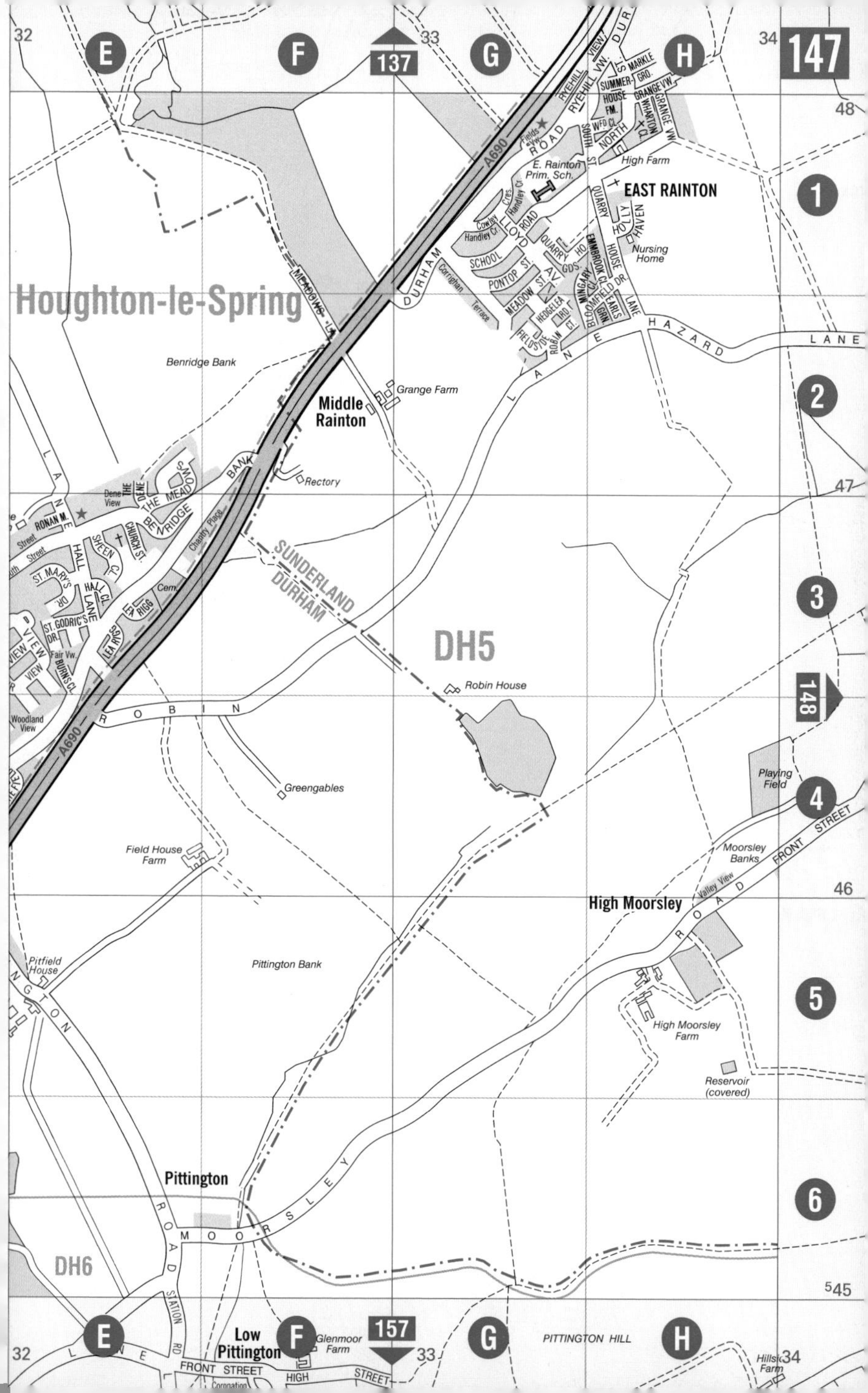

Houghton-le-Spring

EAST RAINTON

E. Rainton Prim. Sch.

High Farm

Nursing Home

HAZARD LANE

Benridge Bank

Grange Farm

Middle Rainton

Rectory

SUNDERLAND
DURHAM

DH5

Robin House

Greengables

148

Playing Field

Field House Farm

Moorsley Banks

High Moorsley

Pitfield House

Pittington Bank

Valley View

FRONT STREET

ROAD

High Moorsley Farm

Reservoir (covered)

Pittington

DH6

Low Pittington

157

Glenmoor Farm

PITTINGTON HILL

Hills Farm

FRONT STREET

HIGH STREET

Coronation

Woodland View

Dene View

RONAN M

THE MEAD
THE LANE

BRIDGE BANK

Cassop Road

MEMORIAL
DURHAM
ROAD
A690

ROBIN

A690 ROAD

A690

DURHAM ROAD

Cowan Pl
Randley Ct
LLOYD C
SCHOOL
PONTOP ST
MEADOW
BELL ST

QUARRY
ST
ROMAN AV

NECKLEA

HESLEA

RED HOUSE LA
CT
CLINT

NURSING HOME DR
RED HOUSE DR

DURHAM
LANE

RYEHILL VW
RYEHILL VW
SUMMER-
HOUSE
FM
WD C
NORTH

RANGE VW
MARKLE
GRO
ORANGE VW
MEADOW
HAVEN

32 33 137 34 147 48

E F G H

1 2 47 3 4 46 5 6 45

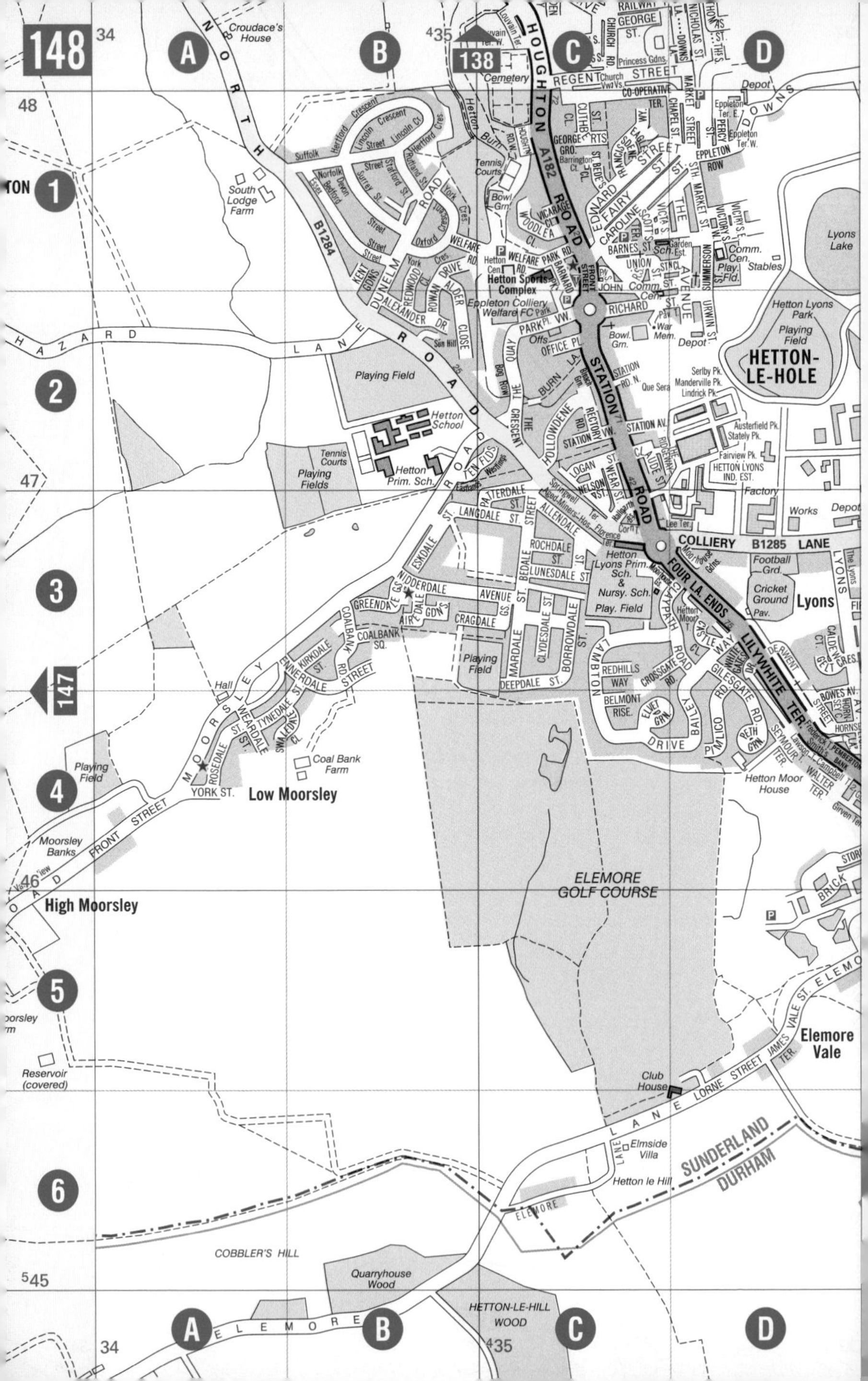
HETTON-LE-HOLE
Hetton Sports Complex
Eppleton Colliery Welfare FC
Hetton School
Hetton Prim. Sch.
Hetton Lyons Prim. Sch. & Nursy. Sch.
HETTON LYONS IND. EST.
Hetton Lyons Park
Lyons Lake
Low Moorsley
High Moorsley
ELEMORE GOLF COURSE
Elemore Vale
Hetton le Hill
Elmside Villa
Club House
COBBLER'S HILL
Quarryhouse Wood
HETTON-LE-HILL WOOD
Coal Bank Farm
South Lodge Farm
Croudace's House
Hetton Moor House
Reservoir (covered)
Moorsley Banks
SUNDERLAND
DURHAM
NORTH ROAD
B1284
HOUGHTON ROAD
A182
STATION ROAD
FOUR LA. ENDS
LILYWHITE TER.
COLLIERY LANE
B1285
HAZARD LANE
ELEMORE LANE
LORNE STREET
FRONT STREET
MOORSLEY ROAD
YORK ST.
REGENT STREET
EPPLETON ROW
DOWNS
138
147

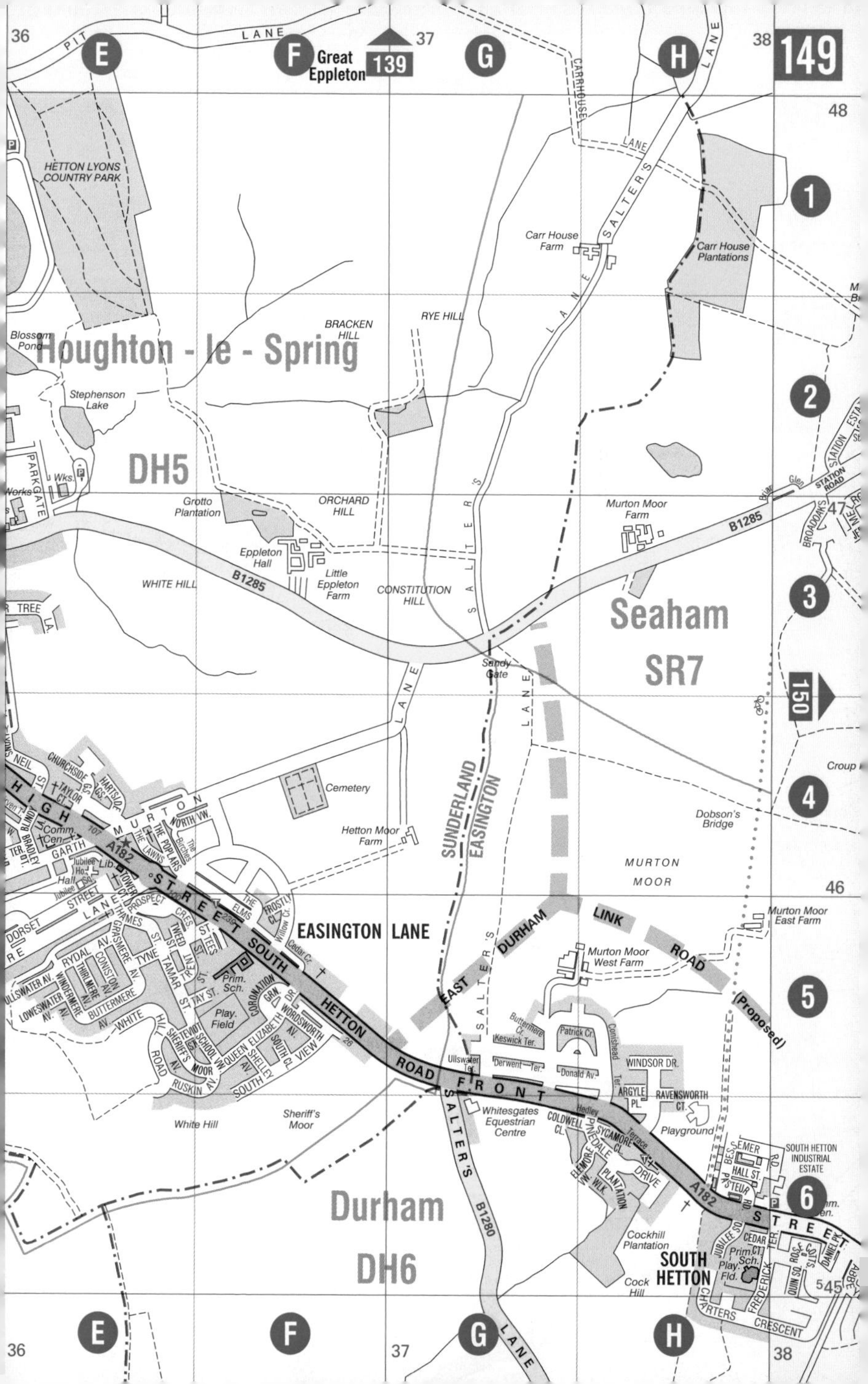
Great Eppleton
139
150
Houghton - le - Spring
DH5
Seaham
SR7
Durham
DH6
HETTON LYONS COUNTRY PARK
Blossom Pond
Stephenson Lake
BRACKEN HILL
RYE HILL
Carr House Farm
Carr House Plantations
Grotto Plantation
ORCHARD HILL
Eppleton Hall
Little Eppleton Farm
CONSTITUTION HILL
WHITE HILL
Murton Moor Farm
Sandy Gate
Cemetery
Hetton Moor Farm
Dobson's Bridge
MURTON MOOR
Murton Moor East Farm
Murton Moor West Farm
EASINGTON LANE
EAST DURHAM LINK ROAD (Proposed)
SUNDERLAND
EASINGTON
B1285
A182
B1280
PIT LANE
CARRHOUSE LANE
SALTER'S LANE
HIGH STREET SOUTH
HETTON ROAD
FRONT STREET
Whitesgates Equestrian Centre
Playground
SOUTH HETTON INDUSTRIAL ESTATE
Cockhill Plantation
Cock Hill
SOUTH HETTON
White Hill
Sheriff's Moor
Play. Field
Prim. Sch.
CHARTERS CRESCENT
Croup

A
B
C
D
140
149
38
39
48
47
46
45
1
2
3
4
5
6
Water Gate
Dalton Moor
Burnside
Sandy Hill
Carr House Plantations
Murton Bridge
MURTON
Playing Fields
Prim. Sch.
Lib.
Murton Prim. Sch.
Turnbull Cres.
Aged Miners' Homes
War. Mem.
Church La. N.
The Village
Vicarage
Cemetery
St. Joseph's Catholic Prim. Sch.
Ckt. Grd.
Depot
Football Grounds
Murton Rec. Grd.
Cornwall Estate
Works
Durham Pl.
Hesledon Moor East
Croup Hill
Dobson's Bridge
Long Run
Murton Moor East Farm
Durham
DH6
EAST DURHAM LINK ROAD (Proposed)
Coop House Wood
Woodlands
SOUTH HETTON
SOUTH HETTON INDUSTRIAL ESTATE
Comm. Cen.
Football Ground
Miners' Welfare Grounds
Carr's Farm
Great Coop House Farm
STATION ROAD
B1285
CHURCH ROAD
CHURCH LANE
FRONT STREET
A182
WINDERMERE ROAD
HAWTHORN RD.

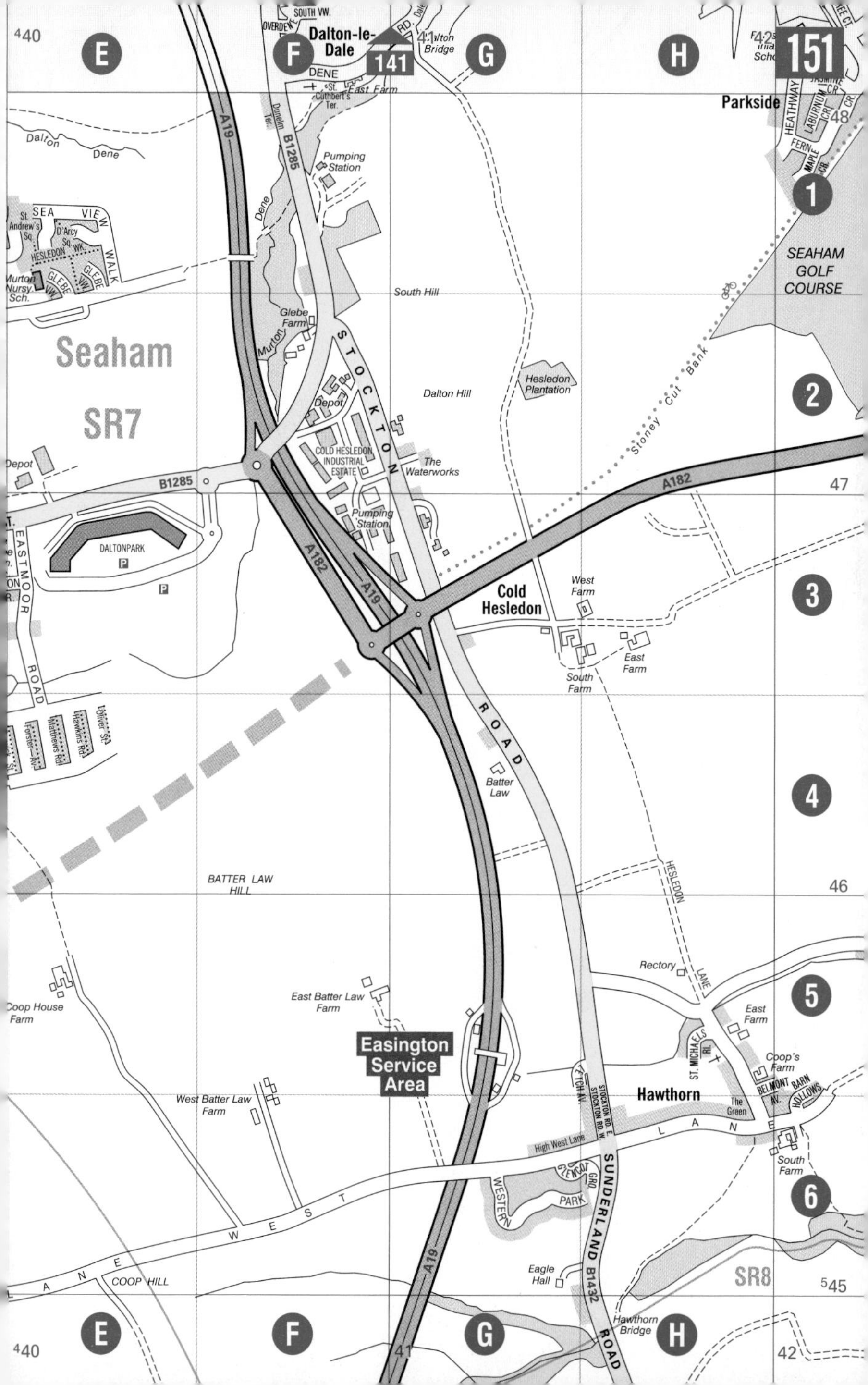

Dalton-le-Dale
141
Dalton Bridge
SOUTH VW.
DENE
St. Cuthbert's Ter.
East Farm
Parkside
HEATHWAY
LABURNUM CR.
FERN
MAPLE CR.
Dalton Dene
Dunelm Ter.
B1285
Pumping Station
A19
Dene
SEA VIEW WALK
St. Andrew's Sq.
D'Arcy Sq.
HESLEDON WK.
GLEBE VW.
Murton Nursy. Sch.
SEAHAM GOLF COURSE
South Hill
Glebe Farm
Murton
STOCKTON ROAD
Seaham
SR7
Depot
Dalton Hill
Hesledon Plantation
Stoney Cut Bank
COLD HESLEDON INDUSTRIAL ESTATE
The Waterworks
A182
B1285
DALTONPARK
EASTMOOR ROAD
Pumping Station
Cold Hesledon
West Farm
East Farm
South Farm
Oliver St.
Hawkins Rd.
Matthews Rd.
Forster Av.
Batter Law
BATTER LAW HILL
HESLEDON LANE
Rectory
East Batter Law Farm
Coop House Farm
Easington Service Area
East Farm
ST. MICHAELS RL.
Coop's Farm
BELMONT AV.
BARN HOLLOWS
LETCH AV.
STOCKTON RD. E.
STOCKTON RD. W.
Hawthorn
The Green
West Batter Law Farm
High West Lane
WEST LANE
South Farm
GLENCOT GRO.
WESTERN PARK
SUNDERLAND ROAD
B1432
Eagle Hall
SR8
COOP HILL
Hawthorn Bridge
E
F
G
H
1
2
3
4
5
6
440
41
42
45
46
47
48

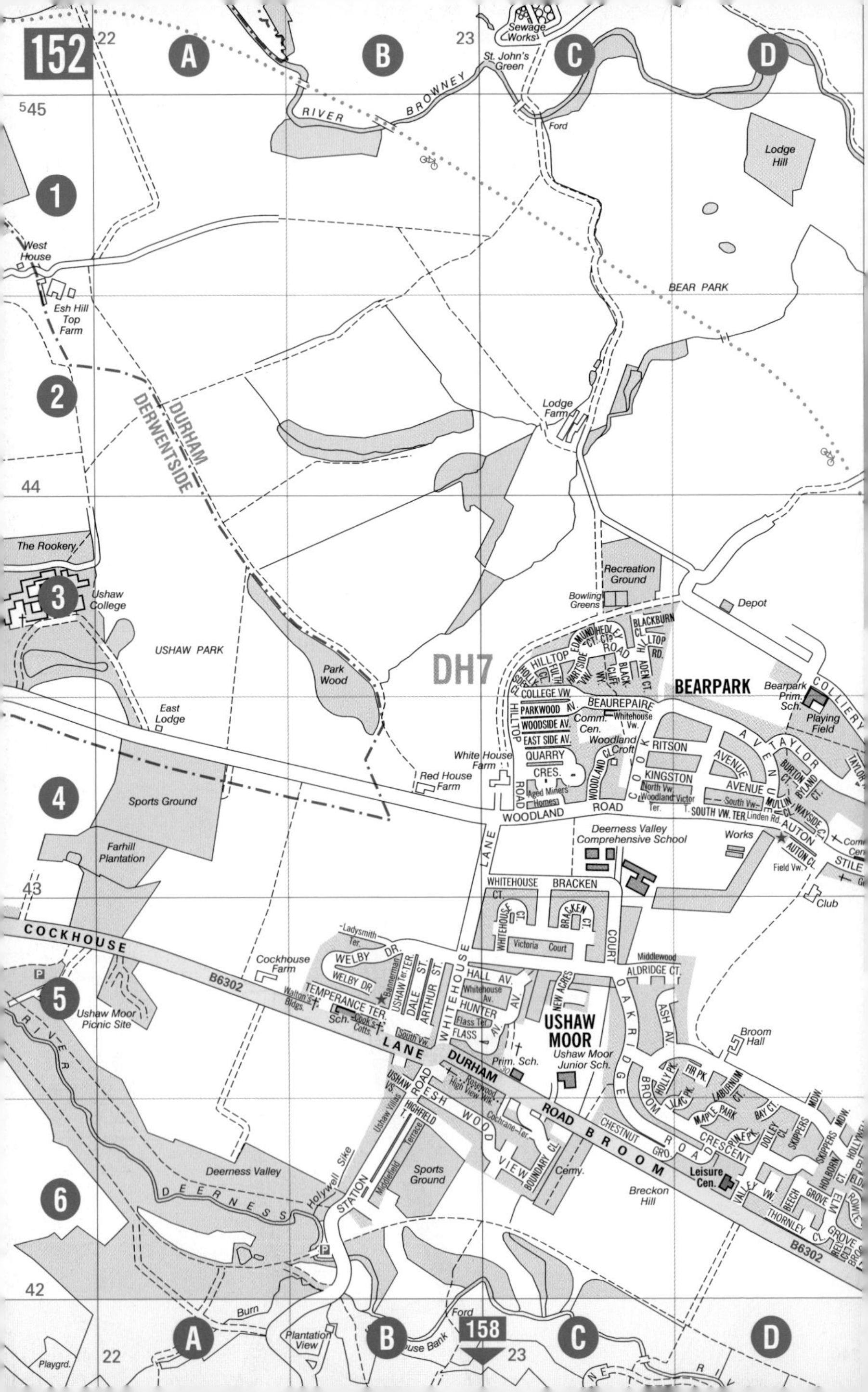
Sewage Works
St. John's Green
RIVER BROWNEY
Ford
Lodge Hill
West House
Esh Hill Top Farm
BEAR PARK
DURHAM
DERWENTSIDE
Lodge Farm
The Rookery
Ushaw College
USHAW PARK
Park Wood
DH7
Recreation Ground
Bowling Greens
Depot
BEARPARK
Bearpark Prim. Sch.
Playing Field
East Lodge
White House Farm
Red House Farm
Comm. Cen.
Woodland Croft
Sports Ground
Farhill Plantation
WOODLAND ROAD
Deerness Valley Comprehensive School
Works
Club
COCKHOUSE
Cockhouse Farm
B6302
Ushaw Moor Picnic Site
USHAW MOOR
Ushaw Moor Junior Sch.
Prim. Sch.
Broom Hall
Leisure Cen.
Breckon Hill
Cemy.
Sports Ground
Deerness Valley
DEERNESS
Holywell Sike
Plantation View
Playgrd.
Burn
Ford
COLLIERY
TAYLOR
AVENUE
BROOM ROAD
CRESCENT

158

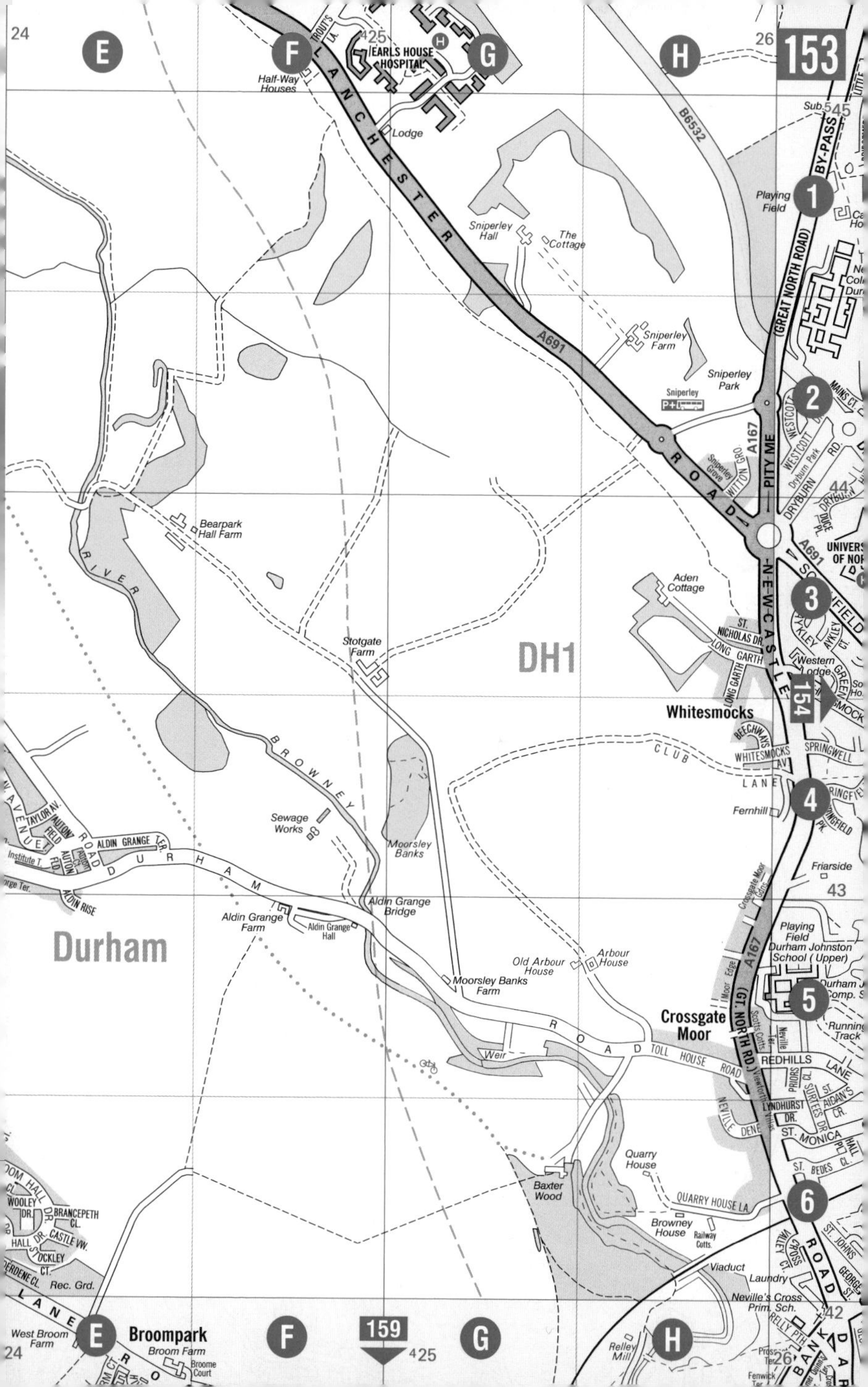

EARLS HOUSE HOSPITAL

Half-Way Houses

Lodge

MANCHESTER

Sniperley Hall

The Cottage

Sniperley Farm

Sniperley Park

Sniperley
P+R

A691

ROAD

A167

PITY ME

NEWCASTLE

BY-PASS

(GREAT NORTH ROAD)

Sub. 545

Playing Field

1

2

RIVER

Bearpark Hall Farm

Stotgate Farm

DH1

Aden Cottage

ST. NICHOLAS DR.

LONG GARTH

KING'S GARTH

BEECHWAY

SCHOOLFIELD

Western Lodge

A691

UNIVERS OF NO

3

154

Whitesmocks

CLUB

WHITESMOCKS
LANE

SPRINGWELL

BROWNEY

Sewage Works

Moorsley Banks

Fernhill

Friarside

43

4

WAVENEY

TAYLOR AV.
MILBURN

ALDIN GRANGE TER.

ALDIN RISE

DURHAM

ROAD

Institute I

orge Ter.

Aldin Grange Farm

Aldin Grange Hall

Aldin Grange Bridge

Durham

Moorsley Banks Farm

Old Arbour House

Arbour House

Weir

ROAD

TOLL HOUSE ROAD

(OR HURON 19)

A167

Moor Edge

Playing Field
Durham Johnston School (Upper)

Durham Comp.

Running Track

5

Crossgate Moor

REDHILLS

PRIORS
DR.

LYNDHURST DR.

ST. AIDAN'S CR.

DENE

ST. MONICA

ST. BEBES CT.

GLE

Quarry House

Baxter Wood

Browney House

Railway Cutts.

QUARRY HOUSE LA.

6

Viaduct

Laundry

Neville's Cross Prim. Sch.

ROAD

BANK

TOM HALL

WOOLEY

BRANCEPETH CL.
CASTLE VW.

HALL
CKLEY
CT.

Rec. Grd.

ERDENE CL.

LANE

West Broom Farm

Broom Farm

Broome Court

425

Relley Mill

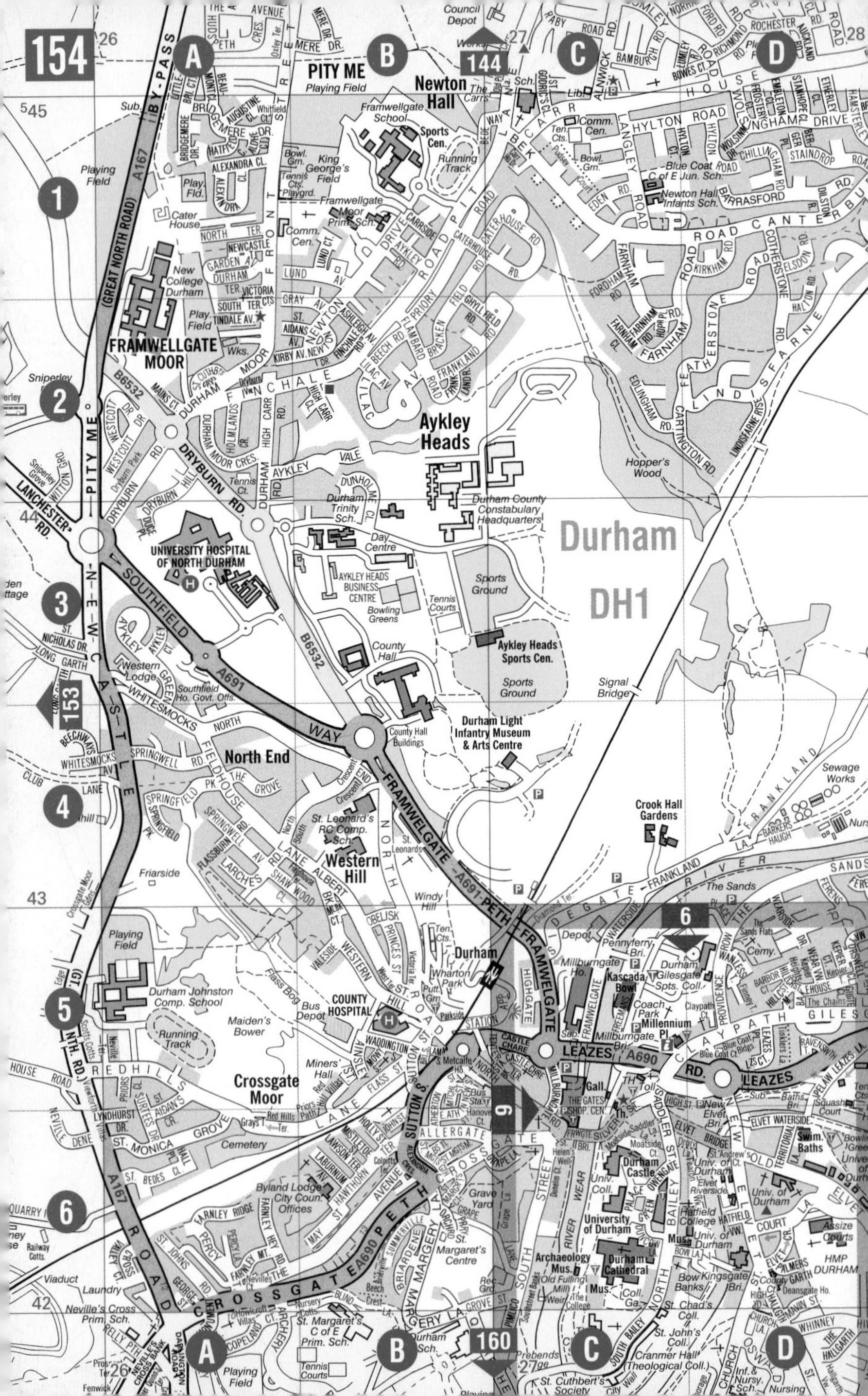

A
B
C
D
1
2
3
4
5
6
26
27
28
545
44
43
42
144
153
160
6
PITY ME
Playing Field
Newton Hall
Framwellgate School
Sports Cen.
Running Track
King George's Field
Framwellgate Moor Prim. Sch.
Comm. Cen.
New College Durham
FRAMWELLGATE MOOR
Cater House
Play. Fld.
Play. Field
Wks.
Sniperley Grove
LANCHESTER RD.
PITY ME
Dryburn Park
UNIVERSITY HOSPITAL OF NORTH DURHAM
SOUTHFIELD
A691
WAY
NEWCASTLE
GREAT NORTH ROAD
A167
B6532
Aykley Heads
Durham County Constabulary Headquarters
Durham Trinity Sch.
Day Centre
AYKLEY HEADS BUSINESS CENTRE
Bowling Greens
Tennis Courts
Sports Ground
County Hall
Aykley Heads Sports Cen.
Durham
DH1
Hopper's Wood
Signal Bridge
Durham Light Infantry Museum & Arts Centre
County Hall Buildings
North End
Western Lodge
Southfield Ho. Govt. Offs.
WHITESMOCKS
St. Leonard's RC Comp. Sch.
Western Hill
Windy Hill
Friarside
FRAMWELLGATE PETH A691
Crook Hall Gardens
Sewage Works
FRANKLAND LA.
The Sands
RIVER
Durham Johnston Comp. School
Running Track
Maiden's Bower
Flass Bog
Bus Depot
COUNTY HOSPITAL
Wharton Park
Durham
Miners' Hall
Crossgate Moor
Cemetery
Byland Lodge City Coun. Offices
Grave Yard
St. Margaret's Centre
CROSSGATE PETH A690
LEAZES
A690
CLAYPATH
Millburngate Ho.
Kascada Bowl
Coach Park
Millennium Pl.
Durham Gilesgate Spts. Coll.
Pennyferry Bri.
Millburngate Bri.
Gall.
THE GATES SHOP. CEN.
Durham Castle
Univ. Coll.
University of Durham
Durham Cathedral
Archaeology Mus.
Old Fulling Mill
Prebends Bri.
Hatfield College
Univ. of Durham
Kingsgate Bri.
Elvet Riverside
New Elvet Bri.
Elvet Bri.
Swim. Baths
Assize Courts
HMP DURHAM
St. Chad's Coll.
St. John's Coll.
Cranmer Hall (Theological Coll.)
St. Cuthbert's Society
Durham Sch.
St. Margaret's C of E Prim. Sch.
Neville's Cross Prim. Sch.
Viaduct
Laundry
Railway Cotts.
Playing Field
Tennis Courts

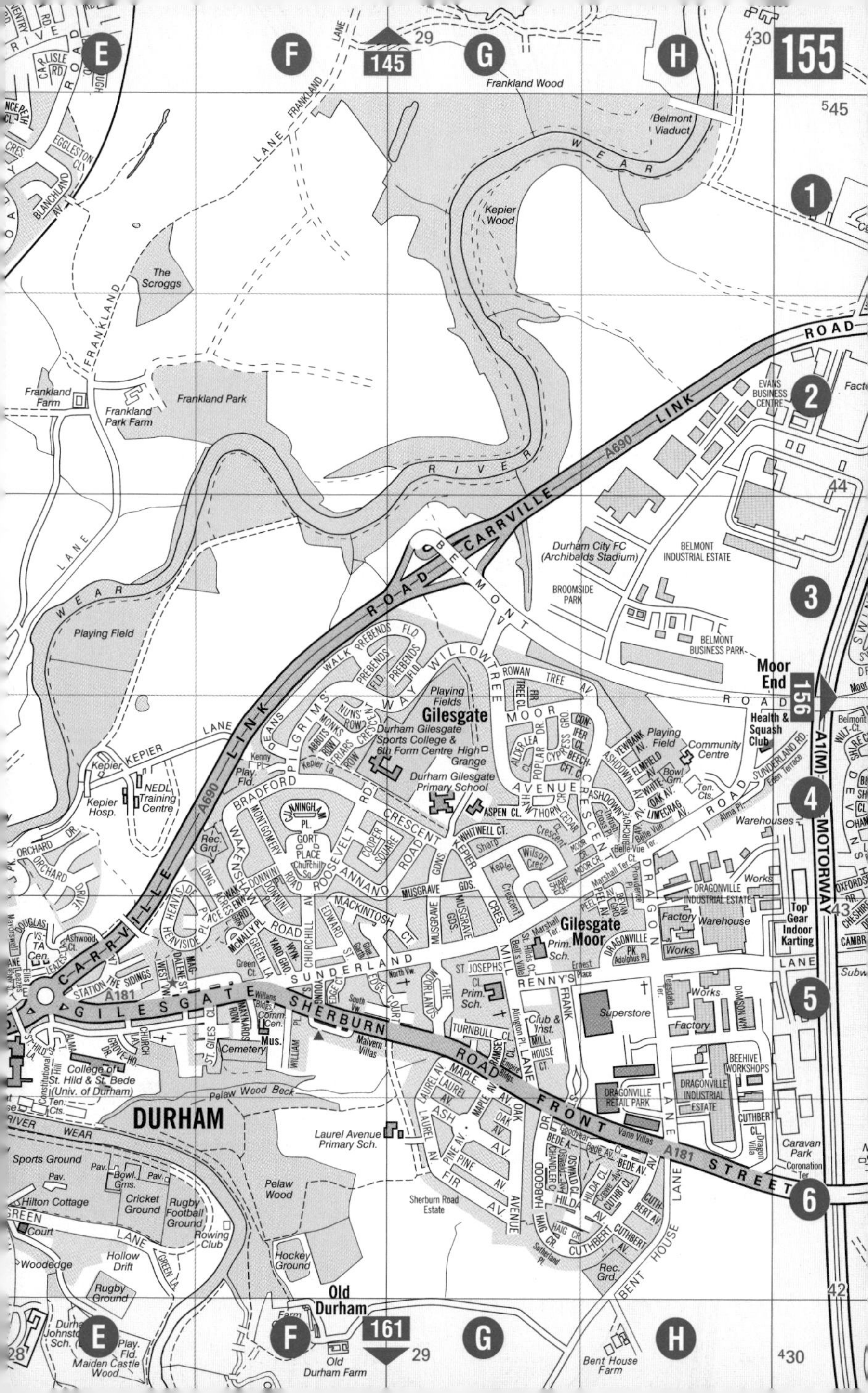

145
161
156
Frankland Wood
Belmont Viaduct
RIVER WEAR
Kepier Wood
The Scroggs
Frankland Farm
Frankland Park Farm
Frankland Park
Playing Field
CARRVILLE LINK ROAD
A690
EVANS BUSINESS CENTRE
Durham City FC (Archibalds Stadium)
BELMONT INDUSTRIAL ESTATE
BROOMSIDE PARK
BELMONT BUSINESS PARK
Moor End
Health & Squash Club
Community Centre
Gilesgate
Playing Fields
Durham Gilesgate Sports College & 6th Form Centre
High Grange
Durham Gilesgate Primary School
Kepier Hosp.
NEDL Training Centre
A1(M) MOTORWAY
DRAGONVILLE INDUSTRIAL ESTATE
Top Gear Indoor Karting
Gilesgate Moor
Superstore
DRAGONVILLE RETAIL PARK
BEEHIVE WORKSHOPS
Caravan Park
GILESGATE
SHERBURN ROAD
FRONT STREET
A181
College of St. Hild & St. Bede (Univ. of Durham)
Cemetery
DURHAM
Laurel Avenue Primary Sch.
Sherburn Road Estate
Sports Ground
Hilton Cottage
Cricket Ground
Rugby Football Ground
Rowing Club
Pelaw Wood
Hockey Ground
Hollow Drift
Woodedge
Rugby Ground
Old Durham
Old Durham Farm
Maiden Castle Wood
Bent House Farm

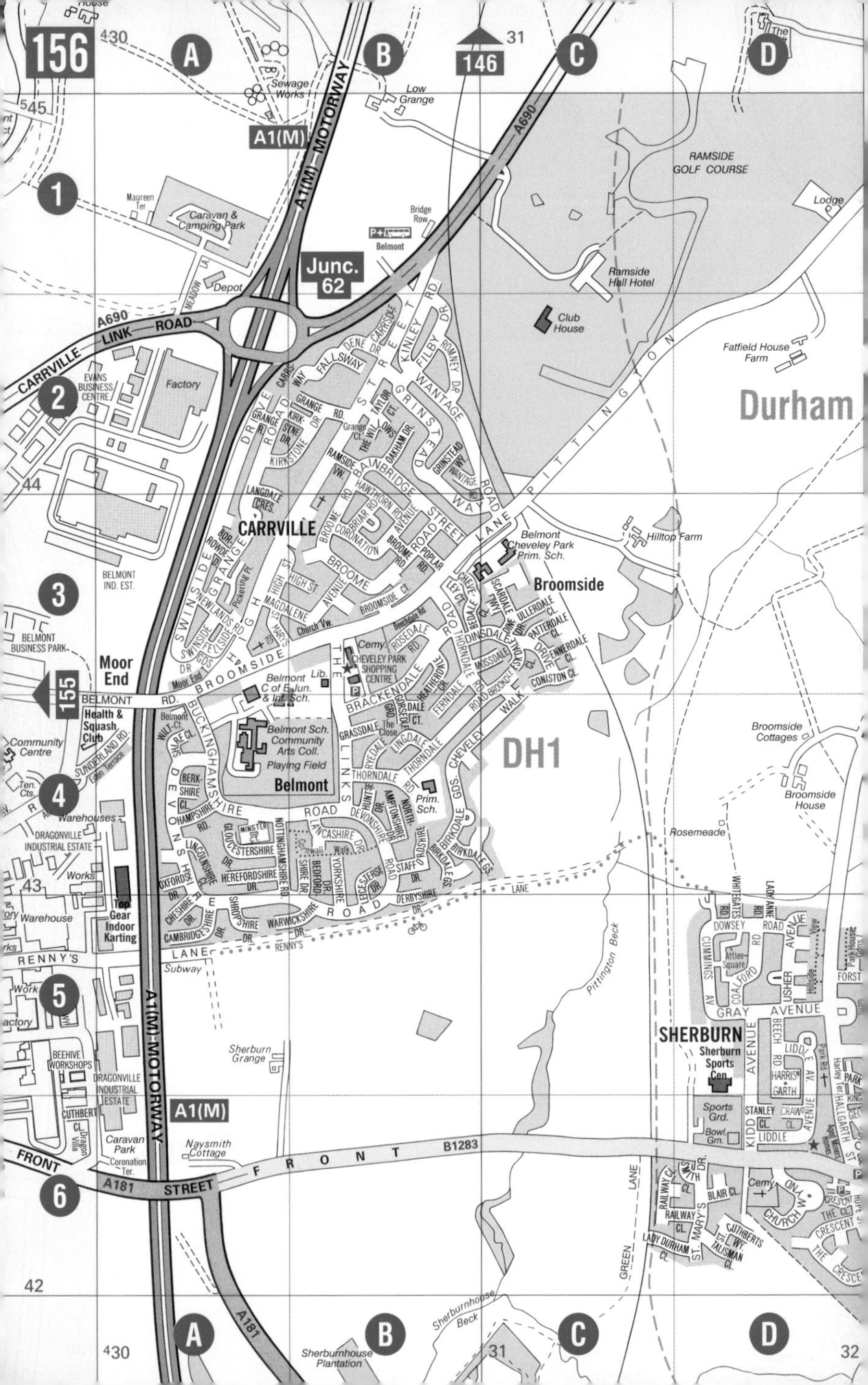

156
146
155
A
B
C
D
1
2
3
4
5
6
Sewage Works
Low Grange
A1(M)
A1(M) MOTORWAY
A690
RAMSIDE GOLF COURSE
Lodge
Maureen Ter.
Caravan & Camping Park
Bridge Row
Belmont
Junc. 62
Ramside Hall Hotel
Club House
Depot
MEADOW LA.
CARRVILLE LINK ROAD
EVANS BUSINESS CENTRE
Factory
Fatfield House Farm
Durham
PITTINGTON LANE
BELMONT IND. EST.
CARRVILLE
Hilltop Farm
Belmont Cheveley Park Prim. Sch.
Broomside
BELMONT BUSINESS PARK
Moor End
BROOMSIDE
BELMONT RD.
Belmont C of E Jun. & Inf. Sch.
Lib.
CHEVELEY PARK SHOPPING CENTRE
Cemy.
Health & Squash Club
Community Centre
SUNDERLAND RD.
Belmont Sch. Community Arts Coll.
Playing Field
Belmont
DH1
Broomside Cottages
Broomside House
Warehouses
DRAGONVILLE INDUSTRIAL ESTATE
Works
Prim. Sch.
Rosemeade
Top Gear Indoor Karting
Warehouse
RENNY'S LANE
Subway
Pittington Beck
SHERBURN
Sherburn Sports Cen.
Sports Grd.
Bowl. Grn.
Sherburn Grange
BEEHIVE WORKSHOPS
DRAGONVILLE INDUSTRIAL ESTATE
CUTHBERT CL.
Caravan Park
Coronation Ter.
Naysmith Cottage
FRONT STREET
A181
B1283
GREEN LANE
Sherburnhouse Beck
Sherburnhouse Plantation
430
31
32
42
43
44
545

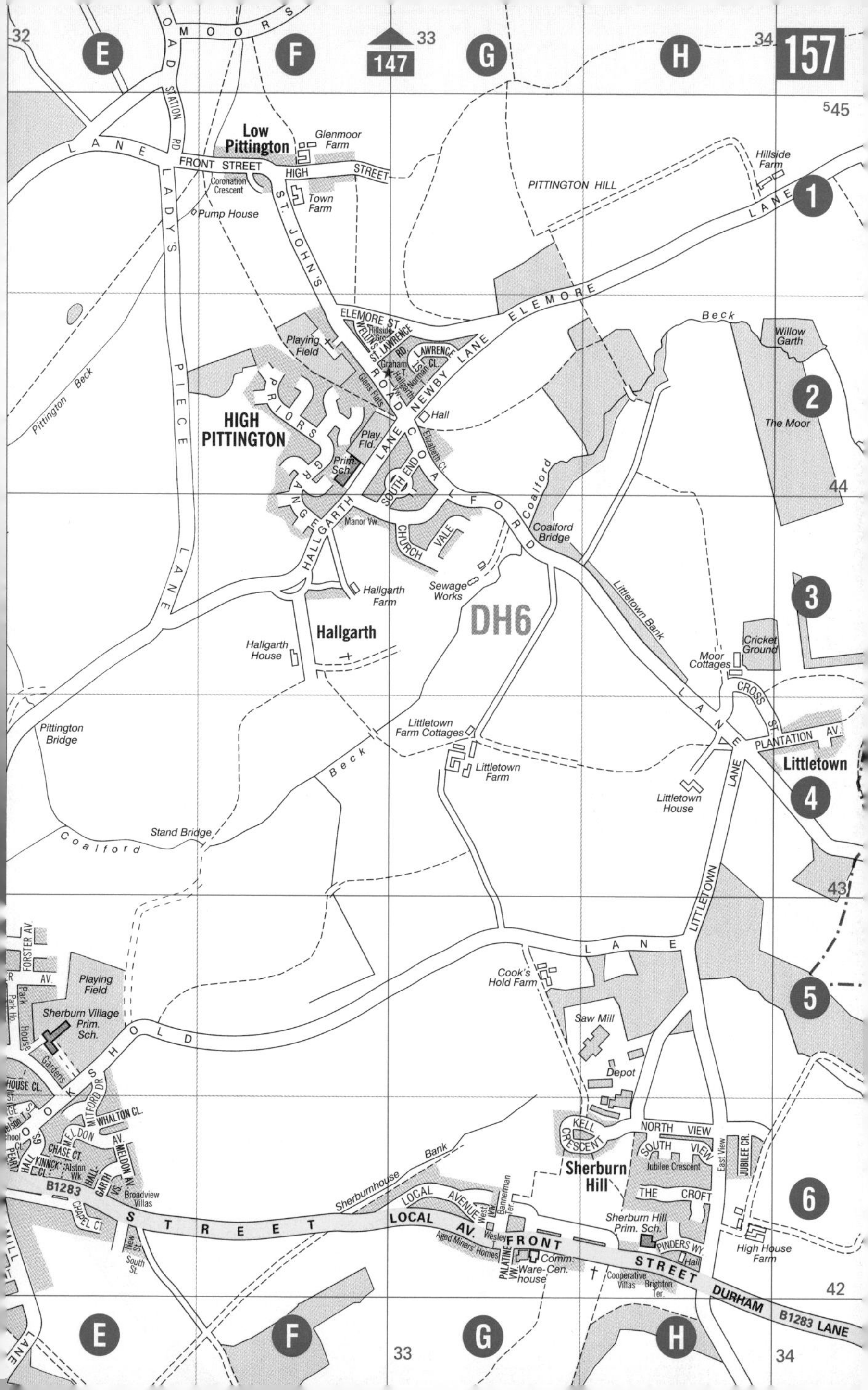

147
Low Pittington
HIGH PITTINGTON
Hallgarth
Littletown
Sherburn Hill
DH6
Glenmoor Farm
Town Farm
Hillside Farm
PITTINGTON HILL
Pump House
Coronation Crescent
FRONT STREET
HIGH STREET
ST. JOHN'S ROAD
ELEMORE LANE
ELEMORE ST.
NEWBY LANE
LADY'S PIECE LANE
STATION RD
MOORS LANE
PRIORS GRANGE
HALLGARTH LANE
SOUTH END
CHURCH VALE
Manor Vw.
COALFORD LANE
Coalford Bridge
Littletown Bank
Playing Field
Play. Fld.
Prim. Sch.
Hall
Willow Garth
The Moor
Beck
Pittington Beck
Hallgarth Farm
Hallgarth House
Sewage Works
Cricket Ground
Moor Cottages
CROSS ST.
PLANTATION AV.
Littletown Farm Cottages
Littletown Farm
Littletown House
LITTLETOWN LANE
Pittington Bridge
Stand Bridge
Coalford
COOKSHOLD LANE
Cook's Hold Farm
Saw Mill
Depot
KELL CRESCENT
NORTH VIEW
SOUTH VIEW
Jubilee Crescent
JUBILEE CR.
East View
THE CROFT
Sherburn Hill Prim. Sch.
PINDERS WY.
High House Farm
FORSTER AV.
Park House Gardens
Sherburn Village Prim. Sch.
MITFORD DR.
WHALTON CL.
MELDON AV.
CHASE CT.
Alston Wk.
Broadview Villas
CHAPEL CT.
B1283
FRONT STREET
LOCAL AV.
LOCAL AVENUE
Sherburnhouse Bank
Wesley Ter.
Bannerman Ter.
Aged Miners' Homes
PALATINE VW.
Comm. Cen.
Ware-house
Cooperative Villas
Brighton Ter.
DURHAM LANE
New St.
South St.
E
F
G
H
1
2
3
4
5
6
32
33
34
42
43
44
545

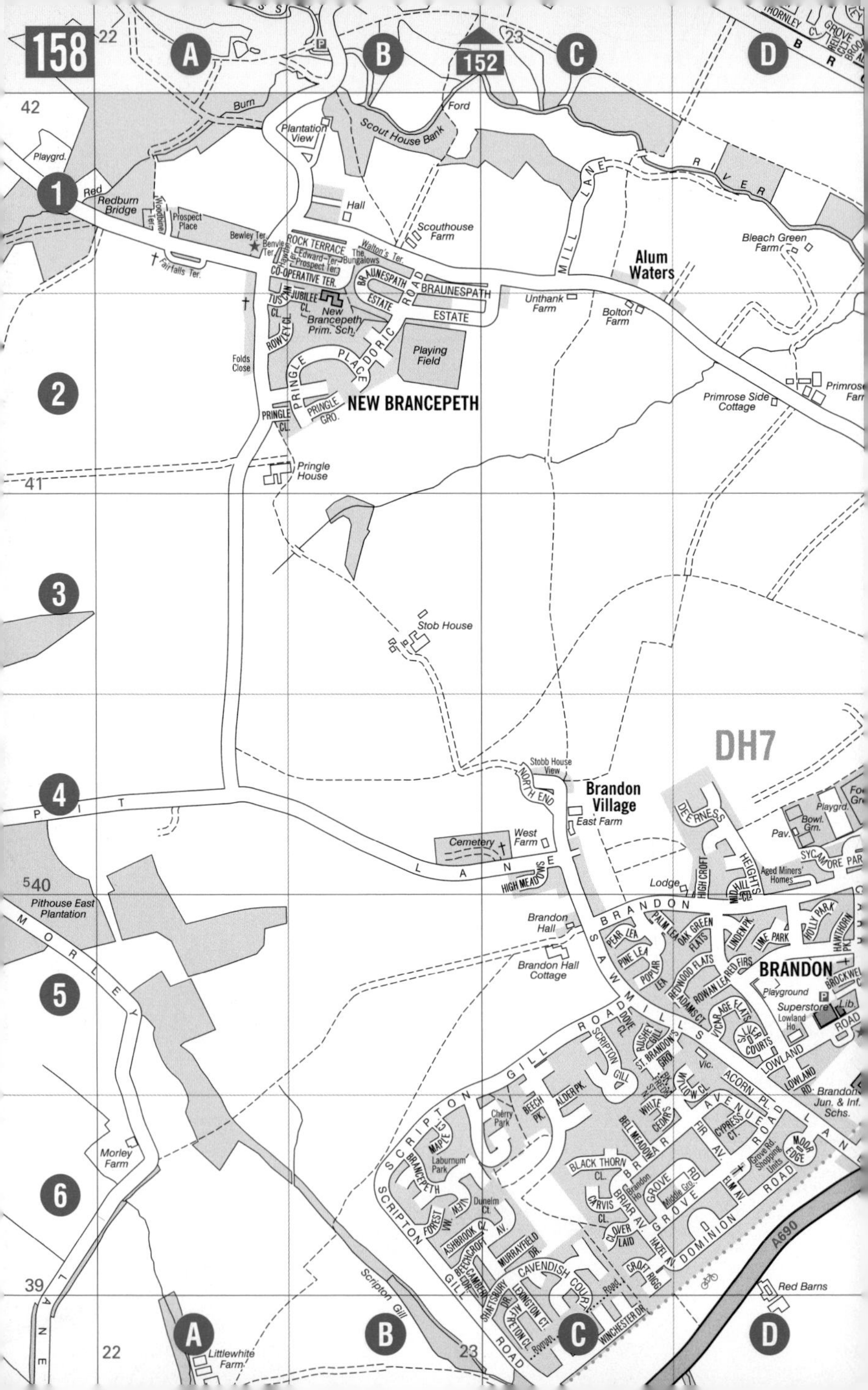

152
NEW BRANCEPETH
Alum Waters
Brandon Village
BRANDON
DH7
Redburn Bridge
Plantation View
Scout House Bank
Scouthouse Farm
Prospect Place
Bewley Ter.
ROCK TERRACE
Walton's Ter.
The Bungalows
CO-OPERATIVE TER.
BRAUNESPATH ESTATE
JUBILEE CL.
New Brancepeth Prim. Sch.
ROWLEY CL.
PRINGLE PLACE
PRINGLE GRO.
PRINGLE CL.
DORIC ROAD
Playing Field
Folds Close
Fairfalls Ter.
MILL LANE
RIVER
Bleach Green Farm
Unthank Farm
Bolton Farm
Primrose Side Cottage
Pringle House
Stob House
Stobb House View
NORTH END
East Farm
West Farm
Cemetery
PIT LANE
HIGH MEADOWS
Pithouse East Plantation
MORLEY LANE
Morley Farm
Littlewhite Farm
Scripton Gill
SCRIPTON GILL ROAD
SAWMILLS LANE
BRANDON LANE
Brandon Hall
Brandon Hall Cottage
DEERNESS HEIGHTS
HIGH CROFT
Lodge
Aged Miners' Homes
SYCAMORE PARK
Playgrd.
Bowl. Grn.
Pav.
PEAR LEA
PALM LEA
PINE LEA
POPLAR LEA
OAK GREEN FLATS
LINDEN PK.
LIME PARK
HOLLY PARK
HAWTHORN PK.
BROCKWELL
REDWOOD FLATS
ROWAN LEA
RED FIRS
ADAMS CT.
VICARAGE FLATS
SILVER COURTS
Playground
Superstore
Lib.
Lowland Ho.
LOWLAND ROAD
Brandon Jun. & Inf. Schs.
ACORN PL.
AVENUE ROAD
CYPRESS CT.
FIR AV.
MOOR EDGE
Grove Rd. Shopping Units
ELM AV.
GROVE ROAD
DOMINION ROAD
Middle Gro.
Brandon Ho.
BRIAR AV.
BLACK THORN CL.
CARVIS CL.
CLOVER LAID
HAZEL AV.
CROFT RIGG
CAVENDISH COURT
WINCHESTER DR.
LEXINGTON CT.
SHAFTSBURY DR.
CAMBERLEY DR.
BEECHCROFT
MURRAYFIELD DR.
ASHBROOK CL.
Dunelm Ct.
FOREST VW.
BRANCEPETH VIEW
Laburnum Park
MAPLE CT.
Cherry Park
BEECH PK.
ALDER PK.
SCRIPTON GILL
DOVE CL.
RUSHEY GILL
ST. BRANDON'S GRO.
WILLOW CL.
WHITE CEDARS
BELL MEADOW
Vic.
A690
Red Barns
Roman Road

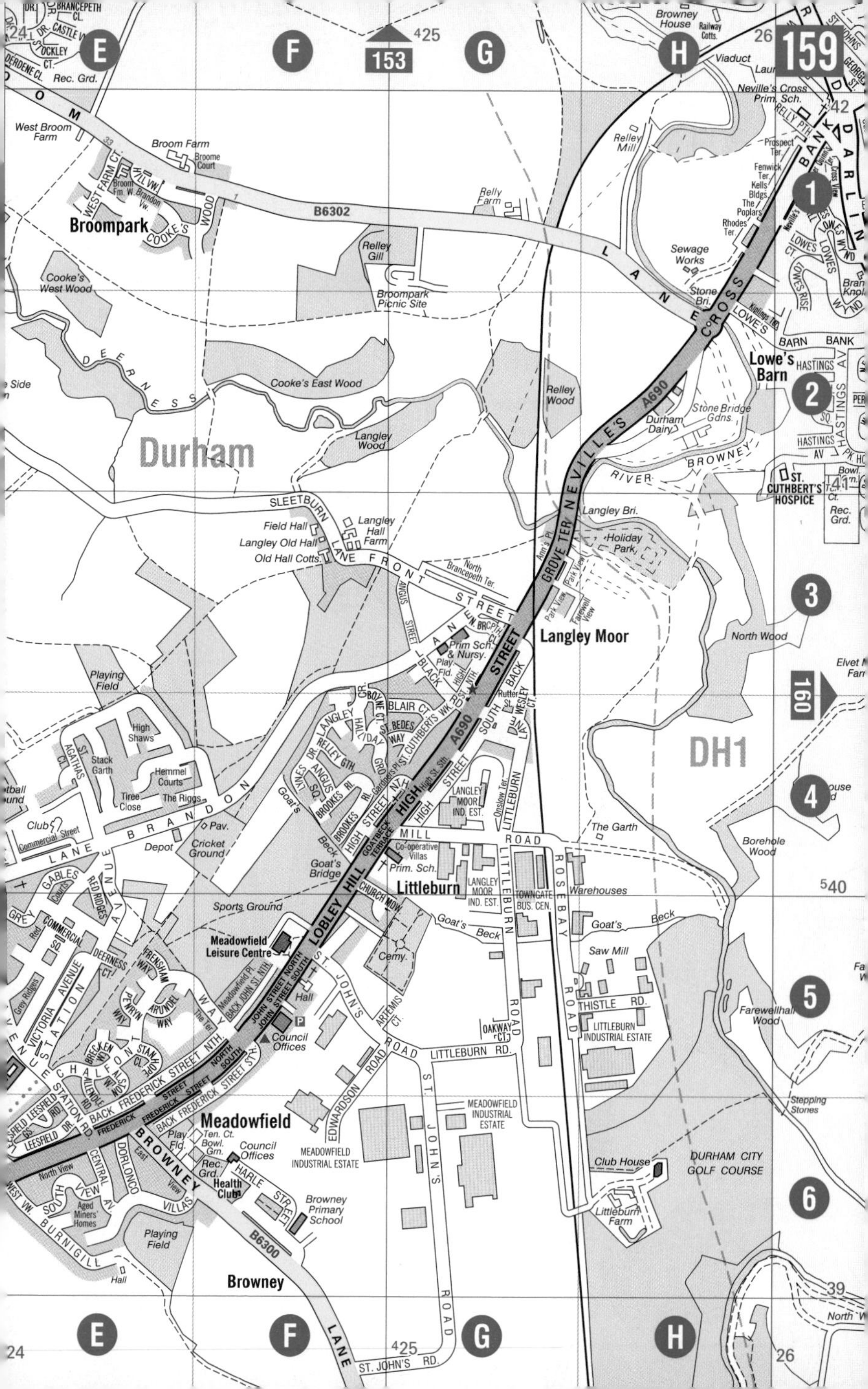
Durham
Broompark
Langley Moor
Littleburn
Meadowfield
Browney
Lowe's Barn
DH1
B6302
A690
B6300
NEVILLE'S CROSS
GROVE TER
HIGH STREET
LOBLEY HILL
BROWNEY LANE
STATION AVENUE
BRANDON LANE
SLEETBURN LANE
FRONT STREET
MILL ROAD
LITTLEBURN ROAD
ROSEBAY ROAD
ST. JOHN'S ROAD
EDWARDSON ROAD
West Broom Farm
Broom Farm
Cooke's West Wood
Cooke's East Wood
Relley Gill
Broompark Picnic Site
Relly Farm
Relley Wood
Langley Wood
Field Hall
Langley Old Hall
Old Hall Cotts.
Langley Hall Farm
Prim Sch. & Nursy.
Playing Field
Cricket Ground
Sports Ground
Meadowfield Leisure Centre
Council Offices
Health Club
Browney Primary School
Langley Moor Ind. Est.
Towngate Bus. Cen.
Littleburn Industrial Estate
Meadowfield Industrial Estate
Durham City Golf Course
Club House
Littleburn Farm
North Wood
Borehole Wood
Farewellhall Wood
Stepping Stones
Saw Mill
Warehouses
Holiday Park
Langley Bri.
Durham Dairy
Stone Bridge Gdns.
St. Cuthbert's Hospice
Sewage Works
Relley Mill
Viaduct
Neville's Cross Prim. Sch.
Browney House
Goat's Beck
River Browney
Deerness
E
F
G
H
1
2
3
4
5
6
153
160
24
425
26
542
540
39

DURHAM
Neville's Cross
Lowe's Barn
Merryoaks
Farewell Hall
Houghall
Durham
DH6
CROSSGATE A690 PETH
NEVILLE'S CROSS
DARLINGTON
POTTERS BANK
(GREAT NORTH ROAD) A167
SOUTH ROAD
MONEY SLACK A177
STOCKTON ROAD
HOLLINGSIDE LANE
Durham Cathedral
University of Durham
St Aidan's College (Univ. of Durham)
St. Mary's College (Univ. of Durham)
Teikyo Univ. of Japan in Durham
Trevelyan College
Van Mildert College (Univ. of Durham)
Collingwood College (Univ. of Durham)
Grey College (Univ. of Durham)
Durham University Oriental Museum
University of Durham Botanic Gardens
University of Durham (Observatory)
Durham Business School
Durham Crematorium
Durham High Sch. for Girls
MOUNT OSWALD GOLF COURSE
DURHAM CITY GOLF COURSE
ST. CUTHBERT'S HOSPICE
GREAT HIGH WOOD
Little High Wood
Mountjoy Research Centre
North Wood
Moorhouse Wood
Borehole Wood
Farewellhall Wood
CROXDALE WOOD
Low Burnhall
Low Butterby
High Houghall
154
159

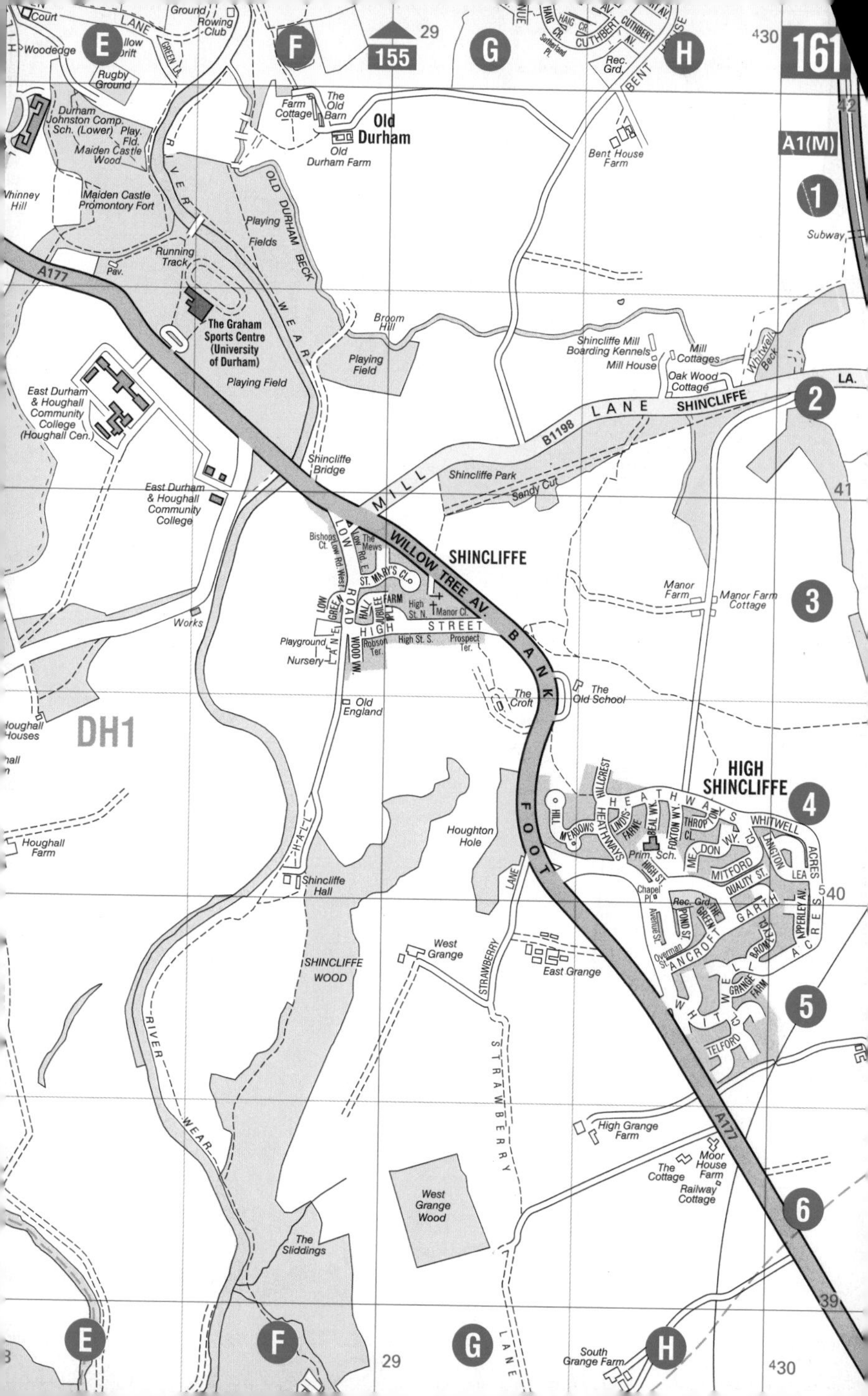
155
Old Durham
The Old Barn
Farm Cottage
Old Durham Farm
Bent House Farm
Rugby Ground
Rowing Club
Durham Johnston Comp. Sch. (Lower)
Play. Fld.
Maiden Castle Wood
Maiden Castle Promontory Fort
Whinney Hill
Woodedge
Court
Running Track
Pav.
Playing Fields
OLD DURHAM BECK
RIVER WEAR
The Graham Sports Centre (University of Durham)
Playing Field
East Durham & Houghall Community College (Houghall Cen.)
East Durham & Houghall Community College
Broom Hill
Shincliffe Mill Boarding Kennels
Mill House
Mill Cottages
Oak Wood Cottage
Whitwell Beck
SHINCLIFFE LANE
B1198
MILL LANE
Shincliffe Park
Sandy Cut
Shincliffe Bridge
A177
A1(M)
Subway
SHINCLIFFE
WILLOW TREE AV.
BANK FOOT
ST. MARY'S CL.
HIGH STREET
High St. N.
High St. S.
Manor Cl.
Prospect Ter.
Robson Ter.
WOOD VW.
LOW ROAD
Bishops Ct.
The Mews
Playground
Nursery
Works
Manor Farm
Manor Farm Cottage
The Croft
The Old School
Old England
DH1
Houghall Houses
Houghall Farm
HIGH SHINCLIFFE
HILLCREST
HEATHWAYS
WHITWELL ACRES
MEADOWS
LINDISFARNE
BEAL WK.
FOXTON WY.
THROPTON CL.
MELDON WY.
MITFORD
QUALITY ST.
LANGTON LEA
Prim. Sch.
HIGH ST.
Chapel Pl.
Rec. Grd.
POND ST.
THE GREEN
Avenue St.
Overman St.
ANCROFT GARTH
APPERLEY AV.
BROWNEY CL.
GRANGE FARM
WHITWELL CL.
TELFORD CL.
Houghton Hole
Shincliffe Hall
HALL LANE
SHINCLIFFE WOOD
West Grange
East Grange
STRAWBERRY LANE
High Grange Farm
Moor House Farm
The Cottage
Railway Cottage
West Grange Wood
The Sliddings
RIVER WEAR
South Grange Farm
E
F
G
H
1
2
3
4
5
6
29
430
42
41
40
39

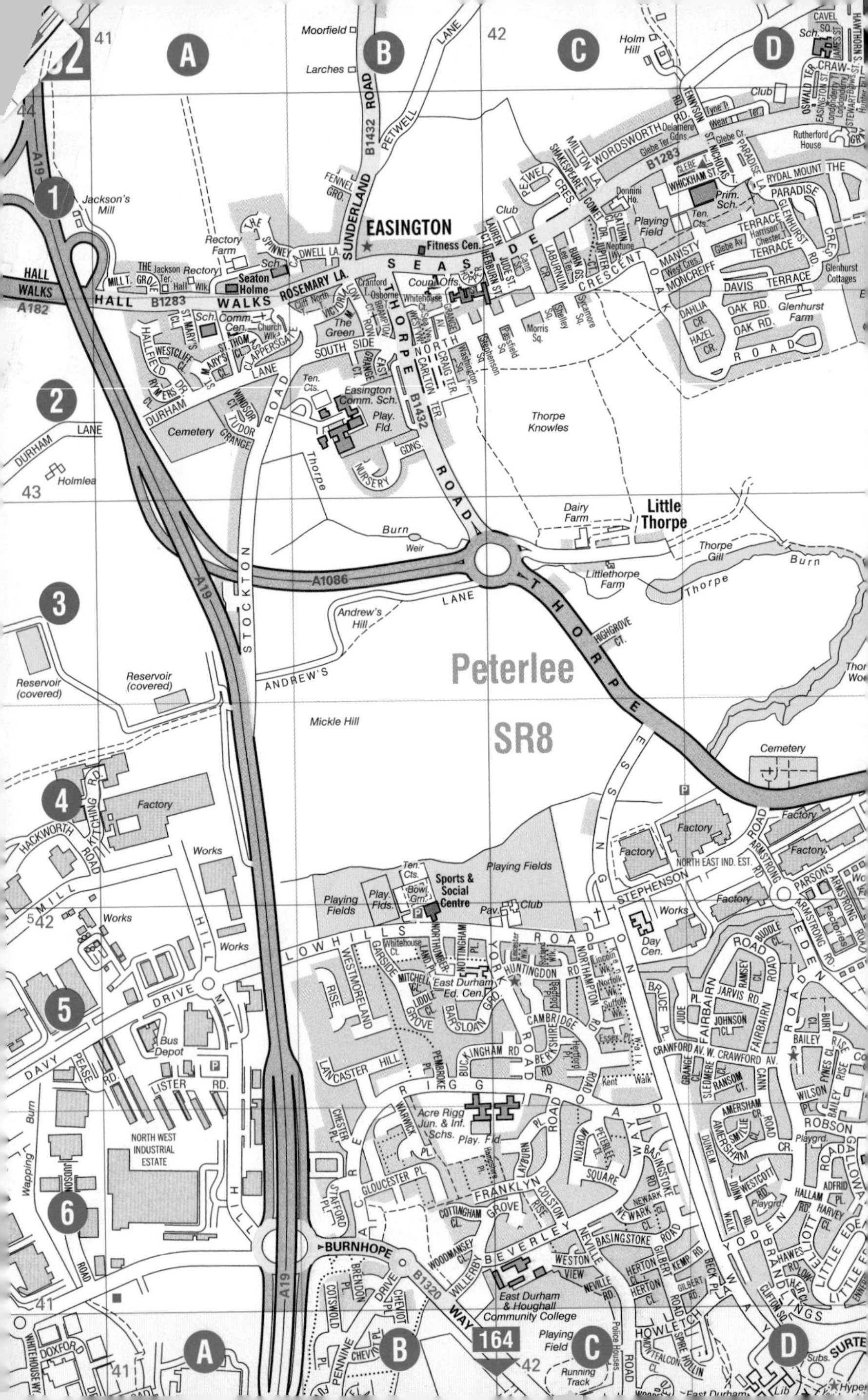

162
A
B
C
D
1
2
3
4
5
6
EASINGTON
Little Thorpe
Peterlee
SR8
Hall Walks
A182
B1283
A19
A1086
B1432
B1320
Sunderland Road
Seaside Lane
Thorpe Road
Stockton Road
Durham Lane
Andrew's Lane
Lowhills Road
Burnhope Way
Davy Drive
Mill Hill
Acre Rigg Road
Rigg Road
Yoden Way
Stephenson Road
Armstrong Road
North East Ind. Est.
North West Industrial Estate
Cemetery
Reservoir (covered)
Factory
Works
Bus Depot
Playing Fields
Sports & Social Centre
Easington Comm. Sch.
Acre Rigg Jun. & Inf. Schs.
East Durham & Houghall Community College
East Durham Ed. Cen.
Thorpe Knowles
Dairy Farm
Littlethorpe Farm
Mickle Hill
Andrew's Hill
Holmlea
Jackson's Mill
Rectory Farm
Seaton Holme
Glenhurst Farm
Day Cen.
Running Track
164

EASINGTON COLLIERY
NORTH SEA
HORDEN
PETERLEE
Busiers Holes
Bed Slide
Fox Holes
Fox Holes Dene
Horden Dene
Townfield Hill
Paradise Gardens
Paradise
Spring Bank
Sewage Works
Warren House
Horden Hall
Horden Hall Farm
Black Plantation
SEAVIEW INDUSTRIAL ESTATE
PHOENIX WORKSHOPS
Blackhills Farm
Cotsford Junior School
Eden Lane Playing Fields
Cemetery
Playing Fields
Football Grounds
Horden Welfare Park Ckt. Grd.
Football Ground
SUNDERLAND ROAD
B1283
A1086
A1086 ROAD
165

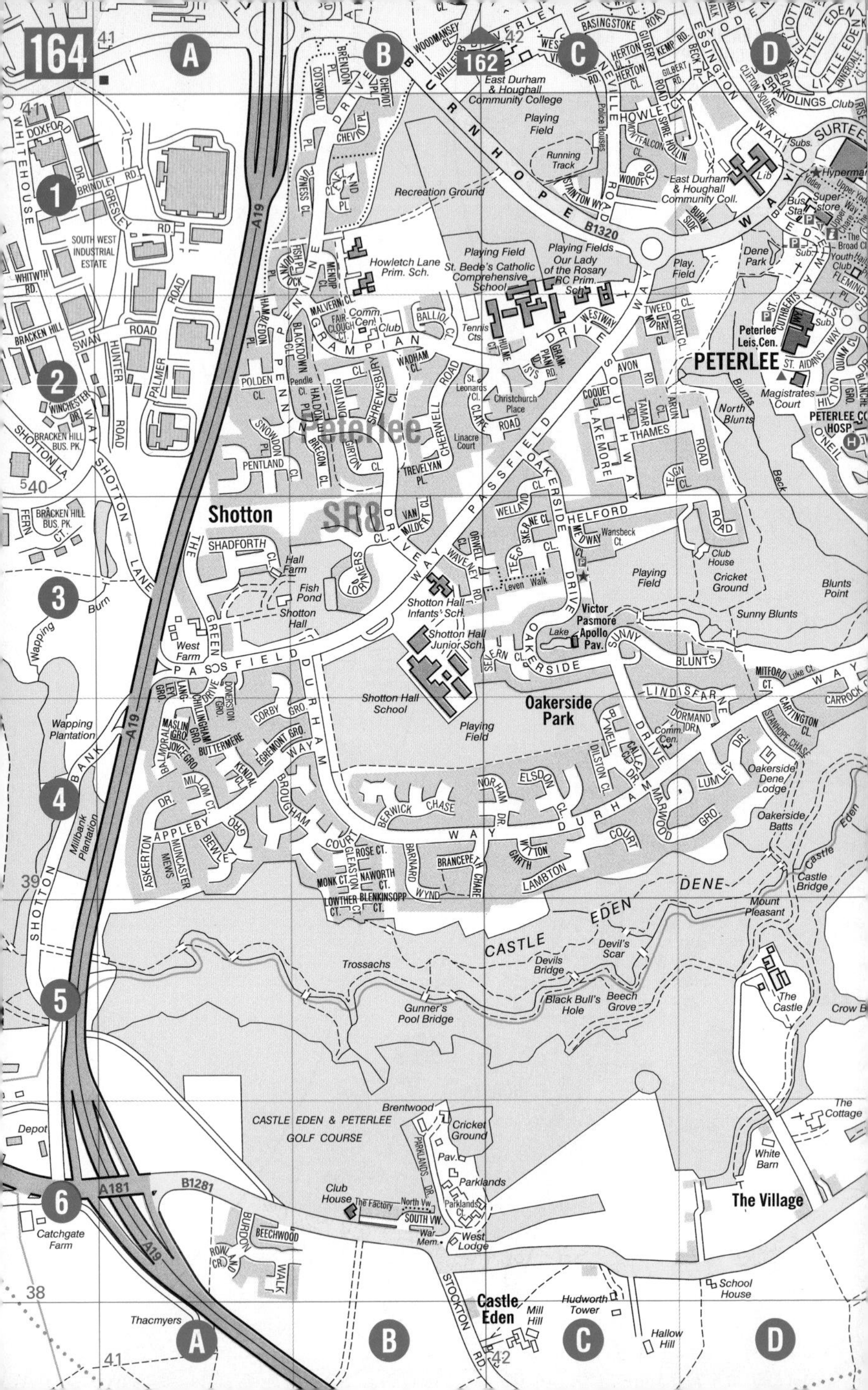

HORDEN
Cotsford Junior School
Dene Community School of Technology
Dene House Prim. Sch.
Yohden Prim. Sch.
Cotsford Inf. Sch.
Playing Field
Long Plantation
Castle Eden Burn
The Garden of Eden Cottage
Garden of Eden Bridge
CASTLE EDEN DENE NATURE RESERVE
Blunts Plantation
Blunts Dene
Craggy Bank
Devils Lapstone
Ivy Rock
White Rock
Dungy Bridge
Seven Chambers
Pegjellima's Cave
Scotchman's Gill
Ash Gill
Priest's Gill
Fullwell Plantation
Hartlepool
TS27
DANESLY HILL
Dene Leazes
Hallow Hill
Hardwick Hall Farm
Hardwick Hall (Hotel)
Belchford
Belle Vue
HESLEDEN ROAD
B1281
HESLEDEN
Cemetery
Oban House
Hesleden Prim. Sch.
Weems' Farm
MICKLE HILL ROAD
Southfield Farm
Eden Cottages
Poultry House
YODEN WAY
B1320
COAST ROAD
A1086
SUNDERLAND RD.
EASTFIELD
THORNTREE GILL
Round Plantation
Hawthorns Nursing Home
Saw Mill
Cemy.
Edenvale Estate
Station Cotts.
COTSFORD PARK ESTATE
STAPYLTON DR.
163

INDEX

Including Streets, Places & Areas, Industrial Estates
Selected Flats & Walkways, Stations and Selected Places of Interest.

HOW TO USE THIS INDEX

1. Each street name is followed by its Postcode District and then by its Locality abbreviation(s) and then by its map reference;
e.g. **Abbey Dr.** DH4: Hou S . . . 1F **137** is in the DH4 Postcode District and the Houghton-le-Spring Locality and is to be found in square 1F on page **137**. The page number is shown in bold type.

2. A strict alphabetical order is followed in which Av., Rd., St., etc. (though abbreviated) are read in full and as part of the street name; e.g. **Abbot St.** appears after **Abbots Row** but before **Abbots Wlk.**

3. Streets and a selection of flats and walkways too small to be shown on the maps, appear in the index with the thoroughfare to which it is connected shown in brackets; e.g. **Allergate Ter.** *DH1: Dur* . . . *6B* **154** *(off Allergate)*

4. Addresses that are in more than one part are referred to as not continuous.

5. Places and areas are shown in the index in BLUE TYPE and the map reference is to the actual map square in which the town centre or area is located and not to the place name shown on the map; e.g. ANNFIELD PLAIN 6F 121

6. An example of a selected place of interest is Arbeia Roman Fort & Mus. 3E 63

7. An example of a station is Airport Station (Metro). . . .2B 40.
Included are Rail (Rail), Metro (Metro) and Park & Ride (Park & Ride)

8. Service Area names are shown in the index in BOLD CAPITAL TYPE; e.g. EASINGTON SERVICE AREA 5F 151

9. Map references for entries that appear on large scale pages **4-5** are shown first, with small scale map references shown in brackets; e.g. **Abbotsford Gro.** SR2: Sund . . . 2C **118** (6E **7**)

GENERAL ABBREVIATIONS

All. : Alley	**Est.** : Estate	**Nth.** : North
App. : Approach	**Ests.** : Estates	**No.** : Number
Arc. : Arcade	**Fld.** : Field	**Pde.** : Parade
Av. : Avenue	**Flds.** : Fields	**Pk.** : Park
Bk. : Back	**Gdn.** : Garden	**Pas.** : Passage
Blvd. : Boulevard	**Gdns.** : Gardens	**Pl.** : Place
Bri. : Bridge	**Gth.** : Garth	**Pct.** : Precinct
Bldg. : Building	**Ga.** : Gate	**Prom.** : Promenade
Bldgs. : Buildings	**Gt.** : Great	**Ri.** : Rise
Bungs. : Bungalows	**Grn.** : Green	**Rd.** : Road
Bus. : Business	**Gro.** : Grove	**Shop.** : Shopping
Cvn. : Caravan	**Hgts.** : Heights	**Sth.** : South
Cen. : Centre	**Ho.** : House	**Sq.** : Square
Chu. : Church	**Ho's.** : Houses	**Sta.** : Station
Chyd. : Churchyard	**Ind.** : Industrial	**St.** : Street
Circ. : Circle	**Info.** : Information	**Ter.** : Terrace
Cl. : Close	**Intl.** : International	**Twr.** : Tower
Coll. : College	**La.** : Lane	**Trad.** : Trading
Comn. : Common	**Lit.** : Little	**Up.** : Upper
Cnr. : Corner	**Lwr.** : Lower	**Va.** : Vale
Cott. : Cottage	**Mnr.** : Manor	**Vw.** : View
Cotts. : Cottages	**Mans.** : Mansions	**Vs.** : Villas
Ct. : Court	**Mkt.** : Market	**Vis.** : Visitors
Cres. : Crescent	**Mdw.** : Meadow	**Wlk.** : Walk
Cft. : Croft	**Mdws.** : Meadows	**W.** : West
Dr. : Drive	**M.** : Mews	**Yd.** : Yard
E. : East	**Mt.** : Mount	
Ent. : Enterprise	**Mus.** : Museum	

LOCALITY ABBREVIATIONS

Ann P : **Annfield Plain**	Blak : **Blakelaw**	Burn : **Burnopfield**
Back : **Backworth**	Blay : **Blaydon**	Byke : **Byker**
Barl : **Barlow**	Bly : **Blyth**	Call : **Callerton**
Beam : **Beamish**	Bol C : **Boldon Colliery**	Camb : **Cambois**
Bear P : **Bearpark**	Bour : **Bournmoor**	Carr : **Carrville**
Bed : **Bedlington**	Bran : **Brancepeth**	Cas E : **Castle Eden**
Benw : **Benwell**	B'don : **Brandon**	Cha P : **Chapel Park**
Bill Q : **Bill Quay**	Bras : **Brasside**	Ches S : **Chester-le-Street**
Bir : **Birtley**	Bro : **Brompark**	Ches M : **Chester Moor**
Bla C : **Black Callerton**	Bru V : **Brunswick Village**	Clead : **Cleadon**
B Col : **Blackhall Colliery**	Bur : **Burdon**	Cold H : **Cold Hesledon**

Cons : **Consett**
Cow : **Cowpen**
Cox G : **Cox Green**
Crag : **Craghead**
Cra : **Cramlington**
Craw : **Crawcrook**
Cull : **Cullercoats**
Dalt D : **Dalton-le-Dale**
Darr H : **Darras Hall**
Den M : **Denton Burn**
Din : **Dinnington**
Dip : **Dipton**
Dox P : **Doxford Park**
Dud : **Dudley**
Dun : **Dunston**
Dur : **Durham**
Ears : **Earsdon**
E Bol : **East Boldon**
E Cram : **East Cramlington**
E Har : **East Hartford**
E Her : **East Herrington**
E Rain : **East Rainton**
E Sle : **East Sleekburn**
Eas : **Easington**
Eas C : **Easington Colliery**
Eas L : **Easington Lane**
Eigh B : **Eighton Banks**
Elsw : **Elswick**
Fall : **Felling**
Fen : **Fenham**
Fest P : **Festival Park**
Ful : **Fulwell**
Gate : **Gateshead**
Gos : **Gosforth**
Gra V : **Grange Villa**
Gt Lum : **Great Lumley**
G'sde : **Greenside**
Ham : **Hamsterley**
Ham M : **Hamsterley Mill**
Harp : **Harperley**
H Bri : **Hartford Bridge**
Has : **Haswell**
Hawt : **Hawthorn**
Haz : **Hazelrigg**
Heat : **Heaton**
Heb : **Hebburn**
Hed W : **Heddon-on-the-Wall**
Hep : **Hepscott**
Hes : **Hesleden**
Hett H : **Hetton-le-Hole**
Hew : **Heworth**
H Cal : **High Callerton**
H Hea : **High Heaton**
H Pitt : **High Pittington**
H Shin : **High Shincliffe**
H Spen : **High Spen**
Hob : **Hobson**

H'wll : **Holywell**
Hor : **Horden**
Hou S : **Houghton-le-Spring**
Jar : **Jarrow**
Jes : **Jesmond**
Ken : **Kenton**
Kib : **Kibblesworth**
Kil : **Killingworth**
Kim : **Kimblesworth**
Lam P : **Lambton Park**
Lame : **Lamesley**
Lang M : **Langley Moor**
Lead : **Leadgate**
Leam : **Leamside**
Lem : **Lemington**
Litt : **Littletown**
Lob H : **Lobley Hill**
Longb : **Longbenton**
Low F : **Low Fell**
Low P : **Low Pittington**
Marl H : **Marley Hill**
Mead : **Meadowfield**
Monks : **Monkseaton**
Monkw : **Monkwearmouth**
Mur : **Murton**
Nedd : **Nedderton**
Nel V : **Nelson Village**
Nett : **Nettlesworth**
Nbot : **Newbottle**
New B : **New Brancepeth**
Newb : **Newburn**
Newc T : **Newcastle upon Tyne**
Newf : **Newfield**
New Hart : **New Hartley**
New H : **New Herrington**
New L : **New Lambton**
News : **Newsham**
New S : **New Silksworth**
N Shi : **North Shields**
Ous : **Ouston**
Pel : **Pelaw**
Pelt : **Pelton**
P Fel : **Pelton Fell**
Pen : **Penshaw**
Pet : **Peterlee**
P Me : **Pity Me**
Plaw : **Plawsworth**
Pon : **Ponteland**
Pres : **Prestwick**
Rave : **Ravensworth**
Roker : **Roker**
Row G : **Rowlands Gill**
Ryh : **Ryhope**
Ryton : **Ryton**
Sco G : **Scotland Gate**
Scot : **Scotswood**
Seab : **Seaburn**

S'hm : **Seaham**
Seat : **Seaton**
Sea B : **Seaton Burn**
Sea D : **Seaton Delaval**
Sea S : **Seaton Sluice**
Seg : **Seghill**
S'burn : **Sherburn**
S Hil : **Sherburn Hill**
S Hou : **Sherburn House**
Shin : **Shincliffe**
S Row : **Shiney Row**
Shir : **Shiremoor**
Silk : **Silksworth**
S Het : **South Hetton**
S Shi : **South Shields**
S'wck : **Southwick**
Spri : **Springwell**
Stly : **Stanley**
Stan : **Stannington**
Ston : **Stoneygate**
Sund : **Sunderland**
Sun : **Sunniside**
Swa : **Swalwell**
Tanf : **Tanfield**
Tan L : **Tanfield Lea**
Tant : **Tantobie**
T Vall : **Team Valley**
Thro : **Throckley**
Tuns : **Tunstall**
Tyne : **Tynemouth**
Ush M : **Ushaw Moor**
Walb : **Walbottle**
Wald : **Waldridge**
Walk : **Walker**
W'snd : **Wallsend**
Ward : **Wardley**
Wash : **Washington**
Well : **Wellfield**
W Bol : **West Boldon**
W Dent : **West Denton**
W Herr : **West Herrington**
W Holy : **West Holywell**
W Pelt : **West Pelton**
W Rai : **West Rainton**
W Sle : **West Sleekburn**
West : **Westerhope**
Whi : **Whickham**
Whit : **Whitburn**
Whit B : **Whitley Bay**
W Op : **Wide Open**
Wind N : **Windy Nook**
Winl : **Winlaton**
W Mill : **Winlaton Mill**
Wool : **Woolsington**
Wrek : **Wrekenton**
Wylam : **Wylam**

A

Abbay St. SR5: S'wck 4A **104**
Abbey Cl. NE25: Monks 1H **47**
  NE38: Wash 2B **114**
Abbey Ct. NE8: Gate 2H **83**
  NE27: Shir 2C **46**
Abbeydale Gdns.
  DH6: S Het 6A **150**
Abbey Dr. DH4: Hou S 1F **137**
  NE5: Cha P 4H **53**
  NE30: Tyne 5F **49**
  NE32: Jar 2G **73**
Abbeyfield Cl. NE8: Gate 2D **82**

Abbey Leisure Cen. 5C **144**
Abbey Rd. DH1: P Me 5B **144**
  NE38: Wash 2B **114**
Abbey Rd. Bus. Pk.
  DH1: P Me 5B **144**
Abbey Rd. Ind. Est.
  DH1: P Me 5B **144**
Abbey Ter. NE27: Shir 2C **46**
Abbeyvale Dr.
  NE6: Walk 2H **71**
Abbeywoods DH1: P Me 5C **144**
Abbeywoods Bus. Pk.
  DH1: P Me 5B **144**
Abbot Ct. NE8: Gate 6H **69**
Abbotsfield Cl. SR3: Dox P 4H **131**

Abbotsford Gro.
  SR2: Sund 6E **7** (2C **118**)
Abbotsford Ho. NE24: Bly 1A **18**
Abbotsford Pk. NE25: Monks 1B **48**
Abbotsford Rd. NE10: Fall 2D **84**
Abbotsford Ter. NE2: Jes 1F **69**
Abbotside Cl. DH2: Ous 5F **111**
Abbotside Pl. NE5: Cha P 6B **54**
Abbotsmeade Cl. NE5: Fen 1F **67**
Abbots Row DH1: Dur 4F **155**
Abbot St. SR8: Eas C 1F **163**
Abbots Wlk. DH9: Beam 1B **124**
Abbots Way NE16: Whi 4F **81**
  NE29: N Shi 4H **47**
Abbotsway NE32: Jar 3A **74**

Abbs St. SR5: Monkw 4D **104**
Abercorn Pl. NE28: W'snd 1C **60**
Abercorn Rd. NE15: Scot 4E **67**
SR3: E Her 1F **131**
Abercrombie Pl. NE5: Blak 5F **55**
Aberdare Rd. SR3: E Her 2G **131**
Aberdeen DH2: Ous 6H **111**
Aberdeen Ct. NE3: Ken 5H **41**
Aberdeen Dr. NE32: Jar 5A **74**
Aberdeen Twr.
SR3: New S 1G **131**
Aberford Cl. NE5: Cha P 3H **53**
Aberfoyle DH2: Ous 6H **111**
Aberfoyle Ct. DH9: Stly 3F **123**
Abernethy DH2: Ous 5H **111**
Aberwick Dr. DH2: Ches S 3A **134**
Abigail Ct. NE3: Gos 2G **57**
Abingdon Ct. NE3: Ken 6H **41**
NE21: Blay 6A **66**
Abingdon Rd. NE6: Walk 2H **71**
Abingdon Sq. NE23: Cra 6C **16**
Abingdon St. SR4: Sund 2H **117**
Abingdon Way NE35: Bol C 2H **87**
Abinger St. NE4: Newc T 4D **68**
Abington DH2: Ous 6H **111**
Aboyne Sq. SR3: E Her 6F **117**
Acacia Av. DH4: Hou S 2E **137**
SR8: Hor 1H **165**
Acacia Gro. NE31: Heb 5C **72**
NE34: S Shi 4H **75**
Acacia Rd. NE10: Gate 1B **84**
Acanthus Av. NE4: Fen 2H **67**
Acer Ct. SR2: Sund 3D **118**
Acklam Av. SR2: Sund 6G **119**
Acomb Av. NE25: Sea D 1B **34**
NE28: W'snd 6B **46**
Acomb Ct. NE9: Low F 3B **98**
NE12: Kil 2D **44**
NE22: Bed 4A **10**
SR2: Sund 6F **119**
Acomb Cres. NE3: Ken 5B **42**
Acomb Gdns. NE5: Fen 1G **67**
Acorn Av. NE8: Gate 3E **83**
NE22: Bed 5H **9**
Acorn Cl. NE9: Wrek 2D **98**
Acorn Pl. DH1: P Me 6A **144**
DH7: B'don 5D **158**
Acorn Rd. NE2: Jes 5G **57**
Acorn St. DH7: Pelt 2D **124**
Acre Rigg Rd. SR8: Pet 6B **162**
Acton Cl. DH9: Stly 6B **122**
Acton Dene DH9: Stly 2G **123**
Acton Dr. NE29: N Shi 5H **47**
Acton Pl. NE7: H Hea 5B **58**
Acton Rd. NE5: W Dent 1D **66**
Adair Av. NE15: Benw 3G **67**
Adair Way NE31: Heb 4D **72**
Adams Bldgs. DH9: Dip 1C **120**
Adamsez Ind. Est. NE15: Scot . . .5D **66**
Adamsez W. Ind. Est.
NE15: Scot 5D **66**
Adam St. SR8: Hor 1H **165**
Ada St. NE6: Walk 3E **71**
NE33: S Shi 6F **63**
Ada St. E. SR7: Mur 3D **150**
Ada St. W. SR7: Mur 3D **150**
Adderstone Av. NE23: Cra 4B **22**
Adderstone Ct. NE2: Jes 4H **57**
Adderstone Cres. NE2: Jes 5H **57**
Adderstone Gdns. NE29: N Shi . .4F **47**
Addington Cres. NE29: N Shi 1A **62**
Addington Dr. NE24: News 2C **18**
NE28: W'snd 6B **46**
ADDISON 4F **65**
Addison Cl. NE6: Byke 3B **70**

Addison Ct. NE28: W'snd 6F **61**
NE40: Ryton 4B **64**
Addison Gdns. NE10: Ward 3H **85**
Addison Ind. Est.
NE21: Blay 4F **65**
Addison Rd. NE6: Byke 3B **70**
NE15: Lem 2B **66**
NE36: W Bol 4C **88**
Addison St. NE29: N Shi 3C **62**
SR2: Sund 1F **119**
Addison Wlk. NE34: S Shi 1C **88**
Addycombe Ter. NE6: Heat 5C **58**
Adelaide Cen., The
NE4: Benw 4A **68**
Adelaide Cl. SR1: Sund 6F **105**
Adelaide Ct. NE8: Gate 6G **69**
Adelaide Ho. NE4: Benw 4A **68**
Adelaide Pl. SR1: Sund 6F **105**
Adelaide Row SR7: S'hm 4B **142**
Adelaide St. DH3: Ches S 1C **134**
Adelaide Ter. NE4: Benw 4H **67**
Adeline Gdns. NE3: Ken 5C **56**
Adelphi Cl. NE29: N Shi 5G **47**
Adelphi Pl. NE6: Walk 4E **71**
Aden Ct. DH7: Bear P 3C **152**
Aden Twr. SR3: New S 1G **131**
Adfrid Pl. SR8: Pet 6D **162**
Admiral Ho. NE30: Tyne 6F **49**
Admiral Way SR3: Dox P 4E **131**
Adolphus Pl. DH1: Dur 5H **155**
SR7: S'hm 4C **142**
Adolphus St. SR6: Whit 2F **91**
Adolphus St. W. SR7: S'hm 4B **142**
Adrian Pl. SR8: Pet 2E **165**
Adventure La. DH4: W Rai 2D **146**
Affleck St. NE8: Gate 1G **83**
Afton Ct. NE34: S Shi 4E **75**
Afton Way NE3: Ken 1A **56**
Agar Rd. SR3: E Her 1F **131**
Aged Miners' Cotts.
NE25: New Hart 3C **24**
NE27: Shir 4B **46**
Aged Miners' Home
NE16: Burn 1G **107**
NE34: S Shi 2A **76**
Aged Miners Homes
DH2: Ches M 4B **134**
DH2: Ches S 5C **126**
DH2: Nett 1A **144**
DH2: Pelt 3E **125**
DH3: Gt Lum 2G **135**
DH4: Hou S 3G **137**
*DH4: S Row 3F **129***
(off Chester Rd.)
DH5: Hett H 3C **148**
DH5: Hou S 3B **138**
DH6: S Hil 6G **157**
DH6: S'burn 6D **156**
DH7: B'don 4D **158**
DH7: Bear P 4C **152**
DH7: Mead 6E **159**
DH9: Stly 5F **123**
NE5: West 4B **54**
NE7: Longb 2A **58**
NE11: Kib 1E **111**
NE12: Dud 5A **32**
NE13: Bru V 5C **30**
NE16: Marl H 4E **95**
NE21: Blay 4G **65**
NE24: Camb 1B **12**
*NE25: Sea D 6B **24***
(off Ryal Cl.)
NE27: Back 6A **34**
NE27: Shir 2D **46**
NE35: Bol C 2H **87**

Aged Miners Homes
NE37: Wash 5A **100**
NE39: H Spen 1A **92**
*NE40: Ryton 5E **65***
(off Stargate La.)
*SR2: Ryh 2E **133***
(off Cheviot La.)
SR3: New S 6A **118**
SR5: Sund 3G **103**
SR7: Mur 2B **150**
SR7: S'hm 2F **141**
(Lord Byrons Wlk.)
SR7: S'hm 6B **142**
(Shrewsbury St.)
SR8: Hor 6F **163**
Aged Mineworkers' Homes
NE15: Thro 5B **52**
Agincourt NE12: Kil 1D **44**
NE31: Heb 2B **72**
Agnes Maria St. NE3: Gos 2C **56**
Agnes St. DH9: Stly 2D **122**
Agricola Ct. NE33: S Shi 3E **63**
Agricola Gdns. NE28: W'snd 1B **60**
Agricola Rd. NE4: Fen 3B **68**
Aidan Av. NE26: Sea S 3F **25**
Aidan Cl. DH9: Stly 2F **123**
NE13: W Op 5D **30**
NE27: Longb 4A **46**
Aidan Ct. NE7: Longb 2C **58**
NE32: Jar 3H **73**
Aidan Ho. NE8: Gate 1H **83**
Aidan Wlk. NE3: Gos 2F **57**
Aiden Way DH5: Hett H 6C **138**
Ailesbury St. SR4: Sund 6A **104**
Ainderby Rd. NE15: Thro 5B **52**
Ainsdale Gdns. NE5: Cha P 5A **54**
Ainsley St. DH1: Dur 5B **154**
Ainslie Pl. NE5: Blak 6G **55**
Ainsworth Av. NE34: S Shi 6C **74**
Ainthorpe Cl. SR3: Tuns 2B **132**
Ainthorpe Gdns. NE7: Longb 3B **58**
NE9: Low F 6H **83**
Aintree Cl. NE37: Wash 6B **100**
Aintree Gdns. NE8: Gate 4E **83**
Aintree Rd. SR3: E Her 1F **131**
Airedale NE28: W'snd 2F **59**
Airedale Gdns. DH5: Hett H 3B **148**
Aireys Cl. DH4: Hou S 3G **137**
Airey Ter. NE6: Walk 4G **71**
NE8: Gate 2F **83**
Airport Freightway NE13: Wool . .3C **40**
Airport Ind. Est. NE13: Ken 1G **55**
Airport Station (Metro) 2B **40**
Airville Mt. SR3: Dox P 5A **132**
Aisgill Cl. NE23: Cra 3B **22**
Aisgill Dr. NE5: Cha P 6A **54**
Aiskell St. SR4: Sund 1A **118**
A J Cooks Cotts. NE39: Row G . . .3B **92**
Akeld Cl. NE23: Cra 4B **22**
Akeld Ct. NE3: Gos 3G **57**
Akeld M. SR6: Roker 4E **105**
Akenside Hill
NE1: Newc T 6F **5** (5G **69**)
Akenside Ter. NE2: Jes 1H **69**
Alanbrooke Row NE31: Heb 6A **72**
Alansway Gdns. NE33: S Shi 1F **75**
ALBANY 6A **100**
Albany Av. NE12: Longb 6D **44**
Albany Ct. NE4: Newc T 6C **68**
Albany Gdns. NE26: Whit B 1D **48**
Albany Ho. NE37: Wash 6A **100**
SR5: Monkw 4C **104**
Albany M. NE3: Ken 5C **56**
Albany Rd. NE8: Gate 6A **70**
Albany St. E. NE33: S Shi 1F **75**

Albany St. W. NE33: S Shi 1F **75**
Albany Ter. NE32: Jar 5D **72**
Albany Village Cen.
NE37: Wash 1H **113**
Albany Way NE37: Wash 6A **100**
Albatross Way NE24: News 4C **18**
Albemarle Av. NE2: Jes 4F **57**
Albemarle St. NE33: S Shi 4E **63**
Albert Av. NE28: W'snd 5H **59**
Albert Ct. SR2: Sund 6E **7** (2B **118**)
Albert Dr. NE9: Low F 1H **97**
Albert Edward Ter. NE35: Bol C . . .1A **88**
Albert Pl. NE9: Low F 1H **97**
NE38: Wash 3D **114**
Albert Rd. NE22: Bed 3E **11**
NE26: Sea S 3H **25**
NE32: Jar 2F **73**
(Chapel Rd.)
NE32: Jar 3E **73**
(Park Rd., not continuous)
SR4: Sund 6A **104**
Albert Sq. DH3: Ches S 5C **126**
Albert St. DH1: Dur 4B **154**
DH2: Gra V 4C **124**
DH3: Ches S 6C **126**
DH9: Stly 3C **122**
NE2: Newc T 3G **5** (3H **69**)
NE24: Bly 5C **12**
NE31: Heb 2B **72**
NE39: Row G 4A **92**
SR7: S'hm 5C **142**
Albert Ter. NE12: Longb 4C **44**
NE26: Whit B 1D **48**
NE33: S Shi 5E **63**
Albion Ct. NE6: Byke 4B **70**
NE24: Cow 6B **12**
NE33: S Shi 3E **63**
Albion Gdns. NE16: Burn 2F **107**
Albion Pl. SR1: Sund 5F **7** (1C **118**)
Albion Retail Cen. NE24: Cow 5B **12**
Albion Rd. NE29: N Shi 1C **62**
NE30: N Shi 1C **62**
Albion Rd. W. NE29: N Shi 2C **62**
Albion Row NE6: Byke 4A **70**
(not continuous)
Albion St. NE10: Hew, Wind N 5C **84**
SR4: Sund 1C **116**
Albion Ter. NE9: Spri 4F **99**
NE23: Cra 5D **16**
NE29: N Shi 1C **62**
Albion Way NE23: Cra 6D **16**
NE24: Bly, Cow 6A **12**
Albion Yd. NE1: Newc T . . .5C **4** (4F **69**)
Albury Pk. Rd. NE30: Tyne 6E **49**
Albury Pl. NE16: Whi 6E **81**
Albury Rd. NE2: Jes 4F **57**
Albyn Gdns. SR3: Sund 4A **118**
Alconbury Cl. NE24: News 2C **18**
Alcroft Cl. NE5: Cha P 4H **53**
Aldborough St. NE24: Bly 6C **12**
Aldbrough Cl. SR2: Ryh 3F **133**
Aldbrough St. NE34: S Shi 4C **74**
Aldeburgh Av. NE15: Lem 1A **66**
Aldeburgh Way SR7: S'hm 3B **142**
Aldenham Gdns. NE30: Tyne 4E **49**
Aldenham Rd. SR3: New S 1G **131**
Aldenham Twr. SR3: New S 1G **131**
Alder Av. NE4: Fen 1H **67**
Alder Cl. DH5: Hett H 2B **148**
Alder Ct. NE25: Monks 1A **48**
Alder Cres. DH9: Tant 6F **107**
Alderdene Cl. DH7: Ush M 6E **153**
Alder Gro. NE25: Monks 5A **36**
SR7: S'hm 6A **142**
Alderlea Cl. DH1: Dur 4G **155**
Alderley Cl. NE35: Bol C 2A **88**
SR2: Sund 5F **119**
Alderley Dr. NE12: Kil 1E **45**
Alderley Rd. NE9: Low F 6G **83**
Alderley Way NE23: Cra 6C **16**
Alderman Fenwicks House *5E 5*
(off Pilgrim St.)
Alderman Wood Rd.
DH9: Tan L 1C **122**
Alderney Gdns. NE5: Cha P 5A **54**
Alder Pk. DH7: B'don 6C **158**
Alder Rd. NE28: W'snd 1C **60**
NE29: N Shi 6E **47**
SR8: Hor 1H **165**
Aldershot Rd. SR3: E Her 2F **131**
Aldershot Sq. SR3: E Her 2F **131**
Alder St. SR5: Sund 4D **102**
Alder Way NE12: Kil 1C **44**
Alderwood NE8: Gate 2F **83**
NE38: Wash 1H **127**
Alderwood Cres. NE6: Walk 6F **59**
Alderwood Pk. NE23: Dud 3H **31**
Alderwyk NE10: Hew 5H **85**
Aldhome Ct. DH1: Dur 1A **154**
Aldin Grange Hall
DH7: Bear P 5F **153**
Aldin Grange Ter. DH7: Bear P . . .4E **153**
Aldin Ri. DH7: Bear P 5E **153**
Aldridge Ct. DH7: Ush M 5C **152**
Aldsworth Cl. NE9: Spri 4F **99**
Aldwick Rd. NE15: Scot 3D **66**
Aldwych Dr. NE29: N Shi 6F **47**
Aldwych Rd. SR3: E Her 2F **131**
Aldwych Sq. SR3: E Her 3F **131**
Aldwych St. NE33: S Shi 5G **63**
Alexander Dr. DH5: Hett H 2B **148**
Alexander Ter. NE13: Haz 6C **30**
SR6: Ful 2D **104**
Alexandra Av. SR5: Sund 4H **103**
Alexandra Bus. Pk.
SR4: Sund 4G **103**
Alexandra Cl. DH1: Dur 1A **154**
Alexandra Dr. NE16: Swa 3G **81**
Alexandra Gdns. NE29: N Shi 1A **62**
NE40: Ryton 5E **65**
Alexandra Ho. SR2: Sund 5E **7**
Alexandra Pk. SR3: Sund 3B **118**
Alexandra Rd. NE6: Heat 6B **58**
NE8: Gate 1G **83**
Alexandra St. DH2: Pelt 3E **125**
NE28: W'snd 5A **60**
NE39: Row G 4A **92**
Alexandra Ter. DH4: Pen 1F **129**
NE5: West 4D **54**
NE9: Spri 4F **99**
NE16: Sun 3G **95**
NE22: Bed 4B **10**
NE26: Whit B 1D **48**
Alexandra Way NE23: Cra 4A **22**
Alexandrea Way NE28: W'snd 2B **60**
Alexandria Cres. DH1: Dur 6B **154**
Alexandrina St. SR7: S'hm 4B **142**
Alford DH2: Ous 5H **111**
Alford Grn. NE12: Longb 6C **44**
Alfred Av. NE22: Bed 4B **10**
Alfred St. NE6: Walk 3E **71**
NE24: Bly 1C **18**
NE31: Heb 4B **72**
SR7: S'hm 5C **142**
SR8: Eas C 1E **163**
Alfred St. E. SR7: S'hm 5C **142**
Alfreton Cl. DH7: B'don 6C **158**
Algenon Dr. NE27: Back 2B **46**
Algernon NE12: Kil 6D **32**
Algernon Cl. NE6: Byke 2C **70**
Algernon Ct. *NE6: Byke* *2C 70*
(off Algernon Rd.)
Algernon Ind. Est.
NE27: Shir 4D **46**
Algernon Pl. NE26: Whit B 1D **48**
Algernon Rd. NE6: Byke 2C **70**
NE15: Lem 3A **66**
Algernon Ter. NE30: Tyne 5E **49**
Algiers Rd. SR3: E Her 2E **131**
Alice St. NE21: Winl 2H **79**
NE33: S Shi 1E **75**
SR2: Sund 6F **7** (2C **118**)
Alice Well Vs. SR4: Cox G 4F **115**
Aline St. SR3: New S 2B **132**
SR7: S'hm 4C **142**
Alington Pl. DH1: Dur 5G **155**
Alison Ct. *NE6: Heat* *2B 70*
(off Heaton Rd.)
Alison Dr. NE36: E Bol 4F **89**
Allandale Av. NE12: Longb 6D **44**
Allanville NE12: Kil 6B **32**
All Church NE15: Benw 3F **67**
Allen Av. NE11: T Vall 4E **83**
Allendale Av. NE28: W'snd 3H **59**
Allendale Cres. DH4: Pen 1E **129**
NE27: Shir 2E **47**
Allendale Dr. NE34: S Shi 1A **76**
Allendale Pl. NE30: Tyne 6F **49**
Allendale Rd. DH7: Mead 5E **159**
NE6: Byke 4D **70**
NE24: Bly 1D **18**
SR3: E Her 2F **131**
Allendale Sq. SR3: E Her 6G **117**
Allendale St. DH5: Hett H 3C **148**
Allendale Ter. DH9: Ann P 5F **121**
NE6: Walk 4F **71**
Allenheads NE5: W Dent 6C **54**
NE25: Sea D 5A **24**
NE38: Wash 6C **114**
Allens Grn. NE23: Cra 3B **22**
Allen St. DH3: Ches S 1C **134**
SR8: Eas C 1F **163**
Allerdean Cl. NE15: Lem 2H **65**
NE25: Sea D 1B **34**
ALLERDENE **4A 98**
Allerdene Wlk. NE16: Whi 5E **81**
Allergate DH1: Dur 3A **6** (6B **154**)
Allergate Ter. *DH1: Dur* *6B 154*
(off Allergate)
Allerhope NE23: Cra 4B **22**
Allerton Gdns. NE6: Heat 5D **58**
Allerton Pl. NE16: Whi 6D **80**
Allerwash NE5: W Dent 6C **54**
Allgood Ter. NE22: Bed 4B **10**
All Hallows La.
NE1: Newc T 5F **5** (4G **69**)
Allhusen Ter. NE8: Gate 2B **84**
Alliance Pl. SR4: Sund 6B **104**
Alliance St. SR4: Sund 6B **104**
Allingham Ct. NE7: H Hea 4E **59**
Allison Ct. NE11: Dun 2F **81**
Alloa Rd. SR3: E Her 1F **131**
Allonby M. NE23: Cra 5D **16**
Allonby Way NE5: Den M 1F **67**
ALLOTMENT, THE **4D 46**
Alloy Ter. NE39: Row G 4C **92**
All Saints Cen.
NE1: Newc T 5E **5**
All Saints Ct. NE29: N Shi 1H **61**
SR6: Roker 4D **104**
All Saints Dr. DH5: Hett H 6C **138**
All Saints Ho. SR6: Roker 4D **104**
All Saints Office Cen.
NE1: Newc T 5F **5**
Allwork Ter. NE16: Whi 4F **81**

Alma Pl. DH1: Dur 4H 155
   DH4: S Row 4G 129
   NE26: Whit B 1D 48
   NE29: N Shi 1C 62
Alma St. SR4: Sund 6C 102
Alma Ter. *DH1: Dur* 1A *160*
   (off Neville's Cross Bank)
   DH1: Dur 5E 155
   (Gilesgate)
   NE40: G'sde 1C 78
Almond Cres. NE8: Gate 3E 83
Almond Dr. SR5: Sund 5C 102
Almond Gro. NE24: News 3A 18
Almond Pl. NE4: Fen 2H 67
Almond Ter. SR8: Hor 6H 163
Almoners Barn DH1: Dur 2A 160
Almshouses NE15: Newb 2F 65
Aln Av. NE3: Gos 6C 42
Aln Ct. NE15: Lem 3A 66
Aln Cres. NE3: Gos 6C 42
Aln Gro. NE15: Lem 2A 66
Alnham Ct. NE3: Ken 6A 42
Alnham Grn. NE5: Cha P 5A 54
Alnmouth Av. NE29: N Shi 3H 61
Alnmouth Dr. NE3: Gos 3G 57
Aln St. NE31: Heb 3B 72
   (not continuous)
Aln Wlk. NE3: Gos 1C 56
Alnwick Av. NE26: Whit B 6C 36
   NE29: N Shi 3H 61
Alnwick Cl. DH2: Ches S 2A 134
   NE16: Whi 4E 81
Alnwick Ct. NE38: Wash 2G 113
Alnwick Dr. NE22: Bed 3F 9
Alnwick Gro. NE32: Jar 1F 87
Alnwick Ho. NE29: N Shi 3H 61
Alnwick Rd. DH1: Dur 6C 144
   NE34: S Shi 3E 75
   SR3: E Her 1G 131
Alnwick Sq. SR3: E Her 1G 131
Alnwick St. NE15: Newb 1F 65
   NE28: W'snd 5A 60
   SR8: Eas C 1E 163
   SR8: Hor 4F 163
Alnwick Ter. NE13: W Op 4E 31
Alpine Cl. DH4: S Row 4D 128
Alpine Ct. DH2: Ches S 6C 126
Alpine Gro. NE36: W Bol 4D 88
Alpine Way SR3: Sund 4A 118
Alresford NE12: Kil 1D 44
Alston Av. NE6: Walk 3E 71
   NE23: E Cram 4D 22
Alston Cl. NE28: W'snd 3E 61
   NE29: N Shi 6G 47
Alston Cres. SR6: Seab 6C 90
Alston Gdns. NE15: Thro 5D 52
Alston Gro. NE26: Sea S 2F 25
Alston Rd. NE25: New Hart 3B 24
   NE38: Wash 1F 115
Alston St. NE8: Gate 2E 83
Alston Wlk. DH6: S'burn 6E 157
   SR8: Pet 6E 163
Alston Way DH7: Mead 5E 159
Altan Pl. NE12: Longb 6B 44
Altree Grange SR5: Ful 2C 104
Altrincham Twr. SR3: New S 1G 131
ALUM WATERS 1C 158
Alum Well NE9: Low F 6H 83
Alum Well Rd. NE9: Low F 6G 83
   (Carlton Ter.)
   NE9: Low F 6H 83
   (Cross Keys La.)
Alverston Cl. NE15: Lem 1A 66
Alverstone Av. NE9: Low F 1G 97
Alverstone Rd. SR3: E Her 2F 131

Alverthorpe St. NE33: S Shi 1F 75
Alwin NE38: Wash 6G 113
Alwin Cl. NE28: W'snd 6C 60
Alwin Grange NE31: Heb 2D 72
Alwinton Av. NE29: N Shi 5H 47
Alwinton Cl. NE5: West 3E 55
   NE24: Cow 5A 12
Alwinton Ct. NE24: Cow 5A 12
Alwinton Dr. DH2: Ches S 2A 134
Alwinton Gdns. NE11: Lob H 6C 82
Alwinton Rd. NE27: Shir 2E 47
Alwinton Ter. NE3: Gos 2F 57
Alwyn Cl. DH4: Bour 6C 128
Amalfi Twr. SR3: New S 1G 131
Amara Sq. SR3: E Her 1G 131
Ambassadors Way NE29: N Shi . .5F 47
Amber Ct. NE4: Elsw 6B 68
   NE24: Bly 1A 18
Amberdale Av. NE6: Walk 1G 71
Ambergate Cl. NE5: West 4E 55
Ambergate Way NE5: Ken 4H 55
Amberley Chase NE12: Kil 1E 45
Amberley Cl. NE28: W'snd 3E 61
Amberley Gdns. NE7: H Hea 5C 58
Amberley Gro. NE16: Whi 6E 81
Amberley St. NE8: Gate 2D 82
   SR2: Sund 2E 119
Amberley Sth. SR2: Sund 2E 119
Amberley Wlk. NE16: Whi 6F 81
Amberley Way NE24: News 2C 18
Amble Av. NE25: Whit B 1D 48
   NE34: S Shi 1B 76
Amble Cl. NE24: Bly 2A 18
   NE29: N Shi 3H 61
Amble Gro. NE2: Newc T 2A 70
Amble Pl. NE12: Longb 4F 45
Ambleside NE15: Thro 5D 52
Ambleside Av. NE34: S Shi 3G 75
   SR7: S'hm 3E 141
Ambleside Cl. NE25: Sea D 6B 24
Ambleside Gdns. NE9: Low F 1A 98
Ambleside Grn. NE5: Den M 1F 67
Ambleside Ter. SR6: Seab 1C 104
Amble Twr. SR3: New S 1G 131
Amble Way NE3: Gos 1D 56
Ambridge Way NE3: Ken 2B 56
   NE25: Sea D 5G 23
Ambrose Ct. NE21: Winl 2H 79
Ambrose Pl. NE6: Walk 3H 71
Ambrose Rd. SR3: E Her 1F 131
Amec Dr. NE28: W'snd 6D 60
Amec Way NE28: W'snd 6C 60
Amelia Ct. NE4: Benw 6A 68
Amelia Gdns. SR3: E Her 2E 131
Amelia Wlk. NE4: Benw 6A 68
   (not continuous)
Amen Cnr. NE1: Newc T . . .6E 5 (5G 69)
Amersham Cres. SR8: Pet 6D 162
Amersham Pl. NE5: Blak 5F 55
Amersham Rd. NE24: News 3B 18
Amesbury Cl. NE5: Cha P 4H 53
Amethyst Rd. NE4: Newc T 6B 68
Amethyst St. SR4: Sund 6H 103
AMF Bowling
   Newcastle 4B 68
   Washington 2A 114
Amherst Rd. NE3: Ken 1A 56
Amos Ayre Pl. NE34: S Shi 4B 74
Amphitheatre 4H 63
Amsterdam Rd. SR3: New S 1G 131
Amusement Pk. Cvn. Site
   NE33: S Shi 3G 63
Amy St. SR5: S'wck 3B 104
Ancaster Av. NE12: Longb 1B 58

Ancaster Rd. NE16: Whi 5D 80
Anchorage, The DH3: Ches S . . .6D 126
   DH4: S Row 3F 129
   NE38: Wash 3C 114
Anchorage Ter.
   DH1: Dur 5C 6 (1D 160)
Anchor Chare NE1: Newc T 5G 5
Ancona St. SR4: Sund 5H 103
Ancroft Av. NE29: N Shi 6B 48
Ancroft Pl. NE5: Fen 1F 67
Ancroft Rd. NE25: Sea D 6H 23
Ancroft Way NE3: Ken 5B 42
Ancrum St. NE2: Newc T 2D 68
Ancrum Way NE16: Whi 6D 80
Anderson Ct. *NE16: Burn* 1H *107*
   (off Sheep Hill)
Anderson St. NE33: S Shi 4F 63
Anderson St. Nth. NE33: S Shi . . .4E 63
Andover Pl. NE28: W'snd 1C 60
Andrew Ct. NE6: Walk 3G 71
Andrew Rd. SR3: E Her 2E 131
Andrew's La. SR8: Eas 3A 162
Andrew St. SR8: Eas C 1E 163
Andromeda Ct. NE6: Walk 5H 71
Anfield Ct. NE3: Ken 2A 56
Anfield Rd. NE3: Ken 2A 56
Angel of the North 5A 98
Angel Pk. DH2: Ous 2A 126
Angerton Av. NE27: Shir 3D 46
   NE30: Cull 4C 48
Angerton Gdns. NE5: Fen 1H 67
Angerton Ter. NE23: Dud 3H 31
Anglesey Gdns. NE5: Cha P 5A 54
Anglesey Pl. NE4: Newc T 4D 68
Anglesey Rd. SR3: E Her 2F 131
Anglesey Sq. SR3: E Her 2F 131
Angle Ter. NE28: W'snd 5D 60
Angram Dr. SR2: Sund 6G 119
Angram Wlk. NE5: Cha P 5A 54
Angrove Gdns. SR4: Sund 2H 117
Angus DH2: Ous 5H 111
Angus Cl. NE12: Kil 2C 44
Angus Rd. NE8: Gate 3E 83
   SR3: E Her 2F 131
Angus St. DH7: Lang M 3G 159
   SR8: Eas C 1E 163
Angus Ter. SR8: Eas C 2F 163
Anker's House Mus. 6D 126
Annand Rd. DH1: Dur 4F 155
Anne Dr. NE12: Longb 5G 45
Annfield Pl. DH9: Ann P 5E 121
ANNFIELD PLAIN 6F 121
Annfield Plain By-Pass
   DH9: Ann P 5C 120
Annfield Rd. NE23: Cra 5B 16
Annfield Ter. DH9: Ann P 4E 121
Annie St. SR6: Ful 1D 104
ANNITSFORD 2B 32
Annitsford Dr. NE23: Dud 3B 32
Annitsford Pond Nature Reserve
    . . . . .2A 32
Annitsford Rd. NE23: Seg 3C 32
Ann's Pl. DH7: Lang M 3G 159
Ann's Row NE24: Bly 4C 12
Ann St. NE8: Gate 1H 83
   NE21: Blay 6A 66
   NE27: Shir 1C 46
   NE31: Heb 2A 72
Annville Cres. NE6: Walk 5G 71
Ann Wlk. NE6: Walk 5G 71
Anscomb Gdns. NE7: H Hea 5A 58
Anson Cl. NE33: S Shi 1D 74
Anson Pl. NE5: West 4D 54

Anson St. NE8: Gate 2B **84**
Anson Wlk. NE6: Walk 5H **71**
Anstead Ct. NE23: Cra 3B **22**
Anthony Ct. DH9: Stly 2C **122**
Anthony Rd. SR3: E Her 1F **131**
Anthony St. DH9: Stly 2C **122**
   SR8: Eas C 1F **163**
Antliff Ter. DH9: Ann P 5F **121**
Antonine Wlk. NE15: Hed W 5H **51**
Anton Pl. NE23: Cra 4B **22**
Antrim Cl. NE5: Blak 4G **55**
Antrim Gdns. SR7: S'hm 3A **142**
Antwerp Rd. SR3: E Her 2E **131**
Anvil Ct. DH1: P Me 6A **144**
Apex Bus. Village NE23: Dud 2B **32**
Apperley NE5: W Dent 6C **54**
Apperley Av. DH1: H Shin 5H **161**
   NE3: Ken 3G **55**
Appian Pl. NE9: Low F 4B **84**
   NE15: Thro 5D **52**
   (not continuous)
Appleby Ct. DH4: Hou S 2B **136**
   NE12: Longb 1A **58**
   NE29: N Shi 2B **62**
Appleby Gdns. NE9: Low F 2A **98**
   NE28: W'snd 3E **61**
Appleby Pk. NE29: N Shi 1B **62**
Appleby Pl. NE40: Craw 5A **64**
Appleby Rd. SR3: E Her 2F **131**
Appleby Sq. SR3: E Her 2F **131**
Appleby St. NE29: N Shi 3C **62**
Appleby Way SR8: Pet 4A **164**
Apple Cl. NE15: Lem 1A **66**
Apple Ct. NE25: New Hart 5F **27**
Appledore Gdns. DH3: Ches S . . .4D **126**
   NE9: Low F 2H **97**
Appledore Rd. NE24: News 2C **18**
Appleforth Av. SR2: Sund 6G **119**
Appleton Cl. NE11: Gate 3C **82**
Appletree Ct. *NE8: Gate* *1G* **83**
   (off Bensham Rd.)
   NE15: Walb 5G **53**
Appletree Gdns. NE6: Walk 1E **71**
   NE25: Monks 2A **48**
Applewood NE12: Kil 2F **45**
Appley Ter. SR6: Roker 3E **105**
Apsley Cres. NE3: Ken 2A **56**
Aquila Dr. NE15: Hed W 5F **51**
Arbeia Roman Fort & Mus. 3E **63**
Arbroath DH2: Ous 6H **111**
Arbroath Rd. SR3: E Her 1F **131**
Arcade, The *NE24: Bly* *6C* **12**
   (off Waterloo Rd.)
   NE30: Tyne 6F **49**
Arcade Pk. NE30: Tyne 6F **49**
Arcadia DH2: Ous 6H **111**
Arcadia Av. DH3: Ches S 4C **126**
Arcadia Ter. NE24: Bly 1C **18**
Archbold Ter. NE2: Jes 1F **5** (2G **69**)
Archer Rd. SR3: E Her 1F **131**
Archer Sq. SR3: E Her 1F **131**
Archer St. NE28: W'snd 4B **60**
Archer Vs. NE28: W'snd 4B **60**
Archery Ri. DH1: Dur 1A **160**
Archibald St. NE3: Gos 2E **57**
Arcot Av. NE23: Nel V 1G **21**
   NE25: Monks 2A **48**
Arcot Cl. NE23: Nel V 6F **15**
Arcot Dr. NE5: W Dent 1D **66**
   NE25: Monks 2A **48**
Arcot La. NE23: Dud, Sea B 1D **30**
Arcot Ter. NE24: Bly 5B **12**
Ardale Ho. NE3: Ken 3A **56**
Arden Av. NE3: Gos 4D **42**
Arden Cl. NE28: W'snd 6B **46**

Arden Cres. NE5: Fen 6H **55**
Arden Ho. NE3: Gos 1E **57**
Arden Sq. SR3: E Her 1G **131**
Ardrossan DH2: Ous 6H **111**
Ardrossan Rd. SR3: E Her 2F **131**
Arena Bus. Pk. DH4: Hou S 4G **137**
Arena Way NE4: Newc T 6E **69**
Argent St. SR8: Eas C 1F **163**
Argus Cl. NE11: Fest P 4D **82**
Argyle Cl. DH9: Stly 6E **109**
Argyle Pl. DH6: S Het 5H **149**
   NE29: N Shi 5C **48**
Argyle Sq. SR2: Sund . . .6F **7** (2C **118**)
Argyle St. NE1: Newc T 4F **5** (4G **69**)
   NE24: Bly 4B **12**
   NE30: Tyne 5F **49**
   NE31: Heb 3B **72**
   SR2: Sund 6F **7** (2C **118**)
Argyle Ter. NE29: N Shi 5C **48**
Argyll DH2: Ous 6H **111**
Arisaig DH2: Ous 6H **111**
Arklecrag NE37: Wash 1A **114**
Arkle Rd. SR3: E Her 2F **131**
Arkleside Pl. NE5: Cha P 6B **54**
Arkle St. NE8: Gate 3E **83**
   NE13: Haz 1C **42**
Arkwright St. NE8: Gate 4F **83**
Arlington Av. NE3: Ken 4B **56**
Arlington Cl. DH4: Bour 6C **128**
Arlington Ct. NE3: Ken 4C **56**
Arlington Gro. NE16: Whi 5E **81**
   NE23: Cra 5B **16**
Arlington Rd. NE31: Heb 5D **72**
Arlington St. SR4: Sund 1H **117**
Arlott Ho. NE29: N Shi 4H **61**
Armitage Gdns. NE9: Eigh B 4C **98**
ARMSTRONG 6G **99**
Armstrong Av. NE6: Heat 6B **58**
   NE34: S Shi 3G **75**
Armstrong Bldg. NE1: Newc T 1C **4**
Armstrong Dr. NE12: Kil 3B **44**
Armstrong Ho. NE37: Wash 6G **99**
Armstrong Ind. Est.
   NE37: Wash 6G **99**
Armstrong Ind. Pk.
   NE4: Newc T 6C **68**
   (not continuous)
Armstrong Rd. NE4: Benw 5G **67**
   NE15: Benw, Scot 4D **66**
   NE28: W'snd 6E **61**
   NE37: Wash 6F **99**
   SR8: Pet 4D **162**
Armstrong St. NE5: Call 6H **39**
   NE8: Gate 4E **83**
   (not continuous)
Armstrong Ter. NE33: S Shi 2E **75**
Arncliffe Av. SR4: Sund 3G **117**
Arncliffe Gdns. NE5: Cha P 5A **54**
Arndale Arc. NE32: Jar 2F **73**
Arndale Ho. NE3: Ken 2A **56**
   NE12: Longb 1A **58**
Arndale Sq. *NE12: Longb* *1A* **58**
   (off Greyfriars La.)
Arnham Gro. SR4: Sund 5B **116**
Arnison Retail Cen.
   DH1: P Me 5B **144**
Arnold Cl. DH9: Stly 3E **123**
Arnold Rd. SR3: E Her 1F **131**
Arnold St. NE35: Bol C 3B **88**
Arnside Wlk. NE5: Cha P 5A **54**
   (not continuous)
Arran Ct. SR3: Silk 3A **132**
Arran Dr. NE32: Jar 6A **74**
Arran Gdns. NE10: Wind N 4C **84**
Arran Pl. NE29: N Shi 5G **47**

Arras La. SR1: Sund 6E **105**
Arrol Pk. SR4: Sund 1B **118**
Arrow Cl. NE12: Kil 3B **44**
Artemis Ct. DH7: Mead 5F **159**
Arthington Way NE34: S Shi 4G **75**
Arthur Av. SR2: Ryh 3G **133**
Arthur Cook Av. NE16: Whi 5G **81**
ARTHURS HILL 3C **68**
Arthur St. DH2: Pelt 2C **124**
   DH7: Ush M 5B **152**
   NE8: Gate 1H **83**
   NE24: Bly 5C **12**
   (not continuous)
   NE32: Jar 3F **73**
   SR2: Ryh 3G **133**
   SR6: Whit 5F **77**
Arthur Ter. SR6: Whit 6F **77**
Arun Cl. SR8: Pet 2C **164**
Arundale Ho's. DH3: Bir 3C **112**
Arundel Cl. NE13: W Op 6C **30**
   NE22: Bed 2C **10**
Arundel Ct. NE3: Ken 6G **41**
   NE12: Longb 1A **58**
Arundel Dr. NE15: Lem 2C **66**
   NE25: Monks 1F **47**
Arundel Gdns. NE9: Low F 6A **84**
   SR3: E Her 2E **131**
Arundel Rd. SR3: E Her 1F **131**
Arundel Wlk. DH2: Ous 2H **125**
   NE16: Whi 6E **81**
Arundel Way DH7: Mead 5E **159**
Asama Ct. NE4: Newc T 6C **68**
   (not continuous)
Ascot Cl. NE28: W'snd 1B **60**
Ascot Ct. NE3: Ken 6G **41**
   NE36: W Bol 5B **88**
   SR3: E Her 2F **131**
   (not continuous)
Ascot Cres. NE8: Gate 3E **83**
Ascot Gdns. NE34: S Shi 2F **75**
Ascot Pl. DH2: Ous 1H **125**
Ascot St. SR8: Eas C 1F **163**
Ascott Ct. NE12: Longb 1A **58**
Ascot Wlk. NE3: Ken 6G **41**
Ash Av. DH1: Dur 6G **155**
   DH7: Ush M 5C **152**
   NE13: Din 4F **29**
Ashberry Gro. SR6: Ful 4D **104**
Ashbourne Av. NE6: Walk 3F **71**
Ashbourne Cl. NE27: Back 6A **34**
Ashbourne Rd. NE32: Jar 4G **73**
Ashbrook Cl. DH7: B'don 6B **158**
ASHBROOKE 3C **118**
Ashbrooke NE25: Monks 6A **36**
Ashbrooke Cl. NE25: Monks 6A **36**
Ashbrooke Cres. SR2: Sund 3D **118**
Ashbrooke Cross SR2: Sund 3C **118**
Ashbrooke Dr. NE20: Pon 4E **27**
Ashbrooke Gdns. NE28: W'snd . . .4C **60**
Ashbrooke Mt. SR2: Sund 3C **118**
Ashbrooke Range SR2: Sund 4C **118**
Ashbrooke Rd. SR2: Sund 3C **118**
Ashbrooke St. NE3: Ken 4A **56**
Ashbrooke Ter. NE36: E Bol 4F **89**
   SR2: Sund 3D **118**
Ashburne Ct. SR2: Sund 3D **118**
Ashburn Rd. NE28: W'snd 1C **60**
Ashburton Rd. NE3: Gos 3C **56**
Ashbury NE25: Monks 5G **35**
Ashby St. SR2: Sund 4F **119**
Ashby Vs. NE36: W Bol 5B **88**
Ash Ct. NE29: N Shi 4A **48**
Ash Cres. SR7: S'hm 6A **142**
   SR8: Hor 1G **165**
Ashcroft Dr. NE12: Longb 6E **45**

Ashdale DH4: Pen 1C **128**
  NE20: Darr H 2C **38**
Ashdale Ct. SR6: Roker 3E **105**
Ashdale Cres. NE5: Cha P 5B **54**
Ashdown Av. DH1: Dur 4H **155**
Ashdown Cl. NE12: Longb 6B **44**
Ashdown Rd. SR3: E Her 1F **131**
Ashdown Way
  NE12: Longb 6B **44**
Asher St. NE10: Fall 2C **84**
Ashfield NE32: Jar 2H **87**
Ashfield Av. NE16: Whi 3G **81**
Ashfield Cl. NE4: Elsw 5C **68**
Ashfield Ct. NE39: H Spen 1A **92**
Ashfield Gdns. NE28: W'snd 4F **59**
Ashfield Gro. NE26: Whit B 5C **36**
  NE29: N Shi 1C **62**
Ashfield Lodge NE4: Elsw 5C **68**
Ashfield Pk. NE16: Whi 3F **81**
Ashfield Ri. NE16: Whi 6F **81**
Ashfield Rd. NE3: Gos 3C **56**
  NE16: Whi 6F **81**
Ashfield Ter. DH3: Ches S 1D **134**
  NE9: Spri 4F **99**
  NE10: Pel 2F **85**
  NE40: Ryton 4C **64**
Ashford NE9: Low F 3A **98**
Ashford Cl. NE24: News 2C **18**
  NE29: N Shi 4B **48**
Ashford Gro. NE5: Cha P 3H **53**
Ashford Rd. SR3: E Her 2F **131**
Ashgill NE37: Wash 1H **113**
Ash Gro. NE11: Dun 2A **82**
  NE28: W'snd 6B **60**
  NE40: Ryton 3C **64**
  SR6: Whit 2G **91**
Ashgrove Av. NE34: S Shi 4H **75**
Ashgrove Ter. DH3: Bir 2B **112**
  NE8: Gate 2G **83**
Ash Hill Ct. SR2: Sund 3D **118**
Ashkirk NE23: Dud 3A **32**
  SR3: New S 1G **131**
Ashkirk Cl. DH2: Ches S 2A **134**
Ashkirk Way NE25: Sea D 1B **34**
Ashlea Cl. SR3: E Her 1F **131**
Ashlea Pk. SR3: E Her 1F **131**
Ashleigh DH2: Ches S 4A **126**
Ashleigh Av. DH1: Dur 2B **154**
Ashleigh Cl. NE21: Blay 2C **80**
Ashleigh Cres. NE5: Den M 1E **67**
Ashleigh Gdns. SR6: Clead 1A **90**
Ashleigh Gro. NE2: Jes 5F **57**
  NE12: Longb 6D **44**
  NE30: Tyne 5E **49**
  SR6: Ful 1E **105**
Ashleigh Rd. NE5: Den M 1E **67**
Ashleigh Ter. SR6: Ful 1E **105**
Ashleigh Vs. NE36: E Bol 4F **89**
Ashley Cl. NE12: Kil 1F **45**
  NE38: Wash 4C **114**
Ashley Ct. DH9: Tan L 1A **122**
Ashley Rd. NE34: S Shi 3E **75**
Ashley Ter. DH3: Ches S 5C **126**
Ashmead Cl. NE12: Kil 1E **45**
Ash Mdws. NE38: Wash 2E **127**
Ashmore St.
  SR2: Sund 6G **7** (2D **118**)
Ashmore Ter.
  SR2: Sund 6G **7** (2D **118**)
Asholme NE5: W Dent 6C **54**
Ashover Rd. NE5: Ken 4H **55**
Ashridge Cl. NE34: S Shi 4B **76**
Ashridge Ct. NE10: Ward 4H **85**
Ash Sq. NE38: Wash 3C **114**
Ash St. NE21: Blay 2A **80**

Ash Ter. DH9: Ann P 4E **121**
  DH9: Stly 6F **123**
  DH9: Tant 5H **107**
  NE13: Haz 6C **30**
  SR7: Mur 2D **150**
Ashton Cl. NE5: Cha P 3H **53**
Ashton Ct. NE40: Ryton 5D **64**
Ashton Downe DH2: Ches S 1C **134**
Ashton Ri. DH2: Ches S 1C **134**
  SR8: Pet 6E **163**
Ashton St. SR8: Eas C 1F **163**
Ashton Way NE26: Whit B 4A **36**
  SR3: E Her 3E **131**
Ashtree Cl. NE4: Elsw 5B **68**
  NE39: Row G 2F **93**
Ashtree Dr. NE22: Bed 3H **9**
Ashtree Gdns. NE25: Monks 2A **48**
Ashtree La. NE21: Barl 1A **92**
  NE39: H Spen, Row G 1A **92**
Ashtrees Gdns. NE9: Low F 4H **83**
Ashvale Av. NE11: Kib 1E **111**
Ash Way DH4: Hou S 2E **137**
Ashwell Rd. SR3: E Her 2F **131**
Ashwood DH3: Ches S 1D **134**
             (off George St.)
  DH6: S Het 6A **150**
Ashwood Av. SR5: S'wck 3H **103**
Ashwood Cl. NE12: Longb 5E **45**
  NE23: Cra 5B **16**
Ashwood Cres. NE6: Walk 6F **59**
Ashwood Cft. NE31: Heb 2B **72**
Ashwood Gdns. NE9: Low F 2A **98**
Ashwood Gro. NE13: W Op 6D **30**
  SR5: Sund 4D **102**
Ashwood Ho. NE7: H Hea 3A **58**
Ashwood Mdw. SR8: Hor 6F **163**
Ashwood St. SR2: Sund 2B **118**
Ashwood Ter. SR2: Sund 2B **118**
Askern Av. SR2: Sund 6G **119**
Askerton Dr. SR8: Pet 4A **164**
Askew Rd. NE8: Gate 3D **82**
           (Derwentwater Rd.)
  NE8: Gate 1F **83**
          (St Cuthbert's Rd.)
Askew Rd. W. NE8: Gate 2E **83**
             (not continuous)
Askrigg Av. NE28: W'snd 6B **46**
  SR2: Sund 6F **119**
Askrigg Cl. DH2: Ous 5G **111**
Askrigg Wlk. NE5: Cha P 6A **54**
Aspen Av. SR8: Hor 1H **165**
Aspen Cl. DH1: Dur 4G **155**
  DH4: S Row 4D **128**
Aspen Ct. DH3: Gt Lum 4G **135**
  SR3: Silk 3G **131**
Aspen Gro. SR7: S'hm 5A **142**
Aspenlaw NE9: Low F 1C **98**
Aspen Ter. NE5: Fen 6A **56**
Aspen Way NE24: News 3A **18**
Aspley Cl. SR3: Silk 3A **132**
Asquith Ter. DH9: Ann P 4E **121**
Association Rd. SR6: Roker 3E **105**
Astbury Cl. NE38: Wash 1H **127**
Aster Ter. DH4: S Row 5F **129**
Astley Ct. NE12: Kil 2D **44**
Astley Dr. NE26: Whit B 2A **36**
Astley Gdns. NE25: Sea D 6A **24**
  NE26: Sea D 2F **25**
Astley Gro. NE26: Sea S 2F **25**
Astley Rd. NE25: Sea D 5A **24**
Astley St. NE23: E Har 4B **16**
Astley Vs. NE26: Sea S 2F **25**
Aston Sq. SR3: E Her 2F **131**

Aston St. NE33: S Shi 2F **75**
Aston Wlk. NE6: Walk 3G **71**
Aston Way NE16: Whi 6D **80**
Astral Ho. SR1: Sund 3G **7**
Athelhampton NE38: Wash 2E **115**
Athelstan Rigg SR2: Ryh 2G **133**
Athenaeum St.
  SR1: Sund 4H **7** (1D **118**)
Atherton Dr. DH4: Hou S 4E **137**
  NE4: Benw 5A **68**
Atherton St. DH1: Dur 6B **154**
Athlone Ct. NE24: Bly 5C **12**
            (off Disraeli St.)
Athlone Pl. DH3: Bir 6D **112**
Athol Gdns. NE9: Low F 4B **84**
  NE25: Monks 2H **47**
  SR2: Ryh 4G **133**
Athol Grn. NE11: Dun 2C **82**
Athol Gro. SR3: New S 2A **132**
Athol Ho. NE20: Pon 5F **27**
           (off Callerton La.)
Atholl DH2: Ous 5H **111**
Atholl Pk. SR2: Sund 2E **119**
Athol Rd. SR2: Sund 2E **119**
Athol St. NE11: Dun 2C **82**
Athol Ter. SR2: Sund 2E **119**
Atkinson Gdns. NE29: N Shi 4C **62**
Atkinson Rd. DH3: Ches S 4D **126**
  NE4: Benw 5H **67**
  SR6: Ful 1D **104**
Atkinson's Bldgs. SR4: Sund . . .6B **104**
            (off Trimdon St.)
Atkinson St. NE28: W'snd 6H **59**
Atkinson Ter. NE4: Benw 4H **67**
  NE28: W'snd 6H **59**
Atkin St. NE12: Kil 1B **44**
Atlantis Fitness Cen. 3D **84**
            (off Coldwell St.)
Atlantis Rd. SR3: E Her 1E **131**
Atlas Gym 5B **100**
            (off Front St.)
Atley Bus. Pk. NE23: Nel V 5G **15**
Atley Way NE23: Nel V 5G **15**
Atmel Way NE28: W'snd 6D **46**
Attlee Cl. NE23: Dud 6B **32**
Attlee Gro. SR2: Ryh 1E **133**
Attlee Sq. DH6: S'burn 5D **156**
Attwood Gro. SR5: S'wck 4B **104**
Aubone Av. NE15: Benw 3G **67**
Auburn Cl. NE28: W'snd 5F **61**
Auburn Gdns. NE4: Fen 1A **68**
Auckland DH2: Ches S 1A **134**
Auckland Av. NE34: S Shi 3B **76**
Auckland Rd. DH1: Dur 6D **144**
  NE31: Heb 2D **72**
Auckland Ter. NE32: Jar 5A **74**
Auden Gro. NE4: Fen 3A **68**
Audland Wlk. NE5: Cha P 6A **54**
Audley Ct. NE2: Jes 5H **57**
Audley Gdns. SR3: Sund 4B **118**
Audley Rd. NE3: Gos 3G **57**
Audouins Row NE8: Gate 3F **83**
Augusta Cl. NE13: Bru V 5C **30**
Augusta Ct. NE28: W'snd 1C **60**
Augusta Sq. SR3: E Her 2F **131**
             (not continuous)
Augusta Ter. SR6: Whit 2F **91**
August Courtyard NE8: Gate 1D **82**
            (off North Side)
Augustine Cl. DH1: Dur 1A **154**
August Pl. NE33: S Shi 6F **63**
Augustus Dr. NE22: Bed 3G **9**
Austen Av. NE34: S Shi 6D **74**
Austen Pl. DH9: Stly 5F **123**
Austerfield Pk. DH5: Hett H 2D **148**

Austin Sq. SR5: S'wck 3B **104**
Australia Gro.
NE34: S Shi 6B **74**
Australia Twr. SR3: New S 1G **131**
Austral Pl. NE13: W Op 6C **30**
Austwick Wlk. NE5: Cha P 6A **54**
Auton Cl. DH7: Bear P 4D **152**
Auton Ct. DH7: Bear P 4E **153**
Auton Fld. DH7: Bear P 4E **153**
Auton Fld. Ter.
DH7: Bear P 4E **153**
Auton Stile DH7: Bear P 4D **152**
Autumn Cl. NE38: Wash 1B **114**
Autumn Dr. NE8: Gate 1D **82**
Avalon Dr. NE15: Lem 1C **66**
Avalon Rd. SR3: E Her 1F **131**
Avebury Dr. NE38: Wash 2C **114**
Avebury Pl. NE23: Cra 6C **16**
Avenue, The DH1: Dur 6A **154**
DH1: P Me 6A **144**
DH2: Ches S 6B **126**
DH2: Pelt 2G **125**
DH3: Bir 3C **112**
DH3: Lam P 4C **128**
DH5: Hett H 1D **148**
DH9: Ann P 6E **121**
DH9: Ann P, Dip 2D **120**
NE9: Low F 4A **84**
NE10: Fall 2D **84**
NE21: Blay 1C **80**
NE25: Sea D 5B **24**
NE26: Sea D, Sea S 5B **24**
NE26: Whit B 6C **36**
NE28: W'snd 6H **59**
NE38: Wash 2C **114**
NE39: Row G 4F **93**
SR2: Sund 2D **118**
SR7: Mur 2D **150**
SR7: S'hm 5F **141**
Avenue Cres. NE25: Sea D 5A **24**
Avenue Rd. NE8: Gate 3H **83**
NE25: Sea D 6A **24**
Avenues, The
NE11: T Vall 2G **97**
Avenue St. DH1: H Shin 5H **161**
Avenue Ter. NE25: Sea D 6B **24**
SR2: Sund 3C **118**
Avenue Vivian DH4: Hou S 2D **136**
Aviemore Rd.
NE36: W Bol 4D **88**
Avison Ct. NE4: Newc T 3D **68**
Avison Pl. NE4: Newc T 3D **68**
Avison St. NE4: Newc T 4D **68**
Avocet Cl. NE24: News 4C **18**
Avolon Cl. NE4: Newc T 3D **68**
Avolon Pl. NE4: Newc T 3D **68**
Avolon Wlk. NE4: Newc T 4D **68**
Avon Av. NE29: N Shi 3A **62**
NE32: Jar 1G **87**
Avon Cl. NE28: W'snd 1B **60**
NE39: Row G 2F **93**
Avon Ct. NE25: New Hart 3B **24**
Avon Cres. DH4: Hou S 4E **137**
Avoncroft Cl. SR7: Seat 3D **140**
Avondale SR4: Sund 2C **116**
Avondale Av. DH4: Pen 2F **129**
NE12: Longb 5D **44**
NE24: Cow 5E **11**
Avondale Cl. NE24: Cow 5F **11**
Avondale Ct. NE3: Gos 3F **57**
Avondale Gdns.
NE36: W Bol 5C **88**
Avondale Ri. NE6: Byke 4C **70**
Avondale Rd. NE6: Byke 4C **70**
NE20: Darr H 2A **38**

Avondale Ter. DH3: Ches S 6C **126**
NE8: Gate 2G **83**
NE36: W Bol 4C **88**
Avonlea Way NE5: Blak 4G **55**
Avonmouth Rd. SR3: E Her 2F **131**
Avonmouth Sq. SR3: E Her 2F **131**
Avon Rd. DH9: Stly 4D **122**
NE31: Heb 5C **72**
SR8: Pet 2C **164**
Avon St. NE8: Gate 2A **84**
SR1: Sund 1F **119**
SR8: Eas C 1E **163**
Avon Ter. NE38: Wash 3C **114**
Awnless Ct. NE34: S Shi 4E **75**
Axbridge Gdns.
NE4: Benw 4A **68**
Axminster Cl. NE23: Cra 6C **16**
Axminster Rd. NE34: Cow 6H **11**
Axwell Dr. NE24: Cow 6H **11**
AXWELL PARK 2C **80**
Axwell Pk. Cl. NE16: Whi 4E **81**
Axwell Pk. Rd. NE21: Blay 2C **80**
Axwell Pk. School Ho's.
NE21: Blay 2C **80**
Axwell Pk. Vw. NE15: Scot 4F **67**
Axwell Ter. NE16: Swa 2E **81**
Axwell Vw. NE16: Whi 4E **81**
NE21: Winl 2A **80**
Aycliffe Av. NE9: Wrek 1D **98**
Aycliffe Cres. NE9: Wrek 1D **98**
Aycliffe Pl. NE9: Wrek 1E **99**
Aydon Gdns. NE12: Longb 1H **57**
Aydon Gro. NE32: Jar 6F **73**
Aydon Ho. SR3: E Her 2G **131**
Aydon Rd. NE30: Cull 4E **49**
Aydon Wlk. NE5: W Dent 6C **54**
Aykley Ct. DH1: Dur 3A **154**
Aykley Grn. DH1: Dur 3A **154**
AYKLEY HEADS 3B **154**
Aykley Heads Bus. Cen.
DH1: Dur 3B **154**
Aykley Heads Sports Cen. 3C **154**
Aykley Rd. DH1: Dur 1B **154**
Aykley Va. DH1: Dur 2A **154**
Aylesbury Dr. SR3: Dox P 4A **132**
Aylesbury Pl.
NE12: Longb 6B **44**
Aylesbury Rd. SR2: Sund 5E **119**
Aylesford Sq. NE24: News 2C **18**
Aylsham Cl. NE5: Cha P 3H **53**
Aylsham Ct. SR3: Dox P 5A **132**
Aylward Pl. DH9: Stly 4F **123**
Aylyth Pl. NE3: Ken 4B **56**
Ayr Dr. NE32: Jar 6H **73**
AYRE'S QUAY 5B **104**
Ayre's Quay Rd.
SR1: Sund 3E 7 (6C **104**)
Ayre's Ter. NE29: N Shi 1C **62**
Ayrey Av. NE34: S Shi 5B **74**
Aysgarth NE23: E Har 4B **16**
Aysgarth Av. NE28: W'snd 6B **46**
SR2: Sund 5F **119**
Aysgarth Grn. NE3: Ken 3B **56**
AYTON 4F **113**
Ayton Av. SR2: Sund 6F **119**
Ayton Cl. NE5: West 4C **54**
Ayton Ct. NE22: Bed 3F **9**
Ayton Ri. NE6: Byke 4C **70**
Ayton Rd. NE38: Wash 3F **113**
Ayton St. NE6: Byke 4C **70**
Azalea Av. SR2: Sund 2C **118**
Azalea Ter. SR8: Hor 1H **165**
Azalea Ter. Nth.
SR2: Sund 6F 7 (2C **118**)
Azalea Ter. Sth.
SR2: Sund 6F 7 (2C **118**)

Azalea Way NE15: Newb 1E **65**
Azure Ct. SR3: Dox P 5F **131**

B

Bk. Albion Rd. NE30: N Shi 1C **62**
Bk. Albion St. SR4: Sund 1C **116**
Bk. Beach Rd. NE33: S Shi 5F **63**
Bk. Beaumont Ter NE3: Gos 2F **57**
Bk. Bridge St. SR1: Sund 3G **7**
Bk. Buttsfield Ter. DH4: Pen 1F **129**
(off Buttsfield Ter.)
Bk. Chapman St. NE6: Walk 2C **70**
Bk. Coronation Ter.
DH5: Hett H 3C **148**
(off Coronation Ter.)
Back Cft. Rd. NE24: Bly 6C **12**
Bk. Ecclestone Rd.
NE33: S Shi 5G **63**
(off Ecclestone Rd.)
NE33: S Shi 6G **63**
(off Mowbray Rd.)
Bk. Frederick St. Nth.
DH7: B'don 5C **158**
DH7: Mead 6E **159**
Bk. Frederick St. Sth.
DH7: Mead 6E **159**
Bk. George St. NE4: Newc T 5E **69**
Bk. Goldspink La. NE2: Newc T 1H **69**
Bk. Hawthorn Rd. W. NE3: Gos 3E **57**
Bk. Heaton Pk. Rd. NE6: Byke 3B **70**
Bk. High St. NE3: Gos 3E **57**
Bk. Hylton Rd. SR4: Sund 6B **104**
Bk. John St. Nth. DH7: Mead 5F **159**
Back La. DH3: Gt Lum 2G **135**
DH4: Pen 1F **129**
NE21: Winl 1H **79**
NE25: Monks 6A **36**
Bk. Lodge Ter. SR1: Sund 1F **119**
Bk. Loud Ter. DH9: Ann P 5D **120**
Bk. Maling St. NE6: Byke 4A **70**
(off Maling St.)
Bk. Mitford St. NE4: Newc T 6D **68**
Bk. Mt. Joy DH1: Dur ...6D **6** (1D **160**)
Bk. New Bri. St.
NE1: Newc T 3G **5** (3H **69**)
Back Nth. Bri. St.
SR5: Monkw 5D **104**
Back Nth. Railway St.
SR7: S'hm 3B **142**
Back Nth. Ter. SR7: S'hm 3B **142**
Bk. Percy Gdns. NE30: Tyne 5F **49**
Bk. Prudhoe Ter. NE30: Tyne 5F **49**
(off Percy Pk. Rd.)
Bk. Prudoe St. NE29: N Shi 2C **62**
Bk. Rothesay Ter. NE22: Bed 3B **10**
Back Row NE16: Whi 4E **81**
Bk. Ryhope St. SR2: Ryh 2E **133**
Bk. St George's Ter. NE2: Jes 6G **57**
Bk. Seaburn Ter. SR6: Seab 6E **91**
Bk. Shipley Rd. NE30: Tyne 6F **49**
Bk. Silver St. DH1: Dur 2B **6**
Back Sth. Railway St.
SR7: S'hm 4B **142**
Bk. Stephen St. NE6: Byke 3A **70**
Back St. NE21: Winl 2H **79**
Bk. Victoria Ter. DH9: Ann P 4F **121**
Backview Ct. SR5: Ful 2C **104**
Bk. Western Hill DH1: Dur 4B **154**
Bk. Westoe Rd. NE33: S Shi 5F **63**
(off Halstead Pl.)
Bk. Woodbine St.
NE8: Gate 2G **83**
BACKWORTH 6A **34**

Backworth Bus. Pk.
NE27: Back 1A 46
Backworth Ct. NE27: Back 2B 46
Backworth La. NE27: Back, Seg 2F 33
Backworth Ter. *NE27: Shir 4B 46*
(off West St.)
Backworth Workshops
NE27: Back 1A 46
Baden Cres. SR5: Sund 2C 102
Baden Powell St. NE9: Low F 4A 84
Baden St. DH3: Ches S 1C 134
Bader Ct. NE24: Bly 1D 18
Badger Cl. SR3: Dox P 4A 132
Badger M. NE9: Spri 3F 99
Badgers Wood DH9: Stly 6E 109
Badminton Cl. NE35: Bol C 2H 87
Baffin Ct. SR3: Silk 3H 131
Baildon Cl. NE28: W'snd 3A 60
Bailey Ct. DH1: Dur 3B 6
Bailey Ind. Est. NE32: Jar 1F 73
Bailey Ri. SR8: Pet 5D 162
Bailey Sq. SR5: Sund 1C 102
Bailey St. DH9: Tant 5H 107
Bailey Way DH5: Hett H 4D 148
Bainbridge Av. NE34: S Shi 5B 74
SR3: Sund 4B 118
Bainbridge Bldgs. NE9: Eigh B 3C 98
Bainbridge Holme Cl.
SR3: Sund 4B 118
Bainbridge Holme Rd.
SR3: Sund 4C 118
Bainbridge St. DH1: Carr 2B 156
Bainford Av. NE15: Den M 3E 67
Baird Av. NE28: W'snd 5G 61
Baird Cl. NE37: Wash 3C 100
Baird Ct. NE10: Gate 2C 84
Baird St. SR5: Sund 2C 102
Bakehouse La.
DH1: Dur 1D 6 (5D 154)
Baker Gdns. NE10: Ward 3H 85
NE11: Dun 2B 82
Baker Rd. NE23: Nel V 6F 15
Baker Sq. SR5: Sund 2C 102
Baker St. DH5: Hou S 2A 138
SR5: Sund 2C 102
Bakewell Ter. NE6: Walk 5D 70
Baldersdale Gdns. SR3: Sund 5B 118
Baldwin Av. NE4: Fen 2B 68
NE36: E Bol 4G 89
Baldwin St. SR8: Eas C 1F 163
Balfour Rd. NE15: Benw 4E 67
(not continuous)
Balfour St. DH5: Hou S 2A 138
NE8: Gate 2F 83
NE24: Bly 4B 12
Balgonie Cotts. NE40: Ryton 4C 64
Baliol Sq. DH1: Dur 2A 160
Balkwell Av. NE29: N Shi 1H 61
Balkwell Grn. NE29: N Shi 1A 62
Ballast Hill NE24: Bly 5D 12
Ballast Hill Rd. NE29: N Shi 4C 62
Ballater Cl. DH9: Stly 3F 123
Balliol Av. NE12: Longb 4C 44
Balliol Bus. Pk. NE12: Longb 5A 44
(not continuous)
Balliol Bus. Pk. E.
NE12: Longb 5B 44
Balliol Cl. SR8: Pet 2B 164
Balliol Gdns. NE7: Longb 2B 58
Ballston Cl. NE38: Wash 4C 114
Balmain Rd. NE3: Ken 3A 56
Balmlaw NE9: Low F 1D 98
Balmoral DH3: Gt Lum 3G 135
Balmoral Av. NE3: Gos 3G 57
NE32: Jar 6A 74
Balmoral Cl. NE22: Bed 3C 10
Balmoral Ct. SR5: Sund 2C 102
Balmoral Cres. DH5: Hou S 4B 138
Balmoral Dr. NE10: Fall 3C 84
SR8: Pet 4A 164
Balmoral Gdns. NE26: Monks 5B 36
NE29: N Shi 6B 48
Balmoral St. NE28: W'snd 5H 59
Balmoral Ter. NE3: Gos 3G 57
NE6: Heat 2B 70
SR2: Sund 5F 119
SR3: E Her 2E 131
Balmoral Way NE10: Fall 4C 84
NE24: News 3A 18
Balroy Ct. NE12: Longb 6E 45
Baltic Bus. Cen. NE8: Gate 6B 70
Baltic Cen. for Contemporary Art 6H 5 (5H 69)
Baltic Ct. NE33: S Shi 5G 63
Baltic Ind. Pk. NE29: N Shi 4A 62
Baltic Quay NE8: Gate 6H 5 (5H 69)
Baltic Rd. NE10: Fall 6D 70
Baltimore Av. SR5: Sund 2A 102
Baltimore Ct. NE37: Wash 5A 100
Baltimore Sq. SR5: Sund 2B 102
(not continuous)
Bamborough Ct. NE23: Dud 3A 32
Bamborough Ter. NE30: N Shi 6C 48
Bambro St. SR2: Sund 2E 119
Bamburgh Av. NE33: S Shi 6H 63
NE34: S Shi 6H 63 & 1A 76
SR8: Hor 5F 163
Bamburgh Cl. NE24: Bly 6A 12
NE38: Wash 2G 113
Bamburgh Ct. NE4: Benw 6A 68
NE7: Longb 2H 57
NE11: T Vall 4E 83
Bamburgh Cres. DH4: S Row 4F 129
NE27: Shir 2D 46
Bamburgh Dr. NE10: Bill Q 1H 85
NE28: W'snd 5D 60
Bamburgh Gdns. SR3: Sund 4B 118
Bamburgh Gro. NE32: Jar 6E 73
NE34: S Shi 1B 76
Bamburgh Ho. NE5: West 4C 54
Bamburgh Rd. DH1: Dur 6C 144
NE5: West 4C 54
NE12: Longb 5F 45
Bamburgh Ter. NE6: Byke 3C 70
Bamburgh Wlk. NE3: Gos 1C 56
Bamford Ter. NE12: Longb 4F 45
Bamford Wlk. NE34: S Shi 4F 75
Bampton Av. SR6: Seab 6C 90
Banbury NE37: Wash 5C 100
Banbury Av. SR5: Sund 1C 102
Banbury Gdns. NE28: W'snd 2B 60
Banbury Rd. NE3: Ken 2B 56
Banbury Ter. NE33: S Shi 1F 75
NE34: S Shi 1F 75
Banbury Way NE24: News 2C 18
NE29: N Shi 3H 61
Bancroft Ter. SR4: Sund 1H 117
Banesley La. NE11: Kib, Rave 5C 96
Banff St. SR5: Sund 1C 102
Bangor Sq. NE32: Jar 2E 87
Bank, The SR6: Whit 3F 91
Bank Av. NE16: Whi 4E 81
Bank Cotts. NE22: E Sle 2F 11
Bank Ct. NE21: Blay 5D 66
NE30: N Shi 2D 62
Bankdale Gdns. NE24: Cow 6G 11
Bank Foot DH1: H Shin, Shin 3G 161
Bank Foot Station (Metro) 1F 55
Bankhead Rd. NE15: Walb 6F 53
Bankhead Ter. DH4: Hou S 2E 137
Banks Bldgs. DH4: New H 3G 129
Banks Holt DH2: Ches S 1A 134
Bankside NE11: Dun 6G 67
Bankside Cl. SR2: Ryh 2E 133
Bankside La. NE34: S Shi 4E 75
Bankside Rd. NE15: Scot 4D 66
BANK TOP 5C 52
Bank Top NE25: Ears 5E 35
NE30: Cull 2E 49
NE40: G'sde 6B 64
Bank Top Hamlet NE16: Whi 4E 81
Bannatyne's Health & Squash Club 4H 155
Bannerman Ter. DH6: S Hil 6G 157
DH7: Ush M 5B 152
Bannister Dr. NE12: Longb 5F 45
Bannockburn NE12: Kil 1C 44
Barbara St. SR2: Sund 5F 119
Barbary Cl. DH2: Pelt 2G 125
Barbary Dr. SR6: Roker 3F 105
Barbondale Lonnen NE5: Cha P 5A 54
Barbour Av. NE34: S Shi 2A 76
Barclay Pl. NE5: Blak 6F 55
Barclay St.
SR6: Monkw 1G 7 (5D 104)
Barcusclose La. DH9: Tanf 1A 108
NE16: Burn 1A 108
Bardolph Rd. NE29: N Shi 1H 61
Bardon Cl. NE5: West 3D 54
Bardon Ct. NE34: S Shi 4G 75
Bardon Cres. NE25: H'wll 1D 34
Bardsey Pl. NE12: Longb 6B 44
Barehirst St. NE33: S Shi 2D 74
Barents Cl. NE5: West 5D 54
Baret Rd. NE6: Walk 1E 71
Barford Ct. NE9: Low F 3A 98
Barford Dr. DH2: Ches S 2A 134
Baring St. NE33: S Shi 3E 63
Barkers Haugh DH1: Dur 4D 154
Barker St. NE2: Newc T 2G 5 (3H 69)
Barking Cres. SR5: Sund 2B 102
Barking Sq. SR5: Sund 2B 102
Barkwood Rd. NE39: Row G 3C 92
Barleycorn Pl.
SR1: Sund 5H 7 (1E 119)
BARLEY MOW 6D 112
BARLOW 5C 78
Barlow Cres. NE21: Barl 5C 78
Barlow Fell Rd. NE21: Barl 6C 78
Barlowfield Cl. NE21: Winl 3G 79
Barlow La. NE21: Barl, Winl 4E 79
Barlow La. End NE40: G'sde 2B 78
Barlow Rd. NE21: Barl 5C 78
Barlow Vw. *NE40: G'sde 2B 78*
(off Dyke Heads La.)
BAR MOOR 4B 64
Barmoor Dr. NE3: Gos 4B 42
Barmoor La. NE40: Ryton 4B 64
Barmoor Ter. NE40: Ryton 4A 64
Barmouth Cl. NE28: W'snd 2B 60
Barmouth Rd. NE29: N Shi 2G 61
BARMSTON 1D 114
Barmston Cen. NE38: Wash 1D 114
Barmston Cl. NE38: Wash 3D 114
Barmston Ct. NE38: Wash 3D 114
Barmston Ferry NE38: Wash 4F 115
Barmston La. NE37: Wash 4E 101
NE38: Wash 3F 115
(not continuous)
SR5: Sund 6F 101
Barmston Mere Training Cen.
SR5: Sund 6F 101
Barmston Rd. NE38: Wash 3E 115
Barmston Way NE38: Wash 1D 114
(not continuous)

Barnabas Pl. SR2: Sund 2F 119
Barnard Rd. DH1: Dur 6D 144
NE22: Bed 4G 9
Barnard Ct. DH4: Hou S 2B 136
Barnard Cres. NE31: Heb 2C 72
Barnard Grn. NE3: Ken 6A 42
Barnard Gro. NE32: Jar 5H 73
Barnard Pk. DH5: Hett H 1C 148
Barnard St. NE24: Bly 6C 12
SR4: Sund 2H 117
Barnard Wynd SR8: Pet 4B 164
Barnesbury Rd. NE4: Benw 4A 68
Barnes Ct. SR4: Sund 2H 117
Barnes Pk. Rd. SR4: Sund 3A 118
Barnes Rd. NE33: S Shi 2D 74
SR7: Mur 2B 150
Barnes St. DH5: Hett H 1C 148
Barnes Vw. SR4: Sund 3H 117
Barnett Ct. SR5: S'wck 3B 104
Barn Hill DH9: Stly 2C 122
Barn Hollows SR7: Hawt 5H 151
Barningham NE38: Wash 2E 115
Barningham Ct. SR3: Sund 5B 118
Barns, The DH9: Stly 1C 122
Barns Cl. NE32: Jar 5E 73
Barnstaple Cl. NE28: W'snd 2A 60
Barnstaple Rd. NE29: N Shi 4G 47
Barnton Rd. NE10: Wind N 5E 85
BARNWELL 1F 129
Barnwood Cl. NE28: W'snd 2A 60
Baroness Dr. NE15: Den M 2E 67
Barons Quay Rd. SR5: Sund 5D 102
Baronswood NE3: Gos 3D 56
Barrack Cl. NE4: Newc T 3A 4 (3E 69)
Barrack Rd. NE2: Newc T 2C 68
NE4: Newc T 3A 4 (3E 69)
Barrack Row DH4: S Row 3E 129
Barrack St. SR1: Sund 5F 105
Barrack Ter. NE11: Kib 1F 111
Barras Av. NE23: Dud 2B 32
NE23: Seg 2E 33
NE24: News 2B 18
Barras Av. W. NE24: News 3B 18
Barras Bri. NE1: Newc T 2D 4 (3F 69)
Barras Dr. SR3: Sund 4B 118
Barrasford Cl. NE3: Gos 3C 56
Barrasford Dr. NE13: W Op 6E 31
Barrasford Rd. DH1: Dur 1D 154
NE23: Cra 4C 22
Barrasford St. NE28: W'snd 6G 61
Barras Gdns. NE23: Dud 2B 32
Barras M. NE23: Seg 2F 33
Barr Cl. NE28: W'snd 2C 60
Barrie Sq. SR5: S'wck 3B 104
Barrington Av. NE30: Cull 3B 48
Barrington Bus. Pk. NE12: Kil 6B 32
Barrington Ct. DH5: Hett H 1C 148
NE22: Bed 5A 10
Barrington Dr. NE38: Wash 2B 114
Barrington Ind. Est. NE2: Bed . . .1A 10
Barrington Pk. NE22: E Sle 2F 11
Barrington Pl. NE4: Newc T 3D 68
NE8: Gate 1G 83
(off Bensham Rd.)
NE8: Gate 1F 83
(Chester Pl.)
Barrington Rd.
NE22: Bed, Sco G 1H 9
Barrington Sth. NE33: S Shi 4E 63
Barron St. Sth. SR5: Sund 4E 103
Barrowburn Pl. NE23: Seg 2G 33
Barrow St. SR5: Sund 1B 102
Barry St. NE8: Gate 4F 83
NE11: Dun 2B 82
Barsloan Gro. SR8: Pet 5B 162

Barton Cl. NE28: W'snd 2B 60
NE30: Cull 4D 48
NE37: Wash 3D 100
Barton Ct. SR6: Seab 6C 90
Barton Pk. SR2: Ryh 2D 132
Bartram Gdns. NE8: Gate 4G 83
Bartram St. SR5: Ful 2C 104
Barwell Cl. NE28: W'snd 2B 60
Barwell Ct. NE7: H Hea 5E 59
Barwick St. SR7: Mur 4D 150
SR8: Eas C 1F 163
Basildon Ct. NE10: Hew 6G 85
Basildon Gdns. NE28: W'snd 2A 60
Basil Way NE34: S Shi 6G 75
Basingstoke Pl. NE12: Longb 6C 44
Basingstoke Rd. SR8: Pet 6C 162
Baslow Gdns. SR3: Sund 4B 118
Bassenfell Ct. NE37: Wash 1H 113
Bassenthwaite Av.
DH2: Ches S 2B 134
Bassington Av. NE23: Cra 2G 21
Bassington Cl. NE4: Newc T 3D 68
Bassington Dr. NE23: Cra 1F 21
Bassington Ind. Est. NE23: Cra . . .2G 21
Bassington La. NE23: Cra 1F 21
Bates Ho's. NE21: Blay 2D 80
Bates La. NE21: Blay 1D 80
Batey St. DH9: Ann P 4E 121
Bath Cl. NE28: W'snd 2C 60
Bathgate Av. SR5: Sund 1B 102
Bathgate Cl. NE28: W'snd 2C 60
Bathgate Sq. SR5: Sund 2B 102
Bath La. NE4: Newc T 4A 4 (4E 69)
NE24: Bly 6D 12
Bath La. Ter.
NE4: Newc T 4A 4 (4E 69)
Bath Rd. NE10: Fall 1D 84
NE31: Heb 6C 72
Bath Sq. NE32: Jar 2E 87
Bath St. NE6: Walk 3H 71
Bath St. Ind. Est. NE6: Walk 3H 71
Bath Ter. NE3: Gos 2F 57
NE24: Bly 6D 12
NE30: Tyne 6F 49
SR7: S'hm 3B 142
Batley St. SR5: Sund 2B 102
BATTLE FIELD 4H 5 (4A 70)
Battle Grn. DH2: P Fel 4G 125
BATTLE HILL 2B 60
Battle Hill Dr. NE28: W'snd 3A 60
Battle Hill Est. NE28: W'snd 1D 60
Battleship Wharf NE24: Bly 3B 12
Baugh Cl. NE37: Wash 6G 99
Baulkham Hills DH4: Pen 3F 129
Bavington Rd. NE10: Hew 6G 85
Bavington Dr. NE5: Fen 6G 55
Bavington Gdns. NE30: Cull 4C 48
Bavington Rd. NE25: Sea D 6B 24
Bawtry Ct. NE28: W'snd 2A 60
Bawtry Gro. NE29: N Shi 2A 62
Baxter Av. NE4: Fen 3A 68
SR5: Sund 1B 102
Baxter Pl. NE25: Sea D 6B 24
Baxter Rd. SR5: Sund 1B 102
Baxter's Bldgs. NE25: Sea D 6B 24
Baxter Sq. SR5: Sund 1B 102
Baxterwood Ct. NE4: Newc T 3C 68
Baxterwood Gro. NE4: Newc T . . .3C 68
Bay Av. SR8: Hor 1H 165
Baybridge Rd. NE5: West 4C 54
Bay Ct. DH7: Ush M 6D 152
SR6: Seab 5F 91
Bayfield Rd. NE27: Shir 3C 46
Bayfield Gdns. NE8: Gate 2B 84
Baysdale DH4: Pen 1C 128

Bayswater Av. SR5: Sund 2C 102
Bayswater Rd. NE2: Jes 5G 57
NE8: Gate 3B 84
Bayswater Sq. SR5: Sund 2C 102
Baytree Gdns. NE25: Monks 2B 48
Baytree Ter. DH2: Pelt 2D 124
Baywood Gro. NE28: W'snd 2A 60
Beach Av. NE26: Whit B 6C 36
Beachborough Cl. NE29: N Shi . . .4B 48
Beach Cft. Av. NE30: Cull 3D 48
Beachcross Rd. SR4: Sund 2B 118
Beach Gro. SR8: Hor 6H 163
Beach Rd. NE29: N Shi 6A 48
NE30: Tyne 5C 48
NE33: S Shi 5F 63
Beach St. SR4: Sund 5B 104
Beachville St. SR4: Sund 2B 118
Beach Way NE30: Cull 4C 48
Beachway NE24: Bly 3E 19
Beacon Ct. NE9: Low F 6B 84
NE13: W Op 5C 30
Beacon Dr. NE13: W Op 5C 30
SR6: Roker 4F 105
Beacon Glade NE34: S Shi 4C 76
Beacon Ho. NE26: Whit B 3B 36
Beacon La. NE23: Cra, Dud 3F 21
BEACON LOUGH 6B 84
Beacon Lough Rd. NE9: Low F . . .1H 97
Beacon M. NE23: Cra 3G 21
Beacon Ri. NE9: Low F 6B 84
Beacons, The SR2: Sea D 5A 24
Beaconsfield Av. NE9: Low F 6A 84
Beaconsfield Cl. NE25: Monks . . .4H 35
Beaconsfield Cres. NE9: Low F . . .6A 84
Beaconsfield Rd. NE9: Low F 6H 83
Beaconsfield St. DH9: Stly 2D 122
NE4: Newc T 4C 68
NE24: Bly 6D 12
Beaconsfield Ter. DH3: Bir 3B 112
Beacon Shop. Cen.
NE29: N Shi 2D 62
Beaconside NE34: S Shi 3C 76
Beacon St. NE9: Low F 6H 83
NE30: N Shi 1E 63
NE33: S Shi 3E 63
Beadling Gdns. NE4: Fen 3A 68
Beadnell Av. NE29: N Shi 3H 61
Beadnell Cl. DH2: Ches S 2A 134
NE21: Winl 3G 79
Beadnell Ct. NE28: W'snd 2C 60
Beadnell Dr. SR7: S'hm 2A 142
Beadnell Gdns. NE27: Shir 2D 46
Beadnell Pl.
NE2: Newc T 3G 5 (3H 69)
Beadnell Rd. NE24: Bly 2H 17
Beadnell Way NE3: Gos 2C 56
Beagle Sq. SR3: New S 2A 132
Beal Cl. NE24: Bly 6A 12
Beal Dr. NE12: Longb 4F 45
Beal Gdns. NE28: W'snd 2D 60
Beal Grn. NE3: Ken 3G 55
Beal Rd. NE27: Shir 2D 46
Beal Ter. NE6: Walk 5F 71
Beal Wlk. DH1: H Shin 4H 161
Beal Way NE3: Gos 2D 56
Beaminster Way NE3: Ken 2G 55
Beaminster Way E. NE3: Ken 2G 55
BEAMISH 1A 124
Beamishburn Rd.
DH9: Beam, Stly 6E 109
NE16: Marl H 6E 109
Beamish Cl. NE28: W'snd 2A 60
Beamish Ct. DH2: Pelt 3E 125
DH9: Stly 3C 122
NE25: Monks 2A 48

Beamish Gdns. NE9: Wrek 1D **98**
Beamish Hills DH9: Beam 2H **123**
Beamish
(The North of England
Open Air Mus.) **5H 109**
Beamish Red Row DH9: Beam . . .4F **109**
Beamish Ri. DH9: Stly 2G **123**
Beamish St. DH9: Stly 3C **122**
Beamish Vw. DH3: Bir 2D **112**
DH9: Stly 2F **123**
Beaney La. DH2: Ches M, Plaw. . . 4A **134**
Beanley Av. *NE15: Lem 3A 66*
(off Shirley St.)
NE31: Heb 5B **72**
Beanley Cres. NE30: Tyne 6F **49**
Beanley Pl. NE7: H Hea 4A **58**
BEARPARK **4D 152**
Beatrice Av. NE24: News 3H **17**
Beatrice Gdns. NE34: S Shi 3H **75**
NE36: E Bol 4F **89**
Beatrice Ho. SR2: Sund 6E **7**
Beatrice Rd. NE6: Heat 6B **58**
Beatrice St. SR6: Roker 3E **105**
Beatrice Ter. DH4: Pen 6C **114**
DH4: S Row 3F **129**
Beattie St. NE34: S Shi 4D **74**
Beatty Av. NE2: Jes 4G **57**
SR5: Sund 2B **102**
Beatty Rd. NE22: Bed 5B **10**
Beatty St. SR8: Eas C 1F **163**
Beaufort Cl. DH4: S Row 4F **129**
NE5: Ken 4H **55**
Beaufort Gdns. NE28: W'snd 2B **60**
Beaufront Cl. NE10: Ward 5H **85**
Beaufront Gdns. NE5: Fen 6G **55**
NE8: Gate 2B **84**
Beaufront Ter. NE32: Jar 6F **73**
NE33: S Shi 1E **75**
NE36: W Bol 4D **88**
Beauly NE38: Wash 4B **114**
Beaumaris DH4: Bour 6B **128**
Beaumaris Ct. NE12: Longb 1A **58**
Beaumaris Gdns. SR3: E Her 2E **131**
Beaumaris Way NE5: Blak 3F **55**
Beaumont Cl. DH1: Dur 6A **144**
Beaumont Ct. NE25: Monks 5H **35**
Beaumont Cres. SR8: Hor 4E **163**
Beaumont Dr. NE25: Monks 4G **35**
NE38: Wash 2B **114**
Beaumont Ho. NE5: Blak 5G **55**
Beaumont Mnr. NE24: Cow 6F **11**
Beaumont Pl. SR8: Pet 1E **165**
Beaumont St. NE4: Elsw 6B **68**
NE24: Bly 5B **12**
NE29: N Shi 2C **62**
SR2: Sund 3E **119**
SR5: S'wck 2A **104**
SR7: S'hm 5B **142**
Beaumont Ter. NE3: Gos 2F **57**
NE5: West 5D **54**
NE13: Bru V 5C **30**
NE32: Jar 4E **73**
Beaurepaire DH7: Bear P 4C **152**
Beaver Cl. DH1: P Me 5C **144**
Bebdon Ct. NE24: Bly 2A **18**
BEBSIDE **6D 10**
Bebside Furnace Rd.
NE24: Cow 4D **10**
Bebside Rd. NE24: Cow 6C **10**
Beckenham Av. NE36: E Bol 3F **89**
Beckenham Cl. NE36: E Bol 3G **89**
Beckenham Gdns. NE28: W'snd . . .3A **60**
Beckett St. NE8: Gate 5A **70**
Beckfoot Cl. NE5: Den M 6F **55**
Beckford NE38: Wash 3E **115**
Beckford Cl. NE28: W'snd 2A **60**
Beck Pl. SR8: Pet 6D **162**
Beckside Gdns. NE5: Cha P 6H **53**
Beckwith Rd. SR3: E Her 1E **131**
Beda Hill NE21: Blay 6A **66**
Bedale Cl. DH1: Carr 3B **156**
NE28: W'snd 2A **60**
Bedale Ct. NE9: Low F 3B **98**
NE34: S Shi 4C **74**
Bedale Cres. SR5: Sund 2C **102**
Bedale Dr. NE25: Whit B 2B **48**
Bedale Grn. NE5: Ken 4H **55**
Bedale St. DH5: Hett H 3C **148**
Bedburn NE38: Wash 6F **113**
Bedburn Av. SR5: Sund 3E **103**
Bede Av. DH1: Dur 6G **155**
(not continuous)
Bedeburn Foot NE5: West 2D **54**
Bede Burn Rd. NE32: Jar 3F **73**
Bedeburn Rd. NE5: West 3D **54**
Bede Burn Vw. NE32: Jar 4F **73**
Bede Cl. DH9: Stly 2F **123**
NE12: Longb 5A **46**
Bede Ct. DH3: Ches S 6C **126**
NE8: Gate 1A **84**
NE30: Cull 2E **49**
Bede Cres. NE28: W'snd 3B **60**
NE38: Wash 1A **114**
Bede Gallery **4F 73**
Bede Ho. NE8: Gate 1H **83**
SR3: E Her 2F 131
(off Castle Grn.)
Bede Ind. Est. NE32: Jar 3A **74**
Bede Pct. NE32: Jar 2F **73**
Bede Station (Metro) **3A 74**
Bede St. SR6: Roker 3E **105**
SR8: Eas C 1F **163**
Bedesway NE32: Jar 3A **74**
Bede's World Mus. **2H 73**
Bede Ter. DH2: Ches S 6B **126**
NE32: Jar 4G **73**
NE36: E Bol 4F **89**
Bede Twr. SR2: Sund 6H **7** (2D **118**)
Bede Trad. Est. NE32: Jar 3A **74**
Bede Trad. Pk. NE32: Jar 3A **74**
Bede Wlk. NE3: Gos 2G **57**
NE31: Heb 4D **72**
Bede Way DH1: Dur 1C **154**
Bedeway SR8: Pet 1D **164**
Bedewell Ind. Pk.
NE31: Heb 4E **73**
Bedford Av. DH3: Bir 1C **126**
(not continuous)
NE28: W'snd 4G **59**
NE33: S Shi 6E **63**
Bedford Ct. NE30: N Shi 2D **62**
Bedford Ho. *NE29: N Shi 2D 62*
(off Saville St.)
Bedford Pl. NE5: Cha P 6A **54**
NE8: Gate 1G **83**
SR3: New S 1A **132**
SR8: Pet 5C **162**
Bedfordshire Dr. DH1: Carr 4B **156**
Bedford St. DH5: Hett H 1B **148**
NE29: N Shi 1C **62**
SR1: Sund 3H **7** (6D **104**)
Bedford Ter. *NE29: N Shi 2C 62*
(off Bedford St.)
Bedford Way NE29: N Shi 2C **62**
BEDLINGTON **5H 9**
Bedlington Bank
NE22: Bed 5A **10**
Bedlington Country Pk. **1B 16**
BEDLINGTON STATION **3C 10**
Bedson Bldg. NE1: Newc T 1C **4**
Beech Av. DH4: Hou S 2H **137**
NE3: Ken 1B **56**
NE13: Din 4F **29**
NE16: Whi 3G **81**
NE23: E Cram 4D **22**
SR6: Whit 2F **91**
SR7: Mur 2D **150**
Beechbrooke SR2: Ryh 3F **133**
Beechburn Wlk. NE4: Newc T 4D **68**
Beech Cl. DH1: Bras 5E **145**
NE3: Gos 4F **43**
Beech Ct. NE20: Darr H 4A **38**
NE29: N Shi 4A **48**
(Cedar Ct.)
NE29: N Shi 1B **62**
(Chase, The)
SR6: Whit 3E **91**
Beech Cres. SR7: S'hm 6A **142**
Beech Crest DH1: Dur 6B **154**
Beechcroft NE3: Gos 5D **56**
NE37: Wash 3H **99**
Beechcroft Av. DH7: B'don 6B **158**
NE3: Ken 4C **56**
Beechcroft Cl. DH1: Dur 4G **155**
Beechdale Rd. DH1: Carr 3B **156**
Beech Dr. NE11: Dun 2A **82**
Beecher St. NE24: Cow 5H **11**
Beeches, The DH9: Stly 2E **123**
NE4: Elsw 6C **68**
NE12: Longb 1D **58**
NE20: Pon 5D **26**
Beechfield Gdns. NE28: W'snd . . .4G **59**
Beechfield Rd. NE3: Gos 3D **56**
Beech Gdns. NE9: Low F 5H **83**
Beech Gro. DH7: Ush M 6D **152**
DH9: Dip 2C **120**
NE9: Spri 4F **99**
NE12: Longb 1C **58**
NE22: Bed 4A **10**
NE26: Whit B 6B **36**
NE28: W'snd 5H **59**
NE34: S Shi 5H **75**
Beech Gro. Ct. NE40: Craw 5A **64**
Beechgrove La. DH9: Crag 6B **124**
Beech Gro. Rd. NE4: Elsw 5C **68**
Beech Gro. Ter. NE40: Craw 5A **64**
Beech Gro. Ter. Sth.
NE40: Craw 5A **64**
Beech M. NE3: Ken 5B **42**
Beecholm Ct. SR2: Sund 4D **118**
Beech Pk. DH7: B'don 6C **158**
Beech Rd. DH1: Dur 2B **154**
DH6: S'burn 5D **156**
Beech Sq. NE38: Wash 3C **114**
Beech St. NE4: Benw 5A **68**
NE8: Gate 2B **84**
NE16: Sun 3F **95**
NE32: Jar 2E **73**
Beech Ter. DH9: Ann P 4E **121**
DH9: Stly 5C **122**
(Hustledown Rd.)
DH9: Stly 6F **123**
(Oak Ter.)
NE16: Burn 1A **108**
SR8: Hor 1G **165**
Beech Way NE12: Kil 1C **44**
Beechway NE10: Hew 6F **85**
Beechways DH1: Dur 4H **153**
Beechwood NE39: H Spen 2A **92**
TS27: Cas E 6A **164**
Beechwood Av. NE3: Gos 1G **57**
NE9: Low F 2A **98**
NE25: Monks 1H **47**
NE40: Ryton 4C **64**
Beechwood Cl. NE32: Jar 3H **73**

Beechwood Cres. SR5: S'wck . . .2H **103**
Beechwood Gdns. NE11: Lob H . .5D **82**
Beechwood Ho. NE7: H Hea 3A **58**
Beechwood Pl. NE20: Pon 4E **27**
Beechwoods DH2: Ches S 4B **126**
Beechwood St. SR2: Sund 2B **118**
Beechwood Ter. DH4: Hou S . . .6G **129**
    SR2: Sund 2B **118**
Beehive Workshops DH1: Dur . . .5H **155**
Beeston Av. SR5: Sund 2B **102**
Beetham Cres. NE5: Den M 1E **67**
Beethoven St. NE33: S Shi 5F **63**
Begonia Cl. NE31: Heb 6C **72**
Bek Rd. DH1: Dur 1C **154**
Beldene Dr. SR4: Sund 3G **117**
Beldon Dr. DH9: Stly 6B **122**
Belford Av. NE27: Shir 2D **46**
Belford Cl. NE28: W'snd 2B **60**
    SR2: Sund 4D **118**
Belford Ct. NE24: Cow 6H **11**
Belford Gdns. NE11: Lob H 6C **82**
Belford Rd. SR2: Sund 4E **119**
Belford St. SR8: Hor 4F **163**
Belford Ter. NE6: Walk 4E **71**
    NE30: N Shi 6C **48**
Belford Ter. E. SR2: Sund 4E **119**
Belfry, The DH4: S Row 5E **129**
Belgrade Cres. SR5: Sund 1B **102**
Belgrade Sq. SR5: Sund 2B **102**
Belgrave Ct. NE10: Fall 3D **84**
Belgrave Cres. NE24: Bly 1D **18**
Belgrave Gdns. NE34: S Shi 3H **75**
Belgrave Pde. NE4: Newc T 5D **68**
Belgrave Ter. NE10: Fall 3D **84**
    NE33: S Shi 4F **63**
Bellamy Cres. SR5: Sund 2B **102**
Bellburn La. NE23: Cra 1D **22**
Belle Gro. Pl. NE2: Newc T 2D **68**
Belle Gro. Ter. NE2: Newc T . . .2D **68**
Belle Gro. Vs. NE2: Newc T 2D **68**
Belle Gro. W. NE2: Newc T 2D **68**
Bellerby Dr. DH2: Ous 4G **111**
Belle St. DH9: Stly 3D **122**
Belle Vue NE39: H Spen 6A **78**
Belle Vue DH9: Tanf 2C **108**
Belle Vue Av. NE3: Gos 2F **57**
Belle Vue Bank NE9: Low F 6G **83**
Belle Vue Cotts. NE9: Low F 6G **83**
Belle Vue Ct. DH1: Dur 4H **155**
Belle Vue Cres. NE33: S Shi 3D **74**
    SR2: Sund 3C **118**
Bellevue Cres. NE23: Cra 5B **16**
Belle Vue Dr. SR2: Sund 3C **118**
Belle Vue Gro. NE9: Low F 6H **83**
Belle Vue La. NE36: E Bol 5E **89**
Belle Vue Pk. SR2: Sund 3C **118**
Belle Vue Pk. W. SR2: Sund . . .3C **118**
Belle Vue Rd. SR2: Sund 3C **118**
Belle Vue St. NE30: Cull 2E **49**
Belle Vue Ter. DH1: Dur 4H **155**
    NE9: Low F 6G **83**
    NE9: Spri 4F **99**
    NE22: E Sle 2F **11**
    NE29: N Shi 2C **62**
Belle Vue Vs. NE36: E Bol 4E **89**
Bellfield Av. NE3: Ken 1B **56**
Bellgreen Av. NE3: Gos 4F **43**
Bell Gro. NE12: Kil 1B **44**
Bell Ho. Rd. SR5: Ful, S'wck 6A **90**
Bellingham Cl. NE28: W'snd 3B **60**
Bellingham Ct. NE3: Ken 2H **55**
Bellingham Dr. NE12: Longb 6F **45**
Bellingham Ho. SR4: Sund 3D **116**
Bellingham Vs. NE22: Bed 4A **10**
Bellister Gro. NE5: Fen 2G **67**

Bellister Pk. SR8: Pet 3E **165**
Bellister Rd. NE29: N Shi 1H **61**
Bell Mdw. DH7: B'don 6C **158**
Belloc Av. NE34: S Shi 6D **74**
Bells Bldgs. DH9: Ann P 4F **121**
BELL'S CLOSE 3C **66**
Bells Cl. NE15: Lem 4C **66**
    NE24: Cow 5F **11**
Bells Cl. Ind. Est. NE15: Lem . . .4C **66**
Bell's Cotts. NE40: G'sde 2A **78**
Bell's Ct. NE1: Newc T 4E **5** (4G **69**)
Bell's Folly DH1: Dur 2A **160**
Bellshill Cl. NE28: W'snd 1C **60**
Bell's Pl. NE22: Bed 5A **10**
Bell St. DH4: Pen 1F **129**
    NE30: N Shi 2D **62**
    NE31: Heb 3B **72**
    NE38: Wash 3D **114**
    SR4: Sund 1H **117**
Bell's Ville DH1: Dur 5G **155**
Bell Vs. NE20: Pon 5F **27**
Bellway Ind. Est. NE12: Longb . .6F **45**
BELMONT 4A **156**
Belmont NE10: Hew 6G **85**
Belmont Av. NE25: Monks 1H **47**
    SR7: Hawt 5H **151**
Belmont Bus. Pk. DH1: Dur . . .3H **155**
Belmont Cl. NE28: W'snd 2B **60**
Belmont Cotts. NE5: West 4D **54**
Belmont Ct. DH1: Carr 4A **156**
Belmont Ind. Est. DH1: Dur . . .3H **155**
Belmont Ri. DH5: Hett H 4C **148**
Belmont Rd. DH1: Carr, Dur . . .3G **155**
    SR4: Sund 2H **117**
Belmont St. NE6: Walk 6F **71**
Belmont Ter. NE9: Spri 4E **99**
Belmont Wlk. NE6: Walk 6F **71**
Belmount Av. NE3: Gos 4F **43**
Belper Cl. NE28: W'snd 2A **60**
Belsay NE38: Wash 3F **113**
Belsay Av. NE13: Haz 1C **42**
    NE25: Whit B 1D **48**
    NE34: S Shi 2A **76**
    SR8: Hor 5F **163**
Belsay Cl. NE28: W'snd 2A **60**
Belsay Ct. NE24: Cow 6A **12**
Belsay Gdns. NE3: Ken 5B **42**
    NE11: Lob H 6C **82**
    SR4: Sund 2H **117**
Belsay Gro. NE22: Bed 2C **10**
Belsay Pl. NE4: Fen 3C **68**
Belsfield Gdns. NE32: Jar 5F **73**
Belsize Pl. NE6: Walk 1F **71**
Beltingham NE5: W Dent 6C **54**
Belton Cl. SR2: Ryh 3D **132**
Belvedere NE29: N Shi 6B **48**
Belvedere Av. NE25: Monks 1B **48**
Belvedere Ct. NE6: Byke 2C **70**
Belvedere Gdns. NE12: Longb . .1D **58**
Belvedere Ho. *NE6: Byke 3B 70*
    (off Heaton Wlk.)
Belvedere Parkway NE3: Ken . . .1H **55**
Belvedere Retail Pk. NE3: Ken . .1H **55**
Belvedere Rd.
    SR2: Sund 6F **7** (2C **118**)
Bemersyde Dr. NE2: Jes 4G **57**
Benbrake Av. NE3: N Shi 4A **48**
Bendigo Av. NE34: S Shi 6B **74**
Benedict Rd. SR6: Roker 3F **105**
Benevente St. SR7: S'hm 5B **142**
Benfield Bus. Pk. NE6: Walk 1E **71**
Benfield Gro. NE26: Sea S 2F **25**
Benfield Rd. NE6: Heat, Walk . . .5D **58**
Benfleet Av. SR5: Sund 2B **102**
Benjamin Rd. NE28: W'snd 4E **61**

Bennett Ct. NE15: Lem 3A **66**
    SR2: Sund 4E **119**
Bennett Gdns. NE10: Fall 1D **84**
Benridge Bank DH4: W Rai 3E **147**
Benridge Pk. NE24: News 4H **17**
BENSHAM 2G **83**
Bensham Av. NE8: Gate 2F **83**
Bensham Ct. NE8: Gate 2F **83**
    NE34: S Shi 4E **75**
Bensham Cres. NE8: Gate 2E **83**
Bensham Rd. NE8: Gate 3F **83**
Bensham St. NE35: Bol C 2B **88**
Bensham Trad. Est. NE8: Gate . .3E **83**
Benson Pl. NE6: Byke 3C **70**
Benson Rd. NE6: Walk 3D **70**
Benson St. DH3: Ches S 1C **134**
    DH9: Stly 2C **122**
Benson Ter. NE10: Fall 1D **84**
Bentall Bus. Pk. NE37: Wash . . .6D **100**
Bentham Cl. SR5: Sund 1C **102**
Bent Ho. La. DH1: Dur 6H **155**
Bentinck Cres. NE4: Elsw 5B **68**
Bentinck Pl. NE4: Elsw 5B **68**
Bentinck Rd. NE4: Elsw 5B **68**
Bentinck St. NE4: Elsw 5B **68**
Bentinck Ter. NE4: Elsw 4B **68**
Bentinck Vs. NE4: Elsw 4B **68**
Bentley Ct. NE24: Cow 4H **11**
BENTON 1D **58**
Benton Av. SR5: Sund 1B **102**
Benton Bank NE7: H Hea 6A **58**
    (not continuous)
Benton Cl. NE7: Longb 2B **58**
Benton Hall Wlk. NE7: H Hea . . .5D **58**
Benton La. NE12: Longb 4B **44**
Benton Lodge Av. NE7: Longb . .2B **58**
Benton Pk. Rd.
    NE7: Longb, Newc T 2H **57**
Benton Rd. NE7: H Hea, Longb . .2C **58**
    NE27: Shir 3B **46**
    NE34: S Shi 1E **89**
BENTON SQUARE 4H **45**
Benton Sq. Ind. Est. NE12: Kil . .4H **45**
Benton Station (Metro) 1D **58**
Benton Ter. DH9: Stly 2D **122**
    NE2: Newc T 1G **5** (2H **69**)
    NE12: Longb 5D **44**
Benton Way NE28: W'snd 6H **59**
    (Brussels Rd.)
    NE28: W'snd 1H **71**
    (Neptune Rd.)
Bents, The SR6: Seab 4F **91**
Bents Cotts. NE33: S Shi 5G **63**
Bents Cotts. App. NE33: S Shi . .5G **63**
Bents Pk. Rd. NE33: S Shi 4G **63**
Benville Ter. DH7: New B 1A **158**
BENWELL 4H **67**
Benwell Cl. NE15: Benw 4H **67**
Benwell Dene Ter. NE15: Benw . .4G **67**
Benwell Grange NE15: Benw . . .4H **67**
Benwell Grange Av.
    NE15: Benw 4H **67**
Benwell Grange Rd.
    NE15: Benw 4G **67**
Benwell Grange Ter.
    NE15: Benw 4G **67**
Benwell Gro. NE4: Benw 4A **68**
Benwell Hall Dr. NE15: Benw . . .3F **67**
Benwell Hill Gdns. NE5: Fen 2G **67**
Benwell Hill Rd. NE5: Fen 2F **67**
Benwell La. NE15: Benw 4F **67**
    (not continuous)
Benwell Village NE15: Benw 3F **67**
Benwell Village M.
    NE15: Benw 3G **67**

Berberis Way NE15: Newb 1E 65
(off Lovaine St.)
Beresford Av. NE31: Heb 6B 72
Beresford Ct. NE26: Sea S 3H 25
Beresford Gdns. NE6: Byke 4C 70
Beresford Pk. SR2: Sund 2B 118
Beresford Rd. NE26: Sea S 3H 25
NE30: Cull 2C 48
Beresford St. NE11: Dun 2C 82
Bergen Ct. NE29: N Shi 3F 61
Bergen Sq. SR5: Sund 1B 102
Bergen St. SR5: Sund 1B 102
Berkdale Rd. NE9: Low F 2G 97
Berkeley Cl. NE12: Kil 1E 45
NE35: Bol C 1B 88
SR3: E Her 2E 131
Berkeley Sq. NE3: Gos 6D 42
Berkeley St. NE33: S Shi 5F 63
Berkhampstead Ct.
NE10: Ward 4A 86
Berkley Av. NE21: Blay 1C 80
Berkley Cl. NE28: W'snd 2B 60
Berkley Rd. NE29: N Shi 1H 61
Berkley St. NE15: Newb 1F 65
Berkley Ter. NE15: Newb 1F 65
Berkley Way NE31: Heb 1D 72
Berkshire Cl. DH1: Carr 4A 156
NE5: West 5D 54
Berkshire Rd. SR8: Pet 5C 162
Bermondsey St.
NE2: Newc T 3H 5 (3H 69)
Bernard Shaw St. DH4: Hou S . . .3H 137
Bernard St. DH4: Hou S 3H 137
Bernard Ter. DH2: P Fel 3G 125
Berrington Dr. NE5: Blak 4F 55
Berrishill Gro. NE25: Monks 5G 35
Berry Cl. NE6: Walk 4G 71
NE28: W'snd 2A 60
Berryfield Cl. SR3: Dox P 4A 132
Berry Hill NE40: G'sde 2B 78
Berryhill Cl. NE21: Blay 2B 80
Bertha Ter. DH4: Nbot 5H 129
Bertram Cres. NE15: Benw 3G 67
Bertram Pl. NE27: Shir 1D 46
Bertram St. DH3: Bir 3C 112
NE33: S Shi 1E 75
Berwick NE38: Wash 3F 113
Berwick Av. SR5: Sund 1B 102
Berwick Chase SR8: Pet 4B 164
Berwick Cl. NE15: Lem 2G 65
Berwick Ct. NE20: Pon 4F 27
NE24: Bly 2A 18
Berwick Dr. NE28: W'snd 2B 60
Berwick Hill Rd.
NE20: Pon, Wool 3F 27
Berwick Sq. SR5: Sund 2B 102
Berwick St. NE31: Heb 3B 72
Berwick Ter. NE29: N Shi 3H 61
Besford Gro. SR1: Sund 1E 119
Bessemer Rd. DH6: S Het 6H 149
Bessie Surtees House 6E 5
Bessie Ter. NE21: Winl 1G 79
Best Vw. DH4: S Row 3F 129
Bethany Gdns. DH9: Ann P 4F 121
Bethany Ter. DH9: Ann P 4F 121
Bethel Av. NE6: Walk 2D 70
Bethune Av. SR7: S'hm 4G 141
(not continuous)
Betjeman Cl. DH9: Stly 3E 123
Betjeman M. NE8: Gate 2H 83
Betsey Pl. NE21: Blay 1A 80
Better Bodies Health & Fitness Club
. . . . .4D 22
Betts Av. NE15: Benw 4F 67
Bevan Av. SR2: Ryh 2E 133

Bevan Dr. NE12: Longb 1H 57
Bevan Gdns. NE10: Ward 3G 85
Bevan Gro. DH1: Dur 5H 155
Bevan Sq. SR7: Mur 1C 150
Beverley Cl. NE3: Gos 3D 42
Beverley Ct. NE9: Low F 5A 84
NE32: Jar 2F 73
NE37: Wash 6B 100
Beverley Cres. NE9: Low F 5A 84
Beverley Dr. NE16: Swa, Whi 2G 81
NE21: Winl 3F 79
Beverley Gdns. DH3: Ches S 1D 134
NE30: Cull 2E 49
NE40: Ryton 4A 64
Beverley Pk. NE25: Monks 1A 48
Beverley Pl. NE28: W'snd 4D 60
Beverley Rd. NE9: Low F 5A 84
NE25: Monks 1A 48
SR2: Sund 5F 119
Beverley Ter. DH9: Ann P 4E 121
NE6: Walk 4G 71
NE15: Walb 5G 53
NE30: Cull 2E 49
Beverley Vs. NE30: Cull 2E 49
Beverley Way SR8: Pet 6C 162
Bevin Sq. DH6: S Het 6B 150
Beweshill Cres. NE21: Winl 2G 79
Beweshill La. NE21: Blay 1F 79
(not continuous)
Bewick Cl. DH2: Ches S 3A 134
Bewick Ct. NE1: Newc T 3E 5
Bewick Cres. NE15: Lem 2B 66
Bewicke Lodge NE28: W'snd 5E 61
Bewicke Rd. NE28: W'snd 6E 61
(not continuous)
Bewicke Rd. Ind. Est.
NE28: W'snd 6E 61
Bewicke St. NE28: W'snd 6F 61
Bewicke Vw. DH3: Bir 2D 112
Bewick Main Cvn. Pk.
DH2: Bir 2G 111
Bewick Pk. NE28: W'snd 1D 60
Bewick Rd. NE8: Gate 2G 83
Bewick St. NE1: Newc T . . .6B 4 (5E 69)
NE33: S Shi 1E 75
Bewley Gro. SR8: Pet 4A 164
Bewley Ter. DH7: New B 1A 158
Bexhill Rd. SR5: Sund 2B 102
Bexhill Sq. NE24: News 2C 18
SR5: Sund 1B 102
Bexley Av. NE15: Den M 3E 67
Bexley Gdns. NE28: W'snd 2B 60
Bexley Pl. NE16: Whi 6E 81
Bexley St. SR4: Sund 1H 117
Biceps Fitness Cen. 6G 163
(off Blackhills Rd.)
Bickerton Wlk. NE5: W Dent 6C 54
Bickington Ct. DH4: Nbot 6G 129
BIDDICK 3A 114
BIDDICK HALL 1D 88
Biddick Hall Dr. NE34: S Shi 5D 74
Biddick La. NE38: Wash 1B 128
Biddick Ter. NE38: Wash 4C 114
Biddick Vw. NE38: Wash 4C 114
Biddick Village Cen.
NE38: Wash 4B 114
Biddick Vs. NE38: Wash 4C 114
Biddlestone Cres. NE29: N Shi . . .2H 61
Biddlestone Rd. NE6: Heat 6C 58
Bideford Gdns. NE9: Low F 2H 97
NE26: Whit B 5B 36
NE32: Jar 4A 74
NE34: S Shi 6H 63
Bideford Gro. NE16: Whi 6E 81
Bideford Rd. NE3: Ken 3A 56

Bideford St. SR2: Sund 5F 119
Bigbury Cl. DH4: Nbot 5G 129
Bigges Gdns. NE28: W'snd 3F 59
BIGGES MAIN 5F 59
Bigg Mkt. NE1: Newc T 5D 4 (4F 69)
Big Waters Cl. NE13: Bru V 5C 30
Big Waters Nature Reserve 4B 30
Bilbrough Gdns. NE4: Benw 5H 67
BILL QUAY 1H 85
Bill Quay Farm 1G 85
Bill Quay Ind. Est. NE10: Bill Q . . .6H 71
BILLY MILL 6H 47
Billy Mill Av. NE29: N Shi 1A 62
Billy Mill La. NE29: N Shi 5G 47
Bilsdale SR6: Seab 4F 91
Bilsdale Pl. NE12: Longb 1H 57
Bilsmoor Av. NE7: H Hea 5B 58
Bilton Hall Rd. NE32: Jar 3H 73
Binchester St. NE34: S Shi 5C 74
Bingfield Gdns. NE5: Fen 6G 55
Bingley Cl. NE28: W'snd 2C 60
Bingley St. SR5: Sund 2B 102
Bink Moss NE37: Wash 1G 113
Binsby Gdns. NE9: Low F 3B 98
Binswood Av. NE5: Blak 6F 55
Bircham Dr. NE21: Blay 1B 80
Bircham St. DH9: Stly 4B 122
Birch Av. NE10: Hew 4G 85
SR6: Whit 2F 91
Birch Ct. SR3: Silk 3G 131
Birch Cres. DH4: Hou S 1G 137
NE16: Burn 1F 107
Birches, The DH5: Eas L 4E 149
DH9: Stly 1D 122
(not continuous)
NE16: Sun 3G 95
SR4: Sund 1D 116
Birchfield NE16: Whi 5F 81
NE38: Wash 5C 114
Birchfield Gdns. NE9: Low F 3A 98
NE15: Lem 2C 66
Birchfield Rd. SR2: Sund 3B 118
Birchgate Cl. NE21: Winl 2G 79
Birch Gro. NE28: W'snd 2A 60
NE32: Jar 2E 73
Birchgrove Av. DH1: Dur 4H 155
Birchington Av. NE33: S Shi 2E 75
Birch Rd. NE21: Blay 1B 80
Birch St. NE32: Jar 2E 73
Birch Ter. DH3: Bir 2B 112
NE6: Walk 4G 71
Birchtree Gdns. NE25: Monks 2B 48
Birchvale Av. NE5: Den M 5E 55
Birchwood SR4: Sund 6D 102
Birchwood Av. NE7: H Hea 4C 58
NE13: W Op 6D 30
NE16: Whi 6E 81
Birchwood Cl. DH9: Beam 1A 124
NE23: Seg 2F 33
Birdhill Pl. NE34: S Shi 4E 75
Birds Nest Rd.
NE6: Byke, Walk 5D 70
(not continuous)
Birds Ter. DH4: Pen 1G 129
Bird St. NE30: N Shi 1E 63
Birkdale NE25: Monks 6H 35
NE33: S Shi 6G 63
Birkdale Av. SR6: Seab 4E 91
Birkdale Cl. NE7: H Hea 3C 58
NE28: W'snd 3H 59
NE37: Wash 3H 99
Birkdale Dr. DH4: S Row 5E 129
Birkdale Gdns. DH1: Carr 4B 156
Birkhead Cottages, Garden & Nursery
. . . . .1H 109

BIRKHEADS 1H **109**
Birkheads La.
NE11: Kib, Marl H 1H **109**
Birkland La. DH9: Beam 3B **110**
NE11: Beam, Kib, Sun 1A **110**
NE16: Marl H 4G **95**
Birkshaw Wlk. NE5: W Dent 6C **54**
Birks Rd.
NE15: Hed W, Thro 2B **52**
Birling Pl. NE5: Fen 5H **55**
Birnam Gro. NE32: Jar 1A **88**
Birney Edge NE20: Darr H 4C **38**
Birnham Pl. NE3: Ken 4B **56**
Birnie Cl. NE4: Benw 5A **68**
Birrell Sq. SR5: Sund 1B **102**
Birrell St. SR5: Sund 1B **102**
BIRTLEY 3C **112**
Birtley Av. NE30: Tyne 5F **49**
(not continuous)
SR5: Sund 1B **102**
Birtley By-Pass DH3: Bir 6C **98**
Birtley Cl. NE3: Gos 3C **56**
Birtley Crematorium DH3: Bir . . . 1B **112**
Birtley La. DH3: Bir 2C **112**
Birtley Leisure Cen. 4C **112**
Birtley Rd. NE38: Wash 6F **113**
Birtley Sports Complex 5C **112**
Birtley Vs. DH3: Bir 2C **112**
Birtwhistle Av. NE31: Heb 6B **72**
Biscop Ter. NE32: Jar 4G **73**
Bishopbourne Cl. NE29: N Shi 4B **48**
Bishop Cres. NE32: Jar 1G **73**
Bishopdale DH4: Pen 1C **128**
(not continuous)
NE28: W'snd 2F **59**
Bishopdale Av. NE24: Cow 1G **17**
Bishop Morton Gro.
SR1: Sund 1E **119**
Bishop Ramsey Ct.
NE34: S Shi 3A **76**
Bishop Rock Dr. NE12: Longb 1A **58**
Bishop's Av. NE4: Fen 4C **68**
Bishops Cl. NE28: W'snd 5C **60**
Bishops Ct. DH1: Shin 3F **161**
NE5: Den M 1D **66**
Bishops Dr. NE40: Ryton 5D **64**
Bishops Mdw. NE22: Bed 4G **9**
Bishop's Rd. NE15: Benw 5H **67**
Bishops Way DH1: P Me 6B **144**
SR3: Dox P 4G **131**
Bishops Wynd DH5: Hou S 4A **138**
Bishopton St. NE24: Bly 1C **18**
SR2: Sund 1E **119**
BISHOPWEARMOUTH . . . 2E **7** (6C **104**)
Bisley Ct. NE28: W'snd 2B **60**
Bisley Dr. NE34: S Shi 2F **75**
Bittern Cl. NE11: Dun 1B **82**
NE28: W'snd 1E **61**
Bittern Ho. *NE8: Gate* *6F* **69**
(off Wordswell Dr.)
Blackberries, The NE9: Spri 4F **99**
Black Boy Rd. DH4: Hou S 5B **136**
Black Boy Yd.
NE1: Newc T 5D **4** (4F **69**)
Blackburn Cl. DH7: Bear P 3C **152**
Blackburn Grn. NE10: Fall 4C **84**
BLACK CALLERTON 5H **39**
Blackcap Cl. NE38: Wash 4F **113**
Blackcliff Way DH7: Bear P 3C **152**
Blackdown Cl. SR8: Pet 2B **164**
Black Dr. DH3: Lam P 4H **127**
Blackettbridge
NE1: Newc T 3C **4**
Blackett Pl.
NE1: Newc T 4D **4** (4F **69**)
Blackett St. DH9: Ann P 5E **121**
NE1: Newc T 4C **4** (4F **69**)
NE32: Jar 1D **72**
Blackett Ter. SR4: Sund 1A **118**
BLACK FELL 6E **99**
BLACKFELL 1G **113**
Blackfell Rd. NE37: Wash 1F **113**
Blackfell Village Cen.
NE37: Wash 1G **113**
Blackfell Way DH3: Bir 2D **112**
Blackfriars 5B **4**
Blackfriars Ct. NE1: Newc T 5B **4**
Blackfriars Way NE12: Longb 1A **58**
Blackheath Cl. NE37: Wash 3A **100**
Blackheath Ct. NE3: Ken 2F **55**
Blackhill Av. NE28: W'snd 6C **46**
Blackhill Cres. NE9: Wrek 1D **98**
Blackhills Rd. SR8: Hor 5G **163**
Blackhills Ter. SR8: Hor 6G **163**
Blackhouse La. NE40: Ryton 4B **64**
Black La.
NE5: Call, West, Wool 1D **54**
NE9: Eigh B 4B **98**
NE9: Low F 3B **98**
NE13: Wool 1D **54**
NE21: Winl 2G **79**
Blacklock Cl. NE9: Low F 6B **84**
Blackpool Pde. NE31: Heb 6E **73**
Black Rd. DH7: Lang M 3G **159**
NE31: Heb 2D **72**
SR2: Ryh 2F **133**
Blackrow La. NE9: Low F 2A **98**
NE15: Hed W, Thro 4H **51**
Blackstone Ct. NE21: Winl 1G **79**
Black Thorn Cl. DH7: B'don 6C **158**
Blackthorn Cl. NE16: Sun 3E **95**
Blackthorn Dr. NE24: News 3A **18**
NE28: W'snd 2A **60**
Blackthorne NE10: Hew 6F **85**
Blackthorne Av. SR8: Hor 1H **165**
Blackthorn Pl. NE4: Newc T 6D **68**
Blackthorn Way DH4: Hou S 1E **137**
Blackwater Ho. SR3: Silk 3A **132**
Blackwell Av. NE6: Walk 3F **71**
Blackwood Rd. SR5: Sund 2B **102**
Bladen St. NE32: Jar 2E **73**
Bladen St. Ind. Est. NE32: Jar 2E **73**
Blagdon Av. NE34: S Shi 1G **75**
Blagdon Cl.
NE1: Newc T 4G **5** (4H **69**)
Blagdon Ct. NE22: Bed 3C **10**
Blagdon Cres. NE23: Nel V 1G **21**
Blagdon Dr. NE24: News 4A **18**
Blagdon Ter. NE13: Sea B 3D **30**
NE23: Cra 3B **22**
Blaidwood Dr. DH1: Dur 4A **160**
Blair Cl. DH6: S'burn 6D **156**
Blair Ct. DH7: Lang M 4G **159**
Blake Av. NE16: Whi 4F **81**
Blake Cl. DH9: Stly 3E **123**
BLAKELAW 5G **55**
Blakelaw Rd. NE5: Blak 5F **55**
(Bonnington Way)
NE5: Blak 5G **55**
(Cragston Cl.)
Blakemoor Pl. NE5: Fen 6G **55**
Blake St. SR8: Eas C 1F **163**
Blaketown NE23: Seg 2G **33**
Blake Wlk. NE8: Gate 1A **84**
Blanche Gro. SR8: Pet 2D **164**
Blanche Ter. DH9: Tant 5H **107**
Blanchland NE38: Wash 6C **114**
Blanchland Av. DH1: Dur 1E **155**
NE13: W Op 5D **30**
NE15: Lem 2A **66**
Blanchland Cl. NE28: W'snd 3B **60**
Blanchland Dr. NE25: H'wll 1D **34**
SR5: S'wck 2C **104**
Blanchland Ter. NE30: N Shi 6D **48**
Blandford Ct.
NE4: Newc T 6A **4** (5E **69**)
Blandford Pl. SR7: S'hm 4B **142**
Blandford Rd. NE29: N Shi 4H **47**
Blandford Sq.
NE1: Newc T 6A **4** (5E **69**)
(not continuous)
Blandford St.
NE1: Newc T 6A **4** (5E **69**)
SR1: Sund 4G **7** (1D **118**)
Blandford Way NE28: W'snd 2B **60**
Bland's Opening DH3: Ches S . . . 6C **126**
Blaxton Pl. NE16: Whi 6D **80**
BLAYDON 6B **66**
Blaydon Av. SR5: Sund 1C **102**
Blaydon Bank NE21: Blay, Winl . . . 2H **79**
BLAYDON BURN 1G **79**
Blaydon Bus. Cen. NE21: Blay 6C **66**
Blaydon Bus. Pk. NE21: Blay 5D **66**
BLAYDON HAUGHS 5C **66**
Blaydon Haughs Ind. Est.
NE21: Blay 5C **66**
Blaydon Highway NE21: Blay 6A **66**
Blaydon Ind. Pk. NE21: Blay 6B **66**
Blaydon Rugby Club 2D **80**
Blaydon Station (Rail) 5A **66**
Blaydon Swimming Pool 1C **80**
Blaydon Trade Pk. NE21: Blay 6C **66**
Blaykeston Cl. SR7: S'hm 2E **141**
Blayney Row NE15: Thro 1C **64**
Bleachfeld NE10: Hew 5F **85**
BLEACH GREEN 2A **80**
Bleach Grn. DH5: Hett H 2C **148**
Bleasdale Cres. DH4: Pen 2F **129**
Bleheim Ct. NE24: News 4B **18**
Blencathra NE30: Cull 3C **48**
NE37: Wash 1A **114**
Blencathra Way NE21: Winl 3A **80**
Blenheim NE12: Kil 1D **44**
Blenheim Ct. NE10: Wind N 5D **84**
Blenheim Dr. NE22: Bed 2C **10**
Blenheim Pl. NE11: Dun 2A **82**
Blenheim Wlk. NE33: S Shi 4F **63**
Blenkinsop Ct. NE34: S Shi 6D **74**
Blenkinsop Gro. NE32: Jar 6F **73**
Blenkinsop M. NE3: Gos 4C **42**
Blenkinsopp Ct. SR8: Pet 4B **164**
Blenkinsop St. NE28: W'snd 5H **59**
Bletchley Av. SR5: Sund 1B **102**
Blezard Bus. Pk. NE13: Sea B 2D **30**
Blezard Ct. NE21: Blay 5C **66**
Blind La. DH1: Dur 6B **154**
DH3: Ches S 3D **126**
DH4: Hou S 5E **129**
SR3: New S 1A **132**
Blindy Burn Ct. DH2: P Fel 6G **125**
Blindy La. DH5: Eas L 4E **149**
Bloemfontein Pl. *DH9: Stly* *6F* **123**
(off Middles Rd.)
Bloom Av. DH9: Stly 3C **122**
Bloomfield Ct. SR6: Roker 3F **105**
Bloomfield Dr. DH5: E Rain 2H **147**
Bloomsbury Ct. NE3: Gos 3D **56**
Blossom Gro. DH4: S Row 5F **129**
Blossom St. DH5: Hett H 6D **138**
Blount St. NE6: Walk 3D **70**
Blucher Colliery Rd.
NE15: Walb 6H **53**
Blucher Rd. NE12: Kil 4C **44**
NE29: N Shi 4B **62**
Blucher Ter. NE15: Walb 6H **53**

BLUCHER VILLAGE 6H **53**
Blue Anchor Ct. NE1: Newc T 6F **5**
Bluebell Cl. NE9: Low F 6B **84**
Bluebell Dene NE5: West 2E **55**
Bluebell Way NE34: S Shi 4D **74**
Blueburn Dr. NE12: Kil 1F **45**
Blue Carpet, The **4E 5**
Blue Coat Bldgs.
DH1: Dur 2C **6** (5D **154**)
Blue Coat Ct. DH1: Dur . . .2C **6** (5D **154**)
Blue Ho. Bank DH2: P Fel 6B **124**
DH9: Crag 6B **124**
Blue Ho. Ct. NE37: Wash 5H **99**
Blue Ho. La. NE37: Wash 5H **99**
SR6: Clead, S'wck 4H **89**
Blue Ho. Rd. NE31: Heb 6B **72**
Blue Quarries Rd. NE9: Low F 5B **84**
Blue Reef Aquarium **3E 49**
Blue Top Cotts. NE23: Cra 3D **22**
Blumer St. DH4: Hou S 3E **137**
BLYTH **5C 12**
Blyth Ct. NE15: Lem 2A **66**
NE34: S Shi 4E **75**
Blyth Crematorium NE24: Cow . . .5A **12**
Blyth Dr. NE61: Hep 4A **8**
Blythe Riverside Bus. Pk.
NE24: Cow 4F **11**
(not continuous)
Blythe Ter. DH3: Bir 3B **112**
Blyth Rd. NE26: Sea S, Whit B
. . . . .5H **25** & 1A **36**
Blyth Spartans AFC **1C 18**
Blyth Sports Cen. **6B 12**
Blyth Sq. SR5: Sund 2C **102**
Blyth St. NE25: Sea D 5A **24**
SR5: Sund 2C **102**
Blythswood NE2: Jes 1G **69**
Blyton Av. NE34: S Shi 4B **74**
SR2: Ryh 2E **133**
Boat Ho's. NE38: Wash 4F **115**
Bobby Shafto Cvn. Pk.
DH9: Beam 6C **110**
Bodlewell Ho. *SR1: Sund* *6E* ***105***
(off High St. E.)
Bodlewell La. SR1: Sund 6E **105**
Bodley Cl. NE3: Ken 2H **55**
Bodmin Cl. NE28: W'snd 2C **60**
Bodmin Ct. NE9: Low F 3A **98**
Bodmin Rd. NE29: N Shi 5G **47**
Bodmin Sq. SR5: Sund 1C **102**
Bodmin Way NE3: Ken 1B **56**
Body Line Health & Fitness Studio
. . . .***5F 119***
(off Ryhope Rd.)
Bodywork Health Club **6F 159**
Body Zone Health & Fitness Club
. . . .**4E 5**
Boghouse La. DH9: Stly 5E **109**
Bog Ho's. NE23: E Har 5C **16**
Bognor St. SR5: Sund 1B **102**
Bog Row DH5: Hett H 2C **148**
Bohemia Ter. NE24: Bly 1C **18**
Boker La. NE36: E Bol 3D **88**
Bolam NE38: Wash 3F **113**
Bolam Av. NE24: Bly, Cow 6B **12**
NE30: Cull 4C **48**
Bolam Bus. Cen. NE23: Cra 1G **21**
Bolam Ct. NE15: Thro 6D **52**
Bolam Coyne NE6: Byke 4C **70**
Bolam Gdns. NE28: W'snd 4F **61**
Bolam Gro. NE30: Cull 4C **48**
Bolam Ho. NE4: Newc T 4D **68**
Bolam Pl. NE22: Bed 3C **10**
Bolam Rd. NE12: Kil 2C **44**
Bolams Bldgs. DH9: Tant 6G **107**
Bolam St. NE6: Byke 4C **70**
NE8: Gate 3D **82**
SR8: Eas C 1F **163**
Bolam Way NE6: Byke 4C **70**
NE25: Sea D 6A **24**
Bolbec Rd. NE4: Fen 2A **68**
Bolburn NE10: Hew 4G **85**
BOLDON **3E 89**
Boldon Bus. Pk. NE35: Bol C 3A **88**
(Brooklands Way)
NE35: Bol C 4B **88**
(Didcot Way)
Boldon Cl. NE28: W'snd 2B **60**
BOLDON COLLIERY **2A 88**
Boldon Colliery Workshops **2B 88**
Boldon Dr. NE36: W Bol 4B **88**
Boldon Gdns. NE9: Wrek 2C **98**
Boldon Ho. DH1: P Me 4C **144**
Boldon La. NE34: S Shi 3D **74**
(not continuous)
NE36: E Bol 2E **89**
SR6: Clead 2G **89**
Bolingbroke Rd. NE29: N Shi 1H **61**
Bolingbroke St. NE6: Heat 3A **70**
NE33: S Shi 5F **63**
Bollihope Dr. SR3: Sund 5B **118**
Bolton Cl. DH1: Dur 6C **144**
Bonaventure DH4: Pen 1G **129**
Bonchester Cl. NE22: Bed 3H **9**
Bonchester Ct. NE28: W'snd 2C **60**
Bonchester Pl. NE23: Cra 1D **22**
Bond Cl. SR5: Monkw 4C **104**
Bond Ct. NE4: Benw 4A **68**
Bondene Av. NE10: Hew 3E **85**
Bondene Av. W. NE10: Fall 3D **84**
Bondene Way NE23: Cra 5B **16**
Bondfield Cl. NE28: W'snd 4D **60**
Bondfield Gdns. NE10: Ward 3G **85**
Bondicarr Pl. NE5: Fen 6H **55**
Bondicar Ter. NE24: Bly 6B **12**
Bond St. NE4: Benw 4H **67**
Bone La. DH9: Dip 6D **106**
Bonemill La. NE38: Wash 1E **127**
Bonnar Ct. NE31: Heb 3D **72**
Bonner's Fld.
SR6: Monkw 1G **7** (5D **104**)
Bonners Raft
SR6: Monkw 1H **7** (5D **104**)
Bonnington Way NE5: Blak 5F **55**
Bonnivard Gdns. NE23: Seg 2G **33**
Bonsall Ct. NE34: S Shi 4F **75**
Booth St. NE10: Fall 3D **84**
SR4: Sund 1A **118**
Bootle St. SR5: Sund 2C **102**
Bordeaux Cl. SR3: Silk 3G **131**
Border Rd. NE28: W'snd 6H **59**
Boreham Cl. NE28: W'snd 2B **60**
Borodin Av. SR5: Sund 2B **102**
Borough Ct. SR1: Sund 6E **105**
Borough Rd. NE29: N Shi 2C **62**
NE32: Jar 3F **73**
NE34: S Shi 4H **75**
SR1: Sund 4H **7** (1D **118**)
Borrowdale DH3: Bir 6D **112**
NE16: Whi 4H **81**
NE37: Wash 5A **100**
Borrowdale Av. NE6: Walk 2F **71**
NE24: Cow 5G **11**
SR6: Seab 6C **90**
Borrowdale Cl. NE36: E Bol 3E **89**
Borrowdale Cres. DH4: Pen 1E **129**
NE21: Winl 3H **79**
Borrowdale Dr. DH1: Carr 3A **156**
Borrowdale Gdns. NE9: Low F 2B **98**
Borrowdale Ho. NE34: S Shi 4E **75**
Borrowdale St. DH5: Hett H 3C **148**
Boscobel Cl. NE12: Longb 1H **57**
Boscombe Dr. NE28: W'snd 3A **60**
Boston Av. NE7: Longb 2B **58**
NE38: Wash 1A **114**
(not continuous)
Boston Cl. NE28: W'snd 2B **60**
Boston Ct. NE12: Longb 5F **45**
Boston Cres. SR5: Sund 1A **102**
Boston St. SR5: Sund 1A **102**
SR8: Eas C 1F **163**
Boswell Av. NE34: S Shi 6D **74**
Bosworth NE12: Kil 1D **44**
Bosworth Gdns. NE6: Heat 5C **58**
Bothal Cl. NE24: Bly 6A **12**
Bothal St. NE6: Byke 3D **70**
Botham Ho. NE29: N Shi 4H **61**
Bottle Bank NE8: Gate 5G **69**
Bottlehouse St. NE6: Byke 5C **70**
Bottle Works Rd. SR7: S'hm 4C **142**
Boulby Cl. SR3: Tuns 2C **132**
Boulevard, The NE11: Dun 2G **81**
NE12: Longb 1A **58**
Boulmer Av. NE23: Cra 5B **16**
Boulmer Cl. NE3: Ken 5B **42**
Boulmer Ct. DH2: Ches S 1C **134**
Boulmer Gdns. NE13: W Op 5D **30**
Boulsworth Rd. NE29: N Shi 4A **48**
Boult Ter. DH4: S Row 3F **129**
Boundary Cl. DH7: Ush M 6C **152**
Boundary Gdns. NE7: H Hea 4A **58**
Boundary Ho's DH4: S Row 4D **128**
BOUNDARY HOUSES **5E 129**
Boundary Mill Stores
NE27: Shir 3D **46**
Boundary St. SR5: S'wck 3C **104**
Boundary Way NE26: Sea S 3H **25**
Bourdon Ho.
SR1: Sund 5H **7** (1D **118**)
Bourne Av. NE4: Fen 2A **68**
Bourne Ct. DH9: Stly 2E **123**
(not continuous)
Bournemouth Ct. NE28: W'snd . . .2B **60**
Bournemouth Dr. SR7: Dalt D . . .5F **141**
Bournemouth Gdns. NE5: West . . .4D **54**
NE26: Whit B 5B **36**
Bournemouth Pde. NE31: Heb 6E **73**
(not continuous)
Bournemouth Rd. NE29: N Shi . . .2G **61**
Bourne St. SR8: Eas C 1F **163**
Bourne Ter. DH9: Ann P 5F **121**
Bourn Lea DH4: S Row 4E **129**
BOURNMOOR **6C 128**
Bournmoor DH4: Bour 6C **128**
Bourtree Cl. NE28: W'snd 3A **60**
Bowbank Cl. SR3: Sund 5B **118**
Bowburn Av. SR5: Sund 3E **103**
Bowburn Cl. NE10: Ward 4A **86**
Bower, The NE32: Jar 3F **87**
Bower St. SR6: Ful 1D **104**
Bowes Av. DH5: Eas L 4D **148**
SR7: Dalt D 5E **141**
Bowes Cl. NE16: Sun 3F **95**
Bowes Ct. DH1: Dur 6D **144**
NE3: Gos 2G **57**
NE22: Bed 1A **10**
NE24: Bly 6C **12**
Bowes Cres. NE16: Burn 5B **94**
Bowes Ho. *SR3: E Her* *2F* ***131***
(off Castle Grn.)
Bowes Lea DH4: S Row 5D **128**
Bowes Lyon Cl. NE39: Row G 5D **92**
Bowes Lyon Ct. NE9: Low F 3H **83**
Bowes Manor Equestrian Cen. **6D 98**
Bowes Railway Cen. **2E 99**

Bowes St. NE3: Gos 2G **57**
NE24: Bly 6B **12**
(not continuous)
Bowes Ter. DH9: Dip 1D **120**
Bowesville NE16: Burn 2H **107**
Bowes Wlk. NE12: Longb 6C **44**
Bowfell Av. NE5: Ken 3H **55**
Bowfell Cl. NE5: Ken 4H **55**
Bowfield Av. NE3: Gos 4E **43**
Bowland Cres. NE21: Blay 1A **80**
Bowland Ter. NE21: Blay 6A **66**
Bow La. DH1: Dur 4B **6** (6C **154**)
Bowlynn Cl. SR3: Silk 3G **131**
Bowman Dr. NE23: Dud 3B **32**
Bowman Pl. NE33: S Shi 6E **63**
Bowman St. SR6: Whit 2F **91**
Bowmont Dr. DH9: Tan L 1A **122**
NE23: Cra 1D **22**
Bowmont Wlk. DH2: Ches S 2A **134**
Bowness Av. NE28: W'snd 1C **60**
Bowness Cl. NE36: E Bol 4E **89**
SR8: Pet 6E **163**
Bowness Pl. NE9: Low F 1B **98**
Bowness Rd. NE5: Den M 6E **55**
NE16: Whi 4G **81**
Bowness St. SR5: Sund 1C **102**
Bowness Ter. NE28: W'snd 2C **60**
Bowood Cl. SR2: Ryh 3D **132**
Bowsden Ct. NE3: Gos 2G **57**
Bowsden Ter. NE3: Gos 2G **57**
Bowtrees SR2: Sund 4D **118**
Boxlaw NE9: Low F 6C **84**
Boyd Cres. NE28: W'snd 5A **60**
Boyd Rd. NE28: W'snd 5A **60**
Boyd St. DH1: Dur 5C **6** (1D **160**)
NE2: Newc T 2H **5** (3H **69**)
NE15: Newb 1E **65**
SR8: Eas C 1F **163**
Boyd Ter. DH9: Stly 4C **122**
NE5: West 4D **54**
NE15: Walb 6H **53**
Boyne Ct. DH7: Lang M 4F **159**
NE24: Bly 5C 12
(off Regent St.)
Boyne Gdns. NE27: Shir 2C **46**
Boyne Ter. NE37: Wash 5A **100**
Boyntons DH2: Nett 1A **144**
Boystones Ct. NE37: Wash 1H **113**
Brabourne Gdns. NE29: N Shi 4B **48**
Brabourne St. NE34: S Shi 3E **75**
Bracken Av. NE28: W'snd 3A **60**
Brackenbeds Cl. DH2: Pelt 3G **125**
Brackenbeds La.
DH2: Ous, Pelt 2H **125**
(not continuous)
Brackenburn Cl. DH4: Hou S 2G **137**
Bracken Cl. DH9: Stly 3C **122**
NE13: Din 5F **29**
Bracken Ct. DH7: Ush M 4C **152**
(not continuous)
Brackendale Rd. DH1: Carr 4B **156**
Brackendene Dr. NE9: Low F 6G **83**
Brackendene Pk. NE9: Low F 6G **83**
Bracken Dr. NE11: Dun 5B **82**
Bracken Fld. Rd. DH1: Dur 2B **154**
Brackenfield Rd. NE3: Gos 3D **56**
Bracken Hill SR8: Pet 2A **164**
Bracken Hill Bus. Pk.
SR8: Pet 2A **164**
(not continuous)
Brackenlaw NE9: Low F 1C **98**
Brackenpath M. NE3: Gos 4D **42**
Bracken Pl. NE4: Fen 2H **67**
Brackenridge NE16: Burn 1E **107**
Brackenside NE3: Gos 4E **43**
Bracken Way NE40: Craw 6A **64**
Brackenway NE37: Wash 5H **99**
Brackenwood Gro. SR2: Sund . . .5C **118**
Brackley NE37: Wash 4C **100**
Brackley Gro. NE29: N Shi 3H **61**
Bracknell Cl. SR3: Tuns 1C **132**
Bracknell Gdns. NE5: Cha P 6H **53**
Brack Ter. NE10: Bill Q 1H **85**
Bradbury Cl. DH9: Tan L 1A **122**
NE10: Ward 4A **86**
Bradbury Ct. *NE20: Pon 5F 27*
(off Thornhill Rd.)
NE25: New Hart 3B **24**
Bradbury Pl. NE25: New Hart 3B **24**
Bradford Av. NE28: W'snd 2B **60**
SR5: Sund 1C **102**
Bradford Cres. DH1: Dur 4F **155**
Bradley Av. DH5: Hou S 5A **138**
NE34: S Shi 3A **76**
Bradley Cl. DH2: Ous 5F **111**
Bradley Lodge Dr. DH9: Dip 1E **121**
Bradley St. SR8: Eas C 1F **163**
Bradley Ter. DH5: Eas L 4E **149**
DH9: Dip 2E **121**
Bradman Dr. DH3: Ches S 1E **135**
Bradman Sq. SR5: Sund 1C **102**
Bradman St. SR5: Sund 1C **102**
Bradshaw Sq. SR5: Sund 2C **102**
Bradshaw St. SR5: Sund 2C **102**
Bradwell Rd. NE3: Ken 2A **56**
Bradwell Way DH4: S Row 4G **129**
Brady & Martin Ct.
NE1: Newc T 2E **5** (3G **69**)
Brady Sq. NE38: Wash 3D **114**
Brady St. SR4: Sund 6H **103**
Brae, The SR2: Sund 1B **118**
Braebridge Pl. NE3: Ken 4B **56**
Braefell Ct. NE37: Wash 1H **113**
Braemar Ct. NE10: Bill Q 1H **85**
Braemar Dr. NE34: S Shi 1A **76**
Braemar Gdns. NE25: Monks 1G **47**
SR3: E Her 3E **131**
SR3: Sund 4B **118**
Braemar Ter. SR8: Hor 1H **165**
Braeside NE11: Dun 4B **82**
SR2: Sund 3B **118**
Braeside Cl. NE30: Cull 2C **48**
Braeside Ter. NE26: Whit B 1E **49**
Brahman Av. NE29: N Shi 3H **61**
Braintree Gdns. NE3: Ken 3B **56**
Braithwaite Rd. SR8: Pet 1F **165**
Brakespeare Pl. SR8: Pet 2E **165**
Brama Teams Ind. Pk.
NE8: Gate 2D **82**
Bramble Cl. NE24: News 3A **18**
Bramble Dykes NE15: Benw 4F **67**
Bramblelaw NE9: Low F 1C **98**
Brambles, The DH3: Bir 1D **112**
NE25: New Hart 4A **24**
NE40: Ryton 4B **64**
Brambles Leisure Cen. . . . . **.4E 63**
Brambling Lea NE22: Bed 3C **10**
Bramhall Dr. NE38: Wash 1H **127**
Bramham Ct. NE34: S Shi 4G **75**
Bramhope Grn. NE9: Low F 3B **98**
Bramley Cl. SR4: Sund 4C **116**
Bramley Ct. NE7: H Hea 4E **59**
Brampton Av. NE6: Walk 5F **71**
Brampton Ct. NE23: Cra 1C **22**
SR8: Eas 2B **162**
Brampton Gdns. NE9: Low F 2A **98**
NE15: Thro 5D **52**
NE28: W'snd 3E **61**
Brampton Pl. NE29: N Shi 2H **61**
Brampton Rd. NE34: S Shi 4C **74**
Bramwell Ct. NE3: Gos 2F **57**
NE8: Gate 2E **83**
Bramwell Rd. SR2: Sund 2E **119**
Brancepeth Av. DH4: Hou S 2E **137**
NE4: Benw 5A **68**
Brancepeth Chare SR8: Pet 4B **164**
Brancepeth Cl. DH1: Dur 1D **154**
DH7: Ush M 6E **153**
NE15: Lem 2A **66**
Brancepeth Rd. NE31: Heb 2D **72**
NE38: Wash 3G **113**
Brancepeth Ter. NE32: Jar 6F **73**
Brancepeth Vw. DH7: B'don 6B **158**
Branch St. NE21: Winl 2H **79**
Brand Av. NE4: Fen 2A **68**
Brandling Ct. NE2: Jes 1H **69**
NE10: Fall 2D 84
(off William St.)
NE29: N Shi 4B **62**
NE34: S Shi 5A **76**
Brandling Dr. NE3: Gos 4F **43**
Brandling La. NE10: Fall 2D **84**
Brandling M. NE3: Gos 4F **43**
Brandling Pk. NE2: Jes 1F **69**
Brandling Pl. NE10: Fall 2D **84**
Brandling Pl. Sth. NE2: Jes 1G **69**
Brandling St. NE8: Gate 5G **69**
SR6: Roker 3E **105**
(not continuous)
Brandling St. Sth.
SR6: Roker 4E **105**
Brandlings Way SR8: Pet 6D **162**
Brandling Ter. NE30: N Shi 1D **62**
BRANDLING VILLAGE . . . . **.1G 69**
BRANDON . . . . **.5D 158**
Brandon Av. NE27: Shir 2C **46**
Brandon Cl. DH2: Ches S 2A **134**
DH4: Hou S 4H **137**
NE21: Winl 3G **79**
NE24: Cow 5H **11**
Brandon Gdns. NE9: Wrek 2D **98**
Brandon Gro.
NE2: Newc T 1H **5** (2H **69**)
Brandon Ho. DH7: B'don 6C **158**
Brandon La.
DH7: B'don, Lang M 5C **158**
Brandon Rd. NE3: Ken 1B **56**
NE29: N Shi 1H **61**
Brandon Vw. DH7: Bro 1E **159**
BRANDON VILLAGE . . . . **.4C 158**
Brandy La. NE37: Wash 6H **99**
Brandywell NE10: Hew 5F **85**
Brannen St. NE29: N Shi 2C **62**
Bransdale DH4: Pen 1C **128**
Bransdale Av. SR6: Seab 4E **91**
Branston St. SR5: S'wck 3B **104**
Branton Av. NE31: Heb 6B **72**
Brantwood DH2: Ches S 6H **125**
Brantwood Av. NE25: Monks 1H **47**
Brantwood Ct. NE21: Blay 1B **80**
Branxton Cres. NE6: Walk 4F **71**
Brasher St. NE33: S Shi 3E **63**
BRASSIDE . . . . **.5F 145**
Brass Thill DH1: Dur 6B **154**
Brass Thill Way NE33: S Shi 5G **63**
Braunespath Est.
DH7: New B 1B **158**
Bray Cl. NE28: W'snd 2B **60**
Braydon Dr. NE29: N Shi 4A **62**
Brayside NE32: Jar 2H **87**
Breakneck Stairs NE1: Newc T 6D **4**
Breamish Dr. NE38: Wash 6F **113**
Breamish Ho. NE1: Newc T 4A **70**
Breamish Quays
NE1: Newc T 4H **5** (4A **70**)

Breamish St.
NE1: Newc T 4H **5** (4A **70**)
NE32: Jar 4E **73**
Brearley Way NE10: Fall 3C **84**
Breckenbeds Rd. NE9: Low F . . .1G **97**
Brecken Ct. NE9: Low F 1G **97**
Brecken Way DH7: Mead 5E **159**
Brecon Cl. NE5: Blak 3F **55**
SR8: Pet 2B **164**
Brecon Pl. DH2: Ous 1H **125**
Brecon Rd. DH1: Dur 6E **145**
Bredon Cl. NE38: Wash 4H **113**
Brendale Av. NE5: West 4B **54**
Brendon Pl. SR8: Pet 6B **162**
BRENKLEY 6A **20**
Brenkley Av. NE27: Shir 3C **46**
Brenkley Cl. NE13: Din 4F **29**
Brenkley Ct. NE13: Sea B 3D **30**
Brenkley Way NE13: Sea B 2D **30**
Brenlynn Cl. SR3: Silk 3G **131**
Brennan Cl. NE15: Benw 3F **67**
Brentford Av. SR5: Sund 2C **102**
Brentford Sq. SR5: Sund 2C **102**
Brentwood Av. NE2: Jes 5F **57**
Brentwood Cl. NE25: Sea D 1C **34**
Brentwood Ct. DH9: Stly 3G **123**
Brentwood Gdns. NE2: Jes 5F **57**
NE16: Whi 6F **81**
SR3: Sund 4B **118**
Brentwood Gro. NE28: W'snd 6B **60**
Brentwood Pl. NE33: S Shi 5F **63**
Brentwood Rd. DH4: S Row 4E **129**
Brettanby Gdns. NE40: Ryton . . .3C **64**
Brettanby Rd. NE10: Wind N 4C **84**
Brett Cl. NE7: H Hea 4D **58**
Bretton Gdns. NE7: H Hea 5C **58**
Brewers La. NE29: N Shi 5G **61**
Brewer Ter. SR2: Ryh 3G **133**
Brewery Bank NE16: Swa 2E **81**
Brewery Bond NE29: N Shi 3D **62**
Brewery La. NE10: Fall 1D **84**
NE16: Swa *2E* **81**
(off Brewery Bank)
NE20: Pon 5E **27**
NE33: S Shi 5D **62**
Brewery Sq. DH9: Stly 2D **122**
Brewery Stables *NE1: Newc T 5A* **4**
(off Blandford Sq.)
NE4: Newc T 4E **69**
(off Blandford Sq.)
Brewery St. *NE24: Bly 5D* **12**
(off Sussex St.)
Brewhouse Bank NE30: N Shi 1E **63**
Brian Ct. NE26: Whit B 6B **36**
Briar Av. DH4: Hou S 3H **137**
DH7: B'don 6C **158**
NE26: Whit B 4B **36**
Briar Bank DH1: P Me 5B **144**
Briar Cl. DH2: Kim 2A **144**
DH4: Hou S 2C **136**
DH4: S Row 5D **128**
NE21: Winl 1G **79**
NE28: W'snd 2A **60**
Briardale NE13: Din 4F **29**
NE22: Bed 4G **9**
Briardale Rd. NE24: Cow 6G **11**
Briardene DH1: Dur 6B **154**
NE16: Burn 1E **107**
Briardene Cl. SR3: E Her 3E **131**
Briardene Cres. NE3: Ken 4C **56**
Briardene Dr. NE10: Ward 3B **86**
Briardene Way SR8: Eas C 1E **163**
Briar Edge NE12: Longb 5D **44**
Briarfield NE38: Wash 6B **114**
Briarfield Rd. NE3: Gos 3D **56**

Briar Glen SR7: Mur 2H **149**
Briarhill DH2: Ches S 4A **126**
Briar La. NE15: Thro 6E **53**
Briar Lea DH4: S Row 5D **128**
Briarlea NE61: Hep 1A **8**
Briar Pl. NE15: Scot 4E **67**
Briar Rd. DH1: Carr 3B **156**
NE39: Row G 3D **92**
Briars, The SR5: Sund 4D **102**
Briarside NE5: West 4E **55**
Briarsyde NE12: Longb 1E **59**
Briarsyde Cl. NE16: Whi 6C **80**
Briar Ter. NE16: Burn 1A **108**
Briar Va. NE25: Monks 2H **47**
Briarwood DH2: P Fel 6G **125**
NE3: Gos 1G **57**
Briarwood Cres. NE6: Walk 6F **59**
NE11: Dun 3B **82**
Briarwood Rd. NE24: Bly 1D **18**
Briarwood St. DH4: Hou S 2C **136**
Briary, The NE15: Thro 5C **52**
Brick Gth. DH5: Eas L 5D **148**
Brick Row SR2: Ryh 2E **133**
Bridekirk NE37: Wash 6A **100**
(not continuous)
Bridge, The DH4: New H 3H **129**
Bridge App. SR5: S'wck 4A **104**
Bridge Cotts. NE23: Dud 3B **32**
Bridge Cres.
SR1: Sund 2G **7** (6D **104**)
Bridge End DH3: Ches S 5C **126**
Bridge Ho. SR1: Sund 3G **7**
Bridgemere Dr. DH1: Dur 1A **154**
Bridge Pk. NE3: Gos 5E **43**
Bridge Rd. Sth. NE29: N Shi 3A **62**
Bridge Row DH1: Carr 1B **156**
Bridges, The SR1: Sund 3F **7**
Bridges Shop. Cen., The
SR1: Sund 4F **7** (1C **118**)
Bridge St. DH1: Dur 5B **154**
DH9: Stly 5C **122**
NE8: Gate 5G **69**
NE13: Sea B 3D **30**
NE21: Blay 5A **66**
NE24: Bly 5C **12**
(not continuous)
SR1: Sund 3G **7** (6D **104**)
Bridges Vw. NE8: Gate 1F **83**
Bridge Ter. NE22: Bed 2C **10**
NE27: Shir 1D **46**
Bridgewater Cl. NE15: Lem 2A **66**
NE28: W'snd 3A **60**
Bridgewater Rd. NE37: Wash . . .6C **100**
Bridle, The NE27: Mur 3F **47**
Bridle Path NE3: Gos 6G **43**
NE36: E Bol 4E **89**
SR3: E Her 1E **131**
Bridlington Av. NE9: Low F 2H **97**
Bridlington Cl. NE28: W'snd 2B **60**
Bridlington Pde. NE31: Heb 6E **73**
Bridport Rd. NE29: N Shi 4H **47**
Brier Av. SR8: Hor 5F **163**
Brier Dene Cl. NE26: Whit B 3B **36**
Brierdene Ct. NE26: Whit B 3A **36**
Brier Dene Cres. NE26: Whit B . . .3A **36**
Brierdene Rd. NE26: Whit B 2B **36**
Brierdene Vw. NE26: Whit B 3A **36**
Brierfield Gro. SR4: Sund 3F **117**
Brierley Cl. NE24: Cow 6H **11**
Brierley Rd. NE24: Cow 6H **11**
Briermede Av. NE9: Low F 1H **97**
Briermede Pk. NE9: Low F 1H **97**
Brierville DH1: Dur 6B **154**
Brieryside NE5: Fen 6H **55**

Briery Va. Cl. SR2: Sund 2C **118**
Briery Va. Rd. SR2: Sund 2C **118**
Brigham Av. NE3: Ken 4A **56**
Brigham Pl. NE33: S Shi 4E **63**
Brightlea DH3: Bir 2E **113**
Brightman Rd. NE29: N Shi 1C **62**
Brighton Cl. NE28: W'snd 2C **60**
Brighton Gdns. NE8: Gate 4G **83**
Brighton Gro. NE4: Fen 3C **68**
NE26: Whit B 5B **36**
NE29: N Shi 1B **62**
Brighton Pde. NE31: Heb 6E **73**
Brighton Rd. NE8: Gate 2F **83**
Brighton Ter. DH6: S Hil 6H **157**
Bright St. NE33: S Shi 5F **63**
SR6: Roker 4D **104**
Brignall Cl. DH3: Gt Lum 4H **135**
Brignall Gdns. NE15: Den M 2E **67**
Brignall Ri. SR3: Sund 5B **118**
Brigside Cotts. NE13: Sea B 3E **31**
(not continuous)
Brindley Rd. NE37: Wash 1B **114**
SR8: Pet 1A **164**
Brinkburn DH2: Ches S 6A **126**
NE38: Wash 5C **114**
Brinkburn Av. NE3: Gos 1D **56**
NE8: Gate 3G **83**
NE16: Swa 3E **81**
NE23: Cra 3C **22**
NE24: Bly 1D **18**
Brinkburn Cl. NE6: Byke 4B **70**
NE21: Winl 3G **79**
Brinkburn Ct. *NE6: Byke 3B* **70**
(off Brinkburn Cl.)
NE30: N Shi 1D **62**
Brinkburn Cres. DH4: Hou S 1G **137**
Brinkburn La. *NE6: Byke 3B* **70**
(off Brinkburn St.)
Brinkburn Pl. NE6: Byke 3B **70**
Brinkburn Sq. NE6: Byke 4B **70**
(not continuous)
Brinkburn St. NE6: Byke 4B **70**
(not continuous)
NE28: W'snd 6G **61**
NE34: S Shi 4D **74**
SR4: Sund 2A **118**
Brisbane Av. NE34: S Shi 6B **74**
Brisbane Ct. NE8: Gate 6G **69**
Brisbane St. SR5: Sund 2C **102**
Brislee Av. NE30: Tyne 6E **49**
(not continuous)
Brislee Gdns. NE3: Ken 3A **56**
Bristlecone SR3: Dox P 4G **131**
Bristol Av. NE37: Wash 5H **99**
SR5: Sund 2B **102**
Bristol Dr. NE28: W'snd 2B **60**
Bristol St. NE25: New Hart 4A **24**
Bristol Ter. NE4: Elsw 5C **68**
Bristol Wlk. NE25: New Hart 3B **24**
Bristol Way NE32: Jar 2G **87**
Britannia Ct. NE4: Elsw 5C **68**
Britannia Pl. NE4: Elsw 4C **68**
Britannia Rd. SR3: New S 2A **132**
Britannia Ter. DH4: Hou S 3E **137**
Britten Cl. DH9: Stly 4E **123**
Brixham Av. NE9: Low F 2H **97**
Brixham Cl. SR7: Dalt D 5G **141**
Brixham Cres. NE32: Jar 4H **73**
Brixham Gdns. SR3: Sund 4B **118**
Broadacre NE10: Ward 3H **85**
Broadbank NE10: Ward 3H **85**
Broad Chare
NE1: Newc T 5F **5** (4G **69**)
(not continuous)
Broad Cl., The SR8: Pet 1D **164**

Broadfield Pl. NE34: S Shi 4F **75**
Broadfield Wlk. NE5: West 3E **55**
Broad Gth. NE1: Newc T . . .6F **5** (5G **69**)
Broad Landing NE33: S Shi 4D **62**
Broadlands SR6: Clead 4A **90**
Broad Law NE23: Dud 1A **32**
Broadlea NE10: Ward 3H **85**
Broadmayne Av. SR4: Sund 3F **117**
Broadmayne Gdns. SR4: Sund . . .3F **117**
Broad Mdws. NE3: Ken 4B **56**
SR2: Sund 3B **118**
Broadmeadows NE38: Wash 5C **114**
SR3: E Her 3D **130**
Broadmeadows Cl. NE16: Swa . . .2E **81**
Broadmead Way NE15: Scot 4D **66**
Broadoak NE10: Ward 2H **85**
Broadoaks SR7: Mur 3A **150**
Broadpark NE10: Ward 3H **85**
Broadpool Grn. NE16: Whi 5G **81**
Broadpool Ter. NE16: Whi 5G **81**
(Broom Ter.)
NE16: Whi 5G **81**
(Southfield Ter.)
Broadshaw Wlk. NE15: Thro 6D **52**
Broadsheath Ter. SR5: S'wck . . .4H **103**
(not continuous)
Broadside NE10: Ward 3H **85**
Broadstairs Ct. SR4: Sund 3F **117**
Broadstone Gro. NE5: Cha P 6A **54**
Broadstone Way NE28: W'snd 3A **60**
Broadviews DH3: Gt Lum 3G **135**
Broadview Vs. DH6: S'burn 6E **157**
Broadwater NE10: Ward 2H **85**
Broadway DH3: Ches S 4C **126**
NE9: Low F 5B **84**
NE15: Lem 2B **66**
NE16: Whi 6D **80**
NE20: Darr H 2C **38**
NE24: Bly 1C **18**
Broadway, The DH4: Hou S 3A **138**
NE30: Cull 2D **48**
NE33: S Shi 5H **63**
SR4: Sund 4D **116**
(not continuous)
SR5: Sund 5C **102**
Broadway Circ. NE24: Bly 6B **12**
Broadway Cl. NE30: Cull 2D **48**
Broadway Ct. NE3: Gos 6E **43**
NE28: W'snd 1C **60**
Broadway Cres. NE24: Bly 1C **18**
Broadway E. NE3: Gos 6E **43**
Broadway Vs. NE15: Benw 4F **67**
Broadway W. NE3: Gos 6D **42**
Broadwell Ct. NE3: Gos 3H **57**
Broadwood Rd. NE15: Den M 2D **66**
Broadwood Vw. DH3: Ches S 1D **134**
Brockenhurst Dr. SR4: Sund 5C **116**
Brock Farm Ct. NE30: N Shi 1C **62**
Brockhampton Cl. NE35: Bol C . . .1A **88**
Brock La. NE22: E Sle, W Sle 1F **11**
Brockley Av. NE34: S Shi 5D **74**
Brockley St. SR5: Sund 2C **102**
Brockley Ter. NE35: Bol C 2A **88**
BROCKLEY WHINS 6B **74**
Brockley Whins Station (Metro)
. . . . .1B **88**
Brock Sq. NE6: Byke 4B **70**
Brock St. NE6: Byke 4B **70**
Brockwade NE10: Hew 6F **85**
Brockwell Cen., The NE23: Cra . . .1B **22**
Brockwell Cl. NE21: Winl 2G **79**
Brockwell Ct. DH7: B'don 5D **158**
NE24: Bly 2A **18**
Brockwell Dr. NE39: Row G 2E **93**
Brockwell Ho. NE5: Blak 5G **55**
Brockwell Rd. NE38: Wash 2F **113**
Brockwell St. NE24: Bly 3A **18**
Broderick Ter. DH4: Nbot 6H **129**
Brodie Cl. NE34: S Shi 5E **75**
Brodrick Cl. NE3: Ken 2H **55**
Brodrick St. NE33: S Shi 4F **63**
Brokenheugh NE5: W Dent 6D **54**
Bromarsh Ct. SR6: Roker 4F **105**
Bromford Rd. NE3: Ken 2H **55**
Bromley Av. NE25: Monks 2A **48**
Bromley Cl. DH1: H Shin 5H **161**
Bromley Ct. NE3: Ken 6H **41**
Bromley Gdns.
NE24: News 2C **18**
NE28: W'snd 2B **60**
Brompton Cl. DH2: Ous 5G **111**
Brompton Pl. NE11: Dun 3C **82**
Brompton Ter. DH4: Nbot 5H **129**
Bromsgrove Cl.
NE28: W'snd 2B **60**
Bronte Pl. DH9: Stly 5F **123**
Bronte St. NE8: Gate 2B **84**
Brookbank Cl. SR3: Dox P 4H **131**
Brook Ct. NE22: Bed 4A **10**
Brookdale DH1: Carr 3C **156**
Brooke Av. NE16: Swa, Whi 3E **81**
NE35: Bol C 3D **88**
Brooke Cl. DH9: Stly 3E **123**
Brooke Ho. DH5: Hou S 4A **138**
Brookes Ri. DH7: Lang M 4F **159**
Brooke St.
SR5: Monkw 1F **7** (5C **104**)
Brookes Wlk. NE34: S Shi 1C **88**
Brookfield NE3: Gos 5D **56**
NE27: Shir 3C **46**
Brookfield Cres. NE5: Cha P 6A **54**
Brookfield Ter. *NE10: Pel 2G **85***
(off Shields Rd.)
Brook Gdns. NE26: Whit B 5D **36**
Brookland Dr. NE12: Kil 2E **45**
Brookland Rd. SR4: Sund 1H **117**
Brooklands NE20: Darr H 2A **38**
Brooklands Way NE35: Bol C 3H **87**
Brookland Ter. NE29: N Shi 4F **47**
(not continuous)
Brooklyn St. SR7: Mur 3D **150**
Brooklyn Ter. SR7: Mur 3D **150**
Brooklyn Ter. Nth. *SR7: Mur 3D **150***
(off Johnson St.)
Brook Rd. SR4: Sund 2B **118**
Brookside DH5: Hou S 5H **137**
NE23: Dud 4A **32**
Brookside Av. NE13: Bru V 6C **30**
NE24: Cow 6H **11**
Brookside Cotts. SR2: Sund 3C **118**
Brookside Cres. NE5: Fen 6H **55**
Brookside Gdns. SR2: Sund 3C **118**
Brookside Ter. SR2: Sund 3C **118**
Brookside Wood NE38: Wash . . .6B **114**
Brooksmead NE28: W'snd 3F **59**
Brook St. NE6: Byke 4D **70**
NE26: Whit B 6D **36**
Brookvale Av. NE3: Ken 3B **56**
Brook Vw. SR7: S'hm 3F **141**
Brook Wlk. SR3: Dox P 4H **131**
Broom Cl. DH9: Stly 2F **123**
NE16: Whi 5G **81**
NE21: Winl 3H **79**
Broom Ct. NE9: Spri 5F **99**
Broom Cres. DH7: Ush M 5C **152**
Broome Cl. NE3: Ken 1B **56**
Broome Ct. DH7: Bro 1F **159**
Broome Rd. DH1: Carr 3B **156**
Broom Farm W. DH7: Bro 1E **159**
Broomfield NE32: Jar 1G **87**
Broomfield Av. NE6: Walk 6E **59**
NE28: W'snd 2A **60**
Broomfield Rd. NE3: Gos 3D **56**
Broom Grn. NE16: Whi 5G **81**
Broom Hall Dr. DH7: Ush M 6D **152**
BROOM HILL 5B **138**
Broom Hill DH9: Stly 2C **122**
Broomhill Est. DH5: Hett H 5B **138**
Broomhill Gdns. NE5: Fen 6H **55**
Broomhill Ter. DH5: Hett H 6B **138**
Broom La. DH1: Dur 6C **152**
DH7: Bro, Ush M 6C **152**
NE16: Whi 6F **81**
Broomlaw NE9: Low F 1C **98**
Broomlea NE29: N Shi 4F **47**
Broomlea Ct. NE21: Blay 6A **66**
Broomlee Cl. NE7: H Hea 4D **58**
Broomlee Rd. NE12: Kil 2C **44**
Broomley Ct. NE3: Ken 6B **42**
Broomley Wlk. NE3: Ken 6B **42**
BROOMPARK 1E **159**
Broomridge Av. NE15: Benw 3H **67**
Brooms, The DH2: Ous 5H **111**
Broomshields Av. SR5: Ful 2B **104**
Broomshields Cl. SR5: Ful 2B **104**
BROOMSIDE 3C **156**
Broomside Ct. DH1: Carr 3B **156**
Broomside La. DH1: Carr 3A **156**
Broomside Pk. DH1: Dur 3G **155**
Brooms La. DH8: Cons, Lead 5A **120**
Broom Ter. NE16: Burn 1H **107**
NE16: Whi 5G **81**
Broomy Hill Rd. NE15: Thro 5C **52**
Broomylinn Pl. NE23: Cra 1C **22**
Brotherlee Rd. NE3: Ken 6B **42**
Brougham Ct. SR8: Pet 4A **164**
Brougham St.
SR1: Sund 4G **7** (1D **118**)
Brough Ct. NE6: Byke 2C **70**
Brough Gdns. NE28: W'snd 3E **61**
Brough Pk. Stadium (Speedway)
. . . . .3D **70**
Brough Pk. Way NE6: Walk 3D **70**
Brough St. NE6: Byke 2C **70**
Broughton Rd. NE33: S Shi 5F **63**
Brough Way NE6: Byke 2C **70**
Brow, The NE6: Byke 4C **70**
Brown Cres. NE9: Eigh B 4C **98**
Browne Rd. SR6: Ful 2D **104**
BROWNEY 6F **159**
Browney La. DH7: Mead 6E **159**
Browning Cl. DH9: Stly 3F **123**
NE34: S Shi 1D **88**
(not continuous)
Browning Sq. NE8: Gate 1A **84**
Browning St. SR8: Eas C 1F **163**
Brownlow Cl. NE7: H Hea 4E **59**
Brownlow Rd. NE34: S Shi 3E **75**
Brownrigg Dr. NE23: Cra 4C **22**
Brownriggs Ct. NE37: Wash 1H **113**
Brown Rd. SR5: Sund 4D **102**
Browns Bldgs. DH3: Bir 6C **112**
NE22: Bed 5G **9**
Brownsea Pl. NE9: Low F 4A **84**
Browntop Pl. NE34: S Shi 4E **75**
Broxbourne Ter. SR4: Sund 1A **118**
Broxburn Cl. NE28: W'snd 2C **60**
Broxburn Ct. NE5: Blak 4G **55**
Broxholm Rd. NE6: Heat 6B **58**
Bruce Cl. NE5: West 5D **54**
NE34: S Shi 5E **75**
Bruce Gdns. NE5: Fen 2G **67**
Bruce Kirkup Rd. SR8: Hor 5F **163**
Bruce Pl. SR8: Pet 5C **162**
Bruce St. SR5: S'wck 3C **104**

Brundon Av. NE26: Whit B 4B **36**
Brunel Dr. SR6: Roker 3F **105**
Brunel Lodge *NE4: Elsw 6C 68*
(off Brunel St.)
Brunel St. NE4: Newc T 6D **68**
NE8: Gate 3F **83**
Brunel Ter. NE4: Elsw 6C **68**
Brunel Wlk. NE4: Elsw 6C **68**
Brunswick Gro. NE13: Bru V 5C **30**
Brunswick Ind. Est.
NE13: Bru V 5B **30**
Brunswick Pk. Ind. Est.
NE13: Bru V 5B **30**
Brunswick Pl.
NE1: Newc T 3D **4** (4F **69**)
Brunswick Rd. NE27: Shir 3D **46**
SR5: Sund 1C **102**
Brunswick Sq. NE27: Shir 3D **46**
Brunswick St. NE33: S Shi 6E **63**
BRUNSWICK VILLAGE **5C 30**
Brunton Av. NE3: Ken 1B **56**
NE28: W'snd 4F **61**
Brunton Cl. NE27: Shir 3D **46**
Brunton Gro. NE3: Ken 1B **56**
Brunton La. NE3: Gos 3H **41**
NE3: Ken 2G **55**
NE13: Bru V, Haz, W Op, Wool
. . . . .3H **41**
Brunton M. NE13: Haz 3B **42**
Brunton Rd. NE13: Wool 6F **41**
Brunton St. NE29: N Shi 4H **61**
Brunton Ter. SR4: Sund 1A **118**
Brunton Wlk. NE3: Ken 1G **55**
(not continuous)
Brunton Way NE10: Bill Q 1H **85**
NE23: Cra 5B **16**
Brussels Rd. NE28: W'snd 6H **59**
SR4: Sund 6F **103**
Bryan Roycroft Ct. *NE6: Byke 3B 70*
(off Burton St.)
BRYANS LEAP **1G 107**
Bryans Leap NE16: Burn 6G **93**
Bryden Ct. NE34: S Shi 4F **75**
Brydon Cres. DH6: S Het 6B **150**
Bryers St. SR6: Whit 2F **91**
Buchanan Grn. NE11: Dun 2C **82**
Buchanan St. NE31: Heb 4B **72**
Buckingham SR3: New S 1G **131**
Buckingham Cl. SR6: Whit 3F **91**
Buckingham Rd. SR8: Pet 5B **162**
Buckinghamshire Rd.
DH1: Carr 4A **156**
Buckingham St. NE4: Newc T 4D **68**
Buckland Cl. DH4: Hou S 1G **137**
NE38: Wash 4B **114**
Buck's Hill DH1: Dur 3C **160**
Buck's Hill Vw. NE16: Whi 5G **81**
Buckthorne Gro. NE7: H Hea 4C **58**
Buddle Arts Cen. **5H 59**
Buddle Cl. SR8: Pet 5D **162**
Buddle Ct. NE4: Benw 5A **68**
Buddle Gdns. NE40: G'sde 2A **78**
Buddle Ind. Est. NE28: W'snd 1A **72**
Buddle Rd. NE4: Benw 5H **67**
Buddle St. NE28: W'snd 6A **60**
Buddle Ter. NE27: Shir 4C **46**
SR2: Sund 2E **119**
Bude Ct. NE28: W'snd 2A **60**
Bude Gdns. NE9: Low F 2H **97**
Bude Gro. NE29: N Shi 4H **47**
Bude Sq. SR7: Mur 1D **150**
Budle Cl. NE3: Gos 1D **56**
NE24: Bly 6A **12**
Budleigh Rd. NE3: Ken 2B **56**
Budworth Av. NE26: Sea S 4H **25**
Bugatti Ind. Pk. NE29: N Shi 2G **61**
Bullfinch Dr. NE16: Whi 4E **81**
Bullion La. DH2: Ches S 6B **126**
Bull La. SR1: Sund 6E **105**
Bulman Ho. NE3: Gos 2E **57**
Bulman's La. NE29: N Shi 5C **48**
Bulmer Ho. NE34: S Shi 2A **76**
Bulmer Rd. NE34: S Shi 2A **76**
Bungalows, The DH3: Bir 1B **112**
DH5: Hett H 5B **138**
DH6: S Het 6B **150**
DH7: New B 1B **158**
DH9: Tan L 1A **122**
NE10: Hew 3E **85**
NE11: Lame 5G **97**
NE21: Winl 1G **79**
NE28: W'snd 4D **60**
SR8: Hor 5F **163**
BUNKER HILL **4G 129**
Bunyan Av. NE34: S Shi 6C **74**
Burdale Av. NE5: Den M 6E **55**
BURDON **6B 132**
Burdon Av. DH5: Hou S 3C **138**
NE23: Nel V 2H **21**
Burdon Cl. SR6: Clead 2G **89**
Burdon Cres. SR2: Ryh 3E **133**
SR6: Clead 2G **89**
SR7: S'hm 2F **141**
Burdon Hall Pk. SR3: Bur 6B **132**
Burdon La. SR2: New S, Ryh 4C **132**
SR3: Bur 6H **131**
Burdon Lodge NE16: Sun 3G **95**
Burdon Main Row NE29: N Shi . . .3C **62**
Burdon Pk. NE16: Sun 3G **95**
Burdon Pl. NE2: Jes 1G **69**
SR8: Pet 1E **165**
(not continuous)
Burdon Plain NE16: Marl H 1F **109**
Burdon Rd. SR1: Sund . . .6H **7** (2D **118**)
SR2: Sund 6H **7** (2D **118**)
SR3: Dox P, Silk, Tuns 4B **132**
SR6: Clead 2G **89**
Burdon St. NE29: N Shi 4H **61**
Burdon Ter. NE2: Jes 1G **69**
NE22: Bed 4G **9**
Burdon Wlk. TS27: Cas E 6A **164**
Burford Ct. NE3: Gos 3A **58**
Burford Gdns. SR3: Sund 4B **118**
Burghley Rd. NE10: Wind N 5C **84**
Burgoyne Ct. NE37: Wash 5B **100**
Burke St. SR5: Sund 2C **102**
Burlawn Cl. SR2: Ryh 1F **133**
Burleigh Cl. SR2: Ryh 3D **132**
Burleigh St. NE33: S Shi 6F **63**
Burlington Cl. SR2: Sund 2E **119**
Burlington Ct. NE2: Jes 5H **57**
NE28: W'snd 6C **46**
Burlington Gdns. NE6: Heat 1B **70**
Burlison Gdns. NE10: Fall 1C **84**
Burnaby Dr. NE40: Ryton 5B **64**
Burnaby St. SR4: Sund 2A **118**
Burn Av. NE12: Longb 5D **44**
(not continuous)
NE28: W'snd 5H **59**
Burnbank NE10: Hew 5G **85**
NE13: Sea B 3D **30**
SR5: S'wck 3B **104**
Burnbank Av. NE25: Well 6F **35**
Burnbridge NE13: Sea B 3D **30**
Burn Closes Cres. NE28: W'snd . . .4C **60**
Burn Crook DH5: Hou S 5H **137**
Burnden Gro. DH4: S Row 4D **128**
Burnet Cl. NE28: W'snd 2A **60**
Burney Vs. NE8: Gate 2A **84**
Burnfoot Ter. NE26: Whit B 1D **48**
Burnfoot Way NE3: Ken 4A **56**
Burn Gdns. SR8: Eas 1C **162**
Burnhall Dr. SR7: S'hm 2G **141**
Burnham Av. NE15: Lem 2G **65**
Burnham Cl. DH4: Pen 3F **129**
NE24: News 2C **18**
Burnham Gro. NE6: Walk 5E **71**
NE36: E Bol 4F **89**
Burnham St. NE34: S Shi 3E **75**
Burn Heads Rd. NE31: Heb 5B **72**
Burnhills Gdns. NE40: G'sde 2A **78**
Burnhills La. NE21: G'sde 3B **78**
Burnhope Dr. SR5: Ful 2B **104**
Burnhope Gdns. NE9: Wrek 2D **98**
Burnhope Rd. NE38: Wash 1C **114**
Burnhope Way SR8: Pet 6B **162**
Burnigill DH7: Mead 6E **159**
Burnip Rd. SR7: Mur 1C **150**
Burn La. DH5: Hett H 2C **148**
Burn Lea DH4: Hou S 3G **137**
Burnlea Gdns. NE23: Seg 1H **33**
Burnley St. NE21: Blay 1A **80**
Burnmoor Gdns. NE9: Wrek 2D **98**
BURNOPFIELD **1F 107**
Burnopfield Gdns.
NE15: Den M 3E **67**
Burnopfield Rd. NE39: Row G 4F **93**
Burnop Ter. NE39: Row G 3A **92**
Burn Pk. Rd. DH4: Hou S 3G **137**
SR2: Sund 2B **118**
Burn Prom. DH4: Hou S 2H **137**
(not continuous)
Burn Rd. NE21: Winl 2F **79**
Burns Av. NE24: Bly 2A **18**
NE35: Bol C 3D **88**
Burns Av. Nth. DH5: Hou S 4A **138**
(not continuous)
Burns Av. Sth. DH5: Hou S 4A **138**
Burns Cl. DH4: W Rai 3E **147**
DH9: Stly 3E **123**
NE16: Whi 6F **81**
NE34: S Shi 6D **74**
Burns Cres. NE16: Swa 3E **81**
BURNSIDE **1G 137**
Burnside **2H 137**
Burn Side SR8: Pet 1D **164**
Burnside *NE2: Newc T 2D 68*
(off Richardson Rd.)
NE10: Hew 4E **85**
NE20: Darr H 2B **38**
NE22: Bed 2D **10**
NE25: H'wll 2D **34**
NE32: Jar 5G **73**
NE36: E Bol 4G **89**
Burnside, The NE5: W Dent 6C **54**
Burnside Av. DH4: Hou S 2G **137**
NE23: Dud 3B **32**
SR8: Hor 1G **165**
Burnside Cl. NE16: Whi 1E **95**
NE23: Seg 2E **33**
NE24: Cow 5H **11**
Burnside Cotts. NE23: Dud 3B **32**
SR7: Dalt D 6G **141**
Burnside Rd. NE3: Gos 6E **43**
NE25: Whit B 2D **48**
NE30: Cull 2D **48**
NE39: Row G 3D **92**
Burnside Vw. NE23: Seg 2E **33**
Burns St. NE32: Jar 2F **73**
Burnstones NE5: W Dent 6C **54**
Burn Ter. DH4: S Row 3G **129**
NE28: W'snd 5D **60**
NE31: Heb 1A **86**
Burnthouse Bank
DH2: Ches S, P Fel 5H **125**

Burnt Ho. Cl. NE21: Winl 3G 79
Burnthouse La.
  NE16: Sun, Whi 1E 95
  NE16: Whi 6E 81
Burnt Ho. Rd. NE25: Monks 2A 48
Burntland Av. SR5: S'wck 3H 103
Burn Vw. NE23: Dud 3B 32
  NE32: Jar 3G 87
Burnville NE6: Heat 2A 70
Burnville Rd. SR4: Sund 2B 118
Burnville Rd. Sth. SR4: Sund . . .2B 118
Burnway NE37: Wash 5H 99
  SR7: S'hm 3G 141
BURRADON 5C 32
Burradon NE23: Dud 6C 32
Burradon Rd. NE23: Dud 5B 32
                (Cheviot Grange)
  NE23: Dud 3C 32
                  (Seaton Cft.)
Burrow St. NE33: S Shi 4E 63
Burscough Cres. SR6: Ful 3D 104
Burstow Av. NE6: Walk 6E 71
Burt Av. NE29: N Shi 2A 62
Burt Cl. SR8: Pet 5D 162
Burt Cres. NE23: Dud 3B 32
Burton St. NE6: Byke 3B 70
Burtree NE38: Wash 5H 113
Burt Rd. NE22: Bed 2E 11
Burt St. NE24: Bly 5C 12
Burt Ter. NE15: Walb 5G 53
Burwell Av. NE5: W Dent 1D 66
Burwood Cl. NE6: Walk 6G 71
Burwood Rd. NE6: Walk 6F 71
  NE29: N Shi 5G 47
Bushblades La. DH9: Tant 1E 121
Business & Innovation Cen.
  SR5: Sund 4H 103
Buston Ter. NE2: Jes 6H 57
Busty Bank NE16: Burn 4F 93
  NE39: Burn 4F 93
Butcher's Bri. Rd. NE32: Jar 4F 73
Bute Cotts. NE11: Dun 2A 82
Bute Ct. SR3: Silk 3A 132
Bute Dr. NE39: H Spen 1A 92
Buteland Rd. NE15: Den M 2D 66
Bute Rd. Nth. NE39: H Spen 1A 92
Bute Rd. Sth. NE39: H Spen 2A 92
Bute St. DH9: Tant 5G 107
Butler St. SR8: Eas C 1F 163
Butsfield Gdns. SR3: Sund 5B 118
Butterburn Cl. NE7: H Hea 3E 59
Butterfield Cl. NE40: Craw 6A 64
Buttermere NE10: Pel 3G 85
  NE37: Wash 1H 113
  SR6: Clead 2A 90
  SR8: Pet 4A 164
Buttermere Av. DH5: Eas L 5E 149
  NE16: Whi 4G 81
Buttermere Cl. DH2: Ches S 1C 134
  NE5: Den M 6F 55
  NE12: Kil 2C 44
Buttermere Cres. DH6: S Het . . .5G 149
  NE21: Winl 3H 79
Buttermere Gdns. NE9: Low F . . .6A 84
  NE34: S Shi 3G 75
Buttermere Rd. NE30: Cull 3C 48
Buttermere St. SR2: Sund 5E 119
Buttermere Way NE24: Cow 4H 11
Buttsfield Ter. DH4: Pen 1F 129
Buxton Cl. NE28: W'snd 2B 60
  NE32: Jar 4G 73
Buxton Gdns. NE5: West 4D 54
  SR3: Sund 4B 118
Buxton Grn. NE5: West 4D 54
Buxton St. NE1: Newc T . . .4G 5 (4H 69)

Byer Bank DH5: Hou S 4C 138
Byerhope DH4: Pen 2D 128
BYERMOOR 6B 94
Byermoor Ind. Est. NE16: Burn . .6B 94
Byers Cl. SR3: New S 1B 132
Byer Sq. DH5: Hett H 5C 138
Byer St. DH5: Hett H 5C 138
Byeways, The NE12: Longb 1B 58
Bygate Rd. NE25: Monks 1A 48
BYKER 3C 70
Byker Bank NE1: Byke 4A 70
Byker Bri. NE1: Newc T . . .3H 5 (3H 69)
  NE6: Byke 3A 70
Byker Bus. Development Cen.
  NE6: Byke 4B 70
Byker Cres. NE6: Byke 3C 70
Byker Lodge NE6: Byke 4C 70
Byker Station (Metro) 3B 70
Byker St. NE6: Walk 3F 71
Byker Ter. NE6: Walk 3F 71
Byker Wall Baths 3B 70
Byland DH4: Hou S 1G 137
Byland Ct. DH7: Bear P 4D 152
  NE38: Wash 2A 114
Byland Rd. NE12: Longb 1H 57
Bylands Gdns. SR3: Sund 4B 118
Byony Toft SR2: Ryh 2G 133
Byrness NE5: W Dent 6C 54
Byrness Cl. NE3: Ken 3G 55
Byrness Ct. NE28: W'snd 2C 60
Byrness Row NE23: Cra 1C 22
Byrne Ter. W. SR3: New S 2B 132
Byron Av. NE24: Bly 2A 18
  NE28: W'snd 6E 61
  NE31: Heb 3D 72
  NE35: Bol C 3C 88
Byron Cl. DH2: Ous 6H 111
  DH9: Stly 3E 123
Byron Ct. NE5: Cha P 5A 54
  NE16: Swa 3E 81
Byron Lodge Est. SR7: S'hm 3E 141
Byron Rd. SR5: S'wck 3A 104
Byrons Ct. SR7: S'hm 1A 142
Byron St. DH2: Ous 6H 111
  NE2: Newc T 2F 5 (3G 69)
  NE33: S Shi 1F 75
  SR5: Monkw 4C 104
  SR8: Eas C 1F 163
Byron Ter. DH5: Hou S 4A 138
  SR7: S'hm 2F 141
Byron Wlk. NE8: Gate 1A 84
By-Way, The NE15: Thro 6D 52
Bywell Av. NE3: Ken 5B 42
  NE15: Lem 2C 66
  NE34: S Shi 2A 76
  SR5: S'wck 2C 104
Bywell Dr. SR8: Pet 4C 164
Bywell Gdns. NE10: Wind N 5B 84
  NE11: Lob H 6C 82
Bywell Gro. NE27: Shir 2E 47
Bywell Rd. SR6: Clead 3H 89
Bywell St. NE6: Byke 4D 70
               (not continuous)
Bywell Ter. NE26: Sea S 3H 25
  NE32: Jar 6F 73

C

Cadlestone Ct. NE23: Cra 1D 22
Cadwell La. SR8: Eas 1B 162
Caedmon Live Theatre 3H 83
Caernarvon Cl. NE5: Blak 3F 55

Caernarvon Dr. SR3: E Her 3E 131
Caer Urfa Cl. NE33: S Shi 3E 63
Caesar's Wlk. NE33: S Shi 3E 63
Caesar Way NE28: W'snd 3C 60
Cairncross SR5: Sund 4C 102
Cairnglass Grn. NE23: Cra 1D 22
Cairngorm Av. NE38: Wash 4G 113
Cairnhill Ter. DH4: Nbot 5H 129
Cairnside SR3: E Her 2E 131
  SR7: Seat 2D 140
Cairnside Sth. SR3: E Her 2D 130
Cairnsmore Cl. NE6: Walk 1H 71
  NE23: Cra 5B 22
Cairnsmore Dr. NE38: Wash 4H 113
Cairns Rd. SR5: Ful 1C 104
  SR7: Mur 2A 150
Cairns Sq. SR5: Ful 1C 104
Cairns Way NE3: Ken 6B 42
Cairo St. SR2: Sund 3E 119
Caithness Rd. SR5: Sund 3B 102
Caithness Sq. SR5: Sund 3B 102
Calais Rd. SR5: Sund 4B 102
Calandra Chase NE2: Newc T . . .1D 68
Caldbeck Av. NE6: Walk 6F 71
Caldbeck Cl. NE6: Walk 6F 71
Calderbourne Av. SR6: Seab 1E 105
Calder Ct. SR3: Silk 3H 131
Calderdale NE28: W'snd 2F 59
Calderdale Av. NE6: Walk 2F 71
Calder Grn. NE32: Jar 1G 87
Calder's Cres. NE38: Wash 6B 114
Calder Wlk. NE16: Sun 3E 95
Calderwood Cres. NE9: Low F . . .2A 98
Calderwood Pk. NE9: Low F 2A 98
Caldew Ct. DH5: Eas L 3D 148
Caldew Cres. NE5: Den M 1E 67
Caldwell Rd. NE3: Ken 5B 42
Caledonia DH3: Gt Lum 3G 135
  NE21: Winl 3G 79
Caledonian Rd. SR5: Sund 2B 102
Caledonian St. NE31: Heb 2B 72
Calfclose Dr. NE32: Jar 1F 87
Calfclose La. NE32: Jar 1F 87
Calfclose Wlk. NE32: Jar 6G 73
California NE21: Winl 2H 79
Callaley Av. NE16: Whi 5D 80
Callaly Av. NE23: Cra 3C 22
Callaly Way NE6: Walk 5D 70
Callander DH2: Ous 5A 112
Callaurie Cl. NE9: Low F 6H 83
Callendar Ct. NE9: Low F 6B 84
Callerdale Rd. NE24: Cow 5G 11
CALLERTON 1H 53
Callerton NE12: Kil 6D 32
Callerton Av. NE29: N Shi 1G 61
Callerton Cl. NE23: Cra 3C 22
Callerton La. NE5: West 4E 55
  NE20: Darr H 1E 39
CALLERTON LANE END 6E 39
Callerton La. End Cotts.
  NE5: Call 6E 39
Callerton Parkway Station (Metro)
  . . . . .4C 40
Callerton Pl. DH9: Crag 6H 123
  NE4: Fen 4C 68
Callerton Rd. NE15: Thro 5D 52
Callerton Vw. NE5: Cha P 3H 53
Calley Cl. SR8: Pet 4C 164
Callington Cl. DH4: Bour 1C 136
Callington Dr. SR2: Ryh 2F 133
Callum Dr. NE34: S Shi 1A 76
Calow Way NE16: Whi 6D 80
Calstock Cl. SR7: Mur 3D 150

Calthwaite Cl. SR5: Sund 3C **102**
Calver Ct. NE34: S Shi 4G **75**
(not continuous)
Calvert Ter. SR7: Mur 2B **150**
Calvus Dr. NE15: Hed W 5H **51**
Camberley Cl. SR3: Tuns 1C **132**
Camberley Dr. DH7: B'don 6B **158**
Camberley Rd. NE28: W'snd 3E **61**
Camberwell Cl. NE11: Fest P 5D **82**
Camberwell Way SR3: Dox P 3F **131**
Cambo Av. NE22: Bed 4C **10**
NE25: Monks 2H **47**
Cambo Cl. NE3: Gos 2F **57**
NE24: Bly 6A **12**
NE28: W'snd 1B **60**
Cambo Dr. NE23: Cra 4C **22**
Cambo Grn. NE5: Blak 5G **55**
CAMBOIS **1B 12**
Cambo Pl. NE30: Cull 4C **48**
Camborne Gro. NE8: Gate 2H **83**
Camborne Pl. NE8: Gate 2H **83**
Cambourne Av. SR6: Seab 1E **105**
Cambria Grn. SR4: Sund 1C **116**
Cambrian Cl. NE38: Wash 4H **113**
Cambrian St. NE32: Jar 2G **73**
Cambrian Way NE38: Wash 3H **113**
Cambria St. SR4: Sund 1C **116**
Cambridge Av. NE12: Longb 5D **44**
NE26: Whit B 6C **36**
NE28: W'snd 4G **59**
NE31: Heb 3D **72**
NE37: Wash 5H **99**
Cambridge Cres. DH4: S Row . . .3E **129**
Cambridge Dr. DH3: Gt Lum 4G **135**
Cambridge Pl. DH3: Bir 6C **112**
Cambridge Rd. SR3: New S 2A **132**
SR8: Pet 5C **162**
Cambridgeshire Dr. DH1: Carr . . .5A **156**
Cambridge St. NE4: Newc T 6D **68**
Cambridge Ter. NE8: Gate 2G **83**
Camden Sq. NE30: N Shi 2D **62**
SR7: S'hm 5A **142**
Camden St.
NE2: Newc T 2F **5** (3G **69**)
NE30: N Shi 2D **62**
SR5: S'wck, Sund 4A **104**
Camelford Ct. NE15: Lem 1A **66**
Camelot Cl. SR7: S'hm 3A **142**
Cameron Cl. NE34: S Shi 6E **75**
Cameronian Sq. *NE8: Gate 6G* ***69***
(off Wordswell Dr.)
Cameron Wlk. NE11: Dun 1G **81**
Camerton Pl. NE28: W'snd 6C **46**
Camilla Rd. NE15: Hed W 5H **51**
Camilla St. NE8: Gate 2H **83**
Cam Mead SR3: Dox P 5A **132**
CAMPBELL PARK **4D 72**
Campbell Pk. Rd. NE31: Heb 3C **72**
Campbell Pl. NE4: Elsw 4C **68**
Campbell Rd. SR5: Sund 3B **102**
Campbell Sq. SR5: Sund 3B **102**
Campbell St. NE31: Heb 2C **72**
SR8: Eas C 1F **163**
Campbell Ter. DH5: Eas L 4D **148**
CAMPERDOWN **6B 32**
Camperdown NE5: W Dent 6D **54**
Camperdown Av.
DH3: Ches S 4D **126**
NE12: Kil 1B **44**
Camperdown Ind. Est.
NE12: Kil 6B **32**
Campion Dr. DH9: Tan L 1B **122**
Campion Gdns. NE10: Wind N 6D **84**
Campsie Cl. NE38: Wash 4H **113**
Campsie Cres. NE30: Cull 4C **48**
Camp St. SR8: Eas C 1F **163**
Camp Ter. NE29: N Shi 1C **62**
Campus Martius NE15: Hed W 5F **51**
Campville NE29: N Shi 1C **62**
Camsey Cl. NE12: Longb 1H **57**
Camsey Pl. NE12: Longb 1H **57**
CANADA **5C 126**
Canberra Av. NE25: Monks 2H **47**
Canberra Dr. NE34: S Shi 5A **74**
Canberra Rd. SR4: Sund 3F **117**
Candelford Cl. NE7: H Hea 4D **58**
Candlish St. NE33: S Shi 5F **63**
Candlish Ter. SR7: S'hm 5C **142**
Canning St. NE4: Benw 4A **68**
(Farndale Rd.)
NE4: Benw 4A **68**
(Wellfield Rd.)
NE31: Heb 4B **72**
Cannock DH2: Ous 5H **111**
NE12: Kil 1D **44**
Cannock Dr. NE7: H Hea 3A **58**
Cannon St. NE8: Gate 5G **69**
Cann Rd. SR8: Pet 5D **162**
Cann St. SR8: Eas 1C **162**
Canonbie Sq. NE23: Cra 1D **22**
Canon Cockin St. SR2: Sund 3E **119**
Canon Gro. NE32: Jar 2G **73**
Canonsfield Cl. NE15: Walb 4H **53**
SR3: Dox P 4H **131**
Canterbury Av. NE28: W'snd 1B **60**
Canterbury Cl. DH3: Gt Lum 5G **135**
NE12: Longb 1A **58**
Canterbury Rd. DH1: Dur 5D **144**
SR5: Sund 3C **102**
Canterbury St. NE6: Walk 3D **70**
(not continuous)
NE33: S Shi 1F **75**
Canterbury Way NE13: W Op 5D **30**
NE32: Jar 2E **87**
Capercaillie Lodge NE23: Dud . . .2C **32**
Capetown Rd. SR5: Sund 3B **102**
Capetown Sq. SR5: Sund 3B **102**
Caplestone Cl. NE38: Wash 4H **113**
Capstan La. NE9: Wrek 3C **98**
Captains Row, The
NE33: S Shi 1D **74**
Captains Wharf NE33: S Shi 4E **63**
Capulet Gro. NE34: S Shi 4C **74**
Capulet Ter. SR2: Sund 3E **119**
Caradoc Cl. NE38: Wash 4H **113**
Caragh Rd. DH2: Ches S 2B **134**
Caraway Wlk. NE34: S Shi 1G **89**
(not continuous)
Carden Av. NE34: S Shi 4B **76**
Cardiff Sq. SR5: Sund 4B **102**
Cardiff St. SR8: Eas C 1F **163**
Cardigan Gro. NE30: Cull 2C **48**
Cardigan Rd. SR5: Sund 3B **102**
Cardigan Ter. NE6: Heat 2B **70**
Cardinal Cl. NE12: Longb 1A **58**
NE15: Walb 4H **53**
Cardinals Cl. SR3: Dox P 4H **131**
Cardonnel St. NE29: N Shi 3C **62**
Cardwell St. SR6: Roker 4D **104**
(not continuous)
Careen Cres. SR3: E Her 2D **130**
Carew Ct. NE23: Cra 4B **22**
Carham Av. NE23: Cra 3C **22**
Carham Cl. NE3: Gos 1F **57**
Carisbrooke NE22: Bed 3H **9**
Carisbrooke Cl. NE37: Wash 5B **100**
Carisbrooke Ct. SR1: Sund 1B **118**
Caris St. NE8: Gate 3A **84**
Carlby Way NE23: Cra 5H **15**
Carlcroft SR6: Roker 4E **105**
Carlcroft Pl. NE23: Cra 4C **22**
CARLEY HILL **1A 104**
Carley Hill Rd. SR5: S'wck 2B **104**
Carley Rd. SR5: S'wck 3B **104**
Carley Sq. SR5: S'wck 3B **104**
Carlile Ho *NE4: Newc T 4C* ***68***
(off Cookson St.)
Carlingford Rd. DH2: Ches S 2B **134**
Carliol Pl. NE1: Newc T . . .4E **5** (4G **69**)
Carliol Sq. NE1: Newc T . . .4E **5** (4G **69**)
(not continuous)
Carliol St. NE1: Newc T . . .4E **5** (4G **69**)
Carlisle Cl. NE27: Longb 5A **46**
Carlisle Ct. NE10: Fall 2D **84**
Carlisle Cres. DH4: Pen 2E **129**
Carlisle Ho. *SR3: E Her 2F* ***131***
(off Ashford Rd.)
Carlisle Pl. NE9: Low F 1B **98**
Carlisle Rd. DH1: Dur 6E **145**
Carlisle St. NE10: Fall 2D **84**
Carlisle Ter. NE27: Shir 4C **46**
SR5: S'wck 3A **104**
Carlisle Way NE27: Longb 4A **46**
Carlton Av. NE24: News 4A **18**
Carlton Cl. DH2: Ous 5G **111**
NE3: Ken 4C **56**
Carlton Ct. NE11: T Vall 6E **83**
NE29: N Shi 2B **62**
Carlton Cres. SR3: E Her 2E **131**
Carlton Gdns. NE15: Lem 2C **66**
Carlton Grange NE3: Ken 4C **56**
Carlton Ho. NE22: Bed 4H **9**
Carlton Rd. NE12: Longb 1D **58**
Carlton St. NE24: Bly 6D **12**
Carlton Ter. NE9: Low F 6G **83**
NE9: Spri 4F **99**
NE24: Bly 5B **12**
NE29: N Shi 2B **62**
SR2: Sund 2D ***118***
(off Mowbray Rd.)
SR8: Eas 2B **162**
Carlyle Ct. NE28: W'snd 6E **61**
Carlyle Cres. NE16: Swa 3E **81**
Carlyle St. NE28: W'snd 6E **61**
Carlyon St. SR2: Sund . . .6G **7** (2D **118**)
Carmel Gro. NE23: Cra 6A **16**
Carmel Rd. DH9: Stly 3B **122**
Carnaby Rd. NE6: Walk 5F **71**
Carnation Av. DH4: Bour 6C **128**
Carnation Ter. NE16: Whi 4F **81**
Carnegie Cl. NE34: S Shi 5E **75**
Carnegie St. SR2: Sund 5F **119**
Carnforth Cl. NE28: W'snd 6C **46**
Carnforth Gdns. NE9: Low F 1B **98**
NE39: Row G 2E **93**
Carnforth Grn. NE3: Ken 3A **56**
Carnoustie DH2: Ous 6A **112**
NE37: Wash 2A **100**
Carnoustie Cl. NE7: H Hea 3C **58**
Carnoustie Ct. NE10: Ward 5H **85**
NE25: Monks 6G **35**
Carnoustie Dr. NE34: S Shi 6H **75**
Carol Gdns. NE7: H Hea 4B **58**
Caroline Cotts. NE5: Den M 1F **67**
Caroline Gdns. NE28: W'snd 4E **61**
Caroline St. DH5: Hett H 1C **148**
NE4: Benw 5A **68**
NE32: Jar 2E **73**
SR7: S'hm 4B **142**
Caroline Ter. NE21: Blay 5H **65**
Carol St. SR4: Sund 6B **104**
Carolyn Cl. NE12: Longb 1C **58**
Carolyn Cres. NE26: Whit B 4A **36**
Carolyn Way NE26: Whit B 4A **36**
Carpenters St. NE33: S Shi 5D **62**

Carr Av. DH7: B'don 5D **158**
Carr-Ellison Ho. NE4: Elsw 6B **68**
Carr Ellison Pk. 4C 72
Carr Fld. NE20: Pon 4F **27**
Carrfield Rd. NE3: Ken 2B **56**
CARR HILL 4B 84
Carr Hill Rd. NE9: Low F 3A **84**
NE10: Wind N 3A **84**
Carr Ho. Dr. DH1: Dur 1C **154**
(not continuous)
Carrhouse La. SR7: Mur 6G **139**
Carrick Ct. NE24: News 3B **18**
Carrick Dr. NE24: News 2B **18**
Carrigill Dr. NE12: Longb 1A **58**
Carrington Cl. NE23: Seg 2F **33**
Carrmere Rd. SR2: Sund 6E **119**
Carrmyers DH9: Ann P 3E **121**
Carrock Cl. SR8: Pet 4D **164**
Carrock Ct. SR3: Silk 3H **131**
Carroll Wlk. NE34: S Shi 1C **88**
Carrowmore Rd. DH2: Ches S . . .2C **134**
Carr Row DH4: Leam 2C **146**
Carrs, The DH1: Dur 6C **144**
Carrsdale DH1: Carr 2B **156**
Carrside DH1: Dur 1B **154**
Carrside M. NE24: Bly 3A **18**
Carr St. NE24: Bly 3A **18**
NE31: Heb 2B **72**
(not continuous)
Carrsway DH1: Carr 2B **156**
Carrsyde Cl. NE16: Whi 6D **80**
Carr Vw. NE20: Pres 6A **28**
CARRVILLE 3B 156
Carrville Link Rd. DH1: Dur 5E **155**
Carsdale Rd. NE3: Ken 2H **55**
Carter Av. NE31: Heb 3C **72**
Cartington Av. NE27: Shir 3C **46**
Cartington Cl. SR8: Pet 4D **164**
Cartington Ct. NE3: Ken 6A **42**
Cartington Rd. DH1: Dur 2C **154**
NE29: N Shi 2A **62**
Cartington Ter. NE6: Heat 6B **58**
Cartmel Bus. Cen. NE10: Pel 2G **85**
Cartmel Ct. DH2: Ches S 1A **134**
Cartmel Grn. NE5: Den M 6E **55**
Cartmel Gro. NE8: Gate 4F **83**
Cartmel Pk. NE10: Pel 2G **85**
Cartmel Ter. DH2: Pelt 2D **124**
Cartwright Rd. SR5: Sund 4D **102**
Carville Gdns. NE28: W'snd 1H **71**
Carville Ri. NE6: Byke 3C **70**
Carville Rd. NE28: W'snd 6H **59**
(not continuous)
Carville Sta. Cotts.
NE28: W'snd 6A **60**
Carvis Cl. DH7: B'don 6C **158**
Carwarding Pl. NE5: Blak 5G **55**
Caseton Cl. NE25: Monks 5G **35**
Caspian Cl. NE32: Jar 4G **73**
Caspian Rd. SR5: Sund 4B **102**
Caspian Sq. SR5: Sund 4B **102**
Cassie Bldg.
NE2: Newc T 1D **4** (2F **69**)
Castellian Rd. SR5: Sund 4E **103**
Casterton Gro. NE5: Cha P 4H **53**
Castle Chare DH1: Dur . . .2A **6** (5C **154**)
(not continuous)
Castle Cl. DH3: Ches S 1D **134**
DH5: Hett H 3D **148**
NE3: Ken 2H **55**
NE16: Whi 4E **81**
Castle Ct. DH9: Ann P 5F **121**
NE20: Pon 5E 27
(off Merton Rd.)
Castledale Av. NE24: Cow 1G **17**
CASTLE DENE 2H 135
Castledene Ct. NE3: Gos 3H **57**
SR5: Sund 3C **102**
Castle Dene Gro. DH4: Hou S . . .3H **137**
CASTLE EDEN 6C 164
Castle Eden Dene Nature Reserve
. . . . .3E 165
Castle Farm M. NE2: Jes 4H **57**
Castle Flds. DH4: Bour 6B **128**
Castleford Rd. SR5: Sund 3B **102**
Castle Gth. NE1: Newc T . . .6E **5** (5G **69**)
Castlegate Gdns. NE8: Dun 2C **82**
Castle Keep 6E 5 (5G 69)
Castlemain Cl. DH4: Bour 6B **128**
Castle M. SR3: E Her 2F **131**
Castlenook Pl. NE15: Den M 2D **66**
Castlereagh Homes, The
SR7: S'hm 2B **142**
Castlereagh Rd. SR7: S'hm 4B **142**
Castlereagh St. SR3: New S 2A **132**
Castlereigh Cl. DH4: Bour 6B **128**
Castle Riggs DH2: Ches S 6B **126**
Castle Rd. NE38: Wash 2G **113**
Castles Farm Rd. NE2: Jes 4G **57**
NE3: Gos 4G **57**
Castles Grn. NE12: Kil 2E **45**
SR3: E Her 2F **131**
Castleside Rd. NE15: Den M 3E **67**
Castle Sq. NE27: Back 6H **33**
Castle Stairs
NE1: Newc T 6E **5** (5G **69**)
Castle St. NE13: Haz 1C **42**
SR1: Sund 3F **7** (6C **104**)
SR8: Eas C 1F **163**
Castle St. Sth. SR5: Sund 4E **103**
Castleton Cl. NE2: Jes 5H **57**
NE23: Cra 6A **16**
Castleton Gro. NE2: Jes 5H **57**
Castleton Lodge NE4: Elsw 4B **68**
Castleton Rd. NE32: Jar 4G **73**
CASTLETOWN 4D 102
Castletown Rd. SR5: Sund 4E **103**
Castletown Way SR5: Sund 3F **103**
Castle Vw. DH3: Ches S 5C **126**
DH4: Pen 1F **129**
DH7: Ush M 6E **153**
SR5: Sund 4D **102**
Castleway NE13: Din 5F **29**
Castlewood Cl. NE5: W Dent 5B **54**
Catcheside Cl. NE16: Whi 6E **81**
CATCHGATE 4E 121
Catchwell Rd. DH9: Dip 1D **120**
Cateran Way NE23: Cra 4B **22**
Caterhouse Rd. DH1: Dur 1B **154**
Catharine St. W. SR4: Sund 1A **118**
Cathedral Ct. NE8: Gate 6A **70**
Cathedral Stairs
NE1: Newc T 5E **5** (4G **69**)
Cathedral Vw. DH4: Nbot 6H **129**
Catherine Cookson Bldg.
NE2: Newc T 1B **4**
Catherine Cookson Ct.
NE33: S Shi 6G **63**
Catherine Rd. DH4: New H 3H **129**
Catherine St. NE33: S Shi 4F **63**
Catherine Ter. DH9: Ann P 5H **121**
DH9: Stly 1D **122**
NE10: Fall 3C **84**
Catholic Row NE22: Bed 5G **9**
Catkin Wlk. NE40: Craw 6A **64**
Cato Sq. SR5: S'wck 3A **104**
Cato St. SR5: S'wck 3A **104**
(not continuous)
Catrail Pl. NE23: Cra 1C **22**
Catton Gro. NE16: Sun 2F **95**
Catton Pl. NE28: W'snd 1C **60**
CAULDWELL 1G 75
Cauldwell Av. NE25: Monks 2H **47**
NE34: S Shi 2G **75**
Cauldwell Cl. NE25: Monks 1A **48**
Cauldwell La. NE25: Monks 1H **47**
Cauldwell Pl. NE34: S Shi 2G **75**
Cauldwell Vs. NE34: S Shi 2G **75**
Causeway NE9: Low F 4B **84**
Causeway, The NE9: Low F 3A **84**
NE15: Thro 6D **52**
SR6: Monkw 5D **104**
CAUSEY 2F 109
Causey Arch 3E 109
Causey Bank
NE1: Newc T 5F **5** (4H **69**)
Causey Bldgs. NE3: Gos 3E **57**
Causey Dr. DH9: Stly 1E **123**
Causey Rd.
DH9: Stly, Sun, Tan L 6E **109**
NE16: Marl H 6E **109**
Causey Row NE16: Marl H 2F **109**
Causey St. NE3: Gos 3E **57**
Causey Vw. DH9: Stly 2F **123**
Causey Way DH9: Stly 6E **109**
Cavalier Vw. NE31: Heb 2B **72**
Cavalier Way SR3: New S 2H **131**
Cavel Burrs SR2: Ryh 3G **133**
Cavell Pl. DH9: Stly 4E **123**
Cavell Rd. SR5: Sund 3C **102**
Cavel Sq. SR8: Eas C 1D **162**
Cavendish Ct. DH7: B'don 6C **158**
Cavendish Pl. NE2: Jes 6H **57**
NE16: Hob 3G **107**
SR3: New S 2H **131**
Cavendish Rd. NE2: Jes 6H **57**
Caversham Rd. NE5: Cha P 4H **53**
Cawburn Cl. NE7: H Hea 4E **59**
Cawdell Ct. NE30: N Shi 2D **62**
Cawfields Cl. NE28: W'snd 6E **61**
Cawnpore Sq. SR4: Sund 6G **103**
Cawthorne Ter. *NE16: Hob 3G 107*
(off Cragleas)
NE29: N Shi 5C 48
(off Front St.)
Caxton Wlk. NE34: S Shi 1C **88**
Caxton Way DH3: Ches S 1D **126**
(not continuous)
Caynham Cl.
NE29: N Shi 5A **48**
Cayton Gro. NE5: Cha P 5H **53**
Cecil Ct. NE20: Pon 5F **27**
NE28: W'snd 1H **71**
Cecil St. NE29: N Shi 2C **62**
Cedar Av. DH2: Kim 1A **144**
Cedar Cl. DH1: Dur 4G **155**
NE22: Bed 3H **9**
NE25: Monks 2B **48**
Cedar Ct. DH6: S Het 6H **149**
DH9: Ann P 5E **121**
NE29: N Shi 4A **48**
Cedar Cres. DH5: Eas L 5F **149**
NE9: Low F 1H **97**
NE11: Dun 4B **82**
NE16: Burn 1F **107**
Cedar Dr. DH1: Dur 4B **160**
NE32: Jar 3G **87**
Cedar Gro. NE24: News 3A **18**
NE28: W'snd 5B **60**
NE31: Heb 6C **72**
NE34: S Shi 4H **75**
NE40: Ryton 3B **64**
SR6: Whit 1F **91**
Cedar Rd. NE4: Fen 2G **67**
Cedars DH2: Ches S 4B **126**

Cedars, The DH4: Pen 1F **129**
NE4: Newc T 6D **68**
NE9: Eigh B 3C **98**
NE16: Whi 1F **95**
SR2: Sund 4D **118**
Cedars Ct. SR2: Sund 3D **118**
Cedars Cres. SR2: Sund 4E **119**
SR7: Mur 2D **150**
Cedars Grn. NE9: Low F 2A **98**
Cedars Pk. SR2: Sund 4E **119**
Cedar St. SR8: Hor 1H **165**
Cedar Ter. DH4: Hou S 3E **137**
(not continuous)
NE38: Wash 6H **113**
Cedartree Gdns. NE25: Monks . . .2A **48**
Cedar Way NE12: Longb 5E **45**
Cedarway NE10: Hew 6E **85**
Cedarwood DH4: Hou S 2C **136**
Cedarwood Av. NE6: Walk 6G **59**
Cedarwood Gro. SR2: Sund 5C **118**
Cedric Cres. SR2: Sund 3B **118**
Celadon Cl. NE15: Lem 1A **66**
Celandine Cl. NE3: Gos 6F **43**
Celandine Way NE10: Wind N 5D **84**
Cellar Hill Ter. DH4: Hou S 1H **137**
Celtic Cl. SR6: Clead 2G **89**
Celtic Cres. SR6: Clead 2G **89**
Cemetery App. NE34: S Shi 1G **75**
Cemetery Rd. DH9: Stly 2D **122**
NE8: Gate 2H **83**
NE32: Jar 3G **73**
Centenary Av. NE34: S Shi 4A **76**
Centenary Cotts. NE22: Bed 5H **9**
Centenary Ct. NE4: Elsw 5B **68**
Central Arc. NE1: Newc T 4D **4**
Central Av. DH7: Mead 6E **159**
NE29: N Shi 1H **61**
NE34: S Shi 3H **75**
SR6: Whit 3E **91**
Central Ct. NE26: Whit B 6C **36**
Central Gdns. NE34: S Shi 3H **75**
Central Lwr. Prom.
NE26: Whit B 5D **36**
Central Sq. NE1: Newc T 6D **4**
NE8: Gate 6H **69**
Central Station (Metro) . . .6C **4** (5F **69**)
Central Way SR4: Sund 6G **103**
Centralway NE11: T Vall 1E **97**
Centrium Ct. NE28: W'snd 3C **60**
Centurian Way NE22: Bed 3G **9**
Centurion Rd. NE15: Lem 1D **66**
Centurion Way NE9: Low F 5B **84**
NE15: Hed W 5G **51**
Century Ter. DH9: Ann P 4E **121**
Ceolfrid Ter. NE32: Jar 5G **73**
Chacombe NE38: Wash 4A **114**
Chadderton Dr. NE5: Cha P 5H **53**
Chad Ho. NE8: Gate 1H **83**
Chadwick St. NE28: W'snd 6H **59**
Chadwick Wlk. NE8: Gate 1E **83**
Chaffinch Rd. SR5: Sund 4E **103**
Chaffinch Way NE12: Kil 1C **44**
Chainbridge Rd. NE21: Blay 6B **66**
(Cowen Rd.)
NE21: Blay 5B **66**
(Factory Rd.)
Chainbridge Rd. Ind. Est.
NE21: Blay 5D **66**
Chain Locker, The NE29: N Shi . . .3D **62**
Chains, The DH1: Dur . . .2D **6** (5D **154**)
Chalfont Gro. SR4: Sund 5C **116**
Chalfont Rd. NE6: Walk 5F **71**
Chalfont Way DH7: Mead 5E **159**
Chalford Rd. SR5: S'wck 3B **104**
Chamberlain St. NE24: Bly 1D **18**
Chambers Cres. NE9: Eigh B 4C **98**
Chancery La. NE24: Bly 6B **12**
Chandler Cl. DH1: Dur 6G **155**
Chandler Ct. NE2: Jes 5H **57**
SR8: Eas C 1F **163**
Chandlers Ford DH4: Pen 1C **128**
Chandlers Quay NE6: Byke 6C **70**
Chandlers Rd.
SR6: Monkw 1H **7** (5D **104**)
Chandless St. *NE8: Gate* *6H 69*
(off High St.)
Chandos SR3: Dox P 5A **132**
Chandos St. NE8: Gate 3H **83**
Chandra Pl. NE5: Blak 5F **55**
Chantry Cl. SR3: Dox P 4G **131**
Chantry Dr. NE13: W Op 4D **30**
Chantry Pl. DH4: W Rai 3E **147**
Chapel Av. NE16: Burn 1H **107**
Chapel Cl. NE3: Gos 4F **43**
NE11: Kib 1F **111**
Chapel Ct. DH6: S'burn 6E **157**
NE13: Sea B 3D **30**
NE15: Newb 1E **65**
NE39: H Spen 6A **78**
Chapel Grange NE5: West 4C **54**
Chapel Hill Rd. SR8: Pet 6E **163**
Chapel Ho. Dr. NE5: Cha P 6A **54**
Chapel Ho. Gro. NE5: Cha P 6A **54**
Chapel Ho. Rd. NE5: Cha P 6A **54**
Chapel La. NE25: Monks 1A **48**
CHAPEL PARK 3B **54**
Chapel Pk. Shop. Cen.
NE5: Cha P 3B **54**
Chapel Pl. DH1: H Shin 4H **161**
NE13: Sea B 3D **30**
Chapel Rd. NE32: Jar 2F **73**
Chapel Row DH3: Bir 4E **113**
DH4: Bour 5C **128**
DH4: S Row 4G **129**
Chapel St. DH5: Hett H 1D **148**
DH9: Tant 5H **107**
NE29: N Shi 2A **62**
Chapel Vw. DH4: W Rai 4D **146**
NE13: Bru V 5C **30**
NE39: Row G 2E **93**
Chapelville NE13: Sea B 3D **30**
Chaplin St. SR7: S'hm 6B **142**
Chapman St. SR6: Ful 1E **105**
Chapter Row NE33: S Shi 4E **63**
Chare, The NE1: Newc T . . .3C **4** (3F **69**)
SR8: Pet 1D **164**
Charlbury Cl. NE9: Spri 4F **99**
Charlcote Cres. NE36: E Bol 4F **89**
Charles Av. NE3: Ken 1A **56**
NE12: Longb 5D **44**
NE26: Whit B 6D **36**
NE27: Shir 1D **46**
Charles Baker Wlk.
NE34: S Shi 2B **76**
Charles Ct. *NE6: Byke* *2C 70*
(off Elvet Cl.)
Charles Dr. NE23: Dud 3B **32**
Charles Perkins Memorial Cott. Homes
DH3: Bir 4C **112**
Charles St. DH4: Nbot 5H **129**
DH9: Stly 5C **122**
NE8: Gate 1H **83**
NE13: Haz 1C **42**
NE35: Bol C 3B **88**
SR1: Sund 2H **7** (6D **104**)
SR2: Ryh 3G **133**
SR3: New S 1A **132**
SR6: Monkw 1H **7** (5D **104**)
SR7: S'hm 4B **142**
SR8: Eas C 1F **163**
Charles Ter. DH2: P Fel 4G **125**
Charleswood NE3: Gos 5F **43**
Charlie St. NE40: G'sde 2A **78**
Charlotte Cl. NE4: Newc T 6D **68**
Charlotte M. NE1: Newc T 5B **4**
Charlotte Sq.
NE1: Newc T 5B **4** (4E **69**)
Charlotte St. DH9: Stly 5C **122**
NE28: W'snd 5A **60**
(not continuous)
NE30: N Shi 2D **62**
NE33: S Shi 5E **63**
Charlotte Ter. NE33: S Shi 5F **63**
Charlton Ct. NE7: H Hea 3C **58**
NE25: Monks 2A **48**
Charlton Gro. SR6: Clead 3A **90**
Charlton Rd. SR5: Ful 2C **104**
Charlton St. NE15: Lem 3B **66**
NE24: Bly 6B **12**
Charlton Vs. *NE40: G'sde* *2B 78*
(off Lead Rd.)
Charlton Wlk. NE8: Gate 2E **83**
Charman St.
SR1: Sund 3G **7** (6D **104**)
Charminster Gdns. NE6: Heat 5C **58**
Charnwood DH9: Stly 1C **122**
Charnwood Av. NE12: Longb 1A **58**
Charnwood Ct. NE33: S Shi 5G **63**
Charnwood Gdns. NE9: Low F 5B **84**
Charter Dr. SR3: E Her 2E **131**
Charters Cres. DH6: S Het 6H **149**
Chase, The NE12: Kil 3A **44**
NE29: N Shi 1C **62**
NE38: Wash 6F **113**
Chase Ct. DH6: S'burn 6E **157**
NE16: Whi 4F **81**
Chasedale Cres. NE24: Cow 6G **11**
CHASE FARM 6F **11**
Chase Farm Dr. NE24: Cow 5F **11**
Chase Mdws. NE24: Cow 1F **17**
Chase M. NE24: Cow 6F **11**
Chatham Cl. NE25: Sea D 2B **34**
Chatham Rd. SR5: Sund 3C **102**
Chathill Cl. NE25: Monks 6H **35**
Chathill Ter. NE6: Walk 4F **71**
Chatsworth NE3: Gos 5E **57**
Chatsworth Ct. NE33: S Shi 4F **63**
Chatsworth Cres. SR4: Sund 3A **118**
Chatsworth Dr. NE22: Bed 2C **10**
Chatsworth Gdns. NE5: West 4D **54**
NE6: Byke 5D **70**
NE25: Monks 2A **48**
Chatsworth Pl. NE16: Whi 6E **81**
Chatsworth Rd. NE32: Jar 4G **73**
Chatsworth St. SR4: Sund 2A **118**
Chatsworth St. Sth.
SR4: Sund 3A **118**
Chatterton St. SR5: S'wck 3A **104**
Chatton Av. NE23: Cra 3C **22**
NE34: S Shi 1B **76**
Chatton Cl. DH2: Ches S 2A **134**
Chatton St. NE28: W'snd 6G **61**
Chatton Wynd NE3: Gos 6C **42**
Chaucer Av. NE34: S Shi 6C **74**
Chaucer Cl. DH9: Stly 3E **123**
NE8: Gate 1A **84**
Chaucer Rd. NE16: Whi 3F **81**
Chaucer St. DH4: Hou S 3H **137**
Chaytor Gro. SR1: Sund 1E **119**
Chaytor St. NE32: Jar 1F **73**
Chaytor Ter. Nth. DH9: Stly 6F **123**
Chaytor Ter. Sth. DH9: Stly 6G **123**
Cheadle Av. NE23: Cra 5A **16**
NE28: W'snd 1B **60**
Cheadle Rd. SR5: Sund 3C **102**

Cheam Cl. NE16: Whi 6F **81**
Cheam Rd. SR5: Sund 3C **102**
Cheddar Gdns. NE9: Low F 2H **97**
Chedder Ct. DH9: Ann P 6F **121**
Cheeseburn Gdns. NE5: Fen 1G **67**
Cheldon Cl. NE25: Monks 5G **35**
Chelford Cl. NE28: W'snd 6C **46**
Chelmsford Gro.
NE2: Newc T 1H **5** (2A **70**)
Chelmsford Rd. SR5: Sund 3C **102**
Chelmsford Sq. SR5: Sund 2C **102**
Chelmsford St. SR3: New S 1A **132**
Chelsea Gdns. NE8: Gate 3B **84**
Chelsea Gro. NE4: Fen 4C **68**
Chelsea Ho. *DH9: Stly 2D 122*
(off Quarry Rd.)
Cheltenham Dr. NE35: Bol C 1A **88**
Cheltenham Rd. SR5: Sund 3C **102**
Cheltenham Sq. SR5: Sund 3C **102**
Cheltenham Ter. NE6: Heat 2B **70**
Chelton Cl. NE13: Haz 1D **42**
Chepstow Gdns. NE8: Gate 4F **83**
Chepstow Rd. NE15: Scot 3D **66**
Chepstow St. SR4: Sund 1B **118**
Cherribank SR2: Ryh 3E **133**
Cherry Av. SR8: Hor 1H **165**
Cherry Banks DH3: Ches S 4D **126**
Cherry Blossom Way
SR5: Sund 4F **101**
Cherryburn Gdns. NE4: Fen 1A **68**
Cherry Cotts. DH9: Tant 5H **107**
Cherry Gro. NE12: Kil 1C **44**
SR7: S'hm 5A **142**
CHERRY KNOWLE **4E 133**
Cherry Pk. DH7: B'don 6C **158**
Cherrytree Cl. NE12: Kil 3F **45**
Cherrytree Ct. NE22: Bed 3D **10**
Cherry Tree Dr. NE22: Bed 4H **9**
Cherrytree Dr. NE16: Whi 3G **81**
Cherrytree Gdns. NE9: Low F 1A **98**
NE25: Monks 2B **48**
Cherrytree Rd. DH2: Ches S 4A **126**
Cherry Trees NE24: Bly 1B **18**
Cherrytree Sq. SR2: Ryh 1E **133**
Cherry Tree Wlk. NE31: Heb 5C **72**
Cherry Way DH4: Hou S 2F **137**
NE12: Kil 1C **44**
Cherrywood NE6: Walk 6E **59**
Cherrywood Gdns. SR3: Tuns . . .2B **132**
Cherwell NE37: Wash 5D **100**
Cherwell Rd. SR8: Pet 2B **164**
Cherwell Sq. NE12: Longb 4C **44**
Chesham Gdns. NE5: Cha P 5H **53**
Chesham Grn. NE3: Ken 2B **56**
Cheshire Av. DH3: Bir 6C **112**
Cheshire Ct. NE31: Heb 4B **72**
Cheshire Dr. DH1: Carr 5A **156**
Cheshire Gdns. NE28: W'snd 4G **59**
Cheshire Gro. NE34: S Shi 2B **76**
Chesils, The NE12: Longb 2A **58**
Chesmond Dr. NE21: Blay 6A **66**
Chessar Av. NE5: Blak 5F **55**
Chester Av. NE28: W'snd 4D **60**
Chester Cl. NE20: Darr H 1B **38**
Chester Cres.
NE2: Newc T 1G **5** (2H **69**)
SR1: Sund 1B **118**
Chesterfield Rd. NE4: Elsw 5B **68**
Chester Gdns. NE34: S Shi 2G **75**
Chester Gro. NE23: Seg 2E **33**
NE24: Bly 1A **18**
Chesterhill NE23: Cra 5B **22**
CHESTER-LE-STREET **6C 126**
Chester-le-Street Leisure Cen.
. . . .**6D 126**
Chester-le-Street Station (Rail)
. . . .**6C 126**
Chester M. SR4: Sund 2B **118**
CHESTER MOOR **4A 134**
Chester Oval *SR1: Sund 1B 118*
(off Chester Rd.)
Chester Pl. NE8: Gate 1F **83**
SR8: Pet 6B **162**
Chester Rd.
DH3: Gt Lum, Lam P 4E **127**
DH4: S Row, Pen 5D **128**
DH9: Stly 2E **123**
SR1: Sund 5E **7** (1B **118**)
SR2: Sund 1B **118**
SR4: Sund 6H **115**
(Sevenoaks Dr.)
SR4: Sund 2G **117**
(West Mt.)
Chester Rd. Est. DH9: Stly 2E **123**
Chesters, The NE5: Cha P 6A **54**
NE25: Monks 5H **35**
Chesters Av. NE12: Longb 1H **57**
Chesters Ct. NE12: Longb 1B **58**
Chesters Pk. NE9: Low F 5H **83**
Chester St. DH4: Hou S 1H **137**
NE2: Newc T 1G **5** (2H **69**)
SR4: Sund 1A **118**
Chester St. E. SR4: Sund 1B **118**
Chester St. W. SR4: Sund 1A **118**
Chester Ter. SR1: Sund 1B **118**
SR8: Eas 1D **162**
Chester Ter. Nth. SR4: Sund 1B **118**
Chesterton Rd. NE34: S Shi 5D **74**
Chester Way NE32: Jar 2E **87**
Chesterwood Dr. NE28: W'snd 5G **59**
Chesterwood Ter.
NE10: Bill Q 1H **85**
Chestnut Av. NE5: Fen 5H **55**
NE16: Whi 6F **81**
NE24: Bly 4B **12**
NE25: Monks 1B **48**
NE38: Wash 6H **113**
Chestnut Cl. NE12: Kil 1B **44**
NE32: Jar 2H **87**
Chestnut Cres. SR5: S'wck 2H **103**
Chestnut Gdns. NE8: Gate 3E **83**
Chestnut Gro. DH7: Ush M 6C **152**
NE34: S Shi 5H **75**
Chestnut St. NE28: W'snd 6A **60**
Chestnut Ter. DH4: Hou S 1G **137**
Chestnut Way SR7: S'hm 5A **142**
Cheswick Dr. NE3: Gos 1F **57**
Cheswick Rd. NE25: Sea D 1C **34**
Cheveley Ct. DH1: Carr 3B **156**
Cheveley Pk. Shop. Cen.
DH1: Carr 3B **156**
Cheveley Wlk. DH1: Carr 4B **156**
Chevin Cl. NE6: Walk 6G **59**
Chevington NE10: Hew 6G **85**
Chevington Gdns. NE5: Fen 6H **55**
Chevington Gro. NE25: Monks . . .4H **35**
Cheviot Cl. DH2: Ches S 3A **134**
NE21: Blay 2A **80**
(not continuous)
NE29: N Shi 3B **48**
NE37: Wash 1G **113**
Cheviot Ct. DH9: Ann P 6F **121**
NE7: H Hea 3A **58**
NE21: Blay 6A **66**
NE26: Whit B 1E **49**
SR7: S'hm 3G **141**
Cheviot Gdns. NE11: Lob H 4C **82**
SR7: S'hm 3G **141**
Cheviot Grange NE23: Dud 5C **32**
Cheviot Grn. NE11: Dun 3C **82**
Cheviot Ho. NE36: W Bol 4D **88**
NE37: Wash 3A **114**
Cheviot La. SR2: Ryh 2D **132**
Cheviot M. DH9: Dip 6E **107**
Cheviot Mt. NE6: Byke 3C **70**
Cheviot Pl. SR8: Pet 6B **162**
(not continuous)
Cheviot Rd. DH2: Ches S 2B **134**
(not continuous)
NE32: Jar 5E **73**
NE34: S Shi 1A **76**
Cheviot St. SR4: Sund 6H **103**
Cheviot Ter. DH9: Stly 4E **123**
Cheviot Vw. NE10: Wind N 5D **84**
NE12: Longb 1D **58**
NE13: Bru V 5C **30**
NE20: Pon 5G **27**
NE23: Seg 2F **33**
NE26: Whit B 1D **48**
NE27: Shir 4B **46**
Chevron, The *NE6: Byke 4B 70*
(off Gordon Sq.)
Chevy Chase NE1: Newc T 3C **4**
Chevychase Ct. SR7: Seat 1F **141**
Cheyne, The SR3: Dox P 4A **132**
Chichester Av. NE23: Nel V 1H **21**
Chichester Cl. NE3: Ken 6H **41**
NE8: Gate 1G **83**
Chichester Gro. NE22: Bed 3H **9**
Chichester Pl. NE33: S Shi 1E **75**
Chichester Rd. DH1: Dur 6D **144**
NE33: S Shi 1E **75**
SR6: Seab 1E **105**
Chichester Rd. E. NE33: S Shi 6F **63**
Chichester Station (Metro) **1E 75**
Chichester Way NE32: Jar 2F **87**
Chicken Rd. NE28: W'snd 4G **59**
Chicks La. SR6: Whit 3F **91**
Chigwell Cl. DH4: Pen 2F **129**
Chilcote NE10: Fall 4D **84**
Chilcrosse NE10: Hew 5F **85**
(not continuous)
Childhood Memories Toy Mus. . . .**4F 49**
Chilham Ct. NE29: N Shi 5F **47**
NE38: Wash 3H **113**
Chillingham Cl. NE24: Bly 2H **17**
Chillingham Ct. NE6: Byke 2C **70**
Chillingham Dr. DH2: Ches S . . .3A **134**
NE29: N Shi 3H **61**
Chillingham Gro. SR8: Pet 4A **164**
Chillingham Ho. *SR6: Roker 5E 105*
(off Mulgrave Dr.)
Chillingham Ind. Est.
NE6: Walk 2C **70**
Chillingham Rd. DH1: Dur 1D **154**
NE6: Heat, Walk 6C **58**
Chillingham Road Station (Metro)
. . . .**2D 70**
Chillingham Ter. NE32: Jar 5H **73**
Chilside Rd. NE10: Fall 4D **84**
Chiltern Av. DH2: Ches S 1B **134**
(not continuous)
Chiltern Cl. NE38: Wash 4H **113**
Chiltern Dr. NE12: Longb 4B **44**
Chiltern Gdns. DH9: Stly 4F **123**
NE11: Lob H 4C **82**
Chiltern Rd. NE29: N Shi 3A **48**
Chilton Av. DH4: Hou S 2D **136**
Chilton Gdns. DH4: Hou S 3E **137**
(not continuous)
Chilton Gth. SR8: Pet 2F **165**
CHILTON MOOR **4E 137**
Chilton St. SR5: Monkw 4C **104**
Chimney Mills NE2: Newc T 1E **69**
China St. SR2: Sund 3E **119**

Chingford Cl. DH4: Pen 2G **129**
Chipchase NE38: Wash 3F **113**
Chipchase Av. NE23: Cra 3B **22**
Chipchase Cl. NE22: Bed 4F **9**
Chipchase Ct. DH4: Hou S 2B **136**
  NE25: New Hart 3A **24**
  SR7: Seat 1F **141**
Chipchase Cres. NE5: West 4C **54**
Chipchase M. NE3: Gos 4C **42**
Chipchase Ter. NE32: Jar 6F **73**
Chippendale Pl.
  NE2: Newc T 2D **68**
Chirnside NE23: Cra 5B **22**
Chirnside Ter. DH9: Ann P 6E **121**
CHIRTON 2B **62**
Chirton Av. NE29: N Shi 2B **62**
  NE34: S Shi 3C **76**
Chirton Dene Quay
  NE29: N Shi 5B **62**
Chirton Dene Way NE29: N Shi . .5B **62**
Chirton Grn. NE24: Bly 2H **17**
  NE29: N Shi 2B **62**
Chirton Gro. NE34: S Shi 3C **76**
Chirton Hill Dr. NE29: N Shi 6G **47**
Chirton La. NE29: N Shi 1A **62**
Chirton Lodge NE29: N Shi 2A **62**
Chirton W. Vw. NE29: N Shi 2B **62**
Chirton Wynd NE6: Byke 4C **70**
Chislehurst Rd. DH4: Pen 2F **129**
Chiswick Gdns. NE8: Gate 3A **84**
Chiswick Rd. SR3: Sund 3C **102**
Chiswick Sq. SR5: Sund 3C **102**
Chollerford Av. NE25: Whit B . . .1D **48**
  NE29: N Shi 1G **61**
Chollerford Cl. NE3: Gos 3C **56**
Chollerford M. NE25: H'wll 1D **34**
Chollerton Dr. NE12: Longb 5G **45**
  NE22: Bed 4A **10**
Choppington Rd. NE22: Bed 4H **9**
  NE62: Sco G 4H **9**
Chopwell Gdns. NE9: Wrek 3D **98**
Chopwell Woods Rd.
  NE39: H Spen 3A **92**
Chorley Pl. NE6: Walk 4E **71**
CHOWDENE 2H **97**
Chowdene Bank NE9: Low F 3G **97**
  NE11: T Vall 3G **97**
Chowdene Ter. NE9: Low F 1H **97**
Christal Ter. SR6: Ful 2D **104**
Christchurch Ct. SR7: S'hm 3G **141**
Christchurch Pl. SR8: Pet 2C **164**
Christie Ter. NE6: Walk 4F **71**
Christmas Pl. NE8: Gate 1D **82**
Christon Cl. NE3: Gos 2G **57**
Christon Rd. NE3: Gos 2E **57**
Christon Way NE10: Bill Q 1H **85**
Christopher Rd. NE6: Walk 2E **71**
Chudleigh Gdns. NE5: Cha P 5H **53**
Chudleigh Ter. NE21: Blay 1A **80**
Church Av. NE3: Gos 2G **57**
  NE62: Sco G 1G **9**
Church Bank DH9: Stly 2D **122**
  NE15: Newb 2F **65**
  NE28: W'snd 5B **60**
  NE32: Jar 2H **73**
  SR5: S'wck 4A **104**
Church Chare DH3: Ches S 6D **126**
  NE16: Whi 4F **81**
  NE20: Pon 4F **27**
Church Cl. DH4: Bour 5C **128**
  NE13: Din 4F **29**
  NE22: Bed 5H **9**
  NE25: Monks 1G **47**
  SR7: S'hm 3A **142**
  SR8: Pet 2E **165**

Church Ct. NE10: Fall 2D **84**
  NE13: Haz 1C 42
  (off Church La.)
  NE22: Bed 5H **9**
Churchdown Cl. NE35: Bol C 1A **88**
Church Dr. NE9: Low F 5A **84**
Churcher Gdns.
  NE28: W'snd 3G **59**
Church Flatt NE20: Pon 4F **27**
Church Grn. NE16: Whi 4F **81**
  SR7: S'hm 3A **142**
Churchill Av. DH1: Dur 5F **155**
  NE25: Monks 2A **48**
  SR5: S'wck 3A **104**
Churchill Gdns. NE2: Jes 6A **58**
Churchill M. NE6: Byke 5C **70**
Churchill Sq. DH1: Dur 4F **155**
  DH4: Hou S 3F **137**
Churchill St.
  NE1: Newc T 6A **4** (5E **69**)
  NE28: W'snd 2D **60**
  SR1: Sund 5H **7** (1E **119**)
Church La. DH1: Dur 5E **155**
  (Gilesgate)
  DH1: Dur 5C **6** (1D **160**)
  (Hallgarth St.)
  NE3: Gos 2F **57**
  NE9: Low F 5B **84**
  NE22: Bed 5A **10**
  SR1: Sund 4F **7** (1C **118**)
  SR6: Whit 3F **91**
  SR7: Mur 2B **150**
Church La. Nth. SR7: Mur 2B **150**
Church Mdw. DH7: Mead 4F **159**
Church M. NE27: Back 6A **34**
Church Pl. NE10: Fall 2D **84**
Church Ri. NE16: Whi 4F **81**
  NE40: Ryton 4E **65**
  (not continuous)
Church Rd. DH2: Pelt 3F **125**
  DH5: Hett H 5C **138**
  NE3: Gos 2E **57**
  NE9: Low F 6A **84**
  NE15: Newb 5H **65**
  NE27: Back, H'wll, W Holy . .6A **34**
Church Row *NE10: Wind N* *5C 84*
  (off Windy Nook Rd.)
Church Side DH3: Gt Lum 4G **135**
Churchside NE13: Din 4F **29**
Churchside Gdns.
  DH5: Eas L 4E **149**
Church St. DH1: Dur 5C **6** (1D **160**)
  DH3: Bir 3C **112**
  DH4: Hou S 3A **138**
  DH4: S Row 3F **129**
  DH4: W Rai 3E **147**
  DH5: Hou S 3A **138**
  DH9: Ann P 5F **121**
  DH9: Stly 2D **122**
  NE6: Walk 4G **71**
  (Caledonia St.)
  NE6: Walk 4G **71**
  (Church Wlk.)
  NE8: Gate 5G **69**
  NE10: Fall 3D **84**
  NE11: Dun 2C **82**
  NE16: Marl H 5E **95**
  NE21: Winl 2H **79**
  NE23: Cra 3B **22**
  NE24: Bly 5C **12**
  NE30: N Shi 1D **62**
  NE31: Heb 2B **72**
  NE32: Jar 2F **73**
  SR4: Sund 1C **116**
  SR5: S'wck 3B **104**

Church St. SR7: Mur 3C **150**
  SR7: S'hm 4B **142**
  TS27: Hes 6G **165**
Church St. E. SR1: Sund 6E **105**
Church St. Head
  DH1: Dur 6C **6** (1D **160**)
Church St. Nth. SR6: Roker 4E **105**
Church St. Vs. DH1: Dur. ..6C **6** (1D **160**)
Church Ter. NE21: Blay 6A **66**
Church Va. DH6: H Pitt 3G **157**
Church Vw. DH1: Carr 3B **156**
  DH2: Kim 2A **144**
  DH3: Bir 3C **112**
  NE25: Ears 6D **34**
  NE28: W'snd 5B **60**
  NE35: Bol C 2A **88**
  NE37: Wash 6B **100**
  SR3: New S 2A **132**
Church Vw. Vs. DH5: Hett H 6C **138**
Church Wlk. NE6: Walk 4G **71**
  (not continuous)
  NE8: Gate 6F **5** (5G **69**)
  SR1: Sund 6F **105**
  SR8: Eas 2A **162**
Churchwalk Ho. NE6: Walk 4G **71**
Church Ward SR2: Ryh 3G **133**
Church Way NE25: Ears 5E **35**
  NE29: N Shi 1C **62**
  NE33: S Shi 4E **63**
Church Wood NE23: Cra 3B **22**
Church Wynd DH6: S'burn 6D **156**
Churston Cl. DH4: Nbot 5G **129**
Cicero Ct. NE6: Walk 5G **71**
Cicero Ter. SR5: S'wck 3A **104**
Cinderford Cl. NE35: Bol C 1A **88**
Cineworld Cinema
  Boldon Colliery 3A **88**
Circle, The NE32: Jar 5F **73**
Cirencester St. SR4: Sund 6B **104**
Cirus Ho. SR3: Silk 3A **132**
Citadel E. NE12: Kil 2D **44**
Citadel W. NE12: Kil 2D **44**
Citygate NE1: Newc T 4B **4** (4E **69**)
City Library 4H **7**
City Pool 2E **5** (3G **69**)
City Rd. NE1: Newc T 5F **5** (4G **69**)
City Stadium 2H **5** (3A **70**)
City Theatre
  Durham 3B **6** (6C **154**)
City Way SR3: Dox P 4D **130**
Civic Ct. NE31: Heb 4D **72**
Clacton Rd. SR5: Sund 4B **102**
Clanfield Ct. NE3: Gos 3H **57**
Clanny Ho. SR4: Sund 1H **117**
Clanny St. SR1: Sund 4E **7** (1H **117**)
  (St Michaels Way)
  SR1: Sund 1B **118**
  (Westbourne Rd.)
Clapham Av. NE6: Byke 4D **70**
Clappersgate SR8: Eas 2A **162**
Clara Av. NE27: Shir 1D **46**
Clarabad Ter. NE12: Longb 4G **45**
Clara St. NE4: Benw 5H **67**
  NE21: Winl 2H **79**
  SR7: S'hm 3H **141**
Claremont Av. NE15: Lem 1B **66**
  SR6: Seab 2E **105**
Claremont Bri. NE2: Newc T 1D **4**
Claremont Ct. *NE26: Whit B* . . . *3A 36*
  (off Claremont Cres.)
Claremont Cres. NE26: Whit B . . .4A **36**
Claremont Dr. DH4: S Row 3E **129**
Claremont Gdns. NE26: Whit B . . .5B **36**
  NE36: E Bol 4F **89**
Claremont Ho. NE1: Newc T 2E **69**

Claremont Nth. Av. NE8: Gate 1G **83**
Claremont Pl.
  NE2: Newc T 1B **4** (2E **69**)
  NE8: Gate 2G **83**
Claremont Rd.
  NE2: Newc T 1C **4** (1C **68**)
  NE26: Whit B 3A **36**
  SR6: Seab 2E **105**
Claremont Sth. Av.
  NE8: Gate 2G **83**
Claremont Sports Hall 2E **69**
Claremont St. NE2: Newc T 2E **69**
  NE8: Gate 2G **83**
Claremont Ter. NE2: Newc T ...2E **69**
  NE9: Spri 4F **99**
  NE10: Bill Q 1H **85**
  NE24: Bly 6B **12**
  SR2: Sund 6F **7** (2C **118**)
Claremont Twr. NE1: Newc T 1C **4**
Claremont Wlk. NE8: Gate 2G **83**
          (Bk. Woodbine St.)
  NE8: Gate 2F **83**
          (St Cuthbert's Pl.)
Claremount Ct. NE36: W Bol ...4D **88**
Clarence Cres. NE26: Whit B ...1D **48**
Clarence Ho.
  NE2: Newc T 2G **5** (3H **69**)
Clarence Pl. NE3: Gos 2G **57**
Clarence St. DH9: Tant 5H **107**
  NE2: Newc T 3G **5** (3H **69**)
  NE26: Sea S 4H **25**
  SR5: S'wck 3H **103**
        (not continuous)
  SR7: S'hm 4B **142**
Clarence Ter. DH3: Ches S 6C **126**
Clarence Wlk.
  NE2: Newc T 2G **5** (3H **69**)
Clarendon M. NE3: Gos 3E **43**
Clarendon Rd. NE6: Heat 6C **58**
Clarendon Sq. SR5: S'wck 2B **104**
Clare Rd. SR8: Pet 2B **164**
Clarewood Av. NE34: S Shi 1A **76**
Clarewood Ct. NE4: Newc T 3C **68**
Clarewood Grn. NE4: Newc T ...3C **68**
Clarewood Pl. NE5: Fen 1G **67**
Clarke's Ter. NE23: Dud 4A **32**
Clarke Ter. NE10: Fall 3C **84**
  SR7: Mur 2C **150**
Clarks Wlk NE15: Newb 2F **65**
Clark's Ter. SR7: S'hm 2E **143**
Clark Ter. DH9: Stly 1D **122**
Clarty La. NE11: Kib 3F **111**
Clasper Ct. NE33: S Shi 3E **63**
Clasper St. NE4: Newc T 6D **68**
Clasper Way NE16: Swa 4C **67**
Claude Gibb Hall
  NE1: Newc T 1F **5** (2G **69**)
Claude St. DH5: Hett H 2C **148**
Claude Ter. SR7: Mur 2D **150**
Claudius Ct. NE33: S Shi 3E **63**
Claverdon St. NE5: Cha P 3H **53**
Clavering Cen. NE16: Whi 6D **80**
Clavering Pl. DH9: Ann P 6F **121**
  NE1: Newc T 6D **4** (5F **69**)
Clavering Rd. NE16: Swa 3E **81**
  NE21: Blay 2A 80
        (off Shibdon Bank)
Clavering Sq. NE11: Dun 3B **82**
Clavering St. NE28: W'snd 6F **61**
        (not continuous)
Clavering Way NE21: Blay 2C **80**
Claverley Dr. NE27: Back 6A **34**
Claxheugh Cotts. SR4: Sund ...6D **102**
Claxheugh Rd. SR4: Sund 6D **102**
Claxton St. SR8: Hor 6G **163**

Clay La. DH1: Dur 1A **160**
        (not continuous)
Claymere Rd. SR2: Sund 6E **119**
Claypath DH1: Dur 2B **6** (5D **154**)
  NE10: Hew 1F **99**
Claypath Ct. DH1: Dur ...2C **6** (5D **154**)
Claypath La. NE33: S Shi 5E **63**
        (not continuous)
Claypath Rd. DH5: Hett H 3C **148**
Claypath St. NE6: Byke 3A **70**
Claypool Ct. NE34: S Shi 4E **75**
Clayside Ho. NE33: S Shi 6F **63**
Clayton Pk. Sq. NE2: Jes 1G **69**
Clayton Rd. NE2: Jes 1F **69**
Clayton St. NE1: Newc T 5C **4** (4F **69**)
  NE22: Bed 3D **10**
  NE23: Dud 3H **31**
  NE32: Jar 2F **73**
Clayton St. W.
  NE1: Newc T 6B **4** (5E **69**)
Clayton Ter. NE10: Fall 2C **84**
Clayworth Rd. NE3: Gos 4D **42**
CLEADON 2A **90**
Cleadon Gdns. NE9: Wrek 2D **98**
  NE28: W'snd 2E **61**
Cleadon Hill Dr. NE34: S Shi ...5A **76**
Cleadon Hill Rd. NE34: S Shi ...5B **76**
Cleadon La. NE36: E Bol 2G **89**
  SR6: Clead, Whit 2B **90**
Cleadon La. Ind. Est.
  NE36: E Bol 3F **89**
Cleadon Lea SR6: Clead 2H **89**
Cleadon Mdws. SR6: Clead 2A **90**
CLEADON PARK 5A **76**
Cleadon St. NE6: Walk 3E **71**
Cleadon Towers NE34: S Shi ...5B **76**
Cleasby Gdns. NE9: Low F 5H **83**
Cleaside Av. NE34: S Shi 5A **76**
Cleehill Dr. NE37: Wash 4B **48**
Cleeve Ct. NE38: Wash 2B **114**
Cleghorn St. NE6: Heat 1C **70**
Clegwell Ter. NE31: Heb 3D **72**
Clematis Cres. NE9: Eigh B 3D **98**
Clement Av. NE22: Bed 4C **10**
Clementhorpe NE29: N Shi 6C **48**
Clementina Cl. SR2: Sund 2E **119**
Clement St. NE9: Low F 6H **83**
Clennel Ho. NE4: Benw 4A **68**
Clennell Av. NE31: Heb 4B **72**
Clent Way NE12: Longb 1A **58**
Clephan St. NE11: Dun 2B **82**
Clervaux Ter. NE32: Jar 3G **73**
Cleveland Av. DH2: Ches S ...1B **134**
  NE29: N Shi 1B **62**
  NE33: S Shi 3E **63**
Cleveland Cres. NE29: N Shi ...1C **62**
Cleveland Dr. NE38: Wash 4H **113**
Cleveland Gdns. NE7: H Hea ...4A **58**
  NE28: W'snd 4F **61**
Cleveland Pl. SR8: Pet 1B **164**
Cleveland Rd. NE29: N Shi 1B **62**
  SR4: Sund 3H **117**
Cleveland St. NE33: S Shi 3F **63**
Cleveland Ter. DH9: Stly 4E **123**
  NE29: N Shi 1C **62**
  SR4: Sund 2A **118**
Cleveland Vw. SR6: Seab 5E **91**
Cliffe Ct. SR6: Seab 1F **105**
Cliffe Pk. SR6: Seab 1F **105**
Clifford Rd. DH9: Stly 3C **122**
  NE6: Byke 4D **70**
Clifford's Fort Moat
  NE30: N Shi 2E **63**
        (not continuous)

Clifford St. DH3: Ches S 2C **134**
  NE6: Byke 3B **70**
  NE21: Blay 6A **66**
  NE30: N Shi 1E **63**
  SR4: Sund 1A **118**
Clifford Ter. DH3: Ches S 1C **134**
Cliff Rd. SR2: Ryh 3G **133**
Cliff Row NE30: Whit B 1E **49**
Cliffside NE34: S Shi 3C **76**
Cliff Ter. SR2: Ryh 3G **133**
  SR8: Eas 2B **162**
Cliff Vw. SR2: Ryh 3G **133**
Clifton Av. NE28: W'snd 5H **59**
  NE34: S Shi 2G **75**
Cliftonbourne Av. SR6: Seab ...1E **105**
Clifton Cl. NE40: Ryton 5E **65**
Clifton Ct. NE3: Ken 6H **41**
  NE9: Spri 4E **99**
  NE25: Monks 4A **36**
Clifton Gdns. NE9: Low F 4H **83**
  NE24: News 3B **18**
  NE29: N Shi 4A **62**
        (not continuous)
Clifton Gro. NE25: Monks 5A **36**
Clifton Rd. NE4: Benw 4A **68**
  NE23: Cra 4C **22**
  SR6: Seab 2E **105**
Clifton Sq. SR8: Pet 6D **162**
Clifton Ter. NE12: Longb 6D **44**
  NE26: Whit B 6D **36**
  NE33: S Shi 2E **75**
Cliftonville Av. NE4: Benw 4A **68**
Cliftonville Gdns. NE26: Whit B ..5C **36**
Clifton Wlk. NE5: Cha P 5H **53**
Clintburn Ct. NE23: Cra 1C **22**
Clinton Pl. NE3: Gos 3D **42**
  SR3: E Her 3E **131**
Clipsham Cl. NE12: Longb 1B **58**
Clipstone Av. NE6: Walk 6E **71**
Clipstone Cl. NE15: Thro 5C **52**
Clitheroe Gdns. NE22: Bed 3F **9**
Clive Pl. NE6: Byke 4B **70**
Clive St. NE29: N Shi 2D **62**
  NE34: S Shi 5C **74**
Clockburn Lonnen NE16: Whi ...6B **80**
Clockburnsyde Cl. NE16: Whi ...6C **80**
Clockmill Rd. NE8: Dun 2C **82**
Clockstand Cl. SR6: Roker 3E **105**
Clockwell St. SR5: S'wck 4H **103**
Cloggs, The NE20: Pon 4F **27**
Cloister Av. NE34: S Shi 4C **74**
Cloister Ct. NE8: Gate 6H **69**
Cloister Gth. NE7: Longb 2H **57**
Cloisters, The NE7: Longb 2H **57**
  NE34: S Shi 2H **75**
  SR2: Sund 2D 118
        (off Mowbray Rd.)
Cloister Wlk. NE32: Jar 2G **73**
Close NE1: Newc T 6D **4** (5F **69**)
Close, The DH1: Carr 4B **156**
  DH2: Ches S 4C **126**
  DH5: Hou S 3B **138**
  NE5: W Dent 1C **66**
  NE16: Burn 6A **94**
  NE20: Pon 6E **27**
  NE21: Winl 2G **79**
  NE23: Seg 2F **33**
  NE24: Bly 4C **12**
  SR6: Clead 2H **89**
Closeburn Sq. SR3: Silk 3B **132**
Close E., The DH2: Ches S 4C **126**
Closefield Gro. NE25: Monks ...1A **48**
Close Ho. Est. NE15: Hed W ...6F **51**
Close St. SR4: Sund 6A **104**
  SR5: S'wck 4B **104**

Cloth Mkt. NE1: Newc T . . .5D **4** (4F **69**)
CLOUGH DENE 4G **107**
Clough Dene DH9: Tant 4G **107**
NE16: Hob 4G **107**
Clough La. NE1: Newc T 5D **4**
Clousden Dr. NE12: Longb 4E **45**
Clousden Grange NE12: Kil 4E **45**
Clousden Hill NE12: Longb 4E **45**
Clovelly Av. NE4: Benw 4A **68**
Clovelly Gdns. NE22: Bed 5H **9**
NE26: Whit B 5C **36**
Clovelly Pl. NE20: Darr H 3C **38**
NE32: Jar 4A **74**
Clovelly Rd. SR5: Sund 2B **102**
Clovelly Sq. SR5: Sund 2C **102**
Clover Av. DH4: S Row 4F **129**
NE10: Gate 1B **84**
NE21: W Mill 5A **80**
Cloverdale NE22: Bed 4G **9**
Cloverdale Ct. NE6: Walk 2G **71**
Cloverdale Gdns. NE7: H Hea 4B **58**
NE16: Whi 6F **81**
Cloverfield NE27: Back, Shir 3B **46**
Cloverfield Av. NE3: Ken 1B **56**
Clover Hill NE16: Sun 3F **95**
(not continuous)
NE32: Jar 2G **87**
Cloverhill Av. NE31: Heb 6B **72**
Cloverhill Cl. NE23: Dud 2A **32**
Cloverhill Ct. DH9: Stly 5F **123**
Cloverhill Dr. NE40: Craw 5A **64**
Clover Laid DH7: B'don 6C **158**
Clowes Ter. DH9: Ann P 5F **121**
Clowes Wlk. DH9: Stly 2F **123**
Club La. DH1: Dur 4H **153**
Clumber St. NE4: Elsw 6C **68**
(not continuous)
Cluny Gallery, The **3A 70**
Clyde Av. NE31: Heb 6C **72**
Clyde Ct. SR3: Silk 3H **131**
Clydedale Av. NE12: Longb 6C **44**
Clydesdale Av. DH4: Pen 2F **129**
Clydesdale Gth. DH1: P Me 5C **144**
Clydesdale Mt. NE6: Byke 4C **70**
Clydesdale Rd. NE6: Byke 4C **70**
Clydesdale St. DH5: Hett H 3C **148**
Clyde St. DH9: Stly 2F **123**
NE8: Gate 3A **84**
Clyvedon Ri. NE34: S Shi 6A **76**
Coach Ho. Ct. NE9: Low F 5B **84**
Coach La. NE7: Longb 2C **58**
NE12: Longb 2C **58**
NE13: Haz 1G **41**
NE29: N Shi 2C **62**
Coach Open NE28: W'snd 6F **61**
Coach Rd. NE11: Lob H, Rave 6D **82**
NE15: Thro 5C **52**
NE28: W'snd 6A **60**
NE37: Wash 4A **100**
Coach Rd. Est. NE37: Wash 4A **100**
Coach Rd. Grn. NE10: Fall 1C **84**
Coalbank Rd. DH5: Hett H 3B **148**
Coalbank Sq. DH5: Hett H 3B **148**
Coalburn Ter. NE61: Hep 1A **8**
Coaley La. DH4: Hou S, Nbot . . .6G **129**
Coalford La. DH6: H Pitt, Litt 2G **157**
Coalford Rd. DH6: S'burn 5D **156**
Coalway Dr. NE16: Whi 3F **81**
Coalway La. NE16: Swa, Whi 3F **81**
NE16: Whi 3F **81**
Coalway La. Nth. NE16: Swa 2F **81**
Coanwood Bungs. NE23: Cra 4B **22**
Coanwood Dr. NE23: Cra 4B **22**
Coanwood Gdns. NE11: Lob H . . .6D **82**
Coanwood Rd. NE15: Scot 5F **67**
Coanwood Way NE16: Sun 2F **95**
Coast Rd. NE7: H Hea 6B **58**
NE28: W'snd 4G **59**
NE29: N Shi 1F **61**
(not continuous)
NE34: S Shi . . . . . . .6H **63** & 1A **76**
SR6: Whit 2D **76**
SR8: Hor 1G **165**
TS27: B Col 1G **165**
Coates Cl. DH9: Stly 4E **123**
Coatsworth Ct. NE8: Gate 1G **83**
Coatsworth Rd. NE8: Gate 1G **83**
Cobalt Cl. NE15: Lem 1A **66**
Cobbett Cres. NE34: S Shi 6D **74**
Cobblestone Ct. NE6: Byke 4B **70**
Cobden Rd. NE23: Cra 5C **22**
Cobden St. NE8: Gate 2A **84**
NE28: W'snd 5H **59**
Cobden Ter. NE8: Gate 2A **84**
Cobham Pl. NE6: Walk 5G **71**
Cobham Sq. SR5: S'wck 3B **104**
Coble Dene NE29: N Shi 4A **62**
Coblehouse NE26: Whit B 1E **49**
Coble Landing NE33: S Shi 4D **62**
Coburg St. NE8: Gate 1H **83**
NE24: Bly 6D **12**
NE30: N Shi 1D **62**
Coburn Cl. NE23: Dud 6C **32**
Cochrane Ct. NE4: Benw 4A **68**
Cochrane Pk. Av. NE7: H Hea 4C **58**
Cochrane St. NE4: Benw 4A **68**
Cochrane Ter. DH7: Ush M 6C **152**
NE13: Din 4F **29**
Cochran St. NE21: Blay 6A **66**
Cockburn Ter. NE29: N Shi 4H **61**
Cocken La. DH3: Gt Lum 4H **135**
Cocken Lodge Farm Cvn. Pk.
DH4: Leam 2A **146**
Cocken Rd. DH1: Gt Lum 2D **144**
DH3: Gt Lum, Leam, Plaw
. . . . .2D **144**
DH4: Leam 2D **144**
Cockermouth Grn. NE5: Den M . . .1E **67**
Cockermouth Rd. SR5: Sund 2B **102**
Cockhouse La. DH7: Ush M 5A **152**
Cohen Ct. NE8: Gate 3G **83**
Colbeck Av. NE16: Swa 2F **81**
Colbeck Ter. NE30: Tyne 6F **49**
Colbourne Av. NE23: Nel V 6G **15**
Colbourne Cres. NE23: Nel V 6G **15**
Colbury Cl. NE23: Cra 5A **16**
Colby Ct. NE4: Newc T 5D **68**
Colchester St. NE34: S Shi 5C **74**
Colchester Ter. SR4: Sund 2H **117**
Coldbeck Ct. NE23: Cra 4C **22**
COLD HESLEDON **3G 151**
Cold Hesledon Ind. Est.
SR7: Cold H 2F **151**
Coldingham Gdns. NE5: Fen 5H **55**
Coldside Gdns. NE5: Cha P 4H **53**
Coldstream DH2: Ous 5A **112**
Coldstream Av. SR5: S'wck 3B **104**
Coldstream Cl. DH4: S Row 4F **129**
Coldstream Dr. NE21: Winl 3G **79**
Coldstream Gdns.
NE28: W'snd 4D **60**
Coldstream Rd. NE15: Benw 3F **67**
Coldstream Way NE29: N Shi 5G **47**
Coldwell Cl. DH6: S Het 6G **149**
Coldwell La.
NE10: Fall, Wind N 4C **84**
Coldwell Pk. Av. NE10: Fall 4C **84**
Coldwell Pk. Dr. NE10: Fall 4C **84**
Coldwell St. NE10: Fall 3D **84**
Coldwell Ter. NE10: Fall 4C **84**
Colebridge Cl. NE5: Blak 4G **55**
Colebrooke DH3: Bir 5D **112**
Cole Gdns. NE10: Ward 3G **85**
Colegate NE10: Hew 4F **85**
Colegate W. NE10: Hew 4F **85**
Colepeth NE10: Fall 4E **85**
Coleridge Av. NE9: Low F 1G **97**
NE33: S Shi 6G **63**
Coleridge Gdns. DH9: Dip 1D **120**
Coleridge Pl. DH2: P Fel 6G **125**
Coleridge Rd. SR5: Sund 3D **102**
Coleridge Sq. NE31: Heb 3C **72**
Coley Grn. NE5: Cha P 3H **53**
Coley Hill Cl. NE5: Cha P 3A **54**
Coley Ter. SR6: Ful 2E **105**
Colgrove Pl. NE3: Ken 2A **56**
Colgrove Way NE3: Ken 2B **56**
Colima Av. SR5: Sund 5D **102**
Colin Ct. NE21: Blay 5C **66**
Colin Ter. SR2: Ryh 3F **133**
College, The
DH1: Dur 4A **6** (6C **154**)
College Burn Rd.
SR3: Dox P 4G **131**
College Dr. NE33: S Shi 1G **75**
College Ho. NE1: Newc T 2E **5**
College La.
NE1: Newc T 2E **5** (3G **69**)
NE12: Longb 1C **58**
College Rd. NE31: Heb 6B **72**
College St. NE1: Newc T . . .2E **5** (3G **69**)
College Vw. DH7: Bear P 3C **152**
SR5: Monkw 4C **104**
Collier Cl. NE15: Thro 6D **52**
Collierley La. DH9: Dip 6C **106**
Colliery La. DH5: Hett H 3D **148**
NE4: Newc T 4A **4** (4D **68**)
Colliery Rd. DH7: Bear P 3D **152**
NE11: Dun 1B **82**
COLLIERY ROW **3F 137**
Collin Av. NE34: S Shi 4B **76**
Colling Av. SR7: S'hm 4G **141**
(not continuous)
Collingdon Grn. NE39: H Spen . . .1A **92**
Collingdon Rd. NE39: H Spen 1A **92**
Collingwood Av. NE28: W'snd 3H **59**
Collingwood Bldgs.
NE1: Newc T 5D 4
(off Collingwood St.)
Collingwood Cen. NE29: N Shi . . .4B **48**
Collingwood Cl. NE23: Nel V 1G **21**
Collingwood Cotts. NE20: Pon 4B **26**
Collingwood Ct. NE29: N Shi 2B **62**
NE37: Wash 5D **100**
Collingwood Cres.
NE20: Darr H 1D **38**
Collingwood Dr. DH4: S Row 3E **129**
Collingwood Gdns. NE10: Fall 1D **84**
Collingwood Mans.
NE29: N Shi 3D **62**
Collingwood M. NE3: Gos 2E **57**
Collingwood Rd. NE25: Well 6E **35**
Collingwood St. DH5: Hett H 5C **138**
NE1: Newc T 6D **4** (5F **69**)
NE10: Fall 2D **84**
NE31: Heb 3E **73**
NE33: S Shi 1E **75**
SR5: S'wck 3B **104**
(not continuous)
Collingwood Ter. NE2: Jes 6H **57**
NE11: Dun 2C **82**
NE24: Bly 6C **12**
NE26: Whit B 1E **49**
NE30: Tyne 6F **49**
Collingwood Vw. NE29: N Shi 2B **62**

Collingwood Wlk.
NE37: Wash 5D 100
(off Collingwood Ct.)
Collywell Bay Rd. NE26: Sea S . . .3H **25**
Collywell Ct. NE26: Sea S 3H **25**
Colman Av. NE34: S Shi 3C **74**
Colmet Ct. NE11: T Vall 1F **97**
Colnbrook Cl. NE3: Ken 6H **41**
Colombo Rd. SR5: Sund 4B **102**
Colpitts Ter. DH1: Dur 6B **154**
Colston Pl. NE12: Longb 6D **44**
Colston Ri. SR8: Pet 6C **162**
Colston St. NE4: Benw 4H **67**
Colston Way NE25: Monks 4H **35**
Coltere Av. NE36: E Bol 4G **89**
Colton Gdns. NE9: Low F 2A **98**
Coltpark NE5: W Dent 6D **54**
Coltpark Pl. NE23: Cra 4B **22**
Coltsfoot Gdns. NE10: Wind N 6C **84**
Coltspool NE11: Kib 1F **111**
Columba St. SR5: S'wck 3B **104**
Columba Wlk. NE3: Gos 2F **57**
(not continuous)
COLUMBIA 3C 114
Columbia Grange NE3: Ken 2A **56**
Columbia Ter. NE24: Bly 1C **18**
Columbo Sq. *NE8: Gate 6G **69***
(off Wordswell Dr.)
Column of Liberty 2H 93
Colville Ct. DH9: Stly 3F **123**
Colwell Pl. NE5: Fen 2G **67**
Colwell Rd. NE27: Shir 3D **46**
NE29: N Shi 4B **48**
Colwyne Pl. NE5: Blak 5F **55**
Colwyn Pde. NE31: Heb 1E **87**
Combe Dr. NE15: Lem 2H **65**
Comet Dr. SR8: Eas 1C **162**
Comet Row NE12: Kil 3C **44**
Comet Sq. SR3: New S 2A **132**
Comma Ct. NE11: Fest P 4D **82**
Commerce Way DH4: Hou S 4G **137**
Commercial Bldgs. *NE24: Bly 5C **12***
(off Church St.)
Commercial Rd. NE3: Gos 2G **57**
NE6: Byke 4C **70**
NE24: Bly 5C **12**
NE32: Jar 1G **73**
(not continuous)
NE33: S Shi 6D **62**
SR2: Sund 2F **119**
Commercial Sq. DH7: B'don 5E **159**
Commercial St. DH7: B'don 4E **159**
NE21: Winl 2H **79**
Commercial Way NE23: Cra 3A **22**
Commissioners Wharf
NE29: N Shi 5C **62**
Community North Sports Complex
. . . . .1E 103
Community Recreation Cen. 3B 54
Compton Av. NE34: S Shi 2F **75**
Compton Ct. NE38: Wash 2H **113**
Compton Rd. NE29: N Shi 2B **62**
CONCORD 4B 100
Concorde Ho. NE25: H'wll 2C **34**
Concorde Sq. SR3: New S 2A **132**
Concorde Way NE32: Jar 3F **73**
Concord Ho. NE5: W Dent 5D **54**
NE37: Wash 5B **100**
Concordia Leisure Cen. 3A 22
Condercum Ct. NE15: Benw 4G **67**
Condercum Ind. Est.
NE4: Benw 4H **67**
Condercum Rd. NE4: Benw 4H **67**
Condercum Rd. Bk. NE4: Benw . . .4H **67**
Cone St. NE33: S Shi 5D **62**
Cone Ter. DH3: Ches S 6D **126**
Conewood Ho. NE3: Ken 1B **56**
Cong Burn Vw. DH2: P Fel 6G **125**
Conhope La. NE4: Benw 4H **67**
Conifer Cl. DH1: Dur 4G **155**
NE21: Winl 3H **79**
Conifer Ct. NE12: Longb 5F **45**
Coningsby Cl. NE3: Gos 5F **43**
Coniscliffe Av. NE3: Ken 4B **56**
Coniscliffe Pl. SR6: Roker 4E **105**
Coniscliffe Rd. DH9: Stly 3B **122**
Coniscliffe Ter. *SR8: Eas 2B **162***
(off Thorpe Rd.)
Conishead Ter. DH6: S Het 5H **149**
Coniston DH3: Bir 5D **112**
NE10: Pel 3G **85**
Coniston Av. DH5: Eas L 5E **149**
NE2: Jes 5G **57**
NE16: Whi 4H **81**
NE31: Heb 4D **72**
SR5: Ful 1C **104**
Coniston Cl. DH1: Carr 3C **156**
DH2: Ches S 1C **134**
NE12: Kil 2C **44**
NE15: Newb 2E **65**
SR8: Pet 1E **165**
Coniston Ct. NE5: Den M 1F **67**
NE24: Cow 4G **11**
Coniston Cres. NE21: Winl 3H **79**
Coniston Dr. NE32: Jar 6H **73**
Coniston Gdns. NE9: Low F 6B **84**
Coniston Grange NE36: E Bol 3D **88**
Coniston Ho. NE38: Wash 1A **114**
Coniston Pl. NE9: Low F 6B **84**
Coniston Rd. NE24: Cow 4F **11**
NE28: W'snd 3D **60**
NE30: Cull 3B **48**
Connaught Cl. DH4: S Row 4G **129**
Connaught Gdns. NE12: Longb . . .6D **44**
Connaught M. *NE2: Jes 6G **57***
(off Bk. St George's Ter.)
Connaught Ter. NE32: Jar 3F **73**
Connolly Ho. NE34: S Shi 6F **75**
Consett Rd. NE11: Lob H 6B **82**
Consort Pl. NE12: Longb 1A **58**
Constable Cl. DH9: Stly 3D **122**
NE40: Ryton 5C **64**
Constable Gdns. NE34: S Shi 6E **75**
Constables Gth. DH3: Bir 3C **112**
Constance St. DH2: Pelt 2G **125**
Constitutional Hill DH1: Dur 5E **155**
Content St. NE21: Blay 2A **80**
Convent Rd. NE4: Fen 2H **67**
(not continuous)
Conway Cl. NE22: Bed 4F **9**
NE40: Ryton 5D **64**
Conway Dr. NE7: H Hea 3A **58**
Conway Gdns. NE28: W'snd 3G **59**
SR3: E Her 2F **131**
Conway Gro. NE26: Sea S 2F **25**
Conway Pl. DH2: Ous 1H **125**
Conway Rd. SR5: Sund 3B **102**
Conway Sq. NE9: Low F 3A **84**
SR5: Sund 3B **102**
Conyers Av. DH2: Ches S 4B **126**
Conyers Cres. SR8: Hor 4E **163**
Conyers Gdns. DH2: Ches S 4B **126**
Conyers Pl. DH2: Ches S 4B **126**
Conyers Rd. DH2: Ches S 4B **126**
NE6: Byke 3B **70**
Cook Av. DH7: Bear P 4C **152**
Cook Cl. NE33: S Shi 1D **74**
Cook Cres. SR7: Mur 2B **150**
Cooke's Wood DH7: Bro 1E **159**
Cook Gdns. NE10: Ward 3H **85**
Cook Gro. SR8: Hor 4E **163**
Cook's Cotts. DH7: Ush M 5B **152**
Cookshold La.
DH6: H Pitt, S'burn 6E **157**
Cookson Cl. NE4: Newc T 4D **68**
Cookson Ho. NE33: S Shi 4E **63**
Cookson Pl. DH9: Stly 4F **123**
Cookson's La. NE1: Newc T 5F **69**
Cookson St. NE4: Newc T 4C **68**
Cookson Ter. DH2: Ches S 6B **126**
SR7: Mur 3D **150**
Cook Sq. SR5: Sund 3C **102**
Cooks Wood NE38: Wash 4B **114**
Coomassie Rd. NE24: Bly 6C **12**
Coomside NE23: Cra 5C **22**
Coop Bldgs. DH3: Bir 3C **112**
Co-operative Bldgs. DH9: Dip . . .1C **120**
NE25: Sea D 6B **24**
Co-operative Cres.
NE10: Wind N 4C **84**
Cooperative St. DH3: Ches S 5C **126**
Co-operative Ter. DH2: Gra V . . .5C **124**
DH2: Pelt 2C **124**
DH4: Hou S 2D **136**
DH5: Hett H 1C **148**
DH7: New B 1A **158**
DH9: Dip 1C **120**
NE10: Wind N 4C **84**
NE12: Longb 4G **45**
NE13: Bru V 5C **30**
NE16: Burn 1H **107**
NE27: Shir 4C **46**
(Cramlington Ter.)
NE27: Shir 2C **46**
(St Mark's Ct.)
NE37: Wash 5C **100**
NE39: H Spen 6A **78**
SR4: Sund 2A **118**
Co-operative Ter. E. DH9: Dip . . .1D **120**
Co-operative Ter. W.
DH9: Dip 1C **120**
Cooperative Vs. DH6: S Hil 6H **157**
Co-operative Vs.
DH7: Lang M 4G **159**
Cooper Sq. DH1: Dur 4F **155**
Cooper St. SR6: Roker 3E **105**
Copeland Ct. DH1: Dur 1A **160**
Copenhagen Ho. NE1: Newc T 5G **5**
Copland Ter.
NE2: Newc T 3G **5** (3H **69**)
Copley Av. NE34: S Shi 1E **89**
Copley Dr. SR3: Sund 5B **118**
Copperas La. NE15: Den M 2D **66**
Copperfield DH1: Dur 2A **160**
Coppergate Ct. NE31: Heb 2D **72**
Coppers Cl. NE11: Fest P 4D **82**
Coppice, The NE26: Sea S 3G **25**
SR8: Eas, Eas C 1D **162**
Coppice Way
NE2: Newc T 2G **5** (3H **69**)
Coppy La. DH9: Beam 2F **109**
NE16: Marl H 2F **109**
Copse, The NE3: Gos 5F **43**
NE12: Longb 4E **45**
NE16: Burn 1F **107**
NE21: Blay 1D **80**
NE37: Wash 3H **99**
Coptleigh DH5: Hou S 4C **138**
Coquet NE38: Wash 6F **113**
Coquet Av. NE3: Gos 1D **56**
NE24: News 2C **18**
NE26: Whit B 6C **36**
NE34: S Shi 1B **76**
Coquet Bldgs. NE15: Walb 6H **53**
Coquet Cl. SR8: Pet 2C **164**

Coquetdale Av. NE6: Walk 3G 71
Coquetdale Pl. NE22: Bed 4C 10
Coquetdale Vs.
    SR6: Roker 3E 105
Coquet Dr. DH2: Ous 1G 125
Coquet Gdns. DH9: Stly 5C 122
    NE28: W'snd 5C 60
Coquet Gro. NE15: Thro 5C 52
Coquet Ho. SR3: Silk 3H 131
Coquet Ter. NE1: Newc T . .4H 5 (4H 69)
    NE31: Heb 3B 72
    NE32: Jar 4E 73
Coquet Ter. NE6: Heat 6C 58
    NE23: Dud 3H 31
Corbett St. SR7: S'hm 3H 141
    (not continuous)
Corbiere Cl. SR3: Silk 3G 131
Corbitt St. NE8: Gate 2E 83
Corbridge Av. NE13: W Op 5D 30
Corbridge Cl. NE28: W'snd 1C 60
Corbridge Ct. NE12: Longb 1H 57
Corbridge Rd. NE6: Byke 3C 70
Corbridge St. NE6: Byke 3B 70
Corby Gdns. NE6: Walk 3F 71
Corby Ga. SR2: Sund 3D 118
Corby Gro. SR8: Pet 4A 164
Corby Hall Dr. SR2: Sund 3D 118
Corby M. SR2: Sund 3D 118
Corchester Rd. NE22: Bed 3G 9
Corchester Wlk. NE7: Longb 3B 58
Corcyra St. SR7: S'hm 5B 142
Corfu Rd. SR5: Sund 3C 102
Corinthian Sq. SR5: Sund 3C 102
Cork St. SR1: Sund 6E 105
Cormorant Cl. NE24: News 3D 18
    NE38: Wash 4F 113
Cormorant Dr. NE11: Dun 1C 82
Cornbank Cl. SR3: Dox P 4A 132
Corndean NE38: Wash 3E 115
Cornelia Cl. SR3: New S 2A 132
Cornelia St. SR3: New S 2A 132
Cornelia Ter. SR7: S'hm 4A 142
Cornel M. NE7: H Hea 4C 58
Cornel Rd. NE7: H Hea 4B 58
Corney St. NE33: S Shi 2D 74
Cornfield Gth. SR8: Pet 2F 165
Cornfields, The NE31: Heb 3C 72
Cornforth Cl. NE10: Ward 5A 86
Cornhill NE5: W Dent 6D 54
    NE32: Jar 2G 87
Cornhill Av. NE3: Ken 6B 42
Cornhill Cen., The
    SR5: S'wck 3B 104
    (off Goschen St.)
Cornhill Cl. NE29: N Shi 6H 47
Cornhill Cres. NE29: N Shi 6H 47
    (not continuous)
Cornhill Rd. NE23: Cra 3C 22
    SR5: S'wck 3B 104
Corn Mill Dr. DH5: Hou S 5H 137
Cornmoor Gdns. NE16: Whi 6F 81
Cornmoor Rd. NE16: Whi 5F 81
Cornsay Cres. DH2: Ous 5H 111
Cornthwaite Dr. SR6: Whit 2E 91
Cornwall Ct. SR7: Mur 2D 150
CORNWALL ESTATE 2D 150
Cornwallis NE37: Wash 4C 100
Cornwallis Sq. NE33: S Shi 6D 62
Cornwallis St. NE33: S Shi 4E 63
Cornwall Rd. NE31: Heb 6D 72
Cornwall St. SR8: Eas C 1F 163
Cornwall Wlk. DH1: Carr 4B 156
Cornwell Ct. NE3: Gos 3H 57
Cornwell Cres. NE22: Bed 5B 10

Coronation Av. DH1: Carr 3B 156
    NE16: Sun 3F 95
    SR2: Ryh 3F 133
    SR8: Hor 1G 165
Coronation Bldgs. SR5: S'wck . .3H 103
    (off Park Ter.)
Coronation Bungs. NE3: Gos 2F 57
Coronation Cl. SR1: Sund 6E 105
Coronation Cres.
    DH4: Hou S 1G 137
    DH6: Low P 1F 157
    NE25: Monks 6B 36
Coronation Grn. DH5: Eas L 5F 149
Coronation Rd. NE5: Cha P 4H 53
    NE16: Sun 3F 95
    NE25: Sea D 6A 24
Coronation Sq. DH6: S Het 6B 150
Coronation St. DH2: Pelt 3E 125
    DH3: Ches S 2D 134
    NE23: Dud 2B 32
    NE24: Bly 1C 18
    NE28: W'snd 5A 60
    NE29: N Shi 3C 62
    NE33: S Shi 5E 63
    NE40: Ryton 5E 65
    SR1: Sund 3H 7 (6E 105)
    (not continuous)
Coronation Ter. DH1: Dur 6A 156
    DH2: Gra V 5D 124
    DH3: Ches S 2C 134
    DH5: Hett H 3C 148
    DH9: Ann P 1H 121
    NE9: Spri 4F 99
    NE11: Kib 1E 111
    NE29: N Shi 4F 47
    NE35: Bol C 2A 88
Corporation Quay 5F 105
Corporation Rd. SR2: Sund 3F 119
Corporation St.
    NE4: Newc T 5A 4 (4D 68)
Corporation Yd. NE15: Newb 1F 65
Corriedale Cl. DH1: P Me 5C 144
Corrighan Ter. DH5: E Rain 1G 147
Corrofell Gdns. NE10: Fall 1E 85
Corry Ct. SR4: Sund 3G 117
Corsair NE16: Whi 5D 80
Corsenside NE5: W Dent 6D 54
Corstophine Town NE33: S Shi . . .1D 74
Cortina Av. SR4: Sund 3F 117
Corvan Ter. DH9: Tant 5G 107
Cosford Ct. NE3: Ken 6G 41
Cossack Ter. SR4: Sund 6G 103
Cosserat Pl. NE31: Heb 2B 72
Cosser St. NE24: News 3H 17
Coston Dr. NE33: S Shi 4E 63
    (not continuous)
Cosyn St. NE6: Byke 4A 70
Cotehill Dr. NE20: Darr H 1B 38
Cotehill Rd. NE5: Den M 6F 55
Cotemede NE10: Hew 5G 85
Cotemede Ct. NE10: Hew 5G 85
Cotfield Wlk. NE8: Gate 2F 83
Cotgarth, The NE10: Fall 4E 85
Cotherstone Ct. SR3: Sund 5B 118
Cotherstone Rd. DH1: Dur 1D 154
Cotman Gdns. NE34: S Shi 1F 89
Cotsford Cres. SR8: Hor 1G 165
Cotsford Grange SR8: Hor 1H 165
Cotsford La. SR8: Hor 1G 165
Cotsford Pk. Est. SR8: Hor 1H 165
Cotswold Dr. DH2: Ches S 1A 134
    (not continuous)
    NE12: Longb 4B 44
Cotswold Cl. NE38: Wash 3H 113
Cotswold Dr. NE25: Whit B 2B 48

Cotswold Gdns. NE7: H Hea 4A 58
    NE11: Lob H 4C 82
Cotswold Pl. SR8: Pet 6B 162
Cotswold Rd. NE29: N Shi 3A 48
    SR5: Sund 3C 102
Cotswolds La. NE35: Bol C 2A 88
Cotswold Sq. SR5: Sund 2C 102
Cotswold Ter. DH9: Stly 4E 123
Cottage Farm NE7: H Hea 4D 58
Cottage Gdns. SR6: Clead 2A 90
Cottage La. NE5: Fen 6H 55
Cottages, The NE11: Lame 4G 97
    SR8: Hor 4E 163
Cottages Rd. SR7: S'hm 5B 142
Cottenham Chare NE4: Newc T . .4D 68
Cottenham St. NE4: Newc T 4D 68
Cotterdale NE28: W'snd 2F 59
Cotterdale Av. NE8: Gate 3H 83
    (off Patterdale Ter.)
Cotter Riggs Pl. NE5: Cha P 5H 53
Cotter Riggs Wlk. NE5: Cha P . . .5H 53
Cottersdale Gdns. NE5: Cha P . . .4H 53
Cottingham Cl. SR8: Pet 6B 162
Cottingwood Ct. NE4: Newc T . . .3D 68
Cottingwood Gdns.
    NE4: Newc T 3D 68
Cottingwood Grn. NE24: News . . .4A 18
Cottonwood DH4: S Row 3D 128
    SR3: Dox P 4G 131
Coulthards La. NE8: Gate 6H 69
Coulthards Pl. NE8: Gate 5A 70
Coulton Dr. NE36: E Bol 4F 89
Council Av. DH4: S Row 3F 129
Council Ter. NE37: Wash 6B 100
Counden Rd. NE5: West 4C 54
Countess Av. NE26: Whit B 6C 36
Countess Cl. SR7: S'hm 3A 142
Countess Dr. NE15: Den M 2E 67
Country M. NE33: S Shi 6F 63
Counts House 5B 6 (1C 160)
County Hall Bldgs. DH1: Dur 4B 154
County Show Ground (Agricultural)
    . . . . .5B 128
Coupland Gro. NE32: Jar 6F 73
Court, The NE16: Whi 5G 81
Courtfield Rd. NE6: Walk 1F 71
Court La. DH1: Dur 4C 6 (6D 154)
Courtney Ct. NE3: Ken 6G 41
Courtney Dr. DH2: Ous 2H 125
    SR3: New S 1H 131
Court Rd. NE22: Bed 4H 9
Court St. SR8: Eas C 1F 163
Courtyard, The DH9: Tan L 1A 122
    NE11: Lame 4G 97
Cousin St. SR1: Sund 6E 105
Coutts Rd. NE6: Walk 1E 71
Cove, The DH4: S Row 3F 129
Coventry Gdns. NE4: Benw 5A 68
    NE29: N Shi 3A 62
Coventry Rd. DH1: Dur 6E 145
Coventry Way NE32: Jar 1F 87
Coverdale NE10: Hew 5G 85
    NE28: W'snd 2F 59
Coverdale Av. NE24: Cow 6G 11
    NE37: Wash 5A 100
Coverdale Wlk. NE33: S Shi 2D 74
Coverley DH3: Gt Lum 3G 135
Coverley Rd. SR5: Sund 3D 102
Covers, The NE12: Longb 1E 59
    NE16: Swa 2D 80
    NE28: W'snd 4H 59
Cowan Cl. NE21: Blay 5G 65
Cowans Av. NE12: Kil 1C 44
Cowan Ter. SR1: Sund . . .5G 7 (1D 118)
Cowdray Ct. NE3: Ken 6G 41

Cowdray Rd. SR5: Sund 3D **102**
Cowdrey Ho. *NE29: N Shi 4H* ***61***
(off St John's Grn.)
Cowell Gro. NE39: Row G 3C **92**
Cowell St. SR8: Hor 6F **163**
Cowen Gdns. NE9: Low F 4A **98**
Cowen Rd. NE21: Blay 6B **66**
Cowen St. NE6: Walk 3F **71**
NE21: Winl 3H **79**
Cowen Ter. NE39: Row G 2F **93**
COWGATE **6H 55**
Cowgate
NE1: Newc T 5F **5** (4G **69**)
Cowgate Leisure Cen. **4H 55**
Cowley Cres. DH5: E Rain 1G **147**
Cowley Pl. NE24: Cow 5H **11**
Cowley Rd. NE24: Cow 4H **11**
Cowpath Gdns. NE10: Pel 2G **85**
COWPEN **5G 11**
Cowpen Hall Rd. NE24: Cow 5G **11**
COWPEN NEW TOWN **4G 11**
Cowpen Rd. NE24: Bly, Cow 5F **11**
(not continuous)
Cowpen Sq. NE24: Bly 4B **12**
Cowper Ter. NE12: Longb 4C **44**
Cox Chare NE1: Newc T . . .5G **5** (4H **69**)
Coxfoot Cl. NE34: S Shi 4E **75**
COX GREEN **4F 115**
Coxgreen Rd. DH4: Pen 1E **129**
SR4: Cox G 1E **129**
COXLODGE **2C 56**
Coxlodge Rd. NE3: Gos 2C **56**
Coxlodge Ter. NE3: Gos 2C **56**
Coxon St. NE10: Bill Q 1H **85**
SR2: Sund 2E **119**
Coxon Ter. NE10: Fall 2C **84**
Cradock Av. NE31: Heb 5B **72**
Cragdale Gdns. DH5: Hett H 3B **148**
Cragdale Vs. SR7: Dalt D 6G **141**
Craggyknowe NE37: Wash 1F **113**
Craghall Dene NE3: Gos 3G **57**
Craghall Dene Av. NE3: Gos 3G **57**
CRAGHEAD **6G 123**
Craghead La. DH9: Crag 6G **123**
Craghead Rd. DH2: P Fel 5G **125**
Cragleas NE16: Hob 3G **107**
Cragside DH2: Ches S 5A **126**
NE7: H Hea 4B **58**
NE13: W Op 5D **30**
NE23: Cra 5B **22**
NE26: Whit B 4A **36**
NE34: S Shi 4B **76**
NE37: Wash 6G **99**
Cragside Av. NE29: N Shi 5H **47**
Cragside Ct. DH5: Hou S 3B **138**
DH9: Ann P 6F **121**
NE4: Benw 6A **68**
Cragside Gdns. NE11: Lob H 6C **82**
NE12: Kil 1F **45**
NE22: Bed 2B **10**
NE28: W'snd 4D **60**
Cragston Av. NE5: Blak 4G **55**
Cragston Cl. NE5: Blak 5G **55**
Cragston Ct. NE5: Blak 5G **55**
Cragston Way NE5: Blak 5G **55**
Cragton Gdns. NE24: Cow 6H **11**
Craigavon Rd. SR5: Sund 4D **102**
Craig Cres. NE23: Dud 3A **32**
Craigend NE23: Cra 4C **22**
Craighill DH4: S Row 3E **129**
Craiglands, The *SR3: Sund 4C* ***118***
(off Tunstall)
Craigmillar Av. NE5: Blak 4G **55**
Craigmillar Cl. NE5: Blak 4F **55**
Craigmill Pk. NE24: Cow 5G **11**
Craigmont Ct. *NE12: Longb 1D* ***58***
(off West Av.)
Craigshaw Rd. SR5: Sund 2B **102**
Craigshaw Sq. SR5: Sund 2B **102**
Craigside Ct. NE11: Lob H 6C **82**
Craig St. DH3: Bir 3C **112**
Craig Ter. SR8: Eas 2B **162**
Craigwell Dr. SR3: Dox P 5A **132**
Crake Way NE38: Wash 5F **113**
Cramer St. NE8: Gate 2H **83**
CRAMLINGTON **3A 22**
Cramlington Rd. NE23: Dud 2A **32**
SR5: Sund 4B **102**
Cramlington Sports Cen. **5A 22**
Cramlington Sq. SR5: Sund 3B **102**
Cramlington Station (Rail) **2H 21**
Cramlington Ter. NE24: News 3A **18**
NE27: Shir 4C **46**
CRAMLINGTON VILLAGE **2B 22**
Cramond Ct. NE9: Low F 2G **97**
Cramond Way NE23: Cra 5B **22**
Cranberry Dr. NE38: Wash 4C **114**
Cranberry Rd. SR5: Sund 3C **102**
Cranberry Sq. SR5: Sund 3C **102**
Cranborne SR3: E Her 3E **131**
Cranbourne Gro. NE30: Cull 2D **48**
Cranbrook SR3: Sund 4A **118**
Cranbrook Av. NE3: Gos 6E **43**
Cranbrook Ct. NE3: Ken 6A **42**
Cranbrook Rd. NE15: Scot 5F **67**
Cranesville NE9: Low F 6C **84**
(not continuous)
Craneswater Av. NE26: Whit B . . .2B **36**
Cranfield Pl. NE15: Lem 2A **66**
Cranford Gdns. NE15: Lem 2C **66**
Cranford St. NE34: S Shi 3E **75**
Cranford Ter. SR4: Sund 2A **118**
SR8: Eas 1B **162**
Cranham Cl. NE12: Kil 1F **45**
Cranlea NE3: Ken 1G **55**
Cranleigh DH3: Gt Lum 4G **135**
Cranleigh Av. NE3: Ken 6G **41**
Cranleigh Pl. NE25: Monks 5H **35**
Cranleigh Rd. SR5: Sund 3C **102**
Cranshaw Pl. NE23: Cra 4B **22**
Cranston Pl. SR2: Ryh 3G **133**
Crantock Rd. NE3: Ken 2B **56**
Cranwell Ct. NE3: Ken 6G **41**
Cranwell Dr. NE13: W Op 5D **30**
Craster Av. NE12: Longb 4F **45**
NE27: Shir 2C **46**
NE34: S Shi 1B **76**
Craster Cl. DH2: Ches S 2A **134**
NE24: Bly 6A **12**
NE25: Monks 5H **35**
Craster Ct. NE11: T Vall 5E **83**
NE23: Cra 3A **22**
Craster Gdns. NE28: W'snd 4D **60**
Craster Rd. NE29: N Shi 2H **61**
Craster Sq. NE3: Gos 1C **56**
Craster Ter. NE7: H Hea 5B **58**
Crathie DH3: Bir 6C **98**
Craven Ct. SR6: Roker 4F **105**
Crawfields Ct. NE12: Longb 1H **57**
Crawford Av. SR8: Pet 5D **162**
Crawford Av. W. SR8: Pet 5C **162**
Crawford Cl. DH6: S'burn 6D **156**
Crawford Ct. SR3: Silk 3H **131**
Crawford Gdns. NE40: Craw 5A **64**
Crawford Pl. NE25: Monks 1A **48**
Crawford St. NE24: Bly 4B **12**
Crawford Ter. NE6: Walk 4F **71**
Crawhall Rd.
NE1: Newc T 4H **5** (4H **69**)
Crawlaw Bungs. SR8: Eas C 1E **163**
Crawlaw Rd. SR8: Eas C 1D **162**
Crawley Av. NE31: Heb 6B **72**
Crawley Gdns. NE16: Whi 4G **81**
Crawley Rd. NE28: W'snd 6H **59**
Crawley Sq. NE31: Heb 6B **72**
Craythorne Gdns. NE6: Heat 5C **58**
Creevelea NE38: Wash 4A **114**
Creighton Av. NE3: Ken 4A **56**
Creland Way NE5: Blak 4G **55**
Crescent, The DH2: Ches M 4A **134**
DH2: Ches S 6B **126**
DH2: Ous 1H **125**
DH4: Nbot 5H **129**
DH4: W Rai 3D **146**
DH5: Hett H 2C **148**
DH6: S'burn 6D **156**
DH9: Tan L 1B **122**
NE7: Longb 2B **58**
NE11: Dun 3B **82**
NE11: Kib 1E **111**
NE13: Wool 1F **55**
NE15: Thro 5D **52**
NE16: Sun 3F **95**
NE16: Whi 5G **81**
NE20: Darr H 2A **38**
NE23: Seg 2F **33**
NE26: Whit B 1D **48**
NE28: W'snd 4H **59**
NE30: Tyne 5E **49**
NE32: Jar 5E **73**
NE34: S Shi 5H **75**
NE39: H Spen 2A **92**
NE39: Row G 3F **93**
NE40: Ryton 4D **64**
SR3: New S 6A **118**
SR6: Clead 3H **89**
Crescent Cl. DH6: S'burn 6D **156**
Crescent Va. *NE26: Whit B 1C* ***48***
(off Jesmond Ter.)
Crescent Way NE12: Longb 5E **45**
Crescent Way Nth. NE12: Longb . .5E **45**
Crescent Way Sth. NE12: Longb . .5E **45**
Creslow NE10: Hew 5F **85**
Cressbourne Av. SR6: Seab 1E **105**
Cresswell Av. NE12: Longb 4E **45**
NE26: Sea S 3G **25**
NE29: N Shi 6B **48**
SR8: Hor 1G **165**
Cresswell Cl. NE21: Winl 3G **79**
NE25: Monks 2A **48**
Cresswell Ct.
SR2: Sund 6F **7** (2C **118**)
Cresswell Dr. NE3: Ken 6A **42**
NE24: Bly 2A **18**
Cresswell Rd. NE28: W'snd 6G **59**
Cresswell St. NE6: Walk 3D **70**
(not continuous)
Cresswell Ter.
SR2: Sund 6F **7** (2C **118**)
Crest, The NE13: Din 4F **29**
NE22: Bed 4G **9**
NE26: Sea S 5H **25**
Cresthaven NE10: Hew 5E **85**
Crewe Av. DH1: Dur 6H **155**
Crichton Av. DH3: Ches S 2D **134**
Cricket Ter. NE16: Burn 1G **107**
Cricklewood Dr. DH4: Pen 2F **129**
Cricklewood Rd. SR5: Sund 4B **102**
Criddle St. NE8: Gate 5A **70**
Crieff Gro. NE32: Jar 6H **73**
Crieff Sq. SR5: Sund 3B **102**
Crigdon Hill NE5: W Dent 6D **54**
Crighton NE38: Wash 2G **113**
Crimdon Gro. DH4: Hou S 4G **137**
Crimea Rd. SR5: Sund 3B **102**

Crindledykes NE38: Wash 5C **114**
Cripps Av. NE10: Ward 3H **85**
Crispin Ct. NE5: West 4D **54**
Crocus Cl. NE21: Winl 1G **79**
Croft, The DH6: S Hil 6H **157**
DH9: Ann P 6E **121**
NE3: Ken 3C **56**
NE12: Kil 1E **45**
NE22: Nedd 5C **8**
NE40: Ryton 5D **64**
Croft Av. NE12: Longb 6E **45**
NE28: W'snd 5A **60**
SR4: Sund 1A **118**
Croft Cl. NE40: Ryton 5D **64**
Croftdale Rd. NE21: Blay 1A **80**
Crofters Cl. NE23: Dud 2A **32**
Crofthead Dr. NE23: Cra 5B **22**
Crofton Mill Ind. Est.
NE24: Bly 6D **12**
Crofton St. NE24: Bly 6C **12**
NE34: S Shi 3E **75**
Crofton Way NE15: Lem 2H **65**
Croft Pk. **1C 18**
Croft Rigg DH7: B'don 6C **158**
Croft Rd. NE24: Bly 6C **12**
Crofts, The NE20: Pon 5F **27**
*SR7: Mur 3D **150***
(off East Vw.)
Croftside DH3: Bir 2C **112**
Croftside Av. SR6: Whit 2F **91**
Croftside Ho. SR3: Dox P 4H **131**
Crofts Pk. NE61: Hep 1A **8**
Croft Stairs NE1: Newc T . . .5F **5** (4G **69**)
Croft St. NE1: Newc T 4E **5** (4G **69**)
Croftsway NE4: Elsw 5B **68**
Croft Ter. DH9: Ann P 5G **121**
NE32: Jar 3F **73**
Croft Vw. NE12: Kil 3E **45**
Croft Vs. NE40: G'sde 1A **78**
Croftwell Cl. NE21: Blay 2B **80**
Cromarty DH2: Ous 5H **111**
Cromarty St. SR6: Ful 3D **104**
Cromdale Pl. NE5: Den M 6F **55**
Cromer Av. NE9: Low F 2H **97**
Cromer Ct. NE9: Low F 2A **98**
Cromer Gdns. NE2: Jes 4G **57**
NE26: Whit B 5C **36**
Crompton Rd. NE6: Heat 6B **58**
Cromwell Av. NE21: Winl 1H **79**
Cromwell Ct. *NE10: Bill Q 1A **86***
(off Richmond Av.)
NE21: Blay 5G **65**
NE24: Bly 6B **12**
Cromwell Pl. NE21: Winl 2G **79**
Cromwell Rd. NE10: Bill Q 1H **85**
NE16: Whi 3G **81**
Cromwell St. NE8: Gate 2A **84**
NE21: Blay 5G **65**
SR4: Sund 6A **104**
Cromwell Ter. NE10: Bill Q 1H **85**
NE29: N Shi 1B **62**
Crondall St. NE33: S Shi 2F **75**
Cronin Av. NE34: S Shi 5D **74**
CROOKGATE BANK **1A 108**
Crook Hall Gdns. **4C 154**
Crookham Way NE23: Cra 5C **22**
CROOKHILL **5E 65**
Crookhill Ter. NE40: Ryton 5E **65**
Cropthorne NE10: Hew 5H **85**
Crosby Ct. SR2: Sund 2F **119**
Crosby Gdns. NE9: Low F 2B **98**
Crosland Pk. NE23: Nel V 6H **15**
Crosland Way NE23: Nel V 5H **15**
Cross Av. NE28: W'snd 3F **59**
Crossbank Rd. NE5: Ken 4H **55**
Crossbrook Rd. NE5: Blak 5H **55**
Cross Carliol St.
NE1: Newc T 4E **5** (4G **69**)
Cross Dr. NE40: Ryton 3C **64**
Crossfell NE20: Darr H 1C **38**
Crossfield Pk. NE10: Wind N 5C **84**
Crossfield Ter. NE6: Walk 5G **71**
Crossgate DH1: Dur 3A **6** (6B **154**)
NE33: S Shi 5E **63**
CROSSGATE MOOR **5A 154**
Crossgate Moor Gdns.
DH1: Dur 4H **153**
Crossgate Peth DH1: Dur 6A **154**
Crossgate Rd. DH5: Hett H 3C **148**
Crossgill NE37: Wash 6H **99**
Crosshill Rd. NE15: Scot 5F **67**
Cross Keys La. NE9: Low F 6H **83**
Cross La. NE11: Dun 1H **81**
NE11: Rave 2C **96**
NE16: Dun, Swa, Whi 3G **81**
Crosslaw NE5: W Dent 6D **54**
Crosslea Av. SR3: Sund 4B **118**
Crossley Ter. NE4: Fen 3B **68**
NE12: Longb 4F **45**
Cross Morpeth St.
NE2: Newc T 1D **68**
Cross Pde. NE4: Elsw, Newc T 5C **68**
(not continuous)
Cross Pl. SR1: Sund 6E **105**
Cross Rigg Cl. DH4: Pen 2D **128**
Cross Row DH1: Dur 6C **144**
NE10: Gate 2B **84**
NE40: Ryton 5E **65**
Cross Sheraton St.
*NE2: Newc T 1D **68***
(off Sheraton St.)
Cross St. DH4: Hou S 3E **137**
(Front St.)
DH4: Hou S 2H **137**
(Station Rd.)
DH6: Litt 3H **157**
NE1: Newc T 5B **4** (4E **69**)
NE6: Byke 4A **70**
NE8: Gate 2H **83**
SR8: Eas C 1F **163**
Cross Ter. NE39: Row G 4D **92**
NE40: Ryton 3C **64**
Cross Va. Rd. SR2: Sund 3C **118**
Cross Valley Ct. DH1: Dur 6A **154**
Cross Vw. Ter. DH1: Dur 1A **160**
Cross Villa Pl. No. 2
NE4: Newc T 5A **4** (4E **69**)
Cross Villa Pl. No. 3
NE4: Newc T 5A **4** (4E **69**)
Cross Villa Pl. No. 4
NE4: Newc T 5A **4** (4D **68**)
Cross Villa Pl. No. 5
NE4: Newc T 5A **4** (4D **68**)
Cross Way NE34: S Shi 4A **76**
Crossway NE2: Jes 4G **57**
NE9: Low F 5B **84**
(Broadway)
NE9: Low F 5A **84**
(Sheriff's Highway)
NE30: Tyne 5E **49**
Crossway, The NE3: Ken 3B **56**
NE15: Lem 2B **66**
Crossway Ct. NE3: Ken 4B **56**
Crossways NE32: Jar 2G **87**
NE36: E Bol 4G **89**
SR3: New S 2H **131**
Crossways, The NE13: Haz 1C **42**
Crosthwaite Gro. SR5: Sund 4C **102**
Croudace Row NE10: Fall 3D **84**
Crow Bank NE28: W'snd 5A **60**
Crow Hall La.
NE23: Cra, Nel V 5H **15**
Crowhall La. NE10: Fall 3D **84**
Crow Hall Rd. NE23: Nel V 6H **15**
Crowhall Towers NE10: Fall 3D **84**
Crow La. SR3: E Her 2D **130**
Crowley Av. NE16: Whi 4G **81**
Crowley Gdns. NE21: Blay 1A **80**
Crowley Rd. NE16: Swa 2E **81**
Crowley Vs. *NE16: Swa 2E **81***
(off Crowley Rd.)
Crown Rd. SR5: S'wck 5A **104**
Crown St. NE24: Bly 6D **12**
Crown Ter. NE40: G'sde 2B **78**
Crowther Ind. Est.
NE38: Wash 2F **113**
Crowther Rd. NE38: Wash 2F **113**
Crowtree Leisure Cen. . . . .**4F 7 (1C 118)**
Crowtree Rd.
SR1: Sund 3F **7** (1C **118**)
(not continuous)
Croxdale Ct. NE34: S Shi 4C **74**
Croxdale Gdns. NE10: Pel 2G **85**
Croxdale Ter. NE10: Pel 2G **85**
NE40: G'sde 2C **78**
Croydon Rd. NE4: Fen 3C **68**
Crozier St. SR5: Monkw 4C **104**
Cruddas Pk. Shop. Cen.
NE4: Elsw 6C **68**
Crudwell Cl. NE35: Bol C 1A **88**
Crummock Av. SR6: Seab 1C **104**
Crummock Ct. NE28: W'snd 3E **61**
Crummock Rd. NE5: Den M 1F **67**
Crumstone Ct. NE12: Kil 1E **45**
Crusade Wlk. NE32: Jar 4F **73**
Cuba St. SR2: Sund 3E **119**
Cuillin Cl. NE38: Wash 4H **113**
Culford Pl. NE28: W'snd 1C **60**
CULLERCOATS **2E 49**
Cullercoats Rd. SR5: Sund 4B **102**
Cullercoats Sq. SR5: Sund 4B **102**
Cullercoats Station (Metro) **2E 49**
Cullercoats St. NE6: Walk 3E **71**
(not continuous)
Culloden Ter. SR8: Eas C 2F **163**
Culloden Wlk. NE12: Kil 1D **44**
Cumberland Av. NE22: Bed 4G **9**
Cumberland Pl. DH3: Bir 6D **112**
NE34: S Shi 2B **76**
Cumberland Rd. NE29: N Shi 6F **47**
SR3: New S 1A **132**
Cumberland St. NE28: W'snd 6F **61**
(George St.)
NE28: W'snd 5A **60**
(Richardson St.)
SR1: Sund 2G **7** (6D **104**)
(not continuous)
Cumberland Wlk. NE7: H Hea 3B **58**
(not continuous)
Cumberland Way NE37: Wash . . .3B **100**
Cumbrian Av. DH2: Ches S 1C **134**
(not continuous)
SR6: Seab 6C **90**
Cumbrian Gdns. NE11: Lob H 5C **82**
Cumbrian Rd. NE23: Cra 2B **22**
Cumbrian Way SR8: Pet 1E **165**
Cumbria Pl. DH9: Stly 2E **123**
Cumbria Wlk.
NE4: Elsw, Newc T 4C **68**
Cummings Av. DH6: S'burn 5D **156**
Cummings St. NE24: Bly 5C **12**
Cunningham Pl. DH1: Dur 4F **155**
Curlew Cl. NE12: Longb 6A **44**
NE38: Wash 5G **113**
NE40: Ryton 5E **65**

Curlew Rd. NE32: Jar 1G **73**
(not continuous)
Curlew Way NE24: News 3C **18**
Curran Ho. NE32: Jar 1G **73**
Curren Gdns. NE10: Fall 1C **84**
Curtis Rd. NE4: Fen 2B **68**
Curzon Pl. NE5: Blak 5F **55**
NE8: Gate 5G **69**
Curzon Rd. W. NE28: W'snd 6H **59**
Curzon St. NE8: Gate 3G **83**
Cushat Cl. NE6: Byke 4C **70**
Cushycow La. NE40: Ryton 5D **64**
Customs House, The **5D 62**
Cut Bank NE1: Newc T 4A **70**
Cuthbert Av. DH1: Dur 6G **155**
Cuthbert Cl. DH1: Dur 6H **155**
(Cuthbert Av.)
DH1: Dur 6H **155**
(Dragon Villa)
Cuthbertson Ct. SR6: Seab 6E **91**
Cuthbert St. NE8: Gate 1F **83**
NE16: Marl H 4E **95**
NE31: Heb 3B **72**
(not continuous)
Cuthbert Wlk. NE3: Gos 2G **57**
Cutting St. SR7: S'hm 2F **141**
Cygnet Cl. NE5: Cha P 3B **54**
Cyncopa Way NE5: Blak 5H **55**
Cypress Av. NE4: Fen 1H **67**
Cypress Ct. DH7: B'don 6D **158**
Cypress Cres. NE11: Dun 3B **82**
NE24: Bly 6C **12**
Cypress Dr. NE24: Bly 6C **12**
Cypress Gdns. NE12: Kil 1C **44**
NE24: Bly 6C **12**
Cypress Gro. DH1: Dur 4G **155**
NE40: Ryton 3B **64**
Cypress Rd. NE9: Eigh B 3D **98**
Cypress Sq. SR3: New S 1A **132**
Cyprus Gdns. NE9: Low F 5A **84**

D

Dachet Rd. NE25: Monks 4H **35**
Dacre Rd. SR6: Ful 1D **104**
Dacre St. NE33: S Shi 1E **75**
(not continuous)
Daffodil Av. SR8: Hor 6F **163**
Daffodil Cl. NE21: Winl 1H **79**
Dahlia Ct. SR4: Sund 6B **104**
Dahlia Cres. SR8: Eas 2D **162**
Dahlia Pl. NE4: Fen 2H **67**
Dahlia Way NE31: Heb 5C **72**
(not continuous)
Dainton Cl. DH4: Nbot 5G **129**
Dairnbrook NE37: Wash 1G **113**
Dairy La. DH4: Hou S 3G **137**
NE2: Newc T 1D **68**
Dairy Wlk. DH3: Lam P 3H **127**
Daisy Cotts. DH3: Bir 3C **112**
Dalamere Cl. NE38: Wash 2H **127**
Dalden Gro. SR7: S'hm 3B **142**
Dalegarth Gro. SR6: Seab 6C **90**
Dale Rd. NE25: Monks 1H **47**
Dales, The NE5: Fen 5A **56**
Dale St. DH7: Ush M 5B **152**
NE24: Bly 4C **12**
NE33: S Shi 4F **63**
Dale Ter. SR6: Ful 2E **105**
SR7: Dalt D 6G **141**
Dale Top NE25: H'wll 2C **34**
Dalla St. SR4: Sund 6C **102**
Dally M. NE3: Gos 4D **42**
Dalmahoy NE37: Wash 2B **100**
Dalmatia Ter. NE24: Bly 1C **18**
Dalston Pl. NE24: News 3C **18**
Dalton Av. SR7: S'hm 4H **141**
(not continuous)
Dalton Cl. NE23: Cra 3B **22**
Dalton Ct. NE28: W'snd 2F **59**
Dalton Cres. DH1: Dur 1A **160**
NE6: Byke 3B **70**
Dalton Hgts. SR7: Dalt D 5E **141**
(not continuous)
DALTON-LE-DALE **6F 141**
Dalton Pk. SR7: Mur 3E **151**
Dalton Pl. NE5: Cha P 4A **54**
Daltons La. NE33: S Shi 5D **62**
Dalton St. NE6: Byke 3B **70**
(not continuous)
Dalton Ter. SR7: Mur 3D **150**
Dalton Way DH4: Pen 2E **129**
Dame Dorothy Cres.
SR6: Roker 4E ***105***
(off Dame Dorothy St.)
Dame Dorothy St.
SR6: Monkw, Roker
. . . . .1G **7** (5D **104**)
Dame Flora Robson Av.
NE34: S Shi 5B **74**
Damson Way DH1: Dur 5H **155**
Danby Cl. NE38: Wash 1F **127**
SR3: Tuns 3B **132**
Danby Gdns. NE6: Heat 5D **58**
Dance City **5B 4**
Danelaw DH3: Gt Lum 3G **135**
Daniel Pk. DH6: S Het 6A **150**
Danville Rd. SR6: Ful 1D **104**
Daphne Cres. SR7: S'hm 5A **142**
D'Arcy Ct. SR1: Sund 1E **119**
D'Arcy Sq. SR7: Mur 1E **151**
D'Arcy St. SR1: Sund 1E **119**
Darden Cl. NE12: Kil 1F **45**
Darden Lough NE5: W Dent 6D **54**
Darenth St. NE34: S Shi 3E **75**
Darien Av. SR6: Ful 1D **104**
Darley Ct. DH2: Plaw 1A **144**
SR3: Silk 3H **131**
Darley Pl. NE15: Scot 4E **67**
Darling Pl. DH9: Stly 4F **123**
Darlington Av. SR8: Hor 5F **163**
Darlington Rd. DH1: Dur 1A **160**
Darnell Pl. NE4: Newc T 3D **68**
Darras Ct. NE33: S Shi 6F **63**
Darras Dr. NE29: N Shi 6G **47**
DARRAS HALL **2C 38**
Darras M. NE20: Darr H 2C **38**
Darras Rd. NE20: Darr H 2A **38**
Darrell St. NE13: Bru V 5C **30**
Dartford Cl. NE25: Sea D 6C **24**
Dartford Rd. NE33: S Shi 5H **63**
SR6: Ful 1D **104**
Dartmouth Av. NE9: Low F 2H **97**
Dartmouth Cl. SR7: Dalt D 5G **141**
Darvall Cl. NE25: Monks 4H **35**
Darwin Cres. NE3: Ken 4B **56**
Darwin St. SR5: S'wck 4H **103**
Daryl Cl. NE21: Winl 2G **79**
Daryl Way NE10: Ward 3B **86**
Davenport Dr. NE3: Gos 4D **42**
David Gdns. SR6: Seab 2F **105**
David Lloyd Leisure Cen.
Newcastle upon Tyne 4H 57
Davidson Cotts. NE2: Jes 4G **57**
Davidson Rd. NE10: Bill Q 1H **85**
Davidson St. NE10: Fall 3D **84**
David St. NE28: W'snd 6H **59**
Davies Hall NE31: Heb 2B **72**
Davies Wlk. SR8: Hor 5E **163**
Davison Av. NE26: Whit B 5B **36**
SR3: New S 2B **132**
Davison Cres. SR7: Mur 1B **150**
Davison St. NE15: Newb 1E **65**
NE24: Bly 5C **12**
NE35: Bol C 2A **88**
Davison Ter. *SR5: S'wck 3A* ***104***
(off Nth. Hylton Rd.)
Davis Ter. SR8: Eas 1D **162**
Davy Bank NE28: W'snd 6B **60**
Davy Dr. SR8: Pet 5A **162**
DAWDON **6B 142**
Dawdon Bus. Pk. SR7: S'hm 6C **142**
Dawdon Cres. SR7: S'hm 5B **142**
Dawlish Cl. NE29: N Shi 5H **47**
SR7: S'hm 5F **141**
Dawlish Gdns. NE9: Low F 2H **97**
Dawlish Pl. NE5: Cha P 4A **54**
Dawson Sq. NE30: Tyne 6F **49**
Dawson St. NE6: Walk 3G **71**
Dawson Ter. SR4: Sund 6C **102**
Daylesford Dr. NE3: Gos 3H **57**
Daylesford Rd. NE23: Cra 5A **16**
Dayshield NE5: W Dent 6D **54**
Deacon Cl. NE15: Walb 5H **53**
Deacon Ct. NE12: Longb 1A **58**
Deaconsfield Cl. SR3: Dox P 4H **131**
Deal Cl. NE24: News 3C **18**
Dean Cl. SR8: Pet 2F **165**
Deanery St. NE22: Bed 4H **9**
Deanham Gdns. NE5: Fen 1G **67**
Dean Ho. NE6: Walk 1G **71**
Dean Rd. NE33: S Shi 2D **74**
DEANS **2E 75**
Deans Cl. NE16: Whi 3F **81**
Deansfield Cl. SR3: Dox P 4H **131**
Deansfield Gro. NE15: Walb 4H **53**
Deansgate Ho.
DH1: Dur 4D **6** (6D **154**)
Dean St. NE1: Newc T 5E **5** (4G **69**)
NE9: Low F 6H **83**
Deans Wlk. DH1: Dur 4F **155**
Dean Ter. NE33: S Shi 2D **74**
NE40: Ryton 4C **64**
SR5: S'wck 4H **103**
Dearham Gro. NE23: Cra 5A **16**
Debdon Gdns. NE6: Heat 6C **58**
Debdon Pl. NE23: Cra 3B **22**
Debussy Ct. NE32: Jar 3G **73**
December Courtyard *NE8: Gate . . .1D* ***82***
(off Christmas Pl.)
DECKHAM **3A 84**
Deckham St. NE8: Gate 3A **84**
Deckham Ter. NE8: Gate 3A **84**
Deepbrook Rd. NE5: Blak 6G **55**
Deepdale NE28: W'snd 2F **59**
NE38: Wash 6G **113**
Deepdale Cl. NE16: Whi 1D **94**
Deepdale Cres. NE5: Fen 5H **55**
Deepdale Gdns. NE12: Kil 2C **44**
Deepdale Grn. NE5: Fen 5A **56**
Deepdale Rd. NE30: Cull 3D **48**
Deepdale St. DH5: Hett H 3C **148**
Deepdene Gro. SR6: Seab 6E **91**
Deepdene Rd. SR6: Seab 6D **90**
Deerbolt Pl. NE12: Longb 6C **44**
Deerbush NE5: W Dent 6D **54**
Deerness Ct. DH7: B'don 5E **159**
Deerness Hgts. DH7: B'don 4D **158**
Deerness Leisure Cen. **6D 152**
Deerness Rd. SR2: Sund 2E **119**
Dee Rd. NE31: Heb 6D **72**
Deer Pk. Way NE21: Blay 2C **80**
Dees Av. NE28: W'snd 4H **59**
Dee St. NE32: Jar 2G **73**

Defender Ct. SR5: Sund 5E 103
Defoe Av. NE34: S Shi 6E 75
De Grey St. NE4: Elsw 6C 68
Deighton Wlk. NE5: W Dent 6D 54
Delacour Rd. NE21: Blay 6A 66
Delamere Ct. SR3: Silk 3A 132
Delamere Cres. NE23: Cra 5A 16
Delamere Gdns. SR8: Eas 1C 162
Delamere Rd. NE3: Ken 2B 56
DELAVAL 5F 67
Delaval DH2: Ches S 6A 126
Delaval Av. NE25: Sea D 6A 24
   NE29: N Shi 1A 62
Delaval Ct. NE22: Bed 3C 10
   NE33: S Shi 6F 63
Delaval Cres. NE24: News 3H 17
Delavale Cl. SR8: Pet 1F 165
Delaval Gdns. NE15: Scot 5F 67
   NE24: News 3H 17
Delaval Rd. NE12: Longb 5D 44
   NE15: Scot 5F 67
      (not continuous)
   NE26: Whit B 1E 49
Delaval St. NE24: News 3H 17
Delaval Ter. NE3: Gos 3C 56
   NE24: Bly 5B 12
      (not continuous)
Delaval Trad. Est. NE25: Sea D . .4A 24
Delaval Ct. *NE12: Longb* *4E 45*
      (off Deleval Rd.)
Delhi Cres. NE40: G'side 6A 64
Delhi Gdns. NE40: G'side 6A 64
Delhi Vw. NE40: G'side 6A 64
Delight Bank DH9: Dip 2D 120
Delight Ct. DH9: Dip 1D 120
Delight Row DH9: Dip 1D 120
Dell, The DH4: Nbot 6H 129
Dellfield Dr. SR4: Sund 3C 116
Delta Bank Rd. NE11: Dun 6G 67
Delta Pk. NE11: Dun 6G 67
Delton Cl. NE38: Wash 4C 114
Demesne Dr. NE22: Bed 5H 9
Dempsey Rd. NE13: Haz 1D 42
Denbeigh Pl. NE12: Longb 6C 44
Denbigh Av. NE28: W'snd 3E 61
   SR6: Ful 1D 104
Denby Cl. NE23: Cra 5A 16
Denby Wlk. NE5: Cha P 4A 54
Dene, The DH2: Ches M 4B 134
   DH4: W Rai 2E 147
   NE25: Monks 6A 36
   SR7: Dalt D 6G 141
Dene Av. DH5: Hou S 4C 138
   NE3: Gos 3G 57
   NE12: Kil 3A 44
   NE13: Bru V 5C 30
   NE15: Lem 3B 66
   NE39: Row G 4D 92
Denebank NE25: Monks 6A 36
Dene Bank Av. SR8: Hor 1G 165
Dene Bank Vw. NE3: Ken 4A 56
Deneburn NE10: Hew 4G 85
Dene Cl. NE7: H Hea 6A 58
   NE40: Ryton 4D 64
Dene Ct. DH3: Bir 1C 112
   NE7: H Hea 6B 58
   NE15: Lem 1C 66
   NE38: Wash 1A 114
Dene Cres. NE3: Gos 3G 57
   NE26: Monks 5B 36
   NE28: W'snd 5B 60
   NE39: Row G 4D 92
   NE40: Ryton 4D 64
Dene Dr. DH1: Carr 2B 156
Deneford NE9: Low F 4A 98

Dene Gdns. DH5: Hou S 4B 138
   NE10: Bill Q 2H 85
   NE15: Lem 3B 66
   NE25: Monks 6A 36
Dene Gro. NE3: Gos 3G 57
   NE23: Seg 1G 33
Deneholm NE25: Monks 5A 36
   NE28: W'snd 4B 60
Dene Ho. Rd. SR7: S'hm 3A 142
Dene La. SR6: Ful 1D 104
   SR6: Monkw, Whit 4C 90
Dene M. SR5: Sund 4E 103
Dene Pk. NE20: Darr H 2B 38
   SR5: Sund 4E 103
Dene Rd. NE21: Blay 6A 66
   NE30: Tyne 5E 49
   NE39: Row G 4D 92
   SR5: Sund 4E 103
   SR7: Dalt D, S'hm 6F 141
DENESIDE 5G 141
Dene Side NE21: Blay 1B 80
Deneside NE5: West 3D 54
   NE11: Dun 4B 82
   NE15: Den M 2E 67
   NE23: Seg 1G 33
   NE32: Jar 2G 87
   NE34: S Shi 3C 76
Deneside Av. NE9: Low F 1G 97
Deneside Cl. NE15: Thro 5D 52
Deneside Ct. NE2: Jes 1A 70
   NE26: Whit B 3A 36
Dene St. DH5: Hett H 5C 138
   DH9: Stly 4B 122
   NE25: H'wll 1D 34
   SR3: New S 6A 118
   SR4: Sund 6H 103
   SR8: Hor 6G 163
Dene Ter. NE3: Gos 3G 57
   NE15: Walb 6F 53
   NE21: Winl *1H 79*
      (off Park Av.)
   NE32: Jar 5E 73
   SR6: Ful 1D 104
   SR7: S'hm 3B 142
   SR8: Hor 1G 165
Dene Vw. DH4: W Rai 3E 147
   DH9: Stly 2G 123
   NE3: Gos 3G 57
   NE16: Burn 1G 107
   NE22: Bed 4C 10
   NE25: H'wll 1D 34
   NE39: H Spen 2A 92
   NE39: Row G 3C 92
Dene Vw. Ct. NE24: Cow 5H 11
Dene Vw. Cres. SR4: Sund 1D 116
Dene Vw. Dr. NE24: Cow 5H 11
Dene Vw. E. NE22: Bed 5C 10
Dene Vw. W. NE22: Bed 5B 10
Dene Vs. DH3: Ches S 2D 134
   SR8: Hor 1H 165
Dene Wlk. NE29: N Shi 5A 62
Dene Way SR7: S'hm 3A 142
Deneway NE39: Row G 1G 93
Denewell Av. NE7: H Hea 4A 58
   NE9: Low F 6H 83
Denewood NE12: Kil 3D 44
Denewood Ct. DH9: Stly 5F 123
   NE28: W'snd 5E 61
Dene Wood (Nature Reserve) . . .5F 123
Denham Av. SR6: Ful 1D 104
Denham Dr. NE25: Sea D 1B 34
Denham Gro. NE21: Winl 3F 79
Denham Wlk. NE5: Cha P 4H 53
Denhill Pk. NE15: Benw 3H 67
Denholm Av. NE23: Cra 5A 16

Denholme Lodge NE11: Dun 2B 82
Denmark Cen. NE33: S Shi 4E 63
Denmark Ct. NE6: Byke 2C 70
Denmark St. NE6: Byke 2C 70
      (not continuous)
   NE8: Gate 1H 83
Dennison Cres. DH3: Bir 1C 112
Denshaw Cl. NE23: Cra 5A 16
Dentdale DH4: Pen 1C 128
Denton Av. NE15: Lem 3B 66
   NE29: N Shi 1G 61
DENTON BURN 1D 66
Denton Chare
   NE1: Newc T 6D 4 (5F 69)
Denton Ct. NE5: Den M 2E 67
Denton Gdns. NE15: Benw 4G 67
Denton Ga. NE5: West 4E 55
Denton Gro. NE5: West 4E 55
Denton Hall Turret 2D 66
Denton Pk. Ho. NE5: W Dent . . .5C 54
Denton Pk. Shop. Cen.
   NE5: W Dent 5C 54
Denton Pk. Swimming Pool 5C 54
Denton Rd. NE15: Den M, Scot . .3D 66
Denton Vw. NE21: Winl 1H 79
Dent St. NE24: Bly 1D 18
   SR6: Ful 1D 104
Denver Gdns. NE6: Walk 4E 71
Denway Gro. NE26: Sea S 2F 25
Denwick Av. *NE15: Lem* *3A 66*
      (off Shirley St.)
Denwick Cl. DH2: Ches S 3A 134
Denwick Ter. NE30: Tyne 6E 49
Depot Rd. NE6: Walk 2D 70
DEPTFORD 5B 104
Deptford Rd. NE8: Gate 5A 70
   SR4: Sund 6B 104
Deptford Ter. SR4: Sund 5A 104
Derby Ct. NE4: Newc T 3D 68
Derby Cres. NE31: Heb 4B 72
Derby Gdns. NE28: W'snd 4G 59
Derby Rd. DH9: Stly 4C 122
Derbyshire Dr. DH1: Carr 5B 156
Derby St. NE4: Newc T 3D 68
   NE32: Jar 2G 73
   NE33: S Shi 5E 63
   SR2: Sund 5E 7 (1C 118)
Derby Ter. NE33: S Shi 5F 63
Dereham Cl. NE26: Sea S 4H 25
Dereham Ct. NE5: Blak 3F 55
Dereham Rd. NE26: Sea S 4H 25
Dereham Way NE29: N Shi 5F 47
Derry Av. SR6: Ful 1E 105
Derwent Av. NE11: T Vall 6F 83
   NE15: Newb 2E 65
   NE31: Heb 6C 72
   NE39: Row G 4E 93
Derwent Cl. SR7: S'hm 3A 142
Derwent Ct. NE7: H Hea 3A 58
   NE11: T Vall 6F 83
Derwent Cres. DH3: Gt Lum 4H 135
   NE16: Swa 3E 81
Derwent Crook Dr. NE9: Low F . .6G 83
Derwent Crookfoot Rd.
   NE9: Low F 6G 83
Derwentdale Gdns. NE7: H Hea . .4B 58
Derwent Gdns. NE9: Low F 6A 84
   NE28: W'snd 3E 61
DERWENTHAUGH 6E 67
Derwenthaugh Ind. Est.
   NE16: Swa 6D 66
Derwenthaugh Marina
   NE21: Blay 6E 67
Derwenthaugh Riverside Pk.
   NE16: Swa 1E 81

Derwenthaugh Rd.
NE16: Blay, Swa . . . 1E **81**
NE21: Blay . . . 6E **67**
Derwent Ho. NE37: Wash . . . 3H **113**
Derwent Pk. NE39: Row G . . . 3F **93**
Derwent Pl. NE21: Winl . . . 2H **79**
Derwent Ri. DH9: Stly . . . 6B **122**
Derwent Rd. NE26: Sea S . . . 3F **25**
NE30: Cull . . . 3D **48**
SR8: Pet . . . 6E **163**
Derwentside NE16: Swa . . . 3E **81**
Derwent St. DH4: S Row . . . 3F **129**
DH5: Eas L . . . 3D **148**
DH9: Stly . . . 1C **122**
NE15: Scot . . . 4F **67**
SR1: Sund . . . 5F **7** (1C **118**)
Derwent Ter. DH6: S Het . . . 5G **149**
DH9: Ann P . . . 6E **121**
NE16: Burn . . . 1H **107**
(not continuous)
NE38: Wash . . . 3C **114**
Derwent Twr. NE11: Dun . . . 2C **82**
Derwent Valley Cotts.
NE39: Row G . . . 4F **93**
Derwent Vw. NE16: Burn . . . 1H **107**
NE21: Winl . . . 2H **79**
Derwent Vw. Ter. DH9: Dip . . . 6D **106**
Derwent Wlk. DH9: Stly . . . 4D **122**
Derwentwater Av.
DH2: Ches S . . . 2B **134**
Derwentwater Ct. NE8: Gate . . . 2F **83**
Derwentwater Gdns.
NE16: Whi . . . 4H **81**
Derwentwater Rd. NE8: Gate . . . 3D **82**
Derwentwater Ter. NE33: S Shi . . . 1E **75**
Derwent Way NE12: Kil . . . 2C **44**
NE21: Blay . . . 2C **80**
NE28: W'snd . . . 6C **60**
Deuchar Ho. NE2: Newc T . . . 1G **5**
Deuchar St. NE2: Jes . . . 1H **69**
Devon Av. NE16: Whi . . . 4G **81**
Devon Cres. DH3: Bir . . . 1B **112**
Devon Dr. SR3: New S . . . 1A **132**
Devon Gdns. NE9: Low F . . . 4H **83**
NE34: S Shi . . . 2B **76**
Devonport DH4: Nbot . . . 6G **129**
Devon Rd. NE29: N Shi . . . 4H **47**
NE31: Heb . . . 6D **72**
Devonshire Dr. NE27: Kil . . . 4A **46**
Devonshire Gdns. NE28: W'snd . . . 4G **59**
Devonshire Pl. NE2: Jes . . . 6H **57**
Devonshire Rd. DH1: Carr . . . 4B **156**
Devonshire St. NE33: S Shi . . . 2D **74**
SR5: Monkw . . . 4C **104**
Devonshire Ter.
NE2: Newc T . . . 1D **4** (2F **69**)
NE26: Whit B . . . 1D **48**
Devonshire Twr. SR5: Monkw . . . 4D **104**
Devon St. DH4: S Row . . . 3G **129**
DH5: Hett H . . . 1B **148**
Devon Wlk. NE37: Wash . . . 4B **100**
Devonworth Pl. NE24: Cow . . . 6G **11**
Dewberry Cl. NE24: News . . . 3A **18**
Dewhurst Ter. NE16: Sun . . . 3F **95**
Dewley NE23: Cra . . . 4B **22**
Dewley Ct. NE23: Cra . . . 4B **22**
Dewley Pl. NE5: West . . . 4C **54**
Dewley Rd. NE5: Den M . . . 6E **55**
Dewsgreen NE23: Cra . . . 3B **22**
Dexter Ho. NE29: N Shi . . . 4A **62**
Dexter Way NE10: Fall . . . 3C **84**
Deyncourt DH1: Dur . . . 3A **160**
NE20: Darr H . . . 3D **38**
Deyncourt Cl. NE20: Darr H . . . 4D **38**
Diamond Ct. NE3: Ken . . . 2G **55**
Diamond St. NE28: W'snd . . . 5H **59**
Diamond Ter.
DH1: Dur . . . 1A **6** (5C **154**)
Diana St. NE4: Newc T . . . 4A **4** (4D **68**)
Dibley Sq. NE6: Byke . . . 4B **70**
Dibley St. NE6: Byke . . . 4B **70**
Dickens Av. NE16: Swa . . . 3E **81**
NE34: S Shi . . . 6D **74**
Dickens St. DH4: Hou S . . . 3H **137**
SR5: S'wck . . . 4A **104**
Dickens Wlk. NE5: Cha P . . . 4A **54**
Dickens Wynd DH1: Dur . . . 2A **160**
Dickins Wlk. SR8: Pet . . . 2E **165**
Didcot Av. NE29: N Shi . . . 3A **62**
Didcot Way
NE35: Bol C, W Bol . . . 4A **88**
Dillon St. NE32: Jar . . . 4E **73**
SR7: S'hm . . . 4B **142**
Dilston Av. NE25: Whit B . . . 1D **48**
Dilston Cl. NE27: Shir . . . 3D **46**
NE38: Wash . . . 3G **113**
SR8: Pet . . . 4C **164**
Dilston Dr. NE5: West . . . 5C **54**
Dilston Gdns. SR4: Sund . . . 2H **117**
Dilston Grange NE28: W'snd . . . 5E **61**
Dilston Rd. DH1: Dur . . . 1D **154**
NE4: Fen . . . 4C **68**
(not continuous)
Dilston Ter. NE3: Gos . . . 3G **57**
NE32: Jar . . . 6F **73**
Dimbula Gdns. NE7: H Hea . . . 5D **58**
Dinmont Pl. NE23: Cra . . . 4B **22**
DINNINGTON . . . **4F 29**
Dinnington Rd.
NE13: Bru V, Din . . . 1G **41**
NE13: Din . . . 5G **29**
NE29: N Shi . . . 1G **61**
Dinsdale Av. NE28: W'snd . . . 3A **60**
Dinsdale Cotts. SR2: Ryh . . . 3F **133**
Dinsdale Dr. DH1: Carr . . . 3B **156**
Dinsdale Pl.
NE2: Newc T . . . 1H **5** (2H **69**)
Dinsdale Rd.
NE2: Newc T . . . 1H **5** (2H **69**)
SR6: Roker . . . 3E **105**
Dinsdale St. SR2: Ryh . . . 3F **133**
Dinsdale St. Sth. SR2: Ryh . . . 3F **133**
Dinting Cl. SR8: Pet . . . 2B **164**
Dipe La. NE36: E Bol, W Bol . . . 5C **88**
DIPTON . . . **1D 120**
Dipton Av. NE4: Benw . . . 5A **68**
Dipton Gdns. SR3: Sund . . . 5B **118**
Dipton Gro. NE23: Cra . . . 3B **22**
Dipton Rd. NE25: Monks . . . 4H **35**
Dipwood Rd. NE39: Row G . . . 5D **92**
Dipwood Way NE39: Row G . . . 5D **92**
Discovery Ct. SR3: Silk . . . 3H **131**
Dishforth Grn. NE9: Low F . . . 4B **98**
Dispensary La.
NE1: Newc T . . . 5B **4** (4F **69**)
Disraeli St. DH4: Hou S . . . 3F **137**
NE24: Bly . . . 5B **12**
(not continuous)
DISSINGTON MARCH . . . **5B 38**
Dissington Pl. NE5: Fen . . . 1G **67**
NE16: Whi . . . 6E **81**
Ditchburn Ter. SR4: Sund . . . 5H **103**
Dixon Pl. NE11: Dun . . . 3B **82**
Dixon Ri. SR8: Hor . . . 1H **165**
Dixon Rd. DH5: Hou S . . . 5H **137**
Dixons Sq. SR6: Monkw . . . 4D **104**
Dixon St. NE8: Gate . . . 2E **83**
NE33: S Shi . . . 6E **63**
Dobson Cl. NE4: Newc T . . . 6D **68**
Dobson Cres. NE6: Byke . . . 5C **70**
Dobson Ho. NE3: Gos . . . 1E **57**
NE12: Kil . . . 3B **44**
Dobson Ter. SR7: Mur . . . 2C **150**
Dockendale La. NE16: Whi . . . 4G **81**
Dockendale M. NE16: Whi . . . 4G **81**
Dockendale Pl. NE21: Blay . . . 1B **80**
Dock Rd. NE29: N Shi . . . 3C **62**
Dock Rd. Sth. NE29: N Shi . . . 4C **62**
Dock St. NE33: S Shi . . . 3D **74**
SR6: Roker . . . 5E **105**
Dockwray Cl. NE30: N Shi . . . 2D **62**
Dockwray Sq. NE30: N Shi . . . 2D **62**
Doctor Pit Cotts. NE22: Bed . . . 4H **9**
Doctor Ryan Ho. NE6: Walk . . . 4G **71**
Doctor Winterbottom Hall
NE33: S Shi . . . 6G **63**
Doddfell Cl. NE37: Wash . . . 1G **113**
Doddington Cl. NE15: Lem . . . 2H **65**
Doddington Dr. NE23: Cra . . . 3B **22**
Doddington Vs. NE10: Wind N . . . 4C **84**
Dodd's Bldgs. NE35: Bol C . . . 2A **88**
Dodd's Ct. SR5: Sund . . . 2C **102**
Dodds Ter. DH3: Bir . . . 1C **112**
Dodd Ter. DH9: Ann P . . . 6F **121**
Dodsworth Nth. NE40: G'sde . . . 2B **78**
Dodsworth Ter. NE40: G'sde . . . 2B **78**
Dodsworth Vs. NE40: G'sde . . . 2B **78**
Dog Bank NE1: Newc T . . . 6F **5** (5G **69**)
(not continuous)
Dog Leap Stairs NE1: Newc T . . . 6E **5**
Dolphin Ct. NE4: Benw . . . 4H **67**
Dolphin Gro. NE24: Bly . . . 3D **18**
Dolphin Quay NE30: N Shi . . . 2D **62**
Dolphin St. NE4: Benw . . . 4H **67**
Dolphin Vs. NE13: Haz . . . 1D **42**
Dominies Cl. NE39: Row G . . . 2F **93**
Dominion Rd. DH7: B'don . . . 6D **158**
Donald Av. DH6: S Het . . . 5G **149**
Donald St. NE3: Gos . . . 2G **57**
Doncaster Rd.
NE2: Newc T . . . 1H **5** (2H **69**)
Don Cres. DH3: Gt Lum . . . 4H **135**
Doncrest Rd. NE37: Wash . . . 4H **99**
Don Dixon Dr. NE32: Jar . . . 2F **87**
Donerston Gro. SR8: Pet . . . 3A **164**
Don Gdns. NE36: W Bol . . . 4B **88**
NE37: Wash . . . 4B **100**
Donkin Rd. NE37: Wash . . . 6G **99**
Donkins St. NE35: Bol C . . . 2A **88**
Donkin Ter. NE30: N Shi . . . 6E **49**
Donnington Cl. SR5: Sund . . . 4C **102**
Donnington Ct. NE3: Gos . . . 3H **57**
Donnini Ho. SR8: Eas . . . 1C **162**
Donnini Pl. DH1: Dur . . . 4F **155**
Donnison Gdns. SR1: Sund . . . 6E **105**
Donridge NE37: Wash . . . 4H **99**
Don Rd. NE32: Jar . . . 2H **73**
Donside NE10: Hew . . . 1F **99**
Don St. NE11: T Vall . . . 1E **97**
Donvale Rd. NE37: Wash . . . 4G **99**
Don Vw. NE36: W Bol . . . 4B **88**
DONWELL . . . **4H 99**
Donwell Village NE37: Wash . . . 4H **99**
Dorcas Av. NE15: Benw . . . 4G **67**
Dorcas Ter. NE37: Wash . . . 5B **100**
Dorchester Cl. NE5: Cha P . . . 4H **53**
Dorchester Ct. NE25: New Hart . . . 3A **24**
Dorchester Gdns. NE9: Low F . . . 3H **97**
Doreen Av. SR7: Dalt D . . . 5F **141**
Doric Rd. DH7: New B . . . 2B **158**
Dorking Av. NE29: N Shi . . . 3A **62**
Dorking Cl. NE24: News . . . 3C **18**
Dorking Rd. SR6: Ful . . . 1E **105**
Dorlonco Vs. DH7: Mead . . . 6E **159**
Dormand Dr. SR8: Pet . . . 4D **164**

Dornoch Cres. NE10: Wind N 5E **85**
Dorrington Rd. NE3: Ken 1A **56**
Dorset Av. DH3: Bir 6D **112**
NE28: W'snd 5G **59**
NE31: Heb 4D **72**
NE34: S Shi 2B **76**
SR6: Ful 1E **105**
Dorset Gro. NE29: N Shi 4H **47**
Dorset Rd. NE8: Gate 6H **5** (5A **70**)
NE15: Den M 3D **66**
Dorset St. DH5: Eas L 5E **149**
Double Row NE25: Sea D 5H **23**
Douglas Av. NE3: Gos 4C **56**
SR8: Hor 6F **163**
Douglas Bader Ho.
*NE24: Bly 1D **18***
(off Twizell St.)
Douglas Cl. NE34: S Shi 5E **75**
Douglas Ct. DH9: Ann P 6E **121**
NE11: T Vall 3G **97**
Douglas Gdns. DH1: Dur 2A **160**
(not continuous)
NE11: Dun 4C **82**
Douglas Pde. NE31: Heb 1E **87**
Douglas Rd. SR6: Seab 1E **105**
Douglas Sq.
SR1: Sund 2H **7** (6E **105**)
Douglass St. NE28: W'snd 5H **59**
Douglas St. NE28: W'snd 6E **61**
Douglas Ter. DH4: Pen 1G **129**
DH9: Dip 3A **120**
NE4: Newc T 4D **68**
NE37: Wash 3B **100**
Douglas Vs. DH1: Dur 5E **155**
Douglas Way NE1: Newc T 3C **4**
Doulting Cl. NE12: Longb 1B **58**
Douro Ter. SR2: Sund 6G **7** (2D **118**)
Dove Av. NE32: Jar 6G **73**
Dove Cl. DH7: B'don 5C **158**
NE12: Kil 1C **44**
Dovecote Cl. NE25: Monks 5G **35**
Dovecote Dr. DH2: P Fel 6G **125**
Dovecote Farm DH2: Ches S 6H **125**
Dovecote Rd. NE12: Longb 6E **45**
Dove Ct. DH3: Bir 2C **112**
NE30: Cull 2E **49**
Dovecrest Ct. NE28: W'snd 3D **60**
Dovedale Av. NE24: Cow 6G **11**
Dovedale Ct. NE34: S Shi 4C **74**
Dovedale Gdns. NE7: H Hea 4A **58**
NE9: Low F 1A **98**
Dovedale Rd. SR6: Seab 6C **90**
Dover Cl. NE5: Cha P 4A **54**
NE22: Bed 4F **9**
Dovercourt Rd. NE6: Walk 5G **71**
Dove Row NE30: Cull 2E **49**
Dowding La. NE5: Ken 4H **55**
Dowling Av. NE25: Monks 1B **48**
Downe Cl. NE24: News 3C **18**
Downend Rd. NE5: West 4B **54**
Downfield NE37: Wash 2B **100**
Downham NE5: W Dent 6D **54**
Downham Ct. NE33: S Shi 6E **63**
DOWNHILL 2D **102**
Downhill La. NE36: W Bol 1G **101**
Downs La. DH5: Hett H 6D **138**
(not continuous)
Downs Pit La. DH5: Hett H 1D **148**
Downswood NE12: Kil 2F **45**
Dowsey Rd. DH6: S'burn 5D **156**
Dowson Sq. SR7: Mur 2A **150**
Doxford Av. DH5: Hett H 5B **138**
Doxford Cotts. DH5: Hett H 5B **138**
Doxford Dr. SR8: Pet 1A **164**
Doxford Gdns. NE5: Fen 6H **55**
Doxford Intl. Bus. Pk.
SR3: Dox P 4E **131**
DOXFORD PARK 4H **131**
Doxford Pk. Way SR3: Dox P 3F **131**
Doxford Pl. NE23: Cra 4B **22**
Doxford Ter. DH5: Hett H 5B **138**
Doxford Ter. Nth. SR7: Mur 2A **150**
Doxford Ter. Sth. SR7: Mur 2A **150**
Dragon La. DH1: Dur 4H **155**
Dragon Villa DH1: Dur 6H **155**
Dragonville Ind. Est.
DH1: Dur 5H **155**
(Beehive Workshops)
DH1: Dur 4H **155**
(Dragon La.)
Dragonville Pk. DH1: Dur 5H **155**
Dragonville Retail Pk.
DH1: Dur 5H **155**
Drake Cl. NE33: S Shi 1D **74**
Drayton Rd. NE3: Ken 3A **56**
SR6: Ful 1D **104**
Drey, The NE20: Darr H 2B **38**
Drive, The DH3: Bir 5D **112**
NE3: Gos 4E **57**
NE5: Den M 1D **66**
NE7: Longb 3B **58**
NE9: Low F 4H **83**
NE10: Fall, Hew 3E **85**
NE16: Whi 5G **81**
NE28: W'snd 5H **59**
NE30: Tyne 5F **49**
NE37: Wash 4A **100**
Drivecote NE10: Fall 3E **85**
Dronfield Cl. DH2: Ches S 2A **134**
Drove Rd. NE15: Thro 3B **52**
Drumaldrace NE37: Wash 1G **113**
Drum Ind. Est. DH2: Ches S 2A **126**
Drummond Bldg. NE2: Newc T 1D **4**
Drummond Cres. NE34: S Shi 4B **74**
Drummond Rd. NE3: Ken 4B **56**
Drummond Ter. NE30: N Shi 6D **48**
Drumoyne Cl. SR3: E Her 3D **130**
Drumoyne Gdns. NE25: Monks . . .2H **47**
Drum Rd. DH2: Ches S 1B **126**
DH3: Ches S 1B **126**
Drumsheugh Pl. NE5: Blak 5F **55**
Druridge Av. SR6: Seab 6E **91**
Druridge Cres. NE24: Bly 1H **17**
NE34: S Shi 1B **76**
Druridge Dr. NE5: Fen 6G **55**
NE24: Bly 1H **17**
Drury La. DH1: Dur 3B **6** (6C **154**)
NE1: Newc T 5D **4** (4F **69**)
NE29: N Shi 6G **47**
NE32: Jar 1G **73**
SR1: Sund 6E **105**
Drybeck Ct. NE4: Newc T 4D **68**
NE23: Cra 1D **22**
Drybeck Sq. SR3: Silk 3B **132**
Drybeck Wlk. NE23: Cra 1D **22**
Dryborough St. SR4: Sund 6B **104**
Dryburgh NE38: Wash 2B **114**
Dryburgh Cl. NE29: N Shi 5A **48**
Dryburn Hill DH1: Dur 3A **154**
Dryburn Pk. DH1: Dur 2A **154**
Dryburn Rd. DH1: Dur 3A **154**
Dryburn Vw. DH1: Dur 2A **154**
Dryden Cl. DH9: Stly 3E **123**
NE34: S Shi 1D **88**
Dryden Ct. NE9: Low F 3H **83**
Dryden Rd. NE9: Low F 3H **83**
Dryden St. SR5: S'wck 3A **104**
Drysdale Ct. NE13: Bru V 5C **30**
Drysdale Cres. NE13: Bru V 5C **30**
Dubmire Cotts. DH4: Hou S 3E **137**
Dubmire Ct. DH4: Hou S 3E **137**
Dubmire Ind. Est. DH4: Hou S . . .2F **137**
Duchess Cres. E. NE32: Jar 6F **73**
Duchess Cres. W. NE32: Jar 6F **73**
Duchess Dr. NE15: Den M 2E **67**
Duchess St. NE26: Whit B 6C **36**
Duckpool La. NE16: Whi 4G **81**
Duckpool La. Nth. NE16: Whi 3G **81**
Duddon Cl. SR8: Pet 1E **165**
Duddon Pl. NE9: Low F 1B **98**
DUDLEY 3A **32**
Dudley Av. SR6: Ful 1D **104**
Dudley Bus. Cen. NE23: Dud 1H **31**
Dudley Ct. NE23: Cra 3A **22**
Dudley Dr. NE23: Dud 3A **32**
Dudley Gdns. SR3: E Her 2E **131**
Dudley Ho. *NE4: Newc T 3D **68***
(off Barrack Rd.)
Dudley La. NE13: Sea B 3E **31**
NE23: Cra, Dud 1A **32**
NE23: Dud, Sea B 3E **31**
Dudley La. Cotts. NE13: Sea B . . .3D **30**
Duffy Ter. DH9: Ann P 6G **121**
Dugdale Ct. NE3: Ken 2H **55**
Dugdale Rd. NE3: Ken 2H **55**
Duke of Northumberland Ct.
NE28: W'snd 2C **60**
Duke's Av. NE31: Heb 5B **72**
Dukes Cotts. NE15: Newb 2F **65**
NE27: Back 6A **34**
Dukes Dr. NE3: Gos 4D **42**
Dukesfield NE23: Cra 3B **22**
NE27: Shir 1C **46**
Duke's Gdns. NE24: Cow 5A **12**
Dukes Mdw. NE13: Wool 5C **40**
NE27: Back 6H **33**
Duke St. DH9: Ann P 4E **121**
NE1: Newc T 6A **4** (5E **69**)
NE10: Pel 2G **85**
NE26: Whit B 6C **36**
NE29: N Shi 3D **62**
SR4: Sund 1A **118**
SR7: S'hm 3H **141**
Duke St. Nth. SR6: Ful 3D **104**
Dukes Wlk. NE26: Whit B 4C **36**
Dukesway NE11: T Vall 6D **82**
Dukesway Ct. NE11: T Vall 2E **97**
Dukesway W. NE11: T Vall 3E **97**
Duke Wlk. NE8: Gate 2E **83**
Dulverston Cl. NE5: Cha P 4A **54**
Dulverton Av. NE33: S Shi 2F **75**
Dulverton Ct. NE2: Jes 4H **57**
Dumas Wlk. NE5: Cha P 4A **54**
Dumbarton Cl. SR4: Sund 4F **117**
Dumfries Cl. SR4: Sund 4E **117**
Dumfries Cres. NE32: Jar 6A **74**
Dunbar Cl. NE5: Cha P 4A **54**
Dunbar Gdns. NE28: W'snd 3E **61**
Dunbar St. SR4: Sund 2H **117**
Dunblane Cres. NE5: W Dent 1D **66**
Dunblane Dr. NE24: News 3C **18**
Dunblane Rd. SR6: Ful 6E **91**
Dunbreck Gro. SR4: Sund 3A **118**
Duncairn *DH9: Stly 2D **122***
(off View La.)
Duncan St. NE6: Walk 3G **71**
NE8: Gate 2B **84**
SR4: Sund 6H **103**
Duncombe Cres. DH9: Stly 1D **122**
Duncow La. DH1: Dur 4B **6** (6C **154**)
Dun Cow St.
SR1: Sund 3F **7** (6C **104**)
Dundas St.
SR6: Monkw 1G **7** (5D **104**)
Dundas Way NE10: Fall 3C **84**

Dundee Cl. NE5: Cha P 4A 54
Dundee Cl. NE32: Jar 6A 74
Dundrennan NE38: Wash 4A 114
Dunedin Cl. DH9: Ann P 4F 121
Dunelm SR2: Sund 3A 118
(not continuous)
Dunelm Cl. DH3: Bir 3C 112
Dunelm Ct. DH1: Dur . . .3A 6 (6C 154)
DH7: B'don 6B 158
NE31: Heb 4B 72
Dunelm Dr. DH4: Hou S 3G 137
NE36: W Bol 4D 88
Dunelm Rd. DH5: Hett H 1B 148
Dunelm Sth. SR2: Sund 3B 118
Dunelm St. NE33: S Shi 5F 63
Dunelm Ter. SR7: Dalt D 1F 151
Dunelm Wlk. SR8: Pet 6D 162
Dunford Gdns. NE5: Cha P 3B 54
Dunholm Cl. DH5: Hou S 4A 138
Dunholme Cl. DH1: Dur 2B 154
Dunholme Rd. NE4: Elsw 4B 68
Dunira Cl. NE2: Jes 5H 57
Dunkeld Cl. DH4: S Row 4D 128
NE10: Ward 3H 85
NE24: News 3C 18
Dunkirk Av. DH5: Hou S 4B 138
Dunlin Cl. NE40: Ryton 5E 65
Dunlin Dr. NE24: News 3C 18
NE38: Wash 4F 113
Dunlop Cl. NE7: H Hea 3C 58
Dunlop Cres. NE34: S Shi 3A 76
Dunmoor Cl. NE3: Gos 3C 56
Dunmoor Ct. DH2: Ches S 2A 134
Dunmore Av. SR6: Ful 6E 91
Dunmorlie St. NE6: Byke 3D 70
Dunn Av. SR3: New S 6A 118
Dunne Rd. NE21: Blay 5C 66
Dunning St. SR1: Sund . . .3F 7 (6C 104)
Dunnlynn Cl. SR3: Silk 3G 131
Dunnock Ct. NE15: Lem 3B 66
Dunnock Dr. NE16: Sun 2E 95
NE38: Wash 5F 113
(not continuous)
Dunn's Ter. NE2: Newc T 1D 68
Dunn St. DH9: Ann P 5F 121
NE4: Newc T 6D 68
Dunns Way NE21: Blay 2A 80
Dunns Yd. DH9: Ann P 4G 121
Dunn Ter. NE6: Byke 3B 70
Dunnykirk Av. NE3: Ken 2H 55
Dunraven Cl. DH4: S Row 4G 129
Dunsany Ter. DH2: P Fel 5G 125
Dunscar DH4: Hou S 2F 137
Dunsdale Dr. NE23: Cra 1D 22
Dunsdale Rd. NE25: H'wll 1C 34
Dunsgreen NE20: Pon 6E 27
Dunsgreen Ct. NE20: Pon 6E 27
Dunsley Gdns. NE13: Din 4F 29
Dunsmuir Gro. NE8: Gate 3F 83
Dunstable Pl. NE5: Cha P 4H 53
Dunstanburgh Cl. NE6: Byke 4D 70
NE22: Bed 4F 9
NE38: Wash 3H 113
Dunstanburgh Ct. DH4: Hou S . . .2B 136
NE10: Ward 4H 85
Dunstanburgh Rd.
NE6: Byke, Walk 4D 70
Dunstan Cl. DH2: Ches S 2A 134
Dunstan Wlk. NE5: W Dent 6D 54
DUNSTON 2C 82
Dunston Activity Cen. 3C 82
Dunston Bank NE11: Dun 4A 82
Dunston Ent. Pk. NE11: Dun 1A 82
DUNSTON HILL 4B 82
Dunston Pl. NE24: Cow 6H 11

Dunston Pool & Squash Club 4A 82
Dunston Rd. NE11: Dun 1B 82
(not continuous)
Dunston Station (Rail) 3C 82
Dunston Workshops
NE11: Dun 1B 82
(off Colliery Rd.)
Dunvegan DH3: Bir 5E 113
Dunvegan Av.
DH2: Ches S 2B 134
Dunwood SR4: Sund 6D 102
Durant Rd.
NE1: Newc T 3E 5 (3G 69)
Durban St. NE24: Bly 5B 12
DURHAM 4B 6 (6C 154)
Durham Av. NE37: Wash 5H 99
SR8: Hor 5F 163
Durham Castle 3B 6 (6C 154)
Durham Cathedral 4B 6 (6C 154)
Durham City Swimming Baths
. . . . .3D 6 (6D 154)
Durham Cl. NE22: Bed 3F 9
Durham County Cricket Ground
. . . . .1E 135
Durham Ct. NE31: Heb 4B 72
Durham Crematorium
DH1: Dur 4B 160
Durham Dr. NE32: Jar 2E 87
Durham Gro. NE32: Jar 1E 87
Durham Heritage Cen. & Mus.
. . . . .4C 6 (6C 154)
Durham Indoor Bowling Cen. . . .5D 144
Durham La. DH6: Has, S Hil 6H 157
SR8: Eas, Pet 2A 162
(not continuous)
Durham Light Infantry Mus. & Arts Cen.
. . . . .4B 154
Durham Moor DH1: Dur 2A 154
Durham Moor Cres.
DH1: Dur 2A 154
Durham Pl. DH3: Bir 6C 112
DH4: Nbot 6H 129
(off Front St.)
NE8: Gate 2H 83
SR7: Mur 3D 150
Durham Rd. DH1: Dur 2A 154
(Aykley Va.)
DH1: Dur 4E 153
(Toll Ho. Rd.)
DH2: Ches M 3C 134
DH3: Bir, Ches S 1C 112
DH3: Ches M, Ches S 3C 134
DH4: Hou S 3A 138
DH4: Ston 6B 130
DH5: E Rain 1G 147
(not continuous)
DH5: Hou S 1B 138
(Houghton Cut)
DH5: Hou S 5H 137
(North Rd.)
DH7: Bear P 4E 153
DH7: Ush M 5B 152
DH9: Ann P 6G 121
DH9: Stly 4E 123
NE8: Gate 2H 83
NE9: Low F 1H 97
NE23: Cra 6C 16
SR2: Sund 1B 118
(New Durham Rd.)
SR2: Sund 3D 130
(Silksworth La.)
SR3: E Her, Sund 3D 130
Durham Rd. Trad. Est.
DH3: Bir 1C 126
Durham Station (Rail) . . .1A 6 (5B 154)

Durham St. DH4: Hou S 3E 137
NE4: Elsw 5B 68
(not continuous)
NE10: Pel 2F 85
NE28: W'snd 5A 60
SR7: S'hm 3H 141
Durham St. W. NE28: W'snd 5A 60
Durham Ter. DH1: Dur 1A 154
SR3: New S 6A 118
Durham University Mus. of Archaeology
. . . . .4A 6 (6C 154)
Durham University Oriental Mus.
. . . . .2B 160
Durham Way SR8: Pet 3B 164
Dustanburgh Ct. NE32: Jar 4A 74
Dutton Ct. NE21: Blay 5D 66
Duxbury Pk. NE38: Wash 1B 128
Duxfield Rd. NE7: H Hea 4B 58
Dwyer Cres. SR2: Ryh 3F 133
Dyer Sq. SR5: S'wck 3B 104
Dykefield Av. NE3: Ken 6A 42
DYKE HEADS 1B 78
Dyke Heads La. NE40: G'sde 1B 78
Dykelands Rd.
SR6: Ful, Seab 1D 104
Dykelands Way NE34: S Shi 6B 74
Dykenook Cl. NE16: Whi 1E 95
Dykes Way NE10: Wind N 6D 84
Dymock Cl. NE3: Ken 2F 55
Dyrham Cl. SR2: Ryh 3D 132

E

Eaglescliffe Dr. NE7: H Hea 5D 58
Eaglesdene DH5: Hett H 1C 148
Ealing Ct. NE3: Ken 1F 55
Ealing Dr. NE30: Cull 4E 49
Ealing Sq. NE23: Cra 3F 21
SR5: S'wck 2A 104
Eames Ct. SR5: S'wck 2A 104
Eardulph Av. DH3: Ches S 6D 126
Earl Grey's Monument 4D 4 (4F 69)
Earl Grey Way NE29: N Shi 4B 62
Earlington Ct.
NE12: Longb 4E 45
Earls Cl. NE13: Wool 5D 40
Earls Ct. NE11: T Vall 6F 83
SR5: S'wck 1A 104
Earls Court Health Club 4G 7
(off Blandford St.)
Earls Dene NE9: Low F 1H 97
Earls Dr. NE9: Low F 1H 97
NE15: Den M 2E 67
Earl's Gdns. NE24: Cow 5A 12
Earls Grn. DH5: E Rain 2H 147
Earlsmeadow NE27: Shir 1D 46
Earls Pk. Nth. NE11: T Vall 4E 83
Earlston St. SR5: S'wck 1A 104
Earlston Way NE23: Cra 5C 16
Earl St. DH9: Ann P 4F 121
SR4: Sund 1B 118
SR7: S'hm 3G 141
Earls Way NE1: Newc T 3D 4
Earlsway NE11: T Vall 4E 83
Earlswood Av. NE9: Low F 1H 97
Earlswood Gro. NE24: News 4B 18
Earlswood Pk. NE9: Low F 1H 97
Earnshaw Way
NE25: Monks 4H 35
EARSDON 6E 35
Earsdon Cl. NE5: W Dent 6E 55
Earsdon Ct. NE25: Monks 1H 47
Earsdon Grange Rd.
DH5: Hou S 2B 138

Earsdon Rd. DH5: Hou S 3B **138**
  NE3: Ken 4A **56**
  NE25: Ears, Monks, Well 6E **35**
  NE27: Back, Shir 3B **46**
Earsdon Ter. NE27: Shir 4C **46**
  SR2: Ryh 3F **133**
Earsdon Vw. NE27: Shir 1D **46**
Easby Cl. NE3: Gos 5F **43**
Easby Rd. NE38: Wash 3B **114**
Easedale NE26: Sea S 3G **25**
Easedale Av. NE3: Gos 4E **43**
Easedale Gdns.
  NE9: Low F, Wrek 1A **98**
EASINGTON 2B **162**
Easington Av. NE9: Wrek 2C **98**
  NE23: Cra 5C **16**
EASINGTON COLLIERY 1E **163**
EASINGTON LANE 4E **149**
EASINGTON SERVICE AREA . . .5F **151**
Easington St.
  SR5: Monkw 1F **7** (5C **104**)
  SR8: Eas C 1D **162**
Easington St. Nth.
  SR5: Monkw 1F **7** (5C **104**)
East Acres NE13: Din 3G **29**
  NE21: Blay 1B **80**
E. Atherton St. DH1: Dur 6B **154**
East Av. DH2: Ches M 4A **134**
  NE12: Longb 1D **58**
  NE25: Monks 6A **36**
  NE34: S Shi 3A **76**
    (not continuous)
  NE38: Wash 6H **113**
East Bk. Pde. SR2: Sund 2F **119**
East Bailey NE12: Kil 1D **44**
EAST BOLDON 4G **89**
E. Boldon Rd. SR6: Clead 3G **89**
East Boldon Station (Metro) 4G **89**
Eastbourne Av. NE6: Walk 3G **71**
  NE8: Gate 3G **83**
Eastbourne Ct. NE6: Walk 3G **71**
Eastbourne Gdns. NE6: Walk . . .3G **71**
  NE23: Cra 3F **21**
  NE26: Whit B 5B **36**
Eastbourne Gro. NE33: S Shi . . .4F **63**
Eastbourne Pde. NE31: Heb 1E **87**
Eastbourne Sq. SR5: S'wck 1A **104**
East Bri. DH4: Pen 6C **114**
Eastburn Gdns. NE10: Pel 1G **85**
Eastcheap NE6: Heat 6C **58**
E. Cleft Rd. SR1: Sund 1B **118**
Eastcliffe Av. NE3: Ken 4C **56**
E. Cliff Rd. SR7: S'hm 6C **142**
Eastcombe Cl. NE35: Bol C 1A **88**
E. Coronation St.
  SR7: Mur 2D **150**
Eastcote Ter. NE6: Walk 5F **71**
EAST CRAMLINGTON 4D **22**
E. Cramlington Ind. Est.
  NE23: E Cram 5E **23**
East Cramlington Pond
  (Nature Reserve) 5G **23**
East Cres. NE22: Bed 3E **11**
E. Cross St.
  SR1: Sund 2H **7** (6D **104**)
Eastdene Rd. SR7: S'hm 4F **141**
Eastdene Way SR8: Pet 2F **165**
EAST DENTON 1E **67**
East Dr. NE24: News 3A **18**
  SR6: Clead 3H **89**
E. Ellen St. *SR7: Mur* 3D **150**
    (off W. Ellen St.)
East End Swimming Pool 3C **70**
Easten Gdns. NE10: Fall 2D **84**

Eastern Av. NE9: Low F 1F **97**
  NE11: T Vall 1F **97**
Eastern Ter. NE28: W'snd 6G **61**
Eastern Way NE5: Blak 5H **55**
  NE20: Darr H 6D **26**
  SR4: Sund 5G **103**
E. Farm Ct. NE16: Sun 2G **95**
  NE23: Cra 3B **22**
E. Farm Ter. NE23: Cra 3B **22**
Eastfield SR8: Pet 2F **165**
Eastfield Av. NE6: Walk 1G **71**
  NE25: Monks 1H **47**
Eastfield Ho. NE6: Walk 1G **71**
Eastfield Rd.
  NE12: Longb 1C **58**
  NE34: S Shi 1H **75**
East Flds. SR6: Whit 3F **91**
Eastfields DH9: Stly 4C **122**
Eastfield St. SR4: Sund 2H **117**
Eastfield Ter. NE12: Longb 1D **58**
E. Forest Hall Rd. NE12: Longb . .5E **45**
East Front NE2: Jes 1G **69**
Eastgarth NE5: West 2E **55**
Eastgate NE8: Gate 6H **69**
  NE62: Sco G 1H **9**
Eastgate Gdns. NE4: Benw 5B **68**
EAST GATESHEAD 1A **84**
E. George Potts St.
  NE33: S Shi 6F **63**
E. George St. NE30: N Shi 1E **63**
East Grange NE25: H'wll 1D **34**
  SR5: S'wck 2C **104**
E. Grange Ct. SR8: Eas 2B **162**
East Gro. SR4: Sund 2D **116**
EAST HARTFORD 4B **16**
E. Hendon Rd. SR1: Sund 1F **119**
EAST HERRINGTON 3F **131**
E. Hill Rd. NE8: Gate 2B **84**
E. Holburn NE33: S Shi 5D **62**
EAST HOLYWELL 4B **34**
EAST HOWDON 5G **61**
E. Howdon By-Pass
  NE28: W'snd 6G **61**
  NE29: N Shi 6G **61**
EAST JARROW 3H **73**
EAST KYO 3H **121**
Eastlands DH5: Hett H 2B **148**
  NE7: H Hea 4A **58**
  NE21: Winl 2H **79**
  NE38: Wash 2E **127**
East Lea NE21: Winl 3A **80**
Eastlea Cres. SR7: S'hm 4G **141**
Eastlea Rd. SR7: S'hm 4F **141**
Eastleigh Cl. NE35: Bol C 3A **88**
E. Moffett St. NE33: S Shi 6F **63**
E. Moor Rd. SR4: Sund 6H **103**
Eastmoor Rd. SR7: Mur 3E **151**
E. Norfolk St. NE30: N Shi 2D **62**
Easton Homes NE22: Bed 3C **10**
East Pde. DH2: Kim 2A **144**
  DH9: Stly 2E **123**
  NE26: Whit B 5D **36**
East Pk. Gdns. NE21: Winl 2A **80**
East Pk. Rd. NE9: Low F 5G **83**
East Pk. Vw. NE24: Bly 6E **13**
E. Percy St. NE30: N Shi 1E **63**
EAST RAINTON 1G **147**
East Riggs NE22: Bed 5H **9**
E. Shore Dr. SR7: S'hm 2A **142**
EAST SHORE VILLAGE 2A **142**
E. Side Av. DH7: Bear P 4C **152**
EAST SLEEKBURN 2F **11**
East Sq. NE23: Cra 3A **22**
E. Stainton St. NE33: S Shi 6F **63**
EAST STANLEY 2E **123**

E. Stanley By-Pass
  DH9: Beam, Stly 2F **123**
E. Stevenson St. NE33: S Shi . . .6F **63**
East St. DH2: Gra V 4C **124**
  DH9: Stly 2F **123**
  NE8: Gate 6H **69**
  NE30: Tyne 5G **49**
  NE31: Heb 2D **72**
    (not continuous)
  NE33: S Shi 4E **63**
  NE39: H Spen 1A **92**
  SR6: Whit 3F **91**
East Ter. TS27: Hes 6G **165**
East Thorp NE5: West 2D **54**
East Vw. DH2: Kim 3A **144**
  DH6: S Hil 6H **157**
  DH7: Mead 6E **159**
  DH9: Dip 1D **120**
  DH9: Stly 6C **122**
  NE10: Hew 5F **85**
  NE13: W Op 4D **30**
  NE16: Burn 1G **107**
  NE21: Blay 6B **66**
  NE22: Bed 2D **10**
  NE23: Seg 2F **33**
  NE25: Sea D 4A **24**
  NE31: Heb 5B **72**
  NE35: Bol C 3B **88**
  NE36: W Bol 4C **88**
  NE39: Row G 3C **92**
  SR2: Ryh 3E **133**
  SR5: Sund 4E **103**
  SR6: Ful 2E **105**
  SR7: Mur 3D **150**
  SR7: S'hm 2F **141**
  SR8: Hor 6G **163**
East Vw. Av. NE23: Cra 3B **22**
East Vw. Sth. SR5: Sund 4E **103**
East Vw. Ter. NE10: Hew 5F **85**
  NE16: Swa 3F **81**
  NE23: Dud 3A **32**
East Vines SR1: Sund 6F **105**
Eastward Grn. NE25: Monks 1H **47**
Eastway NE34: S Shi 4B **76**
Eastwood Av. NE24: News 4B **18**
Eastwood Cl. NE23: Dud 6C **32**
Eastwood Ct. NE12: Longb 6D **44**
Eastwood Gdns. NE3: Ken 3B **56**
  NE9: Low F 5A **84**
  NE10: Fall 2C **84**
Eastwood Pl. NE23: Cra 5C **16**
Eaton Cl. NE38: Wash 1H **127**
Eaton Pl. NE4: Elsw 4B **68**
Eavers Ct. NE34: S Shi 4E **75**
Ebba Wlk. NE3: Gos 2F **57**
Ebchester Av. NE9: Wrek 2D **98**
Ebchester Ct. NE3: Ken 2G **55**
Ebchester St. NE34: S Shi 4C **74**
Ebdon La. SR6: Ful 1D **104**
Ebor St. NE6: Heat 1C **70**
  NE34: S Shi 5C **74**
Eccles Ct. NE27: Back 6A **34**
Eccles Ter. NE27: Shir 4C **46**
Eccleston Cl. NE27: Back 1A **46**
Eccleston Rd. NE33: S Shi 5G **63**
Ecgfrid Ter. NE32: Jar 4G **73**
Eco Cen., The NE31: Heb 1D **72**
Eddison Rd. NE38: Wash 3D **114**
Eddleston NE38: Wash 6G **113**
Eddleston Av. NE3: Ken 4C **56**
Eddrington Gro. NE5: Cha P 4A **54**
Ede Av. NE11: Dun 3B **82**
  NE34: S Shi 3B **76**
Eden Av. NE16: Burn 1G **107**
Edenbridge Cres. NE12: Longb . .6B **44**

Eden Cl. NE5: Cha P 5A **54**
Eden Cotts. TS27: Hes 6G **165**
Eden Ct. NE22: Bed 5A **10**
NE28: W'snd 6H **59**
Edencroft DH9: W Pelt 3C **124**
Edendale Av. NE6: Walk 3G **71**
NE12: Longb 6C **44**
NE24: Cow 5H **11**
Edendale Ct. NE24: Cow 5H **11**
NE34: S Shi 5C **74**
Edendale Ter. NE8: Gate 3H **83**
SR8: Hor 1F **165**
Edenfield DH9: W Pelt 2C **124**
Edengarth NE30: Cull 3B **48**
Edenhill Rd. SR8: Pet 6E **163**
Eden Ho. Rd. SR4: Sund 2B **118**
Eden La. SR8: Pet 5D **162**
Eden Pl. NE30: Cull 4C **48**
Eden Rd. DH1: Dur 1C **154**
Eden St. NE28: W'snd 6H **59**
SR8: Hor 6G **163**
Eden St. W. SR1: Sund . . .3E **7** (6C **104**)
Eden Ter. DH1: Dur 4A **156**
DH4: S Row 3F **129**
DH9: Stly 4B **122**
SR2: Sund 2B **118**
Eden Va. SR2: Sund 2B **118**
Edenvale Est. SR8: Hor 1F **165**
Eden Vs. NE38: Wash 3C **114**
Eden Wlk. NE32: Jar 6G **73**
Edgar St. NE3: Gos 2H **57**
Edgecote NE37: Wash 5D **100**
Edge Ct. DH1: Dur 5F **155**
(not continuous)
Edgefield NE27: Shir 2C **46**
Edgefield Av. NE3: Ken 2B **56**
Edgefield Dr. NE23: Cra 5C **16**
Edge Hill NE20: Darr H 4B **38**
Edgehill Cl. NE20: Darr H 4C **38**
Edgehill Vs. NE9: Spri 4G **99**
Edgemount NE12: Kil 1E **45**
Edgeware Ct. SR5: S'wck 1A **104**
Edgeware Rd. NE8: Gate 3A **84**
Edgeware Wlk. NE4: Benw 6A **68**
Edgewood NE20: Darr H 3D **38**
Edgewood Av. NE22: Bed 4C **10**
Edgeworth Cl. NE35: Bol C 1A **88**
Edgeworth Cres. SR6: Ful 3D **104**
Edgmond Ct. SR2: Ryh 1E **133**
Edhill Av. NE34: S Shi 4B **74**
Edhill Gdns. NE34: S Shi 5B **74**
Edinburgh Ct. NE3: Ken 5H **41**
Edinburgh Dr. NE22: Bed 3F **9**
Edinburgh Rd. NE32: Jar 5A **74**
Edinburgh Sq. SR5: S'wck 2A **104**
Edington Gro. NE30: Cull 4C **48**
Edington Rd. NE30: Cull 4C **48**
Edison Cl. SR5: S'wck 2A **104**
Edison Gdns. NE8: Gate 4G **83**
Edison St. SR7: Mur 2C **150**
Edith Av. NE21: Blay 1A **80**
Edith Moffat Ho. *NE29: N Shi 1C 62*
(off Albion Rd.)
Edith St. NE30: Tyne 5E **49**
NE32: Jar 2E **73**
SR2: Sund 3E **119**
SR7: S'hm 6C **142**
Edith Ter. DH4: Nbot 5H **129**
NE16: Whi 4E 81
(off Swalwell Bank)
Edlingham Cl. NE3: Gos 3H **57**
Edlingham Ct. DH5: Hou S 3B **138**
Edlingham Rd. DH1: Dur 2C **154**
Edmonton Sq. SR5: S'wck 2A **104**
Edmund Ct. DH7: Bear P 3C **152**
Edmund Pl. NE9: Low F 6H **83**
Edmund Rd. NE27: Longb 4B **46**
Edna Ter. NE5: West 4E **55**
Edrich Ho. NE29: N Shi 4A **62**
Edward Av. SR8: Hor 6F **163**
Edward Burdis St. SR5: S'wck . . .3B **104**
Edward Cain Ct. SR8: Hor 6G **163**
Edward Ho. SR2: Sund 5E **7**
Edward Pl. NE4: Newc T 4D **68**
Edward Rd. DH3: Bir 2B **112**
NE22: Bed 3D **10**
NE28: W'snd 4D **60**
Edwardson Rd. DH7: Mead 6F **159**
Edwards Rd. NE26: Whit B 1E **49**
Edward St. DH1: Dur 5F **155**
DH3: Ches S 6C **126**
DH5: Hett H 1C **148**
DH9: Crag 6G **123**
NE3: Gos 2E **57**
NE16: Hob 3G **107**
NE24: Bly 5B **12**
NE31: Heb 3A **72**
SR3: New S 2A **132**
SR7: S'hm 5B **142**
Edward's Wlk.
NE1: Newc T 2C **4** (3F **69**)
Edward Ter. DH2: Pelt 3E **125**
DH7: New B 1B **158**
DH9: Ann P 5H **121**
Edwina Gdns. NE29: N Shi 6A **48**
Edwin Gro. NE28: W'snd 4E **61**
Edwin's Av. NE12: Longb 5E **45**
Edwin's Av. Sth. NE12: Longb 5E **45**
Edwin St. DH5: Hou S 2A **138**
NE6: Byke 3B **70**
NE13: Bru V 5C **30**
SR4: Sund 6G **103**
Edwin Ter. NE40: G'sde 1C **78**
Egerton Rd. NE34: S Shi 3E **75**
Egerton St. NE4: Benw 5H **67**
(not continuous)
SR2: Sund 6H **7** (2E **119**)
Eggleston Cl. DH1: Dur 1E **155**
DH3: Gt Lum 4H **135**
Eggleston Dr. SR3: Sund 5A **118**
Egham Rd. NE5: Cha P 5A **54**
Eglesfield Rd. NE33: S Shi 1E **75**
Eglingham Av. NE30: Cull 4E **49**
Eglinton St. SR5: Monkw 4C **104**
Eglinton St. Nth. SR5: Monkw . . .4C **104**
Eglinton Twr. SR5: Monkw 4D **104**
Egremont Dr. NE9: Low F 5A **84**
Egremont Gdns. NE9: Low F 5A **84**
Egremont Gro. SR8: Pet 4A **164**
Egremont Pl. NE26: Whit B 1D **48**
Egremont Way NE23: Cra 5C **16**
Egton Ter. DH3: Bir 2C **112**
Eider Cl. NE24: News 4C **18**
Eider Wlk. NE12: Kil 1C **44**
Eighteenth Av. NE24: Bly 2A **18**
(not continuous)
Eighth Av. DH2: Ches S 6B **126**
NE6: Heat 1C **70**
NE11: T Vall 2E **97**
NE24: Bly 2B **18**
Eighth St. SR8: Hor 6G **163**
EIGHTON BANKS **3D 98**
Eighton Ter. NE9: Wrek 2E **99**
Eishort Way NE12: Longb 1B **58**
Eland Cl. NE3: Ken 2H **55**
Eland Edge NE20: Pon 4F **27**
Eland Grange NE20: Pon 4E **27**
Eland La. NE20: Pon 5F **27**
Eland Vw. NE20: Pon 5F **27**
Elberfield Ct. NE32: Jar 3F **73**
Elder Cl. DH7: Ush M 6D **152**
Elder Gdns. NE9: Eigh B 4C **98**
Elder Gro. NE9: Low F 6H **83**
NE34: S Shi 6H **75**
Elders Wlk. SR6: Whit 3F **91**
Elderwood Gdns. NE11: Lob H . . .6D **82**
Eldon Ct. NE1: Newc T 3C **4** (3F **69**)
NE28: W'snd 6F 61
(off Eldon St.)
Eldon Gdns.
NE1: Newc T 3C **4** (3F **69**)
Eldon Ho. NE3: Gos 1E **57**
Eldon La. NE1: Newc T 4D **4** (4F **69**)
Eldon Leisure Cen. **4C 4**
Eldon Pl. NE1: Newc T 1D **4** (2F **69**)
NE15: Lem 2B **66**
NE33: S Shi 2D **74**
Eldon Rd. NE15: Lem 2B **66**
Eldon Sq. NE1: Newc T 4C **4** (4F **69**)
Eldon Sq. Bus Concourse
NE1: Newc T 3C 4
(off Percy St.)
Eldon Sq. Shop. Cen.
NE1: Newc T 3D **4** (3F **69**)
Eldon St. NE8: Gate 6A **70**
NE28: W'snd 5E **61**
NE33: S Shi 6D **62**
SR4: Sund 1A **118**
Eldon Wlk. NE1: Newc T 3C **4**
Eldon Way NE1: Newc T . . .3D **4** (3F **69**)
Eleanor St. NE30: Cull 1E **49**
NE33: S Shi 4F **63**
Eleanor Ter. *NE16: Whi 4E 81*
(off Swalwell Bank)
NE40: Craw 5A **64**
Electric Cres. DH4: Nbot 5G **129**
Elemore La.
DH5: Eas L . . . . . .6C **148** & 6A **148**
(not continuous)
DH6: Litt 2G **157**
Elemore St. DH6: H Pitt 2F **157**
ELEMORE VALE **5D 148**
Elemore Vw. DH6: S Het 6H **149**
Elenbel Av. NE22: Bed 4C **10**
Eleventh Av. DH2: Ches S 6B **126**
NE11: T Vall 3F **97**
NE24: Bly 1C **18**
Eleventh Av. Nth. NE11: T Vall 2G **97**
Eleventh St. SR8: Hor 6F **163**
Elfin Way NE24: Bly 3D **18**
Elford Cl. NE25: Monks 6H **35**
Elfordleigh DH4: Nbot 5G **129**
Elgar Av. NE5: Cha P 5A **54**
Elgar Cl. DH9: Stly 4E **123**
Elgen Vs. NE39: Row G 4D **92**
Elgin Av. NE28: W'snd 3D **60**
SR7: S'hm 4F **141**
Elgin Cl. NE22: Bed 3D **10**
NE23: Cra 3F **21**
NE29: N Shi 5G **47**
Elgin Ct. NE10: Bill Q 1H **85**
Elgin Gdns. NE6: Walk 3F **71**
Elgin Gro. DH9: Stly 3F **123**
Elgin Pl. DH3: Bir 5D **112**
Elgin Rd. NE9: Low F 4B **84**
Elgin St. NE32: Jar 5A **74**
Elgy Rd. NE3: Gos 4D **56**
Elisabeth Av. DH3: Bir 1B **112**
Elite Bldgs. DH9: Stly 2D **122**
Elizabeth Ct. DH6: H Pitt 2G **157**
NE12: Longb 5G **45**
Elizabeth Cres. NE23: Dud 3A **32**
Elizabeth Diamond Gdns.
NE33: S Shi 1D **74**
Elizabeth Dr. NE12: Longb 5G **45**

Elizabeth Rd. NE28: W'snd 4E **61**
Elizabeth St. DH5: Hou S 2A **138**
  DH9: Ann P 5G **121**
  NE6: Byke 3A **70**
  NE23: E Cram 4F **23**
  NE33: S Shi 5F **63**
  SR5: Ful 2C **104**
  SR5: Sund 4D **102**
  SR7: S'hm 4A **142**
Elizabeth Woodcock Maritime
Almshouses, The
  SR2: Sund *2D 118*
    (off Gorse Rd.)
Ella McCambridge Ho.
  NE6: Walk 4G **71**
Ellam Av. DH1: Dur 1A **160**
Ell-Dene Cres. NE10: Fall 4E **85**
Ellen Ct. NE32: Jar 2F **73**
Ellen Ter. NE37: Wash 5D **100**
Ellerbeck Cl. NE10: Fall 3C **84**
Ellerby Ho. *NE6: Walk* *6E 71*
    (off McCutcheon Ct.)
Ellersmere Gdns. NE30: Cull 3D **48**
Ellerton Way NE10: Fall 3C **84**
  NE23: Cra 5C **16**
Ellesmere DH4: Bour 6B **128**
    (not continuous)
Ellesmere Av. NE3: Gos 3G **57**
  NE5: West 5E **55**
  NE6: Walk 2E **71**
Ellesmere Cl. DH4: Hou S 2E **137**
Ellesmere Ct. SR2: Sund 6E **119**
Ellesmere Dr. SR7: S'hm 4F **141**
Ellesmere Rd. NE4: Benw 4A **68**
Ellesmere Ter. SR6: Ful 2E **105**
Ellie Bldgs. *DH9: Stly* *2C 122*
    (off Royal Rd.)
Ellington Cl. DH2: Ous 5G **111**
  NE15: Lem 2H **65**
  SR2: Ryh 4F **133**
Elliot Rd. NE10: Gate 1B **84**
    (not continuous)
Elliott Cl. DH4: Pen 2F **129**
Elliott Dr. NE10: Fall 3D **84**
Elliott Gdns. NE28: W'snd 3G **59**
  NE34: S Shi 1F **89**
Elliott Rd. SR8: Pet 6D **162**
Elliott St. NE24: Bly 3H **17**
Elliott Ter. NE4: Elsw 4B **68**
  NE37: Wash 5C **100**
Elliott Wlk. NE13: Haz 1B **42**
Ellis Leazes DH1: Dur 5E **155**
Ellison Bldg.
  NE1: Newc T 3E **5** (3G **69**)
Ellison Pl. NE1: Newc T . . .3E **5** (3G **69**)
  NE9: Low F 1H **97**
  NE32: Jar 1F **73**
Ellison Rd. NE8: Dun 3B **82**
  NE11: Dun 3B **82**
  SR8: Pet 6E **163**
Ellison St. NE8: Gate 6G **69**
  NE31: Heb 2A **72**
    (not continuous)
  NE32: Jar 1F **73**
    (not continuous)
Ellison Ter. NE1: Newc T . . .3E **5** (3G **69**)
Ellison Vs. NE8: Gate 2A **84**
Ellis Rd. SR5: S'wck 2A **104**
Ellis Sq. SR5: S'wck 2B **104**
Ellwood Gdns. NE9: Low F 3H **83**
Ellwoods Gym
  Peterlee *1H 165*
    (off Windsor Cnr.)
  Sunderland *5H 7*
    (off Murton St.)

Elm Av. DH2: Pelt 3E **125**
  DH7: B'don 6D **158**
  NE11: Dun 3B **82**
  NE13: Din 4F **29**
  NE16: Whi 3G **81**
  NE34: S Shi 5H **75**
Elm Cl. NE23: Cra 5C **16**
Elm Ct. NE16: Whi 6F **81**
Elm Cres. DH2: Kim 2A **144**
Elm Cft. Rd. NE12: Longb 6E **45**
Elm Dr. NE22: Bed 5H **9**
  SR6: Whit 2G **91**
Elmfield DH5: Hett H 5C **138**
Elmfield App. NE3: Gos 4E **57**
Elmfield Av. DH1: Dur 4H **155**
Elmfield Cl. SR3: E Her 3E **131**
Elmfield Gdns. NE3: Gos 3D **56**
  NE25: Monks 2H **47**
  NE28: W'snd 4F **59**
Elmfield Gro. NE3: Gos 3D **56**
Elmfield Pk. NE3: Gos 4D **56**
Elmfield Rd. NE3: Gos 4D **56**
  NE15: Thro 5E **53**
  NE31: Heb 6D **72**
Elmfield Ter. NE10: Pel 2G **85**
  NE31: Heb 5D **72**
Elm Gro. DH4: S Row 4G **129**
  DH7: Ush M 6D **152**
  NE3: Ken 6B **42**
  NE12: Kil 4D **44**
  NE16: Burn 1F **107**
  NE34: S Shi 5H **75**
Elm Pl. DH4: Nbot 6H **129**
Elm Rd. NE20: Pon 6G **27**
  NE21: Blay 1B **80**
  NE29: N Shi 6F **47**
Elms, The NE5: Eas L 5F **149**
  NE3: Gos 4D **56**
  SR2: Sund 2D **118**
  SR4: Sund 1C **116**
Elmsford Gro. NE12: Longb 1B **58**
Elmsleigh Gdns. SR6: Clead 1A **90**
Elm St. DH3: Ches S 6C **126**
  DH9: Stly 5B **122**
  NE13: Sea B 3E **31**
  NE16: Sun 3F **95**
  NE32: Jar 2E **73**
Elm St. W. NE16: Sun 3F **95**
Elms W. SR2: Sund 2D **118**
Elm Ter. DH3: Bir 2B **112**
  DH9: Ann P 5E **121**
  DH9: Stly 5H **107**
  DH9: Tant 5H **107**
  NE28: W'snd 5A **60**
  SR8: Hor 1G **165**
Elm Tree Ct. SR7: S'hm 6A **142**
Elm Tree Dr. NE40: G'sde 2B **78**
Elmtree Gdns. NE25: Monks 2A **48**
  SR8: Pet 1F **165**
Elmtree Gro. NE3: Gos 4D **56**
Elm Trees NE24: Bly 1B **18**
Elm Vs. NE13: Haz 6C **30**
Elmway DH2: Ches S 4A **126**
Elmwood NE15: Lem 1A **66**
Elmwood Av. NE13: W Op 6E **31**
  NE28: W'snd 5D **60**
    (not continuous)
  SR5: S'wck 2H **103**
Elmwood Cres. NE6: Walk 6F **59**
Elmwood Dr. NE20: Pon 4E **27**
Elmwood Gdns. NE11: Lob H 5D **82**
Elmwood Gro. NE26: Whit B 5C **36**
Elmwood Ho. NE7: H Hea 3A **58**
Elmwood M. NE25: Monks 1A **48**
Elmwood Sq. SR5: S'wck 3H **103**

Elmwood St. DH4: Hou S 2C **136**
  SR2: Sund 2B **118**
Elrick Cl. NE5: Cha P 5A **54**
Elrington Gdns. NE5: Den M 1F **67**
Elsdon Av. NE25: Sea D 6A **24**
Elsdonburn Rd. SR3: Dox P 4G **131**
Elsdon Cl. NE16: Whi 6E **81**
Elsdon Cl. NE24: Bly 6A **12**
  SR8: Pet 4C **164**
Elsdon Ct. NE16: Whi 6E **81**
Elsdon Dr. NE12: Longb 5F **45**
Elsdon Gdns. NE11: Dun 3C **82**
Elsdon M. NE31: Heb 2D **72**
Elsdon Pl. NE29: N Shi 3C **62**
Elsdon Rd. DH1: Dur 1D **154**
  NE3: Gos 2E **57**
  NE16: Whi 5E **81**
Elsdon St. NE29: N Shi 3C **62**
Elsdon Ter. NE28: W'snd 6H **59**
  NE29: N Shi 3H **61**
Elsham Grn. NE3: Ken 1A **56**
Elsing Cl. NE5: Blak 3F **55**
Elstob Cotts. SR3: Sund 5A **118**
Elstob Farm Caravans
  SR3: Sund 5B **118**
Elstob Pl. NE6: Walk 5E **71**
  SR3: Sund 5A **118**
Elston Cl. NE5: Cha P 5A **54**
Elstree Ct. NE3: Ken 6F **41**
Elstree Gdns. NE24: News 4B **18**
Elstree Sq. SR5: S'wck 1A **104**
    (not continuous)
ELSWICK 5C **68**
Elswick Ct. NE1: Newc T 3D **4** (3F **69**)
Elswick Dene NE4: Elsw 6C **68**
Elswick E. Ter.
  NE4: Newc T 6A **4** (5D **68**)
Elswick Rd. NE4: Benw, Elsw 5A **68**
  NE37: Wash 6G **99**
Elswick Row NE4: Newc T 4D **68**
Elswick St. NE4: Newc T 4D **68**
Elswick Swimming Pool 5C **68**
Elswick Way NE34: S Shi 3C **74**
Elswick Way Ind. Est.
  NE34: S Shi 3C **74**
Elsworth Grn. NE5: Blak 4G **55**
Elterwater Rd. DH2: Ches S 2B **134**
Eltham St. NE33: S Shi 1D **74**
Elton St. E. NE28: W'snd 6H **59**
Elton St. W. NE28: W'snd 6H **59**
Eltringham Cl. NE38: W'snd 5G **59**
Elvaston Cres. NE5: Ken 4H **55**
Elvaston Rd. NE40: Ryton 3C **64**
Elvet Bri. DH1: Dur 3B **6** (6C **154**)
Elvet Cl. NE6: Byke 2C **70**
  NE13: W Op 5D **30**
Elvet Ct. NE6: Byke 2C **70**
Elvet Cres. DH1: Dur 4C **6** (6D **154**)
Elvet Grn. DH2: Ches S 1C **134**
  DH5: Hett H 4C **148**
Elvet Hill Rd. DH1: Dur 2C **160**
Elvet Moor DH1: Dur 2A **160**
Elvet Waterside
  DH1: Dur 3C **6** (6D **154**)
Elvet Way NE6: Byke 2C **70**
Elvington St. SR6: Ful 2E **105**
Elwin Cl. NE26: Sea S 4H **25**
Elwin Pl. DH2: Pelt 3G **125**
  NE26: Sea S 4H **25**
Elwin St. DH2: Pelt 2G **125**
Elwin Ter. SR2: Sund 5E **7** (1C **118**)
Ely Cl. NE7: H Hea 3D **58**
Ely Rd. DH1: Dur 5D **144**
Elysium La. NE8: Gate 2E **83**
Ely St. NE8: Gate 2G **83**
Ely Ter. DH9: Ann P 4A **122**

Ely Way NE32: Jar 2F **87**
Embankment Rd. SR7: S'hm 5B **142**
(Cottages Rd.)
SR7: S'hm 3H **141**
(Stanley St.)
Embassy Gdns. NE15: Den M 3F **67**
Emblehope NE37: Wash 1G **113**
Emblehope Dr. NE3: Gos 3C **56**
Emblehope Ho. SR3: E Her 1F **131**
Embleton Av. NE3: Gos 1C **56**
NE28: W'snd 2C **60**
NE34: S Shi 1B **76**
Embleton Cl. DH1: Dur 6D **144**
Embleton Cres. NE29: N Shi 5G **47**
Embleton Dr. DH2: Ches S 2A **134**
NE24: Bly 2A **18**
Embleton Gdns. NE5: Fen 6H **55**
NE10: Fall 2D **84**
Embleton Rd. NE10: Bill Q 1H **85**
NE29: N Shi 5G **47**
Embleton St. SR7: S'hm 6B **142**
Embleton Wlk. *NE8: Gate 1F 83*
(off St Cuthbert's Rd.)
Emden Rd. NE3: Ken 1B **56**
EMERSON **5F 113**
Emerson Ct. NE27: Shir 2C **46**
SR8: Hor 6G **163**
Emerson Pl. NE27: Shir 2C **46**
Emerson Rd. NE38: Wash 3F **113**
Emily St. DH4: Nbot 5H **129**
NE6: Walk 3E **71**
NE8: Gate 2B **84**
Emily St. E. SR7: S'hm 4B **142**
(not continuous)
Emlyn Rd. NE34: S Shi 3E **75**
Emma Ct. SR2: Sund 2E **119**
Emmaville NE40: Craw 5A **64**
Emmbrook Cl. DH5: E Rain 1H **147**
Emmerson Ter. NE38: Wash 2C **114**
Emmerson Ter. W.
SR3: New S 2B **132**
Emperor Way SR3: Dox P 4D **130**
Empire Bldgs. DH1: Dur 5G **155**
Empire Theatre
Sunderland . . . .**3E 7 (6C 104)**
Empress Rd. NE6: Walk 5H **71**
Empress St. SR5: Monkw 4C **104**
Emsworth Rd. SR5: S'wck 2A **104**
Emsworth Sq. SR5: S'wck 2A **104**
Enderby Rd. SR4: Sund 6B **104**
Enfield Av. NE16: Swa 2F **81**
Enfield Gdns. NE16: Whi 6F **81**
Enfield Rd. NE8: Gate 3H **83**
SR7: S'hm 4F **141**
Enfield St. SR4: Sund 6H **103**
Engels Ter. DH9: Stly 4E **123**
Engel St. NE39: Row G 3B **92**
Engine Inn Rd. NE28: W'snd 3D **60**
Engine La. NE9: Low F 1H **97**
Englefeld NE10: Hew 1F **99**
Englefield Cl. NE3: Ken 6H **41**
Englemann Way SR3: Dox P 4G **131**
Enid Av. SR6: Ful 2D **104**
Enid St. NE13: Haz 1C **42**
Ennerdale DH3: Bir 5E **113**
NE10: Pel 3G **85**
NE37: Wash 6A **100**
SR2: Sund 3C **118**
Ennerdale Cl. DH1: Carr 3C **156**
SR7: S'hm 4F **141**
SR8: Pet 6D **162**
Ennerdale Cres. DH4: Pen 1E **129**
NE21: Winl 3H **79**
Ennerdale Gdns. NE9: Low F 6A **84**
NE28: W'snd 3E **61**
Ennerdale Pl. DH2: Ches S 2C **134**
Ennerdale Rd. NE6: Walk 3F **71**
NE24: Cow 4E **11**
NE30: Cull 3C **48**
Ennerdale St. DH5: Hett H 3B **148**
Ennerdale Wlk. NE16: Whi 1D **94**
Ennismore Ct. NE12: Longb 1D **58**
Ensign Ho. NE30: Tyne 6F **49**
Enslin Gdns. NE6: Walk 6F **71**
Enslin St. NE6: Walk 6F **71**
Enterprise Ct. NE23: Nel V 6H **15**
SR7: Seat 1E **141**
Enterprise Ho. NE11: T Vall 1F **97**
Eothen Rest Ho. NE26: Whit B 1C **48**
Epinay Wlk. NE32: Jar 3G **73**
Epping Cl. SR7: S'hm 5F **141**
Epping Ct. NE23: Cra 3F **21**
Epping Sq. SR5: S'wck 2A **104**
EPPLETON **6C 138**
Eppleton Est. DH5: Hett H 6D **138**
Eppleton Hall Cl. SR7: S'hm 3E **141**
Eppleton Row DH5: Hett H 1D **148**
Eppleton Ter. DH2: Pelt 2D **124**
Eppleton Ter. E. DH5: Hett H 1D **148**
Eppleton Ter. W. DH5: Hett H . . .1D **148**
Epsom Cl. NE29: N Shi 3B **62**
Epsom Ct. NE3: Ken 6G **41**
Epsom Sq. SR5: S'wck 2A **104**
Epsom Way NE24: News 4B **18**
Epwell Gro. NE23: Cra 5C **16**
Epworth DH9: Tan L 1A **122**
Epworth Gro. NE8: Gate 2F **83**
Equitable St. NE28: W'snd 6H **59**
Erick St. NE1: Newc T 4E **5** (4G **69**)
(not continuous)
Erin Sq. SR5: S'wck 2B **104**
Erith Ter. SR4: Sund 1H **117**
Ermine Cres. NE9: Low F 5B **84**
Ernest Pl. DH1: Dur 5G **155**
Ernest St. DH2: Pelt 2G **125**
NE35: Bol C 3C **88**
SR2: Sund 3E **119**
Ernest Ter. DH3: Ches S 1C **134**
DH9: Stly 1D **122**
SR2: Ryh 3G **133**
Ernwill Av. SR5: Sund 4D **102**
Errington Cl. NE20: Darr H 4C **38**
Errington Dr. DH9: Tan L 1A **122**
Errington Rd. NE20: Darr H 3B **38**
Errington St. NE24: Cow 6E **11**
Errington Ter. NE12: Longb 4E **45**
Errol Pl. DH3: Bir 5D **112**
Erskine Ct. NE2: Jes 5H **57**
Erskine Rd. NE33: S Shi 5F **63**
Erskine Way NE33: S Shi 5F **63**
Escallond Dr. SR7: Dalt D 5F **141**
Escombe Ter. *NE6: Byke 4C 70*
(off St Peter's Rd.)
Esdale SR2: Ryh 3E **133**
Esher Ct. NE3: Ken 6G **41**
Esher Gdns. NE24: News 4B **18**
Esher Pl. NE23: Cra 3F **21**
Eshmere Cres. NE5: Cha P 4A **54**
Eshott Cl. NE3: Gos 1C **56**
NE5: W Dent 6E **55**
Eshott Ct. NE5: W Dent 6E **55**
Esh Wood Vw. DH7: Ush M 5B **152**
Esk Av. DH3: Gt Lum 4H **135**
Esk Ct. SR3: Silk 3H **131**
Eskdale DH3: Bir 6E **113**
DH4: Pen 1E **129**
Eskdale Av. NE24: Cow 5G **11**
NE28: W'snd 2A **60**
Eskdale Cl. DH1: Carr 3C **156**
SR7: S'hm 4F **141**
Eskdale Ct. NE34: S Shi 3E **75**
Eskdale Cres. NE37: Wash 5H **99**
Eskdale Dr. NE32: Jar 6H **73**
Eskdale Gdns. NE9: Low F 1A **98**
Eskdale Mans. *NE2: Jes 1G 69*
(off Eskdale Ter.)
Eskdale Rd. SR6: Seab 5F **91**
Eskdale St. DH5: Hett H 3B **148**
NE34: S Shi 4E **75**
Eskdale Ter. NE2: Jes 1G **69**
NE26: Whit B 1E **49**
NE30: Cull 1E **49**
Eskdale Wlk. SR8: Pet 1E **165**
Esk St. NE9: Low F 4B **84**
Esk Ter. DH3: Bir 2C **112**
Eslington Ct. NE8: Gate 3D **82**
Eslington Rd. NE2: Jes 2G **69**
Eslington Ter. NE2: Jes 1G **69**
Esmeralda Gdns. NE23: Seg 2G **33**
Esplanade NE26: Whit B 6D **36**
Esplanade, The SR2: Sund 6G **7**
Esplanade Av. NE26: Whit B 6D **36**
Esplanade M.
SR2: Sund 6G **7** (2D **118**)
Esplanade Pl.
NE26: Whit B 6D **36**
Esplanade W. SR2: Sund 2D **118**
Espley Cl. NE12: Longb 5G **45**
Espley Ct. NE3: Ken 6A **42**
Esporta Health & Fitness
Silksworth **4F 131**
Essen Way SR3: Sund 4B **118**
Essex Cl. NE4: Newc T 6D **68**
Essex Cres. SR7: S'hm 4F **141**
Essex Dr. NE37: Wash 3B **100**
Essex Gdns. NE9: Low F 4H **83**
NE28: W'snd 4C **60**
NE34: S Shi 2C **76**
Essex Gro. SR3: New S 1A **132**
Essex Pl. SR8: Pet 5C **162**
Essex St. DH5: Hett H 1B **148**
Essington Way SR8: Pet 4C **162**
Estate Ho's. DH4: Bour 5C **128**
Esther Campbell Ct.
NE2: Newc T 1A **4** (2E **69**)
Esther Sq. NE38: Wash 3C **114**
Esthwaite NE37: Wash 1H **113**
Esthwaite Av. DH2: Ches S 2B **134**
Eston Ct. NE24: Cow 5H **11**
NE28: W'snd 2F **59**
Eston Gro. SR5: Ful 2C **104**
Estuary Way SR4: Sund 6D **102**
Etal Av. NE25: Whit B 1D **48**
NE29: N Shi 3H **61**
Etal Cl. NE27: Shir 2D **46**
Etal Ct. NE29: N Shi 1C **62**
Etal Cres. NE27: Shir 2D **46**
NE32: Jar 5A **74**
Etal La. NE5: Blak, West 4E **55**
Etal Pl. NE3: Gos 6C **42**
Etal Rd. NE24: News 4H **17**
Etal Way NE5: Blak 3F **55**
Ethel Av. NE21: Blay 1A **80**
SR2: Ryh 3G **133**
Ethel St. NE4: Benw 5H **67**
NE23: Dud 5A **32**
Ethel Ter. NE34: S Shi 4D **74**
NE39: H Spen 2A **92**
SR5: Sund 4D **102**
Etherley Cl. DH1: Dur 6D **144**
Etherley Rd. NE6: Walk 2D **70**
Etherstone Av. NE7: H Hea 5C **58**
Eton Cl. NE23: Cra 5C **16**
Eton Sq. NE31: Heb 3D **72**
Ettrick Cl. NE12: Kil 1C **44**

Ettrick Gdns. NE8: Gate 3B **84**
SR4: Sund 3H **117**
Ettrick Gro. SR3: Sund 2G **117**
SR4: Sund 3H **117**
Ettrick Lodge NE3: Gos 3F **57**
Ettrick Rd. NE32: Jar 4E **73**
Ettrick Ter. Nth. DH9: Stly 6F **123**
Ettrick Ter. Sth. DH9: Stly 6F **123**
European Way SR4: Sund 6F **103**
Euryalus Ct. NE33: S Shi 6H **63**
Eustace Av. NE29: N Shi 2A **62**
Euston Ct. SR5: S'wck 1A **104**
Evanlade NE10: Hew 5H **85**
Evans Bus. Cen. DH1: Dur 2H **155**
Eva St. NE15: Lem 3A **66**
Evelyn St. SR2: Sund 2B **118**
Evelyn Ter. DH9: Stly 3C **122**
NE21: Blay 6A **66**
SR2: Ryh 3F **133**
Evenwood Gdns. NE9: Low F 6B **84**
Everard St. NE23: E Har 4B **16**
Everest Gro. NE36: W Bol 4D **88**
Everest Sq. SR5: S'wck 1A **104**
Ever Ready Ind. Est.
DH9: Tan L 5C **108**
Eversleigh Pl. NE15: Thro 5E **53**
Eversley Cres. SR5: S'wck 2A **104**
(not continuous)
Eversley Pl. NE6: Heat 2B **70**
NE28: W'snd 4D **60**
Everton Dr. SR7: S'hm 4F **141**
Everton La. SR5: S'wck 2A **104**
Evesham SR4: Sund 1C **116**
Evesham Av. NE26: Whit B 5B **36**
Evesham Cl. NE35: Bol C 2B **88**
Evesham Gth. NE3: Ken 4A **56**
Evesham Pl. NE23: Cra 2F **21**
Evesham Rd. SR7: S'hm 4F **141**
Eve St. SR8: Hor 1H **165**
Evistones Gdns. NE6: Walk 6E **71**
Evistones Rd. NE9: Low F 5H **83**
Ewart Ct. NE3: Gos 6C **42**
Ewart Cres. NE34: S Shi 5A **74**
Ewbank Av. NE4: Fen 2A **68**
Ewe Hill Cotts. DH4: Hou S 2D **136**
Ewe Hill Ter. DH4: Hou S 2D **136**
Ewe Hill Ter. W. DH4: Hou S 2D **136**
Ewehurst Cres. DH9: Dip 6E **107**
Ewehurst Gdns. DH9: Dip 6E **107**
Ewehurst Rd. DH9: Dip 6E **107**
(not continuous)
Ewen Ct. NE29: N Shi 5F **47**
Ewesley NE38: Wash 1G **127**
Ewesley Cl. NE5: W Dent 6E **55**
Ewesley Gdns. NE13: W Op 5D **30**
Ewesley Rd. SR4: Sund 2H **117**
Ewing Rd. SR4: Sund 2A **118**
(not continuous)
Exchange Bldgs. *NE1: Newc T 6F* ***5***
(off King St.)
NE26: Whit B 6D **36**
Exelby Cl. NE3: Gos 5F **43**
Exeter Av. SR7: S'hm 4H **141**
(not continuous)
Exeter Cl. DH3: Gt Lum 5G **135**
NE23: Cra 2G **21**
Exeter Ct. NE31: Heb 4B **72**
Exeter Rd. NE28: W'snd 2G **59**
NE29: N Shi 4G **47**
Exeter St. NE6: Walk 5G **71**
NE8: Gate 2G **83**
SR4: Sund 6H **103**
Exeter Way NE32: Jar 1F **87**
Exhibition Pk. **1F 69**
Exmouth Cl. SR7: S'hm 5G **141**
Exmouth Rd. NE29: N Shi 2G **61**
Exmouth Sq. SR5: S'wck 2A **104**
Exmouth St. SR5: S'wck 2A **104**
Extension Rd. SR1: Sund 1F **119**
Eyemouth Ct. NE34: S Shi 4C **74**
Eyemouth La. SR5: S'wck 2A **104**
Eyemouth Rd. NE29: N Shi 2G **61**
Eyre St. DH9: Stly 4B **122**

F

Faber Rd. SR5: S'wck 2A **104**
Factory, The TS27: Cas E 6B **164**
Factory Rd. NE21: Blay 5B **66**
Fairbairn Rd. SR8: Pet 5D **162**
Fairburn Av. DH5: Hou S 5A **138**
NE7: H Hea 3C **58**
Fairclough Ct. SR8: Pet 2B **164**
Fairdale Av. NE7: H Hea 3C **58**
Fairfalls Ter. DH7: New B 1A **158**
Fairfield DH2: Pelt 2F **125**
DH4: Hou S 2F **137**
DH9: Ann P 4F **121**
NE12: Longb 1H **57**
Fairfield Av. NE12: Longb 5D **44**
NE16: Whi 6E **81**
NE24: News 3B **18**
Fairfield Cl. NE11: Dun 2B **82**
Fairfield Dr. NE25: Monks 1G **47**
NE30: Cull 3D **48**
SR6: Whit 1F **91**
Fairfield Grn. NE25: Monks 1G **47**
Fairfield Ind. Est. NE10: Bill Q . . .1G **85**
Fairfield Rd. NE2: Jes 6F **57**
Fairfields NE40: Ryton 5B **64**
Fairfield Ter. NE10: Pel 2G **85**
Fair Grn. NE25: Monks 1G **47**
Fairgreen Cl. SR3: Dox P 4H **131**
Fairhaven NE9: Spri 3F **99**
Fairhaven Av. NE6: Walk 3G **71**
Fairhill Cl. NE7: H Hea 3C **58**
Fairhills Av. DH9: Dip 2C **120**
Fairholme Av. NE34: S Shi 3H **75**
Fairholme Rd. SR3: Sund 4C **118**
Fairholm Rd. NE4: Benw 4A **68**
Fairisle DH2: Ous 6A **112**
Fairlands E. SR6: Ful 3D **104**
Fairlands W. SR6: Ful 3D **104**
Fairlawn Gdns. SR4: Sund 3G **117**
Fairless Gdns. *NE6: Byke 3D* ***70***
(off Grace St.)
Fairles St. NE33: S Shi 3F **63**
Fairmead Way SR4: Sund 2C **116**
Fairmile Dr. SR3: Dox P 4A **132**
Fairmont Way NE7: H Hea 3C **58**
Fairney Cl. NE20: Pon 5F **27**
Fairney Edge NE20: Pon 5F **27**
Fairnley Wlk. NE5: West 5E **55**
Fairport Ter. SR8: Eas C 2F **163**
Fairspring NE5: West 5E **55**
Fair Vw. DH4: W Rai 3D **146**
NE16: Burn 1E **107**
Fairview Av. NE34: S Shi 2H **75**
Fairview Grn. NE7: H Hea 3C **58**
Fairview Pk. DH5: Hett H 2D **148**
Fairview Ter. DH9: Ann P 6E **121**
Fairville Cl. NE23: Cra 5B **16**
Fairville Cres. NE7: H Hea 3C **58**
Fairway NE21: Blay 5G **65**
Fairway, The NE3: Gos 5D **42**
NE37: Wash 2A **100**
Fairway Cl. NE3: Gos 5D **42**
Fairway Ct. *NE8: Gate 6G* ***69***
(off Fletcher Rd.)
Fairways NE25: Monks 6G **35**
SR3: Tuns 2B **132**
Fairways, The DH9: Stly 6C **122**
DH9: W Pelt 3C **124**
NE36: W Bol 4C **88**
Fairways Av. NE7: Longb 2C **58**
Fairy St. DH5: Hett H 1C **148**
Falconars Ct.
NE1: Newc T 5C **4** (4F **69**)
Falconar St.
NE1: Newc T 3F **5** (3G **69**)
NE2: Newc T 3F **5** (3G **69**)
Falcon Pl. NE12: Longb 6A **44**
Falcon Way NE34: S Shi 5D **74**
Faldonside NE6: Heat 5D **58**
Falkirk NE12: Kil 1D **44**
Falkland Av. NE3: Ken 4B **56**
NE31: Heb 3C **72**
Falkland Rd. SR4: Sund 1G **117**
Falla Pk. Cres. NE10: Fall 3C **84**
Falla Pk. Rd. NE10: Fall 3C **84**
Falloden Av. NE3: Ken 5B **42**
Fallodon Gdns. NE5: Fen 5H **55**
Fallodon Rd. NE29: N Shi 2H **61**
Fallowfeld NE10: Hew 5G **85**
Fallowfield Av. NE3: Ken 1B **56**
Fallowfield Ter. DH6: S Het 6A **150**
Fallowfield Way NE38: Wash 5C **114**
Fallow Pk. Av. NE24: Bly 1A **18**
Fallow Rd. NE34: S Shi 3D **76**
Fall Pass NE8: Gate 1D **82**
Fallsway DH1: Carr 2B **156**
Falmouth Cl. SR7: Dalt D 5G **141**
Falmouth Dr. NE32: Jar 4H **73**
Falmouth Rd. NE6: Heat 2B **70**
NE29: N Shi 4H **47**
SR4: Sund 6G **103**
Falmouth Sq. SR4: Sund 1G **117**
Falmouth Wlk. NE23: Cra 1A **22**
(not continuous)
Falsgrave Pl. NE16: Whi 6D **80**
Falstaff Rd. NE29: N Shi 1H **61**
Falston Cl. NE12: Longb 5G **45**
Falstone NE10: Hew 6F **85**
NE38: Wash 5C **114**
Falstone Av. NE15: Lem 1C **66**
NE34: S Shi 3A **76**
Falstone Dr. DH2: Ches S 2A **134**
Falstone Sq. NE3: Gos 1C **56**
Falston Rd. NE24: Bly 2A **18**
Faraday Cl. NE38: Wash 2F **115**
Faraday Ct. DH1: Dur 1A **160**
Faraday Gro. NE8: Gate 4F **83**
SR4: Sund 1G **117**
Faraday Rd. SR8: Pet 4E **163**
Faraday St. SR7: Mur 2C **150**
Farding Lake Ct. NE34: S Shi 3C **76**
Farding Sq. NE34: S Shi 3C **76**
Fareham Gro. NE35: Bol C 3H **87**
Fareham Way NE23: Cra 2B **22**
FAREWELL HALL . . . . **.4B 160**
Farewell Vw. DH7: Lang M 3G **159**
Farlam Av. NE30: Cull 4C **48**
Farlam Rd. NE5: Den M 1F **67**
Farleigh Ct. NE29: N Shi 5F **47**
Farm Cl. NE16: Sun 3F **95**
NE37: Wash 4H **99**
Farmer Cres. SR7: Mur 2B **150**
Farm Hill Rd. SR6: Clead 1A **90**
Farm Rd. DH1: Dur 4D **160**
NE23: E Har 4B **16**
Farm St. SR5: Monkw 4B **104**
Farm Wlk. SR3: Dox P 4A **132**
Farnborough Cl. NE23: Cra 1B **22**
Farnborough Dr. SR3: Tuns 1B **132**

Farn Ct. NE3: Ken 5H **41**
Farndale NE28: W'snd 2F **59**
Farndale Av. SR6: Seab 5F **91**
Farndale NE13: Din 4F **29**
   NE21: Winl 3F **79**
Farndale Ct. NE24: News 3B **18**
Farne Av. NE3: Ken 6C **42**
   NE34: S Shi 2B **76**
Farne Rd. NE12: Longb 5E **45**
   NE27: Shir 2D **46**
Farne Sq. SR4: Sund 6F **103**
Farne Ter. NE6: Walk 3E **71**
Farnham Cl. DH1: Dur 2C **154**
   NE15: Lem 3B **66**
Farnham Gro. NE24: News 3B **18**
Farnham Lodge NE12: Longb . .6B **44**
Farnham Rd. DH1: Dur 1C **154**
   NE34: S Shi 3E **75**
Farnham St. NE15: Lem 3B **66**
Farnham Ter. SR4: Sund 2H **117**
Farnley Hey Rd. DH1: Dur 6A **154**
Farnley Mt. DH1: Dur 6A **154**
Farnley Ridge DH1: Dur 6A **154**
Farnley Rd. NE6: Heat 6C **58**
Farnon Rd. NE3: Gos 2C **56**
Farnsworth Ct. NE2: Jes 5H **57**
Farquhar St. NE2: Jes 1H **69**
Farrfeld NE10: Hew 1F **99**
Farrier Cl. DH1: P Me 5B **144**
   NE38: Wash 5C **114**
FARRINGDON 2F **131**
Farringdon Av. SR3: E Her 1E **131**
Farringdon Rd. NE30: Cull 3C **48**
Farringdon Row
   SR1: Sund 1E **7** (5B **104**)
Farrington's Ct.
   NE1: Newc T 5D **4** (4F **69**)
Farrow Dr. SR6: Whit 2E **91**
Farthings, The NE37: Wash . . .3H **99**
FATFIELD 6B **114**
Fatfield Pk. NE38: Wash 6B **114**
Fatfield Rd. NE38: Wash 3C **114**
Fatherly Ter. DH4: Hou S 3F **137**
Faversham Ct. NE3: Ken 6H **41**
Faversham Pl. NE23: Cra 1B **22**
Fawcett St. SR1: Sund . .3G **7** (6D **104**)
Fawcett Ter. SR2: Ryh 3G **133**
   SR5: Sund 4D **102**
              (off West Vw.)
Fawcett Way NE33: S Shi 4E **63**
FAWDON 1B **56**
Fawdon Cl. NE3: Ken 5B **42**
Fawdon Ho. NE3: Ken 5B **42**
Fawdon La. NE3: Ken 6B **42**
Fawdon Pk. Cen. NE3: Ken . . .1B **56**
Fawdon Pk. Cl. NE3: Ken 6A **42**
Fawdon Pk. Ct. NE3: Ken 6A **42**
Fawdon Pk. Ho. NE3: Ken 1B **56**
         (off Fawdon Pk. Rd.)
Fawdon Pk. Rd. NE3: Ken 6A **42**
Fawdon Pl. NE29: N Shi 1G **61**
Fawdon Station (Metro) 1B **56**
Fawdon Wlk. NE3: Ken 6H **41**
Fawlee Grn. NE3: Ken 3G **55**
Fawley Cl. NE35: Bol C 2A **88**
Fawn Rd. SR4: Sund 1E **117**
Fearon Wlk. DH1: Dur . . .3C **6** (6D **154**)
Featherbed La. SR2: Ryh 3G **133**
           (not continuous)
Featherstone DH3: Gt Lum 3H **135**
   NE38: Wash 2F **113**
Featherstone Gro. NE3: Gos . . .4C **42**
   NE22: Bed 3G **9**
   NE32: Jar 6E **73**

Featherstone Rd. DH1: Dur . . .2D **154**
Featherstone St. SR6: Roker . . .3F **105**
Featherstone Vs. NE6: Roker . . .3F **105**
Federation Sq. SR7: Mur 3C **150**
Federation Ter. DH9: Tant 5H **107**
Federation Way NE11: Dun 2A **82**
Fee Ter. SR2: Ryh 3E **133**
Feetham Av. NE12: Longb 5F **45**
Feetham Ct. NE12: Longb 4G **45**
Felixstowe Dr. NE7: H Hea 4C **58**
Fell Bank DH3: Bir 3C **112**
Fell Cl. DH3: Bir 4E **113**
   NE16: Sun 3F **95**
   NE37: Wash 6H **99**
Fell Cotts. NE9: Spri 4F **99**
              (off Fell Rd.)
Fell Ct. NE9: Low F 6B **84**
Fellcross DH3: Bir 2C **112**
Fell Dyke NE10: Wind N 5C **84**
Felldyke NE10: Hew 6E **85**
FELLGATE 2F **87**
Fellgate Av. NE32: Jar 2G **87**
Fellgate Gdns. NE10: Ward 3A **86**
Fellgate Station (Metro) 1G **87**
FELLING 3D **84**
Felling Bus. Cen. NE10: Fall . . .1D **84**
Felling By-Pass NE10: Fall 1C **84**
   NE10: Fall, Hew, Ward 2E **85**
Felling Dene Gdns. NE10: Fall . .2E **85**
Felling Ga. NE10: Fall 2C **84**
Felling Ho. Gdns. NE10: Fall . . .2D **84**
Felling Ind. Est. NE10: Fall 1C **84**
Felling Pool 5G **85**
Felling Shore Ind. Est.
   NE10: Fall 6D **70**
Felling Station (Metro) 2D **84**
Felling Vw. NE6: Walk 6F **71**
Fellmere Av. NE10: Pel 3G **85**
Fell Pl. NE9: Spri 4F **99**
Fell Rd. DH2: P Fel 6G **125**
   NE9: Spri 4F **99**
   NE9: Sund 6F **103**
Fellrose Ct. DH2: P Fel 5G **125**
Fells, The NE9: Low F 5A **84**
Fellsdyke Ct. NE10: Wind N 5C **84**
FELLSIDE 3C **94**
Fell Side, The NE3: Ken 3B **56**
Fellside DH3: Bir 4D **112**
   NE20: Darr H 4B **38**
   NE34: S Shi 4B **76**
Fellside Av. NE16: Sun 2F **95**
Fellside Cl. DH9: Stly 2F **123**
   NE20: Darr H 4B **38**
Fellside Ct. DH9: Dip 5E **107**
   NE16: Whi 4E **81**
   NE37: Wash 1H **113**
Fellside Gdns. DH1: Carr 3A **156**
FELLSIDE PARK 5D **80**
Fellside Rd. NE16: Burn, Whi . . .6A **94**
Fell Sq. SR4: Sund 6E **103**
Fells Rd. NE11: T Vall 4C **98**
Fell Ter. NE16: Burn 1H **107**
Fell Vw. DH9: Stly 4C **122**
   NE37: Wash 6A **100**
   NE39: H Spen 2A **92**
Fell Way, The NE5: W Dent 6B **54**
Fellway DH2: P Fel 6G **125**
Felsham Sq. SR4: Sund 1G **117**
Felstead Cres. SR4: Sund 6F **103**
Felstead Pl. NE24: News 3B **18**
Felstead Sq. SR4: Sund 1F **117**
Felthorpe Ct. NE5: Blak 3F **55**
Felton Av. NE3: Gos 1C **56**
   NE25: Whit B 1D **48**
   NE34: S Shi 3A **76**

Felton Cl. NE27: Shir 2D **46**
Felton Cres. NE8: Gate 4G **83**
Felton Dr. NE12: Longb 4F **45**
Felton Grn. NE6: Byke 3C **70**
Felton Ter. NE30: Tyne 5F **49**
          (off Hotspur St.)
Felton Wlk. NE6: Byke 3C **70**
Femwick Wlk. NE8: Gate 1F **83**
        (off St Cuthbert's Rd.)
FENCE HOUSES 2E **137**
Fencer Ct. NE3: Gos 5E **43**
Fencer Hill Pk. NE3: Gos 5E **43**
Fence Rd. DH3: Lam P 3C **128**
FENHAM 1H **67**
Fenham Chase NE4: Fen 1H **67**
Fenham Ct. NE4: Fen 1A **68**
Fenham Hall Dr. NE4: Fen 1H **67**
Fenham Rd. NE4: Fen 3C **68**
          (not continuous)
Fenham Swimming Pool 1H **67**
Fenkle St. NE1: Newc T 5B **4** (4F **69**)
Fennel NE9: Low F 1C **98**
Fennel Gro. NE34: S Shi 6G **75**
   SR8: Eas 1B **162**
Fenning Pl. NE6: Byke 5C **70**
Fenside Rd. SR2: Ryh 1F **133**
Fenton Cl. DH2: Ches S 1A **134**
Fenton Sq. SR4: Sund 1F **117**
Fenton Ter. DH4: New H 3H **129**
Fenton Wlk. NE5: West 5E **55**
Fenton Well La. DH3: Gt Lum . . .4E **135**
Fenwick Av. NE24: News 2B **18**
   NE34: S Shi 4C **74**
Ferens Cl. DH2: Ches S 2A **134**
   DH4: Pen 2F **129**
   NE2: Jes 6H **57**
   NE27: Back 2B **46**
Fenwick Row SR7: S'hm 5C **142**
Fenwick St. DH4: Pen 1F **129**
   NE35: Bol C 2A **88**
Fenwick Ter. DH1: Dur 1H **159**
   NE2: Jes 6H **57**
   NE29: N Shi 1C **62**
Ferens Cl. DH1: Dur 1D **6** (4D **154**)
Ferens Pk. DH1: Dur 4D **154**
Ferguson Cres. NE13: Haz 1C **42**
Ferguson's La. NE15: Benw 3E **67**
Ferguson St. SR2: Sund 1F **119**
Fern Av. DH9: Stly 4B **122**
   NE2: Jes 6G **57**
   NE3: Ken 6B **42**
   NE23: Cra 5B **16**
   NE26: Whit B 6D **36**
   NE29: N Shi 1B **62**
   SR5: S'wck 3A **104**
   SR6: Whit 1F **91**
Fernbank NE26: Sea S 3F **25**
Fern Ct. SR8: Pet 3A **164**
Fern Cres. SR7: S'hm 1H **151**
Ferndale DH1: Carr 4B **156**
Ferndale Av. NE3: Gos 4F **43**
   NE28: W'snd 5A **60**
   NE36: E Bol 4F **89**
Ferndale Ct. NE24: Cow 5G **11**
Ferndale Gro. NE36: E Bol 4F **89**
Ferndale La. NE36: E Bol 4F **89**
Ferndale Rd. DH4: Pen 1E **129**
Ferndale Ter. NE9: Spri 4F **99**
   SR4: Sund 5G **103**
Fern Dene NE28: W'snd 3C **60**
Ferndene Av. DH2: P Fel 6G **125**
Ferndene Ct. NE3: Gos 3F **57**
Ferndene Cres. SR4: Sund 1H **117**
Ferndene Gro. NE7: H Hea 4B **58**
   NE40: Ryton 3D **64**

Fern Dene Rd. NE8: Gate 3G 83
Ferndown Ct. NE10: Ward 4H 85
  NE40: Ryton 5D 64
Fern Dr. NE23: Dud 3A 32
  SR6: Clead 2H 89
Fern Gdns. NE9: Low F 5H 83
Ferngrove NE32: Jar 3G 87
Fernhill Av. NE16: Whi 4E 81
Fernlea NE23: Dud 3B 32
Fernlea Cl. NE38: Wash 5C 114
Fernlea Gdns.
  NE40: Craw 5A 64
Fernlea Grn. NE3: Gates 2B 156
Fernleigh DH3: Gt Lum 4G 135
Fernley Vs. NE23: Cra 3C 22
Fernlough NE9: Low F 6C 84
Fern St. SR4: Sund 6B 104
Fernsway SR3: Sund 4B 118
Fern Ter. DH9: Tant 6F 107
Fernville Av. NE16: Sun 3F 95
Fernville Rd. NE3: Gos 4D 56
Fernville St. SR4: Sund 2B 118
Fernwood NE2: Jes 1G 69
Fernwood Av. NE3: Gos 1F 57
Fernwood Cl. SR3: Dox P 4A 132
Fernwood Rd. NE2: Jes 1G 69
  NE15: Lem 3B 66
Ferrand Dr. DH4: Hou S 3H 137
Ferriby Cl. NE3: Gos 5F 43
Ferrisdale Way NE3: Ken 6B 42
Ferry App. NE33: S Shi 4D 62
Ferryboat La. SR5: Sund 2B 102
Ferrydene Av. NE3: Ken 3B 56
Ferry M. NE29: N Shi 3D 62
Ferry St. NE32: Jar 1F 73
  NE33: S Shi 4D 62
Festival Cotts. NE12: Kil 6B 32
FESTIVAL PARK 4D 82
Festival Pk. Dr.
  NE11: Fest P 4D 82
Festival Way NE11: Dun 2C 82
Fetcham Ct. NE3: Ken 6G 41
Fewster Sq. NE10: Hew 5G 85
Field Cl.
  NE2: Newc T 3H 5 (3H 69)
Fieldfare Cl. NE38: Wash 4F 113
Field Fare Ct. NE16: Burn 2A 108
Field Ho. NE33: S Shi 6H 63
Fieldhouse Cl. NE61: Hep 1A 8
Field Ho. Farm
  SR7: S'hm 2E 141
Fieldhouse La. DH1: Dur 4A 154
  NE61: Hep 1A 8
Field Ho. Rd. NE8: Gate 4G 83
Fieldhouse Ter. DH1: Dur 4B 154
Fielding Ct. NE5: West 3E 55
  NE34: S Shi 6C 74
Fielding Pl. NE9: Low F 3B 84
Field La. NE10: Hew 3F 85
Fieldside DH2: Pelt 2G 125
  DH5: E Rain 2G 147
  SR6: Whit 2E 91
Field Sq. SR4: Sund 1F 117
Field St. NE3: Gos 2G 57
  NE10: Fall 2D 84
Fields Vw. DH5: E Rain 1G 147
Field Ter. NE15: Thro 5D 52
  NE32: Jar 4F 73
Field Vw. DH7: Bear P 4D 152
Fieldway NE32: Jar 2G 87
Fife Av. DH2: Ches S 6B 126
  NE32: Jar 6A 74
Fife St. NE8: Gate 2A 84
  SR7: Mur 3D 150
Fifteenth Av. NE24: Bly 1B 18

Fifth Av. DH2: Ches S 6B 126
  NE6: Heat 2C 70
  NE11: T Vall 6B 82
                 (Carlton Ct.)
  NE11: T Vall 6B 82
                 (Earlsway)
  NE24: Bly 1B 18
Fifth Av. Bus. Pk.
  NE11: T Vall 1F 97
Fifth Av. E. NE11: T Vall 6F 83
Fifth St. SR8: Hor 6G 163
           (not continuous)
Filby Dr. DH1: Carr 2B 156
Filey Cl. NE23: Cra 1B 22
Filton Cl. NE23: Cra 1B 22
Filton Rd. NE38: Wash 4A 114
Finchale Abbey Cvn. Pk.
  DH1: Bras 3G 145
Finchale Av. DH1: Bras 5E 145
Finchale Cl. DH4: Hou S 3H 137
  NE11: Dun 5B 82
  SR2: Sund 2E 119
Finchale Ct. DH4: W Rai 3D 146
Finchale Gdns. NE9: Wrek 3C 98
  NE15: Thro 4D 52
Finchale Priory 2H 145
Finchale Rd. DH1: Dur 5D 144
           (Canterbury Rd.)
  DH1: Dur 2A 154
           (Durham Moor)
  NE31: Heb 1C 86
Finchale Ter. DH4: Hou S 2C 136
  NE6: Byke 4C 70
  NE32: Jar 5H 73
Finchale Vw. DH1: P Me 5B 144
  NE4: W Rai 3C 146
Finchdale Cl. NE29: N Shi 3B 62
Finchdale Ter. DH3: Ches S 6C 126
Finchley Ct. NE6: Walk 1G 71
Finchley Cres. NE6: Walk 1G 71
Findon Gro. NE29: N Shi 3A 62
Fines Pk. DH9: Ann P 4G 121
Finney Ter. DH1: Dur 1C 6 (5D 154)
Finsbury Av. NE6: Walk 3E 71
Finsbury St. SR5: Monkw 4C 104
Finsmere Pl. NE5: Den M 6F 55
Finstock Ct. NE3: Gos 3H 57
Fir Av. DH1: Dur 6G 155
  DH7: B'don 6D 158
Firbank Av. NE30: Cull 3D 48
Firbanks NE32: Jar 2H 87
Fire Sta. Cotts. SR6: Ful 1D 104
Firfield Rd. NE5: Blak 5G 55
Fir Gro. NE34: S Shi 4H 75
Fir Pk. DH7: Ush M 5D 152
Firs, The NE3: Gos 3D 56
First Av. DH2: Ches S 1B 126
  NE6: Heat 2C 70
  NE11: T Vall 5E 83
  NE24: Bly 1B 18
  NE29: N Shi 3F 61
First St. NE8: Gate 2F 83
  SR8: Hor 6G 163
Fir Ter. NE16: Burn 1H 107
Firth Sq. SR4: Sund 6F 103
Firtree Av. NE6: Walk 6G 59
  NE12: Longb 4D 44
  NE38: Wash 6H 113
Fir Tree Cl. DH1: Dur 3G 155
Fir Tree Copse NE61: Hep 1A 8
Firtree Cres. NE12: Longb 4C 44
Firtree Gdns. NE25: Monks 2B 48
Fir Tree La. DH5: Eas L 3D 148
Firtree Rd. NE16: Whi 5E 81

Firtrees DH2: Ches S 4B 126
  NE10: Hew 6E 85
Firtrees Av. NE28: W'snd 4F 61
Firwood Cres. NE39: H Spen 2A 92
Firwood Gdns. NE11: Lob H 6D 82
Fisher Ind. Est. NE6: Walk 3H 71
Fisher La. NE13: Sea B 1D 30
  NE23: Cra, Dud, Nel V 4D 20
Fisher Rd. NE27: Back 6H 33
Fisher St. NE6: Walk 2H 71
Fisherwell Rd. NE10: Pel 1G 85
Fish Quay NE30: N Shi 2E 63
Fitness First Health Club
  Newcastle 4C 58
  Whitley Bay 6C 36
             (off Park Vw.)
Fitzpatrick Pl. NE33: S Shi 5G 63
Fitzroy Ter. SR5: S'wck 3H 103
Fitzsimmons Av.
  NE28: W'snd 4H 59
Flag Chare NE1: Newc T 5G 5
Flagg Ct. NE33: S Shi 4F 63
Flagg Ct. Ho. NE33: S Shi 4F 63
Flake Cotts. DH3: Ches S 5D 126
Flambard Rd. DH1: Dur 2B 154
Flamborough Wlk.
  SR7: S'hm 2A 142
Flass Av. DH7: Ush M 5B 152
Flassburn Rd. DH1: Dur 4A 154
Flass St. DH1: Dur 5B 154
Flass Ter. DH7: Ush M 5B 152
Flaunden Cl. NE34: S Shi 4B 76
Flaxby Cl. NE3: Gos 5F 43
Flax Cotts. NE62: Sco G 1G 9
Flax Sq. SR4: Sund 6E 103
Fleetham Cl. DH2: Ches S 2A 134
Fleet St. SR1: Sund 1F 119
Fleming Bus. Cen., The
  NE2: Jes 1F 69
Fleming Ct. NE8: Gate 1E 83
Fleming Gdns. NE10: Wind N 4C 84
Fleming Pl. SR8: Pet 1D 164
Fletcher Cres. DH4: New H 3A 130
Fletcher Rd. NE8: Gate 6G 69
Fletcher Ter. DH4: Nbot 5H 129
Fleurs, The NE9: Eigh B 3C 98
         (off Rockcliffe Way)
Flexbury Gdns. NE9: Low F 3A 98
  NE10: Fall 3C 84
  NE15: Lem 2C 66
Flight, The NE21: Winl 2G 79
FLINT HILL 6E 107
Flint Hill Bank DH9: Dip 6E 107
Flixton DH4: Hou S 2F 137
Flock Sq. SR4: Sund 6F 103
Flodden NE12: Kil 1D 44
Flodden Cl. DH2: Ches S 2A 134
Flodden Rd. SR4: Sund 1F 117
Flodden St.
  NE6: Newc T, Walk 4D 70
Floral Dene SR4: Sund 1C 116
Floralia Av. SR2: Ryh 3G 133
Flora St. NE6: Byke 3B 70
Florence Av. NE9: Low F 5A 84
Florence Cres. SR5: S'wck 3H 103
Florence St. NE21: Winl 2H 79
Florence Ter. DH5: Hett H 3C 148
Florida St. SR4: Sund 5H 103
Flotterton Gdns. NE5: Fen 2G 67
Flour Mill Rd. NE11: Dun 1B 82
Flying Ho. SR3: Silk 4H 131
Fold, The NE6: Walk 1G 71
  NE16: Burn 6G 93
  NE25: Monks 6A 36
  SR3: Dox P 4B 132

Folds, The DH4: Hou S 3F **137**
 DH5: E Rain *1H 147*
 (off North St.)
Folds Cl. DH7: New B 2A **158**
Folldon Av. SR6: Ful 2D **104**
FOLLINGSBY 6B **86**
Follingsby Av. NE10: Ward 6B **86**
Follingsby Cl. NE10: Ward 5B **86**
Follingsby Dr. NE10: Ward 4A **86**
Follingsby La. NE10: Ward 6A **86**
 NE36: W Bol 1G **101**
Follingsby Pk. NE10: Ward 5B **86**
 (not continuous)
Follonsby La. NE36: W Bol 1H **101**
Follonsby Ter. NE36: W Bol 4C **86**
FOLLY, THE 1C **78**
Folly, The NE36: W Bol 4C **88**
Folly Cotts. NE40: G'sde 2B **78**
Folly La. NE40: G'sde 1A **78**
Folly Ter. DH1: P Me 6A **144**
Folly Yd. NE40: G'sde 1C **78**
Fondlyset La.
 DH9: Ann P, Dip 2D **120**
Fontburn Ct. NE29: N Shi 3A **62**
 SR5: S'wck 1H **103**
Fontburn Pl. NE7: Longb 2A **58**
Fontburn Rd. NE22: Bed 4C **10**
 NE25: Sea D 6B **24**
Fontburn Ter. NE30: N Shi 1D **62**
Fonteyn Pl. DH9: Stly 4F **123**
 NE23: Cra 5B **16**
Fontwell Dr. NE8: Gate 4F **83**
Forbeck Rd. SR4: Sund 1F **117**
Forber Av. NE34: S Shi 3B **76**
Forbes Ter. SR2: Ryh 3E **133**
Ford Av. NE29: N Shi 3H **61**
 SR4: Sund 1C **116**
Ford Cres. NE27: Shir 2C **46**
 NE32: Jar 6F **73**
 SR4: Sund 1C **116**
Ford Dr. NE24: Bly 6A **12**
Fordenbridge Cres.
 SR4: Sund 1F **117**
Fordenbridge Rd. SR4: Sund . . .1F **117**
Fordenbridge Sq. SR4: Sund . . .1G **117**
FORD ESTATE 1G **117**
Fordfield Rd. SR4: Sund 1E **117**
Ford Gro. NE3: Gos 6D **42**
Ford Hall Dr. SR4: Sund 1G **117**
Fordham Rd. DH1: Dur 1C **154**
 SR4: Sund 6F **103**
Fordham Sq. SR4: Sund 1G **117**
Fordland Pl. SR4: Sund 1H **117**
FORDLEY 3B **32**
Fordmoss Wlk. NE5: West 5E **55**
Ford Rd. DH1: Dur 6D **144**
Ford St. NE6: Byke 4A **70**
 NE8: Gate 2B **84**
Ford Ter. NE28: W'snd 5D **60**
 SR4: Sund 1H **117**
Ford Vw. NE23: Dud 2A **32**
Forest Av. NE12: Longb 5E **45**
Forestborn Ct. NE5: West 5D **54**
Forest Dr. NE38: Wash 1F **127**
Forest Ga. NE12: Kil 4G **45**
FOREST HALL 5D **44**
Forest Hall Rd. NE12: Longb . . .5E **45**
Fore St. NE2: Newc T 1A **70**
Forest Rd. NE15: Benw 5G **67**
 NE33: S Shi 5E **63**
 SR4: Sund 6F **103**
Forest Rd. Ind. Est.
 NE33: S Shi 5E **63**
Forest Vw. DH7: B'don 6B **158**
Forest Way NE23: Seg 2F **33**

Forfar St. SR6: Ful 3D **104**
Forge, The DH1: P Me 5A **144**
 SR4: Sund 6H **103**
Forge La. DH3: Gt Lum 2H **135**
Forge Rd. NE8: Gate 3C **82**
Forge Wlk. NE15: Walb 6F **53**
Forres Ct. DH9: Stly 3F **123**
Forres Pl. NE23: Cra 1B **22**
Forrest Rd. NE28: W'snd 6G **59**
Forster Av. DH6: S'burn 5D **156**
 NE22: Bed 4G **9**
 NE34: S Shi 2G **75**
 SR7: Mur 4E **151**
Forster Ct. NE9: Low F 1H **97**
Forster St.
 NE1: Newc T 5G **5** (4H **69**)
 NE24: Bly 6D **12**
 SR6: Roker 3E **105**
Forsyth Rd. NE2: Jes 6F **57**
Forsyth St. NE29: N Shi 4F **47**
Forth Banks NE1: Newc T 5F **69**
Forth Cl. SR8: Pet 2D **164**
Forth Ct. NE34: S Shi 4E **75**
 SR3: Silk 3H **131**
Forth La. NE1: Newc T . . .6C **4** (5F **69**)
Forth Pl. NE1: Newc T 6B **4** (5E **69**)
Forth St. NE1: Newc T 6C **4** (5E **69**)
Fortrose Av. SR3: Sund 4A **118**
Fort Sq. NE33: S Shi 3E **63**
Fort St. NE33: S Shi 3F **63**
Forum, The NE15: Den M 2D **66**
 NE28: W'snd 6H **59**
Forum Ct. NE22: Bed 4H **9**
Forum Way NE23: Cra 3A **22**
Fossdyke NE10: Hew 6F **85**
Fossefeld NE10: Hew 4G **85**
Fosse Law NE15: Thro 6E **53**
Fosse Ter. NE9: Low F 5A **84**
Foss Way NE34: S Shi 4D **74**
Fossway NE6: Walk 2D **70**
Foster Ct. NE11: T Vall 2E **97**
Foster Dr. NE8: Gate 1B **84**
Foster Memorial Homes
 NE24: Bly 6B **12**
Foster St. NE6: Walk 3H **71**
 (not continuous)
Foundation 5F **5**
Foundry Ct. NE6: Byke 5C **70**
Foundry La. NE6: Byke 3A **70**
 NE16: Swa 2E **81**
Foundry Rd. SR7: S'hm 4C **142**
Fountain Cl. NE22: Bed 4H **9**
Fountain Ct. NE8: Gate 4F **83**
Fountain Gro. NE34: S Shi 1H **75**
Fountain Head Bank
 NE26: Sea S 3F **25**
Fountain La. NE21: Blay 6A **66**
 (not continuous)
Fountain Row NE2: Newc T 2D **68**
Fountains Cl. NE11: Dun 5B **82**
 NE38: Wash 3B **114**
Fountains Cres. DH4: Hou S . . .1G **137**
 NE31: Heb 6C **72**
Fouracres Rd. NE5: Fen 5A **56**
Four La. Ends DH5: Hett H 3D **148**
Four Lane Ends Station (Metro)
 . . . . .2C **58**
Fourstones NE5: West 5E **55**
Fourstones Cl. NE3: Ken 2H **55**
Fourstones Rd. SR4: Sund 6G **103**
Fourteenth Av. NE24: Bly 1B **18**
Fourth Av. DH2: Ches S 6B **126**
 NE6: Heat 2C **70**
 NE11: T Vall 6E **83**
 NE24: Bly 1B **18**

Fourth St. NE8: Gate 2F **83**
 SR8: Hor 6G **163**
 (not continuous)
Fowberry Cres. NE4: Fen 2A **68**
Fowberry Rd. NE15: Scot 5D **66**
Fowler Cl. DH4: S Row 5G **129**
Fowler Gdns. NE11: Dun 2B **82**
Fowler St. NE33: S Shi 4E **63**
Fowlers Yd. DH1: Dur 2B **6**
Fox & Hounds La. NE15: Benw . .3G **67**
Fox & Hounds Rd. NE5: Fen 2G **67**
Fox Av. NE34: S Shi 5B **74**
Foxcover Ct. SR7: S'hm 6A **142**
Foxcover La. SR3: E Her 2D **130**
Foxcover Rd. SR3: E Her 5B **116**
 SR4: Sund 5B **116**
Fox Dene Vw. NE40: G'sde 3A **78**
Foxes Covert DH9: Dip 6D **106**
Foxglove DH4: S Row 4D **128**
Foxglove Cl. NE24: News 3A **18**
Foxglove Ct. NE34: S Shi 5D **74**
Foxhills, The NE16: Whi 5C **80**
Foxhills Cl. NE38: Wash 5C **114**
Foxhills Covert NE16: Whi 6C **80**
Foxhomes NE32: Jar 3H **87**
Foxhunters Light Ind. Est.
 NE25: Whit B 2B **48**
Foxhunters Rd. NE25: Whit B . . .2B **48**
Foxlair Cl. SR3: Dox P 5A **132**
Fox Lea Wlk. NE23: Seg 2E **33**
Foxley NE37: Wash 5C **100**
Foxley Cl. NE12: Kil 1F **45**
Foxpit La. DH9: Stly 4E **109**
Fox St. NE10: Fall 2C **84**
 SR2: Sund 2B **118**
 SR7: S'hm 5B **142**
Foxton Av. NE3: Ken 6B **42**
 NE30: Cull 2D **48**
Foxton Cl. NE29: N Shi 4A **62**
Foxton Ct. SR6: Clead 2A **90**
Foxton Grn. NE3: Ken 2A **56**
Foxton Hall NE37: Wash 2B **100**
Foxton Way DH1: H Shin 4H **161**
 NE10: Bill Q 1H **85**
Foyle St. SR1: Sund 4H **7** (1D **118**)
Framlington Ho. NE2: Newc T . . .2E **69**
Framlington Pl. NE2: Newc T 2E **69**
Framwelgate DH1: Dur . . .1A **6** (5C **154**)
Framwelgate Bri.
 DH1: Dur 3A **6** (6C **154**)
Framwelgate Peth
 DH1: Dur 1A **6** (4B **154**)
Framwelgate Waterside
 DH1: Dur 2B **6** (5C **154**)
FRAMWELLGATE MOOR 2A **154**
Framwellgate School Sports Cen.
 . . . . .1B **154**
Francesca Ter. *NE5: Den M* *1F 67*
 (off Pooley Rd.)
Frances St. NE21: Winl 1G **79**
 SR3: New S 2A **132**
Frances Ville NE62: Sco G 1G **9**
Francis St. SR6: Ful 3D **104**
Francis Way DH5: Hett H 1C **148**
 NE27: Longb 4B **46**
Frank Av. SR7: S'hm 4H **141**
 (not continuous)
Frankham St. NE5: West 5D **54**
Frankland Dr. NE25: Monks 2A **48**
Frankland La.
 DH1: Bras, Dur 1B **6** (4C **154**)
Frankland Mt. NE25: Monks 2A **48**
Frankland Rd. DH1: Dur 2B **154**
Franklin Ct. NE37: Wash 5B **100**

Franklin St. NE33: S Shi 5E **63**
  SR4: Sund 6A **104**
Franklin Trad. Est. NE21: Blay . . .5C **66**
Franklyn Av. NE26: Sea S 2F **25**
Franklyn Rd. SR8: Pet 6C **162**
Frank Pl. DH3: Bir 4C **112**
  NE29: N Shi 1C **62**
Frank St. DH1: Dur 5G **155**
  NE28: W'snd 6H **59**
  NE40: G'sde 2A **78**
  SR5: S'wck 3B **104**
Fraser Cl. NE33: S Shi 1D **74**
Frater Ter. NE28: W'snd 5G **61**
Frazer Ter. NE10: Pel 2G **85**
Freda St. SR5: S'wck 4H **103**
Frederick Gdns. DH4: Pen 2E **129**
Frederick Pl. DH4: Hou S 3A **138**
Frederick Rd.
  SR1: Sund 3H **7** (6D **104**)
Frederick St. NE33: S Shi 1E **75**
  SR1: Sund 3H **7** (6D **104**)
  SR4: Sund 1C **116**
  SR7: S'hm 4B **142**
Frederick St. Nth. DH7: Mead . . .6E **159**
Frederick St. Sth. DH7: Mead . . .6E **159**
Frederick Ter. DH5: Eas L 4D **148**
  DH6: S Het 6H **149**
  SR6: Whit 2F **91**
Freehold St. NE24: Bly 5D **12**
Freeman Rd. NE3: Gos 3H **57**
  NE7: H Hea 3H **57**
Freemans Pl.
  DH1: Dur 2B **6** (5C **154**)
Freeman Way NE26: Whit B 4A **36**
Freesia Gdns. SR5: Ful 2C **104**
Freesia Grange NE38: Wash 4C **114**
Freezemoor Rd. DH4: New H . . .3H **129**
Freight Village NE13: Wool 3C **40**
Fremantle Rd. NE34: S Shi 4B **76**
Frenchmans Row NE15: Thro 5B **52**
Frenchmans Way NE34: S Shi 2B **76**
French St. NE24: Bly 5C **12**
Frensham NE38: Wash 3E **115**
Frensham Way DH7: Mead 5E **159**
Frenton Cl. NE5: Cha P 5A **54**
Friarage Av. SR6: Ful 2D **104**
Friar Rd. SR4: Sund 1F **117**
Friars NE1: Newc T 5B **4**
  (off Low Friar St.)
Friars Dene Rd. NE10: Gate 1C **84**
Friarsfield Cl. SR3: Dox P 4G **131**
FRIARS GOOSE 6D **70**
Friars Goose Water Sports Club
  . . . . .6D **70**
Friarside Cres. NE39: Row G 5D **92**
Friarside Gdns. NE16: Burn 1F **107**
  NE16: Whi 5E **81**
Friarside Rd. NE4: Fen 1A **68**
Friar Sq. SR4: Sund 1F **117**
Friars Ri. NE25: Monks 2H **47**
Friars Row DH1: Dur 4F **155**
  NE16: Burn 2F **107**
Friars St. NE1: Newc T 5B **4** (4E **69**)
Friars Way NE5: Fen 1G **67**
Friar Way NE32: Jar 2G **73**
Friary Gdns. NE10: Fall 1C **84**
Friday Flds. La. NE2: Jes 4G **57**
Friendly Bldgs. NE13: Din 4F **29**
Frinton Pk. SR3: Sund 4A **118**
Frobisher Ct. SR3: Silk 3H **131**
Frobisher St. NE31: Heb 3D **72**
Frome Gdns. NE9: Low F 3H **97**
Frome Pl. NE23: Cra 1B **22**
Frome Sq. SR4: Sund 1E **117**
Front Rd. SR4: Sund 6F **103**

Front St. DH1: Dur, P Me 1A **154**
  DH1: Dur, S'burn, S Hou 6G **155**
  DH2: Gra V 4D **124**
  DH2: Newf, P Fel 4F **125**
  DH2: Ous 1H **125**
  DH2: Pelt 2F **125**
  DH3: Ches S 5C **126**
  DH3: Gt Lum 4G **135**
  DH4: Hou S 3E **137**
  DH4: Nbot 6H **129**
  DH4: Pen 1G **129**
  DH5: Hett H 1C **148**
    (Caroline St.)
  DH5: Hett H 4A **148**
    (York St.)
  DH6: Low P 1E **157**
  DH6: S Het 5G **149**
  DH6: S Hil 6G **157**
  DH6: S'burn 6B **156**
  DH7: Lang M 3G **159**
  DH9: Ann P 5F **121**
  DH9: Crag 6G **123**
  DH9: Dip 2C **120**
    (not continuous)
  DH9: Stly 2E **123**
    (East Stanley)
  DH9: Stly 3C **122**
    (Stanley)
  DH9: Tanf 3B **108**
  DH9: Tant 5H **107**
  NE7: Longb, Newc T 2C **58**
  NE12: Kil 6B **32**
  NE12: Longb, Newc T 2C **58**
  NE13: Din 4F **29**
  NE13: Sea B 2D **30**
  NE15: Lem 4C **66**
  NE16: Burn 1E **107**
  NE16: Burn, Hob 4F **107**
  NE16: Swa 2E **81**
  NE16: Whi 4E **81**
  NE21: Winl 2H **79**
  NE23: Cra 4D **22**
    (High Pit Rd.)
  NE23: Cra 3B **22**
    (Station Rd.)
  NE23: Dud 2B **32**
  NE23: Seg 2E **33**
  NE24: Cow 6D **10**
  NE25: Ears 6E **35**
  NE25: Monks 1A **48**
  NE29: N Shi 5C **48**
    (Bulman's La.)
  NE29: N Shi 2A **62**
    (Quadrant, The)
  NE30: Cull 2E **49**
  NE30: Tyne 6F **49**
  NE35: Bol C 2A **88**
  NE36: E Bol 4E **89**
  NE37: Wash 5B **100**
  NE39: H Spen 6A **78**
  SR6: Clead 2A **90**
  SR6: Whit 3E **91**
  TS27: Hes 6F **165**
Front St. E. DH4: Pen 1F **129**
  NE22: Bed 5H **9**
Front St. W. DH4: Pen 1F **129**
  NE22: Bed 5H **9**
Frosterley Cl. DH1: Dur 1D **154**
  DH5: Eas L 5F **149**
Frosterley Dr. DH3: Gt Lum 4H **135**
Frosterley Gdns. DH9: Ann P 5F **121**
  SR3: Sund 5B **118**
Frosterley Pl. NE4: Newc T 3C **68**
Frosterley Wlk. NE16: Sun 2F **95**
Frost M. NE33: S Shi 6E **63**

Froude Av. NE34: S Shi 6E **75**
Fuchsia Gdns. NE31: Heb 6C **72**
Fuchsia Pl. NE5: Blak 5H **55**
Fulbroke Cl. SR2: Ryh 4F **133**
Fulbrook Cl. NE23: Cra 5B **16**
Fulbrook Rd. NE3: Ken 2B **56**
Fulforth Cl. DH7: Bear P 3C **152**
Fuller Rd. SR2: Sund 3E **119**
Fullerton Pl. NE9: Low F 3A **84**
Fulmar Dr. NE24: News 3C **18**
  NE38: Wash 3F **113**
Fulmar Lodge NE33: S Shi 5H **63**
Fulmar Wlk. SR6: Whit 1F **91**
FULWELL 1D **104**
Fulwell Av. NE34: S Shi 2B **76**
Fulwell Grn. NE5: Blak 6F **55**
Fulwell Rd. SR6: Ful, Roker 1D **104**
  SR8: Pet 1E **165**
Fulwell Windmill 2C **104**
Furnace Bank NE24: Bed 4D **10**
Furness Cl. SR8: Pet 1B **164**
Furness Ct. SR3: Silk 3H **131**
Furrowfield NE10: Wind N 6C **84**
Furzefield Rd. NE3: Gos 3D **56**
Fylingdale Dr. SR3: Tuns 2C **132**
Fynes Cl. SR8: Pet 5D **162**
Fynes St. NE24: Bly 5C **12**

G

Gables, The NE13: Wool 1F **55**
  NE24: Bly 4B **12**
  NE38: Wash *3C **114***
    (off Fatfield Rd.)
Gables Ct. SR4: Sund 4E **117**
Gadwall Rd. DH4: W Rai 5F **137**
Gainers Ter. NE28: W'snd 1A **72**
Gainford DH2: Ches S 6A **126**
  NE9: Low F 3H **97**
Gainsborough Av. NE34: S Shi 6F **75**
  NE38: Wash 3C **114**
Gainsborough Cl.
  NE25: Monks 4G **35**
Gainsborough Cres.
  DH4: S Row 4E **129**
  NE9: Low F 4B **84**
Gainsborough Gro. NE4: Fen 3B **68**
Gainsborough Pl. NE23: Cra 6B **22**
Gainsborough Rd. DH9: Stly 4D **122**
  SR4: Sund 5E **117**
Gainsborough Sq. SR4: Sund 5E **117**
Gainsford Av. NE9: Low F 1G **97**
Gair Ct. DH2: Nett 1A **144**
Gairloch Cl. NE23: Cra 6B **16**
Gairloch Dr. DH2: Ous 2H **125**
  NE38: Wash 4G **113**
Gairloch Rd. SR4: Sund 4E **117**
Gairsay Cl. SR2: Ryh 1E **133**
Gala Bingo
  Metro Cen. 6F **67**
  Newcastle upon Tyne
    . . . . .5B **4** (4F **69**)
  Sunderland 6A **104**
  Willington Square 2D **60**
Galashiels Gro. DH4: S Row 4F **129**
Galashiels Rd. SR4: Sund 4D **116**
Galashiels Sq. SR4: Sund 4E **117**
Gala Theatre 2B **6**
    (in Millennium Pl.)
Galen Ho. NE1: Newc T 5B **4** (4F **69**)
Gale St. DH9: Stly 4B **122**
Galfrid Cl. SR7: Dalt D 5F **141**
Gallagher Cres. SR8: Hor 1F **165**
Gallalaw Ter. NE3: Gos 2H **57**

Gallant Ter. NE28: W'snd 6G 61
Galleria, The NE11: Dun 2G 81
Galleries Retail Pk.
 NE38: Wash 1A 114
Galleries Shop. Cen., The
 NE38: Wash 2A 114
Galley's Gill Rd.
 SR1: Sund 3E 7 (6C 104)
Galloping Grn. Cotts.
 NE9: Eigh B 3D 98
Galloping Grn. Farm Cl.
 NE9: Eigh B 3D 98
Galloping Grn. Rd.
 NE9: Eigh B, Wrek 2D 98
Galloway Rd. NE10: Pel 2H 85
 SR8: Pet 6D 162
Gallowgate NE1: Newc T . . .4B 4 (4E 69)
Galsworthy Rd. NE34: S Shi 6C 74
 SR4: Sund 4E 117
Galway Rd. SR4: Sund 4D 116
Galway Sq. SR4: Sund 4D 116
Gambia Rd. SR4: Sund 5D 116
Gambia Sq. SR4: Sund 5D 116
Ganton Av. NE23: Cra 5B 22
Ganton Cl. NE37: Wash 3A 100
Ganton Ct. NE34: S Shi 6H 75
Garasdale Cl. NE24: News 3B 18
Garcia Ter. SR6: Ful 1E 105
 (not continuous)
Garden Av. DH1: Dur 1A 154
Garden Cl. NE13: Sea B 3D 30
Garden Cotts. NE9: Low F 6A 84
Garden Cft. NE12: Longb 5E 45
Garden Dr. NE31: Heb 5B 72
Gardener St. NE4: Newc T 6C 68
Garden Est. DH5: Hett H 1D 148
Garden Ho. Cres. NE16: Whi 3G 81
Garden La. NE33: S Shi 5E 63
 SR6: Clead 3H 89
Garden Pk. NE28: W'snd 3D 60
Garden Pl. DH4: Pen 2F 129
 SR1: Sund 3F 7 (6C 104)
Gardens, The DH2: Ches S 6B 126
 NE25: Monks 1B 48
 NE38: Wash 3C 114
Garden St. DH4: Nbot 5H 129
 NE3: Gos 2E 57
 NE21: Blay 6A 66
Garden Ter. DH4: Nbot 6H 129
 DH9: Stly 6F 123
 (Middles, The)
 DH9: Stly 4C 122
 (Stanley)
 NE21: Winl 2H 79
 (off Florence St.)
 NE25: Ears 6E 35
 NE40: G'sde 6A 64
Garden Wlk. NE11: Dun 1G 81
Gardiner Cres. DH2: P Fel 5G 125
Gardiner Rd. SR4: Sund 4C 116
Gardiner Sq. NE11: Kib 2E 111
 SR4: Sund 4D 116
Gardner Pk. NE29: N Shi 2B 62
Gardner Pl. NE29: N Shi 2D 62
Gardners Pl. DH7: Lang M 4F 159
Garesfield Gdns. NE16: Burn 1F 107
 NE39: Row G 2E 93
Garesfield La. NE21: Winl 6E 79
Gareston Cl. NE24: Cow 6H 11
Garfield St. SR4: Sund 6H 103
Garforth Cl. NE23: Cra 5A 22
Garland Ter. DH4: Hou S 3E 137
Garleigh Cl. NE12: Kil 2G 45
Garmondsway NE6: Byke 4C 70
Garner Cl. NE5: Cha P 4B 54

Garnet St. SR4: Sund 6H 103
Garnwood St. NE33: S Shi 1D 74
Garrett Cl. NE28: W'snd 4D 60
Garrick Cl. NE29: N Shi 6G 47
Garrick St. NE33: S Shi 1E 75
Garrigill NE38: Wash 6D 114
Garron St. SR7: S'hm 5B 142
Garsdale DH3: Bir 6E 113
Garsdale Av. NE37: Wash 5A 100
Garsdale Rd. NE26: Whit B 2A 36
Garside Av. DH3: Bir 1C 112
Garside Gro. SR8: Pet 5B 162
Garstin Cl. NE7: H Hea 4E 59
Garth, The DH2: Pelt 2G 125
 NE3: Ken 3B 56
 NE5: W Dent 6C 54
 NE21: Winl 2H 79
Garth Cres. NE21: Winl 2H 79
 NE34: S Shi 6H 63
Gth. Farm Rd. NE21: Winl 2H 79
Garthfield Cl. NE5: West 4E 55
Garthfield Cnr. NE5: West 4E 55
Garthfield Cres. NE5: West 4E 55
Garth Heads
 NE1: Newc T 5G 5 (4H 69)
Garth Thirteen NE12: Kil 1C 44
Garth Sixteen NE12: Kil 1D 44
Garth Twenty NE12: Kil 2E 45
Garth Twenty One NE12: Kil 1E 45
Garth Twenty Two NE12: Kil 2E 45
Garth Twenty Four NE12: Kil 2E 45
Garth Twenty Five NE12: Kil 2F 45
Garth Twenty Seven NE12: Kil 2F 45
Garth Thirty Two NE12: Kil 2E 45
Garth Thirty Three NE12: Kil 2D 44
Gartland Rd. SR4: Sund 4C 116
Garvey Vs. NE10: Wind N 5B 84
Gashouse Dr. DH3: Lam P 3A 128
Gaskell Av. NE34: S Shi 6D 74
Gas La. NE21: Blay 5A 66
Gas Works Rd. SR7: S'hm 5C 142
Gatacre St. NE24: Bly 5C 12
Gate, The 4C 4 (4F 69)
Gateley Av. NE24: News 3B 18
Gatesgarth NE9: Low F 6A 84
Gatesgarth Gro. SR6: Seab 6D 90
GATESHEAD 1H 83
Gateshead NE36: W Bol 5C 88
 (off Addison Rd.)
Gateshead FC 6C 70
Gateshead Highway NE8: Gate . . .6H 69
Gateshead Indoor Bowling Cen.
 . . . . .2H 83
Gateshead International Stadium
 . . . . .6C 70
Gateshead Leisure Cen. 3H 83
Gateshead Millennium Bridge
 (Footbridge) 6G 5 (4H 69)
Gateshead Quay Vis. Cen. 6F 5
Gateshead Rd.
 NE16: Marl H, Sun 4F 95
Gateshead Stadium Station (Metro)
 . . . . .1A 84
Gateshead Station (Metro) 6G 69
Gateshead Ter. NE36: W Bol 4C 88
 (off Addison Rd.)
Gateshead Western By-Pass
 NE9: Lame, Low F 3G 97
 NE11: Dun, Fest P, Lame, Lob H,
 Rave, T Vall 4D 82
 NE16: Dun, Swa 2G 81
Gates Shop. Cen., The
 DH1: Dur 2A 6 (5C 154)
Gatwick Cl. NE3: Ken 6F 41
Gatwick Rd. SR4: Sund 4D 116

Gaughan Cl. NE6: Walk 6F 71
Gaweswell Ter. DH4: Nbot 5H 129
 (off North St.)
Gayfield Ter. SR8: Eas C 2F 163
Gayhurst Cres. SR3: Silk 3A 132
Gayton Rd. NE37: Wash 4C 100
Geddes Rd. SR4: Sund 4D 116
Gellesfield Chare NE16: Whi 1F 95
Gelt Cres. DH5: Eas L 3D 148
General Graham St.
 SR4: Sund 2H 117
 (not continuous)
General Havelock Rd.
 SR4: Sund 6G 103
General's Wood, The
 NE38: Wash 1H 127
Geneva Rd. SR4: Sund 4D 116
Genister Pl. NE4: Fen 1H 67
Geoffrey Av. DH1: Dur 1A 160
Geoffrey St. NE34: S Shi 6E 75
 SR6: Whit 2F 91
Geoffrey Ter. DH9: Stly 4B 122
George Pit La. DH3: Gt Lum 5H 135
George Pl. NE1: Newc T 2C 4 (3F 69)
George Rd. NE22: Bed 3D 10
 NE28: W'snd 1H 71
George Scott St. NE33: S Shi 3F 63
George Smith Gdns. NE10: Fall . . .1C 84
George Sq. NE30: N Shi 1D 62
Georges Rd. NE4: Elsw 5B 68
 (not continuous)
George Stephenson Way
 NE29: N Shi 4B 62
George St. DH1: Dur 6A 154
 DH3: Bir 3B 112
 DH3: Ches S 1D 134
 DH5: Hett H 6C 138
 DH6: S'burn 6D 156
 DH9: Crag 6G 123
 DH9: Dip 1D 120
 NE3: Gos 2C 56
 NE4: Newc T 6A 4 (5E 69)
 NE10: Pel 2F 85
 NE13: Bru V 5C 30
 NE15: Walb 5F 53
 NE16: Whi 4E 81
 NE21: Blay 6B 66
 NE24: Bly 1C 18
 NE28: W'snd 6F 61
 NE30: N Shi 1D 62
 SR2: Ryh 3G 133
 SR3: New S 1A 132
 SR7: Mur 3D 150
 SR7: S'hm 4A 142
George St. E. SR3: New S 1A 132
George St. Ind. Est.
 SR7: S'hm 4A 142
George St. Nth. SR6: Monkw 5D 104
George St. W. SR3: New S 1A 132
George's Vw. NE23: Dud 4A 32
George Ter. DH7: Bear P 4E 153
George Way
 NE4: Newc T 6A 4 (5E 69)
Georgian Ct. NE12: Longb 4B 44
 SR4: Sund 3A 118
Gerald St. NE4: Benw 5H 67
 NE34: S Shi 6E 75
Gerrard Cl. NE23: Cra 5B 22
 NE26: Whit B 2A 36
Gerrard Rd. NE26: Whit B 2A 36
 SR4: Sund 4D 116
Gertrude St. DH4: Hou S 1H 137
Ghyll Fld. Rd. DH1: Dur 2B 154
Gibbons Wlk. NE34: S Shi 1C 88
Gibbs Ct. DH2: Ches S 1C 134

GIBSIDE 4A **94**
Gibside 3H **93**
Gibside DH2: Ches S 6A **126**
Gibside Cl. DH9: Stly 2F **123**
Gibside Cres. NE16: Burn 5B **94**
Gibside Gdns. NE15: Benw . . .3F **67**
Gibside Ter. NE16: Burn 1H **107**
Gibside Vw. NE21: Winl 2H **79**
Gibside Way NE11: Dun, Swa 1F **81**
Gibson Ct. NE35: Bol C 3B **88**
. . . .(not continuous)
Gibsons Bldgs. NE40: Craw 5A **64**
. . . .(off Main St.)
Gibsons Ct. NE21: Blay 1A **80**
Gibson St. NE1: Newc T 4G **5** (4H **69**)
NE28: W'snd 2C **60**
Gibson Street Leisure Cen.
. . . . .4H **5** (4H **69**)
Gibson Ter. NE40: Craw 5A **64**
. . . .(off Main St.)
Gifford Sq. SR4: Sund 3E **117**
Gilberdyke NE10: Hew 6G **85**
Gilbert Rd. SR4: Sund 4D **116**
SR8: Pet 6C **162**
Gilbert Sq. SR4: Sund 5D **116**
Gilbert St. NE33: S Shi 1E **75**
Gilderdale DH4: Pen 1C **128**
Gilderdale Way NE23: Cra 6A **22**
GILESGATE 4G **155**
Gilesgate DH1: Dur 2D **6** (5D **154**)
Gilesgate Cl. DH1: Dur . . .1D **6** (5D **154**)
GILESGATE MOOR 5G **155**
Gilesgate Rd. DH5: Eas L 3D **148**
Gilhurst Grange SR1: Sund 1B **118**
Gilhurst Ho. SR1: Sund 6B **104**
Gill, The SR4: Sund 1C **116**
Gillas La. DH5: Hou S 4C **138**
Gillas La. E. DH5: Hou S 4B **138**
Gillas La. W. DH5: Hou S 5A **138**
Gill Bri. Av. SR1: Sund . . .3F **7** (6C **104**)
Gill Burn NE39: Row G 2E **93**
Gill Cres. Nth. DH4: Hou S 1C **136**
Gill Cres. Sth. DH4: Hou S 1C **136**
GILLEY LAW 1G **131**
Gillies St. NE6: Byke 3D **70**
Gilliland Cres. DH3: Bir 1C **112**
Gillingham Rd. SR4: Sund 4D **116**
Gill Rd. SR1: Sund 2F **7** (6C **104**)
Gillside Cl. NE34: S Shi 4C **74**
Gill Side Gro. SR6: Roker 3E **105**
Gill St. NE4: Benw 4A **68**
Gill Ter. SR4: Sund 6C **102**
. . . .(off Pottery La.)
Gilmore Cl. NE5: Cha P 4B **54**
Gilmore Ho. NE8: Gate 3G **83**
. . . .(off Whitehall Rd.)
Gilpin Ho. DH4: Hou S 1G **137**
Gilpin St. DH4: Hou S 3H **137**
Gilsland Av. NE28: W'snd 4D **60**
Gilsland Gro. NE23: Cra 6B **16**
Gilsland St. SR4: Sund 1A **118**
Gilwell Way NE3: Gos 4D **42**
Gilwood Ct. DH4: Pen 3E **129**
Gingler La. NE40: G'sde 1A **78**
Girtin Rd. NE34: S Shi 1F **89**
Girton Cl. SR8: Pet 2B **164**
Girvan Cl. DH9: Stly 3F **123**
Girven Ter. DH5: Eas L 4E **149**
Girven Ter. W. DH5: Eas L 4D **148**
Gisburn Ct. NE23: Cra 6B **16**
Gishford Way NE5: Blak 5F **55**
Givens St. SR6: Roker 3E **105**
Glade, The NE15: Walb 5G **53**
NE32: Jar 2F **87**

Gladeley Way NE16: Sun 3E **95**
Gladstonbury Pl. NE12: Longb . . .1C **58**
Gladstone Av. NE26: Whit B 5B **36**
Gladstone M. NE24: Bly 5B **12**
Gladstone Pl.
NE2: Newc T 1F **5** (2G **69**)
Gladstone St. DH4: Hou S 3F **137**
DH9: Beam 2H **123**
DH9: Stly 4B **122**
NE15: Lem 3A **66**
NE24: Bly 5B **12**
NE28: W'snd 6F **61**
NE31: Heb 3E **73**
SR6: Roker 4D **104**
Gladstone Ter. DH3: Bir 3B **112**
DH4: Pen 1D **128**
NE2: Newc T 1F **5** (2G **69**)
NE8: Gate 2H **83**
NE22: Bed 5A **10**
NE26: Whit B 1D **48**
NE35: Bol C 1A **88**
NE37: Wash 5D **100**
Gladstone Ter. W. NE8: Gate 2G **83**
Gladstone Vs.
DH1: Dur 6C **6** (1D **160**)
Gladwyn Rd. SR4: Sund 5D **116**
Gladwyn Sq. SR4: Sund 5D **116**
Glaholm Rd. SR1: Sund 1F **119**
Glaisdale Dr. SR6: Seab 5E **91**
Glaisdale Rd. NE7: Longb 2A **58**
Glamis Av. NE3: Gos 3E **43**
SR4: Sund 3E **117**
Glamis Cl. DH4: Hou S 2B **136**
NE34: S Shi 6H **75**
Glamis Cres. NE39: Row G 1G **93**
Glamis Ter. NE16: Marl H 4E **95**
Glamis Vs. DH3: Bir 1C **112**
Glanmore Rd. SR4: Sund 4D **116**
Glantlees NE5: West 5E **55**
Glanton Av. NE25: Sea D 6A **24**
Glanton Cl. DH2: Ches S 1A **134**
NE6: Byke 5C **70**
NE10: Ward 4A **86**
NE28: W'snd 4C **60**
Glanton Ct. NE11: Dun 2C **82**
Glanton Rd. NE29: N Shi 6A **48**
Glanton Sq. SR4: Sund 4E **117**
Glanton Ter. SR8: Hor 1H **165**
Glanton Wynd NE3: Gos 6D **42**
Glanville Cl. NE11: Fest P 4D **82**
Glanville Rd. SR3: Dox P 4F **131**
Glasbury Av. SR4: Sund 3E **117**
Glasgow Rd. NE32: Jar 5A **74**
Glassey Ter. NE22: Bed 4D **10**
Glasshouse Bri. NE1: Newc T 4A **70**
NE6: Byke 4A **70**
Glasshouse St. NE6: Byke 5C **70**
Glastonbury NE38: Wash 3B **114**
Glastonbury Gro. NE2: Jes 5H **57**
Glaston Ho. NE24: Cow 5H **11**
Glazebury Way NE23: Cra 6B **16**
Gleaston Ct. SR8: Pet 4B **164**
GLEBE .2B **114**
Glebe Av. NE12: Longb 6D **44**
NE16: Whi 4F **81**
SR8: Eas 1D **162**
Glebe Cen. NE38: Wash 2B **114**
Glebe Cl. NE5: Cha P 4B **54**
NE20: Pon 4E **27**
Glebe Ct. NE22: Bed 4H **9**
Glebe Cres. NE12: Longb 4D **44**
NE38: Wash 1C **114**
SR8: Eas 1D **162**
Glebe Dr. SR7: S'hm 1F **141**

Glebe Est. SR7: S'hm 1F **141**
Glebe M. NE22: Bed 4H **9**
Glebe Mt. NE38: Wash 1C **114**
Glebe Ri. NE16: Whi 4E **81**
Glebe Rd. NE12: Longb 4D **44**
NE22: Bed 4H **9**
Glebeside DH5: Hett H 6C **138**
Glebe Ter. DH4: Hou S 2H **137**
NE11: Dun 3B **82**
NE12: Longb 4D **44**
NE62: Sco G 1G **9**
SR8: Eas 1C **162**
. . . .(not continuous)
Glebe Vw. SR7: Mur 1E **151**
. . . .(not continuous)
Glebe Vs. NE12: Longb 4C **44**
Glebe Wlk. NE16: Whi 4F **81**
Glen, The SR2: Sund 4D **118**
Glenallen Gdns. NE30: Cull 4E **49**
Glenamara Ho. NE2: Newc T 2F **5**
Glenavon Av. DH2: Ches S 5B **126**
Glen Barr DH2: Ches S 5B **126**
Glenbrooke Ter. NE9: Low F 1H **97**
Glenburn Cl. NE38: Wash 4F **113**
Glencarron Cl. NE38: Wash 4G **113**
Glen Cl. NE39: Row G 2E **93**
Glencoe NE12: Kil 1D **44**
Glencoe Av. DH2: Ches S 5B **126**
NE23: Cra 6B **22**
Glencoe Ri. NE39: Row G 4C **92**
Glencoe Rd. SR4: Sund 5D **116**
Glencoe Sq. SR4: Sund 4D **116**
Glencoe Ter. NE39: Row G 4C **92**
Glencot Gro. SR7: Hawt 6G **151**
Glencourse NE36: E Bol 4G **89**
Glen Ct. NE31: Heb 3B **72**
Glencrest Ct. DH2: P Fel 6G **125**
Glendale Av. NE3: Gos 3C **56**
NE16: Whi 5E **81**
NE24: Cow 5E **11**
NE26: Whit B 4C **36**
NE28: W'snd 3H **59**
NE29: N Shi 1A **62**
NE37: Wash 5A **100**
Glendale Cl. NE5: Cha P 4B **54**
NE21: Winl 3F **79**
SR3: E Her 3E **131**
Glendale Gdns. NE9: Low F 6B **84**
Glendale Gro. NE29: N Shi 1B **62**
Glendale Rd. NE27: Shir 2E **47**
Glendale Ter. NE6: Byke 3C **70**
Glendford Pl. NE24: News 3B **18**
Glendower Av. NE29: N Shi 1H **61**
Glendyn Cl. NE7: H Hea 6A **58**
Gleneagle Cl. NE5: Cha P 4B **54**
Gleneagles NE25: Monks 6H **35**
NE33: S Shi 6H **63**
Gleneagles Cl. NE7: Longb 2C **58**
Gleneagles Ct. NE25: Monks 6H **35**
Gleneagles Dr. NE37: Wash 3H **99**
Gleneagles Rd. NE9: Low F 2G **97**
SR4: Sund 5D **116**
Gleneagles Sq. SR4: Sund 5D **116**
Glenesk Gdns. SR2: Sund 5C **118**
Glenesk Rd. SR2: Sund 4C **118**
Glenfield Av. NE23: Cra 6B **16**
Glenfield Rd. NE12: Longb 6C **44**
. . . .(Hailsham Av.)
NE12: Longb 6B **44**
. . . .(Ongar Way)
Glengarvan Cl. NE38: Wash 4G **113**
Glenholme Cl. NE38: Wash 4F **113**
Glenhurst Cotts. SR8: Eas 1D **162**
Glenhurst Dr. NE5: Cha P 4B **54**
NE16: Whi 1D **94**

Glenhurst Gro. NE34: S Shi 3H **75**
Glenhurst Rd. SR8: Eas 1D **162**
Glenhurst Ter. SR7: Mur 2D **150**
Glenkerry Cl. NE38: Wash 4G **113**
Glenleigh Dr. SR4: Sund 3E **117**
Glenluce DH3: Bir 4E **113**
(not continuous)
Glenluce Cl. NE23: Cra 5B **22**
Glen Luce Dr. SR2: Sund 5F **119**
Glenluce Dr. NE23: Cra 6A **22**
Glenmoor NE31: Heb 2B **72**
Glenmore Av. DH2: Ches S 5C **126**
Glenmuir Av. NE23: Cra 6A **22**
Glenorrin Cl. NE38: Wash 4G **113**
Glen Path SR2: Sund 4D **118**
Glenridge Av. NE6: Heat 6B **58**
Glenroy Gdns. DH2: Ches S 5B **126**
Glens Flats DH6: H Pitt 2F **157**
Glenshiel Cl. NE38: Wash 4G **113**
Glenside NE32: Jar 1G **87**
Glenside Cl. NE9: Low F 1G **97**
Glenside Ter. DH2: P Fel 5H **125**
Glen St. NE31: Heb 4B **72**
Glen Ter. DH2: Ches S 5A **126**
DH4: Pen 1F **129**
(off Rainton St.)
NE38: Wash 3C **114**
Glenthorne Rd. SR6: Roker 3E **105**
Glenthorn Rd. NE2: Jes 5G **57**
Glen Thorpe Av. SR6: Roker 3E **105**
Glenthorpe Ho. NE33: S Shi 6F **63**
Glenview Cl. DH2: P Fel 5G **125**
Glenwood Wlk. NE5: Cha P 4B **54**
Gloria Av. NE25: New Hart 3B **24**
Glossop St. NE39: H Spen 1A **92**
Gloucester Av. SR6: Ful 1E **105**
Gloucester Cl. DH3: Gt Lum 5G **135**
Gloucester Ct. NE3: Ken 5G **41**
Gloucester Pl. NE34: S Shi 4A **76**
SR8: Pet 6B **162**
Gloucester Rd. NE4: Elsw 4C **68**
NE29: N Shi 6F **47**
Gloucestershire Dr. DH1: Carr . . .4A **156**
Gloucester St. NE25: New Hart . .4B **24**
Gloucester Ter. NE4: Elsw 5C **68**
Gloucester Way NE4: Newc T . . .5D **68**
NE32: Jar 2F **87**
Glover Ind. Est. NE37: Wash . . .6C **100**
Glover Network Cen.
NE37: Wash 6E **101**
Glover Rd. NE37: Wash 5D **100**
SR4: Sund 5D **116**
Glover Sq. SR4: Sund 5D **116**
Glue Gth. DH1: Dur 5F **155**
Glynfellis NE10: Hew 6F **85**
Glynfellis Ct. NE10: Hew 6F **85**
Glynwood Cl. NE23: Cra 6B **16**
Glynwood Gdns. NE9: Low F 6A **84**
Goalmouth Cl. SR6: Roker 3E **105**
Goatbeck Ter. DH7: Lang M 4F **159**
Goathland Av. NE12: Longb 1B **58**
Goathland Dr. SR3: Tuns 2B **132**
Godfrey Rd. SR4: Sund 4D **116**
Gofton Wlk. NE5: West 5E **55**
Goldcrest Rd. NE38: Wash 4F **113**
Goldcrest Way NE15: Lem 4A **66**
Goldfinch Cl. NE4: Elsw 6B **68**
Goldlynn Dr. SR3: Silk 3G **131**
Goldsbrough Ct. NE2: Newc T . . .2E **69**
Goldsmith Rd. SR4: Sund 5D **116**
Goldspink La. NE2: Newc T 1H **69**
Goldstone NE9: Low F 1H **97**
Goldstone Cl. NE12: Kil 1E **45**
Goldthorpe Cl. NE23: Cra 6B **16**
Golf Course Rd. DH4: S Row 5D **128**

Gompertz Gdns. NE33: S Shi 1D **74**
Gooch Av. NE22: Bed 1A **10**
Goodrich Cl. DH4: S Row 4G **129**
Good St. DH9: Stly 1C **122**
Goodwood NE12: Kil 2E **45**
Goodwood Av. NE8: Gate 3E **83**
Goodwood Cl. NE5: Cha P 4B **54**
Goodwood Rd. SR4: Sund 4C **116**
Goodwood Sq. SR4: Sund 4C **116**
Goodyear Cres. DH1: Dur 6G **155**
Goole Rd. SR4: Sund 4E **117**
Gordon Av. NE3: Gos 3E **57**
SR5: Sund 5C **102**
SR8: Hor 6F **163**
Gordon Ct. NE10: Fall 2D **84**
(off Church Pl.)
Gordon Dr. NE36: E Bol 4F **89**
Gordon Ho. NE6: Byke 4B **70**
(off Dalton St.)
Gordon Rd. NE6: Byke 4B **70**
NE24: Bly 2D **18**
NE34: S Shi 3E **75**
SR4: Sund 5D **116**
Gordon Sq. NE6: Byke 4B **70**
NE26: Whit B 1E **49**
Gordon St. NE33: S Shi 1E **75**
Gordon Ter. DH4: Pen 1G **129**
DH9: Stly 1D **122**
NE22: Bed 5A **10**
NE26: Whit B 6E **37**
SR2: Ryh 3G **133**
SR8: S'wck 3A **104**
Gorleston Way SR3: Dox P 5A **132**
Gorse Av. NE34: S Shi 4H **75**
Gorsedale Gro. DH1: Carr 4B **156**
Gorsedene Av. NE26: Whit B 2B **36**
Gorsedene Rd. NE26: Whit B . . .2A **36**
Gorsehill NE9: Low F 6C **84**
Gorse Hill Way NE5: Blak 4G **55**
Gorse Rd. SR2: Sund 2D **118**
Gort Pl. DH1: Dur 4F **155**
Goschen St. NE8: Gate 3F **83**
NE24: Bly 5B **12**
(not continuous)
SR5: S'wck 3A **104**
GOSFORTH 3E **57**
Gosforth Av. NE34: S Shi 5E **75**
Gosforth Bowling Club 3E **57**
Gosforth Bus. Cen.
NE12: Longb 6H **43**
Gosforth Cen., The NE3: Gos . . .3E **57**
Gosforth Ind. Est. NE7: H Hea . . .2G **57**
Gosforth Pk. Av. NE12: Longb . . .6A **44**
Gosforth Pk. Vs. NE13: W Op . . .1E **43**
Gosforth Pk. Way NE12: Longb . .6H **43**
Gosforth St.
NE2: Newc T 2G **5** (3H **69**)
(not continuous)
NE10: Fall 2D **84**
Gosforth Swimming Pool 1E **57**
Gosforth Ter. NE3: Gos 2G **57**
NE10: Pel 2F **85**
Gosport Way NE24: News 3B **18**
Gossington NE38: Wash 2E **115**
Goswick Av. NE7: H Hea 5B **58**
Goswick Dr. NE3: Ken 5B **42**
Goundry Av. SR2: Ryh 3G **133**
Gourock Sq. SR4: Sund 4C **116**
Gowanburn NE23: Cra 6A **22**
NE38: Wash 5D **114**
Gowan Ter. NE2: Jes 6H **57**
Gower Rd. SR5: S'wck 3A **104**
Gower Wlk. NE8: Gate 3C **84**
Gowland Av. NE4: Fen 3A **68**
(not continuous)

Gowland Sq. SR7: Mur 2B **150**
Grace Ct. DH9: Ann P 6E **121**
Gracefield Cl. NE5: Cha P 4B **54**
Grace Gdns. NE28: W'snd 3G **59**
Grace Ho. NE29: N Shi 4A **62**
Grace St. NE6: Byke 3C **70**
(not continuous)
NE6: Byke, Walk 3D **70**
NE11: Dun 3B **82**
Gradys Yd. NE15: Thro 4D **52**
Grafton Cl. NE6: Byke 3B **70**
Grafton Ho. NE6: Byke 3B **70**
Grafton Pl. NE6: Byke 3B **70**
Grafton Rd. NE26: Whit B 1E **49**
Grafton St. NE6: Byke 3B **70**
SR4: Sund 6B **104**
Gragareth Way NE37: Wash 1G **113**
Graham Av. NE16: Whi 3E **81**
Graham Pk. Rd. NE3: Gos 4E **57**
Graham Rd. NE31: Heb 4B **72**
Grahamsley St. NE8: Gate 1H **83**
Graham Sports Cen., The
(University of Durham) 2F **161**
Graham St. NE33: S Shi 5F **63**
Graham Ter. DH6: H Pitt 2F **157**
SR7: Mur 2D **150**
Graham Way, The
SR7: Dalt D, S'hm 5F **141**
Grainger, The NE8: Gate 1E **83**
Grainger Arc.
NE1: Newc T 4C **4** (4F **69**)
Grainger Mkt.
NE1: Newc T 4C **4** (4F **69**)
Grainger Pk. Rd. NE4: Benw 5B **68**
Grainger St.
NE1: Newc T 6C **4** (5F **69**)
Graingerville Nth.
NE4: Fen 4C **68**
(off Westgate Rd.)
Graingerville Sth. NE4: Elsw 4C **68**
(off Westgate Rd.)
Grampian Av. DH2: Ches S 1B **134**
(not continuous)
Grampian Cl. NE29: N Shi 4B **48**
Grampian Ct. DH9: Ann P 6E **121**
Grampian Dr. SR8: Pet 2B **164**
Grampian Gdns.
NE11: Lob H 5D **82**
Grampian Gro. NE36: W Bol 4D **88**
Grampian Pl. NE12: Longb 4B **44**
Granaries, The NE39: H Spen . . .1A **92**
Granary, The DH4: Hou S 3F **137**
Granby Cl. NE16: Sun 2F **95**
SR3: Sund 4B **118**
Granby Ter. NE16: Sun 3F **95**
Grand Pde. NE30: Cull 3E **49**
Grandstand Rd.
NE2: Gos, Newc T 6C **56**
NE5: Newc T 1B **68**
Grange, The DH9: Tan L 1A **122**
NE22: Nedd 5C **8**
NE23: Seg 6F **23**
NE25: Monks 1G **47**
NE36: E Bol 4F **89**
Grange Av. DH4: Hou S 2E **137**
NE12: Longb 1E **59**
NE22: Bed 2E **11**
NE27: Shir 1D **46**
SR8: Eas 2B **162**
Grange Cl. NE24: News 3B **18**
NE25: Monks 1H **47**
NE28: W'snd 5A **60**
NE30: Cull 3D **48**
SR8: Pet 5C **162**

Grange Ct. DH1: Carr 2B **156**
DH2: Gra V 4D **124**
NE10: Hew 3G **85**
NE32: Jar 2F **73**
NE40: Ryton 5C **64**
Grange Cres. NE10: Hew 4G **85**
NE40: Ryton 5C **64**
SR2: Sund 6G **7** (2D **118**)
Grange Dr. NE40: Ryton 5C **64**
Grange Est. NE11: Kib 1E **111**
Grange Farm DH1: H Shin 5H **161**
Grange Farm Dr. NE16: Whi 6E **81**
Grange La. NE16: Whi 6E **81**
Grange Lonnen NE40: Ryton 4B **64**
Grange Mnr. NE16: Whi 6F **81**
Grangemere Cl. SR2: Sund 6E **119**
Grange Nook NE16: Whi 6E **81**
GRANGE PARK . . . . **.2E 11**
Grange Pk. NE25: Monks 2G **47**
Grange Pk. Av. NE22: Bed 2D **10**
SR5: S'wck 2C **104**
Grange Pl. NE32: Jar 2F **73**
Grange Rd. DH1: Carr 3A **156**
(not continuous)
DH9: Stly 3B **122**
NE3: Gos 6E **43**
NE4: Fen 3G **67**
NE10: Hew 4G **85**
NE15: Newb 1E **65**
NE20: Pon 4E **27**
NE32: Jar 2F **73**
(not continuous)
NE40: Ryton 4C **64**
SR5: Sund 5C **102**
Grange Rd. W. NE32: Jar 2E **73**
Grangeside Ct. *NE29: N Shi 4B* ***48***
(off Brabourne Gdns.)
Grange St. DH2: Pelt 2G **125**
Grange St. Sth. SR2: Sund 5F **119**
Grange Ter. DH2: P Fel 5F **125**
NE9: Low F 3A **84**
NE11: Kib 1E **111**
NE36: E Bol 4F **89**
SR2: Sund 6F **7** (2C **118**)
SR5: S'wck 3B **104**
GRANGETOWN . . . . **.5F 119**
Grange Vw. DH4: Nbot 6H **129**
DH5: E Rain 6H **137**
NE40: Ryton 5C **64**
SR5: S'wck 2C **104**
GRANGE VILLA . . . . **.4C 124**
Grange Villa Rd.
DH2: Gra V, Newf 4D **124**
Grange Vs. NE28: W'snd 5A **60**
Grange Wlk. NE16: Whi 6E **81**
Grangeway NE29: N Shi 4B **48**
Grangewood Cl. DH4: S Row 4E **129**
Grangewood Ct. DH4: S Row 3E **129**
Grantham Av. SR7: S'hm 5H **141**
(not continuous)
Grantham Dr. NE9: Low F 1G **97**
Grantham Pl. NE23: Cra 5A **22**
(not continuous)
Grantham Rd.
NE2: Newc T 1G **5** (2H **69**)
SR6: Roker 3E **105**
Grantham St. NE24: Bly 1D **18**
Grants Cres. SR7: S'hm 4A **142**
Grant St. NE32: Jar 2E **73**
SR8: Hor 6G **163**
Granville Av. DH9: Ann P 5F **121**
NE12: Longb 4E **45**
NE26: Sea S 4H **25**
Granville Ct. NE2: Jes 1H **69**
Granville Cres. NE12: Longb 6E **45**
Granville Dr. DH4: S Row 4G **129**
NE5: Cha P 4B **54**
NE12: Longb 6E **45**
Granville Gdns. NE2: Jes 1A **70**
Granville Lodge NE12: Longb 5E **45**
Granville Rd. NE2: Jes 1H **69**
NE3: Gos 6F **43**
SR8: Pet 2F **165**
Granville St. NE8: Gate 2H **83**
SR4: Sund 6B **104**
Grape La. DH1: Dur 3A **6** (6C **154**)
(not continuous)
Grasmere DH3: Bir 5E **113**
SR6: Clead 2A **90**
Grasmere Av. DH5: Eas L 5E **149**
NE6: Walk 4E **71**
NE10: Pel 3F **85**
NE15: Newb 2E **65**
NE32: Jar 6H **73**
Grasmere Ct. NE12: Kil 2C **44**
NE15: Newb 2E **65**
Grasmere Cres. DH4: S Row 3F **129**
NE21: Winl 3H **79**
NE26: Whit B 4B **36**
SR5: Ful 2C **104**
Grasmere Gdns. NE34: S Shi 3G **75**
NE38: Wash 3C **114**
Grasmere Ho. NE6: Walk 4E **71**
Grasmere Pl. NE3: Gos 6E **43**
Grasmere Rd. DH2: Ches S 2B **134**
NE16: Whi 4G **81**
NE28: W'snd 6G **59**
NE31: Heb 4D **72**
SR8: Pet 6E **163**
Grasmere St. NE8: Gate 2G **83**
Grasmere St. W. NE8: Gate 2G **83**
Grasmere Ter. DH6: S Het 6B **150**
DH9: Stly 5B **122**
NE38: Wash 3C **114**
SR7: Mur 3D **150**
Grasmere Way NE24: Cow 5G **11**
Grasmoor Pl. NE15: Lem 2H **65**
Grassbanks NE10: Hew 5H **85**
Grassdale DH1: Carr 4B **156**
Grassholm Mdws. SR3: Sund . . .5B **118**
Grassholm Pl. NE12: Longb 6A **44**
Grassington Dr. NE23: Cra 5A **22**
Grasslees NE38: Wash 1F **127**
GRASSWELL . . . . **.1H 137**
Grasswell Cvn. Pk.
DH4: Hou S 1H **137**
Grasswell Dr. NE5: Ken 4H **55**
Grasswell Ter. DH4: Hou S 1H **137**
Gravel Walks DH5: Hou S 2A **138**
Gravesend Rd. SR4: Sund 5D **116**
Gravesend Sq. SR4: Sund 5E **117**
Gray Av. DH1: Dur 2B **154**
DH2: Ches S 1B **134**
DH6: S'burn 5D **156**
NE13: W Op 4E **31**
SR7: Mur 2C **150**
TS27: Hes 6F **165**
Gray Ct. SR2: Sund 3D **118**
SR8: Eas C 1D **162**
Graylands NE38: Wash 1E **127**
Grayling Ct. SR3: Dox P 4E **131**
Grayling Rd. NE11: Fest P 4D **82**
Gray Rd. SR2: Sund 3D **118**
Grays Cross *SR1: Sund 6E* ***105***
(off High St. E.)
Grays Ter. DH1: Dur 6A **154**
NE35: Bol C 2A **88**
Graystones NE10: Hew 4H **85**
Gray St. NE24: Bly 4C **12**
NE32: Jar 2G **73**
Gray's Wlk. NE34: S Shi 1C **88**
Gray Ter. DH9: Ann P 4A **122**
Graythwaite DH2: Ches S 6H **125**
GREAT EPPLETON . . . . **.6F 139**
Greathead St. NE33: S Shi 2D **74**
Gt. Lime Rd.
NE12: Dud, Gos, Kil, Longb
. . . . .2A **44**
(not continuous)
GREAT LUMLEY . . . . **.4G 135**
Great Nth. Rd. DH1: Dur 1A **154**
(Bridgemere Dr.)
DH1: Dur 5H **153**
(Toll Ho. Rd.)
NE2: Gos, Newc T 1D **4** (4F **57**)
NE3: Gos 4E **43**
NE13: W Op 5E **31**
Great Pk. NE13: W Op 2C **42**
Great Pk. Way
NE13: Haz, W Op 2B **42**
Grebe Cl. NE11: Dun 1C **82**
NE24: News 2C **18**
Grebe Ct. NE2: Jes 6H **57**
Greely Rd. NE5: West 5D **54**
Green, The DH1: H Shin 5H **161**
DH2: Ches S 6B **126**
DH5: Hou S 2B **138**
NE3: Ken 4B **56**
NE10: Fall 3E **85**
NE15: Walb 6F **53**
NE20: Pon 3F **27**
NE25: Monks 5A **36**
NE28: W'snd 5H **59**
NE38: Wash 1C **114**
NE39: Row G 3C **92**
SR5: S'wck 4A **104**
SR7: Hawt 6H **151**
SR8: Pet 3A **164**
Greenacre Pk. NE9: Low F 2H **97**
Greenacres DH2: Pelt 2F **125**
NE20: Darr H 3C **38**
Greenacres Cl. NE40: Craw 6A **64**
Green Av. DH4: Nbot 5H **129**
Greenbank NE21: Blay 1A **80**
NE32: Jar 2F **73**
Greenbank Dr. SR4: Sund 2C **116**
Greenbank St. DH3: Ches S 5D **126**
Greenbank Ter. DH3: Ches S 5C **126**
Greenbank Vs. NE32: Jar 3F **73**
Greenbourne Gdns.
NE10: Wind N 4C **84**
Green Cl. NE25: Monks 1H **47**
NE30: Cull 4D **48**
Green Ct. DH1: Dur 5F **155**
Green Cres. NE23: Dud 3G **31**
GREENCROFT . . . . **.6E 121**
Greencroft DH6: S Het 6A **150**
Greencroft Av. NE6: Walk 1G **71**
Greencroft Ind. Pk.
DH9: Ann P 6E **121**
Greencroft Parkway
DH9: Ann P 6F **121**
Greencroft School Sports Cen.
. . . . **.5E 121**
Greencroft Ter. DH9: Ann P 6D **120**
Greendale Cl. NE24: Cow 5G **11**
Greendale Gdns. DH5: Hett H . . .3B **148**
Green Dr. SR7: S'hm 6B **142**
Greendyke Ct. NE5: West 2E **55**
GREENESFIELD . . . . **.6G 69**
Greenesfield Bus. Cen.
NE8: Gate 6G **69**
Greenfield Av. NE5: West 5E **55**
Green Fld. Pl.
NE4: Newc T 5A **4** (4E **69**)

Greenfield Pl. NE40: Ryton 4C **64**
Greenfield Rd. NE3: Gos 3D **42**
Green Flds. NE40: Ryton 4B **64**
Greenfields DH2: Ous 5A **112**
Greenfield Ter. DH9: Ann P 5F **121**
  NE10: Pel 2F **85**
Greenfinch Cl. NE38: Wash 4F **113**
Greenford NE11: Kib 1F **111**
Greenford La. DH2: Bir, Kib 1H **111**
  NE11: Lame 5G **97**
Greenford Rd. NE6: Walk 6F **71**
Green Gro. NE40: G'sde 6B **64**
Greenhall Vw. NE5: Fen 5A **56**
Greenhaugh NE12: Longb 4B **44**
Greenhaugh Rd. NE25: Well 6F **35**
Greenhead NE38: Wash 3F **113**
Greenhill SR7: Mur 2D **150**
Greenhills DH9: Stly 6C **122**
  NE12: Kil 6C **32**
Greenhill Vw. NE5: Fen 5A **56**
Grn. Hill Wlk. NE34: S Shi 3C **76**
Greenholme Cl. NE23: Cra 6B **16**
Greenhow Cl. SR2: Ryh 4F **133**
Greenlands DH9: Stly 5B **122**
  NE32: Jar 1G **87**
Greenlands Cl. NE25: Sea D 5B **24**
Green La. DH1: Dur 5F **155**
  (McNally Pl., not continuous)
  DH1: Dur 6E **155**
  (Old Elvet)
  DH1: S Hou 6C **156**
  NE10: Fall 1D **84**
  (Bath Rd.)
  NE10: Fall 2C **84**
  (Sunderland Rd.)
  NE10: Pel 2G **85**
  NE12: Kil 1E **45**
  (not continuous)
  NE13: Wool 5D **40**
  NE23: Dud 3H **31**
  NE34: S Shi 5C **74**
  NE36: E Bol 5F **89**
  SR7: Seat 5G **139**
Green La. Gdns. NE10: Fall 1C **84**
Greenlaw NE5: W Dent 1C **66**
Greenlaw Rd. NE23: Cra 6A **22**
Greenlea NE29: N Shi 4F **47**
Greenlea Cl. NE39: H Spen 2A **92**
  SR4: Sund 4E **117**
Greenlee Dr. NE7: H Hea 4D **58**
Greenmarket
  NE1: Newc T 4C **4** (4F **69**)
Greenmount DH4: Hou S 2F **137**
Greenock Rd. SR4: Sund 5D **116**
Green Pk. NE28: W'snd 4E **59**
Greenrigg NE21: Blay 2B **80**
  (not continuous)
  NE26: Sea S 3G **25**
Greenrigg Gdns. SR3: Sund . . .4B **118**
Greenrigg Pl. NE27: Shir 1D **46**
Greenriggs Av. NE3: Gos 4F **43**
Green's Bank DH9: W Pelt 2C **124**
Greenshields Rd. SR4: Sund . . .5D **116**
Greenshields Sq. SR4: Sund . . .5D **116**
GREENSIDE 2A **78**
Greenside NE34: S Shi 3B **76**
Greenside Av. NE13: Bru V 5C **30**
  NE28: W'snd 4D **60**
  SR8: Hor 6F **163**
Greenside Ct. SR5: Sund 5E **117**
Greenside Cres. NE15: Den M 2E **67**
Greenside Drift NE33: S Shi 5H **63**
Greenside Rd. NE40: G'sde 1A **78**
Green's Pl. NE33: S Shi 3E **63**
  (not continuous)

Green Sq. NE25: Monks 1H **47**
Green St. SR1: Sund 3G **7** (6D **104**)
  SR7: S'hm 1A **148**
Green Ter. SR1: Sund 4F **7** (1C **118**)
Greentree La. DH9: Ann P 4E **121**
Greentree Sq. NE5: Den M 5F **55**
Green Way NE25: Monks 1H **47**
Greenway NE4: Fen 1H **67**
  NE5: Cha P 3A **54**
Greenway, The SR4: Sund 3E **117**
Greenwell Cl. NE21: Winl 2G **79**
Greenwich Pl. NE8: Gate 5A **70**
Greenwood NE12: Kil 2F **45**
Greenwood Av. DH4: Hou S 3G **137**
  NE6: Walk 6G **59**
  NE22: Bed 2D **10**
Greenwood Cl. NE38: Wash 4D **114**
Greenwood Gdns. NE10: Fall 2D **84**
  NE11: Lob H 6C **82**
Greenwood Rd. SR4: Sund 4D **116**
Greenwood Sq. SR4: Sund 5D **116**
Greetlands Rd. SR2: Sund 5C **118**
Gregory Rd. SR4: Sund 5D **116**
Gregory Ter. DH4: Hou S 2E **137**
Gregson St. NE15: Scot 5E **67**
Gregson Ter. SR7: S'hm 2F **141**
Gregson Ter. W. SR7: S'hm 1F **141**
Grenada Cl. NE26: Whit B 3B **36**
Grenada Dr. NE26: Whit B 3B **36**
Grenada Pl. NE26: Whit B 3B **36**
Grenfell Sq. SR4: Sund 5D **116**
Grenville Ct. NE20: Darr H 1A **38**
  NE23: Cra 4A **22**
Grenville Dr. NE3: Gos 4D **42**
Grenville Ter.
  NE1: Newc T 4G **5** (4H **69**)
Grenville Way NE26: Whit B 4A **36**
Gresford St. NE33: S Shi 3E **75**
Gresham Cl. NE23: Cra 5B **22**
Gresley Rd. SR8: Pet 1A **164**
Greta Av. DH4: Pen 3E **129**
Greta Gdns. NE33: S Shi 1F **75**
Greta St. Nth. DH2: Pelt 3E **125**
Greta St. Sth. DH2: Pelt 3E **125**
Greta Ter. SR4: Sund 2A **118**
Gretna Dr. NE32: Jar 1B **88**
Gretna Rd. NE15: Benw 2F **67**
Gretna Ter. NE10: Fall 3C **84**
Gretton Pl. NE7: H Hea 4A **58**
Grey Av. NE23: Cra 6A **22**
Greybourne Gdns. SR2: Sund . . .5C **118**
Greyfriars La. NE12: Longb 1A **58**
Grey Gables DH7: B'don 5E **159**
Greylingstadt Ter. DH9: Stly 6E **123**
Grey Ridges DH7: B'don 5E **159**
Grey's Ct. NE1: Newc T 5D **4** (4F **69**)
Greystead Cl. NE5: Cha P 4B **54**
Greystead Rd. NE25: Well 6F **35**
Greystoke Av. NE2: Newc T 2A **70**
  NE16: Whi 5F **81**
  SR2: Sund 5C **118**
Greystoke Gdns. NE2: Newc T . . .1A **70**
  NE9: Low F 3B **98**
  NE16: Whi 6F **81**
  SR2: Sund 4C **118**
Greystoke Pk. NE3: Gos 5D **42**
Greystoke Pl. NE23: Cra 6A **22**
  (not continuous)
Greystoke Wlk. NE16: Whi 6E **81**
Greystone Pl. SR5: S'wck 3A **104**
Grey St. DH4: Hou S 2H **137**
  NE1: Newc T 4D **4** (4F **69**)
  NE13: Bru V 5C **30**
  NE28: W'snd 5A **60**
  NE30: N Shi 1D **62**

Grey Ter. SR2: Ryh 3F **133**
Greywood Av. NE4: Fen 2A **68**
Grieves Bldgs. DH4: New H 3G **129**
Grieves' Row NE23: Dud 2A **32**
Grieve's Stairs NE29: N Shi 2D **62**
  (off Bedford St.)
Grieve St. NE24: Bly 4B **12**
Griffith Ter. NE27: Shir 4B **46**
Grimsby St. NE24: Bly 1C **18**
Grindleford Ct. NE34: S Shi 4G **75**
GRINDON 4D **116**
Grindon Av. SR4: Sund 2D **116**
Grindon Cl. NE23: Cra 6A **22**
  NE25: Monks 3A **48**
Grindon Ct. SR4: Sund 4E **117**
Grindon Gdns. SR4: Sund 4E **117**
Grindon La. SR3: Sund 4E **117**
  SR4: Sund 4E **117**
  (Glenleigh Dr.)
  SR4: Sund 2D **116**
  (Rowan Cl.)
Grindon Pk. SR4: Sund 4E **117**
Grindon Ter. SR4: Sund 2A **118**
Grinstead Cl. NE34: S Shi 2H **75**
Grinstead Way DH1: Carr 2B **156**
Grisedale Gdns. NE9: Low F 1A **98**
Grisedale Rd. SR8: Pet 1E **165**
Grizedale NE37: Wash 1H **113**
Grizedale Cl. SR6: Seab 5C **90**
Groat Mkt. NE1: Newc T 5D **4** (4F **69**)
Grosmont DH3: Gt Lum 3G **135**
Grosvenor Av. NE2: Jes 6H **57**
  NE16: Swa 3F **81**
Grosvenor Cl. NE23: Cra 6A **22**
Grosvenor Ct. NE5: Cha P 4B **54**
Grosvenor Cres. NE31: Heb 5D **72**
Grosvenor Dr. NE26: Whit B 1C **48**
  NE34: S Shi 1H **75**
  SR6: Clead 2G **89**
Grosvenor Gdns. NE2: Jes 1A **70**
  NE28: W'snd 4E **61**
  NE34: S Shi 3H **75**
Grosvenor M. NE29: N Shi 1C **62**
  NE33: S Shi 1G **75**
Grosvenor Pl. NE2: Jes 6G **57**
  NE24: Cow 1F **17**
  NE29: N Shi 1C **62**
Grosvenor Rd. NE2: Jes 6H **57**
  NE33: S Shi 1G **75**
Grosvenor St. SR5: S'wck 3H **103**
Grosvenor Vs. NE2: Jes 6G **57**
Grosvenor Way NE5: Cha P 5B **54**
Grotto Gdns. NE34: S Shi 2D **76**
Grotto Rd. NE34: S Shi 3D **76**
Grousemoor NE37: Wash 6G **99**
Grove, The DH1: Dur 4A **154**
  DH5: Hou S 5H **137**
  NE2: Jes 5H **57**
  (not continuous)
  NE3: Gos 3E **57**
  NE5: W Dent 6B **54**
  NE12: Longb 1D **58**
  NE16: Whi 5G **81**
  NE20: Pon 6D **26**
  NE25: Monks 1B **48**
  NE32: Jar 2F **87**
  NE39: Row G 4F **93**
  SR2: Ryh 3F **133**
  SR2: Sund 3D **118**
  SR5: Sund 4D **102**
  SR8: Eas 1A **162**
Grove Av. NE3: Gos 3F **57**
Grove Cotts. DH3: Bir 3C **112**
  NE40: Craw 5A **64**
Grove Ho. Dr. DH1: Dur 5E **155**

Grove Pk. Av. NE3: Gos 3F **57**
Grove Pk. Cres. NE3: Gos 3F **57**
Grove Pk. Oval *NE3: Gos 3F* ***57***
(off Grove Pk. Cres.)
Grove Pk. Sq. NE3: Gos 3F **57**
Grove Rd. DH7: B'don 6C **158**
NE9: Low F 5A **84**
NE15: Walb 6F **53**
Grove Rd. Shop. Units
DH7: B'don 6D **158**
Grove St. DH1: Dur 4A **6** (6B **154**)
Grove Ter. DH7: Lang M 3G **159**
NE16: Burn 1H **107**
Grove Vw. DH3: Bir 2C **112**
Guardian Ct. *NE26: Whit B 1E* ***49***
(off Rockcliffe Av.)
Guardians Ct. NE20: Pon 4F **27**
Guelder Rd. NE7: H Hea 4C **58**
Guernsey Rd. SR4: Sund 5D **116**
Guernsey Sq. SR4: Sund 5D **116**
Guildford Pl. NE6: Heat 2B **70**
Guildford St. SR2: Sund 3E **119**
Guillemot Cl. NE24: News 2C **18**
Guillemot Row NE12: Kil 1C **44**
Guisborough Dr. NE29: N Shi 5F **47**
Guisborough St. SR4: Sund 2H **117**
Gulbenkian Studio Theatre **2D 4**
Gullane NE37: Wash 2B **100**
Gullane Cl. DH9: Stly 3F **123**
NE10: Bill Q 1A **86**
Gunnerston Gro. NE3: Ken 2H **55**
Gunnerton Cl. NE23: Cra 5B **22**
Gunnerton Pl. NE29: N Shi 1H **61**
Gunn St. NE11: Dun 3B **82**
Gut Rd. NE28: W'snd 5D **60**
Guyzance Av. NE3: Gos 1C **56**
Gypsies Green Sports Ground **5H 63**

H

Habgood Dr. DH1: Dur 6G **155**
Hackworth Rd. SR8: Eas, Pet 4A **162**
Hackworth Way NE29: N Shi 4B **62**
Haddington Rd. NE25: Monks 4G **35**
Haddon Cl. NE25: Monks 6F **35**
Haddon Grn. NE25: Monks 6F **35**
Haddon Rd. SR2: Sund 5F **119**
Haddricksmill Ct. NE3: Gos 3G **57**
Haddricks Mill Rd. NE3: Gos 3G **57**
Hadleigh Ct. DH4: S Row 3F **129**
Hadleigh Rd. SR4: Sund 2F **117**
Hadrian Av. DH3: Ches S 4D **126**
Hadrian Ct. NE12: Kil 2E **45**
NE15: Lem 1C **66**
NE20: Darr H 4B **38**
Hadrian Gdns. NE21: Blay 2B **80**
Hadrian Ho. NE15: Thro 5D **52**
Hadrian Lodge NE34: S Shi 4B **74**
Hadrian Pl. NE9: Low F 4A **84**
NE15: Thro 5D **52**
Hadrian Rd. NE4: Fen 2H **67**
NE24: News 4A **18**
NE28: W'snd 6A **60**
NE32: Jar 5H **73**
(Finchale Ter.)
NE32: Jar 6H **73**
(Lindisfarne Rd.)
NE32: Jar 5A **74**
(Newcastle Rd.)
Hadrian Road Station (Metro) **6C 60**
Hadrians Ct. NE11: T Vall 1F **97**
Hadrian Sq. NE6: Byke 3C **70**
Hadrian St. SR4: Sund 6A **104**
Hadstone Pl. NE5: Fen 6G **55**
Hagan Hall NE32: Jar 2G **87**
Haggerston Cl. NE5: Blak 3F **55**
Haggerston Ct. NE5: Blak 3F **55**
Haggerston Cres. NE5: Blak 4F **55**
Haggerstone Dr. SR5: Sund 4C **102**
Haggerstone M. NE21: Blay 2A **80**
Haggerston Ter. NE32: Jar 5A **74**
Haggie Av. NE28: W'snd 4B **60**
Haggs La. NE11: Kib, Lame 5C **96**
Hahnemann Ct. SR5: S'wck 3B **104**
Haig Av. NE25: Monks 1A **48**
Haig Cres. DH1: Dur 6G **155**
NE15: Scot 4E **67**
Haigh Ter. NE9: Eigh B 4C **98**
Haig Rd. NE22: Bed 5B **10**
Haig St. NE11: Dun 3B **82**
Hailsham Av. NE12: Longb 6C **44**
Hailsham Pl. SR8: Pet 1D **164**
Hainford Cl. SR4: Sund 2E **117**
HAINING **6D 130**
Haininghead NE38: Wash 5C **114**
Hainingwood Ter.
NE10: Bill Q 1H **85**
Halcyon Pl. NE9: Low F 4B **84**
Haldane Ct. NE2: Jes 1G **69**
Haldane Ter. NE2: Jes 1G **69**
Haldon Pl. SR8: Pet 2B **164**
Hale Ri. SR8: Pet 1E **165**
Halesworth Dr. SR4: Sund 2E **117**
Halewood Av. NE3: Ken 3A **56**
Half Flds. Rd. NE21: Winl 2H **79**
Half Moon La. NE8: Gate 6G **69**
(Hudson St.)
NE8: Gate 6G **69**
(Mulgrave Ter.)
NE30: Tyne 6F ***49***
(off Front St.)
Half Moon Yd.
NE1: Newc T 5D **4** (4F **69**)
Halidon Rd. SR2: Sund 6D **118**
Halidon Sq. SR2: Sund 6D **118**
Halifax Ct. NE11: Dun 2A **82**
Halifax Pl. NE11: Dun 2A **82**
SR2: Ryh 3F **133**
Halifax Rd. NE11: Dun 2A **82**
Halkirk Way NE23: Cra 6A **16**
Hallam Rd. SR8: Pet 6D **162**
Hall Av. DH7: Ush M 5B **152**
NE4: Fen 3A **68**
Hall Cl. DH4: W Rai 3E **147**
SR7: Seat 2D **140**
Hall Cres. SR8: Hor 4F **163**
Hall Dene Way SR7: Seat 2E **141**
Hall Dr. NE12: Kil 6C **32**
Halleypike Cl. NE7: H Hea 4D **58**
Hall Farm DH1: Shin 3F **161**
Hall Farm Rd. SR3: Dox P 4H **131**
Hallfield Cl. SR3: Dox P 4A **132**
Hallfield Dr. SR8: Eas 2A **162**
Hall Gdns. DH6: S'burn 6E **157**
NE10: Wind N 4D **84**
NE36: W Bol 4C **88**
HALLGARTH **3F 157**
Hall Gth. NE3: Gos 5E **43**
Hallgarth NE10: Hew 4G **85**
(not continuous)
Hallgarth, The
DH1: Dur 5D **6** (1D **160**)
Hallgarth Bungs. DH5: Hett H 3C **148**
Hallgarth Ct. SR6: Roker 4F **105**
Hallgarth Ho. NE33: S Shi 1E **75**
Hallgarth La. DH6: H Pitt 3F **157**
Hallgarth Rd. NE21: Winl 1H **79**
Hallgarth St. DH1: Dur 4C **6** (6D **154**)
DH6: S'burn 6D **156**
Hallgarth Vw.
DH1: Dur 5D **6** (1D **160**)
DH6: H Pitt 2G **157**
Hallgarth Vs. DH6: S'burn 6E **157**
Hall Grn. NE24: Cow 6H **11**
Halliday Gro. DH7: Lang M 4F **159**
Halling Cl. NE6: Walk 5G **71**
Hallington Dr. NE25: Sea D 6B **24**
Hallington M. NE12: Kil 2C **44**
Halliwell St. DH4: Hou S 2H **137**
Hall La. DH1: Shin 4F **161**
DH4: W Rai 3E **147**
DH5: Hou S 3A **138**
Hallow Dr. NE15: Thro 6C **52**
Hall Pk. NE21: Blay 5G **65**
Hall Rd. NE31: Heb 4C **72**
NE37: Wash 5C **100**
Hallside Rd. NE24: Cow 1H **17**
Hall St. DH6: S Het 6H **149**
Hall Ter. NE10: Bill Q 1H **85**
NE24: Bly 5C **12**
Hall Vw. SR6: Whit 3F **91**
Hall Wlk. SR8: Eas 1A **162**
Hall Walks SR8: Eas 1A **162**
Hallwood Cl. NE22: Nedd 5C **8**
Halstead Pl. NE33: S Shi 5F **63**
(not continuous)
Halstead Sq. SR4: Sund 2F **117**
Halterburn Cl. NE3: Gos 3C **56**
Halton Dr. NE13: W Op 5D **30**
NE27: Back 2B **46**
Halton Rd. DH1: Dur 2D **154**
Halton Way NE3: Gos 4C **42**
Halvergate Cl. SR4: Sund 2E **117**
Hamar Cl. NE29: N Shi 3G **61**
Hambard Way NE38: Wash 2B **114**
Hambledon Av. DH2: Ches S 1B **134**
(not continuous)
NE30: Cull 2C **48**
Hambledon Cl. NE35: Bol C 3A **88**
Hambledon Gdns. NE7: H Hea 4A **58**
Hambledon Pl. SR8: Pet 2A **164**
Hambledon St. NE24: Bly 5B **12**
(not continuous)
Hambleton Dr. SR7: S'hm 3H **141**
Hambleton Grn. NE9: Low F 4B **98**
Hambleton Rd. NE38: Wash 4H **113**
Hamilton Ct. NE8: Gate 3A **84**
SR6: Roker 3F **105**
Hamilton Cres. NE4: Newc T 3D **68**
NE29: N Shi 5G **47**
Hamilton Dr. NE26: Whit B 3B **36**
Hamilton Pl. NE4: Newc T 3D **68**
Hamilton St. SR8: Hor 6F **163**
Hamilton Ter. *NE36: W Bol 5C* ***88***
(off Dipe La.)
Hamilton Way NE26: Whit B 3B **36**
Hammer Sq. Bank DH9: Beam 1A **124**
Hampden Rd. SR6: Roker 3E **105**
Hampden St. NE33: S Shi 1E **75**
Hampshire Ct. NE4: Newc T 1C **82**
Hampshire Gdns. NE28: W'snd 3C **60**
Hampshire Pl. NE37: Wash 4B **100**
SR8: Pet 6B **162**
Hampshire Rd. DH1: Carr 4A **156**
Hampshire Way NE34: S Shi 2C **76**
Hampstead Cl. NE24: News 4A **18**
Hampstead Gdns. NE32: Jar 1H **87**
Hampstead Rd. NE4: Benw 4A **68**
SR4: Sund 3F **117**
Hampstead Sq. SR4: Sund 3E **117**
Hampton Cl. DH9: Ann P 5E **121**
NE23: Cra 2D **22**
Hampton Ct. DH3: Ches S 2D **126**
NE16: Swa 2F **81**

Hampton Dr. NE10: Fall 3C **84**
Hampton Rd. NE30: Cull 3B **48**
Hamsterley Cl. DH3: Gt Lum 4H **135**
Hamsterley Ct. SR3: Silk 3A **132**
Hamsterley Cres. DH1: Dur 1D **154**
   NE9: Wrek 2C **98**
   NE15: Lem 2H **65**
Hamsterley Dr. NE12: Kil 1C **44**
Hamsterley Gdns. DH9: Ann P . . .5E **121**
HAMSTERLEY MILL 2A **106**
Hanby Gdns. SR3: Sund 4A **118**
Hancock Mus. 1D **4** (2F **69**)
Hancock St.
   NE2: Newc T 1D **4** (2F **69**)
Handel St. NE33: S Shi 5F **63**
Handley Cres. DH5: E Rain 1G **147**
Handley St. SR8: Hor 6F **163**
Handy Dr. NE11: Dun 1H **81**
Handyside Pl.
   NE1: Newc T 3C **4** (3F **69**)
Hangingstone La. DH9: Ann P . . .6B **120**
Hangmans La. DH5: Hou S 1G **139**
   SR3: Bur 1G **139**
Hanlon Ct. NE32: Jar 1D **72**
Hannington Pl. NE6: Byke 3A **70**
Hannington St. NE6: Byke 3A **70**
Hann Ter. NE37: Wash 5D **100**
Hanover Cl. NE5: Cha P 5A **54**
Hanover Ct. DH1: Dur 3A **6** (6B **154**)
   NE9: Low F 3A **98**
   NE23: Dud 2B **32**
Hanover Dr. NE21: Winl 2G **79**
Hanover Gdns. *NE28: W'snd* *6E **61***
   (off Station Rd.)
Hanover Ho. NE32: Jar 5F **73**
Hanover Pl. NE23: Cra 5A **16**
   SR4: Sund 5B **104**
Hanover Sq.
   NE1: Newc T 6D **4** (5F **69**)
   NE21: Winl *2G **79***
   (off Waterloo St.)
Hanover Stairs *NE1: Newc T* *5F **69***
   (off Hanover St.)
Hanover St.
   NE1: Newc T 6D **4** (5F **69**)
Hanover Wlk. NE5: Cha P 5A **54**
   NE21: Winl 3G **79**
Harbord Ter. NE26: Sea D 4D **24**
Harbottle Av. NE3: Gos 1C **56**
   NE27: Shir 3D **46**
Harbottle Ct. NE6: Byke 5C **70**
Harbottle Cres. NE32: Jar 1F **87**
Harbottle St. NE6: Byke 5C **70**
Harbour, The DH4: S Row 3F **129**
Harbour Dr. NE33: S Shi 3F **63**
   (not continuous)
Harbour Lodge SR7: S'hm 2A **142**
Harbour Vw. NE22: E Sle 2H **11**
   NE29: N Shi *2D **62***
   (off Lit. Bedford St.)
   NE33: S Shi 2E **63**
   SR6: Roker 3F **105**
Harbour Wlk. SR7: S'hm 3A **142**
Harcourt Pk. NE9: Low F 6A **84**
Harcourt St. SR2: Sund 6D **118**
Harcourt St. NE9: Low F 6A **84**
Hardgate Rd. SR2: Sund 6D **118**
Hardie Av. NE16: Whi 3E **81**
Hardie Dr. NE36: E Bol, W Bol . . .4C **88**
Hardman Cl. NE40: Ryton 4D **64**
Hardman Gdns. NE40: Ryton 4D **64**
Hardwick Cl. NE8: Gate 2A **84**
Hardwick Pl. NE3: Ken 4C **56**
Hardwick Ri. SR6: Roker 5E **105**
Hardwick St. SR8: Hor 1G **165**

Hardyards Ct. NE34: S Shi 4E **75**
Hardy Av. NE34: S Shi 6D **74**
Hardy Ct. NE30: N Shi 1D **62**
Hardy Gro. NE28: W'snd 2G **59**
Hardy Sq. SR5: S'wck 3A **104**
Hardy St. SR7: S'hm 4B **142**
Hardy Ter. DH9: Ann P 5A **122**
Harebell Rd. NE9: Low F 6C **84**
Harehills Av. NE5: Ken 4H **55**
Harehills Twr. NE3: Ken 4A **56**
HARELAW 3E **121**
Harelaw Cl. DH2: Pelt 3F **125**
Harelaw Dr. SR6: Roker 4E **105**
Harelaw Gdns. DH9: Ann P 3E **121**
Harelaw Gro. NE5: W Dent 6B **54**
Harelaw Ind. Est.
   DH9: Ann P 2E **121**
Hareshaw Rd. NE25: Well 6F **35**
Hareshaw Ter. *NE6: Byke* *5C **70***
   (off St Peter's Rd.)
Hareside NE23: Cra 4A **22**
Hareside Cl. NE15: Newb 1F **65**
Hareside Ct. NE15: Newb 1F **65**
Hareside Foot Path
   NE15: Newb 2F **65**
Hareside Wlk. NE15: Newb 1F **65**
Harewood Cl. NE16: Whi 1E **95**
   NE25: Monks 1F **47**
Harewood Ct. NE25: Monks 1F **47**
Harewood Cres. NE25: Monks . . .1F **47**
Harewood Dr. NE22: Bed 3C **10**
Harewood Gdns. SR3: Sund 4A **118**
Harewood Grn. NE9: Low F 3B **98**
Harewood Rd. NE3: Gos 1E **57**
Hareydene NE5: West 1D **54**
Hargill Dr. NE38: Wash 6G **113**
Hargrave Ct. NE24: Bly 1A **18**
Harland Way NE38: Wash 2B **114**
Harlebury NE27: Back 6H **33**
Harle Cl. NE5: W Dent 6C **54**
Harlequin Lodge NE10: Fall 3D **84**
Harle Rd. NE27: Back 2B **46**
Harleston Way NE10: Hew 5E **85**
Harle St. DH7: Mead 6F **159**
   NE28: W'snd 5H **59**
Harley Ter. DH6: S'burn 5D **156**
   NE3: Gos 2F **57**
Harlow Av. NE3: Ken 6B **42**
   NE27: Back 2B **46**
Harlow Cl. NE23: Cra 6B **16**
HARLOW GREEN 3A **98**
Harlow Grn. La. NE9: Low F 3A **98**
Harlow Pl. NE7: H Hea 4B **58**
Harlow St. SR4: Sund 1B **118**
Harnham Av. NE29: N Shi 2H **61**
Harnham Gdns. NE5: Fen 1G **67**
Harnham Gro. NE23: Cra 4A **22**
Harold Sq. SR2: Sund 2E **119**
Harold St. NE32: Jar 2G **73**
Harold Wilson Dr. TS27: Hes . . .6F **165**
HARPERLEY 3G **121**
Harperley Dr. SR3: Sund 5B **118**
Harperley Gdns. DH9: Ann P . . .4E **121**
Harperley La.
   DH9: Harp, Tant 6H **107**
Harperley Rd. DH9: Ann P 4F **121**
Harper St. NE24: Bly 6B **12**
Harraby Gdns. NE9: Low F 2A **98**
Harras Bank DH3: Bir 4C **112**
HARRATON 6A **114**
Harraton Ter. DH3: Bir 3C **112**
   DH3: Lam P 2A **128**
Harriet Pl. NE6: Byke 3G **70**
Harriet St. NE6: Byke 3D **70**
   NE21: Blay 1A **80**

Harrington St. *NE28: W'snd* *5H **59***
   (off Blenkinsop St.)
Harriot Dr. NE12: Kil 3A **44**
Harrison Cl. SR8: Pet 2E **165**
Harrison Ct. DH3: Bir 4C **112**
   NE23: Dud 3B **32**
Harrison Gdns. NE8: Gate 4F **83**
Harrison Gth. DH6: S'burn 5D **156**
Harrison Pl.
   NE2: Newc T 1F **5** (2G **69**)
Harrison Rd. NE28: W'snd 4E **61**
Harrison Ter. SR8: Eas 1D **162**
Harrogate St. SR2: Sund 2E **119**
Harrogate Ter. SR7: Mur 2C **150**
Harrow Cres. DH4: S Row 3E **129**
Harrow Gdns. NE13: W Op 6E **31**
Harrow Sq. SR4: Sund 2F **117**
Harrow St. NE27: Shir 1C **46**
Hartburn NE10: Hew 6G **85**
Hartburn Dr. NE5: Cha P 4B **54**
Hartburn Pl. NE4: Fen 2B **68**
Hartburn Rd. NE30: Cull 4B **48**
Hartburn Ter. NE25: Sea D 6B **24**
Hartburn Wlk. NE3: Ken 2H **55**
   (not continuous)
Hart Ct. SR1: Sund 2H **7** (6D **104**)
Hartford NE12: Kil 6D **32**
Hartford Bank NE22: H Bri 3E **15**
   NE23: Nel V 3E **15**
HARTFORD BRIDGE 2E **15**
Hartford Bri. Farm NE22: H Bri . . .2D **14**
Hartford Cvn. Site NE22: H Bri . .1D **14**
Hartford Ct. NE6: Heat 2C **70**
   NE22: Bed 5G **9**
Hartford Cres. NE22: Bed 5G **9**
Hartford Dr. NE22: H Bri 2E **15**
Hartford Gdns. NE23: E Har 4B **16**
Hartford Ho. *NE4: Newc T* *3D **68***
   (off Barrack Rd.)
Hartford Rd. NE3: Gos 6F **43**
   NE22: Bed, H Bri 5H **9**
   NE34: S Shi 4C **74**
   SR4: Sund 2F **117**
Hartford Rd. E. NE22: Bed 5H **9**
Hartford Rd. W. NE22: Bed 5H **9**
Hartford St. NE6: Heat 1C **70**
Hartforth Cres. NE10: Bill Q 1H **85**
Harthope Av. SR5: Sund 2E **103**
Harthope Cl. NE38: Wash 1F **127**
Harthope Dr. NE29: N Shi 4A **62**
Hartington Rd. NE30: Cull 4C **48**
Hartington St. NE4: Elsw 4C **68**
   NE8: Gate 2H **83**
   SR6: Roker 3E **105**
Hartington Ter. NE33: S Shi 1F **75**
Hartland Dr. DH3: Bir 4D **112**
Hartlands NE22: Bed 5G **9**
Hartleigh Pl. NE24: Cow 6G **11**
Hartlepool Av. SR8: Hor 5F **163**
HARTLEY 5H **25**
Hartley Av. NE26: Monks 6A **36**
Hartleyburn Av. NE31: Heb 6B **72**
HARTLEYBURN ESTATE 6C **72**
Hartley Ct. NE13: Bru V 5B **30**
   NE25: New Hart 3B **24**
Hartley Gdns. NE25: Sea D 6A **24**
   SR5: Ful 2C **104**
Hartley La.
   NE25: Ears, Monks, Whit B 5E **35**
   NE26: Sea S, Whit B 1G **35**
Hartley Sq. NE26: Sea S 5H **25**
Hartley St. NE25: Sea D 6A **24**
   SR1: Sund 6F **105**
Hartley St. Nth. NE25: Sea D 6A **24**
Hartley Ter. NE24: News 3A **18**

Hartoft Cl. DH4: Nbot 6H **129**
HARTON 3H **75**
Harton Gro. NE34: S Shi 2G **75**
Harton Ho. Rd. NE34: S Shi 2G **75**
Harton Ho. Rd. E. NE34: S Shi . . .2A **76**
Harton La. NE34: S Shi 4E **75**
HARTON NOOK 4H **75**
Harton Quay NE33: S Shi 5D **62**
Harton Ri. NE34: S Shi 2H **75**
Harton Vw. NE36: W Bol 4C **88**
Hartside DH3: Bir 6D **112**
NE15: Lem 2A **66**
Hartside Cotts. DH9: Ann P 5F **121**
Hartside Cres. NE21: Winl 3G **79**
NE23: Cra 5A **16**
NE27: Back 1B **46**
Hartside Gdns. DH5: Eas L 4E **149**
NE2: Jes 6H **57**
Hartside Pl. NE3: Gos 4E **43**
Hartside Rd. SR4: Sund 3F **117**
Hartside Sq. SR4: Sund 3F **117**
Hartside Vw. DH1: P Me 6A **144**
DH7: Bear P 3C **152**
Hart Sq. SR4: Sund 2G **117**
Hartswood NE9: Low F 4A **98**
Hart Ter. SR6: Seab 5F **91**
Harvard Rd. NE3: Ken 2A **56**
Harvest Cl. SR3: Dox P 4H **131**
Harvest Vw. DH1: P Me 4C **144**
Harvey Cl. NE38: Wash 2F **113**
SR8: Pet 6D **162**
Harvey Combe NE12: Kil 2B **44**
Harvey Cres. NE10: Ward 3H **85**
Harwood Cl. NE23: Cra 4A **22**
NE38: Wash 6G **113**
Harwood Ct. NE23: Cra 4A **22**
SR6: Roker 4E **105**
Harwood Dr. DH4: Hou S 3F **137**
NE12: Kil 2F **45**
Harwood Grn. NE3: Ken 1A **56**
Hascombe Cl. NE25: Monks 5H **35**
Haslemere Dr. SR3: Sund 4A **118**
Hassop Way NE22: Bed 3H **9**
Hastings Av. DH1: Dur 2A **160**
NE3: Ken 6H **41**
NE12: Longb 6D **44**
NE26: Sea S 2F **25**
NE26: Whit B 3A **36**
Hastings Ct. NE22: Bed 3C **10**
NE25: New Hart 3B **24**
Hastings Dr. NE27: Shir 1C **46**
NE30: Tyne 5E **49**
Hastings Gdns.
NE25: New Hart 3B **24**
HASTINGS HILL 5C **116**
Hastings Pde. NE31: Heb 6E **73**
Hastings St. NE23: Cra 4C **22**
SR2: Sund 3E **119**
Hastings Ter. NE23: Cra 5D **16**
NE25: New Hart 2B **24**
SR2: Sund 4F **119**
Hastings Wlk. *NE37: Wash 5D* ***100***
(off Hastings Ct.)
Haswell Cl. NE10: Ward 4B **86**
Haswell Gdns. NE30: N Shi 1C **62**
Haswell Ho. NE30: Tyne 6F **49**
Hatfield Av. NE31: Heb 3D **72**
Hatfield Cl. DH1: Dur 1A **154**
Hatfield Dr. NE23: Seg 1F **33**
Hatfield Gdns. NE25: Monks 6F **35**
SR3: Sund 4A **118**
Hatfield Ho. NE29: N Shi 2C **62**
Hatfield Pl. SR8: Pet 2E **165**
Hatfield Sq. NE33: S Shi 4F **63**
Hatfield Vw. DH1: Dur . . .4C **6** (6D **154**)
Hathaway Gdns. SR3: Sund 4A **118**
Hathersage Gdns. NE34: S Shi . . .4F **75**
Hatherton Av. NE30: Cull 2D **48**
Hathery La. NE24: Bly, Cow 6D **10**
Hatton Gallery 1C **4**
Haugh La. NE21: Blay 3E **65**
(not continuous)
Haughton Ct. NE4: Elsw 6C **68**
Haughton Cres. NE5: W Dent 6C **54**
NE32: Jar 1F **87**
Haughton Ter. NE24: Bly 6C **12**
Hautmont Rd. NE31: Heb 5D **72**
Hauxley NE12: Kil 6D **32**
Hauxley Dr. DH2: Ches S 3A **134**
NE3: Ken 6A **42**
NE23: Cra 5H **15**
Hauxley Gdns. NE5: Fen 5H **55**
Havanna NE12: Kil 6C **32**
Havannah Cres. NE13: Din 4F **29**
Havannah Nature Reserve 1A **42**
Havannah Rd. NE37: Wash 6H **99**
Havant Gdns. NE13: W Op 4D **30**
Havelock Cl. NE8: Gate 1G **83**
Havelock Ct. SR4: Sund 1F **117**
Havelock Cres. NE22: E Sle 2F **11**
Havelock Ho. SR4: Sund 1F **117**
Havelock M. NE22: E Sle 1F **11**
Havelock Pl. NE4: Newc T 4D **68**
Havelock Rd. NE27: Back 2B **46**
SR4: Sund 1G **117**
Havelock St. NE24: Bly 5C **12**
NE33: S Shi 6E **63**
(Frederick St.)
NE33: S Shi 6D **62**
(Rekendyke La.)
SR1: Sund 6F **105**
Havelock Ter. *DH9: Stly 2D* ***122***
(off High St.)
DH9: Tant 5H **107**
NE8: Gate 1G **83**
NE32: Jar 4F **73**
SR2: Sund 2B **118**
Havelock Vs. NE22: E Sle 2F **11**
Haven, The DH4: S Row 3F **129**
NE29: N Shi 4C **62**
Haven Ct. DH1: P Me 5C **144**
NE24: Bly 1A **18**
SR6: Roker 4F **105**
Havercroft NE10: Hew 4H **85**
Haverley Dr. SR7: S'hm 2E **141**
Haversham Cl. NE7: Longb 2A **58**
Haversham Pk. SR5: Ful 6C **90**
Hawarden Cres. SR4: Sund 2A **118**
Hawes Av. DH2: Ches S 2C **134**
Hawes Ct. SR6: Seab 6C **90**
Hawesdale Cres. NE21: Winl 3H **79**
Hawes Rd. SR8: Pet 6D **162**
Haweswater Cl. NE34: S Shi 3F **75**
Hawick Ct. DH9: Stly 3F **123**
Hawick Cres. NE6: Byke 5B **70**
Hawick Cres. Ind. Est.
NE6: Byke 5B **70**
Hawkesley Rd. SR4: Sund 2F **117**
Hawkey's La. NE29: N Shi 1B **62**
Hawkhill Cl. DH2: Ches S 3A **134**
Hawkhills Ter. DH3: Bir 2C **112**
Hawkhurst NE38: Wash 5C **114**
Hawkins Ct. SR3: Silk 3H **131**
Hawkins Rd. SR7: Mur 4E **151**
Hawksbury NE16: Whi 4E **81**
Hawks Edge NE12: Longb 4A **44**
Hawksfeld NE10: Hew 1E **99**
Hawkshead Ct. NE3: Ken 6H **41**
Hawkshead Pl. NE9: Low F 6B **84**
Hawksley NE5: West 5D **54**
Hawks Rd. NE8: Gate 6H **5** (5H **69**)
Hawks St. NE8: Gate 5A **70**
Hawk Ter. DH3: Bir 4E **113**
Hawkwell Cl. NE15: Thro 6D **52**
Hawkwell Ri. NE15: Thro 6D **52**
Hawsker Cl. SR3: Tuns 2C **132**
HAWTHORN 6H **151**
Hawthorn Av. NE13: Bru V 6C **30**
SR3: Tuns 1B **132**
Hawthorn Cl. DH2: Kim 2A **144**
NE16: Whi 6F **81**
SR7: Mur 3D **150**
Hawthorn Cotts. DH6: S Het 6B **150**
Hawthorn Cres. DH1: Dur 4G **155**
NE38: Wash 6H **113**
SR8: Hor 1G **165**
Hawthorn Dr. NE11: Dun 3B **82**
Hawthorne Av. NE31: Heb 3D **72**
NE34: S Shi 5H **75**
Hawthorne Dr. NE32: Jar 1H **87**
Hawthorne Gdns. NE9: Low F 5H **83**
Hawthorne Rd. NE24: Bly 1D **18**
Hawthorne Ter. DH9: Tanf 4A **108**
DH9: Tant 6G **107**
Hawthorn Gdns. NE3: Ken 3B **56**
NE10: Fall 2D **84**
NE26: Whit B 6B **36**
NE29: N Shi 6B **48**
NE40: Ryton 5E **65**
Hawthorn Gro. NE28: W'snd 5H **59**
Hawthorn M. NE3: Gos 3E **57**
SR2: Sund 5E **119**
Hawthorn Pk. DH7: B'don 5D **158**
Hawthorn Pl. DH1: P Me 5B **144**
NE4: Newc T 5D **68**
NE12: Kil 1C **44**
Hawthorn Rd. DH1: Carr 2B **156**
DH6: S Het 6C **150**
NE3: Gos 3E **57**
NE21: Blay 2A **80**
Hawthorn Rd. W. NE3: Gos 3E **57**
Hawthorns, The DH9: Ann P 4F **121**
NE3: Gos 3E **57**
NE4: Elsw 6C **68**
NE9: Eigh B 4D **98**
NE36: E Bol 4F **89**
Hawthorn Sq. SR7: S'hm 3B **142**
Hawthorn St. DH4: Hou S 1G **137**
NE15: Walb 5F **53**
NE32: Jar 2E **73**
SR4: Sund 1A **118**
SR8: Eas C 1D **162**
Hawthorn Ter. DH1: Dur 6B **154**
DH2: P Fel 4G **125**
DH3: Ches S 1D **134**
DH7: New B 1A **158**
DH9: Ann P 5H **121**
NE4: Elsw 5C **68**
NE9: Eigh B 4D **98**
NE9: Spri 4F **99**
NE15: Walb 5F **53**
SR6: Seab 5E **91**
Hawthorn Vs. NE23: Cra 3C **22**
NE28: W'snd 5H **59**
Hawthorn Wlk. NE4: Newc T 5D **68**
Hawthorn Way NE20: Darr H 2D **38**
Haydn St. NE8: Gate 3H **83**
Haydock Dr. NE10: Ward 4A **86**
Haydon NE38: Wash 6C **114**
Haydon Cl. NE3: Ken 5B **42**
Haydon Dr. NE25: Whit B 2B **48**
NE28: W'snd 5E **61**
Haydon Gdns. NE27: Back 2B **46**
Haydon Pl. NE5: Den M 1E **67**
Haydon Sq. SR4: Sund 2F **117**

Hayes Wlk. NE13: W Op 5D 30
Hayfield La. NE16: Whi 5F 81
Hayhole Rd. NE29: N Shi 5A 62
Haylands Sq. NE34: S Shi 4G 75
Hayleazes Rd. NE15: Den M 2D 66
Haymarket NE1: Newc T . . .3D 4 (3F 69)
Haymarket La.
NE1: Newc T 2C 4 (3F 69)
Haymarket Station (Metro)
. . . . .2D 4 (3F 69)
Haynyng, The NE10: Fall 4E 85
Hayricks, The DH9: Tanf 3B 108
Hay St. SR5: Monkw 1F 7 (5C 104)
Hayton Av. NE34: S Shi 4A 76
Hayton Cl. NE23: Cra 2C 22
Hayton Rd. NE30: Cull 4B 48
Hayward Av. NE25: Sea D 6B 24
Hazard La.
DH5: E Rain, Hett H 2H 147
Hazel Av. DH4: Hou S 3G 137
DH7: B'don 6C 158
NE29: N Shi 6B 48
SR3: Tuns 1B 132
Hazel Cres. SR8: Eas 2D 162
Hazeldene NE25: Monks 6H 35
NE32: Jar 3G 87
Hazeldene Av. NE3: Ken 3G 55
Hazeldene Ct. NE30: Tyne 6E 49
Hazel Dene Way SR7: S'hm 6C 142
Hazel Dr. TS27: Hes 6F 165
Hazeley Gro. NE3: Ken 2H 55
Hazeley Way NE3: Ken 2H 55
Hazel Gro. DH2: Ches S 4A 126
NE12: Kil 3B 44
NE16: Burn 1A 108
NE34: S Shi 5H 75
Hazelgrove NE10: Hew 4H 85
Hazel Leigh DH3: Gt Lum 4G 135
Hazelmere Av. NE3: Gos 4F 43
NE22: Bed 4G 9
Hazelmere Cres. NE23: Cra 1C 22
Hazelmere Dene NE23: Seg 2E 33
Hazelmoor NE31: Heb 2B 72
Hazel Rd. NE8: Gate 3E 83
NE21: Blay 1B 80
Hazel St. NE32: Jar 2E 73
Hazel Ter. DH4: Hou S 1G 137
DH9: Stly 6F 123
Hazelwood NE12: Kil 2F 45
NE32: Jar 3H 73
Hazelwood Av. NE2: Jes 5G 57
SR5: S'wck 3H 103
Hazelwood Cl. NE9: Eigh B 3D 98
Hazelwood Gdns.
NE38: Wash 6H 113
Hazelwood Ter. NE28: W'snd 4E 61
Hazledene Ter. SR4: Sund 1H 117
HAZLERIGG 1C 42
Hazlitt Av. NE34: S Shi 6D 74
Hazlitt Pl. NE23: Seg 2G 33
Headlam Gdns. *NE6: Byke 3D 70*
(off Grace St.)
Headlam St. NE6: Byke 3C 70
Headlam Vw. NE28: W'snd 5E 61
Healey Dr. SR3: Sund 5B 118
Health Connection, The 2A 56
Healthlands Fitness & Leisure Cen.
Chester-le-Street 1D 134
Washington 5B 100
Whickham 4F 81
Heartsbourne Dr. NE34: S Shi 6H 75
Heath Cl. NE11: Fest P 4D 82
SR8: Pet 2E 165
(not continuous)
Heathcote Grn. NE5: Blak 4F 55
Heath Ct. NE1: Newc T 5E 5 (4G 69)
Heath Cres. NE15: Scot 5E 67
Heathdale Gdns. NE7: H Hea 4B 58
Heather Cl. SR6: Clead 1A 90
Heatherdale Cres. DH1: Carr 3B 156
Heatherdale Ter. NE9: Wrek 2B 98
Heather Dr. DH5: Hett H 6C 138
Heather Hill NE9: Spri 4F 99
Heatherlaw NE9: Low F 6C 84
NE37: Wash 1F 113
Heather Lea DH9: Dip 5E 107
NE24: Cow 6E 11
Heatherlea Gdns. SR3: Sund 4B 118
Heatherlea Pl. NE37: Wash 4B 100
Heather Pl. NE4: Fen 1A 68
NE40: Craw 5A 64
Heatherslaw Rd. NE5: Fen 1G 67
Heather Ter. NE16: Burn 1H 107
Heather Way DH9: Stly 3B 122
Heatherwell Grn. NE10: Fall 4C 84
Heathery La. NE3: Gos 6G 43
Heathfield NE27: Back 3B 46
SR2: Sund 5C 118
Heathfield Cres. NE5: Blak 4H 55
Heathfield Farm NE40: G'sde 2A 78
Heathfield Gdns. DH9: Ann P 4F 121
NE40: G'sde 2A 78
Heathfield Pl. NE3: Gos 4F 43
NE9: Low F 5H 83
Heathfield Rd. NE9: Low F 5H 83
Heath Grange DH5: Hou S 2A 138
Heath Hill NE15: Hed W 5G 51
Heathlands Ladies Leisure Cen.
South Gosforth 2G 57
Whitley Bay 4A 36
Heathmeads DH2: Pelt 3F 125
Heath Sq. SR4: Sund 2G 117
Heathway NE32: Jar 1G 87
SR7: S'hm 1H 151
Heathways DH1: H Shin 4H 161
Heathwell Gdns. NE16: Swa 3F 81
Heathwell Rd. NE15: Den M 2D 66
Heathwood Av. NE16: Whi 4E 81
HEATON 6C 58
Heaton Cl. NE6: Byke 2B 70
Heaton Gdns. NE34: S Shi 1E 89
Heaton Gro. NE6: Heat 2B 70
Heaton Hall Rd. NE6: Heat 2B 70
Heaton Pk. Ct. NE6: Heat 2B 70
Heaton Pk. Rd. NE6: Heat 2B 70
Heaton Pk. Vw. NE6: Heat 2B 70
Heaton Pl. NE6: Byke 2B 70
Heaton Rd. NE6: Byke, Heat 6B 58
Heaton Swimming Pool 6C 58
Heaton Ter. NE6: Byke 3A 70
NE29: N Shi 1A 62
Heaton Wlk. NE6: Byke 3B 70
Heaviside Pl. DH1: Dur 5E 155
HEBBURN 4B 72
Hebburn Baths 3D 72
HEBBURN COLLIERY 2D 72
HEBBURN NEW TOWN 4A 72
Hebburn Station (Metro) 3B 72
Hebburn St. SR8: Eas 1C 162
Heber St. NE4: Newc T 4A 4 (4E 69)
Hebron Way NE23: Cra 3A 22
Hector St. NE27: Shir 1D 46
Heddon Av. NE13: Haz 1C 42
Heddon Banks NE15: Hed W 6F 51
Heddon Cl. NE3: Gos 1C 56
NE40: Ryton 4D 64
HEDDON-ON-THE-WALL 5G 51
Heddon Vw. NE21: Winl 1H 79
NE40: Ryton 4D 64
Heddon Way NE34: S Shi 3C 74
Hedge Cl. NE11: Fest P 4D 82
HEDGEFIELD 4F 65
Hedgefield Av. NE21: Blay 4F 65
Hedgefield Cotts. NE21: Blay 4F 65
Hedgefield Ct. NE21: Blay 4F 65
Hedgefield Gro. NE24: News 4A 18
Hedgefield Vw. NE23: Dud 2A 32
Hedgehope NE9: Low F 6C 84
NE37: Wash 1G 113
Hedgehope Rd. NE5: West 3E 55
Hedgelea NE40: Ryton 4B 64
Hedgelea Rd. DH5: E Rain 2G 147
Hedgeley Rd. NE5: W Dent 1C 66
NE29: N Shi 6H 47
NE31: Heb 3B 72
Hedgeley Ter. NE6: Walk 3F 71
Hedley Av. NE24: Bly 1C 18
Hedley Cl. NE33: S Shi 3E 63
Hedley Ct. DH7: Bear P 3C 152
NE24: Bly 1D 18
NE29: N Shi 2F 61
Hedley La. NE16: Marl H 1F 109
Hedley Pl. NE28: W'snd 6H 59
(Equitable St.)
NE28: W'snd 6H 59
(York Dr.)
Hedley Rd. NE25: H'wll 1C 34
NE29: N Shi 4B 62
Hedley St. NE3: Gos 2E 57
NE8: Gate 3F 83
NE33: S Shi 3E 63
Hedley Ter. DH6: S Het 6H 149
DH9: Dip 3A 120
NE3: Gos 2E 57
SR2: Ryh 3G 133
HEDWORTH 1H 87
Hedworth Av. NE34: S Shi 5C 74
Hedworth Ct. SR1: Sund 1E 119
Hedworth La. NE32: Jar 6G 73
NE35: Bol C 2H 87
Hedworth Pl. NE9: Wrek 2C 98
Hedworth Sq. SR1: Sund 1E 119
Hedworth St. DH3: Ches S 5C 126
Hedworth Ter. DH4: S Row 3F 129
SR6: Whit 3F 91
(off North Guards)
Hedworth Vw. NE32: Jar 6H 73
Heighley St. NE15: Scot 4D 66
Helena Av. NE26: Whit B 6D 36
Helena Ho. *SR2: Sund 2B 118*
(off Albert Ct.)
Helen St. NE21: Winl 1G 79
NE23: E Cram 4F 23
SR6: Ful 1E 105
Helford Rd. SR8: Pet 3C 164
Hellvellyn Ct. DH9: Ann P 6F 121
Helmdon NE37: Wash 5C 100
Helmsdale Av. NE10: Fall 2D 84
Helmsdale Rd. SR4: Sund 2F 117
Helmsley Cl. DH4: Pen 3E 129
Helmsley Ct. SR5: S'wck 2G 103
Helmsley Dr. NE28: W'snd 5D 60
Helmsley Grn. NE9: Low F 3B 98
Helmsley Rd. DH1: Dur 6C 144
NE2: Newc T 1G 5 (2H 69)
Helston Ct. NE15: Lem 2H 65
Helvellyn Av. NE38: Wash 4G 113
Helvellyn Cl. NE21: Winl 3A 80
Helvellyn Rd. SR2: Sund 6D 118
Hemel St. DH3: Ches S 1C 134
Hemlington Cl. SR2: Ryh 3F 133
Hemmel Courts DH7: B'don 4E 159
Hemming St. SR2: Sund 5F 119
Hemsby Cl. SR4: Sund 2F 117
Hemsley Rd. NE34: S Shi 6H 63

Henderson Av. NE16: Whi 3E **81**
Henderson Ct. NE29: N Shi 4B **62**
Henderson Gdns. NE10: Ward ...3H **85**
Henderson Rd. NE28: W'snd 3H **59**
  NE34: S Shi 5B **74**
  SR4: Sund 1H **117**
Hendersyde Cl. NE5: Blak 4F **55**
HENDON 3E **119**
Hendon Burn Av. SR2: Sund ...2E **119**
Hendon Burn Av. W.
  SR2: Sund 3E **119**
Hendon Cl. NE29: N Shi 4C **62**
  SR1: Sund 1E **119**
Hendon Dock 1G **119**
Hendon Gdns. NE32: Jar 1H **87**
Hendon Rd. NE8: Gate 3B **84**
  SR1: Sund 6E **105**
  SR2: Sund 1E **119**
Hendon St. SR1: Sund 1F **119**
Hendon Valley Ct. SR2: Sund ..3E **119**
Hendon Valley Rd. SR2: Sund ..2E **119**
Henley Av. DH2: P Fel 6G **125**
Henley Cl. NE23: Cra 2D **22**
Henley Gdns. NE28: W'snd 3F **61**
Henley Rd. NE30: Cull 4E **49**
  SR4: Sund 2F **117**
Henley St. NE6: Walk 2C **70**
Henley Way NE35: Bol C 3A **88**
Henlow Rd. NE15: Lem 2A **66**
Henry Nelson St. NE33: S Shi ...3F **63**
Henry Robson Way
  NE33: S Shi 5E **63**
Henry Sq. NE2: Newc T ...3G **5** (3H **69**)
Henry St. DH4: S Row 3F **129**
  DH5: Hett H 5C **138**
  DH5: Hou S 2A **138**
  NE3: Gos 2E **57**
  NE15: Walb 5G **53**
  NE29: N Shi 2C **62**
  NE33: S Shi 3F **63**
  SR7: S'hm 3B **142**
Henry St. E. SR2: Sund 1F **119**
Henry St. Nth. SR7: Mur 2D **150**
  (off Henry St. Sth.)
Henry St. Sth. SR7: Mur 2D **150**
Hensby Ct. NE5: Blak 3F **55**
Henshaw Gro. NE25: H'will 1D **34**
Henshaw Pl. NE5: Den M 2F **67**
Henshelwood Ter. NE2: Jes 6G **57**
Henson Cl. NE38: Wash 3B **114**
Hepburn Gdns. NE10: Fall 2C **84**
Hepburn Gro. SR5: Sund 4B **102**
Hepple Ct. NE24: Bly 1A **18**
Hepple Way NE3: Gos 1C **56**
HEPSCOTT 1A **8**
Hepscott Dr. NE25: Monks 5H **35**
HEPSCOTT PARK 4A **8**
Hepscott Ter. NE33: S Shi 2F **75**
Herbert St. NE8: Gate 2A **84**
Herbert Ter. SR5: Ful 6B **90**
  SR7: S'hm 4B **142**
Herd Cl. NE21: Winl 2G **79**
Herd Ho. La. NE21: Blay 1F **79**
Herdinghill NE37: Wash 1F **113**
Herdlaw NE23: Cra 3A **22**
Hereford Ct. NE3: Ken 5H **41**
  SR2: Sund 6D **118**
Hereford Rd. SR2: Sund 6D **118**
Herefordshire Dr. DH1: Carr ...4A **156**
Hereford Sq. SR2: Sund 6D **118**
Hereford Way NE32: Jar 1F **87**
  (not continuous)
Heritage Cl. NE8: Gate 2E **83**
Hermiston NE25: Monks 6A **36**

Hermitage, The DH2: Ches S 3B **134**
Hermitage Gdns.
  DH2: Ches S 2B **134**
Hermitage Pk. DH3: Ches S 2C **134**
Heron Cl. NE24: News 3C **18**
  NE38: Wash 5G **113**
Heron Dr. NE33: S Shi 3E **63**
Heron Pl. NE12: Longb 6A **44**
Heron Vs. NE34: S Shi 5D **74**
Herrick St. NE5: West 4E **55**
Herring Gull Cl. NE24: News 4C **18**
HERRINGTON 3D **130**
Herrington M. DH4: New H 3A **130**
Herrington Rd. DH4: W Herr ...3B **130**
  SR3: E Her 2D **130**
Herschel Bldg. NE1: Newc T 2C **4**
Hersham Cl. NE3: Ken 6H **41**
Hertburn Gdns. NE37: Wash ...6B **100**
Hertburn Ind. Est.
  NE37: Wash 6C **100**
Hertford NE9: Low F 3H **97**
Hertford Av. NE34: S Shi 2C **76**
Hertford Cl. NE25: Monks 5G **35**
Hertford Cres. DH5: Hett H 1B **148**
Hertford Gro. NE23: Cra 2C **22**
Hertford Pl. SR8: Pet 5C **162**
Herton Cl. SR8: Pet 6C **162**
  (not continuous)
Hesket Ct. NE3: Ken 6A **42**
HESLEDEN 6G **165**
Hesleden Rd.
  TS27: B Col, Hes 5G **165**
Hesleden La. SR7: Hawt 4H **151**
Hesledon Wlk. SR7: Mur 1E **151**
Hesleyside Dr. NE5: Fen 1F **67**
Hesleyside Rd. NE25: Well 6F **35**
Hester Av. NE25: New Hart 3B **24**
Hester Bungs. NE25: New Hart ..3B **24**
  (off Hester Av.)
Hester Gdns. NE25: New Hart ...3C **24**
Heswall Rd. NE23: Cra 5A **16**
Hetherset Cl. SR4: Sund 2F **117**
Hetton Cen. DH5: Hett H 1C **148**
HETTON DOWNS 5D **138**
HETTON-LE-HOLE 1C **148**
Hetton Lyons Country Pk. 1E **149**
Hetton Lyons Ind. Est.
  DH5: Hett H 2D **148**
Hetton Moor Ter. DH5: Hett H ...3D **148**
Hetton Rd. DH5: Hou S 4A **138**
Hetton Sports Complex 1C **148**
Heugh Hill NE9: Spri 3G **99**
Hevingham Cl. SR4: Sund 2F **117**
Hewitson Ter. NE10: Fall 4C **84**
Hewitt Av. SR2: Ryh 1E **133**
Hewley Cres. NE15: Thro 6D **52**
HEWORTH 3E **85**
Heworth Av. NE10: Pel 2G **85**
Heworth Burn Cres. NE10: Hew ...3E **85**
Heworth Ct. NE34: S Shi 4C **74**
Heworth Cres. NE37: Wash ...5B **100**
Heworth Dene Gdns. NE10: Fall ...2E **85**
Heworth Gro. NE37: Wash 5A **100**
Heworth Rd. NE37: Wash 3B **100**
Heworth Station (Metro) 2F **85**
Heworth Station (Rail) 3F **85**
Heworth Way NE10: Pel 3G **85**
Hewson Pl. NE9: Low F 5B **84**
Hexham NE38: Wash 3F **113**
Hexham Av. NE6: Walk 4F **71**
  NE23: Cra 2C **22**
  NE31: Heb 1C **86**
  SR7: S'hm 5H **141**
  (not continuous)

Hexham Cl. NE29: N Shi 6G **47**
Hexham Ct. NE6: Walk 3G **71**
  NE11: Dun 5B **82**
Hexham Dr. DH9: Ann P 4F **121**
Hexham Ho. NE6: Walk 3G **71**
Hexham Old Rd. NE21: Blay ...4E **65**
  NE40: Ryton 4C **64**
Hexham Rd.
  NE15: Hed W, Thro 5G **51**
  NE16: Swa 2D **80**
  SR4: Sund 2F **117**
Hextol Gdns. NE15: Den M 2D **66**
Heybrook Av. NE29: N Shi 5B **48**
Heyburn Gdns. NE15: Benw 4H **67**
Heywood's Ct. NE1: Newc T 5D **4**
Hibernian Rd. NE32: Jar 2F **73**
Hickling Ct. NE5: Blak 3G **55**
Hickstead Cl. NE28: W'snd 6C **46**
Hicks*ead Gro. NE23: Cra 2D **22**
Hiddleston Av. NE7: Longb 2B **58**
Higham Pl.
  NE1: Newc T 3E **5** (3G **69**)
High Axwell NE21: Blay 1B **80**
High Back Cl. NE32: Jar 5E **73**
HIGH BARNES 2H **117**
High Barnes DH23: Gt Lum 4G **135**
High Barnes Ter. SR4: Sund ...1A **118**
High Beacon Stairs
  NE30: N Shi 2E **63**
  (off Union Quay)
High Bri. NE1: Newc T ...5D **4** (4F **69**)
Highbridge NE3: Gos 6E **43**
Highburn NE23: Cra 5A **22**
High Burn Ter. NE10: Hew 4E **85**
Highbury NE2: Jes 6F **57**
  NE10: Fall 3E **85**
  NE25: Monks 6A **36**
Highbury Av. NE9: Spri 3G **99**
Highbury Cl. NE9: Spri 3G **99**
Highbury Pl. NE29: N Shi 2A **62**
HIGH CALLERTON 3E **39**
High Carr Cl. DH1: Dur 2B **154**
High Carr Rd. DH1: Dur 2A **154**
High Chare DH3: Ches S 6C **126**
Highclere DH4: S Row 4D **128**
Highclere Dr. SR2: Ryh 3D **132**
Highcliffe Gdns. NE8: Gate 3A **84**
High Cft. DH7: B'don 4D **158**
  NE37: Wash 4H **99**
High Cft. Cl. NE31: Heb 5B **72**
Highcroft Dr. SR6: Whit 2E **91**
Highcroft Pk. SR6: Whit 2F **91**
  (not continuous)
Highcross Rd. NE30: Cull 2C **48**
High Dene NE7: H Hea 6A **58**
  NE34: S Shi 4D **74**
High Dewley Burn NE15: Thro ...4D **52**
High Downs Sq. DH5: Hett H ...6C **138**
HIGH DUBMIRE 3E **137**
High Elms SR4: Sund 6D **102**
HIGH FELL 5A **84**
HIGHFIELD 3C **92**
Highfield DH3: Bir 1C **112**
  NE16: Sun 2F **95**
  NE24: Cow 6F **11**
Highfield Av. NE12: Longb 5D **44**
Highfield Cl. NE5: West 4D **54**
Highfield Ct. NE10: Hew 4E **85**
Highfield Cres. DH3: Ches S ...4C **126**
Highfield Dr. DH4: Hou S 3F **137**
  NE34: S Shi 1H **75**
Highfield Gdns. DH3: Ches S ...4C **126**
Highfield Grange DH4: Hou S ...4F **137**
Highfield Pl. NE13: W Op 6C **30**
  SR4: Sund 1H **117**

Highfield Ri. DH3: Ches S 4C **126**
Highfield Rd. DH4: S Row 3E **129**
NE5: West 5D **54**
NE8: Gate 2A **84**
NE33: S Shi 6H **63**
NE34: S Shi 6H **63**
NE39: Row G 3C **92**
Highfield Ter. DH7: Ush M 6B **152**
NE6: Walk 5F **71**
High Flatworth NE29: N Shi 1F **61**
High Friar La.
NE1: Newc T 4D **4** (4F **69**)
High Friars NE1: Newc T 4C **4**
HIGH FRIARSIDE 1E **107**
High Gth. *SR1: Sund* 6E **105**
(off High St. E.)
High Ga., The NE3: Ken 3A **56**
Highgate DH1: Dur 1A **6** (5C **154**)
Highgate Gdns. NE32: Jar 1H **87**
Highgate Rd. SR4: Sund 2F **117**
Highgreen Chase NE16: Whi 1E **95**
High Grindon Ho. SR4: Sund 4E **117**
High Gro. NE4: Elsw 4C **68**
NE40: Ryton 5D **64**
Highgrove NE5: Cha P 5B **54**
Highgrove Ct. SR8: Eas 3C **162**
High Hamsterley Rd.
NE39: Ham M 2A **106**
HIGH HANDENHOLD 2D **124**
Highheath NE37: Wash 1F **113**
HIGH HEATON 5B **58**
High Hedgefield Ter.
NE21: Blay 4E **65**
HIGH HEWORTH 4E **85**
High Heworth La. NE10: Hew 4E **85**
High Horse Cl. NE39: Row G 1G **93**
High Horse Cl. Wood
NE39: Row G 1G **93**
High Ho. Gdns. NE10: Fall 3E **85**
(not continuous)
Highland Rd. NE5: Ken 4H **55**
High La. DH4: Nbot 5A **130**
High La. Row NE31: Heb 1D **72**
High Lanes NE10: Hew 4F **85**
High Laws NE3: Gos 3H **57**
Highlaws Gdns. NE9: Low F 3B **98**
High Level Rd. NE8: Gate 6G **69**
High Mdw. NE34: S Shi 1H **75**
High Mdws. DH7: B'don 4C **158**
NE3: Ken 4A **56**
High Mill Rd. NE39: Ham M 2A **106**
High Moor Ct. NE5: Fen 5A **56**
High Moor Pl. NE34: S Shi 4E **75**
HIGH MOORSLEY 5H **147**
HIGH NEWPORT 1A **132**
High Pasture NE38: Wash 6C **114**
High Pit Rd. NE23: Cra 4D **22**
HIGH PITTINGTON 2F **157**
High Primrose Hill DH4: Bour . . .6B **128**
High Quay NE1: Newc T . . .5H **5** (4A **70**)
High Reach NE10: Bill Q 1G **85**
High Ridge NE13: Haz 1D **42**
NE22: Bed 4G **9**
Highridge DH3: Bir 2C **112**
High Rd., The NE34: S Shi 3H **75**
High Row DH4: Hou S 2C **136**
NE15: Lem 3A **66**
NE37: Wash 4B **100**
NE40: Ryton 5E **65**
High Sandgrove SR6: Clead 2A **90**
High Shaws DH7: B'don 4E **159**
HIGH SHIELDS 6E **63**
HIGH SHINCLIFFE 4H **161**
Highside Dr. SR3: Sund 4A **118**
HIGH SOUTHWICK 2A **104**

HIGH SPEN 1A **92**
High Spen Ct.
NE39: H Spen 1A **92**
High Spen Ind. Est.
NE39: H Spen 6A **78**
Highstead Av. NE23: Cra 6A **16**
High St. DH1: Carr 3A **156**
DH1: Dur 2B **6** (5C **154**)
DH1: H Shin 4H **161**
DH1: Shin 3F **161**
DH5: Eas L 4E **149**
DH6: Low P 1F **157**
DH7: Lang M 4G **159**
DH9: Stly 2D **122**
NE3: Gos 2E **57**
NE8: Gate 5G **69**
(Bottle Bank)
NE8: Gate 6H **69**
(Nelson St.)
NE9: Wrek 2C **98**
NE10: Fall 3D **84**
NE15: Newb 2F **65**
NE24: Bly 6B **12**
(Edward St.)
NE24: Bly 6C **12**
(Thoroton St.)
NE32: Jar 6D **73**
(Church Bank)
NE32: Jar 2G **73**
(Monkton Rd.)
SR4: Sund 1C **116**
High St. E. NE28: W'snd 6A **60**
SR1: Sund 6E **105**
High St. Nth. DH1: Shin 3G **161**
DH7: Lang M 3G **159**
(Black Rd.)
DH7: Lang M 3G **159**
(Goatbeck Ter.)
High St. Sth. DH1: Shin 3G **161**
DH7: Lang M 4G **159**
High St. Sth. Bk.
DH7: Lang M 4G **159**
High St. W. NE6: W'snd 6G **59**
NE28: W'snd 6H **59**
SR1: Sund 4E **7** (1C **118**)
(St Michael's Way)
SR1: Sund 3F **7** (6C **104**)
(West St.)
High Swinburne Pl.
NE4: Newc T 5A **4** (4E **69**)
Hightree Cl. SR3: Dox P 4H **131**
HIGH URPETH 1D **124**
High Vw. DH7: Ush M 5B **152**
NE20: Darr H 3D **38**
NE28: W'snd 4H **59**
High Vw. Nth. NE28: W'snd 3G **59**
High Wlk. DH3: Lam P 3A **128**
High Well Gdns. NE10: Fall 2E **85**
Highwell La. NE5: W Dent 6C **54**
High W. La. SR7: Hawt 6G **151**
High W. St. NE8: Gate 1H **83**
Highwood Rd. NE15: Den M 2D **66**
High Wood Vw.
DH1: Dur 6C **6** (1D **160**)
Highworth Dr. NE7: H Hea 4D **58**
NE9: Spri 4F **99**
High Yd. DH1: Dur 4C **6** (6D **154**)
Hilda Av. DH1: Dur 6G **155**
Hilda Cl. DH1: Dur 6H **155**
Hilda Pk. DH2: Ches S 4B **126**
Hilda St. DH9: Ann P 4E **121**
NE8: Gate 2F **83**
SR6: Ful 2D **104**
(not continuous)

Hilda Ter. DH2: Ches S 4B **126**
(not continuous)
NE15: Thro 5D **52**
Hilden Bldgs. NE7: H Hea 5C **58**
Hilden Gdns. NE7: H Hea 5C **58**
Hillary Av. NE12: Longb 5E **45**
Hillary Pl. NE5: West 4E **55**
Hill Av. NE23: Seg 1G **33**
Hill Brow SR3: Tuns 3B **132**
Hill Cotts. NE9: Spri 4F **99**
Hill Ct. NE4: Newc T 4A **4** (4E **69**)
Hill Cres. SR7: Mur 2B **150**
SR7: S'hm 6C **142**
Hill Crest NE16: Burn 1H **107**
Hillcrest DH1: Dur 1D **6** (5D **154**)
DH1: H Shin 4H **161**
NE10: Hew 5E **85**
NE25: Monks 6A **36**
NE32: Jar 1H **87**
NE34: S Shi 4B **76**
SR3: E Her 2D **130**
Hillcrest Dr. NE11: Dun 4A **82**
Hill Crest Gdns. NE2: Jes 3G **57**
Hillcrest M. DH1: Dur 1C **6** (5D **154**)
Hillcrest Pl. TS27: Hes 6F **165**
Hillcroft DH3: Bir 2C **112**
NE9: Low F 5A **84**
NE39: Row G 3C **92**
Hill Dyke NE9: Wrek 3C **98**
Hillfield NE25: Monks 6H **35**
Hillfield Gdns. SR3: Sund 4B **118**
Hillfield St. NE8: Gate 1G **83**
Hillgate NE8: Gate 6F **5** (5G **69**)
Hill Head Dr. NE5: W Dent 6B **54**
Hillhead Gdns. NE11: Dun 5C **82**
Hillhead La. NE16: Burn 4B **94**
Hillhead Parkway NE5: Cha P 5A **54**
Hillhead Rd.
NE5: W Dent, West 6B **54**
Hillheads Ct. NE25: Whit B 1C **48**
Hillheads Rd. NE25: Whit B 2B **48**
Hillhead Way NE5: West 4C **54**
Hill Ho. Rd. NE15: Thro 5C **52**
Hillingdon Gro. SR4: Sund 5C **116**
Hill La. DH4: Pen 6G **115**
Hill Mdws. DH1: H Shin 4G **161**
Hill Pk. NE20: Darr H 3D **38**
HILL PARK ESTATE 4G **73**
Hill Pk. Rd. NE32: Jar 4G **73**
Hill Ri. NE38: Wash 1B **114**
NE40: Craw 6A **64**
Hillrise Cres. SR7: Seat 3D **140**
Hills Ct. NE21: Blay 5C **66**
Hillsden Rd. NE25: Monks 4H **35**
Hillside DH3: Bir 3D **112**
DH3: Ches S 5C **126**
NE11: Dun 4A **82**
NE12: Kil 3E **45**
NE20: Darr H 4C **38**
NE21: Winl 1H **79**
NE34: S Shi 5B **76**
NE36: W Bol 4C **88**
SR3: Sund 4C **118**
Hillside Av. NE15: Lem 2C **66**
Hillside Cl. NE39: Row G 2E **93**
Hillside Cres. NE15: Scot 5E **67**
Hillside Dr. SR6: Whit 2E **91**
Hillside Gdns. DH9: Stly 1E **123**
(not continuous)
SR2: Sund 4C **118**
Hillside Gro. DH6: H Pitt 2F **157**
Hillside Pl. NE9: Low F 5A **84**
Hillside Vw. DH6: S'burn 5D **156**
Hillside Vs. SR8: Hor 6F **163**
Hillside Way DH4: Hou S 2A **138**

Hillsleigh Rd. NE5: Blak 4H 55
Hills St. NE8: Gate 6G 69
Hill St. NE32: Jar 2E 73
   NE33: S Shi 6D 62
   SR3: New S 2A 132
   SR7: S'hm 5B 142
Hillsview Av. NE3: Ken 2A 56
Hill Ter. DH4: New H 3A 130
Hillthorne Cl. NE38: Wash 3C 114
HILL TOP 5E 107
Hill Top DH3: Bir 3D 112
   NE21: Winl 2H 79
Hilltop DH9: Stly 2F 123
Hill Top Av. NE9: Low F 6A 84
Hill Top Gdns. NE9: Low F 6A 84
Hilltop Gdns. SR3: Tuns 2C 132
Hilltop Ho. NE5: W Dent 5E 55
Hilltop Rd. DH7: Bear P 3C 152
Hilltop Vw. SR6: Whit 1E 91
Hill Vw. DH7: Bro 1E 159
   DH9: Beam 2H 123
Hillview SR3: E Her 2D 130
Hillview Cres. DH4: Nbot 6H 129
Hill Vw. Gdns. SR3: Sund 4B 118
Hillview Gro. DH4: Nbot 6H 129
   SR8: Eas C 1E 163
Hill Vw. Rd. SR2: Sund 5D 118
Hillview Rd. DH4: Nbot 6H 129
Hill Vw. Sq. SR2: Sund 5D 118
Hilton Av. NE5: Blak 5F 55
Hilton Cl. NE23: Cra 5A 16
Hilton Dr. SR8: Pet 2D 164
Hindley Gdns. NE4: Fen 2H 67
Hindmarch Dr. NE35: Bol C 4C 88
   NE36: W Bol 4C 88
Hindson's Cres. Nth.
   DH4: S Row 4E 129
Hindson's Cres. Sth.
   DH4: S Row 4E 129
Hind St. SR1: Sund 4E 7 (1C 118)
Hinkley Cl. SR3: Silk 3B 132
Hipsburn Dr. SR3: Sund 4A 118
Hiram Dr. NE36: E Bol 4F 89
Hirst Head NE22: Bed 4A 10
Hirst Ter. Nth NE22: Bed 4A 10
Hirst Vs. NE22: Bed 4A 10
Histon Ct. NE5: Blak 4F 55
Histon Way NE5: Blak 4F 55
Hi-Tec Village NE35: Bol C 4H 87
Hither Grn. NE32: Jar 1H 87
HMP Durham
   DH1: Dur 4D 6 (6D 154)
HMP Frankland DH1: Bras 5F 145
HMP Low Newton DH1: Bras . . .5F 145
Hobart NE26: Whit B 4B 36
Hobart Av. NE34: S Shi 6B 74
Hobart Gdns. NE7: Longb 2B 58
HOBSON 2G 107
Hobson Ind. Est. NE16: Hob . . .2G 107
Hodgkin Pk. Cres. NE15: Benw . .4G 67
Hodgkin Pk. Rd. NE15: Benw . . .4G 67
Hodgson's Rd. NE24: Bly 5B 12
Hodgson Ter. NE37: Wash 5D 100
Hodkin Gdns. NE9: Low F 5B 84
Hogarth Cotts. NE22: Bed 5A 10
Hogarth Dr. NE38: Wash 4C 114
Hogarth Rd. NE34: S Shi 1E 89
Holbein Rd. NE34: S Shi 6E 75
Holborn Ct. DH7: Ush M 6D 152
Holborn Pl. NE5: W Dent 6C 54
Holborn Rd. SR4: Sund 3F 117
Holborn Sq. SR4: Sund 3F 117
Holburn Cl. NE40: Ryton 4D 64
Holburn Cres. NE40: Ryton 4E 65
Holburn Gdns. NE40: Ryton 4E 65

Holburn La. NE40: Ryton 3D 64
Holburn La. Ct. NE40: Ryton 3C 64
Holburn Ter. NE40: Ryton 4E 65
Holburn Wlk. NE40: Ryton 4E 65
Holburn Way NE40: Ryton 4D 64
Holden Pl. NE5: Blak 5H 55
Holder Ho. Way NE34: S Shi . . .6G 75
Holderness Rd. NE6: Heat 6B 58
   NE28: W'snd 4E 61
Hole La. NE16: Sun, Whi 1D 94
Holeyn Hall Rd.
   NE41: Wylam 6B 50
Holeyn Rd. NE15: Thro 6C 52
Holland Dr. NE2: Newc T 2D 68
Holland Pk. NE2: Newc T 2D 68
   NE28: W'snd 4E 59
Holland Pk. Dr. NE32: Jar 1H 87
Hollinghill Rd. NE25: H'wll 1C 34
Hollings Cres. NE28: W'snd 3H 59
Hollingside La. DH1: Dur 2C 160
Hollingside Way NE34: S Shi . . .4F 75
Hollington Av. NE12: Longb 1B 58
Hollington Cl. NE12: Longb 1B 58
Hollinhill NE39: Row G 1G 93
Hollinhill La. NE39: Row G 6F 79
Hollin Hill Rd. NE37: Wash 6C 100
Hollinside Cl. NE16: Whi 6E 81
Hollinside Gdns. NE15: Benw . . .3F 67
Hollinside Rd. NE11: Dun 2F 81
   NE16: Dun, Swa 2F 81
   SR4: Sund 2F 117
Hollinside Sq. SR4: Sund 2E 117
Hollinside Ter. NE39: Row G 3D 92
Hollow, The NE32: Jar 2F 87
Hollowdene DH5: Hett H 2C 148
Holly Av. DH5: Hou S 3A 138
   NE2: Jes 6G 57
   NE3: Ken 1B 56
   NE11: Dun 4B 82
   NE12: Longb 4D 44
   NE21: W Mill 5A 80
   NE25: Well 6F 35
   NE26: Whit B 6C 36
   NE28: W'snd 6A 60
   NE34: S Shi 4A 76
   NE40: Ryton 3C 64
   SR3: Tuns 1B 132
   SR6: Whit 2F 91
Holly Av. W. NE2: Jes 6G 57
Holly Bush Gdns. NE40: Ryton . .5E 65
Hollybush Rd. NE10: Fall 3C 84
Hollybush Vs. NE40: Ryton 4E 65
Hollycarrside Rd. SR2: Ryh 1E 133
Holly Cl. NE12: Kil 1B 44
Holly Ct. NE5: Blak 5F 55
   NE26: Whit B 6B 36
   SR4: Sund 1A 118
Holly Cres. NE38: Wash 6A 114
Hollycrest DH2: Ches S 4B 126
Hollydene NE11: Kib 1F 111
   NE39: Row G 3F 93
Holly Gdns. NE9: Low F 5H 83
Holly Haven DH5: E Rain 1H 147
Holly Hill NE10: Fall 3D 84
Holly Hill Gdns. DH9: Stly 4D 122
Holly Hill Gdns. E. DH9: Stly . . .4E 123
Holly Hill Gdns. W. DH9: Stly . . .5D 122
   (not continuous)
Hollyhock NE38: Wash 5C 114
Hollyhock Gdns. NE31: Heb 6C 72
Holly M. NE26: Whit B 6C 36
Hollymount Av. NE22: Bed 5A 10
Hollymount Sq. NE22: Bed 5A 10
Hollymount Ter. NE22: Bed 5A 10
Hollyoak Ho. NE24: Bly 2H 17

Holly Pk. DH7: B'don 5D 158
   DH7: Ush M 5C 152
Holly Pk. Vw. NE10: Fall 3D 84
Holly Rd. NE29: N Shi 6B 48
Hollys, The DH3: Bir 6B 98
Hollyside Cl. DH7: Bear P 3C 152
Holly St. DH1: Dur 6B 154
   NE32: Jar 2E 73
Holly Ter. DH9: Ann P 4E 121
   DH9: Stly 4B 122
   NE16: Burn 1A 108
Holly Vw. NE10: Fall 3C 84
Hollywell Cl. DH7: Ush M 6D 152
Hollywell Gro. NE13: Wool 5D 40
Hollywell Rd. NE29: N Shi 1H 61
Hollywood Av. NE3: Gos 1F 57
   NE6: Walk 6G 59
   SR5: S'wck 3H 103
Hollywood Cres. NE3: Gos 1F 57
Hollywood Gdns.
   NE11: Lob H 6D 82
Holman Ct. NE33: S Shi 5E 63
Holme Av. NE6: Walk 6F 59
   NE16: Whi 4E 81
Holme Dr. NE10: Gate 1B 84
Holme Gdns. NE28: W'snd 5E 61
   SR3: Sund 4B 118
Holme Ri. NE16: Whi 4F 81
Holmesdale Rd. NE5: Fen 6H 55
Holmeside SR1: Sund . .4G 7 (1D 118)
Holmeside Ter. NE16: Sun 3G 95
Holmewood Dr. NE39: Row G . . .5D 92
Holmfield Av. NE34: S Shi 2G 75
Holm Grn. NE25: Monks 1G 47
Holmhill La. DH2: Ches M 4C 134
   DH3: Ches M, Plaw 4C 134
Holmland NE15: Benw 5G 67
Holmlands NE25: Monks 6A 36
Holmlands Cl. NE25: Monks 6A 36
Holmlands Cres. DH1: Dur 2A 154
Holmlands Pk. DH3: Ches S 1D 134
Holmlands Pk. Nth.
   SR2: Sund 3C 118
Holmlands Pk. Sth.
   SR2: Sund 3C 118
Holmside Av. NE11: Dun 3C 82
Holmside Pl. NE6: Heat 2B 70
Holmwood Av. NE25: Monks 1H 47
Holmwood Gro. NE2: Jes 5F 57
Holwick Cl. NE38: Wash 5G 113
HOLY CROSS 4B 60
Holy Cross Cemetery
   NE28: W'snd 4B 60
Holy Cross Church (remains of)
   . . . . .4A 60
Holyfields NE27: Shir 3B 46
   (not continuous)
Holy Ho. SR1: Sund 6F 105
   (off Adelaide Pl.)
Holy Jesus Bungs.
   NE2: Newc T 1D 68
Holylake Sq. SR4: Sund 2F 117
Holyoake DH9: Stly 5C 122
Holyoake Gdns. DH3: Bir 3C 112
   NE9: Low F 3H 83
Holyoake St. DH2: Pelt 3E 125
Holyoake Ter. DH9: Stly 5C 122
   NE37: Wash 5B 100
   SR6: Ful 2E 105
Holyrood DH3: Gt Lum 3G 135
Holyrood Rd. SR2: Sund 5F 119
HOLYSTONE 4A 46
Holystone Av. NE3: Gos 1D 56
   NE24: Bly 2A 18
   NE25: Whit B 1D 48

Holystone Cl. DH4: Hou S 1F **137**
  NE24: Bly 2H **17**
Holystone Ct. NE8: Gate 2F **83**
Holystone Cres. NE7: H Hea 4B **58**
Holystone Dr. NE27: Kil 3A **46**
Holystone Gdns. NE29: N Shi 5H **47**
Holystone Grange NE27: Longb . . .4A **46**
Holystone St. NE31: Heb 3B **72**
Holystone Trad. Est.
  NE31: Heb 3B **72**
Holystone Way NE12: Longb 5H **45**
  NE27: Longb 5H **45**
HOLYWELL 1D **34**
Holywell Av. NE6: Walk 6E **71**
  NE25: H'wll 1D **34**
  NE26: Monks 5A **36**
Holywell Cl. NE4: Newc T 3D **68**
  NE21: Blay 2B **80**
  NE25: H'wll 1D **34**
Holywell Dene Rd. NE25: H'wll . . .1D **34**
Holywell La. NE16: Sun 2F **95**
Holywell M. NE26: Monks 5B **36**
Holywell Ter. NE27: Shir 4B **46**
Home Av. NE9: Low F 1H **97**
Homedowne Ho. NE3: Gos 2E **57**
Homeforth Ho. NE3: Gos 2E **57**
Homelea DH4: Bour 5C **128**
Home Pk. NE28: W'snd 4E **59**
Homeprior Ho. NE25: Monks 1A **48**
Homer Ter. DH1: Dur 1A **160**
Homestall NE34: S Shi 4F **75**
Home Vw. NE38: Wash 2C **114**
Honeycomb Cl. SR3: Dox P 4H **131**
Honeycrook Dr. NE7: H Hea 4E **59**
Honeysuckle Av. NE34: S Shi 5D **74**
Honeysuckle Cl. SR3: Dox P 4A **132**
Honister Av. NE2: Jes 4G **57**
Honister Cl. NE15: Lem 2B **66**
Honister Dr. SR5: Ful 2C **104**
Honister Pl. NE15: Lem 2B **66**
Honister Rd. NE30: Cull 3D **48**
Honister Way NE24: News 4A **18**
Honiton Cl. DH4: Nbot 5G **129**
Honiton Ct. NE3: Ken 1F **55**
Honiton Way NE29: N Shi 5F **47**
Hood Cl. SR5: Monkw 4C **104**
Hood Sq. NE21: Winl 2G **80**
Hood St. NE1: Newc T 4D **4** (4F **69**)
  NE16: Swa 2E **81**
HOOKER GATE 2A **92**
Hookergate La. NE39: H Spen . . .1A **92**
  NE39: H Spen, Row G 2A **92**
Hope Av. SR8: Hor 1G **165**
Hopedene NE10: Hew 6G **85**
Hope Shield NE38: Wash 6F **113**
Hope St. DH6: S'burn 6D **156**
  NE32: Jar 3G **73**
  SR1: Sund 4E **7** (1C **118**)
Hope Vw. SR2: Ryh 2F **133**
Hopgarth Ct. DH3: Ches S 5D **126**
Hopgarth Gdns. DH3: Ches S 5D **126**
Hopkins Ct. SR4: Sund 6H **103**
Hopkins Wlk. NE34: S Shi 1C **88**
Hopper Pl. DH1: Dur 2C **154**
  NE8: Gate 6H **69**
Hopper Rd. NE10: Wind N 4C **84**
Hoppers Ct. *NE16: Swa* 2E **81**
  (off Quality Row Rd.)
Hopper St. NE8: Gate 6H **69**
  NE28: W'snd 5G **59**
  NE29: N Shi 2C **62**
  SR8: Eas 1B **162**
Hopper St. W. NE29: N Shi 2B **62**
Hopton Dr. SR2: Ryh 4F **133**
Horatio Ho. NE30: Tyne 6F **49**

Horatio St. NE1: Newc T 4A **70**
  SR6: Roker 4E **105**
HORDEN 6G **163**
Horden Dene SR8: Eas C 2F **163**
Horden Welfare Pk. 6F **163**
Hornbeam DH4: S Row 4D **128**
Hornbeam Pl. NE4: Newc T 6D **68**
Horncliffe Gdns. NE16: Swa 3G **81**
Horncliffe Pl. NE15: Thro 5B **52**
Horncliffe Wlk. NE15: Lem 2G **65**
Horning Ct. NE5: Blak 3F **55**
Hornsea Cl. NE13: W Op 6D **30**
Hornsey Cres. DH5: Eas L 4D **148**
Hornsey Ter. DH5: Eas L 4D **148**
Horse Crofts NE21: Blay 6A **66**
Horsham Gdns. SR3: Sund 4A **118**
Horsham Gro. NE29: N Shi 3A **62**
Horsham Ho. NE29: N Shi 3A **62**
Horsley Av. NE27: Shir 5F **47**
Horsley Ct. NE3: Ken 1A **56**
Horsley Gdns. NE11: Dun 3C **82**
  NE25: H'wll 1D **34**
  SR3: Sund 4A **118**
HORSLEY HILL 2B **76**
Horsley Hill Rd. NE33: S Shi 6G **63**
Horsley Hill Sq. NE34: S Shi 2B **76**
  (not continuous)
Horsley Ho. NE3: Gos 1E **57**
Horsley Rd. NE7: H Hea 6B **58**
  NE38: Wash 1E **115**
Horsley Ter. NE6: Walk 4F **71**
  NE30: Tyne 6F **49**
Horsley Va. NE34: S Shi 2H **75**
Horsley Vw. NE28: W'snd 5E **61**
Horton Av. NE22: Bed 5H **9**
  NE27: Shir 3D **46**
  NE34: S Shi 6F **75**
Horton Cres. NE13: Din 4F **29**
Hortondale Gro. NE24: Cow 6H **11**
Horton Dr. NE23: Cra 6A **16**
Horton Mnr. NE24: Cow 6D **10**
Horton Pl. NE24: News 3H **17**
Horton Rd. NE22: Bed, Cow 6B **10**
  NE24: Bly, Cow 6B **10**
Horton St. NE24: Bly 6D **12**
Horwood Av. NE5: West 5C **54**
Hospital Dr. NE31: Heb 5B **72**
Hospital La. NE15: Lem, Newb . . .2G **65**
Hospital of St Mary the Virgin, The
  NE4: Newc T 5D **68**
Hotch Pudding Pl.
  NE5: W Dent 1D **66**
Hotspur Av. NE22: Bed 5H **9**
  NE25: Whit B 1C **48**
  NE34: S Shi 2G **75**
Hotspur Rd. NE28: W'snd 2G **59**
Hotspur St. NE6: Heat 2A **70**
  NE30: Tyne 5F **49**
Hotspur Way
  NE1: Newc T 3D **4** (3F **69**)
HOUGHALL 4D **160**
HOUGHTON 5F **51**
Houghton Av. NE5: Blak 4A **56**
  NE30: Cull 2D **48**
Houghton Cut DH5: Hou S 2A **138**
Houghton Ent. Cen.
  DH5: Hou S 3A **138**
Houghton Ga. DH3: Gt Lum 6H **127**
HOUGHTON-LE-SPRING 3A **138**
Houghton Rd.
  DH4: Hou S, Nbot 6H **129**
  DH5: Hett H 5B **138**
Houghtonside DH4: Hou S 2A **138**
Houghton Sports Complex 2H **137**

Houghton St. SR4: Sund 1A **118**
Houghwell Gdns.
  DH9: Stly, Tan L 1B **122**
Houlet Gth. NE6: Byke 4C **70**
Houlskye Cl. SR3: Tuns 2C **132**
Hoults Ests. NE6: Byke 4B **70**
Houndelee Pl. NE5: Fen 6G **55**
Hounslow Gdns. NE32: Jar 1H **87**
Housesteads Cl. NE28: W'snd . . .5E **61**
Housesteads Gdns.
  NE12: Longb 1H **57**
House Ter. NE37: Wash 5B **100**
Houston Ct. NE4: Newc T 5D **68**
Houston St. NE4: Newc T 5D **68**
Houxty Rd. NE25: Well 6F **35**
Hovingham Cl. SR8: Pet 2E **165**
Hovingham Gdns. SR3: Sund . . .4A **118**
Howard Cl. NE27: Longb 4A **46**
Howard Ct. NE30: N Shi 2D **62**
Howardian Cl. NE38: Wash 4H **113**
Howard Pl. NE3: Gos 2E **57**
Howard St.
  NE1: Newc T 4H **5** (4H **69**)
  NE8: Gate 2B **84**
  NE10: Wind N 5C **84**
  NE30: N Shi 2D **62**
  NE32: Jar 3G **73**
  SR5: Monkw 4D **104**
Howard Ter. NE39: H Spen 1A **92**
Howarth St. SR4: Sund 1A **118**
Howat Av. NE5: Fen 6A **56**
Howdene Rd. NE15: Den M 3D **66**
Howden Grn. Ind. Est.
  NE28: W'snd 5F **61**
Howden Rd. NE28: W'snd 6G **61**
HOWDON 3E **61**
Howdon La. NE28: W'snd 4E **61**
HOWDON PANS 6G **61**
Howdon Rd. NE28: W'snd 6G **61**
  NE29: N Shi 4B **62**
Howdon Station (Metro) 5E **61**
Howe Sq. SR4: Sund 2E **117**
Howe St. NE8: Gate 2B **84**
  NE31: Heb 3E **73**
Howick Av. NE3: Gos 6C **42**
Howick Pk.
  SR6: Monkw 1H **7** (5D **104**)
Howick Rd.
  SR6: Monkw 1H **7** (5D **104**)
Howlcroft Vs. DH1: Dur 1A **160**
Howletch La. SR8: Pet 1C **164**
Howlett Hall Rd. NE15: Den M . . .2D **66**
Howley Av. SR5: Sund 3E **103**
Hownam Cl. NE3: Gos 3C **56**
Hoy Cres. SR7: S'hm 2F **141**
Hoylake Av. NE7: Longb 2C **58**
Hoyle Av. NE4: Fen 3A **68**
Hoyle Fold SR3: Dox P 5A **132**
Hoyson Vs. NE10: Bill Q 1H **85**
Hubert St. NE35: Bol C 3B **88**
Hucklow Gdns. NE34: S Shi 4F **75**
Huddart Ter. DH3: Bir 2C **112**
Huddlestone Ri. SR6: Roker 5E **105**
Huddleston Rd. NE6: Walk 2D **70**
Hudleston NE30: Cull 1E **49**
Hudson Av. NE22: Bed 4B **10**
  NE23: Dud 3B **32**
  SR8: Hor 6F **163**
Hudson Dock 6G **105**
Hudson Rd. SR1: Sund 1E **119**
Hudson St. NE8: Gate 6G **69**
  NE30: N Shi 1D **62**
  NE34: S Shi 3D **74**
  (not continuous)
Hudspeth Cres. DH1: P Me 6A **144**

Hugar Rd. NE39: H Spen 2A **92**
Hugh Av. NE27: Shir 1D **46**
Hugh Gdns. NE4: Benw 5A **68**
Hugh St. NE28: W'snd 6H **59**
  NE38: Wash 3D **114**
  SR6: Ful 1E **105**
Hull St. NE4: Elsw 4B **68**
Hulme Ct. SR8: Pet 2C **164**
Hulne Av. NE30: Tyne 6F **49**
Hulne Ter. NE15: Lem 3A **66**
Humber Ct. SR3: Silk 3H **131**
Humber Gdns. NE8: Gate 2B **84**
Humber Hill DH9: Stly 4E **123**
Humbert St. NE32: Jar 3F **73**
Humbledon Pk. SR3: Sund 4A **118**
Humbledon Vw. SR2: Sund . . .3C **118**
Hume St. NE6: Byke 4A **70**
  SR4: Sund 1A **118**
Humford Grn. NE24: Cow 6F **11**
Humford Way NE22: Bed 6A **10**
Humsford Gro. NE23: Cra 1C **22**
Humshaugh Cl.
  NE12: Longb 5G **45**
Humshaugh Rd.
  NE29: N Shi 1G **61**
Hunstanton Ct. NE9: Low F 2G **97**
Hunsworth Cl. SR4: Sund 2F **117**
Huntcliffe Av. SR6: Seab 5E **91**
Huntcliffe Gdns. NE6: Heat 6C **58**
Hunter Av. DH7: Ush M 5B **152**
  NE24: Bly 1D **18**
Hunter Cl. NE36: E Bol 5F **89**
Hunter Ho. NE6: Walk 5G **71**
Hunter Pl. SR8: Eas C 1D **162**
Hunter Rd. SR8: Pet 2A **164**
Hunters Ct. NE3: Gos 2G **57**
  NE28: W'snd 5A **60**
Hunters Hall Rd. SR4: Sund 2B **118**
Hunters Lodge NE28: W'snd 5A **60**
Hunters Moor Cl. NE2: Newc T . .2D **68**
Hunters Pl. NE2: Newc T 1D **68**
Hunters Rd. NE2: Newc T 2C **68**
  NE3: Gos 2H **57**
Hunter's Ter. NE9: Spri 4G **99**
          (off Peareth Hall Rd.)
  NE33: S Shi 6F **63**
Hunter St. DH4: S Row 4E **129**
  NE33: S Shi 6F **63**
Hunter Ter. SR2: Sund 3E **119**
Huntingdon Cl. NE3: Ken 5G **41**
Huntingdon Dr. NE23: Cra 2C **22**
Huntingdon Gdns. SR3: Sund . .4A **118**
Huntingdon Pl. NE30: Tyne 6F **49**
Huntingdon Rd. SR8: Pet 5C **162**
Huntingdonshire Dr.
  DH1: Carr 4B **156**
Hunt Lea NE16: Whi 6C **80**
Huntley Av. SR7: Mur 2B **150**
Huntley Cres. NE21: Winl 3G **79**
Huntley Sq. NE4: Sund 2F **117**
Huntley Ter. SR2: Ryh 3F **133**
Huntly Rd. NE25: Monks 4G **35**
Huntscliffe Ho. NE34: S Shi 6E **75**
Hurst Ter. NE6: Walk 3E **71**
Hurstwood Rd. SR4: Sund 3A **118**
Hurworth Av. NE34: S Shi 3A **76**
Hurworth Pl. NE32: Jar 3F **73**
Hustledown Gdns. DH9: Stly . . .5D **122**
Hustledown Ho. DH9: Stly 3D **122**
Hustledown Rd. DH9: Stly 5C **122**
Hutton Cl. DH3: Ches S 2E **135**
  DH4: Hou S 3G **137**
  NE38: Wash 2F **113**
Hutton Ho. NE29: N Shi 4A **62**
Hutton Row NE33: S Shi 5G **63**

Hutton St. NE3: Gos 2C **56**
  NE35: Bol C 2B **88**
  SR4: Sund 2B **118**
Hutton Ter. NE2: Jes 1G **5** (2H **69**)
  NE9: Low F 1H **97**
Huxley Cl. NE34: S Shi 1D **88**
Huxley Cres. NE8: Gate 4F **83**
Hyacinth Ct. SR4: Sund 6B **104**
Hybrid Cl. DH4: S Row 4D **128**
Hyde Pk. NE28: W'snd 4F **59**
Hyde Pk. St. NE8: Gate 3F **83**
Hyde St. NE33: S Shi 5F **63**
  SR2: Sund 3F **119**
Hyde Ter. NE3: Gos 2F **57**
Hylton Av. NE34: S Shi 3B **76**
Hylton Bank SR4: Sund 1D **116**
HYLTON CASTLE 3C **102**
Hylton Castle (restored) 3D **102**
Hylton Castle Rd. SR5: Sund . . .4D **102**
Hylton Cl. NE22: Bed 4F **9**
Hylton Ct. DH1: Dur 1D **154**
  NE38: Wash 2H **113**
Hylton Grange SR5: Sund 6B **102**
Hylton La. NE36: W Bol 5C **88**
  SR5: Sund 5C **88**
Hylton Pk. SR5: Sund 4G **103**
Hylton Pk. Rd. SR5: Sund 4F **103**
HYLTON RED HOUSE 3E **103**
Hylton Riverside Retail Pk.
  SR5: Sund 4F **103**
Hylton Rd. DH1: Dur 1C **154**
  NE32: Jar 5F **73**
  SR4: Sund 3C **116**
Hylton St. DH4: Hou S 1H **137**
  NE8: Gate 2B **84**
  NE29: N Shi 3C **62**
  SR4: Sund 1A **118**
Hylton Ter. DH2: Pelt 2G **125**
  NE10: Bill Q 1H **85**
  NE29: N Shi 2C **62**
  SR2: Ryh 3E **133**
Hylton Wlk. SR4: Sund 2C **117**
        (not continuous)
Hymers Av. NE34: S Shi 5B **74**
Hyperion Av. NE34: S Shi 4C **74**
Hyperion Way NE6: Walk 5G **71**

I

Ilchester St. SR7: S'hm 5B **142**
Ilderton Ter. NE5: W Dent 1C **66**
Ilford Av. NE23: Cra 6A **16**
Ilford Pl. NE8: Gate 3A **84**
Ilford Rd. NE2: Jes 4F **57**
  NE28: W'snd 4D **60**
Ilford Road Station (Metro) 4F **57**
Ilfracombe Av. NE4: Benw 4A **68**
Ilfracombe Gdns. NE9: Low F . . .2H **97**
  NE26: Whit B 5B **36**
Illingworth Ho. NE29: N Shi 4A **62**
Ilminster Ct. NE3: Ken 1G **55**
Imeary Gro. NE33: S Shi 6F **63**
Imeary St. NE33: S Shi 6F **63**
Imex Bus. Cen. DH3: Bir 3B **112**
Imperial Bldgs. DH4: Hou S 3A **138**
Inchberry Cl. NE4: Benw 5A **68**
Inchcape Ter. SR8: Eas C 2F **163**
Inchcliffe Cres. NE5: Blak 5G **55**
Independence Sq.
  NE38: Wash 2A **114**
Industrial Rd. NE37: Wash 5C **100**
        (not continuous)
Industrial St. DH2: Pelt 3E **125**
Industry Rd. NE6: Heat 5D **58**

Ingham Grange NE33: S Shi 6F **63**
Ingham Gro. NE23: Cra 6A **16**
Ingham Pl.
  NE2: Newc T 3H **5** (3H **69**)
Ingleborough Cl. NE37: Wash . . .1G **113**
Ingleby Ter. SR4: Sund 2A **118**
Ingleby Way NE24: News 4A **18**
Inglemere Pl. NE15: Scot 3E **67**
Ingleside NE16: Whi 5D **80**
  NE34: S Shi 3B **76**
Ingleside Rd. NE29: N Shi 6B **48**
Ingleton Ct. SR4: Sund 2A **118**
Ingleton Dr. NE15: Thro 5B **52**
Ingleton Gdns. NE24: News 4A **18**
Inglewood Cl. NE24: Cow 6F **11**
Inglewood Pl. NE3: Gos 4E **43**
Ingoe Av. NE3: Ken 6B **42**
Ingoe Cl. NE24: Bly 6A **12**
Ingoe St. NE15: Lem 3A **66**
  NE28: W'snd 5G **61**
Ingoldsby Ct. SR4: Sund 3G **117**
Ingram Av. NE3: Ken 5B **42**
  NE28: W'snd 2D **60**
Ingram Cl. DH2: Ches S 2A **134**
  NE28: W'snd 2D **60**
Ingram Dr. NE5: Cha P 3B **54**
  NE24: Bly 6H **11**
Ingram Ter. NE6: Walk 3G **71**
Inkerman Rd. NE37: Wash 4B **100**
Inkerman St. SR5: S'wck 4A **104**
Inleborough Dr. NE40: Ryton 5D **64**
Innesmoor NE31: Heb 2B **72**
Inskip Ho. NE34: S Shi 4E **75**
Inskip Ter. NE8: Gate 3H **83**
Institute Ter. DH7: Bear P 4E **153**
Institute Ter. E. DH2: Ous 1H **125**
Institute Ter. W. DH2: Ous 1H **125**
Interchange Cen. NE8: Gate 6G **69**
International Cen. for Life, The
            . . . . .6B **4** (5E **69**)
Inverness Rd. NE32: Jar 6A **74**
Inverness St. SR6: Ful 3D **104**
Invincible Dr. NE4: Newc T 6C **68**
Iolanthe Cres. NE6: Walk 2E **71**
Iolanthe Ter. NE33: S Shi 5G **63**
Iona Ct. NE28: W'snd 3D **60**
Iona Pl. NE6: Walk 3G **71**
Iona Rd. NE10: Wind N 4B **84**
  NE32: Jar 6A **74**
Irene Av. SR2: Sund 6F **119**
Iris Cl. NE21: Winl 1G **79**
Iris Cres. DH2: Ous 5H **111**
Iris Pl. NE4: Fen 2H **67**
Iris Steadman Ho.
  NE4: Newc T 3C **68**
          (off Thorpe Cl.)
Iris Ter. DH4: Bour 6C **128**
Ironside St. DH5: Hou S 2A **138**
Irthing Av. NE6: Byke 5D **70**
Irton St. NE3: Gos 2E **57**
Irvine Ho. NE12: Longb 5D **44**
Irwin Av. NE28: W'snd 4A **60**
Isabella Cl. NE4: Benw 6A **68**
Isabella Colliery Rd. NE24: Bly . . .1A **18**
ISABELLA PIT 1A **18**
Isabella Rd. NE24: Bly 1A **18**
Isabella Wlk. NE15: Thro 6D **52**
Isis Rd. SR8: Pet 2C **164**
Islay Ho. SR3: Silk 3A **132**
Islestone NE9: Low F 1H **97**
Ivanhoe NE25: Monks 6A **36**
Ivanhoe Cres. SR2: Sund 3B **118**
Ivanhoe Ter. DH3: Ches S 1D **134**
  DH9: Dip 6E **107**
Ivanhoe Vw. NE9: Low F 3B **98**
Iveagh Cl. NE4: Benw 5H **67**

Iveston Ter. DH9: Stly 2D **122**
Ivy Av. NE40: Ryton 3C **64**
  SR7: S'hm 5H **141**
   (not continuous)
Ivy Cl. NE4: Newc T 6D **68**
  NE40: Ryton 3C **64**
Ivy Farm Cl. NE13: Wool 6F **41**
Ivy La. NE9: Low F 2A **98**
Ivymount Rd. NE6: Heat 6B **58**
Ivy Pl. DH9: Tant 4A **108**
Ivy Rd. NE3: Gos 2E **57**
  NE6: Walk 1F **71**
  NE12: Longb 5E **45**
Ivy St. NE13: Sea B 3E **31**
Ivy Ter. DH4: S Row 3F **129**
  DH9: Stly 6F **123**
   (Middles, The)
  DH9: Stly 5B **122**
   (South Moor)
Ivyway DH2: Pelt 2G **125**

J

Jack Comn. Ho. NE6: Heat 2B **70**
Jack Crawford Ho.
  SR2: Sund 3F **119**
Jackson Av. NE20: Pon 4F **27**
Jacksons Pl. DH3: Bir 2C **112**
Jackson St. NE6: Walk 3F **71**
  NE8: Gate 6H **69**
  NE30: N Shi 1D **62**
  SR4: Sund 2A **118**
Jackson St. W. NE30: N Shi 1D **62**
Jackson Ter. SR8: Eas 1A **162**
Jack's Ter. NE34: S Shi 4D **74**
Jacobins Chare
  NE1: Newc T 4B **4** (4E **69**)
Jacques St. SR4: Sund 6H **103**
Jacques Ter. DH2: Ches S 5B **126**
Jade Cl. NE15: Lem 1A **66**
James Armitage St.
  SR5: S'wck 3B **104**
James Av. NE27: Shir 2D **46**
James Bowman Ho.
  NE12: Kil 2E **45**
James Clydesdale Ho.
  NE15: Den M 2E **67**
James Mather St.
  NE33: S Shi 4F **63**
James Pl. St. NE6: Byke 3A **70**
James St. DH9: Ann P 5G **121**
  DH9: Dip 2B **122**
  DH9: Stly 6D **108**
  NE4: Elsw 5B **68**
  NE5: West 5D **54**
  NE16: Whi 4E **81**
  SR5: S'wck 3A **104**
  SR7: S'hm 5B **142**
  SR8: Eas C 1D **162**
James St. Nth. SR7: Mur 2D **150**
   (off Nth. Coronation St.)
James St. Sth. SR7: Mur 2D **150**
James Ter. DH4: Hou S 3E **137**
  DH5: Eas L 5D **148**
  NE28: W'snd 6H **59**
James Williams St.
  SR1: Sund 6E **105**
Jamieson Ter. DH6: S Het 6B **150**
Jane Eyre Ter. NE8: Gate 2B **84**
Jane St. DH5: Hett H 5C **138**
  DH9: Stly 5B **122**
  NE6: Byke 3C **70**
Jane Ter. NE6: Walk 4G **71**
Janet Sq. NE6: Byke 4C **70**

Janet St. NE6: Byke 4C **70**
   (Bolam Way)
  NE6: Byke 5C **70**
   (St Peter's Rd., not continuous)
Janus Cl. NE5: Cha P 3A **54**
JARROW 2F **73**
Jarrow Rd. NE34: Jar, S Shi 3B **74**
JARROW SLAKE 2A **74**
Jarrow Station (Metro) 2F **73**
Jarvis Rd. SR8: Pet 5D **162**
Jasmin Av. NE5: Cha P 3A **54**
Jasmine Cl. NE6: Walk 6E **59**
Jasmine Ct. SR4: Sund 6B **104**
Jasmine Cres. SR7: S'hm 6A **142**
Jasmine Ter. DH3: Bir 3D **112**
Jasmine Vs. NE16: Whi 4E **81**
   (off Front St.)
Jasper Av. NE40: G'sde 2B **78**
  SR7: S'hm 5H **141**
   (not continuous)
Jaycroft Ct. NE30: N Shi 2D **62**
   (off Stephenson St.)
Jays Ct. NE22: Bed 4H **9**
Jedburgh Cl. NE5: Cha P 3A **54**
  NE8: Gate 2H **83**
  NE29: N Shi 5A **48**
  SR7: Mur 3A **150**
Jedburgh Ct. NE11: T Vall 3G **97**
Jedburgh Gdns. NE15: Benw 3F **67**
Jedburgh Rd. DH4: S Row 3F **129**
  NE2: Newc T 6A **56**
  NE4: Fen 6A **56**
  NE5: Newc T 6A **56**
Jedmoor NE31: Heb 2B **72**
Jefferson Cl. SR5: Ful 1C **104**
Jefferson Pl. NE4: Newc T 3D **68**
Jellicoe Rd. NE6: Walk 6E **71**
Jellico Ter. DH4: Leam 2B **146**
Jenifer Gro. NE7: H Hea 4A **58**
Jenison Av. NE15: Benw 4G **67**
Jennifer Av. SR5: Sund 4D **102**
Jervis Rd. NE31: Heb 3D **72**
JESMOND 6H **57**
Jesmond Dene Rd. NE2: Jes 5F **57**
Jesmond Dene Ter. NE2: Jes 6A **58**
Jesmond Gdns. NE2: Jes 6H **57**
  NE34: S Shi 6E **75**
Jesmond Pk. Ct. NE7: H Hea 6B **58**
Jesmond Pk. E. NE7: H Hea 5B **58**
Jesmond Pk. M. NE7: H Hea 6A **58**
Jesmond Pk. W. NE7: H Hea 5A **58**
Jesmond Pl. NE2: Jes 6G **57**
Jesmond Rd. NE2: Jes 2H **69**
Jesmond Rd. W.
  NE2: Jes 1D **4** (2F **69**)
Jesmond Station (Metro) 2G **69**
Jesmond Swimming Pool 5G **57**
Jesmond Ter. NE26: Whit B 1D **48**
JESMOND VALE 1B **70**
Jesmond Va. NE2: Newc T 2A **70**
   (not continuous)
Jesmond Va. La. NE6: Heat 1B **70**
Jesmond Va. Ter. NE6: Heat 1B **70**
   (not continuous)
Jessel St. NE9: Low F 1H **97**
Jetty, The NE10: Bill Q 1G **85**
JJB Soccer Dome 5A **62**
Joan Av. SR2: Sund 6F **119**
Joannah St. SR5: Ful 2C **104**
Joan St. NE4: Benw 5H **67**
   (not continuous)
Jobling Av. NE21: Winl 1G **79**
Joel Ter. NE10: Bill Q 1H **85**
John Av. NE40: G'sde 2B **78**
John Brown Ct. NE22: Bed 4H **9**

John Candlish Rd. SR4: Sund . . .6A **104**
John Clay St. NE33: S Shi 1F **75**
   (Dean Rd.)
  NE33: S Shi 6F **63**
   (Victoria Rd.)
John Dobson St.
  NE1: Newc T 2D **4** (3F **69**)
John F Kennedy Est.
  NE38: Wash 1C **114**
   (not continuous)
John George Joicey Mus.
  . . . . .5F **5** (4G **69**)
John Reid Rd. NE34: S Shi 5A **74**
   (not continuous)
Johnson Cl. SR8: Pet 5D **162**
Johnson St. NE8: Gate 2D **82**
  NE11: Dun 2B **82**
  NE15: Lem 3A **66**
  NE33: S Shi 2E **75**
  SR1: Sund 3E **7** (6B **104**)
Johnson Ter. DH9: Ann P 6G **121**
  NE37: Wash 5D **100**
  NE39: H Spen 1A **92**
Johnston Av. NE31: Heb 6B **72**
Johnstone Vs. SR5: Monkw 4B **104**
John St. DH1: Dur 6B **154**
  DH4: Hou S 3E **137**
  DH5: Hett H 1C **148**
  DH5: Hou S 3B **138**
  DH9: Beam 2H **123**
  DH9: Crag 6G **123**
  DH9: Stly 5B **122**
  NE3: Gos 2G **57**
   (Bowes St.)
  NE3: Gos 2C **56**
   (Kenton Rd.)
  NE8: Gate 2B **84**
  NE10: Pel 2F **85**
  NE24: Cow 5H **11**
  NE25: Ears 6E **35**
  NE28: W'snd 5H **59**
  NE30: Cull 1E **49**
  NE35: Bol C 3B **88**
  SR1: Sund 3H **7** (6D **104**)
  SR2: Ryh 3G **133**
  SR4: Sund 6C **102**
  SR8: Eas C 1E **163**
John St. Nth. DH7: Mead 5F **159**
John St. Sth. DH7: Mead 5F **159**
John Taylor Ct. SR5: S'wck 2A **104**
John Williamson St.
  NE33: S Shi 2D **74**
John Wilson Ct. SR8: Hor 6G **163**
Joicey Aged Miners' Homes
  DH4: S Row 3F **129**
   (off Philadelphia La.)
Joicey Gdns. DH9: Stly 2D **122**
Joicey Pl. NE9: Low F 5A **84**
Joicey Rd. NE9: Low F 5H **83**
Joicey St. NE10: Pel 2G **85**
Joicey Ter. DH9: Tan L 1B **122**
Jolliffe St. DH3: Ches S 2D **134**
Jonadab Rd. NE10: Bill Q 1G **85**
Jonadab St. NE10: Pel 2G **85**
Jones St. DH3: Bir 3C **112**
Jonquil Cl. NE5: Cha P 3A **54**
Joseph Cl. NE4: Benw 5A **68**
Joseph Hopper Aged Miners Homes
  DH3: Bir 6C **98**
Joseph Hopper Memorial Homes
  NE10: Wind N 5B **84**
Joseph St. DH9: Stly 4C **122**
Jowett Sq. SR5: S'wck 3A **104**
Joyce Cl. NE10: Ward 3A **86**
Joyce Gro. SR8: Pet 4A **164**

Joyce Ter. SR5: Sund 4D **102**
Jubilee Av. NE9: Eigh B 4C **98**
SR7: Dalt D 5F **141**
Jubilee Cen. SR7: S'hm 4B **142**
Jubilee Cl. DH7: New B 2B **158**
Jubilee Cotts. DH4: Hou S 3H **137**
Jubilee Ct. NE8: Gate 3E **83**
NE23: Dud 2B **32**
NE24: Bly 1B **18**
NE31: Heb 3E **73**
Jubilee Cres. DH6: S Hil 6H **157**
(not continuous)
NE3: Gos 2C **56**
Jubilee Ho. DH5: Eas L 4E **149**
Jubilee Lodge NE23: Cra 5B **22**
Jubilee M. NE3: Gos 2D **56**
NE22: Bed 3D **10**
Jubilee Pl. DH1: Shin 3F **161**
Jubilee Rd.
NE1: Newc T 4G **5** (4H **69**)
NE3: Gos 1C **56**
NE24: Bly 1C **18**
Jubilee Sq. DH5: Eas L 5E **149**
DH6: S Het 6H **149**
NE38: Wash 2A **114**
Jubilee St. NE28: W'snd 5H **59**
Jubilee Ter. DH9: Ann P 5H **121**
DH9: Tant 5G **107**
NE6: Byke 3D **70**
(not continuous)
NE13: Sea B 3D **30**
NE16: Swa 2E **81**
NE22: Bed 3D **10**
NE38: Wash 5E **115**
Jude Pl. SR8: Pet 5C **162**
Jude St. SR8: Eas 1C **162**
Judson Rd. SR8: Pet 6A **162**
Julian Av. NE6: Walk 2E **71**
NE33: S Shi 3F **63**
Julian Rd. NE10: Ward 3B **86**
Julian St. NE33: S Shi 3F **63**
Juliet Av. NE29: N Shi 1H **61**
Julius Caesar St. SR5: S'wck . . .3A **104**
July Courtyard *NE8: Gate 2D 82*
(off Summers Pass)
June Av. NE21: W Mill 5A **80**
June Courtyard *NE8: Gate 1D 82*
(off Summer Way)
Juniper Cl. NE3: Gos 4E **43**
NE24: News 3A **18**
SR2: Sund 3E **119**
Juniper Ct. NE21: Blay 6A **66**
Juniper Wlk. NE5: Cha P 3B **54**
Jupiter Ct. NE29: N Shi 2F **61**
SR8: Eas 1C **162**
Jupiter Health & Fitness Cen.
. . . .**1B 162**
Jutland Av. NE31: Heb 4C **72**
Jutland Ter. DH9: Tan L 1B **122**

K

Kane Gdns. NE10: Wind N 5C **84**
Karate, Squash and Fitness Cen.
. . . .**2E 5**
Karting North East (Go-Kart Track)
. . . .**2G 139**
Kascada Bowl . . . .**1B 6 (5C 154)**
Kateregina DH3: Bir 3D **112**
Katrine Cl. DH2: Ches S 1B **134**
Katrine Ct. SR3: Silk 4A **132**
Kayll Rd. SR4: Sund 1H **117**
Kay's Cotts. NE10: Wind N 4C **84**
Kay St. DH9: Stly 2D **122**
Kearsley Cl. NE25: Sea D 6B **24**
Kearton Av. NE5: Cha P 4A **54**
Keats Av. NE24: Bly 2A **18**
NE35: Bol C 3D **88**
SR5: S'wck 3A **104**
Keats Cl. DH9: Stly 3E **123**
Keats Rd. NE15: Lem 3G **65**
Keats Wlk. NE8: Gate 1A **84**
NE34: S Shi 6C **74**
Kedleston Cl. SR2: Ryh 3D **132**
Keebledale Av. NE6: Walk 2F **71**
Keele Dr. NE23: Cra 3F **21**
Keelman's Ho. *NE24: Bly 5C 12*
(off Summers St.)
Keelman's La. SR4: Sund 6E **103**
Keelman Sq. NE1: Newc T 5G **5**
Keelman's Rd. SR4: Sund 6D **102**
Keelmans Ter. NE24: Bly 5C **12**
Keelman's Way NE8: Gate 1E **83**
Keelmen's Hospital
NE1: Newc T 5G **5** (4H **69**)
Keel Row NE11: Swa 6F **67**
NE24: Bly 5C **12**
Keighley Av. SR5: Sund 1D **102**
Keighley Sq. SR5: Sund 1C **102**
Keir Hardie Av. DH9: Stly 4D **122**
NE10: Ward 3G **85**
Keir Hardie St. DH4: Hou S 3F **137**
NE39: Row G 3B **92**
Keir Hardie Ter. DH3: Bir 1B **112**
Keith Cl. NE4: Benw 5A **68**
Keith Sq. SR5: Sund 1D **102**
Keldane Gdns. NE4: Benw 4A **68**
Kelfield Gro. NE23: Cra 5B **16**
Kelham Sq. SR5: Sund 1C **102**
Kell Cres. DH6: S Hil 6G **157**
Kellfield Av. NE9: Low F 5A **84**
Kellfield Rd. NE9: Low F 6A **84**
Kell Rd. SR8: Hor 1F **165**
Kells Bldgs. DH1: Dur 1H **159**
Kells Gdns. NE9: Low F 6A **84**
Kells La. NE9: Low F 1H **97**
Kell's Way NE39: Row G 4E **93**
Kellsway NE10: Hew 6F **85**
Kellsway Ct. NE10: Hew 6F **85**
Kelly Rd. NE31: Heb 6C **72**
Kelpie Gdns. SR6: Roker 4E **105**
Kelsey Way NE23: Cra 5B **16**
Kelso Cl. NE5: Cha P 3A **54**
Kelso Dr. NE29: N Shi 5A **48**
Kelso Gdns. NE15: Benw 3F **67**
NE22: Bed 4C **10**
NE28: W'snd 3E **61**
Kelso Gro. DH4: S Row 3E **129**
Kelson Way NE5: Cha P 3A **54**
Kelso Pl. NE8: Gate 2D **82**
Kelston Way NE5: Blak 5G **55**
Kelvedon Av. NE5: Ken 4H **55**
Kelvin Gdns. NE11: Dun 2B **82**
Kelvin Gro. NE2: Newc T 2H **69**
NE8: Gate 3F **83**
NE29: N Shi 5C **48**
NE33: S Shi 6H **63**
SR6: Clead 2G **89**
SR6: Roker 3E **105**
Kelvin Pl. NE12: Longb 4G **45**
Kemble Cl. NE23: Cra 5B **16**
Kemble Sq. SR5: Sund 1D **102**
Kemp Rd. SR8: Pet 6C **162**
Kempton Gdns. NE8: Gate 4E **83**
Kendal DH3: Bir 5E **113**
(not continuous)
Kendal Av. NE24: Bly 1B **18**
NE30: Cull 3D **48**
Kendal Cl. SR8: Pet 4A **164**
Kendal Cres. NE9: Low F 1B **98**
Kendal Dr. NE23: Cra 1C **22**
NE36: E Bol 4E **89**
Kendale Wlk. NE5: West 4C **54**
Kendal Gdns.
NE28: W'snd 2E **61**
Kendal Grn. *NE6: Byke 4B 70*
(off Kendal St.)
Kendal Ho. NE6: Byke 3B **70**
Kendal Pl. NE6: Byke 4B **70**
Kendal St. NE6: Byke 4B **70**
Kenilworth DH3: Gt Lum 3G **135**
NE12: Kil 1D **44**
Kenilworth Ct. NE4: Elsw 5C **68**
NE37: Wash 5D **100**
Kenilworth Ho. *NE8: Gate 6G 69*
(off Fletcher Rd.)
Kenilworth Rd. NE4: Elsw 5C **68**
NE25: Monks 6B **36**
Kenilworth Sq. SR5: Sund 1E **103**
Kenilworth Vw. NE9: Low F 3A **98**
Kenley Rd. NE5: Den M 1E **67**
SR5: Sund 1E **103**
Kenmoor Way NE5: Cha P 4A **54**
Kenmore Cl. NE10: Ward 3H **85**
Kenmore Cres. NE40: G'sde 1B **78**
Kennersdene NE30: Tyne 4E **49**
Kennet Av. NE32: Jar 6G **73**
Kennet Sq. SR5: Sund 1D **102**
Kennford NE9: Low F 3A **98**
Kennington Gro. NE6: Walk 4E **71**
Kenny Pl. DH1: Dur 4F **155**
Kensington Av. NE3: Gos 6E **43**
Kensington Cl. NE25: Monks 6B **36**
Kensington Ct. NE10: Fall 3C **84**
NE31: Heb 4B **72**
NE33: S Shi 1G **75**
Kensington Gdns.
NE25: Monks 6B **36**
NE28: W'snd 4E **59**
NE30: N Shi 1D **62**
Kensington Gro. NE30: N Shi 6D **48**
Kensington Ter.
NE2: Newc T 1D **4** (2F **69**)
NE11: Dun 3B **82**
Kensington Vs. NE5: West 4C **54**
Kent Av. NE11: Dun 3C **82**
NE28: W'snd 5D **60**
NE31: Heb 4B **72**
Kentchester Rd. SR5: Sund 1E **103**
Kent Ct. NE3: Ken 5H **41**
Kent Gdns. DH5: Hett H 1B **148**
Kentmere DH3: Bir 6D **112**
Kentmere Av. NE6: Walk 3F **71**
SR6: Seab 6C **90**
Kentmere Cl. NE23: Seg 1G **33**
Kentmere Ho. DH4: Hou S 1G **137**
Kentmere Pl. SR8: Pet 1E **165**
KENTON .3A **56**
Kenton Av. NE3: Ken 4C **56**
KENTON BANKFOOT 1F **55**
KENTON BAR 3H **55**
Kenton Ct. NE33: S Shi 6F **63**
Kenton Cres. NE3: Ken 3B **56**
Kenton Gro. SR6: Ful 4D **104**
Kenton La. NE3: Ken, Newc T 3H **55**
Kenton Pk. Shop. Cen.
NE3: Ken 4C **56**
Kenton Rd. NE3: Gos, Ken 2C **56**
NE29: N Shi 6G **47**
Kent Pl. NE34: S Shi 3A **76**
Kent St. NE32: Jar 3E **73**
Kentucky Rd. SR5: Sund 1C **102**
Kent Vs. NE32: Jar 3E **73**
Kent Wlk. SR8: Pet 5C **162**

Kenwood Gdns. NE9: Low F 3A **98**
(not continuous)
Kenya Rd. SR5: Sund 1E **103**
Kepier Chare
NE40: Craw 5A **64**
Kepier Ct. DH1: Dur 1D **6** (5D **154**)
Kepier Cres. DH1: Dur 4G **155**
(not continuous)
Kepier Gdns. SR4: Sund 1C **116**
Kepier Hgts. DH1: Dur . . .1D **6** (5D **154**)
Kepier La. DH1: Dur 4E **155**
(not continuous)
Kepier Ter. DH1: Dur 1D **6** (5D **154**)
Kepier Vs. DH1: Dur 1D **6**
Keppel St. NE11: Dun 2B **82**
NE33: S Shi 4E **63**
Kerry Cl. NE24: Bly 5C **12**
Kerryhill Dr. DH1: P Me 5C **144**
Kerry Sq. SR5: Sund 1D **102**
Kestel Cl. NE40: Craw 5A **64**
Kesteven Sq. SR5: Sund 1D **102**
Keston Dr. NE23: Cra 5B **16**
Kestrel Cl. NE38: Wash 5G **113**
Kestrel Ct. DH3: Bir 3C **112**
Kestrel Lodge Flats
NE33: S Shi 4F **63**
Kestrel M. NE16: Whi 4E **81**
Kestrel Pl. NE12: Longb 6A **44**
Kestrel Sq. SR5: Sund 1D **102**
Kestrel Way NE29: N Shi 4C **62**
NE34: S Shi 5D **74**
Keswick Av. SR6: Seab 1C **104**
Keswick Dr. NE30: Cull 3D **48**
Keswick Gdns. NE28: W'snd 4E **61**
Keswick Gro. NE5: Den M 1E **67**
Keswick Rd. DH9: Stly 5B **122**
SR8: Pet 6E **163**
Keswick St. NE8: Gate 2G **83**
Keswick Ter. DH6: S Het 5G **149**
Kettering Pl. NE23: Cra 1C **22**
Kettering Sq. SR5: Sund 1D **102**
Kettlewell Ter. NE30: N Shi 1D **62**
Ketton Cl. NE12: Longb 1B **58**
Kew Gdns. NE26: Monks 5B **36**
Kew Sq. SR5: Sund 1C **102**
Keyes Gdns. NE2: Jes 4G **57**
KIBBLESWORTH 1E **111**
Kibblesworth Bank NE11: Kib . . .2C **110**
Kicks Leisure Club *6H 59*
(off Warwick Rd.)
Kidd Av. DH6: S'burn 6D **156**
Kidderminster Dr. NE5: Cha P 4A **54**
Kidderminster Rd. SR5: Sund . . .2D **102**
Kidderminster Sq. SR5: Sund . . .2D **102**
Kidd Sq. SR5: Sund 1D **102**
Kidlandlee Grn. NE5: West 3E **55**
Kidlandlee Pl. NE5: West 3E **55**
Kidsgrove Sq. SR5: Sund 2D **102**
Kielder NE38: Wash 3F **113**
Kielder Av. NE23: Cra 3F **21**
Kielder Cl. NE5: West 4E **55**
NE12: Kil 1C **44**
NE24: Bly 2H **17**
Kielder Gdns. NE32: Jar 6F **73**
Kielder Ho. SR3: Silk 3A **132**
Kielder Pl. NE25: Well 6F **35**
Kielder Rd. NE15: Lem 2H **65**
NE25: Well 6F **35**
Kielder Ter. NE30: N Shi 1D **62**
Kielder Way NE3: Gos 6D **42**
Kier Hardie Way SR5: Monkw . . .4B **104**
Kilburn Cl. SR2: Ryh 3G **133**
Kilburn Dr. SR8: Hor 4F **163**
Kilburne Cl. NE7: H Hea 4E **59**
Kilburn Gdns. NE29: N Shi 4H **61**
Kilburn Grn. NE9: Low F 4B **98**
(not continuous)
Kildale DH4: Pen 1C **128**
Kildare Sq. SR5: Sund 1D **102**
Killarney Av. SR5: Sund 1D **102**
Killarney Sq. SR5: Sund 1D **102**
Killiebrigs NE15: Hed W 5F **51**
Killin Cl. NE5: Cha P 3A **54**
KILLINGWORTH 2D **44**
Killingworth Av. NE27: Back 1G **45**
Killingworth Dr. NE12: Kil 3B **44**
SR4: Sund 3F **117**
Killingworth Ind. Area
NE12: Kil 2B **44**
Killingworth La. NE12: Kil 3E **45**
NE27: Back 1G **45**
Killingworth Leisure Cen. 2D **44**
Killingworth Pl.
NE1: Newc T 3C **4** (3F **69**)
Killingworth Rd.
NE3: Gos, Newc T 2H **57**
NE12: Kil 4E **45**
Killingworth Shop. Cen.
NE12: Kil 2D **44**
Killingworth Swimming Pool 2D **44**
KILLINGWORTH VILLAGE 3E **45**
Killingworth Way NE12: Kil 1A **44**
NE23: Kil 1A **44**
NE27: Back, Kil 1A **44**
Killowen St. NE9: Low F 1G **97**
Kilnhill Wlk. SR8: Pet 1E **165**
Kiln Ri. NE16: Whi 1E **95**
Kilnshaw Pl. NE3: Gos 4F **43**
Kilsyth Av. NE29: N Shi 3A **48**
Kilsyth Sq. SR5: Sund 2D **102**
Kimberley NE38: Wash 2E **115**
Kimberley Av. NE29: N Shi 1A **62**
Kimberley Gdns. DH9: Stly 6G **123**
NE2: Jes 1A **70**
Kimberley St. NE24: Bly 5B **12**
SR4: Sund 1H **117**
Kimberley Ter. NE24: Bly 5C **12**
KIMBLESWORTH 2A **144**
Kimblesworth Ind. Est.
DH2: Kim 3A **144**
Kincross Cl. SR4: Sund 4E **117**
Kineton Way SR2: Ryh 4F **133**
Kinfauns Ter. NE9: Low F 6A **84**
Kingarth Av. SR6: Seab 6E **91**
King Charles Ct. SR5: Sund 1C **102**
King Charles Twr.
NE2: Newc T 2G **5** (3H **69**)
Kingdom Pl. NE29: N Shi 4C **62**
King Edward VIII Ter.
DH9: Stly 1E **123**
King Edward Bri. Arches
NE1: Newc T 6F **69**
King Edward Pl. NE8: Gate 2B **84**
King Edward Rd. NE6: Heat 6B **58**
NE30: N Shi 6E **49**
NE40: Ryton 5E **65**
SR4: Sund 6D **102**
SR7: S'hm 5B **142**
King Edward St. DH9: Tan L 6A **108**
NE8: Gate 2B **84**
Kingfisher Blvd. NE15: Lem 4A **66**
Kingfisher Ct. NE11: Dun 1C **82**
Kingfisher Ind. Est.
SR7: S'hm 3G **141**
Kingfisher Lodge NE32: Jar 3E **73**
Kingfisher Rd. NE12: Longb 6A **44**
Kingfisher Way NE24: News 3D **18**
NE28: W'snd 1E **61**
King George VI Bldg.
NE1: Newc T 2C **4**
King George Av. NE11: Dun 4B **82**
King George Rd. NE3: Ken 1A **56**
NE34: S Shi 2G **75**
Kingham Ct. NE3: Gos 3H **57**
King Henry Ct. SR5: Sund 1C **102**
Kinghorn Sq. SR5: Sund 1D **102**
King James Ct. SR5: Sund 1C **102**
King James St. NE8: Gate 2H **83**
King John's Ct. NE20: Darr H 1A **38**
King John's Palace (remains) . . .1B **70**
King John St. NE6: Heat 1B **70**
King John Ter. NE6: Heat 1B **70**
Kings Av. NE31: Heb 4D **72**
SR6: Seab 6E **91**
Kingsbridge NE12: Longb 6H **43**
Kingsbridge Cl. NE29: N Shi 3A **62**
Kingsbury Cl. SR5: Sund 1D **102**
Kingsbury Ct. NE12: Longb 1A **58**
Kingsclere Av. SR5: Sund 1D **102**
Kingsclere Sq. SR5: Sund 2D **102**
Kings Cl. NE8: Gate 2B **84**
Kings Ct. NE11: T Vall 2F **97**
NE32: Jar 2E **73**
Kingsdale Av. NE24: Cow 6G **11**
NE37: Wash 5H **99**
Kingsdale Rd.
NE12: Longb 6H **43**
Kings Dr. NE26: Whit B 6C **36**
NE40: G'sde 2B **78**
King's Gdns. NE24: Cow 5A **12**
Kings Gro. DH1: Dur 2A **160**
Kingsland NE2: Jes 1G **69**
Kingsland Sq. SR5: Sund 2D **102**
King's La. DH2: Pelt 2F **125**
(not continuous)
Kingsley Av. NE3: Gos 4E **43**
NE25: Monks 1B **48**
NE34: S Shi 6C **74**
Kingsley Cl. DH9: Stly 2F **123**
SR5: S'wck 4A **104**
Kingsley Pl. NE6: Heat 2B **70**
NE11: Dun 2B **82**
NE16: Whi 3F **81**
NE28: W'snd 4D **60**
Kingsley Ter. NE4: Elsw 4C **68**
King's Mnr.
NE1: Newc T 4F **5** (4G **69**)
Kings Mdw. NE32: Jar 2G **87**
Kings Mdws. NE4: Elsw 6C **68**
Kingsmere DH3: Ches S 2C **126**
Kingsmere Gdns. NE6: Walk 5G **71**
Kings Pk. NE62: Sco G 1G **9**
King's Pl. SR4: Sund 6A **104**
Kings Rd. NE1: Newc T 2C **4** (3F **69**)
NE12: Longb 4C **44**
NE22: Bed 3D **10**
NE26: Monks 5B **36**
King's Rd., The SR5: S'wck 3A **104**
Kings Rd. Nth. NE28: W'snd 3H **59**
Kings Rd. Sth. NE28: W'snd 4H **59**
Kings Ter. NE9: Spri 4F **99**
SR4: Sund 6H **103**
Kingston Av. DH7: Bear P 4C **152**
NE6: Newc T, Walk 4D **70**
SR7: S'hm 5H **141**
Kingston Cl. NE26: Whit B 3B **36**
Kingston Ct. *NE26: Whit B 3B 36*
(off Kingston Dr.)
Kingston Dr.
NE26: Whit B 3B **36**
Kingston Grn. NE6: Walk 4D **70**
Kingston M. DH4: S Row 4G **129**
KINGSTON PARK 1G **55**
Kingston Pk. 6F **41**
Kingston Pk. Av. NE3: Ken 1G **55**

Kingston Pk. Rd.
 NE3: Gos, Ken, Wool 5G **41**
 NE13: Ken, Wool 5G **41**
Kingston Pk. Shop. Cen.
 NE3: Ken 1G **55**
Kingston Park Station (Metro) . . .1G **55**
Kingston Pl. NE8: Gate 3A **84**
Kingston Rd. NE8: Gate 3A **84**
Kingston Ter. SR6: Roker 3D **104**
Kingston Way NE26: Whit B 3B **36**
King St. DH3: Bir 3B **112**
 DH6: S'burn 6D **156**
 DH9: Ann P 4F **121**
 NE1: Newc T 6F **5** (5G **69**)
 NE8: Gate 3E **83**
 NE10: Pel 1G **85**
 NE24: Bly 5C **12**
 NE30: N Shi 1D **62**
 NE33: S Shi 4E **63**
 SR1: Sund 3G **7** (6D **104**)
 SR6: Ful 1D **104**
Kings Va. NE28: W'snd 3A **60**
Kings Wlk. NE1: Newc T . . .1C **4** (2F **69**)
 NE5: Cha P 3H **53**
Kingsway DH5: Hou S 3B **138**
 NE4: Fen 1A **68**
 NE16: Sun 2E **95**
 NE20: Pon 5E **27**
 NE24: Bly 1C **18**
 NE30: Tyne 5E **49**
 NE33: S Shi 5H **63**
Kingsway Av. NE3: Gos 6E **43**
Kingsway Nth. NE11: T Vall 5E **83**
Kingsway Rd. SR5: Sund 1C **102**
Kingsway Sth. NE11: T Vall 1F **97**
Kingsway Sq. SR5: Sund 1D **102**
Kingsway Vs. DH2: Pelt 2F **125**
Kingswood Av. NE2: Jes 4F **57**
Kingswood Cl. NE35: Bol C 2A **88**
Kingswood Ct. NE30: Tyne 6F **49**
Kingswood Dr. NE20: Darr H 1C **38**
Kingswood Gro. SR4: Sund 5B **116**
Kingswood Rd. NE23: Cra 1C **22**
Kingswood Sq. SR5: Sund 2D **102**
King Ter. DH9: Stly 4B **122**
Kinlet NE38: Wash 2E **115**
Kinley Rd. DH1: Carr 2B **156**
Kinloch Ct. DH2: Ches S 2B **134**
Kinloss Sq. NE23: Cra 1C **22**
Kinnaird Av. NE15: Den M 3E **67**
Kinnock Cl. DH6: S'burn 6E **157**
Kinross Cl. DH3: Bir 5D **112**
Kinross Ct. NE10: Bill Q 1H **85**
Kinross Dr. DH9: Stly 3F **123**
 NE3: Ken 2A **56**
Kinsale Sq. SR5: Sund 1D **102**
Kinver Dr. NE5: Cha P 4A **54**
KIP HILL .6E **109**
Kip Hill Ct. DH9: Stly 1E **123**
Kipling Av. NE16: Swa, Whi 3F **81**
 NE31: Heb 3D **72**
 NE35: Bol C 3D **88**
Kipling Cl. DH9: Stly 3E **123**
Kipling Ct. NE16: Swa 3F **81**
Kiplings Ter. DH1: Dur 2H **159**
Kipling St. SR5: S'wck 4A **104**
Kipling Wlk. NE8: Gate 1A **84**
Kira Dr. DH1: P Me 5C **144**
Kirby Av. DH1: Dur 2A **154**
Kirby Cl. NE34: S Shi 5B **74**
Kirkbride Pl. NE23: Cra 1C **22**
 (not continuous)
Kirkdale Ct. NE23: Dud 6C **32**
 NE34: S Shi 5C **74**
Kirkdale Grn. NE4: Newc T 5D **68**

Kirkdale Sq. SR5: Sund 2D **102**
Kirkdale St. DH5: Hett H 3B **148**
Kirkfield Gdns. DH9: Ann P 4E **121**
Kirkham NE38: Wash 3B **114**
Kirkham Av. NE3: Ken 6G **41**
Kirkham Rd. DH1: Dur 1D **154**
Kirkheaton Pl. NE5: Fen 1G **67**
Kirkland Hill SR8: Pet 6E **163**
Kirklands NE23: Dud 6C **32**
Kirkland Wlk. NE27: Shir 2C **46**
Kirklea Rd. DH5: Hou S 3B **138**
Kirkleatham Gdns. NE6: Heat 5D **58**
Kirkley Av. NE34: S Shi 3A **76**
Kirkley Cl. NE3: Gos 1D **56**
Kirkley Dr. NE20: Pon 4E **27**
Kirkley Lodge NE3: Gos 1D **56**
Kirkley Rd. NE27: Shir 3D **46**
Kirklinton Rd. NE30: Cull 3C **48**
Kirknewton Cl. DH5: Hou S 3B **138**
Kirkside DH4: New H 3A **130**
Kirkston Av. NE15: Lem 2B **66**
Kirkstone DH3: Bir 5D **112**
Kirkstone Av. NE30: Cull 3C **48**
 NE32: Jar 6H **73**
 SR5: Ful 2C **104**
 SR8: Pet 1E **165**
Kirkstone Cl. DH5: Hou S 3B **138**
 NE21: Winl 3A **80**
Kirkstone Dr. DH1: Carr 2A **156**
Kirkstone Gdns. NE7: H Hea 4A **58**
Kirkstone Rd. NE10: Pel 2F **85**
Kirk St. NE6: Byke 4C **70**
 (Bolam Way)
 NE6: Byke 4C **70**
 (Clifford Rd.)
Kirk Vw. DH4: Nbot 6H **129**
Kirkwall Cl. SR5: Sund 4C **102**
Kirkwood NE23: Dud 6C **32**
Kirkwood Av. SR4: Sund 5C **116**
Kirkwood Dr. DH1: Dur 1A **160**
 NE3: Ken 2A **56**
Kirkwood Gdns. NE10: Ward 2H **85**
Kirkwood Pl. NE3: Gos 4D **42**
Kirton Av. NE4: Fen 3A **68**
Kirton Pk. Ter. NE29: N Shi 6C **48**
Kirton Way NE23: Cra 1C **22**
Kismet St. SR5: S'wck 3A **104**
Kitchener Rd. SR6: Whit 5E **77**
Kitchener St. NE9: Low F 4A **84**
 SR4: Sund 3H **117**
Kitchener Ter. DH4: New H 3H **129**
 NE30: N Shi 6E **49**
 NE32: Jar 4F **73**
 SR2: Sund 6F **119**
Kitching Rd. SR8: Eas 4A **162**
Kittiwake Cl. NE24: News 4C **18**
 NE28: W'snd 6E **47**
Kittiwake Dr. NE38: Wash 4F **113**
Kittiwake Ho. NE26: Whit B 6D **36**
Kitty Brewster Rd. NE24: Cow 5F **11**
Knaresborough Cl. NE22: Bed 3F **9**
Knaresborough Rd. SR7: Mur 2C **150**
Knaresborough Sq.
 SR5: Sund 1D **102**
Knaresdale DH3: Bir 6D **112**
Knarsdale Av. NE29: N Shi 1H **61**
Knarsdale Pl. NE5: W Dent 6C **54**
Kneller Ct. DH9: Stly 3D **122**
Knightsbridge NE3: Gos 1E **57**
 SR3: New S 1G **131**
Knightsbridge Ct. NE3: Gos 1E **57**
 (off Knightsbridge)
Knightside Gdns. NE11: Dun 5B **82**
Knightside Wlk. NE5: Cha P 4A **54**
Knivestone Ct. NE12: Kil 1E **45**

Knobbyends La. NE21: Winl 3F **79**
Knoll, The SR2: Sund 2B **118**
Knoll Ri. NE11: Dun 4B **82**
Knollside Cl. SR3: Dox P 4H **131**
Knott Flats NE30: Tyne 1F **63**
Knott Pl. NE15: Scot 4F **67**
Knoulberry NE37: Wash 1G **113**
Knoulberry Rd.
 NE37: Wash 1F **113**
Knowledge Hill NE21: Winl 2H **79**
Knowle Pl. NE12: Longb 2B **58**
Knowles, The NE16: Whi 4G **81**
Knowsley Ct. NE3: Ken 2F **55**
Knox Cl. NE22: Bed 3D **10**
Knox Rd. NE22: Bed 5B **10**
Knox Sq. SR5: S'wck 3A **104**
Knutsford Wlk. NE23: Cra 1C **22**
Kristin Av. NE32: Jar 5G **73**
Kyffin Vw. NE34: S Shi 4B **76**
Kyle Cl. NE4: Newc T 5D **68**
Kyle Rd. NE8: Gate 2D **84**
Kyloe Av. NE25: Sea D 1B **34**
Kyloe Cl. NE3: Ken 6A **42**
Kyloe Pl. NE5: West 4E **55**
Kyloe Vs. NE5: West 4E **55**
Kyo Heugh Rd.
 DH9: Ann P, Harp 3G **121**
Kyo La. DH9: Ann P, Harp 3H **121**
Kyo Rd. DH9: Ann P 4F **121**

L

Laburnum Av. DH1: Dur 6B **154**
 NE6: Walk 1F **71**
 NE10: Hew 4G **85**
 NE24: Bly 5B **12**
 NE26: Whit B 6C **36**
 NE28: W'snd 5H **59**
 NE38: Wash 6H **113**
Laburnum Cl. SR4: Sund 1C **116**
Laburnum Ct. DH7: Ush M 5D **152**
 NE12: Kil 1C **44**
Laburnum Cres. NE11: Kib 1E **111**
 SR7: S'hm 1H **151**
 SR8: Eas 1C **162**
Laburnum Gdns. NE9: Low F 5H **83**
 NE10: Fall 2D **84**
 NE32: Jar 5E **73**
Laburnum Gro. NE16: Sun 2F **95**
 NE16: Whi 4E **81**
 NE31: Heb 6C **72**
 NE34: S Shi 4H **75**
 SR5: Sund 5C **102**
 SR6: Clead 2A **90**
Laburnum Ho. NE28: W'snd 6A **60**
Laburnum Pk. DH7: B'don 6B **158**
Laburnum Rd. SR6: Ful 2D **104**
Laburnum Ter. DH9: Ann P 4E **121**
Lacebark DH4: S Row 3D **128**
 SR3: Dox P 5G **131**
Ladock Cl. SR2: Ryh 1G **133**
Lady Anne Rd. DH6: S'burn 5D **156**
Ladybank NE5: Cha P 4H **53**
Lady Beatrice Ter.
 DH4: New H 2A **130**
Lady Durham Cl. DH6: S'burn 6C **156**
Ladyhaugh Dr. NE16: Whi 1E **95**
Lady in Leisure 5C **4**
 (off Clayton St.)
 Kingston Park 1G **55**
Ladykirk Rd. NE4: Benw 4A **68**
Ladykirk Way NE23: Cra 3G **21**
LADY PARK 3E **97**
Ladyrigg NE20: Darr H 1D **38**

Ladysmith Ct. DH9: Stly 4E **123**
(not continuous)
Ladysmith St. NE33: S Shi 5F **63**
Ladysmith Ter. DH7: Ush M 5B **152**
Lady's Piece La.
   DH6: H Pitt, Low P 1E **157**
Lady St. DH5: Hett H 6C **138**
Lady's Wlk. NE33: S Shi 3E **63**
Ladywell Way NE20: Pon 4D **26**
Ladywood Pk. DH4: Pen 1D **128**
Laet St. NE29: N Shi 2D **62**
Laindon Av. SR6: Ful 1D **104**
Laing Art Gallery 3E **5** (3G **69**)
Laing Gro. NE28: W'snd 4E **61**
Laing Ho. NE37: Wash 3H **113**
Lairage, The NE20: Pon 5E **27**
Laith Rd. NE3: Ken 2A **56**
Lake App. NE21: Blay 2C **80**
Lake Av. NE34: S Shi 3C **76**
Lake Ct. SR3: Silk 3A **132**
Lakeland Dr. SR8: Pet 6E **163**
Lakemore SR8: Pet 2C **164**
Lake Rd. DH5: Hou S 3A **138**
Lakeside NE21: Blay 2D **80**
   NE34: S Shi 3D **76**
Lakeside Ct. NE11: T Vall 6F **83**
Lake Vw. NE31: Heb 5B **72**
Laleham Ct. NE3: Ken 6H **41**
Lamara Dr. SR5: Ful 2C **104**
Lambden Cl. NE29: N Shi 4A **62**
Lambert Rd. NE37: Wash 6F **99**
Lambert Sq. NE3: Gos 2C **56**
Lambeth Pl. NE8: Gate 3A **84**
Lamb Farm Cl. NE12: Kil 4E **45**
Lambley Av. NE30: Cull 3D **48**
Lambley Cl. NE16: Sun 3E **95**
Lambley Cres. NE31: Heb 6B **72**
Lambourn Av. NE29: N Shi 3H **61**
Lambourne Av. NE12: Longb 6C **44**
Lambourne Cl. DH4: Bour 6C **128**
Lambourne Rd. SR2: Sund 4C **118**
Lamb St. NE6: Walk 4G **71**
   NE23: E Cram 4E **23**
Lamb Ter. NE27: Shir 4B **46**
LAMBTON 4H **113**
Lambton Av. NE16: Whi 3G **81**
Lambton Cen. NE38: Wash 4H **113**
Lambton Cl. NE40: Craw 6A **64**
Lambton Ct. NE22: Bed 3C **10**
   NE38: Wash 1E **127**
   SR3: E Her 2E **131**
   SR8: Pet 4C **164**
Lambton Dr. DH5: Hett H 3C **148**
Lambton Gdns. NE16: Burn 2E **107**
(not continuous)
Lambton Lea DH4: Hou S 1D **136**
Lambton Lea DH4: S Row 1H **113**
LAMBTON PARK 3H **127**
Lambton Pl. DH4: Pen 1F **129**
Lambton Rd. NE2: Jes 1G **69**
   NE31: Heb 2D **72**
Lambton St. DH1: Dur 5B **154**
   DH3: Ches S 1D **134**
   NE8: Gate 6H **69**
   SR1: Sund 2H **7** (6D **104**)
Lambton Ter. DH4: Pen 1D **128**
   DH9: Crag 6H **123**
   NE32: Jar 5F **73**
Lambton Twr. SR1: Sund 6E **105**
(off High St. E.)
Lambton Wlk. DH1: Dur 3A **6**
LAMESLEY 5G **97**
Lamesley Rd. DH3: Bir 4G **97**
   NE11: Lame 4G **97**
Lamonby Way NE23: Cra 5A **22**

Lampeter Cl. NE5: Blak 4F **55**
Lamplight Arts Cen. 3C **122**
Lamport St. NE31: Heb 2A **72**
Lanark Cl. NE29: N Shi 5G **47**
   SR4: Sund 4E **117**
Lanark Dr. NE32: Jar 6A **74**
Lancashire Dr. DH1: Carr 4B **156**
Lancaster Ct. NE3: Ken 6A **42**
Lancaster Dr. NE28: W'snd 6B **46**
Lancaster Hill SR8: Pet 5B **162**
Lancaster Ho. NE4: Newc T 6C **68**
   NE23: Cra 4D **22**
Lancaster Pl. NE11: Dun 2A **82**
Lancaster Rd. NE11: Dun 2A **82**
Lancaster St. NE4: Newc T 4D **68**
Lancaster Ter. DH3: Ches S 1D **134**
Lancaster Way NE32: Jar 2E **87**
(not continuous)
Lancastrian Rd. NE23: Cra 4A **22**
Lancefield Av. NE6: Walk 5F **71**
Lancet Ct. NE8: Gate 1H **83**
Lanchester NE38: Wash 5C **114**
Lanchester Av. NE9: Wrek 2D **98**
Lanchester Cl. NE10: Ward 5A **86**
Lanchester Grn. NE22: Bed 3H **9**
Lanchester Rd. DH1: Dur 1F **153**
Lancing Ct. NE3: Ken 6G **41**
Land of Green Ginger
   NE30: Tyne 6F **49**
(off Front St.)
Landsale Cotts. NE40: G'sde 2A **78**
Landscape Ter. NE40: G'sde 2B **78**
Landseer Cl. DH9: Stly 3D **122**
Landseer Gdns. NE9: Low F 3B **84**
   NE34: S Shi 1F **89**
Landswood Ter. NE21: W Mill 4B **80**
Lane Cnr. NE34: S Shi 4E **75**
Lane Head NE40: Ryton 4C **64**
Lanercost NE38: Wash 2B **114**
Lanercost Av. NE21: Winl 1H **79**
Lanercost Dr. NE5: Fen 1F **67**
Lanercost Gdns. NE10: Wind N . .5C **84**
   NE15: Thro 5D **52**
Lanercost Pk. NE23: E Cram 4D **22**
Lanercost Rd. NE29: N Shi 2A **62**
Lanesborough Ct. NE3: Gos 3C **56**
Langdale DH3: Bir 6E **113**
   NE25: Monks 6A **36**
   NE37: Wash 6A **100**
Langdale Cl. NE12: Longb 1A **58**
Langdale Cres. DH1: Carr 2A **156**
   NE21: Winl 3H **79**
Langdale Ct. NE23: Cra 2G **21**
Langdale Gdns. NE6: Walk 3G **71**
   NE28: W'snd 2E **61**
Langdale Pl. SR8: Pet 1E **165**
Langdale Rd. DH4: Pen 1E **129**
   NE9: Low F 6A **84**
Langdale St. DH5: Hett H 3B **148**
Langdale Way NE36: E Bol 3E **89**
Langdon Cl. NE29: N Shi 4B **48**
Langdon Gdns. DH9: Ann P 4E **121**
Langdon Rd. NE5: West 5B **54**
Langeeford Pl. SR6: Roker 4E **105**
Langford Dr. NE35: Bol C 1B **88**
Langham Rd. NE15: Scot 4D **66**
Langholm Av. NE29: N Shi 5G **47**
Langholm Cl. NE36: E Bol 4G **89**
(off Station Rd.)
Langholm Rd. NE3: Gos 6E **43**
   NE36: E Bol 3F **89**
Langhope DH4: Pen 2D **128**
Langhorn Cl. NE6: Byke 2B **70**
Langhurst SR2: Ryh 1E **133**
Langleeford Rd. NE5: West 3E **55**

Langley Av. NE10: Ward 5H **85**
   NE24: Cow 5H **11**
   NE25: Monks 2H **47**
   NE27: Shir 3E **47**
Langley Cl. NE38: Wash 3H **113**
Langley Cres. DH7: Lang M 4F **159**
Langley Gro. SR8: Pet 3A **164**
Langley Mere NE12: Longb 5D **44**
LANGLEY MOOR 3G **159**
Langley Moor Ind. Est.
   DH7: Lang M 4G **159**
(not continuous)
Langley Rd. DH1: Dur 1C **154**
   NE5: W Dent 1D **66**
   NE6: Walk 3F **71**
   NE29: N Shi 1G **61**
   SR3: Sund 5B **118**
Langley St. DH4: New H 3H **129**
Langley Tarn NE29: N Shi 3C **62**
Langley Ter. DH9: Ann P 5G **121**
   NE32: Jar 6F **73**
Langley Vw. DH9: Ann P 6A **122**
Langport Rd. SR2: Sund 4D **118**
Langthorne Av. SR8: Hor 1H **165**
Langton Cl. SR4: Sund 1B **118**
Langton Ct. NE20: Darr H 1B **38**
Langton Dr. NE23: Cra 5C **16**
Langton Lea DH1: H Shin 4H **161**
Langton St. NE8: Gate 1H **83**
(not continuous)
Langton Ter. DH4: New L 1C **136**
   NE7: H Hea 5B **58**
Lanivet Cl. SR2: Ryh 1F **133**
Lannerwood NE29: N Shi 3C **62**
(off Coach La.)
Lansbury Cl. DH3: Bir 1B **112**
Lansbury Ct. NE12: Longb 2A **58**
Lansbury Dr. DH3: Bir 1B **112**
   SR7: Mur 2C **150**
Lansbury Gdns. NE10: Ward 3G **85**
Lansbury Rd. NE16: Whi 5G **81**
Lansbury Way SR5: Sund 4D **102**
Lansdowne SR2: Ryh 2E **133**
Lansdowne Ct. NE3: Gos 2E **57**
Lansdowne Cres. NE3: Gos 1E **57**
Lansdowne Gdns. NE2: Jes 1A **70**
Lansdowne Pl. NE3: Gos 2E **57**
Lansdowne Pl. W. NE3: Gos 2E **57**
Lansdowne Rd. NE12: Longb 5D **44**
Lansdowne St. SR4: Sund 6B **104**
Lansdowne Ter. NE3: Gos 2E **57**
   NE29: N Shi 1B **62**
Lansdowne Ter. E. NE3: Gos 2E **57**
Lansdowne Ter. W.
   NE29: N Shi 1A **62**
Lanthwaite Rd. NE9: Low F 6A **84**
Lanton St. DH4: New H 3H **129**
Lapford Dr. NE23: Cra 6C **16**
Lapwing Cl. NE24: News 3C **18**
   NE38: Wash 4F **113**
Lapwing Ct. NE16: Burn 2A **108**
   NE34: S Shi 4G **75**
L'Arbre Cres. NE16: Whi 4D **80**
Larch Av. DH4: Hou S 2G **137**
   NE34: S Shi 4A **76**
   SR6: Whit 2G **91**
Larch Cl. NE9: Eigh B 3D **98**
Larches, The NE4: Elsw 6C **68**
   NE16: Burn 6H **93**
Larches Rd. DH1: Dur 4A **154**
Larch Gro. NE24: News 3A **18**
Larchlea NE20: Darr H 3C **38**
Larchlea Sth. NE20: Darr H 3C **38**
Larch Rd. NE21: Blay 6B **66**
Larch St. NE16: Sun 3F **95**

Larch Ter. DH9: Stly 6F **123**
   DH9: Tant 6G **107**
Larchwood NE38: Wash 6H **113**
Larchwood Av. NE3: Ken 6B **42**
   (not continuous)
   NE6: Walk 1E **71**
   NE13: W Op 6E **31**
Larchwood Gdns. NE11: Lob H . . .6D **82**
Larchwood Gro. SR2: Sund 5C **118**
Larkfield Cres. DH4: S Row 4E **129**
Larkfield Rd. SR2: Sund 4C **118**
Larkhill SR2: Ryh 2F **133**
Larkrise DH7: H Hea 4D **58**
Larkspur NE9: Low F 6C **84**
Larkspur Cl. DH9: Tan L 1B **122**
Larkspur Rd. NE16: Whi 4F **81**
Larkspur Ter. NE2: Jes 6G **57**
Larkswood NE34: S Shi 2B **76**
Larne Cres. NE9: Low F 6A **84**
Larriston Pl. NE23: Cra 3H **21**
Lartington Ct. DH3: Gt Lum 5H **135**
Lartington Gdns. NE3: Gos 2H **57**
Larwood Ct. DH3: Ches S 2E **135**
   DH9: Ann P 6E **121**
Lascelles Av. NE34: S Shi 4G **75**
Laski Gdns. NE10: Ward 3H **85**
Latimer St. NE30: Tyne 5F **49**
Latrigg Ct. SR3: Silk 3H **131**
Latton Cl. NE23: Cra 5A **22**
Lauderdale Av. NE28: W'snd 3H **59**
Lauder Way NE10: Pel 2H **85**
Launceston Cl. NE3: Ken 5H **41**
Launceston Ct. SR3: E Her 2E **131**
Launceston Dr. SR3: E Her 2E **131**
Laura St. SR1: Sund 5H **7** (1D **118**)
   SR7: S'hm 5B **142**
Laurel Av. DH1: Dur 6G **155**
   NE3: Ken 1C **56**
   NE12: Kil 4G **45**
   SR7: S'hm 4H **141**
   NE30: N Shi 2D **62**
Laurel Cl. DH2: Ches S 4B **126**
   DH4: Hou S 1G **137**
   NE6: Walk 6F **59**
Laurel Cres. DH2: Pelt 2D **124**
   DH4: Hou S 1G **137**
   NE6: Walk 6F **59**
Laurel End NE12: Kil 4G **45**
Laurel Gro. SR2: Sund 5C **118**
Laurel Pl. NE12: Kil 4F **45**
   NE23: Cra 2B **22**
Laurel Rd. NE21: Blay 1B **80**
Laurels, The SR3: New S 1A **132**
   (off Chelmsford St.)
Laurel St. NE15: Thro 4D **52**
   NE28: W'snd 6A **60**
Laurel Ter. NE16: Burn 1F **107**
   NE25: H'wll 1C **34**
Laurel Wlk. NE3: Gos 2E **57**
Laurel Way NE40: Craw 6A **64**
Laurelwood Gdns.
   NE11: Lob H 6D **82**
Lauren Ct. SR8: Eas 1C **162**
Laurens Ct. NE37: Wash 5B **100**
Lavender Gdns. NE2: Jes 6F **57**
   NE9: Low F 5H **83**
Lavender Gro. NE32: Jar 3G **87**
   SR5: Sund 4C **102**
Lavender La. NE34: S Shi 4D **74**
Lavender Rd. NE16: Whi 5E **81**
Lavender Row NE9: Low F 6B **84**
Lavender St. SR4: Sund 1C **116**
Lavender Wlk. NE31: Heb 6C **72**
Lavendon Cl. NE23: Cra 5A **22**
Laverick NE10: Hew 5F **85**
Laverick La. NE36: W Bol 4D **86**
Laverick Ter. DH9: Ann P 6G **121**

Laverock Ct. NE6: Byke 4C **70**
Laverock Hall Rd.
   NE24: Bly, News 5E **17**
Laverock Pl. NE3: Ken 2H **55**
   NE24: News 4H **17**
Lavers Rd. DH3: Bir 2C **112**
Lavington Rd. NE34: S Shi 1G **75**
LAWE, THE 3F **63**
Lawe Rd. NE33: S Shi 3F **63**
Lawn, The NE40: Ryton 3C **64**
Lawn Cotts. SR3: Silk 3H **131**
Lawn Dr. NE36: W Bol 5B **88**
Lawnhead Sq. SR3: Silk 3B **132**
Lawns, The DH5: Eas L 4E **149**
   SR3: Silk 3H **131**
   SR6: Whit 3F **91**
   SR7: S'hm 5G **141**
Lawnside SR7: S'hm 5G **141**
Lawnsway NE32: Jar 2G **87**
Lawnswood DH5: Hou S 4B **138**
Lawrence Av. NE21: Blay 6A **66**
   NE34: S Shi 6F **75**
Lawrence Ct. NE21: Blay 6A **66**
Lawrence Hill Ct. NE10: Ward . . .3H **85**
Lawrence St. SR1: Sund 1E **119**
Lawson Av. NE32: Jar 6G **73**
Lawson Ct. DH2: Ches S 1C **134**
   DH9: W Pelt 3C **124**
   NE35: Bol C 4B **88**
Lawson Cres. SR6: Ful 1D **104**
Lawson St. NE28: W'snd 6A **60**
   NE29: N Shi 3C **62**
Lawson St. W. NE29: N Shi 3C **62**
Lawson Ter. DH1: Dur 6B **154**
   DH5: Eas L 4D **148**
   NE4: Benw 5A **68**
Laws St. SR6: Ful 1D **104**
Laxey St. DH9: Stly 3C **123**
Laxford DH3: Bir 5D **112**
Laxford Ct. SR3: Silk 4A **132**
Laybourn Gdns. NE34: S Shi 5C **74**
   (not continuous)
Layburn Gdns. NE15: Lem 1C **66**
Layburn Pl. SR8: Pet 6C **162**
Laycock Gdns. NE23: Seg 2E **33**
Layfield Rd. NE3: Gos 4E **43**
Laygate NE33: S Shi 6D **62**
   (not continuous)
Laygate Pl. NE33: S Shi 6E **63**
Laygate St. NE33: S Shi 6D **62**
Lea Av. NE32: Jar 1G **87**
Leabank NE15: Lem 1B **66**
Lead Rd. NE21: Blay 2A **78**
   NE40: G'sde 2A **78**
Leafield Cl. DH3: Bir 1D **112**
Leafield Cres. NE34: S Shi 1A **76**
Lea Grn. DH3: Ches S 6E **113**
Leagreen Ct. NE3: Gos 2C **56**
Leaholme Cres. NE24: Bly 1A **18**
Lealholm Rd. NE7: Longb 2A **58**
Leam Gdns. NE10: Ward 3A **86**
Leamington St. SR4: Sund 1B **118**
Leam La. NE10: Ward 3C **86**
   NE10: Wrek, Hew, Ward 2E **99**
   NE32: Jar 2E **99**
   (Hadrian Rd.)
   NE32: Jar 3C **87**
   (Wark Cres.)
LEAM LANE ESTATE 6G **85**
Leam Rd. NE10: Ward, Wrek 2E **99**
LEAMSIDE 3C **146**
Leamside NE10: Hew 5F **85**
   NE32: Jar 5G **73**
Leander Av. DH3: Ches S 1D **126**
Leander Dr. NE35: Bol C 3A **88**

Leaplish NE38: Wash 5D **114**
Leap Mill 6H **93**
Lea Rigg DH4: W Rai 3E **147**
   (not continuous)
Leas, The DH4: Nbot 6H **129**
   NE25: Monks 1H **47**
Leasyde Wlk. NE16: Whi 6C **80**
Leatham SR2: Ryh 1E **133**
Leat Ho. NE38: Wash 3F **115**
Lea Vw. NE34: S Shi 1B **76**
LEAZES .1F **107**
Leazes, The NE15: Thro 6C **52**
   NE16: Burn 1F **107**
   NE34: S Shi 3H **75**
   SR1: Sund 1B **118**
Leazes Arc.
   NE1: Newc T 3C **4** (3F **69**)
Leazes Ct. DH1: Dur 2C **6** (5D **154**)
   NE4: Newc T 3D **68**
Leazes Cres.
   NE1: Newc T 3B **4** (3E **69**)
Leazes La. DH1: Dur 5E **155**
Leazes Pde. NE2: Newc T 2D **68**
Leazes Pk. Rd.
   NE1: Newc T 3B **4** (3E **69**)
Leazes Parkway
   NE15: Thro 6C **52**
Leazes Pl. DH1: Dur 2C **6** (5D **154**)
Leazes Ri. SR8: Pet 1F **165**
Leazes Rd. DH1: Dur 2A **6** (5C **154**)
Leazes Sq. NE1: Newc T 3C **4** (3F **69**)
Leazes Ter. NE1: Newc T 2B **4** (3E **69**)
Leazes Vw. NE39: Row G 3D **92**
Leazes Vs. NE16: Burn 1G **107**
Lecondale NE10: Hew 1F **99**
Lecondale Ct. NE10: Hew 1F **99**
Ledbury Rd. SR2: Sund 4D **118**
Leech Ct. SR8: Eas C 1F **163**
Leechmere Cres. SR7: S'hm 2E **141**
Leechmere Ind. Est.
   SR2: Sund 6E **119**
Leechmere Rd. SR2: Sund 5C **118**
Leechmere Vw. SR2: Ryh 1F **133**
Leechmere Way SR2: Ryh 1E **133**
   (not continuous)
Lee Cl. NE38: Wash 2F **115**
Leeds St. SR6: Ful 3D **104**
Leeholme DH5: Hou S 4B **138**
Leeholme Ct. DH9: Ann P 6G **121**
Leeming Gdns. NE9: Low F 5B **84**
Leesfield Dr. DH7: Mead 6E **159**
Leesfield Gdns. DH7: Mead 6E **159**
Leesfield Rd. DH7: Mead 6E **159**
Lees St. DH9: Stly 2D **122**
Lee St. NE23: Dud 2B **32**
   SR5: S'wck 4B **104**
   SR6: Ful 1D **104**
Lee Ter. DH5: Hett H 3D **148**
   SR8: Eas 1C **162**
Legg Av. NE22: Bed 2E **11**
Legges Dr. NE13: Sea B 3A **20**
Legion Gro. NE15: Den M 2D **66**
Legion Rd. NE15: Den M 2D **66**
Leicester Cl. NE28: W'snd 2G **59**
Leicester St. NE6: Walk 4E **71**
Leicestershire Dr. DH1: Carr 5B **156**
Leicester Wlk. SR8: Pet 5C **162**
Leicester Way NE32: Jar 2E **87**
Leighton Rd. SR2: Sund 5D **118**
Leighton St. NE6: Byke 3A **70**
   NE33: S Shi 5G **63**
Leighton Ter. DH3: Bir 2B **112**
Leith Ct. NE34: S Shi 4E **75**
Leith Gdns. DH9: Tan L 6B **108**

Lemberg Ho. NE8: Gate 6F **69**
(off Raven Rd.)
LEMINGTON 3A **66**
Lemington Gdns. NE5: Fen 2G **67**
Lemington Rd. NE15: Lem 2G **65**
Lemon St. NE33: S Shi 3D **74**
Lena Av. NE25: Monks 1A **48**
Lenin Ter. DH9: Stly 5D **122**
Lenore Ter. NE40: G'sde 1B **78**
Leominster Rd. SR2: Sund 5D **118**
Leonard Ho. SR3: New S 2A **132**
Leopold Ho. SR2: Sund 6E **7**
Leopold St. NE32: Jar 3F **73**
Lesbury Av. NE27: Shir 2C **46**
NE28: W'snd 4D **60**
Lesbury Chase NE3: Gos 6D **42**
Lesbury Cl. DH2: Ches S 2A **134**
Lesbury Gdns. NE13: W Op 5E **31**
Lesbury Rd. NE6: Heat 6B **58**
Lesbury St. NE15: Lem 3A **66**
NE38: W'snd 6G **61**
Leslie Av. NE31: Heb 4C **72**
Leslie Cl. NE40: Ryton 5E **65**
Leslie Cres. NE3: Gos 4E **57**
Letch, The NE12: Longb 4D **44**
Letch Av. SR7: Hawt 5G **151**
Letch Path NE15: Lem 2A **66**
Letch Way NE15: Lem 2A **66**
Letchwell Vs. NE12: Longb 4E **45**
Leuchars Ct. DH3: Bir 4C **112**
Leven Av. DH2: Ches S 2B **134**
Leven Ho. SR3: Silk 3A **132**
Levens Wlk. NE23: Cra 2G **21**
Leven Wlk. SR8: Pet 3C **164**
Levisham Cl. SR3: Tuns 2C **132**
Lewis Cres. SR2: Sund 2F **119**
Lewis Dr. NE4: Fen 3B **68**
Lewis Gdns. NE34: S Shi 6E **75**
Lexington Ct. DH7: B'don 6C **158**
Leybourne Av. NE12: Kil 4D **44**
Leybourne Dene NE12: Kil 3D **44**
Leybourne Hold DH3: Bir 1C **112**
Leyburn Cl. DH2: Ous 6F **111**
DH4: Hou S 2H **137**
Leyburn Ct. NE23: Cra 5A **22**
Leyburn Dr. NE7: H Hea 4A **58**
Leyburn Gro. DH4: Hou S 2G **137**
Leyburn Pl. DH3: Bir 1B **112**
Leyfield Cl. SR3: Dox P 4B **132**
Leyton Pl. NE8: Gate 3A **84**
Liberty Grn. NE38: Wash 1B **114**
Liberty Ter. DH9: Tant 5H **107**
Liberty Way SR6: Roker 5E **105**
Library Stairs NE30: N Shi 2D **62**
Library Ter. DH9: Ann P 5F **121**
Library Wlk. DH9: Ann P 4F **121**
Lichfield Av. NE6: Walk 5E **71**
Lichfield Cl. DH3: Gt Lum 5G **135**
NE3: Ken 6A **42**
Lichfield Ho. SR5: S'wck 2B **104**
Lichfield Rd. DH1: Dur 5D **144**
SR5: S'wck 2A **104**
Lichfield Way NE32: Jar 2E **87**
(not continuous)
Lidcombe Cl. SR3: Tuns 2B **132**
Liddell Ct. SR6: Roker 3F **105**
Liddells Fell Rd. NE21: Blay 1F **79**
Liddell St. NE30: N Shi 2D **62**
SR6: Monkw 1H **7** (5D **104**)
Liddell Ter. NE8: Gate 2F **83**
NE11: Kib 1E **111**
Liddle Av. DH6: S'burn 6D **156**
Liddle Cl. SR8: Pet 5B **162**
Liddle Ct. NE4: Newc T 4C **68**
Liddle Rd. NE4: Newc T 4C **68**

Liddles St. NE22: Bed 2D **10**
Lieven St. NE13: Haz 1C **42**
Life Science Cen. 6B **4** (5E **69**)
Liffey Rd. NE31: Heb 6D **72**
Lightbourne Rd. NE6: Walk 3G **71**
Lightfoot Sports Cen. 5F **71**
Lighthouse Vw. SR6: Whit 4F **77**
Lightwood Av. NE15: Scot 5E **67**
Lilac Av. DH1: Dur 2B **154**
DH5: Hou S 3B **138**
NE12: Longb 1F **45**
NE24: Bly 5B **12**
NE34: S Shi 4H **75**
SR3: Tuns 1B **132**
SR6: Whit 6F **77**
Lilac Cl. NE5: Cha P 3H **53**
Lilac Cres. NE16: Burn 1G **107**
Lilac Gdns. DH2: Pelt 2D **124**
NE9: Low F 5H **83**
NE16: Whi 4E **81**
NE38: Wash 6A **114**
SR6: Clead 1A **90**
Lilac Gro. DH2: Ches S 4A **126**
SR6: Ful 2D **104**
Lilac Pk. DH7: Ush M 6C **152**
Lilac Rd. NE6: Walk 6G **59**
Lilac Sq. DH4: Bour 6C **128**
Lilac St. SR4: Sund 1C **116**
Lilac Ter. DH9: Ann P 4E **121**
Lilac Wlk. NE31: Heb 6C **72**
Lilburn Cl. DH2: Ches S 3A **134**
NE6: Byke 5C **70**
NE36: E Bol 3E **89**
Lilburne Cl. SR1: Sund 6E **105**
Lilburn Gdns. NE3: Gos 3H **57**
Lilburn Pl. SR5: S'wck 4A **104**
Lilburn Rd. NE27: Shir 3C **46**
Lilburn St. NE29: N Shi 2B **62**
Lilian Av. NE28: W'snd 6E **60**
SR2: Ryh 1E **133**
Lilleycroft NE39: Row G 3F **93**
Lilley Gro. SR5: Sund 4D **102**
Lilley Ter. NE39: Row G 2F **93**
Lily Av. NE2: Jes 6G **57**
NE22: Bed 5B **10**
Lily Bank NE28: W'snd 5H **59**
Lily Cl. NE21: Winl 1G **79**
Lily Ct. DH9: Dip 1E **121**
Lily Cres. NE2: Jes 6G **57**
SR6: Whit 6F **77**
Lily Est. NE15: Thro 4D **52**
Lily Gdns. DH9: Dip 1E **121**
Lily St. SR4: Sund 6B **104**
Lily Ter. DH4: Nbot 5H **129**
SR5: West 4E **55**
Lilywhite Ter. DH5: Eas L 3D **148**
Lime Av. DH4: Hou S 2G **137**
Limecrag Av. DH1: Dur 4H **155**
Limecroft NE32: Jar 2G **87**
Lime Gro. NE40: Ryton 4B **64**
Limekiln Rd. NE28: W'snd 5B **60**
Lime Pk. DH7: B'don 5D **158**
Limes, The DH4: Pen 1F **129**
SR2: Sund 3D **118**
SR6: Whit 3E **91**
(off Front St.)
Limes Av. NE24: Bly 4B **12**
Lime Sq. NE1: Newc T 4A **70**
Limestone La. NE20: Pon 5A **26**
Lime St. DH9: Stly 6B **122**
NE1: Newc T 3A **70**
NE15: Thro 4D **52**
NE21: Blay 2B **80**
SR4: Sund 6B **104**
Limetree NE38: Wash 5C **114**

Limetrees Gdns. NE9: Low F 4H **83**
Limewood Ct. NE2: Newc T 1D **68**
Limewood Gro. NE13: W Op 6D **30**
Linacre Cl. NE3: Ken 1F **55**
Linacre Ct. SR8: Pet 2B **164**
Linbridge Dr. NE5: W Dent 6B **54**
Linburn NE38: Wash 1H **127**
Lincoln Av. NE28: W'snd 4G **59**
SR3: New S 1A **132**
Lincoln Ct. NE31: Heb 4B **72**
Lincoln Cres. DH5: Hett H 1B **148**
Lincoln Grn. NE3: Gos 4E **43**
Lincoln Rd. DH1: Dur 6D **144**
NE23: Cra 5C **16**
NE34: S Shi 2B **76**
Lincolnshire Cl. DH1: Carr 4A **156**
Lincoln St. NE8: Gate 2G **83**
SR4: Sund 6H **103**
Lincoln Wlk. DH3: Gt Lum 4G **135**
SR8: Pet 5C **162**
Lincoln Way NE32: Jar 2F **87**
(not continuous)
Lincrest Ct. NE5: West 5D **54**
Lindale Av. NE16: Whi 6E **81**
Lindale Rd. NE4: Fen 1A **68**
Lindean Pl. NE23: Cra 3H **21**
Linden NE9: Low F 1D **98**
Linden Av. NE3: Gos 3E **57**
NE4: Fen 2H **67**
Linden Gdns. SR2: Sund 4C **118**
Linden Gro. DH4: Hou S 3H **137**
NE11: Dun 3C **82**
Linden Pk. DH7: B'don 5D **158**
Linden Rd. DH7: Bear P 4D **152**
NE3: Gos 3E **57**
NE12: Longb 1D **58**
NE21: Blay 1B **80**
NE25: Sea D 6H **23**
SR2: Sund 4C **118**
Linden Ter. NE9: Spri 4F **99**
NE12: Longb 6D **44**
NE26: Whit B 6D **36**
Linden Way DH9: Eigh B 3C **98**
(not continuous)
NE20: Darr H 2C **38**
Lindfield Av. NE5: Blak 6F **55**
Lindisfarne DH1: H Shin 4H **161**
NE38: Wash 3A **114**
SR2: Ryh 3E **133**
SR8: Pet 3C **164**
Lindisfarne Av. DH3: Ches S 6D **126**
Lindisfarne Cl. DH2: Ches S . . .2A **134**
DH4: Hou S 1G **137**
NE2: Jes 5H **57**
NE5: W Dent 6D **54**
Lindisfarne Ct. NE32: Jar 3B **74**
Lindisfarne Dr. NE8: Gate 1H **83**
Lindisfarne Pl. NE28: W'snd 4B **60**
Lindisfarne Recess NE32: Jar 5H **73**
Lindisfarne Ri. DH1: Dur 2D **154**
Lindisfarne Rd. DH1: Dur 2D **154**
NE2: Jes 5H **57**
NE31: Heb 6C **72**
NE32: Jar 5H **73**
Lindisfarne Ter. NE30: N Shi 6C **48**
Lindom Av. DH3: Ches S 6D **126**
Lindon Mnr. NE12: Kil 1C **44**
Lindon Rd. DH9: Stly 4C **122**
Lindrick Ct. NE10: Ward 4A **86**
Lindrick Pk. DH5: Hett H 2D **148**
Lindsay Av. NE24: Cow 5A **12**
Lindsay Cl. SR2: Sund 2E **119**
Lindsay Ct. SR6: Whit 1F **91**
Lindsay Rd. SR1: Sund 1E **119**
SR2: Sund 1E **119**

Lindsay St. DH5: Hett H . . . 5D **138**
Lindsey Cl. NE23: Cra . . . 3G **21**
Lindum Rd. NE9: Low F . . . 3H **83**
Lines, The NE12: Longb . . . 4C **44**
Linfield SR2: Ryh . . . 2E **133**
Lingcrest NE9: Low F . . . 6C **84**
Lingdale DH1: Carr . . . 4B **156**
Lingdale Av. SR6: Seab . . . 5E **91**
Lingey Gdns. NE10: Ward . . . 3A **86**
Lingey La. NE10: Ward . . . 4H **85**
Lingfield DH5: Hou S . . . 4B **138**
Lingholme DH2: Ches S . . . 5A **126**
Lingmell NE37: Wash . . . 1H **113**
Lingshaw NE10: Hew . . . 4H **85**
Lingside NE32: Jar . . . 1G **87**
Linhope Av. NE3: Ken . . . 6B **42**
Linhope Rd. NE5: West . . . 5D **54**
Link Av. NE22: Bed . . . 4F **9**
Link Rd. NE5: Fen . . . 5A **56**
NE13: Haz . . . 1C **42**
Links, The DH1: Carr . . . 3B **156**
NE26: Sea S . . . 3G **25**
NE26: Whit B . . . 2B **36**
Links Av. NE26: Whit B . . . 4B **36**
NE30: Cull . . . 3E **49**
Links Ct. NE26: Whit B . . . 4C **36**
Links Grn. NE3: Gos . . . 1F **57**
Links Grn. Wlk. NE3: Gos . . . 1F **57**
Links Rd. NE24: Bly . . . 3D **18**
NE26: Bly, Sea S . . . 4D **18**
NE30: Cull . . . 2E **49**
Links Vw. NE24: News . . . 3A **18**
Links Wlk. NE5: West . . . 5D **54**
Linkway NE32: Jar . . . 2H **87**
Linley Hill NE16: Whi . . . 6C **80**
Linnel Dr. NE15: Lem . . . 2C **66**
Linnet Cl. NE38: Wash . . . 4G **113**
Linnet Gro. SR5: Sund . . . 4E **103**
Linnetsfield *NE6: Walk . . . 1F 71*
(off Northmoor Rd.)
Linney Gdns. NE34: S Shi . . . 5C **74**
Linskell SR2: Ryh . . . 1E **133**
Linskill Pl. NE3: Ken . . . 4B **56**
NE30: N Shi . . . 6D **48**
Linskill St. NE30: N Shi . . . 2D **62**
Linskill Ter. NE30: N Shi . . . 1D **62**
Linslade Wlk. NE23: Cra . . . 3H **21**
Lintfort NE38: Wash . . . 2E **127**
Linthorpe Ct. NE34: S Shi . . . 4C **74**
Linthorpe Rd. NE3: Gos . . . 6E **43**
NE30: Cull . . . 4D **48**
Linton NE12: Kil . . . 6D **32**
Linton Rd. NE9: Low F . . . 2H **97**
NE26: Whit B . . . 2A **36**
LINTZ . . . **1F 107**
LINTZFORD . . . **6C 92**
Lintzford Cl. NE39: Row G . . . 5D **92**
Lintzford Gdns. NE15: Lem . . . 2C **66**
NE39: Row G . . . 5D **92**
Lintzford La. NE39: Row G . . . 3A **92**
Lintzford Rd.
NE39: Ham M, Row G . . . 2A **106**
LINTZ GREEN . . . **2C 106**
Lintz Grn. La. NE39: Ham M . . . 1C **106**
Lintz La. NE16: Burn . . . 2C **106**
Lintz Ter. DH9: Stly . . . 4A **122**
NE16: Burn . . . 1F **107**
Linum Pl. NE4: Fen . . . 1A **68**
Linwood Pl. NE3: Gos . . . 4E **43**
Lion Pl. SR4: Sund . . . 1C **116**
Lion Wlk. NE29: N Shi . . . 4B **62**
Lipman Bldg.
NE1: Newc T . . . 1E **5** (2G **69**)
Lisa Av. SR4: Sund . . . 2C **116**
Lisburn Ter. SR4: Sund . . . 6A **104**
Lish Av. NE26: Whit B . . . 1E **49**
Lishman Ter. NE40: Craw . . . 5A **64**
Lisle Ct. NE28: W'snd . . . 5H **59**
Lisle Gro. NE28: W'snd . . . 4E **61**
Lisle Rd. NE34: S Shi . . . 2H **75**
Lisle St. NE1: Newc T . . . 3D **4** (3F **69**)
NE28: W'snd . . . 5H **59**
Lismore Av. NE33: S Shi . . . 2F **75**
Lismore Pl. NE15: Benw . . . 3H **67**
Lismore Ter. NE9: Spri . . . 4F **99**
Lister Av. NE11: Dun . . . 2B **82**
Lister Cl. DH5: Hou S . . . 5H **137**
Lister Rd. SR8: Pet . . . 5A **162**
Listers La. NE9: Low F . . . 3A **84**
Lister St. NE15: Scot . . . 5D **66**
Litchfield Cres. NE21: Winl . . . 2H **79**
Litchfield La. NE21: Winl . . . 2H **79**
Litchfield St. NE21: Winl . . . 2H **79**
Litchfield Ter. NE21: Winl . . . 2H **79**
Lit. Bedford St.
NE29: N Shi . . . 2C **62**
Littlebridge Ct. DH1: Dur . . . 6A **144**
LITTLEBURN . . . **4G 159**
Littleburn Cl. DH4: Hou S . . . 1G **137**
Littleburn Ind. Est.
DH7: Lang M . . . 5H **159**
Littleburn La. DH7: Lang M . . . 4G **159**
Littleburn Rd. DH7: Lang M . . . 4G **159**
Little Dene NE2: Jes . . . 4F **57**
Littledene NE9: Low F . . . 4H **83**
Little Eden SR8: Pet . . . 6D **162**
Little Mus. of Gilesgate, The . . . **5F 155**
Little Theatre, The . . . **3H 83**
LITTLE THORPE . . . **3C 162**
LITTLETOWN . . . **4H 157**
Littletown La. DH6: Litt . . . 5H **157**
Lit. Villiers St.
SR1: Sund . . . 3H **7** (6E **105**)
(not continuous)
Little Way NE15: Scot . . . 5F **67**
Litton Ct. SR3: Silk . . . 3H **131**
Littondale NE28: W'snd . . . 3F **59**
Liverpool St.
NE1: Newc T . . . 3C **4** (3F **69**)
Live Theatre . . . **6F 5 (5G 69)**
Livingstone Pl. NE33: S Shi . . . 3E **63**
Livingstone Rd.
SR1: Sund . . . 3E **7** (6C **104**)
Livingstone St. NE33: S Shi . . . 3F **63**
Livingstone Vw. NE30: Tyne . . . 6E **49**
Lizard La. NE34: S Shi . . . 3D **76**
SR6: Whit . . . 6E **77**
Lizard La. Cvn. & Camping Site
NE34: S Shi . . . 3D **76**
Lizard Vw. SR6: Whit . . . 6E **77**
Lloyd Av. DH5: E Rain . . . 1G **147**
Lloyd Ct. NE11: Dun . . . 1A **82**
Lobban Av. NE31: Heb . . . 6B **72**
Lobelia Av. NE10: Gate . . . 1B **84**
Lobelia Cl. NE5: Cha P . . . 4H **53**
Lobley Gdns. NE11: Dun . . . 5C **82**
LOBLEY HILL . . . **5C 82**
Lobley Hill DH7: Mead . . . 5F **159**
Lobley Hill Rd. NE8: Gate . . . 5C **82**
NE11: Lob H . . . 5C **82**
Lobleyhill Rd. NE16: Burn, Sun . . . 6A **94**
Local Av. DH6: S Hil . . . 6G **157**
Lochcraig Pl. NE23: Cra . . . 3G **21**
Lochfield Gdns. NE11: Kib . . . 1E **111**
Lochmaben Ter. SR5: Monkw . . . 3D **104**
Lockerbie Gdns. NE15: Lem . . . 2C **66**
Lockerbie Rd. NE23: Cra . . . 3H **21**
LOCKHAUGH . . . **1G 93**
Lockhaugh Rd. NE39: Row G . . . 2G **93**
Locksley Cl. NE29: N Shi . . . 4F **47**
Locomotion Way NE12: Kil . . . 6B **32**
NE29: N Shi . . . 4C **62**
Lodge Cl. NE39: Ham M . . . 2A **106**
Lodgeside Mdw. SR3: Dox P . . . 4B **132**
Lodges Rd., The NE9: Low F . . . 2G **97**
Lodge Ter. NE28: W'snd . . . 5B **60**
Lodore Ct. SR3: Silk . . . 3H **131**
Lodore Gro. NE32: Jar . . . 6H **73**
Lodore Rd. NE2: Jes . . . 4F **57**
Lodsworth Dr. NE23: Cra . . . 5A **22**
Loefield DH3: Gt Lum . . . 3G **135**
Lofthill SR3: Dox P . . . 4G **131**
Logan Rd. NE6: Walk . . . 6F **59**
Logan St. DH5: Hett H . . . 2C **148**
Logan Ter. *DH6: S Het . . . 5G 149*
(off Front St.)
Lola St. NE13: Haz . . . 1B **42**
Lombard Dr. DH3: Ches S . . . 2C **126**
Lombard Pl. DH3: Gt Lum . . . 4G **135**
Lombard St.
NE1: Newc T . . . 6F **5** (5G **69**)
SR1: Sund . . . 6E **105**
Lomond Cl. NE38: Wash . . . 4H **113**
Lomond Ct. SR3: Silk . . . 3A **132**
Lomond Pl. DH2: Ches S . . . 2B **134**
London Av. NE37: Wash . . . 4H **99**
Londonderry Bungs.
SR8: Eas C . . . 1D **162**
Londonderry Ct. SR7: S'hm . . . 3B **142**
Londonderry St. SR3: New S . . . 2A **132**
SR7: S'hm . . . 6C **142**
Londonderry Ter. SR3: New S . . . 2B **132**
SR8: Eas C . . . 1D **162**
Londonderry Way DH4: Pen . . . 2E **129**
Longacre DH4: Hou S . . . 3G **137**
NE38: Wash . . . 6C **114**
Long Acres DH1: Dur . . . 4F **155**
Long Bank DH3: Bir . . . 6C **98**
NE9: Eigh B, Wrek . . . 5B **98**
LONGBENTON . . . **1A 58**
Longbenton Station (Metro) . . . **2A 58**
Longborough Ct. NE3: Gos . . . 3A **58**
Long Burn Dr. DH2: Ches S . . . 1A **134**
Long Cl. Rd. NE39: Ham M . . . 2A **106**
Long Crag NE37: Wash . . . 2G **113**
Long Dale DH2: Ches S . . . 1A **134**
Longdean Cl. NE31: Heb . . . 4A **72**
Longdean Pk. DH3: Ches S . . . 3C **126**
Longfellow St. DH5: Hou S . . . 4A **138**
Long Fld. Cl. NE34: S Shi . . . 5F **75**
Longfield Rd. SR6: Ful . . . 2D **104**
Longfield Ter. NE6: Walk . . . 5G **71**
Long Gair NE21: Winl . . . 3G **79**
Long Gth. DH1: Dur . . . 3H **153**
Long Headlam NE6: Byke . . . 3C **70**
Longhirst NE5: West . . . 5D **54**
NE10: Hew . . . 4G **85**
NE12: Kil . . . 6D **32**
Longhirst Dr. NE13: W Op . . . 6D **30**
NE23: Cra . . . 5A **22**
Longlands Dr. DH5: Hou S . . . 4A **138**
Longleat Gdns. NE33: S Shi . . . 4F **63**
Longley St. NE4: Newc T . . . 3C **68**
Long Mdw. Cl. NE40: Craw . . . 6A **64**
Longmeadows NE20: Darr H . . . 2B **38**
SR3: E Her . . . 3E **131**
Longnewton St. SR7: S'hm . . . 6B **142**
Longniddry NE37: Wash . . . 2A **100**
Longniddry Ct. NE9: Low F . . . 2G **97**
Longridge NE21: Winl . . . 2G **79**
Longridge Av. NE7: H Hea . . . 4D **58**
NE38: Wash . . . 4G **113**
Longridge Dr. NE26: Whit B . . . 4A **36**
Longridge Rd. NE21: Blay . . . 1C **78**
Longridge Sq. SR2: Sund . . . 5D **118**

Longridge Way NE22: Bed 1A **10**
NE23: Cra 3H **21**
Longrigg NE10: Hew 4F **85**
NE16: Swa 1E **81**
Long Row NE33: S Shi 3D **62**
LONG SANDS **4F 49**
Longshank La. DH3: Bir 1A **112**
Longstaff Gdns. NE34: S Shi 5B **74**
Long Stairs
NE1: Newc T 6E **5** (5G **69**)
Longston Av. NE30: Cull 2D **48**
Longstone NE9: Low F 1H **97**
Longstone Ct. NE12: Kil 1E **45**
Longstone Sq. NE5: W Dent 6B **54**
Longthorpe Cl. NE30: Cull 4C **48**
Longwood Cl. NE16: Sun 2F **95**
Lonnen, The NE34: S Shi 4B **76**
NE40: Ryton 4E **65**
Lonnen Av. NE4: Fen 1H **67**
Lonnen Dr. NE16: Swa 3E **81**
Lonsdale DH3: Bir 6E **113**
Lonsdale Av. NE24: Cow 5E **11**
SR6: Seab 5E **91**
Lonsdale Ct. NE2: Jes 5G **57**
NE34: S Shi 5C **74**
Lonsdale Gdns. NE28: W'snd 3E **61**
Lonsdale Rd. SR6: Roker 3E **105**
Lonsdale Ter. NE2: Jes 5G **57**
Lookout Farm NE26: Sea S 3F **25**
Loraine Ter. NE15: Lem 3A **66**
Lord Armstrong Memorial **1D 4**
Lord Byrons Wlk. SR7: S'hm 2F **141**
Lordenshaw NE5: West 5D **54**
Lord Gort Cl. SR5: S'wck 4A **104**
Lord Nelson St. NE33: S Shi 3D **74**
Lord St. NE1: Newc T 6A **4** (5E **69**)
NE33: S Shi 6G **63**
SR3: New S 2B **132**
SR7: S'hm 4B **142**
Lorimers Cl. SR8: Pet 3B **164**
Lorne St. DH5: Eas L 5D **148**
Lorne Ter. SR2: Sund 2C **118**
Lorrain Rd. NE34: S Shi 1F **89**
Lort Ho. NE2: Newc T 2G **5** (3H **69**)
Lorton Av. NE30: Cull 3C **48**
Lorton Rd. NE9: Low F 1A **98**
Losh Ter. NE6: Walk 4F **71**
Lossiemouth Rd. NE29: N Shi 2G **61**
Lothian Cl. DH3: Bir 6D **112**
SR4: Sund 4F **117**
Lothian Ct. NE5: Blak 4G **55**
Lotus Cl. NE5: Cha P 4H **53**
Lotus Pl. NE4: Fen 2H **67**
Loudon St. NE34: S Shi 4E **75**
Loud Ter. DH9: Ann P 5D **120**
Loud Vw. Ter. DH9: Ann P 6E **121**
Loughborough Av. NE30: Tyne 4E **49**
SR2: Sund 4C **118**
Lough Ct. NE9: Low F 6B **84**
Loughrigg Av. NE23: Cra 3G **21**
Louie Ter. NE9: Low F 6A **84**
Louisa Cen., The **3C 122**
Louisa Ter. DH9: Stly 3C **122**
Louis Av. SR6: Ful 2D **104**
Louise Ho. SR2: Sund 6E **7**
Louise Ter. DH3: Ches S 6C **126**
Louisville NE20: Pon 4F **27**
Loup St. NE21: Blay 6A **66**
Loup Ter. NE21: Blay 6A **66**
Louvain Ter. DH5: Hett H 6C **138**
Louvain Ter. W. DH5: Hett H 6C **138**
Lovaine Av. NE25: Whit B 1C **48**
NE29: N Shi 2C **62**
Lovaine Hall
NE1: Newc T 1F **5** (2G **69**)
Lovaine Pl. NE29: N Shi 2C **62**
Lovaine Pl. W. NE29: N Shi 2B **62**
Lovaine Row NE30: Tyne 5F **49**
Lovaine St. DH2: Pelt 3E **125**
NE15: Newb 1E **65**
Lovaine Ter. NE29: N Shi 1C **62**
Love Av. NE23: Dud 4B **32**
Love Av. Cotts. NE23: Dud 3B **32**
Lovelady Ct. *NE30: Tyne 6F 49*
(off St Oswin's Pl.)
Love La. NE1: Newc T 5G **5** (4H **69**)
NE21: Winl 2H **79**
Loveless Gdns. NE10: Ward 3H **85**
Lovett Wlk. NE8: Gate 1E **83**
Lowbiggin NE5: West 2C **54**
Low Bri. NE1: Newc T 5E **5** (4G **69**)
Low Carrs Cvn. Pk. DH1: Dur . . .6B **144**
Low Chare DH3: Ches S 6C **126**
Low Chu. St. DH9: Ann P 4F **121**
Lowdham Av. NE29: N Shi 3A **62**
Lowdon Ct. NE2: Newc T 2E **69**
Low Downs Rd. DH5: Hett H 5C **138**
Low Downs Sq. DH5: Hett H 5D **138**
Lwr. Crone St. *NE27: Shir 1D 46*
(off Up. Crone St.)
Lwr. Dundas St. SR6: Monkw . . .5D **104**
Lwr. Promenade NE30: Tyne 5G **49**
Lwr. Rudyerd St. NE29: N Shi 2D **62**
Lowerson Av. DH4: S Row 4E **129**
LOWE'S BARN **2H 159**
Lowe's Barn Bank DH1: Dur 2H **159**
Lowes Ct. DH1: Dur 1A **160**
Lowes Fall DH1: Dur 1A **160**
Lowes Ri. DH1: Dur 1A **160**
Loweswater Av. DH2: Ches S . . .2B **134**
DH5: Eas L 5E **149**
Loweswater Cl. NE24: Cow 4F **11**
Loweswater Rd. NE5: Den M 1F **67**
NE9: Low F 1A **98**
Loweswood Cl. NE7: H Hea 6A **58**
Lowes Wynd DH1: Dur 1A **160**
LOW FELL **6H 83**
Lowfield Ter. NE6: Walk 5F **71**
Lowfield Wlk. NE16: Whi 4E **81**
Low Flatts Rd. DH3: Ches S 3C **126**
Low Fold NE6: Byke 4B **70**
LOW FRIARSIDE **6D 92**
Low Friar St.
NE1: Newc T 5C **4** (4F **69**)
Low Gosforth Ct. NE3: Gos 4F **43**
Low Grn. DH1: Shin 3F **161**
LOW GREENSIDE **1A 78**
Low Haugh NE20: Pon 4F **27**
Low Heworth La. NE10: Hew 1F **85**
Lowhills Rd. SR8: Pet 5B **162**
Lowick Cl. DH3: Bir 6D **112**
Lowick Ct. NE3: Gos 3G **57**
Lowland Cl. SR3: Dox P 4A **132**
Lowland Ho. DH7: B'don 5D **158**
Lowland Rd. DH7: B'don 5D **158**
Low La. NE34: S Shi 4E **75**
Lowleam Ct. NE5: West 6D **54**
Low Level Bri. NE1: Newc T 4A **70**
NE6: Byke 4A **70**
LOW LIGHTS **1E 63**
Low Mann Pl. NE23: Cra 3B **22**
Low Mdws. SR6: Clead 2A **90**
Low Mill Vs. NE21: Blay 1A **80**
Low Moor Cotts. DH1: P Me 4D **144**
LOW MOORSLEY **4A 148**
Lownds Ter. NE6: Walk 3E **71**
LOW PITTINGTON **1F 157**
Lowrey's La. NE9: Low F 6H **83**
Low Rd. DH1: Shin 3F **161**
Low Rd. E. DH1: Shin 3F **161**
Low Rd. W. DH1: Shin 3F **161**
Low Row NE40: Ryton 6E **65**
SR1: Sund 4E **7** (1C **118**)
SR8: Eas 1B **162**
Lowry Gdns. NE34: S Shi 1F **89**
Lowry Rd. SR6: Seab 6E **91**
LOW SOUTHWICK **4B 104**
Low Sta. Rd. DH4: Leam 3C **146**
Low St. SR1: Sund 6E **105**
Lowther Av. DH2: Ches S 1B **134**
(not continuous)
Lowther Cl. SR8: Pet 6D **162**
Lowther Ct. SR8: Pet 5B **164**
Lowther Sq. NE23: Cra 3G **21**
Lowthian Cres. NE6: Walk 4E **71**
Lowthian Ter. NE38: Wash 3D **114**
LOW WALKER **3H 71**
Low Well Gdns. NE10: Fall 2E **85**
Low W. Av. NE39: Row G 4C **92**
Loxton Sq. NE23: Cra 6A **22**
Lucknow St. SR1: Sund 6F **105**
Lucock St. NE34: S Shi 4D **74**
Lucombe Cl. DH4: S Row 4D **128**
Lucy St. DH3: Ches S 5C **126**
NE21: Blay 6B **66**
Ludlow Av. NE29: N Shi 5A **48**
Ludlow Ct. NE3: Ken 6A **42**
Ludlow Dr. NE25: Monks 6F **35**
Ludlow Rd. SR2: Sund 5D **118**
Luffness Dr. NE34: S Shi 6H **75**
Luke Ct. SR8: Pet 3D **164**
Luke Cres. SR7: Mur 2B **150**
Lukes La. NE31: Gate, Heb 1D **86**
Lulsgate SR5: Sund 4C **102**
Lulworth Av. NE32: Jar 4H **73**
Lulworth Ct. SR3: E Her 2E **131**
Lulworth Gdns. SR2: Sund 4C **118**
Lumley Av. NE16: Swa 2F **81**
NE34: S Shi 3B **76**
Lumley Cl. DH2: Ches S 6B **126**
NE38: Wash 2H **113**
Lumley Ct. NE22: Bed 3C **10**
NE31: Heb 1D **72**
SR3: E Her 2E **131**
Lumley Cres. DH4: Nbot 5G **129**
Lumley Dr. SR8: Pet 4D **164**
Lumley Gdns. NE8: Gate 2B **84**
NE16: Burn 2E **107**
(not continuous)
Lumley New Rd.
DH3: Ches S, Gt Lum 1F **135**
DH4: Hou S 1F **135**
Lumley Rd. DH1: Dur 6C **144**
Lumley Sixth Pit DH4: Hou S 1B **136**
Lumley St. DH4: Hou S 1H **137**
SR4: Sund 1A **118**
Lumley Ter. DH3: Ches S 1D **134**
NE32: Jar 6F **73**
SR2: Ryh 3F **133**
LUMLEY THICKS **2A 136**
Lumley Twr. SR1: Sund 6E **105**
Lumley Wlk. NE11: Dun 2C **82**
Lumley Way NE3: Gos 4C **42**
Lumsden Sq. SR7: Mur 2B **150**
Lumsden Ter. DH9: Ann P 4E **121**
Lund Av. DH1: Dur 1B **154**
Lund Ct. DH1: Dur 1B **154**
Lunedale Av. SR6: Seab 6C **90**
Lunedale Cl. DH3: Gt Lum 5H **135**
Lune Grn. NE32: Jar 1G **87**
Lunesdale St. DH5: Hett H 3C **148**
Lupin Cl. NE5: Cha P 3A **54**
Luss Av. NE32: Jar 6A **74**
Luton Cres. NE29: N Shi 3H **61**
Lutterworth Cl. NE12: Longb 2B **58**

Lutterworth Pl. NE12: Longb 2B **58**
Lutterworth Rd. NE12: Longb 2B **58**
   SR2: Sund 4C **118**
Luxembourg Rd. SR4: Sund 6F **103**
Lychgate Ct. NE8: Gate 6H **69**
Lydbury Cl. NE23: Cra 6C **16**
Lydcott NE38: Wash 2F **115**
Lydford Cl. DH4: Nbot 6G **129**
   NE3: Ken 1G **55**
Lydford Way DH3: Bir 4D **112**
Lydney Cl. NE15: Thro 6C **52**
Lyncroft Rd. NE29: N Shi 1A **62**
Lyndale NE23: Cra 6C **16**
Lynden Gdns. NE5: West 4E **55**
Lynden Ga. NE9: Low F 2A **98**
Lynden Rd. SR2: Ryh 1F **133**
LYNDHURST 1H **97**
Lyndhurst Av. DH3: Ches S 3C **126**
   NE2: Jes 5G **57**
   NE9: Low F 1H **97**
Lyndhurst Cl. NE21: Winl 3G **79**
Lyndhurst Cres. NE9: Low F 1A **98**
Lyndhurst Dr. DH1: Dur 6A **154**
   NE9: Low F 1A **98**
Lyndhurst Gdns. NE2: Jes 5F **57**
Lyndhurst Grn. NE9: Low F 1H **97**
Lyndhurst Gro. NE9: Low F 1A **98**
Lyndhurst Rd. DH9: Stly 3B **122**
   NE12: Longb 6D **44**
   NE25: Monks 6A **36**
Lyndhurst St. NE33: S Shi 5F **63**
Lyndhurst Ter. NE16: Swa 2E **81**
   SR4: Sund 5G **103**
Lyndon Cl. NE36: E Bol 4D **88**
Lyndon Dr. NE36: E Bol 4D **88**
Lyndon Gro. NE36: E Bol 4D **88**
Lyndon Wlk. NE24: Cow 5F **11**
Lyne Cl. DH2: Ous 1H **125**
Lynes Dr. DH7: Lang M 4F **159**
Lynfield NE26: Whit B 4A **36**
Lynfield Ct. NE5: Blak 4F **55**
Lynfield Pl. NE5: Blak 4F **55**
Lynford Gdns. SR2: Sund 4C **118**
Lyngrove SR2: Ryh 1F **133**
Lynholm Gro. NE12: Longb 5D **44**
Lynmouth Pl. NE7: H Hea 4B **58**
Lynmouth Rd. NE9: Low F 2H **97**
   NE29: N Shi 2G **61**
Lynndale Av. NE24: Cow 6G **11**
Lynneholm Ct. NE8: Gate 3A **84**
Lynnholm Cl. NE7: H Hea 5B **58**
Lynnholme Gdns. NE9: Low F 3H **83**
   (not continuous)
Lynn Rd. NE28: W'snd 6G **59**
   NE29: N Shi 6H **47**
Lynn St. DH3: Ches S 1C **134**
   NE24: Bly 6B **12**
Lynnwood Av. NE4: Elsw 4B **68**
Lynnwood Bus. Development Cen.
   NE4: Elsw 4C **68**
Lynnwood Ter. NE4: Elsw 4B **68**
Lynthorpe SR2: Ryh 1F **133**
Lynthorpe Gro. SR6: Ful 1E **105**
Lynton Av. NE32: Jar 4A **74**
Lynton Ct. DH4: Nbot 6G **129**
   NE5: Blak 4F **55**
Lynton Pl. NE5: Blak 4F **55**
Lynton Way NE5: Blak 4F **55**
Lynwood Av. NE21: Blay 6A **66**
   SR4: Sund 5C **116**
Lynwood Cl. NE20: Darr H 3C **38**
LYONS .3D **148**
Lyons, The DH5: Eas L 3D **148**
Lyons Av. DH5: Eas L 3D **148**
Lyons Ct. NE10: Pel 2G **85**

Lyons La. DH5: Eas L 4E **149**
Lyon St. NE31: Heb 3B **72**
Lyric Cl. NE29: N Shi 5G **47**
Lysander Dr. NE6: Walk 5G **71**
Lysdon Av. NE25: New Hart 3B **24**
Lyster Cl. SR7: S'hm 2E **141**
Lytchfeld NE10: Hew 4G **85**
   (not continuous)
Lytham Cl. NE23: Cra 3G **21**
   NE28: W'snd 6C **46**
   NE37: Wash 3A **100**
Lytham Dr. NE25: Monks 6H **35**
Lytham Grange DH4: S Row 5E **129**
Lytham Grn. NE10: Bill Q 1H **85**
Lytham Pl. NE6: Walk 4E **71**
Lythe Way NE12: Longb 1C **58**

M

Mabel St. NE21: Blay 6A **66**
Macadam St. NE8: Gate 4F **83**
McAnany Av. NE34: S Shi 4F **75**
Macbeth Wlk. SR8: Hor 1H **165**
McClaren Way DH4: W Herr 2B **130**
McCracken Cl. NE8: Gos 5E **43**
McCracken Dr. NE13: W Op 4E **31**
McCutcheon Ct. NE6: Walk 6E **71**
McCutcheon St. SR7: S'hm 2E **141**
Macdonald Rd. NE4: Benw 5H **67**
McErlane Sq. NE10: Pel 2G **85**
McEwan Gdns. NE4: Elsw 4B **68**
McEwans Indoor Cricket Cen.
   . . . . .5H **137**
McGowen Ct. NE6: Byke 4C **70**
McGuinness Av. SR8: Hor 4E **163**
   (not continuous)
McIlvenna Gdns. NE28: W'snd . . .3G **59**
McIntyre Hall NE31: Heb 2D **72**
McIntyre Rd. NE31: Heb 2D **72**
McKendrick Vs. NE5: Fen 6H **55**
Mackintosh Ct. DH1: Dur 5F **155**
McLennan Ct. NE38: Wash 1B **114**
Maclynn Cl. SR3: Silk 3G **131**
Macmerry Cl. SR5: Sund 5B **102**
Macmillan Gdns. NE10: Ward 3G **85**
McNally Pl. DH1: Dur 5F **155**
McNamara Rd. NE28: W'snd 4C **60**
McNulty Ct. NE23: Dud 3H **31**
Maddison Ct. SR1: Sund 6F **105**
Maddison Gdns. NE23: Seg 2E **33**
Maddison St. NE24: Bly 5C **12**
Maddox Rd. NE12: Longb 1D **58**
Madeira Av. NE26: Whit B 4B **36**
Madeira Cl. NE5: Cha P 3A **54**
Madeira Ter. NE33: S Shi 6F **63**
Madras St. NE34: S Shi 5C **74**
Madrona Cl. DH4: S Row 4D **128**
Mafeking Pl. NE29: N Shi 4F **47**
Mafeking St. NE6: Walk 6F **71**
   NE9: Low F 3A **84**
   SR4: Sund 6H **103**
Magdalene Av. DH1: Carr 3A **156**
Magdalene Ct. DH1: Dur 5E **155**
   (off Leazes La.)
   NE2: Newc T 1D **68**
   SR7: S'hm 3B **142**
Magdalene Hgts. DH1: Dur 5E **155**
   (off Leazes La.)
Magdalene Pl. SR4: Sund 6H **103**
Magdalene St. DH1: Dur 5E **155**
Magenta Cres. NE5: Cha P 2A **54**
Maglona St. SR7: S'hm 5B **142**
Magnolia Cl. NE4: Fen 2H **67**
Magnolia Gro. NE16: Burn 1H **107**

Mahogany Row DH9: Beam 6H **109**
Maidenhair DH4: S Row 4D **128**
Maiden La. NE40: G'sde 1A **78**
Maiden Law DH4: Hou S 4E **137**
Maiden St. NE4: Newc T 6D **68**
Maidens Wlk. NE8: Gate 5H **69**
Maidstone Cl. SR3: Dox P 3F **131**
Maidstone Ter. DH4: Nbot 5H **129**
Main Cres. NE28: W'snd 3F **59**
Maingate NE11: T Vall 4E **83**
Main Rd. NE13: Din 4F **29**
   NE13: Wool 6F **41**
   NE40: Ryton 4A **64**
Mains Ct. DH1: Dur 2A **154**
Mainsforth Ter. SR2: Sund 2F **119**
Mainsforth Ter. W. SR2: Sund . . .3E **119**
Mains Pk. Rd. DH3: Ches S 6D **126**
Mainstone Cl. NE23: Cra 3A **22**
Main St. NE20: Pon 5E **27**
   NE40: Craw 5A **64**
Main St. Nth. NE23: Seg 2F **33**
Main St. Sth. NE23: Seg 2F **33**
Makendon St. NE31: Heb 2C **72**
Makepeace Ter. NE9: Spri 4F **99**
Malaburn Way SR5: S'wck 4A **104**
Malaga Cl. NE5: Cha P 3H **53**
Malaya Dr. NE6: Walk 4H **71**
Malcolm Ct. NE25: Monks 1H **47**
Malcolm St. NE6: Heat 3A **70**
   SR7: S'hm 5B **142**
Malden Cl. NE23: Cra 3H **21**
Maling Pk. SR4: Sund 6D **102**
Malings Cl. SR1: Sund 1F **119**
Maling St. NE6: Byke 4A **70**
Mallard Cl. NE38: Wash 3F **113**
Mallard Ct. NE12: Kil 1C **44**
Mallard Lodge NE10: Fall 3D **84**
Mallard Way DH4: W Rai 5F **137**
   NE24: News 4D **18**
   NE28: W'snd 1E **61**
Mallowburn Cres. NE3: Ken 3G **55**
Malmo Cl. NE29: N Shi 2F **61**
Malone Gdns. DH3: Bir 1C **112**
Malory Pl. NE8: Gate 1H **83**
Maltby Cl. NE38: Wash 3B **114**
   SR3: Dox P 4G **131**
Malt Cres. SR8: Hor 6F **163**
Malthouse Way NE5: Blak 3F **55**
Maltings, The DH1: Dur 3A **6**
   SR3: Tuns 2C **132**
Malton Cl. NE15: Lem 3C **66**
   NE24: Cow 6H **11**
Malton Ct. NE32: Jar 2E **73**
Malton Cres. NE29: N Shi 3A **62**
Malton Gdns. NE28: W'snd 3H **59**
Malton Grn. NE9: Low F 4B **98**
Malvern Av. DH2: Ches S 1B **134**
   (not continuous)
Malvern Cl. SR8: Pet 2B **164**
Malvern Ct. NE11: Lob H 5C **82**
   NE15: Lem 2H **65**
   SR6: Clead 2H **89**
Malvern Cres. SR7: S'hm 4G **141**
Malvern Gdns. NE11: Lob H 5C **82**
   (not continuous)
   SR6: Roker 2E **105**
Malvern Rd. NE26: Sea S 4H **25**
   NE28: W'snd 4D **60**
   NE29: N Shi 5A **48**
   NE38: Wash 4H **113**
Malvern St. NE4: Elsw 5C **68**
   NE33: S Shi 2E **75**
Malvern Ter. DH9: Stly 4E **123**
Malvern Vs. DH1: Dur 5F **155**
Malvins Cl. Rd. NE24: Cow 6A **12**

Malvins Rd. NE24: Cow 5H 11
Mandale Cres. NE30: Cull 2C 48
Mandarin Cl. NE5: Cha P 3H 53
Mandarin Lodge NE10: Fall 3D 84
 (off St Oswald's Ct.)
Mandarin Way NE38: Wash 1F 115
Mandela Cl. DH9: Stly 4B 122
 SR1: Sund 6F 105
Mandela Way NE11: Dun 6G 67
Manderville Pk. DH5: Hett H . . .2D 148
Mandeville NE37: Wash 5D 100
Mandleston Cl. SR2: Ryh 3D 132
Manet Gdns. NE34: S Shi 5F 75
Mangrove Cl. NE5: Cha P 3H 53
Manila St. SR2: Sund 3E 119
Manisty Ho. NE4: Benw 5A 68
Manisty Ter. SR8: Eas 1C 162
Mann Cres. SR7: Mur 1D 150
Manners Gdns. NE25: Sea D 5A 24
Manningford Cl. NE23: Cra 4A 22
Manningford Dr. SR3: Dox P . . .4G 131
Manor Av. NE7: Longb 2C 58
 NE15: Newb 1F 65
Manor Chare
 NE1: Newc T 5F 5 (4G 69)
Manor Cl. DH1: Shin 3G 161
 NE3: Gos 2F 57
Manor Ct. DH3: Bir 3B 112
 DH9: Ann P 4F 121
 NE33: S Shi 6H 63
Manor Dr. DH9: Ann P 4F 121
 NE7: Longb 2C 58
Manor Farm NE23: Dud 1A 32
Manorfields NE12: Longb 1D 58
Manor Gdns. NE7: Longb 2C 58
 NE10: Ward 3H 85
Manor Gro. DH4: W Herr 2B 130
 NE7: Longb 2C 58
 NE15: Newb 2F 65
Manor Hall Cl. SR7: S'hm 3E 141
Manor Ho. Cl. NE6: Byke 4C 70
Manor Ho. Farm Cotts.
 NE3: Ken 3H 55
Manor Ho. Rd. NE2: Jes 6H 57
Manor Pk. NE7: H Hea 3C 58
 NE37: Wash 5B 100
Manor Pl. NE7: Longb 2C 58
Manor Rd. DH9: Stly 2D 122
 NE7: Longb 3C 58
 NE30: Tyne 5F 49
 NE37: Wash 5B 100
Manors Station (Metro) . . .4F 5 (4G 69)
Manors Station (Rail) 4F 5 (4G 69)
Manor Ter. NE21: W Mill 4A 80
 NE21: Winl 2G 79
Manor Vw. DH6: H Pitt 3F 157
 NE37: Wash 5C 100
Manor Vw. E. NE37: Wash 5C 100
Manor Wlk. NE7: Longb 2C 58
Mnr. Walks Shop. Cen.
 NE23: Cra 3A 22
Manor Way SR8: Pet 2E 165
Manorway NE30: Tyne 5F 49
 NE32: Jar 2G 87
Mansell Cres. SR8: Pet 6E 163
Mansell Pl. NE3: Ken 4A 56
Mansel Ter. NE24: Cow 6E 11
Mansfield Ct. NE36: W Bol 4C 88
Mansfield Cres. SR6: Roker . . .2E 105
Mansfield Pl. NE4: Newc T 4D 68
Mansfield St. NE4: Newc T 4D 68
Mansion Ct. NE22: Bed 4D 10
Mansion Hgts. NE11: Dun 4H 81
Mansion Ho. NE11: Dun 4A 82
 NE36: W Bol 4C 88

Manston Cl. SR3: Dox P 3F 131
Manx Sq. SR5: S'wck 2B 104
Maple Av. DH1: Dur 5G 155
 NE11: Dun 4C 82
 NE25: Monks 2B 48
 SR3: Tuns 1B 132
Maplebeck Cl. SR3: Dox P 4F 131
Maple Cl. NE15: Lem 3C 66
 NE22: Bed 4H 9
Maple Ct. DH7: B'don 6B 158
 NE12: Kil 1C 44
 NE25: New Hart 3B 24
Maple Cres. SR24: Cow 1H 151
 SR7: S'hm 1H 151
Mapledene NE38: Wash 5C 114
Mapledene Rd. NE3: Ken 1B 56
Maple Gdns. DH9: Stly 5C 122
Maple Gro. DH9: Stly 5B 122
 NE8: Gate 4G 83
 NE10: Fall 3E 85
 NE34: S Shi 5H 75
 SR6: Whit 2F 91
Maple Pk. DH7: Ush M 6D 152
Maple Rd. NE21: Blay 1A 80
Maple Row NE11: Dun 1F 81
Maple St. DH9: Stly 5B 122
 NE4: Newc T 5D 68
 NE32: Jar 2E 73
Maple Ter. DH4: S Row 4E 129
 DH9: Ann P 4E 121
 (off Pine Ter.)
 NE4: Newc T 5D 68
 NE16: Burn 1F 107
Maplewood DH2: Ches S 4A 126
 NE6: Walk 1E 71
Maplewood Av. SR5: S'wck 2H 103
Maplewood Cres.
 NE38: Wash 6H 113
Maplewood St. DH4: Hou S . . .2C 136
Mapperley Dr. NE15: Lem 2C 66
Maquis Ct. SR3: Tuns 2B 132
Marblet Ct. NE11: Fest P 4D 82
Marbury Cl. SR3: Dox P 3F 131
March Rd. NE23: Dud 3B 32
March Ter. NE13: Din 4E 29
Marcia Av. SR6: Ful 2D 104
Marconi Way NE11: Dun, Swa . . .2F 81
Marcross Cl. NE15: Walb 5H 53
Marcross Dr. SR3: Dox P 4F 131
Mardale NE37: Wash 6H 99
Mardale Gdns. NE9: Low F 2A 98
Mardale Rd. NE5: Den M 6F 55
Mardale St. DH5: Hett H 3C 148
MARDEN 1C 48
Marden Av. NE30: Cull 2E 49
Marden Bridge Sports Cen. 1C 48
Marden Ct. NE26: Sea S 2F 25
Marden Cres. NE26: Whit B 1E 49
Marden Farm Dr. NE30: Cull . . .2D 48
Marden Quarry Nature Reserve
 . . . . .2C 48
Marden Rd. NE26: Whit B 6C 36
 (not continuous)
Marden Rd. Sth. NE25: Whit B . . .1C 48
 (not continuous)
Marden Ter. NE30: Cull 2E 49
Mareburn Cres. NE10: Hew 3E 85
Mare Cl. NE23: Seg 6G 23
Maree Cl. SR3: Dox P 4G 131
Margaret Alice St. SR4: Sund . .6G 103
Margaret Collins Ho.
 NE6: Walk 3E 71
Margaret Cotts. NE25: Cull 3B 48
Margaret Dr. NE12: Longb 5G 45
Margaret Gro. NE34: S Shi 4C 74

Margaret Rd. NE26: Whit B 1E 49
Margaret St. SR2: Sund 5G 119
 SR7: S'hm 5B 142
Margaret Ter. DH4: New H 3G 129
 DH9: Tan L 6A 108
 NE39: Row G 4C 92
Margate St. SR3: New S 1A 132
Margery La. DH1: Dur 6B 154
Marguerite Ct. SR4: Sund 6B 104
Maria Cl. NE15: Thro 6D 52
Marian Ct. NE8: Gate 2F 83
Marian Dr. NE10: Bill Q 1H 85
Marian Way NE20: Darr H 3B 38
 NE34: S Shi 6H 75
Maria St. NE4: Benw 5A 68
 SR3: New S 2A 132
 SR7: S'hm 4B 142
Marie Curie Dr. NE4: Elsw 5B 68
Marigold Av. NE10: Gate 1B 84
Marigold Ct. NE10: Gate 1B 84
 SR4: Sund 6B 104
Marigold Cres. DH4: Bour 6C 128
Marigold Wlk.
 NE34: S Shi 4D 74
Marina Av. SR6: Ful 2C 104
Marina Ct. SR6: Ful 2D 104
 NE33: S Shi 4G 63
Marina Gro. SR6: Ful 2D 104
 SR6: Whit 2F 91
Marina Ter. SR2: Ryh 3F 133
 SR6: Whit 2F 91
Marina Vw. NE28: W'snd 5D 60
 NE31: Heb 3A 72
Marine App. NE33: S Shi 5F 63
Marine Av.
 NE26: Monks, Whit B 6B 36
Marine Ct. E. NE26: Whit B 5C 36
Marine Ct. W. NE26: Whit B 5C 36
Marine Dr. NE31: Heb, Jar 6E 73
Marine Gdns. NE26: Whit B 6C 36
Mariner's Cotts. NE33: S Shi 4G 63
 (not continuous)
Mariners' La. NE30: Tyne 6E 49
Mariners Point NE30: Tyne 6E 49
Mariner Sq. SR1: Sund 5F 105
Mariners Wharf
 NE1: Newc T 4A 70
Marine Ter. NE24: Bly 6C 12
Marine Ter. E. NE24: Bly 6C 12
Marine Vw. NE26: Sea S 2F 25
Marine Wlk. SR6: Roker 2F 105
Marion St. SR2: Sund 3E 119
Maritime Cres. SR8: Eas C 3F 163
Maritime St.
 SR1: Sund 4G 7 (1D 118)
Maritime Ter.
 SR1: Sund 4F 7 (1C 118)
Marius Av. NE15: Hed W 5H 51
Mariville E. SR2: Ryh 4G 133
Mariville W. SR2: Ryh 4G 133
Marjorie St.
 NE23: E Cram 4E 23
Markby Cl. SR3: Dox P 4G 131
Market Cres. DH4: New H 3G 129
Market Hall DH9: Stly 2C 122
Market La. NE1: Newc T . . .5E 5 (4G 69)
 NE11: Dun 3A 82
 NE16: Dun, Swa, Whi 2E 81
Market Pl. DH1: Dur 2B 6
 DH3: Ches S 5C 126
 DH5: Hou S 3B 138
 NE22: Bed 5H 9
 NE24: Bly 5C 12
 NE33: S Shi 4E 63

Market Pl. Ind. Est.
DH5: Hou S 2B **138**
Market Sq. NE32: Jar 2F **73**
SR1: Sund 4G **7** (1D **118**)
Market St. DH5: Hett H 6D **138**
NE23: Dud 3H **31**
NE24: Bly 5C **12**
Market St. E.
NE1: Newc T 4D **4** (4F **69**)
Market Way NE11: T Vall 5F **83**
Markham Av. SR6: Whit 3G **91**
Markham St. SR2: Sund 5F **119**
Markington Dr. SR2: Ryh 3F **133**
Markle Gro. DH5: E Rain 6H **137**
Mark Ri. DH5: Hett H 6C **138**
Mark's La. DH4: Leam, W Rai . . .1C **146**
Marlboro Av. NE16: Swa 3F **81**
Marlborough SR7: S'hm 4B **142**
Marlborough App. NE3: Gos 6E **43**
Marlborough Av. NE3: Gos 6D **42**
Marlborough Ct. DH5: Hou S 5A **138**
NE3: Ken 6H **41**
NE32: Jar 4F **73**
Marlborough Cres.
NE1: Newc T 6B **4** (5E **69**)
NE9: Wrek 2C **98**
SR8: Hor 1H **165**
Marlborough Ho. NE26: Monks . . .5B **36**
Marlborough Rd. NE37: Wash . . .4C **100**
SR4: Sund 4B **116**
Marlborough St. Nth.
NE33: S Shi 1F **75**
Marlborough St. Sth.
NE33: S Shi 1F **75**
Marlborough Ter. NE62: Sco G 1H **9**
Marlbro Health & Fitness Club
. . . . *3B 142*
(off Vane Ter.)
Marleen Av. NE6: Heat 1C **70**
Marleen Ct. NE6: Heat 1C **70**
Marlesford Cl. SR3: Dox P 3F **131**
Marley Cres. SR5: S'wck 2H **103**
MARLEY HILL **4E 95**
MARLEY POTS **2H 103**
Marlfield Ct. NE5: Blak 4F **55**
Marlow Dr. SR3: Dox P 4F **131**
Marlowe Gdns. NE8: Gate 2H **83**
Marlowe Pl. DH5: Hou S 4A **138**
Marlowe Wlk. NE34: S Shi 6C **74**
Marlow Pl. NE12: Longb 1C **58**
Marlow St. NE24: Bly 6B **12**
Marlow Way NE16: Whi 6D **80**
Marmion Ho. *NE8: Gate 6G 69*
(off Wordswell Dr.)
Marmion Rd. NE6: Walk 1F **71**
Marmion Ter. NE25: Monks 1B **48**
Marne St. DH4: S Row 3G **129**
Marondale Av. NE6: Walk 2F **71**
Marquess Point SR7: S'hm 3C **142**
Marquis Av. NE5: Cha P 2A **54**
Marquis Cl. NE12: Longb 2D **58**
Marquis Ct. NE11: T Vall 2F **97**
Marquisway NE11: T Vall 2F **97**
Marquisway Cen. NE11: T Vall 2E **97**
Marr Rd. NE31: Heb 4D **72**
MARSDEN **4B 76**
Marsden Av. SR6: Whit 6F **77**
Marsden Cl. DH4: Hou S 3G **137**
Marsden Gro. NE9: Wrek 2D **98**
SR6: Whit 2F **91**
Marsden La. NE5: West 4E **55**
NE34: S Shi 2B **76**
Marsden Rd. NE34: S Shi 2H **75**
SR6: Clead 3H **89**
Marsden St. NE33: S Shi 1F **75**
Marsden Vw. SR6: Whit 6F **77**
Marsdon Way SR7: S'hm 2A **142**
Marshall's Ct.
NE1: Newc T 5C **4** (4F **69**)
Marshall St. SR6: Ful 1D **104**
Marshall Ter. DH1: Dur 5G **155**
(not continuous)
Marshall Wallis Rd.
NE33: S Shi 1E **75**
(not continuous)
Marsham Cl. NE15: Lem 2C **66**
SR6: Clead 1A **90**
Marsham Rd. NE5: West 4C **54**
Marsh Ct. NE11: Fest P 4D **82**
Marshmont Av. NE30: Tyne 4E **49**
Marske Ter. NE6: Walk 3E **71**
Marston NE12: Kil 1D **44**
Marston Wlk. NE16: Whi 6D **80**
Martello Gdns. NE7: H Hea 5D **58**
Martha St. DH9: Tant 5H **107**
Martin Ct. NE38: Wash 5F **113**
Martindale Av. SR6: Seab 1C **104**
Martindale Pk. DH5: Hou S 4A **138**
Martindale Pl. NE25: Sea D 6C **24**
Martindale Wlk. NE12: Kil 2C **44**
Martin Hall NE32: Jar 3G **73**
Martin Rd. NE28: W'snd 5D **60**
Martin Ter. SR4: Sund 6H **103**
Martin Way NE13: Bru V 5C **30**
Marwell Dr. NE37: Wash 3C **100**
Marwood Ct. NE25: Monks 5H **35**
Marwood Gro. SR8: Pet 4C **164**
Marx Cres. DH9: Stly 4D **122**
(not continuous)
Mary Agnes St. NE3: Gos 2C **56**
Mary Av. DH3: Bir 1B **112**
Maryhill Cl. NE4: Benw 5A **68**
Mary Magdalene Bungs.
NE2: Newc T 1D **68**
Mary's Pl. NE6: Walk 3H **71**
Mary St. DH9: Ann P 5G **121**
DH9: Stly 3C **122**
NE21: Blay 6A **66**
NE21: Winl 1G **79**
SR1: Sund 5F **7** (1C **118**)
SR3: New S 1A **132**
SR7: S'hm 4C **142**
Mary Ter. NE5: West 5E **55**
Masefield Av. NE16: Swa 2F **81**
Masefield Cl. DH9: Stly 2F **123**
Masefield Dr. NE34: S Shi 1C **88**
Masefield Pl. NE8: Gate 1H **83**
Masefields DH2: P Fel 6G **125**
Maslin Gro. SR8: Pet 4A **164**
MASON **3F 29**
Mason Av. NE26: Whit B 6D **36**
Mason Cres. SR8: Hor 1F **165**
Mason Rd. NE28: W'snd 3G **59**
Mason St. NE6: Byke 4C **70**
NE13: Bru V 5C **30**
Mason Vw. NE13: Sea B 3D **30**
Masseys Vw. NE21: Blay 1A **80**
Massingham Way NE34: S Shi . . .4D **74**
Master Mariners' Homes
NE30: Tyne 6E **49**
Mast La. NE30: Cull 2D **48**
Matamba Ter. SR4: Sund 1B **118**
Matanzas St. SR2: Sund 4E **119**
Matfen Av. NE13: Haz 1C **42**
NE27: Shir 3E **47**
Matfen Cl. NE15: Lem 3C **66**
NE24: Bly 6A **12**
Matfen Ct. DH2: Ches S 6A **126**
Matfen Dr. SR3: Dox P 3F **131**
Matfen Gdns. NE28: W'snd 2D **60**
Matfen Pl. NE3: Ken 1C **56**
NE4: Fen 2B **68**
Mather Rd. NE4: Newc T 5D **68**
Matlock Av. NE5: Ken 4H **55**
Matlock Gdns. NE5: West 4D **54**
Matlock Rd. NE32: Jar 4G **73**
Matlock St.
SR1: Sund 2G **7** (6D **104**)
Matterdale Rd. SR8: Pet 1F **165**
Matthew Bank NE2: Jes 4G **57**
Matthew Cl. NE6: Byke 3B **70**
Matthew Rd. NE24: Bly 2D **18**
Matthews Rd. SR7: Mur 4E **151**
Matthew St. NE6: Byke 3B **70**
Maude Gdns. NE28: W'snd 6H **59**
Maudlin Pl. NE5: Fen 6H **55**
Maudlin Row NE33: S Shi 5G **63**
Maudlin St. DH5: Hett H 5D **138**
Mauds La. SR1: Sund 6E **105**
Maud St. NE15: Lem 3A **66**
SR6: Ful 1E **105**
Maud Ter. DH9: Tanf 4B **108**
NE27: Shir 4C **46**
Maughan St. NE24: Bly 6D **12**
Maureen Ter. DH1: Dur 1A **156**
SR7: S'hm 4A **142**
Maurice Rd. NE28: W'snd 1H **71**
Maurice Rd. Ind. Est.
NE28: Walk 1H **71**
Mautland Sq. DH4: Hou S 2A **138**
Mautland St. DH4: Hou S 2A **138**
Mavin St. DH1: Dur 5D **6** (1D **160**)
Maxton Cl. SR3: Dox P 4F **131**
Maxwell St. NE8: Gate 4F **83**
NE33: S Shi 5E **63**
SR4: Sund 6H **103**
May Av. NE21: W Mill 4A **80**
NE40: Ryton 3C **64**
Maybury Vs. NE12: Longb 2A **58**
Maydown Cl. SR5: Sund 5B **102**
Mayfair Ct. NE31: Heb 4B **72**
Mayfair Gdns. NE8: Gate 3A **84**
NE20: Pon 5F **27**
NE34: S Shi 2G **75**
Mayfair Health Club *2B 118*
(off Durham Rd.)
Mayfair Rd. NE2: Jes 5F **57**
Mayfield NE16: Whi 6F **81**
Mayfield Av. NE15: Thro 6E **53**
NE23: Cra 3C **22**
Mayfield Ct. SR6: Ful 2D **104**
Mayfield Dr. SR6: Clead 3B **90**
Mayfield Gdns. NE15: Thro 6E **53**
NE28: W'snd 4F **59**
NE32: Jar 3E **73**
Mayfield Gro. SR4: Sund 5C **116**
Mayfield Pl. NE13: W Op 6C **30**
Mayfield Rd. NE3: Gos 3D **56**
SR4: Sund 1C **116**
Mayfield Ter. NE5: Fen 6A **56**
May Gro. SR6: Whit 6F **77**
Maynards Row DH1: Dur 5F **155**
Maynes Way DH9: Stly 2F **123**
Mayo Dr. SR3: Dox P 4G **131**
Mayoral Way NE11: T Vall 2F **97**
Mayorswell Cl.
DH1: Dur 1D **6** (5D **154**)
Mayorswell Fld.
DH1: Dur 5D 154
(off Bakehouse La.)
DH1: Dur 1D **6** (5E **155**)
(Douglas Vs.)
Mayorswell St.
DH1: Dur 1D **6** (5D **154**)
Maypole Cl. SR5: S'wck 3B **104**

May St. DH1: Dur 6B **154**
   DH3: Bir 3C **112**
   NE21: Winl 2H **79**
   NE33: S Shi 6F **63**
   SR4: Sund 6B **104**
Mayswood Rd. SR6: Ful 2D **104**
Maythorne Dr. DH6: S Het 6B **150**
Maytree Ho. NE4: Elsw 5C **68**
Maywood Cl. NE3: Ken 3A **56**
Meaburn St. SR1: Sund 1E **119**
Meaburn Ter. SR1: Sund 1E **119**
Meacham Way NE16: Whi 6E **81**
Mead Av. NE12: Longb 5E **45**
Mead Cres. NE12: Longb 5E **45**
Meadowbank NE23: Dud 3A **32**
Meadowbrook Dr. NE10: Ward . . .4A **86**
Meadow Cl. DH5: Hou S 4B **138**
   NE11: Dun 2A **82**
   NE12: Longb 6B **44**
   NE21: Winl 2F **79**
   NE23: Seg 1F **33**
   NE40: Ryton 4D **64**
Meadow Ct. NE20: Darr H 6E **27**
   NE22: Bed 4G **9**
Meadowcroft M. NE8: Gate 2F **83**
Meadowdale Cres. NE5: Blak . . .4H **55**
   NE22: Bed 4F **9**
Meadow Dr. DH2: Ches S 1A **134**
   NE13: Sea B 3E **31**
   SR3: E Her 3D **130**
   SR4: Sund 2D **116**
MEADOWFIELD 5F **159**
Meadowfield NE9: Spri 4F **99**
   NE20: Pon 4E **27**
   NE25: Monks 6H **35**
Meadowfield Av. NE3: Ken 1C **56**
Meadowfield Ct. NE20: Pon 4D **26**
Meadowfield Cres. NE40: Craw . . .5A **64**
Meadowfield Dr. SR6: Clead 2A **90**
Meadowfield Gdns. NE6: Walk . . .6G **59**
Meadowfield Ind. Est.
   DH7: Mead 6F **159**
       (Edwardson Rd.)
   DH7: Mead 6G **159**
       (St John's Rd.)
   NE20: Pon 5E **27**
Meadowfield Leisure Cen. 5F **159**
Meadowfield Pk. NE20: Pon . . .5E **27**
       (off Meadowfield)
Meadowfield Pl. DH7: Mead 5F **159**
Meadowfield Rd. NE3: Gos 3D **56**
Meadowfield Ter. NE12: Longb . . .4F **45**
Meadowfield Way DH9: Tan L . . .1A **122**
Meadow Gdns. SR3: Sund 4B **118**
Meadow Grange DH4: New L 1C **136**
Meadow La. DH1: Dur 2A **156**
   NE11: Dun 2A **82**
   NE40: Craw 5A **64**
   SR3: E Her 3D **130**
Meadow Laws NE34: S Shi 5A **76**
Meadow Ri. NE5: Blak 3F **55**
   NE9: Low F 6C **84**
Meadow Rd. NE15: Lem 1B **66**
   NE25: Monks 1H **47**
   NE26: Sea S 3F **25**
   NE28: W'snd 5D **60**
Meadows, The DH4: Bour 6B **128**
   DH4: W Rai 3E **147**
   NE3: Ken 1B **56**
   NE16: Hob 3G **107**
   NE40: Ryton 4D **64**
   SR7: Seat 2D **140**
Meadowside SR2: Sund 3B **118**
Meadows La. DH4: W Rai 1F **147**

Meadow St. DH5: E Rain 2G **147**
Meadowsweet Cl. NE24: News . . .3A **18**
Meadow Ter. DH4: S Row 3G **129**
Meadow Va. NE27: Back 2B **46**
   SR2: Sund 3C **118**
Meadowvale NE20: Darr H 3A **38**
Meadow Vw. DH9: Dip 6E **107**
   NE25: New Hart 3B **24**
   NE29: N Shi 3A **62**
   NE32: Jar 3H **87**
   NE40: G'sde 1A **78**
   SR3: E Her 4D **130**
Meadow Wlk. NE40: Ryton 4H **65**
   SR3: Dox P 4H **131**
Meadow Well Station (Metro) 3A **62**
Mdw. Well Way NE29: N Shi 3A **62**
Mead Wlk. NE6: Walk 3F **71**
Mead Way NE12: Longb 5E **45**
Meadway Dr. NE12: Longb 6F **45**
Meadway Ho. NE12: Longb 5F **45**
Means Ct. NE23: Dud 5B **32**
Means Dr. NE23: Dud 5B **32**
Mecca Bingo
   Blyth 5D **12**
   Gateshead 6H **69**
   Sunderland 4G **7** (1D **118**)
Medburn Av. NE30: Cull 3E **49**
Medburn Rd. NE15: Lem 2H **65**
   NE25: H'will 1C **34**
Medina Cl. SR3: Dox P 4G **131**
Mediterranean Village
   NE11: Dun 1G 81
       (off Metro Cen.)
Medlar NE9: Low F 1C **98**
Medlar Cl. DH4: S Row 3D **128**
Medomsley Gdns. NE9: Wrek . . .1E **99**
Medomsly St. SR4: Sund 6A **104**
Medway DH3: Gt Lum 4G **135**
   NE32: Jar 1G **87**
Medway Av. NE31: Heb 6C **72**
Medway Cl. DH4: Hou S 4E **137**
   SR8: Pet 3C **164**
Medway Cres. NE8: Gate 2B **84**
Medway Gdns. DH9: Stly 5C **122**
   NE30: N Shi 6C **48**
   SR4: Sund 3F **117**
Medway Pl. NE23: Cra 6C **16**
Medwood Ct. NE3: Ken 2A **56**
Medwyn Cl. DH4: Bour 6C **128**
   NE24: News 2B **18**
Megstone NE9: Low F 1H **97**
Megstone Av. NE23: Cra 4A **22**
Megstone Ct. NE12: Kil 1E **45**
Melbeck Dr. DH2: Ous 5G **111**
Melbourne Ct.
   NE1: Newc T 4H **5** (4H **69**)
   NE8: Gate 6G **69**
Melbourne Cres. NE25: Monks . . .2A **48**
Melbourne Gdns. NE34: S Shi . . .6B **74**
Melbourne Pl. SR4: Sund 3G **117**
Melbourne St.
   NE1: Newc T 5F **5** (4G **69**)
Melbury NE25: Monks 5G **35**
Melbury Ct. SR6: Ful 2D **104**
Melbury Rd. NE7: H Hea 6A **58**
Melbury St. SR7: S'hm 6B **142**
Meldon Av. DH6: S'burn 6E **157**
   NE3: Ken 2A **56**
   NE34: S Shi 3G **75**
Meldon Cl. NE28: W'snd 4C **60**
Meldon Gdns. NE11: Lob H 6C **82**
Meldon Ho. NE24: Cow 5H **11**
Meldon Rd. SR4: Sund 6H **103**
Meldon St. NE4: Elsw 5C **68**
   NE28: W'snd 6G **61**

Meldon Ter. NE6: Heat 1B **70**
Meldon Way DH1: H Shin 4H **161**
   DH9: Ann P 5H **121**
   NE21: Winl 3F **79**
Melford Pl. NE29: N Shi 4H **47**
Melgarve Dr. SR3: Dox P 4G **131**
Melkington Ct. NE5: Blak 4F **55**
Melkridge Gdns. NE7: H Hea 4D **58**
Melkridge Pl. NE23: Cra 4H **21**
Mellendean Cl. NE5: Blak 4F **55**
Melling Rd. NE23: Cra 3H **21**
Melmerby Cl. NE3: Gos 6F **43**
Melness Rd. NE13: Haz 6C **30**
Melock Ct. NE13: Haz 6C **30**
Melrose NE38: Wash 4B **114**
Melrose Av. NE9: Low F 6A **84**
   NE22: Bed 4D **10**
   NE25: Monks 1B **48**
   NE25: Sea D 1B **34**
   NE27: Back 6A **34**
   NE30: Cull 3C **48**
   NE31: Heb 6C **72**
   SR7: Mur 3A **150**
Melrose Cl. NE3: Gos 3D **42**
   NE15: Lem 3C **66**
Melrose Ct. NE22: Bed 3D **10**
Melrose Cres. SR7: S'hm 3F **141**
Melrose Gdns. DH4: Nbot 6G **129**
   NE28: W'snd 2E **61**
   SR6: Roker 2E **105**
Melrose Gro. NE32: Jar 5A **74**
Melrose Ter. NE22: Bed 3D **10**
Melrose Vs. NE22: Bed 3D **10**
Melsonby Cl. SR3: Dox P 3F **131**
Meltham Ct. NE15: Walb 5H **53**
Meltham Dr. SR3: Dox P 4G **131**
Melton Av. NE6: Walk 4F **71**
Melton Cres. NE26: Sea S 5H **25**
Melton Dr. NE25: New Hart 3B **24**
Melton Ter. NE25: New Hart 3B **24**
Melvaig Cl. SR3: Dox P 4G **131**
Melville Av. NE24: News 2B **18**
Melville Gdns. NE25: Monks 1G **47**
Melville Gro. NE7: H Hea 4A **58**
Melville St. DH3: Ches S 1C **134**
Melvin Pl. NE5: Blak 5F **55**
Melvyn Gdns. SR6: Roker 2E **105**
Membury Cl. SR3: Dox P 4G **131**
Memorial Av. SR8: Eas C 1E **163**
Memorial Homes DH9: Tan L . . .1B **122**
Menai Ct. SR3: Silk 3H **131**
Menceforth Cotts.
   DH2: Ches S 5B **126**
Mendham Cl. NE10: Hew 5E **85**
Mendip Av. DH2: Ches S 1B **134**
       (not continuous)
Mendip Cl. NE29: N Shi 4B **48**
   SR8: Pet 1B **164**
Mendip Dr. NE38: Wash 4H **113**
Mendip Gdns. NE11: Lob H 5D **82**
Mendip Ho. DH2: Ches S 1C **134**
Mendip Ter. DH9: Stly 4E **123**
Mendip Way NE12: Longb 1H **57**
Mentieth Cl. NE38: Wash 4H **113**
Menvill Pl. SR1: Sund 1E **119**
Mercantile Rd. DH4: Hou S 4G **137**
Merchants Wharf NE6: Byke 6C **70**
Mercia Retail Pk. DH1: P Me 5C **144**
Mercia Way NE15: Lem 4C **66**
Meredith Gdns. NE8: Gate 2H **83**
Mere Dr. DH1: P Me 6B **144**
Mere Knolls Rd. SR6: Seab 6E **91**
Meresyde NE10: Hew 5G **85**
Meresyde Ct. NE10: Hew 4G **85**
Merevale Cl. NE37: Wash 3C **100**

Merganser Lodge *NE10: Fall* *3D* ***84***
(off Crowhall La.)
Meridian Way NE7: H Hea 4D **58**
Merlay Dr. NE13: Din 5F **29**
Merlay Hall NE6: Walk 5G **71**
Merle Gdns. NE6: Byke 4C **70**
Merle Ter. SR4: Sund 5H **103**
Merlin Cl. SR7: S'hm 3A **142**
Merlin Ct. *NE10: Fall* *3D* ***84***
(off High St.)
Merlin Cres. NE28: W'snd 4D **60**
Merlin Dr. DH3: Ches S 2D **126**
Merlin Pl. NE12: Longb 6A **44**
Merlin Way NE27: Shir 4E **47**
Merrick Ho. SR3: Silk 3H **131**
Merrington Cl. NE25: New Hart . . .2B **24**
SR3: Dox P 3F **131**
Merrion Cl. SR3: Dox P 3F **131**
Merryfield Gdns. SR6: Roker 2E **105**
MERRYOAKS **2A 160**
Merryweather Ri. SR3: Tuns 2C **132**
Mersey Ct. SR3: Silk 3H **131**
Mersey Pl. NE8: Gate 3B **84**
Mersey Rd. NE8: Gate 3B **84**
NE31: Heb 6C **72**
Merton Ct. NE4: Benw 5A **68**
Merton Rd. NE6: Walk 6F **71**
NE20: Pon 5E **27**
Merton Sq. *NE24: Bly* *5C* ***12***
(off Regent St.)
Merton Way NE20: Pon 5E **27**
Merz Ct. NE1: Newc T 1C **4**
Metcalfe Cres. SR7: Mur 2B **150**
Metcalfe Ho. DH1: Dur . . .2A **6** (5B **154**)
Methold Ho's. DH9: Beam 1A **124**
Methuen St. NE9: Low F 3A **84**
Methven Way NE23: Cra 5C **16**
Metro Cen. NE11: Dun 1G **81**
Metrocentre E. Bus. Pk.
NE11: Dun 1A **82**
Metro Centre Station (Rail) **1H 81**
Metroland & Superbowl **1G 81**
Metro Pk. W. NE11: Dun 1F **81**
Metro Retail Pk. NE11: Dun 1F **81**
Mews, The DH1: Shin 3F **161**
DH2: Plaw 6A **134**
DH4: Hou S 4E **137**
NE1: Newc T 3C **4** (3F **69**)
NE3: Gos 4F **43**
NE10: Ward 3H **85**
NE21: Blay 1C **80**
NE30: Tyne 5G **49**
SR3: E Her 2D **130**
Mews Ct. DH5: Hou S 3A **138**
Michaelgate NE6: Byke 4C **70**
Mickle Cl. NE37: Wash 1G **113**
Mickle Hill Rd.
TS27: B Col, Hes 6G **165**
Mickleton Cl. DH3: Gt Lum 4H **135**
Mickleton Gdns. SR3: Sund 5B **118**
Mickley Cl. NE28: W'snd 5E **61**
Mid Cross St. NE4: Newc T 6D **68**
Middlebrook NE20: Darr H 2B **38**
Middle Chare DH3: Ches S 6C **126**
Middle Cl. NE38: Wash 6H **113**
Middle Dr. NE13: Wool 3D **40**
(not continuous)
NE20: Darr H 3B **38**
Middle Engine La. NE27: Shir 2D **60**
NE28: N Shi, W'snd 2D **60**
NE29: N Shi, Shir 2D **60**
Middlefield DH2: Pelt 2G **125**
Middlefields Ind. Est.
NE34: S Shi 3D **74**
Middlefield Ter. DH7: Ush M 6B **152**
Middle Gth. NE5: Blak 5H **55**
Middle Ga. NE5: W Dent 6B **54**
Middle Grn. NE25: Monks 1G **47**
Middle Gro. DH7: B'don 6C **158**
Middleham Cl. DH2: Ous 6F **111**
Middleham Ct. SR5: S'wck 2G **103**
Middleham Rd. DH1: Dur 6D **144**
MIDDLE HERRINGTON **1E 131**
MIDDLE RAINTON **2F 147**
Middle Row DH4: Hou S 2C **136**
NE40: Ryton 6E **65**
MIDDLES, THE **6F 123**
Middles Rd. DH9: Crag, Stly 5D **122**
Middle St. NE6: Walk 3F **71**
NE24: News 3H **17**
NE30: Tyne 6F **49**
(not continuous)
SR1: Sund 3F **7** (6C **104**)
(not continuous)
Middle St. E. NE6: Walk 3G **71**
Middleton Av. NE4: Fen 3A **68**
NE39: Row G 4F **93**
Middleton Cl. SR7: S'hm 2E **141**
Middleton Ct. NE2: Jes 2H **69**
Middleton St. NE24: Bly 6C **12**
Middlewood DH7: Ush M 5C **152**
Middlewood Pk. NE4: Fen 2A **68**
Mid Farm Ct. NE23: Cra 2B **22**
Midfield Dr. SR6: Roker 3E **105**
Midgley Dr. SR3: Dox P 4G **131**
Midhill Cl. DH7: B'don 5D **158**
Midhurst Av. NE34: S Shi 1H **75**
Midhurst Cl. SR3: Dox P 3F **131**
Midhurst Rd. NE12: Longb 6D **44**
Midlothian Cl. SR4: Sund 3F **117**
Midlothian Ct. *NE8: Gate* *6F* ***69***
(off Wordswell Dr.)
Midmoor Rd. SR4: Sund 6G **103**
Midsomer Cl. SR3: Dox P 4F **131**
Midway NE6: Walk 3G **71**
Milbanke Cl. DH2: Ous 6H **111**
Milbanke St. DH2: Ous 6H **111**
Milburn Cl. DH3: Ches S 1E **135**
Milburn Dr. NE15: Benw 3F **67**
Milburn St. SR4: Sund 6B **104**
Milcombe Cl. SR3: Dox P 3F **131**
Mildmay Rd. NE2: Jes 5F **57**
Mildred St. DH5: Hou S 2A **138**
Milecastle Ct. NE5: W Dent 5B **54**
Mile End Rd. NE33: S Shi 3E **63**
(not continuous)
Milfield Av. NE27: Shir 2D **46**
NE28: W'snd 3A **60**
Milford Gdns. NE3: Gos 4D **42**
Milford Rd. NE15: Benw 4G **67**
Military Rd. NE15: Hed W 3C **50**
NE30: N Shi 1D **62**
Military Vehicle Mus. **1F 69**
Milk Mkt. NE1: Newc T 5G **5** (4H **69**)
Milkwell Cl. DH9: Stly 6B **122**
Millais Gdns. NE34: S Shi 1E **89**
Mill Bank SR5: Ful 1C **104**
Millbank Ct. DH1: Dur 5B **154**
Millbank Cres. NE22: Bed 4A **10**
Millbank Ho. SR7: S'hm 3F **141**
Millbank Ind. Est. NE33: S Shi . . .5E **63**
Millbank Pl. NE22: Bed 5B **10**
Millbank Rd. NE6: Walk 5G **71**
NE22: Bed 4B **10**
Millbank Ter. NE22: Bed 4A **10**
Millbeck Gdns. NE9: Low F 2B **98**
Millbeck Gro. DH5: Hou S 5H **137**
Millbrook NE10: Hew 4E **85**
NE29: N Shi 2A **62**
Millbrook Rd. NE23: Cra 6C **16**
Millburngate
DH1: Dur 2A **6** (5C **154**)
Millburn Ho. NE5: Fen 5A **56**
Millburn Ter. DH4: S Row 3F **129**
Mill Cl. NE29: N Shi 2A **62**
Mill Ct. DH4: Bour 1C **136**
Mill Cres. DH4: S Row 3F **129**
NE31: Heb 1A **86**
Millcroft Ct. NE24: Bly 1D **18**
Milldale SR7: S'hm 3F **141**
Milldale Av. NE24: Cow 6G **11**
MILL DAM **5D 62**
Milldam NE33: S Shi 5D **62**
Milldene Av. NE30: Tyne 5E **49**
Mill Dene Vw. NE32: Jar 4G **73**
Milldyke Cl. NE25: Monks 5G **35**
Millennium Place . . . . . .**2B 6 (5C 154)**
Millennium Way
SR5: Monkw 1F **7** (5C **104**)
Miller Gdns. DH2: P Fel 5F **125**
Millers Bank NE28: W'snd 5D **60**
Millers Hill DH4: S Row 3G **129**
Miller's La. NE16: Swa 2F **81**
Millers Rd. NE6: Walk 2C **70**
Miller St. NE8: Gate 3F **83**
Miller Ter. SR3: New S 1A **132**
Mill Farm Cl. NE4: Newc T 4D **68**
Mill Farm Rd. NE39: Ham M 1A **106**
MILLFIELD **1A 118**
Millfield NE22: Bed 6A **10**
NE26: Sea S 4H **25**
Millfield Av. NE3: Ken 4A **56**
Millfield Cl. DH2: Ches S 2A **134**
NE15: Newb 2F **65**
Millfield Ct. NE16: Whi 4G **81**
NE22: Bed 5A **10**
NE26: Sea S 4H **25**
Millfield E. NE22: Bed 6A **10**
Millfield Gdns. NE10: Fall 3C **84**
NE24: Bly 4B **12**
NE30: Tyne 5E **49**
Millfield Gro. NE30: Tyne 4E **49**
Millfield La. NE15: Newb 1F **65**
Millfield Nth. NE22: Bed 5A **10**
Millfield Rd. NE16: Whi 5F **81**
Millfield Sth. NE22: Bed 6A **10**
Millfield Station (Metro) **6A 104**
Millfield Ter. SR6: Whit 6F **77**
Millfield W. NE22: Bed 5A **10**
Millford NE10: Hew 4H **85**
Millford Ct. NE10: Hew 5H **85**
Mill Gro. NE30: Tyne 5E **49**
NE34: S Shi 5B **76**
Millgrove Vw. NE3: Ken 4B **56**
Mill Hill DH5: Hou S 5H **137**
SR8: Eas, Pet 4A **162**
Mill Hill La. DH1: Dur 2A **160**
Mill Hill Rd. NE5: W Dent 1D **66**
SR3: Silk 3H **131**
Mill Hill Wlk. SR3: Silk 3A **132**
Mill Ho. NE2: Newc T 1D **68**
Mill Ho. Ct. DH1: Dur 5G **155**
Milling Ct. NE8: Gate 1E **83**
Mill La. DH1: Dur 5G **155**
DH1: Dur, H Shin, Shin 2G **161**
DH2: Plaw 1A **144**
DH3: Plaw 1A **144**
DH6: S'burn 6E **157**
DH7: New B 1C **158**
DH9: Beam 5F **111**
NE4: Elsw 5C **68**
NE15: Hed W 4H **51**
NE21: Winl, W Mill 4H **79**
NE23: Seg 2C **32**
NE29: N Shi 3D **62**

Mill La. NE31: Heb 6B **72**
  SR6: Whit 5F **77**
Mill La. Nth NE4: Elsw 4C **68**
Millne Ct. NE22: Bed 4H **9**
Millom Ct. SR8: Pet 4A **164**
Millom Pl. NE9: Low F 1B **98**
Mill Pit DH4: S Row 3F **129**
Mill Ri. NE3: Gos 3G **57**
Mill Rd. DH7: Lang M 4G **159**
  NE8: Gate 6H **5** (5H **69**)
  SR7: S'hm 3F **141**
Mills Gdns. NE28: W'snd 4H **59**
Mill St. SR4: Sund 1B **118**
Mill Ter. DH4: S Row 3F **129**
  DH5: Hou S 5H **137**
  SR8: Eas 1A **162**
Millthorp Cl. SR2: Sund 6G **119**
Millum Ter. SR6: Roker 4E **105**
Mill Va. NE15: Newb 1F **65**
Mill Vw. NE10: Wind N 4C **84**
  NE36: W Bol 4C **88**
Mill Vw. Av. SR6: Ful 2D **104**
Millview Dr. NE30: Tyne 4D **48**
Mill Vs. NE36: W Bol 4C **88**
Millway NE9: Low F 4A **84**
  NE26: Sea S 4H **25**
Millway Gro. NE26: Sea S 4H **25**
Millwood Grn. NE21: W Mill 5A **80**
Milner Cres. NE21: Winl 2G **79**
Milner St. NE33: S Shi 5G **63**
Milne Way NE3: Ken 2B **56**
Milrig Cl. SR3: Dox P 4G **131**
Milsted Cl. SR3: Dox P 4F **131**
Milsted Ct. NE15: Walb 5H **53**
Milton Av. DH5: Hou S 4A **138**
  (not continuous)
  NE31: Heb 3C **72**
Milton Cl. DH9: Stly 3F **123**
  NE2: Newc T 1G **5** (2H **69**)
  SR7: S'hm 4G **141**
Milton Grn.
  NE2: Newc T 1G **5** (2H **69**)
Milton Gro. NE29: N Shi 1B **62**
  (not continuous)
Milton La. SR8: Eas 1C **162**
Milton Pl. NE2: Newc T . . .1G **5** (2H **69**)
  NE9: Spri 4F **99**
  NE29: N Shi 1B **62**
Milton Rd. NE16: Swa, Whi 3E **81**
Milton Sq. NE8: Gate 1A **84**
  (not continuous)
Milton St. NE32: Jar 1F **73**
  NE33: S Shi 1F **75**
  SR4: Sund 6A **104**
Milton Ter. NE29: N Shi 1B **62**
Milvain Av. NE4: Fen 3A **68**
Milvain Cl. NE8: Gate 2H **83**
Milvain St. NE8: Gate 2H **83**
Milverton Ct. NE3: Ken 1G **55**
Mimosa Av. NE31: Heb 6C **72**
Mimosa Pl. NE4: Fen 1H **67**
Minden St. NE1: Newc T . . .4F **5** (4G **69**)
Mindrum Ter. NE6: Walk 5F **71**
  NE29: N Shi 3H **61**
Mindrum Way NE25: Sea D 6B **24**
Minehead Gdns. SR3: New S 1A **132**
Miners Cotts. NE15: Den M 2E **67**
Minerva Cl. NE5: Cha P 3A **54**
Mingarry Cl. DH3: Bir 5E **113**
Mingary Cl. DH5: E Rain 1G **147**
Minorca Cl. SR1: Sund 1E **119**
Minorca Pl. NE3: Ken 4B **56**
Minskip Cl. SR3: Dox P 4G **131**
Minster Ct. DH1: Carr 4A **156**
  NE8: Gate 6H **69**

Minster Gro. NE15: Walb 4H **53**
Minsterley DH3: Gt Lum 4G **135**
Minster Pde. NE32: Jar 2G **73**
Minting Pl. NE23: Cra 3H **21**
Minton Ct. NE29: N Shi 3B **62**
Minton La. NE29: N Shi 3B **62**
Minton Sq. SR4: Sund 6G **103**
Mirlaw Rd. NE23: Cra 4H **21**
Mistletoe Rd. NE2: Jes 6G **57**
Mistletoe St. DH1: Dur 6B **154**
Mitcham Cres. NE7: H Hea 4B **58**
Mitchell Av. NE2: Jes 4G **57**
  NE25: Monks 1H **47**
Mitchell Bldgs. NE9: Spri 4G **99**
Mitchell Cl. SR8: Pet 5B **162**
Mitchell Gdns. NE34: S Shi 2H **75**
Mitchell St. DH1: Dur 5B **154**
  DH3: Bir 3B **112**
  DH9: Ann P 5G **121**
  DH9: Stly 5B **122**
  NE6: Walk 3G **71**
  (not continuous)
Mitchell Ter. DH9: Tant 5H **107**
Mitford Av. NE24: Bly 1A **18**
  NE25: Sea D 6A **24**
Mitford Cl. DH1: H Shin 4H **161**
  DH3: Ches S 1D **126**
  NE38: Wash 3H **113**
Mitford Ct. SR8: Pet 3D **164**
Mitford Dr. DH6: S'burn 6E **157**
  NE5: West 4C **54**
Mitford Gdns. NE11: Lob H 6C **82**
  NE13: W Op 4E **31**
  NE28: W'snd 2D **60**
Mitford Pl. NE3: Ken 1C **56**
Mitford Rd. NE34: S Shi 3G **75**
Mitford St. NE28: W'snd 5G **61**
  SR6: Ful 1E **105**
Mitford Ter. NE32: Jar 1F **87**
Mitford Way NE13: Din 5F **29**
Mithras Gdns. NE15: Hed W 5G **51**
Mitre Pl. NE33: S Shi 1D **74**
Moat Gdns. NE10: Ward 3A **86**
Moatside Ct. DH1: Dur . . .3B **6** (6C **154**)
Moatside La. DH1: Dur . . .3B **6** (6C **154**)
Modder St. NE6: Walk 6F **71**
Model Dwellings NE38: Wash . . .3C **114**
Model Ter. DH4: Pen 1E **129**
Moffat Av. NE32: Jar 5A **74**
Moffat Cl. NE29: N Shi 5G **47**
Moine Gdns. SR6: Roker 2E **105**
Moir Ter. *SR2: Ryh* *3G 133*
  (off Robson Pl.)
Molesdon Cl. NE30: Cull 4C **48**
Molineux Cl. NE6: Byke 3B **70**
Molineux Ct. NE6: Byke 3B **70**
Molineux St. NE6: Byke 3B **70**
Mollyfair Cl. NE40: Craw 5A **64**
Monarch Av. SR3: Dox P 4E **131**
Monarch Ct. NE12: Longb 1A **58**
Monarch Rd. NE4: Newc T 6C **68**
Monarch Ter. NE21: Blay 1A **80**
Monastery Ct. NE32: Jar 2F **73**
Mona St. DH9: Stly 2D **122**
Moncreiff Ter. SR8: Eas 1D **162**
Monday Cres. NE4: Newc T 3D **68**
  (not continuous)
Monday Pl. NE4: Newc T 3D **68**
Money Slack DH1: Dur 4B **160**
Monkchester Grn. NE6: Walk 4E **71**
Monkchester Rd. NE6: Walk 4E **71**
Monk Ct. NE8: Gate 1H **83**
  SR8: Pet 4B **164**
Monkdale Av. NE24: Cow 1G **17**
Monkhouse Av. NE30: Cull 4C **48**

Monkridge NE15: Walb 5H **53**
  NE26: Whit B 4A **36**
Monkridge Ct. NE3: Gos 3G **57**
Monkridge Gdns. NE11: Dun 4B **82**
Monks Av. NE25: Monks 2H **47**
Monks Cres. DH1: Dur 4F **155**
MONKSEATON 6B **36**
Monkseaton Dr. NE25: Monks . . .6G **35**
  NE26: Whit B 5A **36**
Monkseaton Rd. NE25: Well 6E **35**
Monkseaton Station (Metro) . . .6B **36**
Monksfeld NE10: Fall 4E **85**
Monksfield Cl. SR3: Dox P 4H **131**
Monkside NE6: Heat 1D **70**
  NE23: Cra 4H **21**
Monkside Cl. NE38: Wash 5G **113**
Monks Pk. Way NE12: Longb 1A **58**
Monks Rd. NE25: Monks 2G **47**
Monkstone Av. NE30: Tyne 5E **49**
Monkstone Cl. NE30: Tyne 5E **49**
Monkstone Cres. NE30: Tyne 5E **49**
Monkstone Grange NE30: Cull . . .4D **48**
Monk St. NE1: Newc T . . .5B **4** (4E **69**)
  SR6: Roker 4D **104**
Monks Way NE30: Tyne 4E **49**
Monksway NE32: Jar 3A **74**
Monks Wood NE29: N Shi 5A **48**
Monkswood Sq. SR3: Silk 3B **132**
Monk Ter. NE32: Jar 3G **73**
MONKTON 6F **73**
Monkton NE10: Hew 5F **85**
Monkton Av. NE34: S Shi 5B **74**
Monkton Bus. Pk. NE31: Heb 1C **86**
Monkton Dene NE32: Jar 5E **73**
Monkton Dene Pk. 5F **73**
Monkton Hall NE31: Heb 5D **72**
Monkton La. NE31: Heb 1C **86**
  NE32: Jar 6D **72**
Monkton Rd. NE32: Jar 2F **73**
  (not continuous)
Monkton Stadium 5E **73**
Monkton Ter. NE32: Jar 2G **73**
MONKWEARMOUTH 5D **104**
Monkwearmouth Station Mus.
  . . . . .1G **7** (5D **104**)
Monmouth Gdns. NE28: W'snd . . .3E **61**
Monroe Pl. NE5: Blak 5H **55**
Mons Av. NE31: Heb 3C **72**
Mons Cres. DH4: S Row 3G **129**
Montagu Av. NE3: Ken 4C **56**
Montagu Ct. NE3: Ken 5C **56**
Montague Ct. NE9: Low F 3H **83**
Montague St. NE15: Lem 3B **66**
  SR6: Ful 2D **104**
Monterey NE37: Wash 4B **100**
  SR3: Dox P 4G **131**
Montfalcon Cl. SR8: Pet 1C **164**
Montford Cl. SR3: Dox P 4F **131**
Montgomery Rd. DH1: Dur 4F **155**
Montorosso NE20: Pres 6A **28**
Montpelier Ter. SR2: Sund 4E **119**
Montpellier Pl. NE3: Ken 4B **56**
Montrose Cl. NE25: New Hart 3A **22**
Montrose Cres. NE9: Low F 4B **84**
Montrose Dr. NE10: Ward 4H **85**
Montrose Gdns. SR3: Sund 4A **118**
Monument Ct. DH1: Dur 1A **160**
Monument Mall Shop. Cen.
  NE1: Newc T 4D **4** (4F **69**)
Monument Station (Metro)
  . . . . .4D **4** (4F **69**)
Monument Ter. DH3: Bir 3C **112**
  DH4: Pen 1E **129**
Monument Vw. DH4: Pen 1F **129**
MOOR .5F **45**

Moor Cl. NE29: N Shi 5G **47**
   SR1: Sund 6F **105**
Moor Ct. DH4: Bour 6C **128**
   NE3: Gos 5D **56**
   SR6: Whit 3E **91**
Moor Cres. DH1: Dur 4G **155**
   NE3: Gos 5E **57**
Moor Crest Ter. *NE29: N Shi* . . .*5B **48***
   (off Walton Av.)
Moorcroft Cl. NE15: Lem 2B **66**
Moorcroft Rd. NE15: Lem 2C **66**
Moordale Av. NE24: Cow 1G **17**
Moore Av. NE11: Dun 3B **82**
   NE34: S Shi 3G **75**
Moore Ct. NE15: Thro 2C **64**
Moore Cres. DH3: Bir 1C **112**
Moore Cres. Nth.
   DH5: Hou S 4A **138**
Moore Cres. Sth. DH5: Hou S . . .4A **138**
Moor Edge DH1: Dur 5H **153**
   DH7: B'don 6D **158**
Moor Edge Rd. NE27: Shir 1C **46**
MOOR END 3A **156**
Moor End Ter. DH1: Carr 3A **156**
Moore Pk. NE8: Gate 2A **84**
Moore St. DH9: Stly 4C **122**
   NE8: Gate 2A **84**
Moore St. Vs. *NE8: Gate* *2A **84***
   (off Moore St.)
Moorfield NE2: Jes 4F **57**
Moorfield Gdns. SR6: Clead 4A **90**
Moorfoot Av. DH2: Ches S 1C **34**
   (not continuous)
Moorfoot Gdns. NE11: Lob H 4C **82**
Moor Gdns. NE29: N Shi 5G **47**
Moorhead NE5: Fen 6A **56**
Moorhead Ct. NE5: Fen 6A **56**
Moorhead M. NE5: Fen 6A **56**
Moorhill Ct. SR2: Sund 5E **119**
Moorhouse Ct. NE34: S Shi 4F **75**
Moorhouse Gdns.
   DH5: Hett H 3C **148**
   (not continuous)
Moorhouses Rd. NE29: N Shi 5G **47**
Moorings, The NE6: Byke 5C **70**
Moorland Av. NE22: Bed 2E **11**
Moorland Cotts. NE22: Bed 2D **10**
Moorland Ct. NE22: Bed 2E **11**
Moorland Cres. NE6: Walk 2E **71**
   NE22: Bed 2E **11**
Moorland Dr. NE22: Bed 3E **11**
Moorlands DH9: Dip 6E **107**
   NE32: Jar 2H **87**
Moorlands, The DH1: Dur 5G **155**
Moorland Vs. NE22: Bed 2E **11**
Moorland Way NE23: Nel V 6G **15**
Moor La. NE3: Ken 3H **55**
   NE20: Darr H 1B **38**
   NE34: S Shi 3G **75**
   NE36: Clead, E Bol 3G **89**
   SR6: Clead, Whit 4A **90**
Moor La. E. NE34: S Shi 3H **75**
Moormill NE11: Kib 1E **111**
Moormill La. NE11: Kib 1F **111**
Moor Pk. Ct. NE29: N Shi 6G **47**
Moor Pk. Rd. NE29: N Shi 6F **47**
   (not continuous)
Moor Pl. NE3: Gos 4E **57**
Moor Rd. Nth NE3: Gos 2F **57**
Moor Rd. Sth. NE3: Gos 4F **57**
Moorsburn Dr. DH4: Hou S 2G **137**
Moors Cl. DH4: Hou S 3F **137**
Moorsfield DH4: Hou S 3F **137**
MOORSIDE 4G **131**

Moorside NE12: Longb 3B **44**
   NE32: Jar 2G **87**
   NE37: Wash 6H **99**
Moorside Ct. NE5: Fen 6A **56**
Moorside Nth. NE4: Fen 6A **56**
Moorside Pl. NE4: Fen 1B **68**
Moorside Rd. SR3: Dox P 3F **131**
Moorside Sth. NE4: Fen 2B **68**
Moorsley Rd. DH5: Hett H 4A **148**
   DH6: Low P 6F **147**
Moor St. SR1: Sund 6E **105**
   (Coronation St.)
   SR1: Sund 1F **119**
   (Woodbine St.)
Moor Ter. SR1: Sund 6F **105**
Moorvale La. NE5: Fen 5A **56**
Moor Vw. NE3: Ken 3H **55**
   NE12: Kil 6C **32**
   NE40: Craw 5A **64**
   SR6: Whit 3E **91**
Moorview Cres. NE5: Fen 5A **56**
Moor Vw. Ter. DH9: Ann P 6E **121**
Moor Vw. Wlk. NE12: Kil 1C **44**
Moorway NE37: Wash 6H **99**
Moorway Dr. NE15: Lem 2C **66**
Moralee Cl. NE7: H Hea 4D **58**
Moran St. SR6: Ful 1D **104**
Moray Cl. DH3: Bir 6D **112**
   SR8: Pet 2C **164**
Moray St. SR6: Ful 3D **104**
Morcott Gdns. NE29: N Shi 3A **62**
Morden St. NE1: Newc T 3C **4** (2F **69**)
Mordey Cl. SR2: Sund 2E **119**
Mordue Ter. DH9: Ann P 6G **121**
Morecambe Pde. NE31: Heb 1E **87**
Moreland Rd. NE34: S Shi 6F **75**
Moreland St. SR6: Roker 3D **104**
Moresby Rd. NE23: Cra 5C **16**
Morgan Bus. Cen. NE12: Kil 6B **32**
Morgan St. SR5: S'wck 3B **104**
Morgans Way NE21: Winl 1G **79**
Morgan Vs. *NE28: W'snd* *5A **60***
   (off North Vw.)
Morinda Cl. DH4: S Row 4D **128**
Morland Av. NE38: Wash 4C **114**
Morland Gdns. NE9: Low F 4B **84**
Morley Av. NE10: Bill Q 1H **85**
Morley Ct. NE6: Byke 2C **70**
Morley Hill Rd. NE5: W Dent 1D **66**
Morley La. DH7: Bran 5A **158**
Morley Pl. NE27: Shir 1D **46**
Morley Ter. DH4: Hou S 2E **137**
   NE10: Fell 3D **84**
Morningside NE38: Wash 1E **127**
Morningside Ct.
   DH3: Ches S 5C **126**
Mornington Av. NE3: Ken 4B **56**
Morpeth Av. NE13: W Op 4E **31**
   NE32: Jar 6F **73**
   NE34: S Shi 2F **75**
Morpeth Cl. NE38: Wash 3G **113**
Morpeth Dr. SR3: Dox P 3F **131**
Morpeth St. NE2: Newc T 1D **68**
   SR8: Hor 4F **163**
Morpeth Ter. NE29: N Shi 3H **61**
Morris Av. NE34: S Shi 6D **74**
Morris Cl. NE23: Dud 3B **32**
Morris Cres. NE35: Bol C 3C **88**
Morris Gdns. NE10: Ward 3H **85**
Morrison Ind. Est.
   DH9: Ann P 6H **121**
Morrison Rd. DH9: Ann P 6G **121**
Morrison Rd. Nth. Ind. Est.
   DH9: Ann P 6G **121**

Morrison St. NE8: Gate 1E **83**
Morris Rd. NE16: Whi 3F **81**
Morris Sq. SR8: Eas 2C **162**
Morris St. DH3: Bir 3B **112**
   NE8: Gate 3E **83**
   NE37: Wash 5A **100**
Morris Ter. DH5: Hou S 4B **138**
Morrit Ct. NE7: Longb 2C **58**
Morston Dr. NE15: Lem 3C **66**
Mortimer Av. NE5: West 4D **54**
   NE29: N Shi 1H **61**
Mortimer Chase NE23: E Har 4B **16**
Mortimer Rd. NE33: S Shi 1F **75**
   NE34: S Shi 1F **75**
Mortimer St. SR4: Sund 6H **103**
Mortimer Ter. *NE25: H'will* *1C **34***
   (off Laurel Ter.)
Morton Cl. NE38: Wash 3B **114**
Morton Cres. DH4: Hou S 2D **136**
   NE5: Call 1H **53**
Morton Grange Ter.
   DH4: Hou S 2C **136**
Morton Sq. SR8: Pet 6C **162**
Morton St. NE6: Byke 3D **70**
   NE33: S Shi 3E **63**
Morton Wlk. NE33: S Shi 3E **63**
Morval Cl. SR3: Dox P 4F **131**
Morven Dr. NE10: Bill Q 2H **85**
Morven Lea NE21: Winl 1H **79**
Morwick Cl. NE23: Cra 4H **21**
Morwick Pl. NE5: Fen 6H **55**
Morwick Rd. NE29: N Shi 5H **47**
Mosley St. NE1: Newc T 5D **4** (4F **69**)
Moss Bank NE9: Low F 2B **98**
Moss Cl. NE15: Lem 1A **66**
Moss Cres. NE40: Craw 5A **64**
Mossdale DH1: Carr 3C **156**
Mosspool NE21: Winl 1G **79**
Moss Side NE9: Wrek 2B **98**
Mossway DH2: Pelt 2F **125**
Mostyn Grn. NE3: Ken 2B **56**
Motcombe Way NE23: Cra 5C **16**
Moulton Ct. NE5: Blak 5G **55**
Moulton Pl. NE5: Blak 5G **55**
Mount, The NE15: Thro 5C **52**
   NE40: Ryton 4C **64**
Mountbatten Av. NE31: Heb 5C **72**
Mount Cl. NE12: Kil 1D **44**
   NE25: Monks 2H **47**
   SR4: Sund 1D **116**
Mount Cott. NE9: Spri 5E **99**
Mount Ct. DH3: Bir 2D **112**
Mountfield Gdns. NE3: Ken 3B **56**
Mountford Rd. NE25: New Hart . . .2B **24**
Mount Gro. NE11: Dun 4B **82**
   SR4: Sund 3A **118**
Mt. Joy Cres.
   DH1: Dur 6D **6** (1D **160**)
Mount La. NE9: Spri 5E **99**
Mt. Lonnen NE9: Spri 5E **99**
MOUNT PLEASANT
   Gateshead 2B **84**
   Houghton-le-Spring 1C **128**
Mt. Pleasant DH3: Bir 2C **112**
   DH5: Hou S 3B **138**
   DH9: Dip 6E **107**
   NE21: Winl 2H **79**
   SR5: S'wck 4A **104**
Mt. Pleasant Bungs. DH3: Bir . . .2C **112**
Mt. Pleasant Ct. NE15: Thro 5D **52**
Mt. Pleasant Gdns. NE8: Gate . . .2A **84**
Mount Pleasant Marsh Nature Reserve
   . . . . .5A **88**
Mt. Pleasant Rd. DH3: Bir 2C **112**

Mt. Ridge DH3: Bir 2D **112**
Mount Rd. DH3: Bir 2C **112**
NE9: Spri 5E **99**
SR4: Sund 3H **117**
Mountsett Cl. DH9: Dip 5E **107**
Mountsett Crematorium
DH9: Dip 5E **107**
Mountside Gdns. NE11: Dun 4B **82**
Mt. Stewart St. SR7: S'hm 6B **142**
Mount Ter. NE33: S Shi 5E **63**
Mount Vw. NE16: Swa 3F **81**
Mourne Gdns. NE11: Lob H 5C **82**
Moutter Cl. SR8: Hor 5E **163**
Mowbray Almshouses
SR1: Sund 4F **7**
Mowbray Cl. SR2: Sund 2D **118**
Mowbray Rd. NE12: Longb 5D **44**
NE29: N Shi 1H **61**
NE33: S Shi 6F **63**
SR2: Sund 6H **7** (3D **118**)
Mowbray St. DH1: Dur 5B **154**
NE6: Heat 3A **70**
Mowbray Ter. DH4: Hou S 1H **137**
Mowlam Dr. DH9: Stly 3E **123**
Moyle Ter. NE16: Hob 3G **107**
Mozart St. NE33: S Shi 5F **63**
Muirfield NE25: Monks 6H **35**
NE33: S Shi 6H **63**
Muirfield Dr. NE10: Wind N 5D **84**
NE37: Wash 3A **100**
Muirfield Rd. NE7: Longb 2C **58**
Muirston Av. NE23: Cra 5C **16**
Mulben Cl. NE4: Benw 5A **68**
Mulberry Cl. NE24: News 3B **18**
Mulberry Gdns. NE10: Fall 1C **84**
Mulberry Gro. NE16: Hob 3G **107**
Mulberry Pk. NE9: Low F 6H **83**
Mulberry Pl. NE4: Newc T 6D **68**
Mulberry St. NE10: Fall 2C **84**
Mulberry Ter. DH9: Ann P 5H **121**
Mulberry Trad. Est. NE10: Fall 2C **84**
Mulberry Way DH4: Hou S 2E **137**
Mulcaster Gdns. NE28: W'snd 4G **59**
Mulgrave Dr. SR6: Roker 5E **105**
Mulgrave Ter. NE8: Gate 6G **69**
Mulgrave Vs. NE8: Gate 1G **83**
Mullen Dr. NE40: Ryton 5C **64**
Mullen Gdns. NE28: W'snd 3G **59**
Mullen Rd. NE28: W'snd 3G **59**
Mull Gro. NE32: Jar 6A **74**
Mullin Cl. DH7: Bear P 4D **152**
Muncaster M. SR8: Pet 4A **164**
Mundella Ter. NE6: Heat 2B **70**
Mundell St. DH9: Stly 5C **122**
Mundle Av. NE21: W Mill 5A **80**
Mundles La. NE36: E Bol 4F **89**
Municipal Ter. NE37: Wash 1B **114**
Munslow Rd. SR3: E Her 1E **131**
Muriel St. DH9: Stly 6C **122**
Murphy Gro. SR2: Ryh 2E **133**
Murray Av. DH4: Hou S 2E **137**
Murray Ct. DH2: Ches S 6B **126**
Murrayfield NE23: Seg 1F **33**
Murrayfield Dr. DH7: B'don 6C **158**
Murrayfield Rd. NE5: Blak 5H **55**
Murrayfields NE27: Shir 4B **46**
Murray Gdns. NE11: Dun 4C **82**
Murray Pk. DH9: Stly 2D **122**
Murray Pl. DH2: Ches S 6B **126**
Murray Rd. DH2: Ches S 6B **126**
NE28: W'snd 4D **60**
Murray St. NE21: Blay 6A **66**
SR8: Hor 1G **165**
Murray Ter. DH9: Dip 1C **120**
Murtagh Diamond Ho.
NE34: S Shi 4E **75**
MURTON
Houghton-le-Spring **2C 150**
Newcastle upon Tyne **3F 47**
Murton Ho. NE29: N Shi 4G **47**
Murton La. DH5: Eas L 4E **149**
NE27: Mur, Shir 4E **47**
Murton St. SR1: Sund 5H **7** (1E **119**)
SR7: Mur 3D **150**
Muscott Gro. NE15: Scot 3E **67**
Mus. of Antiquities **2C 4**
Musgrave Gdns. DH1: Dur 5G **155**
(not continuous)
Musgrave Rd. NE9: Low F 5H **83**
Musgrave Ter. NE6: Walk 3E **71**
NE10: Pel 2G **85**
NE38: Wash 1B **114**
Muswell Hill NE15: Scot 4E **67**
Mutual St. NE28: W'snd 6H **59**
Mylord Cres. NE12: Kil 6B **32**
Myra Av. TS27: Hes 6G **165**
Myre Hall DH5: Hou S 3A **138**
Myrella Cres. SR2: Sund 5C **118**
Myreside Pl. NE12: Longb 6B **44**
Myrtle Av. NE11: Dun 3B **82**
SR6: Whit 2F **91**
Myrtle Cres. NE12: Longb 4D **44**
Myrtle Gro. NE2: Jes 5G **57**
NE9: Low F 6H **83**
NE16: Burn 1F **107**
NE28: W'snd 6B **60**
NE34: S Shi 5H **75**
Myrtles DH2: Ches S 4B **126**

N

Nafferton Pl. NE5: Fen 1G **67**
Nailor's Bank NE8: Gate 5A **70**
Nailsworth Cl. NE35: Bol C 1A **88**
Nairn Cl. DH3: Bir 6D **112**
NE37: Wash 3A **100**
SR4: Sund 3F **117**
Nairn Rd. NE23: Cra 2B **22**
Nairn St. NE32: Jar 6A **74**
Naisbitt Av. SR8: Hor 5E **163**
Nansen Cl. NE5: West 5D **54**
Napier Cl. DH3: Ches S 1D **126**
Napier Ct. NE16: Whi 1F **95**
Napier Rd. NE16: Swa 2E **81**
SR7: S'hm 3G **141**
Napier St. NE2: Newc T . . .2G **5** (3H **69**)
NE32: Jar 2F **73**
(not continuous)
NE33: S Shi 3D **74**
Napier Way NE21: Blay 1C **80**
Napoleon Cl. SR2: Ryh 2F **133**
Narvik Way NE29: N Shi 2F **61**
Nash Av. NE34: S Shi 6F **75**
Nater's Bank *NE30: N Shi 2E 63*
(off Union Quay)
Naters St. NE26: Whit B 1E **49**
National Glass Cen. **5E 105**
Natley Av. NE36: E Bol 4G **89**
Navenby Cl. NE3: Gos 5F **43**
SR7: S'hm 2G **141**
Naworth Av. NE30: Cull 4C **48**
Naworth Ct. SR8: Pet 4B **164**
Naworth Dr. NE5: West 4B **54**
Naworth Ter. NE32: Jar 5H **73**
Nawton Av. SR5: Monkw 3C **104**
Nayland Rd. NE23: Cra 2A **22**
Naylor Av. NE21: W Mill 5A **80**
Naylor Ct. NE21: Blay 5C **66**
Naylor Pl. NE26: Sea S 2F **25**
Nazareth M. NE2: Newc T 1H **69**
Neale St. DH9: Ann P 5G **121**
DH9: Tant 5H **107**
SR6: Ful 2D **104**
Neale Ter. DH3: Bir 3C **112**
Neale Wlk. NE3: Ken 4A **56**
Nearlane Cl. NE13: Sea B 3E **31**
Neasdon Cres. NE30: Cull 4D **48**
Neasham Rd. SR7: S'hm 2G **141**
NEDDERTON **5C 8**
Nedderton Cl. NE5: Cha P 3H **53**
Needham Pl. NE23: Cra 2B **22**
Neighbourhood Cen., The
NE5: West 3E **55**
Neill Dr. NE16: Sun 3F **95**
Neilson Rd. NE10: Gate 1B **84**
Neil St. DH5: Eas L 4E **149**
Nellie Gormley Ho. NE12: Kil 3B **44**
Nell Ter. NE39: Row G 4C **92**
Nelson Av. NE3: Gos 2C **56**
NE23: Nel V 1G **21**
NE33: S Shi 4G **63**
Nelson Cl. SR2: Sund 6H **7** (2E **119**)
SR8: Hor 6G **163**
(not continuous)
Nelson Cres. NE29: N Shi 4H **61**
Nelson Dr. NE23: Cra, Nel V 2F **21**
Nelson Ho. NE30: Tyne 6F **49**
Nelson Ind. Est. NE23: Nel V 6G **15**
Nelson Pk. NE23: Nel V 6G **15**
Nelson Pk. E. NE23: Nel V 6H **15**
Nelson Pk. W. NE23: Nel V 6F **15**
Nelson Rd. NE6: Walk 5H **71**
NE23: Nel V 6F **15**
NE25: Well 6F **35**
Nelson St. DH3: Ches S 1C **134**
DH5: Hett H 2C **148**
NE1: Newc T 4D **4** (4F **69**)
NE8: Gate 6G **69**
NE29: N Shi 2C **62**
NE33: S Shi 4E **63**
NE38: Wash 3C **114**
NE40: G'sde 2A **78**
SR2: Ryh 2F **133**
SR7: S'hm 3H **141**
Nelson Ter. DH6: S'burn 6E **157**
NE29: N Shi 4H **61**
NELSON VILLAGE **1G 21**
Nelson Way NE23: Nel V 5F **15**
Nene Ct. NE37: Wash 5C **100**
Nenthead Cl. DH3: Gt Lum 4H **135**
Neptune Rd. NE15: Lem 2C **66**
NE28: W'snd 1H **71**
Neptune Way SR8: Eas 1C **162**
Nesbit Rd. SR8: Pet 2E **165**
Nesburn Rd. SR4: Sund 3A **118**
Nesham Pl. DH5: Hou S 3A **138**
Nesham St. NE4: Elsw 6C **68**
Nesham Ter. SR1: Sund 6F **105**
Ness Ct. NE21: Winl 1G **79**
Neston Ct. NE5: Ken 4H **55**
Nest Rd. NE10: Fall 1D **84**
Netherburn Rd. SR5: Monkw 3C **104**
Netherby Ct. NE5: Fen 1H **67**
Netherby Dr. NE5: Fen 1G **67**
Netherdale NE22: Bed 4F **9**
Nether Farm Rd. NE10: Pel 2F **85**
Nether Riggs NE22: Bed 5H **9**
Netherton NE12: Kil 6C **32**
Netherton Av. NE29: N Shi 5H **47**
Netherton Cl. DH2: Ches S 1A **134**
Netherton Gdns. NE13: W Op 5D **30**

Netherton Gro. NE29: N Shi 6H **47**
Netherton La. NE22: Bed 3E **9**
Netherwitton Way NE3: Gos 4D **42**
Nettleham Rd. SR5: Monkw . . .3C **104**
Nettles La. SR3: Silk 3B **132**
NETTLESWORTH 1A **144**
Neville Ct. NE37: Wash 5C **100**
Neville Cres. DH3: Bir 1C **112**
Nevilledale Ter. DH1: Dur 6B **154**
(off Summerville)
Neville Dene DH1: Dur 6H **153**
Neville Rd. NE15: Lem 2B **66**
SR4: Sund 6H **103**
SR8: Pet 6C **162**
Nevilles Ct. DH1: Dur 6A **154**
NEVILLE'S CROSS 1A **160**
Neville's Cross Bank
DH1: Dur 2G **159**
Neville's Cross Rd. NE31: Heb 4D **72**
Neville's Cross Vs. DH1: Dur 1A **160**
Neville Sq. DH1: Dur 2A **160**
Neville St. DH1: Dur 3A **6** (6C **154**)
NE1: Newc T 6B **4** (5F **69**)
Neville Ter. DH1: Dur 5A **154**
Neville Wlk. *NE37: Wash* 4D **100**
(off Marlborough Rd.)
Nevinson Av. NE34: S Shi 6F **75**
Nevis Cl. NE26: Whit B 3A **36**
Nevis Ct. NE26: Whit B 3A **36**
Nevis Gro. NE36: W Bol 4D **88**
Nevis Way NE26: Whit B 4A **36**
New Acres DH7: Ush M 5C **152**
New Acres DH9: Stly 6C **122**
Newark Cl. NE22: Bed 3F **9**
SR8: Pet 6C **162**
(not continuous)
Newark Cres. SR7: S'hm 2G **141**
Newark Dr. SR6: Whit 3F **91**
Newark Sq. NE29: N Shi 3B **62**
Newarth Cl. NE15: Lem 2C **66**
Newbank Wlk. NE21: Winl 2G **79**
Newbiggin Hall Cen.
NE5: West 4E **55**
(off Trevelyan Dr.)
NEWBIGGIN HALL ESTATE 2E **55**
Newbiggin La. NE5: West 3D **54**
New Blackett St. DH9: Ann P 4E **121**
Newbold Av. SR5: Monkw 3C **104**
Newbold St. NE6: Walk 4D **70**
Newbolt Ct. NE8: Gate 1A **84**
NEWBOTTLE 6H **129**
Newbottle La. DH4: Hou S 4D **136**
Newbottle St. DH4: Hou S 2H **137**
NEW BRANCEPETH 2B **158**
Newbridge Av. SR5: Monkw 3C **104**
Newbridge Bank DH3: Lam P . . .4F **127**
Newbridge Banks DH2: Gra V . . .5C **124**
New Bri. St.
NE1: Newc T 4F **5** (4G **69**)
New Bri. St. W.
NE1: Newc T 4D **4** (4F **69**)
(not continuous)
Newbrough Cres. NE2: Jes 5G **57**
Newburgh Av. NE25: Sea D 1A **34**
NEWBURN 2F **65**
Newburn Av. SR5: Monkw 3C **104**
Newburn Bri. Rd. NE21: Blay 3E **65**
Newburn Ct. NE33: S Shi 6F **63**
Newburn Cres. DH4: Hou S 2H **137**
Newburn Hall Motor Mus. 1F **65**
Newburn Haugh Ind. Est.
NE15: Lem 3H **65**
Newburn Ind. Est. NE15: Lem . . .3G **65**
Newburn La. End NE15: Thro 5D **52**

Newburn Leisure Cen. 1E **65**
Newburn Riverside Ind. Pk.
NE15: Lem 5A **66**
Newburn Rd. DH9: Stly 1D **122**
NE15: Newb, Thro 5D **52**
Newbury NE12: Kil 1D **44**
Newbury Av. NE8: Gate 3F **83**
(not continuous)
Newbury Cl. NE15: Lem 2B **66**
Newbury St. NE33: S Shi 2F **75**
SR5: Ful 2C **104**
Newby Cl. NE22: Bed 2C **10**
Newby La. DH6: H Pitt 2G **157**
Newby Pl. NE9: Low F 1B **98**
Newcastle Arts Cen. 6C **4** (5F **69**)
Newcastle Av. SR8: Hor 5F **163**
Newcastle Bank DH3: Bir 6F **113**
Newcastle Bus. Pk. NE4: Elsw . . .6B **68**
(not continuous)
Newcastle Coll.
NE1: Newc T 1E **5** (2G **69**)
Newcastle Discovery Mus.
. . . . .6A **4** (5E **69**)
Newcastle Falcons RUFC 6F **41**
Newcastle Football Cen. 3F **67**
NEWCASTLE INTERNATIONAL AIRPORT
. . . . .2B **40**
Newcastle Opera House . . .5B **4** (4E **69**)
Newcastle Race Course 3F **43**
Newcastle Rd. DH1: Dur 3H **153**
DH3: Bir 1C **112**
DH3: Ches S 5C **126**
DH4: Hou S 3G **137**
NE24: News 3A **18**
NE34: S Shi 5A **74**
(not continuous)
NE36: W Bol 4C **86**
SR5: Ful, Monkw 6A **90**
Newcastle Road Baths 3D **104**
Newcastle Science Pk.
NE1: Newc T 4F **5** (4G **69**)
Newcastle Station (Rail)
. . . . .6C **4** (5F **69**)
Newcastle St. NE29: N Shi 2C **62**
Newcastle Ter. DH1: Dur 1A **154**
NE30: Tyne 6F **49**
Newcastle United FC 3A **4** (3E **69**)
NEWCASTLE UPON TYNE
. . . . .4C **4** (4F **69**)
Newcastle Western By-Pass
NE3: Haz 6A **42**
NE5: Blak 4F **55**
NE13: Haz 6A **42**
NE15: Scot 4C **66**
New Coliseum Cinema 6D **36**
NEW DELAVAL 4A **18**
Newdene Wlk. NE15: Lem 2B **66**
New Dr. SR7: S'hm 2H **141**
New Durham Rd. DH9: Ann P . . .6G **121**
SR2: Sund 5E **7** (1B **118**)
New Elvet DH1: Dur 2C **6** (6D **154**)
NEWFIELD 4E **125**
Newfield Rd. DH2: Newf 4E **125**
Newfield Ter. DH2: Newf 4E **125**
Newfield Wlk. NE16: Whi 5E **81**
New Front St. DH9: Ann P 5E **121**
DH9: Tan L 6B **108**
Newgate NE1: Newc T 5C **4** (4F **69**)
Newgate St.
NE1: Newc T 4C **4** (4F **69**)
New George St. NE33: S Shi 1E **75**
New Grange Ter. DH2: P Fel 5F **125**
New Grn. St. NE33: S Shi 6E **63**
Newham Av. NE13: Haz 1C **42**

NEW HARTLEY 3B **24**
Newhaven Av. SR5: Monkw . . .3C **104**
NEW HERRINGTON 3H **129**
New Herrington Country Pk. . . .1H **129**
New Herrington Ind. Est.
DH4: New H 3H **129**
Newington Ct. NE37: Wash 5A **100**
SR5: Monkw 4C **104**
Newington Dr. NE29: N Shi 4B **48**
Newington Rd.
NE2: Newc T 1H **5** (2H **69**)
(not continuous)
NE6: Heat 2A **70**
NEW KYO 5H **121**
NEW LAMBTON 1C **136**
Newland Ct. NE34: S Shi 4E **75**
Newlands NE30: Cull 3C **48**
Newlands Av. NE3: Gos 4E **43**
NE24: Bly 2B **18**
NE25: Monks 2H **47**
SR3: Sund 4B **118**
Newlands Pl. NE24: Bly 2B **18**
Newlands Rd. DH1: Carr 3A **156**
NE2: Jes 4F **57**
NE24: Bly 2B **18**
Newlands Rd. E. SR7: S'hm . . .3H **141**
Newlands Rd. W.
SR7: S'hm 3G **141**
Newlyn Cres. NE29: N Shi 2A **62**
Newlyn Dr. NE23: Cra 2A **22**
NE32: Jar 3H **73**
Newlyn Rd. NE3: Ken 2A **56**
Newman La. NE38: Wash 4C **114**
Newman Pl. NE8: Gate 3A **84**
Newman Ter. NE8: Gate 3A **84**
Newmarch St. NE32: Jar 2E **73**
Newmarket Wlk. NE33: S Shi 5E **63**
(not continuous)
New Mills NE4: Newc T 3D **68**
Newminster Cl. DH4: Hou S 1F **137**
Newminster Rd. NE4: Fen 3G **67**
Newmin Way NE16: Whi 6D **80**
Newport Gro. SR3: New S 1A **132**
New Quay NE29: N Shi 3D **62**
Newquay Gdns. NE9: Low F 3H **97**
New Rainton St. *DH4: Pen* 1F **129**
(off Rainton St.)
New Redheugh Bri. Rd.
NE1: Newc T 6E **69**
NE8: Gate 6F **69**
Newriggs NE38: Wash 5B **114**
New Rd. DH2: Pelt 2B **124**
DH9: Beam 2B **124**
NE10: Ward 5A **86**
NE11: T Vall 5D **82**
NE16: Burn 6G **93**
NE35: Bol C 3B **88**
NE36: E Bol 3B **88**
NE38: Wash 1A **128**
(not continuous)
NEWSHAM 3H **17**
Newsham Cl. NE5: Cha P 3H **53**
Newsham Rd. NE24: Bly 2A **18**
NEW SILKSWORTH 2H **131**
New Sth. Ter. DH3: Bir 3D **112**
Newstead Cl. NE38: Wash 2A **114**
Newstead Rd. DH4: Hou S 1G **137**
Newsteads Cl. NE25: Monks 6H **35**
Newsteads Dr. NE25: Monks 6G **35**
Newsteads Farm Cotts.
NE25: Monks 1G **47**
Newstead Sq. SR3: Silk 3A **132**
New Strangford Rd.
SR7: S'hm 3H **141**

New St. DH1: Dur 2A **6** (5B **154**)
DH6: S'burn 6E **157**
SR4: Sund 1C **116**
Newton Av. NE28: W'snd 4D **60**
NE30: Cull 2D **48**
Newton Cl. NE15: Lem 2C **66**
Newton Dr. DH1: Dur 2B **154**
Newton Gro. NE34: S Shi 4C **74**
NEWTON HALL **6C 144**
Newton Hall NE7: H Hea 5B **58**
Newton Ho. *NE4: Newc T 3D **68***
(off Barrack Rd.)
Newton Pl. NE7: H Hea 5B **58**
Newton Rd. NE7: H Hea 4A **58**
Newton St. NE8: Gate 3F **83**
NE11: Dun 2B **82**
NEW TOWN
Boldon Colliery **3B 88**
Houghton-le-Spring **3B 138**
Newtown Ind. Est. DH3: Bir 5C **112**
NEW YORK **4F 47**
New York By-Pass NE29: N Shi . . .4F **47**
New York Ind. Pk. NE27: Shir 4E **47**
(not continuous)
New York Rd. NE27: Back, Shir . . .2C **46**
(not continuous)
NE29: N Shi, Shir 4E **47**
New York Way NE27: Shir 5E **47**
(not continuous)
Nicholas Av. SR6: Whit 3F **91**
Nicholas St. DH5: Hett H 6D **138**
Nichol Ct. NE4: Benw 4H **67**
Nicholson Cl. SR1: Sund 1E **119**
Nicholson's Ter. DH9: Beam 1B **124**
Nicholson Ter. NE12: Kil 4E **45**
Nichol St. NE4: Benw 4H **67**
Nickleby Chare DH1: Dur 2B **160**
Nidderdale Av. DH5: Hett H 3B **148**
Nidderdale Cl. NE24: Cow 5G **11**
Nidsdale Av. NE6: Walk 2G **71**
Nightingale Cl. SR4: Sund 3C **116**
Nightingale Pl. DH9: Stly 4F **123**
Nile Cl. NE15: Lem 1A **66**
Nile Ct. NE8: Gate 2A **84**
Nile St. NE29: N Shi 1C **62**
NE33: S Shi 5D **62**
SR1: Sund 3H **7** (6E **105**)
Nilverton Av. SR2: Sund 4D **118**
Nimbus Ct. SR3: Silk 3A **132**
Nine Lands DH4: Hou S 3G **137**
Nine Pins NE8: Gate 4F **83**
NE9: Low F 5G **83**
Ninnian Ter. DH9: Dip 1C **120**
Ninth Av. DH2: Ches S 6B **126**
NE6: Heat 1C **70**
NE11: T Vall 2F **97**
NE24: Bly 1B **18**
Ninth Av. E. NE11: T Vall 2F **97**
Ninth St. SR8: Hor 6G **163**
Nissan Way SR5: Sund 6F **101**
Nithdale Cl. NE6: Walk 1H **71**
Nixon St. NE8: Gate 5A **70**
Nixon Ter. NE21: Winl 2H **79**
NE24: Bly 1D **18**
Noble Gdns. NE34: S Shi 5B **74**
Noble's Bank Rd. SR2: Sund 2F **119**
Noble St. NE4: Elsw 6B **68**
NE10: Fall 2D **84**
SR2: Sund 2F **119**
SR8: Eas C 1E **163**
Noble St. Ind. Est. NE4: Elsw 6B **68**
Noble Ter. SR2: Sund 2F **119**
Noel Av. NE21: W Mill 5A **80**
Noel St. DH9: Stly 2F **123**
Noel Ter. NE21: W Mill 4B **80**
Noirmont Way SR3: Silk 3G **131**
Nook, The NE25: Monks 1B **48**
NE29: N Shi 2B **62**
Nookside SR4: Sund 3E **117**
Nookside Ct. SR4: Sund 3E **117**
NO PLACE **2H 123**
Nora St. NE34: S Shi 4E **75**
SR4: Sund 3H **117**
Norbury Gro. NE6: Byke, Walk 4D **70**
Nordale Way NE24: Cow 5G **11**
Norfolk Av. DH3: Bir 6C **112**
SR3: New S 1H **131**
Norfolk Cl. SR7: S'hm 2G **141**
Norfolk Dr. NE37: Wash 3B **100**
Norfolk Gdns. NE28: W'snd 3C **60**
Norfolk M. NE30: N Shi 1C **62**
Norfolk Pl. DH3: Bir 6D **112**
Norfolk Rd. NE8: Gate 5A **70**
NE34: S Shi 2C **76**
Norfolk Sq. NE6: Byke 3B **70**
Norfolk St. DH5: Hett H 1B **148**
NE30: N Shi 1D **62**
SR1: Sund 3H **7** (6D **104**)
Norfolk Wlk. SR8: Pet 5C **162**
Norfolk Way NE15: Lem 2C **66**
Norgas Ho. NE12: Kil 3C **44**
Norham Av. Nth. NE34: S Shi 1A **76**
Norham Av. Sth. NE34: S Shi 1A **76**
Norham Cl. NE13: W Op 6C **30**
NE24: Bly 6A **12**
Norham Ct. DH4: Hou S 2B **136**
NE38: Wash 3H **113**
Norham Dr. NE5: West 4C **54**
SR8: Pet 4C **164**
Norham Pl. NE2: Jes 6G **57**
Norham Rd. DH1: Dur 6D **144**
NE3: Gos 1D **56**
NE26: Whit B 6B **36**
NE29: N Shi 1G **61**
Norham Rd. Nth. NE29: N Shi 5E **47**
Norham Ter. NE21: Winl 1H **79**
NE32: Jar 5F **73**
Norhurst NE16: Whi 6C **80**
Norland Rd. NE15: Scot 3D **66**
Norley Av. SR5: Monkw 3C **104**
Norma Cres. NE26: Whit B 1E **49**
Norman Av. SR3: New S 2B **132**
Normanby Cl. SR7: S'hm 2G **141**
Normanby Ct. SR6: Roker 4F **105**
Normandy Cres. DH5: Hou S 3B **138**
Norman Rd. NE39: Row G 4E **93**
Norman Ter. DH6: H Pitt 2G **157**
NE28: W'snd 5F **61**
Normanton Ter. NE4: Elsw 4C **68**
Normount Av. NE4: Benw 4A **68**
Normount Gdns. NE4: Benw 4A **68**
Normount Rd. NE4: Benw 4A **68**
Northampton Rd. SR8: Pet 5C **162**
Northamptonshire Dr.
DH1: Carr 4B **156**
North App. DH2: Ches S 5B **126**
North Av. NE3: Gos 3D **56**
NE5: West 5D **54**
NE12: Longb 1D **58**
NE34: S Shi 3H **75**
NE37: Wash 4A **100**
SR8: Hor 6F **163**
Nth. Bailey DH1: Dur 4B **6** (6C **154**)
Nth. Balkwell Farm Ind. Est.
NE29: N Shi 6F **47**
Nth. Bank Ct. SR5: S'wck 3B **104**
NORTH BLYTH **4C 12**
Northbourne Rd. NE32: Jar 3E **73**
Northbourne St. NE4: Elsw 5B **68**
NE8: Gate 3H **83**
Nth. Brancepeth Cl.
DH7: Lang M 3G **159**
Nth. Brancepeth Ter.
DH7: Lang M 3G **159**
North Bri. St.
SR5: Monkw 1G **7** (5D **104**)
North Burns DH3: Ches S 5C **126**
Northburn Sports & Community Cen.
. . . .**6A 16**
Nth. Church St. NE30: N Shi 1D **62**
North Cliff SR6: Roker 2F **105**
North Cl. NE6: Byke 2C **70**
NE34: S Shi 3H **75**
NE40: Ryton 4C **64**
Nth. Coronation St. SR7: Mur . . .2D **150**
Northcote NE16: Whi 6E **81**
Northcote Av. NE5: Cha P 6A **54**
NE25: Monks 1H **47**
SR1: Sund 1E **119**
Northcote St. NE4: Newc T 4C **68**
NE33: S Shi 1F **75**
Northcott Gdns. NE23: Seg 2E **33**
North Ct. NE32: Jar 2F **73**
North Cres. DH1: Dur 4A **154**
NE38: Wash 6H **113**
SR8: Eas 2B **162**
North Cft. NE12: Longb 6E **45**
Nth. Cross St. NE3: Gos 2E **57**
Northdene DH3: Bir 6C **98**
Northdene Av. SR7: S'hm 3B **142**
North Dock SR6: Roker 4F **105**
North Dr. NE31: Heb 4A **72**
NE38: Ches S, Wash 2D **126**
SR6: Clead 2G **89**
Nth. Durham St. SR1: Sund 6E **105**
North East Aircraft Mus. **2A 102**
Nth. Eastern Ct. NE11: Dun 4A **82**
North East Exhibition Cen. **2F 43**
North E. Fruit & Vegetable Mkt.
NE11: T Vall 5F **83**
North E. Ind. Est. SR8: Pet 4D **162**
NORTH END **4A 154**
North End DH1: Dur 4A **154**
DH7: B'don 4C **158**
Northern Gallery for Contemporay Art
. . . .**4H 7**
Northern Prom. NE26: Whit B 3C **36**
Northern Stage . . . .**1D 4 (2F 69)**
Northern Ter. NE23: Dud 2A **32**
Northern Way SR5: S'wck 3A **104**
North Farm NE22: Nedd 5C **8**
Nth. Farm Av. SR4: Sund 5D **116**
Nth. Farm Cl. NE15: Thro 5C **52**
Nth. Farm Rd. NE31: Heb 4B **72**
Northfield NE22: E Sle 1H **11**
Northfield Cl. NE16: Whi 6D **80**
Northfield Dr. NE12: Kil 3B **44**
SR4: Sund 5D **116**
Northfield Gdns. NE34: S Shi 1H **75**
Northfield Rd. NE3: Gos 3D **56**
NE33: S Shi 6H **63**
Northfields Cl. NE6: Byke 2C **70**
Northfields Ho. *NE6: Byke 2C **70***
(off North Vw.)
Northgate DH9: Ann P 6F **121**
NE12: Kil 1D **44**
North Grange NE20: Pon 3E **27**
North Gro. NE40: Ryton 4D **64**
SR6: Roker 2E **105**
North Guards SR6: Whit 3E **91**
Nth. Hall Rd. SR4: Sund 3F **117**
North Haven SR7: S'hm 3H **141**

NORTH HYLTON 6C 102
Nth. Hylton Rd.
SR5: S'wck, Sund 3F **103**
Nth. Hylton Rd. Ind. Est.
SR5: Sund 3F **103**
Nth. Jesmond Av. NE2: Jes 4G **57**
Nth. King St. NE30: N Shi 1D **62**
Northland Cl. SR4: Sund 5D **116**
Northlands DH3: Ches S 4C **126**
NE21: Winl 2H **79**
NE30: Cull 4D **48**
North La. DH5: Hett H 5G **139**
NE36: E Bol 4E **89**
NORTHLEA 3H 141
Northlea NE15: Lem 1C **66**
(not continuous)
Northlea Rd. SR7: S'hm 3G **141**
North Leigh DH9: Tan L 6B **108**
NORTH LODGE 2C 126
North Lodge DH3: Ches S 2C **126**
Nth. Main Ct. NE33: S Shi 5G **63**
Nth. Mason Lodge NE13: Din 3F **29**
Nth. Milburn St. SR4: Sund 6B **104**
Nth. Moor Cotts. SR3: Sund 6G **117**
Nth. Moor Ct. SR3: Sund 6G **117**
Nth. Moor La.
SR3: E Her, New S, Sund . . .6G **117**
Nth. Moor Rd. SR3: Sund 6G **117**
Northmoor Rd. NE6: Walk 1E **71**
Nth. Nelson Ind. Est.
NE23: Nel V 5G **15**
Northolt Av. NE23: Cra 2B **22**
North Pde. NE26: Whit B 6D **36**
NE29: N Shi 5A **62**
North Pk. Av. NE13: Haz 2A **42**
Nth. Railway St. SR7: S'hm 4B **142**
Nth. Ravensworth St.
SR4: Sund 6B **104**
North Ridge NE22: Bed 4G **9**
(Forster Av.)
NE22: Bed 4F **9**
(Meadowdale Cres.)
NE25: Monks 6G **35**
North Rd. DH1: Dur 2A **6** (4B **154**)
DH3: Ches S 2C **126**
DH5: Hett H, Hou S 5H **137**
DH9: Ann P, Dip 2E **121**
NE13: W Op 5E **31**
NE20: Pon 2E **27**
(not continuous)
NE28: W'snd 5H **59**
NE29: N Shi 5B **48**
NE35: Bol C 2A **88**
NE35: Bol C, W Bol 3B **88**
NE36: E Bol 4E **89**
(not continuous)
NE36: W Bol 3B **88**
SR7: S'hm 2B **142**
Nth. Sands Bus. Cen.
SR6: Roker 5E **105**
NORTH SHIELDS 2C 62
North Shields Station (Metro) . . .2C 62
North Side DH3: Bir 1D **112**
(not continuous)
NE8: Gate 1D **82**
Northside Pl. NE25: H'wll 1C **34**
North St. DH3: Bir 4E **113**
DH4: Nbot 5H **129**
DH4: W Rai 3D **146**
DH5: E Rain 1H **147**
NE1: Newc T 3D **4** (3F **69**)
NE21: Winl 1G **79**
NE32: Jar 2F **73**
NE33: S Shi 4E **63**
North St. SR3: New S 1A **132**
SR5: Monkw 4C **104**
SR6: Clead 2A **90**
North St. Ct. NE1: Newc T 3E **5**
North St. E.
NE1: Newc T 3E **5** (3G **69**)
North Ter. DH1: Dur 1A **154**
DH9: Ann P 4A **122**
NE2: Newc T 2E **69**
NE27: Shir 4C **46**
NE28: W'snd 5B **60**
SR3: New S 1B **132**
SR7: S'hm 3B **142**
SR8: Eas 2B **162**
North Thorn DH9: Stly 2D **122**
Nth. Tyne Ind. Est.
NE12: Longb 5G **45**
Northumberland Annexe
NE1: Newc T 2E **5**
Northumberland Av.
NE3: Gos 3C **56**
NE12: Longb 6D **44**
NE22: Bed 4G **9**
*NE28: W'snd 5D **60***
(off Northumberland Ter.)
Northumberland Bldg.
NE1: Newc T 2E **5** (3G **69**)
Northumberland Bus. Pk.
NE23: Dud 1A **32**
Northumberland Bus. Pk. W.
NE23: Dud 1H **31**
Northumberland County Cricket Ground
. . . . .1H 69
Northumberland County Tennis Ground
. . . . .5G 57
Northumberland Dock Rd.
NE28: N Shi, W'snd 6G **61**
NE29: N Shi 6G **61**
Northumberland Gdns.
NE2: Jes 1A **70**
NE5: Cha P 4H **53**
Northumberland Ho. NE23: Cra . . .2C **22**
NORTHUMBERLAND PARK 2B 46
Northumberland Park Station (Metro)
. . . . .2B 46
Northumberland Pl. DH3: Bir . . .6D **112**
NE1: Newc T 3D **4** (3F **69**)
NE30: N Shi 1C **62**
SR8: Pet 5B **162**
Northumberland Rd.
NE1: Newc T 3D **4** (3F **69**)
(not continuous)
NE15: Lem 3A **66**
NE40: Ryton 3C **64**
Northumberland Sq.
NE26: Whit B 6C **36**
NE30: N Shi 1C **62**
Northumberland St.
NE1: Newc T 2D **4** (3F **69**)
NE8: Gate 2E **83**
NE28: W'snd 5A **60**
NE30: N Shi 1E **63**
SR8: Hor 5F **163**
Northumberland Ter. NE6: Byke . . .3B **70**
NE28: W'snd 5D **60**
NE30: Tyne 6F **49**
Northumberland Vs.
NE28: W'snd 5C **60**
Northumberland Way
NE37: Wash 1A **100**
NE38: Wash 1C **114**
Northumbria Birds of Prey Cen.
. . . . .2A 44
Northumbria Cen. 2C 100
Northumbria Ho. NE3: Gos 1E **57**
Northumbria Lodge NE5: Fen 6A **56**
Northumbrian Rd. NE23: Cra 1A **22**
Northumbrian Way NE12: Kil 2B **44**
NE29: N Shi 4C **62**
Northumbria Pl. DH9: Stly 2F **123**
Northumbria Wlk. NE5: W Dent . . .6D **54**
North Vw. DH1: Dur 5G **155**
DH2: Newf 4F **125**
DH4: New L 1C **136**
DH5: Eas L 4E **149**
DH6: S Hil 6H **157**
DH7: Bear P 4C **152**
DH7: Mead 6E **159**
DH9: Stly 6F **123**
North Vw. NE6: Byke 3B **70**
(not continuous)
NE9: Wrek 2B **98**
NE12: Longb 5D **44**
NE13: Din 4F **29**
NE13: Haz 1C **42**
NE16: Whi 4E **81**
NE22: Bed 2D **10**
NE26: Whit B 1E **49**
NE28: W'snd 5A **60**
NE29: N Shi 5B **48**
NE30: Cull 1E **49**
NE32: Jar 3E **73**
NE34: S Shi 1H **75**
NE37: Wash 5B **100**
NE40: Ryton 4A **64**
*SR2: Ryh 3F **133***
(off Stockton Rd.)
SR4: Sund 2C **116**
SR5: Sund 4E **103**
SR6: Ful 2D **104**
SR7: Mur 3C **150**
TS27: Cas E 6B **164**
North Vw. E. NE39: Row G 3C **92**
North Vw. Ter. DH4: Hou S 3F **137**
NE10: Fall 2C **84**
North Vw. W. NE39: Row G 3B **92**
North Vs. NE23: Dud 2A **32**
NORTH WALBOTTLE 4H 53
Nth. Walbottle Rd. NE5: Cha P . . .5G **53**
NE15: Walb 5G **53**
(not continuous)
North Way DH2: Ous 6G **111**
Northway NE9: Low F 4B **84**
NE15: Thro 4D **52**
North W. Ind. Est. SR8: Pet 6A **162**
North W. Radial NE2: Newc T 1D **68**
North W. Side NE8: Gate 1D **82**
Northwood Ct. SR5: Monkw 3C **104**
Northwood Rd. SR7: S'hm 3H **141**
Norton Av. SR7: S'hm 2G **141**
Norton Cl. DH2: Ches S 2A **134**
Norton Rd. SR5: S'wck 2A **104**
Norton Way NE15: Lem 3C **66**
Norway Av. SR4: Sund 3G **117**
Norwich Av. NE13: W Op 6D **30**
Norwich Cl. DH3: Gt Lum 4H **135**
Norwich Rd. DH1: Dur 6D **144**
Norwich Way NE23: Cra 2A **22**
(not continuous)
NE32: Jar 2F **87**
Norwood Av. NE3: Gos 4E **43**
NE6: Heat 6B **58**
Norwood Ct. NE9: Eigh B 3C **98**
NE12: Longb 1D **58**
Norwood Cres. NE39: Row G 3F **93**
Norwood Gdns. NE9: Low F 3A **84**
Norwood Rd. NE11: Fest P 4D **82**
NE15: Lem 1B **66**

Nottingham Ct. NE22: Bed 3F 9
Nottingham Pl. SR8: Pet 5B 162
Nottinghamshire Rd.
　DH1: Carr 4A 156
November Courtyard NE8: Gate . . .1D 82
　　(off Fall Pass)
Numbers Gth. SR1: Sund 6E 105
Nuneaton Way NE5: Cha P 3H 53
Nunn St. DH4: S Row 4E 129
Nuns La. NE1: Newc T 5C 4 (4F 69)
　NE8: Gate 6H 69
NUNS MOOR 6A 56
Nuns Moor Cres. NE4: Fen 2A 68
Nuns Moor Rd. NE4: Fen 2A 68
Nuns' Row DH1: Dur 4F 155
Nun St. NE1: Newc T 4C 4 (4F 69)
Nunthorpe Av. SR2: Sund 6F 119
Nunwick Gdns. NE29: N Shi 1G 61
Nunwick Way NE7: H Hea 4D 58
Nurseries, The SR6: Clead 2A 90
Nursery Cl. SR3: Sund 5A 118
Nursery Cotts. DH1: Dur 6B 154
Nursery Gdns. NE5: Fen 1F 67
　SR8: Eas 2B 162
Nursery La. NE10: Fall, Wind N . . .4C 84
　SR6: Clead 2A 90
　　(not continuous)
Nursery Rd. SR3: Sund 5A 118
Nutley Pl. NE15: Scot 4E 67
Nye Bevan Ho. NE24: Bly 1D 18
Nye Dene SR5: Sund 4D 102

O

Oakapple Cl. NE22: Bed 4H 9
Oak Av. DH1: Dur 6G 155
　DH4: Hou S 2H 137
　NE11: Dun 4B 82
　NE13: Din 4G 29
　NE34: S Shi 4A 76
Oak Cres. DH2: Kim 1A 144
　SR6: Whit 2G 91
Oakdale NE22: Nedd 5D 8
Oakdale Cl. NE15: Lem 3B 66
Oakdale Ter. DH2: Newf 4E 125
　DH3: Ches S 1C 134
Oakenshaw NE15: Lem 3C 66
Oakerside Dr. SR8: Pet 2C 164
OAKERSIDE PARK 4C 164
Oakey's Rd. DH9: Tan L 1D 122
Oakfield Av. NE16: Whi 5F 81
Oakfield Cl. NE16: Whi 5F 81
　SR3: E Her 3E 131
Oakfield Ct. SR3: E Her 3E 131
Oakfield Dr. NE12: Kil 2F 45
　NE16: Whi 5F 81
Oakfield Gdns. NE15: Benw 4H 67
　NE28: W'snd 4F 59
Oakfield Grange NE13: Din 4F 29
Oakfield Ho. NE24: News 4B 18
Oakfield Nth. NE40: Ryton 4B 64
Oakfield Rd. NE3: Gos 4D 56
　NE11: Lob H 5C 82
　NE16: Whi 6D 80
Oakfields NE16: Burn 6H 93
Oakfield Ter. NE3: Gos 3D 56
　NE10: Pel 2G 85
　NE12: Kil 4E 45
Oakfield Way NE23: Seg 2F 33
Oak Grn. Flats DH7: B'don 5D 158
Oak Gro. NE12: Longb 5D 44
　NE28: W'snd 6B 60
Oakham Av. NE16: Whi 5D 80

Oakham Dr. DH1: Carr 2B 156
Oakham Gdns. NE29: N Shi 3A 62
Oakhurst Dr. NE3: Ken 4C 56
Oakhurst Ter. NE12: Longb 1D 58
Oakland Rd. NE2: Jes 5F 57
　NE25: Monks 1H 47
Oaklands NE3: Gos 4E 57
　NE16: Swa 2F 81
　NE20: Darr H 1D 38
Oaklands Av. NE3: Gos 4E 57
Oaklands Ct. NE20: Darr H 1D 38
Oaklands Cres. SR5: S'wck 3H 103
Oaklands Ter. SR4: Sund 2A 118
Oaklea DH2: Ches S 4A 126
　DH4: S Row 5D 128
Oakleigh Gdns. SR6: Clead 1A 90
Oakley Cl. NE23: Dud 3B 32
Oakley Dr. NE23: Cra 2C 22
Oakmere Cl. DH4: Pen 3F 129
Oakridge NE16: Whi 5D 80
Oakridge Rd. DH7: Ush M 5C 152
Oak Rd. NE29: N Shi 6F 47
　SR8: Eas 1C 162
Oaks, The DH4: Pen 1F 129
　NE40: G'side 2B 78
　SR2: Sund 2E 119
Oak Sq. NE8: Gate 2E 83
Oak St. DH4: Hou S 2C 136
　NE13: Sea B 3E 31
　NE15: Thro 5D 52
　NE32: Jar 2E 73
　NE38: Wash 3D 114
　SR1: Sund 1F 119
Oaks W., The SR2: Sund 2D 118
Oak Ter. DH2: Pelt 2E 125
　DH9: Ann P 4E 121
　DH9: Stly 6F 123
　DH9: Tant 5H 107
　NE16: Burn 6A 94
　NE21: Blay 2A 80
　SR7: Mur 2D 150
　SR8: Hor 1G 165
Oaktree Av. NE6: Walk 6G 59
Oaktree Gdns. NE25: Monks 2A 48
　　(not continuous)
Oakway Ct. DH7: Lang M 5G 159
Oakwellgate NE8: Gate 5H 69
Oakwood DH6: S Het 6B 150
　DH9: Ann P 5E 121
　NE10: Hew 6E 85
　　(not continuous)
　NE31: Heb 2A 72
Oakwood Av. NE9: Low F 2A 98
　NE13: W Op 6E 31
Oakwood Cl. NE9: Spri 4F 99
Oakwood Ct. DH9: Ann P 5E 121
Oakwood Gdns.
　NE11: Lob H 5D 82
Oakwood Pl. NE5: Blak 6G 55
Oakwood St. SR2: Sund 2B 118
Oakwood Ter. NE28: W'snd 5H 61
Oatlands Rd. SR4: Sund 3G 117
Oatlands Way DH1: P Me 5C 144
Oates St. SR4: Sund 1A 118
Oban Av. NE28: W'snd 3D 60
Oban Ct. NE6: Byke 4C 70
Oban Gdns. NE6: Byke 4C 70
Oban St. NE10: Fall 2C 84
　NE32: Jar 6A 74
Oban Ter. NE10: Fall 2C 84
Obelisk La. DH1: Dur 5B 154
Oberon Way NE24: Bly 3D 18
Occupation Rd. NE34: S Shi 6H 75
Ocean Beach Pleasure Pk. 3G 63

Ocean Rd. NE33: S Shi 4E 63
　SR2: Sund 5F 119
Ocean Rd. E. SR2: Sund 5G 119
Ocean Rd. Nth. SR2: Sund 5F 119
　　(off Ocean Rd.)
Ocean Rd. Sth. SR2: Sund 5F 119
　　(off Ocean Rd.)
Ocean Vw. NE26: Whit B 6D 36
　SR2: Ryh 2F 133
　SR8: Hor 6G 163
Ochiltree Ct. NE26: Sea S 3H 25
Octavia Cl. NE22: Bed 3G 9
Octavia Ct. NE38: Wash 3C 60
Octavian Way NE11: T Vall 2E 97
October Courtyard NE8: Gate 1D 82
　　(off Fall Pass)
Odeon Cinema
　Metro Cen. 1H 81
　Newcastle upon Tyne 1E 61
OFFERTON 4A 116
Offerton Cl. SR4: Sund 1B 116
Offerton La.
　SR4: Cox G, Sund 5G 115
　SR4: Sund 1B 116
Offerton St. SR4: Sund 1A 118
Office Pl. DH5: Hett H 2C 148
Office Row NE4: New H 2A 130
　NE23: Dud 6C 32
　NE38: Wash 6G 113
Office St. SR8: Eas C 1F 163
Ogden St. SR4: Sund 1A 118
Ogle Av. NE13: Haz 1C 42
Ogle Dr. NE24: Bly 1A 18
Ogle Gro. NE32: Jar 6E 73
O'Hanlon Cres. NE28: W'snd 3G 59
Oil Mill Rd. NE6: Walk 2H 71
Okehampton Ct. NE9: Low F 3A 98
Okehampton Dr. DH4: Nbot 5G 129
Okehampton Sq. SR5: S'wck 2A 104
OLD BENWELL 4F 67
Old Blackett St. DH9: Ann P 4E 121
Old Brewery, The DH4: Hou S 3A 138
Old Brewery Ct.
　NE2: Newc T 1G 5 (2H 69)
OLD BURDON 1A 140
Old Coronation St. NE33: S Shi . . .5E 63
Old Course Rd. SR6: Clead 3A 90
Old Crow Hall La. NE23: Nel V . . .2H 21
Old Customs Ho. NE29: N Shi 3D 62
OLD DURHAM 1F 161
Old Durham Rd. NE8: Gate 2H 83
　NE9: Low F 2H 83
Old Elvet DH1: Dur 3C 6 (6D 154)
Old Farm Ct. NE16: Sun 3F 95
Oldfield Rd. NE6: Walk 6F 71
OLD FOLD 1B 84
Old Fold Rd. NE10: Gate 1B 84
Old George Yd. NE1: Newc T 5D 4
Old Great Nth. Rd.
　NE13: Sea B 3A 20
Old Mill La. DH3: Gt Lum 6F 135
Old Mill Rd. SR2: Sund 2F 119
　SR5: S'wck 2A 104
Old Newbiggin La. NE5: West 2D 54
Old Pit La. DH1: Dur 6C 144
Old Pit Ter. DH1: Dur 6C 144
Old Rectory Cl. DH9: Tanf 3B 108
Old Station Ct. NE20: Darr H 2C 38
Oldstead Gdns. SR4: Sund 3G 117
Oldstone Rd. NE23: E Cram 4E 23
Old Vicarage Wlk. NE6: Byke 4C 70
Old Well La. NE21: Winl 2H 79
Olga Ter. NE39: Row G 4C 92
Olive Gdns. NE9: Low F 5A 84

Olive Pl. NE4: Fen 2H 67
Oliver Av. NE4: Fen 3A 68
Oliver Ct. NE6: Walk 6F 71
Oliver Cres. DH3: Bir 1C 112
Oliver Pl. DH1: Dur 2A 160
Oliver St. DH9: Stly 5C 122
  NE38: Wash 3C 114
  SR7: Mur 4E 151
  SR7: S'hm 3H 141
Olive St. NE33: S Shi 3D 74
  SR1: Sund 5F 7 (1C 118)
Ollerton Dr. NE15: Thro 5B 52
Ollerton Gdns. NE10: Wind N . . .5C 84
Olney Cl. NE23: Cra 2D 22
Olympic Fitness Cen.
  South Shields 4E 63
        (off Fowler St.)
  Sunderland 3F 7
        (off High St. W.)
O'Neil Dr. SR8: Pet 2E 165
Ongar Way NE12: Longb 6B 44
Onix Ind. Est. NE29: N Shi 1G 61
Onslow Gdns. NE9: Low F 6H 83
Onslow St. SR4: Sund 6G 103
Onslow Ter. DH7: Lang M 4G 159
Open, The NE1: Newc T . . .3C 4 (3F 69)
Orange Gro. NE16: Whi 4G 81
  NE23: Dud 2B 32
Orchard, The DH1: P Me 6B 144
  DH3: Ches S 5D 126
  NE15: Lem 3B 66
  NE16: Whi 4G 81
        (not continuous)
  NE29: N Shi 1C 62
  NE36: E Bol 4E 89
Orchard Av. NE39: Row G 4D 92
Orchard Cl. DH9: W Pelt 3C 124
  NE12: Kil 3F 45
  NE16: Sun 2F 95
  NE39: Row G 5D 92
Orchard Ct. NE40: Ryton 4C 64
  SR6: Ful 1C 104
Orchard Dene NE39: Row G 4D 92
Orchard Dr. DH1: Dur 4E 155
Orchard Gdns. DH3: Ches S . .2C 134
  NE9: Low F 1A 98
  NE28: W'snd 4G 59
  NE35: Whit 3E 91
Orchard Grn. NE5: Ken 4H 55
Orchard Ho. DH1: Dur 4C 6
Orchard Leigh NE15: Lem 3C 66
Orchard Pk. DH3: Bir 3C 112
Orchard Pl. NE2: Jes 6H 57
Orchard Ri. NE15: Lem 2H 65
Orchard Rd. NE16: Whi 4G 81
  NE39: Row G 4D 92
Orchards, The NE24: Cow 5H 11
Orchard St. DH2: Pelt 2G 125
  DH3: Bir 3C 112
  NE1: Newc T 6D 4 (5F 69)
  SR4: Sund 6H 103
Orchard Ter. DH3: Ches S 2C 134
  NE15: Lem 3A 66
  NE15: Thro 5D 52
Orchid Cl. NE34: S Shi 4D 74
Orchid M. NE25: Monks 1F 47
Ord Cl. NE4: Fen 2H 67
Orde Av. NE28: W'snd 4C 60
Ordley Cl. NE15: Lem 3C 66
Ord St. NE4: Newc T 6E 69
Oriole Ho. NE12: Longb 6D 44
Orion Bus. Pk. NE29: N Shi 2E 61
Orion Way NE29: N Shi 2E 61
Orkney Dr. SR2: Ryh 1D 132

Orlando Rd. NE29: N Shi 1A 62
Ormesby Rd. SR6: Ful 2D 104
Ormiscraig NE15: Lem 3C 66
Ormiston NE15: Lem 3C 66
Ormonde Av. NE15: Den M 3E 67
Ormonde St. NE32: Jar 2F 73
  SR4: Sund 2H 117
Ormsby Grn. NE5: Den M 1E 67
Ormskirk Cl. NE15: Lem 3B 66
Ormskirk Gro. NE23: Cra 2C 22
Ormston St. NE23: E Har 4B 16
Orpen Av. NE34: S Shi 6E 75
Orpington Av. NE6: Walk 2E 71
Orpington Rd. NE23: Cra 2C 22
Orr Av. SR3: New S 3B 132
Orton Cl. NE4: Benw 5A 68
Orwell Cl. NE34: S Shi 1D 88
  SR8: Pet 3B 164
Orwell Gdns. DH9: Stly 5C 122
Orwell Grn. NE3: Ken 4A 56
Osbaldeston Gdns. NE3: Ken . . .4D 56
Osborne Av. NE2: Jes 1G 69
  NE33: S Shi 6F 63
Osborne Bldgs. DH9: Stly 5B 122
Osborne Cl. NE22: Bed 3C 10
Osborne Ct. NE2: Jes 1H 69
Osborne Gdns. NE26: Whit B . . .6B 36
  NE29: N Shi 6C 48
Osborne Ho. NE28: W'snd 5C 60
Osborne Pl. NE12: Longb 4F 45
Osborne Rd. DH3: Ches S 6C 126
  NE2: Jes 4F 57
  SR5: Sund 6C 102
Osborne St. SR6: Ful 3D 104
Osborne Ter. NE2: Jes 1F 5 (2G 69)
  NE8: Gate 2F 83
  NE23: Cra 2A 22
  SR8: Eas 1B 162
Osborne Vs. DH9: Stly 1C 122
  NE2: Jes 1G 69
Oslo Cl. NE29: N Shi 3F 61
Osman Cl. SR2: Sund 2E 119
Osman Ter. DH4: Hou S 1E 137
Osmond Ter. DH4: S Row 3E 129
Osprey Dr. NE24: News 2C 18
  NE28: W'snd 1E 61
Osprey Ho. NE2: Jes 6G 57
Osprey Way NE34: S Shi 5C 74
Oswald Av. DH1: Dur 6G 155
Oswald Cl. DH1: Dur 6G 155
Oswald Cotts. NE9: Wrek 2C 98
Oswald Ct. DH1: Dur . . .5C 6 (1D 160)
Oswald Rd. DH5: Hett H 6C 138
Oswald St. DH9: Crag 6H 123
  NE34: S Shi 6E 75
  SR4: Sund 6A 104
Oswald Ter. DH9: Stly 6C 122
  NE8: Gate 2F 83
  SR2: Sund 5F 119
  SR8: Eas C 1D 162
Oswald Ter. Sth.
  SR5: Sund 4E 103
Oswald Ter. W. SR5: Sund 4E 103
Oswald Wlk. NE3: Gos 2F 57
Oswestry Pl. NE23: Cra 2C 22
        (not continuous)
Oswin Av. NE12: Longb 5D 44
Oswin Ct. NE12: Longb 4E 45
Oswin Rd. NE12: Longb 4D 44
Oswin Ter. NE29: N Shi 2H 61
Otley Cl. NE23: Cra 2D 22
Otterburn Av. NE3: Gos 3C 56
  NE25: Monks, Well 1F 47
Otterburn Cl. NE12: Longb 5F 45

Otterburn Ct. NE8: Gate 2F 83
  NE25: Monks 1F 47
Otterburn Cres. DH4: Hou S . . .2G 137
Otterburn Gdns. NE9: Low F 6G 83
  NE11: Dun 4C 82
  NE16: Whi 4F 81
  NE34: S Shi 3G 75
Otterburn Gro. NE24: Bly 2H 17
Otterburn Rd. NE29: N Shi 6B 48
Otterburn Ter. NE2: Jes 6G 57
Otterburn Vs. NE2: Jes 6G 57
        (off Otterburn Ter.)
Otterburn Vs. Nth. NE2: Jes 6G 57
        (off Otterburn Ter.)
Otterburn Vs. Sth. NE2: Jes 6G 57
        (off Otterburn Ter.)
Ottercap Cl. NE15: Lem 3B 66
Otterington NE38: Wash 3F 115
Ottershaw NE15: Lem 3C 66
Otto Ter. SR2: Sund 2B 118
Ottovale Cres. NE21: Winl 2G 79
Ottringham Ct. NE15: Lem 3B 66
Otus Gro. NE24: Bly 3D 18
Otway Gro. NE24: Bly 3D 18
Oulton Cl. NE5: Blak 3F 55
  NE23: Cra 2C 22
Ousby Ct. NE3: Ken 6H 41
Ouseburn Cl. DH9: Stly 4D 122
  SR2: Sund 1F 133
Ouseburn Rd.
  NE1: Newc T 3A 70
  NE6: Heat 3A 70
Ouse Burn Water Sports 4A 70
Ouseburn Wharf NE6: Byke 5B 70
Ouse Cres. DH3: Gt Lum 4H 135
Ouselaw NE11: Kib 1F 111
Ouse St. NE1: Newc T 4A 70
Ouslaw La. NE11: Kib 1D 110
OUSTON 5H 111
Ouston Cl. NE10: Ward 4A 86
Ouston La. DH2: Pelt 2H 125
        (not continuous)
Ouston St. NE15: Scot 4D 66
Outram St. DH5: Hou S 2A 138
Oval, The DH2: Ches M 4B 134
  DH2: Ous 5H 111
  DH4: Hou S 3H 137
  NE6: Walk 6D 70
  NE12: Longb 1E 59
  NE13: Wool 5D 40
  NE22: Bed 4C 10
  NE24: News 4H 17
  NE37: Wash 5B 100
  NE40: Ryton 4C 64
  SR5: S'wck 3B 104
        (off Burnbank)
Oval Pk. Vw. NE10: Fall 4D 84
Overdene NE15: Den M 2D 66
  SR7: Dalt D 6F 141
Overfield Rd. NE3: Ken 2B 56
Overhill Ter. NE8: Gate 2F 83
Overman St. DH1: H Shin 5H 161
Overstone Av. NE40: G'sde 1A 78
Overton Cl. NE15: Lem 3B 66
Overton Rd. NE29: N Shi 5A 48
Ovett Gdns. NE8: Gate 1B 84
Ovingham Cl. NE38: Wash 2D 114
Ovingham Gdns.
  NE13: W Op 5D 30
Ovingham Way NE25: Sea D 5A 24
Ovington Gro. NE5: Fen 2G 67
Owen Brannigan Dr.
  NE23: Dud 4B 32
Owen Ct. NE2: Newc T 2E 69

Owen Dr. NE35: Bol C, W Bol 3D **88**
NE36: W Bol 3D **88**
Owengate DH1: Dur 3B **6** (6C **154**)
Owen Ter. DH9: Tant 5H **107**
Owlet Cl. NE21: Winl 2G **79**
Oxberry Gdns.
NE10: Wind N 4C **84**
Oxbridge St. SR2: Sund 5F **119**
OXCLOSE **2G 113**
Ox Cl. NE41: Wylam 6D **50**
Oxclose Rd. NE38: Wash 3C **114**
Oxclose Village Cen.
NE38: Wash 3G **113**
Oxford Av. NE23: Cra 2C **22**
NE28: W'snd 4G **59**
NE33: S Shi 1F **75**
NE37: Wash 5H **99**
Oxford Cl. NE12: Longb 1B **58**
SR3: New S 1H **131**
Oxford Cres. DH5: Hett H 1B **148**
NE31: Heb 3D **72**
Oxford Pl. DH3: Bir 6C **112**
Oxfordshire Dr. DH1: Carr 4A **156**
Oxford Sq. SR4: Sund 6G **103**
Oxford St. DH9: Ann P 4F **121**
NE1: Newc T 3E **5** (3G **69**)
NE24: Bly 6D **12**
NE26: Whit B 6C **36**
NE30: Tyne 6F **49**
NE33: S Shi 1F **75**
SR4: Sund 6G **103**
SR7: S'hm 4G **141**
Oxford Ter. DH4: S Row 3E **129**
NE8: Gate 2G **83**
Oxford Way NE32: Jar 2F **87**
OXHILL **3B 122**
Oxhill Vs. DH9: Ann P 4H **121**
Oxley M. NE35: Bol C 2A **88**
Oxley Ter. DH1: P Me 6A **144**
Oxnam Cres. NE2: Newc T 2D **68**
Oxted Cl. NE23: Cra 2D **22**
Oxted Pl. NE6: Walk 6E **71**
Oystershell La.
NE4: Newc T 5A **4** (4E **69**)
Oyston St. NE33: S Shi 5E **63**
Ozanan Cl. NE23: Dud 4B **32**

P

Pacific Hall Cl. SR7: S'hm 3E **141**
Packham Rd. SR4: Sund 2E **117**
Paddock, The DH4: W Herr 2B **130**
DH9: Tan L 1A **122**
NE10: Hew 5F **85**
NE12: Kil 2E **45**
NE13: Wool 5D **40**
NE15: Walb 6F **53**
NE23: E Cram 4D **22**
NE24: Cow 6A **12**
NE25: Sea D 6C **24**
NE39: H Spen 1A **92**
Paddock Cl. DH4: S Row 4D **128**
SR6: Clead 2G **89**
Paddock Hill NE20: Pon 4F **27**
Paddock La. SR3: Tuns 2B **132**
Pader Cl. NE13: Haz 6C **30**
Padgate Rd. SR4: Sund 1E **117**
Padonhill SR3: Dox P 4G **131**
Padstow Cl. SR2: Ryh 1F **133**
Padstow Gdns. NE9: Low F 3H **97**
Padstow Rd. NE29: N Shi 3A **62**
Page Av. NE34: S Shi 2G **75**
Page's Bldgs. NE35: Bol C 3A **88**
Page St. NE31: Heb 2D **72**
Paignton Av. NE4: Benw 4A **68**
NE25: Monks 1H **47**
Paignton Sq. SR3: Sund 5G **117**
Painter Heugh
NE1: Newc T 6E **5** (5G **69**)
Paisley Sq. SR3: Sund 5G **117**
Palace Grn. DH1: Dur 3B **6** (6C **154**)
Palace Rd. NE22: Bed 3D **10**
Palace St. NE4: Newc T . . .6A **4** (5D **68**)
Palatine Pl. NE11: Dun 3C **82**
Palatine St. NE33: S Shi 3E **63**
Palatine Vw. *DH1: Dur 6B* ***154***
(off Margery La.)
DH6: S Hil 6G **157**
Palermo St. SR4: Sund 5H **103**
Paley St. SR1: Sund 3E **7** (6C **104**)
Palgrove Rd. SR4: Sund 2E **117**
Palgrove Sq. SR4: Sund 2E **117**
Palladian Chapel **4G 93**
Pallinsburn Ct. NE5: Blak 4F **55**
PALLION **6H 103**
Pallion Ind. Est. SR4: Sund 6F **103**
Pallion New Rd. SR4: Sund 5H **103**
Pallion Pk. SR4: Sund 6H **103**
Pallion Quay SR4: Sund 5H **103**
Pallion Retail Pk.
SR4: Sund 5G **103**
Pallion Rd. SR4: Sund 1H **117**
Pallion Station (Metro) **5G 103**
Pallion Subway SR4: Sund 5G **103**
Pallion Way SR4: Sund 6F **103**
Pallion W. Ind. Est.
SR4: Sund 5F **103**
Palm Av. NE4: Fen 2A **68**
NE34: S Shi 4A **76**
Palm Ct. NE12: Kil 4F **45**
Palmer Cres. NE31: Heb 3D **72**
Palmer Gdns. NE10: Ward 3A **86**
Palmer Rd. DH9: Dip 6E **107**
SR8: Pet 2A **164**
Palmers Gth. DH1: Dur . . .4C **6** (6D **154**)
Palmers Grn. NE12: Kil 4F **45**
Palmer's Hill Rd.
SR6: Monkw 1H **7** (5D **104**)
Palmerston Av. NE6: Walk 2E **71**
Palmerstone Rd. SR4: Sund 3E **117**
Palmerston Rd. SR4: Sund 4C **116**
Palmerston Sq. SR4: Sund 3E **117**
Palmerston St. NE33: S Shi 1E **75**
Palmerston Wlk. NE8: Gate 1E **83**
Palmer St. DH6: S Het 6B **150**
DH9: Stly 4B **122**
NE32: Jar 2E **73**
PALMERSVILLE **4F 45**
Palmersville NE12: Kil 4F **45**
(not continuous)
Palmersville Station (Metro) **5G 45**
Palm Lea DH7: B'don 5C **158**
Palmstead Rd. SR4: Sund 2D **116**
Palmstead Sq. SR4: Sund 2E **117**
Palm Ter. DH9: Stly 6F **123**
DH9: Tant 4A **108**
Panatta Fitness Cen. ***2E 83***
(within Church)
Pancras Rd. SR3: Sund 5G **117**
Pandon NE1: Newc T 5F **5** (4G **69**)
Pandon Bank
NE1: Newc T 5F **5** (4G **69**)
Pandon Bldg. NE2: Newc T 2F **5**
Pandon Ct.
NE2: Newc T 2G **5** (3H **69**)
Panfield Ter. DH4: New L 1C **136**
Pangbourne Cl. NE15: Lem 1A **66**
Pankhurst Gdns. NE10: Ward 3G **85**
Pankhurst Pl. DH9: Stly 4F **123**
Pann La. SR1: Sund 3G **7** (6D **104**)
Panns Bank SR1: Sund . . .2G **7** (6D **104**)
Pantiles, The NE37: Wash 3B **100**
Parade, The DH2: Pelt 3E **125**
(not continuous)
DH3: Ches S 2D **134**
NE6: Walk 4G **71**
NE11: Dun 1G **81**
NE28: W'snd 2B **60**
NE38: Wash 3C **114**
SR2: Sund 1F **119**
Parade Cl. NE6: Walk 4G **71**
PARADISE **5G 67**
Paradise Cres. SR8: Eas 1D **162**
Paradise Gdns. SR8: Eas C 1E **163**
Paradise La. SR8: Eas 1D **162**
Paradise Row NE23: Cra 3B **22**
Paradise St. SR8: Hor 6H **163**
Paramount Fitness Cen. **4H 9**
Park & Ride
Belmont **1B 156**
Callerton Parkway **4C 40**
East Boldon **4G 89**
Four Lane Ends **1C 58**
Heworth **3F 85**
Howlands Farm **3C 160**
Kingston Park **1G 55**
Regent Centre **1E 57**
Sniperley **2H 153**
Stadium of Light **4D 104**
Park Av. DH9: Stly 2D **122**
NE3: Gos 1C **56**
(not continuous)
NE3: Ken 6B **42**
NE11: Dun 4A **82**
NE21: Blay 1A **80**
NE21: Winl 1H **79**
NE22: Bed 2E **11**
NE26: Whit B 6C **36**
NE27: Shir 2D **46**
NE28: W'snd 5H **59**
NE30: N Shi 6E **49**
NE34: S Shi 5H **75**
NE37: Wash 4B **100**
SR3: New S 2B **132**
SR6: Seab 2E **105**
Park Chare NE38: Wash 2B **114**
Park Cl. DH9: Ann P 6G **121**
NE4: Elsw 5C **68**
Park Ct. NE6: Walk 6G **59**
NE8: Gate 6H ***69***
(off Hopper St.)
NE11: T Vall 2F **97**
Park Cres. NE27: Shir 2D **46**
(not continuous)
NE30: N Shi 6D **48**
Park Cres. E. NE30: N Shi 6E **49**
Parkdale Ri. NE16: Whi 4D **80**
Park Dr. NE3: Gos 4E **43**
NE12: Longb 5E **45**
NE16: Whi 4G **81**
NE24: News 3H **17**
NE61: Hep 4A **8**
Parker Av. NE3: Gos 3D **56**
Parker Ct. NE11: Dun 1A **82**
Park Farm Vs. NE24: News 5A **18**
Park Fld. NE40: Ryton 4B **64**
Parkfield NE26: Sea S 3G **25**
NE32: Jar 2G **87**
Parkfield Ter. DH9: Ann P 3E **121**
Park Gdns. NE26: Whit B 6C **36**
Park Ga. SR6: Roker 2E **105**

Parkgate DH5: Hett H 2E **149**
Parkgate La. NE21: Winl 3H **79**
Park Gro. NE27: Shir 2D **46**
  NE37: Wash 4B **100**
Parkham Cl. NE23: Cra 6B **16**
Parkhead DH9: Ann P 6E **121**
Parkhead Gdns. NE21: Winl 3H **79**
Park Head Rd. NE7: H Hea 5A **58**
Parkhead Sq. NE21: Winl 2A **80**
Parkhouse Av. SR5: Sund 5D **102**
Park Ho. Cl. DH6: S'burn 5D **156**
Park Ho. Gdns. DH6: S'burn . . .5D **156**
  (not continuous)
Park Ho. Rd. DH1: Dur 2A **160**
Parkhurst Rd. SR4: Sund 3D **116**
Parkin Gdns. NE10: Hew 4E **85**
Parkinson Cotts. NE40: Ryton . .5E **65**
Parkland NE12: Longb 1D **58**
  NE21: Blay 5G **65**
Parkland Av. NE21: Winl 3H **79**
Parkland Ct. SR7: S'hm 3H **141**
Parklands NE10: Ward 3A **86**
  NE20: Darr H 3B **38**
  NE39: Ham M 2A **106**
Parklands Ct. NE10: Ward 2A **86**
  TS27: Cas E 6B **164**
Parklands Dr. TS27: Cas E 6B **164**
Parklands Gro. DH6: S Het 6B **150**
Parklands Way NE10: Ward 3A **86**
Parkland Ter. SR7: S'hm 3H **141**
Park La. NE8: Gate 6H **69**
  NE21: Winl 3H **79**
  NE27: Shir 2D **46**
  SR1: Sund 4F **7** (1D **118**)
  SR7: Mur 2B **150**
  SR8: Hor 6G **163**
Park La. Interchange SR1: Sund . .5F **7**
Park Lane Station (Metro)
  . . . . .5G **7** (1D **118**)
Park Lea SR3: E Her 3C **130**
Parklea NE26: Sea S 3G **25**
Park Lea Rd. SR6: Roker 2E **105**
Parkmore Rd. SR4: Sund 4C **116**
Park Pde. NE26: Whit B 6C **36**
  SR6: Roker 3E **105**
Park Pl. DH3: Ches S 4D **126**
  DH5: Hett H 2C **148**
Park Pl. E. SR2: Sund . . .6H **7** (2D **118**)
Park Pl. W. SR2: Sund . . .6H **7** (2D **118**)
Park Ri. NE15: Lem 2A **66**
Park Rd. DH5: Hett H 1C **148**
  DH6: S'burn 5D **156**
  DH9: Stly 4B **122**
  NE4: Elsw 5C **68**
  NE8: Gate 6A **70**
  NE10: Gate 6A **70**
  NE12: Longb 6A **44**
  NE15: Newb 1F **65**
  NE22: Bed 4A **10**
  NE24: Bly 6D **12**
  NE25: Sea D 6A **24**
  NE26: Whit B 5C **36**
  NE27: Shir 2D **46**
  NE28: W'snd 5H **59**
  NE31: Heb 4C **72**
  NE32: Jar 3E **73**
  NE39: Row G 3D **92**
  SR2: Sund 6G **7** (2D **118**)
  SR8: Hor 5F **163**
Park Rd. Central DH3: Ches S . .6D **126**
Park Rd. Nth. DH3: Ches S . . .3C **126**
Park Rd. Sth. DH3: Ches S . . .2C **134**
Park Row NE10: Fall 3D **84**
  SR5: S'wck 4H **103**

Parks, The DH3: Ches S 2E **135**
Parkshiel NE34: S Shi 5A **76**
PARKSIDE 6A **142**
Park Side NE61: Hep 1B **8**
Parkside DH1: Dur 5B **154**
  DH9: Tan L 6A **108**
  NE11: Dun 3B **82**
  NE12: Kil 3A **44**
  NE15: Thro 6E **53**
  NE22: Bed 2E **11**
  NE28: W'snd 4B **60**
  NE30: Tyne 4F **49**
  NE31: Heb 5A **72**
  SR3: E Her 3D **130**
Parkside Av. NE7: Longb 2B **58**
  NE21: Winl 2B **80**
Parkside Cotts. DH9: Tan L 6A **108**
Parkside Ct. NE13: W Op 5E **31**
Parkside Cres. NE30: Tyne 5F **49**
  SR7: S'hm 6A **142**
Parkside Rd. SR7: S'hm 5A **142**
Parkside Sth. SR3: E Her 3D **130**
Parkside Ter. NE28: W'snd 3G **59**
Parks Leisure Cen. 3B **62**
Parkstone Cl. SR4: Sund 5C **116**
Park St. SR7: S'hm 5B **142**
Park St. Sth. SR5: Sund 4E **103**
Park Ter. NE2: Newc T 1C **4** (2F **69**)
  NE11: Dun 3B **82**
  NE12: Kil 3B **44**
  NE16: Burn 1G **107**
  NE16: Swa 2E **81**
  NE21: Blay 2B **80**
  NE22: Bed 2D **10**
  NE26: Whit B 5C **36**
  NE28: W'snd 5H **59**
  NE30: N Shi 6E **49**
  NE37: Wash 4B **100**
  SR5: S'wck 3H **103**
  SR8: Hor 1G **165**
Park Vw. DH2: Ches S 4B **126**
  DH2: Nett 4E **125**
  DH4: Bour 5B **128**
  DH4: S Row 3F **129**
  DH5: Hett H 2C **148**
  DH7: Lang M 3G **159**
  NE6: Walk 4G **71**
  NE10: Fall 3D **84**
  NE12: Longb 5D **44**
  NE13: W Op 5E **31**
  NE16: Burn 1H **107**
  NE16: Swa 2D **80**
  NE21: Winl 3A **80**
  NE23: Cra *3B 22*
  (off Station Rd.)
  NE24: Bly 6D **12**
  NE25: Sea D 6B **24**
  (not continuous)
  NE26: Whit B 6C **36**
  NE28: W'snd 5H **59**
  NE32: Jar 5F **73**
  SR7: S'hm 3F **141**
  SR8: Hor 6G **163**
Park Vw. Cl.
  NE40: Ryton 4D **64**
Park Vw. Ct. NE3: Ken 2A **56**
  NE12: Longb 3B **44**
  NE26: Whit B 6C **36**
Park Vw. Gdns.
  NE40: Ryton 4D **64**
Park Vw. Grange NE5: Blak 4F **55**
Park Vw. Shop. Cen.
  NE26: Whit B 6C **36**
Pk. View Sports Complex 2A **56**

Park Vs. DH9: Dip 2C **120**
  NE3: Gos 5D **56**
  NE28: W'snd 5H **59**
Parkville NE6: Heat 2A **70**
Park Wlk. SR3: Dox P 4A **132**
Parkway NE16: Whi 5D **80**
  NE38: Wash 2A **114**
Parkwood Av. DH7: Bear P 4C **152**
Parliament St. NE31: Heb 2A **72**
Parmeter St. DH9: Stly 5C **122**
Parmontley St. NE15: Scot 4D **66**
Parnell St. DH4: Hou S 3F **137**
Parry Dr. SR6: Whit 2E **91**
Parson's Av. NE6: Walk 4F **71**
Parsons Dr. NE40: Ryton 4C **64**
Parsons Gdns. NE11: Dun 2B **82**
Parsons Ind. Est. NE37: Wash . .6H **99**
Parsons Rd. NE37: Wash 6H **99**
  SR8: Pet 4D **162**
Parsons St. *NE24: Bly* *5C 12*
  (off Union St.)
Partick Rd. SR4: Sund 3D **116**
Partick Sq. SR4: Sund 3E **117**
Partnership Ct. SR7: Seat 1E **141**
Partridge Cl. NE38: Wash 3F **113**
Passfield Sq. SR8: Eas 2C **162**
Passfield Way SR8: Pet 3A **164**
Pasteur Rd. DH6: S Het 6H **149**
Paston Rd. NE25: Sea D 1B **34**
Pastures, The NE24: News 3B **18**
Path, The NE9: Low F 1A **98**
PATH HEAD 6G **65**
Path Head Water Mill 5G **65**
Pathside NE32: Jar 1G **87**
Patience Av. NE13: Sea B 3E **31**
Patina Cl. NE15: Lem 1A **66**
Paton Rd. SR3: Sund 5H **117**
Paton Sq. SR3: Sund 5H **117**
Patrick Cain Ho. NE33: S Shi . . .1D **74**
Patrick Cres. DH6: S Het 5G **149**
Patrick Ter. NE23: Dud 4B **32**
Patterdale Cl. DH1: Carr 3C **156**
  NE36: E Bol 4E **89**
Patterdale Gdns. NE7: H Hea . . .4B **58**
Patterdale Gro. SR5: Ful 1C **104**
Patterdale Rd. NE24: Cow 5G **11**
Patterdale St. DH5: Hett H 3C **148**
Patterdale Ter. NE8: Gate 3H **83**
Patterson Ho. NE24: Mur 1C **18**
Patterson St. NE21: Blay 5C **66**
Pattinson Gdns. NE9: Low F 4B **84**
  NE10: Fall 1C **84**
Pattinson Ind. Est.
  NE38: Wash 3E **115**
  (Barmston Rd.)
  NE38: Wash 1F **115**
  (Mandarin Way)
Pattinson Nth. Ind. Est.
  NE38: Wash 2F **115**
Pattinson Rd. NE38: Wash 4D **114**
Pattinson Sth. Ind. Est.
  NE38: Wash 4D **114**
Pauline Av. SR6: Ful 2D **104**
Pauline Gdns. NE15: Den M 2E **67**
Paul Lea DH9: Beam 1A **124**
Pauls Grn. DH5: Hett H 5C **138**
Paul's Rd. SR1: Sund 1E **119**
Paulsway NE32: Jar 3A **74**
Pavilion, The NE16: Swa 2D **80**
Pavilion M. NE2: Jes 1H **69**
Pavilion Ter. DH5: Hett H 2C **148**
Pavillion Ct. SR1: Sund 5H **7**
Pawston Rd. NE21: Barl 6A **78**
  NE39: H Spen 6A **78**

Paxford Cl. NE7: Longb 2A **58**
Paxton M. DH1: P Me 5B **144**
Paxton Ter. SR4: Sund 6A **104**
Peacehaven Ct. NE37: Wash 3A **100**
Peacock Ct. NE11: Fest P 4D **82**
Peacock St. W. SR4: Sund 1H **117**
Pea Flatts La. DH3: Gt Lum 4A **136**
Peak Body Fitness Club 3H **83**
Peak Fitness
Jesmond *1A 70*
(off Jesmond Rd.)
Peareth Ct. *NE8: Gate* *6H 69*
(off Hopper St.)
Peareth Edge NE9: Spri 4F **99**
Peareth Gro. SR6: Seab 2F **105**
Peareth Hall Rd. NE9: Spri 4F **99**
NE37: Wash 3H **99**
Peareth Rd. SR6: Seab 1E **105**
Peareth Ter. DH3: Bir 3C **112**
Pear Lea DH7: B'don 5C **158**
Pearl Rd. SR3: Sund 5H **117**
Pea Rd. DH9: Stly 3B **122**
Pearson Ct. NE21: Blay 5C **66**
Pearson Pl. NE30: N Shi 1D **62**
NE32: Jar 1G **73**
Pearson St. DH9: Stly 1D **122**
NE33: S Shi 3F **63**
Peart Cl. DH6: S'burn 6E **157**
Peartree Gdns. NE6: Walk 6G **59**
Peartree M. SR2: Sund 3C **118**
Pear Tree Pl. DH4: Hou S 2H **137**
Pear Tree Ter. DH3: Gt Lum 2H **135**
Peary Cl. NE5: West 5D **54**
Pease Av. NE15: Benw 3G **67**
Peasemore Rd. SR4: Sund 2D **116**
Pease Rd. SR8: Pet 5A **162**
Pebble Beach SR6: Seab 4F **91**
Pecket Cl. NE24: Bly 2G **17**
Peddars Way NE34: S Shi 4D **74**
Peebles Cl. NE29: N Shi 5G **47**
Peebles Rd. SR3: Sund 5G **117**
Peel Av. DH1: Dur 5H **155**
Peel Cen., The NE37: Wash 6D **100**
Peel Ct. NE13: Sea B 3D **30**
Peel Gdns. NE34: S Shi 5A **74**
Peel Ho. NE1: Newc T 5B **4**
Peel La. NE1: Newc T 6B **4** (5E **69**)
Peel Retail Pk. NE37: Wash 6D **100**
Peel St. NE1: Newc T 6B **4** (4E **69**)
SR2: Sund 6H **7** (2E **119**)
Peggy's Wicket DH9: Beam 1B **124**
Pegswood Ho. *NE4: Newc T* *3D 68*
(off Barrack Rd.)
Pegwood Rd. SR4: Sund 2E **117**
PELAW 2G **85**
Pelaw Av. DH2: Ches S 4B **126**
DH9: Stly 1E **123**
Pelaw Bank DH3: Ches S 5C **126**
Pelaw Ct. DH9: Stly 2E **123**
Pelaw Cres. DH2: Ches S 4B **126**
(not continuous)
Pelaw Grange Ct.
DH3: Ches S 1C **126**
Pelaw Grange Stadium 1C **126**
Pelaw Ind. Est. NE10: Pel 2G **85**
Pelaw Leazes La.
DH1: Dur 2D **6** (5D **154**)
Pelaw Pl. DH2: Ches S 4C **126**
Pelaw Rd. DH2: Ches S 4C **126**
Pelaw Sq. DH2: Ches S 4B **126**
SR4: Sund 6E **103**
Pelaw Station (Metro) 2G **85**
Pelaw Ter. DH2: Ches S 4B **126**
Pelaw Way NE10: Pel 3G **85**
Peldon Cl. NE7: Longb 2H **57**
Pelham Ct. NE3: Ken 6H **41**
PELTON 2G **125**
Peltondale Av. NE24: Cow 1G **17**
PELTON FELL 5G **125**
Pelton Fell Rd.
DH2: Ches S, P Fel 5G **125**
Pelton Ho. Farm Est.
DH2: P Fel 3G **125**
Pelton La. DH2: Ches S, Pelt 2G **125**
DH2: Gra V 5C **124**
DH2: Pelt 2E **125**
PELTON LANE ENDS 3E **125**
Pelton M. DH2: Pelt 3E **125**
Pelton Rd. SR4: Sund 3E **117**
Pemberton Bank DH5: Eas L 4D **148**
Pemberton Cl. SR5: Monkw 4B **104**
Pemberton Gdns. SR3: Sund 4B **118**
Pemberton St. DH5: Hett H 1C **148**
Pemberton Ter. Nth. DH9: Stly . . .6F **123**
Pemberton Ter. Sth. DH9: Stly . . .6F **123**
Pembridge NE38: Wash 2G **113**
Pembroke Av. DH3: Bir 6D **112**
(not continuous)
NE6: Walk 1E **71**
SR3: New S 3B **132**
Pembroke Ct. NE3: Ken 6H **41**
NE24: Bly 6D **12**
SR5: Sund 1D **102**
Pembroke Dr. NE20: Darr H 6A **26**
Pembroke Gdns. NE28: W'snd 3E **61**
Pembroke Pl. SR8: Pet 5B **162**
Pembroke Ter. NE33: S Shi 2E **75**
Pendeford NE38: Wash 3E **115**
Pendle Cl. NE38: Wash 4H **113**
SR8: Pet 2B **164**
Pendle Grn. SR4: Sund 2A **118**
Pendleton Dr. NE23: Cra 6A **16**
Pendower Way NE15: Benw 3G **67**
Pendragon DH3: Gt Lum 3H **135**
Penfold Cl. NE7: H Hea 3C **58**
Penhale Dr. SR2: Ryh 2F **133**
Penhill Cl. DH2: Ous 6H **111**
Penistone Rd. SR4: Sund 3C **116**
Penman Pl. NE29: N Shi 3C **62**
Penman Sq. SR4: Sund 3D **116**
Pennant Sq. SR4: Sund 1E **117**
Pennine Av. DH2: Ches S 1B **134**
(not continuous)
Pennine Ct. DH9: Ann P 6F **121**
SR3: Silk 3H **131**
Pennine Dr. SR8: Pet 2A **164**
Pennine Gdns. DH9: Stly 4E **123**
NE11: Lob H 4C **82**
Pennine Gro. NE36: W Bol 4D **88**
Pennine Ho. NE37: Wash 3H **113**
Pennine Way NE12: Longb 1A **58**
Penn Sq. SR4: Sund 1E **117**
Penn St. NE4: Newc T 6D **68**
Pennycross Rd. SR4: Sund 3C **116**
Pennycross Sq. SR4: Sund 2C **116**
Pennyfine Cl. NE29: N Shi 5C **48**
Pennyfine Rd. NE16: Sun 2G **95**
Pennygate Sq. SR4: Sund 2C **116**
Pennygreen Sq. SR4: Sund 2C **116**
Pennymore Sq. SR4: Sund 2C **116**
PENNYWELL 3E **117**
Pennywell Bus. Cen.
SR4: Sund 2E **117**
Pennywell Ind. Est.
SR4: Sund 3C **116**
Pennywell Rd. SR4: Sund 3E **117**
Pennywell Shop. Pct.
SR4: Sund 3D **116**
Penrith Av. NE30: Cull 3C **48**
Penrith Ct. NE22: Bed 3F **9**
Penrith Gdns. NE9: Low F 1B **98**
Penrith Gro. NE9: Low F 1B **98**
Penrith Rd. NE31: Heb 5D **72**
SR5: Ful 1C **104**
Penrose Grn. NE3: Ken 2B **56**
Penrose Rd. SR4: Sund 3D **116**
Penryn Av. SR7: Mur 2D **150**
Penryn Way DH7: Mead 5E **159**
Pensford Ct. NE3: Ken 1G **55**
PENSHAW 1F **129**
Penshaw Gdns. DH9: Stly 2F **123**
(not continuous)
Penshaw Grn. NE5: Blak 4H **55**
Penshaw La. DH4: Pen 1F **129**
Penshaw Monument 6G **115**
Penshaw Pl. DH4: S Row 3F **129**
Penshaw Vw. DH3: Bir 4E **113**
NE9: Spri 4G **99**
NE10: Ward 3A **86**
NE31: Heb 5B **72**
NE32: Jar 5F **73**
Penshaw Way DH3: Bir 3E **113**
Pensher St. NE10: Gate 2C **84**
SR4: Sund 1B **118**
Pensher St. E. NE10: Fall 2C **84**
Pensher Vw. NE37: Wash 4D **100**
Pentland Cl. NE23: Cra 6B **16**
NE29: N Shi 4B **48**
NE38: Wash 4H **113**
SR8: Pet 2A **164**
Pentland Ct. DH2: Ches S 1C **134**
Pentland Gdns. NE11: Lob H 4C **82**
Pentland Gro. NE12: Longb 4B **44**
Pentlands Ter. DH9: Stly 4E **123**
Penton Pl. NE1: Newc T 3C **4**
Pentridge Cl. NE23: Cra 2C **22**
Penwood Rd. SR4: Sund 2E **117**
Penyghent Way
NE37: Wash 1G **113**
Penzance Bungs. SR7: Mur 1D **150**
Penzance Ct. SR7: Mur 1D **150**
Penzance Pde. NE31: Heb 1E **87**
Penzance Rd. SR4: Sund 3D **116**
Peoples Theatre 6B **58**
Peplow Sq. SR4: Sund 6E **103**
Peppercorn Ct. NE1: Newc T 6F **5**
Percival St. SR4: Sund 6H **103**
Percy Av. DH9: Ann P 4E **121**
NE26: Whit B 6B **36**
NE30: Cull 1E **49**
Percy Bldg. NE1: Newc T 1C **4**
Percy Cotts. NE25: Sea D 6C **24**
(not continuous)
Percy Ct. NE29: N Shi 4H **61**
Percy Cres. NE29: N Shi 4H **61**
Percy Gdns. NE11: Dun 4C **82**
NE12: Longb 5D **44**
NE25: Whit B 1C **48**
NE30: Tyne 5F **49**
Percy Gdns. Cotts. *NE30: Tyne* . . .*5G 49*
(off Percy Gdns.)
Percy La. DH1: Dur 6A **154**
PERCY MAIN 4H **61**
Percy Main Station (Metro) 4H **61**
Percy Pk. NE30: Tyne 5F **49**
Percy Pk. Rd. NE30: Tyne 5F **49**
Percy Rd. NE26: Whit B 6D **36**
Percy Scott St. NE34: S Shi 6E **75**
Percy Sq. DH1: Dur 2A **160**
Percy St. DH5: Hett H 1D **148**
DH9: Stly 4B **122**
NE1: Newc T 3C **4** (3F **69**)

Percy St. NE12: Longb 4G 45
NE15: Lem 3A 66
NE23: Cra 4C 22
NE24: Bly 5D 12
NE28: W'snd 5A 60
NE30: Tyne 6G 49
(East St.)
NE30: Tyne 6F 49
(Percy Pk. Rd.)
NE32: Jar 2G 73
NE33: S Shi 5F 63
Percy St. Sth. NE24: Bly 6D 12
Percy Ter. DH1: Dur 6A 154
DH4: Pen 1E 129
DH9: Ann P 5H 121
NE3: Gos 2G 57
NE15: Newb 2F 65
NE25: Monks 6A 36
SR2: Sund 6H 7
(not continuous)
SR6: Whit 2F 91
Percy Ter. Sth. SR2: Sund 4E 119
Percy Way NE15: Walb 6G 53
Peregrine Ct. NE29: N Shi 1B 62
Peregrine Pl. NE12: Longb 6A 44
Perivale Rd. SR4: Sund 3D 116
PERKINSVILLE 1H 135
Perrycrofts SR3: Dox P 5A 132
(not continuous)
Perry St. NE9: Low F 3H 83
Perth Av. NE32: Jar 6A 74
NE34: S Shi 6A 74
Perth Cl. NE28: W'snd 3D 60
NE29: N Shi 5G 47
Perth Ct. NE11: T Vall 3G 97
SR3: Sund 6G 117
Perth Gdns. NE28: W'snd 3D 60
Perth Grn. NE32: Jar 6A 74
Perth Rd. SR3: Sund 6G 117
Perth Sq. SR3: Sund 5H 117
Peterborough Cl. NE8: Gate 1G 83
Peterborough Rd. DH1: Dur 6E 145
Peterborough Way NE32: Jar 2F 87
PETERLEE 1D 164
Peterlee Cl. SR8: Pet 6C 162
Peterlee Leisure Cen. 2D 164
Peterlee Sports & Social Cen.
. . . . .4B 162
Peter's Bank DH9: Harp 2G 121
Petersfield Rd. SR4: Sund 3D 116
Petersham Rd. SR4: Sund 1E 117
Peter Stracey Ho. SR6: Ful 1D 104
Petherton Ct. NE3: Ken 1G 55
Peth Grn. DH5: Eas L 4D 148
Peth La. NE40: Ryton, Thro 3D 64
Petrel Cl. NE33: S Shi 4E 63
Petrel Way NE24: News 3D 18
Petteril NE38: Wash 6G 113
Petwell Cres. SR8: Eas 1C 162
Petwell La. SR8: Eas, Eas C 1B 162
Petworth Cl. NE33: S Shi 4F 63
Pevensey Cl. NE29: N Shi 4B 48
Pexton Way NE5: Den M 1E 67
Phalp St. DH6: S Het 6B 150
Pheasantmoor NE37: Wash 6G 99
PHILADELPHIA 5H 129
Philadelphia Complex
. . . . .4H 129
DH4: Nbot 4H 129
Philadelphia La.
DH4: Nbot, S Row 3F 129
Philip Ct. NE9: Low F 6B 84
Philiphaugh
NE28: Walk, W'snd 1H 71
Philip Pl. NE4: Newc T 3C 68

Philipson St. NE6: Walk 3F 71
Philip Sq. SR3: Sund 5G 117
Philip St. NE4: Newc T 3C 68
Phillips Av. NE16: Whi 3E 81
Phoenix Chase NE29: N Shi 5F 47
Phoenix Ct. NE29: N Shi 5G 47
Phoenix Hot Glass Studio and Gallery
. . . . .2B 6 (5C 154)
Phoenix Ho. SR1: Sund 3G 7
Phoenix Rd. NE38: Wash 1E 113
SR4: Sund 1E 117
Phoenix St. NE24: Bly 3H 17
Phoenix Theatre, The 6D 12
Phoenix Way DH4: Hou S 4G 137
Phoenix Workshops SR8: Hor 5G 163
Physique Health Club 5B 84
(off Church La.)
Piccadilly SR3: New S 1G 131
Picherwell NE10: Fall 4D 84
Pickard Cl. SR8: Pet 6E 163
Pickard St. SR4: Sund 6A 104
Pickering Ct. NE32: Jar 2E 73
Pickering Dr. NE21: Blay 1A 80
Pickering Grn. NE9: Low F 3B 98
PICKERING NOOK 3G 107
Pickering Pl. DH1: Carr 3A 156
Pickering Rd. SR4: Sund 4C 116
Pickering Sq. SR4: Sund 3D 116
Pickersgill Ho. SR5: Sund 2E 103
Pickhurst Ho. SR4: Sund 4C 116
Pickhurst Sq. SR4: Sund 3D 116
PICKTREE 2E 127
Picktree Cotts. DH3: Ches S 5D 126
Picktree Cotts. E.
DH3: Ches S 5D 126
Picktree Farm Cotts.
NE38: Ches S, Wash 2E 127
DH3: Ches S, Lam P 3E 127
DH3: Ches S, Wash 3E 127
Picktree Lodge
DH3: Ches S 1D 126
Picktree M. DH3: Ches S 5D 126
Picktree Ter. DH3: Ches S 5D 126
Pickwick Cl. DH1: Dur 2B 160
Pier Amusement Cen. 3G 63
Pier Pavilion Theatre 3G 63
Pier Pde. NE33: S Shi 3G 63
Pier Rd. NE30: Tyne 6G 49
Pier Vw. SR6: Roker 3F 105
Pikestone Cl. NE38: Wash 4G 113
Pikesyde DH9: Dip 2B 120
Pilgrim Cl. SR5: Monkw 4C 104
Pilgrims Ct. NE2: Jes 1G 69
Pilgrim St. NE1: Newc T 4D 4 (4F 69)
(New Bri. St. W.)
NE1: Newc T 6F 5 (5G 69)
(Tyne Bri.)
Pilgrims' Way DH1: Dur 4F 155
Pilgrimsway NE9: Low F 4A 84
NE32: Jar 3A 74
Pilton Rd. NE5: West 4D 54
Pilton Wlk. NE5: West 4D 54
Pimlico DH1: Dur 5A 6 (1C 160)
Pimlico Ct. NE9: Low F 1H 97
Pimlico Rd. DH5: Hett H 4D 148
SR4: Sund 3D 116
Pinders Way DH6: S Hil 6H 157
Pine Av. DH1: Dur 6G 155
DH4: Hou S 3H 137
NE3: Ken 6B 42
NE13: Din 4G 29
NE16: Burn 1F 107
NE34: S Shi 4A 76

Pinedale Dr. DH6: S Het 6H 149
Pinegarth NE20: Darr H 3C 38
Pine Lea DH7: B'don 5C 158
Pine Pk. DH7: Ush M 6D 152
Pines, The NE4: Newc T 6C 68
NE37: Wash 3C 100
NE40: G'sde 2B 78
Pine St. DH2: Gra V 4C 124
DH2: Pelt 2D 124
DH3: Bir 2C 112
DH3: Ches S 6C 126
DH9: Stly 5B 122
NE13: Sea B 3E 31
NE15: Thro 4D 52
NE32: Jar 3E 73
NE40: G'sde 2B 78
SR4: Sund 6H 103
Pinesway SR3: Sund 4B 118
Pine Ter. DH9: Ann P 4E 121
Pinetree Cen. DH3: Bir 4C 112
Pinetree Gdns. NE25: Monks 2A 48
Pinetree Way NE11: Dun 1F 81
Pine Vw. DH9: Stly 5B 122
Pinewood NE31: Heb 2A 72
Pinewood Av. NE13: W Op 6E 31
NE23: Cra 6B 16
NE38: Wash 6A 114
Pinewood Cl. NE3: Ken 6F 41
NE6: Walk 6F 59
NE38: Wash 4D 114
Pinewood Gdns. NE11: Lob H 6C 82
Pinewood Rd. SR5: S'wck 3H 103
Pinewoods NE21: Winl 5F 79
Pinewood Sq. SR5: S'wck 3H 103
Pinewood St. DH4: Hou S 2C 136
Pinewood Vs. NE34: S Shi 3A 76
Pink La. NE1: Newc T 5B 4 (4E 69)
(not continuous)
Pinner Pl. NE6: Walk 5E 71
Pinner Rd. SR4: Sund 2E 117
Pintail Ct. NE34: S Shi 5C 74
Pioneer Ter. NE22: Bed 3C 10
Pipershaw NE37: Wash 1F 113
Pipe Track La. NE4: Benw 5H 67
Pipewell La. NE8: Gate 6F 69
Pitcairn Rd. SR4: Sund 2D 116
Pit Ho. La. DH4: Leam 1C 146
Pit La. DH1: Dur 1B 154
DH7: B'don 4A 158
NE23: Seg 2E 33
Pit Row SR3: New S 1H 131
PITTINGTON 6E 147
Pittington La. DH1: Carr 2C 156
DH6: Carr, Low P 2C 156
Pittington Rd. DH5: E Rain 5D 146
DH6: Low P 5D 146
Pitt St. NE4: Newc T 3A 4 (3D 68)
PITY ME 6A 144
Pity Me By-Pass DH1: Dur 2H 153
PLAINS FARM 5H 117
Plains Rd. SR3: Sund 5H 117
Plaistow Sq. SR4: Sund 1E 117
Plaistow Way NE23: Cra 6B 16
Planesway NE10: Hew 6E 85
Planetarium, The 1G 75
Planet Ho. SR1: Sund 4G 7
Planet Pl. NE12: Kil 3C 44
Planetree Av. NE4: Fen 1H 67
Plane Tree Ct. SR3: Silk 3G 131
Plantagenet Av. DH3: Ches S 1D 134
Plantation, The NE9: Low F 6A 84
Plantation Av. DH6: Litt 4H 157
NE16: Swa 3E 81
Plantation Gro. NE10: Bill Q 1H 85

Plantation Rd. SR4: Sund 6G **103**
Plantation Sq. SR4: Sund 6G **103**
Plantation St. NE28: W'snd 1H **71**
Plantation Vw. DH9: W Pelt 3B **124**
Plantation Wlk. DH6: S Het 6H **149**
PLAWSWORTH 1A **144**
Plawsworth Gdns. NE9: Wrek . . .2D **98**
Pleasant Pl. DH3: Bir 2C **112**
Plenmeller Pl. NE16: Sun 2E **95**
Plessey Av. NE24: Bly 1D **18**
Plessey Ct. NE24: News 3H **17**
Plessey Cres. NE25: Whit B 1D **48**
Plessey Gdns. NE29: N Shi 2H **61**
Plessey Old Waggonway
  NE24: Bly 4E **17**
Plessey Rd. NE24: Bly, News . . .3H **17**
Plessey St. NE23: E Har 4B **16**
Plessey Ter. NE7: H Hea 5B **58**
Plessey Woods Country Pk. Vis. Cen.
  . . . . .2D **14**
Plough Rd. SR3: Dox P 4H **131**
Plover Cl. NE24: News 3C **18**
  NE38: Wash 4F **113**
Plover Dr. NE16: Burn 2A **108**
Plover Lodge DH3: Bir 1C **112**
Plummer Chare
  NE1: Newc T 6F **5** (5G **69**)
Plummers Tower 4E **5** (4G **69**)
Plummer St. NE4: Newc T 6E **69**
Plumtree Av. SR5: Sund 3E **103**
  (not continuous)
Plunkett Rd. DH9: Dip 6E **107**
Plunkett Ter. DH2: P Fel 5F **125**
Plymouth Cl. SR7: Dalt D 5F **141**
Plymouth Sq. SR3: Sund 5G **117**
Poets Dr. DH2: P Fel 6G **125**
POINT PLEASANT 5D **60**
Point Pleasant Ind. Est.
  NE28: W'snd 5D **60**
Point Pleasant Ter.
  NE28: W'snd 5C **60**
Polden Cl. SR8: Pet 2A **164**
Polden Cres. NE29: N Shi 4B **48**
Polebrook Rd. SR4: Sund 1E **117**
Polemarch St. SR7: S'hm 5B **142**
Police Ho's. SR8: Pet 1C **164**
Pollard St. NE33: S Shi 4F **63**
Polmaise St. NE21: Blay 1A **80**
Polmuir Rd. SR3: Sund 5G **117**
Polmuir Sq. SR3: Sund 5G **117**
Polpero Cl. DH3: Bir 4D **112**
Polperro Cl. SR2: Ryh 2F **133**
Polton Sq. SR4: Sund 1E **117**
Polwarth Cres. NE3: Gos 5E **43**
Polwarth Dr. NE3: Gos 4D **42**
Polwarth Pl. NE3: Gos 5E **43**
Polwarth Rd. NE3: Gos 4E **43**
Polworth Sq. SR3: Sund 5H **117**
Ponds Cotts. NE40: G'sde 2A **78**
Pond St. DH1: H Shin 5H **161**
Pontdyke NE10: Hew 1F **99**
Pontefract Rd. SR4: Sund 4D **116**
PONTELAND 5E **27**
Ponteland Cl. NE29: N Shi 6G **47**
  NE38: Wash 3F **113**
Ponteland Leisure Cen. 5F **27**
Ponteland Rd. NE2: Newc T 1C **68**
  NE3: Ken 1F **55**
  NE4: Fen 6B **56**
  NE5: Blak, Fen 3G **55**
  NE5: Fen 6A **56**
  NE13: Wool 2B **40**
  NE15: Thro 3D **52**
Pont Haugh NE20: Pon 4F **27**

Ponthaugh
  NE39: Row G 2F **93**
PONTOP 3A **120**
Pontop Ct. DH9: Ann P 5F **121**
Pontop Pike La.
  DH9: Ann P, Dip 4B **120**
Pontop Sq. SR4: Sund 6E **103**
Pontop St. DH5: E Rain 1G **147**
Pontopsyde DH9: Dip 2C **120**
Pontop Ter. DH9: Ann P 6E **121**
Pontop Vw. DH9: Dip 2B **120**
  NE39: Row G 3D **92**
Pont Vw. NE20: Pon 4F **27**
Pool Bri. NE10: Ward 4C **86**
Poole Cl. NE23: Cra 2C **22**
Poole Rd. SR4: Sund 1E **117**
Pooley Cl. NE5: Den M 6F **55**
Pooley Rd. NE5: Den M 1F **67**
Poplar Av. DH4: Hou S 3H **137**
  NE6: Walk 6F **59**
  NE13: Din 4G **29**
  NE16: Burn 1F **107**
  NE24: Bly 4B **12**
Poplar Cl. NE31: Heb 6C **72**
Poplar Ct. DH3: Ches S 6C **126**
Poplar Cres. DH3: Bir 2B **112**
  NE8: Gate 2G **83**
  NE11: Dun 4B **82**
Poplar Dr. DH1: Dur 4G **155**
  SR6: Whit 2F **91**
Poplar Gro. DH9: Dip 1E **121**
  NE22: Bed 4B **10**
  NE34: S Shi 4H **75**
  SR2: Ryh 1E **133**
Poplar Lea DH7: B'don 5C **158**
Poplar Pl. NE3: Gos 2E **57**
Poplar Rd. DH1: Carr 3B **156**
Poplars, The DH1: Dur 1H **159**
  DH3: Ches S 1D **134**
  DH4: Pen 1F **129**
  DH5: Eas L 4E **149**
  NE3: Gos 4E **57**
  NE4: Elsw 6C **68**
  NE38: Wash 3B **114**
  SR4: Sund 1C **116**
  SR5: S'wck 3H **103**
Poplar St. DH2: Pelt 2D **124**
  DH3: Ches S 6C **126**
  DH9: Stly 5D **122**
  NE15: Thro 5D **52**
Poplar Ter. DH1: Shin 3G **161**
  (off High St.)
  DH3: Ches S 5D **126**
Popplewell Gdns. NE9: Low F . . .1A **98**
Popplewell Ter. NE29: N Shi 5C **48**
Poppyfields DH2: Ches S 1A **134**
Porchester Dr. NE23: Cra 1C **22**
Porchester Rd. NE33: S Shi 2D **74**
Porlock Cl. NE23: Cra 6A **16**
Porlock Ho. NE32: Jar 4H **73**
Porlock Rd. NE32: Jar 4H **73**
Portadown Rd. SR4: Sund 4D **116**
Portberry St. NE33: S Shi 1D **74**
Portberry St. Ind. Est.
  NE33: S Shi 6D **62**
Portberry Way NE33: S Shi 6D **62**
  (not continuous)
Portchester Gro. NE35: Bol C . . .3A **88**
Portchester Rd. SR4: Sund 2E **117**
Portchester Sq. SR4: Sund 3E **117**
Porter Ter. SR7: Mur 2C **150**
Porthcawl Dr. NE37: Wash 3A **100**

Portland Cl. DH2: Ches S 2A **134**
  NE28: W'snd 2E **61**
Portland Gdns. NE9: Low F 3H **97**
  NE23: Cra 2C **22**
  NE30: N Shi 6C **48**
Portland M.
  NE2: Newc T 1G **5** (2H **69**)
Portland Rd.
  NE2: Newc T 1G **5** (2H **69**)
  (not continuous)
  NE15: Thro 5E **53**
  SR3: Sund 5H **117**
Portland Sq. SR3: Sund 4H **117**
Portland St. NE4: Elsw 5B **68**
  NE10: Pel 2G **85**
  NE24: Bly 4B **12**
Portland Ter. NE2: Jes . . .1G **5** (2H **69**)
Portman M. NE2: Newc T 2H **5**
Portman Pl. NE6: Walk 6E **71**
Portman Sq. SR4: Sund 2E **117**
Portmarnock NE37: Wash 3H **99**
PORTMEADS 4D **112**
Portmeads Ri. DH3: Bir 3D **112**
Portmeads Rd. DH3: Bir 2D **112**
PORTOBELLO 4E **113**
Portobello Ind. Est. DH3: Bir . . .3E **113**
Portobello La. SR6: Roker 4D **104**
  (not continuous)
Portobello Rd. DH3: Bir 2E **113**
Portobello Ter. DH3: Bir 4E **113**
Portobello Way DH3: Bir 3D **112**
Portree Cl. DH3: Bir 6D **112**
Portree Sq. SR3: Sund 5G **117**
Portrush Cl. NE37: Wash 3A **100**
Portrush Rd. SR4: Sund 1E **117**
Portrush Way NE7: Longb 2C **58**
Portslade Rd. SR4: Sund 3D **116**
Portsmouth Rd. NE29: N Shi 2G **61**
  SR4: Sund 2D **116**
Portsmouth Sq. SR4: Sund 2D **116**
Portugal Pl. NE28: W'snd 6H **59**
Post Office La. NE29: N Shi 5C **48**
  (off Orchard Ct.)
Post Office Sq. NE24: Bly 5D **12**
  (off Post Office La.)
Post Office St. NE24: Bly 5D **12**
Potter Burn Cl. DH9: Stly 6B **122**
Potterhouse La. DH1: P Me 5A **144**
Potterhouse Ter. DH1: P Me 5A **144**
Potteries, The NE33: S Shi 6G **63**
Potter Pl. DH9: Stly 4F **123**
Potters Bank DH1: Dur 6A **6** (2A **160**)
Potters Cl. DH1: Dur 2B **160**
Potter Sq. SR3: Sund 5H **117**
Potter St. NE28: W'snd 6E **61**
  NE32: Jar 2E **73**
Pottersway NE9: Low F 4A **84**
Pottery Bank NE6: Walk 6F **71**
  SR1: Sund 5F **105**
Pottery La. NE1: Newc T 6E **69**
  SR4: Sund 1C **116**
Pottery Rd. SR5: S'wck 4A **104**
Pottery Vs. SR4: Sund 1C **116**
  (off Pottery La.)
Pottery Yd. DH4: Hou S 3A **138**
Potts St. NE6: Byke 3C **70**
Poulton Cl. NE38: Wash 1H **127**
Powburn Cl. DH2: Ches S 2A **134**
Powburn Gdns. NE4: Fen 1A **68**
Powerleague
  Gateshead 2D **82**
Powis Rd. SR3: Sund 5H **117**
Powis Sq. SR3: Sund 5H **117**
Powys Pl. NE4: Newc T 3C **68**

Poynings Cl. NE3: Ken 2G 55
Praetorian Dr. NE28: W'snd 6H 59
Prebend Row DH2: Pelt 3F 125
Prebends Fld. DH1: Dur 3F 155
Prebends' Wlk. DH1: Dur 5A 6
Precinct, The NE21: Blay 6B 66
SR2: Sund 1B 118
(Chester Rd.)
SR2: Sund 5C 118
(Leechmere Rd.)
Prefect Pl. NE9: Low F 4A 84
Premier Health & Fitness *1A 118*
(off Hylton Rd.)
Premier Rd. SR3: Sund 5G 117
Prendwick Av. NE31: Heb 6B 72
Prendwick Cl. DH2: Ches S 3A 134
Prendwick Ct. NE31: Heb 6B 72
Prengarth Av. SR6: Ful 2D 104
Prensgarth Way NE34: S Shi 6B 74
Prescot Rd. SR4: Sund 1E 117
Press La. SR1: Sund . . . 3H 7 (6D 104)
Prestbury Av. NE23: Cra 6A 16
Prestbury Rd. SR4: Sund 3C 116
Prestdale Av. NE24: Cow 6G 11
Presthope Rd. SR4: Sund 3C 116
Prestmede NE10: Fall 4E 85
PRESTON 6C 48
Preston Av. NE30: N Shi 6C 48
Preston Ct. *NE29: N Shi* *5C 48*
(off Rosebery Av.)
Preston Ga. NE29: N Shi 4B 48
PRESTON GRANGE 4B 48
Prestonhill SR3: Dox P 4G 131
Preston Nth. Rd. NE29: N Shi 3B 48
Preston Pk. NE29: N Shi 6C 48
Preston Rd. NE29: N Shi 5C 48
SR2: Sund 3F 119
Preston Ter. NE27: Shir 4C 46
NE29: N Shi 5B 48
Preston Towers NE29: N Shi 6C 48
Preston Wood NE30: Cull 4C 48
PRESTWICK 6A 28
Prestwick NE10: Hew 6E 85
Prestwick Av. NE29: N Shi 6G 47
Prestwick Carr Rd. NE13: Din 4E 29
Prestwick Cl. NE37: Wash 3A 100
Prestwick Dr. NE10: Ward 4A 86
Prestwick Gdns. NE3: Ken 3B 56
Prestwick Ho. *NE4: Newc T* *3D 68*
(off Barrack Rd.)
Prestwick Ind. Est. NE20: Pon 2A 40
Prestwick Pit Ho's. NE20: Pon 1A 40
Prestwick Rd. NE13: Din 4E 29
SR4: Sund 1E 117
PRESTWICK ROAD END 1A 40
Prestwick Ter. NE20: Pon 2B 40
Pretoria Sq. SR3: Sund 5G 117
Pretoria St. NE15: Scot 4E 67
Price St. NE31: Heb 2A 72
Priestfield Gdns. NE16: Burn 1F 107
Priestley Ct. NE34: S Shi 6C 74
Priestley Gdns. NE10: Ward 3H 85
Priestly Cres. SR4: Sund 5B 104
Priestman Ct. SR4: Sund 1F 117
Prietsfield Cl. SR3: Dox P 4H 131
Primary Gdns. SR2: Sund 2F 119
Primate Rd. SR3: Sund 6G 117
PRIMROSE 5G 73
Primrose Av. NE34: S Shi 4D 74
SR8: Hor 6F 163
Primrose Cl. NE23: Dud 3A 32
Primrose Cotts. SR6: Ful 2D 104
Primrose Cres. DH4: Bour 6C 128
SR6: Ful 2D 104
Primrose Gdns. DH2: Ous 5H 111
NE21: Blay 4E 65
NE28: W'snd 3G 59
Primrose Hill DH4: Bour 1C 136
NE9: Low F 6A 84
NE32: Jar 6G 73
Primrose Hill Ter. NE32: Jar 6G 73
Primrose Pl. NE9: Low F 6H 83
Primrose Pct. SR6: Ful 2D 104
Primrose St. SR4: Sund 1C 116
Primrose Ter. DH3: Bir 3D 112
NE32: Jar 5F 73
Prince Albert Ter.
NE2: Newc T 3G 5 (3H 69)
Prince Consort Ind. Est.
NE31: Heb 2A 72
Prince Consort La. NE31: Heb 3B 72
(not continuous)
Prince Consort Rd. NE8: Gate 1G 83
NE31: Heb 3A 72
NE32: Jar 3G 73
Prince Consort Way
NE29: N Shi 4C 62
Prince Edward Ct. NE34: S Shi . . . 4A 76
Prince Edward Gro.
NE34: S Shi 3C 76
Prince Edward Rd. NE34: S Shi . . . 4H 75
Prince George Av. SR6: Ful 1D 104
Prince George Sq. NE33: S Shi . . . 4F 63
Prince of Wales Cl.
NE34: S Shi 4G 75
Prince Philip Cl. NE15: Benw 4G 67
Prince Rd. NE28: W'snd 4H 59
Princes Av. NE3: Gos 6D 42
SR6: Seab 6E 91
Princes Cl. NE3: Gos 5D 42
Princes Gdns. NE24: Cow 5A 12
NE25: Monks 6A 36
SR6: Seab 6E 91
Princes Mdw. NE3: Gos 2C 56
Princes Pk. NE11: T Vall 6D 82
(not continuous)
Princes Rd. NE3: Gos 4D 42
Princess Ct. NE29: N Shi 4B 62
Princess Dr. NE8: Dun 2C 82
Princess Gdns. DH5: Hett H 6C 138
Princess Louise Rd. NE24: Bly . . . 6B 12
Princess Mary Ct. NE2: Jes 1F 69
Princess Rd. SR7: S'hm 4A 142
Princess Sq.
NE1: Newc T 3E 5 (3G 69)
Princess St. NE10: Pel 2G 85
NE16: Sun 3F 95
SR2: Sund 6F 7 (2C 118)
Princes St. DH1: Dur 5B 154
DH4: S Row 4E 129
DH9: Ann P 4E 121
NE30: N Shi 6D 48
Prince St. SR1: Sund . . . 3G 7 (6D 104)
Princesway NE11: T Vall 1E 97
Princesway Central
NE11: T Vall 1E 97
Princesway Nth. NE11: T Vall 5E 83
Princesway Sth. NE11: T Vall 1E 97
(not continuous)
Princetown Ter. SR3: Sund 5G 117
Princeway NE30: Tyne 5F 49
Pringle Cl. DH7: New B 2A 158
Pringle Gro. DH7: New B 2B 158
Pringle Pl. DH7: New B 2B 158
Prinn Pl. NE16: Sun 3F 95
Priors Cl. DH1: Dur 5A 154
Priors Grange DH6: H Pitt 2F 157
Prior's Ho. NE30: Tyne 6G 49
Priors Path DH1: Dur 6B 154
Prior's Ter. NE30: Tyne 6F 49
Priors Way NE28: W'snd 5C 60
Priory Av. NE25: Monks 1B 48
Priory Cotts. NE26: Whit B 5C 36
Priory Ct. *NE8: Gate* *6H 69*
(off Hopper St.)
NE10: Ward 3H 85
NE30: Tyne 5G 49
NE33: S Shi 2F 63
Priory Grange NE24: Cow 6A 12
Priory Grn. NE6: Byke 3B 70
Priory Gro. SR4: Sund 2H 117
Priory M. NE30: Tyne 6F 49
Priory Orchard DH1: Dur 6B 154
Priory Pl. NE6: Byke 4C 70
NE13: W Op 6C 30
Priory Rd. DH1: Dur 2B 154
NE32: Jar 1G 73
Priory Way NE5: West 3D 54
Proctor Ct. NE6: Walk 4G 71
Proctor Sq. SR3: Sund 5H 117
Proctor St. NE6: Walk 4G 71
Promenade NE26: Whit B 5C 36
NE33: S Shi 3G 63
(Harbour Dr.)
NE33: S Shi 5H 63
(South Foreshore)
SR6: Seab 1F 105
Promenade Ter. NE30: Tyne 6G 49
Promontory Ter. NE26: Whit B 1E 49
Promotion Cl. SR6: Roker 3E 105
Prospect Av. NE25: Sea D 6A 24
NE28: W'snd 4H 59
Prospect Av. Nth. NE28: W'snd . . . 3H 59
Prospect Cotts. NE9: Spri 4F 99
Prospect Ct. NE4: Newc T 4C 68
Prospect Cres. DH5: Eas L 5E 149
Prospect Gdns. NE36: W Bol 4C 88
Prospect Pl. DH7: New B 1A 158
NE4: Newc T 4C 68
Prospect Row SR1: Sund 6F 105
Prospect St. DH3: Ches S 5C 126
Prospect Ter. DH1: Dur 1H 159
DH1: Shin 3G 161
DH3: Ches S 5C 126
DH7: New B 1B 158
DH9: Ann P 5H 121
NE9: Eigh B 4D 98
NE9: Spri 3F 99
NE11: Kib 1E 111
NE16: Hob 3G 107
NE30: N Shi 1E 63
NE36: E Bol 4E 89
Prospect Vw.
DH4: W Rai 3D 146
Providence Cl. DH1: Dur 1C 6
Providence Pl. DH1: Dur 1C 6
(Providence Row)
DH1: Dur 4H 155
(Dragon La.)
NE10: Fall 2D 84
Providence Row
DH1: Dur 2C 6 (5D 154)
Provident St. DH2: Pelt 3E 125
Provident Ter. DH9: Crag 6H 123
NE28: W'snd 5G 59
Provost Gdns. NE15: Benw 5H 67
Prudhoe Chare
NE1: Newc T 3D 4 (3F 69)
Prudhoe Ct. NE3: Ken 6A 42
Prudhoe Gro. NE32: Jar 6E 73
Prudhoe Pl.
NE1: Newc T 3C 4 (3F 69)

Prudhoe St.
NE1: Newc T 3C **4** (3F **69**)
NE29: N Shi 2C **62**
SR4: Sund 6H **103**
Prudhoe Ter. NE29: N Shi 2C **62**
NE30: Tyne 5F **49**
Pudding Chare
NE1: Newc T 5D **4** (4F **69**)
Pudsey Ct. DH1: Dur 1C **154**
Puffin Cl. NE24: News 4D **18**
Pullman Ct. NE9: Low F 6G **83**
Puma Sunderland Tennis Cen.
. . . . .6H **117**
Pump La. NE6: Byke 4B **70**
Purbeck Cl. NE29: N Shi 3B **48**
Purbeck Gdns. NE23: Cra 2C **22**
Purbeck Rd. NE12: Longb 1B **58**
Purley NE38: Wash 3E **115**
Purley Cl. NE28: W'snd 3D **60**
Purley Gdns. NE3: Ken 3B **56**
Purley Rd. SR3: Sund 5G **117**
Purley Sq. SR3: Sund 5G **117**
Putney Sq. SR4: Sund 3D **116**
Pykerley M. NE25: Monks 1A **48**
Pykerley Rd. NE25: Monks 6A **36**

Q

Quadrant, The NE29: N Shi 2A **62**
SR1: Sund 6F **105**
Quadrus Cen., The
NE35: Bol C 4H **87**
QUAKING HOUSES 6B **122**
Quality Row NE6: Byke 4A **70**
Quality Row Rd.
NE16: Swa 2E **81**
Quality St. DH1: H Shin 4H **161**
Quantock Av. DH2: Ches S 1A **134**
(not continuous)
Quantock Cl. NE29: N Shi 3A **48**
Quantock Pl. SR8: Pet 1A **164**
Quarry Bank Ct. NE4: Newc T 4D **68**
Quarry Cotts. NE13: Din 4F **29**
NE23: Dud 5C **32**
Quarry Cres. DH7: Bear P 4C **152**
Quarryfield Rd. NE8: Gate 5H **69**
Quarryheads La.
DH1: Dur 5A **6** (1B **160**)
Quarry Ho. Gdns.
DH5: E Rain 1G **147**
Quarry Ho. La. DH1: Dur 6H **153**
DH5: E Rain 1H **147**
Quarry La. NE34: S Shi 4A **76**
(not continuous)
Quarry Rd. DH9: Stly 2D **122**
NE15: Lem 3A **66**
NE31: Heb 4C **72**
SR3: New S 2B **132**
Quarry Row DH4: Hou S 2H **137**
NE10: Fall 2D **84**
Quarry St. SR3: New S 2A **132**
Quay, The DH5: Hett H 2C **148**
Quay Cnr. Av. NE32: Jar 1H **73**
Quay Point
NE1: Newc T 4G **5** (4H **69**)
Quay Rd. NE24: Bly 5D **12**
(not continuous)
Quaysgate NE8: Gate 5H **69**
QUAYSIDE 6F **5** (5G **69**)
Quayside NE1: Newc T 4A **70**
(High Quay)
NE1: Newc T 6F **5** (5G **69**)
(Tyne Bri., not continuous)

Quayside NE6: Byke 5B **70**
NE24: Bly 5D **12**
Quayside Bus. Development Cen.
NE6: Byke 4B **70**
Quayside Ct. NE24: Bly 5D **12**
NE30: N Shi 2D **62**
Quayside Ho. *NE1: Newc T* *5G* **5**
(off Quayside)
Quay Vw. NE28: W'snd 5E **61**
Queen Alexandra Bri.
SR5: Sund 5A **104**
Queen Alexandra Rd.
NE29: N Shi 6B **48**
SR2: Sund 4C **118**
SR3: Sund 3A **118**
SR7: S'hm 5B **142**
Queen Alexandra Rd. W.
NE29: N Shi 6A **48**
Queen Anne Ct. NE6: Byke 2C **70**
Queen Anne St. *NE6: Walk* *2C* **70**
(off Shields Rd.)
Queen Elizabeth Av.
NE9: Low F 6B **84**
Queen Elizabeth Ct.
NE34: S Shi 6B **74**
Queen Elizabeth Dr.
DH5: Eas L 5F **149**
Queen's Av. SR6: Seab 6E **91**
SR7: Dalt D 5F **141**
Queensberry St. SR4: Sund 6B **104**
Queensbridge NE12: Longb 6H **43**
Queensbury Dr. NE15: Walb 4G **53**
Queensbury Ga. NE12: Longb 1A **58**
Queensbury Rd. SR7: S'hm 4G **141**
Queens Ct. NE3: Gos 3E **43**
NE4: Newc T 3A **4** (3D **68**)
NE8: Gate 2E **83**
NE15: Walb 6G **53**
Queen's Cres. NE28: W'snd 4G **59**
NE31: Heb 5B **72**
SR4: Sund 2A **118**
Queens Dr. NE16: Sun 3F **95**
NE16: Whi 6G **81**
NE26: Whit B 6C **36**
Queens Gdns. NE12: Longb 1D **58**
NE23: Dud 2B **32**
NE24: Cow 5A **12**
Queens Gro. DH1: Dur 2A **160**
Queens Hall Bldgs.
NE25: Sea D *6B* **24**
(off Hayward Av.)
Queensland Av. NE34: S Shi 5B **74**
Queens La.
NE1: Newc T 6D **4** (5G **69**)
Queensmere DH3: Ches S 2C **126**
Queens Pde. DH9: Ann P 5F **121**
SR6: Seab 6F **91**
Queens Pk. DH3: Ches S 1D **134**
NE11: T Vall 5E **83**
Queens Rd. NE2: Jes 6G **57**
(not continuous)
NE5: West 4E **55**
NE15: Walb 6G **53**
NE22: Bed 3D **10**
NE23: Dud 2B **32**
NE26: Monks 5B **36**
NE26: Sea S 3H **25**
SR5: S'wck 4A **104**
Queens Sq.
NE1: Newc T 3D **4** (3F **69**)
Queens Ter. NE2: Jes 6G **57**
NE28: W'snd 4H **59**
Queen St. DH2: Gra V 4C **124**
DH3: Bir 3B **112**

Queen St. DH5: Hett H 6C **138**
NE1: Newc T 6F **5** (5G **69**)
NE8: Gate 3E **83**
NE30: N Shi 1D **62**
NE33: S Shi 4E **63**
SR1: Sund 2F **7** (6C **104**)
(Gill Rd.)
SR1: Sund 3G **7** (6D **104**)
(St Mary's Way)
SR2: Ryh 1F **133**
SR7: S'hm 4A **142**
Queen St. E. SR1: Sund 6E **105**
Queensway DH5: Hou S 4B **138**
NE3: Gos 4D **42**
NE4: Fen 1H **67**
NE20: Darr H 2D **38**
NE30: Tyne 5F **49**
NE38: Wash 3C **114**
Queensway Ct. NE11: T Vall 5E **83**
Queensway Nth. NE11: T Vall 4E **83**
Queensway Sth. NE11: T Vall 1F **97**
Queen Victoria Rd.
NE1: Newc T 2C **4** (3F **69**)
Queen Victoria St. NE10: Pel 2F **85**
Quentin Av. NE3: Ken 2H **55**
Que Sera DH5: Hett H 2C **148**
Quick Silver Way NE27: Shir 5C **46**
Quigley Ter. DH3: Bir 1B **112**
Quinn Cl. SR8: Pet 2D **164**
Quinn's Ter. DH1: Dur 1A **160**
Quin Sq. DH6: S Het 6A **150**

R

Rabbit Banks Rd.
NE8: Gate 6F **69**
Raby Cl. DH4: Hou S 2E **137**
NE22: Bed 4F **9**
Raby Cres. NE6: Byke 3C **70**
Raby Cross NE6: Byke 4C **70**
Raby Dr. SR3: E Her 2E **131**
Raby Gdns. NE16: Burn 1E **107**
NE32: Jar 5F **73**
Raby Ga. NE6: Byke 3C **70**
Raby Rd. DH1: Dur 6C **144**
NE38: Wash 2F **113**
Raby St. NE6: Byke 3B **70**
(not continuous)
NE8: Gate 3H **83**
SR4: Sund 1B **118**
Raby Wlk. NE6: Byke 3C **70**
Raby Way NE6: Byke 3C **70**
Racey Ct. DH2: Ches S 1C **134**
Rachel Cl. SR2: Ryh 2C **132**
Rackley Way SR6: Whit 3F **91**
(not continuous)
Radcliffe Cl. NE8: Gate 1B **84**
Radcliffe Pl. NE5: Fen 5H **55**
Radcliffe Rd. SR5: Sund 3G **103**
Radcliffe St. DH3: Bir 4C **112**
Radlett Rd. SR5: Sund 3F **103**
Radnor Gdns. NE28: W'snd 4E **61**
Radnor St. NE1: Newc T 2F **5** (3G **69**)
Radstock Pl. NE12: Longb 6C **44**
Rae Av. NE28: W'snd 3H **59**
Raeburn Av. NE38: Wash 3C **114**
Raeburn Gdns. NE9: Low F 4B **84**
Raeburn Rd. NE34: S Shi 1F **89**
SR5: Sund 2E **103**
Raglan NE38: Wash 2G **113**
Raglan Av. SR2: Sund 4E **119**
Raglan Pl. NE16: Burn 6H **93**
Raglan Row DH4: S Row 4G **129**

Raglan St. NE32: Jar 2G **73**
Raich Carter Sports Cen. 3F **119**
Railton Gdns. NE9: Low F 5B **84**
Railway Cl. DH6: S'burn 6C **156**
Railway Cotts. DH1: Dur 6H **153**
　DH2: Ches S 4A **126**
　DH3: Bir 3B **112**
　DH4: Hou S 3D **136**
　DH4: Pen 1E **129**
　NE24: Cow 5E **11**
　NE24: News 5A **18**
　SR4: Sund 1C **116**
Railway Gdns. DH9: Ann P 5F **121**
Railway Row SR1: Sund 1B **118**
Railway St. DH4: Hou S 1H **137**
　DH5: Hett H 1C **148**
　DH9: Ann P 6G **121**
　NE1: Newc T 6E **69**
　NE4: Newc T 6B **4** (6D **68**)
　NE11: Dun 2C **82**
　　　　　　　　　(Ravensworth Vw.)
　NE11: Dun 1B **82**
　　　　　　　　　　(St Omers Rd.)
　NE29: N Shi 2C **62**
　NE31: Heb 2D **72**
　NE32: Jar 2E **73**
　SR1: Sund 1F **119**
　SR4: Sund 6H **103**
Railway Ter. DH4: New H 3H **129**
　DH4: Pen 1E **129**
　DH5: Hett H 6C **138**
　NE4: Newc T 6D **68**
　NE24: Bly 6B **12**
　NE28: W'snd 6B **60**
　NE29: N Shi 2C **62**
　NE38: Wash 3D **114**
　SR4: Sund 1C **116**
Railway Ter. Nth.
　DH4: New H 2H **129**
Raine Gro. SR1: Sund 1E **119**
Rainford Av. SR2: Sund 4E **119**
Rainhill Cl. NE37: Wash 4D **100**
Rainhill Rd. NE37: Wash 4C **100**
Rainton Bank DH5: Hou S 5B **138**
Rainton Bri. Nth. Ind. Est.
　DH4: Hou S 4F **137**
Rainton Bri. Sth. Ind. Est.
　DH4: W Rai 5F **137**
Rainton Cl. NE10: Ward 5A **86**
RAINTON GATE 4D **146**
Rainton Gro. DH5: Hou S 5A **138**
Rainton Meadows Nature Reserve
　. . . . . .5F **137**
Rainton St. DH4: Pen 1F **129**
　SR4: Sund 1A **118**
　SR7: S'hm 5B **142**
Rainton Vw. DH4: W Rai 3D **146**
Rake La. NE29: N Shi 4G **47**
Raleigh Cl. NE33: S Shi 1D **74**
Raleigh Rd. SR5: Sund 3F **103**
Raleigh Sq. SR5: Sund 3F **103**
Ralph Av. SR2: Ryh 1E **133**
Ralph St. NE31: Heb 2D **72**
Ramilies SR2: Ryh 3D **132**
Ramillies Rd. SR5: Sund 2E **103**
Ramillies Sq. SR5: Sund 2E **103**
Ramparts, The
　NE15: Lem 1C **66**
Ramsay Sq. SR5: Sund 2G **103**
Ramsay St. NE21: Winl 2H **79**
　NE39: H Spen 6A **78**
Ramsey Cl. DH1: Dur 5G **155**
　SR8: Pet 5D **162**
Ramsey St. DH3: Ches S 1C **134**

Ramsgate Rd. SR5: Sund 2G **103**
Ramshaw Cl. NE7: H Hea 4E **59**
Ramside Vw. DH1: Carr 2B **156**
Randolph St. NE32: Jar 2G **73**
Range Vs. SR6: Whit 2F **91**
Rangoon Rd. SR5: Sund 2E **103**
Ranksborough St. SR7: S'hm . . .3H **141**
　　　　　　　　　(not continuous)
Ranmere Rd. NE15: Scot 4F **67**
Ranmore Cl. NE23: Cra 2B **22**
Rannoch Av. DH2: Ches S 2B **134**
Rannoch Cl. NE10: Ward 3A **86**
Rannoch Rd. SR5: Sund 2E **103**
Ranson Cres. NE34: S Shi 4B **74**
Ranson St. SR2: Sund 3B **118**
　SR4: Sund 3B **118**
Raphael Av. NE34: S Shi 6E **75**
Rapperton Ct. NE5: West 4D **54**
Rathmore Gdns. NE30: N Shi . . .6C **48**
Ratho Ct. NE10: Wind N 5E **85**
Ravel Ct. NE32: Jar 3G **73**
Ravelston Cl. SR3: Silk 4A **132**
Ravenburn Gdns.
　NE15: Den M 3D **66**
Ravenna Rd. SR5: Sund 2D **102**
Raven Rd. NE8: Gate 6F **69**
Ravensbourne Av. NE36: E Bol . .3F **89**
Ravensburn Wlk. NE15: Thro . . .5C **52**
Ravenscar Cl. NE16: Whi 6C **80**
Ravenscourt Pl. NE8: Gate 2F **83**
Ravenscourt Rd. SR5: Sund 2E **103**
Ravensdale Cres. NE9: Low F . . .5A **84**
Ravensdale Gro. NE24: Cow 6G **11**
Ravenshill Rd. NE5: W Dent 6B **54**
Ravenside Rd. NE4: Fen 1A **68**
Ravenstone NE37: Wash 6H **99**
Ravenswood Cl. NE12: Longb . . .5E **45**
Ravenswood Gdns.
　NE9: Low F 2H **97**
Ravenswood Rd. NE6: Heat 6C **58**
　SR5: Sund 2D **102**
Ravenswood Sq. SR5: Sund 2D **102**
Ravensworth SR2: Ryh 3C **132**
Ravensworth Av. DH4: Hou S . . .2E **137**
　NE9: Eigh B 3C **98**
Ravensworth Castle 2C **96**
Ravensworth Cl. NE28: W'snd . . .5D **60**
Ravensworth Ct. DH6: S Het 5H **149**
　NE3: Ken 6H **41**
　NE11: Dun 2C **82**
　NE22: Bed 2D **10**
Ravensworth Cres. NE16: Burn . .5B **94**
Ravensworth Gdns. DH3: Bir . . .2B **112**
Ravensworth Pk. Est.
　NE11: Rave 1B **96**
Ravensworth Rd. DH3: Bir 2B **112**
　NE11: Dun 3C **82**
Ravensworth St. NE22: Bed 2D **10**
　NE28: W'snd 5D **60**
　SR4: Sund 6B **104**
Ravensworth Ter.
　DH1: Dur 2D **6** (5D **154**)
　NE4: Newc T 5A **4** (4D **68**)
　NE11: Dun 3C **82**
　NE16: Sun 3F **95**
　NE22: Bed 2D **10**
　NE32: Jar 6F **73**
　NE33: S Shi 1E **75**
Ravensworth Vw. NE11: Dun . . .1C **82**
Ravensworth Vs. NE9: Wrek 2C **98**
Raven Ter. DH3: Bir 2C **112**
Ravine Ter. SR6: Roker 2F **105**
　　　　　　　　　(not continuous)
Rawdon Rd. SR5: Sund 2G **103**

Rawling Rd. NE8: Gate 3F **83**
Rawlston Way NE5: Blak 4G **55**
Rawmarsh Rd. SR5: Sund 2E **103**
Rayburn Cl. NE24: News 4A **18**
Raydale SR5: Sund 2G **103**
Raydale Av. NE37: Wash 5H **99**
Raylees Gdns. NE11: Dun 4C **82**
Rayleigh Dr. NE13: W Op 4D **30**
Rayleigh Gro. NE8: Gate 4F **83**
Raynham Cl. NE23: Cra 6H **21**
Raynham Ct. NE33: S Shi 5E **63**
Readhead Av. NE33: S Shi 6G **63**
Readhead Dr. NE6: Walk 5F **71**
Readhead Rd. NE34: S Shi 1G **75**
Reading Rd. NE33: S Shi 2F **75**
　SR5: Sund 2F **103**
Reading Sq. SR5: Sund 2E **103**
Rear Mkt. Cres. DH4: New H 3G **129**
Reasby Gdns. NE40: Ryton 4B **64**
Reasby Vs. NE40: Ryton 4B **64**
Reavley Av. NE22: Bed 2E **11**
Reay Cres. NE35: Bol C 3D **88**
Reay Gdns. NE5: West 4E **55**
Reay Pl. NE3: Gos 2E **56**
　NE34: S Shi 4D **74**
Reay St. NE10: Bill Q 1H **85**
Rectory Av. NE3: Gos 3F **57**
Rectory Bank NE36: W Bol 4C **88**
Rectory Cotts. NE40: Ryton 3C **64**
Rectory Ct. NE16: Whi 4F **81**
Rectory Dr. NE3: Gos 3G **57**
Rectory Grn. NE36: W Bol 4B **88**
Rectory Gro. NE3: Gos 2F **57**
Rectory La. NE16: Whi 5F **81**
　NE21: Winl 2H **79**
Rectory Pl. NE8: Gate 2F **83**
Rectory Rd. DH5: Hett H 2C **148**
　NE3: Gos 4F **57**
　NE8: Gate 2F **83**
　NE10: Wind N 4C **84**
Rectory Rd. E. NE10: Fall 4D **84**
　　　　　　　　　(not continuous)
Rectory Ter. NE3: Gos 3G **57**
　NE36: W Bol 5B **88**
Red Admiral Ct. NE11: Fest P . . .4D **82**
Red Banks DH2: Ches S 1A **134**
Red Barns NE1: Newc T . . .4H **5** (4H **69**)
Redberry Way NE34: S Shi 5D **74**
Red Briar Wlk. DH1: P Me 6A **144**
Red Bungs. NE9: Spri 4E **99**
Redburn Cl. DH4: Hou S 3G **137**
Redburn Rd. DH4: Hou S 4F **137**
　NE5: West 3D **54**
Redburn Row DH4: Hou S 4F **137**
Redby Cl. SR6: Ful 3D **104**
Redcar Rd. NE6: Heat 6D **58**
　NE28: W'snd 4E **61**
　SR5: S'wck, Sund 3F **103**
Redcar Sq. SR5: Sund 3G **103**
Redcar Ter. NE36: W Bol 5C **88**
Redcliffe Way NE5: Blak 4F **55**
Red Courts DH7: B'don 5E **159**
Redcroft Grn. NE5: Blak 4F **55**
Redditch Sq. SR5: Sund 2F **103**
Rede Av. NE31: Heb 3C **72**
Redemarsh NE10: New 5F **85**
Redesdale Av. NE3: Ken 1C **56**
　NE21: Winl 3F **79**
Redesdale Cl. NE12: Longb 5C **44**
　NE15: Lem 2C **66**
Redesdale Gdns. NE11: Dun 4B **82**
Redesdale Gro.
　NE29: N Shi 1H **61**
Redesdale Pl. NE24: Cow 6H **11**

Redesdale Rd. DH2: Ches S 2A **134**
NE29: N Shi 1G **61**
SR5: Sund 2E **103**
Rede St. NE11: T Vall 6E **83**
NE32: Jar 4E **73**
Redewater Gdns. NE16: Whi 5E **81**
Redewater Rd. NE4: Fen 1A **68**
Redewood Cl. NE5: Den M 6E **55**
Red Firs DH7: B'don 5D **158**
Redford Pl. NE23: Dud 6C **32**
Redgrave Cl. NE8: Gate 1B **84**
Red Hall Dr. NE7: H Hea 4D **58**
REDHEUGH **1E 83**
Redheugh Bri. Rd.
NE4: Newc T 6E **69**
Redheugh Ct. NE8: Gate 3D **82**
Redheugh Rd. NE25: Well 6F **35**
Redhill SR6: Whit 3E **91**
Redhill Dr. NE16: Whi 1C **94**
Redhill Rd. SR5: Sund 2F **103**
Redhills La. DH1: Dur 5A **154**
Red Hills Ter. DH1: Dur 6A **154**
Redhills Way DH5: Hett H 3C **148**
Red Hill Vs. DH1: Dur 5B **154**
Redhill Wlk. NE23: Cra 2B **22**
Red Ho. Dr. NE25: Monks 5G **35**
Red Ho. Farm Est. NE22: Bed 5F **9**
Red Ho. Rd. NE31: Heb 3D **72**
Redland Av. NE3: Ken 1H **55**
Redlands DH4: Pen 2E **129**
NE16: Marl H 5E **95**
Red Lion Bldg. NE9: Eigh B 4D **98**
Red Lion La. NE37: Wash 3A **100**
Redmayne Ct. NE10: Fall 3D **84**
Redmires Cl. DH2: Ous 6G **111**
Redmond Rd. SR5: Sund 2G **103**
Redmond Sq. SR5: Sund 2G **103**
Rednam Pl. NE5: Blak 5F **55**
Redpath Way NE11: Dun 1G **81**
Red Ridges DH7: B'don 4E **159**
Red Rose Ter. DH3: Ches S 1D **134**
Red Row NE22: Bed 1C **10**
Red Row Ct. NE22: Bed 1C **10**
Red Row Dr. NE22: Bed 2C **10**
Redruth Gdns. NE9: Low F 3H **97**
Redruth Sq. SR5: Sund 2F **103**
Redshank Cl. NE38: Wash 5F **113**
Redshank Dr. NE24: News 3C **18**
Redstart Ct. NE39: Row G 4D **92**
Red Wlk. NE2: Jes 4H **57**
NE7: H Hea 4H **57**
Redwell Ct. NE34: S Shi 2C **76**
Redwell La. NE34: S Shi 2D **76**
Redwing Cl. NE38: Wash 4F **113**
Redwing Ct. NE6: Walk 2E **71**
Redwood SR7: S'hm 5A **142**
Redwood Cl. DH5: Hett H 2B **148**
NE12: Kil 1C **44**
Redwood Flats DH7: B'don 5D **158**
Redwood Gdns. NE11: Lob H 6D **82**
Redwood Gro. SR3: Tuns 2B **132**
Reed Av. NE12: Kil 6C **32**
Reedham Ct. NE5: Blak 3F **55**
Reedling Ct. SR5: Sund 1E **103**
Reedside NE40: Ryton 4D **64**
Reedsmouth Pl. NE5: Fen 1F **67**
Reed St. NE30: N Shi 1D **62**
NE33: S Shi 1D **74**
Reedswood Cres.
NE23: E Cram 4D **22**
Reestones Pl. NE3: Ken 2H **55**
Reeth Rd. SR5: Sund 3F **103**
Reeth Sq. SR5: Sund 3F **103**
Reeth Way NE15: Thro 6C **52**
Regal Bus. Cen. NE4: Elsw 5B **68**
Regal Rd. SR4: Sund 6A **104**
Regal Sunderland Greyhound Stadium **5H 89**
Regency Apartments NE12: Kil . . .2D **44**
Regency Ct. NE2: Jes 1H **69**
SR7: S'hm 4B **142**
Regency Dr. NE16: Whi 5D **80**
SR3: Tuns 1B **132**
Regency Gdns. NE29: N Shi 1A **62**
Regency Way NE20: Darr H 6A **26**
Regent Av. NE3: Gos 2D **56**
Regent Cen., The NE3: Gos 1E **57**
Regent Centre Station (Metro) . . .**1E 57**
Regent Ct. NE8: Gate 1H **83**
NE24: Bly 6B **12**
NE31: Heb 4B **72**
NE33: S Shi 6E **63**
Regent Dr. NE16: Whi 1D **94**
Regent Farm Ct. NE3: Gos 2E **57**
Regent Farm Rd. NE3: Gos 1C **56**
Regent Rd. NE3: Gos 2E **57**
NE28: W'snd 4G **59**
NE32: Jar 3G **73**
SR2: Ryh 4G **133**
Regent Rd. Nth. NE3: Gos 2E **57**
Regents Cl. NE12: Longb 4B **44**
Regents Ct. NE28: W'snd 3E **59**
Regents Dr. NE30: Tyne 4E **49**
Regents Pk. NE28: W'snd 4E **59**
Regent St. DH5: Hett H 6C **138**
DH9: Ann P 4F **121**
NE8: Gate 1G **83**
NE24: Bly 4C **12**
NE33: S Shi 6D **62**
Regent Ter. NE8: Gate 1G **83**
NE29: N Shi 6A **48**
SR2: Sund 5F **119**
Reginald St. NE10: Fall 2B **84**
NE35: Bol C 3B **88**
(not continuous)
SR4: Sund 6H **103**
Regina Sq. SR5: Sund 2F **103**
Reg Vardy Arts Foundation Gallery **3D 118**
Reid Av. NE28: W'snd 4H **59**
Reid Pk. Cl. NE2: Jes 5H **57**
Reid Pk. Ct. NE2: Jes 5H **57**
Reid Pk. Rd. NE2: Jes 5H **57**
Reid's La. NE23: Seg 2E **33**
Reigate Sq. NE23: Cra 2B **22**
Rekendyke Ind. Est.
NE33: S Shi 1D **74**
Rekendyke La. NE33: S Shi 6D **62**
Relley Gth. DH7: Lang M 4F **159**
Relly Cl. DH7: Ush M 6D **152**
Relly Path DH1: Dur 1A **160**
Relton Av. NE6: Byke 5D **70**
Relton Cl. DH4: Hou S 4E **137**
Relton Ct. NE25: Monks 6A **36**
Relton Pl. NE25: Monks 6A **36**
Relton Ter. DH3: Ches S 1C **134**
NE25: Monks 6A **36**
Rembrandt Av. NE34: S Shi 6E **75**
Remus Av. NE15: Hed W 5F **51**
Remus Cl. NE13: W Op 6D **30**
Renaissance Point NE30: N Shi . . .1E **63**
Rendel St. NE11: Dun 2B **82**
Rendle Rd. NE6: Walk 5H **71**
Renforth Cl. NE8: Gate 1B **84**
Renforth St. NE11: Dun 3B **82**
Renfrew Cl. NE29: N Shi 5G **47**
Renfrew Grn. NE5: Blak 4F **55**
Renfrew Pl. DH3: Bir 5D **112**
Renfrew Rd. SR5: Sund 2F **103**
Rennie Rd. SR5: Sund 2D **102**
Rennie Sq. SR5: Sund 2D **102**
Rennington NE10: Hew 6F **85**
Rennington Av. NE30: Cull 4E **49**
Rennington Cl. NE30: Cull 4E **49**
Rennington Pl. NE5: Fen 5H **55**
Rennison M. NE21: Blay 2A **80**
Renny's La. DH1: Dur 5G **155**
(not continuous)
Renny St. DH1: Dur 5E **155**
Renoir Gdns. NE34: S Shi 1F **89**
Renwick Av. NE3: Ken 1A **56**
Renwick Rd. NE24: Bly 6B **12**
Renwick St. NE6: Walk 3D **70**
Renwick Ter. NE8: Gate 3E **83**
Rescue Sta. Cotts.
DH5: Hou S 5B **138**
Resida Cl. NE15: Lem 1A **66**
Retail World NE11: T Vall 3F **97**
Retford Rd. SR5: Sund 2F **103**
Retford Sq. SR5: Sund 2F **103**
Retreat, The NE15: Newb 2F **65**
SR2: Sund 1B **118**
Revell Ter. NE5: Fen 6A **56**
Revelstoke Rd. SR5: Sund 2D **102**
Revesby St. NE33: S Shi 3E **75**
Rewcastle Chare NE1: Newc T 6F **5**
Reynolds Av. NE12: Kil 3B **44**
NE34: S Shi 6F **75**
NE38: Wash 3C **114**
Reynolds Cl. DH9: Stly 3D **122**
Reynolds Ct. SR8: Hor 1H **165**
Reyrolle Ct. NE31: Heb 4B **72**
Rheims Ct. SR4: Sund 6F **103**
Rheims Ct. Factories
SR4: Sund 6F **103**
Rheydt Av. NE28: W'snd 5F **59**
Rhoda Ter. SR2: Sund 6F **119**
Rhodesia Rd. SR5: Sund 2F **103**
Rhodes St. NE6: Walk 4G **71**
Rhodes Ter. DH1: Dur 1H **159**
Rhondda Rd. SR5: Sund 2D **102**
Rhuddlan Ct. NE5: Blak 3F **55**
Rhyl Pde. NE31: Heb 1E **87**
Rhyl Sq. SR5: Sund 2G **103**
Rialto NE1: Newc T 4F **5**
Ribbledale Gdns. NE7: H Hea 4B **58**
Ribble Rd. SR5: Sund 3E **103**
Ribblesdale DH4: Pen 2F **129**
NE28: W'snd 3F **59**
Ribblesdale Av. NE24: Cow 5G **11**
(Cowpen Rd.)
NE24: Cow 5G **11**
(Patterdale Rd.)
Ribble Wlk. NE32: Jar 6G **73**
Richard Av. SR4: Sund 3A **118**
Richard Browell Rd.
NE15: Thro 6D **52**
Richardson Av. NE34: S Shi 5B **74**
(not continuous)
Richardson Rd.
NE2: Newc T 1A **4** (2D **68**)
Richardson St. NE6: Heat 1C **70**
NE28: W'snd 5A **60**
Richardson Ter. NE37: Wash 5B **100**
(not continuous)
SR2: Ryh 3G **133**
Richard St. DH5: Hett H 2C **148**
NE24: Bly 6C **12**
Richmond SR2: Ryh 2C **132**
Richmond Av. NE10: Bill Q 2A **86**
NE16: Swa 2F **81**
NE38: Wash 1B **114**

Richmond Cl. NE22: Bed 3G **9**
Richmond Ct. DH1: Dur 6D **144**
  NE8: Gate 2H **83**
  NE9: Low F 1H **97**
  NE24: Bly *5C 12*
                 (off Wright St.)
  NE32: Jar 2E **73**
Richmond Dr. DH4: Hou S 2B **136**
Richmond Flds. NE20: Darr H . . .6A **26**
Richmond Gdns. NE28: W'snd . . .4C **60**
Richmond Gro. NE29: N Shi 2A **62**
Richmond M. NE3: Gos 4D **56**
Richmond Pk. NE28: W'snd 3E **59**
Richmond Pl. DH3: Bir 5C **112**
Richmond Rd. DH1: Dur 6D **144**
  NE34: S Shi 3E **75**
Richmond St.
  SR5: Monkw 1F **7** (5C **104**)
Richmond Ter. NE8: Gate 2G **83**
  NE10: Fall 3D **84**
  NE15: Walb 6F **53**
  NE26: Whit B 4B **36**
Richmond Way NE20: Darr H . . .6A **26**
  NE23: Cra 6H **21**
Rickaby St. SR1: Sund 5F **105**
Rickgarth NE10: Hew 6F **85**
             (not continuous)
RICKLETON 1E **127**
Rickleton Av. DH3: Ches S 4D **126**
Rickleton Village Cen.
  NE38: Wash 1F **127**
Rickleton Way NE38: Wash 6F **113**
Riddell Av. NE15: Benw 4G **67**
Riddell Cl. DH2: Ches S 1C **134**
Riddell Ter. NE3: Gos 2C **56**
Riddings Rd. SR5: Sund 2F **103**
Riddings Sq. SR5: Sund 2F **103**
Ridge, The NE40: Ryton 5C **64**
Ridge Ct. NE13: Haz 1D **42**
Ridgely Cl. NE20: Pon 5G **27**
Ridgely Dr. NE20: Pon 5G **27**
Ridge Ter. NE22: Bed 4G **9**
Ridge Vs. NE22: Bed 4G **9**
Ridge Way, The NE3: Ken 3B **56**
Ridgeway DH3: Bir 1C **112**
  NE4: Fen 1A **68**
  NE10: Hew 4H **85**
  NE25: H'wll 2C **34**
  SR2: Ryh 3C **132**
Ridgeway, The DH5: Hett H 2C **148**
  NE34: S Shi 6H **75**
Ridgeway Cres. SR3: Sund 4B **118**
Ridgewood Cres. NE38: Gos 2H **57**
Ridgewood Gdns. NE3: Gos 2G **57**
Ridgewood Vs. NE3: Gos 2G **57**
Riding, The NE3: Ken 4A **56**
Riding Barns Way NE16: Sun . . .3E **95**
Riding Hill DH3: Gt Lum 4G **135**
Riding Hill Rd. DH9: Ann P 4G **121**
Riding La. NE11: Beam, Kib 2C **110**
Riding Lea NE21: Winl 2G **79**
Ridings, The DH9: Ann P 4E **121**
  NE25: Monks 5G **35**
Ridley Av. DH2: Ches S 1B **134**
  NE24: Bly 6D **12**
  NE28: W'snd 3E **61**
  SR2: Ryh 2F **133**
Ridley Bldg. NE2: Newc T 1C **4**
Ridley Cl. NE3: Ken 5B **42**
Ridley Ct. NE1: Newc T 5D **4** (4F **69**)
Ridley Gdns. NE16: Swa 2E **81**
Ridley Gro. NE34: S Shi 2A **76**
Ridley Ho. NE3: Gos 2E **57**
Ridley Pl. NE1: Newc T 2D **4** (3F **69**)

Ridley St. DH9: Stly 2D **122**
  NE8: Gate 3F **83**
  NE23: Cra 4C **22**
  NE24: Bly 5D **12**
  SR5: S'wck 3A **104**
Ridley Ter. NE10: Hew 3E **85**
  NE24: Camb 1B **12**
  SR2: Sund 2F **119**
Ridsdale Av. NE5: W Dent 6B **54**
Ridsdale Cl. NE25: Sea D 6A **24**
  NE28: W'snd 3A **60**
Ridsdale Ct. NE8: Gate 2F **83**
Rievaulx NE38: Wash 4A **114**
Riga Sq. SR5: Sund 2E **103**
Riggs, The DH5: Hou S 3B **138**
  DH7: B'don 4E **159**
Rignall NE38: Wash 2E **115**
Riley St. NE32: Jar 2E **73**
Ringlet Cl. NE11: Fest P 4D **82**
RIngmore Ct. SR2: Sund 5C **118**
Ringway SR5: Sund 5B **102**
Ringwood Dr. NE23: Cra 2B **22**
Ringwood Grn. NE12: Longb 6C **44**
Ringwood Rd. SR5: Sund 2F **103**
Ringwood Sq. SR5: Sund 2F **103**
Rink St. NE24: Bly 5D **12**
Rink Way NE25: Whit B 2B **48**
Ripley Av. NE29: N Shi 2A **62**
             (Tonbridge Av.)
  NE29: N Shi 3A **62**
            (Waterville Rd.)
Ripley Cl. NE22: Bed 3F **9**
Ripley Ct. NE9: Low F 4B **98**
Ripley Dr. NE23: Cra 6H **21**
Ripley Ter. NE6: Walk 3E **71**
Ripon Cl. NE23: Cra 6H **21**
Ripon Gdns. NE2: Jes 1A **70**
  NE28: W'snd 4C **60**
Ripon Rd. DH1: Dur 5D **144**
Ripon Sq. NE32: Jar 2F **87**
Ripon St. DH3: Ches S 2C **134**
  NE8: Gate 2G **83**
  SR6: Roker 3E **105**
Ripon Ter. DH2: Plaw 2A **144**
  SR7: Mur 2C **150**
Rise, The NE3: Ken 3A **56**
  NE8: Gate *2B 84*
             (off Duncan St.)
  NE20: Darr H 2B **38**
  NE21: Blay 5G **65**
  NE26: Sea S 5H **25**
Rishton Sq. SR5: Sund 2E **103**
Rising Sun Cotts. NE28: W'snd . .2H **59**
Rising Sun Countryside Cen. 5A **46**
Rising Sun Vs. NE28: W'snd 2H **59**
Ritson Av. DH7: Bear P 4C **152**
Ritson Cl. NE29: N Shi 6A **48**
Ritson St. DH9: Stly 3D **122**
  SR6: Ful 1E **105**
Ritz Bingo 5E **45**
Riverbank Rd. SR5: Sund 3F **103**
Riverdale SR5: Sund 5D **102**
River Dr. NE33: S Shi 4E **63**
River Gth. *SR1: Sund* *6E 105*
            (off High St. E.)
Rivergreen Ind. Est.
  SR4: Sund 6G **103**
River La. NE40: Ryton 3C **64**
Rivermead NE38: Wash 6C **114**
Rivermede NE20: Pon 4F **27**
Riversdale Cl. NE15: Lem 3A **66**
Riversdale Rd. NE8: Gate 6F **69**
Riversdale Ter. SR2: Sund 2B **118**
Riversdale Way NE15: Lem 3H **65**

Riverside DH3: Ches S 1E **135**
  NE20: Pon 5E **27**
  SR4: Sund 1B **116**
Riverside, The NE31: Heb 2A **72**
Riverside Bus. Pk.
  NE28: W'snd 6E **61**
Riverside Ct. NE11: Dun 2C **82**
  NE21: Blay 5B **66**
  NE24: Cow 4G **11**
  NE33: S Shi 5D **62**
Riverside E. Ind. Est.
  NE6: Byke 5B **70**
Riverside Pk. SR4: Sund 6D **102**
Riverside Rd. SR5: S'wck 3F **103**
Riverside Sth. SR4: Sund 5G **103**
Riverside Sports Complex 1E **135**
Riverside Studios NE4: Newc T . .6B **68**
Riverside Way
  NE11: Dun, Swa 6E **67**
  NE16: Swa 6E **67**
  NE39: Row G 5D **92**
Riverslea NE34: S Shi 3A **76**
River St. NE33: S Shi 1C **74**
River Ter. DH3: Ches S 5D **126**
River Vw. NE21: Winl 1H **79**
  NE22: Bed 4D **10**
  NE30: Tyne 1E **63**
  NE40: Ryton 4E **65**
River Vw. Cl. NE22: Bed 4D **10**
Riverview Lodge NE4: Benw 5H **67**
Roachburn Rd. NE5: West 5C **54**
Roadside Cotts. NE21: Blay 4F **65**
Robert Allen Ct. NE13: Bru V 5C **30**
Robert Owen Ct.
  NE10: Wind N 4C **84**
Robertson Ct. DH3: Ches S 1C **134**
Robertson Rd. SR5: Sund 3D **102**
Robertson Sq. SR5: Sund 2D **102**
Robert Sq. SR7: S'hm 5C **142**
Roberts St. NE15: Scot 5E **67**
Roberts Ter. NE32: Jar 4F **73**
Robert St. NE24: Bly 6C **12**
  NE33: S Shi 6F **63**
  SR3: New S 2B **132**
  SR4: Sund 6A **104**
  SR7: S'hm 5C **142**
Robert Ter. DH9: Stly 1D **122**
  NE39: H Spen 1A **92**
Robert Ter. Cotts.
  NE39: H Spen 1A **92**
Robert Westall Way
  NE29: N Shi 4C **62**
Robert Wheatman Ct.
  SR2: Sund 5E **119**
Robin Ct. DH5: E Rain 2G **147**
Robin Gro. SR5: Sund 4E **103**
Robin La. DH5: E Rain 4E **147**
Robinson Gdns. NE28: W'snd 4E **61**
  SR6: Whit 2F **91**
Robinson Ho. SR8: Hor 6G **163**
Robinsons Dr. NE21: Blay 1A **80**
Robinson St. NE6: Byke 3C **70**
  NE33: S Shi 6F **63**
Robinson Ter. NE16: Hob 3G **107**
  NE38: Wash 3D **114**
  SR2: Sund 3F **119**
Robinswood NE9: Low F 6H **83**
Robsheugh Pl. NE5: Fen 1G **67**
Robson Av. SR8: Pet 6D **162**
Robson Pl. SR2: Ryh 3G **133**
Robson St. NE6: Byke 3B **70**
  NE9: Low F 6H **83**
Robson Ter. DH1: Shin 3F **161**
  DH9: Dip 5F **107**

Robson Ter. NE9: Eigh B 4D **98**
NE39: Row G 2A **92**
Rochdale Rd. SR5: Sund 2F **103**
Rochdale St. DH5: Hett H 3C **148**
NE28: W'snd 6G **59**
Rochdale Way SR5: Sund 2F **103**
Roche Ct. NE38: Wash 3A **114**
(not continuous)
Rochester Gdns. NE11: Dun 3C **82**
Rochester Rd. DH1: Dur 6D **144**
Rochester Sq. NE32: Jar 2F **87**
Rochester St. NE6: Walk 5G **71**
Rochester Ter. NE10: Fall 3E **85**
Rochford Gro. NE23: Cra 6A **22**
Rochford Rd. SR5: Sund 2E **103**
Rockcliffe *NE26: Whit B 6E 37*
(off Promenade)
NE33: S Shi 6H **63**
Rockcliffe Av. NE26: Whit B 1E **49**
Rockcliffe Gdns. NE15: Den M . . .2D **66**
NE26: Whit B 6E **37**
Rockcliffe St. NE26: Whit B 6E **37**
Rockcliffe Way NE9: Eigh B 3C **98**
Rocket Way NE12: Longb 5F **45**
Rock Gro. NE9: Low F 6H **83**
Rockingham Cl. SR7: S'hm 2A **142**
Rockingham Rd. SR5: Sund 2E **103**
Rockingham Sq. SR5: Sund 2E **103**
Rock Lodge Gdns. SR6: Seab . . .2E **105**
Rock Lodge Rd. SR6: Seab 2F **105**
Rockmore Rd. NE21: Blay 2A **80**
Rock Ter. DH7: New B 1B **158**
NE2: Newc T 2G **5** (3H **69**)
NE37: Wash 5C **100**
Rockville SR6: Ful 1E **105**
Rock Wlk. DH3: Lam P 3H **127**
Rockwood Hill Rd. NE40: G'sde . . .2A **78**
Rodham Ter. DH9: Stly 1D **122**
Rodin Av. NE34: S Shi 1F **89**
Rodney Cl. NE30: Tyne 6F **49**
SR2: Ryh 3C **132**
Rodney Ct. *NE26: Whit B 4H 35*
(off Woodburn Sq.)
Rodney St. NE6: Byke 4B **70**
Rodney Way NE26: Whit B 4H **35**
Rodsley Av. NE8: Gate 3G **83**
Roeburn Way NE3: Ken 4B **56**
Roedean Rd. SR5: Sund 2G **103**
Roehedge NE10: Hew 5H **85**
Rogan Av. *NE37: Wash 1G 113*
(off Thirlmoor)
Rogerley Ter. DH9: Ann P 4E **121**
Rogers Cl. SR8: Hor 1G **165**
Rogerson Ter. NE5: West 5C **54**
Roger St. NE6: Byke 3B **70**
Rogues La. NE39: H Spen 5A **78**
Rokeby Av. NE15: Lem 3B **66**
Rokeby Dr. NE3: Ken 3B **56**
Rokeby Sq. DH1: Dur 2A **160**
Rokeby St. NE15: Lem 3B **66**
SR4: Sund 1B **118**
Rokeby Ter. NE6: Heat 6C **58**
(not continuous)
Rokeby Vw. NE9: Low F 3A **98**
Rokeby Vs. NE15: Lem 3B **66**
ROKER 2E **105**
Roker Av. NE25: Monks 1A **48**
SR6: Roker 5D **104**
Roker Baths Rd. SR6: Roker 3D **104**
Rokerby Av. NE16: Whi 5G **81**
Roker Pk. Cl. SR6: Roker 3E **105**
Roker Pk. Rd. SR6: Roker 3E **105**
Roker Pk. Ter. SR6: Roker 3F **105**
Roker Ter. SR6: Roker 2F **105**
Roland Rd. NE28: W'snd 5C **60**
Roland St. NE38: Wash 3C **114**
Rollesby Ct. NE5: Blak 3F **55**
Rolling Mill Rd. NE32: Jar 1E **73**
Romaldkirk Cl. SR4: Sund 2D **116**
Roman Av. DH3: Ches S 6D **126**
NE6: Walk 2E **71**
Roman Ct. NE28: W'snd 3C **60**
Roman Forum *NE11: Dun 1G 81*
(off Metro Cen.)
Roman Rd. DH7: B'don 6C **158**
NE32: Jar 1F **87**
(not continuous)
NE33: S Shi 3F **63**
Roman Rd. Nth. NE33: S Shi 2E **63**
Roman Way, The NE5: W Dent . . .6B **54**
Romford Cl. NE23: Cra 6A **22**
Romford Pl. NE9: Low F 3A **84**
Romford St. SR4: Sund 1H **117**
Romiley Gro. NE10: Ward 4B **86**
Romilly St. NE33: S Shi 5F **63**
Romney Av. NE34: S Shi 6F **75**
NE38: Wash 3C **114**
SR2: Sund 4E **119**
Romney Cl. DH4: S Row 4G **129**
NE26: Whit B 1E **49**
Romney Dr. DH1: Carr 2B **156**
Romney Gdns. NE9: Low F 4B **84**
Romney Vs. NE38: Wash 3C **114**
Romsey Cl. NE23: Cra 2B **22**
Romsey Dr. NE35: Bol C 3H **87**
Romsey Gro. NE15: Lem 1A **66**
Ronald Dr. NE15: Den M 3E **67**
Ronald Gdns. NE31: Heb 5B **72**
Ronaldsay Cl. SR2: Ryh 1E **133**
Ronald Sq. SR6: Ful 2D **104**
Ronan M. DH4: W Rai 3E **147**
Ronsdorf Ct. NE32: Jar 3F **73**
Rookery, The NE16: Burn 1F **107**
Rookery Cl. NE24: Cow 6H **11**
Rookery La. NE16: Whi 1C **94**
Rookhope NE38: Wash 1F **127**
Rooksleigh NE21: Winl 2H **79**
Rookswood Gdns.
NE39: Row G 2E **93**
Rookwood Dr. NE13: Sea B 3E **31**
Rookwood Rd. NE5: Den M 1E **67**
Roosevelt Rd. DH1: Dur 4F **155**
Ropery, The NE6: Byke 5D **70**
Ropery La.
DH3: Ches S, Gt Lum 1D **134**
NE28: W'snd 5C **60**
NE31: Heb 3B **72**
Ropery Rd. NE8: Gate 3D **82**
SR4: Sund 5A **104**
Ropery Stairs NE30: N Shi 2D **62**
Ropery Wlk. SR7: S'hm 5B **142**
Rosalie Ter. SR2: Sund 3F **119**
Rosalind Av. NE22: Bed 5A **10**
Rosamond Pl. NE24: Bly 6D **12**
Rosa St. NE33: S Shi 5F **63**
Rose Av. DH4: Hou S 2D **136**
DH9: Stly 4B **122**
NE16: Whi 4F **81**
NE23: Nel V 1H **21**
Rosebank Cl. SR2: Ryh 1E **133**
Rosebank Hall
NE28: W'snd 5C **60**
Rosebay Rd. DH7: Lang M 4G **159**
Roseberry Ct. NE37: Wash 5C **100**
Roseberry Grange
NE12: Longb 4G **45**
Roseberry St. DH9: Beam 2H **123**
Roseberry Ter. NE35: Bol C 2A **88**
Roseberry Vs. DH2: Newf 4E **125**
Rosebery Av. NE8: Gate 3A **84**
NE24: Bly 6B **12**
NE29: N Shi 5C **48**
NE33: S Shi 6G **63**
Rosebery Ct. NE25: Monks 6A **36**
Rosebery Cres. NE2: Jes 1A **70**
Rosebery M. DH9: W Pelt 3C **124**
Rosebery Pl. NE2: Jes 1H **69**
Rosebery St. SR5: Monkw 4D **104**
Rosebud Cl. NE16: Swa 2E **81**
Rosebury Dr. NE12: Longb 2A **58**
Roseby Rd. SR8: Hor 6F **163**
Rose Cotts. DH6: S Het 6A **150**
NE16: Burn 2E **107**
NE37: Wash 6A **100**
Rose Ct. NE31: Heb 4B **72**
SR8: Pet 4B **164**
Rose Cres. DH4: Bour 6B **128**
SR6: Whit 1F **91**
(not continuous)
Rosedale DH3: Bir 1D **112**
NE22: Bed 4G **9**
NE28: W'snd 3F **59**
Rosedale Av. SR6: Seab 5E **91**
Rosedale Ct. NE5: W Dent 5B **54**
Rosedale Cres.
DH4: Hou S 1F **137**
Rosedale Rd. DH1: Carr 3B **156**
NE40: Craw 6A **64**
Rosedale St. DH5: Hett H 4A **148**
SR1: Sund 1B **118**
Rosedale Ter. DH4: Nbot 6A **130**
NE2: Newc T 1G **5** (2H **69**)
NE30: N Shi 6D **48**
SR6: Ful 1E **105**
SR8: Hor 6F **163**
Roseden Ct. NE12: Longb 6C **44**
Rosedene Vs. NE23: Cra 3D **22**
Rosefinch Lodge NE9: Low F 6H **83**
Rose Gdns. NE11: Kib 1E **111**
NE28: W'snd 3H **59**
Rosegill NE37: Wash 1H **113**
ROSEHILL 4C **60**
Rosehill Bank NE28: W'snd 5C **60**
Rosehill Rd. NE28: W'snd 5D **60**
Rosehill Ter. *NE28: W'snd 5C 60*
(off Willington Ter.)
Rosehill Way NE5: Blak 6G **55**
Roselea NE32: Jar 2G **87**
Roselea Av. SR2: Ryh 2F **133**
Rosemary Gdns.
NE9: Eigh B 3D **98**
Rosemary La.
NE1: Newc T 5D **4** (4F **69**)
SR8: Eas 1B **162**
Rosemary Rd. SR5: Sund 2F **103**
Rosemary Ter. NE24: Bly 1D **18**
Rosemount DH1: P Me 5D **144**
DH9: W Pelt 2C **124**
NE5: West 5D **54**
SR4: Sund 2C **116**
Rosemount Av. NE10: Ward 4H **85**
Rosemount Cl. NE37: Wash 3A **100**
Rosemount Ct. NE36: W Bol 4D **88**
Rosemount Way
NE7: Longb 2C **58**
NE25: Monks 6G **35**
Rose Pk. NE23: Seg 2E **33**
Rose St. DH4: Hou S 3H **137**
NE8: Gate 1E **83**
NE31: Heb 4B **72**
SR4: Sund 6B **104**
Rose St. E. DH4: Pen 1F **129**

Rose St. W. DH4: Pen 1F **129**
Rose Ter. DH2: P Fel 4G **125**
  NE5: Fen 6A **56**
  NE40: G'sde 2C **78**
Rosetown Av. SR8: Hor 1G **165**
Rose Villa La. NE16: Whi 4F **81**
Rose Vs. NE4: Elsw 4B **68**
Roseville St. SR4: Sund 2B **118**
Rosewell Pl. NE16: Whi 6E **81**
Rosewood NE12: Kil 2F **45**
Rosewood Av. NE3: Gos 1F **57**
Rosewood Cres. NE6: Walk . . .6F **59**
  NE26: Sea S 5H **25**
Rosewood Gdns. DH2: Ches S . .4B **126**
  NE3: Ken 3B **56**
  NE9: Low F 6B **84**
Rosewood Sq. SR4: Sund 5C **116**
Rosewood Ter. DH3: Bir 2B **112**
  NE28: W'snd 5E **61**
Rosewood Wlk. DH7: Ush M . .5B **152**
Roseworth Av. NE3: Gos 4E **57**
Roseworth Cl. NE3: Gos 3F **57**
Roseworth Cres. NE3: Gos 4F **57**
Roseworth Ter. NE3: Gos 3E **57**
  NE16: Whi 4F **81**
Roslin Pk. NE22: Bed 4C **10**
Roslin Way NE23: Cra 6A **22**
Ross DH2: Ous 5A **112**
Ross Av. NE11: Dun 2B **82**
Rosse Cl. NE37: Wash 5H **99**
Rossendale Pl. NE12: Longb . . .1H **57**
Ross Gth. DH5: Hou S 4A **138**
Ross Gro. NE23: Nel V 2H **21**
Ross Lea DH4: S Row 5E **129**
Rosslyn Av. NE3: Ken 2A **56**
  NE9: Low F 5A **84**
  SR2: Ryh 2F **133**
Rosslyn M. SR4: Sund 1A **118**
  (not continuous)
Rosslyn Pl. DH3: Bir 5D **112**
Rosslyn St. SR4: Sund 1A **118**
Rosslyn Ter. SR4: Sund 1A **118**
Ross St. SR5: Monkw 4C **104**
  SR7: S'hm 4B **142**
Ross Way NE3: Ken 5B **42**
  NE26: Whit B 4A **36**
Rosyth Rd. SR5: Sund 2G **103**
Rosyth Sq. SR5: Sund 2G **103**
Rotary Way DH1: P Me 5B **144**
  NE3: Gos 2E **43**
  NE20: Pon 1E **39**
  NE24: Bly, News 1C **18**
  NE29: N Shi 4A **62**
Rotha Ct. NE24: Bly 3D **18**
Rothay Pl. NE5: Blak 5G **55**
Rothbury SR2: Ryh 3D **132**
Rothbury Av. NE3: Gos 1C **56**
  NE10: Pel 2G **85**
  NE24: Bly 1H **17**
Rothbury Av.
  NE32: Jar 5E **73**
  SR8: Hor 5F **163**
Rothbury Cl. DH2: Ches S 2A **134**
  NE12: Kil 2C **44**
Rothbury Gdns. NE11: Lob H . . .6C **82**
  NE13: W Op 5E **31**
  NE28: W'snd 4D **60**
Rothbury Rd. DH1: Dur 6C **144**
  SR5: Sund 2F **103**
Rothbury Ter. NE6: Heat 1B **70**
  NE29: N Shi 3G **61**
Rotherdale Ct. NE6: Walk 2G **71**
Rotherfield Cl. NE23: Cra 2B **22**
Rotherfield Gdns. NE9: Low F . . .3A **98**

Rotherfield Rd. SR5: Sund 3E **103**
Rotherfield Sq. SR5: Sund 2E **103**
Rotherham Cl. DH5: Hou S . . .5H **137**
Rotherham Rd. SR5: Sund 2E **103**
Rothesay DH2: Ous 6H **111**
Rothesay Ter. NE22: Bed 4B **10**
Rothley NE38: Wash 5D **114**
Rothley Av. NE5: Fen 2G **67**
  SR8: Hor 5F **163**
Rothley Cl. NE3: Gos 2F **57**
  NE20: Pon 4D **26**
Rothley Ct. NE12: Kil 2C **44**
  SR5: S'wck 1H **103**
Rothley Gdns. NE30: Cull 4D **48**
Rothley Gro. NE25: Sea D 6A **24**
Rothley Way NE26: Whit B 4A **36**
Rothwell Rd. NE3: Gos 2E **57**
  SR5: Sund 3E **103**
Rotterdam Ho. NE1: Newc T . . .5H **5**
Roundhay NE32: Jar 2H **87**
Roundhill Av. NE5: Blak 5G **55**
Roundstone Cl. NE7: H Hea . . .3D **58**
Roundway, The NE12: Longb . . .6B **44**
Routledge's Bldgs. NE22: Bed . . .2B **10**
Rowan Av. NE38: Wash 6A **114**
Rowanberry Rd. NE12: Longb . . .1B **58**
Rowan Cl. NE22: Bed 3H **9**
  SR4: Sund 2D **116**
Rowan Ct. NE12: Longb 5F **45**
  NE16: Burn 1H **107**
  NE24: Bly 1B **18**
  NE34: S Shi *5C **74***
  (off Tennant St.)
Rowan Dr. DH1: Bras 5E **145**
  DH5: Hett H 2B **148**
  NE3: Ken 1A **56**
  NE20: Pon 4E **27**
Rowan Gro. NE23: E Cram 4D **20**
Rowan Lea DH7: B'don 5D **158**
Rowans, The NE9: Eigh B 3D **98**
  (not continuous)
Rowan Tree Av. DH1: Dur 3G **155**
Rowantree Rd. NE6: Walk 6G **59**
Rowanwood Gdns.
  NE11: Lob H 6C **82**
Rowedge Wlk. NE5: West 5E **55**
Rowell Cl. SR2: Ryh 3C **132**
Rowes M. NE6: Byke 5C **70**
Rowland Burn Way
  NE39: Row G 3E **93**
Rowland Cres. TS27: Cas E 6A **164**
Rowlands Bldgs. NE23: Dud . . .2A **32**
ROWLANDS GILL 4F **93**
Rowlandson Cres. NE10: Fall . . .3D **84**
Rowlandson Ter. *NE10: Fall* *3D **84***
  (off Rowlandson Cres.)
  SR2: Sund 3E **119**
Rowley Cl. DH7: New B 2A **158**
Rowley Dr. DH7: Ush M 6D **152**
Rowley St. NE24: Bly 6C **12**
Rowntree Way NE29: N Shi 4C **62**
Rowsley Rd. NE32: Jar 4G **73**
Row's Ter. NE3: Gos 2G **57**
Roxborough Ho. NE26: Whit B . . .6C **36**
Roxburgh Cl. NE21: Winl 3G **79**
Roxburgh Pl. NE6: Heat 2B **70**
Roxburgh St. SR6: Ful 3D **104**
Roxburgh Ter. NE26: Whit B . . .6C **36**
Roxby Gdns. NE29: N Shi 2A **62**
Royal Arc. NE1: Newc T . . .5E **5** (4G **69**)
Royal Cres. NE4: Fen 1A **68**
Royal Ind. Est. NE32: Jar 2D **72**
Royal Northumberland Yacht Club
  . . . . .2E **19**

Royal Quays Outlet Shop.
  NE29: N Shi 5A **62**
Royal Rd. DH9: Stly 2C **122**
Royalty, The SR2: Sund 1B **118**
Royalty Theatre, The *1B **118***
  (off The Royalty)
Roydon Av. SR2: Sund 4E **119**
Royle St. SR2: Sund 5F **119**
Royston Ter. NE6: Walk 5G **71**
Ruabon Cl. NE23: Cra 6A **22**
Rubens Av. NE34: S Shi 6F **75**
Ruby St. DH4: Hou S 1H **137**
Rudby Cl. NE3: Gos 5F **43**
Rudchester Pl. NE5: Fen 1G **67**
Ruddock Sq. NE6: Byke 4C **70**
Rudyard Av. SR2: Sund 4E **119**
Rudyerd Ct. NE29: N Shi 2D **62**
Rudyerd St. NE29: N Shi 2C **62**
Rugby Gdns. NE9: Wrek 2C **98**
  NE28: W'snd 4C **60**
Ruislip Pl. NE23: Cra 6H **21**
Ruislip Rd. SR4: Sund 2C **116**
Runcorn SR2: Ryh 2C **132**
Runcorn Rd. SR5: Sund 2E **103**
Runhead Est. NE40: Ryton 5D **64**
Runhead Gdns. NE40: Ryton . . .4D **64**
Runhead Ter. NE40: Ryton 4E **65**
Runnymede DH3: Gt Lum 3G **135**
  SR2: Ryh 2D **132**
Runnymede Rd. NE16: Whi 5E **81**
  NE20: Darr H, Pon 1A **38**
  SR5: Sund 2F **103**
Runnymede Way NE3: Ken 3A **56**
  SR5: Sund 2F **103**
Runswick Av. NE12: Longb 1H **57**
Runswick Cl. SR3: Tuns 2C **132**
Runswick Dr. SR7: S'hm 2B **142**
Rupert Ct. NE15: Newb 1F **65**
Rupert Ho. NE15: Newb 1F **65**
Rupert Sq. SR5: Sund 2G **103**
Rupert St. SR6: Whit 2F **91**
Rupert Ter. NE15: Newb 1F **65**
Rushall Pl. NE12: Longb 1B **58**
Rushbury Ct. NE27: Back 6A **34**
Rushcliffe SR6: Ful 2D **104**
Rushey Gill DH7: B'don 5C **158**
Rushford SR2: Ryh 2D **132**
Rushie Av. NE15: Benw 4G **67**
Rushley Cres. NE21: Blay 6A **66**
Rushsyde Cl. NE16: Whi 6C **80**
Rushton Av. SR2: Sund 4E **119**
Rushyrig NE37: Wash 1G **113**
Ruskin Av. DH2: P Fel 6G **125**
  (not continuous)
  DH5: Eas L 5E **149**
  NE11: Dun 2B **82**
  NE12: Longb 4C **44**
Ruskin Cl. DH9: Stly 2F **123**
Ruskin Cres. NE34: S Shi 6D **74**
Ruskin Dr. NE7: H Hea 5D **58**
  NE35: Bol C 3C **88**
Ruskin Rd. DH3: Bir 3C **112**
  NE10: Wind N 4B **84**
  NE16: Swa 3E **81**
Russel Ct. NE2: Jes 5H **57**
Russell Av. NE34: S Shi 3A **76**
Russell Cl. NE28: W'snd 2B **60**
Russell Ct. NE8: Gate 2E **83**
Russell Sq. NE13: Sea B 3D **30**
Russell St. NE29: N Shi 2C **62**
  NE32: Jar 2G **73**
  NE33: S Shi 4E **63**
  NE37: Wash 5A **100**
  SR1: Sund 6E **105**

Russell Ter. DH3: Bir 1B 112
(not continuous)
NE1: Newc T 3G 5 (3H 69)
NE22: Bed 5H 9
Russell Way NE11: Dun 1G 81
Ruswarp Dr. SR3: Silk 3B 132
Ruth Av. NE21: Blay 1A 80
Rutherford Av. SR7: S'hm 3F 141
Rutherford Hall
NE1: Newc T 2E 5 (3G 69)
Rutherford Ho. NE8: Eas C 1D 162
Rutherford Rd. NE37: Wash 4C 100
SR5: Sund 2D 102
Rutherford Sq. SR5: Sund 2D 102
Rutherford St.
NE4: Newc T 5B 4 (4E 69)
NE24: Bly 6B 12
NE28: W'snd 4F 61
Rutherford Vw. SR8: Eas C 1D 162
(off Seaside La.)
Rutherglen Rd. SR5: Sund 2G 103
Rutherglen Sq. SR5: Sund 2G 103
Rutland Av. SR3: New S 2H 131
Rutland Pl. NE29: N Shi 1A 62
NE37: Wash 3B 100
Rutland Rd. NE28: W'snd 6G 59
NE31: Heb 6D 72
Rutland Sq. DH3: Bir 2C 112
Rutland St. DH5: Hett H 1B 148
NE34: S Shi 3D 74
SR4: Sund 6H 103
SR7: S'hm 3H 141
(not continuous)
Rutland Wlk. SR8: Pet 5C 162
Rutter St. DH7: Lang M 3G 159
Ryal Cl. NE24: Bly 6A 12
Rutter St. Sea D 6B 24
Ryall Av. NE13: Haz 1C 42
Ryal Wlk. NE3: Ken 3H 55
Rydal NE10: Pel 3G 85
Rydal Av. DH5: Eas L 5E 149
DH9: Stly 4B 122
NE30: Cull 3C 48
Rydal Cl. NE12: Kil 2F 45
NE36: E Bol 3E 89
Rydal Cres. NE21: Winl 3H 79
SR8: Pet 1E 165
Rydal Gdns. NE34: S Shi 3G 75
Rydal Mt. SR5: Ful 2C 104
SR5: Sund 5C 102
SR8: Eas 1D 162
Rydal Rd. DH2: Ches S 2B 134
NE3: Gos 2F 57
NE15: Lem 1B 66
Rydal St. NE8: Gate 2G 83
Rydal Ter. NE13: W Op 1D 42
Ryde Pl. NE23: Cra 2B 22
Ryde Ter. DH9: Ann P 5F 121
NE11: Dun 2C 82
Ryde Ter. Bungs. DH9: Ann P . . .4F 121
(off Lwr. Church St.)
Rye Cl. NE15: Thro 6E 53
Ryedale DH1: Carr 4B 156
NE28: W'snd 2F 59
SR6: Seab 4F 91
Ryedale Ct. NE34: S Shi 5C 74
Ryehaugh NE20: Pon 5F 27
Rye Hill NE4: Newc T 5D 68
Rye Hill Sports Cen. 5D 68
Ryehill Vw. DH5: E Rain 1G 147
Ryelands Way DH1: P Me 5C 144
Ryemount Rd. SR2: Ryh 2D 132
Rye Vw. SR2: Ryh 2F 133

RYHOPE 3G 133
Ryhope Beach Rd.
SR2: Ryh 3G 133
RYHOPE COLLIERY 1E 133
Ryhope Engines Mus. 4E 133
Ryhope Gdns. NE9: Wrek 1D 98
Ryhope Grange Ct. SR2: Sund . .6F 119
Ryhope Rd. SR2: Ryh, Sund 2D 118
Ryhope St. DH5: Hou S 3B 138
SR2: Sund 5F 119
Ryhope St. Nth. SR2: Ryh 2E 133
Ryhope St. Sth. SR2: Ryh 2F 133
Rymers Cl. SR8: Eas 2A 162
RYTON 4C 64
Ryton Ct. NE33: S Shi 6F 63
Ryton Crawcrook By-Pass
NE21: Blay 6E 65
NE40: Craw, Ryton 1A 78
Ryton Cres. DH9: Stly 1E 123
SR7: S'hm 4G 141
Ryton Gdns. NE28: W'snd 3D 60
Ryton Hall Dr. NE40: Ryton 3C 64
Ryton Ind. Est. NE21: Blay 4F 65
Ryton Sq. SR2: Sund 4E 119
Ryton Ter. NE6: Walk 5F 71
NE27: Shir 4B 46
RYTON VILLAGE 3C 64
RYTON WOODSIDE 1B 78

S

Sabin Ter. DH9: Ann P 5H 121
Sackville Rd. NE6: Heat 6C 58
SR3: Sund 4G 117
Sacriston Av. SR3: Sund 4H 117
Sacriston Gdns. NE9: Wrek 3C 98
Saddleback NE37: Wash 6H 99
Saddler's La. DH1: Dur . . .3B 6 (6C 154)
Saddler St. DH1: Dur . . .2B 6 (5C 154)
Saffron Pl. NE6: Walk 4G 71
Saga Ct. NE6: Walk 6F 59
Sage Cl. NE15: Lem 1A 66
Sage Gateshead, The 6G 5 (5H 69)
St Agathas Cl. DH7: B'don 4E 159
St Aidans Av. DH1: Dur 2B 154
NE12: Longb 4A 46
SR2: Sund 6F 119
St Aidans Cl. NE29: N Shi 5H 47
St Aidan's Ct. DH4: New H 3A 130
NE30: Tyne 6E 49
St Aidan's Cres. DH1: Dur 5A 154
DH9: Ann P 6F 121
St Aidan's Rd. NE28: W'snd 6G 59
NE33: S Shi 3F 63
St Aidan's Sq. NE12: Longb 4A 46
St Aidans St. NE8: Gate 2F 83
St Aidan's Ter. DH4: New H 3A 130
St Aidans Way SR8: Pet 2D 164
St Albans Cl. DH3: Gt Lum 5H 135
NE25: Ears 6E 35
St Albans Cres. NE6: Heat 5D 58
NE10: Wind N 4C 84
St Albans Pl. NE10: Wind N 4C 84
NE30: Tyne 6F 49
St Alban's St. SR2: Sund 4E 119
St Alban's Ter. NE8: Gate 2G 83
St Albans Vw. NE27: Shir 3C 46
St Aldate's Ct. SR4: Sund 4C 116
(off Gartland Rd.)
St Aldwyn Rd. SR7: S'hm 3H 141
St Andrew's Av. NE37: Wash 5H 99
St Andrews Cl. NE25: Monks 6H 35
St Andrew's Cl. NE4: Hou S 3F 137

St Andrews Ct.
DH1: Dur 3C 6 (6D 154)
NE7: Longb 2C 58
NE29: N Shi 5B 48
(off Walton Av.)
St Andrew's Dr. NE9: Low F 2G 97
St Andrew's Rd. DH9: Tan L 6D 108
St Andrew's Sq. SR7: Mur 1E 151
St Andrew's St.
NE1: Newc T 4B 4 (4E 69)
NE31: Heb 2A 72
St Andrew's Ter. SR6: Roker 3E 105
St Anne's Ct. NE25: Monks 2A 48
St Ann's Cl.
NE1: Newc T 4H 5 (4A 70)
St Ann's St.
NE1: Newc T 5H 5 (4H 69)
St Ann's Wharf NE1: Newc T 5H 5
St Anselm Cres. NE29: N Shi 6G 47
St Anselm Rd. NE29: N Shi 6G 47
ST ANTHONY'S 6F 71
St Anthony's Ct. NE6: Walk 3F 71
St Anthony's Ho. NE6: Walk 6F 71
(off Yelverton Cres.)
St Anthony's Rd. NE6: Walk 4E 71
St Anthony's Wlk. NE6: Walk 6F 71
St Asaph Cl. NE7: H Hea 3D 58
St Aubyns Way DH9: Stly 2F 123
St Austell Cl. NE5: Blak 3G 55
St Austell Gdns. NE9: Low F 3H 97
St Barnabas DH4: Bour 6B 128
St Barnabas Way SR2: Sund 2F 119
St Bede's NE36: E Bol 4F 89
(not continuous)
St Bedes Cl. DH1: Dur 6A 154
DH5: Hett H 1C 148
St Bede's Dr. NE8: Gate 1H 83
St Bede's Ho. NE9: Low F 4A 84
St Bede's Pk.
SR2: Sund 6H 7 (2D 118)
St Bedes Pl. NE24: News 3H 17
St Bedes Rd. NE24: News 3H 17
St Bede's Ter.
SR2: Sund 6H 7 (2D 118)
St Bedes Wlk. NE27: Longb 4A 46
St Bedes Way DH7: Lang M 4G 159
St Brandon's Gro. DH7: B'don . . .5C 158
St Brelades Way DH9: Stly 2F 123
St Buryan Cres. NE5: Blak 3G 55
St Catherines Ct. NE2: Newc T . . .1H 69
SR5: Sund 4F 103
St Catherines Gro.
NE2: Newc T 1A 70
St Cecelias Cl. SR2: Sund 3F 119
St Chad's Cres. SR3: E Her 2D 130
St Chad's Rd. SR3: E Her 2D 130
St Chad's Vs. NE36: E Bol 4F 89
St Christopher's Rd.
SR3: Sund 5A 118
St Christopher Way
NE29: N Shi 4H 61
St Clements Cl. NE3: Ken 5B 42
NE12: Longb 1A 58
SR4: Sund 1F 117
St Columba Ct. SR5: S'wck 3C 104
Saint Ct. SR3: Silk 4A 132
St Cuthbert Av. DH3: Ches S 6D 126
St Cuthberts Av. DH1: Dur 2A 154
NE34: S Shi 1A 76
St Cuthberts Cl. DH5: Hett H 1C 148
NE27: Longb 4A 46
St Cuthberts Cl. NE3: Gos 2C 56
NE8: Gate 1F 83
NE24: Bly 6D 12

St Cuthberts Ct.—St Michael's Rd.

St Cuthberts Ct. SR7: S'hm 3F **141**
St Cuthbert's Dr. NE10: Hew 4F **85**
    (not continuous)
St Cuthbert's Grn. NE5: Fen 2G **67**
St Cuthbert's Pk. NE16: Marl H 5E **95**
St Cuthbert's Pl. NE8: Gate 2F **83**
St Cuthberts Rd. DH4: Nbot 6H **129**
    DH4: W Herr 2B **130**
    NE5: Fen 2F **67**
    (not continuous)
    NE8: Gate 1F **83**
    (not continuous)
    NE16: Marl H 4F **95**
    NE27: Kil 4A **46**
    NE28: W'snd 4B **60**
    SR8: Pet 2D **164**
St Cuthbert's Ter. *NE22: Bed 4B **10***
    (off Millbank Rd.)
    SR4: Sund 6B **104**
    SR7: Dalt D 6F **141**
St Cuthberts Wlk.
    DH3: Ches S 6C **126**
    DH7: Lang M 4G **159**
St Cuthberts Way
    DH6: S'burn 6D **156**
    NE21: Blay 6B **66**
    NE27: Longb 4A **46**
    SR8: Pet 2D **164**
St David's Cl. NE26: Whit B 3A **36**
St David's Ct. NE26: Whit B 3A **36**
St David's Way NE26: Whit B 3B **36**
    NE32: Jar 2G **87**
St Edmund's Ct. NE8: Gate 2A **84**
St Edmund's Dr. NE10: Hew 4F **85**
St Edmund's Rd. NE8: Gate 2H **83**
St Edmund's Ter. DH9: Dip 2C **120**
St Elvins Pl. DH3: Gt Lum 4H **135**
St Etienne Ct. *NE10: Fall 2D **84***
    (off Carlisle St.)
St Gabriel's Av. NE6: Heat 6B **58**
    SR4: Sund 1H **117**
St George's Av. NE33: S Shi 1G **75**
    NE34: S Shi 1G **75**
St George's Cl. NE2: Jes 5G **57**
St Georges Ct. NE10: Ward 4H **85**
St Georges Cres. NE25: Monks ...1B **48**
    NE29: N Shi 2B **62**
St George's Est. NE38: Wash 4A **114**
St George's Pl. NE15: Lem 4C **66**
St George's Rd. NE15: Lem 4C **66**
    NE30: Cull 2E **49**
St Georges Sq. SR2: Sund 6G **7**
St George's Ter. NE2: Jes 6G **57**
    NE15: Lem 4C **66**
    NE36: E Bol 4F **89**
    SR6: Roker 3F **105**
St George's Way NE1: Newc T 3C **4**
    SR2: Sund 6G **7** (2D **118**)
St Giles Cl. DH1: Dur 5F **155**
St Godric's Cl. DH1: Dur 6C **144**
St Godrics Ct. DH1: Dur 2A **6**
St Godric's Dr. DH4: W Rai 3E **147**
St Gregorys Ct. NE34: S Shi 4H **75**
St Helen's Cres. NE9: Low F 6G **83**
St Helen's Ter. NE9: Low F 6H **83**
St Helen's Well
    DH1: Dur 3A **6** (6C **154**)
St Heliers Way DH9: Stly 2F **123**
St Hilda Ind. Est. NE33: S Shi ...5E **63**
St Hildas Av. NE28: W'snd 4C **60**
St Hilda's La. NE33: S Shi 4E **63**
St Hilda St. NE33: S Shi 5E **63**
St Hilds Ct. DH1: Dur 5G **155**
St Hilds La. DH1: Dur 5E **155**

St Ignatius Cl. SR2: Sund 2E **119**
St Ives Pl. SR7: Mur 1D **150**
St Ives Way NE5: Blak 3G **55**
St James' Blvd.
    NE1: Newc T 6A **4** (5E **69**)
St James Ct. NE10: Fall 2B **84**
St James' Cres. NE15: Benw 5H **67**
St James Gdns. NE15: Benw 4H **67**
St James' Ga. NE1: Newc T 5E **69**
St James' Mall NE31: Heb 4B **72**
St James' Pk. 3A **4** (3E **69**)
St James Rd. NE8: Gate 1A **84**
    NE15: Benw 4H **67**
St James Sq. NE8: Gate 6A **70**
St James St.
    NE1: Newc T 3B **4** (3E **69**)
    NE3: Gos 2F **57**
St James Ter. NE1: Newc T 3B **4**
    NE29: N Shi 4H **61**
St Johns SR1: Sund 5F **105**
St John's Av. NE31: Heb 4B **72**
St John's Cl. NE26: Whit B 3B **36**
St John's Ct. NE12: Kil 4D **44**
    NE27: Back 6A **34**
St John's Cres. NE22: Bed 2D **10**
St John's Grn. NE29: N Shi 4H **61**
St John's Ho. *NE33: S Shi 4F **63***
    (off Beach Rd.)
St John's Mall NE31: Heb 4B **72**
St John's Pl. DH3: Bir 3C **112**
    (not continuous)
    NE10: Fall 3D **84**
    NE22: Bed 2D **10**
    NE26: Whit B 3B **36**
St John's Pct. *NE31: Heb 4B **72***
    (off St John's Mall)
St Johns Rd. DH1: Dur 6A **154**
    DH6: H Pitt, Low P 1F **157**
    DH7: Mead 5F **159**
    NE4: Benw 5A **68**
    NE22: Bed 3D **10**
St John's Sq. SR7: S'hm 4B **142**
St John's St. NE4: Benw 5A **68**
St John's Ter. DH9: Dip 2C **120**
    NE29: N Shi 4H **61**
    NE32: Jar 2F **73**
    NE36: E Bol 4G **89**
    SR7: S'hm 2F **142**
St John St. NE1: Newc T ...5C **4** (4F **69**)
    NE29: N Shi 4H **61**
    (not continuous)
St Johns Va. SR4: Sund 3C **116**
St John's Wlk. NE4: Benw 5A **68**
    (not continuous)
    NE29: N Shi 4H **61**
    NE31: Heb 4C **72**
St John's W. NE22: Bed 2D **10**
St Josephs Cl. DH1: Dur 5G **155**
St Josephs Ct. DH3: Bir 2C **112**
    DH9: Stly 3D **122**
    NE31: Heb 6B **72**
St Joseph's Way NE32: Jar 2G **87**
St Jude's Ter. NE33: S Shi 1E **75**
St Julien Gdns. NE7: H Hea 4D **58**
    NE28: W'snd 4F **61**
St Just Pl. NE5: Blak 3G **55**
St Keverne Sq. NE5: Blak 3G **55**
St Kitt's Cl. NE26: Whit B 3B **36**
ST LAWRENCE 4B **70**
St Lawrence Cl. DH6: H Pitt 2G **157**
St Lawrence Rd. DH6: H Pitt 2F **157**
    NE6: Byke 4B **70**
St Lawrence Sq. NE6: Byke 4B **70**
St Leonards DH1: Dur 4B **154**

St Leonards Cl. SR8: Pet 2B **164**
St Leonard St. SR2: Sund 3E **119**
St Lucia Cl. NE26: Whit B 3A **36**
    SR2: Sund 2E **119**
St Lukes Cres. NE31: Heb 5B **72**
St Luke's Rd. NE29: N Shi 4H **61**
    SR4: Sund 2D **116**
St Luke's Ter. SR4: Sund 6H **103**
St Margarets Av. NE12: Longb ...1D **58**
    SR5: Sund 4C **102**
St Margaret's Ct. DH1: Dur 6B **154**
    *NE26: Whit B 1E **49***
    (off Margaret Rd.)
    SR5: Sund 4C **102**
St Margaret's Dr. DH9: Tanf 4B **108**
St Margarets Gth. DH1: Dur 6B **154**
St Margarets M. DH1: Dur 6B **154**
St Margaret's Rd. NE15: Scot ...5E **67**
St Mark's Cl. NE6: Byke 2C **70**
St Marks Ct. NE5: West 3D **54**
    *NE8: Gate 3A **84***
    (off Split Crow Rd.)
    NE27: Shir 2C **46**
    NE29: N Shi 5H **61**
St Marks Cres. SR4: Sund 1B **118**
St Mark's Rd. SR4: Sund 1A **118**
St Mark's St. NE6: Byke 2C **70**
    SR4: Sund 1B **118**
St Mark's Ter. SR4: Sund 1B **118**
St Mark's Way NE33: S Shi 6E **63**
St Martin's Cl. NE26: Whit B 4A **36**
St Martin's Ct. NE26: Whit B 4A **36**
St Martin's Way NE26: Whit B ...4A **36**
St Mary's Av. NE26: Whit B 4B **36**
    (not continuous)
    NE34: S Shi 3H **75**
St Marys Cl. DH1: Shin 3F **161**
    DH2: Ches S 2B **134**
    SR8: Eas 2A **162**
    (not continuous)
St Marys Ct. NE8: Gate 6H **69**
    SR8: Hor 6G **163**
St Mary's Dr. DH4: W Rai 3E **147**
    DH6: S'burn 6D **156**
    NE24: Bly 1H **17**
St Mary's Pl.
    NE1: Newc T 2D **4** (3F **69**)
    NE15: Thro 5E **53**
St Mary's Pl. E. NE1: Newc T 2D **4**
St Mary's RC Cathedral ...6B **4** (5E **69**)
St Mary's Rd. DH1: Carr 3A **156**
St Mary's Sq. NE8: Gate ...6G **5** (5H **69**)
St Mary's Ter. NE10: Hew 3F **85**
    NE33: S Shi 2D **74**
    NE36: E Bol 4F **89**
    NE40: Ryton 3F **79**
St Mary's Vw. *NE26: Whit B 5D **36***
    (off Brook St.)
St Mary's Way
    SR1: Sund 3F **7** (6C **104**)
St Mary's Wynd NE26: Sea S 5H **25**
St Matthew's Ter. DH4: Nbot 5H **129**
St Matthew's Vw.
    SR3: New S 2A **132**
St Michael's Av.
    NE25: New Hart 3B **24**
    NE33: S Shi 6F **63**
St Michaels Av. Nth.
    NE33: S Shi 6F **63**
St Michaels Cl. NE4: Elsw 5B **68**
St Michael's Mt. NE6: Byke 4C **70**
St Michaels Ri. SR7: Hawt 5H **151**
St Michael's Rd. NE6: Byke 4B **70**

St Michael's Way
  NE11: Dun 2F **81**
  SR1: Sund 3E **7** (6C **104**)
St Michaels Workshops
  NE6: Byke *4B **70***
  (off Albion Row)
St Monica Gro. DH1: Dur 6A **154**
St Nicholas Av. NE3: Gos 3E **57**
  (not continuous)
  SR3: Sund 4B **118**
St Nicholas Bldg.
  NE1: Newc T 6D **4** (5F **69**)
St Nicholas Cathedral 5E **5** (4G **69**)
St Nicholas Chambers
  NE1: Newc T *6E **5***
  (off Amen Cnr.)
St Nicholas Chyd.
  NE1: Newc T 5D **4** (4F **69**)
St Nicholas Dr. DH1: Dur 3H **153**
St Nicholas Pk. Nature Reserve
  . . . . .2C **56**
St Nicholas Pct. NE1: Newc T 5D **4**
St Nicholas Rd. NE36: W Bol 4C **88**
St Nicholas Sq.
  NE1: Newc T 5D **4** (4F **69**)
St Nicholas St.
  NE1: Newc T 6D **4** (5F **69**)
St Nicholas Ter. SR8: Eas 1D **162**
St Nicholas Vw. NE36: W Bol 4C **88**
St Nicholas Vs. NE36: W Bol 4C **88**
St Omers Rd. NE11: Dun 1A **82**
St Oswald's Av. NE6: Walk 2E **71**
St Oswald's Ct. NE10: Fall 3D **84**
St Oswald's Dr. DH1: Dur 4A **160**
St Oswald's Grn. NE6: Walk 2E **71**
St Oswald Sq. DH1: P Me 6A **144**
St Oswald's Rd. NE28: W'snd . . .3B **60**
  NE31: Heb 2D **72**
St Oswald's Ter. DH4: S Row 3F **129**
St Oswin's Av. NE30: Cull 2E **49**
St Oswin's Pl. NE30: Tyne 5F **49**
St Oswin's St. NE33: S Shi 2F **75**
St Patricks Cl. NE10: Fall 3D **84**
St Patrick's Ter. SR2: Ryh 3F **133**
St Patrick's Wlk. NE10: Fall 3D **84**
St Paul's Ct. NE8: Gate 2E **83**
St Pauls Dr. DH4: Pen 1C **128**
St Paul's Gdns. NE25: Whit B . . .1C **48**
St Paul's Monastery (remains of)
  . . . . .2H **73**
St Pauls Pl. NE4: Elsw 4C **68**
St Paul's Rd. NE32: Jar 2G **73**
St Paul's Ter. DH9: W Pelt . . .2C **124**
  SR2: Ryh 3F **133**
ST PETER'S 5C **70**
St Peters Av. NE34: S Shi 3G **75**
St Peters Basin Marina
  NE6: Byke 5C **70**
St Peter's Church & Vis. Cen.
  . . . . .5E **105**
St Peters Ct. NE6: Byke 5C **70**
  NE28: W'snd 5B **60**
St Peter's Quayside W.
  NE6: Byke 5C **70**
St Peter's Riverside Sculpture Trail
  . . . . .5F **105**
St Peter's Rd. NE6: Byke 5C **70**
  NE28: W'snd 4B **60**
St Peter's Stairs NE29: N Shi . . .3D **62**
St Peter's Vw.
  SR6: Monkw 1H **7** (5D **104**)
St Peters Way
  SR6: Roker 1H **7** (5E **105**)
St Peter's Wharf NE6: Byke 5C **70**

St Philips Cl. NE4: Newc T 4D **68**
St Philips Way NE4: Newc T 4D **68**
St Rollox St. NE31: Heb 4B **72**
St Ronan's Dr. NE26: Sea S 2F **25**
St Ronan's Rd. NE25: Monks 1B **48**
St Ronans Vw. NE9: Low F 3A **98**
St Simon St. NE34: S Shi 5C **74**
St Stephen's Cl. NE25: Sea D 6H **23**
St Stephens Way NE29: N Shi 5G **61**
St Stevens Cl. DH4: Pen 1C **128**
St Thomas Cl. SR8: Eas 2A **162**
St Thomas Cres.
  NE1: Newc T 2C **4** (3F **69**)
St Thomas Sq.
  NE1: Newc T 2C **4** (3F **69**)
St Thomas St.
  NE1: Newc T 2C **4** (3F **69**)
  NE9: Low F 6A **84**
  SR1: Sund 3H **7** (6D **104**)
St Thomas St. Bus. Cen.
  NE1: Newc T 2C **4** (3F **69**)
St Thomas' Ter.
  NE1: Newc T 2C **4** (3F **69**)
St Vincent Ct. NE8: Gate 2A **84**
St Vincent Ho. NE30: Tyne 6F **49**
St Vincent's Cl. NE15: Lem 1C **66**
St Vincents Pl. NE26: Whit B 3B **36**
St Vincent St. NE8: Gate 2A **84**
  NE33: S Shi 6G **63**
  SR2: Sund 6H **7** (2E **119**)
St Vincent's Way NE26: Whit B . . .3B **36**
Saker Pl. *NE28: W'snd* *6H **59***
  (off Elton St.)
Salcombe Av. NE32: Jar 4H **73**
Salcombe Ct. SR7: S'hm 5G **141**
Salcombe Gdns. NE9: Low F 3H **97**
Salem Hill SR2: Sund 2E **119**
Salem Rd. SR2: Sund 2E **119**
Salem St. NE32: Jar 2G **73**
  NE33: S Shi 4E **63**
  SR2: Sund 2E **119**
Salem St. Sth. SR2: Sund 2E **119**
Salem Ter. SR2: Sund 2E **119**
Salisbury Av. DH3: Ches S 1C **134**
  NE29: N Shi 6B **48**
Salisbury Ct. DH3: Gt Lum 5G **135**
  NE23: Cra 3G **21**
Salisbury Gdns. NE25: Jes 1A **70**
Salisbury Pl. NE33: S Shi 4G **63**
Salisbury Rd. DH1: Dur 5E **145**
  DH9: Stly 4B **122**
  NE10: Pel 2G **85**
  NE24: Bly 5B **12**
  NE33: S Shi 5F **63**
  SR1: Sund 5H **7** (1E **119**)
  SR4: Sund 6C **102**
Salisbury Way NE32: Jar 3F **73**
Salkeld Gdns. NE9: Low F 3A **84**
Salkeld Rd. NE9: Low F 5A **84**
Sallyport Cres.
  NE1: Newc T 5F **5** (4G **69**)
Sallyport Ho.
  NE1: Newc T 5F **5** (4G **69**)
Salmon St. NE33: S Shi 3F **63**
Saltburn Cl. DH4: Hou S 2G **137**
Saltburn Gdns.
  NE28: W'snd 4F **61**
Saltburn Rd. SR3: Sund 4G **117**
Saltburn Sq. SR3: Sund 4G **117**
Salterfen La. SR2: Ryh 1G **133**
Salterfen Rd. SR2: Sund 1G **133**
Salter La. SR3: Sund 1D **130**
Salters Cl. NE3: Gos 1G **57**
Salters Ct. NE3: Gos 1G **57**

Salter's La. DH5: Hou S 2G **139**
  DH6: Eas, Has, S Het 6G **149**
  (not continuous)
Salters' La. NE12: Gos, Longb . . .1H **57**
Salter's La. SR7: Mur, Seat 3G **149**
Salters La. Ind. Est.
  NE12: Longb 4A **44**
Saltford NE9: Low F 3A **98**
SALTMEADOWS 6H **5** (5A **70**)
Saltmeadows Ind. Pk.
  NE8: Gate 6B **70**
Saltmeadows Rd. NE8: Gate 5A **70**
Saltwell Crematorium
  NE9: Low F 5G **83**
Saltwell Pk. 4G **83**
Saltwell Pk. Mansion 5G **83**
Saltwell Pl. NE8: Gate 3F **83**
Saltwell Rd. NE8: Gate 3F **83**
Saltwell Rd. Sth. NE9: Low F 6G **83**
Saltwell St. NE8: Gate 3F **83**
Saltwell Vw. NE8: Gate 4G **83**
Sams Ct. NE23: Dud 3H **31**
Samson Cl. NE12: Kil 3C **44**
Sancroft Dr. DH5: Hou S 4A **138**
Sandalwood NE34: S Shi 6F **75**
Sandalwood Sq. SR4: Sund 5C **116**
Sandbach DH3: Gt Lum 3G **135**
Sanderling Cl. NE40: Ryton 5E **65**
Sanderlings NE28: W'snd 6H **59**
Sanderlings, The SR2: Ryh 3G **133**
Sanders Gdns. DH3: Bir 2C **112**
Sanders Memorial Homes
  DH2: Ches S 6C **126**
Sanderson Rd. NE2: Jes 5G **57**
  NE26: Whit B 6B **36**
Sanderson's Ter. NE23: Cra 6C **22**
Sanderson St. NE4: Elsw 6B **68**
Sanderson Vs. NE8: Gate 1B **84**
Sandfield Rd. NE22: E Sle 1H **11**
  NE30: Cull 2D **48**
Sandford Av. NE23: Cra 6B **16**
Sandford M. NE13: W Op 6C **30**
Sandgate DH9: Ann P 5H **121**
  NE1: Newc T 5G **5** (4H **69**)
Sandgate Ho.
  NE1: Newc T 5G **5** (4H **69**)
Sandgrove SR6: Clead 2A **90**
Sandhill NE1: Newc T 6E **5** (5G **69**)
  NE21: Winl 2H **79**
Sandhill M. NE21: Winl 2H **79**
Sandhoe Gdns. NE15: Scot 4F **67**
Sandhoe Wlk. NE28: W'snd 5E **61**
Sandholm Cl. NE28: W'snd 2D **60**
Sandhurst Av. NE30: Cull 3D **48**
Sandiacres NE32: Jar 2G **87**
Sandison Ct. NE13: Bru V 5B **30**
Sandlewood Wlk. DH9: Stly . . .2E **123**
Sandmere Pl. NE15: Scot 3E **67**
Sandmere Rd. SR2: Sund 6D **118**
Sandon Cl. NE27: Back 6A **34**
Sandown NE25: Monks 6H **35**
Sandown Cl. NE25: Sea D 1B **34**
Sandown Ct. NE28: W'snd 3E **61**
Sandown Gdns. NE8: Gate 3E **83**
  NE28: W'snd 3D **60**
  SR3: New S 1H **131**
Sandpiper Cl. NE24: News 3D **18**
  NE38: Wash 5F **113**
  NE40: Ryton 5D **64**
Sandpiper Ct. NE30: Tyne 5F **49**
Sandpiper Pl. NE12: Longb 6A **44**
Sand Point Rd. SR6: Roker 4E **105**
Sandray Cl. DH3: Bir 6D **112**

Sandrigg Sq. NE34: S Shi 4G **75**
Sandringham Av. NE12: Longb . . .1C **58**
Sandringham Cl. NE25: Monks . . .1F **47**
Sandringham Ct. NE10: Fall 3C **84**
NE12: Longb 1A **58**
Sandringham Cres.
SR3: E Her 3E **131**
SR8: Hor 1H **165**
Sandringham Dr. DH9: Ann P . . .4F **121**
NE16: Whi 4E **81**
NE24: News 4A **18**
NE25: Monks 1F **47**
Sandringham Gdns.
NE29: N Shi 6C **48**
Sandringham Mdws.
NE24: News 4B **18**
Sandringham M. NE28: W'snd . . .3D **60**
Sandringham Rd. NE3: Gos 3G **57**
NE5: W Dent 1C **66**
SR6: Ful 3D **104**
Sandringham Ter. SR6: Roker . . .3E **105**
Sandringham Way
NE20: Darr H 1C **38**
Sands, The DH1: Dur 1C **6** (5D **154**)
Sandsay Cl. SR2: Ryh 1D **132**
Sands Flats, The
DH1: Dur 1C **6** (5D **154**)
Sands Ind. Est. NE16: Swa 2E **81**
Sands Rd. NE16: Swa 2E **81**
Sandstone Cl. NE34: S Shi 6B **74**
Sand St. DH9: Stly 2E **123**
Sandwell Dr. DH4: Pen 1D **128**
Sandwich Rd. NE29: N Shi 4B **48**
Sandwich St. NE6: Walk 6F **71**
Sandy Chare SR6: Whit 3E **91**
Sandy Cres. NE6: Walk 5E **71**
Sandyford DH2: Pelt 2F **125**
Sandyford Ho. NE2: Jes . . .1F **5** (2G **69**)
Sandyford Pk. NE2: Newc T 1H **69**
Sandyford Pl. DH2: Pelt 2G **125**
Sandyford Rd.
NE1: Newc T 2E **5** (3G **69**)
NE2: Newc T 2E **5** (2G **69**)
Sandygate M. NE16: Marl H 4F **95**
Sandy La. NE3: Gos 1F **43**
NE9: Eigh B 4D **98**
NE13: Bru V, Din 5G **29**
NE13: W Op 1E **43**
Sandy La. Ind. Area NE3: Gos 1G **43**
Sandypath La. NE16: Burn 6G **93**
(not continuous)
Sanford Ct. SR2: Sund 4C **118**
Sans St. SR1: Sund 6E **105**
Sans St. Sth. SR1: Sund 1E **119**
Sargent Av. NE34: S Shi 1F **89**
Satley Gdns. NE9: Wrek 3C **98**
SR3: Sund 5B **118**
Saturn Cl. SR8: Eas 1C **162**
Saturn St. SR7: S'hm 4G **141**
Saunton Ct. DH4: Nbot 6G **129**
Saville Ct. *NE33: S Shi 4F* ***63***
(off Saville St.)
Saville Gdns. NE3: Gos 3F **57**
Saville Pl. NE1: Newc T 3E **5**
SR1: Sund 1E ***119***
(off Borough Rd.)
Saville Row
NE1: Newc T 3D **4** (3F **69**)
Saville St. NE29: N Shi 2D **62**
NE30: N Shi 2D **62**
NE33: S Shi 4F **63**
Saville St. W. NE29: N Shi 2C **62**
Savory Rd. NE28: W'snd 4D **60**
Saw Mill Cotts. DH9: Dip 5E **107**
Sawmills La. DH7: B'don 5C **158**
Saxilby Dr. NE3: Gos 5F **43**
Saxon Cl. SR6: Clead 2G **89**
Saxon Cres. SR3: Sund 4H **117**
Saxondale Rd. NE3: Ken 2A **56**
Saxon Dr. NE30: Tyne 4E **49**
Saxon Way NE32: Jar 1G **73**
Saxton Gro. NE7: H Hea 3A **58**
Sayer Wlk. SR8: Pet 2E **165**
Scafell DH3: Bir 6D **112**
Scafell Cl. SR8: Pet 1E **165**
Scafell Ct. DH9: Ann P 6E **121**
SR3: Silk 3H **131**
Scafell Dr. NE5: Ken 4H **55**
Scafell Gdns. NE11: Lob H 5C **82**
Scalby Cl. NE3: Gos 5F **43**
Scarborough Ct. NE6: Byke 3D **70**
NE23: Cra 4B **22**
Scarborough Pde. NE31: Heb 1E **87**
Scarborough Rd.
NE6: Byke, Walk 3D **70**
(not continuous)
SR3: New S 1H **131**
Scardale Way DH1: Carr 3C **156**
Sceptre Ct. NE4: Elsw 5C **68**
Sceptre Pl. NE4: Elsw 4C **68**
(not continuous)
Sceptre St. NE4: Elsw 4C **68**
Schalksmuhle Rd. NE22: Bed 4H **9**
Schimel St. SR5: S'wck 3B **104**
School App. NE34: S Shi 3A **76**
School Av. DH4: W Rai 4D **146**
NE11: Dun 3B **82**
School Cl. NE10: Wind N 5D **84**
School Ct. DH6: S'burn 6D **156**
Schoolhouse La. NE16: Marl H . . .5C **94**
School La. DH1: Dur 5C **6** (1D **160**)
DH9: Stly 4B **122**
NE16: Whi 4G **81**
NE39: H Spen 2A **92**
School Rd. DH5: E Rain 1G **147**
NE22: Bed 2D **10**
School St. DH3: Bir 3C **112**
NE8: Gate 1F **83**
NE16: Whi 4E **81**
NE31: Heb 2C **72**
SR7: S'hm 6B **142**
SR8: Eas C 1E **163**
School Ter. DH4: Hou S 2C **136**
DH9: Stly 4B **122**
School Vw. DH4: W Rai 3D **146**
DH5: Eas L 5F **149**
Scorer's La. DH3: Gt Lum 2H **135**
Scorer St. NE29: N Shi 2B **62**
Scotby Gdns. NE9: Low F 2B **98**
Scotland Ct. NE21: Winl 2G **79**
SCOTLAND GATE **1H 9**
Scotland Head NE21: Winl 4G **79**
Scotland St. SR2: Ryh 3G **133**
SCOTSWOOD **4E 67**
Scotswood Bri. Works
NE21: Blay 6E **67**
Scotswood Rd.
NE4: Elsw, Newc T 6B **4** (6C **68**)
NE15: Lem, Newc T 3B **66**
Scotswood Sports & Social Cen.
.....................**3D 66**
Scotswood Sta. App.
NE15: Scot 5E **67**
Scotswood Vw. NE11: Dun 6F **67**
Scott Av. NE23: Nel V 1H **21**
Scott Ct. DH3: Gt Lum 4G **135**
NE34: S Shi 6C **74**
Scotts Bank SR5: S'wck 4A **104**
Scotts Cotts. DH1: Dur 5H **153**
Scotts Ct. NE10: Ward 5H **85**
Scott's Ter. DH5: Hett H 1C **148**
Scott St. DH4: Hou S 3H **137**
DH9: Stly 3C **122**
NE23: E Har 4B **16**
Scripton Gill DH7: B'don 5C **158**
Scripton Gill Rd. DH7: B'don 6B **158**
Scrogg Rd. NE6: Walk 2E **71**
Scruton Av. SR3: Sund 5G **117**
Sea Banks NE30: Tyne 5G **49**
SEABURN **1E 105**
Seaburn Av. NE25: New Hart 3B **24**
Seaburn Cen. **6E 91**
Seaburn Cl. SR6: Seab 1E **105**
Seaburn Ct. SR6: Seab 1E **105**
Seaburn Dr. DH4: Hou S 3G **137**
Seaburn Fun Pk. **6E 91**
Seaburn Gdns. NE9: Wrek 2D **98**
SR6: Seab 1E **105**
Seaburn Gro. NE26: Sea S 3G **25**
Seaburn Hill SR6: Seab 1E **105**
Seaburn Station (Metro) **1C 104**
Seaburn Ter. SR6: Seab 1F **105**
Seaburn Vw. NE25: New Hart 3B **24**
Seacombe Av. NE30: Cull 2D **48**
Seacrest Av. NE30: Cull 2D **48**
Seafield M. NE26: Sea S 2F **25**
Seafield Rd. NE24: News 2C **18**
Seafields SR6: Seab 6E **91**
Seafield Ter. NE33: S Shi 4F **63**
Seafield Vw. NE30: Tyne 5F **49**
Seaforth Rd. SR3: Sund 4A **118**
Seaforth St. NE24: Bly 5C **12**
SEAHAM **4B 142**
Seaham Cl. NE34: S Shi 3B **76**
Seaham Gdns. NE9: Wrek 3C **98**
Seaham Grange Ind. Est.
SR7: Seat 6F **133**
Seaham Leisure Cen. **4H 141**
Seaham Rd. DH5: Hou S 3B **138**
SR2: Ryh 3G **133**
Seaham Station (Rail) **3A 142**
Seaham St. SR3: New S 2A **132**
SR7: S'hm 6C **142**
Sea La. SR6: Seab 1E **105**
SR6: Whit 4F **91**
Sea Rd. NE33: S Shi 3G **63**
SR6: Ful 1D **104**
Seascale Pl. NE9: Low F 1B **98**
Seaside La. SR8: Eas, Eas C 1B **162**
Seaside La. Sth. SR8: Eas C 1E **163**
Seasons Edge NE8: Gate 2D **82**
Seatoller Ct. SR3: Silk 3H **131**
SEATON
Seaham **3D 140**
Whitley Bay **4D 24**
Seaton Av. DH5: Hou S 3B **138**
NE22: Bed 4B **10**
NE23: Dud 2B **32**
NE24: News 3A **18**
SEATON BURN **3D 30**
Seaton Cl. NE10: Ward 5H **85**
Seaton Cres. NE25: H'wll 1D **34**
NE25: Monks 6A **36**
SR7: S'hm 2E **141**
Seaton Cft. NE23: Dud 3C **32**
SEATON DELAVAL **6A 24**
Seaton Delaval Hall **4E 25**
Seaton Gdns. NE9: Wrek 2C **98**
Seaton Gro. SR7: Seat 3D **140**
Seaton Holme
(Discovery/Exhibition Cen.)
.....................**1A 162**

Seaton La. SR7: S'hm, Seat 2D **140**
Seaton Pk. SR7: S'hm 3F **141**
Seaton Pl. NE6: Walk 6E **71**
NE13: W Op 6C **30**
Seaton Rd. NE27: Shir 1E **47**
SR3: Sund 4F **117**
SEATON SLUICE . . . . **.3H 25**
SEATON TERRACE . . . . **.6B 24**
Seatonville Cres. NE25: Monks . . .2A **48**
Seatonville Gro. NE25: Monks . . .2A **48**
Seatonville Rd. NE25: Monks 1H **47**
Sea Vw. NE10: Wind N 5C **84**
SR2: Ryh 3G **133**
SR8: Eas 2B **162**
Sea Vw. Cotts. TS27: Hes 6F **165**
Sea Vw. Gdns. SR6: Roker 2E **105**
SR8: Hor 5G **163**
Seaview Ind. Est. SR8: Hor 4G **163**
Sea Vw. Pk. NE23: Cra 3D **22**
SR6: Whit 3D **90**
Sea Vw. Rd. SR2: Sund 5E **119**
Sea Vw. Rd. W. SR2: Sund 5D **118**
Sea Vw. St. SR2: Sund 5F **119**
Seaview Ter. NE33: S Shi 4G **63**
Sea Vw. Vs. NE23: Cra 3D **22**
Sea Vw. Wlk. SR7: Mur 1E **151**
Sea Way NE33: S Shi 4G **63**
Second Av. DH2: Ches S 1B **126**
(Drum Rd.)
DH2: Ches S 1B **134**
(Gray Av.)
NE6: Heat 1C **70**
NE11: T Vall 5D **82**
NE24: Bly 1B **18**
NE29: N Shi 3F **61**
Second St. NE8: Gate 2F **83**
SR8: Hor 5G **163**
Secretan Way NE33: S Shi 5E **63**
Sedbergh Rd. NE30: Cull 3C **48**
Sedgefield Ct. NE12: Kil 2C **44**
SEDGELETCH . . . . **.1F 137**
Sedgeletch Ind. Est.
DH4: Hou S 1E **137**
Sedgeletch Rd. DH4: Hou S 2E **137**
Sedgemoor NE12: Kil 1D **44**
Sedgemoor Av. NE15: Scot 4E **67**
Sedgewick Pl. NE8: Gate 2G **83**
Sedley Rd. NE28: W'snd 6H **59**
Sedling Rd. NE38: Wash 5H **113**
Sefton Av. NE6: Heat 6C **58**
Sefton Ct. NE23: Cra 6C **16**
Sefton Sq. SR3: Sund 4G **117**
Segedunum Cres. NE28: W'snd . . .3C **60**
Segedunum Roman Fort, Baths & Mus.
. . . . **.1A 72**
Segedunum Way NE28: W'snd . . .6H **59**
SEGHILL . . . . **.2F 33**
Seghill Ind. Est. NE23: Seg 1F **33**
Seine Ct. NE32: Jar 3G **73**
Selborne Av. NE9: Low F 1G **97**
Selborne Gdns. NE2: Jes 1A **70**
Selbourne Cl. NE23: Cra 3G **21**
Selbourne St. NE33: S Shi 5F **63**
SR6: Roker 4D **104**
(not continuous)
Selbourne Ter. NE24: Camb 2B **12**
Selby Cl. NE23: Cra 6B **16**
Selby Ct. NE6: Walk 5F **71**
NE32: Jar 2F **73**
Selby Gdns. NE6: Walk 1F **71**
NE28: W'snd 4H **59**
Selby Sq. SR3: Sund 4G **117**
Selina Pl. SR6: Roker 4E **105**
Selkirk Cres. DH3: Bir 1C **112**
Selkirk Gro. NE23: Cra 6C **16**
Selkirk Sq. SR3: Sund 4F **117**
Selkirk St. NE32: Jar 6A **74**
Selkirk Way NE29: N Shi 5G **47**
Selsdon Av. SR4: Sund 5C **116**
Selsey Ct.
NE10: Wind N 5E **85**
Selwood Ct. NE34: S Shi 4H **75**
Selwyn Av. NE25: Monks 2H **47**
Selwyn Cl. NE5: Ken 4H **55**
September Courtyard
NE8: Gate 2D **82**
Serin Ho. NE5: West 4E **55**
Serlby Cl. NE37: Wash 4A **100**
Serlby Pk. DH5: Hett H 2D **148**
Seton Av. NE34: S Shi 5B **74**
Seton Wlk. NE34: S Shi 5B **74**
Setting Stones NE38: Wash 1G **127**
Settlingstone Cl. NE7: H Hea 4D **58**
Sevenacres DH3: Gt Lum 3H **135**
Sevenoaks Dr. SR4: Sund 4C **116**
Seven Stories . . . . **.4A 70**
Seventh Av. DH2: Ches S 6B **126**
NE6: Heat 2C **70**
NE11: T Vall 1F **97**
NE24: Bly 1B **18**
(not continuous)
Seventh St. SR8: Hor 6G **163**
(not continuous)
Severn Av. NE31: Heb 6C **72**
Severn Cl. SR8: Pet 3C **164**
Severn Ct. SR3: Silk 3H **131**
Severn Cres. DH9: Stly 4C **122**
Severn Dr. NE32: Jar 1G **87**
Severn Gdns. NE8: Gate 2B **84**
Severn Ho's. NE37: Wash 5E **101**
Severs Ter. NE5: Call 1H **53**
Severus Rd. NE4: Fen 2A **68**
Seymour Ct. NE11: Dun 2C **82**
Seymour Sq. SR3: Sund 4G **117**
Seymour St. NE11: Dun 2C **82**
NE29: N Shi 3C **62**
SR8: Hor 1H **165**
Seymour Ter. DH5: Eas L 4D **148**
NE40: Ryton 4A **64**
Shadfen Pk. Rd. NE30: Cull 2C **48**
Shadforth Cl. SR8: Pet 3A **164**
Shadon Way DH3: Bir 4E **113**
Shaftesbury Av. NE26: Whit B 4B **36**
NE32: Jar 3H **73**
NE34: S Shi 3H **73**
SR2: Ryh 2E **133**
Shaftesbury Cres. NE30: Cull 2C **48**
SR3: Sund 4H **117**
Shaftesbury Gro. NE6: Heat 2B **70**
Shaftesbury Wlk. NE8: Gate 1E **83**
Shafto Ct. NE15: Benw 4F **67**
Shaftoe Cl. NE40: Craw 6A **64**
Shaftoe Ct. NE3: Gos 6C **42**
NE12: Kil 2D **44**
Shaftoe Rd. SR3: Sund 5F **117**
Shaftoe Sq. SR3: Sund 5F **117**
Shaftoe Way NE13: Din 4F **29**
Shafto St. NE15: Scot 4E **67**
NE28: W'snd 4C **60**
Shafto St. Nth.
NE28: W'snd 4C **60**
Shafto Ter. DH9: Crag 6H **123**
DH9: Stly 1D **122**
NE37: Wash 6B **100**
Shaftsbury Dr. DH7: B'don 6C **158**
Shakespeare Av. NE31: Heb 3C **72**
Shakespeare Cl. DH9: Stly 2F **123**
(not continuous)
Shakespeare St. DH5: Hou S 4A **138**
NE1: Newc T 4D **4** (4F **69**)
NE8: Gate 1A **84**
NE28: W'snd 4D **60**
Shakespeare St. NE32: Jar 1F **73**
NE33: S Shi 6F **63**
SR5: S'wck 3B **104**
SR7: S'hm 4B **142**
Shakespeare Ter.
SR2: Sund 6E **7** (2C **118**)
SR8: Eas 1C **162**
Shalcombe Cl. SR3: Silk 3A **132**
Shallcross SR2: Sund 3B **118**
Shalstone NE37: Wash 4D **100**
Shamrock Cl. NE15: Lem 1A **66**
Shandon Way NE3: Ken 2A **56**
SHANKHOUSE . . . . **.5C 16**
Shanklin Pl. NE23: Cra 3G **21**
Shannon Cl. SR5: Sund 4C **102**
Shannon Ct. NE3: Ken 6G **41**
Shap Cl. NE38: Wash 4B **114**
Shap Ct. SR3: Silk 3H **131**
Shapers . . . . ***.1B 118***
(off Chester Rd.)
Shap La. NE5: Den M 6E **55**
Shap Rd. NE30: Cull 3C **48**
Sharnford Cl. NE27: Back 6B **34**
Sharon Cl. NE12: Kil 3B **44**
Sharp Cres. DH1: Dur 4G **155**
(not continuous)
Sharpendon St. NE31: Heb 2C **72**
Sharperton Dr. NE3: Gos 4C **42**
Sharpley Dr. SR7: S'hm 2E **141**
Shaw Av. NE34: S Shi 5D **74**
Shawbrow Cl. NE7: H Hea 4E **59**
Shawdon Cl. NE5: West 3F **55**
Shaw Gdns. NE10: Ward 3H **85**
Shaw St. SR7: S'hm 4B **142**
Shaw Wood Cl. DH1: Dur 4A **154**
Shearlegs Rd. NE8: Gate 6A **70**
Shearwater SR6: Whit 6F **77**
Shearwater Av. NE12: Longb 6A **44**
Shearwater Cl. NE5: Blak 3F **55**
Shearwater Way NE24: News 3C **18**
Sheelin Av. DH2: Ches S 2C **134**
Sheen Cl. DH4: W Rai 3E **147**
Sheen Ct. NE3: Ken 2F **55**
Sheepfolds Nth.
SR5: Monkw 1G **7** (5D **104**)
Sheepfolds Rd.
SR5: Monkw 1G **7** (5D **104**)
SHEEP HILL . . . . **.1H 107**
Sheep Hill NE16: Burn 1H **107**
Shefton Mus. of Greek Art &
Archaeology, The
. . . . **.1C 4 (2F 69)**
Sheldon Ct. NE12: Longb 4C **44**
Sheldon Gro. NE3: Ken 4C **56**
NE23: Cra 6B **16**
Sheldon Rd. NE34: S Shi 6H **63**
Sheldon St. NE32: Jar 2F **73**
Shelford Gdns. NE15: Lem 2C **66**
Shellbark DH4: S Row 3D **128**
Shelley Av. DH5: Eas L 5F **149**
NE9: Spri 4F **99**
NE34: S Shi 4B **76**
NE35: Bol C 3C **88**
Shelley Cl. DH9: Stly 3E **123**
Shelley Ct. DH2: P Fel 6H **125**
Shelley Cres. NE24: Bly 2A **18**
Shelley Dr. NE8: Gate 1A **84**
Shelley Gdns. DH2: P Fel 6G **125**
Shelley Rd. NE15: Newb 2F **65**
Shelley Sq. SR8: Eas 2C **162**

Shelley St. SR7: S'hm 4B **142**
Shepherd Cl. NE23: Dud 5C **32**
Shepherd's Quay NE29: N Shi 3D **62**
Shepherd St. SR4: Sund 6A **104**
Shepherds Way NE36: W Bol 4C **88**
Shepherd Way NE38: Wash 5C **114**
Sheppard Ter. SR5: Sund 4D **102**
Sheppey Ct. SR3: Silk 3A **132**
Shepton Cotts. NE16: Sun 2G **95**
Sheraton NE10: Hew 6G **85**
Sheraton St. NE2: Newc T 1D **68**
Sherborne DH3: Gt Lum 3H **135**
Sherborne Av. NE29: N Shi 5H **47**
SHERBURN . . . . **.6D 156**
Sherburn Grange Nth.
NE32: Jar 4E **73**
Sherburn Grange Sth. NE32: Jar . . .5E **73**
Sherburn Grn. NE39: Row G 2F **93**
Sherburn Gro. DH4: Hou S 2G **137**
SHERBURN HILL . . . . **.6G 157**
Sherburn Pk. Dr. NE39: Row G . . .2E **93**
Sherburn Rd. DH1: Dur 5F **155**
Sherburn Rd. Est. DH1: Dur 6G **155**
Sherburn Rd. Flats *DH1: Dur 5F* ***155***
(off Sherburn Rd.)
Sherburn Sports Cen. . . . . **.5D 156**
Sherburn Ter. NE9: Wrek 3C **98**
Sherburn Way NE10: Ward 5A **86**
Sherfield Dr. NE7: H Hea 5D **58**
Sheridan Dr. DH9: Stly 3E **123**
Sheridan Grn. NE38: Wash 6G **113**
Sheridan Rd. NE34: S Shi 6C **74**
Sheridan St. SR4: Sund 6H **103**
SHERIFF HILL . . . . **.6A 84**
Sheriff Mt. Nth. NE9: Low F 4A **84**
Sheriff Mt. Sth. NE9: Low F 4A **84**
Sheriffs Cl. NE10: Fall 3B **84**
Sheriffs Hall Vs. NE9: Low F 5A **84**
Sheriff's Highway NE9: Low F 5A **84**
Sheriff's Moor Av. DH5: Eas L . . .5E **149**
Sheringham Av. NE29: N Shi 6H **47**
Sheringham Cl. SR3: Dox P 5A **132**
Sheringham Dr. NE23: Cra 3G **21**
Sheringham Gdns. NE15: Thro . . .5B **52**
Sheringham Ho. NE38: Wash . . .3D **114**
Sherringham Av. NE3: Ken 2A **56**
Sherwood NE27: Mur 3F **47**
Sherwood Cl. NE27: Mur 3F **47**
NE38: Wash 2B **114**
Sherwood Ct. SR3: Silk 3A **132**
Sherwood Pl. NE3: Gos 3E **43**
Sherwood Vw. NE28: W'snd 3G **59**
Shetland Ct. SR3: Silk 3A **132**
Shibdon Bank NE21: Blay 2A **80**
Shibdon Bus. Pk. NE21: Blay 6C **66**
Shibdon Ct. *NE21: Blay 6A* ***66***
(off Shibdon Rd.)
Shibdon Cres. NE21: Blay 1B **80**
Shibdon Pk. Vw. NE21: Blay 1B **80**
Shibdon Pond Nature Reserve . . **.6C 66**
Shibdon Rd. NE21: Blay 6A **66**
Shibdon Way NE21: Blay 1D **80**
Shield Av. NE16: Swa 2F **81**
Shieldclose NE37: Wash 1G **113**
Shield Ct. NE2: Newc T . . .1G **5** (2H **69**)
SHIELDFIELD . . . . **.3G 5 (3H 69)**
Shieldfield Ho.
NE2: Newc T 2G **5** (3H **69**)
Shieldfield Ind. Est.
NE2: Newc T 3H **5** (3H **69**)
Shieldfield La.
NE2: Newc T 3H **5** (3H **69**)
Shield Gro. NE3: Gos 1F **57**
SHIELD ROW . . . . **.1E 123**
Shield Row DH9: Stly 2D **122**
Shield Row Gdns. DH9: Stly 1D **122**
Shieldrow La. DH9: Ann P 6G **121**
Shields La. NE6: Byke 3C **70**
Shields Pl. DH5: Hou S 2A **138**
Shields Rd.
DH3: Ches S, Gt Lum 4D **126**
NE6: Byke 3B **70**
NE6: Walk 2C **70**
NE10: Bill Q, Hew, Pel 2F **85**
NE10: Hew 3F **85**
NE22: H Bri 2D **14**
NE25: Whit B 2B **48**
SR6: Clead, S Shi 6H **75**
SR6: Ful 5B **90**
Shields Rd. By-Pass
NE6: Byke 3B **70**
Shields Rd. W. NE6: Byke 3A **70**
Shield St. NE2: Newc T . . .3G **5** (3H **69**)
Shiel Gdns. NE23: Cra 3G **21**
Shillaw Pl. NE23: Dud 5B **32**
Shilmore Rd. NE3: Ken 2B **56**
Shilton Cl. NE34: S Shi 4A **76**
SHINCLIFFE . . . . **.3G 161**
Shincliffe Av. SR5: Sund 3E **103**
Shincliffe Gdns. NE9: Wrek 2C **98**
Shincliffe La.
DH1: S Hou, Shin 2H **161**
SHINEY ROW . . . . **.4E 129**
Shinwell Ter. SR7: Mur 2B **150**
Shipby SR3: Silk 2H **131**
SHIPCOTE . . . . **.3G 83**
Shipcote La. NE8: Gate 3H **83**
Shipcote Ter. NE8: Gate 3H **83**
Shipley Art Gallery . . . . **.3H 83**
Shipley Av. NE4: Fen 3A **68**
SR6: Seab 1E **105**
Shipley Ct. NE8: Gate 2H **83**
Shipley Pl. NE6: Byke 3B **70**
Shipley Ri. NE6: Byke 3C **70**
Shipley Rd. NE30: Tyne 6E **49**
Shipley St. NE15: Lem 3A **66**
Shipley Wlk. NE6: Byke 3B **70**
Shipton Cl. NE35: Bol C 2A **88**
Shipton La. NE5: Ken 4H **55**
Shire Chase DH1: P Me 5D **144**
SHIREMOOR . . . . **.2D 46**
Shiremoor By-Pass NE27: Back . . .2A **46**
Shiremoor Station (Metro) . . . . . **.2D 46**
Shirlaw Cl. NE5: West 3D **54**
Shirley Gdns. SR3: Sund 4B **118**
Shirwood Av. NE16: Whi 6E **81**
Shop Row DH4: S Row 4G **129**
Shop Spouts NE21: Blay 6A **66**
Shoreham Ct. NE3: Ken 6G **41**
Shoreham Sq. SR3: Sund 4G **117**
Shorestone Av. NE30: Cull 2D **48**
Shore St. SR6: Roker 4D **104**
Shoreswood Dr. SR3: Tuns 2B **132**
Short Gro. SR7: Mur 2A **150**
Shortridge St. NE33: S Shi 4F **63**
Shortridge Ter. NE2: Jes 6H **57**
Short Row DH4: Bour 5C **128**
NE5: Call 1H **53**
Shot Factory La. NE4: Newc T 6E **69**
Shotley Av. SR5: S'wck 2B **104**
Shotley Gdns. NE9: Low F 4A **84**
Shotley Gro. NE36: E Bol 4D **88**
SHOTTON
Morpeth . . . . **.6A 14**
Peterlee . . . . **.3A 164**
Shotton Av. NE24: Bly 1C **18**
Shotton Bank SR8: Pet 5A **164**
SHOTTON EDGE . . . . **.3A 20**
Shotton La. DH6: Pet 2A **164**
NE23: Cra, Nel V 5D **14**
NE61: Stan 6A **14**
Shotton Rd. SR8: Hor 6F **163**
Shotton St. NE23: E Har 4B **16**
Shotton Way NE10: Ward 5C **86**
Shrewsbury Cl. NE7: H Hea 3D **58**
SR8: Pet 2B **164**
Shrewsbury Cres.
SR3: Sund 4G **117**
Shrewsbury Dr. NE27: Back 6A **34**
Shrewsbury St. NE11: Dun 3B **82**
SR7: S'hm 6B **142**
Shrewsbury Ter. NE33: S Shi 2E **75**
Shrigley Cl. NE38: Wash 1H **127**
Shrigley Gdns. NE3: Ken 2B **56**
Shropshire Dr. DH1: Carr 5A **156**
Shummard Cl. DH4: S Row 4D **128**
Shunner Cl. NE37: Wash 1G **113**
Sibthorpe St. NE29: N Shi 2D **62**
Side NE1: Newc T 6E **5** (5G **69**)
(not continuous)
Side Cliff Rd. SR6: Ful 2D **104**
Side Gallery . . . . **.6E 5**
Sidegate DH1: Dur 1A **6** (5C **154**)
Side La. NE61: Hep 1A **8**
Sidgate *NE1: Newc T 3D 4*
(off Eldon Sq.)
Sidings, The DH1: Dur 5E **155**
Sidlaw Av. DH2: Ches S 1A **134**
NE29: N Shi 4B **48**
Sidmouth Cl. DH4: Nbot 5G **129**
SR7: Dalt D 5F **141**
Sidmouth Rd. NE9: Low F 2H **97**
NE29: N Shi 1G **61**
Sidney Cl. DH9: Stly 3F **123**
Sidney Gro. NE4: Fen 3C **68**
NE8: Gate 2F **83**
Sidney St. NE24: Bly 6B **12**
NE29: N Shi 2C **62**
NE35: Bol C 3B **88**
Sidney Ter. DH9: Tan L 1B **122**
Silkeys La. NE29: N Shi 2B **62**
Silkstun Ct. SR3: New S 2A **132**
SILKSWORTH . . . . **.3G 131**
Silksworth Cl. SR3: New S 1H **131**
Silksworth Gdns. NE9: Wrek 3C **98**
Silksworth Hall Dr. SR3: Silk 3H **131**
Silksworth La. SR3: E Her 2E **131**
(not continuous)
SR3: New S, Sund 2G **131**
Silksworth Rd. SR3: E Her 2E **131**
SR3: Silk 3G **131**
Silksworth Row
SR1: Sund 3E **7** (6C **104**)
(not continuous)
Silksworth Ski Slope . . . . **.6H 117**
Silksworth Sports Complex . . . . **.6H 117**
Silksworth Ter. SR3: New S 2A **132**
Silksworth Way SR3: Dox P 3G **131**
Silkwood Cl. NE23: Cra 6B **16**
Silloth Av. NE5: Den M 1E **67**
Silloth Dr. NE37: Wash 3A **100**
Silloth Pl. NE30: Cull 3D **48**
Silloth Rd. SR3: Sund 5F **117**
Silverbirch Ind. Est. NE12: Kil 1B **44**
Silverbriar SR5: Sund 4H **103**
Silver Ct. NE9: Low F 3A **84**
Silver Courts DH7: B'don 5D **158**
Silverdale SR3: Dox P 5A **132**
Silverdale Av. NE10: Ward 3B **86**
Silverdale Dr. NE21: Winl 2F **79**
Silverdale Rd. NE23: Cra 6B **16**
Silverdale Ter. NE8: Gate 3H **83**

Silverdale Way NE16: Whi 6D 80
  NE34: S Shi 6B 74
Silver Fox Way
  NE27: N Shi, Shir 5C 46
Silverhill Dr. NE5: Den M, Fen ...2E 67
Silverlink, The NE28: W'snd 6E 47
Silverlink Bus. Pk. NE27: Shir ...5E 47
  NE28: W'snd 6D 46
Silverlink Nth., The NE27: Shir ..4C 46
Silver Lonnen NE5: Den M, Fen ...2E 67
Silvermere Dr. NE40: Ryton 5D 64
Silverstone NE12: Kil 2E 45
Silverstone Way NE37: Wash ...5C 100
Silver St. DH1: Dur 3A 6 (6C 154)
  NE30: Tyne 6F 49
  SR1: Sund 5F 105
Silvertop Gdns. NE40: G'sde 2A 78
Silvertop Ter. NE40: G'sde 3A 78
Silverwood Gdns. NE11: Lob H ...6D 82
Simonburn NE38: Wash 3F 113
Simonburn Av. NE4: Fen 1A 68
  NE29: N Shi 1G 61
Simon Pl. NE13: W Op 6C 30
SIMONSIDE 4C 74
Simonside NE26: Sea S 5H 25
  NE34: S Shi 4C 74
Simonside Av. NE28: W'snd 3D 60
Simonside Cl. NE26: Sea S 5H 25
Simonside E. Ind. Est.
  NE32: Jar 4A 74
Simonside Hall NE34: S Shi 4B 74
Simonside Ind. Est. NE32: Jar ...4H 73
Simonside Pl. NE9: Wrek 2C 98
Simonside Rd. NE21: Blay 2A 80
  SR3: Sund 4F 117
Simonside Ter. NE6: Heat 1B 70
Simonside Vw. NE16: Whi 4E 81
  NE20: Pon 4D 26
  NE32: Jar 5G 73
Simonside Wlk. NE11: Lob H 6C 82
Simonside Way NE12: Kil 1F 45
Simpson Cl. NE35: Bol C 3A 88
  (not continuous)
Simpsons Memorial Homes
  NE40: Craw 5A 64
Simpson St. DH9: Stly 2D 122
  NE24: Bly 5C 12
  NE29: N Shi 2A 62
  NE30: Cull 1E 49
  NE40: Ryton 5E 65
  SR4: Sund 5B 104
Simpson Ter.
  NE2: Newc T 3G 5 (3H 69)
  NE15: Walb 6H 53
Sinclair Ct. NE13: Bru V 5C 30
Sinclair Dr. DH3: Ches S 1D 126
Sinclair Gdns. NE25: Sea D 6B 24
Sinderby Cl. NE3: Gos 5F 43
Sir Godfrey Thomson Ct.
  NE10: Fall 3C 84
Sitwell Rd. DH9: Stly 3E 123
Sixth Av. DH2: Ches S 6B 126
  NE6: Heat 2C 70
  NE11: T Vall 1E 97
  NE24: Bly 2B 18
Sixth St. SR8: Hor 6G 163
Skaylock Dr. NE38: Wash 4G 113
Skegness Pde. NE31: Heb 1E 87
Skelder Av. NE12: Longb 1B 58
Skelton Ct. NE3: Ken 5A 42
Skendleby Dr. NE5: Ken 4H 55
Skerne Cl. SR8: Pet 3C 164
Skiddaw Cl. SR8: Pet 1E 165
Skiddaw Ct. DH9: Ann P 6F 121

Skiddaw Dr. SR6: Seab 6C 90
Skiddaw Pl. NE9: Low F 1B 98
Skinnerburn Rd. NE4: Newc T ...1D 82
Skipper Cl. NE11: Fest P 4D 82
Skippers Mdw. DH7: Ush M ...6D 152
  (not continuous)
Skipsea Vw. SR2: Ryh 2D 132
  (not continuous)
Skipsey Ct. NE29: N Shi 4H 61
Skipton Cl. NE22: Bed 3F 9
  NE23: Cra 6C 16
Skipton Grn. NE9: Low F 3B 98
Skirlaw Cl. NE38: Wash 3B 114
Ski Vw. SR3: New S 2H 131
Skye Ct. SR3: Silk 3A 132
Skye Gro. NE32: Jar 1A 88
Slaidburn Rd. DH9: Stly 2D 122
Slake Rd. NE32: Jar 1H 73
Slake Ter. NE34: S Shi 2D 74
Slaley NE38: Wash 6C 114
Slaley Cl. NE10: Ward 4A 86
Slaley Ct. NE22: Bed 4A 10
  SR3: Silk 3A 132
Slater's Row DH3: Gt Lum 4G 135
  (not continuous)
Slatyford La. NE5: Den M 1E 67
Sledmere Cl. SR8: Pet 5D 162
Sleekburn Av. NE22: Bed 2D 10
Sleekburn Bus. Cen. NE24: Bly ...4B 12
  (off Millfield Gdns.)
Sleekburn Ho. NE22: Bed 2D 10
Sleetburn La. DH7: Lang M 3F 159
Slingley Cl. SR7: S'hm 2E 141
Slingsby Gdns. NE7: H Hea 4D 58
Slipway, The NE10: Bill Q 1G 85
Sloane Ct. NE2: Jes 1E 5 (2G 69)
Smailes La. NE39: Row G 3C 92
Smailes St. DH9: Stly 4A 122
SMALLBURN 2D 26
Smeaton Ct. NE28: W'snd 6E 61
Smeaton St. NE28: W'snd 6E 61
Smillie Cl. SR8: Pet 6D 162
Smillie Rd. SR8: Hor 4E 163
Smithburn Rd. NE10: Fall 4D 84
Smith Cl. DH6: S'burn 6D 156
Smithfield DH1: P Me 5B 144
Smith Gro. SR2: Ryh 3E 133
Smith's Ter. DH5: Eas L 4D 148
Smith St. NE33: S Shi 1D 74
  SR2: Ryh 3F 133
Smith St. Sth. SR2: Ryh 3F 133
Smithyford NE9: Low F 4A 98
Smithy La. NE9: Lame, Low F ...4G 97
  NE11: Lame 4G 97
Smithy Sq. NE23: Cra 3B 22
Smithy St. NE33: S Shi 4E 63
Smuggler's Cave 2F 49
Smyrna Pl. SR1: Sund 1E 119
Sniperley Gro. DH1: Dur 2H 153
Snipes Dene NE39: Row G 2E 93
Snowdon Ct. DH9: Ann P 6E 121
Snowdon Gdns. NE11: Lob H ...5C 82
Snowdon Gro. NE36: W Bol 4D 88
Snowdon Pl. SR8: Pet 2A 164
Snowdon Ter. SR2: Ryh 2F 133
Snowdrop Av. SR8: Hor 6F 163
Snowdrop Cl. NE21: Winl 1G 79
Soane Gdns. NE34: S Shi 5F 75
Softley Pl. NE15: Den M 2D 66
Solar Ho. SR1: Sund 4G 7
Solingen Est. NE24: Bly 2D 18
Solway Av. NE30: Cull 3C 48
Solway Rd. NE31: Heb 5D 72
Solway Sq. SR3: Sund 4G 117

Solway St. NE6: Byke 5C 70
Somerford NE9: Spri 3F 99
Somersby Dr. NE3: Ken 2A 56
Somerset Cotts. SR3: New S ...6A 118
Somerset Gdns. NE28: W'snd ...4G 59
Somerset Gro. NE29: N Shi 5H 47
Somerset Pl.
  NE4: Elsw, Newc T 5D 68
Somerset Rd. NE31: Heb 6D 72
  SR3: Sund 4F 117
Somerset Sq. SR3: Sund 4F 117
Somerset St. SR3: New S 1A 132
Somerset Ter. NE36: E Bol 4F 89
Somerton Ct. NE3: Ken 1G 55
Somervyl Av. NE12: Longb 1H 57
Somervyl Ct. NE12: Longb 6H 43
Sophia SR7: S'hm 4B 142
Sophia St. SR7: S'hm 4B 142
Sophy St. SR5: S'wck 3C 104
Sorley St. SR4: Sund 1A 118
Sorrel Gdns. NE34: S Shi 6G 75
Sorrell Cl. NE4: Fen 2H 67
Soulby St. NE3: Ken 5H 41
Sourmilk Hill La. NE9: Low F ...5A 84
Souter Dr. SR7: S'hm 2A 142
Souter Point Lighthouse 4F 77
Souter Rd. NE3: Gos 2C 56
Souter Vw. SR6: Whit 1F 91
South App. DH2: Ches S 6B 126
South Av. NE16: Whi 6F 81
  NE34: S Shi 4H 75
  NE37: Wash 5A 100
  NE40: Ryton 4C 64
South Bailey DH1: Dur ...5B 6 (1C 160)
South Bend NE3: Gos 4D 42
SOUTH BENTS 5F 91
Sth. Bents Av. SR6: Seab 5E 91
SOUTH BENWELL 5A 68
Sth. Benwell Rd. NE15: Benw ...5G 67
SOUTH BOLDON 4D 88
Southburn Cl. DH4: Hou S 3G 137
South Burns DH3: Ches S 5C 126
Sth. Burn Ter. DH4: S Row 3G 129
South Cliff SR6: Roker 3F 105
Southcliff NE26: Whit B 1E 49
South Cl. DH5: Eas L 5F 149
  NE34: S Shi 4H 75
  NE40: Ryton 5C 64
  SR2: Ryh 3F 133
    (off Stockton Rd.)
Sth. Coronation St. SR7: Mur ...3D 150
    (off George St.)
Southcote NE16: Whi 6E 81
South Cres. DH1: Dur 4B 154
  DH4: Hou S 2D 136
  NE35: Bol C 3B 88
  NE38: Wash 1H 127
  SR7: S'hm 4C 142
  SR7: Mur 4E 160
South Cft. NE12: Longb 6E 45
Southcroft NE38: Wash 6B 114
Sth. Cross St. NE3: Gos 2E 57
South Dene NE34: S Shi 4D 74
Southdowns DH2: Ches S 1C 134
South Dr. NE13: Sea B 3A 20
  NE13: Wool 5E 41
  NE31: Heb 5A 72
  SR6: Clead 2H 89
Sth. Durham St. SR1: Sund 1E 119
South E. Vw. SR8: Hor 6H 163
Sth. Eldon St. NE33: S Shi 2D 74
South End DH6: H Pitt 2G 157
  SR6: Clead 3G 89
Southend Av. NE24: Bly 1A 18

Southend Pde. NE31: Heb 1E **87**
Southend Rd. NE9: Low F 1A **98**
  SR3: Sund 5G **117**
Southend Ter. NE9: Low F 5B **84**
Southern Prom. NE26: Whit B 6E **37**
Southern Radial Route
  SR2: Ryh, Sund 5G **119**
Southern Rd. NE6: Walk 5F **71**
Southern Way NE40: Ryton 5C **64**
Southernwood NE9: Low F 4A **98**
Southey St. NE33: S Shi 1E **75**
  (not continuous)
South Farm SR2: Ryh 3G **133**
Southfield DH2: Pelt 2G **125**
Southfield Gdns. NE16: Whi 4G **81**
Southfield Grn. NE16: Whi 5G **81**
Southfield La. NE17: Ham 5A **106**
Southfield Rd. NE12: Longb 1C **58**
  NE16: Whi 5G **81**
  NE34: S Shi 1H **75**
Southfields DH9: Stly 5C **122**
  NE23: Dud 4A **32**
Southfields Ho. *NE6: Byke* *3B 70*
  (off Heaton Rd.)
Southfield Ter. NE6: Walk 5G **71**
  NE16: Whi 5G **81**
Southfield Way DH1: Dur 3A **154**
South Foreshore NE33: S Shi . . .5H **63**
Southfork NE15: Lem 1A **66**
Sth. Frederick St. NE33: S Shi . . .2D **74**
South Front NE2: Jes 1G **69**
Southgate NE12: Kil 3C **44**
Southgate Ct. NE12: Longb 1H **57**
SOUTH GOSFORTH 3G **57**
South Gosforth Station (Metro)
  . . . . .3G **57**
South Gro. NE40: Ryton 5D **64**
South Harbour NE24: Bly 1E **19**
SOUTH HETTON 6A **150**
Sth. Hetton Ind. Est.
  DH6: S Het 6A **150**
Sth. Hetton Rd.
  DH5: Eas L, S Het 5F **149**
Sth. Hill Rd. NE8: Gate 2E **83**
SOUTH HYLTON 1C **116**
South Hylton Station (Metro) . . .1D **116**
Southill Rd. NE34: S Shi 3A **76**
Southlands NE7: H Hea 5A **58**
  NE9: Eigh B 3C **98**
  (not continuous)
  NE30: Tyne 5D **48**
  NE32: Jar 2H **87**
  SR2: Ryh 3F **133**
South La. NE36: E Bol 4E **89**
South Lea NE21: Blay 2A **80**
Sth. Leam Farm NE10: Hew 1G **99**
South Leigh DH9: Tan L 6B **108**
Southleigh NE26: Whit B 6D **36**
Sth. Lodge Wood NE61: Hep 1A **8**
South Mall NE23: Cra 3A **22**
South Mkt. St. DH5: Hett H 1D **148**
Southmayne Rd. SR4: Sund 3F **117**
Southmead Av. NE5: Blak 6F **55**
South Mdws. DH9: Dip 1D **120**
SOUTH MOOR 5B **122**
Sth. Moor Rd. DH9: Stly 5C **122**
Southmoor Rd. NE6: Walk 2F **71**
Sth. Nelson Ind. Est.
  NE23: Nel V 1G **21**
Sth. Nelson Rd. NE23: Nel V 1G **21**
SOUTH NEWSHAM 4B **18**
South Newsham Nature Reserve
  . . . . .4A **18**

Sth. Newsham Rd.
  NE24: News 4A **18**
South Pde. NE10: Bill Q 1H **85**
  NE26: Whit B 6D **36**
  NE29: N Shi 5A **62**
SOUTH PELAW 4B **126**
South Pier 3G **63**
Southport Pde. NE31: Heb 6E **73**
Sth. Preston Gro. NE29: N Shi . . .2C **62**
Sth. Preston Ter. *NE29: N Shi* . . .*2C 62*
  (off Albion Rd. W.)
South Prom. NE33: S Shi 4H **63**
Sth. Railway St. SR7: S'hm 4B **142**
South Ridge NE3: Gos 5D **42**
South Riggs NE22: Bed 5H **9**
South Rd. DH1: Dur 6B **6** (5B **160**)
South Row NE8: Gate 5A **70**
South Sherburn NE39: Row G . . .4D **92**
SOUTH SHIELDS 4E **63**
South Shields Bowls Cen. 6H **63**
South Shields Mus. & Art Galley
  . . . . .4E **63**
South Shields Station (Metro) . . .4E **63**
Sth. Shore Rd. NE8: Gate 6B **70**
  (Baltic Bus. Cen.)
  NE8: Gate 6G **5** (5H **69**)
  (Hillgate, not continuous)
South Side SR8: Eas 2B **162**
Southside Gdns. SR4: Sund 1C **116**
SOUTH STANLEY 5C **122**
South St. DH1: Dur 4A **6** (6C **154**)
  DH2: Ches S 5B **126**
  DH4: Hou S 3E **137**
  DH4: Nbot 6H **129**
  DH4: W Rai 3E **147**
  DH5: E Rain 1H **147**
  DH6: S'burn 6E **157**
  NE1: Newc T 6C **4** (5F **69**)
  NE3: Gos 2C **56**
  NE8: Gate 2H **83**
  (not continuous)
  NE27: Shir 1D **46**
  NE31: Heb 2D **72**
  NE39: H Spen 1A **92**
  SR1: Sund 3F **7** (6C **104**)
  (not continuous)
Southstreet Banks
  DH1: Dur 4A **6** (1C **160**)
South Ter. DH1: Dur 2A **154**
  NE28: W'snd 5C **60**
  NE61: Hep 1A **8**
  SR5: S'wck 4B **104**
  SR7: Mur *3D 150*
  (off E. Coronation St.)
  SR7: S'hm 4C **142**
  SR8: Hor 6F **163**
South Thorn DH9: Stly 2D **122**
Sth. Tyneside Crematorium
  NE34: S Shi 6C **74**
South Vw. DH1: Dur 5F **155**
  DH2: Kim 2A **144**
  DH2: Newf 4E **125**
  DH2: Pelt 2C **124**
  (High Handenhold)
  DH2: Pelt 2G **125**
  (Pelton)
  DH3: Bir 3D **112**
  DH4: S Row 2G **129**
  DH5: Eas L 5F **149**
  DH6: S Hil 6H **157**
  DH7: Bear P 4D **152**
  DH7: Mead 6E **159**
  DH7: Ush M 5B **152**
  DH9: Ann P 6G **121**

South Vw. DH9: Stly 6F **123**
  DH9: Tant 5H **107**
  NE5: W Dent 1C **66**
  NE9: Spri 4G **99**
  NE13: Din 4E **29**
  NE13: Haz 1C **42**
  NE22: E Sle 1F **11**
  NE23: Dud 2B **32**
  NE24: News 3A **18**
  NE32: Jar 3E **73**
  NE38: Wash 6C **114**
  NE39: H Spen 2A **92**
  NE40: Craw 5A **64**
  SR4: Sund 2C **116**
  SR6: Ful 2D **104**
  SR6: Whit 6F **77**
  SR7: Dalt T 6F **141**
  SR7: Mur *2D 150*
  (off E. Coronation St.)
  TS27: Cas E 6B **164**
South Vw. Cl. NE23: Seg 2E **33**
South Vw. E. NE39: Row G 3C **92**
South Vw. Gdns. DH9: Ann P . . .6G **121**
South Vw. Pl. NE23: Cra 3B **22**
South Vw. Rd. SR4: Sund 2C **116**
South Vw. Ter. DH4: Hou S 3F **137**
  DH7: Bear P 4D **152**
  NE10: Fall 3D **84**
  NE16: Swa 3F **81**
  NE16: Whi 5F **81**
South Vw. W. NE6: Heat 3A **70**
  NE39: Row G 3B **92**
Southward NE26: Sea S 4H **25**
Southward Cl. NE26: Sea S 4H **25**
Southward Way NE25: H'wll 2C **34**
Southway NE9: Low F 5B **84**
  NE15: Lem 2C **66**
  SR8: Pet 2C **164**
SOUTH WELLFIELD 1F **47**
South W. Ind. Est. SR8: Pet 1A **164**
SOUTHWICK 3B **104**
Southwick Goods Yd.
  SR5: S'wck 4A **104**
Southwick Ind. Est.
  SR5: S'wck 3H **103**
Southwick Rd.
  SR5: Monkw, S'wck 3B **104**
Southwold Gdns. SR3: New S . . .1H **131**
  (not continuous)
Southwold Pl. NE23: Cra 3G **21**
Sth. Woodbine St. NE33: S Shi . . .5F **63**
Southwood Cres. NE39: Row G . . .3F **93**
Southwood Gdns. NE3: Ken 3A **56**
Sovereign Ct. NE2: Jes 1H **69**
  NE4: Elsw 4C **68**
Sovereign Ho. NE30: Tyne 6F **49**
Sovereign Pl. NE4: Elsw 5C **68**
Spalding Cl. NE7: H Hea 3C **58**
Spanish City Bldgs.
  NE26: Whit B 5C **36**
Sparkwell Cl. DH4: Nbot 5H **129**
Spartylea NE38: Wash 6D **114**
Spa Well Cl. NE21: Winl 3H **79**
Spa Well Dr. SR5: Sund 3E **103**
Spa Well Rd. NE21: W Mill 5B **80**
Speculation Pl. NE37: Wash 5B **100**
Speedwell Cl. NE9: Low F 6C **84**
Spelter Works Rd. SR2: Sund . . .5F **119**
  (not continuous)
Spen Burn NE39: H Spen 2A **92**
Spencer Cl. DH9: Stly 3F **123**
Spencer Ct. NE15: Newb 1F **65**
  NE24: Cow 4H **11**

Spencer Gro. NE16: Whi 3F **81**
Spencer Ind. Est. DH3: Bir 3B **112**
Spencer Rd. NE24: Cow 4H **11**
Spencers Bank NE16: Swa 2E **81**
Spencer St. NE6: Heat 1C **70**
NE29: N Shi 2C **62**
NE31: Heb 2D **72**
NE32: Jar 1F **73**
Spencer Ter. NE15: Walb 6H **53**
Spence Ter. NE29: N Shi 2B **62**
Spenfield Rd. NE5: Ken 4H **55**
Spen La. NE39: H Spen 4A **78**
NE39: H Spen, Row G 1A **92**
NE40: G'sde 4A **78**
Spen Rd. NE39: H Spen 6A **78**
Spenser Wlk. NE34: S Shi 6C **74**
Spen St. DH9: Stly 4C **122**
Spinney, The NE7: H Hea 5B **58**
NE12: Kil 3E **45**
NE23: Dud 3C **32**
NE38: Wash 5B **114**
SR8: Eas 1A **162**
Spinneyside Gdns.
NE11: Dun 4B **82**
Spinney Ter. NE6: Walk 3F **71**
Spire Hollin SR8: Pet 1C **164**
Spire Rd. NE37: Wash 1D **114**
Spires La. NE6: Byke 3C **70**
Spital Ter. NE3: Gos 2E **57**
SPITAL TONGUES **2D 68**
Split Crow Rd. NE8: Gate 3A **84**
NE10: Fall 3A **84**
Spohr Ter. NE33: S Shi 6F **63**
Spoors Cotts. NE16: Whi 5E **81**
Spoor St. NE11: Dun 2B **82**
Sportsman's Pl. *DH9: Dip 1C **120***
(off Front St.)
Sports Northumbria Cen.
. . . . **2F 5 (3G 69)**
Spout La. NE37: Wash 5B **100**
(not continuous)
NE38: Wash 1B **114**
Springbank Rd. NE2: Newc T 2A **70**
SR3: Sund 4F **117**
Springbank Sq. SR3: Sund 4F **117**
Spring Cl. DH9: Ann P 6G **121**
Springfeld NE10: Hew 1F **99**
Springfell DH3: Bir 4D **112**
(not continuous)
Springfield NE29: N Shi 1C **62**
Springfield Av. NE9: Eigh B 4C **98**
Springfield Cres. SR7: S'hm 5A **142**
Springfield Gdns.
DH3: Ches S 4C **126**
NE28: W'snd 3F **59**
Springfield Gro. NE25: Monks 2A **48**
Springfield Pk. DH1: Dur 4A **154**
NE12: Longb 5D **44**
Springfield Pl. NE9: Low F 5A **84**
Springfield Rd. DH4: Nbot 6H **129**
NE5: Blak 6G **55**
NE21: Blay 1A **80**
Springfield Ter. DH2: P Fel 4G **125**
NE10: Fall 4C **84**
SR8: Eas C 2F **163**
Spring Gdn. Cl. SR1: Sund 6E **105**
Spring Gdn. La.
NE4: Newc T 3A **4** (3D **68**)
Spring Gdns. NE29: N Shi 2B **62**
Spring Gdns. Ct. NE29: N Shi 1C **62**
Springhill Gdns. NE15: Benw 3H **67**
Spring Pk. NE22: Bed 5A **10**
Springs, The DH3: Bir 4D **112**
(not continuous)
Springs Health Club **5H 83**
Spring St. NE4: Newc T . . .3A **4** (3D **68**)
NE8: Gate 2D **82**
Springsyde Cl. NE16: Whi 6C **80**
Spring Ter. NE29: N Shi 1C **62**
Spring Ville NE22: E Sle 1F **11**
SPRINGWELL
Gateshead **4F 99**
Washington **4F 117**
Springwell Av. DH1: Dur 4A **154**
NE6: Walk 5E **71**
NE9: Wrek 2C **98**
NE32: Jar 3G **73**
Springwell Bldgs. SR8: Hor 6G **163**
Springwell Cl. NE21: Blay 2B **80**
SPRINGWELL ESTATE **1E 99**
Springwell La.
NE9: Eigh B, Spri 2E **99**
Springwell Rd. DH1: Dur 4A **154**
NE9: Spri 3F **99**
NE9: Wrek 2C **98**
NE32: Jar 4F **73**
SR3: Sund 3F **117**
SR4: Sund 3F **117**
Springwell Ter. DH5: Hett H 2C **148**
NE9: Spri 4F **99**
NE9: Wrek 2E **99**
Springwood NE31: Heb 2A **72**
Square, The NE16: Whi 4F **81**
NE20: Pres 6A **28**
NE27: Shir 3B **46**
SR6: Ful 5B **90**
Square Ho's. NE10: Wind N 4B **84**
Squires Bldg.
NE1: Newc T 1E **5** (2G **69**)
Squires Gdns. NE10: Fall 4D **84**
Stable La. NE3: Ken 5B **42**
Stables, The DH4: W Herr 2B **130**
SR7: Seat 1A **140**
Stack Gth. DH7: B'don 4E **159**
Stadium Ind. Pk. NE10: Gate 6B **70**
Stadium of Light . . . . **1E 7 (5C 104)**
Stadium of Light Station (Metro)
. . . . **4D 104**
Stadium Rd. NE10: Gate 6B **70**
Stadium Vs. NE28: W'snd 5A **60**
Stadium Way SR5: Monkw 4C **104**
Stadon Way DH4: Nbot 5G **129**
Stafford Gro. SR2: Ryh 3E **133**
SR5: S'wck 3B **104**
Stafford La. SR6: Whit 3F **91**
Stafford Pl. SR8: Pet 6B **162**
Staffordshire Dr. DH1: Carr 4B **156**
Stafford St. DH5: Hett H 1B **148**
SR1: Sund 5F **105**
Stafford Vs. NE9: Spri 4F **99**
Stagshaw NE12: Kil 6C **32**
Staindrop NE10: Hew 6G **85**
Staindrop Rd. DH1: Dur 1D **154**
Staindrop Ter. DH9: Ann P 5F **121**
Staines Rd. NE6: Newc T, Walk . . .5D **70**
Stainmore Dr. DH3: Gt Lum 4H **135**
Stainton Dr. NE10: Fall 3D **84**
Stainton Gdns. NE9: Wrek 3C **98**
Stainton Gro. SR6: Seab 6C **90**
Stainton Way SR8: Pet 1C **164**
Staithes Av. NE12: Longb 1C **58**
Staithes Ho. NE38: Wash 4E **115**
Staithes Rd. NE11: Dun 1C **82**
NE38: Wash 4E **115**
Staithes St. NE6: Walk 3H **71**
Staith La. NE21: Blay 5G **65**
Stakeford Rd. NE22: Bed 2C **10**
Stalks Rd. NE13: W Op 5D **30**
Stamford NE12: Kil 1D **44**
Stamford Av. NE25: Sea D 1C **34**
SR3: Sund 4H **117**
Stamfordham Av. NE29: N Shi 2H **61**
Stamfordham Cl. NE28: W'snd . . .5G **59**
Stamfordham M. NE5: Fen 6H **55**
Stamfordham Rd.
NE5: Blak, Call, Cha P, Fen, West
. . . . .6E **39**
NE15: Darr H, Thro 5A **38**
Stamp Exchange NE1: Newc T 6D **4**
Stampley Cl. NE21: Winl 3G **79**
Stamps La. SR1: Sund 6F **105**
Standerton Ter. DH9: Stly 6F **123**
Standish St. DH9: Stly 4B **122**
Stanelaw Way DH9: Tan L 6D **108**
Staneway NE10: Hew 6E **85**
Stanfield Bus. Cen.
SR2: Sund 2F **119**
Stanfield Ct. NE7: H Hea 4E **59**
Stanfield Gdns. NE10: Ward 3A **86**
Stang Wlk. NE12: Longb 6C **44**
Stanhope NE38: Wash 2F **113**
Stanhope Chase SR8: Pet 4D **164**
Stanhope Cl. DH1: Dur 6D **144**
DH4: Hou S 4H **137**
DH7: Mead 5E **159**
Stanhope Gdns. DH9: Ann P 5F **121**
Stanhope Pde. NE33: S Shi 1F **75**
Stanhope Rd. NE32: Jar 4H **73**
NE33: S Shi 3D **74**
SR6: Seab 1E **105**
Stanhope St.
NE4: Newc T 3A **4** (3C **68**)
NE33: S Shi 4E **63**
Stanhope Way NE4: Newc T 3D **68**
Stank La. DH1: P Me 4A **144**
STANLEY **3C 122**
Stanleyburn Ct. DH9: Ann P 5H **121**
Stanleyburn Vw. DH9: Ann P 5H **121**
Stanley By-Pass DH9: Stly 4B **122**
Stanley Cl. DH6: S'burn 6D **156**
Stanley Ct. DH9: Stly 3E **123**
Stanley Cres. *NE26: Whit B 1D **48***
(off Alma Pl.)
Stanley Gdns. NE9: Wrek 3C **98**
NE23: Seg 2F **33**
Stanley Gro. NE7: H Hea 4A **58**
NE22: Bed 4B **10**
Stanley Indoor Bowling Cen. . . .**3C 122**
Stanley St. DH5: Hou S 2A **138**
NE4: Elsw 5B **68**
NE24: Bly 5D **12**
NE28: W'snd 4D **60**
NE29: N Shi 2C **62**
NE32: Jar 2G **73**
NE34: S Shi 4D **74**
SR5: Sund 4D **102**
SR7: S'hm 3H **141**
Stanley St. W. NE29: N Shi 2C **62**
Stanley Ter. DH3: Ches S 1D **134**
DH4: S Row 3F **129**
Stanmore Rd. NE6: Heat 6C **58**
Stannington Av. NE6: Heat 2B **70**
Stannington Gdns. SR2: Sund . . .5C **118**
Stannington Gro. NE6: Heat 2B **70**
SR2: Sund 4C **118**
Stannington Pl. NE6: Heat 2C **70**
NE20: Pon 3E **27**
Stannington Rd. NE29: N Shi 2G **61**
Stannington Sta. Rd. NE22: Hep . . .5A **8**
NE61: Hep 5A **8**
Stannington St. NE24: Bly 6D **12**
Stansfield St. SR6: Roker 4E **105**

Stanstead Cl. SR5: Sund 5C **102**
Stanton Av. NE24: Bly 2H **17**
 NE34: S Shi 2G **75**
Stanton Cl. NE10: Ward 4B **86**
Stanton Gro. NE30: Cull 4C **48**
Stanton Rd. NE27: Shir 2C **46**
 NE30: Cull 4B **48**
Stanton St. NE4: Newc T 3C **68**
Stanway Dr. NE7: H Hea 4A **58**
Stanwick St. NE30: Tyne 5F **49**
Stapeley Ct. NE3: Ken 2H **55**
Stapeley Vw. NE3: Ken 2H **55**
Stapleford Cl. NE5: Den M 6F **55**
Staple Rd. NE32: Jar 2G **73**
Stapylton Dr. SR2: Sund 3B **118**
 SR8: Hor 1H **165**
Starbeck Av.
 NE2: Newc T 1H **5** (2H **69**)
Starbeck M.
 NE2: Newc T 1G **5** (2H **69**)
Stardale Av. NE24: Cow 1G **17**
STARGATE 5D **64**
Stargate Gdns. NE9: Wrek 3C **98**
Stargate Ind. Est. NE40: Ryton ..6D **64**
Stargate La. NE21: Blay 4E **65**
 NE40: Ryton 4E **65**
Starlight Cres. NE25: Sea D ...6A **24**
Starling Wlk. NE16: Sun 3G **95**
Startforth Cl. DH3: Gt Lum ...4H **135**
Stately Pk. DH5: Hett H 2D **148**
Station App. DH1: Dur ...2A **6** (5B **154**)
 NE11: T Vall 1F **97**
 NE12: Longb 1D **58**
 NE33: S Shi 4E 63
 (off Queen St.)
 NE33: S Shi 4E **63**
 (River Dr.)
 NE36: E Bol 3G **89**
Station Av. DH5: Hett H 2C **148**
 DH7: B'don 5E **159**
Station Av. Nth. DH4: Hou S ...2D **136**
Station Av. Sth. DH4: Hou S ...2D **136**
Station Bank DH1: Dur ...2A **6** (5C **154**)
 NE40: Ryton 3C **64**
Station Cotts. DH9: Beam 1A **124**
 NE3: Ken 1B **56**
 NE12: Longb 1D **58**
 NE20: Pon 5E **27**
 NE23: Seg 2G **33**
 NE34: S Shi 3D **74**
 NE39: Ham M 1C **106**
 SR8: Hor 1H **165**
Station Cres. DH7: S'hm 3H **141**
Station Est. E. SR7: Mur 2A **150**
Station Est. Nth. SR7: Mur ...2A **150**
 (not continuous)
Station Est. Sth. SR7: Mur ...2A **150**
Station Fld. Rd. DH9: Tan L ...6D **108**
Station Ho's. DH2: P Fel 4G **125**
Station La. DH1: Dur 5E **155**
 DH2: Bir 3B **112**
 DH2: Pelt, P Fel 2F **125**
 DH3: Bir 3B **112**
Station M. NE22: Bed 2D **10**
 NE30: Tyne 6F **49**
Station Rd. DH3: Ches S 6C **126**
 DH4: Hou S 2H **137**
 DH4: Leam, W Rai 3C **146**
 DH4: Pen 6C **114**
 DH5: Hett H 2C **148**
 DH6: Low P 1E **157**
 DH7: Mead 5E **159**
 DH7: Ush M 6B **152**
 DH9: Ann P 6F **121**

Station Rd. DH9: Beam 1A **124**
 DH9: Stly 2D **122**
 NE3: Gos 5G **43**
 NE6: Walk 5G **71**
 NE9: Low F 6G **83**
 NE10: Bill Q 1H **85**
 (Reay St.)
 NE10: Bill Q 1H **85**
 (South Pde.)
 NE12: Kil 6B **32**
 NE12: Longb 5D **44**
 NE13: Wool 1F **55**
 NE15: Hed W 5H **51**
 NE15: Newb 2F **65**
 NE22: Bed 3C **10**
 NE23: Cra 2H **21**
 NE23: Dud 3H **31**
 NE23: Seg 2F **33**
 NE24: News 3A **18**
 NE25: Sea D 5G **23**
 NE26: Whit B 1D **48**
 NE27: Back 1A **46**
 NE28: W'snd 6E **61**
 (Armstrong Rd.)
 NE28: W'snd 4G **59**
 (Queen's Cres.)
 NE29: N Shi 3H **61**
 NE30: Cull 2E **49**
 NE31: Heb 3B **72**
 NE33: S Shi 5E **63**
 NE35: Bol C 1A **88**
 NE36: E Bol 4F **89**
 NE37: Wash 5D **100**
 NE38: Wash 2C **114**
 NE39: Row G 4E **93**
 SR2: Ryh 3G **133**
 SR6: Ful 1C **104**
 SR7: Mur 2A **150**
 SR7: S'hm 3F **141**
 SR8: Eas C 1F **163**
 TS27: Hes 6G **165**
Station Rd. Nth.
 DH5: Hett H 2C **148**
 NE12: Longb 5D **44**
 NE28: W'snd 1F **59**
 SR7: Mur 2A **150**
Station Rd. Sth. SR7: Mur 2A **150**
Station Sq. NE26: Whit B 1D **48**
Station St. NE22: Bed 2D **10**
 NE24: Bly 5C **12**
 NE32: Jar 2F **73**
 SR1: Sund 3G **7** (6D **104**)
Station Ter. DH4: Hou S 2D **136**
 NE30: Tyne 6F **49**
 NE36: E Bol 4G **89**
 NE37: Wash 5C **100**
Station Vw. DH2: Ches S 6C **126**
 DH5: Hett H 2C **148**
Station Vs. DH9: Stly 1D **122**
Staveley Rd. SR6: Seab 6C **90**
 SR8: Pet 1E **165**
Stavordale St. SR7: S'hm 5B **142**
 (not continuous)
Stavordale St. W.
 SR7: S'hm 6B **142**
Stavordale Ter.
 NE9: Low F 4A **84**
Staward Av. NE25: Sea D 1B **34**
Staward Ter. NE6: Walk 5F **71**
Staynebrigg NE10: Hew 5F **85**
Steadings, The DH1: Dur 2A **160**
 NE40: G'sde 2A **78**
Steadlands Sq. NE22: Bed 4C **10**
Stead La. NE22: Bed 4B **10**

Stead St. NE28: W'snd 4E **61**
Stedham Cl. NE37: Wash 3C **100**
Steep Hill SR3: E Her 2E **131**
Steithes Ct. SR7: S'hm 2A **142**
STELLA 5G **65**
Stella Bank NE21: Blay 4F **65**
Stella Cotts. NE21: Blay 5G **65**
Stella Gill Ind. Est.
 DH2: P Fel 4H **125**
Stella Hall Dr. NE21: Blay ...5G **65**
Stella La. NE21: Blay 5F **65**
Stella Rd. NE21: Blay 4G **65**
Stephen Ct. NE32: Jar 3G **73**
Stephenson, The NE8: Gate ...1D **82**
Stephenson Bldg.
 NE2: Newc T 1C **4**
 (Shieldfield La.)
 NE2: Newc T 2H **5**
 (Stoddart St.)
Stephenson Cl. DH5: Hett H ...1C **148**
Stephenson Ct. *NE30: N Shi ...2D 62*
 (off Stephenson St.)
Stephenson Ho. NE12: Kil 3C **44**
Stephenson Ind. Est.
 NE12: Kil 3C **44**
 NE37: Wash 3C **100**
Stephenson Railway Mus. 6E **47**
Stephenson Rd. NE7: H Hea ...6B **58**
 NE37: Wash 3B **100**
 SR8: Pet 4C **162**
Stephenson's La.
 NE1: Newc T 6D **4** (5F **69**)
Stephenson Sq. SR8: Eas 2C **162**
Stephenson St. NE8: Gate 3F **83**
 NE28: W'snd 6E **61**
 NE30: N Shi 1D **62**
 (not continuous)
 NE30: Tyne 6F **49**
 SR7: Mur 2C **150**
Stephenson Ter. NE10: Fall ...4D **84**
 NE15: Thro 5C **52**
 NE15: Walb 6H **53**
Stephenson Trail, The
 NE12: Kil 4F **45**
Stephenson Way NE21: Winl ...3H **79**
 NE22: Bed 1A **10**
Stephens Rd. SR7: Mur 2B **150**
Stephen St. NE6: Byke 3A **70**
 NE23: E Har 4B **16**
 NE24: Bly 5C **12**
Stepney Bank
 NE1: Newc T 3H **5** (3H **69**)
Stepney La.
 NE1: Newc T 4G **5** (4H **69**)
Stepney Rd.
 NE2: Newc T 2H **5** (3H **69**)
Sterling St. SR4: Sund 1A **118**
Stevenson Rd. DH9: Stly 3E **123**
Stevenson St. DH4: Hou S 3H **137**
 NE33: S Shi 6F **63**
Steward Cres. NE34: S Shi 2B **76**
Stewart Av. SR2: Ryh 3E **133**
Stewart Dr. NE36: W Bol 4D **88**
Stewartsfield NE39: Row G 3D **92**
Stewart St. SR3: New S 2A **132**
 SR4: Sund 2B **118**
 SR7: S'hm 5C **142**
 SR8: Eas C 1D **162**
Stewart St. E. SR7: S'hm 5C **142**
Sth Grange Pk. SR7: S'hm 2F **141**
Stileford NE10: Hew 4G **85**
Stillington Cl. SR2: Ryh 4F **133**
Stirling Av. NE32: Jar 5A **74**
 NE39: Row G 4E **93**

Stirling Cl. NE38: Wash 3E **115**
    SR4: Sund 4F **117**
Stirling Cotts. NE10: Wind N 4C **84**
Stirling Ct. NE11: T Vall 3G **97**
Stirling Dr. NE22: Bed 3C **10**
    NE29: N Shi 5G **47**
Stirling La. NE39: Row G 4E **93**
St James Station (Metro)
    . . . . .4B **4** (4E **69**)
Stobart St.
    SR5: Monkw 1F **7** (5C **104**)
Stobb Ho. Vw. DH7: B'don 4C **158**
Stock Bri. NE1: Newc T 5F **5** (4G **69**)
Stockdale Gdns. *NE6: Walk 5G **71**
    (off Rochester St.)*
Stockfold NE38: Wash 5C **114**
Stockholm Cl. NE29: N Shi 2F **61**
Stockley Av. SR5: Sund 3E **103**
Stockley Cl. DH7: Ush M 6E **153**
Stockley Rd. NE38: Wash 1D **114**
Stocksfield Av. NE5: Fen 2G **67**
Stocksfield Gdns.
    NE9: Low F 3A **98**
Stockton Av. SR8: Hor 5F **163**
Stockton Rd. DH1: Dur . . .6C **6** (1D **160**)
    NE29: N Shi 4B **62**
    SR1: Sund 5F **7** (1C **118**)
    SR2: Ryh 5F **133**
    SR2: Sund 6G **7** (1C **118**)
    SR7: Cold H, Dalt D 2F **151**
    SR7: Dalt D, S'hm, Seat 6F **133**
    SR8: Eas 3A **162**
    TS27: Cas E 6B **164**
Stockton Rd. E. SR7: Hawt 5H **151**
Stockton Rd. W. SR7: Hawt 5H **151**
Stockton St. SR7: S'hm 3H **141**
Stockton Ter. SR2: Sund 5F **119**
Stockwell Grn. NE6: Walk 1F **71**
Stoddart Ho.
    NE2: Newc T 2G **5** (3H **69**)
Stoddart St.
    NE2: Newc T 2H **5** (3H **69**)
    NE34: S Shi 3D **74**
Stoker Av. NE34: S Shi 5B **74**
Stoker Ter. NE39: H Spen 2A **92**
Stokesley Gro. NE7: H Hea 4A **58**
Stone Cellar Rd. NE37: Wash 3H **99**
Stone Cellars NE37: Wash 3H **99**
Stonechat Cl. NE38: Wash 4F **113**
Stonechat Mt. NE21: Blay 4G **65**
Stonechat Pl. NE12: Longb 6A **44**
Stonecroft Gdns. NE7: H Hea 4D **58**
Stonecrop NE9: Low F 6C **84**
Stonefold Cl. NE5: Blak 4F **55**
Stonehaugh Way NE20: Darr H . . .3B **38**
Stonehills NE10: Pel 2H **85**
Stoneleigh NE61: Hep 1A **8**
Stoneleigh Av. NE12: Longb 1H **57**
Stoneleigh Cl. DH4: Hou S 2G **137**
Stoneleigh Pl. NE12: Longb 1A **58**
Stone Row DH2: Gra V 4C **124**
Stonesdale DH4: Pen 1C **128**
Stone St. NE10: Wind N 5C **84**
Stonethwaite NE29: N Shi 4H **61**
Stoneycroft E. NE12: Kil 3E **45**
Stoneycroft Way SR7: S'hm 3A **142**
Stoneycroft W. NE12: Kil 3E **45**
STONEYGATE 5C **130**
Stoneygate Cl. NE10: Fall 2E **85**
Stoney Ga. Gdns. NE10: Fall 2E **85**
Stoneygate La. NE10: Fall 3E **85**
Stoneyhurst Av. NE15: Scot 4F **67**
Stoneyhurst Rd. NE3: Gos 3G **57**

Stoneyhurst Rd. W. NE3: Gos 3F **57**
Stoney La. DH9: Beam 2C **124**
    NE9: Spri 4D **98**
    SR5: S'wck 4A **104**
Stoneylea Rd. NE5: W Dent 1D **66**
STONYCROFT NE37: Wash 6A **100**
STONY HEAP 6B **120**
Stonyheap La. DH8: Cons 6B **120**
    DH9: Ann P 6B **120**
Store Bldgs. NE35: Bol C 3A **88**
Store St. NE15: Lem 3A **66**
    NE21: Winl 2H **79**
Store Ter. DH5: Eas L 4D **148**
Storey Cl. NE21: Blay 5C **66**
Storey La. NE21: Blay 5G **65**
Storey St. SR23: Cra 4C **22**
Stormont Grn. NE3: Ken 4B **56**
Stormont St. NE29: N Shi 2C **62**
Stotfold Cl. SR7: S'hm 3E **141**
Stothard St. NE32: Jar 2G **73**
STOTTS PASTURES 5E **129**
Stotts Rd. NE6: Walk 1F **71**
Stowell Sq.
    NE1: Newc T 5B **4** (4E **69**)
Stowell St. NE1: Newc T . . .5B **4** (4E **69**)
Stowell Ter. NE10: Hew 3E **85**
St Peters Station (Metro)
    . . . . .1G **7** (5D **104**)
Straithes NE11: Dun 6F **67**
Straker St. NE32: Jar 3H **73**
Straker Ter. NE34: S Shi 4D **74**
Strand, The SR3: New S 1G **131**
Strangford Av. DH2: Ches S 2B **134**
Strangford Rd. SR7: S'hm 4H **141**
Strangways St. SR7: S'hm 5B **142**
Stranton Ter. SR6: Roker 3D **104**
Stratfield St. SR4: Sund 6G **103**
Stratford Av. SR2: Sund 4E **119**
Stratford Cl. NE12: Kil 2E **45**
    NE23: Cra 2G **21**
Stratford Gdns. NE9: Low F 5H **83**
Stratford Gro. NE6: Heat 2A **70**
Stratford Gro. Ter. NE6: Heat 2A **70**
Stratford Gro. W.
    NE6: Heat 1H **5** (2A **70**)
Stratford Rd. NE6: Heat 2A **70**
    (not continuous)
    NE38: Wash 4E **115**
Stratford Vs. NE6: Heat 2A **70**
Strathearn Way NE3: Ken 1B **56**
Strathmore DH3: Gt Lum 3G **135**
Strathmore Av. NE39: Row G 4E **93**
Strathmore Cl. DH9: Stly 2F **123**
Strathmore Cres. NE4: Benw 4A **68**
    NE16: Burn 5B **94**
Strathmore Rd. NE3: Gos 6E **43**
    NE9: Low F 4B **84**
    NE39: Row G 4D **92**
    SR3: Sund 5G **117**
Strathmore Sq. SR3: Sund 5G **117**
Stratton Cl. SR2: Ryh 1G **133**
Stratus Ct. SR3: Silk 3A **132**
Strawberry Ct. SR2: Sund 3C **118**
Strawberry Gdns. NE28: W'snd . . .3G **59**
Strawberry La. DH1: H Shin 5G **161**
    NE1: Newc T 3B **4** (3E **69**)
Strawberry Pl.
    NE1: Newc T 4B **4** (4E **69**)
Strawberry Ter. NE13: Haz 1B **42**
    NE23: Dud 6C **32**
STREET GATE 2G **95**
Streetgate Ho. NE16: Sun 2G **95**
Street Ho's. NE20: Pon 1H **39**
Stretford Ct. NE9: Low F 3A **98**

Stretton Cl. DH4: Hou S 4E **137**
Stretton Way NE27: Back 6A **34**
Stridingedge NE37: Wash 1G **113**
    (not continuous)
Stronsay Cl. SR2: Ryh 1E **133**
Strothers Rd. NE39: H Spen 6A **78**
Struan Ter. NE36: E Bol 4G **89**
Struddars Farm Ct.
    NE21: Blay 1D **80**
Stuart Ct. NE3: Ken 1F **55**
Stuart Gdns. NE15: Thro 5C **52**
Stuart Ter. NE10: Fall 2D **84**
Stubbs Av. NE16: Whi 3E **81**
Studdon Wlk. NE3: Ken 2H **55**
Studland Cl. NE29: N Shi 4B **48**
Studley Gdns. NE9: Low F 6H **83**
    NE25: Whit B 1C **48**
Studley Ter. NE4: Fen 2C **68**
Studley Vs. NE12: Longb 6E **45**
Sturdee Gdns. NE2: Jes 4G **57**
Styan Av. NE26: Whit B 6D **36**
Styford Gdns. NE15: Lem 2C **66**
SUCCESS 5F **129**
Success Rd. DH4: S Row 5F **129**
Sudbury Way NE23: Cra 2G **21**
Suddick St. SR5: S'wck 4B **104**
Suez St. NE30: N Shi 1D **62**
Suffolk Gdns. NE28: W'snd 3C **60**
    NE34: S Shi 2C **76**
Suffolk Pl. DH3: Bir 6D **112**
    NE8: Gate 5A **70**
Suffolk Rd. NE31: Heb 6D **72**
Suffolk St. DH5: Hett H 1B **148**
    NE32: Jar 3F **73**
    SR2: Sund 2E **119**
Suffolk Wlk. SR8: Pet 5C **162**
Suffolk Way DH1: P Me 5D **144**
Sugley Ct. NE15: Lem 1C **66**
Sugley Dr. NE15: Lem 3B **66**
Sugley St. NE15: Lem 3B **66**
    (not continuous)
Sugley Vs. NE15: Lem 3B **66**
SULGRAVE 4C **100**
Sulgrave Ind. Est.
    NE37: Wash 4C **100**
Sulgrave Rd. NE37: Wash 4D **100**
Sullivan Wlk. NE31: Heb 4C **72**
Summerfield DH9: W Pelt 3C **124**
Summerfield Rd.
    NE9: Low F 4H **83**
Summerhill NE4: Elsw 5C **68**
    NE21: Blay 6G **65**
    NE32: Jar 2H **87**
    SR2: Sund 1B **118**
    SR3: E Her 2D **130**
Summerhill Av. NE3: Gos 4F **43**
Summerhill Gro.
    NE4: Newc T 5A **4** (4D **68**)
Summerhill Rd.
    NE34: S Shi 2A **76**
Summerhill St. NE4: Newc T 4D **68**
Summerhill Ter.
    NE4: Newc T 6A **4** (5E **69**)
Summerhouse Farm
    DH5: E Rain 6H **137**
Summerson St. DH5: Hett H 1D **148**
Summerson Way NE22: Bed 3D **10**
Summers Pass NE8: Gate 2D **82**
Summers St. SR24: Bly 5C **12**
Summer St. NE10: Fall 2D **84**
Summerville DH1: Dur 6B **154**
Sunbury Av. NE2: Jes 5G **57**
SUNDERLAND 4G **7** (1D **118**)
Sunderland AFC 1E **7** (5C **104**)

Sunderland Av. SR8: Hor 5F **163**
Sunderland Bowl & Ballroom . . .**4D 104**
Sunderland By-Pass
NE36: W Bol 5H **87**
SR3: Dox P 4D **130**
SR4: Sund 5B **116**
SR5: Sund 2A **102**
SR7: Seat 1A **140**
Sunderland Crematorium
SR4: Sund 2G **117**
Sunderland Ent. Pk.
SR5: Sund 5E **103**
(Colima Av.)
SR5: Sund 4G **103**
(Wearfield)
Sunderland Highway
NE9: Bir 1E **113**
NE37: Wash 1E **113**
SR5: Sund 1E **115**
Sunderland Marine Activities Cen.
. . . .**3F 105**
Sunderland Minster **4F 7**
Sunderland Mus. & Art Gallery
. . . .**4H 7 (1D 118)**
Sunderland Retail Pk.
SR6: Roker 4D **104**
Sunderland Rd. DH1: Dur 5F **155**
DH4: Nbot 6A **130**
NE8: Gate 1H **83**
NE10: Fall, Hew 2C **84**
Sunderland Rd.
NE10: Ward 4H **85**
NE33: S Shi 1G **75**
NE34: S Shi 1G **75**
NE36: E Bol, S'wck 4F **89**
SR5: Ful 4F **89**
SR5: S'wck 3A **104**
SR6: Clead 2G **75**
SR6: Clead, Whit 2B **90**
SR7: Hawt 6H **151**
SR8: Eas . . . . .6H **151** & 1B **162**
SR8: Eas C, Hor 3F **163**
Sunderland Rd. Vs. NE10: Hew . . .3F **85**
Sunderland Station (Rail & Metro)
. . . .**4G 7 (1D 118)**
Sunderland St. DH4: Hou S 3A **138**
DH5: Hou S 2A **138**
NE1: Newc T 5A **4** (4E **69**)
(not continuous)
SR1: Sund 2H **7** (6E **105**)
Sunderland Technology Pk.
SR1: Sund 5E **7**
Sunderland Wall **5H 103**
Sunderland Yacht Club **4F 105**
Sundew Rd. NE9: Low F 1C **98**
NE10: Wind N 6C **84**
Sundridge Dr. NE10: Ward 4A **86**
Sungold Vs. NE4: Benw 4A **68**
Sun Hill DH5: Hett H 2B **148**
Sunhill NE16: Sun 3F **95**
Sunholme Dr. NE28: W'snd 2G **59**
Sunlea Av. NE30: Cull 2E **49**
Sunley Ho. NE3: Gos 2E **57**
Sunnidale NE16: Whi 6C **80**
Sunnilaws NE34: S Shi 6A **76**
Sunningdale NE25: Monks 6G **35**
NE33: S Shi 6G **63**
Sunningdale Av. NE6: Walk 2G **71**
NE28: W'snd 5A **60**
Sunningdale Cl. NE10: Fall 4D **84**
Sunningdale Dr. NE37: Wash 3A **100**
Sunningdale Rd.
SR3: Sund 4F **117**
Sunnirise NE34: S Shi 5A **76**
SUNNISIDE
Houghton-le-Spring **1G 137**
Newcastle upon Tyne **3F 95**
Sunniside NE29: N Shi 2H **61**
SR4: Sund 1C **116**
Sunniside Ct. NE16: Sun 2F **95**
Sunniside Dr. NE34: S Shi 5A **76**
Sunniside Gdns. NE9: Wrek 3C **98**
NE15: Benw 3F **67**
Sunniside Ladies Fitness Cen. . . . *3H 7*
(off W. Sunniside)
Sunniside La. NE34: S Shi 2B **90**
SR6: Clead 2B **90**
Sunniside Rd. NE16: Sun, Whi . . .6F **81**
Sunniside Ter. SR6: Clead 1A **90**
Sunnybank Av. NE15: Benw 4H **67**
Sunny Blunts SR8: Pet 3C **164**
Sunnybrow SR3: New S 1H **131**
Sunnycrest Av. NE6: Walk 3F **71**
Sunnygill Ter. NE40: G'sde 1A **78**
Sunnyside NE23: Cra 2A **22**
Sunny Side Sth. NE8: Gate 2D **82**
Sunny Ter. DH9: Dip 2C **120**
DH9: Stly 2C **122**
Sunnyway NE5: Blak 5G **55**
Sunrise Ent. Pk. SR5: Sund 5C **102**
Sunrise La. DH4: Hou S 2H **137**
Sun St. NE16: Sun 3F **95**
Sun Vw. Ter. SR6: Clead 2G **89**
Surrey Av. SR3: New S 3A **132**
Surrey Pl. DH4: S Row 3G **129**
NE4: Elsw 4C **68**
Surrey Rd. NE29: N Shi 1H **61**
NE31: Heb 6D **72**
Surrey St. DH4: S Row 3G **129**
DH5: Hett H 1B **148**
NE32: Jar 3E **73**
Surrey Ter. DH3: Bir 6C **112**
Surtees Dr. DH1: Dur 5A **154**
Surtees Rd. SR8: Pet 1D **164**
Surtees St. SR2: Sund 2F **119**
Surtees Ter. DH9: Crag 6H **123**
Sussex Ct. SR1: Sund 6E **105**
Sussex Gdns. NE28: W'snd 4C **60**
Sussex Pl. NE37: Wash 4B **100**
Sussex St. NE24: Bly 5D **12**
NE32: Jar 3E **73**
SR3: New S 1A **132**
Sutherland Av. NE4: Fen 2A **68**
Sutherland Bldg.
NE1: Newc T 2E **5**
Sutherland Ct. NE34: S Shi 1F **89**
Sutherland Dr. SR4: Sund 4E **117**
Sutherland Grange
DH4: New H 3H **129**
Sutherland Pl. DH1: Dur 6G **155**
Sutherland St. NE8: Gate 2H **83**
SR6: Ful 3D **104**
SR7: S'hm 3H **141**
Sutton Cl. DH4: Pen 3F **129**
Sutton Ct. NE28: W'snd 2F **59**
Sutton Dwellings NE4: Newc T . . .3D **68**
Sutton Est. NE4: Benw 5A **68**
Sutton Est., The NE4: Newc T 3D **68**
Sutton St. DH1: Dur 6B **154**
NE6: Walk 1E **71**
Sutton Way NE34: S Shi 4B **76**
Swainby Cl. NE3: Gos 5F **43**
Swale Cres. DH3: Gt Lum 4H **135**
Swaledale NE28: W'snd 2F **59**
SR6: Seab 4F **91**
Swaledale Av. NE24: Cow 6G **11**
Swaledale Cl. DH5: Hett H 4A **148**
Swaledale Ct. NE24: Cow 6G **11**
Swaledale Cres. DH4: Pen 1E **129**
Swaledale Gdns. NE7: H Hea 4B **58**
SR4: Sund 2H **117**
Swallow Ct. NE12: Kil 1B **44**
Swallow Pond Nature Reserve . . .**6A 46**
Swallows, The NE28: W'snd 6C **46**
Swallow St. SR7: S'hm 3H **141**
(not continuous)
Swallow Tail Ct. NE34: S Shi 5D **74**
Swallow Tail Dr. NE11: Fest P 4D **82**
SWALWELL **2E 81**
Swalwell Bank NE16: Swa, Whi . . .2E **81**
Swalwell Vis. Cen. **3D 80**
Swan Av. NE28: W'snd 4B **60**
Swan Ct. NE8: Dun 2C **82**
Swan Dr. NE11: Dun 2C **82**
Swan Ind. Est. NE38: Wash 4D **114**
Swan Rd. NE6: Walk 5H **71**
NE38: Wash 4D **114**
SR8: Pet 2A **164**
Swan St. DH9: Ann P 4E **121**
NE8: Gate 6H **69**
SR5: Monkw 3C **104**
Swanton Cl. NE5: Blak 3F **55**
Swanway NE9: Low F 4B **84**
Swards Rd. NE10: Fall 4E **85**
Swarland Av. NE7: Longb 2B **58**
Swarland Rd. NE25: Sea D 1B **34**
Swarth Cl. NE37: Wash 1G **113**
Sweetbriar Way NE24: News 3A **18**
Sweethope Av. NE24: Cow 5B **12**
Swiftdale Cl. NE22: Bed 4H **9**
Swiftden Dr. SR4: Sund 3C **116**
Swinbourne Gdns.
NE26: Monks 5B **36**
Swinbourne Ter. NE32: Jar 6F **73**
Swinburne Pl. DH3: Bir 4C **112**
NE4: Newc T 5A **4** (4E **69**)
NE8: Gate 6G **69**
Swinburne St. NE8: Gate 6G **69**
NE32: Jar 3A **74**
Swinburne Ter. DH9: Dip 2B **120**
Swinburn Rd. NE25: Sea D 1B **34**
Swindale Cl. NE21: Winl 3A **80**
Swindale Dr. NE12: Kil 2C **44**
Swindon Rd. SR3: Sund 4F **117**
Swindon Sq. SR3: Sund 4G **117**
Swindon St. NE31: Heb 3B **72**
Swindon Ter. NE6: Heat 6B **58**
Swinhoe Gdns. NE13: W Op 4D **30**
Swinhope NE38: Wash 1G **127**
Swinley Gdns. NE15: Den M 3D **66**
Swinside Dr. DH1: Carr 3A **156**
Swirle, The
NE1: Newc T 5H **5** (4H **69**)
Swirral Edge NE37: Wash 6A **100**
Swiss Cotts. NE38: Wash 6A **114**
Swordfish, The NE4: Newc T 6B **68**
Swyntoft NE10: Hew 4H **85**
Sycamore DH2: Ches S 4A **126**
Sycamore Av. NE13: Din 4G **29**
NE20: Darr H 1D **38**
NE24: Bly 4B **12**
NE25: Monks 1B **48**
NE34: S Shi 5H **75**
NE38: Wash 6H **113**
Sycamore Cl. DH6: S Het 6H **149**
NE2: Jes 5H **57**
Sycamore Cotts. SR4: Sund 3E **117**
Sycamore Ct. NE39: H Spen 6A **78**
Sycamore Dr. SR5: S'wck 2B **104**
TS27: Hes 6F **165**
Sycamore Gro. NE9: Spri 4F **99**
NE10: Fall 3E **85**

Sycamore Pk. DH7: B'don 4D 158
Sycamore Pl. NE12: Kil 1C 44
Sycamore Rd. DH2: Kim 2A 144
  NE21: Blay 1A 80
  SR6: Whit 2F 91
Sycamores, The NE4: Elsw 6C 68
  NE16: Burn 2A 108
  SR2: Sund 4E 119
Sycamore Sq. SR8: Eas 2C 162
Sycamore St. NE15: Thro 4D 52
  NE28: W'snd 6A 60
Sycamore Ter. DH9: Ann P 5H 121
Sydenham Ter. NE33: S Shi 4F 63
  SR4: Sund 2A 118
Sydney Ct. NE8: Gate 6G 69
Sydney Gdns. NE34: S Shi 6B 74
Sydney Gro. NE28: W'snd 2G 59
Sydney St. DH2: Pelt 2C 124
  DH4: Hou S 1C 136
Syke Rd. NE16: Burn, Hob 1F 107
Sylverton Gdns. NE33: S Shi 6H 63
Sylvia Ter. DH9: Stly 1D 122
Symington Gdns. SR3: New S . . .1H 131
Symphony Ct. NE8: Gate 2H 83
  (off Durham Rd.)
Syon St. NE30: Tyne 5F 49
Syron NE16: Whi 5D 80
Syston Cl. DH4: Hou S 4F 137

T

Taberna Cl. NE15: Hed W 5G 51
Tadcaster Rd. SR3: Sund 6E 117
Tadema Rd. NE33: S Shi 5H 63
Taku Ct. NE24: Bly 3D 18
Talbot Cl. NE38: Wash 3B 114
Talbot Cotts. DH3: Bir 3C 112
Talbot Grn. NE5: W Dent 1D 66
Talbot Pl. SR7: S'hm 4B 142
Talbot Rd. NE34: S Shi 3E 75
  SR6: Seab 2E 105
Talbot Ter. DH3: Bir 3C 112
Talgarth NE38: Wash 2F 115
Talisman Cl. DH6: S'burn 6D 156
Talisman Vw. NE9: Low F 3A 98
Talisman Way NE24: Bly 3D 18
Talley Ct. NE38: Wash 2A 114
Tamar Cl. NE29: N Shi 5G 47
  SR8: Pet 2C 164
Tamar Ct. SR3: Silk 3H 131
Tamarisk Way
  NE9: Low F 6C 84
Tamar St. DH5: Eas L 5E 149
Tamerton Dr. DH3: Bir 5D 112
Tamerton St. SR4: Sund 1H 117
Tamworth Rd. NE4: Fen 3C 68
Tamworth Sq. SR3: Sund 6E 117
Tanbark DH4: S Row 3D 128
TANFIELD 4B 108
Tanfield Comprehensive School
  Sports Cen. 1B 122
Tanfield Gdns. NE34: S Shi 3B 76
TANFIELD LEA 1B 122
Tanfield Lea Nth. Ind. Est.
  DH9: Tan L 6B 108
Tanfield Lea Sth. Ind. Est.
  DH9: Tan L 6C 108
Tanfield Pl. NE9: Wrek 3C 98
Tanfield Railway 5F 95
Tanfield Rd. NE9: Wrek 3C 98
  NE15: Benw 3E 67
  SR3: Sund 5F 117
Tanfield St. SR4: Sund 6G 103

Tangmere Cl. NE23: Cra 2C 22
TAN HILLS 1A 144
Tankerville Pl. NE2: Jes 6G 57
Tankerville Ter. NE2: Jes 1G 69
Tanmeads DH2: Nett 1A 144
Tanners Bank NE30: N Shi 1E 63
Tanners Ct. NE1: Newc T 5B 4
  (off Friars St.)
Tantallon DH3: Bir 5D 112
  (not continuous)
Tantallon Ct. DH4: Hou S 2B 136
TANTOBIE 5H 107
Tantobie Rd. NE15: Den M 3E 67
Tarlton Cres. NE10: Fall 3C 84
Tarn Cl. SR8: Pet 1E 165
Tarn Dr. SR2: Sund 1F 133
Tarragon Way NE34: S Shi 6G 75
Tarrington Cl. NE28: W'snd 2D 60
Tarset Pl. NE3: Gos 1C 56
Tarset Rd. NE25: Well 6F 35
Tarset St. NE1: Newc T 4A 70
Tasmania Rd. NE34: S Shi 6B 74
Tasman Rd. SR3: Sund 1E 131
Tate St. NE24: Bly 5D 12
Tatham St. SR1: Sund . . .4H 7 (1E 119)
Tatham St. Bk.
  SR1: Sund 4H 7 (1E 119)
Tattershall Rd. SR2: Sund 3B 118
Taunton Av. NE29: N Shi 4H 47
  NE32: Jar 4A 74
Taunton Cl. NE28: W'snd 2D 60
Taunton Pl. NE23: Cra 1B 22
Taunton Rd. SR3: Sund 6F 117
Taunton Sq. SR3: Sund 5F 117
Tavistock Cl. DH4: Nbot 6G 129
Tavistock Pl. NE32: Jar 4A 74
  SR1: Sund 4H 7 (1D 118)
Tavistock Rd. NE2: Jes 5G 57
Tavistock Sq.
  SR3: New S 1A 132
Tavistock Wlk. NE23: Cra 1B 22
Taylor Av. DH7: Bear P 4D 152
  NE13: W Op 5E 31
  NE39: Row G 4F 93
Taylor Ct. DH1: Carr 2B 156
Taylor Gdns. NE10: Pel 2G 85
  NE26: Sea S 3H 25
  SR2: Sund 3E 119
Taylor's Bldgs. NE22: Bed 3D 10
Taylor St. DH9: Ann P 4E 121
  NE24: Cow 5G 11
  NE33: S Shi 1D 74
Taylor Ter. NE27: Shir 4B 46
  NE34: S Shi 5B 74
Taynton Gro. NE23: Seg 1F 33
Tay Rd. SR3: Sund 5E 117
Tay St. DH5: Eas L 5F 149
Teal Av. NE24: News 3D 18
Teal Cl. NE7: Longb 2C 58
  NE38: Wash 4F 113
TEAMS 3E 83
Team St. NE8: Dun, Gate 2C 82
Team Va. Vs. NE11: Fest P 5D 82
TEAM VALLEY 2F 97
Team Valley Bus. Cen.
  NE11: T Vall 5F 83
Team Valley Trad. Est.
  NE11: T Vall 2F 97
  (Seventh Av.)
  NE11: T Vall 5F 83
  (Third Av.)
Teasdale Ho. NE5: West 2E 55
Teasdale St. SR2: Sund 2F 119
Teasdale Ter. DH1: Dur 5H 155

Tebay Dr. NE5: Den M 1D 66
Tedco Bus. Cen. NE32: Jar 1D 72
Tedco Bus. Works
  NE33: S Shi 5E 63
Teddington Cl. NE3: Ken 6F 41
Teddington Rd. SR3: Sund 5E 117
Teddington Sq. SR3: Sund 5E 117
Tedham Rd. NE15: Lem 2A 66
Tees Cl. SR8: Pet 3C 164
Tees Ct. NE34: S Shi 3E 75
  SR3: Silk 3H 131
Tees Cres. DH9: Stly 4D 122
Teesdale Av. DH4: Pen 1E 129
Teesdale Ct. DH9: Ann P 5G 121
Teesdale Gdns. NE7: H Hea 4B 58
Teesdale Gro. NE12: Longb 5D 44
Teesdale Pl. NE24: Cow 5F 11
Teesdale Ter. DH9: Ann P 5G 121
Tees Rd. NE31: Heb 6C 72
Tees St. DH5: Eas L 5F 149
  SR7: S'hm 3B 142
  SR8: Hor 6G 163
Tees Ter. NE37: Wash 5B 100
Teign Cl. SR8: Pet 2C 164
Teikyo University of Japan in Durham
   . . . . .2C 160
Teindland Cl. NE4: Benw 5A 68
Tel-el-Kebir Rd. SR2: Sund 3E 119
Telewest Arena Newcastle 6E 69
Telford Cl. DH1: H Shin 5H 161
  NE27: Back 6A 34
Telford Ct. NE28: W'snd 5G 61
Telford Rd. SR3: Sund 5F 117
Telford St. NE8: Gate 4F 83
  NE28: W'snd 5G 61
Temperance Ter.
  DH7: Ush M 5B 152
Tempest Rd. SR7: S'hm 4A 142
Tempest St. NE21: Blay 5G 65
  SR3: New S 2A 132
Temple Av. NE24: Cow 5A 12
Temple Grn. NE8: Gate 3E 83
  NE34: S Shi 4G 75
Temple Memorial Pk. 5F 75
Temple Pk. Leisure Cen. 5G 75
Temple Pk. Rd. NE33: S Shi 3E 75
  NE34: S Shi 3E 75
Temple St.
  NE1: Newc T 6B 4 (5E 69)
  NE10: Fall 2D 84
  NE33: S Shi 2D 74
Temple St. W. NE33: S Shi 2D 74
Temple Town NE33: S Shi 1D 74
Tenbury Cres.
  NE12: Longb 6C 44
  NE29: N Shi 4A 48
Tenby Rd. SR3: Sund 1E 131
Tenby Sq. NE23: Cra 1C 22
Ten Flds. DH5: Hett H 2B 148
Tennant St. NE31: Heb 4B 72
  NE34: S Shi 5C 74
Tennyson Av. NE31: Heb 3D 72
  NE35: Bol C 3D 88
Tennyson Ct. NE8: Gate 1A 84
Tennyson Cres. NE16: Swa 3E 81
Tennyson Gdns. DH9: Dip 2C 120
Tennyson Grn. NE3: Ken 4A 56
Tennyson Rd. DH2: P Fel 6G 125
  SR8: Eas 1D 162
Tennyson St. NE33: S Shi 5F 63
  SR5: S'wck 3A 104
Tennyson Ter. NE29: N Shi 3C 62
Tenter Gth. NE15: Thro 5C 52
Tenter Ter. DH1: Dur 2A 6 (5C 154)

Tenth Av.—Thornton Cotts.

Tenth Av. DH2: Ches S 6B **126**
  NE6: Heat 1C **70**
  NE11: T Vall 3F **97**
  NE24: Bly 2B **18**
Tenth Av. W. NE11: T Vall 3E **97**
Tenth St. SR8: Hor 6G **163**
Tern Cl. NE24: News 3D **18**
Terrace, The DH7: Mead 5F **159**
  NE35: Bol C 2A **88**
  NE36: E Bol 4F **89**
  SR4: Sund 1C **116**
Terrace Pl.
  NE1: Newc T 3B **4** (3E **69**)
Terraces, The NE38: Wash 3C **114**
Terrier Cl. NE22: Bed 4C **10**
Territorial La.
  DH1: Dur 3D **6** (6D **154**)
Tesla St. DH4: Nbot 5H **129**
Tetford Pl. NE12: Longb 6C **44**
Teviot NE38: Wash 6G **113**
Teviotdale Gdns. NE7: H Hea 4B **58**
Teviot St. DH5: Eas L 5E **149**
  NE8: Gate 3A **84**
Teviot Way NE32: Jar 4E **73**
Tewkesbury NE12: Kil 1D **44**
Tewkesbury Rd. NE15: Lem 1A **66**
Thackeray Rd. SR3: Sund 5F **117**
Thackeray St. DH4: Hou S 3H **137**
Thames Av. NE32: Jar 6G **73**
Thames Cres. DH4: Hou S 3E **137**
  DH9: Stly 5D **122**
Thames Gdns. NE28: W'snd 6H **59**
          (not continuous)
Thames Rd. NE31: Heb 5D **72**
  SR3: Sund 1E **131**
  SR8: Pet 2C **164**
Thames St. DH5: Eas L 5E **149**
  NE8: Gate 3A **84**
Thanet Rd. SR3: Sund 6F **117**
Tharsis Rd. NE31: Heb 4B **72**
Thatcher Cl. NE16: Whi 1E **95**
The . . . .
  Names prefixed with 'The' for
  example 'The Adelaide Cen.' are
  indexed under the main name such
  as 'Adelaide Cen., The'
Theatre Pl. NE29: N Shi 2C **62**
Theatre Royal 4D **4** (4F **69**)
Thelma St. SR4: Sund 1B **118**
Theme Rd. SR3: Sund 1E **131**
Theresa Russell Ho.
  NE6: Byke 3C **70**
Theresa St. NE21: Blay 6A **66**
          (not continuous)
  SR7: S'hm 6C 142
     (off Queen Alexandra Rd.)
Thetford NE38: Wash 3B **114**
Third Av. DH2: Ches S 6B **126**
           (Bullion La.)
  DH2: Ches S 2B **126**
           (Drum Rd.)
  NE6: Heat 2C **70**
  NE11: T Vall 5E **83**
  NE24: Bly 1B **18**
  NE29: N Shi 2F **61**
Third St. DH9: Stly 6B **122**
  NE28: W'snd 6B **60**
  SR8: Hor 6G **163**
Thirkeld Pl. DH4: Pen 2E **129**
Thirlaway Ter. NE16: Sun 3G **95**
Thirlington Cl. NE5: Blak 4F **55**
Thirlmere DH3: Bir 5E **113**
  NE10: Pel 3G **85**
  SR6: Clead 2A **90**

Thirlmere Av. DH2: Ches S 2B **134**
  DH5: Eas L 5E **149**
  NE30: Cull 3C **48**
Thirlmere Cl. NE12: Kil 2F **45**
Thirlmere Ct. NE31: Heb 4D **72**
Thirlmere Cres.
  DH4: S Row 3F **129**
  NE21: Winl 3H **79**
Thirlmere Rd. SR8: Pet 6E **163**
Thirlmere Way NE5: Den M 6F **55**
  NE24: Cow 4G **11**
Thirlmoor NE37: Wash 1G **113**
Thirlwall Ct. NE12: Longb 1H **57**
Thirlwell Gro. NE32: Jar 6E **73**
Thirlwell Rd. NE8: Gate 6A **70**
Thirsk Rd. SR3: Sund 5F **117**
Thirston Dr. NE23: Cra 3C **22**
Thirston Pl. NE29: N Shi 6H **47**
Thirston Way NE3: Ken 2H **55**
Thirteenth St. SR8: Hor 6F **163**
Thistle Av. NE40: Craw 5A **64**
Thistle Ct. NE31: Heb 4B **72**
Thistlecroft DH5: Hou S 4A **138**
Thistledale SR2: Sund 2F **119**
Thistledon Av. NE16: Whi 5D **80**
Thistle Rd. DH7: Lang M 5H **159**
  SR3: Sund 6E **117**
Thistley Cl. NE6: Walk 1E **71**
Thistley Grn. NE10: Bill Q 2H **85**
Thomas Bell Ho.
  NE34: S Shi 5C **74**
Thomas Bewick Sq.
  NE1: Newc T 6C **4** (5F **69**)
Thomas Dr. NE31: Heb 3B **72**
Thomas Ferguson Ct.
  NE30: N Shi 1E **63**
Thomas Hawksley Pk.
  SR3: Sund 4A **118**
Thomas Holiday Homes
  NE22: Bed 2D 10
         (off Burnside)
Thomas Horsley Ho.
  NE15: Benw 4F **67**
Thomas St. DH3: Ches S 1C **134**
  DH5: Hett H 6D **138**
          (not continuous)
  DH9: Ann P 5G **121**
  DH9: Crag 6G **123**
          (not continuous)
  NE5: West 5D **54**
  NE9: Eigh B 4D **98**
  NE16: Whi 4E **81**
  NE33: S Shi 4E **63**
  NE37: Wash 5D **100**
  SR2: Ryh 3F **133**
  SR8: Eas C 1E **163**
Thomas St. Nth.
  SR6: Monkw 5D **104**
Thomas St. Sth. SR2: Ryh 3F **133**
  SR5: S'wck 4A **104**
Thomas Taylor Cotts.
  NE27: Back 6A **34**
Thompson Av. NE12: Kil 1C **44**
Thompson Cres. SR5: Seab 4D **102**
Thompson Gdns. NE28: W'snd . .5H **59**
Thompson Pl. NE10: Fall 3D **84**
Thompson Rd. SR5: S'wck 3B **104**
Thompson's Bldgs.
  DH4: S Row 4G **129**
Thompson St. NE22: Bed 2D **10**
  NE24: Bly 4B **12**
  SR8: Hor 6G **163**
Thompson Ter. SR2: Ryh 3G **133**
Thorburn St. SR6: Ful 1D **104**

Thoresby Ho. *NE6: Walk 6E 71*
     (off McCutcheon Ct.)
Thornbank Cl. SR3: Dox P 5A **132**
Thornbridge NE38: Wash 2E **115**
Thornbury Av. NE23: Seg 1G **33**
Thornbury Cl. NE3: Ken 2F **55**
  NE35: Bol C 2A **88**
Thornbury Dr. NE25: Monks 5G **35**
Thornbury St. SR4: Sund 6A **104**
Thorncliffe Pl. NE29: N Shi 2A **62**
Thorn Cl. NE13: W Op 6C **30**
Thorndale Pl. NE24: Cow 5G **11**
Thorndale Rd. DH1: Carr 3B **156**
  NE15: Scot 4D **66**
  SR3: Sund 6E **117**
Thorne Av. NE10: Ward 3H **85**
Thornebrake NE10: Hew 4G **85**
Thorne Rd. SR3: Sund 6E **117**
Thornes Cl. SR8: Pet 1F **165**
Thorne Sq. SR3: Sund 6E **117**
Thorne Ter. NE6: Walk 2E **71**
Thorneyburn Av. NE25: Well 6F **35**
Thorneyburn Cl. DH4: Hou S . . .1G **137**
Thorneyburn Way NE24: Cow . . .5H **11**
THORNEY CLOSE 6F **117**
Thorney Cl. Rd. SR3: Sund 6F **117**
Thorneyfield Dr. NE12: Kil 3B **44**
Thorneyford Pl. NE20: Pon 4E **27**
Thorneyholme Ter. DH9: Stly . . .3D **122**
  NE21: Blay 6A **66**
Thornfield Gro. SR2: Sund 5E **119**
Thornfield Pl. NE39: Row G 2E **93**
Thornfield Rd. NE3: Gos 3D **56**
Thorngill NE37: Wash 1A **114**
Thornhaugh Av. NE16: Whi 6D **80**
Thornhill Cl. NE11: Gate 3C **82**
  NE25: Sea D 1B **34**
Thornhill Cres.
  SR2: Sund 5F **7** (1C **118**)
Thornhill Gdns. NE16: Burn 2F **107**
  SR2: Sund 3C **118**
Thornhill Pk. NE20: Pon 4E **27**
  SR2: Sund 2C **118**
Thornhill Reach SR7: S'hm 3H **141**
  NE20: Pon 4E **27**
Thornhill Rd. NE12: Longb 1D **59**
  NE20: Pon 4E **27**
Thornhill St. DH4: Hou S 3H **137**
Thornhill Ter.
  SR2: Sund 6E **7** (2C **118**)
Thornholme Av. NE34: S Shi 3B **76**
Thornholme Rd.
  SR2: Sund 6E **7** (3B **118**)
Thornhope Cl. NE38: Wash 1D **114**
Thornlea NE61: Hep 1A **8**
Thornlea Gdns. NE9: Low F 5H **83**
Thornleigh Gdns.
  SR6: Clead 1A **90**
Thornleigh Rd. NE2: Jes 6G **57**
Thornley Av. NE10: Ward 5H **85**
  NE23: Cra 3C **22**
Thornley Cl. DH7: Ush M 6D **152**
  NE16: Whi 1E **95**
Thornley La.
  NE21: Row G, Winl 5G **79**
  NE39: Row G 5G **79**
Thornley Rd. NE5: W Dent 1D **66**
Thornley Vw. NE39: Row G 3F **93**
Thornley Wood Country Pk. 5H **79**
Thornley Wood Country Pk. Vis. Cen.
  . . . . .6H **79**
Thornton Av. NE33: S Shi 2D **74**
Thornton Cl. DH4: Pen 2F **129**
Thornton Cotts. *NE40: Ryton 3C 64*
     (off Northumberland Rd.)

Thornton Ct. NE1: Newc T 6B **4**
NE38: Wash 2A **114**
Thornton Cres. NE21: Blay 6A **66**
Thornton Lea DH2: Pelt 2F **125**
Thorntons Cl. DH2: Pelt 2F **125**
Thornton St.
NE1: Newc T 6B **4** (5E **69**)
Thornton Ter. NE12: Longb 4G **45**
Thorntree Av. NE13: Sea B 2D **30**
Thorntree Cl. NE25: Monks 1F **47**
Thorntree Cotts. NE13: Sea B 2D **30**
Thorntree Ct. NE12: Longb 5F **45**
Thorntree Dr. NE15: Den M 3E **67**
NE22: Bed 3H **9**
NE25: Monks 1F **47**
Thorntree Gill SR8: Hor 2G **165**
Thorntree M. *SR1: Sund 1E* ***119***
(off Up. Nile St.)
SR3: Sund 5E **117**
Thorntree Ter. DH9: Stly 2F **123**
Thorntree Wlk. NE32: Jar 1H **87**
Thorntree Way NE24: Cow 6F **11**
Thornwood Gdns. NE11: Lob H . . .5D **82**
Thornyford Ho. *NE4: Newc T 3D* ***68***
(off Barrack Rd.)
Thornygarth NE10: Fall 4E **85**
Thoroton St. NE24: Bly 5C **12**
Thorp Cl. NE24: Bly 2H **17**
Thorp Cotts. NE40: Ryton 4A **64**
Thorp Dr. NE40: Ryton 4D **64**
Thorpe Cl. NE4: Newc T 3C **68**
Thorpe Cres. SR8: Hor 4F **163**
Thorpeness Rd. SR3: Sund 6E **117**
Thorpe Rd.
SR8: Eas, Hor, Pet 2B **162**
Thorpe St. NE4: Newc T 3C **68**
SR8: Eas C 1E **163**
SR8: Hor 6G **163**
Threap Gdns. NE28: W'snd 3C **60**
Three Mile Ct. NE3: Gos 5E **43**
Three Rivers Ct. NE36: W Bol 4C **88**
(not continuous)
Threlkeld Gro. SR6: Seab 6C **90**
Thrift St. NE29: N Shi 3C **62**
Thristley Gdns. SR2: Sund 4C **118**
THROCKLEY **5D 52**
Throckley Ind. Est. NE15: Thro . . .4D **52**
Throckley Pond Nature Reserve
. . . .**1B 64**
Throckley Way NE34: S Shi 3D **74**
Thropton Av. NE7: Longb 2B **58**
NE24: Bly 2A **18**
Thropton Cl. DH1: H Shin 4H **161**
DH2: Ches S 2A **134**
NE10: Ward 5A **86**
Thropton Ct. NE24: Bly 6A **12**
Thropton Cres. NE3: Gos 1D **56**
Thropton Pl. NE29: N Shi 6H **47**
Thropton Ter. NE7: H Hea 5B **58**
Thrunton Ct. DH5: Hou S 3B **138**
Thrush Cross Pl.
DH1: Dur 4H **155**
Thrush Gro. SR5: Sund 4E **103**
Thurleston DH4: Nbot 5G **129**
Thurlow Way DH5: Hou S 5H **137**
Thursby DH3: Bir 5E **113**
(not continuous)
Thursby Av. NE30: Cull 3D **48**
Thursby Gdns. NE9: Low F 2B **98**
Thurso Cl. SR3: Sund 6D **116**
Tiberius Cl. NE28: W'snd 6H **59**
Tiger Stairs *NE29: N Shi 2D* ***62***
(off Bedford St.)
Tilbeck Sq. SR3: Silk 4B **132**
Tilbury Cl. DH4: S Row 4G **129**
Tilbury Gdns. SR3: Sund 1E **131**
Tilbury Gro. NE30: Cull 2C **48**
Tilbury Rd. SR3: Sund 1E **131**
Tileshed Crossing NE36: E Bol 2F **89**
Tileshed La. NE36: E Bol 2E **89**
Till Av. NE21: Winl 1H **79**
Tilley Rd. NE38: Wash 2F **113**
Tillmouth Av.
NE25: H'wll, Sea D 1B **34**
Tillmouth Gdns. NE4: Fen 3G **67**
Tillmouth Pk. Rd. NE15: Thro 6D **52**
Till St. NE6: Byke 5C **70**
Tilson Way NE3: Ken 1B **56**
Timber Beach Nature Reserve
. . . .**4F 103**
Timber Beach Rd. SR5: Sund . . .4F **103**
Timber Rd. SR8: Hor 4G **163**
Times Sq. NE1: Newc T 5E **69**
Timlin Gdns. NE28: W'snd 4F **61**
Timothy Duff Ct. *NE30: Tyne 6G* ***49***
(off Front St.)
Tindal Cl. NE4: Newc T 4D **68**
Tindale Av. DH1: Dur 2A **154**
NE23: Cra 3C **22**
Tindale Dr. NE16: Whi 5E **81**
Tindal St. NE4: Newc T 4D **68**
Tinklers La. DH1: Dur . . .2D **6** (5D **154**)
Tinkler Ter. DH3: Gt Lum 2H **135**
Tinn St. NE8: Gate 2F **83**
Tintagel DH3: Gt Lum 3H **135**
Tintagel Cl. NE23: Cra 1B **22**
SR3: Sund 6D **116**
Tintagel Dr. SR7: S'hm 3A **142**
Tintern NE38: Wash 4A **114**
Tintern Cl. DH4: Hou S 1G **137**
Tintern Cres. NE6: Heat 2B **70**
NE29: N Shi 5H **47**
Tintern St. SR4: Sund 1B **118**
Tiree Cl. DH7: B'don 4E **159**
Tiree Ct. SR3: Silk 3A **132**
Tirril Pl. NE5: Den M 6E **55**
Titan Ho. NE6: Walk 3G **71**
Titania Ct. NE24: Bly 3D **18**
Titan Rd. NE6: Walk 3G **71**
Titchfield Rd. NE38: Wash 3A **114**
Titian Av. NE34: S Shi 1E **89**
Titlington Gro. NE31: Heb 6B **72**
Tiverton Av. NE4: Benw 4A **68**
NE29: N Shi 4G **47**
Tiverton Cl. DH4: Nbot 5H **129**
NE28: W'snd 2D **60**
Tiverton Gdns. NE9: Low F 2H **97**
Tiverton Pl. NE23: Cra 1B **22**
Tiverton Sq. SR3: Sund 6E **117**
Tivoli Bldgs. DH4: S Row 3G **129**
Toberty Gdns. NE10: Ward 3H **85**
Todd's Nook NE4: Newc T 4D **68**
Toft Cres. SR7: Mur 1C **150**
Togstone Pl. NE5: Fen 6G **55**
Toll Bar Rd. SR2: Sund 6D **118**
Toll Bri. Rd. NE21: Blay 6D **66**
Tollerton Dr. SR5: Sund 5B **102**
Tollgate Bungs. DH9: Ann P 4E **121**
Tollgate Flds. DH4: W Rai 4D **146**
Tollgate Rd. NE39: Ham M 2A **106**
Tollgate Ter. DH9: Ann P 4E **121**
Toll Ho. Rd. DH1: Dur 5H **153**
Tolls Cl. NE25: Monks 6G **35**
Toll Sq. NE30: N Shi 1E **63**
Tomlea Av. NE22: Bed 4C **10**
Tomlinson Ct. NE25: Monks 5H **35**
Tom Urwin Ho. *SR3: New S 2A* ***132***
(off Silksworth Ter.)
Tonbridge Av. NE29: N Shi 2A **62**
Toner Av. NE31: Heb 6B **72**
Topaz St. SR7: S'hm 4G **141**
Topcliff SR6: Roker 5E **105**
Topcliffe Grn. NE9: Low F 3B **98**
Top Gear Indoor Karting **5A 156**
Toppings St. NE35: Bol C 2A **88**
Torcross Way NE23: Cra 1B **22**
Tor Mere Cl. NE37: Wash 1G **113**
Toronto Rd. SR3: Sund 5F **117**
Toronto Sq. SR3: Sund 5F **117**
Torquay Gdns. NE9: Low F 2H **97**
Torquay Pde. NE31: Heb 6E **73**
Torquay Rd. SR3: Sund 5F **117**
Torrens Rd. SR3: Sund 5F **117**
Torrington Cl. DH4: Nbot 5G **129**
Torver Cl. NE13: W Op 6D **30**
SR8: Pet 1E **165**
Torver Cres. SR6: Seab 6C **90**
Torver Pl. NE9: Low F 1B **98**
Torver Way NE30: Cull 3B **48**
Tosson Cl. NE22: Bed 4B **10**
Tosson Pl. NE29: N Shi 2H **61**
Tosson Ter. NE6: Heat 6C **58**
Totnes Cl. SR3: Sund 6D **116**
Totnes Dr. NE23: Cra 1B **22**
Tourist Info. Cen.
Durham . . . .**2B 6 (5C 154)**
Gateshead **3H 83**
Jarrow **2H 73**
Metro Centre **1G 81**
Newcastle International Airport
. . . .**2B 40**
Newcastle Station . . .**6C 4 (5F 69)**
Newcastle upon Tyne
. . . .**4D 4 (4F 69)**
Peterlee **1D 164**
Royal Quays Outlet Shopping
. . . .**5A 62**
Seaham **4B 142**
South Shields, Fowler St. . . .**4E 63**
South Shields, Sea Rd. **4H 63**
Sunderland . . . .**4G 7 (1D 118)**
Whitley Bay **5C 36**
Toward Rd.
SR1: Sund 4H **7** (1D **118**)
SR2: Sund 4H **7** (2D **118**)
Tower Ct. DH5: Eas L 4E **149**
NE11: Dun 2C **82**
Tower Gdns. NE40: Ryton 4C **64**
Tower Ho.
NE1: Newc T 5G **5** (4H **69**)
Tower Pl. SR2: Sund 2E **119**
Tower Rd. NE37: Wash 6C **100**
Towers, The SR4: Sund 1D **116**
Towers Av. NE2: Jes 4G **57**
Towers Cl. NE22: Bed 5A **10**
Towers Pl. NE34: S Shi 4A **74**
Tower St. NE1: Newc T 4F **5** (4G **69**)
SR2: Sund 2F **119**
SR8: Eas C 1F **163**
Tower St. W. SR2: Sund 3E **119**
Tower Vw. NE15: Benw 3G **67**
TOWN CENTRE **2A 114**
Town Cen. NE23: Cra 3A **22**
Towne Ga. NE15: Hed W 5G **51**
Towneley Ct. DH9: Stly 4C **122**
Towneley Flds. NE39: Row G 3F **93**
Towneley Main Wagonway
NE40: Ryton 5C **64**
Towneley St. DH9: Stly 3C **122**
Townend Ct. NE34: S Shi 4E **75**
TOWN END FARM **1C 102**
Townfield Gdns. NE15: Newb 1F **65**

Towngate Bus. Cen.
DH7: Lang M 4G **159**
Townley Cotts.
NE40: Ryton 5A **64**
Townley Rd. NE39: Row G 3D **92**
TOWN MOOR **1D 68**
Townsend Rd. SR3: Sund 1E **131**
Townsend Sq. SR3: Sund 1E **131**
Town Sq. NE28: W'snd 5H **59**
Townsville Av. NE25: Monks 2H **47**
Towton NE12: Kil 1D **44**
Toynbee NE38: Wash 2E **115**
Tracey Av. NE36: W Bol 3D **88**
Trafalgar Ho. NE30: Tyne 6F **49**
Trafalgar Rd. NE37: Wash 4C **100**
Trafalgar Sq. SR1: Sund 6F **105**
Trafalgar St.
NE1: Newc T 4F **5** (4G **69**)
Trafford NE9: Low F 3A **98**
Trafford Rd. SR5: S'wck 4A **104**
Trafford Wlk. NE5: West 4C **54**
Trajan Av. NE33: S Shi 3F **63**
Trajan St. NE33: S Shi 3F **63**
Trajan Wlk. NE15: Hed W 5F **51**
Tranquil Ct. *NE8: Gate 6F* ***69***
(off Wordswell Dr.)
Transbritannia Ct. NE21: Blay 5C **66**
Tranwell Cl. NE3: Ken 5B **42**
Tranwell Dr. NE25: Sea D 1C **34**
Travers St. DH4: New H 3G **129**
Treasury Mus. & Monks Dormitory
. . . . **4B 6**
Treby St. SR4: Sund 6A **104**
(not continuous)
Tredegar Cl. NE5: Blak 3F **55**
Treecone Cl. SR3: Dox P 4A **132**
Tree Ct. SR3: Silk 3H **131**
Treen Cres. SR7: Mur 2D **150**
Tree Top M. NE28: W'snd 2B **60**
Treetops, The NE32: Jar 5E **73**
Trefoil Rd. DH9: Tan L 1B **122**
Tregoney Av. SR7: Mur 1D **150**
Treherne Rd. NE2: Jes 4F **57**
Trent Av. NE31: Heb 6C **72**
Trent Cres. DH3: Gt Lum 3H **135**
Trent Dr. NE32: Jar 1G **87**
Trent Gdns. NE8: Gate 3B **84**
Trentham Av. NE7: Longb 2B **58**
Trenton Av. NE38: Wash 1B **114**
Trent Rd. SR3: Sund 6E **117**
Trent St. DH5: Eas L 5E **149**
Trevarren Dr. SR2: Ryh 2F **133**
Trevelyan Av. NE22: Bed 4B **10**
NE24: Bly 1A **18**
Trevelyan Cl. SR3: Sund 6D **116**
Trevelyan Dr. NE5: West 2E **55**
Trevelyan Pl. SR8: Pet 2B **164**
Trevethick St. NE8: Gate 3F **83**
Trevone Pl. NE23: Seg 1G **33**
Trevone Sq. SR7: Mur 2D **150**
Trevor Gro. SR6: Clead 3A **90**
Trevor Ter. NE30: N Shi 6C **48**
Trewhitt Rd. NE6: Heat 1C **70**
Trewitt Rd. NE26: Whit B 1D **48**
Tribune Pl. NE9: Low F 5B **84**
Trident Dr. NE24: Bly 3D **18**
Trident Rd. SR3: New S 2A **132**
Trigo Ho. *NE8: Gate 6F* ***69***
(off Wordswell Dr.)
Trimdon Gro. NE9: Wrek 2D **98**
Trimdon St. SR4: Sund 6B **104**
Trimdon St. W. SR4: Sund 5B **104**
Trinity Bldg. NE1: Newc T 2E **5**
Trinity Bldgs. NE30: N Shi 2E **63**
Trinity Chare
NE1: Newc T 6F **5** (5G **69**)
Trinity Cl. NE29: N Shi 3C **62**
Trinity Ct. NE8: Gate 6H **69**
NE29: N Shi 2C **62**
(not continuous)
Trinity Courtyard NE6: Byke 5D **70**
Trinity Gro. NE23: Seg 1G **33**
Trinity Maritime Cen. **5F 5**
Trinity Pk. DH4: S Row 4F **129**
Trinity Pl. NE29: N Shi 3C **62**
Trinity Sq. NE8: Gate 6H **69**
(not continuous)
SR1: Sund 6E **105**
Trinity St. NE29: N Shi 3C **62**
SR5: S'wck 3H **103**
Trinity Ter. NE29: N Shi 3C **62**
Trinity Wlk. NE33: S Shi 6D **62**
Trojan Av. NE6: Walk 2E **71**
Tromso Cl. NE29: N Shi 2G **61**
Trool Ct. SR3: Silk 4A **132**
Troon Cl. NE37: Wash 3A **100**
Trotter Gro. NE22: Bed 4C **10**
Trotter Ter. SR2: Ryh 3F **133**
Troutbeck Av. NE6: Walk 4F **71**
Troutbeck Gdns.
NE9: Low F 2A **98**
Troutbeck Rd. SR6: Seab 6C **90**
Troutbeck Way NE34: S Shi 6C **74**
SR8: Pet 6E **163**
Troutdale Pl. NE12: Longb 1H **57**
Trout's La. DH1: Dur 1F **153**
Troves Cl. NE4: Benw 5A **68**
Trowbridge Way NE3: Ken 2B **56**
Trowsdale St. DH9: Ann P 4E **121**
Truro Av. SR7: Mur 1D **150**
Truro Gro. NE29: N Shi 5H **47**
Truro Rd. SR3: Sund 6F **117**
Truro Way NE32: Jar 3G **87**
Tuart St. DH3: Ches S 6C **126**
Tudor Av. NE29: N Shi 1A **62**
Tudor Ct. NE20: Darr H 1C **38**
Tudor Dr. DH9: Tanf 4B **108**
Tudor Grange SR8: Eas 2A **162**
Tudor Gro. SR3: Sund 4H **117**
Tudor Rd. DH3: Ches S 4D **126**
NE33: S Shi 5D **62**
Tudor Wlk. NE3: Ken 2G **55**
(Brunton La.)
NE3: Ken 6G **41**
(Hersham Cl.)
NE3: Ken 1G **55**
(Petherton Ct.)
Tudor Way NE3: Ken 1F **55**
Tudor Wynd NE6: Heat 5D **58**
Tulip Cl. NE21: Winl 1H **79**
Tulip Ct. DH4: Pen 1F **129**
Tulip St. NE10: Fall 2C **84**
Tummel Ct. SR3: Silk 3A **132**
Tumulus Av. NE6: Walk 1G **71**
Tunbridge Rd.
SR3: Sund 5F **117**
Tundry Way NE21: Blay 5D **66**
Tunis Rd. SR3: Sund 5F **117**
TUNSTALL **2A 132**
Tunstall SR2: Sund 4C **118**
Tunstall Av. NE6: Byke, Walk 3D **70**
(not continuous)
NE34: S Shi 3B **76**
Tunstall Bank SR2: Ryh 2C **132**
SR3: Tuns 2C **132**
Tunstall Hill Cl.
SR2: Sund 5C **118**
TUNSTALL HILLS **5B 118**
Tunstall Hope Rd.
SR3: Tuns 6C **118**
Tunstall Lodge Pk.
SR3: Dox P 4B **132**
Tunstall Pk. SR2: Sund 3C **118**
Tunstall Rd.
SR2: Sund 6F **7** (1C **118**)
SR3: Sund, Tuns 5B **118**
Tunstall Ter. SR2: Ryh 2D **132**
SR2: Sund 5F **7** (1C **118**)
SR3: New S 2A **132**
Tunstall Ter. W.
SR2: Sund 5E **7** (1C **118**)
Tunstall Va. SR2: Sund 3C **118**
Tunstall Vw. SR3: New S 1B **132**
Tunstall Village Grn.
SR3: Tuns 2C **132**
Tunstall Village Rd.
SR3: Tuns 2B **132**
Tunstall Vs. SR3: Tuns 2B **132**
Turbinia Gdns. NE7: H Hea 5C **58**
Turfside NE10: Hew 4G **85**
(not continuous)
NE32: Jar 2H **87**
Turnberry DH2: Ous 5H **111**
NE25: Monks 6G **35**
NE33: S Shi 6G **63**
Turnberry Cl. NE37: Wash 3A **100**
Turnberry Ct. NE10: Ward 4H **85**
Turnberry Way NE3: Gos 2G **57**
NE23: Cra 3C **22**
Turnbull Cl. DH1: Dur 5G **155**
Turnbull Cres. SR7: Mur 2C **150**
Turnbulls Bldgs.
NE37: Wash 5B **100**
Turnbull St. SR1: Sund 5F **105**
Turner Av. NE34: S Shi 6F **75**
Turner Cl. NE40: Ryton 5D **64**
Turner Cres. NE3: Gos 2C **56**
Turner St. NE27: Shir 4C **46**
Turnham Rd. SR3: Sund 6E **117**
Turn Pk. DH3: Ches S 6C **126**
Turnstile M. SR6: Roker 3E **105**
Turnstone Dr. NE38: Wash 4F **113**
Turret Rd. NE15: Den M 1D **66**
Tuscan Cl. DH7: New B 2A **158**
Tuscan Rd. SR3: Sund 6E **117**
Tuthill Stairs
NE1: Newc T 6D **4** (5F **69**)
Tweed Cl. DH2: Ous 1H **125**
SR2: Sund 1F **133**
SR8: Pet 2C **164**
Tweed Dr. NE61: Hep 4A **8**
Tweed Gro. NE15: Lem 2A **66**
Tweedmouth Ct. NE3: Gos 3G **57**
Tweed St. DH5: Eas L 5E **149**
NE4: Elsw 4B **68**
NE8: Gate 2A **84**
NE31: Heb 3B **72**
NE32: Jar 4E **73**
NE38: Wash 3D **114**
Tweed Ter. DH9: Stly 4D **122**
Tweedy's Bldgs. NE40: Ryton 4B **64**
Tweedy St. NE24: Cow 5G **11**
Tweedy Ter. NE6: Walk 4F **71**
Twelfth Av. DH2: Ches S 5B **126**
NE24: Bly 1B **18**
Twelfth St. SR8: Hor 6F **163**
Twentieth Av. NE24: Bly 2A **18**
Twentyfifth Av. NE24: Bly 2B **18**
Twentysecond Av. NE24: Bly 2A **18**
Twentysixth Av. NE24: Bly 2A **18**
Twentythird Av. NE24: Bly 2A **18**
Twickenham Ct. NE23: Seg 1F **33**

Twickenham Rd. SR3: Sund 5E **117**
Twizell Av. NE21: Winl 1H **79**
Twizell La. DH9: W Pelt 4B **124**
Twizell Pl. NE20: Pon 4E **27**
Twizell St. NE24: Bly 1D **18**
Twizzell Burn Wlk. DH2: P Fel . . .6G **125**
Two Ball Lonnen NE4: Fen 2G **67**
Twyford Cl. NE23: Cra 1B **22**
Tyldesley Sq. SR3: Sund 6E **117**
Tyndal Gdns. NE11: Dun 2B **82**
Tyne App. NE32: Jar 1E **73**
Tynebank NE21: Winl 1H **79**
Tyne Bri. NE1: Newc T 6E **5** (5G **69**)
NE8: Gate 5G **69**
Tyne Bri. Twr. *NE8: Gate 5G* ***69***
(off Church St.)
Tynedale Av. NE26: Monks 5B **36**
NE28: W'snd 3H **59**
Tynedale Ct. NE28: W'snd 3E **61**
Tynedale Cres. DH4: Pen 2F **129**
Tynedale Dr. NE24: Cow 5F **11**
Tynedale Ho. NE15: Benw 4F **67**
Tynedale Rd. NE34: S Shi 1G **75**
SR3: Sund 6E **117**
Tynedale St. DH5: Hett H 4A **148**
Tynedale Ter. DH9: Ann P 5G **121**
NE12: Longb 1D **58**
TYNE DOCK **2D 74**
Tyne Dock Station (Metro) **3D 74**
Tyne Gdns. NE37: Wash 4B **100**
NE40: Ryton 5E **65**
Tynegate Pct. NE8: Gate 1H **83**
Tyne Ho. SR3: Silk 3H **131**
Tynell Wlk. NE3: Ken 2F **55**
Tyne Main Rd. NE10: Gate 6C **70**
TYNEMOUTH **6F 49**
Tynemouth Castle **6G 49**
Tynemouth Cl. NE6: Byke 3B **70**
Tynemouth Ct. *NE6: Byke 2C* ***70***
(off Elvet Cl.)
NE29: N Shi 1B **62**
Tynemouth Crematorium
NE29: N Shi 6B **48**
Tynemouth Pl. NE30: Tyne 6F **49**
Tynemouth Pool **5B 48**
Tynemouth Priory (remains of)
. . . .**6G 49**
Tynemouth Priory Theatre **5F 49**
Tynemouth Rd. NE6: Byke 2B **70**
(not continuous)
NE28: W'snd 5D **60**
NE30: N Shi, Tyne 1D **62**
NE32: Jar 1F **87**
Tynemouth Sq. SR3: Sund 6F **117**
Tynemouth Squash Rackets Club
. . . .**6H 47**
Tynemouth Station (Metro) **6F 49**
Tynemouth Ter. NE30: Tyne 6F **49**
Tynemouth Volunteer Life Brigade Mus.
. . . .**6G 49**
Tynemouth Way NE6: Byke 2C **70**
Tynepoint Ind. Est. NE32: Jar 4A **74**
Tyne Rd. DH9: Stly 4C **122**
Tyne Rd. E. DH9: Stly 4D **122**
NE8: Gate 1E **83**
Tyneside Cinema . . . .**4D 4 (4F 69)**
Tyneside Retail Pk.
NE28: W'snd 1E **61**
Tyneside Rd. NE4: Newc T 6D **68**
Tyneside Works NE32: Jar 1F **73**
Tyne St. DH5: Eas L 5E **149**
NE1: Newc T 4A **70**
NE10: Fall 1E **85**
NE21: Blay 5A **66**
Tyne St. NE21: Winl 2H **79**
NE30: N Shi 2D **62**
NE31: Heb 2B **72**
NE32: Jar 1F **73**
SR7: S'hm 4B **142**
Tyne Ter. NE34: S Shi 4D **74**
SR8: Eas 1D **162**
Tyne Tunnel
NE32: Jar, W'snd 1G **73**
Tyne Tunnel Trad. Est.
NE29: N Shi 3F **61**
(Narvik Way)
NE29: N Shi 2F **61**
(Tromso Cl.)
Tyne Va. DH9: Stly 4D **122**
Tynevale Av. NE21: Winl 2A **80**
Tynevale Ter. NE8: Gate 2E **83**
NE15: Lem 3A **66**
(not continuous)
Tyne Vw. NE15: Lem 3A **66**
NE16: Whi 3G **81**
NE21: Winl 2A **80**
NE31: Heb 3A **72**
Tyne Vw. Gdns. NE10: Pel 2F **85**
Tyneview Pk.
NE12: Longb 2D **58**
Tyne Vw. Pl. NE8: Gate 2E **83**
Tyne Vw. Ter. NE28: W'snd 6G **61**
Tyne Wlk. NE15: Thro 6D **52**
Tynewold Cl. NE8: Gate 2E **83**
Tyzack Cres. SR6: Ful 3D **104**

U

Uldale Ct. NE3: Ken 6H **41**
Ullerdale Cl. DH1: Carr 3C **156**
Ullswater Av. DH5: Eas L 5E **149**
NE32: Jar 6H **73**
Ullswater Cl. NE24: Cow 5E **11**
Ullswater Cres. NE21: Winl 3H **79**
Ullswater Dr. NE12: Kil 2F **45**
Ullswater Gdns. NE34: S Shi 2F **75**
Ullswater Gro. SR5: Ful 1C **104**
Ullswater Rd. DH2: Ches S 2B **134**
Ullswater Ter. DH6: S Het 5G **149**
Ullswater Way NE5: Den M 6F **55**
Ultor Ct. NE24: Bly 3D **18**
Ulverstone Ter. NE6: Walk 2E **71**
Ulverston Gdns.
NE9: Low F 1B **98**
Underhill NE9: Low F 5A **84**
Underhill Rd. SR6: Clead 3H **89**
Underhill Ter. NE9: Spri 4G **99**
Underwood NE10: Hew 5G **85**
Underwood Gro. NE23: Cra 6A **16**
Unicorn Ho. NE30: N Shi 1D **62**
Union All. NE33: S Shi 4E **63**
Union Ct. DH3: Ches S 1C **134**
Union Hall Rd.
NE15: Lem 3A **66**
Union La. DH2: Ches M 4B **134**
SR1: Sund 6E **105**
Union Pl. DH1: Dur 6C **6**
Union Quay NE30: N Shi 2E **63**
Union Rd. NE6: Byke 3C **70**
NE30: N Shi 1E **63**
Union Stairs NE30: N Shi 2D **62**
Union St. DH5: Hett H 1C **148**
NE2: Newc T 3H **5** (3H **69**)
(not continuous)
NE24: Bly 5C **12**
NE28: W'snd 1H **71**
NE30: N Shi 2D **62**
Union St. NE32: Jar 1F **73**
NE33: S Shi 3D **74**
SR1: Sund 3G **7** (6D **104**)
SR4: Sund 1C **116**
SR7: S'hm 5B **142**
Unity Ter. DH9: Ann P 5H **121**
DH9: Dip 2E **121**
DH9: Tant 5H **107**
NE24: Camb 1B **12**
University Gallery . . . .**2E 5 (3G 69)**
University of Durham
. . . .**3B 6 (6C 154)**
University of Newcastle upon Tyne
Queen Victoria Rd. . . . .**1C 4 (2F 69)**
University of Newcastle upon Tyne
(Botanical Grounds) **1C 68**
University of Northumbria at Newcastle
Coach Lane Campus **3C 58**
(City Campus) . . . . . .**1E 5 (2G 69)**
University of Sunderland
St Peter's Campus **5E 105**
(Benedict Building) **1D 118**
(City Campus) . . . . .**4E 7 (1C 118)**
(Langham Campus) **2D 118**
University Station (Metro)
. . . .**5E 7 (1C 118)**
Uplands NE25: Monks 6H **35**
Uplands, The DH3: Bir 2D **112**
NE3: Ken 3B **56**
Uplands Way NE9: Spri 3F **99**
Up. Camden St.
NE30: N Shi 1C **62**
Upper Chare SR8: Pet 1D **164**
Up. Crone St. NE27: Shir 1D **46**
Up. Elsdon St. NE29: N Shi 3C **62**
Upper Mkt. Sq.
SR1: Sund 4G **7** (6D **104**)
Up. Nile St.
SR1: Sund 4H **7** (1E **119**)
Up. Norfolk St. NE30: N Shi 1D **62**
Up. Pearson St.
NE30: N Shi 1D **62**
Up. Penman St. NE29: N Shi 3C **62**
Up. Queen St. NE30: N Shi 1D **62**
Up. Sans St. SR1: Sund 6E **105**
Up. Walworth Way
SR1: Sund 3F **7** (6D **104**)
Up. Yoden Way SR8: Pet 1D **164**
Upton St. NE8: Gate 2D **82**
Urban Gdns. NE37: Wash 6B **100**
Urfa Ter. NE33: S Shi 3F **63**
URPETH **5G 111**
Urpeth Ter. DH2: Pelt 2C **124**
NE6: Byke 4C ***70***
(off St Peter's Rd.)
Urpeth Vs. DH9: Beam 2B **124**
Urswick Ct. NE3: Ken 2F **55**
Urwin St. DH5: Hett H 2D **148**
USHAW MOOR **5B 152**
Ushaw Rd. NE31: Heb 3D **72**
Ushaw Ter.
DH7: Ush M 5B **152**
Ushaw Vs. DH7: Ush M 5B **152**
(not continuous)
Usher Av. DH6: S'burn 5D **156**
Usher St. SR5: S'wck 4B **104**
Usk Av. NE32: Jar 6G **73**
Uswater Sta. Rd.
NE37: Wash 5C **100**
(not continuous)
USWORTH **4A 100**
Usworth Hall NE37: Wash 3C **100**
Usworth Ter. NE37: Wash 5C **100**
Uxbridge Ter. NE10: Fall 2D **84**

V

Valebrooke SR2: Sund 2C 118
(off Tunstall Rd.)
Valebrooke Av. SR2: Sund 2C 118
Valebrooke Gdns. SR2: Sund . .2C 118
Valehead NE25: Monks 6H 35
Vale Ho. NE2: Newc T 1A 70
Valentia Av. NE6: Walk 2E 71
Valeria Cl. NE28: W'snd 1B 60
Valerian Av. NE15: Hed W 5H 51
Valeshead Ho. NE28: W'snd 5H 59
Valeside DH1: Dur 5B 154
NE15: Thro 5C 52
(not continuous)
Vale St. DH5: Eas L 5D 148
SR4: Sund 2B 118
Vale St. E. SR4: Sund 2B 118
Vale Wlk. NE2: Newc T 2A 70
Valley Cl. DH9: Stly 4D 122
Valley Ct. SR2: Sund 2E 119
Valley Cres. NE21: Winl 1G 79
Valley Dr. NE9: Low F 4H 83
NE11: Dun 4B 82
NE16: Swa 3E 81
Valley Forge NE38: Wash 1B 114
Valley Gdns. NE9: Low F 4A 84
NE25: Monks 6H 35
NE28: W'snd 4B 60
(not continuous)
Valley La. NE34: S Shi 3C 76
Valley Rd. DH2: P Fel 5G 125
NE25: H'wll 1D 34
Valley Shop. Village
NE11: T Vall 6E 83
Valley Vw. DH3: Bir 1B 112
DH5: Hett H 4H 147
DH7: Ush M 6D 152
DH9: Ann P 4F 121
DH9: Stly 5C 122
NE2: Jes 6H 57
NE15: Lem 2H 65
NE16: Burn 6F 93
NE32: Jar 5F 73
NE38: Wash 6C 114
NE39: Row G 3C 92
Vallum Ct. NE4: Newc T 4D 68
Vallum Pl. NE9: Low F 5B 84
Vallum Rd. NE6: Walk 3E 71
NE15: Thro 5D 52
Vallum Way NE4: Newc T 4D 68
Vanburgh Ct. NE25: Sea D 1B 34
Vance Bus. Pk.
NE11: Fest P 3D 82
Vance Ct. NE21: Blay 5C 66
Vancouver Dr. NE7: H Hea 5D 58
Vane St. SR3: New S 2A 132
(not continuous)
SR8: Eas C 1E 163
Vane Ter. SR2: Sund 2F 119
SR7: S'hm 3B 142
Vane Vs. DH1: Dur 6H 155
Vanguard Ct. SR3: Silk 3H 131
(not continuous)
Van Mildert Cl. SR8: Pet 3B 164
Vardy Ter. DH4: New H 3A 130
Vauxhall Rd. NE6: Walk 1G 71
Vedra St. SR5: S'wck 4B 104
Velville Ct. NE3: Ken 1F 55
Ventnor Av. NE4: Benw 4B 68
Ventnor Cres. NE9: Low F 6G 83
Ventnor Gdns. NE9: Low F 5G 83
NE26: Whit B 5C 36

Verdun Av. NE31: Heb 3C 72
Vermont NE37: Wash 5B 100
Verne Rd. NE29: N Shi 2G 61
Vernon Cl. NE33: S Shi 1D 74
Vernon Dr. NE25: Monks 1A 48
Vernon St. NE37: Wash 5B 100
Veryan Gdns. SR3: Sund 4B 118
Vespasian Av. NE33: S Shi 3F 63
Vespasian St. NE33: S Shi 3F 63
Viador DH3: Ches S 5C 126
Viaduct St. NE28: W'snd 5C 60
Vicarage Av. NE34: S Shi 3G 75
Vicarage Cl. DH2: Pelt 2G 125
DH5: Hett H 1C 148
SR3: New S 2H 131
Vicarage Ct. NE10: Hew 3F 85
Vicarage Flats DH7: B'don 5D 158
Vicarage Gdns. NE22: Bed 5A 10
Vicarage La. SR4: Sund 1C 116
Vicarage Rd. SR3: New S 2A 132
Vicarage St. NE29: N Shi 2C 62
Vicarage Ter. NE22: Bed 5A 10
SR7: Mur 3C 150
Vicarsholme Cl.
SR3: Dox P 4G 131
Vicars La. NE7: Longb 2A 58
Viceroy St. SR7: S'hm 4B 142
Victoria Av. DH7: B'don 5E 159
NE10: Fall 3C 84
NE12: Longb 6D 44
NE26: Whit B 6D 36
NE28: W'snd 5H 59
SR2: Sund 5E 119
SR4: Sund 1D 116
Victoria Av. W. SR2: Sund 5E 119
Victoria Bldgs. SR1: Sund 4E 7
Victoria Cotts. DH1: Dur 1A 154
Victoria Ct. DH7: Ush M 5C 152
NE8: Gate 2E 83
NE12: Longb 4C 44
NE25: Sea D 6B 24
NE30: Cull 2E 49
NE31: Heb 4B 72
SR2: Sund 5E 7
Victoria Cres. NE29: N Shi 2B 62
NE30: Cull 2E 49
(Beverley Ter.)
NE30: Cull 1E 49
(Eskdale Ter.)
Victoria Ho. NE4: Newc T 6D 68
NE8: Gate 2E 83
Victoria Ind. Est. NE31: Heb 6A 72
Victoria M. NE2: Jes 1A 70
NE24: Bly 6B 12
NE26: Whit B 6D 36
SR8: Eas 2B 162
Victoria Parkway NE7: H Hea 4E 59
Victoria Pl. DH3: Ches S 1C 134
NE25: Monks 1A 48
NE37: Wash 5B 100
SR1: Sund 5H 7 (1E 119)
SR4: Sund 1B 118
Victoria Rd. NE8: Gate 3E 83
NE33: S Shi 6E 63
NE37: Wash 5B 100
Victoria Rd. E. NE31: Heb 4C 72
Victoria Rd. W. NE31: Heb 1A 86
Victoria Sq. NE2: Jes 1E 5 (2G 69)
NE10: Fall 3D 84
Victoria St. DH5: Hett H 1C 148
NE4: Newc T 5D 68
NE11: Dun 2C 82
NE29: N Shi 3C 62
NE31: Heb 2A 72

Victoria St. SR7: S'hm 4A 142
Victoria Ter. DH1: Dur 5B 154
DH2: P Fel 4G 125
DH2: Pelt 2C 124
(High Handenhold)
DH2: Pelt 3E 125
(Pelton Lane Ends)
DH4: Pen 2G 129
DH9: Ann P 5F 121
NE9: Spri 4F 99
NE9: Wrek 2C 98
NE10: Fall 3D 84
NE15: Thro 5D 52
NE22: Bed 4B 10
(not continuous)
NE26: Whit B 6D 36
NE32: Jar 3E 73
NE36: E Bol 4E 89
NE39: Row G 4C 92
SR7: Mur 3D 150
Victoria Ter. Bk. NE15: Thro 5D 52
Victoria Ter. Sth.
SR5: Monkw 4D 104
(off Warwick St.)
Victoria Vs. NE22: Bed 4B 10
Victor Pasmore Apollo Pavilion
. . . . .3C 164
Victor St. DH3: Ches S 6C 126
SR6: Roker 4E 105
(off Brandling St. Sth.)
Victor Ter. DH7: Bear P 4D 152
Victory Cotts. NE23: Dud 2A 32
Victory Ho. NE30: Tyne 6F 49
Victory St. SR4: Sund 5G 103
Victory St. E. DH5: Hett H 1D 148
Victory St. W.
DH5: Hett H 1D 148
Victory Way SR3: Dox P 4E 131
Viewforth Dr. SR5: S'wck 2C 104
Viewforth Grn. NE5: Blak 6G 55
Viewforth Rd. SR2: Ryh 4F 133
Viewforth Ter. SR5: S'wck 2B 104
(not continuous)
Viewforth Vs. DH1: Dur 5H 153
View La. DH9: Stly 2D 122
View Tops DH9: Beam 1B 124
VIGO 5E 113
Vigodale DH3: Bir 6E 113
Vigo La. DH3: Bir, Ches S 1C 126
DH3: Ches S 6E 113
NE38: Wash 1F 127
Vigo Rd. NE38: Wash 6A 114
Vigour Gym 6G 69
(off Wellington St.)
Viking Ct. NE24: Bly 3D 18
Viking Ind. Est. NE32: Jar 1D 72
Viking Pct. NE32: Jar 2F 73
Viking Shop. Cen., The
NE32: Jar 2F 73
Villa Cl. SR4: Sund 1H 117
VILLAGE, THE
Hartlepool 6D 164
Seaham 2B 150
Village, The SR2: Ryh 3G 133
Village Ct. NE26: Whit B 6B 36
Village E. NE40: Ryton 3C 64
Village Farm
NE15: Walb 6G 53
Village Hgts. NE8: Gate 1F 83
Village La. NE38: Wash 1A 114
Village Pl. NE6: Byke 4C 70
Village Rd. NE23: Cra 3C 22
Village W. NE40: Ryton 3C 64
Villa Pl. NE8: Gate 2G 83

Villas, The DH9: Ann P 6E **121**
  NE13: W Op 6E **31**
  SR2: Ryh 4F **133**
  SR5: Sund 4E **103**
Villa Vw. NE9: Low F 5A **84**
Villette Brooke St.
  SR2: Sund 3E **119**
Villette Path SR2: Sund 3E **119**
Villette Rd. SR2: Sund 3E **119**
Villettes, The DH4: Nbot 6H **129**
Villiers Pl. DH3: Ches S 5C **126**
Villiers St. SR1: Sund . . .3H **7** (6E **105**)
Villiers St. Sth.
  SR1: Sund 1E **119**
Vimy Av. NE31: Heb 3C **72**
Vincent St. SR7: S'hm 5B **142**
  SR8: Eas C 1E **163**
Vincent Ter. DH9: Ann P 6G **121**
Vine Cl. NE8: Gate 1E **83**
Vine La. NE1: Newc T 2D **4** (3F **69**)
Vine La. E.
  NE1: Newc T 2E **5** (3G **69**)
Vine Pl. DH4: Hou S 3A **138**
  SR1: Sund 5F **7** (1C **118**)
Vine St. NE28: W'snd 6A **60**
  NE33: S Shi 3D **74**
Viola Cres. DH2: Ous 5H **111**
Viola St. NE37: Wash 5B **100**
Viola Ter. NE16: Whi 4F **81**
Violet Cl. NE4: Benw 5H **67**
Violet St. DH4: Hou S 3H **137**
  SR4: Sund 6B **104**
                  (Deptford Rd.)
  SR4: Sund 1C **116**
                (Primrose St.)
Violet Ter. DH4: Bour 6B **128**
Viscount Rd. SR3: New S 2A **132**
Vivian Cres. DH2: Ches S 1C **134**
Vivian Sq. SR6: Ful 2D **104**
Volary Gro. NE24: Bly 3D **18**
Voltage Ter. DH4: Nbot 5H **129**
Vue Cinemas
  Newcastle upon Tyne
  . . . . .3F **5** (3G **69**)
Vulcan Pl. NE22: Bed 5A **10**
  SR6: Ful 4D **104**
Vulcan Ter. NE12: Longb 4E **45**

W

Waddington St. DH1: Dur 5B **154**
Wadham Cl. SR8: Pet 2B **164**
Wadham St. SR2: Ryh 2E **133**
Wadham Ter. NE34: S Shi 4D **74**
Wadsley Sq. SR2: Sund 4E **119**
Wagon Way NE28: W'snd 5B **60**
Wagonway Ind. Est. NE31: Heb . . .1C **72**
Wagonway Rd. NE31: Heb 2B **72**
Wagtail Cl. NE21: Winl 3A **80**
Wagtail La. DH9: Crag, Stly 6G **123**
Wakefield Av. NE34: S Shi 4B **76**
Wakenshaw Rd. DH1: Dur 4F **155**
WALBOTTLE 6F **53**
Walbottle Hall Gdns.
  NE15: Walb 6G **53**
Walbottle Rd.
  NE15: Newb, Walb 6F **53**
Walden Cl. DH2: Ous 5F **111**
Waldo St. NE29: N Shi 2D **62**
Waldridge Cl. NE37: Wash 1G **113**
Waldridge Gdns. NE9: Wrek 2D **98**
Waldridge Hall Ct.
  DH2: Ches S 3A **134**

Waldridge La.
  DH2: Ches M, Ches S, Wald
  . . . . .4A **134**
Waldridge Rd.
  DH2: Wald . . . . . . .1A **134** & 6H **125**
Waldron Sq. SR2: Sund 4E **119**
WALKER 4G **71**
Walkerburn NE23: Cra 6B **22**
Walker Ct. NE16: Whi 4E **81**
             (off Fellside Rd.)
Walkerdene Ho. NE6: Walk 1H **71**
WALKERGATE 1E **71**
Walkergate DH1: Dur 2B **6**
Walkergate Station (Metro) 1E **71**
Walker Ga. Ind. Est. NE6: Walk . . .3H **71**
Walker Gro. NE6: Walk 1F **71**
Walker Pk. Cl. NE6: Walk 5G **71**
Walker Pk. Gdns. NE6: Walk 5G **71**
Walker Pl. NE30: N Shi 1E **63**
WALKER RIVERSIDE 5H **71**
Walker Riverside Ind. Pk.
  NE6: Walk 4H **71**
Walker Rd. NE6: Byke 4B **70**
  NE6: Walk 5D **70**
Walker Swimming Pool 4G **71**
Walker Ter. NE8: Gate 1G **83**
Walker Vw. NE10: Fall 3D **84**
WALKERVILLE 6G **59**
Wallace Av. NE16: Whi 3G **81**
Wallace Gdns. NE9: Wrek 2E **99**
Wallace St. DH4: Hou S 3H **137**
  NE2: Newc T 2D **68**
  NE11: Dun 2C **82**
  SR5: Monkw 4C **104**
Wallace Ter. NE25: Sea D 6C **24**
             (off Astley Rd.)
  NE40: Ryton 4C **64**
Wallaw Cinema 6C **12**
Wall Cl. NE3: Gos 2C **56**
Waller Ter. DH5: Hou S 4A **138**
           (not continuous)
Wallflower Av. SR8: Hor 6F **163**
Wallinfen NE10: Hew 6F **85**
Wallingford Av. SR2: Sund 5E **119**
Wallington Av. NE13: Bru V 5C **30**
  NE30: Cull 4C **48**
Wallington Cl. NE21: Blay 1A **80**
  NE22: Bed 3C **10**
Wallington Ct. NE3: Ken 6H **41**
  NE12: Kil 2C **44**
  NE25: Sea D 6B **24**
  NE30: Cull 4D **48**
Wallington Dr. NE15: Lem 1C **66**
Wallington Gro. NE33: S Shi 4F **63**
Wallis St. DH4: Pen 1F **129**
  NE10: Fall 3D **84**
  NE33: S Shi 4E **63**
Wallridge Dr. NE25: H'wll 1C **34**
WALLSEND 6H **59**
Wallsend Rd. NE29: N Shi 4G **61**
           (not continuous)
Wallsend Sports Cen. 5F **59**
Wallsend Station (Metro) 6A **60**
Wall Ter. NE6: Walk 2E **71**
Walmer Ter. NE9: Eigh B 4D **98**
Walnut Gdns. NE8: Gate 3E **83**
Walnut Pl. NE3: Ken 4B **56**
Walpole Cl. SR7: S'hm 5F **141**
Walpole St. SR4: Sund 1H **117**
Walpole St. NE6: Walk 1E **71**
  NE33: S Shi 6D **62**
Walsham Cl. NE24: Bly 2H **17**
Walsh Av. NE31: Heb 2C **72**

Walsingham NE38: Wash 4A **114**
Walter St. NE13: Bru V 5C **30**
  NE32: Jar 1F **73**
Walter Ter. DH5: Eas L 4D **148**
  NE4: Newc T 3C **68**
Walter Thomas St.
  SR5: S'wck 3H **103**
Waltham NE38: Wash 3B **114**
Waltham Cl. NE28: W'snd 4F **59**
Waltham Pl. NE5: Blak 5F **55**
Walton Av. NE24: Cow 5A **12**
  NE29: N Shi 6B **48**
  SR7: S'hm 5F **141**
Walton Cl. DH9: Stly 4E **123**
Walton Gdns. NE28: W'snd 5E **61**
Walton La. SR1: Sund 6E **105**
Walton Pk. NE29: N Shi 5B **48**
Walton Rd. NE5: Den M 6E **55**
  NE38: Wash 2E **115**
Walton's Bldgs.
  DH7: Ush M 5B **152**
Walton's Ter. DH7: New B 1B **158**
Walwick Av. NE29: N Shi 1H **61**
Walwick Rd. NE25: Well 6F **35**
Walworth Av. NE34: S Shi 3C **76**
Walworth Gro. NE32: Jar 6F **73**
Walworth Way
  SR1: Sund 3F **7** (6C **104**)
Wandsworth Rd. NE6: Heat 2B **70**
Wanless Ter. DH1: Dur . . .1C **6** (5D **154**)
Wanley St. NE24: Bly 5C **12**
Wanlock Cl. NE23: Cra 6C **22**
Wanny Rd. NE22: Bed 4B **10**
Wansbeck NE38: Wash 6G **113**
Wansbeck Av. DH9: Stly 4D **122**
  NE24: News 1C **18**
  NE30: Cull 2E **49**
Wansbeck Cl. DH2: Ous 2H **125**
  NE16: Sun 2E **95**
Wansbeck Ct. SR3: Silk 3H **131**
  SR8: Pet 3C **164**
Wansbeck Gro.
  NE25: New Hart 3B **24**
Wansbeck M. NE34: S Shi 4E **75**
Wansbeck Rd. NE23: Dud 3H **31**
  NE32: Jar 4E **73**
Wansbeck Rd. Nth. NE3: Gos . . .1C **56**
Wansbeck Rd. Sth. NE3: Gos . . .1C **56**
Wansbeck Road Station (Metro)
  . . . . .1C **56**
Wansbeck Ter. NE23: Dud 3H **31**
Wansfell Av. NE5: Ken 4H **55**
Wansford Av. NE5: Den M 6F **55**
Wansford Way NE16: Whi 1D **94**
Wantage Av. NE29: N Shi 3H **61**
Wantage Rd. DH1: Carr 2B **156**
Wantage St. NE33: S Shi 2F **75**
Wapping Rd. NE24: Bly 5D **12**
Wapping St. NE33: S Shi 3D **62**
Warbeck Cl. NE3: Ken 1F **55**
Warburton Cres. NE9: Low F 3A **84**
Warcop Ct. NE3: Ken 6A **42**
Warden Gro. DH5: Hou S 4B **138**
WARDEN LAW 2F **139**
Wardenlaw NE10: Hew 6F **85**
Warden Law La. SR3: Silk 3G **131**
Wardill Gdns. NE9: Low F 4B **84**
Wardle Av. NE33: S Shi 6G **63**
Wardle Dr. NE23: Dud 3B **32**
Wardle Gdns. NE10: Hew 4E **85**
Wardles Ter. DH1: Dur 3A **6**
  SR7: S'hm 5G **141**
        (off Weymouth Dr.)

Wardle St. DH9: Stly 6C **122**
NE3: Gos 2G **57**
WARDLEY **3A 86**
Wardley Ct. NE10: Ward 3B **86**
Wardley Dr. NE10: Ward 3B **86**
Wardley Grn.
NE10: Bill Q, Heb 1A **86**
Wardley La.
NE10: Bill Q, Ward 3B **86**
(not continuous)
Wardroper Ho. NE6: Walk 5G **71**
Ward St. SR2: Sund 2E **119**
Warenford Cl. NE23: Cra 5C **22**
Warenford Pl. NE5: Fen 2G **67**
Warenmill Cl. NE15: Lem 2H **65**
Warennes St. SR4: Sund 6G **103**
Warenton Pl. NE29: N Shi 4F **47**
Waring Av. NE26: Sea S 2F **25**
Waring Ter. SR7: Dalt D 5F **141**
Wark Av. NE27: Shir 1D **46**
NE29: N Shi 1G **61**
Wark Ct. NE3: Gos 3G **57**
Wark Cres. NE32: Jar 1F **87**
Warkdale Av. NE24: Cow 6G **11**
Wark St. DH3: Ches S 2C **134**
Warkworth Av. NE24: News 2C **18**
NE26: Whit B 6C **36**
NE28: W'snd 3A **60**
NE34: S Shi 2B **76**
SR8: Hor 5F **163**
Warkworth Cl. NE38: Wash 3H **113**
Warkworth Cres. NE3: Gos 1D **56**
NE15: Newb 2F ***65***
(off Newburn Rd.)
SR7: S'hm 4E **141**
Warkworth Dr. DH2: Ches S 2A **134**
NE13: W Op 4E **31**
Warkworth Gdns.
NE10: Fall 3C **84**
Warkworth Rd. DH1: Dur 6C **144**
Warkworth St. NE15: Lem 3A **66**
Warkworth Ter. NE30: Tyne 5F **49**
(not continuous)
NE32: Jar 6F **73**
Warkworth Woods
NE3: Gos, W Op 3D **42**
Warnbrook Av. *SR7: Mur 3D* ***150***
(off E. Coronation St.)
Warnham Av. SR2: Sund 5E **119**
Warnhead Rd. NE22: Bed 4B **10**
Warren Av. NE6: Walk 1G **71**
Warren Cl. DH4: Nbot 5G **129**
Warrenmor NE10: Hew 4G **85**
Warren Sq. SR1: Sund 5F **105**
SR8: Hor 1G **165**
Warren St. SR8: Hor 6G **163**
Warrens Wlk. NE21: Winl 2G **79**
Warrington Rd. NE3: Ken 1A **56**
NE4: Elsw 5C **68**
Warton Ter. NE6: Heat 1C **70**
Warwick Av. NE16: Whi 6E **81**
Warwick Cl. NE16: Whi 6E **81**
NE23: Seg 2E **33**
Warwick Ct. DH1: Dur 2A **160**
NE3: Ken 6H **41**
NE8: Gate 1H **83**
Warwick Dr. DH5: Hou S 5A **138**
NE16: Whi 6F **81**
NE37: Wash 3B **100**
SR3: E Her 2E **131**
Warwick Gro. NE22: Bed 4F **9**
Warwick Hall Wlk.
NE7: H Hea 4D **58**
Warwick Pl. SR8: Pet 6B **162**
Warwick Rd. NE5: W Dent 1C **66**
NE28: W'snd 6H **59**
NE31: Heb 6D **72**
NE33: S Shi 1F **75**
NE34: S Shi 1F **75**
Warwickshire Dr. DH1: Carr 5A **156**
Warwick St.
NE2: Newc T 1H **5** (2H **69**)
NE6: Heat 2A **70**
NE8: Gate 1H **83**
NE24: Bly 3A **18**
SR5: Monkw 4D **104**
Warwick Ter. SR3: New S 1A **132**
Warwick Ter. Nth.
SR3: New S 1A ***132***
(off Warwick Ter.)
Warwick Ter. W.
SR3: New S 1A **132**
Wasdale Cl. NE23: Cra 6C **22**
SR8: Pet 1E **165**
Wasdale Ct. SR6: Seab 6C **90**
Wasdale Cres. NE21: Winl 3H **79**
Wasdale Rd. NE5: Den M 1F **67**
WASHINGTON **2C 114**
Washington Arts Cen. **5B 114**
Washington 'F' Pit Mus. **6A 100**
Washington Gdns. NE9: Wrek 2C **98**
Washington Highway
DH4: Pen 4A **114**
NE37: Wash 5G **99**
NE38: Wash 4A **114**
Washington Leisure Cen. **3A 114**
Washington Old Hall **1C 114**
Washington Rd. NE36: W Bol . . .1A **102**
NE37: Wash, W Bol 5E **101**
SR5: Sund 3H **101**
WASHINGTON SERVICE AREA . . .**4F 113**
Washington Sq. SR8: Eas 2B **162**
WASHINGTON STAITHES **4E 115**
Washington St. SR4: Sund 1H **117**
Washington Ter. NE30: N Shi 6E **49**
WASHINGTON VILLAGE **1B 114**
Washington Wildfowl & Wetlands Trust
. . . .**2G 115**
Washingwell La. NE16: Whi 4G **81**
Washingwell Pk. NE16: Whi 5G **81**
Waskerley Cl. NE16: Sun 2E **95**
Waskerley Gdns. NE9: Wrek 2D **98**
Waskerley Rd. NE38: Wash 2D **114**
Watch Ho. Cl. NE29: N Shi 4C **62**
Watcombe Cl. NE37: Wash 3D **100**
Water Activities Cen. **2F 63**
Waterbeach Pl. NE5: Den M 5F **55**
Waterbeck Cl. NE23: Cra 6C **22**
Waterbury Cl. SR5: S'wck 2H **103**
Waterbury Rd. NE3: Gos 4D **42**
Waterfield Rd. NE22: E Sle 1H **11**
Waterford Cl. DH5: E Rain 1H **147**
NE26: Sea S 3H **25**
Waterford Cres. NE26: Whit B 1D **48**
Waterford Pk. NE13: Bru V 5B **30**
Watergate NE1: Newc T . . .6E **5** (5G **69**)
Watergate Bank NE11: Rave 1A **96**
WATERGATE ESTATE **5G 81**
Waterloo Ct. NE37: Wash 5C **100**
Waterloo Pl. NE29: N Shi 1C **62**
SR1: Sund 4G **7** (1D **118**)
Waterloo Rd. NE24: Bly 6B **12**
NE25: Well 6E **35**
NE37: Wash 4C **100**
(Manor Rd.)
NE37: Wash 3D **100**
(Rutherford Rd.)
Waterloo Sq. NE33: S Shi 4E **63**
Waterloo St.
NE1: Newc T 6B **4** (5E **69**)
NE21: Winl 2G **79**
Waterloo Va. NE33: S Shi 4E **63**
Waterloo Wlk. *NE37: Wash 5C* ***100***
(off Waterloo Ct.)
Waterlow Cl. SR5: S'wck 1H **103**
Watermark, The
NE11: Dun, Swa 6F **67**
Watermill NE40: Ryton 4C **64**
Watermill La. NE10: Fall, Hew 3E **85**
Watermill Pk. NE10: Fall 4D **84**
Water Row NE15: Newb 2E **65**
WATERSIDE **4F 115**
Waterside Dr. NE11: Dun 1A **82**
Waterside Gdns. NE38: Wash . . .6C **114**
Waterside Pk. NE31: Heb 3A **72**
Water St. NE4: Newc T 6D **68**
Waterview Pk. NE38: Wash 2G **115**
Waterville Pl. NE29: N Shi 2C **62**
Waterville Rd. NE29: N Shi 3H **61**
Waterville Ter. NE29: N Shi 2C **62**
WATERWORKS, THE **2G 151**
Waterworks, The SR2: Ryh 4E **133**
Waterworks Rd.
SR1: Sund 4E **7** (1B **118**)
SR2: Ryh 4E **133**
Watford Cl. SR5: S'wck 1H **103**
Watkin Cres. SR7: Mur 2C **150**
Watling Av. SR7: S'hm 5E **141**
Watling Pl. NE9: Low F 5B **84**
Watson Av. NE23: Dud 3H **31**
NE34: S Shi 4B **76**
Watson Cl. SR7: Dalt D 5F **141**
Watson Gdns. NE28: W'snd 4E **61**
Watson Pl. NE34: S Shi 4B **76**
Watson St. DH9: Stly 1D **122**
NE8: Gate 2E **83**
NE16: Burn 1H **107**
NE32: Jar 1G **73**
NE39: H Spen 6A **78**
Watson Ter. NE35: Bol C 4B **88**
Watts Moses Ho.
SR1: Sund 6F ***105***
(off High St. E.)
Watt's Slope NE26: Whit B 5C **36**
Watts St. SR7: Mur 2C **150**
Watt St. NE8: Gate 4F **83**
Wave Health & Fitness Cen. . . .***1D 104***
(off Sea Rd.)
Wavendon Cres. SR4: Sund 3F **117**
Waveney Gdns. DH9: Stly 5C **122**
Waveney Rd. SR8: Pet 3B **164**
Waverdale Av. NE6: Walk 2G **71**
Waverdale Way NE33: S Shi 3D **74**
Waverley Av. NE22: Bed 4C **10**
(Roslin Pk.)
NE22: Bed 3C **10**
(Waverley Dr.)
NE25: Monks 1B **48**
Waverley Cl. NE21: Winl 3F **79**
Waverley Ct. NE22: Bed 3C **10**
Waverley Cres. NE15: Lem 2B **66**
Waverley Dr. NE22: Bed 3C **10**
(not continuous)
Waverley Lodge NE2: Newc T 1G **5**
Waverley Rd. NE4: Newc T 5D **68**
NE9: Low F 3A **98**
Waverley Ter. DH9: Dip 6E **107**
SR4: Sund 6G **103**
Waverton Cl. NE23: Cra 6B **22**
Wawn St. NE33: S Shi 1F **75**
Wayfarer Rd. SR5: S'wck 4A **104**
Waygood Gallery . . . .**5D 4 (4F 69)**

Wayland Sq. SR2: Sund 6E **119**
Wayman St. SR5: Monkw 4C **104**
Wayside NE15: Scot 4F **67**
   NE34: S Shi 3B **76**
   SR2: Sund 3B **118**
Wayside Ct. DH7: Bear P 4D **152**
Wealcroft NE10: Hew 1F **99**
Wealcroft Ct. NE10: Hew 6F **85**
WEAR 5H **113**
Wear Ct. NE34: S Shi 4E **75**
Wear Cres. DH3: Gt Lum 4H **135**
Weardale Av. NE6: Walk 2G **71**
   NE12: Longb 5C **44**
   NE24: Cow 5F **11**
   NE28: W'snd 3H **59**
   NE37: Wash 5A **100**
   SR6: Seab 5E **91**
Weardale Cres. DH4: Pen 2F **129**
Weardale Ho. NE37: Wash 3H **113**
Weardale St. DH5: Hett H 4A **148**
Weardale Ter. DH3: Ches S 1D **134**
   DH9: Ann P 5G **121**
Weardale Way DH3: Gt Lum . . .5G **135**
Wearfield SR5: Sund 4G **103**
Wearhead Dr. SR4: Sund 3B **118**
Wear Ind. Est. NE38: Wash 5H **113**
Wear Lodge DH3: Ches S 2C **126**
Wearmouth Av. SR5: Monkw . . .3C **104**
Wearmouth Dr. SR5: Monkw . . .3C **104**
Wearmouth St. SR6: Roker 4D **104**
Wear Rd. DH9: Stly 3D **122**
   NE31: Heb 5C **72**
Wearside Dr.
   DH1: Dur 1C **6** (5D **154**)
Wear St. DH3: Ches S 1D **134**
   DH4: Hou S 4E **137**
   DH5: Hett H 2C **148**
   NE32: Jar 2F **73**
   SR1: Sund 1F **119**
   SR4: Sund 6C **102**
   SR5: S'wck 4A **104**
   SR7: S'hm 4B **142**
Wear Ter. NE38: Wash 3D **114**
   SR8: Eas 1D **162**
Wear Vw. DH1: Dur 1D **6** (5D **154**)
   SR4: Sund 6D **102**
Weathercock La. NE9: Low F 6H **83**
Weatherside NE21: Winl 2H **79**
Webb Av. SR7: Mur 1C **150**
   SR7: S'hm 4E **141**
Webb Gdns. NE10: Ward 3G **85**
Webb Sq. SR8: Hor 4E **163**
Websters Bank SR4: Sund 5B **104**
Wedder Law NE23: Cra 6B **22**
Wedgewood Cotts. NE15: Lem . .3B **66**
Wedgewood Rd. SR7: S'hm 5F **141**
Wedmore Rd. NE5: West 5B **54**
Weetman St. NE33: S Shi 6D **62**
Weetslade Cres. NE23: Dud . . .4A **32**
Weetslade Ind. Est.
   NE23: W Op 6H **31**
Weetslade Rd. NE23: Dud 3H **31**
Weetslade Ter. NE23: Dud 6B **32**
Weetwood Rd. NE23: Cra 5C **22**
Weidner Rd. NE15: Benw 3H **67**
Welbeck Grn. NE6: Walk 4E **71**
Welbeck Rd. NE6: Byke, Walk . . .4C **70**
Welbury Way NE23: Cra 6B **22**
Welby Dr. DH7: Ush M 5B **152**
Weldon Av. SR2: Sund 5E **119**
Weldon Cres. NE7: H Hea 5B **58**
Weldon Pl. NE29: N Shi 5H **47**
Weldon Rd. NE12: Longb 1B **58**
   NE23: E Cram 4D **22**

Weldon Ter. DH3: Ches S 1D **134**
Weldon Way NE3: Gos 1D **56**
Welfare Cl. SR8: Eas C 1E **163**
Welfare Cres. DH6: S Het 6B **150**
Welfare Rd. DH5: Hett H 1B **148**
     (not continuous)
Welford Av. NE3: Gos 2C **56**
Welland Cl. SR8: Pet 3C **164**
Wellands Cl. SR6: Whit 2E **91**
Wellands Ct. SR6: Whit 2E **91**
Wellands Dr. SR6: Whit 2E **91**
Wellands La. SR6: Whit 2E **91**
Well Bank Rd. NE37: Wash 4H **99**
Wellburn Pk. NE2: Jes 6A **58**
Wellburn Rd. NE37: Wash 4H **99**
Well Cl. Wlk. NE16: Whi 5E **81**
Wellesley Cl. NE33: S Shi 3E **63**
Wellesley St. NE32: Jar 4F **73**
Wellesley Ter. NE4: Fen 4C **68**
WELLFIELD 6F **35**
Wellfield Cl. NE15: Thro 6C **52**
Wellfield La. NE5: West 5E **55**
Wellfield M. SR2: Ryh 4E **133**
Wellfield Rd. NE4: Benw 4H **67**
     (not continuous)
   NE39: Row G 4C **92**
   SR7: Mur 2B **150**
Wellfield Ter. *NE10: Bill Q 2H **85***
     (off Shields Rd.)
   NE10: Wind N 4C **84**
   SR2: Ryh 4E **133**
Wellgarth Rd. NE37: Wash 4H **99**
Wellhope NE38: Wash 1F **127**
Wellington Av. NE25: Well 6E **35**
Wellington Ct. NE10: Fall 3C **84**
   NE37: Wash 5C **100**
Wellington Dr. NE33: S Shi 3E **63**
Wellington La. SR4: Sund 5B **104**
Wellington Rd. NE11: Dun 2H **81**
     (not continuous)
Wellington Row
   DH4: S Row 4G **129**
Wellington St. DH6: H Pitt 2F **157**
   NE4: Newc T 3A **4** (3E **69**)
   NE8: Gate 5G **69**
   NE10: Fall 3C **84**
   NE15: Lem 3B **66**
   NE24: Bly 6D **12**
     (not continuous)
   NE31: Heb 4B **72**
Wellington St. E. NE24: Bly 5D **12**
Wellington St. W. NE29: N Shi . . .2C **62**
Wellington Wlk. *NE37: Wash . . .5C **100***
     (off Wellington Ct.)
Well La. NE9: Low F 1H **97**
   NE27: Mur 3F **47**
     (not continuous)
Wellmere Rd. SR2: Sund 6F **119**
Well Ridge Cl. NE25: Monks 5G **35**
Well Ridge Pk. NE25: Monks . . .4G **35**
Wells Cl. NE7: H Hea 3D **58**
Wells Cres. SR7: S'hm 4F **141**
Wells Gdns. NE9: Low F 3H **97**
Wells Gro. NE34: S Shi 2A **76**
Wellshede NE10: Hew 4H **85**
Wells St. NE35: Bol C 2A **88**
Well St. SR4: Sund 1H **117**
Wellway NE32: Jar 1F **87**
Welsh Ter. DH9: Ann P 6G **121**
Welwyn Av. NE22: Bed 2D **10**
Welwyn Cl. NE28: W'snd 3F **59**
   SR5: Sund 5C **102**
Wembley Av. NE25: Monks 1A **48**
Wembley Cl. SR5: S'wck 2H **103**

Wembley Rd. SR5: S'wck 2H **103**
Wendover Cl. SR5: S'wck 1G **103**
Wendover Way SR5: S'wck 1G **103**
Wenham Sq. SR2: Sund 3B **118**
Wenlock NE38: Wash 3A **114**
Wenlock Dr. NE29: N Shi 5A **48**
Wenlock Lodge NE34: S Shi 4C **74**
Wenlock Pl. NE34: S Shi 5C **74**
Wenlock Rd. NE34: S Shi 4B **74**
Wensley Cl. DH2: Ous 6G **111**
   NE5: Blak 3G **55**
Wensleydale NE28: W'snd 2F **59**
Wensleydale Av. DH4: Pen 2E **129**
   NE37: Wash 5A **100**
Wensleydale Dr. NE12: Longb . . .5D **44**
Wensleydale Ter. NE24: Bly 1D **18**
Wensley Ho. SR3: Silk 4H **131**
Wentworth NE33: S Shi 6G **63**
Wentworth Cl. NE10: Fall 4D **84**
Wentworth Ct. NE20: Darr H 1C **38**
Wentworth Dr. NE37: Wash 3A **100**
Wentworth Gdns.
   NE25: Monks 1G **47**
Wentworth Grange NE3: Gos . . .3F **57**
Wentworth Ter. SR4: Sund 6B **104**
Werhale Grn. NE10: Fall 3D **84**
Wesley Cl. DH9: Stly 2E **123**
Wesley Ct. DH7: Lang M 4G **159**
   DH9: Ann P 4F **121**
   NE10: Fall 2C **84**
   NE21: Blay 6B **66**
Wesley Dr. NE12: Kil 4H **45**
Wesley Sq.
   NE1: Newc T 6G **5** (5H **69**)
Wesley St. NE2: Newc T 2G **5** (3H **69**)
   NE9: Low F 6H **83**
   NE33: S Shi 4E **63**
Wesley Ter. DH2: P Fel 4G **125**
   DH3: Ches S 6C **126**
   DH6: S Hil 6G **157**
   DH9: Ann P 5F **121**
   DH9: Dip 6D **106**
Wesley Way NE12: Kil 4H **45**
   NE15: Thro 5D **52**
   SR7: S'hm 4F **141**
Wessex Cl. SR5: S'wck 1H **103**
Wessington Ind. Est.
   SR5: Sund 4E **103**
Wessington Ter. NE37: Wash . . .6B **100**
Wessington Way SR5: Sund 6B **102**
Westacre Gdns. NE5: Fen 2G **67**
West Acres NE13: Din 4F **29**
   NE21: Blay 1B **80**
W. Acres Av. NE16: Whi 6F **81**
Westacres Cres. NE15: Benw . . .3G **67**
WEST ALLOTMENT 4C **46**
W. Allotment By-Pass
   NE27: Shir 3B **46**
West Av. DH2: Ches M 4A **134**
   NE3: Gos 3E **57**
   NE5: West 5D **54**
   NE12: Longb 1D **58**
     (Thornhill Rd.)
   NE12: Longb 4F **45**
     (Young Rd.)
   NE25: Monks 6A **36**
   NE29: N Shi 2H **61**
   NE34: S Shi 3G **75**
   NE38: Wash 6H **113**
   NE39: Row G 4D **92**
   SR6: Whit 2E **91**
   SR7: Mur 3C **150**
West Bailey NE12: Kil 1B **44**
WEST BOLDON 4C **88**

Westbourne Av. NE3: Gos 6E **43**
  NE6: Walk 1F **71**
  NE8: Gate 3G **83**
Westbourne Cotts.
  DH4: S Row 3E **129**
Westbourne Dr. DH4: S Row . . .3E **129**
Westbourne Gdns. NE6: Walk . . .3G **71**
Westbourne Rd. SR1: Sund 1B **118**
Westbourne Ter. DH4: S Row . . .3E **129**
  NE25: Sea D 6C **24**
West Bri. St. DH4: Pen 1C **128**
  NE24: Camb 2B **12**
Westbrooke Ho. SR2: Sund 3D **118**
W. Brunton Farm Cotts.
  NE13: Haz 3H **41**
Westburn Gdns. NE28: W'snd . . .3F **59**
Westburn Ter. SR6: Ful 3E **105**
Westbury Av. NE6: Walk 1G **71**
Westbury Ct. NE12: Longb 2A **58**
Westbury Rd. NE29: N Shi 5B **48**
Westbury St. SR4: Sund 6B **104**
WEST CHIRTON 2H **61**
W. Chirton Ind. Est.
  NE29: N Shi 1G **61**
W. Chirton (Middle) Trad. Est.
  NE29: N Shi 6F **47**
W. Chirton Nth. Ind. Est.
  NE29: N Shi 6E **47**
Westcliff Cl. SR8: Eas 2A **162**
Westcliffe Rd. SR6: Seab 1F **105**
Westcliffe Way NE34: S Shi 6B **74**
W. Clifton NE12: Kil 1C **44**
West Copperas NE15: Lem 2C **66**
  (not continuous)
W. Coronation St. SR7: Mur 2D **150**
Westcott Av. NE33: S Shi 6G **63**
Westcott Dr. DH1: Dur 2A **154**
Westcott Rd. NE34: S Shi 4E **75**
  SR8: Pet 6D **162**
Westcott Ter. DH4: Pen 1G **129**
West Ct. DH1: Dur 2C **160**
  NE3: Gos 2C **56**
  NE24: Bly 1A **18**
West Cres. NE10: Ward 3A **86**
  SR8: Eas 1C **162**
Westcroft Pk. SR6: Whit 2E **91**
Westcroft Rd. NE12: Longb 6E **45**
W. Dene Dr. NE30: N Shi 5C **48**
WEST DENTON 6B **54**
W. Denton Cl. NE15: Lem 1B **66**
W. Denton Retail Pk.
  NE5: W Dent 5E **55**
W. Denton Rd. NE15: Lem 1B **66**
W. Denton Way NE5: W Dent 5B **54**
West Dr. DH2: Ches S 1A **134**
  NE24: News 3A **18**
  SR6: Clead 2G **89**
W. Ellen St. SR7: Mur 3D **150**
West End NE26: Sea S 5H **25**
Wester Ct. SR3: Silk 4H **131**
Westerdale DH4: Pen 1C **128**
  NE28: W'snd 3F **59**
Westerdale Pl. NE6: Walk 3H **71**
Westerham Cl. SR5: S'wck 1H **103**
WESTERHOPE 5D **54**
Westerhope Gdns. NE5: Fen 6H **55**
Westerhope Rd. NE38: Wash . . .2D **114**
Westerhope Small Bus. Pk.
  NE5: West 3C **54**
Westerkirk NE23: Cra 6C **22**
Western App. NE33: S Shi 2D **74**
Western App. Ind. Est.
  NE33: S Shi 6E 63
  (off Western App.)

Western Av. NE4: Benw 4A **68**
  NE5: W Dent 6B **54**
  NE11: T Vall 1E **97**
  NE25: Sea D 6H **23**
Western Ct. *NE26: Whit B 3B 36*
  (off Western Way.)
Western Dr. NE4: Benw 4A **68**
Western Highway DH3: Bir 5E **113**
  NE38: Wash 5E **113**
WESTERN HILL 4B **154**
Western Hill SR2: Ryh 1B **138**
  SR2: Sund 1B **118**
Westernmoor NE37: Wash 1F **113**
Western Pk. SR7: Hawt 6G **151**
Western Rd. NE28: W'snd 5D **60**
  NE32: Jar 2E **73**
Western Ter. NE23: Dud 3H **31**
  NE36: E Bol, W Bol 4C **88**
  NE37: Wash 6B **100**
Western Ter. Nth. SR7: Mur 2D **150**
Western Ter. Sth. SR7: Mur 2D **150**
Western Vw. NE9: Eigh B 4C **98**
Western Way NE20: Darr H 1A **38**
  NE21: Blay 1C **80**
  NE26: Whit B 3B **36**
  NE40: Ryton 5C **64**
West Farm NE36: E Bol 4E **89**
W. Farm Av. NE12: Longb 1H **57**
W. Farm Ct. DH7: Bro 1E **159**
  NE12: Kil 3E **45**
  NE23: Cra 2B **22**
W. Farm Rd. NE6: Walk 2E **71**
  NE28: W'snd 4C **60**
  SR6: Clead 3B **90**
W. Farm Wynd NE12: Longb 1H **57**
Westfield NE3: Gos 5D **56**
  NE10: Hew 5E **85**
  NE23: Dud 3H **31**
  NE32: Jar 2G **87**
Westfield Av. NE3: Gos 4E **57**
  NE13: Bru V 5C **30**
  NE25: Monks 1H **47**
Westfield Ct. NE28: W'snd 1H **71**
  NE32: Jar 3F **73**
  SR4: Sund 3G **117**
Westfield Cres. NE9: Spri 4F **99**
Westfield Dr. NE3: Gos 4E **57**
Westfield Gro. NE3: Gos 4D **56**
  SR4: Sund 3G **117**
Westfield La. NE40: Ryton 3B **64**
Westfield Pk. NE3: Gos 4E **57**
  NE28: W'snd 5G **59**
Westfield Rd. NE8: Gate 3G **83**
  NE15: Benw 4D **68**
Westfields DH9: Stly 4B **122**
Westfield Ter. NE8: Gate 3G **83**
  NE9: Spri 4F 99
  (off Windsor Rd.)
Westgarth NE5: West 3C **54**
Westgarth Ter. NE37: Wash 5C **100**
Westgate Av. SR3: New S 1A **132**
Westgate Cen. for Sport 3H **67**
Westgate Cl. NE25: Monks 5G **35**
Westgate Ct. *NE4: Newc T 4D 68*
  (off Westgate Rd.)
Westgate Gro. SR3: New S 1A **132**
Westgate Hill Ter.
  NE4: Newc T 5A **4** (4E **69**)
Westgate Rd.
  NE1: Newc T 5B **4** (4E **69**)
  NE4: Benw, Elsw, Newc T
  . . . . .5A **4** (3B **68**)
W. George Potts St.
  NE33: S Shi 6E **63**

West Grange SR5: S'wck 2C **104**
West Gro. SR4: Sund 2D **116**
West Harton SR7: S'hm 4F **141**
W. Hartford Bus. Cen.
  NE23: E Har 4H **15**
WEST HARTON 4E **75**
Westheath Av. SR2: Sund 6D **118**
WEST HERRINGTON 2B **130**
W. High Horse Cl.
  NE39: Row G 1G **93**
West Hill SR4: Sund 3G **117**
Westhills DH9: Tant 5G **107**
West Holborn NE33: S Shi 6D **62**
Westholme Gdns.
  NE15: Benw 3H **67**
Westholme Ter. *SR2: Sund 5F 119*
  (off Ryhope Rd.)
WEST HOLYWELL 5B **34**
Westhope Cl. NE34: S Shi 2A **76**
Westhope Rd. NE34: S Shi 2A **76**
Westhouse *NE25: Monks 1A 48*
  (off Front St.)
Westhouse Av. DH1: Dur 2B **160**
WEST JESMOND 5G **57**
W. Jesmond Av.
  NE2: Jes 5G **57**
West Jesmond Station (Metro)
  . . . . .5G **57**
WEST KYO 4F **121**
Westlands NE5: Cha P 6A **54**
  NE7: H Hea 5A **58**
  NE26: Sea S 3F **25**
  NE30: Cull 4D **48**
  NE32: Jar 2H **87**
Westlands, The SR4: Sund 2H **117**
West La. DH3: Ches S 1C **134**
  DH6: S Het 6B **150**
  NE12: Kil 4D **44**
  NE16: Burn 4A **94**
  NE21: Winl 3G **79**
  SR7: Hawt 6F **151**
West Lawn SR2: Sund 3D **118**
W. Lawrence St. SR1: Sund 1E **119**
WESTLEA 4F **141**
West Lea DH4: New H 3H **129**
  NE21: Winl 3A **80**
Westlea NE22: Bed 5F **9**
Westlea Rd. DH4: Nbot 6G **129**
  SR7: S'hm 4F **141**
West Leigh DH9: Tan L 1B **122**
Westley Av. NE26: Whit B 2A **36**
Westley Cl. NE26: Whit B 2A **36**
Westline Ind. Est. DH2: Bir 5B **112**
Westlings DH5: Hett H 2C **148**
Westloch Rd. NE23: Cra 6B **22**
Westmacott St. NE15: Newb 1E **65**
West Mdws. NE5: Cha P 3B **54**
West Mdws. Dr. SR6: Clead 4A **90**
West Mdws. Rd. SR6: Clead 3B **90**
Westminster Av. NE29: N Shi 5F **47**
  (not continuous)
Westminster Cl.
  NE26: Whit B 1E **49**
Westminster Cres. NE31: Heb . . .1C **86**
Westminster Dr. NE11: Dun 5B **82**
Westminster St. NE8: Gate 3F **83**
  SR2: Sund 5F **119**
Westminster Way
  NE7: H Hea 3D **58**
W. Moffett St. NE33: S Shi 6F **63**
WEST MONKSEATON 1H **47**
West Monkseaton Station (Metro)
  . . . . .1H **47**
WEST MOOR 4B **44**

W. Moor Ct. NE12: Longb 4B **44**
W. Moor Dr. SR6: Clead 4A **90**
Westmoor Dr. NE12: Longb 4B **44**
Westmoor Rd. SR4: Sund 6F **103**
Westmorland Av.
    NE22: Bed 4G **9**
    NE28: W'snd 5F **61**
    NE37: Wash 4B **100**
Westmorland Ct. NE31: Heb 4B **72**
Westmorland Gdns.
    NE9: Low F 6H **83**
Westmorland La.
    NE1: Newc T 6B **4** (5E **69**)
Westmorland Retail Pk.
    NE23: Cra 3H **21**
Westmorland Ri. SR8: Pet 5B **162**
Westmorland Rd.
    NE1: Newc T 6A **4** (5E **69**)
    NE4: Elsw, Newc T 5B **68**
    NE29: N Shi 6F **47**
    NE34: S Shi 2C **76**
Westmorland St. NE28: W'snd . .5A **60**
Westmorland Wlk. NE4: Elsw . . .6B **68**
Westmorland Way NE23: Cra . . .3H **21**
West Mt. NE12: Kil 2C **44**
    SR4: Sund 2G **117**
WESTOE 6G **63**
Westoe Av. NE33: S Shi 6G **63**
Westoe Dr. NE33: S Shi 6G **63**
Westoe Fitness Cen. 1F **75**
Westoe Rd. NE33: S Shi 5F **63**
Westoe Village NE33: S Shi 1G **75**
Weston Av. NE16: Whi 6D **80**
Weston Vw. SR8: Pet 6C **162**
W. Ousterley Rd. DH9: Stly 5D **122**
Westover Gdns. NE9: Low F 4H **83**
West Pde. NE4: Newc T 5D **68**
    NE31: Heb 4B **72**
West Pk. *NE11: Dun* *2B **82***
    (off Meadow La.)
    NE33: S Shi 2E **75**
    SR3: E Her 3D **130**
West Pk. Gdns. NE21: Winl 2A **80**
West Pk. Rd. NE8: Gate 4G **83**
    NE33: S Shi 1E **75**
    SR6: Clead 2A **90**
West Pk. Vw. NE23: Dud 3H **31**
West Pastures NE36: W Bol . . .1G **101**
WEST PELTON 3C **124**
W. Percy Rd. NE29: N Shi 3A **62**
W. Percy St. NE29: N Shi 2C **62**
Westport Cl. SR5: S'wck 1H **103**
W. Quay Rd. SR5: Sund 4H **103**
WEST RAINTON 3D **146**
Westray DH2: Ches S 2A **134**
Westray Cl. SR2: Ryh 1D **132**
West Rig, The NE3: Ken 3A **56**
West Riggs NE22: Bed 5H **9**
West Rd. DH9: Ann P 5F **121**
    DH9: Tant 6G **107**
    NE4: Fen 3G **67**
    NE5: Den M 1D **66**
    NE15: Den M 1D **66**
    NE20: Pon 5D **26**
    NE22: Bed 3D **10**
West Rd. Crematorium
    NE5: Fen 2F **67**
West Row DH3: Bir 4E **113**
W. Salisbury St. NE24: Bly 5B **12**
W. Shield Row Vs. DH9: Stly . . .1C **122**
W. Spencer Ter. NE15: Walb 6H **53**
W. Stainton St. NE33: S Shi 6F **63**
    (not continuous)
W. Stevenson St. NE33: S Shi . . .6F **63**

West St. DH2: Gra V 4C **124**
    DH3: Bir 3C **112**
    DH9: Tan L 1B **122**
    NE8: Gate 6G **69**
    NE16: Whi 4E **81**
    NE27: Shir 4B **46**
    NE28: W'snd 4G **59**
    NE31: Heb 2C **72**
    SR1: Sund 3F **7** (6C **104**)
    SR3: New S 1A **132**
    SR7: S'hm 4B **142**
West Sunniside
    SR1: Sund 3H **7** (6D **104**)
Westsyde NE20: Darr H 2A **38**
West Ter. DH1: Dur 5B **154**
    NE26: Sea S 3H **25**
W. Thorns Wlk. NE16: Whi 5E **81**
West Thorp NE5: West 2D **54**
West Va. NE15: Thro 5B **52**
West Vallum NE15: Den M 2D **66**
West Vw. DH1: Dur 5E **155**
    DH3: Ches S 5C **126**
    DH4: Bour 6C **128**
    DH4: Hou S 1H **137**
    DH4: Pen 1F **129**
    DH4: S Row 5F **129**
    DH6: S Hil 6G **157**
    DH7: Mead 6E **159**
    DH9: Stly 6C **122**
    NE4: Elsw 5B **68**
    NE9: Low F 1C **98**
    NE9: Spri 4E **99**
    NE11: Kib 1F **111**
    NE12: Longb 5D **44**
West Vw. NE13: W Op 4D **30**
    NE15: Lem 3A **66**
    NE16: Burn 1G **107**
    NE21: Blay 6A **66**
    NE22: Bed 2C **10**
    NE23: Cra 4C **22**
    NE23: Dud 3A **32**
    NE23: Seg 2F **33**
    NE25: Ears 6E **35**
    NE35: Bol C 2H **87**
    NE37: Wash 5B **100**
    SR2: Ryh *3E **133***
    (off Blackhills Rd.)
    SR5: Sund 4D **102**
    SR6: Ful 2D **104**
    SR7: Dalt D 6F **141**
    SR7: Mur 3C **150**
    SR8: Eas 2B **162**
    SR8: Hor 6G **163**
West Vw. Bk. NE9: Spri 4F **99**
West Vw. Bldgs. NE30: Cull 2E **49**
West Vw. Gdns. DH9: Stly 2C **122**
West Vw. Ter. NE11: Dun 1A **82**
Westview Ter. DH9: Ann P 6E **121**
West Vs. DH9: W Pelt 3B **124**
West Wlk. DH3: Lam P 3G **127**
West Walls NE1: Newc T . . .5B **4** (4E **69**)
W. Walpole St. NE33: S Shi 6D **62**
Westward Ct. NE5: West 4C **54**
Westward Grn. NE25: Monks . . .1G **42**
Westward Pl. NE38: Wash 6H **113**
West Way NE11: Dun 3C **82**
    NE33: S Shi 2D **74**
Westway NE15: Thro 4D **52**
    NE21: Winl 4D **52**
    SR8: Pet 2C **164**
Westway Ind. Pk. NE15: Thro . . .4D **52**
W. Wear St.
    SR1: Sund 2H **7** (6D **104**)
Westwell Ct. NE3: Gos 3H **57**

Westwood Av. NE6: Heat 6B **58**
Westwood Cl. NE16: Burn 6H **93**
Westwood Gdns. NE3: Ken 3A **56**
    NE9: Wrek 2D **98**
    NE38: Wash 2C **114**
Westwood Rd. NE3: Gos 4E **43**
Westwood St. SR4: Sund 1H **117**
Westwood Ter. DH3: Ches S . . .1C **134**
Westwood Vw. DH3: Ches S . . .2C **134**
Westwood Wlk. NE8: Gate 1E **83**
West Wynd NE12: Kil 2C **44**
Wetheral Gdns. NE9: Low F 2A **98**
Wetheral Ter. NE6: Walk 5F **71**
Wetherburn Av. SR7: Mur 2B **150**
Wetherby Gro. NE8: Gate 4F **83**
Wetherby Rd. SR2: Sund 6G **119**
Wet 'n' Wild Water Pk. 5B **62**
Wettondale Av. NE24: Cow 6G **11**
Weybourne Lea SR7: S'hm 2A **142**
Weybourne Sq. SR2: Sund 5E **119**
Weyhill Av. NE29: N Shi 3H **61**
Weymouth Dr. DH4: S Row 4D **128**
    SR7: Dalt D, S'hm 5F **141**
Weymouth Gdns.
    NE9: Low F 3H **97**
Weymouth Ho. NE4: Newc T 1C **82**
Weymouth Rd. NE29: N Shi 2G **61**
    SR3: Dox P 4G **131**
Whaggs La. NE16: Whi 5F **81**
Whalton Av. NE3: Gos 1C **56**
Whalton Cl. DH6: S'burn 6E **157**
    NE10: Ward 4A **86**
Whalton Ct. NE3: Gos 1C **56**
    NE34: S Shi 3G **75**
Wharfdale DH4: Pen 1E **129**
    NE28: W'snd 2F **59**
Wharfedale Av. NE37: Wash 5H **99**
Wharfedale Dr. NE33: S Shi 2E **75**
Wharfedale Gdns. NE24: Cow . . .5G **11**
Wharfedale Grn. NE9: Low F 4B **98**
Wharfedale Pl. NE6: Walk 3H **71**
Wharmlands Gro.
    NE15: Den M 2D **66**
Wharmlands Rd. NE15: Den M . . .2D **66**
Wharncliffe St. SR1: Sund 1B **118**
Wharrier St. NE6: Walk 5F **71**
Wharry Ct. NE7: H Hea 3C **58**
Wharton Cl. DH5: E Rain 1H **147**
Wharton St. NE24: Bly 2H **17**
    NE33: S Shi 5F **63**
Wheatall Dr. SR6: Whit 6F **77**
Wheatall Way SR6: Whit 1F **91**
Wheatear Cl. NE38: Wash 4F **113**
Wheatfield Gro. NE12: Longb 6B **44**
Wheatfield Rd. NE5: West 4D **54**
Wheatfields NE25: Sea D 5H **23**
Wheatlands Way DH1: P Me 5C **144**
Wheatley Gdns. NE36: W Bol . . .4C **88**
Wheatleywell La. DH2: Plaw 1A **144**
    DH3: Ches S, Plaw 1A **144**
Wheatridge NE25: Sea D 5H **23**
Wheatridge Row NE25: Sea D . .5H **23**
Wheatsheaf Ct. SR6: Roker 4F **105**
Wheldon Ter. DH2: Pelt 2G **125**
Wheler St. DH4: Hou S 2H **137**
Whernside Cl. NE37: Wash 1G **113**
Whernside Ct. SR3: Silk 3H **131**
Whernside Pl. NE23: Cra 6B **22**
Whernside Wlk. NE40: Ryton . . .5D **64**
WHICKHAM 4F **81**
Whickham Bank NE16: Whi 4E **81**
Whickham Cl. DH4: Hou S 3G **137**
Whickham Gdns. NE6: Byke 4C **70**
Whickham Glebe Sports Club . . .4F **81**

Whickham Highway
NE11: Dun, Lob H 4H **81**
NE16: Dun, Whi 4H **81**
Whickham Ind. Est. NE16: Swa . . .3D **80**
Whickham Lodge NE16: Whi 4G **81**
Whickham Lodge Ri.
NE16: Whi 4G **81**
Whickham Pk. NE16: Whi 4G **81**
(Dockendale M.)
NE16: Whi 4G **81**
(Heron Way)
Whickham Rd. NE31: Heb 4B **72**
Whickham St. SR6: Roker 4E **105**
SR8: Eas 1D **162**
Whickham St. E. SR6: Roker 4E **105**
Whickham Thorns Outdoor Activity Cen.
. . . . .3H **81**
Whickham Vw. NE9: Low F 6A **84**
NE15: Benw, Den M, Scot . . .2E **67**
Whickhope NE38: Wash 5C **114**
Whinbank NE20: Darr H 3D **38**
Whinbrooke NE10: Hew 5G **85**
Whinbush Pl. NE15: Scot 4E **67**
Whinfell NE37: Wash 6H **99**
Whinfell Cl. NE23: Cra 6C **22**
Whinfell Ct. SR3: Silk 3H **131**
Whinfell Rd. NE20: Darr H 2D **38**
Whinfield Ind. Est.
NE39: Row G 4C **92**
Whinfield Ter. NE39: Row G 3D **92**
Whinfield Way NE39: Row G 4C **92**
Whinlatter Gdns. NE9: Low F . . .1A **98**
Whinlaw NE9: Low F 1C **98**
Whinmoor Pl. NE5: Fen 6A **56**
Whinney Cl. NE21: Winl 3G **79**
Whinneyfield Rd. NE6: Walk 2F **71**
Whinney Hill
DH1: Dur . . . .5D **6** & 6D **6** (1D **160**)
Whinshaw NE10: Hew 4F **85**
Whinside DH9: Stly 2B **122**
Whinstone M. NE12: Longb 1D **58**
Whinway NE37: Wash 6H **99**
Whistler Gdns. NE34: S Shi 6F **75**
Whitbeck Rd. NE5: Den M 6E **55**
Whitbeck Rd. NE5: Den M 1D **66**
Whitbourne Cl. NE37: Wash 3C **100**
Whitbrey Ho. *NE6: Walk* *5E 71*
(off The Oval)
WHITBURN 3F **91**
Whitburn Bents Rd. SR6: Seab . . .5F **91**
WHITBURN COLLIERY 1F **91**
Whitburn Gdns. NE9: Wrek 2D **98**
Whitburn Pl. NE23: Cra 6B **22**
Whitburn Rd.
NE36: Clead, E Bol 3G **89**
SR6: Clead 3G **89**
SR6: Seab 6F **91**
Whitburn Rd. E. SR6: Clead 2B **90**
Whitburn St. SR6: Monkw 5D **104**
Whitburn Ter. NE36: E Bol 4F **89**
SR6: Ful 1D **104**
Whitby Av. SR6: Seab 5F **91**
Whitby Cl. NE8: Gate 2H **83**
Whitby Cres. NE12: Longb 1C **58**
Whitby Dr. NE38: Wash 4B **114**
Whitby Gdns. NE28: W'snd 3C **60**
Whitby St. NE30: N Shi 1D **62**
Whitchester Ho. *NE4: Newc T* *3D 68*
(off Barrack Rd.)
Whitchurch Cl. NE35: Bol C 2A **88**
SR5: S'wck 1H **103**
Whitchurch Rd. SR5: S'wck 1H **103**
Whitdale Av. NE24: Cow 1G **17**
Whitebark SR3: Dox P 5G **131**

Whitebeam Pl. NE4: Newc T 6D **68**
Whitebridge Cl. NE3: Gos 5F **43**
Whitebridge Ct. NE3: Gos 6E **43**
Whitebridge Pk. NE3: Gos 5F **43**
Whitebridge Parkway NE3: Gos . .5F **43**
Whitebridge Wlk. NE3: Gos 5F **43**
White Cedars DH7: B'don 6C **158**
Whitecliff Cl. NE29: N Shi 5B **48**
White Cotts. NE32: Jar 5E **73**
White Cres. TS27: Hes 6G **165**
Whitecroft Rd. NE12: Kil 3B **44**
Whitecross Way
NE1: Newc T 4C **4** (4F **69**)
Whitefield Cres. DH4: Pen 2E **129**
Whitefield Gdns. NE40: G'sde 3A **78**
Whitefield Gro. NE10: Fall 3D **84**
Whitefield Pit DH4: Pen 2E **129**
Whitefield Ter. NE6: Heat 6D **58**
Whiteford Pl. NE23: Seg 1G **33**
Whitefriars Pl. *NE1: Newc T* *5F 69*
(off Hanover Sq.)
Whitegate Cl. NE11: Dun 1B **82**
White Gates Dr. DH5: Eas L 3D **148**
Whitegates Rd. DH6: S'burn 4D **156**
Whitehall Rd. NE8: Gate 3F **83**
NE15: Walb 6F **53**
Whitehall St. NE33: S Shi 3E **75**
Whitehall Ter. SR4: Sund 1H **117**
White Hart Yd. NE1: Newc T 5D **4**
Whitehead St. NE33: S Shi 3D **74**
(Hudson St., not continuous)
NE33: S Shi 2D **74**
(Western App., not continuous)
WHITEHILL 6G **125**
Whitehill NE10: Hew 6F **85**
Whitehill Dr.
NE10: Hew, Wind N 5C **84**
Whitehill Hall Gdns.
DH2: Ches S 5A **126**
White Hill Rd. DH5: Eas L 5E **149**
Whitehill Rd. NE23: Cra 6A **16**
WHITEHILLS 6F **85**
Whitehill Way DH2: Ches S 6H **125**
White Horse Vw.
NE34: S Shi 3C **76**
Whitehouse Av. DH7: Ush M 5B **152**
Whitehouse Ct. DH7: Ush M 4C **152**
(not continuous)
SR8: Eas 2B **162**
SR8: Pet 5B **162**
Whitehouse Cres. NE9: Wrek 1E **99**
Whitehouse Ent. Cen.
NE15: Benw 5G **67**
Whitehouse Ind. Est.
NE15: Benw 5G **67**
Whitehouse La. DH7: Ush M 5B **152**
NE9: Low F 1C **98**
NE9: Low F, Wrek 1D **98**
NE29: N Shi 5H **47**
(not continuous)
Whitehouse M. NE28: W'snd 5A **60**
White Ho. Pl. SR2: Sund 1F **119**
White Ho. Rd. SR2: Sund 1E **119**
(not continuous)
Whitehouse Rd.
NE15: Benw, Scot 5F **67**
Whitehouse Vw. DH7: Bear P 4C **152**
White Ho. Way NE10: Hew 6E **85**
Whitehouse Way NE21: Pel 1A **164**
White Ladies Cl. NE38: Wash 1B **114**
Whitelaw Pl. NE23: Cra 5C **22**
Whitelea Cl. SR8: Pet 2F **165**
WHITELEAS 1F **89**
Whiteleas Way NE34: S Shi 5E **75**

WHITE-LE-HEAD 6G **107**
White-le-Head Gdns.
DH9: Tant 5G **107**
Whiteley Cl. NE40: G'sde 2A **78**
Whiteley Rd. NE21: Blay 5C **66**
Whitemere Cl. SR2: Sund 6E **119**
White Mere Gdns.
NE10: Ward 3A **86**
Whiteoak Av. DH1: Dur 4H **155**
White Oaks NE10: Hew 6E **85**
White Rocks Gro. SR6: Whit 6F **77**
White Rose Way NE10: Ward 6C **86**
Whites Gdns. NE31: Heb 3B **72**
WHITESMOCKS 4H **153**
Whitesmocks DH1: Dur 3A **154**
Whitesmocks Av. DH1: Dur 4H **153**
White St. NE6: Walk 4H **71**
Whitethorn Cres. NE5: Fen 5H **55**
Whitethroat Cl. NE38: Wash 4F **113**
Whitewell Cl. NE40: Ryton 4C **64**
Whitewell La. NE40: Ryton 4C **64**
Whitewell Rd. NE21: Blay 1A **80**
Whitewell Ter. NE40: Ryton 3C **64**
Whitfield Ct. DH1: Dur 1A **154**
Whitfield Dr. NE12: Longb 1C **58**
Whitfield Rd. NE12: Longb 5D **44**
NE15: Scot 4D **66**
NE25: Sea D 6B **24**
Whitfield Vs. NE33: S Shi 3D **74**
Whitgrave Rd. NE5: Ken 4H **55**
Whithorn Ct. NE24: Cow 6A **12**
Whitlees Ct. NE3: Ken 6A **42**
WHITLEY BAY 6D **36**
Whitley Bay Crematorium
NE26: Whit B 2A **36**
Whitley Bay Holiday Pk.
NE26: Whit B 1A **36**
Whitley Bay Ice Rink 2B **48**
Whitley Bay Leisure Pool 4B **36**
Whitley Bay Playhouse 5C **36**
Whitley Bay Station (Metro) 1D **48**
Whitley Ct. NE9: Wrek 2D **98**
Whitley Pl. NE25: H'wll 1C **34**
Whitley Rd. NE12: Kil, Longb 6G **45**
NE12: W'snd, Longb, Newc T
. . . . .1D **58**
NE25: Well 6E **35**
NE26: Whit B 6C **36**
NE27: Kil, Longb 4H **45**
WHITLEY SANDS 4A **36**
Whitley Ter. NE22: Bed 2D **10**
NE25: H'wll 1C **34**
Whitmore Rd. NE21: Blay 6A **66**
Whitsun Av. NE22: Bed 4A **10**
Whitsun Gdns. NE22: Bed 4A **10**
Whitsun Gro. NE22: Bed 4A **10**
Whitticks, The NE36: E Bol 4D **88**
Whittingham Cl. NE30: Cull 3E **49**
Whittingham Ct. *NE8: Gate* *2F 83*
(off Second St.)
Whittingham Rd. NE5: West 3D **54**
NE30: Cull 3E **49**
Whittingham Rd. Bungs.
NE5: West 3E **55**
Whittington Gro. NE5: Fen 2G **67**
Whittleburn NE10: Hew 6F **85**
Whitton Av. NE24: Bly 2H **17**
Whitton Gdns. NE29: N Shi 6H **47**
Whitton Pl. NE7: H Hea 3B **58**
NE25: Sea D 6B **24**
Whittonstall NE38: Wash 6D **114**
Whitton Way NE3: Gos 1D **56**
Whitwell Acres DH1: H Shin 4H **161**
Whitwell Ct. DH1: Dur 4G **155**

Whitworth Cl. NE6: Walk 4G **71**
NE8: Gate 4F **83**
Whitworth Pl. NE6: Walk 4G **71**
Whitworth Rd. NE37: Wash 6F **99**
SR8: Pet 1A **164**
WHORLTON **3C 54**
Whorlton Grange NE5: West 3C **54**
Whorlton Grange Cotts.
NE5: West 3C **54**
Whorlton La.
NE5: Call, West 6H **39**
Whorlton Pl. NE5: West 4C **54**
Whorlton Ter. NE5: Cha P 3H **53**
Whyndyke NE10: Hew 6F **85**
Whytrigg Cl. NE25: Sea D 5H **23**
Wickham Av. NE11: Dun 3B **82**
Widdrington Av. NE34: S Shi 1B **76**
Widdrington Gdns.
NE13: W Op 5E **31**
Widdrington Rd. NE21: Blay 1A **80**
Widdrington Ter. NE21: Blay 5G **65**
NE29: N Shi 2C **62**
(not continuous)
WIDE OPEN **5E 31**
Widnes Pl. NE12: Longb 6C **44**
Wigeon Cl. NE38: Wash 5G **113**
Wigham Chare NE2: Newc T 2G **5**
Wigham Ter. DH4: Pen 2F **129**
NE16: Hob 3G **107**
Wigmore Av. NE6: Walk 5E **71**
Wigton Pl. DH4: Pen 1G **129**
Wilber Ct. SR4: Sund 6H **103**
Wilberforce St. NE28: W'snd 1H **71**
NE32: Jar 2G **73**
Wilberforce Wlk. NE8: Gate 1E **83**
Wilber St. SR4: Sund 1H **117**
Wilbury Pl. NE5: Blak 5G **55**
Wildbriar NE38: Wash 5B **114**
Wilden Ct. SR3: Sund 5A **118**
Wilden Rd. NE38: Wash 3D **114**
Wildshaw Cl. NE23: Cra 6C **22**
Wilfred St. DH3: Bir 4C **112**
DH3: Ches S 1C **134**
NE6: Byke 3A **70**
NE35: Bol C 4B **88**
SR4: Sund 6G **103**
Wilkes Cl. NE5: West 5D **54**
Wilkinson Av. NE31: Heb 6B **72**
Wilkinson Ct. NE32: Jar 2F **73**
Wilkinson Rd. SR8: Hor 4E **163**
Wilkinson St. NE34: S Shi 4D **74**
Wilkinson Ter. SR2: Ryh 3E **133**
Wilkwood Cl. NE23: Cra 5C **22**
Willans Bldgs. DH1: Dur 5F **155**
Willbrook Ho. *NE8: Gate 6G 69*
(off Wordswell Dr.)
Willerby Ct. NE9: Low F 4B **98**
Willerby Dr. NE3: Gos 5F **43**
Willerby Gro. SR8: Pet 6B **162**
William Allan Homes NE22: Bed . . .4F **9**
William Armstrong Dr.
NE4: Benw, Elsw 6A **68**
William Cl. NE12: Longb 5G **45**
William Doxford Cen.
SR3: Silk 3H **131**
William Johnson St.
SR7: Mur 3D **150**
William Leech Bldg.
NE2: Newc T 1B **4**
William Morris Av.
NE39: Row G 3B **92**
William Pl. DH1: Dur 5F **155**
William Roberts Ct. NE12: Kil 4D **44**
Williams Cl. DH9: Stly 3E **123**
Williamson Ter.
SR6: Monkw 1H **7** (5D **104**)
Williams Pk. NE12: Longb 1C **58**
Williams Rd. SR7: Mur 2C **150**
William's Ter. SR2: Ryh 3E **133**
William St. DH2: Newf 4E **125**
DH3: Ches S 5C **126**
DH9: Ann P 6G **121**
DH9: Crag 6G **123**
DH9: Stly 5B **122**
NE3: Gos 2G **57**
NE10: Fall 2D **84**
NE16: Whi 4E **81**
NE24: Bly 6C **12**
NE29: N Shi 2C **62**
NE31: Heb 2B **72**
(not continuous)
NE33: S Shi 4E **63**
SR1: Sund 2H **7** (6D **104**)
SR4: Sund 1C **116**
William St. W. NE29: N Shi 2C **62**
NE31: Heb 3B **72**
William Ter. DH4: Nbot 6H **129**
NE31: Heb 3B **72**
William Whiteley Homes
NE40: G'sde 2A 78
(off Whiteley Cl.)
WILLINGTON **3D 60**
WILLINGTON QUAY **6E 61**
WILLINGTON SQUARE **2D 60**
Willington Ter. NE28: W'snd 4C **60**
Willis St. DH5: Hett H 6C **138**
Willmore St. SR4: Sund 1A **118**
Willoughby Dr. NE26: Whit B 4A **36**
Willoughby Rd. NE29: N Shi 1H **61**
Willoughby Way NE26: Whit B . . .4A **36**
Willow Av. NE4: Fen 1H **67**
NE11: Dun 3B **82**
NE24: Bly 4B **12**
Willowbank Gdns. NE2: Jes 4G **57**
Willow Bank Rd. SR2: Sund 4C **118**
Willowbrook Cl. NE22: Bed 1C **10**
Willow Cl. DH7: B'don 5D **158**
NE16: Whi 5F **81**
Willow Ct. NE29: N Shi 6B **48**
NE40: Ryton 3D **64**
Willow Cres. NE24: News 3A **18**
Willowdene NE12: Kil 4E **45**
NE23: Dud 4H **31**
NE37: Wash 3H **99**
Willowfield Av. NE3: Ken 1B **56**
Willow Gdns. NE12: Kil 1C **44**
Willow Grange NE32: Jar 2E **73**
Willow Grn. SR2: Sund 3C **118**
Willow Gro. NE10: Fall 3D **84**
NE28: W'snd 5B **60**
NE34: S Shi 4H **75**
SR8: Hor 1H **165**
Willow Lodge NE29: N Shi 6C **48**
Willow Pl. NE20: Darr H 1E **39**
Willow Rd. DH4: Hou S 3G **137**
NE21: Blay 1B **80**
Willows, The DH1: Carr 2B **156**
NE4: Elsw 6C **68**
NE10: Hew 6H **85**
NE15: Thro 6D **52**
NE22: Bed 1C **10**
NE31: Heb 5C **72**
NE32: Jar 2G **87**
NE38: Wash 3D **114**
Willows Bus. Cen., The
NE21: Blay 4F **65**
Willows Cl. NE13: W Op 6C **30**
NE38: Wash 3D **114**
Willow Tree Av. DH1: Shin 3G **161**
Willowtree Av. DH1: Dur 3G **155**
Willowvale DH2: Ches S 4A **126**
Willow Vw. NE16: Burn 1G **107**
Willow Way NE20: Darr H 3D **38**
Wills Bldg. NE7: H Hea 5E **59**
Wills M. NE7: H Hea 5E **59**
Wills Oval NE7: H Hea 5E **59**
Wilmington Cl. NE3: Ken 1F **55**
Wilson Av. DH3: Bir 2C **112**
NE22: E Sle 1H **11**
Wilson Ct. NE25: Monks 1A **48**
Wilson Cres. DH1: Dur 4G **155**
Wilson Dr. NE36: W Bol 3D **88**
Wilson Gdns. NE3: Ken 4D **56**
Wilson Pl. SR8: Pet 5D **162**
Wilson's Ct.
NE1: Newc T 5D **4** (4F **69**)
Wilson's La. NE9: Low F 6H **83**
Wilson St. NE11: Dun 3B **82**
NE28: W'snd 5H **59**
NE33: S Shi 6E **63**
SR4: Sund 1H **117**
Wilson St. Nth.
SR5: Monkw 1F **7** (5C **104**)
Wilson Ter. NE12: Longb 5D **44**
SR3: New S 1A **132**
Wilsway NE15: Thro 5C **52**
Wilton Av. NE6: Walk 4E **71**
Wilton Cl. NE23: Cra 6C **22**
NE25: Monks 6G **35**
Wilton Dr. NE25: Monks 1F **47**
Wilton Gdns. Nth. NE35: Bol C . . .2A **88**
Wilton Gdns. Sth. NE35: Bol C . . .2A **88**
Wilton Manse NE25: Monks 1F **47**
Wilton Sq. SR2: Sund 6E **119**
Wiltshire Cl. DH1: Carr 4A **156**
SR5: S'wck 1G **103**
Wiltshire Dr. NE28: W'snd 3F **59**
Wiltshire Gdns. NE28: W'snd 4F **59**
Wiltshire Pl. NE37: Wash 3B **100**
Wiltshire Rd. SR5: S'wck 2G **103**
Wimbledon Cl. SR5: S'wck 2H **103**
Wimborne Cl. NE35: Bol C 3A **88**
Wimbourne Av. SR4: Sund 3G **117**
Wimbourne Grn. NE5: West 4D **54**
Wimbourne Quay NE24: Bly 4C **12**
Wimpole Cl. NE37: Wash 3C **100**
Wimslow Cl. NE28: W'snd 4F **59**
Winalot Av. SR2: Sund 5E **119**
Wincanton Pl. NE29: N Shi 3A **62**
Winchcombe Pl. NE7: H Hea 4A **58**
Winchester Av. NE24: Bly 6C **12**
Winchester Cl.
DH3: Gt Lum 4G **135**
Winchester Ct. NE32: Jar 2F **87**
Winchester Dr. DH7: B'don 6C **158**
SR8: Pet 2A **164**
Winchester Rd. DH1: Dur 6E **145**
Winchester St. NE33: S Shi 4F **63**
Winchester Ter. NE4: Newc T 4D **68**
Winchester Wlk. NE13: W Op 6D **30**
Winchester Way NE22: Bed 3H **9**
Wincomblee NE6: Walk 4G **71**
Wincomblee Rd. NE6: Walk 6G **71**
Wincomblee Workshops
NE6: Walk 4H 71
(off White St.)
Windburgh Dr. NE23: Cra 6B **22**
Windermere DH3: Bir 5D **112**
SR6: Clead 2A **90**
Windermere Av. DH2: Ches S . . .2C **134**
DH5: Eas L 5E **149**
NE10: Pel 3F **85**

Windermere Cl. NE23: Cra 6B 22
NE28: W'snd 6G 59
Windermere Cres.
  DH4: S Row 3F 129
  NE21: Winl 3H 79
  NE31: Heb 4D 72
  NE32: Jar 6H 73
  NE34: S Shi 3G 75
Windermere Dr. NE12: Kil 2C 44
Windermere Gdns.
  NE16: Whi 4G 81
Windermere Rd. DH6: S Het . . .5B 150
  NE5: Den M 1F 67
  SR7: S'hm 4E 141
Windermere St. NE8: Gate 2G 83
  SR2: Sund 5F 119
Windermere St. W.
  NE8: Gate 2G 83
Windermere Ter. DH9: Stly 5B 122
  NE29: N Shi 1B 62
Windhill Rd. NE6: Walk 6F 71
Winding, The NE13: Din 4F 29
Windlass Ct. NE34: S Shi 4E 75
Windlass La. NE37: Wash 6A 100
Windmill Ct. NE2: Newc T 1E 69
Windmill Gro. NE24: Cow 5G 11
Windmill Hill DH1: Dur 2B 160
  NE33: S Shi 6D 62
Windmill Ind. Est.
  NE23: Nel V 5E 15
Windmill Sq. SR5: Ful 1C 104
Windmill Way NE8: Gate 1F 83
  NE31: Heb 1C 72
Winds La. SR7: Mur 3A 150
Winds Lonnen Est.
  SR7: Mur 2A 150
Windsor Av. NE3: Gos 3G 57
  NE8: Gate 3G 83
  NE26: Whit B 1E 49
Windsor Cl. NE16: Whi 1E 95
  NE28: W'snd 3E 61
Windsor Cnr. SR8: Hor 1H 165
Windsor Cotts.
  NE28: W'snd 3E 61
Windsor Ct. DH3: Ches S 1D 134
  NE3: Gos 3G 57
  NE3: Ken 6A 42
  NE10: Fall 3C 84
  NE22: Bed 5H 9
  NE23: Cra 6A 16
  NE39: Row G 3F 93
  SR8: Eas 2A 162
Windsor Cres. DH5: Hou S 3B 138
  NE5: West 4E 55
  NE26: Whit B 1E 49
  NE31: Heb 3D 72
Windsor Dr. DH5: Hou S 5A 138
  DH6: S Het 5H 149
  DH9: Ann P 4F 121
  NE24: News 4B 18
  NE28: W'snd 4D 60
  SR3: New S 2A 132
  SR6: Clead 2H 89
Windsor Gdns. NE10: Fall 3B 84
  NE22: Bed 5H 9
  NE26: Monks 5B 36
  NE29: N Shi 6C 48
  NE34: S Shi 2G 75
Windsor Gdns. W.
  NE26: Monks 5B 36
Windsor Pk. NE28: W'snd 4F 59
Windsor Pl. NE2: Jes . . .1E 5 (2G 69)
  NE20: Darr H 1B 38
  NE27: Kil 4A 46

Windsor Rd. DH3: Bir 1B 112
  (not continuous)
  NE9: Spri 4E 99
  NE25: Monks 6A 36
  SR7: S'hm 4F 141
Windsor St. NE6: Byke 3B 70
  NE28: W'snd 5H 59
Windsor Ter. DH3: Gt Lum 4H 135
  DH9: Ann P 5H 121
  DH9: Dip 2B 120
  NE2: Jes 1E 5 (2F 69)
  NE3: Gos 3G 57
  NE9: Spri 4F 99
  NE26: Whit B 1E 49
  NE40: Craw 5A 64
  NE62: Sco G 1H 9
  SR2: Sund 5F 119
  SR3: E Her 3E 131
  SR7: Mur 2D 150
  SR8: Hor 1H 165
Windsor Ter. Sth. SR7: Mur . . .3D 150
  (off Federation Sq.)
Windsor Wlk. NE3: Ken 6H 41
Windsor Way NE3: Ken 6G 41
Windt St. NE13: Haz 6C 30
Windyhill Carr NE16: Whi 6D 80
WINDY NOOK 5C 84
Windy Nook Rd. NE9: Low F . . .5B 84
  NE10: Wind N 5B 84
Windy Ridge NE10: Wind N 4C 84
Windy Ridge Vs. NE10: Wind N . .4C 84
Wingate Cl. DH4: Hou S 3H 137
  NE15: Lem 3C 66
Wingate Gdns. NE9: Wrek 2D 98
Wingrove Av. NE4: Fen 3B 68
  SR6: Ful 2E 105
Wingrove Gdns. NE4: Fen 3B 68
Wingrove Ho. NE5: Fen 6A 56
  NE33: S Shi 3E 75
Wingrove Rd. NE4: Fen 3B 68
Wingrove Rd. Nth. NE5: Fen . . .6A 56
  (not continuous)
Wingrove Ter. NE9: Spri 4F 99
  NE10: Bill Q 2H 85
Winifred Gdns. NE28: W'snd . . .6A 60
Winifred St. SR6: Ful 1E 105
Winifred Ter. SR1: Sund 1E 119
WINLATON 2H 79
WINLATON MILL 5A 80
Winnings Way NE33: S Shi 5G 63
Winsford Av. NE29: N Shi 4B 48
Winshields NE23: Cra 5C 22
Winshields Wlk. NE15: Thro . . .6C 52
Winship Cl. NE34: S Shi 6E 75
Winship Gdns. NE6: Byke 3D 70
  (off Grace St.)
Winship St. NE24: Bly 3A 18
Winship Ter. NE6: Byke 3C 70
Winskell Rd. NE34: S Shi 5B 74
Winslade Cl. SR3: Tuns 1B 132
Winslow Cl. NE6: Walk 3G 71
  NE35: Bol C 1B 88
  SR5: S'wck 1H 103
Winslow Ct. NE30: Cull 2E 49
Winslow Cres. SR7: S'hm 4E 141
Winslow Gdns. NE9: Low F 6G 83
Winslow Pl. NE6: Walk 3G 71
Winson Grn. DH4: Pen 1D 128
Winster NE38: Wash 6G 113
Winster Pl. NE23: Cra 6B 22
Winston Cl. NE9: Spri 4F 99
Winston Cres. SR4: Sund 3G 117
Winter Gdns. 5H 7

Winters Bank DH4: Hou S 3F 137
Winton Cl. NE23: Seg 1G 33
Winton Ct. NE21: Winl 3A 80
Winton Way NE3: Ken 2B 56
Wirralshir NE10: Hew 5G 85
Wiseton Ct. NE7: Longb 2H 57
Wishart Ho. NE4: Benw 5A 68
Wishart Ter. NE39: H Spen 1A 92
Wishaw Cl. NE23: Cra 5C 22
Wishaw Ri. NE15: Lem 2C 66
Witham Grn. NE32: Jar 1G 87
Witham Rd. NE31: Heb 6D 72
Witherington Cl.
  NE7: H Hea 4E 59
Withernsea Gro. SR2: Ryh 2D 132
WITHERWACK 1G 103
Witney Cl. SR5: S'wck 1G 103
Witney Way NE35: Bol C 4A 88
Witton Av. NE34: S Shi 3A 76
Witton Ct. NE3: Ken 1A 56
  NE38: Wash 3H 113
  SR3: Sund 5B 118
Witton Gdns. NE9: Wrek 3D 98
  NE32: Jar 6F 73
Witton Gth. SR8: Pet 4C 164
Witton Gro. DH1: Dur 2H 153
  DH4: Hou S 4G 137
Witton Rd. NE27: Shir 2D 46
  NE31: Heb 1D 72
Wittonstone Ho. NE4: Newc T . . .3D 68
  (off Barrack Rd.)
Witty Av. NE31: Heb 4D 72
Woburn NE38: Wash 3B 114
Woburn Cl. NE23: Cra 6A 16
  NE28: W'snd 4F 59
Woburn Dr. NE22: Bed 3C 10
  SR3: Silk 3A 132
Woburn Way NE5: West 5E 55
Wolmer Rd. NE24: Bly 2D 18
Wolseley Cl. NE8: Gate 2E 83
Wolseley Gdns. NE2: Jes 1A 70
Wolseley Ter. SR4: Sund 2A 118
Wolsey Ct. NE34: S Shi 3E 75
Wolsey Rd. SR7: S'hm 5E 141
Wolsingham Ct. NE23: Nel V . . .2H 21
Wolsingham Dr. DH1: Dur 1D 154
Wolsingham Gdns.
  NE9: Wrek 2D 98
Wolsingham Rd. NE3: Gos 3D 56
Wolsingham Ter.
  DH9: Ann P 5F 121
Wolsington St. NE4: Elsw 6C 68
Wolsington Wlk. NE4: Elsw 6B 68
Wolsley Rd. NE24: Bly 6C 12
Wolveleigh Ter. NE3: Gos 2F 57
Wolviston Gdns. NE9: Wrek 2D 98
Woodbine Av. NE3: Gos 3E 57
  NE28: W'snd 5H 59
  SR8: Hor 5F 163
Woodbine Cl. NE4: Elsw 5B 68
Woodbine Cotts.
  DH2: Ches S 5A 126
Woodbine Pl. NE8: Gate 2G 83
Woodbine Rd. DH1: P Me 6A 144
  NE3: Gos 3E 57
Woodbine St. NE8: Gate 2G 83
  NE33: S Shi 4F 63
  (Anderson St.)
  NE33: S Shi 4F 63
  (Ocean Rd.)
  SR1: Sund 1F 119
Woodbine Ter. DH3: Bir 3D 112
  DH7: New B 1A 158
  DH9: Ann P 5H 121

Woodbine Ter. NE8: Gate 3B **84**
(Balmoral Dr.)
NE8: Gate 2G **83**
(Bewick Rd.)
NE10: Pel 2G **85**
NE24: Bly 6D **12**
SR4: Sund 5H **103**
Woodbrook Av. NE5: Den M 1E **67**
Woodburn DH9: Tan L 1A **122**
NE10: Hew 6E **85**
Woodburn Av. NE4: Fen 6A **56**
Woodburn Cl. DH4: Bour 1C **136**
NE21: Winl 3G **79**
Woodburn Dr. DH4: Hou S ...2G **137**
NE26: Whit B 4A **36**
Woodburn Gdns. NE11: Dun ...4C **82**
Woodburn Sq. NE26: Whit B ...4H **35**
Woodburn St. NE15: Lem 2A **66**
Woodburn Way NE26: Whit B ...4A **36**
Woodchurch Cl. NE7: H Hea ...3D **58**
Woodcock Rd. SR3: Dox P 4A **132**
Woodcroft Cl. NE23: Dud 2B **32**
Woodend NE20: Darr H 3D **38**
Woodend Way NE3: Ken 5G **41**
Woodfield SR8: Pet 1C **164**
Woodfields NE20: Pon 5F **27**
Woodford NE9: Low F 3H **97**
Woodford Cl. SR5: S'wck ...1H **103**
Woodgate Gdns.
NE10: Bill Q 2H **85**
Woodgate La. NE10: Bill Q ...1H **85**
Wood Grn. NE10: Bill Q 2A **86**
Wood Gro. NE15: Den M 2D **66**
Woodhall Cl. DH2: Ous 5G **111**
Woodhall Ct. NE25: Sea D ...6A **24**
Woodhall Spa DH4: S Row 5E **129**
Woodhead Rd. NE6: Walk 1E **71**
Woodhill Rd. NE23: Cra 5C **22**
Woodhorn Gdns. NE13: W Op ...5D **30**
Woodhouse Cl. NE34: S Shi ...2C **76**
Woodhouses La. NE16: Swa ...3E **81**
NE16: Whi 6C **80**
Woodhurst Gro. SR4: Sund ...5C **116**
Woodkirk Cl. NE23: Seg 1G **33**
Woodland Av. SR8: Hor 1G **165**
Woodland Cl. DH7: Bear P ...4C **152**
NE25: Ears 6E **35**
Woodland Cres. NE15: Benw ...5G **67**
Woodland Dr. SR4: Sund 3G **117**
Woodland Grange
DH4: Hou S 2D **136**
Woodland M. NE2: Jes 5H **57**
Woodland Ri. SR3: Silk 3G **131**
Woodland Rd. DH7: Bear P ...4C **152**
Woodlands DH3: Ches S 5C **126**
NE3: Gos 4E **57**
NE15: Thro 5C **52**
NE20: Darr H 2D **38**
NE29: N Shi 6C **48**
NE38: Wash 1E **127**
SR7: S'hm 2G **141**
Woodlands, The NE11: Kib ...1F **111**
NE38: Wash 3C **114**
Woodlands Av. NE3: Gos 4E **57**
Woodlands Cl.
NE39: H Spen 2A **92**
Woodlands Ct. NE11: Kib 1F **111**
NE15: Thro 5C **52**
Woodlands Dr. SR6: Clead ...3A **90**
Woodlands Grange NE12: Kil ...4E **45**
Woodlands Pk. NE13: W Op ...6E **31**
Woodlands Pk. Dr. NE21: Blay ...1B **80**
Woodlands Pk. Vs.
NE13: W Op 1E **43**

Woodlands Rd. NE15: Lem ...2B **66**
NE39: Row G 3D **92**
SR6: Clead 3H **89**
Woodlands Ter. DH9: Dip 2C **120**
NE10: Fall 3C **84**
NE12: Longb 4E **45**
NE33: S Shi 3F **63**
Woodlands Vw. SR6: Clead ...3A **90**
Woodland Ter. DH4: Pen 1E **129**
DH7: Bear P 4C **152**
NE37: Wash 5C **100**
Woodland Vw. DH4: W Rai ...4D **146**
(not continuous)
Wood La. NE22: Bed 4B **10**
Wood Lea DH5: Hou S 4C **138**
Woodlea NE12: Longb 4B **44**
Woodlea Cl. DH5: Hett H 1C **148**
Woodlea Ct. NE29: N Shi 4A **62**
Woodlea Cres. NE29: N Shi ...4A **62**
Woodlea Gdns. NE3: Gos 1G **57**
Woodlea Rd. NE39: Row G 3B **92**
Woodlea Sq. NE29: N Shi 4A **62**
Woodleigh Rd. NE25: Monks ...6H **35**
Woodleigh Vw. NE3: Ken 4A **56**
Woodmansey Cl. SR8: Pet 6B **162**
Woodman St. NE28: W'snd ...4F **61**
Woodmans Way NE16: Whi 1C **94**
Woodpack Av. NE16: Whi 5D **80**
WOOD SIDE 4C **146**
Woodside DH9: Beam 1B **124**
DH9: Stly 2D **122**
(off Quarry Rd.)
NE20: Darr H 2C **38**
NE22: Bed 4C **10**
NE24: Bly 1D **18**
SR2: Sund 2C **118**
SR3: E Her 3E **131**
Woodside Av. DH7: Bear P ...4C **152**
NE6: Walk 2H **71**
NE15: Thro 6E **53**
Woodside Av. NE25: Sea D ...1B **34**
Woodside Cl. NE40: Ryton 4B **64**
Woodside Cres. NE12: Longb ...5E **45**
Woodside Gdns. DH9: Stly 5G **123**
NE11: Dun 4B **82**
SR3: E Her 3E **131**
Woodside Gro. DH9: Tant 5A **108**
Woodside La. DH4: Leam 4C **146**
NE40: G'sde 2A **78**
NE40: Ryton 5B **64**
Woodside Rd. NE40: Ryton 4B **64**
Woodside Ter. SR3: E Her 3E **131**
Woodside Wlk. NE39: Row G ...4C **92**
Woodside Way NE33: S Shi ...2D **74**
NE40: Ryton 4C **64**
Woods Ter. NE8: Gate 2A **84**
SR7: Mur 2D **150**
Woods Ter. E. SR7: Mur 2D **150**
(off Wood's Ter.)
Woods Ter. Nth. SR7: Mur 2D **150**
(off Wood's Ter.)
Woodstock Av. SR2: Sund 5E **119**
(not continuous)
Woodstock Rd. NE9: Low F 3A **98**
NE15: Scot 4D **66**
Woodstock Way NE35: Bol C ...4A **88**
Woodstone Ter. DH4: Hou S ...2B **136**
WOODSTONE VILLAGE 2C **136**
Woodstone Village Ind. Est.
DH4: Hou S 1B **136**
Wood St. DH2: Pelt 2G **125**
NE11: Dun 3B **82**
NE16: Burn 1G **107**
SR4: Sund 6A **104**

Wood Ter. NE10: Bill Q 1H **85**
NE32: Jar 5E **73**
NE33: S Shi 1F **75**
NE37: Wash 5B **100**
NE39: Row G 3A **92**
Woodthorne Rd. NE2: Jes 4G **57**
Woodvale NE20: Darr H 3C **38**
Woodvale Dr. NE31: Heb 5A **72**
Woodvale Gdns. NE10: Wind N ...5C **84**
NE15: Lem 2C **66**
Woodvale Rd. NE12: Kil 1B **44**
NE21: Blay 1B **80**
Wood Vw. DH1: Shin 3F **161**
Woodville Ct. SR4: Sund 3G **117**
Woodville Cres. SR4: Sund ...3G **117**
Woodville Rd. NE15: Lem 1B **66**
Woodwynd NE10: Hew 5F **85**
(Monkton)
NE10: Hew 6F **85**
(Wealcroft)
Wooler Av. NE29: N Shi 3H **61**
Wooler Cres. NE8: Gate 3D **82**
Wooler Grn. NE15: Lem 2H **65**
Wooler Sq. NE13: W Op 5E **31**
SR2: Sund 4E **119**
Woolerton Dr. NE10: Wind N ...5B **84**
NE15: Lem 2C **66**
Wooler Wlk. NE32: Jar 5E **73**
Wooley Dr. DH7: Ush M 6E **153**
Wooley St. NE28: W'snd 6H **59**
Woolmer Ct. NE7: H Hea 4E **59**
WOOLSINGTON 5D **40**
Woolsington By-Pass NE3: Ken ...2A **40**
NE13: Ken, Wool 2A **40**
NE20: Pon 2A **40**
Woolsington Ct. NE22: Bed 4H **9**
Woolsington Gdns.
NE13: Wool 5D **40**
Woolsington Pk. Sth.
NE13: Wool 5D **40**
Woolsington Rd. NE29: N Shi ...6G **47**
Woolwich Cl. SR5: S'wck ...1H **103**
Woolwich Rd. SR5: S'wck ...1H **103**
Wooperton Gdns. NE5: Fen ...2G **67**
Worcester Cl. DH3: Gt Lum ...5G **135**
Worcester Grn. NE8: Gate ...1G **83**
Worcester Rd. DH1: Dur 6D **144**
Worcester St.
SR2: Sund 6F **7** (2C **118**)
Worcester Ter.
SR2: Sund 6F **7** (2C **118**)
Worcester Way NE13: W Op 6D **30**
Wordsworth Av. DH2: P Fel ...6G **125**
DH5: Eas L 5F **149**
NE16: Whi 3F **81**
NE24: Bly 2A **18**
NE31: Heb 3C **72**
SR7: S'hm 4E **141**
Wordsworth Av. E.
DH5: Hou S 4A **138**
Wordsworth Av. W.
DH5: Hou S 4A **138**
Wordsworth Cres. NE9: Spri ...4E **99**
Wordsworth Gdns. DH9: Dip ...1D **120**
Wordsworth Rd. SR8: Eas 1C **162**
Wordsworth St. NE8: Gate ...1A **84**
Worley Av. NE9: Low F 1H **97**
Worley Cl. NE4: Newc T 4C **68**
Worley M. NE9: Low F 1H **97**
Worley St. NE4: Newc T 4D **68**
Worley Ter. DH9: Tant 6G **107**
NE9: Low F 6H **83**
Worm Hill Ter. NE38: Wash ...6C **114**
Worsdell Dr. NE8: Gate 6F **69**

Worsdell St. NE24: Bly 4C **12**
Worsley Cl. NE28: W'snd 4F **59**
Worswick St.
   NE1: Newc T 4E **5** (4G **69**)
Worthing Cl. NE28: W'snd 4F **59**
Worthington Ct. NE2: Newc T 1H **69**
Wouldhave Ct. NE33: S Shi 4F **63**
Wouldhave St. NE33: S Shi 4G **63**
Wraith Ter. SR2: Ryh 3E **133**
   SR8: Hor 5F **163**
Wranghams Entry
   NE1: Newc T 5G **5**
Wraysbury Ct. NE3: Ken 6H **41**
Wreay Wlk. NE23: Cra 6C **22**
Wreigh St. NE31: Heb 3B **72**
Wreken Gdns. NE10: Ward 3A **86**
WREKENTON 2C **98**
Wrekenton Row NE9: Wrek 3C **98**
Wren Cl. NE38: Wash 4G **113**
Wren Gro. SR5: Sund 4E **103**
Wretham Pl.
   NE2: Newc T 2G **5** (3H **69**)
Wright Dr. NE23: Dud 4A **32**
Wrightson St. NE23: E Har 4B **16**
Wright St. NE24: Bly 5B **12**
Wright Ter. DH4: S Row 4E **129**
Wroxham Ct. NE5: Blak 3F **55**
   SR2: Sund 5E **119**
Wroxton NE38: Wash 4A **114**
Wuppertal Ct. NE32: Jar 3F **73**
Wychcroft Way NE5: Blak 5G **55**
Wych Elm Cres. NE7: H Hea 4C **58**
Wycliffe Av. NE3: Ken 4B **56**
Wycliffe Rd. SR4: Sund 3H **117**
   SR7: S'hm 4E **141**
Wye Av. NE32: Jar 6G **73**
Wyedale Way NE6: Walk 2G **71**
Wye Rd. NE31: Heb 6C **72**
Wylam Av. NE25: H'wll 1D **34**
Wylam Cl. NE34: S Shi 4G **75**
   NE37: Wash 4C **100**
Wylam Gdns.
   NE28: W'snd 3D **60**
Wylam Gro. SR1: Sund 1E **119**
Wylam Rd. DH9: Stly 2D **122**
   NE29: N Shi 4B **62**
Wylam St. NE32: Jar 2F **73**
Wylam Ter. DH9: Stly 1D **122**
Wylam Vw. NE21: Winl 1H **79**
Wylam Wharf SR1: Sund 6E **105**
Wynbury Rd. NE9: Low F 6A **84**
Wyncote Ct. NE7: H Hea 5B **58**
Wynd, The DH2: Pelt 2G **125**
   NE3: Ken 3C **56**
   NE12: Longb 4E **45**
   NE15: Thro 6D **52**
   NE30: N Shi 5C **48**

Wynde, The NE20: Darr H 1D **38**
   NE34: S Shi 4E **75**
Wyndfall Way NE3: Ken 4C **56**
Wyndham Av. NE3: Ken 4B **56**
Wyndham Way NE29: N Shi 5F **47**
Wynding, The NE22: Bed 4G **9**
   NE23: Dud 3A **32**
Wyndley Cl. NE16: Whi 6D **80**
Wyndley Ho. NE3: Ken 5B **56**
Wyndley Pl. NE3: Ken 4B **56**
Wyndrow Pl. NE3: Ken 4C **56**
             (not continuous)
Wyndsail Pl. NE3: Ken 4C **56**
Wyndtop Pl. NE3: Ken 4C **56**
Wyndward Pl. NE3: Ken 4C **56**
Wyndways Dr. DH9: Dip 6E **107**
Wynn Gdns. NE10: Pel 2F **85**
Wynyard DH2: Ches S 6A **126**
Wynyard Dr. NE22: Bed 2C **10**
Wynyard Gdns. NE9: Wrek 3C **98**
Wynyard Gro. DH1: Dur 5F **155**
Wynyard Sq. SR2: Sund 4E **119**
Wynyard St. DH4: Hou S 3E **137**
   NE11: Dun 3B **82**
   SR3: New S 2A **132**
   SR7: S'hm 6B **142**
Wythburn Pl. NE9: Low F 1B **98**
Wyvern Sq. SR2: Sund 5E **119**

X

XS Superbowl 6F **45**

Y

Yardley Cl. SR3: Dox P 4B **132**
Yardley Gro. NE23: Cra 1A **22**
Yarmouth Cl. SR7: S'hm 5G **141**
Yarmouth Dr. NE23: Cra 1A **22**
Yatesbury Av. NE5: Blak 5F **55**
Yeadon Ct. NE3: Ken 6G **41**
Yeavering Cl. NE3: Gos 3D **56**
Yeldon Cl. SR2: Ryh 4F **133**
Yellow Leas Farm
   NE36: E Bol 4E **89**
Yelverton Cl. NE23: Cra 1A **22**
Yelverton Cres. NE6: Walk 6F **71**
Yeoman St. NE29: N Shi 2D **62**
Yeovil Cl. NE23: Cra 1A **22**
Yetholm Av. DH2: Ches S 1B **134**
Yetholm Pl. NE5: West 3E **55**
Yetholm Rd. NE8: Gate 2D **82**
Yetlington Dr. NE3: Gos 3C **56**
Yewbank Av. DH1: Dur 4H **155**
Yewburn Way NE12: Longb 1C **58**

Yewcroft Av.
   NE15: Den M, Scot 3D **66**
Yewdale Gdns. NE9: Low F 1A **98**
Yewtree Av. SR5: S'wck 3H **103**
Yewtree Dr. NE22: Bed 3H **9**
Yewtree Gdns. NE6: Walk 6G **59**
Yewtrees NE10: Hew 6E **85**
Yewvale Rd. NE5: Fen 6H **55**
Yoden Av. SR8: Hor 5F **163**
Yoden Rd. SR8: Pet 6D **162**
Yoden Way SR8: Hor, Pet 1D **164**
             (not continuous)
Yohden Cres. SR8: Hor 5F **163**
York Av. NE32: Jar 5F **73**
   SR8: Hor 6F **163**
York Cl. NE8: Gate 4E **83**
   NE23: Cra 1A **22**
York Ct. DH3: Ches S 1D **134**
   NE28: W'snd 6G **59**
York Cres. DH1: Dur 5D **144**
   DH5: Hett H 1B **148**
Yorkdale Pl. NE6: Walk 3G **71**
York Dr. NE28: W'snd 6H **59**
York Gro. NE22: Bed 3F **9**
York Rd. DH3: Bir 6C **112**
   NE26: Whit B 6D **36**
   SR8: Pet 5C **162**
Yorkshire Dr. DH1: Carr 4B **156**
York St. DH3: Bir 6C **112**
   DH5: Hett H 4A **148**
   DH9: Ann P 4F **121**
   NE4: Newc T 4D **68**
   NE10: Pel 2G **85**
   NE24: Bly 5C **12**
   NE32: Jar 3E **73**
   SR1: Sund 3G **7** (6D **104**)
   SR3: New S 1A **132**
York Ter. DH3: Ches S 1D **134**
   NE10: Fall 3D **84**
   NE29: N Shi 2C **62**
York Way NE34: S Shi 4A **76**
Yorkwood NE31: Heb 2A **72**
Youll's Pas. SR1: Sund 5F **105**
Younghall Cl. NE40: G'sde 2A **78**
Young Rd. NE12: Longb 4F **45**
Young St. DH1: Dur 5F **155**

Z

Zetland Dr. NE25: Whit B 3B **48**
Zetland Sq. SR6: Roker 4E **105**
Zetland St. SR6: Roker 4E **105**
Zion St. SR1: Sund 6E **105**
Zion Ter. NE21: Winl 2H **79**
   SR5: Ful 2C **104**

HOSPITALS and HOSPICES
covered by this atlas.

N.B. Where Hospitals and Hospices are not named on the map, the reference
given is for the road in which they are situated.

BENSHAM HOSPITAL 4F **83**
Fontwell Drive
GATESHEAD
NE8 4YL
Tel: 0191 4820000

BLYTH COMMUNITY HOSPITAL . . .5B **12**
Thoroton Street
BLYTH
NE24 1DX
Tel: 01670 396400

CHERRY KNOWLE HOSPITAL 5E **133**
Stockton Road
Ryhope
SUNDERLAND
SR2 0NB
Tel: 0191 5656256

CHESTER-LE-STREET
   COMMUNITY HOSP. 1C **134**
Front Street
CHESTER LE STREET
DH3 3AT
Tel: 0191 3336262

COUNTY HOSPITAL (DURHAM)
   . . . . .5B **154**
North Road
DURHAM
DH1 4ST
Tel: 0191 3333494

DRYDEN ROAD DAY HOSPITAL . . .4A **84**
134 Dryden Road
GATESHEAD
NE9 5BY
Tel: 0191 4036600

DUNSTON HILL HOSPITAL 4H **81**
Whickham Highway
GATESHEAD
NE11 9QT
Tel: 0191 4820000

EARLS HOUSE HOSPITAL 1G **153**
Lanchester Road
DURHAM
DH1 5RD
Tel: 0191 3336262

FLEMING NUFFIELD UNIT, THE . . .1G **69**
Burdon Terrace
NEWCASTLE UPON TYNE
NE2 3AE
Tel: 0191 2196400

FREEMAN HOSPITAL 3A **58**
Freeman Road
High Heaton
NEWCASTLE UPON TYNE
NE7 7DN
Tel: 0191 2336161

HUNTERS MOOR HOSPITAL 1D **68**
Hunter's Road
NEWCASTLE UPON TYNE
NE2 4NR
Tel: 0191 2195661

MARIE CURIE HOSPICE CENTRE
   . . . . .5B **68**
Marie Curie Drive
NEWCASTLE UPON TYNE
NE4 6SS
Tel: 0191 2191000

MONKWEARMOUTH HOSPITAL
   . . . . .3C **104**
Newcastle Road
SUNDERLAND
SR5 1NB
Tel: 0191 5656256

NHS WALK-IN CENTRE (GATESHEAD)
   . . . . .4F **83**
Bensham Hospital
GATESHEAD
NE8 4YL
Tel: 0191 4455454

NHS WALK-IN CENTRE
   (NEWCASTLE CENTRAL) 5E **69**
Unit 5
The Bar
St. James Gate
NEWCASTLE UPON TYNE
NE1 4BH
Tel: 0191 2333760

NHS WALK-IN CENTRE
   (NEWCASTLE WESTGATE) . . .3B **68**
Newcastle General Hospital
Westgate Road
NEWCASTLE UPON TYNE
NE4 6BE
Tel: 0191 256 3163

NHS WALK-IN CENTRE (PETERLEE)
   . . . . .2D **164**
Peterlee Community Hospital
O'Neill Drive
PETERLEE
SR8 5UQ

NHS WALK-IN CENTRE (SUNDERLAND)
   . . . . .1A **118**
Sunderland Royal Hospital
Kayll Road
SUNDERLAND
SR4 7TP
Tel: 0191 565 6256

NEWCASTLE GENERAL HOSPITAL
   . . . . .3B **68**
Westgate Road
NEWCASTLE UPON TYNE
NE4 6BE
Tel: 0191 2336161

NEWCASTLE NUFFIELD HOSPITAL, THE
   . . . . .1G **69**
Clayton Road
NEWCASTLE UPON TYNE
NE2 1JP
Tel: 0191 2816131

NEWCASTLE UPON TYNE
   DENTAL HOSPITAL . . .1A **4** (2E **69**)
Richardson Road
NEWCASTLE UPON TYNE
NE2 4AZ
Tel: 0191 2336161

NORTH TYNESIDE GENERAL HOSPITAL
   . . . . .4A **48**
Rake Lane
NORTH SHIELDS
NE29 8NH
Tel: 0191 2596660

PALMER COMMUNITY HOSPITAL
   . . . . .2F **73**
Wear Street
JARROW
NE32 3UX
Tel: 0191 4516000

PETERLEE COMMUNITY HOSPITAL
   . . . . .2D **164**
O'Neil Drive
PETERLEE
SR8 5TZ
Tel: 0191 5863474

PRIMROSE HILL HOSPITAL 5G **73**
Primrose Terrace
JARROW
NE32 5HA
Tel: 0191 4516375

s & Hospices

PITAL 1B **62**

196629

QUEEN ELIZABETH HOSPITAL 6B **84**
Queen Elizabeth Avenue
GATESHEAD
NE9 6SX
Tel: 0191 4820000

ROYAL VICTORIA INFIRMARY
. . . . .1B **4** (2E **69**)
Queen Victoria Road
NEWCASTLE UPON TYNE
NE1 4LP
Tel: 0191 2336161

RYHOPE GENERAL HOSPITAL . . .4F **133**
Stockton Road
Ryhope
SUNDERLAND
SR2 0LY
Tel: 0191 5656256

ST BENEDICT'S HOSPICE 3C **104**
Monkwearmouth Hospital
Newcastle Road
SUNDERLAND
SR5 1NB
Tel: 0191 5699191

ST CLARE'S HOSPICE 5G **73**
Primrose Hill Hospital
Primrose Terrace
JARROW
NE32 5HA
Tel: 0191 4516378

ST CUTHBERT'S HOSPICE 2A **160**
Park House Road
DURHAM
DH1 3QF
Tel: 0191 3861170

ST NICHOLAS HOSPITAL 2C **56**
Jubilee Road
Gosforth
NEWCASTLE UPON TYNE
NE3 3XT
Tel: 0191 2130151

ST OSWALD'S HOSPICE 2E **57**
Regent Avenue
NEWCASTLE UPON TYNE
NE3 1EE
Tel: 0191 2850063

SIR G.B. HUNTER MEMORIAL HOSPITAL
. . . . .5A **60**
The Green
WALLSEND
NE28 7PB
Tel: 0191 2205953

SOUTH MOOR HOSPITAL 5E **123**
Middles Road
STANLEY
DH9 6AD
Tel: 0191 3336262

SOUTH TYNESIDE DISTRICT HOSPITAL
. . . . .4F **75**
Harton Lane
SOUTH SHIELDS
NE34 0PL
Tel: 0191 4548888

SUNDERLAND EYE INFIRMARY
. . . . .4D **118**
Queen Alexandra Road
SUNDERLAND
SR2 9HP
Tel: 0191 5656256

SUNDERLAND ROYAL HOSPITAL
. . . . .1A **118**
Kayll Road
SUNDERLAND
SR4 7TP
Tel: 0191 5656256

UNIVERSITY HOSPITAL OF
NORTH DURHAM 3A **154**
Southfield Way
DURHAM
DH1 5TW
Tel: 0191 3332333

WALKERGATE HOSPITAL 1E **71**
Benfield Road
NEWCASTLE UPON TYNE
NE6 4QD
Tel: 0191 2336161

WASHINGTON BUPA HOSPITAL
. . . . .1E **127**
Picktree Lane
WASHINGTON
NE38 9JZ
Tel: 0191 4151272